Timm Graßmann
Der Eklat aller Widersprüche

De Gruyter Marx Forschung

Herausgegeben von
Andreas Arndt und Gerald Hubmann

Band 4

Timm Graßmann
Der Eklat aller Widersprüche

Marx' Theorie und Studien der wiederkehrenden Wirtschaftskrisen

DE GRUYTER

ISBN 978-3-11-152489-4
e-ISBN (PDF) 978-3-11-074502-3
e-ISBN (ePub) 978-3-11-074512-2
ISSN 2629-4877

Library of Congress Control Number: 2022942748

Bibliografische Information der Deutschen Nationalbibliothek
Die Deutsche Nationalbibliothek verzeichnet diese Publikation in der Deutschen Nationalbibliografie; detaillierte bibliografische Daten sind im Internet über http://dnb.dnb.de abrufbar.

© 2024 Walter de Gruyter GmbH, Berlin/Boston
Dieser Band ist text- und seitenidentisch mit der 2022 erschienenen gebundenen Ausgabe.

www.degruyter.com

Vorwort

Das Buch ist die gründlich überarbeitete, leider nicht gekürzte, aber hoffentlich verbesserte Fassung meiner Promotionsschrift, an der zu schreiben ich 2017 begonnen habe und die 2020 unter dem Titel „Die Krisen des Kapitals. Marx, die politische Ökonomie und die periodisch wiederkehrenden Wirtschaftskrisen" im Fachbereich Kultur- und Sozialwissenschaften der Universität Osnabrück eingereicht und verteidigt worden ist.

Großer Dank gilt meinem Doktorvater Matthias Bohlender, der mit seiner Kombination aus großer Bewandtnis in der politischen Ökonomie, langer Leine und einem Sinn für das Entscheidende für mich der bestmögliche Betreuer gewesen ist. Harald Bluhm danke ich für das Zweitgutachten und die dort geäußerten Anregungen. Von meinen Kolleginnen und Kollegen bei der Marx-Engels-Gesamtausgabe konnte ich viel über die Bedeutung der Philologie für die Theorie, insbesondere die Marx'sche lernen: Besonderer Dank gilt Gerald Hubmann für Vertrauen und Förderung, Norman Jakob für zahllose Diskussionen und die eingehende Lektüre; der schmerzlich vermissten Claudia Reichel († 2020) für Motivation und ihre Expertise zu Marx' Publizistik sowie Christine Weckwerth für Kommentare. Das hohe Niveau der Genossen von der MEGA-Arbeitsstelle in Tokio, deren politischer und theoretischer Ausrichtung ich mich verbunden fühle, war ein nötiges Vorbild: Gedankt seien Teinosuke Otani († 2019), der mit seinem freundlichen Wesen ein wichtiger Gesprächspartner gewesen ist, Kohei Saito für Inspiration und Vision, Hideto Akashi für seinen systematischen und Soichiro Sumida für seinen kritischen und kreativen Kopf. Hilfreiche Hinweise und Kommentare kamen auch von Johannes Bareuther, Emanuela Conversano, Kateryna Danilova, Manuel Disegni und Márcio Egídio Schäfer. Ohne Lia Imenes Ishida wäre in mir weder der Mut entstanden, mich an einem derartigen Vorhaben zu versuchen, noch hätte ich die Ausdauer entwickeln können, es tatsächlich zu einem Ende zu bringen. Wenn mir jemand bei der gedanklichen Verarbeitung des Materials geholfen hat, dann sie. Nicht zuletzt danke ich meinen Eltern Constanze und Knut für bedingungslose Liebe und Unterstützung und meiner Schwester Julia noch dazu für die Korrekturen. Für ihr Korrektorat bin ich ebenfalls Matthias Hansl, Charlotte Piepenbrock und Philippe Roepstorff-Robiano zu Dank verpflichtet.

Berlin im Juni 2022

Inhalt

Vorwort —— V

Einleitung —— 1
Die Krisen des Kapitals —— 1
Der Eklat aller Widersprüche —— 9
Marx lesen —— 15

1	**Politische Ökonomie der Krisen, 1797–1866** —— 20	
1.1	‚Says Gesetz' und Ricardos ‚Fatalismus' —— 24	
1.2	Die Krise von 1818/19: Ricardianischer Optimismus und das Malthus'sche Gespenst —— 36	
1.3	Sismondi kontra Say. Die Krise von 1825 und die Kritik der politischen Ökonomie —— 44	
1.4	Das Gauntlet gegen die Theoretiker des Kapitals. Popular Political Economy, 1821–39 —— 58	
1.5	Vom Currency- zum Bagehot-Prinzip. Mit der Geldpolitik gegen die Krisen, 1836–1866 —— 70	
1.5.1	Das Currency-Prinzip: ein bloßes Hirngespinst? —— 71	
1.5.2	Die Kritik der *Banking School* —— 77	
1.5.3	Die pragmatische Synthese Bagehots —— 88	
1.6	Conclusio. Gibt es eine bürgerliche Krisentheorie? —— 100	
2	**Von der Entfremdungsphilosophie zur Krisentheorie, 1844–51** —— 110	
2.1	Die Grenzen der Entfremdungsphilosophie. Das Krisenproblem als Wendepunkt der Marx'schen Ökonomiekritik (Marx' Kritik des ‚Say'schen Gesetzes' I) —— 111	
2.2	*Misère de la philosophie*: Die Herrschaft der abstrakten Zeit und die Wertlosigkeit des Reichtums —— 123	
2.3	Krise, Revolution und die Mechanik des Zyklus. Der Beitrag von Engels —— 128	
2.4	Der Staat in der Krise —— 136	
2.5	Die Ausarbeitung einer Krisendiagnostik in den *Londoner Heften* —— 148	
2.5.1	Die Rekonstruktion der Krise von 1847 —— 151	
2.5.2	Die Geldkrise als Reflexion der Überproduktion —— 166	
2.6	Conclusio. Marx' Krisentheorie anno 1851 und die Aussichten auf eine neue Krise —— 179	

3 Von der Theorie der Krise zu ihrer Analyse und wieder zur Theorie zurück, 1851–59 — 186

3.1 Im Jubel der Prosperität — 187
3.2 Die Zaubermacht des Goldes — 193
3.2.1 Krisenerscheinungen ohne Krise. Die neuen Bände der *History of Prices* — 195
3.2.2 Geld, Gold, Kapital — 204
3.2.3 Die Geburt des Geldfetischs — 213
3.3 Von der Krise des Staats zum Staat der Krise — 220
3.3.1 Krise und Bonapartismus — 220
3.3.2 Eine Allianz gegen Louis Bonaparte: Tooke und Marx zur politischen Ökonomie des autoritären Staats — 232
3.3.3 Die Geburt der Geldpolitik — 241
3.3.4 Die Effekte des Krisenmanagements: Bonapartismus vs. Liberalismus — 253
3.4 Marx in medias res. Die Chronik der Krise von 1857/58 — 265
3.4.1 Die *Krisenhefte* als Vorbereitung einer „Chronique Scandaleuse" — 270
3.4.2 Die zwei Arbeitsphasen im *Book of the Crisis of 1857* und die Formwechsel der Krise — 275
3.4.3 *The Book of the Commercial Crisis:* Die Maskerade des fiktiven Kapitals — 285
3.5 Die theoretische Verarbeitung der Krise in den *Grundrissen* und in *Zur Kritik der politischen Ökonomie* — 298
3.5.1 Der Grundwiderspruch des Kapitals — 303
3.5.2 Kredit — 311
3.5.3 Kollaps oder Kommunismus — 312
3.5.4 Die Charaktermasken der Krise — 317
3.6 Conclusio. Die Steigerung der Komplexität und die multilineare Wende — 326

4 Von der Möglichkeit zur Wirklichkeit der Krise. Das Krisenproblem in der logischen Struktur des *Kapital* — 334

4.1 Der Produktions- und der Zirkulationsprozess des Kapitals (Marx' Kritik des ‚Say'schen Gesetzes' II) — 338
4.2 Die konkreten Gestaltungen des Kapitals und ihre Bewegungsformen — 366
4.2.1 Das Gesetz des tendenziellen Falls der Profitrate und die Krisen — 370
4.2.2 Kredit und Krise — 384
4.2.3 Die eigentümlichen Bewegungen des *monied capital* — 391
4.3 Die Rückkehr des Konkreten — 405
4.4 Conclusio. Gibt es eine Marx'sche Krisentheorie? — 417

5	*Kapital* und Konjunktur, 1860–70 —— 424
5.1	Die Baumwollhungersnot in England und die Hungersnot in Indien —— 425
5.2	Eine Krise mit vorwiegend finanziellem Charakter —— 438
5.3	Die Studien zur Finanzkrise von 1866 in den Exzerptheften von 1868/69 —— 447
5.3.1	The Profits of Panics —— 449
5.3.2	The Bubbles of Finance —— 457
5.3.3	Die Denunziation des Schwindels —— 474
5.4	Krise oder Stagnation? —— 484
5.4.1	John Mills' lebensphilosophische Ontologie des Zyklus —— 486
5.4.2	Melancholie und Horror. Die Depression als Denkform —— 491
5.5	Conclusio. Die Erweiterung der Krisentheorie —— 498

Zusammenfassung. Die Krisen zwischen Immanenz, Transzendenz und Rückfall —— 503

Die Entwicklung der Marx'schen Krisentheorie —— 509

Die Rolle der Krisenstudien —— 515

Krise, Erkenntnis, Politik —— 521

Literaturverzeichnis —— 529

Namenregister —— 553

Einleitung

éclater.
1. *se diviser*: (auf)bersten, (zer)platzen, (zer)sprengen, explodieren;
2. *se manifester*: knallen, krachen, erschallen, erscheinen, ausbrechen, losbrechen, an den Tag kommen, herauskehren (*La vérité éclate*, die Wahrheit kommt heraus);
3. *briller*: glänzen, (auf)leuchten, (auf)blitzen, funkeln.

The *periodical* periods of crises, recurring at irregular intervals, inseparable from the present principle of action, strike every vulgar eye.
William Thompson: Labor Rewarded (1827, V)

Die Geschichte scheint sich in dem Epigramm [...] zu gefallen, daß gleichzeitig die arbeitenden Klassen revoltiren aus mangelnder Consumtion und die höheren Klassen bankruttiren aus überflüssiger Production.
Marx/Engels: Revue. März/April 1850
(MEGA I/10, 303)

Es liegt im Wesen einer Krise, daß eine Entscheidung fällig ist, aber noch nicht gefallen. Und es gehört ebenso zur Krise, daß offenbleibt, welche Entscheidung fällt. Die allgemeine Unsicherheit in einer kritischen Situation ist also durchzogen von der einen Gewißheit, daß – unbestimmt wann, aber doch bestimmt, unsicher wie, aber doch sicher – ein Ende des kritischen Zustandes bevorsteht. Die mögliche Lösung bleibt ungewiß, das Ende selbst aber, ein Umschlag der bestehenden Verhältnisse [...] ist den Menschen gewiß.
Reinhart Koselleck: Kritik und Krise (1973, 105)

Only a crisis – actual or perceived – produces real change. When that crisis occurs, the actions that are taken depend on the ideas that are lying around. That, I believe, is our basic function: to develop alternatives to existing policies, to keep them alive and available until the politically impossible becomes politically inevitable.
Milton Friedman: Capitalism and Freedom
(1982, XIV)

Die Krisen des Kapitals

Die 2007/08 ausgebrochene Finanzkrise markierte einen Kulminationspunkt einer Reihe von seit den 1980er Jahren wiederkehrenden, ihre Intensität und ihren Umfang stetig steigernden Wirtschaftskrisen. Nachdem die Krisen – wie die lateinamerikanischen Schuldenkrisen ab 1982, die Japankrise 1991, die Asienkrise 1997/98, die folgenden Einbrüche in Russland und Argentinien und das Platzen der Dotcom-Blase 2000/01 – lange Zeit entweder in semi-peripheren Zonen des Weltmarkts auftraten oder lokal begrenzt blieben, schlug die Krise dieses Mal endgültig in den Metropolen ein. Im Verlauf der 2007/08 ausgebrochenen Krise, ihrer Verschärfung in der 2010 einsetzenden Eurokrise und der anschließenden Stagnationsphase haben sich dramatische Wandlungen vollzogen (Tooze 2018): die weltweiten Aufstandsbewegungen von 2011 und 2019, der Abstieg weiter Teile der amerikanischen Mittelschicht und die soziale Notlage in Südeuropa, der Vormarsch eines autoritären Populismus, der Aufstieg Chinas, die Explosion der öffentlichen und privaten Verschuldung sowie der Treibhausgaskonzentration in der Erdatmosphäre infolge der Stimulusprogramme, das Umsichgreifen einer merkwürdigen Krisenstimmung. Ohne dass Einigkeit darüber bestanden hätte, ob die in den Augen der Weltöffentlichkeit in eine „Vielfachkrise" mutierte Finanzkrise überhaupt überwunden worden war, kam es 2020 mit dem Corona-Crash (dazu Tooze 2021) schon zum zweiten Mal innerhalb kurzer Zeit zu einer globalen „Jahrhundertkrise", wie sie sich angeblich nur *once in a lifetime* ereignet. Der bisherige Verlauf des 21. Jahrhunderts deutet darauf hin, dass Wirtschaftskrisen mit ihrer ungeheuren Zerstörungskraft ein Strukturmerkmal der modernen Gesellschaft und auch Wendepunkte in ihrer Entwicklung zu sein scheinen.

Die Ereignisse ab 2007/08 haben nicht nur abermals die notorische Krisenblindheit weiter Teile der ‚Mainstream'-Volkswirtschaftslehre insbesondere deutscher Provenienz bloßgestellt und erwartungsgemäß dem Keynesianismus als der Krisenwissenschaft schlechthin zu einer Renaissance verholfen (Mann 2017) sowie ein zartes Aufblühen ‚heterodoxer' Ansätze in der politischen Ökonomie befördert. Die Krise hat auch auf die Grenzen poststrukturalistischer und dekonstruktivistischer Ansätze und eines „ontologischen Primats der Kontingenz" (Postone 2013, 370) in den Geisteswissenschaften hingewiesen. Sie hat darauf aufmerksam gemacht, dass sich die Soziologie, selbst in ihrer kritischen (etwa Bourdieu'schen) Ausrichtung, vornehmlich um die (ungleiche) Verteilung von als gegeben hingenommener Ressourcen kümmert und zu dem Problem, wie der Reichtum der modernen Gesellschaft entsteht, so gut wie nichts beizutragen hat. Die regelmäßige Wiederkehr der Krisen stellte nicht zuletzt jene an die Kritische Theorie der Frankfurter Schule anknüpfenden Anschauungen infrage, die entweder in Anlehnung an Friedrich Pollock die Krisen für durch den (autoritären respektive keynesianischen) Staat stillgestellt oder zu einem Problem minderer Relevanz degradiert hielten (Habermas 1973; Offe 1973) oder die in Anbetracht der Zivilisationsbrüche des 20. Jahrhunderts und des Versagens der Arbeiterklasse als revolutionärer Kraft der Kritik der politischen Ökonomie insgesamt die Bedeutung absprachen (Pohrt 2019 [1978]).[1]

Angesichts einer grundsätzlichen Unzulänglichkeit der genannten Disziplinen und Auffassungen – des Fehlens einer allgemeinen Theorie des Kapitalismus und seiner Krisen – haben sich einige Forscherinnen und Forscher in der vergangenen Dekade wieder dem Werk von Karl Marx zugewandt. Dabei scheinen die Diskussionen um dessen Krisentheorie in eine Polarität gemündet zu sein, die größer nicht sein

---

[1] Da die Machtergreifung der Nationalsozialisten durch die schwere Wirtschaftskrise von 1929–31 ermöglicht wurde (dazu jüngst Straubmann 2019), war dieser Abschied von der Kritik der politischen Ökonomie ohnehin nie überzeugend.

könnte. Auf der einen Seite steht die unerschütterliche Überzeugung, dass bei Marx mit dem Gesetz des tendenziellen Falls der Profitrate so etwas wie eine ultimative Krisentheorie vorliegt, mit deren Hilfe sich das heutige Geschehen mehr oder weniger bruchlos erklären lässt (Roberts 2009; Kliman 2011; Lohoff/Trenkle 2012). Dass Konsistenz und Relevanz des Theorems vom Profitratenfall zuletzt in mehreren Showdowns herausgefordert wurden,[2] hat nicht verhindert, dass dieses seit den 1970er Jahren mehr und mehr zur ‚Orthodoxie‘ einer an Marx orientierten Krisentheorie geworden ist.[3]

Auf der anderen Seite konkurriert mit der Profitratenfalltheorie heute die altbekannte[4] Einschätzung, dass sich ob der Fragmentierung, Verstreutheit und Unabgeschlossenheit der Marx'schen Äußerungen zum Krisenproblem keine,[5] keine „eigentliche",[6] keine „explizite" (Bader et al. 1975, 418), keine „nahtlose" (Crotty 1985, 37), keine „systematische" (Steg 2019, 203), keine „vollständige" (Williams o. D.), keine „fertige" (Heinrich 2016, 184) oder „keine zusammenhängende Krisentheorie" (Heinrich 2005, 171) bei Marx finden lasse. Wahlweise taucht diese Interpretation auch in der Variante auf, dass man es mit verschiedenen, sich widersprechenden Ansätzen bei ihm zu tun habe und in seinen Schriften daher „viele Krisentheorien" existierten.[7] Jüngst wurde ergänzt, dass auf dem Abstraktionsniveau des Marx'schen *Kapital* eine „einheitliche und kohärente Krisentheorie" (Breda 2019, 115/116 u. 129) auch gar nicht zu formulieren sei, man von Marx' ökonomischer Theorie also auch keine zusammenhängenden Aussagen über die regelmäßige Wiederkehr der Krisen erwarten dürfe.

Solche Urteile ziehen ihre Plausibilität daraus, dass Marx es in der Tat versäumt hat, seine Überlegungen zum Krisenproblem systematisch zusammenzufassen und darzustellen, so dass es in seinem ohnehin unvollendet gebliebenen ökonomischen Hauptwerk *Das Kapital* keinen eigenständigen Abschnitt zu den Krisen gibt. Gleichwohl hat er sich mit ihnen über fast vierzig Jahre hinweg in einer (nicht leicht zu überblickenden) Vielzahl von Zeitungsartikeln, historischen Schriften, Vorträgen, Briefen, Exzerpten, ökonomischen Schriften und Manuskripten so kontinuierlich und

---

2 Siehe Roberts (2014) vs. Harvey (2016) sowie Heinrich (2013) vs. Carchedi/Roberts (2013), Kliman et al. (2013), Mage (2013) und Moseley (2013).
3 Zu Zeiten der Zweiten Internationale wurde in der Regel ein Mechanismus der Unterkonsumtion als deren Kern vorgestellt. Zu diesem Wandel der ‚Orthodoxie‘ siehe Clarke (1994).
4 Schon Oelßner (1949, 11) berichtete: „Vielfach wird angenommen, es gäbe keine Krisentheorie des Marxismus, weil Marx nicht vermocht hat, eine zusammenfassende Darstellung seiner Ansichten über die Krisen zu hinterlassen."
5 „Auf den ersten Blick scheint es so, als ob Marx gar keine Krisentheorie entwickelt habe. Nur unzusammenhängend und verstreut finden sich in seinem Werk Bemerkungen und Ausführungen zum Begriff der Krise." (Altvater 1983, 89)
6 Marx „did not provide a theory of crisis in the proper sense of the word", lautet das allerdings auf schmaler Textbasis gefällte Urteil von Maksakovsky (2009 [1929], 136).
7 So wurden immer wieder verschiedene Krisentheorien aus dem Marx'schen Werk herausgelesen. Eine Übersicht dazu bei Sablowski (2012).

intensiv auseinandergesetzt wie vermutlich kein zweiter Zeitgenosse. Dass sich Marx angesichts der Bedeutung des Krisenproblems für seine wissenschaftlichen und politischen Vorhaben, des Umfangs seiner diesbezüglichen Studien und der Ausdauer, mit der er sie betrieben hat, keine systematischen Gedanken dazu gemacht haben soll, scheint wenig plausibel. Gerade weil sein Name wie kaum ein anderer mit den Krisen des Kapitals verbunden wird, steht neben dem Urteil, er habe keine zusammenhängende Theorie darüber formuliert, nicht selten auch die Auffassung, er habe sich gleichsam *nur* mit ihnen befasst und wiederum die anderen Zustände vernachlässigt, die das moderne Wirtschaftsleben ebenso hervorbringt, wie etwa die „happy moments" (MEGA I/11, 351) der Prosperität. Paradigmatisch bemerkte Joseph Schumpeter 1942 in *Capitalism, Socialism and Democracy*, dass sich bei Marx keine Theorie der spezifischen Bewegungsformen der modernen Ökonomie finden lasse:[8]

> Eine Würdigung von Marxens Leistung auf dem Gebiet der Konjunkturzyklen ist äußerst schwierig. Ihr wirklich wertvoller Teil besteht aus Dutzenden von Beobachtungen und Kommentaren meist zufälliger Art, die über beinahe alle seine Schriften, einschließlich viele seiner Briefe, zerstreut sind. Versuche, aus solchen *membra disjecta* einen Körper zu rekonstruieren, der nirgends in Fleisch und Blut erscheint und vielleicht nicht einmal in Marxens eignem Geist existierte, außer in embryonaler Form, [...] können leicht in verschiedenen Händen zu verschiedenen Ergebnissen führen und durch die verständliche Tendenz der Bewunderer verfälscht werden (Schumpeter 2018, 57).

Liegt bei Marx eine Krisentheorie vor oder nicht? Oder besser gefragt: Was sind Marx zufolge die Krisen, warum kehren sie wieder, was bedeuten sie und was bewirken sie typischerweise? Das sind die Leitfragen der vorliegenden Untersuchung.

In der Rezeption werden verschiedene Maßstäbe daran angelegt, ab wann eine Krisentheorie sich sinnvollerweise als eine ‚zusammenhängende' bezeichnen lassen kann.[9] Gegenüber einer früher beklagten „Preisgabe der Krisentheorie" (Schmiede 1973, 6) versuchen die Marx verteidigenden Ansätze denjenigen Mechanismus aufzuspüren, der eine Phase der Prosperität in ihr Gegenteil umschlagen lässt (Breda 2019, 126). So dreht sich der Streit um die Krisentheorie hauptsächlich darum, ob sich in Marx' Schriften ein finaler Entstehungsmechanismus von Krisen identifizieren lässt. Ein Ergebnis der vorliegenden Untersuchung lautet dagegen, dass Marx die grundlegende Krisenhaftigkeit des Kapitalismus begründen, also plausibel darlegen konnte,

---

[8] Brunhoff (2015, 107) hält es für „indisputable that [...] Marx did not construct a theory of the business cycle", Maksakovsky (2009 [1929], 134) ist sich sicher, dass „Marx's work did not provide any systematic theory of the cycle" und Pribram (1998, I, 492) kann bei Marx keine „konsistente theoretische Erklärung" des Zyklus erkennen.

[9] Heinrich (2005, 175) etwa behauptet die Notwendigkeit der Krisen („Innerhalb des Kapitalismus lassen sich Krisen nicht vermeiden"), aber seine Begründung enthält keinen Gedanken, der sich nicht bei Marx finden ließe, bei dem in seinen Augen keine zusammenhängende Theorie dazu vorliegt.

warum es ultimativ nicht zu verhindern ist, dass die Wirtschaftskrisen in der modernen Gesellschaft immer wiederkehren. Das bedeutet nicht, dass in Marx' Wortlaut schon alles Wesentliche zu diesem Thema gesagt wäre oder sich die Krisen des 21. Jahrhunderts einfach daraus ableiten ließen. Es besteht ein Unterschied zwischen den näheren Ursachen tatsächlicher Wirtschaftskrisen und den Bedingungen der notwendigen Krisenhaftigkeit der kapitalistischen Produktionsweise. Zweifellos war es Marx' Anspruch, beide zu ermitteln,[10] aber weil die Krisen selbst nicht immer auf die gleiche Art und Weise entstehen, sind einer Theorie ihrer näheren Ursachen von vornherein Grenzen gesetzt. Viele noch heute reputable Ökonomen des 19. Jahrhunderts entwarfen einen einfachen Mechanismus, durch den die Prosperität jedes Mal auf die gleiche Weise in die Krise umschlägt, aber die Marx'sche Theorie könnte von einem solchen mechanischen Reduktionismus nicht weiter entfernt sein.

Indes wäre es vollkommen unzureichend, die Debatte über die Krisen auf ökonomische Kausalitäten zu beschränken, denn mit der Bestimmung eines Verursachungsmoments ist noch wenig über einen Gegenstand gesagt. *Was* eine Krise ist und welche *Effekte* typischerweise von ihr ausgehen scheinen in der Debatte um die Marx'sche Theorie Probleme nachgeordneter Natur zu sein. Krisentheorie bedeutet in der Regel, die *Ursachen der Krise*, nicht aber die *Krise als Ursache* zu betrachten. So ist es selten berücksichtigt und manchmal sogar für unbedeutend erklärt worden, dass Marx viele große Wirtschaftskrisen – etwa die von 1847, 1857, 1866, 1873 und 1878/79 – persönlich erlebt, in umfangreichen Exzerptheften studiert und in seiner Publizistik analysiert hat. Die Handelskrise von 1847/48 rekonstruierte er in den ersten beiden *Londoner Heften 1850–53* (MEGA IV/7), die Weltmarktkrise von 1857/58 dokumentierte er in Echtzeit in den drei *Krisenheften* (MEGA IV/14) und die große Finanzkrise von 1866 erforschte er 1868/69 in drei Exzerptheften (MEGAdigital, Bd. IV/19). Warum hat Marx jede große Krise seiner Zeit einer eingehenden Untersuchung unterzogen? In der vorliegenden Arbeit soll dieser peripher anmutenden Frage nachgegangen werden. Dabei wird sich zeigen, dass sie in das Zentrum des Marx'schen Denkens führt.

Denn Marx interessierte sich offensichtlich nicht nur dafür, warum die Krisen wiederkehren, sondern auch dafür, wie sie die Welt verändern und was sie über diese aussagen. Anders gesagt, war er – im Unterschied zu vielen, die sich auf ihn berufen – nicht nur Theoretiker der Krisen, sondern auch Analytiker ihrer historischen Verläufe. Die neue Formulierung seiner (Krisen-)Theorie ging immer Hand in Hand mit einem intensiven Studium der jüngsten Krise, beziehungsweise gab er in den 1870er

---

10 So schrieb er nach der Krise von 1857 in einem Artikel für die *New-York Tribune*: „What are the social circumstances reproducing, almost regularly, these seasons of general self delusion, of over speculation and fictitious credit? If they were once traced out, we should arrive at a very plain alternative. Either they may be controlled by society, or they are inherent in the present system of production. In the first case, society may avert crises; in the second, so long as the system lasts, they must be borne with, like the natural changes of the seasons." (MEGA I/16, 414/415)

Jahren mehrmals an, den zweiten Band des *Kapital* gerade wegen des neuartigen Verlaufs der damaligen Krisen nicht abschließen zu können.[11] Der Krisenforschung sprach Marx offensichtlich eine überragende Bedeutung für sein wissenschaftliches Vorhaben einer allgemeinen Theorie des Kapitals zu.

Verglichen mit dem Ausmaß der Diskussion um die Krisentheorie von Marx sind Beiträge zu seinen Studien und Analysen der historischen Krisen überschaubar,[12] und eine Gesamtdarstellung bis 1870 wird hier erstmals vorgelegt. Die Krisenereignisse selbst scheinen manchen für die Formulierung einer Theorie darüber auch wenig relevant zu sein. Als würde der Nachweis ihrer Wiederkehr genügen, empfahl Paul Mattick (1974, 77) zu den Krisen des 19. Jahrhunderts die knappe Darstellung von Flamant/Singer-Kérel (1970) als „ausreichend"; das Buch ist in der Tat ein informativer Überblick, klammert aber Verlauf und Konsequenzen der Krisen weitestgehend aus. Robert Kurz (2006, 278) tat diese Dinge als „,Durchsetzungskrisen'" eines aufstrebenden Kapitalismus ab und auch Fülberth (2018, 211) vermutet, dass die groß angelegte Dokumentation des Crashs von 1857/58 in den *Krisenheften* „keine große Bedeutung für Marx' theoretische Arbeit hatte". Der Gegenstand, anhand dem Marx seine Krisentheorie entwickelt hat – der historische Stoff des 19. Jahrhunderts –, erscheint hier im Grunde als zu vernachlässigen.[13]

Gegen eine als deterministisch und unhistorisch erscheinende Krisentheorie gerichtet, werden Krisen deshalb manchmal als rein historische Ereignisse aufgefasst. Gehen die einen davon aus, dass Marx keine *zusammenhängende* Krisentheorie hinterlassen hat, behaupten wieder andere, dass es Krisen*theorie* generell gar nicht geben kann. So werden im *Oxford Handbook of Karl Marx* Entstehung, Charakter und Resultate der Krisen vollständig in die flüchtige Welt des Kontingenten verbannt.[14]

---

[11] Er ließ Nikolaj Francevič Daniel'son am 10. April 1879 wissen: „I should under no circumstances have published the second volume before the present English industrial crisis had reached its climax. The phenomena are this time singular, in many respects different from what they were in the past [...]. It is therefore necessary to watch the present course of things until their maturity before you can 'consume' them 'productively', I mean *'theoretically'*." (MECW 45, 354; dt. Übers. MEW 34, 370/371)

[12] Die entsprechende Literatur wird in den jeweiligen Kapiteln mitgeteilt. Ein Überblick über Marx' Krisenanalysen bei Krätke (1999).

[13] Die Aufarbeitung der Krisen ist generell spärlich ausgefallen. Krisenbeschäftigung hatte zumeist immer dann Konjunktur, wenn gerade wieder Krise war. Ein deutlich zunehmendes Interesse an der Krisengeschichte ist seit 2007/08 zu verzeichnen und seitdem konnten auch neue Erkenntnisse über das 19. Jahrhundert gewonnen werden (neuere Überblicksdarstellungen bei Duckenfield/Altorfer/Koehler 2006, Dimsdale/Hotson 2014; klassisch Tugan-Baranowski 1901, Bouniatian 1908, Pinner 1937). Allerdings besteht nach wie vor keine Einigkeit über die genaue Entstehung etwa der Krisen von 1857 und 1866, so dass bei Marx und seinen Quellen mitunter noch den heutigen Forschungsstand bereichernde Einsichten zu erlangen sind.

[14] „[C]apitalist development is a contradictory process prone to crises – the genesis, nature, and outcome of which are historically contingent and need to be investigated with the tools of historical materialism." (Panitch/Gindin 2019, 501)

Hier erscheint es – ganz entgegen der Marx'schen Vorgehensweise – als angebracht, die ökonomische Theorie fahren zu lassen und direkt zur Betrachtung historischer Ereignisse überzugehen. Die Krisen gelten als ein Gegenstand ohne typische Eigenschaften, der in einer allgemeinen Analyse des Kapitals prinzipiell nicht zu behandeln ist.

Neben den eingangs angeführten Anschauungen, die entweder Marx, die Kritik der politischen Ökonomie oder die Krisen des Kapitals für mehr oder weniger überholt oder bedeutungslos erklären, vollzieht sich innerhalb des an Marx orientierten Lagers die „Preisgabe der Krisentheorie" also tendenziell auf eine zweifache Weise: durch eine Reduktion des Problems auf ökonomische Kausalitäten und eine gewisse Geschichtsvergessenheit einerseits sowie den Ausschluss der gesamten Problematik aus der Theorie überhaupt und damit eine gewisse Theorielosigkeit andererseits. Marx ging hingegen davon aus, dass die Krisen sowohl *theoretisch* als auch *historisch* zu behandeln sind. Er wollte nicht nur ihre Zwangsläufigkeit in der bürgerlichen Gesellschaft erklären, sondern hat immer auch ihren Verlauf, ihre Übersetzung in Geschichte untersucht; er studierte jede neue Krise in ihrem Charakter als singuläres Ereignis, aber betrachtete sie zugleich nicht nur unter dem Aspekt besonderer Umstände. Marx vertrat nicht die Auffassung, dass es vollkommen zufällig sei, wie eine Krise verläuft, denn ihr ist ein fester Kern eigen, der sich in verschiedenen Augenblicken, an verschiedenen Orten, in verschiedenen Ausdrücken, mal mehr und mal weniger deutlich manifestiert.[15] Anders gesagt: Die fundamentale Unfreiheit von Gesellschaften, in denen die kapitalistische Produktionsweise herrscht, die Marx durch den Zwang zur Verwertung des Werts beherrscht sah, schlägt sich auch im geschichtlichen Verlauf nieder, der sich mit den Krisen und ihren Konsequenzen zu ‚wiederholen' scheint.[16]

---

[15] In ihrer Geschichte der Finanzkrisen mit dem ikonischen Titel *This Time Is Different* haben Reinhart/Rogoff (2009) zahlreiche Parallelen zwischen der 2007/08 ausgebrochenen Krise und früheren Crashs herausgestellt. Die klassische Darstellung der Muster in den Verläufen der verschiedenen, seit rund 400 Jahren wiederkehrenden Finanzkrisen stammt von Charles Kindleberger (1978). Gleichwohl ist Vorsicht vor Rückprojektionen geboten: Schon Pollock (1933, 324) fiel auf, „dass sich zeitgenössische Darstellungen früherer Krisen wie Varianten bestimmter Phasen der heutigen lesen". – Zum Krisenbegriff siehe Koselleck (1982), Besomi (2011), Makropoulos (2013) und Bluhm (2015).

[16] Marx selbst bemerkte die Wiederholungstendenz in seiner Analyse des Staatsstreichs Napoleons III. im *18. Brumaire des Louis Bonaparte*, wonach „alle großen weltgeschichtlichen Thatsachen und Personen sich so zu sagen zweimal ereignen". Da die Krisen sich *noch öfter* ereignen, scheinen sie der beste Beweis dafür zu sein, dass, wie es im *18. Brumaire* heißt, die Menschen zwar ihre eigene Geschichte machen, aber „nicht aus freien Stücken unter selbstgewählten, sondern unter unmittelbar vorhandenen, gegebenen und überlieferten Umständen" (MEGA I/11, 96/97). Adam Tooze (2018, 436 u. 595) stellt in seiner Chronik der 2007/08 ausgebrochenen Krise fest, dass die sich in ihrem Verlauf vollziehende Konsolidierung eines autoritären Nationalismus so wirke, als würde sich „lehrbuchmäßig" der Aufstieg des Nationalsozialismus nach der Großen Depression von 1929 wiederholen. Wie zu zeigen sein wird, hält der *coup d'état* Louis Napoleons weiteren Stoff für das Lehrbuch bereit.

So wie es als theorielos erscheinen mag, die Krisen und ihren Verlauf auch als besondere Einzelfälle zu betrachten, wird es umgekehrt natürlich den Vorwurf des Reduktionismus und Determinismus auf sich ziehen, sie als allgemeine, wiederkehrende Problemlagen der modernen Gesellschaft zu begreifen.[17] Die Wiederkehr der Wirtschaftskrisen erfolgte zu Marx' Zeiten in einer derart verblüffenden Regelmäßigkeit, dass sie wie die ewige Wiederkunft des Gleichen aussieht und in der Tat Ökonomen und Philosophen im letzten Drittel des 19. Jahrhunderts zu einer Ontologie der Zyklizität bewogen hat. Allerdings war dies in vielfacher Hinsicht unangemessen, denn die Krisen entstanden nicht immer auf die gleiche Weise und nahmen immer einen etwas anderen Charakter an, so dass schon Marx verschiedene Krisentypen (Produktions-, Handels-, selbständige Geldkrise) unterschied und die Ambivalenz der Krisen diskutierte. Dass jeder historische Prozess aus den Taten der Menschen besteht und daher grundsätzlich offen ist, trifft gerade auf die Krisen zu, deren Ausgang nicht durch ein ökonomisches Gesetz determiniert ist.[18] Dass sich in solchen Momenten Entscheidungen nicht vermeiden lassen, findet sich schon von politischen Ökonomen des 19. Jahrhunderts durchdacht, etwa bei John Fullarton, für den so etwas wie politisches Agieren nur in der Krise als Antwort auf den Zusammenbruch des (in guten Zeiten nicht zu steuernden) Geldmarkts möglich ist. Wären die Krisenverläufe vollständig vorab festgelegt, bedürfte es nicht jedes Mal aufs Neue ihrer gesonderten Untersuchung – und ein Anliegen der Arbeit besteht gerade darin, die Krisenanalyse zu rehabilitieren gegenüber einer Krisentheorie, die sich auf ökonomische Kausalitäten beschränkt. Seine Einzelanalysen der Krisen weisen Marx entschieden als einen nicht-deterministischen Denker aus und zeigen, dass er sich von solchen Ereignissen keinesfalls bloß eine bereits feststehende Theorie bestätigen lassen wollte. Krisentheorie im Anschluss an Marx müsste demnach bedeuten: die Wiederkehr der Krisen (das heißt die Krisenhaftigkeit des Kapitalismus) zu begründen, nähere Ursachen tatsächlicher Krisen zu systematisieren, die spezifischen Eigenschaften einer Krise und ihres Verlaufs herauszustellen sowie immer wieder neu historische Krisen in ihrer Besonderheit zu untersuchen.

---

17 Sein vorauseilender Versuch, das Missverständnis des Reduktionismus zu entschärfen, hat es selbst Hans Rosenberg nicht erspart, dass seine Abhandlung über die Große Depression von 1873 bis 1896 letztlich genau diesem Vorwurf ausgesetzt worden ist. Rosenberg (1976, 19) wollte die lange Krisen- und Stagnationsphase als „Erkenntniswerkzeug" begreifen, um die tiefen politischen und gesellschaftlichen Umbrüche dieser Jahre als der Stagnation „auf verzwickten Umwegen" entwachsene nachzuvollziehen.
18 „Uncertainty is an important dimension in this environment." (Perelman 1987, 122) Mehr als auf die anderen Phasen des industriellen Zyklus trifft es auf die Krisen zu, dass sie „eine bestimmte Kontingenz aufweisen und bis zu einem bestimmten Grade dem Einfluß alternativer Handlungen offenstehen" (Narr 1973, 224).

Der Eklat aller Widersprüche

Indem sich in den Diskussionen um die Marx'sche Krisentheorie in übertriebener Weise der Kopf über ökonomische Verursachungsmechanismen zerbrochen wurde, wird selbst die Marx'sche Begriffsbestimmung von Krise in der Regel ignoriert, unterschätzt und bisweilen sogar verkannt.[19] Auch in den unzähligen (soziologischen, politologischen, kulturwissenschaftlichen, rechtswissenschaftlichen usw.) nach 2008 entstandenen Arbeiten zu einem Begriff von ‚Krise' im weiteren Sinne wird standardmäßig dessen Unschärfe betont. Die Krisenforschung beklagt, sie wisse nicht, womit sie es zu tun habe, wenn von ‚Krise' die Rede sei, was ja seit den 1970er Jahren und insbesondere seit 2008 immer häufiger der Fall ist. Ungeachtet einer etwaigen Plausibilität der tatsächlichen Entgrenzung, Erweiterung und inflationären Verwendung des Krisenbegriffs – die wenig überraschend zu einem Verlust seiner Konturen geführt haben – lässt sich bei Marx nicht nur eine klare Unterscheidung finden, welche Zustände sich als Krise bezeichnen lassen und welche nicht, sondern auch eine kohärente Definition. Die Krise ist ihm zufolge als der *Eklat aller Widersprüche der bürgerlichen Produktion* anzusehen.

Was diese begriffliche Bestimmung angeht, besteht bei Marx eine große Kontinuität. Erstmals schrieb er 1851 in der längeren Notiz *Reflection*, dass „im Geldmarkt die Gesammtcrise eclatirt, sämmtliche Widersprüche der bürgerlichen Production" (MEGA IV/8, 231), und dann 1859 in seiner Schrift *Zur Kritik der politischen Ökonomie*, die Krisen seien „die großen Weltmarktsungewitter, worin der Widerstreit aller Elemente des bürgerlichen Produktionsprozesses sich entladet" (MEGA II/2, 240). Im unveröffentlichten *Ökonomischen Manuskript 1861–63* heißt es: „Alle Widersprüche der bürgerlichen Production kommen in den allgemeinen Weltmarktkrisen collectiv zum Eclat" (MEGA II/3, 1154). Bei den Krisen handelt es sich um die „reale Zusammenfassung und gewaltsame Ausgleichung aller Widersprüche der bürgerlichen Oekonomie" (MEGA II/3, 1131), wie Marx 1865 im gleichsam unveröffentlichten Manuskript zum dritten Buch des *Kapital* bestätigte: „Die Crisen sind immer nur momentane gewaltsame Lösungen der vorhandnen Widersprüche und gewaltsame Eruptionen, um das gestörte Gleichgewicht wieder herzustellen." (MEGA II/4.2, 323) Eklat, Eruption, Ausbruch, Ungewitter – eine Krise ist wie eine Explosion oder ein Zusammenbruch: ein plötzlicher, unvermittelter und unerwarteter, gewaltsamer und zerstörender,

---

19 Marx habe „keine konkret ausformulierte Definition des Krisenbegriffs" geliefert (Steg 2019, 187). Die Reduktion der Thematik auf ökonomische Kausalitäten ist so stark, dass man offensichtlich einen Gegenstand ‚theoretisch' behandeln kann, ohne ihn begrifflich zu definieren, denn zugleich sei die Marx'sche „die wichtigste Krisentheorie des Kapitalismus" (Steg 2019, 186). Weil es mittlerweile als Vorurteil kursiert, dass Marx „keine systematische und zusammenhängende Krisentheorie verfasst" (Steg 2019, 203) haben soll, muss es um andere Krisentheorien sehr schlecht bestellt sein, wenn die Marx'sche – zusammenhangslos und ohne Definition ihres Gegenstands – „die wichtigste" sein soll.

knallender und dramatischer, aufsehenerregender und erhellender Umschlag in einen Zustand, der sich von dem, der ihm voranging, fundamental unterscheidet. Das französische Verb *éclater* hat den dreifachen Gehalt von sich gewaltsam teilen, sich manifestieren und glänzen/strahlen/aufleuchten. Diese drei Bedeutungen lassen sich auch im Marx'schen Krisenbegriff nachweisen.

Erstens zeichnet die Krisen das Moment des Brachialen aus: Sie sind ein „zerstörender Proceß" (MEGA II/3, 1123) und „gewaltsame Ausbrüche" (MEGA II/4.2, 505). Zerstört wird von den modernen Krisen stofflicher Reichtum (Waren, Produktionsmittel, Arbeitskraft), denn ihr „Grundphänomen" (MEGA II/3, 1149) ist für Marx dessen *Überproduktion* über seine Anwendbarkeit als Kapital hinaus. Weil in den Krisen stofflicher Reichtum nicht mehr in Geld verwandelt werden kann, vollstrecken sie dessen „Entwerthung" (MEGA II/1, 328) und „Vernichtung" (MEGA II/1, 356).[20] Das gilt nicht nur für Waren, die aus Unverkäuflichkeit vernichtet, für Produktionsanlagen, die aus Unrentabilität stillgelegt, und für den abstrakten Reichtum in der Form des Geldes, der aus Inkonvertibilität entwertet wird, sondern auch für eine Vielzahl von Menschen selbst. Die Krisen des Kapitals bedeuten immer unmittelbar eine *soziale Krise*, eine dramatische Verschärfung der Lebensbedingungen weiter Teile der Weltbevölkerung, eine Explosion der Arbeitslosigkeit, der Ruin ganzer Existenzen. Krisen sind der „Moment der Störung und Unterbrechung des Reproductionsprocesses" (MEGA II/3, 1125); ihr gefährliches und erschreckendes Wesen entspringt gerade der Erschütterung und dem Stillstand des Geldmarkts und des gesamten Systems der Produktion. Sie stellen daher, wie es im *Manifest der Kommunistischen Partei* (1848) heißt, „in ihrer periodischen Wiederkehr immer drohender die Existenz der ganzen bürgerlichen Gesellschaft in Frage" (MEW 4, 467/468). Auch wenn diese Störung unintendiert eintritt – wirklich niemand wollte diesen Schlamassel –, erfüllt sie zugleich eine Funktion für das Kapital: „das gestörte Gleichgewicht wieder herzustellen" (MEGA II/4.2, 323). Krise bedeutet also nicht einfach, dass das System nicht ‚funktioniert' oder ‚dysfunktional' geworden wäre, sondern das Kapital lebt und erneuert sich gerade durch die Krisen, die laut Marx die bestehenden Widersprüche „lösen" und „ausgleichen". Wie bereits John Fullarton – der, von der Dogmengeschichte einigermaßen in Vergessenheit geraten, als einer der wichtigsten Krisendenker des 19. Jahrhunderts angesehen werden muss – im Jahr 1844 vermutete, wirken der Ruin, die Entwertung und Zerstörung wie ein ‚reinigendes Gewitter' und eine Kur für eine bestehende „Plethora". Krise bedeutet also Reinigung durch Vernichtung. Damit präsentiert sich die bürgerliche Ökonomie, wenn sie in den Krisen stillsteht, in

---

20 In den *Grundrissen* schreibt Marx: „In einer Crise – einer allgemeinen Depreciation der Preisse – findet also zugleich statt bis zu einem gewissen Moment eine *allgemeine Entwerthung* oder *Vernichtung von Capital*. [...] Diese Entwertung erstreckt sich in allgemeinen Crisen bis auf das lebendige Arbeitsvermögen selbst." (MEGA II/1, 356)

einer besonders grellen Absurdität: als etwas, das sich nur durch Gewalt und Zerstörung am Leben erhalten kann.

Die Krisen *manifestieren*, zweitens, die besonderen Widersprüche einer historisch spezifischen Produktionsweise. Marx gelangte zu dem Schluss, dass die moderne Gesellschaft auf einer „*Versachlichung der Productionsverhältnisse* und ihrer *Verselbstständigung* gegen die Productionsagenten" (MEGA II/4.2, 852) beruht. Die Herrschaftsverhältnisse in der modernen Gesellschaft gründen nicht zuerst in persönlicher Abhängigkeit. Sie erschöpfen sich nicht darin, dass der Kapitalist den Arbeiter unterdrückt wie etwa ein Sklavenhalter den Sklaven, sondern nehmen vielmehr einen anonymen, unpersönlichen Charakter an. Die Krisen sind diejenigen Momente, in denen den modernen Menschen ihre versachlichten Verhältnisse „als *übermächtige,* sie willenlos beherrschende *Naturgesetze* und *blinde Nothwendigkeit* erscheinen und sich als solche ihnen gegenüber geltend machen" (MEGA II/4.2, 853). Die Krisen sind also (anders als es Jaeggi 2017 und Finke 2020 gern hätten) nicht ein Effekt enttäuschter normativer Erwartungen, bloße „Wahrnehmungsphänomene" (Mergel 2012) oder „in einem hohen Ausmaße von ihrer Perzeption abhängig" (Narr 1973, 226); sie sind auch kein Instrument einer ‚herrschenden Klasse' zur Durchsetzung ihrer Pläne und werden nicht einfach herbeigeredet. Es handelt sich stattdessen um Momente, in denen objektive, zwanghafte und durch niemanden kontrollierte Kräfte erscheinen und sich Geltung verschaffen. An dieser Auffassung hat Marx auch im ersten Band des *Kapital* (1867) bei seiner Bestimmung der Geldkrise als dem Eklat des Widerspruchs zwischen dem Geld in seinen Eigenschaften als Maß der Werte und als Zahlungsmittel festgehalten.[21] Egal, was die Menschen erwarten, wollen oder wahrnehmen: In einer Wirtschaftskrise tritt das Geld *immer* in seiner Funktion als Rechengeld zurück und in seiner Eigenschaft als Zahlungsmittel hervor.[22] Zu diesem Eklat gesellen sich der Schock und die Panik: die Angst der Warenbesitzer, dass das, was erst gestern noch als Geld funktionierte, heute nur noch ein Stück Papier, dass ‚ihr Geld' wertlos geworden ist. Auch wenn schon Marx im *18. Brumaire des Louis Bonaparte* (1852) die Verselbständigung des *Krisenbewusstseins* und der *Krisenstimmung* gegenüber den tatsächlichen Krisen betonte, werden echte Krisen weder von

---

[21] „Die Funktion des Geldes als Zahlungsmittel schließt einen unvermittelten Widerspruch ein. So weit sich die Zahlungen ausgleichen, funktionirt es *nur ideell* als *Rechengeld* oder Maß der Werthe. Soweit wirkliche Zahlung zu verrichten, tritt es nicht als Circulationsmittel auf, als nur verschwindende und vermittelnde Form des Stoffwechsels, sondern als die individuelle Incarnation der gesellschaftlichen Arbeit, selbstständiges Dasein des Tauschwerths, absolute Waare. Dieser Widerspruch eklatirt in dem Moment der Produktions- und Handelskrisen, der *Geldkrise* heißt." (MEGA II/5, 94)

[22] „[K]aum jemals [...] kann davon gesprochen werden, daß die Menschen eine gesellschaftliche Krise *wollen*. Krisen aber [...] entstehen auch dann, wenn sie niemand will; und sie können möglicherweise nicht beseitigt werden, obwohl alle sich für ihre Bewältigung einsetzen." (Prisching 1986, 63)

‚uns' ausgewählt noch von jemandem erfunden, definiert oder als Schockmittel eingesetzt, sondern ‚wir' werden von ihnen überwältigt und erfahren in ihnen besonders stark Ohnmacht, Kontrollverlust und eine fundamentale Unfreiheit.[23]

Indem sie die Widersprüche der bürgerlichen Produktion eklatieren lässt und hervorhebt, kann die Krise nicht einfach als eine Abweichung von einer ‚Normalität' verstanden werden. Sie ist zwar ein wesentlich anderer Zustand als derjenige, welcher der Explosion vorausging – wenn eine Krise ausbricht, scheint die Welt nicht mehr dieselbe zu sein – und erscheint insofern als temporärer Ausnahmezustand, als pathologisch und Abweichung von der Regel. In der an Marx angelehnten Krisentheorie ist manchmal die umgekehrte Tendenz zu einer Verabsolutierung der Krise zu einem permanenten Prozess zu beobachten. Aber so wenig wie die Krise eine einfache Ausnahme ist, kann sie einen Dauer- oder Normalzustand beschreiben, denn sie setzt als *Eklat* aller Widersprüche der bürgerlichen Produktion die Existenz anderer Zustände voraus, in denen diese Widersprüche zwar genauso vorhanden sind, aber in Latenz verweilen.[24] Marx' Verständnis der Krise ist daher eng an den industriellen Zyklus geknüpft, den „eigenthümliche[n] Lebenslauf der modernen Industrie, der uns in keinem früheren Zeitalter der Menschheit begegnet" (MEGA II/5, 509).[25] Marx begriff den typischen Ablauf der modernen Wirtschaftsgeschichte als eine sich periodisch wiederholende Aufeinanderfolge *verschiedener* Phasen von Stagnation, Prosperität und Krise (Otani 2018, 248). Der Begriff des Zyklus mag veraltet anmuten und

---

23 Wenn die Krisen im 19. Jahrhundert mit Bildern und Metaphern von Naturkatastrophen (Pest, Sturm, Tornado, Erdbeben, Lawine, Gewitter) beschrieben wurden, war dies kein zufälliger „Diskurs", um amorphe und „mysteriöse" ökonomische Prozesse zu naturalisieren und dadurch Handlungszugänge zu verkleinern (Fabian 1989, 137), denn der im Kladderadatsch erfahrene Kontrollverlust stellt sich nicht erst durch seine sprachliche Bezeichnung ein. Das rasante Zusammenklappen der Schuldenketten, bei dem eine Pleite unmittelbar eine weitere nach sich zieht, bildet die Grundlage für die epidemienartige Ausbreitung der Krisen. Diesem Kollaps entspricht, wie Marx bemerkte, das „Erschrecken" und „Schaudern" vor gesellschaftlichen Verhältnissen, die nun so undurchdringlich scheinen wie das Weltall: „Dies plötzliche Umschlagen des Kreditsystems in das Monetarsystem fügt den theoretischen Schrecken zum praktischen panic, und die Cirkulationsagenten schaudern vor dem undurchdringlichen Geheimniß ihrer eigenen Verhältnisse." (MEGA II/2, 208) Die Analogie zu den Naturkatastrophen ist gleichwohl zynisch, denn die ökonomischen Gesetze sind gesellschaftliche und damit überwindbare. – Dass es sich bei den „commercial storms" nicht um Katastrophen der ersten, sondern der zweiten Natur handelt, hat indes einige ihre Erforscher nicht davon abgehalten, in Naturphänomenen nach ihren Ursachen zu suchen. Berühmt ist der Versuch von William Stanley Jevons, die Periodizität der Krisen auf die Bewegung der Sonnenflecken zurückzuführen (dazu 5.4.2).
24 Eine Entgrenzung des Krisenbegriffs tendiert dazu, den Knalleffekt des Crashs verschwinden zu lassen. Die tatsächlichen Krisen geraten so aus dem Blick.
25 Häufig ist von einem „Krisenzyklus" die Rede. Dieser Begriff taucht infolge eines groben Übersetzungsfehlers zwar einmal in den Marx-Engels-Werken (MEW 34, 145) in einem Marx'schen Brief auf, aber Marx hat ihn tatsächlich nie verwendet (vgl. Kap. 4, Fn. 82). Nicht die Krise bewegt sich im Zyklus, sondern die große Industrie. – Marx hat viele Texte auf Französisch und Englisch verfasst, und es lohnt sich, immer den originalen Wortlaut zu konsultieren.

Vorstellungen evozieren, dass sich im Zyklus ewig das Gleiche wiederholt; es wäre wahrscheinlich ein Gewaltakt des Denkens, im Verlauf des 20. Jahrhunderts einen gleichmäßigen Zyklus nachweisen zu wollen. Aber wie sich zeigen wird, ist bereits Marx angesichts neuartiger Erscheinungen in den 1870er Jahren etwas davon abgerückt, den Zyklus als eine *Form*, das heißt als eine strenge Abfolge der Phasen in der gleichen Kreislaufbewegung aufzufassen. Explizit begriff er stattdessen nur noch die *Periodizität* der Wechselfälle als Form. Unter ‚Zyklus' sollte also nicht die einfache, kreislaufförmige Wiederholung des Ewiggleichen, sondern eher eine regelmäßige Wiederkehr von Phasen der Expansion, Kontraktion und Krise in einer offenen Serie ohne automatischen Phasenwechsel verstanden werden.

Bei der Krise indes handelt es sich um eine ‚normale', häufig nicht sehr lange Phase des Zyklus, in welcher die kapitalistische Produktion temporär stillsteht und in ihrem Fortbestand ernsthaft gefährdet ist. Sie kann in diesem Sinne weder als ‚Normalzustand' der Moderne noch als einfacher ‚Ausnahmezustand' im Sinne eines Systemfehlers oder einer Abweichung von der ‚Normalität', sondern als ein *normaler*, das heißt für die bürgerliche Gesellschaft spezifischer und typischer, periodisch wiederkehrender *Ausnahmezustand* verstanden werden, in dem paradoxerweise die Charakteristika dieser Gesellschaftsformation nicht länger unterdrückt werden, sondern explosionsartig in grellem Schein erstrahlen. Was als vermeintliche Pathologie und als singuläres Einzelnes aufleuchtet, hebt das Wesentliche glänzend hervor. Es ist aus Marx'scher Sicht also unzulänglich, die Differenz von Krise/Nicht-Krise als einen einfachen Gegensatz von Ausnahme/Normalität zu denken. Die Krise bezieht sich bei Marx nicht auf eine vermeintliche ‚Normalität', sondern auf eine Phase, in der sich die vorhandenen Widersprüche nicht manifestieren. Die Phase vor einer Krise ist eine, in der sich Zusammengehöriges bis zu einem gewissen Ausmaß voneinander trennt; die Krise ist derjenige Moment, in dem diese Trennung nicht länger aufrechterhalten werden kann und sich die Einheit des Zusammengehörigen gewaltsam herstellt. Was zerfällt, ist der Schein, dass die Trennung ewig möglich gewesen wäre. In der Krise kommt die Wahrheit der scheinbaren Normalität heraus.

Der Übergang in die Krise vollzieht sich, drittens, als Eklat, Umschlag oder Ausbruch: plötzlich, unvorhergesehen, laut, aufsehenerregend. Das französische Wort *éclat* bedeutet auch Glanz, Leuchten und Aufscheinen. Die Widersprüche werden also illuminiert, hervorgehoben und erstrahlen in einem grellen, lodernden Schein. Von dem Knall gehen somit starke epistemologische Wirkungen aus (vgl. Bader et al. 1975, 14/15; Steil 1993, 170; Breyer 2016): In der Krise rücken Aspekte der modernen Gesellschaft in das breite gesellschaftliche Bewusstsein, von denen dieses zuvor kaum etwas ahnte. Weil die Widersprüche vor dem Krach nur in Latenz lauerten, waren sie auch weniger deutlich vernehmbar. Die Krise bringt sie zur Erscheinung und lässt sie funkelnd erstrahlen. Sie enthüllt damit die wesentlichen Eigenschaften des Kapitals. Weil in den Krisen Widersprüche an die Oberfläche vordringen und damit deutlicher als in den anderen Phasen wahrnehmbar werden, treiben sie das wissenschaftliche, gesellschaftliche und politische Leben der Moderne an und brennen sich in dieses ein.

So hat Marx auch deshalb alle großen Krisen seiner Zeit so eingehend untersucht, weil diesen eine überragende Bedeutung für die politökonomische Forschung zukommt. Die Krisen verlaufen zwar nach einem allgemeinen Muster, aber sind dennoch auch als historisches Individuum zu studieren, da sich in ihnen meistens etwas Neues oder etwas vermeintlich Bekanntes in klarer Gestalt zeigt. Weil die Krisen die bestehenden (darunter auch die neuen) Widersprüche hervorheben und leichter erkennbar machen, wurde die politische Ökonomie des 19. Jahrhunderts wesentlich durch ihre Wiederkehr geprägt. Viele Ökonomen veränderten, erweiterten und verabschiedeten ihre Überlegungen, als sie sich im Angesicht einer Krise als untauglich erwiesen, die Krise Leerstellen enttarnte und neue Antworten verlangte. Es ist kein Zufall, dass Marx häufig zuerst Krisen studiert hat, ehe er neuen Anlauf zur Theoriebildung nahm. Die Krisen sind ein Ausgangspunkt des Forschungsprozesses. Zugleich sind sie Endpunkt des Darstellungsprozesses. In seinem 1857 entworfenen Sechs-Bücher-Plan zur Kritik der politischen Ökonomie wollte Marx den „Weltmarkt und die Crisen" im letzten Buch behandeln. Denn bei den Krisen handelt es sich in seinen Augen um das konkreteste, „das verwickeltste Phänomen der capitalistischen Production" (MEGA II/3, 1123): In ihnen sind viele Bestimmungen, eben *alle* Widersprüche der bürgerlichen Produktion (die daher vor der Darstellung der Krise entwickelt werden müssen) zusammengefasst. Das berühmte Marx'sche methodische Programm des Aufstiegs vom Abstrakten zum Konkreten umfasst wesentlich auch den Nachweis, wie sich die Widersprüche des Kapitalverhältnisses in einer Krise manifestieren.

Die Phasen des industriellen Zyklus sind darüber hinaus nicht nur ökonomische Bestimmungen, sondern weisen für Marx auch eine kulturelle, ‚subjektive' Seite auf. In den periodischen Wechselfällen Prosperität, Krise und Stagnation verdichten sich bestimmte Momente der bürgerlichen Produktion und daher entspringen ihnen ganze Vorstellungswelten, Illusionen, Fantasien, Denk- und Wahrnehmungsweisen. Der periodische Umschlag von Expansionsphasen in Krisen ist von einer kollektivpsychologischen Dynamik der bürgerlichen Gesellschaft begleitet. Die Krisen stellen oftmals Zäsuren ihrer Entwicklung dar; weil sich in diesen Momenten das gesellschaftliche Erkenntnisvermögen grundlegend verändert (Monday 2012), bilden sie die materielle Grundlage eines „psychischen und ideologischen Klimaumschlag[s] im öffentlichen Leben, [...] einer Gesinnungs-, Glaubens- und Ideenverlagerung" (Rosenberg 1976, 66) und einer „Umwälzung der bestehenden gesellschaftlichen, ökonomischen und politischen Strukturen" (Kim 1998, 8/9). Das gesellschaftliche Selbstverständnis ist erschüttert, das bislang Undenkbare wird plötzlich Realität, das ehemals Unkonventionelle zur ‚neuen Normalität'.

Die Liquidation des Kapitals bedeutet unmittelbar eine soziale Liquidation (in Gestalt von Arbeitslosigkeit, sinkenden Löhnen und zunehmender Prekarität) und drängt immer auch zu politischen Konsequenzen (Sewell 2012).[26] Nach der Erfahrung von 1847/48, als die erste sich über ganz Europa ausbreitende Wirtschaftskrise sogleich in die europaweite Revolution von 1848/49 mündete, verknüpfte Marx die Krisen eng mit einem Aufbruch sozialrevolutionärer Bewegungen. Da die Krisen die Reproduktion der Gesellschaft selbst infrage stellen und ihre weitere Existenz gefährden, gibt sich die kapitalistische Produktionsweise in solchen Momenten als vorübergehende, keinesfalls absolute oder ewige Produktionsform zu erkennen. In den *Grundrissen* (1857/58) bezeichnete Marx die sich in den Krisen vollziehende Kapitalvernichtung als „die schlagendste Form" (MEGA II/1, 623), in der dem Kapital geraten wird, von der historischen Bühne abzutreten. Ein Ende des Kapitalismus wäre am ehesten vorstellbar, wenn er gerade sowieso stillsteht und nicht ‚funktioniert'. Die Krisen waren für Marx daher nicht nur als Objekt der Forschung und Ziel der Darstellung wichtig, sondern nahmen auch in seinen politischen Vorhaben eine zentrale Rolle ein. Marx' wesentlicher Beitrag zu einer politischen Kritik und zum ‚Klassenkampf' ist nicht nur seine Mehrwert- und Ausbeutungstheorie, sondern auch der Nachweis, dass der Kapitalismus nicht ‚alternativlos' ist (Kwack 2005, 30). Die Krisen demonstrieren praktisch seine Untragbarkeit, lassen nahezu automatisch den Zweifel entstehen, ob es sich bei der gegenwärtigen Welt wirklich um die einzig mögliche handelt, und drängen zu dem Gedanken, dass es auch eine andere Form der Reichtumsproduktion geben kann. Aber weil sich die bürgerliche Gesellschaft in solchen Momenten „plötzlich in einen Zustand momentaner Barbarei zurückversetzt" (MEW 4, 468), lassen sich bei Marx zugleich auch viele Hinweise auf das ‚regressive' Potential von Krisenzeiten finden. Die Krisen weisen über den Kapitalismus hinaus, gleichen seine Konflikte gewaltsam aus und versetzen auch jedes Mal an seine barbarischen Anfänge zurück.

Marx lesen

Für eine neue Untersuchung von Marx' Beiträgen zu den Krisen ist entscheidend, dass dafür ausschlaggebendes Material erst in den letzten Jahren im Rahmen der Marx-Engels-Gesamtausgabe (MEGA) veröffentlicht worden ist. Neue Zeitungsartikel und Briefe von Marx zu den Krisen des 19. Jahrhunderts, unzählige Exzerpte zur politischen Ökonomie, die Manuskripte zum unvollendet gebliebenen *Kapital*, in denen erstmals Marx' originale Fassung unabhängig von den von Friedrich Engels herausgegebenen Editionen eingesehen werden kann, sowie insbesondere seine umfangreichen Untersuchungen der großen Krisen seiner Zeit in den *Londoner Heften 1850–53*, den *Krisenheften* von 1857/58 und den Exzerptheften von 1868/69, wurden erst in den

---

26 „Die ‚Wirtschaftskrisen' erweisen sich als wesentliche Grundlage der ‚sozialen' und ‚politischen' Krisen der bürgerlichen Gesellschaft." (Bader et al. 1975, 15)

letzten Jahren in der MEGA zugänglich gemacht. Neben dem Verlauf des 21. Jahrhunderts, das zu einem Zeitalter der Krisen zu werden droht, und den unüberbrückbar scheinenden Differenzen in der Marx-Rezeption ist es dieses neue Material, das geradezu dazu auffordert, sich noch einmal das Marx'sche Werk vorzunehmen. Weniger hilfreich ist dabei, dass relevante Texte weiterhin in Archiven liegen: Marx hat etwa 1878/79, rund fünf Jahre vor seinem Tod, abermals Krisen, Kredit- und Bankwesen studiert und daneben den Konjunkturverlauf in Briefen, Exzerpten und Sammlungen von Zeitungsausschnitten festgehalten und diskutiert. Wegen der Unverfügbarkeit der Marx'schen Exzerpthefte der 1870er Jahre muss der hier untersuchte Zeitraum mit der Krise von 1866 abschließen.

Auch wenn sich bei Marx und seinen Quellen sowie in der jüngeren Forschung aufschlussreiches und noch wenig bekanntes Material für eine zusammenfassende Krisengeschichte des 19. Jahrhunderts versammeln ließe, will die vorliegende Arbeit sich nicht an einer solchen versuchen. Vielmehr laden die ‚neuen' Texte dazu ein, als Ausgangspunkt einer ‚neuen' Marx-Lektüre zu dienen und die Entstehung und die Entwicklung von Marx' Krisentheorie entlang seiner Studien und Analysen der allgemeinen Wirtschaftskrisen seiner Zeit nachzuzeichnen.[27] Die hier verfolgte Darstellung ist daher mit Ausnahme des vierten Kapitels, welches das Krisenproblem in der logischen Struktur des Marx'schen *Kapital* behandelt, überwiegend chronologisch. Dadurch wird es möglich zu untersuchen, inwiefern die Theorieentwicklung bei Marx mit der Ereignisgeschichte verkettet ist und welche Kontinuitäten in seiner Krisentheorie bestehen beziehungsweise welche Veränderungen diese durchlaufen hat. Insbesondere die ‚Orthodoxie' in ihrem Beharren darauf, dass die Logik der Marx'schen Kapitalanalyse doch ‚stimmig' sei, betrachtet deren Entwicklung höchstens unter dem teleologischen Gesichtspunkt der Perfektibilität, wonach Marx hin zu einer immer besseren, klareren, genaueren Fassung fortgeschritten sei. Mittlerweile ist es allerdings gleichsam zu einem Gemeinplatz geworden, dass *Das Kapital* unvollendet geblieben ist und Marx nur eines von vier geplanten Büchern veröffentlicht hat. Die Forderung nach einer Anpassung der unfertigen Marx'schen Theorie an ‚historische Umstände' ist bereits ein zentrales Ideologem des chinesischen Parteistaats. Durch die hier verfolgte Vorgehensweise mag nicht zuletzt eine Überwindung des unbefriedigenden Gegensatzes zwischen ‚Orthodoxie' und ‚Revisionismus' in den Bereich des Denkbaren gelangen und so etwas wie eine ‚Entwicklungslogik' der Marx'schen Theorie selbst entworfen werden. Sofern Marx seine Ideen anzweifelte, erneuerte oder über den Haufen warf, geschah dies nicht immer zuerst aus rein logischen, theorieimmanenten Erfordernissen, sondern war mit den Umwandlungsprozessen des Kapitals selbst unzertrennlich verbunden. Wie das Kapital nicht rasten kann und die Welt

---

[27] Mit einer Entstehung und Entwicklung der Marx'schen Krisentheorie, allerdings zumeist ohne nähere Berücksichtigung der Krisen seiner Zeit, haben sich Itoh (1980), Perelman (1987) und Clarke (1994) beschäftigt.

beständig umgraben muss, kann auch der Marx'sche Lernprozess nie zu einem Abschluss kommen. Auch weil die Krisen die neusten Umwandlungsprozesse zusammenfassen und hervorheben, spielen Marx' (empirische) Krisenstudien eine so große Rolle für seine Theorieentwicklung.

Die Entwicklung der Krisentheorie von Marx und die dargelegten Momente seines Krisenbegriffs werden in fünf Kapiteln verfolgt.

Gegenstand des erstens Kapitels ist die Verarbeitung der wiederkehrenden Wirtschaftskrisen in der bürgerlichen und sozialistischen politischen Ökonomie zwischen Ende des 18. Jahrhunderts und 1866. Eine Kritik der politischen Ökonomie, wie Marx sie unternehmen wollte, setzt die wissenschaftliche Disziplin der politischen Ökonomie voraus, von der die Formen und Gesetze der kapitalistischen Produktionsweise gedanklich verarbeitet werden. Die Periodizität der Krisen stellte sich Ende des 18. Jahrhunderts ein, und als Marx 1818, in einem Jahr der Krise, das Licht der Welt erblickte, war aufmerksamen Ökonomen gerade klar geworden, dass es sich bei diesem Phänomen um einen Schlüssel zum Verständnis der bürgerlichen Gesellschaft handelt. Die politischen Ökonomen dieser Zeit reflektierten gezielt über die historischen Krisen, ihre Ursachen, ihren Verlauf und die zu ihrer Abwehr zu ergreifenden Maßnahmen. Im Angesicht der Krisen wurden zwei der wichtigsten Theoreme der klassischen politischen Ökonomie – ‚Says Gesetz' und Ricardos Quantitätstheorie des Geldes – formuliert und revidiert. Insbesondere Jean-Baptiste Say, James Mill und David Ricardo konstruierten die bürgerliche Ökonomie als ein perfektes System, das offensichtlich nicht immer mit der historischen Wirklichkeit übereinstimmen wollte. Gleichwohl stellten Leugnung, Externalisierung und Kleinreden von Krisen nicht die einzigen Reaktionsweisen der politischen Ökonomie dar, denn sie wären zu einer Behandlung des Phänomens vollkommen untauglich. So wurde Ricardos Quantitätstheorie von der geldpolitischen *Currency School* herangezogen, um mit der Kontrolle der Papiergeld-Emissionen ein Allheilmittel für die Krisen zu entwerfen. Als die eigentlichen Meister der Krise geben sich allerdings der Geldtheoretiker John Fullarton und der Staatsbankdenker Walter Bagehot, als wahrer Krisenideologe Thomas Robert Malthus zu erkennen. Ein Vergleich zwischen der Krisentheorie von Simonde de Sismondi einerseits sowie dem Krisendenken des Frühsozialisten Robert Owens und der auf ihn folgenden englischen Arbeiterökonomen andererseits wird außerdem zutage befördern, dass Marx in vielfacher Hinsicht an Sismondi anknüpfte, in dem er den Beginn einer Kritik der politischen Ökonomie erkannte. Das ist allein deshalb bemerkenswert, da zumeist davon ausgegangen wird, dass die Kritik der politischen Ökonomie ein genuin Marx'sches Unternehmen sei.

Im zweiten Kapitel steht neben dem Beitrag des jungen Friedrich Engels zur Marx'schen Krisentheorie und dem krisenbezogenen Gehalt der ersten Marx'schen politökonomischen Schriften wie den *Ökonomisch-philosophischen Manuskripten* (1844), der *Misère de la philosophie* (1847) und dem *Manifest der Kommunistischen Partei* (1848) sowie den großen Exzerpten in den *Pariser Heften* (1844), *Brüsseler Hef-*

ten und *Manchester Heften* (beide 1845) vornehmlich Marx' Ausarbeitung einer Krisendiagnostik in den *Londoner Heften* von 1850/51 im Mittelpunkt. Nach der Erfahrung, dass die erste gesamteuropäische Krise von 1847/48 in eine europaweite Revolution mündete, galt Marx eine neue Krise als Bedingung einer neuen Revolution. So unternahm er zu Beginn der *Londoner Hefte* umfangreiche Studien, durch die er sich dazu befähigen wollte, diese neue Krise zu prognostizieren. Die Aufarbeitung der gerade vergangenen Krise mitsamt ihren ökonomisch-technischen Details stellte eine Voraussetzung eines Verlaufsmodells dar, mit dessen Hilfe abschätzbar wäre, wann ihre Nachfolgerin ausbricht, wie sie verläuft, welchen Charakter sie annimmt und wohin sie gerät. Dabei war der Konnex zwischen ökonomischem Kollaps und politischem Aufruhr bei Marx schon zu diesem Zeitpunkt kein völlig bruchloser und zwingender, denn beide sah er durch eine Krise der Staatsfinanzen vermittelt.

Das dritte Kapitel stellt dar, wie Marx im Zuge seiner langjährigen Echtzeit-Beobachtung des industriellen Zyklus der 1850er Jahre in Zeitungsartikeln etwa für die *New-York Tribune*, im Briefwechsel mit Engels und in wirtschaftsgeschichtlichen Exzerpten aus den damals aktuellen Bänden von Thomas Tookes *History of Prices* diverse Revisionen an seinem 1850/51 entworfenen Modell des Zyklus und des Krisenverlaufs vorgenommen hat. Im *18. Brumaire des Louis Bonaparte* identifizierte er eine scheinbare Krise als den entscheidenden Moment, der 1851 den Staatsstreich Napoleons III. ermöglichte und die Welt damit um das Phänomen des Bonapartismus (einer Form des autoritären Staats) bereicherte, das sich unter anderem durch eine komplexe Verschlingung von Staat und Wirtschaft auszeichnete. Auf dem Höhepunkt der durch einen amerikanischen Bankencrash ausgelösten und sich rasant auf dem Erdball ausbreitenden Weltwirtschaftskrise von 1857/58 arbeitete Marx seine ökonomische Theorie in den *Grundrissen* aus und erwog zugleich die Abfassung einer Broschüre über die Ereignisse. In Vorbereitung auf seine geplante Chronik der Krise trug er in den drei *Krisenheften* Material über ihren Verlauf auf den Geld-, Industrie- und Rohstoffmärkten, ihre Ausdehnung über den Globus und die Rolle des Staats bei ihrer Moderation zusammen. Einige, aber bei weitem nicht alle auf Basis des alten Verlaufsschemas erstellten Prognosen trafen mit der Weltmarktkrise tatsächlich ein. Die komplexe Gestalt des neuen Zyklus hat Marx in den *Grundrissen* und *Zur Kritik der politischen Ökonomie* zu einer multilinearen Konzeption der Verhältnisse von ‚Produktion und Finanz', Ökonomie und Staat, Krise und Erkenntnis gedrängt. Seine neuen Erkenntnisse stellten auch eine theoretische Verarbeitung der beobachteten Handelsgeschichte dieses Jahrzehnts dar.

Marx' Diskussion des Krisenproblems in der logischen Struktur der drei Bücher des in den 1860er Jahren entstandenen *Kapital* ist Gegenstand des vierten Kapitels. Hier werden die eingangs aufgeworfenen Fragen aufgegriffen, worin Erklärungsanspruch und Kern, Methode und Reichweite der Marx'schen Krisentheorie im *Kapital* zu sehen sind. Dabei wird gezeigt, dass Marx plausible Überlegungen über die Unvermeidbarkeit der Krisen im Kapitalismus entwickelte und dass seine Krisentheorie nicht auf einen einzigen Umschlagmechanismus reduziert werden kann. Zwar wäre es unnötig, diese Konzeption zu verabschieden, da mit ihrer Hilfe das fundamentale Faktum begriffen werden kann, dass die Krisen keine (einmaligen oder wiederholten) Unfälle und innerhalb der bürgerlichen Gesellschaft schlussendlich nicht zu verhindern sind. Dennoch ist diese Theorie nicht abgeschlossen: Marx selbst wäre nicht der Auffassung gewesen, im *Kapital*, selbst wenn er es hätte vollenden können, alles Wesentliche zu den Krisen gesagt zu haben. Seine Krisentheorie könnte auf verschiedenen Wegen für das 21. Jahrhundert weiterentwickelt werden.

Im fünften Kapitel wird demonstriert, dass Marx auch während der Arbeit am *Kapital* die Beobachtung des industriellen Zyklus und der Krisen nicht einstellte und ihn vielmehr neuartige Phänomene zu einer Erweiterung seiner Krisentheorie drängten. In den 1860er Jahren waren gegenüber den vorangegangenen Zyklen gleich mehrere ‚untypische' Erscheinungen zu verzeichnen, die Marx allesamt in seinen ökonomischen Manuskripten aufgegriffen hat: die große, aus dem ‚externen Schock' einer Handelsblockade resultierende Unterbrechung des Reproduktionsprozesses der englischen Baumwollindustrie in der *Cotton Famine*; der englische Gründerboom infolge dieser Rohstoffkrise, der 1866 in einer Krise neuen Typs eklatierte, die sich mit Marx als die erste große Finanzkrise des industriellen Zeitalters begreifen lässt; schließlich die an diese Finanzkrise anschließende ungewöhnlich lange Stagnationsphase. Schon im 19. Jahrhundert führten politische Ökonomen die Krisen häufig auf das Wirken autonomer Kräfte der Finanzsphäre zurück und erklärten sie zu einer Frage der Organisation des Geld- und Kreditwesens, aber im Unterschied zu einem falsch verstandenen ‚historischen Materialismus' betrachtete Marx den Kredit nicht als sekundär oder als eine einfache Ableitung aus ‚der Produktion', sondern als die Krisen mithervorbringend und entscheidend prägend. Marx gilt als der Theoretiker der Produktion schlechthin, aber er hat immer wieder auch riesige Materialsammlungen zu den Bewegungen des Geldmarkts, den jüngsten finanziellen Innovationen, den Vorgängen auf dem zentralen Finanzplatz in der City of London sowie den aktuellen Geldtheorien angelegt und diskutiert. In Marx' Verständnis des Verhältnisses zwischen ‚Produktion und Finanz' hat es große Verschiebungen gegeben, und die Krisen waren diejenigen Momente, die zu diesen drängten. Er beabsichtigte zudem, anhand der Krise von 1866 geläufige Praktiken der Wirtschaftskriminalität, des Finanzbetrugs und des Börsenspiels im dritten Buch des *Kapital* bloßzulegen.

Schon diese ersten Ausführungen zeigen, dass es sich bei den Weltmarktkrisen um ein kompliziertes, reich bestimmtes und vielseitiges, eben „das verwickeltste Phänomen der capitalistischen Production" handelt. Ohne vor der Komplexität des Phänomens zu kapitulieren und ohne den Zugang zur Individualität der einzelnen Krisen zu verstellen, hat Marx sich um eine begriffliche Verallgemeinerung bemüht. Auch wenn zu bezweifeln ist, dass sich 155 Jahre nach der Veröffentlichung des ersten Bandes des *Kapital* alle Elemente seiner Krisentheorie ohne Weiteres auf die Gegenwart übertragen lassen, gibt es bei Marx mehr denn je einen wahren Reichtum zu entdecken.

1 Politische Ökonomie der Krisen, 1797–1866

Und der Märkte runder Wirbel stockt zu Eis.
Es wird still. Sie sehn sich um. Und keiner weiß.

Georg Heym: Der Krieg I

Soweit mit Recht von einer Krise der Wissenschaft gesprochen wird, ist sie von der allgemeinen Krise nicht zu trennen.

Max Horkheimer: Bemerkungen über Wissenschaft und Krise (1932, 7)

Schließlich würde ich an Deiner Stelle den Herrn Demokraten en général bemerken, daß sie besser thäten, sich erst mit der Bourgeoislitheratur selbst bekannt zu machen, ehe sie sich unterfangen, den Gegensatz zu derselben anzubellen. [...] Sie sollten sich mit den Anfangsgründen der politischen Oekonomie bekannt machen, eh' sie die Kritik der politischen Oekonomie kriticiren wollen.

Marx an Joseph Weydemeyer, 5. März 1852
(MEGA III/5, 75)

Als sich mit Aufkommen des industriellen Kapitalismus am Ende des 18. Jahrhunderts Störungen, Unterbrechungen und Krisen des Wirtschaftslebens mit periodischer Regelmäßigkeit einzustellen begannen, war dies ein geschichtliches Novum, das auch die politische Ökonomie, jene im 17. Jahrhundert entstandene wissenschaftliche Disziplin, die sich mit der Produktion und Distribution des gesellschaftlichen Reichtums und ihrem Verhältnis zu Staat, Gesetz und Regierung befasst, maßgeblich geprägt hat. Weil Marx seine Diskussionen über die Krisen immer auch entlang der klassischen politökonomischen Auffassungen geführt hat, ist ein Verständnis der Klassiker eine wichtige Voraussetzung für das Verständnis der Marx'schen Theorie.

Dies ist keine Beiläufigkeit, denn Marx verlieh seinem unvollendet gebliebenen ökonomischen Hauptwerk *Das Kapital* über die allgemeinen Grundsätze der kapitalistischen Produktionsweise den Untertitel *Kritik der politischen Ökonomie*. Kritik der politischen Ökonomie bedeutet nicht einfach, irgendwie über ‚Kapitalismus' zu sprechen, sondern dies durch eine Auseinandersetzung mit der ökonomischen Wissenschaft zu tun. Dass „die Anatomie der bürgerlichen Gesellschaft" laut Marx „in der politischen Oekonomie zu suchen sei" (MEGA II/2, 100), heißt nicht weniger, als dass die Aneignung der politischen Ökonomie ein Ausgangspunkt und eine notwendige Voraussetzung eines theoretischen Verständnisses des Kapitalismus ist. Kritik der politischen Ökonomie setzt die politische Ökonomie voraus. Dabei geht es nicht um eine schlichte Aneignung von Wissen und Kenntnissen oder um eine bloße Denunziation der Denkfehler dieser Wissenschaft; vielmehr verweist das politökonomische Denken – seine Kategorien, Widersprüche und Methoden – auf die gesellschaftlichen Formen selbst. Die Kategorien der politischen Ökonomie sind „gesellschaftlich gültige, also objektive Gedankenformen" (MEGA II/5, 47). Die Gedanken der Ökonomen wachsen aus den gesellschaftlichen Verhältnissen hervor und sind ein Symptom der objektiven Struktur des Kapitalismus. Sie sind der theoretische Ausdruck des Systems der bürgerlichen Ökonomie, das Marx logisch darstellen und durch diese Darstellung kritisieren wollte.[1] Sie sind meistens nicht einfach nur ‚falsch', sondern enthalten noch in ihrer Falschheit eine Wahrheit über das Kapital. Weil die ökonomischen Kategorien selbst bestimmte Gedanken über sie nahelegen, erlaubt eine Untersuchung dieses Denkens Rückschlüsse auf die sozialen Formen, denen es entspringt. *Kritik* der politischen Ökonomie meint daher sowohl den Kampf gegen die Theoretiker des Kapitals als auch das analytische Verfahren der Beurteilung und Prüfung ihres Wissens und der Scheidung ihrer Irrtümer von den gültigen Momenten.

Wegen der engen Verknüpfung seiner eigenen Darstellung und Kritik der kapitalistischen Produktionsweise mit der Kritik derjenigen Wissenschaft, die sich mit dieser beschäftigt, beabsichtigte Marx, das vierte und letzte Buch des *Kapital* der „*Geschichte der Theorie*" (MEGA II/5, 14) der politischen Ökonomie zu widmen. Wenn in den ersten drei Büchern der logische Zusammenhang der kapitalistischen Kategorien dargestellt wäre, „[d]ann ist noch das 4. Buch, das historisch-litterarische zu schreiben, was mir relativ der leichteste Theil ist, da alle Fragen in den 3 ersten Büchern gelöst sind, dieß letzte also mehr Repetition in historischer Form ist" (Marx an Engels, 31. Juli 1865 [MEGA III/13, 510]). In der „Repetition" der theoretischen Fragen „in historischer Form" sollte das in einem jahrhundertelangen Prozess entstandene Wissen der politischen Ökonomie – die wahren Momente, Entdeckungen und Erkenntnisfortschritte, die Verwechslungen und Vulgarisierungen, die Apologetik und die Illusionen – literarisch prägnant zusammengeführt und in ein Verhältnis zu den ihm zugrundeliegenden ökonomischen Formen und Gesetzen sowie auch zu den zeitspezifischen Umständen und praktischen Anlässen seiner Entstehung gesetzt werden. Kurzum: Marx wollte in einer ‚dogmengeschichtlichen' „Rundschau" (MEGA II/2, 219) zeigen, wie sich im Denken der politischen Ökonomie sowohl die Logik als auch die Geschichte des Kapitalismus widerspiegelt. Marx hat dieses Vorhaben als „Kritik u. Geschichte der polit. Oekonomie u. des Socialismus" (MEGA III/9, 73) bezeichnet und damit auf eine doppelte Stoßrichtung seiner Rundschau hingewiesen: gegen die Apologetik und die begrenzten Fähigkeiten der bürgerlichen Ökonomie, die eigenen Verhältnisse zu durchschauen, und gegen die so ungenügende wie irreführende sozialistische Kritik an diesen Verhältnissen. Mit der erkenntniskritischen Geschichte der bürgerlichen und sozialistischen politischen Ökonomie im vierten Buch des *Kapital* wäre Marx zu dem konkreten Material zurückgekehrt, das einen Ausgangspunkt seiner Untersuchung bildete.

---

[1] Er schrieb Ferdinand Lassalle am 22. Februar 1858 die viel zitierten Worte: „Die Arbeit, um die es sich zunächst handelt, ist *Kritik der ökonom. Categorien*, od., if you like, das System der bürgerlichen Oekonomie kritisch dargestellt. Es ist zugleich Darstellung des Systems u. durch die Darstellung Kritik desselben." (MEGA III/9, 72)

Das vierte Buch des *Kapital* wäre daher bei weitem nicht auf eine Geschichte der Kategorie des Mehrwerts beschränkt gewesen, sondern hätte ebenso Bemerkungen zur Geschichte der Krisentheorie umfasst.² In seiner Schrift *Zur Kritik der politischen Ökonomie* (1859) jedenfalls hat Marx gleich drei Mal im Anschluss an die logische Darstellung der entsprechenden Kategorie einen historischen Abriss – über die Theorien der Ware (MEGA II/2, 130–139), des Geldes als Maßeinheit (MEGA II/2, 149–157) sowie des Geldes als Zirkulationsmittel und als Geld (MEGA II/2, 217–245) – eingefügt und ist dabei auch ausführlich auf krisentheoretische Aspekte zu sprechen gekommen. In diesen Abrissen rekapitulierte er die verschiedenen Funktionen, die das Geld im Warentausch erfüllt, in Gestalt einer Geschichte zweier fundamental verschiedener Auffassungen über das Geld. Im frühkapitalistischen 16. und 17. Jahrhundert entstand angesichts der europäischen Kenntnis von den amerikanischen Gold- und Silberschätzen und der ihr folgenden barbarischen Raubzüge in Südamerika, wo die indigene Bevölkerung versklavt, ausgerottet und „in die Bergwerke" (MEGA II/5, 601) eingegraben wurde, unter Ökonomen die Vorstellung des „Monetarsystems", wonach es sich bei dem Geld, zumal in seiner metallischen Gestalt, um die einzige Form des Reichtums handelt. Diese Vorstellung wurde von der politischen Ökonomie im Zuge der Industrialisierung, der Verallgemeinerung der Warenproduktion und der Ausbildung eines bürgerlichen Arbeitskults mehr und mehr aufgegeben. Das Geld wurde in diesem Revisionsprozess zunehmend reduziert auf ein bloßes Mittel, das die Waren umlaufen lässt. Beide Auffassungen haben gegeneinander Recht und verkennen damit die wahren Momente der jeweils anderen: Die Vertreter des Monetarsystems sahen von der (Waren-)Produktion ab, die Ökonomen der Industrialisierungsepoche wie Adam Smith, Jean-Baptiste Say, James Mill und David Ricardo von der Besonderheit der Geldform. Wie anhand der folgenden Geschichte der Krisentheorie bis 1866 gezeigt wird, beziehen sich diese scheinbar gegensätzlichen Auffassungen über das Geld auf einen wirklichen Widerspruch zwischen Ware und Geld.

Wegen der Neuartigkeit der Wirtschaftskrisen kann sich eine Geschichte des Krisendenkens auf einen vergleichsweise kurzen Zeitraum konzentrieren. Zwar ereigneten sich Geldkrisen in unregelmäßigen Abständen ab Anfang des 17. Jahrhunderts schon vor dem industriellen Kapitalismus, und daher lassen sich auch bei Adam Smith einige wenige Überlegungen dazu finden.³ Aber zu einem mit periodischer Re-

---

2 Der als *Theorien über den Mehrwert* bekannte Teil des Marx'schen *Manuskript 1861–63* hat mit dem später geplanten vierten Buch unmittelbar nichts zu tun. Marx dachte, dass im vierten Buch „die Geschichte der Politischen Oekonomie seit Mitte des 17. Jahrhunderts" (Marx an Sigfrid Meyer, 30. April 1867 [MEGAdigital]) ihren Platz finden müsse.
3 Marx schrieb daher: „Smith kennt noch nicht das Phänomen der Ueberproduction; Crisen aus Ueberproduction. Was er kannte, sind blose Credit- und Geldcrisen, die mit dem Credit- und Banksystem sich von selbst einfinden." (MEGA II/3, 1146) Siehe Clapham (1944, I, 224–272) für die Londoner Geldkrisen im 18. Jahrhundert, deren Intensität (gemessen etwa an der Anzahl der Bankrotte) und

gelmäßigkeit wiederkehrenden Phänomen wurde die Krise erst Ende des 18. Jahrhunderts: beginnend mit den Geldkrisen von 1793 und 1797 über die Krisen von 1810/11, 1815/16 und 1818/19 rund um die Napoleonischen Kriege bis hin zur ersten allgemeinen, von der Überproduktion der englischen Baumwollindustrie ausgehenden Krise von 1825 sowie der großen Krise von 1836/37 und ihrer Reprise im Jahr 1839. Angesichts der Krisen ihrer Zeit dachten Say, Ricardo und seine Anhänger James Mill, John Ramsay McCulloch und Robert Torrens gezielt über ihre Ursachen, ihren Verlauf und die zu ihrer Abwehr zu ergreifenden Maßnahmen nach. Sie entwarfen und revidierten dabei die beiden wichtigsten krisenbezogenen Theoreme der klassischen politischen Ökonomie, bekannt als ‚Says Gesetz' und Ricardos ‚Quantitätstheorie des Geldes' (Abschnitt 1.1), welche die Kritik durch Thomas Robert Malthus, J. C. L. Simonde de Sismondi sowie Robert Owen und die Arbeiterökonomen der *Popular Political Economy* auf sich zogen (1.2 bis 1.4). Die Möglichkeit der Vermeidung und Beherrschung von Krisen war in der Folge der Hauptgegenstand des Streits zwischen den geldpolitischen Kontrahenten der *Currency School* und der *Banking School* in den beiden Dekaden nach der Krise von 1836/37, den Walter Bagehot nach der Finanzkrise von 1866 mithilfe einer Synthese beider Schulen zu lösen versuchte (1.5).

Weil sich in den politökonomischen Krisentheorien die Krise als eine objektive Form spiegelt, besteht die Aufgabe einer Geschichte der Kritik der politischen Ökonomie weder in einer rein ‚immanenten' Kritik der politischen Ökonomie im Sinne einer bloßen Dokumentation der Widersprüche zwischen einzelnen Konzeptionen, noch in einer vollständigen Darstellung ihrer geschichtlichen Aufeinanderfolge (vgl. Arnhold 1979a). Sie hat vielmehr diejenigen Kategorien und Strukturen zu ermitteln, in denen die gesellschaftlichen Formen und Gesetze gedanklich zum Ausdruck gebracht werden. Inwiefern also sind die bürgerlichen und sozialistischen Ökonomen zu einer Verarbeitung der historischen Krisen bewegt worden, das heißt, wie und in welcher Form haben sich die Krisen in ihrem Denken niedergeschlagen? Von besonderem Interesse sind in der folgenden Untersuchung Marx' Einschätzungen dieses Zusammenhangs, da sie darauf hindeuten, an welchen Problemen seine Krisentheorie ansetzt. Die Hauptthese lautet, dass das bürgerliche und sozialistische Krisendenken um zwei miteinander zusammenhängende Widersprüche kreiste, die es nicht vermittelnd auflösen konnte: Neben dem angedeuteten Widerspruch zwischen Ware und Geld ist der zweite Gegensatz der zwischen Theorie und Geschichte (beziehungsweise Theorie und Empirie). Beide Problemkomplexe wurden von Sismondi am produktivsten bearbeitet und waren auch für die Marx'sche Krisentheorie von größter Bedeutung.

Umfang (internationale Ansteckung) nicht mit den Krisen des 19. Jahrhunderts mithalten konnten. Auf dem europäischen Kontinent gab es 1763, 1772, 1778/79 und 1799 auf vereinzelte Handelsplätze begrenzte Krisen. Die Ereignisse von 1763, als die Krise von Amsterdam nach Hamburg übergriff, erwähnte Smith (1776, I, 292 u. 308) beiläufig im *Wealth of Nations* im Zusammenhang mit Papiergeldmissbrauch und exzessiver Kreditausdehnung.

1.1 ‚Says Gesetz' und Ricardos ‚Fatalismus'

> In keiner andern Wissenschaft außer der politischen Oekonomie herrscht ähnliche Wichtigthuerei mit elementarischer Gemeinplätzlichkeit. Z. B. J. B. Say nimmt sich heraus, über die Krisen abzuurtheilen, weil er weiß, daß die Waare *Produkt* ist.
>
> Marx: Das Kapital. Bd. 1 (MEGA II/5, 74)

> Dies Gesetz mit seiner steten Ausgleichung, wo, was hier verloren, dort wieder gewonnen wird, findet der Oekonom wunderschön. Es ist sein Hauptruhm, er kann sich nicht satt daran sehen und betrachtet es unter allen möglichen und unmöglichen Verhältnissen.
>
> Friedrich Engels: Umrisse zu einer Kritik der Nationalökonomie (MEGA I/3, 484)

Bekanntermaßen hat der französische Ökonom Jean-Baptiste Say sein erst im 20. Jahrhundert zum ‚Gesetz' erklärtes Theorem, wonach „Produkte mit Produkten bezahlt werden"[4] und es daher keine Überproduktionskrisen in warentauschenden Gesellschaften geben kann, in der ersten Auflage seines *Traité d'économie politique* von 1803 bloß rudimentär angedeutet und erst in der 1814 erschienenen zweiten Auflage des Werks ausführlicher entwickelt.[5] Es ist jedoch kaum gefragt worden, welche der vier Momente seines ‚Gesetzes' – die da lauten: Produkte werden mit Produkten bezahlt; Geld ist nur ein Instrument im Warentausch und spielt keine eigenständige Rolle; die Produktion ist ins Unendliche steigerbar, es besteht keine Grenze der Akkumulation; wenngleich eine besondere Ware überproduziert werden kann, sind allgemeine Überproduktionskrisen unmöglich (dazu Shoul 1957) – Say überarbeitet hat und aus welchen Gründen dies geschehen ist.

Das berühmte Kapitel *Des Débouchés* („Von den Absatzmärkten") eröffnet Say in der ersten Ausgabe des *Traité* mit einer Robinsonade. Ein einzelner Produzent inmitten einer Gesellschaft, die nicht für den Markt produziert, bleibe dazu verdammt, auf seinen Überschüssen sitzen zu bleiben, da keine Tauschmittel zu dessen Absatz vorhanden seien; erst durch das Hinzutreten weiterer Produzenten werde Verkauf möglich. Say will in der ersten Auflage vor allem eines beweisen: dass es nicht das Geld ist, das die Absatzmöglichkeit einer Ware herstellt, sondern vielmehr eine andere Ware, die das Ziel des Tausches sei (Say 1803, 152–155). Nur die Produktion stelle die Mittel zur Konsumtion bereit, Produkte würden mit Produkten bezahlt, und das Geld

---

[4] Den Zeitgenossen des 19. Jahrhunderts ist der Ausdruck ‚Says Gesetz' unbekannt. Geprägt wurde dieser vermutlich von John Maynard Keynes, der den Kern des ‚Gesetzes' auf den Satz: „Supply creates its own demand" reduzierte (Kates 1997 u. 2005). Für Say allerdings erschafft jede Ware nicht seine eigene Absatzmöglichkeit, sondern die einer anderen.

[5] Dazu klassisch Baumol (1977), Hollander (2005, Kap. 5) und zusammenfassend Forget (1999, Kap. 13).

verrichte einen „vorübergehenden Dienst" im Produktentausch.⁶ In der ersten Auflage des *Traité* ist die Unmöglichkeit einer Überproduktion von Waren in nur einem Satz angedeutet – das Krisenproblem lag 1804 noch kaum in Says Horizont.

In der zweiten Auflage von 1814 ist der Umfang von *Des Débouchés* von 4 auf 16 Seiten erheblich angewachsen. Zwischen den beiden Auflagen kam es zu der ersten von insgesamt drei sich rund um die Napoleonischen Kriege ereignenden Krisen, die Say zum Anlass nahm, seine Überlegungen über das Verhältnis von Produktion und Konsumtion zu erweitern. Um die Krise zu erklären, räumt er nun ein, dass Absatzschwierigkeiten das Resultat einer Überproduktion in einem bestimmten Sektor sein können; dies bedeute aber nur, dass in einem anderen Sektor *zu wenig Waren* produziert wurden, es also an anderen Produkten fehle, mit denen diese ‚überproduzierten' Produkte bezahlt werden könnten. Erst jetzt hat Say die Unmöglichkeit einer allgemeinen Überproduktion wirklich durchdacht: Wenn jedes Produkt einem anderen Produkt einen Absatzweg eröffne, wenn die Überproduktion (einer Ware) das Resultat der Unterproduktion (einer anderen Ware) sei, würden mit der Zunahme der Produzenten und der Produkte auch „die Absatzwege um so leichter, mannigfaltiger und grösser" (Say 1814, I, 152. Übers. TG). Die Ausdehnungsfähigkeit der Produktion kenne somit keine Grenzen.

Die Konzeption der partiellen Überproduktion war Says Antwort auf die krisengeplagten Jahre des noch jungen Industriekapitalismus. Das Eingeständnis der partiellen Überproduktion bedeutete nicht nur eine Bestätigung der früher entwickelten Grundsätze, sondern zugleich eine Versicherung, dass die gegenwärtigen Krisen aus einer Verletzung der harmonischen Prinzipien des Warentauschs herrührten. Denn zur Überproduktion durch Unterproduktion komme es dann, wenn „sehr große Wirkungen oder Gewaltmittel, wie natürliche oder politische Katastrophen, die Gier oder das Ungeschick der Regierungen, diesen Mangel von der einen Seite zwangsweise erhalten, der Übersättigung [*engorgement*] auf der anderen verursacht. [...] das Gleichgewicht stellt sich wieder her, und würde selten aufhören zu existieren, wenn die Produktionsmittel stets ihrer völligen Freiheit überlassen blieben." (Say 1814, I, 150. Übers. TG) Die Aufgabe der politischen Ökonomie besteht für Say darin, die Gesetze der Produktion, die unabhängig von dem Handeln der Einzelnen wirken, zu ermitteln. Nur indem man diese Gesetze erkennt und von ihren Störfaktoren trennt, kann man es unterlassen, sie zu verletzen und gegen sie zu handeln.⁷

---

6 Das Geld sei eine „vermittelnde Ware, die allen Austausch erleichtert" (Say 1814, I, 146. Übers. TG).
7 Gegen Sismondi schrieb er später: „Ich denke, dass Monsieur de Sismondi sich sehr über den Gegenstand der politischen Ökonomie irrte. Er möchte, dass sie die Natur der Dinge regelt; aber die Dinge lassen sich nicht regieren; unser Ehrgeiz, so scheint es mir, muss sich darauf beschränken, sie so gut wie möglich zu beobachten, zu kennen und zu klassifizieren. Das ist die wahre Wissenschaft. [...] Die Verteilung der Reichtümer, der Konsum, die Bevölkerung, funktionieren trotz uns und unserer Bücher." (Say 1826, 42. Übers. TG)

Die konkrete Verletzung, die vor der Krise von 1810/11 zum übermäßigen Anstieg der Preise einiger Produkte (wie Getreide und Kolonialwaren) führte, erkannte Say in Napoleon Bonapartes Kriegsführung, deren zentrale wirtschaftspolitische Maßnahme, die Kontinentalsperre,[8] ihm ein Dorn im Auge war.[9] Nach der Veröffentlichung der ersten Ausgabe des *Traité* kam es daher zum persönlichen Bruch zwischen Say und Napoleon Bonaparte,[10] in dessen Folge Napoleon die Veröffentlichung der zweiten Ausgabe des *Traité* aufschieben ließ. Die Ironie dieser Heldengeschichte des Liberalismus[11] besteht darin, dass die zweite Ausgabe des *Traité* von 1814 ohne Napoleons Intervention eine gänzlich andere Gestalt angenommen hätte. Denn neben dem Einfluss durch die Krisen gibt es einen textuellen: Zwischen den ersten beiden Ausgaben des *Traité* liegt die Veröffentlichung der Schrift *Commerce Defended* von Says Briefpartner James Mill im Jahr 1808, die ebenfalls unter dem Eindruck der Napoleonischen Kontinentalsperre zu Papier gebracht wurde.

Mill richtete sich in *Commerce Defended* gegen den Bauernsohn und späteren Insektenforscher William Spence, der wie die französische politökonomische Schule der Physiokraten davon ausging, dass der gesamte Reichtum einer Nation allein der Landwirtschaft entspringt. Im Handel würden bloß Waren äquivalent miteinander getauscht – wie solle dabei gesellschaftlicher Reichtum entstehen? Da der gesamte Reichtum des Landes von der Klasse der Landeigentümer transferiert ist und die anderen Revenuen von der Grundrente, der einzigen Form des Profits und der einzigen Quelle der Steuer, abgeleitet sind, bestehe die eigentliche Sorge nicht in Napoleons Blockade der englischen Absatzmärkte, sondern darin, dass die Grundbesitzer ihre Reichtümer auch tatsächlich verkonsumieren und nicht etwa horten (Spence 1807, 26/27). Mill (1808, 14) entgegnete, dass der englische Handel viel mehr als Napoleon Bonaparte eine Regierung zu fürchten habe, die sich Spence' physiokratischer Doktrin verpflichtet fühlt. Denn nicht der Konsum bestimme die Produktion, umgekehrt

---

8 Die Kontinentalsperre, von 1806 bis 1813 in Kraft, war als ökonomische Waffe gedacht, mit der Großbritannien von seinen Absatzmärkten abgeschnitten werden sollte.
9 Say befürwortete den freien auswärtigen Handel unbedingt, da dieser der inländischen Produktion einen Absatz verschaffe. Sein Gegenspieler war der Zollbeamte François Ferrier, dessen *Du gouvernement considéré dans des rapports avec le commerce* (1805) zwei Jahre nach dem *Traité* erschien (vgl. Todd 2015, 26–29) und aus dem sich später Friedrich List bediente.
10 Say begrüßte zunächst Napoleons Staatsstreich vom 18. Brumaire VIII (1799). Doch nach der Veröffentlichung des *Traité* äußerte Napoleon bei einem gemeinsamen Abendessen seine Unzufriedenheit mit dem Buch und forderte Say zur Revision auf: Sein Werk solle die Bedürfnisse der Stunde berücksichtigen, also die jüngsten protektionistischen Maßnahmen der Regierung rechtfertigen (Minart 2005, 9). Says Weigerung führte zu seiner Entfernung aus dem Tribunal. Er revanchierte sich mit dem Theorem der partiellen Überproduktion zur Denunziation der Staatseinmischung.
11 John Stuart Mill (1873, 60) lobte Say in seiner *Autobiography* als „a fine specimen of the best kind of French Republican, one of those who had never bent the knee to Bonaparte though courted by him to do so; a truly upright, brave, and enlightened man."

könne umso mehr konsumiert werden, je mehr produziert wird: „No proposition however in political economy seems to be more certain [...] The production of commodities creates a market for the commodities produced." (Mill 1808, 81)[12]

Mill und Spence stritten heftig über die praktischen Konsequenzen ihrer gegensätzlichen Prinzipien. Drohe Englands Prosperität in naher Zukunft ein Abbruch und wenn ja, welche Maßnahmen müssten ergriffen werden, um ihn zu verhindern? Spence (1807, 58 u. 70/71) schlug angesichts der Kontinentalsperre vor, die Regierung solle mithilfe fiskalischer Maßnahmen wie Steuereinzug und Staatsverschuldung die Gelder der Grundbesitzer mobilisieren, sofern diese ihrer Konsumpflicht nicht nachkämen.[13] Mill entgegnete, dass das Geld, das sich der Staat mittels Anleihen oder Steuern aneignet, von Leuten konsumiert wird, die gar nichts produziert haben („dead consumption") (Mill 1808, 68/69 u. 94). Um gegen den steuer- und anleihefinanzierten Staatskonsum zu polemisieren, gestand erstmals Mill die partielle Überproduktion ein, um die Störung der natürlichen Harmonie auf die Staatseinmischung zurückführen zu können. Marx wird daher Say die Urheberschaft des nach ihm benannten ‚Gesetzes' absprechen: Nur dessen „continental[e] Bewunderer [haben] ihn als Heber jenes Schatzes vom metaphysischen Gleichgewicht der Käufe und Verkäufe ausposaunt" (MEGA II/2, 166), den bereits Mill geborgen hatte.

Dies ist die erste krisentheoretische Tradition der klassischen politischen Ökonomie. Say und Mill nahmen an, ewige Grundsätze des Wirtschaftslebens zu analysieren, formulierten aber das Ideal[14] einer prosperierenden, harmonischen, friedlichen, effizienten und warentauschenden Gesellschaft, die nur dann aus dem Gleichgewicht gerate, wenn Regierungen sich in die Wirtschaft einmischten, Steuern einzögen,

---

12 Weiter heißt es: „Whatever be the additional quantity of goods therefore which is at any time created in any country, an additional power of purchasing, exactly equivalent, is at the same instant created; so that a nation can never be naturally overstocked either with capital or with commodities" (Mill 1808, 81/82) und „the market will always be equal to supply" (Mill 1808, 83). Marx wird feststellen, dass Mill hier eine Identität beschrieb. Die Nachfrage sei durch die verfügbare Kaufkraft konstituiert. Worin besteht die Kaufkraft? Im jährlichen Output, im Angebot. Was also ist die Nachfrage? Das Angebot. Angebot und Nachfrage sind in diesem Modell nicht nur „always exactly commensurate" (Mill 1808, 83), wie Mill schreibt, sondern ein und dasselbe: „Oder wie z. B. *Mill*, scharfsinniger (nachgemacht von dem faden Say): *Zufuhr* und *Nachfrage* seien identisch, müßten sich daher entsprechen. Die Zufuhr sei nämlich eine Nachfrage, gemessen durch ihr eigenes Quantum." (MEGA II/1, 324)

13 Diese Idee kam Spence bei Betrachtung der Kriegsanleihen des britischen Staats: Das Geld, das für die Herstellung von Kriegsschiffen ausgegeben, also mit dem produktive Arbeit bezahlt worden war, hatte in seinen Augen die Prosperität gefördert. Paradoxerweise ging es der britischen Bevölkerung in Kriegszeiten besser (Spence 1807, 72), als ein Teil steuerfinanziert in der Armee diente und wegen des geringeren Angebots an Arbeitskraft höhere Löhne gezahlt wurden.

14 David Graeber (2012, Kap. 2) zeigt, dass die Ethnologen von einer naturalgütertauschenden Ur-Produktionsweise („Speerspitze gegen Biberfell"), die bis heute als Legende durch die volkswirtschaftlichen Lehrbücher spukt, bislang keine Spur entdeckt haben.

Kriege begönnen und den Freihandel einschränkten.[15] Mit der Wiederkehr der Krisen war die politische Ökonomie allerdings vor das Dilemma gestellt, die Krisen erklären zu müssen, ohne dabei die Gleichgewichtsvorstellungen aufgeben zu wollen (Kim 1998, 21). Mit der partiellen Überproduktion wurde eine entsprechende Vermittlungskonzeption gefunden, mit der die Krisenhaftigkeit weiterhin vom Kern des Kapitalismus ferngehalten werden konnte.[16] Aber mit diesem Eingeständnis war das Problem nur umformuliert worden. Wenn es partielle Überproduktion in England nur wegen einer partiellen Unterproduktion in Italien gäbe, sei die unterstellte italienische Unterproduktion, so Marx, „imaginär", erstens „weil sie ein Capital in Italien voraussetzt, und eine Entwicklung der Productivkraft, die dort nicht existirt, und weil sie zweitens die gleich utopische Voraussetzung macht, daß dieß *nicht* in Italien existirende Capital grade so verwandt worden ist, wie es nöthig wäre, damit English supply and Italian demand, englische und italienische Production sich ergänzten" (MEGA II/3, 1152). Mit anderen Worten: Es fände keine partielle Überproduktion statt, wenn Angebot und Nachfrage sich ergänzten. Oder: „Es gäbe keine Ueberproduction, wenn es keine Ueberproduction gäbe." (MEGA II/3, 1152)

Marx wird mehrmals zu einer Kritik von ‚Says Gesetz' ansetzen: In den *Pariser Heften* von 1844 wird es zu einem Prüfstein seiner Entfremdungsphilosophie (dazu 2.1); in den *Grundrissen* und im *Manuskript 1861–63* wird er es als einseitige Auffassung der kapitalistischen Produktionsweise, die von ihren Formbestimmungen und Spezifika absieht, kritisieren (4.1).[17] Da sich laut Marx in den falschen Vorstellungen der politischen Ökonomen die kapitalistischen Kategorien durchaus korrekt spiegeln können, wird er dabei anerkennen, dass die Irrtümer des ‚Gesetzes' eine Wahrheit über das Kapital verraten: In seiner abstrakten Selbstbezüglichkeit erkennt das Kapital tatsächlich nur sich selbst als eigenen Maßstab an und ist darin rücksichtslos gegen alles Stoffliche und Lebendige. Da das Kapital in seinem Akkumulationsprozess die Schranken der Zirkulation wirklich erweitert, vermag es Phasen der Expansion hervorzubringen, in denen es als widerspruchslos, harmonisch und stabil erscheint.

---

[15] Im Gegensatz zu Spence und Malthus bestritten Say und Mill, dass ein Krieg der Entwicklung des Kapitalismus dienlich sein könnte. Für Say kann auch der wahre Weltbürger ein Patriot bleiben, aber einer, der nicht die militärische Expansion seines Landes befürwortet, sondern es bloß prosperieren sehen will, so dass auch andere Länder prosperieren können. Zwischen den Nationen bestehe ein wechselseitiges Interesse an der Wohlfahrt aller, denn umgeben von vielen Produzenten (wie in den Metropolen) fällt auch der Absatz leichter als in der Ödnis. Bleibt nur die Frage, warum die Armut dann nicht verschwindet, die schnell zu einer moralischen wird: In den „schlecht zivilisierten" Regionen wirtschaftlicher Unterentwicklung müssen offensichtlich „Sorglosigkeit und Bequemlichkeit herrschen" (Say 1814, 153. Übers. TG).

[16] Der „Gegensatz" von „partieller und universeller Ueberproduction", so Marx, handelte sich auch darum, „die erstere zu behaupten, um der leztren zu entfliehn" (MEGA II/3, 1127).

[17] Marx wird im *Kapital* bemerken, dass James Mill und Say ob ihrer „ökonomistischen Apologetik" erstens „Waarencirkulation und unmittelbare[n] Produktenaustausch" verwechseln und zweitens „die Widersprüche des kapitalistischen Produktionsprocesses weg[...]leugnen" (MEGA II/6, 138).

‚Says Gesetz' erfasst nur dieses Moment der Prosperität. Es sieht von den selbstbeschränkenden Momenten des Kapitals einfach ab und damit – von den Krisen.

Ricardos ‚Fatalismus'

> I think it utterly impossible to provide against the effect of panic, on any system of banking whatever.
>
> David Ricardo: Evidence on the Resumption of Cash Payment (1819a, 410)

Say hat für die zweite Ausgabe des *Traité* auch das Kapitel über die „Zirkulationsbanken" beinahe neu geschrieben (Say 1814, I, 406–426). Dieser Abschnitt über jene Banken, die im Unterschied zu den Giralbanken nicht einfach Geld einsammeln und Kredite gewähren, sondern berechtigt sind, als Geld akzeptierte Noten auszugeben, die in die Zirkulation einer Währung eingehen (daher auch Zettel-, Noten- oder Emissionsbanken genannt), ist von 3 auf über 20 Seiten angewachsen und von einer neuen Sorge durchdrungen. Es liegt auf der Hand, wodurch Says Mahnung, dass die Umlaufmenge des Geldes niemals die Bedürfnisse der Zirkulation übersteigen dürfe, inspiriert worden war: der ersten großen Veröffentlichung David Ricardos mit dem Titel *The High Price of Bullion. A Proof of the Depreciation of Bank Notes* (1810), die einen lange währenden Streit über die richtige Regulierung des Geldwesens zusammenfasste und neu entfachte. Ricardos Pamphlet *The High Price of Bullion* ist neben Says *Des Débouchés* und Mills *Commerce Defended* der krisentheoretisch wichtigste Text der klassischen politischen Ökonomie bis 1815 – und das, obwohl das Phänomen der Krisen gar nicht sein Thema ist.

Ricardo hat generell wenig zu den Krisen gesagt und sie vor allem als Panik im wahrsten Sinne des Wortes verstanden: als Ausbruch irrationaler, die Massen ansteckender Leidenschaften, dem auch mit dem besten Regulierungsrahmen nicht beizukommen ist und der sich im Bild eines Bank Runs verdichtet, in dem alle zugleich ‚ihr Geld' von den Banken abheben wollen. An einer Stelle seiner *Principles of Political Economy, and Taxation* zeigte sich Ricardo daher fatalistisch: eine Krise („revulsion") sei „an evil to which a rich nation must submit" (Ricardo 1817, 368). Sich als fortgeschrittene Handelsnation über die Krisen zu beschweren sei so sinnlos wie das Lamento eines reichen Händlers über die Gefahren, denen sein Schiff auf hoher See ausgesetzt sei, gegenüber einem Armen, der vor einem solchen Hazard sicher ist. Wegen solcher Ansichten zählte Marx Ricardo zu den „*fatalistischen* Oekonomen" (MEGA I/30, 300), die als Vertreter der aufstrebenden Bourgeoisie im Kampf gegen die vormoderne Ordnung die Misere der bürgerlichen Gesellschaft einfach zu dem Preis erklärten, der für den ‚Fortschritt' eben zu entrichten sei: „Das Elend ist in ihren Augen nur der Schmerz, der jede Geburt begleitet, in der Natur wie in der Industrie." (MEGA I/30, 301)

Aber trotz seines ‚Fatalismus' und der De-Thematisierung der Krisen sollte Ricardo mit seiner Quantitätstheorie des Geldes das bürgerliche Krisenbewusstsein ebenso sehr wie Say mit seinem ‚Gesetz' bestimmen. Denn in *The High Price of Bullion* zeigte er sich alles andere als fatalistisch, sondern trug die grundpessimistische Warnung vor, dass Englands Währung gegenüber den Währungen anderer Länder *entwertet* („depreciated") und der Außenhandel des Landes daher ein *nachteiliger* („unfavourable exchange") geworden seien. Um das Publikum von der Gefahr einer abgewerteten Währung zu überzeugen, analysiert Ricardo drei verschiedene Währungsarten. In jeder ist die Quantität der Zirkulationsmittel bestimmt durch den Wert der Maßeinheit des Geldes und die Summe der Tauschwerte der Waren. Die Quantität eines zirkulierenden Metallgeldes wäre für Ricardo dann ‚normal', wird Marx später zusammenfassen, wenn sie durch die im Metallwert ausgedrückte Wertsumme der zirkulierenden Waren bestimmt ist (MEGA II/2, 230–233). Die Quantität des umlaufenden Geldes liege dann auf dem ‚richtigen' Niveau, wenn sie mit den Gesamtpreisen der umlaufenden Waren identisch ist – dies ist Ricardos Quantitätstheorie.

Bei einer rein metallischen Währung aus Gold oder Silber hätte, so Ricardo, die Währung aller Länder auf natürliche Weise den gleichen Wert. Würde in einem Land eine Goldmine entdeckt, würde der Wert des Goldes in diesem Land sinken und das Gold daher solange exportiert werden, bis sich die Preise durch den internationalen Handel wieder ausgeglichen hätten. In diesem Fall wäre der Goldabfluss („drain of bullion") ein Anzeichen eines vorteilhaften Außenhandels für dieses Land, da das Gold gegen nützliche Dinge ausgetauscht würde (Ricardo 1810, 54). Eine metallische Währung reguliert sich also von selbst. Über einer metallischen Währung schwebt allerdings das Damoklesschwert der Münzverschlechterung durch natürlichen Verschleiß oder gesetzwidrige Münzbeschneidung. Dann entstehe ein Missverhältnis zwischen dem Wert des Gold- oder Silberbarrens und dem Wert der Münze („mint price of gold"). Denn wenn sich infolge der Münzverschlechterung jede Münze um zum Beispiel ein Fünftel verkleinert hätte und die Münze somit mehr Wert repräsentiert als sie durch ihr geschrumpftes Gewicht eigentlich wert ist, würde der Bullionpreis (oder der Marktpreis des Goldes) um ein Fünftel über den Münzpreis steigen. Somit würden die vollgewichtigen Münzen eingeschmolzen und in Barrenform gebracht (Ricardo 1810, 79; vgl. MEGA II/2, 176/177).[18] In diesem Fall führte der Goldabfluss zu einem unvorteilhaften Außenhandel (Ricardo 1810, 69/70), da relativ zum Wertverfall der Währung die Preise der Waren gestiegen und diese zu teuer eingekauft worden wären.[19]

---

[18] In seiner Darstellung der Quantitätstheorie bemerkte Marx, das Gold „kann zu einem appreciirten und depreciirten Zeichen seiner selbst werden" (MEGA II/2, 232).

[19] „When the gold coin was debased, previously to the re-coinage in 1774, gold and silver bullion rose above their mint prices, and fell immediately on the gold coin attaining its present perfection. The exchanges were, owing to the same causes, from being unfavourable rendered favourable." (Ricardo 1810, 70)

Neben der rein metallischen diskutiert Ricardo zwei weitere Währungsarten: Beide beruhen auf von einer Emissionsbank wie der Bank of England ausgegebenem Papiergeld. Derartige Emissionsbanken setzt Ricardo mit Goldminen gleich.[20] Eine übermäßige Notenausgabe hätte den gleichen Effekt wie die Entdeckung einer Goldmine: Die Währung würde infolge ihrer Redundanz an Wert verlieren, die Warenpreise proportional steigen. Das Äquilibrium wäre nur durch den Export von *bullion* oder *coin* wiederhergestellt (Ricardo 1810, 63). Doch wegen der Überemission wäre der Wertverfall der Währung ein künstlich herbeigeführter, der Goldabfluss daher Anzeichen eines ungünstigen Außenhandels. Genau deshalb verwirft Ricardo diejenige Papiergeldwährung, deren Noten nicht an das Gold gebunden sind. Eine derartige *nicht-konvertible Währung* existierte zur Zeit seiner Intervention in England – der sogenannten *Restriction Period* –, und der Nachweis ihrer Entwertung war sein grundsätzliches Anliegen. In England, diagnostiziert Ricardo, könnten die Banken Noten nach Gutdünken ausgeben, und daher sei es zu einer Überemission von Noten („over-issue") über den Wert des Geldes gekommen (Ricardo 1810, 78). Deswegen stieg der Goldpreis enorm, seit in England 1797 mit dem *Bank Restriction Act* die Konvertibilität der Noten in Gold suspendiert wurde und bei der Bank of England keine Münzen mehr als Austausch für Noten eingefordert werden konnten[21] – ein Indikator dafür, dass Englands Währung abgewertet sei und viel Gold das Land verlassen habe.

---

20 „Ricardo [...] wirft die Cirkulation von Banknoten oder von Kreditgeld mit der Cirkulation von bloßen Werthzeichen zusammen. Die ihn beherrschende Thatsache ist die Depreciation des Papiergelds und das gleichzeitige Steigen der Waarenpreise. Was die amerikanischen Minen für Hume, waren die Papierzettelpressen in Thread-needle street für Ricardo und er selbst identificirt an einer Stelle ausdrücklich beide Agentien." (MEGA II/2, 229)

21 Als Ende des 18. Jahrhunderts der Goldvorrat der Bank of England zunehmend beansprucht wurde – infolge des rasanten wirtschaftlichen Aufschwungs, des Eintritts Großbritanniens in den Krieg gegen das revolutionäre Frankreich im Jahr 1793 sowie zahlreicher Runs auf englische Landesbanken im Jahr 1797 –, suspendierte die Regierung Pitt per Dekret die Konvertibilität der Banknoten in Gold, was später der *Bank Restriction Act* (37 George III., c. 45) legalisierte. Weil der *Restriction Act* außerdem Zahlungen in Noten den Zahlungen in barem Geld rechtlich gleichstellte, war mit ihm die inkonvertible Pfundnote „de facto zur Währung" geworden (Hobsbawm 2004, 189). Mit dem ungedeckten Papiergeld ging in England auch das Gespenst der „entwerteten Währung" um. Die Konvertibilität war Streitpunkt der sogenannten *Bullionist*-Kontroverse (dazu Arnon 2011, 126–151), der laut F. A. Hayek „greatest of all monetary debates" (zit. nach Deleplace 2015, 42). Der parlamentarische Untersuchungsausschuss zu dieser Frage machte in seinem Abschlussbericht, dem *Bullion Report* (1810), die Überemission von Papiergeld für die abgewertete Währung verantwortlich, obwohl er zugleich einräumte, dass die bloße Zahl der emittierten Banknoten nicht über den Exzess des Papiergelds befindet (vgl. Marx' Exzerpte aus dem *Bullion Report* in MEGA IV/8, 186/187). Die Forderung des Berichts, die Barzahlung – die „natural and true control" (Report 1810, 73) der Notenemission – wiedereinzusetzen, wurde vom Parlament zunächst abgelehnt. Erst als England am Ausgang der Napoleonischen Kriege in eine Staatsschuldenkrise geriet, wurde 1816 Gold zum gesetzlichen Zahlungsmittel erklärt, was Ricardo (1817, 521) sehr begrüßte. 1819 wurde die Wiedereinführung der Konvertibilität für 1821 beschlossen.

Der *over-issue* von inkonvertiblem Papiergeld hat laut Ricardo daher den gleichen Effekt wie die Münzverschlechterung in einer rein metallischen Währung: Die Emissionsbank ist wie eine Goldmine und inkonvertibles Papiergeld wie eine beschnittene Münze. Der *high price of bullion*, der Ricardo zu seiner dringenden Intervention veranlasste, war Folge der Abwertung der britischen Währung.[22] Steigende Preise, wachsende Staatsschulden und die Entwertung der Noten drängten ihn zu der Annahme, dass der ‚natürliche Wert' des Geldes verletzt worden war.[23]

Ricardo forderte allerdings nicht nostalgisch die Rückkehr zu einer ‚natürlichen', rein metallischen Zirkulation, sondern schlug die Einführung einer *konvertiblen Währung* aus Papiergeld vor, die deshalb vorteilhaft sei, weil Papier billig ist, nicht der Münzverschlechterung unterliegen kann und Gold aus der Zirkulation freisetzt. Indem die Noten jederzeit bei der emittierenden Bank gegen Gold eintauschbar wären, würde eine Überemission unmöglich. Denn gebe die Bank mehr Noten aus als ihr Wert in Münzen betrage, strömten diese sofort zu ihr zurück.[24] Mit der Konvertibilität des Papiergeldes wäre die Notenausgabe eingeschränkt, die Differenz zwischen den Preisen für Barren und Münze eingeebnet und der Ausgleichsmechanismus der internationalen Währungen wiederhergestellt. „The remedy which I propose for all the evils in our currency, is that the Bank should gradually decrease the amount of their notes in circulation until they shall have rendered the remainder of equal value with the coins which they represent, or, in other words, till the prices of gold and silver bullion shall be brought down to their mint price." (Ricardo 1810, 94)

Mit seiner Untersuchung wollte Ricardo die Gründe der „gegenwärtigen Übel" ausfindig machen (Ricardo 1810, 75). Nun hatte er mit der Überemission von inkonvertiblem Papiergeld die Ursache gefunden, doch worin bestand eigentlich das Übel? Es bleibt undeutlich, worin genau in Ricardos Augen die Gefahr einer zu großen Notenquantität und einer künstlichen Abwertung der Währung besteht. Er spricht an einer Stelle vom „very serious loss" (Ricardo 1810, 69) für die Öffentlichkeit, in einem

---

22 „We may therefore fairly conclude that this difference in the relative value, or, in other words, that this depreciation in the actual value of bank-notes has been caused by the too abundant quantity which the Bank has sent into circulation. […] There can be no limit to the depreciation which may arise from a constantly increasing quantity of paper. […] We have paper money only in circulation, which is necessarily confined to ourselves. Every increase in its quantity degrades it below the value of gold and silver bullion, below the value of the currencies of other countries. The effect is the same as that which would have been produced from clipping our coins." (Ricardo 1810, 78)

23 Marx kommentierte, „[d]ie Epoche der Suspension der Baarzahlungen der Bank von England war kaum fruchtbarer in Schlachtbülletins als in Geldtheorieen. Die Depreciation der Banknoten und das Steigen des Marktpreises über den Münzpreis des Goldes riefen auf Seiten einiger Vertheidiger der Bank wieder die Doktrin von dem idealen Geldmaaß wach." (MEGA II/2, 153)

24 „The Bank might continue to issue their notes, and the specie be exported with advantage to the country, while their notes were payable in specie on demand, because they could never issue more notes than the value of the coin which would have circulated had there been no bank." (Ricardo 1810, 57)

früheren Artikel von „disastrous consequences" (Ricardo 1809, 15).[25] Schade eine entwertete Währung den einheimischen Produzenten, da sich ihre Produkte proportional zur vermehrten Notenausgabe verteuert hätten und warne Ricardo also vor einer Inflation der Warenpreise?[26] Solle die ‚Enteignung' der Gläubiger und Sparer verhindert oder die defizitäre Handelsbilanz Englands aufgebessert werden? Oder geht es um den mit der Depreziierung der Währung absackenden Pfund-Wechselkurs? Inflation, Goldexport oder Geldwertverlust? All diesen Phänomenen ist gemein, dass sie eine Gefährdung des abstrakten Reichtums als solchen beschreiben. Daher bleibt die Bestimmung der desaströsen Effekte der Überemission von ungedeckten Banknoten so vage: Das Problem ist die *Entwertung des Geldes* selbst.[27]

Ricardo hat seine Sorge um den Wert des Geldes – genauer: um eine Identität zwischen dem idealen Geldmaß und der real existierenden Währung – in das Kapitel *On Currency and Banks* seiner *Principles of Political Economy, and Taxation* hineingetragen.[28] Weil das Problem einer Papiergeldwährung ihre Missbrauchsanfälligkeit sei,[29] müsse sichergestellt werden, dass sich die Emission der Noten streng nach den Wertwechseln des Währungsstandards (wie dem Gold) richtet (Ricardo 1819a, 450).[30]

---

[25] Bis heute wird diskutiert, was genau Ricardo mit dieser Intervention zeigen wollte: ob der Goldpreis durch Angebot und Nachfrage oder durch das Quantum der im Gold vergegenständlichten Arbeitszeit bestimmt ist (vgl. MEGA I/30, 277), wie Ricardo das Verhältnis zwischen Münz- und Goldwert denkt, worin die negative Wirkung einer abgewerteten Währung besteht, ob ein Goldexport immer einen Re-Import nach sich zieht (Arnon 2011, 130/131), wodurch das internationale Gleichgewicht der Währungen gestört wird (MEGA II/2, 234), ob der *drain of bullion* zuerst auf dem Wechselmarkt oder dem Goldmarkt ersichtlich wird (Rosselli 2008), ob Ricardos Argumentation überhaupt kohärent ist (Boyer des Roches 2007). Weil Ricardos Geldtheorie den Zeitgenossen ebenso uneindeutig schien, bot sie Nährboden für produktive Missverständnisse.

[26] „In beiden Fällen wäre die Bewegung der Waarenpreise, ihr Steigen oder Fallen, Wirkung der Expansion oder Kontraktion der Masse des cirkulirenden Goldes über oder unter das seinem eignen Werth entsprechende Niveau, d. h. die normale Quantität, die durch das Verhältniß zwischen seinem eignen Werth und dem Werth der zu cirkulirenden Waaren bestimmt ist." (MEGA II/2, 231) Marx kritisierte Ricardo dafür, vorausgesetzt zu haben, was bewiesen hätte werden müssen, nämlich dass der „Preis der Waaren oder der Werth des Goldes von der Masse des cirkulirenden Goldes abhängt" (MEGA II/2, 233).

[27] Daher ist gesagt worden, dass Ricardos Ansinnen darin bestand, „jenen Leuten das Handwerk [zu] legen, die das Recht oder besser die Macht hatten, Geld zu drucken und in Umlauf zu bringen" (Rieter 1997, 65).

[28] In die zweite Auflage der *Principles* (1819b) nahm Ricardo seinen 1816 veröffentlichten Aufsatz *Proposals for an Economical and Secure Currency* vollständig auf.

[29] „Experience however shews, that neither a State nor a Bank ever have had the unrestricted power of issuing paper money, without abusing that power: in all States, therefore, the issue of paper money ought to be under some check and control; and none seems so proper for that purpose, as that of subjecting the issuers of paper money to the obligation of paying their notes, either in gold coin or bullion." (Ricardo 1817, 506/507)

[30] „A currency is in its most perfect state when it consists wholly of paper money, but of paper money of an equal value with the gold which it professes to represent." (Ricardo 1817, 507)

Dürften aber alle Banken Geld ausgeben, fehle es an einer Kontrollinstanz für die Größe und somit den Wert der Währung. Da noch jede Regierung diesen Missbrauch betreiben könne, solle die Notenausgabe durch eine „enlightened legislation" reguliert werden, über deren Umsetzung unabhängige Staatskommissare zu wachen hätten (Ricardo 1817, 462/463). Der Anker einer konvertiblen Papiergeldwährung, von der keinerlei Gefahr für den abstrakten Reichtum ausgehen kann, weil die Noten nicht übermittelt werden können, sind Gesetzgebung und eine ihre Einhaltung kontrollierende, von der Regierung und vom Parlament *unabhängige* staatliche Kommission. Aus einer Irritation und einer Beunruhigung heraus (vgl. Bohlender 2007, 26) leitete Ricardo eine spezifische Regierungsweise des Geldes ab: „Under such a system, and with a currency so regulated, the Bank would never be liable to any embarrassments whatever" (Ricardo 1817, 457), heißt es in seinen *Principles*.[31] Auf dem Höhepunkt des Liberalismus entdeckte das Oberhaupt der ‚neuen Schule' der politischen Ökonomie in England eine Notwendigkeit von Kontrolle und Regulierung des Geldes durch eine „unabhängige Staatszentralbank" (Scholz 2016, 37) als eine Voraussetzung für Freihandel und Gleichgewicht.

Es waren Say (1826) und zuerst wohl John Ramsay McCulloch (1826), die sich nach Ricardos Tod auf die Quantitätstheorie des Geldes beriefen, um eine Krise, nämlich die von 1825, zu erklären (dazu 1.3). Gegen die *real bills doctrine* der Anti-Bullionisten, die besagt, dass sich die Nachfrage nach Banknoten durch die Bedürfnisse des Handels reguliere und es daher keine exzessive Emission geben könne,[32] wird die an Ricardo anknüpfende Quantitätstheorie immer wieder und in einem halben Dutzend Varianten den Notenüberschuss und die übervolle Geldzirkulation als krisenursächlich begreifen (1.5.1). Marx bemerkte, dass die „Handelskrisen während des 19. Jahrhunderts, namentlich die großen Krisen von 1825 und 1836, [...] keine Fortentwicklung, wohl aber neue Nutzanwendung der Ricardo'schen Geldtheorie hervor[riefen]" (MEGA II/2, 240). Weil seine Quantitätstheorie von einer Bedrohung des abstrakten Reichtums ausging, die mithilfe einer politischen Neukonstruktion des Geldsystems abgewehrt werden sollte, hat Ricardo unintendiert das bürgerliche Krisenverständnis ebenso bestimmt wie Say und Mill mit ihrem Theorem von der Unmöglichkeit der allgemeinen Überproduktion.

Auf den ersten Blick besteht zwischen den beiden krisentheoretischen Traditionen der Klassik kein Zusammenhang. So hat denn auch Ricardo trotz der Antizipation

---

[31] Schon mit dem folgenden, ‚fatalistischen' Nebensatz schränkte Ricardo ein: „excepting on those extraordinary occasions, when a general panic seizes the country, and when every one is desirous of possessing the precious metals as the most convenient mode of realizing or concealing his property. Against such panics, Banks have no security, *on any system*" (Ricardo 1817, 457).
[32] Solange Banknoten gegen gute, sichere Wechsel ausgegeben werden, kann es nicht ‚zu viele' davon geben. Die Wechsel reflektieren reale Tauschvorgänge. Als Gründe für den *drain of bullion* vermuten die Anhänger der *real bills doctrine* Weizenimporte, Kriegsausgaben und hohe Steuern.

einer diffusen Reichtumsbedrohung in seiner Quantitätstheorie des Geldes ‚Says Gesetz' ausdrücklich und in allen vier Momenten akzeptiert (Ricardo 1817, 403; Ricardo 1820, 178/179; dazu 4.1). Aber beide Theoreme werden weder von Ricardo noch von Say ausdrücklich miteinander vermittelt, denn sie passen schwerlich zusammen: Obwohl in ‚Says Gesetz' Produkte gegen Produkte getauscht werden und Geld nur ein neutrales Mittel ist, führt die Quantitätstheorie die Bewegung der Preise auf eine Bewegung des Geldes zurück. Und das Geld ist manipulier- und die Preise damit fälschbar. Das Geld gilt einmal als neutrales Zirkulationsmittel, aber ‚zu viel' davon soll bedrohlich sein. Auch Marx fiel dieser Widerspruch in gewisser Weise auf: „Die Sonderbarkeit, daß Ricardo und seine Anhänger, die das Geld für bloßes Werthzeichen erklären, Bullionists (Goldbarrenmänner) heißen, rührt her [...] vom Inhalt seiner Lehre selbst" (MEGA II/2, 229/230), nämlich daher, dass „Ricardo's Theorie, die das Geld in seiner flüssigen Form als Cirkulationsmittel isolirt, damit endet, der Zu- und Abnahme der edeln Metalle eine absolute Einwirkung auf die bürgerliche Oekonomie zuzuschreiben, wie sie der Aberglaube des Monetarsystems nie geträumt hatte" (MEGA II/2, 242/243). Das Geld ist nur ein Zeichen und Mittel – und hat doch zugleich eine absolute Macht.

Für Marx ist Geld ist nicht immer Geld, denn es erfüllt verschiedene Funktionen im Warentausch (dazu 3.2.2 und 3.5.4). In seiner dritten Eigenschaft ‚als Geld' ist das Geld die Verkörperung der „gespentigen Gegenständlichkeit" des Werts, einer metaphysischen Kraft, die durch Verausgabung von abstrakter Arbeit entsteht. Aber weil das Geld als Geld die *Materiatur* des Werts ist, geht von ihm der Schein aus, als könne man im Geld den Wert zu fassen bekommen und ihn auch hier kontrollieren. Wegen des Geldfetischs – der mit der Geldform verbundenen Vorstellung, dass das Geld selbst mächtig wäre – fehlt in der politischen Ökonomie weitestgehend eine Theorie der logischen Entstehung des Geldes. Das Geld erscheint stattdessen als gegeben, immer schon da und deshalb als manipulier-, arrangier- und kontrollierbar. Die Geldstabilität erscheint daher als Werterhalt.

Nachdem sich schon McCulloch und Say zur Erklärung der Krise von 1825 auf Ricardos Quantitätstheorie des Geldes stützten (dazu 1.3), verkehrte die „neue Nutzanwendung" derselben durch die *Currency School* nach der Krise von 1836/37 Ricardos ‚Fatalismus' – der nicht so eindeutig war, wie Marx in der *Misère de la philosophie* angab – in sein Gegenteil. Weil nunmehr Ursprung und Abwehr der großen „Weltmarktsungewitter, worin der Widerstreit aller Elemente des bürgerlichen Produktionsprocesses sich entladet, [...] innerhalb der oberflächlichsten und abstraktesten Sphäre dieses Processes, der Sphäre der Geldcirkulation, gesucht wurden" (MEGA II/2, 240), haben einige Schüler Ricardos nach 1825 angenommen, die Wiederkehr der Krisen mithilfe von Emissionskontrolle und Bankenregulierung verhindern zu können (1.5.1). Das Ausweichen auf die Quantitätstheorie erfolgte auch deshalb, da ‚Says Gesetz' schon in den Krisen von 1818/19 und 1825 die Kritik in Gestalt von Malthus (1.2), Sismondi (1.3) und Owen (1.4) entgegengetreten war.

1.2 Die Krise von 1818/19: Ricardianischer Optimismus und das Malthus'sche Gespenst

> Es sind nie die originellen Denker, welche die absurden Consequenzen ziehn. Sie überlassen das den J. B. Say's und MacCullochs.
>
> Marx: Manuskript II zum zweiten Buch des *Kapital*
> (MEGA II/11, 362)

Marx und Engels haben die Krisen rund um die Napoleonischen Kriege als „Lumpenkrisen"[33] bezeichnet: Zwar hatten hier hohe Preise das lokale Geschäftsleben ruiniert und eine hohe Arbeitslosigkeit hinterlassen, doch gingen diese Krisen, anders als 1825, noch nicht von einer allgemeinen industriellen Überproduktion aus. Im Angesicht dieser „Lumpenkrisen" haben Ricardos Schüler den ‚Fatalismus' ihres Meisters in Bezug auf die Unvermeidbarkeit von Wirtschaftskrisen verworfen und stattdessen die Möglichkeit eines krisenlosen Kapitalismus in Aussicht gestellt. Anlässlich der Krise von 1818/19, die nicht mehr ohne Weiteres auf die schon 1815 beendeten Napoleonischen Kriege zurückgeführt werden konnte, äußerte sich ein Ricardianer anonym in der Oktober-Ausgabe des Jahres 1819 der *Edinburgh Review*. Welchem Anhänger Ricardos, ob dem Schotten John Ramsay McCulloch oder dem Iren Robert Torrens, die Autorschaft dieses Artikels mit dem Titel *Mr. Owen's Plan for Reliving the National Distress* zuzuschreiben ist, ist seit Veröffentlichung des Beitrags umstritten.[34] Dem Beitrag selbst fällt deshalb eine so große Bedeutung zu, weil die Krise die Glaubwürdigkeit der ‚neuen Schule' der politischen Ökonomie radikal infrage stellte. Sie war ein erster Lackmustest für ‚Says Gesetz', und es galt, gegen die sich in Person von Simonde de Sismondi, Thomas Robert Malthus und Robert Owen formierende

---

[33] Dieses Verständnis geht zurück auf Thomas Tookes Analyse der Krisen in *A History of Prices, 1793–1837* (1838). Für Marx war „[d]ie Krise von 1818 Sommer bis 19 [...] erzeugt durch die Ueberführung Englands mit Rohprodukten und durch die Speculationen der Kaufleute auf eigne Hand abgesehn von der Industrie. Lumpenkrise." (MEGA IV/4, 126). Engels gebrauchte den Ausdruck derart, dass „der commerce auf eigne Hand, unabhängig von der Industrie, eine Krisis produziren konnte" (MEGA IV/4, 515).

[34] Trotz des Hinweises von Malthus, der Artikel „was written by another convert [gemeint sind die Anhänger der ‚neuen' Lehre Ricardos, die sich zu dieser Zeit rasant verbreitete, TG] of the name of Torrens" (Malthus an Sismondi, 12. März 1821 [in Ricardo: Works, VIII, 376]), rief Sismondi später öffentlich McCulloch als den Verfasser des Artikels aus (Sismondi 1827, II, 376). Er hatte McCulloch in der Zwischenzeit zum Abendessen in Edinburgh getroffen (Sismondi 1847, 448) und es wäre möglich, dass bei dieser kühlen Zusammenkunft die Autorschaft gestanden worden war. Dass Sismondi McCulloch die Autorschaft erst zusprach, nachdem die beiden sich persönlich bekannt gemacht hatten, scheint in der Debatte (dazu Henderson 1997, 489–491) bislang übersehen worden zu sein. Gegen McCulloch als Autor spricht vor allem, dass Torrens bereits zuvor in einer öffentlichen Rede eine Owen-Kritik vorgetragen hatte, die beinahe wörtlich in der *Edinburgh Review* wieder auftaucht. Da diese Rede in einer Tageszeitung abgedruckt worden war, hätte sich allerdings jeder aus ihr bedienen können.

Kritik des Gesetzes eine Erklärung der Krise zu liefern: „In tracing the causes of the existing distress, therefore, the ultimate question for our consideration is, why are these great branches of our national industry in a state of depression?" (Anon. 1819, 454) Alle drei Kritiker wiederum sollten sich gegen diesen Text zur Wehr.

Der Ricardianer verblieb ganz im Rahmen der von Mill und Say ausgearbeiteten Doktrin. Die Krise sei eine bloß temporäre Störung des natürlichen Gleichgewichts und widerspreche dem Gesetz des Anwachsens der Konsumtions- mit der Produktionskraft nicht (Anon. 1819, 470): „the late glut of British goods in the markets of Europe and America [...] furnishes no solid objection to the doctrine that a balance necessarily exists between consumption and production. The present crisis constitutes a case removed by special circumstances from the operation of the general rule." (Anon. 1819, 474) Die Krise resultiere vielmehr aus einer partiellen Überproduktion von Waren, herbeigeführt durch eine Reihe äußerlicher Sonderumstände: insbesondere den Fesseln, die der Produktion durch die „*barbarous Restrictions upon Commerce*" (Anon. 1819, 462) in Gestalt der agrarprotektionistischen *Corn Laws* und der zu hohen Steuerlast („oppressive taxation") angelegt worden seien. Die zu hohen Steuern[35] (Anon. 1819, 474) und Zölle erhöhten auch die Preise künstlich, aber höhere Getreidepreise in Großbritannien verhinderten die Einfuhr ausländischen Getreides, und somit könnten im Gegenzug auch keine englischen Waren das Land verlassen.[36] Für den Fall einer Wiederherstellung der „laws of nature" durch Steuersenkungen, Zollabbau und Liberalisierung des Handels verspricht der Ricardianer optimistisch das Wiederaufblühen des Wirtschaftslebens: „Give Freedom to Commerce, and lighten the pressure of taxation, and we shall have no complaining in our streets." (Anon. 1819, 475) Dass aus Fatalismus angesichts einer Krise Optimismus geworden war, trug gewisse Züge einer Kriseneuphorie. Die Ereignisse wurden beinahe begrüßt, um sie als Ergebnis unliebsamer Politik vorstellen und diese damit diskreditieren zu können.[37]

---

35 Steuern erscheinen den Ricardianern als Hindernis der Kapitalakkumulation. „There are no taxes which have not a tendency to impede accumulation", lautete Ricardos (1817, 189) Diktum, das ihn gerade dazu aufforderte, rund ein Drittel seiner *Principles of Political Economy, and Taxation* dem „great evil of taxation" zu widmen und diejenigen Steuern zu ermitteln, die das Wirtschaftsleben so wenig wie möglich beeinträchtigten (Graßmann 2018a). Auch Say trug gern die Anekdote vor, dass er im Dunkeln sitzen musste, nachdem sein englischer Vermieter infolge einer neuen „Window Tax" die Fenster seines Studienzimmers verrammeln ließ. Durch die Einführung der Steuer war nicht nur der Staat nicht reicher geworden, sondern noch dazu gesellschaftlicher Reichtum zerstört worden (Forget 1999, 13).
36 „As commerce is always an exchange of equivalents, a nation that will not buy, cannot sell" (Anon. 1819, 475).
37 Dass ‚Krisen' als Chance für ‚Reformen' begriffen und daher manchmal auch herbeigeredet werden wollen, bedeutet nicht, dass echte Krisen von einer ‚herrschenden Klasse' erfunden und ein bloßer „Herrschaftsmechanismus" (Ponzi/Koenig 2019, 9) wären.

Als ein Kritiker des ‚Say'schen Gesetzes' sowie auch der vorbeugenden Pläne des optimistischen Ricardianers trat Thomas Robert Malthus in Erscheinung, dessen *Principles of Political Economy* (1820) unter dem Eindruck der Nachkriegsdepression von 1818/19 entstanden sind. Die gewaltige Ausdehnung der Produktion nach Kriegsende hatte in Malthus' Augen offensichtlich weder Leichtigkeit noch Prosperität, vielmehr ein Desaster bislang unbekannten Ausmaßes herbeigeführt („never probably occurred in the history of any nation before" [Malthus 1820, 514]).[38] Malthus veröffentlichte seine *Principles* mit dem Anspruch, die Wirtschaftskrisen zu erklären und zugleich die Harmonieillusionen der liberalen Ricardianer zu kritisieren.

Malthus hatte sich schon früher skeptisch darüber gezeigt, ob wirklich jedes Angebot seine eigene Nachfrage erzeuge,[39] doch trägt seine neue Argumentation in den *Principles of Political Economy* ganz andere Züge. Hier adaptierte er, worauf Marx mehrmals hinwies,[40] zentrale Einsichten der *Nouveaux principes d'économie politique* Simonde de Sismondis, die 1819 erschienen waren und die als die zentrale theoretische Herausforderung für die Ricardianer angesehen werden müssen (dazu 1.3).[41] So entgegnet Malthus dem anonymen Ricardianer in seinen *Principles*, dass die Krise nicht auf einen Mangel, sondern auf einen Überfluss an Kapital zurückzuführen ist („capital seeking employment"), weshalb dessen Vorschläge zur Heilung der Über-

---

38 „[I]t is unquestionable that the powers of production were increased by the cessation of war, and that more people and more capital were ready to be employed in productive labour; but notwithstanding this obvious increase in the powers of production, we hear every where of difficulties [...] and distresses, instead of ease and plenty." (Malthus 1820, 498)

39 Malthus schrieb Ricardo am 29. December 1814: „I had remarked the passage you mention in Mr. Says work, and think it well done, though I cannot quite agree with him. I think the source of his error is, that he does not properly distinguish between the necessaries of life and other commodities, – the former create their own demand the latter not." (In Ricardo: The Works and Correspondence, VI, 168)

40 In seinen *Principles of Political Economy* „entdeckt Malthus endlich, vermittelst *Sismondi's*, die schöne Dreieinigkeit der kapitalistischen Produktion: *Ueberproduktion – Ueberpopulation – Ueberkonsumtion*, three very delicate monsters, indeed!" (MEGA II/5, 511) Marx wies die bis in die Formulierungen hineinreichende Malthus'sche Adaptation Sismondis ausführlich im *Manuskript 1861–63* nach (MEGA II/3, 1246/1247).

41 In Übersichtsdarstellungen zur Krisentheorie werden Malthus und Sismondi häufig auf die Seite einer „Unterkonsumtionstheorie" gerückt, als hätten sie den gleichen Begründungszusammenhang entwickelt. Beide treffen sich lediglich am Nachfrageproblem und es war nicht Malthus' Verdienst, dieses als erster aufgeworfen zu haben, wie Keynes (1973 [1936], 362–364) und auch der junge Engels (MEGA I/3, 489) dachten. Symptomatisch, dass sich Keynes so stark auf Malthus bezog, denn für den radikaleren Sismondi war es ausgeschlossen, dass „Management of Money" und Ausweitung der Nachfrage die Überproduktion verhindern können. Aber so wie Malthus' *Principles of Political Economy* laut Marx „die malthusianisirte Uebersetzung von Sismondi's ‚Nouveaux Principes de l'éc. pol.'" (MEGA II/3, 1246) – also eine einseitige Adaption – waren, begründete Sismondi das Nachfrageproblem auf eine völlig andere Weise: durch einen für die moderne Handelsgesellschaft spezifischen Widerspruch zwischen Produktionsverhältnissen und Produktivkräften.

produktion – Liberalisierung des Außenhandels und Senkung der Steuern – unwirksam sein müssen (Malthus 1820, 496/497). Woran es mangelt, ist nicht das Kapital, sondern die Nachfrage danach (Malthus 1820, 492). Der Reichtum der britischen Gesellschaft sei nicht proportional zu den von ihr hergestellten Waren gewachsen.

Den Nachfragerückgang nach Kriegsende erklärt Malthus paradoxerweise auch durch ein *Bevölkerungswachstum*. Mit Kriegsende sei zum einen die englische Bevölkerung absolut gewachsen – was Malthus anscheinend mit dem Aufhören des Massensterbens auf den Schlachtfeldern gleichsetzt –, zum anderen sei ein nun beschäftigungsloses Heer an Soldaten wieder auf den Arbeitsmarkt gespült worden, was zu einem wachsenden Angebot an produktiver Arbeit und dieses wiederum zu sinkenden Löhnen geführt habe. Das von Sismondi herausgestellte Missverhältnis zwischen Produktion und Konsumtion führt Malthus somit auf ein Missverhältnis zwischen Produktion und Population zurück. Die Krise von 1818/19 entstand dadurch, dass es *zu viele Menschen* gab, die sich um einen Posten als produktiver Arbeiter rangelten und die daher nicht nur einen zu hohen Produktionsausstoß hervorbrachten, sondern dafür auch noch zu geringe Löhne erhielten, was einen Mangel an effektiver Nachfrage („effectual demand") begründete (Malthus 1820, 494/495). Eine zu große Bevölkerung bedeutet zu niedrige Löhne; zu niedrige Löhne bedeuten zu wenig Nachfrage; zu wenig Nachfrage bedeutet Krise.

Malthus war also noch in seinen *Principles of Political Economy* der apodiktische Demograf seines *Essay on the Principle of Population* (1798) geblieben: Er wendet sein altes Populationsgesetz an, um das damals junge Phänomen der Überproduktion zu erklären, und integrierte auf diese Weise das Bevölkerungsproblem in die politische Ökonomie. Weil Armut und Arbeitslosigkeit das in allen Gesellschaften unvermeidliche Resultat der natürlichen Tendenz zur Überbevölkerung, also Ausdruck eines unvermeidlichen Naturgesetzes sind, gilt ihm auch die Krise als Ergebnis quasi naturgesetzlich wirkender Kräfte, von deren Herrschaft, anders als Say und Ricardo glauben wollen, auch die moderne Gesellschaft nicht befreit ist. Im Management des Bevölkerungsproblems liegt somit auch für den Ökonomen Malthus ein Ansatz, die Krisen zu behandeln. Wenn sich in der Nachkriegskrise von 1818/19 ein Zusammenhang zwischen Frieden und Depression („Peace [...] connected with distress") gezeigt habe, dann lautet der gespenstische Subtext, dass es gerade der Krieg ist, in dem ein Teil der Arbeitsbevölkerung als unproduktive Militärarbeiter nicht nur Revenue verzehrt und somit den Profit ermöglicht, sondern der wie eine Hungersnot als „positive check" durch die Erhöhung der Mortalitätsrate auch das Bevölkerungswachstum bremst,[42] was höhere Löhne und damit größere Nachfrage ermöglicht. Die Menschenvernichtung erscheint in Malthus' *Principles* als Bedingung der Prosperität.

---

42 Während der „preventive check" auf die Reduktion der Geburtenrate setzt, zielt der „positive check" auf die Erhöhung der Mortalitätsrate durch Hunger, Kriege, Pandemien (MEGA IV/5 App., 454).

Malthus weist auf einen anderen Ansatz zur Behandlung des Nachfrageproblems hin: den Unterhalt unproduktiver Arbeiter und damit den Absatz von Produkten bei Konsumenten, die ‚kaufen, ohne zu verkaufen'. Malthus denkt dabei zwar auch an mit öffentlichen Mitteln finanzierte Infrastrukturprojekte und Dauarbeiten, aber vor allem an den Unterhalt von Militär, Landadel und Klerus, dem er als anglikanischer Pfarrer selbst angehörte. Wie der anonyme Ricardianer wollte also auch Malthus das Krisenproblem zur Rechtfertigung seiner eigenen politischen Vorstellungen nutzen: Der Negativität der kapitalistischen Moderne konnte man in seinen Augen nur mithilfe der Weiterexistenz der ‚alten Gesellschaft' mit ihren ‚unproduktiven Klassen' begegnen.[43] Das Einschmuggeln einer politischen Programmatik in die Krisenanalyse führte allerdings dazu, dass diese höchst konfus geriet: Mehr unproduktive Arbeiter würden die Konsumtionsfähigkeit erhöhen, aber zu viel produktive Arbeiter hatten die Konsumtionsfähigkeit in erster Instanz überhaupt erst verringert. Die Überkonsumtion von Soldaten, Pfaffen und Landadel kann die Überschüsse absorbieren, aber Arbeitslosigkeit und Übervölkerung bringen die Krisen hervor.[44] Doch warum verfügt für Malthus die Kirche über ein Einkommen, ein arbeitsloser Handwerker aber nicht? Laut Marx lehnte Malthus sich nicht nur bei Sismondi an, sondern „theilweise spukt bei ihm durch die physiokratische Tradition, wonach der *Consumtionsfonds* der nicht arbeitenden Klassen in der That ein vom Productionsfonds ganz verschiedner Fonds ist und verzehrt werden muß, soll die Reproduction des erstren nicht stocken" (MEGA II/4.1, 377). Den Konsumtionsfonds setzte Malthus also als unabhängig vom Produktionsfonds; er bot keine theoretische Erklärung des Ursprungs der Revenuen der unproduktiven Arbeiter an. Diese Revenuen waren ganz einfach irgendwo außerhalb des kapitalistischen Reproduktionszusammenhanges entstanden. Dieses vermeintliche ‚Außerhalb' war für Say und Ricardo das Problem, daher behauptete Malthus es als die Lösung.

Trotz (wahrscheinlich sogar wegen) der offensichtlichen Mängel seiner Kapitaltheorie – Marx nannte sie „kindisch schwach, trivial und nichtssagend" (MEGA II/3, 1245) – wurde Malthus schon zu Lebzeiten als großer Kritiker von ‚Says Gesetz' akzeptiert. Say antwortete noch im Jahr ihrer Veröffentlichung auf Malthus' *Principles* in seinen fünf *Letters to Malthus* (1820; englische Übersetzung 1821), deren Haupt-

---

[43] Marx resümierte, dass „Malthus in Ricardo die Tendenz der capitalististischen Production bekämpfte, die revolutionär gegen die alte Gesellschaft ist" und „mit unfehlbar pfäffischem Instinkt nur das aus Sismondi [nahm,] was reactionär gegen die capitalistische Production ist" (MEGA II/3, 1246). Man findet bei Malthus somit eine ähnliche Krisenbejahung wie beim anonymen Ricardianer. Schon in der zweiten Auflage des *Essay on the Principle of Population* hatte Malthus (1803, 405) die Überproduktion zur Legitimierung von Sozialabbau durch die Reform der *Poor Laws* geradezu begrüßt.

[44] Diese Konfusion wiederholt sich in Malthus' Betrachtung der Staatsausgaben: einerseits die Steuern zum Wohle des nationalen Wohlstands senken, andererseits die Regierungsausgaben erhöhen (Malthus 1820, 514). Gut, dass der Staat ausgibt – schlecht, dass er einnimmt.

thema die Zurückweisung der Kritik an seinem ‚Gesetz' ist. Say zeigte sich von Malthus' Argumenten völlig unbeeindruckt: „I do not therefore yet see any reason to abandon the doctrine, that it is production which opens a market to production" (Say 1821, 24). Die Krise von 1818/19 sei auf eine Überfüllung der auswärtigen Märkte in Brasilien, Italien und Indien mit englischen Waren zurückzuführen, da in diesen Ländern zu wenig gearbeitet worden wäre, also zu wenig Waren vorhanden waren, mit denen die vielen englischen Waren hätten bezahlt werden können. Großbritannien hätte mit den *Corn Laws* (Say 1821, 8/9) und der übermäßigen Steuerlast (Say 1821, 74) seinen Teil zu den Disharmonien auf dem Weltmarkt beigetragen, wiederholt Say die Argumente des anonymen Ricardianers von 1819.

Weil Malthus keine kohärente Gegentheorie vorlegte und die Argumente seiner beiden Hauptwerke nicht in Einklang miteinander bringen konnte, war es ein Leichtes für Say, seinen Angriff öffentlichkeitswirksam mit einer eigenständigen Publikation abzuwehren.[45] Say wies auf einen Widerspruch zwischen Malthus' Hauptwerken hin: Hatte jener nicht in seinem *Essay on the Principle of Population* gezeigt, dass die Bevölkerung immer über die Höhe der verfügbaren Subsistenzmittel anwachse? Warum unterstellte er dann in seinen *Principles of Political Economy* das umgekehrte Phänomen einer Überproduktion über die Bedürfnisse hinaus? (Say 1821, 30) Nur ein Malthus, der alte Bevölkerungstheoretiker oder der neue Ökonom, könne Recht haben. Auch dem Einwand, dass die Ricardianer die Neigung der menschlichen Natur zu Trägheit und Bequemlichkeit vernachlässigt hätten (Malthus 1820, 358), konnte Say einfach zustimmen: Trägheit sei ein Übel – aber weshalb propagiere Malthus dann die Trägheit der unproduktiven Konsumenten als einen Vorteil? (Say 1821, 32)

Marx wird Malthus über sein ganzes Schaffen hinweg kritisieren, aber in unterschiedlichen Varianten. Bei seinem ersten Kontakt mit Malthus' Krisenbetrachtung sprang ihm, wie zuvor Say, der Gegensatz zwischen Populations- und Überproduktionsgesetz ins Auge: „Als eine wirkliche Bizarrerie kann man es betrachten, daß *Malthus*, der die Ueberproduktion in Bezug auf die *Bevölkerung*, auf die *Menschen* annimmt, im Gegensatz gegen Say, eine Ueberproduktion v. Waaren, als möglich u. als ein Unglück behauptet. [...] Derselbe Nationalökonom behauptet, daß mehr Menschen produzirt werden, als es Waaren giebt u. [...] daß mehr Waaren produzirt werden, als abgesezt werden können" (MEGA IV/3, 56). Marx hatte Recht: Malthus hatte einfach beide Phänomene konstatiert, ohne einen Gedanken daran zu verschwenden, wie diese offenkundigen Gegensätze zusammenpassen könnten. Schon in den *Grundrissen* aber erkannte er in Malthus' Idee, dass die Nachfrage der produktiven Arbeiter niemals zur Realisierung des Mehrwerts genügen kann, ein wahres Moment: „Die Widersprüche zwischen dem Capital als Productionsinstrument überhaupt und Pro-

---

45 Zwar riskierte Say anlässlich der Krise von 1825 auch eine kurze Kontroverse mit Sismondi (dazu 1.3), aber die Liberalen wollten offenbar schon damals lieber ‚mit den Rechten reden'.

ductionsinstrument von value, so entwickelt von *Malthus*" (MEGA II/1, 329). Das Kapital produziert nicht für den Gebrauchswert, sondern für den Wert. Malthus' Diagnose von *überflüssigem Kapital neben überflüssiger Bevölkerung* beschrieb die in der Krise erscheinenden Phänomene daher durchaus korrekt. Malthus wurde für diesen vermeintlichen Widerspruch von Say aufs Korn genommen und musste sich auch von seinem Kritiker J. C. Ross als Begründer der „Humbug School of Political Economy" taufen lassen.[46] Ein Überfluss an Bevölkerung neben einem Überfluss an Kapital – warum nicht einfach beide zusammenbringen und weiter produzieren lassen? Dass dies in der bürgerlichen Produktion nicht ohne Weiteres möglich ist, wird Marx, damit Malthus' Diagnose gegen den Kapitalismus selbst richtend, zu einem Hauptmoment seiner Krisentheorie machen (siehe 4.1 und 4.2.1). Der Widerspruch bestand nicht einfach nur zwischen den Hauptwerken von Malthus, er lag in der Sache selbst.

Im Anschluss an Marx bemerkte Rosa Luxemburg (1913, 182) treffend, dass Malthus ein „Apologet" der kapitalistischen Produktionsweise gewesen sei, nicht weil er wie Say und Ricardo ihre Disharmonien verleugnet hätte, sondern gerade weil er sie affirmierte, in den Rang von Naturgesetzen erhob und dadurch legitimierte. Im Gegensatz zur liberalen Harmonielehre legte Malthus geradezu lustvoll den Finger in die Wunde: Die moderne Gesellschaft ist nicht durchschaubar, nicht vervollkommnungsfähig und nicht in der Lage, ihre eigene Entwicklung zu gestalten (Bohlender 1999); sie ist ohne Krieg, Krise, Armut, Ungleichheit und Überbevölkerung nicht zu haben, und hinter dem Rücken ihrer egoistischen Mitglieder stellt sich nicht auf wundersame Weise von selbst ein Gleichgewicht ein. Aber Malthus behandelte diese Dinge als überhistorische Gegebenheiten, nicht als spezifische Probleme einer besonderen Produktionsweise: Er wollte nicht sehen, dass die kapitalistische Produktion eine Produktion von Wert ist und dass der Ausstoß einer überflüssigen Bevölkerung nicht in allen Gesellschaften Bedingung und Resultat der Prosperität ist. Es ist auch richtig, dass Malthus mit seiner gespenstischen Bestandsaufnahme kein kritisches Ziel verfolgte: Es schien ihm unmöglich, all diese unglücklichen Verhängnisse jemals zu überwinden, denn sie sind Ausdruck von Naturgesetzen. Aber welches Motiv lag dann seinem Streit mit dem Liberalismus in Gestalt von Say und Ricardo zugrunde? Warum die ganze Zeit über Probleme reden, von denen man annimmt, dass sie gar nicht zu lösen sind? Anhand von Malthus lässt sich die doppelte Ausrichtung einer bestimmten Ausprägung rechtskonservativer ‚Kapitalismuskritik' beobachten: einerseits Apologie der ‚Schattenseiten' der bürgerlichen Gesellschaft, die man höchstens verwalten, aber niemals beseitigen kann, da sie *conditio humana* sind; andererseits aber, gegen den Liberalismus und die Aufklärung, das „diffuse Lamento" (Offe 1979, 311) über diese Misere (unter Adaptation ‚linker' Krisentheorien wie der von

---

[46] So wird Marx 1868 aus einem Buch von Ross (1827) notieren: „We ... appropriate the title of Humbug School of Political Economy – to those writers and orators who maintain the co-existence of excess of population and over-production." (MEGA IV/18, 509)

Sismondi) zur Rechtfertigung des eigenen Wunsches, wieder zu einer dunklen Welt des Landadels, der kirchlichen Autorität, politischen Privilegien und geordneten Geschlechterverhältnisse zurückzukehren beziehungsweise diese alte Ordnung mit der Moderne zu vermählen. Anhand des Krisenproblems konnte Malthus seine „Apologie des Elends der Producenten bestätigen, speziell aber das reactionäre Grundeigenthum gegen das ‚aufgeklärte', ‚liberale' und ‚progressive' Capital vertheidigen" (MEGA II/3, 771). Wenn sich an der Existenz von Krisen nichts ändern lässt, kann man sie umso besser benutzen, seine eigene Agenda ins Gespräch zu bringen.

Aber gerade weil seine Vorschläge gegen die Krise von Opportunismus motiviert und gar nicht als ernsthafte Heilmittel gedacht waren, war Malthus nicht einfach nur Ideologe der Klassen der alten Gesellschaft, wie Luxemburg dachte, sondern Ideologe der bürgerlichen Gesellschaft in der Krise. Denn die Diskrepanz aus Diagnose der Krise und Desinteresse an einer echten ‚Therapie' läuft auf eine Art Krisenbejahung hinaus: Krise, Krieg und Elend, Unfreiheit und Ungleichheit sind nicht einfach nur ein Unglück, um das man sich Sorgen machen müsste, sondern eine gerechte Strafe, von der man nicht annehmen soll, dass sie zu vermeiden ist. Malthus gefiel sich in einem übertriebenen Zynismus.[47] Aus böser Absicht legte er sich seine ‚Zahlen' zurecht und erzählte „Lügen über Schweden" (MEGAdigital, Bd. IV/19, „Heft II. 1869", S. [127]).[48] In den Augen dieses Krisenideologen sollte man entweder gar nichts gegen die Krisensymptome unternehmen oder aber eine Therapie finden, die gerade verhindert, dass sie gelindert werden. Jeder Versuch, etwas an der natürlichen Ordnung zu ändern – die Ungleichheit zu verringern, einen Krieg zu vermeiden oder die Pestilenz zu bekämpfen –, würde alles nur noch verschlimmern (Bohlender 1999, 63/64). Malthus' Ziel bestand nicht darin, die Krisen abzuwenden, zu überwinden oder erträglicher zu machen. Er wollte die Intransparenz, Ungleichheit und Krisenhaftigkeit unangetastet lassen und sie dazu auf eine gespenstische Weise regulieren, die sie am Leben hält und reproduziert.

---

[47] „Er *affectirt* Rücksichtslosigkeit, gefällt sich cynisch darin, und *übertreibt* die Consequenzen, so weit sie sich gegen die miserables richten, selbst *über* das Maaß, das von seinem Standpunkt aus wissenschaftlich gerechtfertigt wäre." (MEGA II/3, 772)

[48] Aus „*Grundgemeinheit* der Gesinnung" (MEGA II/3, 767), so Marx, „*verfälscht* er seine wissenschaftlichen Schlußfolgerungen" und begeht damit „Sünde gegen die Wissenschaft" (MEGA II/3, 772).

1.3 Sismondi kontra Say. Die Krise von 1825 und die Kritik der politischen Ökonomie

> Ich erschütterte eine Wissenschaft, die wegen ihrer Einfachheit, der klaren und methodischen Deduktion ihrer Gesetze als eine der vornehmsten Schöpfungen des menschlichen Geistes galt.
> Sismondi: Nouveaux principes d'économie politique
> (1971 [1827], I, 3)

> Welche Früchte trägt nun dieser ungeheure, inzwischen angehäufte Reichtum? Hat er nicht etwa nur dazu beigetragen, daß alle Klassen gleichermaßen die Sorgen, Entbehrungen und Gefahren vor dem völligen Ruin teilen? Hat England, das die Menschen über die Dinge vergaß, nicht etwa den Zweck den Mitteln geopfert?
> Sismondi: Nouveaux principes d'économie politique
> (1971 [1827], I, 8)

> Um die Industrie anzuregen, verwendet man alles Gold und Silber, das man durch Banknoten ersetzt, was jedoch dazu führen kann, daß man am Abend reich zu Bett geht und am anderen Morgen ohne eigene Schuld ruiniert aufwacht. Hört man Diskussionen über diese Verbesserungen auf nationaler Ebene, möchte man glauben, daß sich die Menschen zur Gesellschaft zusammengeschlossen haben, nicht um ihr Glück zu versichern, sondern um billigere Metallknöpfe oder billigere Baumwollgewebe zu produzieren.
> Sismondi: Nouveaux principes d'économie politique
> (1971 [1827], II, 106/107)

> I cry out and no one hears me: I cry out and the car of Juggernaut continues to roll on, making new victims.
> Sismondi: Brief aus dem Jahr 1838 (1847, 455)

Marx galt die Krise von 1825/26 als die erste universelle Krise (MEGA III/2, 73), da sie im Gegensatz zu ihren Vorgängerinnen, den „Lumpenkrisen", von einer industriellen Überproduktion von Waren auf dem Weltmarkt ausging, über die Grenzen Europas hinaus wütete, eine ungeheuerliche Intensität entfaltete, in eine lange Stagnationsphase bis 1827 mündete und sich mit ihr der zyklische Lebenslauf der großen Industrie einstellte (MEGA II/6, 702).[49] Die Bank of England hatte infolge von Peels Act 1819 (59 George III., c. 78), der die Wiederherstellung der Konvertibilität von Noten in Gold für 1821 beschloss, mit dem Einzug der Ein-Pfund-Noten begonnen. Auf dem Höhepunkt der Panik im Dezember 1825 war sie glücklich, noch eine Kiste mit verbliebenen Noten in ihren Kellerräumen auffinden und die Geldhungersnot mit der Ausgabe dieser Noten lindern zu können. Auch weil sie mit keinem besonderen Ereignis verbunden werden konnte und wie vom Himmel gefallen schien, war die Krise von 1825 eine

---

49 Hobsbawm (2004, 76) hat diese Einschätzung bestätigt. Zur Krise siehe Bouniatian (1908, 245–269), Pinner (1937, 23–27) und Fetter (1965, 111–120).

Schockerfahrung für die Zeitgenossen. Sie war in den Augen von Marx ein Wendepunkt der Geschichte, da die zutage getretene Dynamik der kapitalistischen Produktionsweise von nun an nicht länger geleugnet werden konnte.

Ricardo, der 1823 gestorben war, konnte zu der neu entfachten Kontroverse der politischen Ökonomen, in deren Folge sich auch Say herausgefordert fühlte, die aufgekommenen Zweifel an seinem Theorem auszuräumen, nichts mehr beitragen. Das ist durchaus unglücklich, denn er hatte sich in der dritten Auflage seiner *Principles of Political Economy, and Taxation* (1823) einsichtsfähig gezeigt, als er sein Werk um das berühmte Kapitel *On Machinery* ergänzte und hier seine frühere Kompensationstheorie der Maschinerie widerrief. Wahrscheinlich infolge der Kritik von Owen und Sismondi war Ricardo nun zu dem Schluss gelangt, dass der zunehmende Einsatz von Maschinerie zunehmende Arbeitslosigkeit bedeutet. Marx rechnete ihm diesen Erkenntnisfortschritt hoch an: „Dieser Abschnitt, den Ric. seiner third edition zusetze, zeugt von seiner *bonne foi*, die ihn so wesentlich von den Vulgärökonomen unterscheidet." (MEGA II/3, 1173) Die kontrafaktische Bemerkung sei daher erlaubt: Hätte Ricardo die Krise von 1825 erlebt, wäre die Welt womöglich um einen ‚rationaleren' Ansatz zu den Krisen bereichert worden. Doch stattdessen griffen McCulloch und Say zur Deutung der Vorgänge auf die Quantitätstheorie des Geldes zurück. Say legte 1826 in der Oktober-Ausgabe der *Revue encyclopédique* in seinem Aufsatz *La crise commerciale en Angleterre* dar, wie es seiner Ansicht nach zu dieser Krise hatte kommen können. Er wollte diesen Text unbedingt verfassen, nachdem sein Gesetz in der September-Ausgabe der *Revue* von dem Genfer Historiker und Politökonomen Jean Charles Léonard Simonde de Sismondi angegriffen worden war.

Sismondi behandelte bereits in der ersten Auflage seiner *Nouveaux principes d'économie politique* (1819) zwei damals aktuelle Krisen: die von 1815/16 – als nach Kriegsende die Warenpreise stark fielen und in der Folge mehr als die Hälfte der britischen Landesbanken bankrottierte – sowie die Nachkriegskrise von 1818/19 – ein Resultat unverkäuflicher englischer Waren in Italien und Indien (Sismondi 1819, I, 337) –, die ihn „stark ergriffen" (Sismondi 1971 [1827], I, 18) hatten. Nach eigener Aussage hatte sich Sismondi *wegen dieser Krisen* rund um die Napoleonischen Kriege von der herrschenden nationalökonomischen Gleichgewichtslehre abgewendet (Sismondi 1971 [1827], I, 17/18).[50] In den *Nouveaux principes* wollte er die Ursachen dieser neuartigen Ereignisse ermitteln und formulierte dabei die Überlegung, dass die industrielle Produktion eine Schranke am gesellschaftlichen Konsumtionsvermögen

---

[50] In seiner Schrift *De la richesse commerciale* (1803) konnte er wie Say zur gleichen Zeit noch kein Absatzproblem erkennen und befürwortete den Freihandel.

findet und demnach unausweichlich Krisen, Arbeitslosigkeit und Verelendung hervorrufen muss. Auf Sismondis Widerlegung von ‚Says Gesetz' folgten erbitterte Polemiken der Anhänger des ‚Gesetzes' McCulloch/Torrens, Ricardo und Say.[51]

So war der Artikel des anonymen Ricardianers in der Oktober-Ausgabe 1819 der *Edinburgh Review* (dazu 1.2) auch gegen die neuen Kritiker des ‚Gesetzes', Robert Owen und Sismondi, gerichtet: „the late glut of British goods in the markets of Europe and America, to which M. de Sismondi refers as a practical proof of his paradox, that poverty may be occasioned by the superabundance of wealth, furnishes no solid objection to the doctrine that a balance necessarily exists between consumption and production." (Anon. 1819, 474) Sismondi entgegnete seinem Rezensenten direkt, Berechnungen an schlecht abstrakten Modellen anzustellen, welche die in der Wirklichkeit herrschenden Prinzipien verfehlten (Sismondi 1820). Dabei sei niemals „eine wichtigere Frage behandelt worden, niemals haben unterschiedliche Auffassungen dieser Frage größere Folgen auch für die Praxis gehabt" (Sismondi 1971 [1827], II, 293): Brach die Krise aus, weil zu viel oder zu wenig produziert worden war?

Wie später Marx ging Sismondi von England aus, um seine „Neuen Grundsätze der politischen Ökonomie" zu erörtern. Nun hatte er in Vorbereitung der zweiten Ausgabe der *Nouveaux principes* (1827) acht Monate in England verbracht und dabei die große Krise von 1825 aus der Nähe miterleben und aus erster Hand studieren können. Eine bis auf die letzten beiden Absätze wortgleiche Version der neuen Einleitung für die zweite Ausgabe wurde vorab in der *Revue encyclopédique* im September 1826 unter dem Titel „*Nouveaux principes d'économie politique* – wie man sie heute angesichts der Krise in England erleben kann" publiziert (Sismondi 1826, 608. Übers. TG). Sismondi sah seine Thesen durch die neue Krise bestätigt:

> Sieben Jahre sind verflossen, und die Tatsachen scheinen siegreich für mich gekämpft zu haben. Sie haben bewiesen, viel besser, als ich es hätte tun können, daß die Gelehrten, von denen ich mich losgesagt hatte, einer falschen Prosperität nachjagten, [...] daß, wenn sie versuchten, den Reichen reicher zu machen, sie auch den Armen zu größerer Armut, Abhängigkeit und Bedürftigkeit verdammten. Gänzlich unerwartete Krisen im Handel folgten einander; die Fortschritte von Industrie und Reichtumsvermehrung haben die Kapitalisten, die diesen Überfluß schufen, nicht vor ungeheurer Not bewahrt. (Sismondi 1971 [1827], I, 4)

---

51 „Unter den neuen Grundsätzen der Politischen Ökonomie, die ich in diesem Buch aufzustellen versuchte, stieß besonders der eine, mehr als alle anderen, auf den Widerspruch der herrschenden Meinungen. Doch gerade dieser erscheint mir wichtiger als jeder andere, weil er die heftigen Krisen erklärt, denen die Industrie seit zehn Jahren unaufhörlich ausgesetzt ist und weil er uns in die Lage versetzt, der Wiederkunft derartiger Krisen vorzubeugen. Ich habe mich bemüht zu beweisen, daß die Zunahme der Produktion aller Waren [...] nur solange vorteilhaft ist, wie ihr ein entsprechender Verbrauch folgt" (Sismondi 1971 [1827], II, 287). – Siehe zu Sismondis Auseinandersetzungen mit Say und den Ricardianern Rosa Luxemburg (1913, Kap. 10–14), deren eigene Krisentheorie, wonach es der Aufnahmefähigkeit nicht-kapitalistischer Gesellschaften bedarf, um den in kapitalistischen Gesellschaften produzierten Mehrwert abzusetzen, von Sismondi inspiriert ist.

All diese paradoxen Erscheinungen – die Armut inmitten des Reichtums, ein Fortschritt, der die alte Not bloß bewahrt – entspringen laut Sismondi den der modernen Gesellschaft innewohnenden Tendenzen zur unbegrenzten Ausdehnung der Produktion und zur Beschränkung des Einkommens. Say und Ricardo berücksichtigten in ihrem realitätsfernen Modell nur das Kapital, aber nicht das Einkommen („revenue"), die Mittel zur Realisierung des Kapitals. Die „Überfüllung der Märkte" konnten sie nicht erklären.

Ohne Sismondis genauere Analyse der Krise von 1825 zu kennen, die dieser erst in der zweiten Ausgabe der *Nouveaux principes* (1827) vorstellte, sah Say sich zu einer schnellen Reaktion auf den ‚Angriff' Sismondis („il attaquera plus vigoureussement que jamais") in der Oktober-Ausgabe der *Revue encyclopédique* des Jahres 1826 veranlasst. Er hoffte, Sismondi mit einer Erklärung zuvorzukommen:

> Es wird zu viel in England produziert, sagt Sismondi; aber ergibt dies eine klare Vorstellung davon, was das Produzieren bedeutet? Wenn es nur für diesen Zweck wäre, mehr Hüte als Köpfe zu machen, würde er Recht haben; aber ein Mann, der über die politische Ökonomie schreibt, kann nicht ignorieren, dass es keine Produktion gibt [il n'y a de production], außer derjenigen, welche die Investitionen [avances], die gemacht wurden, zurückerstattet. Der Fabrikant, der einen Wert von 25 Franken ausgibt, um einen Wert von 20 Franken zu schaffen, produziert nicht, er vernichtet. Wahre Produktion erzeugt Wert; ein Objekt kann nur dann einen Wert haben, wenn es von einem Verbraucher nachgefragt wird [...]. Auf die reale Produktion folgt also der Verbrauch. (Say 1826, 41. Übers. TG)

Say redefinierte den Begriff der Produktion derart, dass er zur Beantwortung der auf dem Tisch liegenden Frage gänzlich unbrauchbar geworden war. Ein Artikel sei nur dann produziert worden, wenn die zu seiner Herstellung nötigen Investitionen rückerstattet würden, also nur dann, wenn es für ihn auch einen Abnehmer gebe. Nur was konsumiert wird, sei auch produziert worden, oder anders gesagt: Überproduzierte Waren waren gar nicht „produziert" worden.[52] Angesichts der Krise von 1825 fand Say sein Gesetz der Unmöglichkeit der Überproduktion bestätigt.

Wie konnte es dann zu dieser Krise gekommen sein? Der Frieden hatte offensichtlich keine dauerhafte Prosperität gebracht, auch die Kontinentalsperre war mittlerweile verschwunden. Wie McCulloch wenige Monate vor ihm,[53] berief sich auch Say

---

52 „Ultimately, Say's view amounts to nothing more than a tautology" (Kuruma 1929).
53 Say hatte kurz zuvor in einer anderen Frage McCulloch des Plagiats bezichtigt (Hollander 2005, 287/288); bei der „neuen Nutzanwendung" der Quantitäts- als einer Krisentheorie scheint McCulloch der Vorrang zu gebühren. Der hatte die Krise von 1825 wieder auf eine partielle Überproduktion zurückgeführt, die dieses Mal durch die Fehlkalkulation der Produzenten und Händler entstanden sei, welche wiederum auf eine „redundancy of currency" (McCulloch 1826, 92) zurückzuführen sei. Wie kurz nach ihm Say griff er das Notenemissionsrecht der britischen Landesbanken an: „nothing contributed so much to bring on the late crisis, and to render it so fatally destructive, as the power that has been so absurdly given to every individual, however ignorant, poor, or unprincipled, who chooses to dub himself a Banker, to issue paper money." (McCulloch 1826, 88)

auf Ricardos Geldtheorie: „Weit davon entfernt, die von fähigen Autoren entdeckten Naturgesetze der politischen Ökonomie zu verneinen, bestätigt die letzte Handelskrise sie voll und ganz. Sie wird durch Ricardos Prinzipien über das Geld erklärt; das vielleicht einzige Gebiet der Wissenschaft, auf dem er uns wichtige und neue Wahrheiten lehrte." (Say 1826, 42. Übers. TG) Wegen des schlechten Bankensystems in England, wo zu viele Emissionsbanken existierten, seien dort zu viele Noten im Umlauf, die Not war und diese übervolle Zirkulation habe zu spekulativen Transaktionen verleitet. Say adaptierte ein Argument aus Ricardos *The High Price of Bullion*: Die zu große Quantität ungedeckten Papiergelds in der Zirkulation habe einen Fall des Werts der Münzen im Verhältnis zum Bullion hervorgerufen. In den Bank Runs wurde daher Bullion im Tausch gegen (entwertete) Münzen und (entwertetes) Papiergeld verlangt, wodurch sich die Goldreserven leerten und die Banken ihre Wechseldiskontierung und die Zahlung einstellten. Say hat somit gemeinsam mit McCulloch den latenten krisentheoretischen Gehalt der Quantitätstheorie manifestiert.

Say übernahm diese Argumentation später in sein einflussreiches Lehrbuch *Cours complet d'économie politique pratique* (1828/29). Wieder mit Bezug auf Ricardo warnte er vor der Banknote, die im Gegensatz zum Metallgeld keinen „inneren Wert" aufweise und nur ein „stellvertretendes Zeichen" sei (Say 1829/30, III, 56). Das leicht zu fälschende und an sich wertlose Papiergeld enthalte die Voraussetzung ihres „Missbrauchs", dem Say ein ganzes Kapitel seines Lehrbuchs widmet („Abuse des banques de circulation"). In der übermäßigen Notenemission der englischen Zettelbanken liege der Grund für die Entwertung des Zirkulationsmittels und der – nun schon im Plural – „traurigen Krisen" (Say 1829/30, III, 85).[54] Um dem Banknotenmissbrauch und damit spekulativen Exzessen vorzubeugen, sah auch Say die „Nothwendigkeit, den Emissionen eine Grenze zu setzen" (Say 1829/30, III, 89).[55] Selbst für Say

---

54 „Die in England erfolgte Handels-Crise lehrt uns, was die unbedingte Befugniß zu Vermehrung des Verkehrsmittels für nachtheilige Folgen haben kann. Die Banken hatten diese Befugniß mißbraucht, und ihre Zettel zu Discontirung allzuvieler Handelspapiere verwendet. Die Speculanten konnten mittels dieses Disconts ihren Unternehmungen eine mit ihren Capitalien in keinem Verhältniß stehende Ausdehnung geben. Die Vermehrung des Verkehrsmittels drückte den Werth der Geldeinheit unter den Werth des gesetzlichen Geldgehaltes herab. Da sonach von diesem Augenblick an ein Pfund Sterling in Geld etwas mehr werth war, als ein Pfund Sterling in Zetteln, so rannten die Inhaber dieser Zettel an die Bank, um dieselben zu realisieren." (Say 1829/30, III, 87)

55 Die Krise von 1825 hinterließ ihre Spuren offenbar auch bei Johann Wolfgang von Goethe, der seine Welt in der zweiten Hälfte der 1820er Jahre zunehmend pessimistisch als eine „veloziferische" (höllische Beschleunigung) wahrnahm (Bohnenkamp 2020). Die berühmte Papiergeldszene in *Faust II*, als ein Staatsmann auf Mephistos Ratschlag hin eine Staatsschuldenkrise mit der Ausgabe von Papiergeld zu bewältigen sucht und dadurch die halbe Welt ins Verderben stürzt, entstand wahrscheinlich nach der Krise von 1825. Heutige Vertreter des Monetarismus berufen sich gern auf Goethe, aber dessen Warnung vor den Gefahren des Inflationismus der Papiergeldschöpfung scheint ihrerseits vom Monetarismus seiner Zeit – der zentralen politökonomischen Erklärung der Krise von 1825 in Europa und auch Amerika (vgl. Miller 1924, 301) – inspiriert worden zu sein.

musste der Staat diese alternativlose Regulierungsleistung vollbringen: Die Naturgesetze der Ökonomie können sich nur dann durchsetzen, wenn sichergestellt ist, dass der Geldwert nicht manipuliert wird.[56] Die Produktion gilt als natürlich und krisenfrei; das Geld aber ist historisch und der richtigen Regulierungsweise bedürftig. Der Staat muss sich zwar aus der Produktion heraushalten, aber er darf nicht einfach zusehen, wie Privatbanken das Geld unkontrolliert unter die Leute bringen. Er muss diesen unzulässigen Missbrauch aktiv unterbinden.

Dass sein Gesetz praktisch widerlegt worden war, suchte Say also durchaus mit verbesserter Theoriebildung aufzufangen, aber nicht durch Modifikation des bestehenden Theorems, vielmehr durch Einführung einer neuen Erklärung. Indem er den Widerspruch weiter leugnete, sprach er ihn allerdings nur in anderer Form wieder aus. Das Missverhältnis zwischen Theorie und Wirklichkeit verwandelte sich in eine Inkonsistenz der Theorie, denn die neue Erklärung stand im Widerspruch zum alten Gesetz: Obwohl Geld nur ein neutrales Instrument im harmonischen Warentausch ist, ist es zugleich arrangierbar und krisenursächlich.

Natürlich ließ sich der Angriff Sismondis nicht auf diese Weise abwehren. „Im Abstand von nur wenigen Jahren" verliehen „zwei schreckliche Krisen" (Sismondi 1971 [1827], I, 7) der Attacke vielmehr eine schlagende Plausibilität. Sismondi entwickelte seine Krisentheorie in der zweiten Auflage der *Nouveaux principes* im Kapitel „Von dem Handelsreichtum": „jede Krisensituation im Handel" erkläre „sich aus dem Rückgang des Absatzes" (Sismondi 1971 [1827], I, 280). Die Produktion in der modernen Handelsgesellschaft sei einseitig auf die maximale Vermehrung des Ausstoßes ausgerichtet, ohne Rücksicht auf die zahlungsfähige Nachfrage nehmen zu können. Anstatt die Gesellschaft vor ihrer destruktiven Tendenz zu warnen, hätten Ökonomen wie Ricardo und Say diesen Fehler des Systems mit ihrer Doktrin von der unbegrenzten Produktionsmöglichkeit wiederholt (Sismondi 1971 [1827], I, 11).

In dem gegenwärtigen System der Reichtumsproduktion wachse die Nachfrage deshalb nicht mit der Produktion an, weil die „Konkurrenz aller gegen alle" (Sismondi 1971 [1827], I, 281/282) um den Absatzmarkt herrsche. Die Konkurrenz setze diverse Mittel zur Verbilligung der Produktion ein, von denen die Einführung neuer Maschinerie das wichtigste ist: Durch diese Steigerung der Produktivkraft der Arbeit

---

56 „Eine gute Gesetzgebung sollte, wie mir scheint, der Regierung in diesem Punkt wenig Spielraum lassen; es ist für die Gesellschaft von großer Wichtigkeit, daß der Werth der Geldmünzen nicht nach Willkür verändert" (Say 1829/30, II, 327/328) werden kann. – Anders als Ricardo schlug Say aber kein Monopol auf Notenemission vor, denn die Banque de France, ein Monopolist, wäre zum Nachteil des Wirtschaftslebens der französischen Provinz zu vorsichtig in ihrer Notenausgabe und solle sich ruhig „die Concurrenz einer oder ein paar anderer Anstalten der Art gefallen lassen" (Say 1829/30, II, 82).

verbilligten sich zwar die Waren, doch steige zugleich die Arbeitslosigkeit,[57] was weniger Einkommen bedeute. Mittels neuer Technologien lässt sich also mühelos der Ausstoß erhöhen, aber nur um den Preis verringerter Nachfrage nach Arbeit. Treibt das Land keinen oder einen nachteiligen Außenhandel,[58] folgt daraus „ein Absinken des Nationaleinkommens". Die Dynamik dieser Produktionsweise besteht also darin, dass sie mit der Ausdehnung der Produktion das gesellschaftliche Einkommen und damit die zur Realisierung des Kapitals nötigen Mittel vermindert. Deshalb erzeugt sie keine andauernde Prosperität und kein harmonisches Gleichgewicht, sondern Disproportion, Überproduktion, Krise, Arbeitslosigkeit und Elend. Ein Teil der Bevölkerung ist stets dazu verdammt, „inmitten des größten Überflusses zugrunde" (Sismondi 1971 [1827], I, 84) zu gehen.[59]

Zwar sah Sismondi durch die Krise von 1825 seine „Neuen Grundsätze" bestätigt,[60] dennoch habe er auch angesichts dieses Ereignisses sein „Buch fast gänzlich umgearbeitet". Denn weil sich die politische Ökonomie „an Herz und Vernunft" der Leserschaft zu wenden habe, müsse sie „notwendigerweise mit der Gegenwart verbunden" (Sismondi 1971 [1827], I, 13/14) sein und die tagesaktuellen Ereignisse und Polemiken aufgreifen. Nur so könnten die Rezipienten überzeugend dazu „aufgefordert" werden, „die ungerechten Leiden zu erkennen, die aus den Handlungen der Menschen entspringen und denen der Mensch selbst zum Opfer fällt". Aber auch wegen der Rasanz, mit der sich der Gegenstand der politischen Ökonomie verändert, hielt es Sismondi für eine Notwendigkeit, dass jede neue Ausgabe eines Buchs dieser Disziplin „gezwungenermaßen ein neues Werk" (Sismondi 1971 [1827], I, 13/14) zu sein habe.

---

57 In den *Nouveaux principes* gibt es daher ein Kapitel mit dem programmatischen Titel „Von der durch die Erfindung der Maschinen überflüssig gewordenen Bevölkerung" (Sismondi 1971 [1827], II, 243ff.).
58 Durch den internationalen Freihandel können höchstens einige wenige Länder ihre Probleme auf die anderen abwälzen: „Bei einem derartigen System wird jede Nation der anderen zum Konkurrenten. Die Prosperität der Industrie in dem einen Lande verursacht den industriellen Ruin des anderen; und richten sich alle zugleich nach diesem System und widmen alle jedes Jahr eine größere Exportmenge dem ausländischen Markt, bieten sie ferner alle ihre Waren mit Preisnachlaß an, nehmen sie sich gegenseitig die Kunden weg, und verkaufen sie mehr, als sie kaufen, so wird sich ihr Wetteifern, durch welches sie eine Verstopfung des Weltmarktes verursachen, schließlich für alle als verhängnisvoll erweisen." (Sismondi 1971 [1827], II, 319/320)
59 Die *Nouveaux Principes* schließen mit den Worten, dass „das allgemeine Elend trotz des ständigen Wachstums des materiellen Reichtums nicht aufhört zuzunehmen und [...] die Klasse, die alles produziert, von Tag zu Tag mehr der Gefahr ausgesetzt wird, nichts mehr zu haben, nichts mehr zu verbrauchen" (Sismondi 1971 [1827], II, 358).
60 „Sieben Jahre sind verstrichen seit dem ersten Erscheinen dieses Buches, und die Umwälzungen im Handel, die sich in der Zwischenzeit vollzogen haben, beweisen meiner Ansicht nach immer mehr die Behauptung, daß die Produktion der wohlhabenden Nationen sich nicht nach den Bedürfnissen richtet, sondern vom Kapitalüberfluß bestimmt wird; und da die Produktion sehr bald die Bedürfnisse übersteigt, kommt es zu schrecklichen Notlagen." (Sismondi 1971 [1827], I, 300)

Die Krise von 1825 förderte drei neue Entwicklungen zutage. Die Boomphase nach 1819, von der die englischen Manufakturen profitierten, basierte auf der Eröffnung des „ungeheuren Markts" der gerade in die Unabhängigkeit entlassenen Republiken Südamerikas.[61] Weil England mit bis dahin kaum belieferten Weltregionen gehandelt hatte, drang auch die Krise nach Süd- und Nordamerika vor und war – dies ist die erste Neuigkeit – internationaler als jede ihrer Vorgängerinnen. Was dieses Mal Amerika widerfahren sei, werde eines Tages der ganzen Welt blühen.[62]

Die zweite Neuigkeit lag in der gewachsenen Bedeutung des Kredits.[63] Der Absatz englischer Waren wurde durch die Staatsanleihen der neuen südamerikanischen Republiken befördert, die durch überschüssiges englisches Kapital gezeichnet worden waren. Ausländische Schulden flossen als fiktives Einkommen nach England und spornten dort die Industriebezirke an. So entstand ein „eigenartige[r] Handel […], bei dem die Engländer von den Amerikanern lediglich forderten, daß diese mit englischem Kapital englische Waren kauften und verbrauchten" (Sismondi 1971 [1827], I, 301). Der Aufschwung war wesentlich defizitfinanziert; die auswärtigen Konsumenten in den neuen Republiken konnten so lange englische Waren kaufen, wie englische Kapitalisten ihnen das Geld dafür liehen. Der defizitäre Verbrauch in England wurde durch weitere Defizite, Schulden in Südamerika, überdeckt. Auf diese Weise entstand eine „ganz scheinbare Prosperität" (MEGA IV/3, 183), wie Marx später aus Sismondis *Études* übersetzte. Nie hätten die englischen Fabrikanten mehr Aufträge gehabt als kurz vor der Krise, doch als die südamerikanischen Republiken die Anleihen nicht tilgen konnten, fiel der Schleier und englische Banken fallierten. Mit dem Aufhören der Leihen hörte der Verkauf und damit die Produktion auf.

Sismondi erklärte dieses Verhältnis von finanzieller und industrieller Expansion durch die Eigenschaften des Kredits. Der Kredit bringt zwar keine Reichtümer hervor, habe gleichwohl eine schöpferische Macht, indem er die Konsumtion in der Gegenwart auf Kosten der Zukunft ermöglicht.[64] Er sei eine Verfügungsanweisung auf zu-

---

61 Harriet Martineau (1849, 357) fand dafür einprägsame Bilder: „At Rio Janeiro more Manchester goods arrived in a few weeks than had been before required for twenty years; and merchandise […] was left exposed on the beach, among thieves and under variable weather, till the over-crowded warehouses could afford room for its stowage. It is positively declared that warming-pans from Birmingham were among the articles exposed under the burning sun of that sky".
62 Sismondi (1971 [1827], I, 13) wollte zeigen, dass „unsere eigene Entwicklung in der Zukunft denselben Verlauf nehmen wird, wenn wie fortfahren, nach den Grundsätzen Englands zu handeln".
63 Marx übersetzte 1845 aus Sismondis *Études*: „Heutzutage stellt die Krise des amerikanischen Handels die Wichtigkeit der Kapitalien, welche der Handel einer Nation einer anderen Nation leiht, in Evidenz." (MEGA IV/3, 183/184)
64 Sismondi (1971 [1827], II, 69/70) erläutert, „daß der Kredit niemals neuen Reichtum schafft, daß er nichts zum Kapital der Gesellschaft hinzufügt und daß alles, was er vermag, darin besteht, einen Teil dieses brachliegenden Kapitals fruchtbringend zu machen. Im allgemeinen verschiebt der Kredit den Reichtum lediglich von einer Stelle auf eine andere", sowohl im Raum als auch in der Zeit.

künftig zu verrichtende Arbeit und rufe zugleich die Illusion hervor, dass dieses Vermögen schon in der Jetztzeit existiert. Er erzeuge somit eine Scheinprosperität und entfremde zugleich die Gesellschaft gegenüber ihrer eigenen Zukunft.[65] Die finanzielle Expansion hatte die Krise also aufgeschoben, die damit internationaler und – das dritte Novum – auch intensiver als ihre Vorgängerinnen wurde: Sie war „heftiger denn je zuvor", und „die Not war größer als 1818" (Sismondi 1971 [1827], I, 302). Sismondi unterstellte nichts Geringeres, als dass die Krisen mit der weiteren Verbreitung des industriellen Systems und der Eroberung neuer Märkte in ihrem Umfang und ihrer Intensität immer weiter zunehmen würden.[66] Je weiter sich die bürgerliche Gesellschaft entwickelt, desto heftiger werden auch ihre Katastrophen ausfallen.

Die neuen Ereignisse hatten in Sismondis Augen also sowohl seine bestehende Theorie der Krise bestätigt als auch drei neue Tendenzen – Weltmarkt, Kreditausdehnung und Steigerungslogik der Krisen – gezeigt. Sismondi hat also seine Krisentheorie nicht einfach nur wiederholt oder sich ihrer durch dogmatische Behauptung versichert, vielmehr durch die neuen Entwicklungen hindurch reformuliert und aktualisiert. Vom nationalen auf den internationalen Markt auszuweichen, die Nachfrage durch Kredit auszudehnen – all das resultiere aus der Tendenz zur Überproduktion, führe aber nicht zu einer Linderung oder gar Beseitigung, sondern einer Verschärfung der Probleme.

Der Streit zwischen Sismondi und Say um die Krise von 1825 schien sich im Kern um die Frage zu drehen, „ob Production die Folge der Consumtion, oder Consumtion die Folge der Production sei", wie ein anonymer deutscher Beobachter der Debatte resümierte (Blätter für literarische Unterhaltung, 17./18. März 1828). Marx wird das Problem in den *Grundrissen* abstrakter fassen und betonen, dass beide, Ricardo (der ‚Says Gesetz' teilte) und Sismondi, gegeneinander Recht hätten, indem der eine die positive Allgemeinheit, der andere die Beschränktheit, Borniertheit und Negativität der kapitalistischen Produktionsweise hervorhebe (dazu 3.5.1). Doch während Say die Kausalitätenfrage mit einer Tautologie beantwortete, setzte Sismondi mehrmals dazu an: Was bestimmt die Größe der Konsumtion, was die der Produktion? Was ist Einkommen, was Kapital?

---

65 Marx notierte 1845: „Der Credit – das ist seine schöpferische Macht – dispose de l'avenir, et il le donne en échange contre le passé." (MEGA IV/3, 198)

66 Marx jedenfalls sah die Steigerungslogik der Krisen schon von Sismondi erahnt: „Sismondi hat das tiefe Gefühl, daß die capitalistische Production sich widerspricht; daß ihre Formen – ihre Productionsverhältnisse – einerseits zur ungezügelten Entwicklung der Productivkraft und des Reichthums spornen; daß diese Verhältnisse andrerseits bedingte sind – deren Widersprüche von Gebrauchswerth und Tauschwerth, Waare und Geld, Kauf und Verkauf, Production und Consumtion, Capital und Lohnarbeit etc – um so größre Dimensionen annehmen, je weiter sich die Productivkraft entwickelt." (MEGA II/3, 1248) Marx deutete später die Steigerungslogik der Krisen als Ausdruck eines zunehmenden Anachronismus des Kapitals (dazu 3.5.3 und 4.2.1).

Die Antwort führt in die Tiefen der Reproduktionstheorie. Sismondis wohl klarste Fassung findet sich in der zwischen ihm und Ricardo von Angesicht zu Angesicht ausgetragenen Kontroverse. Ricardo war kurz vor seinem plötzlichen Tod zu einem persönlichen Treffen nach Genf gereist, und die Ergebnisse ihrer Diskussion veröffentlichte Sismondi (1824) zunächst in der *Révue encyclopédique*,[67] später im Anhang der zweiten Ausgabe seiner *Nouveaux principes*. Ricardo sei, so Sismondi, von einem der modernen Ökonomie nicht angemessenen Modell ausgegangen und habe ein Gleichgewicht zwischen unabhängigen Produzenten unterstellt, an dem auch eine Steigerung der Produktivkraft der Arbeit nichts ändere. Ricardo habe ihm gegenüber die folgende Rechnung vorgetragen: Wenn 100 Landarbeiter die von ihnen produzierten 1000 Sack Getreide gegen von 100 Wollfabrikanten hergestellten 1000 Ellen Stoff getauscht haben, so wird nach einer Steigerung der Produktivkräfte um ein Zehntel dieselbe Anzahl von Produzenten 1100 Sack Getreide gegen 1100 Ellen Stoffen tauschen (Sismondi 1971 [1827], II, 322). Sismondi hielt Ricardos Modell für eine schlechte Abstraktion, denn es sehe von zwei für die moderne Handelsgesellschaft elementaren Einrichtungen ab: dem Geld und der Lohnarbeit. Man müsse dagegen „die Gesellschaft in ihrem jetzigen Zustand examinieren" und „Arbeite[r] ohne Eigentum, deren Lohn durch die Konkurrenz bestimmt wird und welche entlassen werden können, sobald der Unternehmer ihrer Arbeit nicht mehr bedarf" (Sismondi 1971 [1827], II, 323), in das Modell integrieren.[68] So habe man realistischerweise vielmehr einen Landwirt anzunehmen, der auf seinem Grund zehn Arbeiter beschäftige und 120 Sack Getreide im Jahr ernte. Erhöhe sich die Produktivkraft der Arbeit um 50%, produziere also jeder Arbeiter 18 Säcke statt vorher 12, würde der Landwirt drei Arbeiter entlassen. Die verbliebenen sieben Arbeiter produzierten nun fast die gleiche Menge wie vor der Produktivkraftsteigerung, so dass der Ausstoß konstant geblieben, das gesellschaftliche Einkommen wegen der gestiegenen Arbeitslosigkeit aber gesunken wäre. Damit diese drei Arbeiter eine neue Anstellung finden können, müsste der Profit des Landwirts zum Aufbau neuer Manufakturen ausgelegt werden.

> Also stellen wir wie Ricardo fest, daß am Ende der Zirkulation, sofern sie nirgends aufgehalten wurde, die Produktion einen neuen Verbrauch geschaffen hat, das allerdings nur, wenn man, wie es die deutschen Metaphysiker tun würden, von Zeit und Raum absieht, was bedeutet, daß man alle Hindernisse, die diese Zirkulation unterbrechen können, außer acht läßt. Je genauer wir die Zirkulation aber betrachten, um so mehr solcher Hindernisse entdecken wir.
> (Sismondi 1971 [1827], II, 329)

---

[67] Bereits auf diesen Artikel hatte Say (1824) öffentlich geantwortet, dass es in einer Gesellschaft, in der neun Zehntel der Bevölkerung in Armut leben, nicht an *physischer* Nachfrage mangeln könne. Sismondi musste ihn an die Banalität erinnern, dass der Gegenstand ihres Streits die *zahlungsfähige* Nachfrage war.
[68] Marx wusste, dass für Sismondi der „Proletarier ist eine ‚existence toute nouvelle'" (MEGA IV/3, 124).

Wer behauptet, dass dieses neue „System" der kommerziellen Gesellschaft zum Gleichgewicht tendiert, der müsse von all seinen Spezifika abgesehen haben.⁶⁹ Die Krisen rühren nicht von irgendeiner vormodernen Rückständigkeit her, sondern sie sind das „unvermeidliche Ergebnis" und „die Übel, die wir erfahren, die notwendige Folge der Schwächen unserer Ordnung" (Sismondi 1971 [1827], II, 357). Sismondi ging davon aus, dass es sich bei der kommerziellen Gesellschaft um „völlig neue Bedingungen der Gesellschaft" handle, ja, dass „[d]iese gesellschaftliche Ordnung [...] noch so neu" sei, „daß sie überhaupt erst teilweise etabliert ist" (Sismondi 1971 [1827], II, 335). In den *Nouveaux principes* betonte er mehrmals, dass die Verringerung der zur Herstellung eines Produkts notwendigen Arbeitszeit in einer anderen Organisationsform der Gesellschaft keine destruktiven Auswirkungen hätten: „Hatten wir als Beispiel eine Familie von Ackerbauern mit kleinem Eigentum angenommen, deren einzelne Mitglieder nahezu über die gleichen Rechte verfügten, so ziehen auch alle gleichermaßen Nutzen aus dieser Erfindung. Acht Stunden Arbeit würden dann für die elf Mitglieder dieser Familie genügen, um die Früchte zu erzielen, die vor der Entdeckung in zwölf Stunden erarbeitet wurden." (Sismondi 1971 [1827], II) Die Menschen könnten sich dann „täglich vier Stunden mehr erholen". Unter den Einrichtungen der gegenwärtigen Gesellschaft allerdings verwandle sich die freie Zeit in den Albtraum der Überflüssigkeit.

> Man möge bitte beachten, daß ich mich nicht gegen die Maschinen [...], sondern gegen die moderne Organisation der Gesellschaft erhebe, eine Organisation, die den arbeitenden Menschen jeglichen Eigentums außer seiner Arbeitskraft beraubt und ihm keine Sicherheit gibt gegen die Konkurrenz, die gegen ihn gerichteten Teuerungen gibt, deren Opfer er unweigerlich werden muß. Würden dagegen alle Menschen das Produkt ihrer Arbeit gerecht verteilen, dann erwiese sich jede Erfindung als eine Wohlthat für sie; denn nach jedem neuen Fortschritt in der Industrie könnten sie stets frei entscheiden, ob sie bei weniger Arbeit mehr Ruhe wünschten oder bei gleichbleibender Arbeit mehr Genüsse erzielen wollten. (Sismondi 1971 [1827], II, 335)⁷⁰

---

69 Es kann nicht überzeugen, die Differenz zwischen Sismondi und der Ricardo-Schule darauf zu reduzieren, dass Sismondi eine kurzfristige Entwicklung zur Disproportion und die Ricardianer eine langfristige Tendenz zum Ausgleich im Blick gehabt hätten (Hagemann 1998, 320–325). Sismondi erklärte vielmehr, dass all seine Besonderheiten und Widersprüche ignoriert werden müssen, um den Kapitalismus als krisenfrei auffassen zu können. Sismondi war kein Feind der Abstraktion, wie seine Gegner ihm unterstellten: Die Abstraktionen dürfen allerdings nicht die spezifischen Differenzen eliminieren, sondern müssen sie gerade isolierend hervorheben (vgl. Grossmann 2018 [1924], 55–68).
70 Ein Unterschied ums Ganze, ob man Sismondi, wie Stedman Jones (2004, 145/146), als einen Technologiekritiker missdeutet oder ihn als Gegner des Kapitalismus begreift, der nicht die Maschinerie an sich, bloß ihren Gebrauch unter Konkurrenzbedingungen und zum Zweck der Tauschwertmaximierung verwarf. Schon Sismondis Kritiker warfen ihm Technik- und Fortschrittsfeindlichkeit vor, was dieser zurückwies: „Es liegt nicht an der Entwicklung der technischen Wissenschaften, sondern an der sozialen Ordnung, wenn der Arbeiter, der sich die Fähigkeit erwirbt, jetzt in zwei Stunden herzustellen, was er früher in zwölf Stunden verfertigte, nicht reicher wird und auch nicht über mehr

Sismondi hat sich nach der Veröffentlichung der zweiten Auflage der *Nouveaux principes* stärker um ein Verständnis der Besonderheit und Historizität dieser neuen Handelsgesellschaft bemüht. Durch den historischen Vergleich verschiedener Organisationsweisen der Gesellschaft und der Produktion entwickelte er in späteren Aufsätzen – veröffentlicht in der zweibändigen Essay-Sammlung *Études sur l'économie politique* (1837/38), die bis heute weder ins Deutsche noch ins Englische übersetzt ist – einen Gegensatz zwischen zwei Gesellschaftsformen: der auf dem Gebrauchs- und der auf dem Tauschwert basierenden. Die Eigenart der auf dem Tauschwert beruhenden Gesellschaft bestehe darin, dass sich der in ihr erzeugte Reichtum nicht mehr am Nutzen orientiert; ist die Produktion auf den Austausch ausgerichtet, würden als Reichtum nur abstrakte Dinge anerkannt. Zweck und Maß der Produktion sind nicht der stoffliche Reichtum, sondern die Vermehrung von abstrakten, austauschbaren Dingen. Die Arbeitswerttheorie selbst gelte nur für diese Handelsgesellschaft, denn der „Wert", das Ziel des Austauschs und eine „Vergleichung zwischen unbekannten Quantitäten", wie Marx aus den *Études* übersetzen wird (MEGA IV/3, 190), repräsentiere die Quantität der verausgabten Arbeit.[71] Die Konkurrenz drücke den Tauschwert beständig herab, indem sie diese Arbeitsquantität reduziert und versucht in acht Tagen herzustellen, wo zuvor zehn nötig gewesen waren (MEGA IV/3, 191). Damit komme es zu einer Mittel-Zweck-Verkehrung: Die Menschen und der Gebrauchswert würden abstrakten Dingen untergeordnet. Weil Say und die Ricardianer das Ziel der maximalen und wohlfeilsten Produktion befürworteten, verwarf Sismondi ihren Ansatz im Anschluss an Aristoteles als Chrematistik.[72]

Marx wird Sismondi für die wenig überzeugende Reproduktionstheorie der *Nouveaux principes* kritisieren,[73] aber dieser ging in den *Études* einen anderen Weg und

---

Freizeit verfügt, sondern im Gegenteil sechsmal mehr Arbeit verrichtet, als nachgefragt wird." (Sismondi 1971 [1827], I, 287)

71 Aus den *Études* exzerpierte und übersetzte Marx in den *Brüsseler Heften*: „Der Handel hat den Dingen, den Reichthümern ihren primitiven Charakter v. Nützlichkeit geraubt; c'est l'opposition entre la valeur usuelle et la valeur échangeable à laquelle le commerce a réduit toute chose." (MEGA IV/3, 176) – „valeur ist eine abstrakte, durch die Sinne nicht wahrnehmbare Quantität." (MEGA IV/3, 191) – „Vor Einführung des Handels war die Vermehrung in der Quantität der producirten Sachen eine direkte Vermehrung der Reichthümer. Wenig bedeutend war damals die Quantität der Arbeit vermittelst deren diese nützliche Sache erworben worden war. [...] Das ist ohne Zweifel die wahre Abschätzung des Reichthums, Genuß u. Nützlichkeit. Von dem Augenblick aber an, wo die Menschen [...] ihre Subsistenz abhängig machten v. den échanges [...] od. v. commerce, waren sie gezwungen sich an eine andre Abschätzung zu attachiren, an den Tauschwerth, an den Werth, der nicht aus der Nützlichkeit resultirte" (MEGA IV/3, 191).

72 Marx übersetzte aus den *Études*: „Das ganze System der Chrematistik (so nennt Sismondi die alte Oekonomie, die sich mit dem abstrakten Reichthum, nicht mit dem Reichthum in Bezug auf die Menschen beschäftigt) reducirt sich auf 2 Sätze: um den Reichthum wachsen zu machen, *viel producirt, zu den geringstmöglichen Kosten producirt*." (MEGA IV/3, 177)

73 „*Sismondi*, der sich besonders mit dem Verhältniß v. Kapital u. Revenü zu schaffen macht, die besondre Fassung dieses Verhältnisses in der That zur differentia specifica seiner *Nouveaux Principes*

versuchte, die spezifische Organisationsweise der auf dem Tauschwert beruhenden Handelsgesellschaft herauszuarbeiten. Hinter dem Widerspruch zwischen Produktion und Konsumtion erkannte er eine tiefe Mittel-Zweck-Verkehrung der modernen Tauschgesellschaft.[74] So sind die Krisen spezifisch für und notwendig in der Handelsgesellschaft, die sich nicht mehr am Nutzen, sondern an abstrakten Dingen orientiert und daher mit der Tendenz zur uferlosen Expansion der Produktion zugleich ihre eigene Schranke der abnehmenden Konsumtionsfähigkeit hervorbringt. Das Einkommen entspricht nicht dem Produktionsausstoß, weil stofflicher und abstrakter Reichtum, Gebrauchs- und Tauschwert, zwei völlig verschiedene Formen des Reichtums sind. Die Vermehrung des stofflichen bedeutet keine Vermehrung des abstrakten Reichtums. Die Krisen zeigen an, dass in dieser neuen Produktionsweise die Menschen über die Dinge vergessen werden und eines Tages daher die Hölle auf Erden losbrechen wird.

Marx wird auf Sismondi als ersten Wertkritiker und Krisentheoretiker mehrere Loblieder anstimmen. Er dürfte unter anderem auch durch Sismondi von der Werttheorie überzeugt worden sein (siehe 2.1) und schrieb im *Manifest der Kommunistischen Partei*, der „Sozialismus" Sismondis

> zergliederte höchst scharfsinnig die Widersprüche in den modernen Produktionsverhältnissen. Er enthüllte die gleisnerischen Beschönigungen der Ökonomen. Er wies unwiderleglich die zerstörenden Wirkungen der Maschinerie und der Teilung der Arbeit nach, die Konzentration der Kapitalien und des Grundbesitzes, die Überproduktion, die Krisen, den notwendigen Untergang der kleinen Bürger und Bauern, das Elend des Proletariats, die Anarchie in der Produktion, die schreienden Mißverhältnisse in der Verteilung des Reichtums, den industriellen Vernichtungskrieg der Nationen untereinander, die Auflösung der alten Sitten, der alten Familienverhältnisse, der alten Nationalitäten. (MEW 4, 484/485)

Im *Manuskript 1861–63* präzisierte Marx, dass Sismondi „durch seine Ahnung" des Widerspruchs zwischen Produktionsverhältnissen und Produktivkräften „Epoche in der politischen Oekonomie" (MEGA II/3, 1390) gemacht habe: „Er fühlt namentlich

---

macht, hat nicht ein wissenschaftliches Wort gesagt, nicht ein Atom zur Klärung des Problems beigetragen." (MEGA II/11, 367)

74 Henryk Grossmann (2018 [1924]) wollte gegen Rosa Luxemburg zeigen, dass Sismondi die Krisen nicht auf eine bloße Verteilungsungleichheit oder die Unterkonsumtion der Arbeiter zurückführte, eine Ansicht, die möglicherweise auf Engels' *Anti-Dühring* (MEGA I/27, 449) zurückgeht. Luxemburg bezog sich vor allem auf Sismondis Streit-Artikel der Jahre 1824–26, in denen seine Auffassung vom Widerspruch zwischen Gebrauchs- und Tauschwert noch wenig entwickelt war. In den *Études* dagegen entwarf er eine Theorie der Kapitalentwertung durch Produktivkraftsteigerung, wie Marx übersetzte: „Nicht nur der Werth aller *schon producirten Waaren* findet sich um die Hälfte vermindert durch die Erfindung welche die Arbeit um die Hälfte vermindert, sondern auch alle Erfahrung der Arbeiter, alle ihre apprentissage findet sich vernichtet; alles Kapital fixe, alle Maschinen […] sind unnütz gemacht" (MEGA IV/3, 189). Marx wird diese Überlegungen in *Misère de la philosophie* aufgreifen (dazu 2.2).

den Grundwiderspruch: Ungefesselte Entwicklung der Productivkraft und Vermehrung des Reichthums, der zugleich aus Waaren besteht, versilbert werden muß, einerseits; andrerseits als Grundlage Beschränkung der Masse der Producenten auf die necessaries. Hence sind bei ihm die Crisen nicht wie bei Ric[ardo] Zufälle, sondern wesentliche Ausbrüche der immanenten Widersprüche auf grosser Stufenleiter und zu bestimmten Perioden." (MEGA II/3, 1248) Der „innerste und geheimste Grund der Crisen" wird „roh aufgefaßt und doch anderseits gewissermaassen richtig, von Sismondi z. B., als Widerspruch der Production um der Production willen und einer auf eine absolute Entwicklung der Productivität eo ipso ausschliessenden Distribution." (MEGA II/3, 1276) Woran es Sismondi mangelte, war ein begriffliches Durchdringen des inneren Zusammenhangs der neuen Produktionsweise: Er „*beurtheilt* die Widersprüche der bürgerlichen Production schlagend, aber er *begreift* sie nicht und begreift daher auch nicht den Proceß ihrer Auflösung" (MEGA II/3, 1248).

Weil Sismondi in Marx' Augen die Bedeutung der Krisen falsch einschätzte, konnte er aus seinen „Neuen Grundsätzen" nur wirkungslose praktische Konsequenzen ziehen. Zur Wiederherstellung der Einheit von Produktion und Konsumtion forderte er „im Interesse der Massen gegen das Kapital" (MEGA II/4.3, 403) die Beschränkung der großen Industrie durch Sittlichkeit und Staatseingriffe.[75] Sismondi machte zwar Epoche, aber dass er sich nicht an die Bewegung der Geschichte haften und stattdessen die Notbremse ziehen wollte, verhinderte eine Schulbildung.[76] Die schaudererregende Aussicht auf immer umfassendere, heftigere und längere Krisen – die zu einem Niedergang der modernen Handelsgesellschaft führen könnten, wie es einst den Produktionsweisen Genuas und der Toskana widerfahren war – ließ als einzigen Ausweg erscheinen, das „Juggernautrad" (Sismondi 1847, 455) des Kapitals zum Stillstand zu bringen. Für Marx galt es, die kapitaltheoretischen und methodologischen Ansätze Sismondis aufzunehmen: allgemeine Grundsätze der modernen Produktionsweise zu formulieren, die den Erfahrungen (der Krise) nicht widersprechen, sondern sie begreiflich machen (dazu 4.1); die jeweils aktuellsten, von der Krise zutage beförderten Erscheinungen zu einem Prüfstein der Theorie zu machen (4.3). Wegen

---

[75] „Die Regierung darf die Produktion nicht ins unendliche anwachsen lassen, sondern sie sollte vielmehr darüber wachen, daß der blinde Eifer [...] gemäßigt wird." (Sismondi 1971 [1827], I, 281). Weil Sismondi eine Beschränkung der großen Industrie befürwortete, charakterisierte Marx ihn als „reaktionär und utopistisch zugleich" (MEW 4, 485), eine Mischung aus konservativ und sozialistisch. Sismondi stand bei vielen Marxisten in dem schlechten Ruf eines Sozialpolitikers und Befürworters vorkapitalistischer Verhältnisse. Lenin verwarf die russischen Narodniki als sismondisch und opponierte Sismondi 1897 in seinem Pamphlet *Zur Charakteristik der ökonomischen Romantik (Sismondi und unsere einheimischen Sismondisten)* als reaktionären Romantiker. Neue Forschungen sehen in Sismondi einen Republikaner, der in der Partizipation an der ökonomischen Entwicklung die wesentliche Voraussetzung der Freiheit (verstanden als Nicht-Abhängigkeit) des Einzelnen sah (Dal Degan 2019).

[76] Als seine Schüler gelten Antoine-Eugène Buret, Alban de Villeneuve-Bargemont und Antoine Élisée Cherbuliez.

dessen Ambivalenz zwischen Nostalgie und Sozialismus hat sich Marx in der Bewertung Sismondis so schwer getan wie vielleicht mit keinem anderen modernen Schriftsteller: ein „ziemlich bedeutende[r] Oekonom" (MEGA I/30, 243), das Haupt des kleinbürgerlichen Sozialismus (MEW 4, 484), der Schlussstein der politischen Ökonomie, der „ihren Zweifel an sich selbst darstellt" (MEGA II/2, 138). „[I]n der Person Sismondi's", so würdigte er ihn allerdings als gewissermaßen letztes Wort im Nachwort zur zweiten Auflage des *Kapital*, trat der „bürgerliche[n] Wissenschaft der Oekonomie" „die Kritik gegenüber" (MEGA II/6, 702). Sismondi war nicht weniger als der Auftakt der Kritik der politischen Ökonomie.

1.4 Das Gauntlet gegen die Theoretiker des Kapitals. Popular Political Economy, 1821–39

> There never could be a general glut, if freedom of exchange really existed, and if mankind were in the habit of using a measure of value as an instrument of exchange.
>
> John Gray: The Social System (1831, 271)

> But in speaking of the impending crisis in the industrial districts, we mean less the distress of the working population than the downfall of their masters.
>
> Marx: The Commercial and Industrial State of England (MEGA I/16, 118)

Neben ‚Says Gesetz', der Quantitätstheorie des Geldes, dem Proto-Keynesianismus von Spence, der Malthus'schen Krisenapologie und Sismondis Widerspruch zwischen Produktionsverhältnissen und Produktivkräften ist die Unterkonsumtionstheorie der englischen Frühsozialisten um ihr Oberhaupt Robert Owen die sechste Verarbeitungsform der Krisen in der politischen Ökonomie. Obwohl der Owenismus die Wirtschaftskrisen für nicht besonders relevant hielt und ihnen keine allzu große Aufmerksamkeit widmete, verfügte er paradoxerweise über eine Theorie, die er zu ihrer Erklärung heranziehen konnte.[77] Wie ist diese Diskrepanz zu verstehen?

Der Artikel des anonymen Ricardianers in der *Edinburgh Review* vom Oktober 1819 (dazu 1.2) war gegen Sismondi, in erster Linie aber gegen Owen gerichtet. Der Beitrag war als Sammelrezension von vier Schriften Owens konzipiert, darunter die *Effects of the Manufacturing System* (1815), in denen Owen nachwies, dass sich die Produktivkräfte in Großbritannien durch die Anwendung neuer Technologien wie der

---

[77] Diese Diagnose ist umstritten: Grossmann (2018 [1924], 99) bevorzugt Sismondi wegen seiner expliziten Krisentheorie vor Owen und den *Popular Political Economists*. Noel Thompson (1984, 164) hingegen geht von einer klaren Krisentheorie bei letzteren aus („a theory of general economic depression or crisis was a fundamental component of the political economy of early socialist writers"), um einzuschränken, dass die Krise in dieser nicht als periodisch wiederkehrendes Phänomen, vielmehr als Dauerzustand erscheint (Thompson 1984, 185).

Dampf- und Spinnmaschine innerhalb weniger Jahrzehnte verzwölffacht und zugleich Arbeitslosigkeit und Elend in einem bisher unbekannten Ausmaß zugenommen hatten. Der Ricardianer warf Owen eine Unkenntnis der Gesetze der politischen Ökonomie vor: Owen verfahre zu philosophisch und stelle keinen ökonomischen Zusammenhang zwischen dem gegenwärtigen Notstand und seinen propagierten Heilmitteln her.[78] Wie solle der Aufbau von Fabrikdörfern in der Form von Parallelogrammen, wie Owen selbst eines in der schottischen Grafschaft New Lanark exemplarisch betrieb,[79] die Krise beenden können? (Anon. 1819, 464)

Die Vorwürfe des Ricardianers waren nicht völlig aus der Luft gegriffen. Owen war bis dahin vornehmlich als aufklärerischer Philanthrop in Erscheinung getreten, der sich in Schriften wie *A New View of Society: or, Essays on the Principle of the Formation of the Human Character* (1813) für Bildungsoffensiven und Erziehungskampagnen gepaart mit dem graduellen Aufbau kooperativer Produktionseinheiten in Fabrikdörfern in Parallelogrammform eingesetzt, aber diese Vorschläge weniger auf eine ökonomietheoretische Grundlage gestellt hatte. Sie basierten einerseits auf praktischen Erfahrungen und sollten andererseits auch nicht auf rein ökonomisch verstandene Missstände, vielmehr auf umfassendere soziale Probleme wie Unwissenheit („ignorance"), Amoralität, Verbrechen, Alkoholismus und männliche Gewalt reagieren, die in Owens Augen von den drei großen Grundübeln der bürgerlichen Gesellschaft herrührten: der Ehe, der Religion und dem Privateigentum. In den Fabrikdörfern wollte Owen die Isolation der bürgerlichen Kleinfamilie in einer aus 500 bis 1500 Menschen bestehenden Kommune aufheben, den verheerenden Einfluss der Religion auf Bildung und Moral durch neue Erziehungsprinzipien und öffentliche Schulen, Bibliotheken, Spielplätze, Sporthallen und Gartenanlagen zurückdrängen sowie das Privateigentum durch eine auf Wissenschaft und Technologie basierende Kooperativökonomie der Voraussicht („foresight") und Planung ersetzen.[80] Die Dörfer wären

---

78 „Mr. Owen shows himself profoundly ignorant of all the laws which regulate the production and distribution of wealth. He tells us, that the distress to which the people of this country are exposed arises from scientific and mechanical power producing more than the existing regulations of society permit to be consumed." (Anon. 1819, 468)

79 Owen hatte seit 1800 die Leitung der schottischen Baumwollfabrik in New Lanark inne und nutzte sie für ein soziales Experiment zur Verbesserung der sozialen Lage in Fabrik und Dorf. Zum Kaufmann und Tuchmachergehilfe ausgebildet, begann er seine Industriellen-Laufbahn 1789 und zählte bereits im Alter von 25 Jahren zum Establishment Manchesters (Elsässer 1984, 50/51). Als ein der Aufklärung verpflichteter Philanthrop glaubte er an die Durchsetzung der Vernunft mittels ihrer Verkündung und gab sein Vermögen für die Verbreitung seiner Schriften und den Aufbau experimenteller Kommunen aus (Thompson 1987, 888).

80 Planung heißt für Owen vor allem Planung von oben, dem „Leiter", im Falle New Lanarks von ihm selbst. In seinen Schriften legte er die genaue Ausgestaltung der „rational society" im Detail (pädagogische Maßnahmen, Verteilung von Berufs- und Verwaltungstätigkeiten nach Altersklassen) dar und fügte ihnen manchmal eine Zeichnung des idealen Dorfes hinzu, das tatsächlich die Form eines

parallel zur bestehenden Gesellschaft zu errichten, so dass beide für eine Zeit lang nebeneinander existierten, wobei sich die „natürliche" Parallelgesellschaft der Parallelogramme durchsetzen müsse.

Owens Antwort auf den anonymen Ricardianer ließ nicht lange auf sich warten. Er gab sie in seiner berühmten und ökonomietheoretisch wichtigsten Schrift, dem *Report to the County of Lanark* (1821), den er auf Anraten des Bezirks Lanark verfasste, der, da ihm die geringen Arbeitslosenzahlen in dem „highly interesting establishment" New Lanarks unter Owens philanthropischer Direktion unerklärlich schienen, von dem damals 50-jährigen einen Plan „for the relief of the distress of the county" (wiedergegeben in: Owen 1821, 63–66) erbat. An einigen Stellen klingt es, als wolle Owen das Lamento des Rezensenten aus der *Edinburgh Review* einfach verwerfen: Keine „praktischen Leute", würden diese Ricardianer abstrakte Luftschlösser errichten, aber nicht auf eine Verbesserung der sozialen Lage hinwirken (Owen 1821, 18). Doch Owen fährt ein viel schwereres Geschütz auf und entgegnet seinem anonymen Kritiker stolz, selbstverständlich die Prinzipien der politischen Ökonomie zu berücksichtigen und sich ganz auf dem Boden der von dieser Disziplin ausgearbeiteten Grundsätze zu bewegen: Er akzeptiere, dass die Arbeit die Quelle des Werts und sie daher als natürlicher Wertstandard anzusehen sei. All seine Diagnosen und praktischen Vorschläge seien von diesem fundamentalen Axiom abgeleitet.[81]

Als neuer Anhänger der Arbeitswerttheorie machte sich auch Owen daran, die Ursachen der Krise von 1818/19 – das Hauptthema seines Kritikers – zu ergründen. Die Krise sei nicht nur durch einen Überfluss an Waren, sondern vor allem dadurch charakterisiert, dass neben dieser Sättigung aller Märkte auch noch eine Masse an beschäftigungsloser Bevölkerung existiert. Zu viele unverkäufliche Waren auf dem Markt und gleichzeitig zu wenig Bevölkerung in Beschäftigung – wie konnte es zu einem solchen Widersinn kommen? Owen sieht hierin zunächst ein Problem der Verteilung, deren Grundsätze von der politischen Ökonomie bislang stiefmütterlich behandelt worden seien,[82] und formuliert seine bekannten Reformpläne nun dezidiert als krisenvorbeugende Maßnahmen.[83]

„Parallelograms" annehmen sollte (siehe z. B. Owen 1823, 12/13). Ein Rationalismus, vor dem jeder Planer eines französischen Gartens erblassen muss.

81 Zu Owens arbeitswerttheoretischer Wende Steinacker (1997, 30) und Bohlender (2007, 197/198).
82 Owen spielt so dem *Edinburgh Reviewer* den Vorwurf der Unwissenschaftlichkeit zurück: „[T]he deficiency of employment for the working classes, cannot proceed from a want of wealth, [...] but from some defect in the mode of distributing this extraordinary addition of new wealth throughout society, or, to speak commercially, from the want of a market co-extensive with the means of production. [...] To the ignorance which prevails on this, and other subjects connected with the science of political economy, may be attributed the present general stagnation of commerce, and the consequent distress of the country." (Owen 1821, 4)
83 „New arrangements become necessary, by which consumption may be made to keep pace with production" (Owen 1821, 10).

Eine Krisenursache identifiziert Owen im Zirkulationsmedium. Wenn die verausgabte Arbeit der natürliche Wertmaßstab ist, dann handelt es sich bei dem gegenwärtigen, an Gold und Silber orientierten um einen künstlichen Standard, durch den auch der durch Arbeitsstunden gemessene, natürliche, intrinsische Wert einer Ware einen künstlichen Wert erhalte: „in this sense, it may well be said, 'Money is the root of all evil.'" (Owen 1821, 5) In dieser Abstraktheit scheint die Aussage eine Nähe zum ricardianischen Krisendenken auszudrücken: Das Geld ist die Quelle des Problems. Doch Owen lobt in genauem Gegensatz zu Ricardo die 1797 verabschiedete Bankrestriktion, da hier das Parlament eingesehen habe, dass das Gold nicht länger den durch die unermessliche Produktivkraftsteigerung vermehrten Reichtum repräsentiere. Daher sei in der Restitution der Barzahlung eine Ursache der Nachkriegskrise zu sehen: So wenig wie „das Kleid des Kindes dem inzwischen herangewachsenen Manne" passt, wie Max Beer (1913, 197) in seiner kreativen Paraphrase dieser Passage hinzusetzt, so wenig werde der inzwischen angewachsene Reichtum durch den alten künstlichen Wertmaßstab der Edelmetalle abgebildet. Aber Owen fordert nicht die Rückkehr zum Papiergeld – da seine Ausgabe von der „mercy of a trading company" abhänge (Owen 1821, 5) –, sondern die Einführung eines bis dahin nicht gekannten Wertmaßstabs, der sich aus der exakten Anwendung der Arbeitswerttheorie ergebe: Die Arbeit selbst müsse als Wertstandard des Tauschmittels fungieren.

Owen deutet im *Report* eine zweite Krisenursache an. Die Arbeit werde unter den gegenwärtigen Bedingungen nicht zu ihrem Wert bezahlt, denn wäre dies der Fall, stünde die Nachfrage in Proportion zum Angebot:

> The markets of the world are created solely by the remuneration allowed for the industry of the working classes, and those markets are more or less extended and profitable, in proportion as these classes are well or ill remunerated for their labour. But the existing arrangements of society will not permit the labourer to be remunerated for his industry, and in consequence the markets fail. To re-create and extend demand in proportion as the late scientific improvements and others which are hourly advancing to perfection, extend the means of supply, the natural standard of value is required. (Owen 1821, 9)

Den Grund, aus dem die Arbeit nicht entsprechend ihres Wertes entlohnt wird, hat Owen in *Explanation of the Cause of Distress* (1823) näher entwickelt. Es ist die Produktion für den Profit: Das Produktionsmotiv „profit upon price" lege die Industrie in Fesseln (denn es wird nur hergestellt, was einen Profit hergibt) und verteure auch jede Ware auf künstliche Weise (weil im Waren*preis* der Profit enthalten ist, übersteigt er den Waren*wert*, der durch die zur Herstellung nötige Arbeit bestimmt ist).

Deshalb müsse im gegenwärtigen System das Angebot zwingend größer als die zahlungsfähige Nachfrage sein.[84] Owens Vorschlag zur Vermeidung der Krisen ist denkbar radikal: Abschaffung des inferioren, ungerechten und dysfunktionalen Profitsystems und Neugründung der Produktion auf Kooperation und Voraussicht.

Anders als Sismondi formulierte Owen also eine Unterkonsumtionstheorie. Erstens haben die Arbeiter nie genug Geld, weil es zu wenig davon gibt, da sich die Notenausgabe seit 1816 wieder an einem künstlichen Metallstandard orientierte; zweitens sind die Waren immer zu teuer, weil Profit in ihnen steckt beziehungsweise die Arbeit immer unter ihrem intrinsischen Wert entlohnt wird. Für beide Probleme hält Owen ein Heilmittel parat: das Arbeitsgeld („labour notes", „labour vouchers"), für ihn der natürliche Maßstab des intrinsischen Werts der Waren. Da Arbeit die einzige Quelle des Reichtums sei, wäre der natürliche Wertmaßstab die unmittelbare Bestätigung der zur Herstellung eines Produktes tatsächlich geleisteten Arbeitsstunden (Hoff 2008, 16) – dieser Wertmaßstab müsse sowohl die Entlohnung regeln als auch das neue Tauschmedium darstellen. Eine solche Arbeitszeitwährung würde zwei Fliegen mit einer Klappe schlagen: Sie würde die Ausbeutung der Arbeiter und die Arbeitslosigkeit beenden und darüber hinaus die Überproduktion verunmöglichen, da der Wert aller Waren der umlaufenden Arbeitsgeldmenge entspräche und die Währung durch Waren eins zu eins gedeckt wäre.[85]

Als Marx im *Kapital* schrieb, dass es die Theoretiker der englischen Arbeiterklasse waren, die „der Theorie des Kapitals zuerst den Fehdehandschuh hinwarfen" (MEGA II/5, 238), führte er namentlich nur Owen an. In der Tat fallen die krisentheoretischen Fortschritte der auf Owen folgenden *Popular Political Economy*, einer politischen Ökonomie vom Standpunkt der arbeitenden Klassen, erstaunlich klein aus. Der letzte Kämpfer der *Popular Political Economy* war John Francis Bray, dessen *Labour's Wrongs and Labour's Remedy* – eine ökonomische, mit statistischem Material gespickte, Chartismus-kritische und nicht zuletzt sprachgewaltige Abhandlung – 1839 erschien und von Marx ausgiebig während seiner ersten England-Reise im Sommer 1845 exzerpiert wurde. Wie Owen glaubt auch Bray, dass das Geld in Form von

---

[84] Seit dem Ende der Napoleonischen Kriege, so Owen, „a profit on price upon the average of all British productions has not been obtained; nor is it likely that a profit upon price can be again procured, except through some great public calamity. For a commercial system, founded on profit upon price, can only be again successful through foreign or domestic war, pestilence, or famine." (Owen 1823, 3) Hier ist Malthus also kritisch gewendet: Diese elende Produktionsweise kann nur durch Krieg und Katastrophen funktionieren.

[85] „The intrinsic value of an article is the labour necessary to produce or obtain it; and in order to have that value correctly represented, a circulating medium ought to be employed for the exchange of these productions, which will represent accurately the labour required to produce them – and such will be the labour-note." (Owen 1832, 7)

Banknoten, weil an das Gold geknüpft, zu restriktiv ausgegeben wird,[86] und dass Produktionspotentiale nicht ausgeschöpft würden, da sich die Produktion nicht nach gesellschaftlichen Bedürfnissen richte, sondern dem Zweck, einen Profit abzuwerfen, untergeordnet sei. Von Owen unterscheidet ihn eine radikalisierte Theorie der Ausbeutung und des Mehrwerts, dessen Ursprung er im ungleichen Tausch zwischen Kapitalisten und arbeitenden Klassen sieht. Vom Klassenantagonismus ausgehende Analysen hatte Owen wegen seiner Aufklärungsperspektive eher vermieden und auch aus diesem Grund in seinen Schriften eine Reform des Tauschinstruments viel häufiger als die Abschaffung des Profitsystems vorgeschlagen.

Bray verwendet den Krisenbegriff nicht zur Kennzeichnung der periodischen Eruptionen,[87] sondern im Sinne einer „social crisis" (Bray 1839, 82) und meint damit die elendige Lage der arbeitenden Klassen. Insofern ist die Gegenwart (und auch die gesamte Vergangenheit) für ihn eine einzige soziale Krise (Bray 1839, 177). Doch ihm ist das Phänomen einer plötzlichen Unterbrechung der Produktion bekannt: Er nennt es „panic"[88] und „glut" und fasst es als die Trinität von Arbeitslosigkeit, unausgeschöpften Produktionsgelegenheiten und Mangel an Produkten („triple contradiction of too many hands, too much raw material, and too little produce to enjoy" [Bray 1839, 105]). Solche *gluts* rühren daher, dass in dem „present social system" die Dinge auf dem Kopf stehen, da die Produktion in Ketten liegt, weil nur dann produziert wird, wenn ein Profit abgeworfen wird („artificial check to production"). Für Bray (1839, 103–105) könnte es niemals eine überflüssige Arbeitsbevölkerung geben, wenn die Produktion für die Befriedigung materieller Bedürfnisse statt für den Profit erfolgte. In dem „present social system" aber führt eine Produktivkraftsteigerung bloß zur Freisetzung von Arbeit und damit zur Zerstörung effektiver Nachfrage.[89] Bray fasst

---

86 Bray (1839, 141/142) berechnet, dass der Wohlstand der englischen Nation die sich im Umlauf befindende Geldsumme um das fünfzigfache übersteigt. Er findet für den Geldmangel das einprägsame Bild des unvollständigen Alphabets, in dem Buchstaben (also das Geld) fehlten, um alle existierenden Worte (den stofflichen Reichtum) schreiben zu können. Auch Bray trat für eine Währungsreform ein und schlug vor, Produktionsgenossenschaften sollten in einer Phase des Übergangs in eine postkapitalistische Gesellschaft das zusätzliche Geld dazu verwenden, dem Kapital graduell die Produktionsmittel abzukaufen (Bray 1839, 172–174).

87 Eine Ausnahme stellen die ersten Sätze seiner Vorrede dar: „Whenever any crisis in the affairs of men is about to take place, there is ever to be found a number of people ready to preach up things as they are. [...] Belonging to one class, and having in view a common object, these alarmists attempt to convince the people that everything is almost as well as it can be" (Bray 1839, 2). Die Vorrede hat Bray möglicherweise im Angesicht der Krise von 1839 geschrieben, denn das Buch basiert auf bei der *Leeds Working Men's Association* gehaltenen Vorträgen (Bronstein 2009, 20).

88 „[T]here is no power capable of determining whether 'panics' shall or shall not take place, and put a stop to production and doom the labourer to starvation." (Bray 1839, 203)

89 „[E]very increase for machinery displaces particular descriptions of labour, and therefore destroys the equivalent of particular workmen, or brings down its value – and thus, under the present system, [...] thousands are compelled to starve in Britain amidst glutted warehouses, while the capitalists are traversing the whole earth for customers." (Bray 1839, 185)

den Widerspruch zwischen Nachfragemangel und Arbeitslosigkeit als einen unauflösbaren Teufelskreis:

> Thousands now starve in unproductive inaction because the capitalist cannot employ them – the capitalist cannot give them work because he cannot find a market for his produce – there is no market for the produce because those who want the produce have nothing but their labour to give in exchange for it – and their labour is unemployed because the capitalist does not know how to set them to work – and thus the evils of the present system run around in a circle, one connected with and dependent upon another, and every one individually incurable.
>
> (Bray 1839, 148)

Marx wird in den *Grundrissen* schreiben, dass in der Formel vom „artificial check to production", also der Betonung der Beschränkung der Produktion überhaupt durch den Profittrieb des Kapitals, „die eine Seite des Widerspruchs vollständig ausgedrückt" (MEGA II/1, 329) sei. Wenn die *Popular Political Economists* den Grundwiderspruch des Kapitals zwischen Produktion und Verwertung betrachteten, betonten sie also nur die Schranken der Produktion durch das Kapital, aber nicht die gleichzeitige beständige Erweiterung dieser Schranken durch das Kapital selbst. Für Bray herrschte im Kapitalismus *permanente* Unterkonsumtion, und er formulierte eine Art negative Fassung von ‚Says Gesetz': Mangelnde Produktion bedeutet mangelnde Absatzmöglichkeiten und mangelnder Absatz bedeutet mangelnde Produktion. Auch Bray sah im Arbeitsgeld ein effektives Mittel zur Herstellung einer harmonischen Gesellschaft: Erst wenn die Arbeit nach ihrem intrinsischen Wert bezahlt wäre, würden sich Produkte wirklich gegen Produkte austauschen. „There could be no confusion – no gluts – no want of employment – no poverty; but production, and accumulation, and distribution, and consumption, would be naturally adjusted to each other, and would harmoniously work out their common results." (Bray 1839, 180) Keine Überproduktion, keine Arbeitslosigkeit, keine Armut – die Krisen des Kapitals und die soziale Krise der Arbeit sind ein und dieselbe und können durch ein und dasselbe Heilmittel kuriert werden.

Owen und Bray markierten Auftakt und Schlusspunkt der sozialistischen *Popular Political Economy*. Auch wenn ihre Mitstreiter verschiedene theoretische Hintergründe hatten, sind ihren krisentheoretischen Überlegungen zwei Besonderheiten gemein.

Die erste Eigenart besteht in dem eigentümlichen Standpunkt, von dem aus über die Krisen nachgedacht wird. Im Unterschied zu Sismondi, der die Krisen als Folge der aus dem Widerspruch zwischen Tausch- und Gebrauchswert resultierenden gegensätzlichen Bewegung von Steigerung der Produktion und Beschränkung der Konsumtion begriff, der ‚Says Gesetz' als ein Theorem kritisierte, das von den spezifischen Differenzen der modernen Handelsgesellschaft abstrahiert und allen Erfahrungen widerspricht, *akzeptierten* die naturrechtlich argumentierenden *Popular Political Economists* ‚Says Gesetz' als den korrekten wissenschaftlichen Ausdruck der ‚natürlichen' Produktionsweise. Im gegenwärtigen Gesellschaftssystem allerdings sei dieses Gesetz *nicht verwirklicht*, woraus die Arbeiterökonomen den Schluss zogen, dass diese Gesellschaft eine widernatürliche sei. Das Arbeitsgeld war deshalb als Mittel zur Herstellung des ‚natürlichen', harmonischen Systems gedacht, in dem die gesellschaftliche Produktion tatsächlich ihrer Konsumtion entspricht und es weder Armut noch Krisen gibt. Das Arbeitsgeld sollte für Owen und Bray dasjenige Mittel sein, mit dem sich ‚Says Gesetz' realisieren ließe.[90]

Trotz ihrer mitunter unterschiedlichen theoretischen Voraussetzungen lässt sich eine grundsätzliche Akzeptanz von ‚Says Gesetz' bei allen *Popular Political Economists* nachweisen. Der Tauschtheoretiker John Gray suchte zu seiner Verwirklichung nach einer Rationalisierung des Tauschsystems. In seiner Schrift *The Social System* (1831) erklärte Gray – der das Tauschsystem als zivilisatorischen Fortschritt und als einen vierten Prosperitätsfaktor neben Boden, Kapital und Arbeit grundlegend bejahte – das gegenwärtig in England vorherrschende Tauschsystem für ineffizient, da es auf dem Gold gründe, einer Ware, die selbst einen intrinsischen Wert habe. Das Geld sei unter gegenwärtigen Bedingungen also gerade *kein* neutraler Schleier (Gray 1831, 62), weil es nicht mit dem Reichtum anwächst oder abnimmt, sondern selbst beständig seinen Wert wechselt.[91] Die Unterproduktion von Geld führt so zur Überproduktion von Waren.[92] Erst mit einem neuen Tauschmittel, das die wirklich geleistete Arbeit repräsentiert, wären das Angebot tatsächlich die Ursache der Nachfrage und die Überproduktion von Waren unmöglich geworden (Gray 1831, 48/49).[93]

Eine zweite populärökonomische Befürwortung von ‚Says Gesetz' findet sich in den Schriften von Thomas Hodgskin.[94] Zur Ausstellung seiner programmatischen Ausrichtung hat der spätere *Economist*-Redakteur[95] auf das Titelblatt seiner – für die

---

[90] Auch William Thompson (1830, I) stellte fest, dass mit der Produktion in einem „co-operative system" zugleich ein Markt für den gesamten Ausstoß gegeben sei, und es daher keine Arbeitslosigkeit geben könne.

[91] Eine Papiergeldwährung lehnte Gray ebenfalls ab, weil unter dieser die Produktion langsamer anzuwachsen drohe als das Geld und daher die Möglichkeit der Inflation bestehe.

[92] Marx fasste Grays Position in seiner Exzerptsammlung *Bullion* wie folgt zusammen: „Nicht die *Ueberproduction von Waaren*, sondern die *Unterproduction* von Geld Schuld an der distress." (MEGA IV/8, 83) In den *Grundrissen* kritisierte er: „Die Behauptung aber, daß zu *wenig Geld* produzirt werde, heißt in der That nichts als was behauptet wird, daß die Production nicht mit der Verwertung zusammenfalle, also *Ueberproduction* ist, oder was dasselbe ist nicht in Geld verwandelbare, nicht in *Werth* verwandelbare Production; nicht in der Circulation sich bewährende." (MEGA II/1, 324)

[93] Erst wenn Geld ein neutrales Symbol wäre, gelte, dass „the quantity of money in circulation would at all times be exactly equivalent to the nominal or money value of the property in store. Money, therefore, would increase as produce should be increased; money would decrease as produce should be redemanded or consumed, and demand would ever keep pace with production." (Gray 1831, 66)

[94] Auch Hodgskin hat ‚Says Gesetz' vollends akzeptiert: „the commodity produced by one labourer [...] constitutes in reality and ultimately, the market for the commodities produced by other labourers; and they and their productions are mutually the market for one another." (Hodgskin 1827, 116)

[95] Aus Hodgskins früherem Anarcholiberalismus (gegen Kapital, Monopol und Staat, für Eigentum, Warenproduktion und Markt) wurde bald eine uneingeschränkte Befürwortung des Freihandels, die

gesamte Strömung um ihn, Thompson, Gray und Bray namengebenden – Schrift *Popular Political Economy* (1827) sogar ein Zitat von Say drucken lassen.[96] Mit Say nahm Hodgskin an, dass die politische Ökonomie keine eigenen Gesetze entwickelt oder aufstellt, sondern die ewigen Grundsätze des menschlichen Wirtschaftens entdeckt und aus ihnen praktische Regeln ableitet, um ihre Verletzung zu verhindern. Als Naturrechtler vertrat er die Ansicht, dass die Arbeit als einzige Quelle des Reichtums auch der alleinige legitime Rechtstitel für Eigentum und Einkommen ist. Da in der gegenwärtigen Gesellschaft die arbeitenden Klassen zugleich die ärmsten Klassen sind, können die Gesetze der politischen Ökonomie nicht eingehalten sein. Das Produkt der Arbeit werde den Arbeitern weggenommen von Kapitalisten, den „oppressive middle men", die, selbst nichts produzierend, zwischen den Tauschakten sitzen, wo sie das Surplus abschöpfen (Hodgskin 1825, 33). Das Problem sei daher nicht der Markttausch an sich, bloß der unproduktive Kapitalist (Hodgskin 1825, 22/23).

Die zweite Besonderheit der krisentheoretischen Überlegungen der Arbeiterökonomen besteht darin, dass sie mit Ausnahme weniger Zeilen von zum Beispiel Owen zur Krise von 1818/19, Hodgskin zu der von 1825[97] und John Gray zu der von 1847[98] keine historischen Krisen analysierten, obwohl ihnen dieses Phänomen gut bekannt war. Es ist symptomatisch, dass William Thompson die Krise von 1825 im Vorwort zu *Labour Rewarded* (1827) nur erwähnte, um festzustellen, dass sein Buch vor ihrem Ausbruch fertiggestellt war,[99] und um dessen ungeachtet sogleich zu versichern, dass das genossenschaftliche System sowohl den permanenten als auch den neuen perio-

---

sich mit der Linie des *Economist* deckte (Zevin 2019, 32/33). Hodgskins *Labour Defended* (1825) wurde schon von William Thompson in *Labour Rewarded* (1827) als zu markteuphorisch kritisiert.
96 Es lautet: „The laws which determine the prosperity of nations are not the work of man; they are derived from the nature of things. We do not establish; we discover them."
97 Hodgskin verteidigte in seiner *Popular Political Economy* die kleinen englischen Landesbanken, in denen McCulloch (1826) und Say (1826) einvernehmlich die Ursache der Krise von 1825 identifizierten, und griff stattdessen die Bank of England an: „Nothing but colossal power can work colossal mischief, and if that revulsion and consequent distress were in any degree caused by paper-money, they were so vast and extensive, that nothing less than the immense power of the Bank of England, which did actually vary the amount of its issues one-sixth with a few short months, could have caused them." (Hodgskin 1827, 216) Eine Art anarcholiberale Kritik der ‚Zentralbank': Die Staatseinmischung in die Regulierung des Geldes sei das Grundübel der Zeit (Hodgskin 1827, 218), die Bank of England hätte nicht mit Privilegien versehen werden dürfen.
98 Gray widmete der Krise einige Absätze seiner *Lectures on the Nature and Use of Money* (1848) und führte sie wieder auf den Goldstandard zurück. Mit dem intrinsischen Wert des Tauschmittels fluktuierten die Warenpreise und damit komme es zur Spekulation, die auffliege, wenn der Geldwert ansteigt und die Warenpreise damit fallen (Gray 1848, 241/242).
99 In den drei Jahre später veröffentlichten *Practical Directions for the Speedy and Economical Establishment of Communities* (1830) hat er eine solche Analyse nicht nachgereicht.

dischen Übeln (die er gar nicht untersucht hatte) Abhilfe verschaffen werde (Thompson 1827, V).[100] Es gibt bei Bray und den anderen Arbeiterökonomen beinahe keine Vermittlung der allgemeinen Theorie mit den wirklichen Krisen. Und wenn die Arbeiterökonomen eine Brücke zwischen ihnen zu schlagen wagten, geriet diese eher hölzern.

Auch in Owens Werk fehlt mit Ausnahme der wenigen Hinweise auf die Nachkriegskrise von 1818/19 eine nähere Krisenanalyse. Besonders auffällig ist diese Abwesenheit in der Einleitung zu einer von ihm selbst kompilierten Anthologie seiner Schriften, die er seiner Autobiographie *The Life of Robert Owen, Written by Himself* als Anhang hinzufügte. Entstanden zwischen November 1857 und Februar 1858, fällt die Abfassung der Einleitung haargenau in die Zeit der ersten Weltmarktkrise, von der Owen fast keine Notiz zu nehmen scheint, obwohl sie sich just vor seinen Augen abspielte. Marx hat in demselben Zeitraum die drei *Krisenhefte* angelegt und den Großteil der *Grundrisse* geschrieben (siehe 3.4 und 3.5), aber bei Owen, damals allerdings schon stolze 86 Jahre alt, lassen sich bloß zwei Stellen lose mit der Krise in Verbindung bringen.[101] Sie zeigen ihn als unnachgiebigen Agitator, der seine Überzeugungen in unzähligen Pamphleten und Vorträgen verbreitete und wiederholte, aber haben mit der Besonderheit der Ereignisse von 1857/58 so gut wie nichts zu tun.

Über Owen heißt es, dass eine theoretische Entwicklung bei ihm nach dem *Report to the County of New Lanark* von 1821 ausgeblieben sei (Beer 1913, 201) und ihn auch neue Phänomene nicht an seinem System haben rütteln lassen. Aber worauf ist es zurückzuführen, dass in der gesamten *Popular Political Economy* keine Krisenanalyse anzutreffen ist? Angesichts der Krisen von 1818/19, 1825, 1836/37 und 1839 mag es scheinen, als hätte die Erklärung dieser Ereignisse Priorität genießen müssen, um sowohl die Irrationalität und Dysfunktionalität des kapitalistischen Systems als auch die Prosperitätsversprechen der politischen Ökonomie angreifen zu können. Für Sismondi hat die Analyse der Krise als der entscheidenden Tatsache der modernen

---

100 „As long as the present principle of action remains, *crisis* will succeed to *crisis*, at intervals more or less distant. [...] The advocates of the present principle of social exertion, acknowledge, and maintain the necessity of such ever-recurring calamities, as one of the laws of our social existence. They aim but at palliatives." (Thompson 1827, V) – Im zweiten Kapitel seiner *Inquiry into the Principles of the Distribution of Wealth* (1824) sah Thompson, gegen Malthus gerichtet, den „unproduktiven Konsum" von Luxusgütern als Krisenursache an, denn dieser repräsentiert inkonstante, weil von der Mode und den Launen der Reichen abhängige Nachfrage, weshalb es zu einem „periodical waste of fixed capital" in den Luxusgüterindustrien komme (Thompson 1824, 206–209; vgl. Marx' Exzerpte in MEGA IV/4, 241).

101 Eine neue harmonische Gesellschaft würde nicht bloß periodische, sondern „perpetual prosperity" garantieren (Owen 1858, XII). Das Monopol der zu restriktiven Bank of England sei durch ein neues rationales Tauschmittel zu ersetzen „to represent the wealth which, when unrestricted by an insane gold and silver circulation, could be created with ease and pleasure to all, abundantly for all at all times, without the gross irrationality of money panics or any fear of them" (Owen 1858, XIV).

Handelsgesellschaft aus genau diesen Gründen die größte Bedeutung. Aber die Arbeiterökonomen betonten, dass die arbeitenden Klassen auch außerhalb der Krisenzeiten im Elend steckten. John Gray etwa erklärte explizit nicht die Krise, sondern die Prosperität zur *Ausnahme*, „wherein the average number of people in a state of abject misery is a million or two less than usual" (Gray 1848, 241). Für die Arbeiterökonomen war die Krise (verstanden als permanente Unterkonsumtion und soziale Krise) die Regel und die Prosperität die Abweichung – mit der ironischen Konsequenz, dass auf diese Weise die Krisen des Kapitals, die kein permanentes, vielmehr ein periodisch wiederkehrendes Phänomen sind, genau wie bei den Ricardianern nicht in den Blick geraten. Owen teilte mit Ricardo, dass sein theoretisches System bereits vor der ersten allgemeinen Krise aus Überproduktion von 1825 feststand. Aber er hat, anders als Ricardo, zwischen 1825 und 1857 viele weitere Krisen erlebt, die allerdings weder ihn noch seine Anhänger zu einer Weiterentwicklung ihrer Systeme anspornten. Die Gleichgültigkeit gegenüber der tatsächlichen Entwicklung und der fehlende Raum in ihrer Theorie für neue Phänomene korrespondierten mit ihrer sozialistischen Strategie der Aufklärung, immer wieder denselben Punkt in der Öffentlichkeit vorzutragen.

Als Fundament einer Kapitalismuskritik war eine Begründung der Ausbeutung zwar sicherlich die dringlichere Aufgabe. Aber ähnlich wie der Begriff der Produktion von Say schlussendlich tautologisch gebraucht wurde, beschrieben die Sozialisten einen Dauerzustand der *permanenten Krise*. Ihre Auffassungen verloren jedoch in dem Moment an Überzeugungskraft, als sich ab 1825 eine wirtschaftliche Dynamik sui generis einstellte und die Form des Zyklus zu durchlaufen begann, die mit dem arbeiterökonomischen Instrumentarium weitgehend unverständlich bleiben musste. Diese Enthistorisierung der Theorie trug entscheidend zum „Aussterben des Owenismus" (Engels) bei.

Für die Ricardianer gilt das Umgekehrte: Obwohl für sie die warentauschende Gesellschaft *theoretisch* krisenfrei ist, haben sie doch ihre Überlegungen mehrfach modifiziert und mit der partiellen Überproduktion und der Quantitätstheorie Konstrukte gefunden, die sowohl ‚Says Gesetz' bestätigen als auch die tatsächlichen Krisen begreiflich (und damit in gewisser Weise moderierbar) machen konnten. Beide unterscheidet ihr Standpunkt: Eben weil es die *Krisen des Kapitals* sind, zerbrachen sich auch die Theoretiker des Kapitals den Kopf darüber, während die von der sozialen Frage ausgehenden Arbeiterökonomen darin bloß eine Verschlimmerung des alltäglichen Notstands erkennen konnten. Wo die Arbeiterökonomen feststellten, dass immer Krise ist, sagten die Ricardianer, dass niemals Krise sein kann. Wenn die Ricardianer feststellten, dass ‚Says Gesetz' gilt, dann entgegneten die Sozialisten: noch nicht für uns. Armut und Überproduktion dürfte es bei einer korrekten Anwendung der Gesetze der politischen Ökonomie nicht geben.

Die antagonistischen Standpunkte – der vom Kapital und der von der Arbeit – zeigen sich auch in der Geldfrage. Auf das Geld blickt man vom Standpunkt des Kapitals gewissermaßen von oben herab, vom Standpunkt der Arbeit von unten hinauf.

Für die Ricardianer war der *over-issue*, ‚zu viel' Geld, das Grundübel, das in den reichtumsbedrohenden Gespenstern Inflation, Spekulation, Fehlkalkulation und Krise spukt. Den Arbeiterökonomen galt umgekehrt ‚zu wenig' Geld in Form von zu geringen Löhnen und von metallistisch zu knapp gehaltenen Umlaufmitteln als das Problem. Weil beide aber das Geld als bloßes Tauschmittel auffassten, lagen sie in dieser Frage nah beieinander. Die Arbeiterökonomen begründeten, so Marx, einen „Gegensatz, der selbst von den Voraussetzungen der Oekonomen ausgeht" (MEGA II/3, 1370). Marx schrieb, die Sozialisten hätten, als sie die Arbeitswerttheorie kritisch wendeten, auf den Widersprüchen der Ricardianer bloß „herumgeritten" (MEGA II/3, 79),[102] also eine Seite des Kapital*verhältnisses* bloß gegen die andere Seite ausgespielt und somit am Dualismus festgehalten und ihn reproduziert. Statt zu fragen, wie der Mehrwert durch den gleichen Tausch hindurch entsteht, wird die Ungleichheit als Resultat von Betrug und Prellerei moniert und gleicher Tausch eingefordert. Statt zu fragen, warum es überhaupt Geld gibt, verlangten sie, dass ein richtiges, natürliches, gerechtes Geld in ausreichender Menge vorhanden sein soll.

Nicht nur die bürgerliche, auch die sozialistische Ökonomie verkannte dabei die Spezifika des Geldes und der Warenproduktion, wie Marx später kritisieren wird (dazu 3.2.2): Arbeitsprodukte sollen als Waren hergestellt, aber nicht als Waren ausgetauscht werden. Von dieser Kritik hat Marx im *Kapital* lediglich Owen ausdrücklich ausgenommen: Owens Produktions- und Lebensgenossenschaft setze „unmittelbar vergesellschaftete Arbeit voraus", und das von ihm konzipierte Arbeitsgeld sei so wenig Geld wie „eine Theatermarke" (MEGA II/5, 59).[103] Marx wird nicht nur abermals das Gauntlet auswerfen und den Kampf gegen die Theorie des Kapitals mit ihren eigenen wissenschaftlichen Mitteln weiterführen, sondern zeitlebens Owen auch politisch nahestehen: zunächst ob der Überzeugung, die postkapitalistische Gesellschaft auf Grundlage der neuen Produktivkräfte zu errichten, später wegen Sympathien für das produktionsgenossenschaftliche System. Andererseits wird Marx auch viele Überlegungen, die Owen und die *Popular Political Economy* teilten, scharf kritisieren: das Arbeitsgeld zu einem untauglichen Reformmittel erklären (2.2) und die einfache Unterkonsumtionstheorie in seiner eigenen Krisentheorie aufheben (3.5.1 und 4.1).

---

102 „Die Oekonomen haben nie den Mehrwerth mit dem von ihnen selbst aufgestellten Gesetz der Equivalenz ausgleichen können. Die Socialisten haben stets an diesem Widerspruch festgehalten und auf ihm herumgeritten, statt die specifische Natur dieser Waare, des Arbeitsvermögens, dessen Gebrauchswerth selbst die den Tauschwerth schaffende Thätigkeit, zu verstehn." (MEGA II/3, 79)

103 „Owen setzt *unmittelbar vergesellschaftete Arbeit* voraus, eine der Waarenproduktion diametral entgegengesetzte Produktionsfom. Das Arbeitscertifikat konstatirt nur den individuellen Antheil des Producenten an der *Gemeinarbeit* und seinen individuellen Anspruch auf den zur Konsumtion bestimmten Theil des *Gemeinprodukts*. Aber es fällt Owen nicht ein, die Waarenproduktion einerseits vorauszusetzen und dennoch andrerseits ihre nothwendigen Bedingungen durch Geldpfuschereien umgehn zu wollen." (MEGA II/5, 59)

In neueren Arbeiten ist auf einen grundlegenden Unterschied zwischen der *kritischen* politischen Ökonomie der Frühsozialisten und einer *Kritik* der politischen Ökonomie, wie sie Marx unternahm und wie sie ihm zufolge Sismondi begonnen hatte, hingewiesen worden.[104] Ein kurzer Vergleich zwischen Sismondi und der *Popular Political Economy* mag dies verdeutlichen. Sismondi kritisierte: 1) die moderne Gesellschaft als eine sowohl destruktive als auch historisch besondere; 2) den Standpunkt der politischen Ökonomie als chrematistisch, das heißt als Verabsolutierung des abstrakten Reichtums zu einer Natureigenschaft menschlicher Gesellschaften; sowie 3) die Konzepte der politischen Ökonomie wie ‚Says Gesetz' als untauglich für ein Verständnis der modernen Gesellschaft. Die kritische politische Ökonomie um Bray, Gray, Thompson und Hodgskin kritisierte demgegenüber: 1) die Produktionsweise als zwar ausbeuterische, aber nicht als historische; 2) den Standpunkt der politischen Ökonomie als Ausdruck bloß eines Klasseninteresses, aber nicht als Verkehrung einer wahren Sozialwissenschaft; sowie 3) an den Konzepten wie ‚Says Gesetz' lediglich, dass sie in der Gegenwart nicht verwirklicht sind. Indem Sismondi ‚Says Gesetz' nicht spiegelte, sondern es als ein wirklichkeitsfremdes Modell und als Ausdruck des Chrematismus verwarf, zeigte sich seine Auffassung von der Historizität der warentauschenden Gesellschaft, die ihn von den *Popular Political Economists* abhob, die sich auch das zukünftige „social system" als ein warentauschendes vorstellten.[105] Mit seiner historischen Wissenschaft konnte Sismondi die moderne Handelsgesellschaft als eine geschichtlich besondere, keineswegs absolute Formation erfassen. Die *Popular Political Economy* dagegen problematisierte die gesellschaftlichen Formen Ware, Geld und Kapitalverhältnis nicht, sie ritt vor allem auf ihren Widersprüchen herum. Für die Arbeiterökonomen standen die Dinge auf dem Kopf, für Sismondi aber wurden die Menschen darüber vergessen.

1.5 Vom Currency- zum Bagehot-Prinzip. Mit der Geldpolitik gegen die Krisen, 1836–1866

Die großen Krisen von 1818/19 und 1825 waren eine einschneidende Erfahrung für die Zeitgenossen Malthus (dazu 1.2), Say, Sismondi (1.3) und John Stuart Mill (2.1). Die Krisen der 1830er Jahre sorgten für weitere Irritationen, weil nun endgültig einsichtig geworden war, dass solche Desaster keine einmaligen Unfälle darstellten und mit ihrer Wiederkehr jederzeit zu rechnen ist. Teile der politischen Ökonomie begannen nun, die Krisenhaftigkeit der modernen Gesellschaft zu akzeptieren. Bei Marx heißt

---

104 Zu dieser Unterscheidung Heinrich (2006, 58–61) und Hoff (2008).
105 Selbst Thompson, der das genossenschaftliche *Co-operative System* und das Prinzip „every man for every man" anstelle von Wettbewerb und Individualismus und deren Motto „every man for himself" vorschlägt, ist weit davon entfernt, die Warenproduktion selbst als historisch zu begreifen. Auch in seiner Robinsonade tauschen „die Wilden" schon Waren (Thompson 1827, 37).

es: „die fast regelmässige Periodicität der Weltmarktscrisen erlaubte den Nachfolgern Ric's nicht mehr die Thatsachen zu leugnen oder sie als zufällige facts zu interpretiren" (MEGA II/3, 1120/1121). Wie im vorherigen Abschnitt (1.4) gesehen, haben diese historischen Verschiebungen die englischen Sozialisten wenig berührt, da sie annahmen, mit dem Owenismus schon über die Master-Theorie zu verfügen, die zu ihrer Verwirklichung nur oft genug wiederholt werden müsste.[106] Die Unmöglichkeit, die Krisenleugnung fortzusetzen, und die echte Neugier für die Frage, ob sich diese ungeheuerlichen Katastrophen nicht irgendwie vermeiden oder wenigstens lindern ließen, standen allerdings am Anfang des Streits zwischen der *Currency School* und der *Banking School*, bei dem zuallererst Möglichkeiten, Gestaltungen und Instrumente einer krisenverhindernden *Geldpolitik* ausgelotet wurden. Da die Krisen immer als Geldkrisen erschienen, entstand in der politischen Ökonomie eine monetäre Konjunktur- und Krisentheorie. Für beide Schulen stand es außer Frage, dass der Staat und eine von ihm unterstützte öffentliche Bank die einzigen Instanzen wären, die den Krisen etwas entgegensetzen könnten. Der Streit drehte sich vielmehr darum, wie genau diese Macht beschaffen war und bis wohin sie reichte.

1.5.1 Das Currency-Prinzip: ein bloßes Hirngespinst?

> There is, perhaps, no point in Political Economy in which there exists more popular misapprehension than on the power which banks of issue are commonly supposed to wield, of affecting general prices through an expansion or contraction of currency. The idea that the banks had unduly expanded the currency, thus producing an inflation of prices violently to be readjusted by a final collapse, is too cheap a method of accounting for every crisis not to be eagerly caught at.
>
> Marx: Commercial Crisis and Currency in Britain
> (MEGA I/16, 392)

Nach den Krisen von 1836 und 1839 gewannen die Anhänger der *Currency School* wie Samuel Jones Loyd (alias Lord Overstone), Robert Torrens, William Clay und George Warde Norman an Einfluss. Ihr Wortführer Lord Overstone konnte den britischen Premierminister Robert Peel für seine Ideen gewinnen, der sie schließlich mit dem *Bank Act* von 1844 in Gesetzesform goss. Von Ricardos Quantitätstheorie des Geldes ausgehend, begriff die *Currency School* eine aus Edelmetallen bestehende Währung als Ausgang aus der Barbarei:[107] Wegen seiner Wertkonstanz, Teilbarkeit, Haltbarkeit und universellen Begehrtheit sei Gold das auserwählte Tauschmedium. Allerdings sei in der Gegenwart eine Papiergeldwährung unvermeidlich, und eine solche besitze

---

[106] Vor dem Hintergrund der Krisen der 1830er Jahre entwickelten sich allerdings die soziale Bewegung des Chartismus und die Freihandelsbewegung um die *Anti-Corn Law League*.
[107] „All civilized countries, in all ages, have adopted the precious metals as the medium of exchange." (Norman 1833, 3)

diese selbstregulierende Wertbeständigkeit nicht. Sie verleite stattdessen die Geldemittenten dazu, eine ‚zu große' Notenmenge in Umlauf zu bringen. Eine übermäßige Vermehrung der Umlaufmittel sei die Hauptursache der Entwertung der Währung, der Preissteigerungen, des ungünstigen Wechselkurses, bei dem England sein Gold verliert, und schließlich der Geld- und Handelskrisen. Zur Garantie eines stabilen Geldwerts wollten die Vertreter des Currency-Prinzips direkte Regierungseingriffe in die Geldausgabe unterbinden und die Geldemissionen mithilfe einer gesetzlich verankerten Bindung des zirkulierenden Papiergelds an die Edelmetallbestände in den Depots der Bank of England kontrollieren. Auf die Wiederkehr der Krisen in den 1830er Jahren reagierte die politische Ökonomie also zunächst nicht durch einen speziell für die Krisen entwickelten und auf sie zugeschnittenen Ansatz, vielmehr durch eine, so Marx, „neue Nutzanwendung der Ricardo'schen Geldtheorie" (MEGA II/2, 240) in Form der Banknoten-Überemissionstheorie, die McCulloch und Say in der Krise von 1825 vorbereitet hatten.[108]

Die Schriften der Currency-Schule waren von einer tiefen Beunruhigung über die Zukunft Englands durchzogen.[109] Overstone akzeptierte die Bewegungsform des kommerziellen Zyklus und charakterisierte sie mit einer später viel zitierten Wendung:

> The history of what we are in the habit of calling the 'state of trade' is an instructive lesson. We find it subject to various conditions which are periodically returning; it revolves apparently in an established cycle. First we find it in a state of quiescence, – next improvement, – growing confidence, – prosperity, – excitement, – overtrading, – convulsion, – pressure, – stagnation, – distress, – ending again in quiescence. (Loyd 1837a, 44)

Overstone gab weder für die zyklische Bewegung noch für die Übergänge zwischen den Phasen eine Ursache an.[110] „Quiescence", „confidence", „excitement", „convulsion", „distress" – offensichtlich ist hier die ökonomische Bewegung in eine Bewegung der menschlichen Psyche aufgelöst.[111] Marx sollte diese Beschreibung 1852 in

---

108 Die Umarbeitung der Quantitäts- zu einer Krisentheorie ist kaum registriert worden; eine Ausnahme stellt Arnhold (1979a) dar. Bergmann (1895, 189ff.) etwa zählt Overstone, Clay und Norman mysteriöserweise zu den „Erklärungen der Krisen aus den Produktionsverhältnissen, insbesondere aus einer Verminderung des umlaufenden Kapitals".
109 Overstones *Further Reflections* (Loyd 1837b) beginnen mit einem Rückblick auf die Krise von 1836/37 und G. W. Norman fügte der Neuauflage *Remarks upon some Prevalent Errors* (1838) ein neues Kapitel über die jüngste Krise hinzu. Clay (1837, 32) wiederholte (ohne Quellenangabe) den 1833 von John Wade entworfenen Mechanismus des Zyklus (dazu 2.3).
110 In den *Further Reflections* (Loyd 1837b) identifiziert Overstone als Wendepunkt des Zyklus den Moment, in dem Englands Außenhandel ein „ungünstiger" wird, also in dem es zu einem *drain of bullion* aus England kommt. Von hier an nehmen die Übel ihren Lauf: Das „Vertrauen" schwindet, die Preise fallen, der Handel kontrahiert und es kommt zu Bankrotten.
111 Overstone legt noch an anderer Stelle dar, dass die menschlichen Leidenschaften das Wirtschaftsleben regieren: „So long as human nature remains what it is, and hope springs eternal in the

seinen ersten konjunkturbezogenen Zeitungsartikel für die *New-York Tribune* ohne Angabe der Quelle integrieren, um diese Psychologisierung umzukehren und zu betonen, dass von den verschiedenen Phasen des Zyklus bestimmte gesellschaftlich gültige Vorstellungen ausgehen (siehe 3.1).

Es schien unter den Theoretikern des Kapitals plötzlich *common sense* geworden, dass sich die warenproduzierende Gesellschaft zumeist nicht im ‚Gleichgewicht' befindet. Erst wenn die Krisen des Kapitals nicht länger geleugnet, sondern akzeptiert werden, können die Möglichkeiten ihrer Beherrschung untersucht werden. Weil die wirtschaftliche Dynamik vornehmlich im quasi-natürlichen Reich der menschlichen Psyche entsteht, wirkte zwar Ricardos ‚Fatalismus' nach und die Fluktuationen im Handel wurden als „inevitable" (Clay 1837, 49) akzeptiert, so wie Overstone den Zyklus vielmehr voraussetzte als begründete. Aber weil die *Currency School* der Bank of England die Macht zuschrieb, den Zyklus in eine andere Bewegungsform überführen oder wenigstens seine Kurven entscheidend abflachen zu können, war der Fatalismus dem Optimismus gewichen, die Krisen lindern oder gar verhindern zu können.

Denn zwar lasse sich auch jede Bank von den Leidenschaften und Signalen leiten, die sie aus der Realwirtschaft empfängt, doch es hänge von der Beschaffenheit des Bankensystems ab, wie intensiv diese emotionale Ansteckung ausfalle (Loyd 1837a, 44–47).[112] Es gelte daher, die Banknotenausgabe vollständig von den „sinistren" Einflüssen des Handelszyklus zu trennen.[113] Gerade weil das wirtschaftliche Geschehen im Zyklus verläuft, ist es umso dringlicher, die Bank of England von diesem abzuschneiden, so dass sie sich nicht mit der Abenteurerei, die in der Phase des „excitement" vor sich geht, infizieren kann.[114] Overstone empfiehlt eine Kontrolle der Geld-

---

human breast, speculations will occasionally occur, and bring with them their attendant train of alternate periods of excitement and depression" (zit. nach Besomi 2012, 292). Es muss als ein Kuriosum betrachtet werden, dass Schumpeter (1954, 742–746) Overstone zu den Pionieren der Zyklustheorie zählte, bei Marx aber keine solche erkennen konnte (Schumpeter 2018, 57). Overstones Psychologisierung wiederum klingt noch in Schumpeters eigener „Heldentheorie der Konjunkturschwankungen" (Mattick 1974, 30) an, wonach die Dynamik der modernen Wirtschaft auf die von „schöpferischer Unruhe geplagten" (Mattick 1974, 31) Unternehmer zurückzuführen ist, die sich mit dem Status quo nicht abfinden können und sich daher auf bahnbrechende Projekte werfen.

112 „A Banker cannot contract his accommodation at a period when the whole trading and mercantile world are acting under one common impetus of expansion. If under these circumstances the Banker [...] is also entrusted with the power of issuing paper-money *ad libitum*; is it not inevitable that he should abuse that power?" (Loyd 1837a, 44)

113 Marx wird später aus Overstone exzerpieren: „Wäre das management of our paper issues gänzlich von dem andren getrennt, so ihre variations wholly disconnected from those sinister influences und die crisis würde probably be limited und its extent and intensity by an earlier and more steady application of the restrictive power." (MEGA IV/7, 414; Loyd 1837a, 47)

114 Schutz vor den Krisen kann es für Overstone also nur deshalb geben, weil sie ihren Ursprung in der menschlichen Psyche haben: Der Mensch neigt von Natur aus zu mangelnder Vorsicht, Übertrei-

menge: Goldbarrenexporten müsse mit einer Kontraktion der Quantität des umlaufenden Geldes begegnet werden. Genau dies war laut Overstone in der Krise von 1836/37 aber nicht geschehen: Als sich der Goldvorrat fast halbiert hatte, blieb die Zirkulation konstant. Trotz des Gesetzes von 1819, mit dem die Golddeckung der Pfundnote wiederhergestellt wurde, sei die Bank of England immer noch kein ‚passiver Agent' geworden, der die Noten qua ‚selbstregulierendem Prinzip' zirkulieren ließ, wie es in einer metallischen Zirkulation durch den ‚inneren Wert' des Metals geregelt sei (Loyd 1837b, 9 u. 33). Die bisherigen Vorschriften seien nicht ausreichend, und nur die gute Natur des Metals könne etwas gegen die schlechte Natur der menschlichen Leidenschaften ausrichten.

Es ist auffällig, dass der Notenüberschuss für die *Currency School* gleich zwei unliebsame Folgen zeitigt: zum einen den schon von Ricardo untersuchten ungünstigen Außenhandel Englands, in dem das Land wegen seiner depreziierten Papiergeldwährung sein Gold verliert; und zum anderen, gleichsam daneben, die Krise. Eben hierin bestand die „neue Nutzanwendung" der Quantitätstheorie des Geldes: Der Goldabfluss wurde einfach zum Ausgangspunkt und ersten Symptom der Krise erklärt. Kann man den Goldabfluss verhindern, aufhalten oder umdrehen, wird auch die Krise nicht eintreten. Daher kann es nicht verwundern, dass sich die Anhänger des Currency-Prinzips an der Frage scheiden, wie aus dem Überausstoß von Banknoten die Krise wird. Bereits Say und McCulloch hatten verschiedene Brücken zwischen der übertriebenen Papiergeldausgabe und der Krise geschlagen: die Disparität zwischen Geld- und Goldwert (Say) sowie die Fehlkalkulationen der Händler (McCulloch). Unter den Anhängern des Currency-Prinzips finden sich drei weitere Vermittlungen: eine sinkende Zinsrate, die Zunahme von spekulativen Transaktionen, steigende Preise.[115] Nicht nur also hat für die Currency-Schüler die übertriebene Papiergeldausgabe zwei Folgen: einen nachteiligen Außenhandel *und* die Krise. Weil sie verschiedene Übergänge konzipierten, *obwohl* sich alle einig gewesen waren, dass alle Übel

---

bung und Gier – und diese schlechten Leidenschaften lassen sich mittels einer Regulierung des Geldsystems zumindest einhegen. Bei Overstone wird deutlich, warum es bürgerliche Krisentheorien nicht so leicht haben: Ob eines grundlegenden Einverständnisses mit der kapitalistischen Produktion können die aus Marx'scher Sicht tiefsten Ursachen ihrer Krisenhaftigkeit schwerlich in den Blick geraten, so dass nach vermeintlich beherrschbaren Faktoren gesucht wird, weshalb aber die Untersuchung schnell ihre Ernsthaftigkeit verliert (dazu 1.6).

115 G. W. Norman (1838, 28, 40/41 u. 74/75) ging davon aus, dass die Krisen in England durch die für „Missmanagement" und Exzess anfällige Papiergeldwährung verschärft worden seien und eine Überemission von Papiergeld die Zinsrate sinken lässt und damit Spekulation befördert. Für Clay (1837, 30–32) produziert erst das schlechte Bankwesen das „excitement" und „over-trading", so dass infolge des Notenüberschusses und der quantitativen Lockerung der Kreditvergabe die Preise steigen und es schließlich zur Spekulation kommt. Overstone hatte die umgekehrte Kausalität angenommen: Dass in der Phase der Prosperität die Geschäfte gut gehen und die Preise steigen, sei der Anreiz für vermehrte Emissionen, die wiederum zu Spekulation einladen.

dem Notenüberschuss entspringen müssen, offenbart sich hier eine *Fixierung*, die der Erklärung bedarf.

Es ist natürlich nicht ohne Bedeutung, dass die Quantitätstheorie des Geldes von der englischen Finanzelite formuliert wurde. Overstone war einer der größten Privatbankiers, Ricardo einer der reichsten Männer Englands, und Norman stand der Bank of England mehr als 50 Jahre lang als Direktor vor. Marx jedenfalls wird bisweilen im *Bank Act* einen Streich des Geldkapitals gegen das Industriekapital wittern: Mit den engen Golddeckungsvorschriften wollten die Quantitätstheoretiker den Zugang zum Geld verknappen, verteuern und damit gewissermaßen den Rentier vor der Euthanasie retten. Allgemeines Interesse vortäuschend – nämlich die Krisen verhindern zu wollen –, hätte die *Currency School* demnach im Kampf gegen die anderen Klassen der bürgerlichen Gesellschaft eigentlich die Interessen des Geldkapitals und der Geldbesitzer vertreten (Arnhold 1979a, 86/87). Es steht außer Frage, dass auch die Geldpolitik ein Terrain des Klassenkampfs um die Verteilung des Mehrwerts darstellt.[116] Aber welche Fraktion der Bourgeoisie sollten dann die Opponenten der *Currency School*, der Bankier Fullarton, der Bankengründer Wilson und der Kaufmann Tooke, vertreten haben? Zweifellos ist die Ideologie der Geldbeschränkung zugleich auch eine Abwehr der ‚inflationistischen' Geldreformbestrebungen Owens und der *Birmingham School* um Thomas Attwood.[117] Aber schließlich spiegelt sich in der Quantitätstheorie des Geldes erneut die fehlende Ware-Geld-Vermittlung in der politischen Ökonomie. Wie bei Ricardo (dazu 1.1) regieren auch bei der *Currency School* eher die Sorge und die Furcht vor der Auflösung des abstrakten Reichtums in Form von Inflation, *bullion drain*, Entwertung und Krise, weshalb die Währung ‚stabil', das Geld ‚hart' und das Gold in England aufgeschatzt sein müssen. Weil die Quantitätstheorie das politisier- und manipulierbare Geld einfach festhalten will, liegt sie nahe an der objektiven Gedankenform des Geldfetischs; es handelt sich bei ihr, so Marx, um „ein bloßes Hirngespinst" (MEGA II/2, 243). Für das vom Geldfetisch eingenommene magische Denken hat das Geld als solches eine Macht, die sowohl produktiv als auch gefährlich ist. Wenn man seine schöpferische Zaubermacht genießen will, muss man

---

[116] Marx schrieb Engels am 8. Dezember 1857: „Es ist übrigens schön, daß Loyd-Overstone jezt mit dem wahren Grund seines Fanatismus für das Gesetz von '44 hervorgetreten –, weil es den ‚hard calculators' erlaube, 20–30% herauszuschrauben aus der commercial world." (MEGA III/8, 209) „Die Akte von 1844 und 45 sind Beweise der growing power dieser Banditen" (MEGA II/4.2, 577). Marx versuchte daher Collet Dobson Collet in seinen beiden Briefen vom 2. und 13. November 1868 (MEGAdigital) gegen den *Bank Act* zu agitieren (vgl. 5.3.1) und auch gegenüber seinen Genossen in der Internationalen Arbeiterassoziation brachte er 1870 das Thema zögerlich zur Sprache (MEGA I/21, 806).
[117] Owens Ideen werden von dem Notenbankdirektor Norman (1833, 4) mit einem Satz zurückgewiesen: „Arbeit" sei ein gänzlich ungeeigneter Wertstandard, weil sie anders als das Edelmetall „unpraktisch" sei und temporären Variationen unterliege. Der andere Gegner ist Thomas Attwood mit seinem Plan, zur wirtschaftlichen Entwicklung mehr Papiernoten in Umlauf zu geben.

es kontrollieren, um zu verhindern, dass es plötzlich ‚zu viel' davon gibt und sich seine unheilvolle Destruktivität entfalten kann.

Bei den meisten Reformvorhaben – sowie in deren Zweck: der Kontrolle der Geldzufuhr – bestand in der *Currency School* Einigkeit: Staatsbank mit Monopol zur Notenausgabe,[118] Einschränkung der Wechseldiskontierungsrechte von Aktienbanken, Kontraktion der Banknoten im Falle eines *bullion drain*. Overstone schlug dazu vor, die Bank of England in zwei voneinander getrennten Abteilungen zu verwalten;[119] seine Idee wurde mit dem berüchtigten *Bank Act* von 1844 Gesetz, dem ersten Versuch eines staatlichen Krisenpräventivs.[120] Über das Gesetz von 1819 hinaus sollte der *Bank Act* nicht mehr nur die Eintauschbarkeit von Papiergeld in Goldbarren (das heißt nicht mehr nur die Konvertibilität der Banknote) gewährleisten, sondern auch – hierin liegt die Neuerung gegenüber der *Bullionist*-Debatte der 1810er Jahre – die Notenbankpolitik eindeutig regeln: und zwar so, dass die Quantität des zirkulierenden Papiergelds immer an die Goldbestände in der Bank of England rückgebunden ist und mit diesen variiert. Dass mit einer solchen ‚quasi-metallischen', ‚quasi-natürlichen', sich ‚selbst regulierenden' Papiergeldzirkulation das Zeitalter der schweren Krisen der Vergangenheit angehören würde, haben Overstone (Loyd 1837a, 47; 1837b, 5) und Norman („there can be no doubt that the stream of commerce would run far more smoothly" [Norman 1838, 75]) mindestens nahegelegt. Am weitesten lehnte sich Robert Torrens aus dem Fenster, der verkündete, das neue Gesetz werde „effectually prevent the recurrence of those commercial revulsions, those cycles of excitement and depression" (The Economist, 18. Mai 1844, S. 793; von Marx exzerpiert in MEGA IV/7, 480). Ähnlich euphorisch verkündete Premierminister Robert Peel in seiner Rede anlässlich der Verabschiedung des *Bank Act*, dass es dank der Konstruktion der „selfacting machinery" von nun an mit den abrupten Fluktuationen, der rücksichtslosen Spekulation, den Kreditschocks und Bankrotten vorbei wäre (Peel 1844, 53).[121] Als die

---

118 „That power should be in the hands of the state alone." (Clay 1837, 111)
119 In der Bank of England fielen zwei Funktionen zusammen: Als „manager of the circulation" kreiere sie einmal das Tauschmittel, kümmere sich aber als eine ‚gewöhnliche Bank' zugleich um die Verwendung und Verteilung der Tauschmittel (Loyd 1837a, 10). In diesen beiden, bislang zusammengeworfenen Funktionen müsste die Bank unterschiedlichen Regeln unterworfen sein.
120 Der *Bank Act* beschränkte die Emissionsrechte bestehender Zirkulationsbanken, unterband die Errichtung neuer und trennte die Ausgabe von Banknoten in der Emissionsabteilung („Issuing Department") vom Bankgeschäft („Banking Department") der Bank of England. Die Emissionsabteilung übergibt dem Banking Department 14 Millionen Pfd. St. an Sicherheiten und den gleichen Betrag an Banknoten. Es darf nur dann mehr Noten ausgeben, wenn dafür der gleiche Betrag an Gold oder Silber deponiert wird. Man nahm an, dass die inländische Notenzirkulation niemals 14 Millionen Pfd. St. unterschreiten könne, also ein Banknotenbedarf für diese Summe immer gegeben sei. Darüber hinaus gehender Bedarf sollte durch vorrätiges Gold gedeckt sein.
121 Im Gegensatz zu seinen ökonomischen Vordenkern gestand Peel später das Versagen des Gesetzes öffentlich ein: „I do not deny that one of the objects contemplated by the Act was the prevention of those convulsions which have hitherto occurred [...]. I am bound to say, that in that hope I have

nächste Krise drei Jahre nach Inkrafttreten des *Bank Act* das Scheitern dieses Gesetzes praktisch demonstrierte, konnten sich Overstone und Torrens an ihren Optimismus nicht mehr erinnern: „the prevention of panic was no object of the Act." (Torrens 1848, 50) Overstone sagte vor dem geheim tagenden Untersuchungsausschuss zur Krise aus: „there is no effectual mode of guarding against the nonconvertibility of the note from internal panic" (MEGA IV/8, 268). Die Anhänger des Currency-Prinzips sollten noch in jeder Krise ihre Hoffnung auf die Omnipotenz der Bankgesetzgebung fahren lassen und sich zerknirscht auf den Standpunkt des Ricardo'schen Fatalismus zurückziehen.[122]

1.5.2 Die Kritik der *Banking School*

Dem Currency-Prinzip trat schon bald die Gegnerschaft der *Banking School* um den *Economist*-Gründer James Wilson, den Wirtschaftshistoriker und Kaufmann Thomas Tooke und den Geldtheoretiker und Bankier John Fullarton entgegen.[123] Marx war von allen dreien stark beeindruckt: Fullarton zählte er zu „den besten Oekonomen" (MEGA II/3, 1121) beziehungsweise den „*besten bürgerlichen Oekonomen*" (MEGA II/11, 799),[124] Wilsons *Economist*-Artikel las und exzerpierte er ab seiner Londoner Zeit kontinuierlich und Tookes empirisch-historische Analysen der Waren- und Geldmärkte sollten nicht zuletzt einige seiner Fragen über die konjunkturelle Entwicklung der 1840/50er Jahre erhellen (siehe 2.5.1, 3.2.1 und 3.3.2). Marx' erste theoretische Selbstverständigung über das Verhältnis von ‚Produktion und Finanz' in den Krisen (2.5.2), die ihn in seinen Konjunkturanalysen der 1850er Jahre leitete (2.6), war in weiten Teilen eine Adaption von Auffassungen der *Banking School*. Marx nutzte die da-

---

been disappointed. Its first object was that in which I admit it has failed – namely, to prevent by early and gradual, severe and sudden contractions of the currency, and the panic and confusion inseparable from it." (Zit. nach Maunder 1867, 18)

122 Freilich hielt sie dies nicht davon ab, in jeder Prosperitätsphase erneut mit dem Erfolg des *Bank Act* als Krisenabwehrmittel zu kokettieren, wie Marx in *Zur Kritik der politischen Ökonomie* in Erinnerung rufen wird: „Einige Monate vor dem Ausbruch der allgemeinen Handelskrise von 1857 saß ein Kommitee des Hauses der Gemeinen, um Untersuchungen über die Wirkung der Bankgesetze von 1844 und 1845 anzustellen. Lord Overstone, der theoretische Vater dieser Gesetze, erging sich in seiner Aussage vor dem Kommitee in folgender Renommage: ‚By strict and prompt adherence to the principles of the act of 1844, everything has passed off with regularity and ease; the monetary system is safe and unshaken, the prosperity of the country is undisputed, the public confidence in the wisdom of the act of 1844 is daily gaining strength; [...]'" (MEGA II/2, 242/243).

123 Zu Tooke siehe Arnon (1991), Vademecum (1997) und Smith (2011), zu Fullarton Skiggs (1991) und Cassidy (1998).

124 Fullartons Einfluss auf Marx wurde bislang völlig unterschätzt. Marx wird sogar eine Reihe von Formulierungen aus *On the Regulation of Currencies* ins Deutsche übertragend übernehmen.

mals aktuelle bürgerliche Geldtheorie und Geldmarktanalytik ausgiebig zur Orientierung seiner eigenen Kritik des Kapitalismus. Da sich die *Banking School* vornehmlich der Analyse von Geldmarktphänomenen widmete, wird Marx später kritisieren, dass sie das Kapital vor allem in seinen monetären Formen (Geldkapital, zinstragendes Kapital, Kredit) identifiziert und daher Geld mit Kapital verwechselt hat (3.2.2).

Ein Schlüsselwerk und zugleich wohl theoretischer Höhepunkt der *Banking School* ist Fullartons *On the Regulation of Currencies* (1844), eine Intervention angesichts der drohenden Verabschiedung des *Bank Act*, die eine gründliche Widerlegung quantitätstheoretischer Vorstellungen enthält.[125] Fullarton wollte mit dieser Schrift Tooke, der sich schon seit einiger Zeit im Kampf gegen das Currency-Prinzip befunden hatte, zur Seite springen und dessen empirische und theoretische Beobachtungen zuspitzen und weiterentwickeln. Wie Tooke zunächst die Quantitätstheorie des Geldes vertreten und ihm laut Selbstauskunft erst die Krise von 1836/37 Einsicht in deren Unsinnigkeit vermittelt hatte,[126] hatte auch Fullarton vor dieser Krise noch die Notwendigkeit einer im öffentlichen Interesse handelnden, unabhängigen Staatsbank verneint, ehe er in der Folge vom Gegenteil überzeugt wurde (Cassidy 1998, 525–529). Robert Torrens war bereits eine Krise vorher den umgekehrten Weg gegangen und hatte sich von dem ‚inflationistischen' Anti-Bullionismus der *real bills doctrine* ab- und dem *Currency Principle* zugewandt (Robbins 1958, 74ff.; O'Brien 1965). Allerdings lag Torrens' neuer, nach der Krise von 1825 entwickelter Idee, Schutzvorrichtungen gegen die Überemission von Banknoten zu entwickeln, eine ähnliche Motivation wie dem Positionswandel von Tooke und Fullarton zugrunde: mittels einer Einsicht in die Natur der Krisen und ihrer Bewältigungsmöglichkeiten die Kontrolle über das Wirtschaftsleben wiederzugewinnen.

Über die Preisbewegungen der Warenwelt allerdings, so Fullarton, ist selbst durch die Bank of England keine Kontrolle zu erlangen. Wenn die „currency doctrine" korrekt sei, hätte es seiner Auffassung nach schon nach der Wiederherstellung der Notenkonvertibilität durch die Verabschiedung des *Bank Restriction Act* im Jahr 1819 zu keinen Preisfluktuationen und Krisen mehr kommen dürfen; die Konvertibilität

---

[125] Noch der Monetarist F. A. Hayek (2015 [1930/31], 487) klagte darüber, dass Fullarton mit dieser Schrift „einen ebenso weitreichenden wie unheilvollen Einfluß ausübte".
[126] Marx notierte diese Aussage Tookes (MEGA IV/18, 117) und begeisterte sich über dessen Fähigkeit, mit einer früheren Auffassung zu brechen, die sich als Irrtum entpuppt hatte: „Tooke leitet seine Principien nicht aus irgend einer Theorie her, sondern aus gewissenhafter Analyse der Geschichte der Waarenpreise von 1793 bis 1856. In der ersten Ausgabe seiner Geschichte der Preise, die 1823 erschien, ist Tooke noch ganz befangen von der Ricardo'schen Theorie, und müht sich vergebens die Thatsachen mit dieser Theorie auszugleichen. [...] Fortgesetzte Forschungen in der Geschichte der Waarenpreise zwangen ihn jedoch zur Einsicht, daß jener direkte Zusammenhang zwischen Preisen und Quantität der Umlaufsmittel, wie ihn die Theorie voraussetzt, ein bloßes Hirngespinst ist" (MEGA II/2, 243). Zu Tookes Bruch mit der Quantitätstheorie siehe Arnon (1991, 120–132), der allerdings, wohl irrtümlicherweise, als Anlass die Krise von 1839 identifiziert.

der Banknoten sei vollkommen ausreichend, um eine Papiergeldwährung wie eine metallische zirkulieren zu lassen. Steigende Preise für das Resultat einer steigenden Quantität der Umlaufmittel zu nehmen, sei eine reine Phantasie („fancy") (Fullarton 1844, 30); die Doktrin von der Währungsentwertung und dem Goldabfluss durch Überemission ein in Mode gekommener Irrglauben („delusion"), der auf einer Verzerrung der Tatsachen durch vorgefertigte Meinungen[127] beruhe (Fullarton 1844, 56/57).

Zur Verteidigung seiner Position will Fullarton von Grund auf klären, was Geld überhaupt ist, welche Funktionen es erfüllt und durch welche Umlaufprinzipien sich verschiedene Währungen wie eine konvertible Papiergeldwährung und eine inkonvertible Staatspapiergeldwährung regulieren. Als Geld gelten ihm jene Instrumente des Austauschs, die ihre Macht von ihrem positiven Wert her erhalten, also vor allem die Edelmetalle; Kredit sei ein legitimes Substitut für Geld (Fullarton 1844, 36). Entgegen den Behauptungen der „currency party" fungierten in einer konvertiblen Papiergeldwährung nicht nur Banknoten und Münzen, vielmehr auch im alltäglichen Verkehr gebräuchliche Kreditformen wie Wechsel, Depositen und Sicherheiten als Geld. Neun Zehntel der ökonomischen Transaktionen des Landes würden mittels dieser von der ‚Öffentlichkeit' selbst erzeugten Geldsubstitute abgewickelt, ganz ohne Dazwischenkunft von Noten oder Münzen. Dieses weit verzweigte, ungeheuer dynamische und nicht zu fassende Aggregat bilde eine „overwhelming and unmanageable monetary power", neben der die auf 20 Millionen Pfund taxierten Noten der Bank of England vollkommen irrelevant seien (Fullarton 1844, 32). Auch diese Banknoten stellten nur eine Form von Kredit dar (Fullarton 1844, 36/37), und zwischen der Zirkulation von Wechseln und Banknoten herrsche kein prinzipieller Unterschied (Fullarton 1844, 41). Beide Formen von transferierbaren Kreditansprüchen („claims") lösen Verpflichtungen („obligations") aus: die Banknote verpflichte zur Einlösung bei Verlangen, der Wechsel zur Einlösung an einem bestimmten Zeitpunkt.

Fullarton will auf dieser geldtheoretischen Grundlage nachweisen, dass in einer konvertiblen Papiergeldwährung eine Noten-Überemission nicht nur keine Wirkung auf die Preise hat, sondern ein Ding der Unmöglichkeit ist. Denn nicht die bloße Existenz einer höheren Quantität von Zirkulationsmitteln könne einen Einfluss ausüben, da das Geld auch tatsächlich in ökonomischen Transaktionen zur Anwendung gelangen müsse (Fullarton 1844, 40). Würden die Noten nicht benötigt, kehrten sie einfach zum Emittenten zurück; man kann also nicht mehr Noten ausgeben, als vom Publikum verlangt werden („natural limit"). Dieser Rückfluss („reflux") sei „the great regulating principle of the internal circulation" (Fullarton 1844, 67/68). Es sei also nicht die Quantität des zirkulierenden Geldes, welche die Preise bestimmt; umgekehrt sei

---

[127] Die „currency doctrine" beruhe auf „preconceived notions" (Fullarton 1844, 58) – eine Formulierung, die Marx noch 1869 beinahe wörtlich gegen den frühen Currency-Schüler John Leslie Foster gebrauchen wird: „Die Beispiele die Foster immer giebt [...] zeigen nichts als wie vorgefaßte Theorie den Kopf umnebelt und die Thatsachen verdunkelt." (MEGAdigital, Bd. IV/19, „Heft II. 1869", S. 50)

die Quantität der *currency* determiniert durch die wirtschaftlichen Bedürfnisse (Fullarton 1844, 58).

Damit erklärt Fullarton die Geldzirkulation zu einem Reflex des Marktgeschehens: Die überwältigende, undurchschaubare und von keiner Instanz kontrollierbare Macht („overwhelming and unmanageable monetary power") war letztlich die Macht des (Geld-)Marktes. Wie der Goldstandard in der Vorstellung der Currency-Schüler ist das Rückfluss-Prinzip ein natürliches, nach welchem sich die Kreditzirkulation von selbst reguliert.[128] Daher teilt Fullarton die Kontrollvorstellungen seiner Opponenten von der „currency party", ökonomische Problemlagen mithilfe von Bankgesetzen und einer Kontrolle der Banknotenemission bändigen zu können, ganz und gar nicht.

Vielmehr hat er die Krisen als unvermeidlich akzeptiert. Sie seien ‚reinigende Gewitter', ein notwendiges Korrektiv und eine heilende Kraft zur Wiederherstellung eines intakten Handels.[129] Sie kämen dadurch zustande, dass, wie Marx 1850 aus *On the Regulation of Currencies* exzerpieren wird, „der amount des Kapitals das nach produktiver Anlage sucht, […] in ruhiger Zeit in viel größerer Proportion als die Mittel vortheilhafter Anwendung wachsen" (MEGA IV/7, 49). Fullarton hat damit in Marx' Augen das Phänomen richtig beschrieben, dass das Kapital in der Prosperität schneller wächst als die Möglichkeiten seiner profitablen Verwertung. In diesem Moment des Kapitalüberflusses („plethora" oder „over-supply of capital") entsteht nach Fullarton die Spekulation:[130] Kapital, das nach produktiver Anlage sucht, werde „abenteuerlustig" und gehe extreme Risiken ein. Die Prosperität führt für Fullarton also zwangsläufig in die Krise, und die wachsende Kluft zwischen der Größe des Kapitals und den Möglichkeiten seiner profitablen Unterbringung wird immer durch einen niedrigen Zinsfuß angezeigt, mit dem sich das Kapital unzufrieden zeigt und der es daher zu waghalsigen Abenteuern in der Sphäre der Spekulation verleitet (MEGA IV/7, 51).

Mit einer solchen Krisentheorie stand Fullarton nicht allein, wie Marx später bemerken wird: „Kein einziger zurechnungsfähiger Oekonom der nachricardoschen Periode leugnet die plethora of capital. Alle erklären vielmehr die Crisen daraus[131] (so

---

128 „[T]he demand constitutes the selfregulating principle by which alone the amount of the banknote circulation must be governed" (Fullarton 1844, 122).
129 „[A] periodical destruction of capital has become a necessary condition of the existence of any marketrate of interest at all. And, considered in that point of view, these awful visitations, to which we are accustomed to look forward with so much disquiet and apprehension, and which we are so anxious to avert, may be nothing more than the natural and necessary corrective of an overgrown and bloated opulence, the vis *medicatrix* by which our social System, as at present constituted, is enabled to relieve itself from time to time of an ever-recurring *plethora* which menaces its existence, and to regain a sound and wholesome state." (Fullarton 1844, 165; MEGA IV/7, 50)
130 „[T]he difficulty of procuring secure and productive investments for capital is at the root of all those violent paroxysms of speculative excitement which occasionally convulse the money-market" (Fullarton 1844, 161).
131 Siehe etwa Marx' Exzerpte in den *Londoner Heften* aus Archibald Alison (MEGA IV/7, 113) und der anonymen Schrift gegen das *Currency Principle* (MEGA IV/8, 171).

weit nicht aus Creditgeschichten.)" (MEGA II/3, 1120) Auch Marx' erste krisentheoretische Skizze in *Reflection* (1851) – ein Versuch, die Reproduktionsmodelle Sismondis und die Ausbeutungstheorie der englischen Sozialisten mit der Geldmarktdiagnostik Fullartons und Tookes zusammenzudenken – wird sich stark darauf beziehen (siehe 2.5.2). Wegen des zum Zeitpunkt der Veröffentlichung von *On the Regulation of Currencies* niedrigen Zinsfußes prognostizierte Fullarton (1844, 166) eine neue Krise, die so sicher sei wie der Wechsel der Jahreszeiten. Marx, der Fullartons Schrift gleich zwei Mal unmittelbar nach dieser Krise, zu der es 1847 kommen sollte, in den *Londoner Heften 1850–53* exzerpierte, war von dieser Vorhersage stark beeindruckt und notierte bei der Lektüre: „Da die Zinsen auf $1^1/_2\%$ stehn (1844) prophezeit er abermalige Crise" (MEGA IV/7, 50). Schon in diesem unwahrscheinlichen Vorhersagevermögen lag aus Marx' Sicht ein Grund, warum in den Reihen der *Banking School* der gegenüber der *Currency School* – deren Bankreform die Krise nicht verhindern konnte – realistischere und ernster zu nehmende Ansatz vorlag.

Wenn sich für Fullarton die Krisen ohnehin nicht verhindern lassen, inwiefern könnte dann in seinen Augen die Kontrolle über das moderne „social system" zurückgewonnen werden? Er gab den entscheidenden Hinweis, dass die neue Krise wegen des *Bank Act* schärfer ausfallen werde als alle ihre Vorgängerinnen.[132] Denn die künstliche Administration der Bank of England in zwei Abteilungen und die Festsetzung eines ebenso willkürlichen[133] Maximums der Notenemission verkleinere die Abwehrmittel der Bank gegen einen *drain of bullion* (Fullarton 1844, 113),[134] gestatte es diesem

---

[132] Auch Tooke war der Überzeugung, dass die Wechsel in der Zinsrate unter dem neuen System der Funktionstrennung von Notenemission und Bankgeschäft „abrupter und gewaltsamer" vor sich gehen müssten (Tooke 1844, 105; MEGA IV/8, 207). Im Untersuchungsausschuss des britischen Parlaments zur Krise von 1847 erklärte er, der *Bank Act* habe die Liquiditätsbeschaffung der Bank of England verringert und die Krise damit verschärft (Arnon 2011, 241/242). Er sprach sich auch deshalb gegen das Bankgesetz von 1844 aus, da es der Bank of England ihren öffentlichen Charakter nehme und sie zu einem Spekulanten unter anderen degradiere.

[133] Fullarton (1844, 3, 27 u. 151) kritisierte den *Bank Act* als „arbitrary". Marx griff auf genau diesen Begriff im Manuskript zum dritten Buch des *Kapital* zurück: „Willkührliche Bankgesetzgebung (wie die von 1844–45) kann diese Geldcrise erschweren. Aber keine Art Bankgesetzgebung kann die Crise beseitigen." (MEGA II/4.2, 543) Engels hat in seiner Edition „willkürliche Bankgesetzgebung" unnötigerweise durch „unwissende und verkehrte Bankgesetzgebung" (MEW 25, 507) ersetzt.

[134] Die *Currency School* schlägt vor, einfach gar nichts gegen einen *bullion drain* zu unternehmen, also das Gold abfließen und die Bank of England die Noten, die sie im Austausch gegen das Gold eingezogen hat, nicht wieder ausgeben zu lassen. Auf diese Weise würde sich der *drain* von allein korrigieren, denn durch die eingezogenen Noten erhalte die Währung ihren Wert zurück. Der *drain* soll also durch eine automatische Kontraktion der Banknoten aufgehalten und umgekehrt werden (Fullarton 1844, 129). Aber Fullarton wandte ein, dass die Bank, wenn sie von einem ihrer Einleger um Gold gebeten wird, durch den *Bank Act* ihr Vermögen gleich zwei Mal verliert: einmal in Form des geforderten Goldes und ein weiteres Mal durch den nun erforderlichen Einzug von Banknoten, die dieses Gold repräsentieren (Fullarton 1844, 137). Daher fallen die *drains* unter den Vorschriften des *Bank Act* immer schärfer aus und münden umso öfter in einer Krise.

„great public body" (Fullarton 1844, 150),[135] wie eine Privatbank zu handeln und ihre Verantwortung für die Öffentlichkeit zu vernachlässigen, und mache eine Zahlungsunfähigkeit des Banking Department wahrscheinlicher, da diesem ein Zugriff auf die Goldvorräte des Issuing Departments von nun an untersagt ist (Fullarton 1844, 181–183). Dabei sei gerade die Krise *der einzige Moment*, in dem die Bank of England einen Einfluss auf die Kreditvergabe ausüben könne.[136] Erst wenn der private Kredit zum Erliegen gekommen und die „overwhelming and unmanageable monetary power" zusammengebrochen ist, gerät das Publikum in einen Zustand der Abhängigkeit von der Bank of England, die dann wegen ihres Reservefonds als alleiniger intakter Kreditgeber übrig geblieben ist und plötzlich agieren und Entscheidungen treffen kann. In einer Krise habe die Bank dann einerseits die Möglichkeit, die Wechseldiskontierung einzuschränken, um die reinigende Kapitalvernichtung nicht zu blockieren und die Spekulanten Pleite gehen zu lassen. Sie könne andererseits aber auch mit einer „special mission" Banknoten ausgeben und auf diese Weise ‚Liquidität' bereitstellen (Fullarton 1844, 105), um die Überlebenden, die noch ein paar Partikel Reichtum von dem Schiffswrack bergen konnten (Fullarton 1844, 160), in Sicherheit zu bringen und damit die Schwere der Krise insgesamt zu lindern. Derart ging die Bank in der Krise von 1825 vor, als ganz zufällig in ihren Kellerräumen noch eine Kiste mit 800 000 bis 900 000 gerade aus der Zirkulation geworfenen Ein-Pfund-Noten gefunden worden war, die sie dann emittieren konnte.[137] Umgekehrt hatte die Bank durch eine Politik der Kontraktion ihrer Diskontierungen wesentlich zur Verschärfung der Panik von 1797 beigetragen.[138] Fullarton tat 1844 nichts Geringeres, als die Suspension des *Bank Act* in den kommenden drei großen Krisen von 1847, 1857 und 1866 vorwegzunehmen.

---

135 Auch Overstone bezeichnete die Bank of England als „public body" (Loyd 1837b, 25).
136 Marx exzerpierte aus Fullarton in *Londoner Heft I*: „Die Bank von England besitzt die Macht, unter bestimmten Umständen, sehr auf die Preisse zu influiren und selbst zu turn a drain of gold, nicht durch die limitation ihrer issues, but by operating forcibly on credit. [...] Derartig auf den Credit kann die Bank nur wirken in Augenblicken, wo der Privatkredit schon so erschüttert ist, daß das Publicum mehr oder minder reducirt ist auf einen state der Abhängigkeit von der Bank." (MEGA IV/7, 49; Fullarton 1844, 141) Er übernahm diese Idee in einen Artikel: „there occur moments, when the Bank of England, by her exceptional position, exercises a real influence, not only on English commerce, but on the commerce of the world. This happens in moments of general discredit." (MEGA I/12, 324)
137 „Times have been known, when private credit has been for the moment so entirely paralysed, that I may say the solvency of the whole nation has seemed almost to depend on the Bank of England; and had the Bank held back in such emergencies from interposing, her own destruction would have been among the most probable consequences. Such was the state of things in the catastrophe of 1825 [...]" (Fullarton 1844, 199/200). „Had the experiment been thought of earlier, some portion of the severity of the crisis might very possibly have been spared; and, if it so eminently succeeded on that occasion, I do not see why, with more knowledge and better preparation, measures of the same character may not be tried with success again." (Fullarton 1844, 225)
138 „1797, when, by the stringent contraction of its discounts, it did certainly contribute largely to promote the panic which then existed in the country, and only hastened the catastrophe it intended to avert" (Fullarton 1844, 84).

Wie also war es um die gesellschaftlichen und politischen Kontrollmöglichkeiten beschaffen? Es ist aufschlussreich, dass in der Rezeption zwei gegensätzliche Bewertungen der *Banking School* anzutreffen sind. Die einen charakterisieren sie gegenüber der vermeintlich staatsmonopolistischen Currency-Lehre als quasi marktradikal, da sie von der Selbstregulation der (für die auf dem Markt bestimmten Preise) benötigten Geldmenge[139] durch einen (regulierungsfrei zu haltenden) Privatbankenverkehr ausgingen, bei Überdehnung des Kredits und exzessiver Spekulation die Bestrafung durch Liquidation akzeptierten und den Notenbanken ob ihrer prinzipiellen Unfähigkeit zur Konjunktursteuerung eine passive Rolle zuwiesen.[140] Andere erkennen in der *Banking School* das ziemliche Gegenteil: Vorboten einer expansiven Geldpolitik (Rist 1947, 201/202) mit einer Auffassung von der Zentralbank als einem konsequenten „lender of last resort" (Laidler 1991, 36; Skaggs 1991, 478; Alborn 2010, 69), wobei der Gegenpol des Currency-Prinzips dann als proto-monetaristisch und sich gegen eine aktive Notenbank wehrend verstanden wird. Einige Interpreten schreiben der *Banking School* sogar zu, angenommen zu haben, dass sich Krisen mithilfe der richtigen geldpolitischen Arrangements gänzlich verhindern ließen (Humphrey/Keleher 2002, 91; Pradella 2015, 97). Einmal soll die *Banking School* also marktradikal im Sinne des *laissez faire*, das andere Mal quasi-keynesianisch im Sinne des Geldmarktmanagements (so explizit Kindleberger 1985, 41[141]), einmal für eine passive, dann wieder für eine aktive Notenbank eingetreten sein. Wie vertragen sich diese gegensätzlichen Einschätzungen?

Auf den ersten Blick mag es so aussehen, als liege diesem Gegensatz in der Rezeption eine Uneindeutigkeit bei Fullarton und Tooke selbst zugrunde. Beide verneinten die Steuerungsmöglichkeit der Quantität des Kreditgelds durch Gesetz und Staatsbank, da sie davon ausgingen, dass „Veränderungen der Banknotenmenge nichts weiter als der Reflex auf andere ökonomische Erscheinungen" (Rieter 1997, 75) sind, und insbesondere Fullarton war von der Unvermeidbarkeit der Krisen als reinigende Gewitter überzeugt. Auch der Freihandelsbefürworter James Wilson lobte das Bankensystem Schottlands, wo es keine Nationalbank und kaum gesetzliche Beschränkungen gab (Schrader 1980, 51). Gleichwohl kritisierten alle drei die *Currency School* für die in ihren Augen falsche Theorie und deren schädliche Konsequenzen in

---

[139] Für Tooke (1844, 123) ist die Geldmenge eine ‚endogene' Größe: „the amount of the circulating medium is the consequence of prices".

[140] Siehe z. B. Viner (1937, 223), Blaug (1986), Lichter (1999, 229), Kunzmann (2011, 69) und Scholz (2016, 43). Bei Blaug (1996, 194) heißt es: „the Banking School balked at the idea of any monetary management whatever. Neither side recognised the essential function of a central bank as a 'lender of last resort'".

[141] Manchmal verläuft der Widerspruch auch durch ein und denselben Autoren. Kindleberger (1978, 163) streitet an anderer Stelle ab, dass die *Banking School* Vorstellungen eines *lender of last resort* entwickelt habe: „neither [school] approved of increasing the money supply as a temporary expedient to meet a crisis".

der Praxis: Die willkürlichen Vorschriften des *Bank Act* müssten jede Geldkrise verschlimmern. Allerdings war dies keine ungebrochene Befürwortung der Bank of England als einem uneingeschränkten Kreditgeber in der Panik (O'Brien 2007, 168), vielmehr ein Plädoyer für ein Abwägen.

> It must always, no doubt, in these crises be a fit and anxious subject for the Bank's consideration, to what extent and in what cases it may be safe or expedient to risk its capital in the support of individuals, who may have been trading beyond their means. The too lavish or indiscriminate distribution of its favors might be fatal to itself and exceedingly pernicious in its influence on society. (Fullarton 1844, 200)

Die Bank of England bekommt erst dann Macht, wenn das Kind schon in den Brunnen gefallen ist – aber dann kann sie in einem bestimmten Ausmaß darüber entscheiden, wer seinem Schicksal überlassen und wer überleben soll. Die richtige Krisenpolitik – zugleich die einzig mögliche Art der Wirtschaftspolitik überhaupt – kann also nicht mehr sein als eine Mischung aus Zwang und Rettung: Einerseits muss man die Spekulanten zerschlagen und sie zwingen, ihre Wertpapiere und Waren auf den Markt zu werfen, aber andererseits muss man dabei vorsichtig vorgehen, um die Unschuldigen nicht in Mitleidenschaft zu ziehen und die ganz große Katastrophe von der Öffentlichkeit abzuhalten.[142] Alle, die ihre Gunst verlangen, kann die Bank of England aber auch nicht retten, denn dann verstrickt sie sich in das Verhängnis und macht selbst Bankrott. Sie muss mit gezielten Eingriffen den als solide und gesund eingeschätzten Instituten Kredithilfe gewähren, aber kann nicht jedem bankrotten Schwindler seine wertlosen Papiere zu den alten Nominalwerten abkaufen. Es geht bei Fullarton also nicht um die sowieso unmögliche Abwendung der Krisen – darüber hat niemand die Kontrolle –, vielmehr um die Steuerung des Krisenverlaufs und die Entwicklung eines bankpolitischen Vorgehens zu seiner Bewältigung. Die „partisans of the currency doctrine" verkannten nicht nur, dass die Bank of England nur in der Krise eine Macht ist, sondern auch, dass die Krisen sich nur *meistern* und in ihrer Schwere vermindern, aber nicht verhindern ließen. Das englische Gesellschaftssystem („social system") ist unheilbar imperfektibel, und gerade deshalb muss die Bank of England darauf vorbereitet sein *zu handeln*: Die Bemeisterung *kann* immer nur bedingt einem vorab festgelegten Regelbuch folgen, weil jede Krise anders verläuft und zu ihrer Bewältigung daher immer etwas anders an den unterschiedlichen Stellschrauben gedreht werden muss.[143] So wie es nach Fullarton (1844, 145) keine sichere

---

[142] Marx wird in den *Londoner Heften* zusammenfassend übersetzen: „Die Bank bekömmt erst Macht, wenn das mischief done, die Spekulation am Zusammenbrechen, die tide of bullion returning. Sie kann dann nichts thun als die Spekulanten caput gehn lassen und die andren unterstützen." (MEGA IV/8, 111)

[143] „At what particular time, in such cases, it may be incumbent on the Bank to *act*, and in what manner and to what extent it should *act*, are points on which it is obviously impossible to lay down any general rule, but which must be determined by the circumstances of each particular case, by the

Methode gibt, einen *drain of bullion* umzukehren, da den *drains* vollkommen verschiedene Ursachen zugrunde liegen, lässt sich auch gegen die Krisen keine Panazee entwickeln. Für Fullarton war die Krise der einzige Moment, in dem die Staatsbank die Macht besitzt, auf den Kredit einzuwirken, und daher sollte sie nicht das Falsche, sondern eben *das Richtige tun*. Das Problem mit dem *Bank Act* lag darin, dass er willkürliche Regeln vorschrieb, die alle Situationen (unabhängig vom Stand des Handels und der Löhne, von der Bevölkerungsgröße und vom Ausmaß der Spekulation) gleich behandeln würden; dass er, anders gesagt, die Kunst der Krisen*politik* verunmöglichte und den Meistern der Krise das Handwerk legte.

Die Uneindeutigkeit in der Sekundärliteratur zur *Banking School* löst sich also in den Unterschied zwischen Prosperität und Krise auf. Weil er nach den großen Krisen von 1825 und 1836/37 schrieb, hatte Fullarton ein äußerst wechselhaftes Gesellschaftssystem mit einer eigentümlichen Dynamik vor Augen: Es war ein und dasselbe „social system", das sich in völlig verschiedenen Zuständen befindet, in denen es ganz andere Bedürfnisse entwickelt, die sich wiederum auf die Macht der Bank of England auswirken, die eine bloß temporäre ist. Wenn die Dinge in der Prosperität ihren Gang gehen, ist die Bank passiv und reagiert bloß auf das von selbst ablaufende Geschäftsleben: Versucht sie mehr Noten auszugeben, als das Geschäftsleben bedarf, kehren sie gemäß des *reflux principle* zu ihr zurück. Nicht nur braucht man daher weder die Banken zu regulieren noch sonst Politik zu betreiben, man *kann* es auch nicht.[144] Erst in der Krise kann und muss eine unabhängige Staatsbank entscheiden und aktiv handeln; aber dann hilft kein künstlicher Mechanismus, vielmehr bedarf es der richtigen Administration (vgl. Arnon 1997, 108). Die Kunst der Krisenverwaltung lässt sich nicht durch die mechanische, ‚quasi-automatische' Anwendung einer willkürlichen Vorschrift vorherbestimmen, sondern ist durch eine Abwägung („consideration") darüber charakterisiert, welche Maßnahmen angemessen sind, um die richtigen Proportionen herzustellen, in denen man einerseits die für notwendig erachteten Liquidationen geschehen lässt und andererseits die Ansteckung der ‚Gesunden' eindämmt und die Genesung der Patienten so gut wie möglich unterstützt.[145]

---

nature and subjects of the speculation, by the length of time which it has lasted, by the existing prospect as to its continuance or abatement, by the extent of mischief which it threatens, and by the state of the resources of the Bank itself." (Fullarton 1844, 157. Herv. i. O.)

144 Fullarton nennt die Staatseinmischung in die Zirkulation „unzweckmäßig" und „unpassend" („Inexpediency of the State taking the Management of the Currency into its own hands").

145 Es ging der Banking School also nicht darum, das Gleichgewicht zu durchbrechen, sondern auf den Prozess seiner *Wiederherstellung* einzuwirken. In diesem Sinne wäre die folgende Aussage zu präzisieren: „Die ricardianische Theorie drückte den Anspruch eines Gleichgewichts aus, die Theorie von Tooke, Péreire und Wilson dagegen die Notwendigkeit eines Bruchs mit der Vergangenheit. In der These, dass die Steuerung der Liquidität sich unmöglich realisieren ließe, drückte sich also nur scheinbar ein *Laissez faire* aus. In Wirklichkeit drückte sich darin der Anspruch aus, die Schranken […] des alten Gleichgewichts zu durchbrechen." (Bologna 2009 [1973], 43)

Die Möglichkeit der Kontrolle des Wirtschaftslebens besteht also darin, die Schäden einer Krise zu begrenzen, das heißt, ihren Verlauf so zu steuern, dass eine unnötige Verschärfung ausbleibt.

Der Streit zwischen *Currency* und *Banking School* war keine praktisch uninteressierte Angelegenheit, bei der bloß darüber philosophiert worden wäre, was eigentlich Geld ist. Hier wurde stattdessen zum ersten Mal die Beherrschung der Krisen verhandelt, und die Geld*theorie* war zuerst ein Mittel, eine rationale Geld*politik* zu ermitteln. Obwohl Marx beide überaus schätzte, hatten Fullarton und Tooke keinerlei gesellschaftskritische Ambitionen. Ihre Akzeptanz der Krisen bedeutete auch, dass es für sie buchstäblich *undenkbar* und völlig ausgeschlossen war, die wirklichen gesellschaftlichen Ursachen ihrer Wiederkehr aufzuheben und zu einem anderen, krisensicher(er)en „social system" zurück- oder überzugehen.[146] Es handelte sich für sie nur darum, die Krisen so rational wie möglich zu behandeln und *zu lernen, mit ihnen zu leben*. Ihre kritischen Anstrengungen richteten sich allein gegen die Hirngespinste der Quantitätstheoretiker, deren fatale Heilmittel diesen Lern- und Anpassungsprozess verunmöglichten.

Bei seiner Bewertung der beiden geldpolitischen Schulen wird Marx kein vulgärhegelianisches Schema anwenden. Er sollte nicht zu dem Schluss gelangen, dass beide Schulen jeweils eine Seite eines objektiven Widerspruchs einnehmen würden und daher gegeneinander gleichermaßen Recht und Unrecht hätten, womöglich, weil es zum Wesen der Dinge gehöre, immer in einem Gegensatz zu erscheinen (oder dergleichen). Stattdessen legte er nahe, dass bei den Quantitätstheoretikern der *Currency School*, die bloß das „falsche Dogma" (MEGA II/5, 98) der Ricardo'schen Geldtheorie ausbuchstabierten, eine einerseits interessengeleitete, andererseits vom Geldfetisch bestimmte Verkennung und Verzerrung der Tatsachen vorlag und die *Banking School* demgegenüber, bei allem Mangel an begrifflicher Verallgemeinerung, den nicht gerade kleinen Vorzug aufwies, zuverlässig äußere Zusammenhänge des Geschehens auf dem Geldmarkt zu entschlüsseln (siehe 3.2.1). In diesem Sinne hätten letztere auch eine weniger willkürliche Geldpolitik entworfen, die die ökonomischen Gesetzmäßigkeiten von Prosperität und Krise berücksichtigt.[147] Weil schlussendlich allerdings beide Schulen die Konvertibilität der Noten und für England ein Geldsystem

---

146 Im Unterschied zu Fullarton erachtete Tooke die Krisen nicht als notwendig. Er dachte stattdessen, dass sich ein Desaster wie das von 1825 ohne *Bank Act* nicht wiederholt hätte (siehe 2.5.1). Die Differenz zwischen der falschen Behandlung einer Krise und den Ursachen ihrer Wiederkehr kann also ein ‚heterodoxes', gegen die Quantitätstheorie gerichtetes Projekt ausbeuten. Tooke nährte die Illusion, dass eine richtige Geldpolitik die Wiederkehr der Krisen verhindern könnte.

147 Arnhold (1979a) meint in ihrer schönen Studie, bei der *Banking School* liege eine „falsche Einordnung der kapitalistischen Wirtschaftskrisen" vor. Aber dieser Irrtum basiert seinerseits auf einer grundlegenden Wahrheit: Wenn bürgerliche Ökonomen über die Krisen nachdenken, geht es nicht

mit unabhängiger Staatsbank, in der die Edelmetallreserve des Landes konzentriert ist, befürworteten, wird Marx später bemerken, dass es „von Tooke so gut zugegeben, wie von Loyd" ist, dass „die größten Opfer an realem Reichthum nöthig sind, um die *metallne Basis* zu halten¹⁴⁸ [...]. Der Streit dreht sich nur um ein Plus oder Minus und die mehr oder minder rationelle Behandlung des Unvermeidlichen." (MEGA II/4.2, 625)

Waren beide Schulen also doch gleichermaßen dem Geldfetisch verfallen? In ihrer „Ignoranz und völlige[n] Verkennung der Thatsachen" (MEGA II/5, 500) drückte sich in der *Currency Theorie* der Geldfetisch in ganz unmittelbarer, roher, barbarischer Weise aus: Das Geld in seiner reinen Form als Edelmetallbarren festhalten zu wollen, um der Krisen Herr zu werden, war „ein bloßes Hirngespinst", das den Illusionen des Schatzbildners nahesteht (dazu 3.2.2). Die Quantitätstheorie speiste sich wesentlich aus einem magischen Denken. Die *Banking School* stellte demgegenüber den Versuch einer echten Wissenschaft des Kapitals dar. Wenn der Schatzbildner (und mit ihm die *Currency School*) „nur der verrückte Kapitalist" ist und sich haltlosen Illusionen hingibt, „ist der Kapitalist der rationelle Schatzbildner" (MEGA II/5, 108), der weiß, dass er seinen Reichtum, wenn er Bestand haben und sich vermehren soll, den Abenteuern der Produktion und Zirkulation preisgeben muss. Die Einsicht der realistischeren Fullarton und Tooke bestand gerade darin, dass sich das Geld nicht mechanisch als Quantität feststellen und daher nicht direkt kontrollieren lässt, dass man es vielmehr in seinen Vermittlungen durch seine verschiedenen Eigenschaften und sein Verhältnis zu den empirischen Preisen und zu den Konjunkturen des Handels untersuchen muss.¹⁴⁹ Erst wenn man diesen heteronomen Bewegungen des Geldes nachgeht, kann man eruieren, was der Staat und die Bank of England wirklich tun können, um den Reichtum in seiner monetären Form zu bewahren.

---

um eine ‚richtige' Identifizierung ihrer wirklichen Ursachen, da sich Krisen innerhalb des Kapitalismus nicht vermeiden lassen. Es genügt, sie in ihren Erscheinungsformen zu untersuchen, da sie sich in diesen lindern lassen.

148 Fullarton (1844, 112) räumte dies wortwörtlich ein: „I am perfectly sensible of the importance of maintaining, under all ordinary circumstances, the convertibility of the bank-note currency inviolable; and am quite free to admit that, to ensure that object, few sacrifices would be too great."

149 Marx schrieb in *Zur Kritik der politischen Ökonomie*, Wilson, Tooke und Fullarton „fassen das Geld nicht einseitig, sondern in seinen verschiedenen Momenten auf, aber nur stofflich, ohne irgend einen lebendigen Zusammenhang, sei es dieser Momente unter einander, sei es mit dem Gesammtsystem der ökonomischen Kategorien. *Geld* im Unterschied von *Cirkulationsmittel* werfen sie daher fälschlich mit *Kapital* zusammen" (MEGA II/2, 244).

1.5.3 Die pragmatische Synthese Bagehots

Der Streit zwischen *Currency* und *Banking School* um die rationale Behandlung der Krisen nahm in den folgenden 25 Jahren eine Wendung, die auf den ersten Blick skurril anmuten mag. Weil mit seiner praktischen Widerlegung durch die Krisen von 1847, 1857 und 1866, in denen der *Bank Act* jedes Mal suspendiert werden musste, das Currency-Prinzip naturgemäß zunehmend in Misskredit geriet, etablierte sich nach 1866 – in der Krise von 1847 kam es bloß zu einer Neuauflage des alten Streits, die Krise von 1857 blieb für die Entwicklung des bürgerlichen Krisendenkens in England folgenlos – eine neue, wesentlich von den Ideen John Stuart Mills und Walter Bagehots geprägte „monetäre Orthodoxie" (Fetter 1965), die als eine Melange aus beiden Schulen verstanden werden kann. In ihren synthetischen Versuchen verteidigten und kritisierten Bagehot und Mill sowohl die *Currency* als auch die *Banking School*. Bagehot knüpfte erkennbar an Fullarton an, widersprach ihm aber in der Frage, ob die Bank of England auch in der Prosperität handlungsmächtig ist. Wie schon der Streit zwischen *Currency* und *Banking School* von der Frage nach den Möglichkeiten, Modi und Grenzen des Staats und einer von ihm unterstützten Bank im Kampf gegen die Krisen bestimmt war, revidierte der historische Liberalismus mit jeder Krise erneut das Prinzip der Selbstregulierung und erkannte in der Staatsintervention mehr und mehr eine so notwendige wie legitime Vorgehensweise.

Walter Bagehot war Banker, erfolgloser Kandidat der liberalen Partei für einen Sitz im Parlament, Verfassungstheoretiker, Nachfolger seines Schwiegervaters James Wilson als Chefredakteur des *Economist* sowie Verfasser des rasseanthropologischen Pamphlets *Physics and Politics* (1872) (dazu 5.4.2) und der Schrift *Lombard Street: A Description of the Money Market* (1873). Marx nahm Bagehot anscheinend nicht bewusst wahr, aber in seinen Krisenstudien von 1868/69 aus den drei *Economist*-Jahrgängen 1866 bis 1868 (MEGAdigital, Bd. IV/19) exzerpierte er zahlreiche Artikel Bagehots unter anderem zur großen Finanzkrise von 1866, die wie die allermeisten Artikel dieses Organs des Geldmarkts anonym erschienen. Da *Lombard Street* in Antwort auf die Krise von 1866 entstanden ist und auf Einsichten basiert, zu denen Bagehot auch in seinen *Economist*-Artikeln gelangte (Fetter 1965, 274; Zevin 2019, 84/85), hat Marx somit zentrale Argumente Bagehots rezipiert und kommentiert.

Bagehots unter heutigen Ökonomen nicht gerade geringer Ruhm[150] gründet vor allem auf der von ihm nicht wörtlich gebrauchten, aber mehrfach umschriebenen Formel von der Bank of England als dem „lender of last resort", dem Kreditgeber letzter Instanz. Bagehot griff in *Lombard Street* einige Ideen von Henry Thornton auf, der in den beiden Geldkrisen der 1790er Jahren beobachtet hatte, dass der Bank of England, in guten Zeiten bloß eine Bank unter vielen, in Zeiten eines Alarms eine beson-

---

[150] Siehe das Buch *The New Lombard Street* (Mehrling 2011).

dere Rolle zufalle und nur sie durch ihr entschiedenes Dazwischentreten den kommerziellen Notstand abwenden könne.[151] In *Lombard Street* findet sich eine Beschreibung und Bejahung: erstens des Londoner Geldmarkts mit dem Angelpunkt („pivot") einer staatsnahen und von der Regierung gedeckten Bank und den in der Londoner *Lombard Street* ansässigen privaten Aktienbanken, Finanzgesellschaften und Wechselmaklern als dieser ‚Zentralbank'[152] nachgeordnete Agentien; zweitens der Bank of England als einzigem Halter der ultimativen Geldreserve Englands, die daher nicht als eine gewöhnliche Privatbank anzusehen ist, vielmehr als einzige Bank eine nationale Verantwortung trage und diese bewusst zur Schau stellen solle; drittens der Bank of England als „lender of last resort", die in einer Panik schnell, entschlossen und reichlich Geld leihen soll, bis das Vertrauen auf dem Geldmarkt wiederhergestellt ist. Das *lending of last resort* ist nach Bagehot also keine dauerhafte Geldpolitik im heutigen Sinne der Offenmarktpolitik oder Geldmengensteuerung. Sie kann und soll nur in der Krise zum Einsatz kommen.[153]

Eine Krise stellt sich Bagehot vornehmlich als temporären Liquiditätsengpass vor, als ein Missverhältnis zwischen einem Kredit erster Ordnung (Edelmetalle, Münzen und Banknoten der Bank of England, die das Publikum nun panisch verlangt) und einem in der Hierarchie nachgeordneten Kredit (Wechsel und Schecks), der zum Erliegen kommt.[154] Weil auch für Bagehot die Krisen wesentlich mit schlechten Leidenschaften wie Panik, Unverständnis und Herdentrieb zu tun haben, kann man ihnen auf dem Gebiet der Psychologie entgegentreten. So besteht die Aufgabe der Bank of England darin, das natürliche Krisenverhalten der Marktteilnehmer – ihr Geld zu horten und es auf diesem illusionären Wege vermeintlich in Sicherheit zu bringen – zu durchbrechen: Wenn man die Leute überzeugen kann, dass der äußerste

---

151 Marx war mit Thorntons Schrift *An Inquiry into the Nature and Effects of the Paper Credit* (1802) gut vertraut und exzerpierte 1851 daraus: „In guten Zeiten liefern die Countrybanks das nothwendige circulating medium; wenn ein Alarm entsteht, hören sie auf es auszugeben, the people refusing what they had before received; und die Bank of England, das einzige body durch dessen Interposition the distress can be relieved, ist nicht sehr willig to exercise all the necessary liberality, da sie selbst plus ou moins sich vorsehn muß und ihr Geld ihr zum Teufel geht in solchen Momenten." (MEGA IV/7, 520) – Bei Bagehot klingt dies wie folgt: „In ordinary times the Bank is only one of many lenders, whereas in a panic it is the sole lender; and we want, as far as we can, to bring back the unusual state of a time of panic to the common state of ordinary times." (Bagehot 1873, 205)
152 Der Ausdruck „central bank" findet sich bei Bagehot (1873, 57) und schon in den Marx'schen Exzerpten von 1868/69 mit Bezug auf die Banque de France (MEGAdigital, Bd. IV/19, Heft „London. 1868", S. 139).
153 Vgl. Arie Arnon (2011, 280): „contrary to some later interpretations, Bagehot's Principle was not intended as an active, full-fledged monetary policy; it had a very restricted aim. It was intended to prevent a possible dangerous collapse of the financial system."
154 Siehe Marx' Exzerpte aus Bagehots *Economist*-Artikel vom 12. Mai 1866 (MEGAdigital, Bd. IV/19, Heft „London 1868", S. 54). Bagehot (1873, 198) behauptete explizit, dass das Ausmaß des „bad business" in einer Panik eher klein und die große Mehrheit der Händler im Grunde gesund ist.

Ruin nicht eintreten wird, dann werden sie auch bald wieder aufhören, sich wie eine Schafherde zu verhalten und panisch ‚ihr Geld' einzufordern. Daher beging die Bank of England in der Krise von 1866 für Bagehot einen großen Fehler, als sie, nachdem sie zunächst richtigerweise freigiebig gegen alle möglichen Wertpapiere geliehen hatte, dann doch für einen kurzen Moment zögerte, Schuldpapiere des britischen Staats als Sicherheit für ihre Banknoten zu akzeptieren. Denn in der Krise muss die Bank, um gegen die Krisentendenz der Schatzbildung anzugehen, mit äußerster Entschlossenheit expansiv reagieren. Wenn jeder weiß, dass die Bank of England immer ausreichend leihen wird und dass das Geld doch ‚vorhanden' ist, so der Einsatz Bagehots, wird dies die Panik entscheidend brechen und die Krise damit lindern.

Abgesehen von den ganz allgemeinen Grundsätzen über das ausgiebige Leihen („lend freely") zu hohen Zinssätzen („at a penalty rate") gegen in normalen Zeiten akzeptierte Sicherheiten („on good banking securities") (vgl. Humphrey 2007) wird man auch bei Bagehot keine Ausführungen über eine genauere Vorgehensweise finden, welche die Bank of England befolgen soll. Er begründet dies wie folgt: „The practical difficulties of life often cannot be met by very simple rules; those dangers being complex and many, the rules for encountering cannot well be single or simple. A uniform remedy for many diseases often ends by killing the patient." (Bagehot 1873, 319) Weil der Kredit immer eine temporäre Angelegenheit sei und von mannigfaltigen Umständen abhänge, könne es kein Allheilmittel gegen den Misskredit geben. Damit entwickelte Bagehot einen Gedanken von Fullarton weiter, für den der Staat und eine von ihm unterstützte Bank mit öffentlichem Auftrag nur in den Krisen handeln können und dabei die Proportionen zwischen Zwang und Rettung kunstvoll abwägen müssen. So lautet Bagehots Kardinalregel in Bezug auf das für ihn ganz entscheidende Problem, wie groß der Reservefonds sein muss, den die Bank of England in ihren Kellern aufzuschatzen hat, und in welchem Verhältnis er zu ihren Verbindlichkeiten stehen soll, lediglich, dass diese Reserve nicht „zu klein" sein darf (Bagehot 1873, 323).[155] Viel wichtiger als eine Präzision der Anweisungen oder gar eine Festlegung auf eine mechanische Regel ist für ihn, dass die Direktoren der Bank of England die wirtschaftliche Lage permanent überwachen.[156]

Die Charakterisierung der Ausführungen in *Lombard Street* als „Beschreibung und Bejahung" des englischen Geldmarkts war nicht grundlos gewählt. Bagehot ging davon aus, keine Vision für eine neue Ausgestaltung der Bank of England zu entwer-

---

[155] Die richtigen Proportionen müssten von der Bank in einer konkreten Situation *entschieden* werden: „There is no 'royal road' to the amount of the 'apprehension minimum': no abstract argument, and no mathematical computation will teach it to us. And we cannot expect that they should. Credit is an opinion generated by circumstances and varying with those circumstances." (Bagehot 1873, 322/323; vgl. Arnon 2011, 299–302)

[156] „We should cease too to be surprised at the sudden panics." (Bagehot 1873, 158) – „We must be prepared for all of them" (Bagehot 1873, 123) – „always be on the watch" (Bagehot 1873, 235 u. 324).

fen, sondern lediglich den Ist-Zustand zu dokumentieren: Seine Abhandlung *Lombard Street* – die er so nennt, weil er sich nicht mit Abstraktionen wie ‚dem Geldmarkt' oder dessen ‚Prinzipien' in einer rein theoretischen Form, vielmehr mit dessen konkreter Beschaffenheit in der wirklichen Welt beschäftigen möchte[157] – trägt daher den Untertitel *A Description of the Money Market*. Die eminente Rolle der Bank sei bloß allgemein noch nicht bekannt, so dass er Einsicht in die bestehende Praxis des Krisenmanagements vermitteln und sie zugleich als die richtige ausweisen möchte. Die Bank of England selbst und ihre gegenwärtigen Direktoren – leider Amateure ohne professionelle Ausbildung und ohne Ahnung vom öffentlichen Auftrag ihrer Bank (Bagehot 1873, 165ff.), die sie gegen jede Evidenz auf eine beliebige unter vielen anderen Banken reduzieren (Bagehot 1873, 42) – verstünden noch nicht die zentrale Position, welche die Bank im Laufe der Jahrzehnte seit ihrer Gründung im Jahr 1694 nach und nach de facto eingenommen hat. Und das obwohl die Bank in den Krisen von 1857 und 1866, aus purer Notwendigkeit heraus, schon halbwegs korrekt gehandelt hatte.[158] Bagehot empfiehlt der ‚Zentralbank', weiterhin zu tun, was sie in der Vergangenheit schon ohne seine Ratschläge getan hatte. Sie solle dabei nur ihre kognitive Dissonanz überwinden und anerkennen, dass das, was sie tut, auch das Richtige ist. Diese ‚Geburt der Geldpolitik' in der Krise von 1857 wird auch Marx in den *Krisenheften* dokumentieren und im Anschluss daran die *lender of last resort*-Funktion kritisch erörtern (dazu 3.3.3).

Solche Gesten des Pragmatismus, die *Lombard Street* durchziehen und als erkenntniskonstitutiv präsentiert werden, finden eine Entsprechung darin, dass Bagehot den *Bank Act* verteidigte und zugleich an dessen Kritikern Fullarton, Tooke und Wilson anknüpfte, denen er wiederum auch widersprach. Zunächst genauer zu diesem sich anti-theoretisch gebenden Pragmatismus, der als eine Variante des Problems der Vermittlung von ökonomischem Gesetz und historischer Wirklichkeit zu betrachten ist. Bagehot gibt immer wieder zu erkennen, dass eine rein theoretische Betrachtung zu dem grundsätzlichen Mangel tendiert, von den Tatsachen der gesellschaftlichen Wirklichkeit abzusehen, die im Endeffekt zu verschieden, zu historisch und zu komplex sind, als dass sie auf sinnvolle Weise von einer allgemeinen Theorie erfasst werden könnten. Bagehot räsoniert stattdessen häufig wie folgt: In einem „natural system of banks" wäre der Reservefonds eines Landes nicht zentralisiert, sondern auf viele Banken verteilt, aber in „our present artificial system" (Bagehot 1873, 106) ist es durch eine jahrzehntelange graduelle Entwicklung zu einer Zentralisierung der Reserve in der Bank of England gekommen; „im Prinzip" wäre es jeder Regierung zu empfehlen, den Geldmarkt sich selbst zu überlassen, aber in der Praxis ist dies

---

[157] „I wish to deal [...] with concrete realities" (Bagehot 1873, 1), heißt es gleich im ersten Satz der Schrift.
[158] „[T]hough the practice is mended the theory is not" (Bagehot 1873, 36) – „though the Bank, more or less, does its duty, it does not distinctly acknowledge that it is its duty" (Bagehot 1873, 62).

nicht möglich, denn die Regierung würde selbst in den Strudel der Ereignisse geraten und Pleite gehen, wenn sie dies täte (Bagehot 1873, 107/108); in England liegen die Dinge so und so, aber in Frankreich wieder völlig anders (vgl. Zevin 2019, 92–95). Die pragmatische, synthetische Geste funktioniert also wie folgt: Die Theoretiker haben mitunter Recht, es ist nicht falsch, was sie sagen; doch übersehen sie diesen oder jenen entscheidenden praktischen Umstand, der dafür sorgt, dass sich die Dinge in der Wirklichkeit dann doch anders als in ihrer reinen Theorie verhalten, so dass die Theorie im Endeffekt unbrauchbar für ein Verständnis und eine Verbesserung der Wirklichkeit ist. Für die Wissenschaftslehre, die Bagehot zwischen den Zeilen umreißt und der er sich verpflichtet fühlt, lohnt es sich daher nicht, abstrakte Grundsätze zu eruieren und dann universelle Reformvorschläge aus ihnen abzuleiten; man soll vielmehr die Logik der bestehenden Praxis untersuchen und dann prüfen, wie sie sich gegebenenfalls optimieren lässt.[159] Wahr ist nicht das, was sich korrekt aus einem logischen Prinzip herleiten lässt, sondern das, was in der historischen Praxis auch tatsächlich funktioniert. Die Dinge nicht theoretisch zu behandeln und auf eine untheoretische Weise zu Erkenntnissen zu gelangen, ist gleichbedeutend damit, *unideologisch* zu sein.[160] So lässt Bagehot immer wieder anklingen, keine Abschaffung des *Bank Act* zu planen, sondern ihn als Teil des gegebenen Möglichkeitsrahmens zu akzeptieren, innerhalb dessen das Krisenmanagement durchzuführen ist. Wenn man die Wirklichkeit studiert, um zu lernen, wie die Lombard Street gut zu managen ist, dann kann das ganze Schiff in stürmischen Zeiten in einigermaßen ruhige Gewässer gesteuert werden.[161] Aber wenn man die Dinge sich selbst überlässt oder immer nach vorgefassten Prinzipien agiert, könnte es womöglich untergehen.

Wenn Bagehot heutzutage als früher Held des Krisenmanagements auserkoren wird, dann wegen seiner Prinzipien über das expansive Leihen in der Krise. Weniger Aufmerksamkeit erhalten die Voraussetzungen, unter denen diese Antikrisenpolitik möglich ist. Damit die Bank of England in einer Panik ihre Reserve gebrauchen und reichlich leihen kann, muss diese Reserve erst einmal *vorhanden* sein, und diese genügend große Reserve lässt sich nur in guten Zeiten aufhäufen.[162] Obwohl Bagehot in

---

159 Daraus ergibt sich eine gewisse Affirmation des Bestehenden: „We must deal with what is, not with what was." (Bagehot 1873, 63) – „You must take what you can find of it, and work with it if possible." (Bagehot 1873, 68) – „there is nothing for it but to make the best of our banking system, and to work it in the best way that it is capable of." (Bagehot 1873, 332)
160 Bagehot ist ein prototypischer Vertreter jenes Keynesianismus, den es Geoff Mann (2017) zufolge schon vor Keynes gegeben hat.
161 „I am by no means an alarmist. I believe that our system, though curious and peculiar, may be worked safely; but if we wish so to work it, we must study it. [...] Money will not manage itself, and Lombard Street has a great deal of money to manage." (Bagehot 1873, 20)
162 Hier knüpfte Bagehot wieder an Fullarton (1844, 135) an. Marx dagegen hielt den Reservefonds der Bank of England für illusionär: „Wie alles in diesem Creditsystem sich verdoppelt und verdreifacht und in blosses *Hirngespinst* sich verwandelt, so gilt das auch vom ‚*Reservefonds*', wo man endlich glaubt etwas Solides zu packen." (MEGA II/4.2, 528)

seinen *Economist*-Artikeln zur Krise von 1866 zugab, dass der *Bank Act* jede Krise verschlimmern müsse,[163] hielt er diesem Gesetz zugleich zugute, dass es die Bank dazu anhält, ihren Goldschatz durch eine Restriktionspolitik (höhere Zinsen) bei einem *drain of bullion* zu verteidigen.[164] Dass der *Bank Act* Vor- und Nachteile habe – Vorteile in guten, Nachteile in schlechten Zeiten – ist ein Hauptargument in Bagehots *Economist*-Artikeln. In der Prosperität trägt er dazu bei, den Reservefonds der Bank of England zu vermehren, aber in der Krise unterbindet er ihr Agieren als *lender of last resort*. Die *expansive* Geldpolitik in der Krise hat also eine *restriktive* Geldpolitik in ‚normalen' Zeiten zur Voraussetzung – und letztere werde durch das Gesetz von 1844 garantiert.

In seinen Exzerpten machte Marx Bagehot auf den Selbstwiderspruch aufmerksam, dass nach dessen eigener Darstellung in den Krisen von 1847 und 1857 der Reservefonds der Bank of England trotz der Existenz des Gesetzes von 1844 leergefegt worden war: „The main use of the law is that it compels the Bank to act at an early stage during a foreign drain of bullion ... *Aber, der Esel sagt selbst:* the Banking department was bare in 1857 and 1847, before they had aroused themselves to act as they ought, *und damals existirte ja Act of 1844!*" (MEGAdigital, Bd. IV/19, Heft „London 1868", S. 62. Herv. Kommentare von Marx; vgl. The Economist, 26. Mai 1866, S. 615) Bagehot verrannte sich mit seinem Pragmatismus schlichtweg in Inkonsistenzen. Doch der von Marx konstatierte Selbstwiderspruch berührt einen sensiblen Punkt des Bagehot'schen Gedankengebäudes: Verfügt die Bank of England immer über die Mittel, ausreichend große Goldreserven aufzuschatzen? Kann sie, mit anderen Worten, jeden *drain of bullion* umkehren? Pikant ist daher die Erklärung von John Maynard Keynes (1971 [1930], 170), dass in *Lombard Street* erstmals in der Geschichte der politischen Ökonomie durchdacht worden sei, dass die Diskontpolitik der Bank of England einen Einfluss auf den internationalen Wechselmarkt ausübe. Bei Bagehot werde, so Keynes, zum ersten Mal herausgestellt, dass die Bank durch ihr *Management of Money* die Marktlage selbst mitbestimme.[165] In seinen *Economist*-Artikeln

---

163 Marx exzerpierte daraus: „The provisions of Peel's Act aggravate alarm. They cause *panic* where there would have been merely *fear*." (MEGAdigital, Bd. IV/19, Heft „London. 1868", S. 53; The Economist, 12. Mai 1866); „*Evils of the Act: A panic is necessarily aggravated*." (MEGAdigital, Bd. IV/19, Heft „London. 1868", S. 62; The Economist, 26. Mai 1866)

164 Marx notierte etwa: „Weiß nichts Gutes von dem Act zu sagen, als daß durch rechtzeitige *Erhöhung des Zinsfusses* von 1861–66 we kept sufficient bullion. [...] the Act led the B. o. E. to keep the rate of interest higher than it ever was for so protracted a period." (MEGAdigital, Bd. IV/19, Heft „London. 1868", S. 84)

165 Schumpeter (1954, 729) dagegen galt Thorntons Schrift *An Inquiry into the Nature and Effects of the Paper Credit* von 1802 als die „Magna Charta of credit management". Ähnlich sieht Kindleberger (1985, 109) Bagehot durch Thornton antizipiert. Symptomatisch für seinen eigenen Pragmatismus ist es auch, dass sich Keynes (1971 [1930], 170) noch in einer Fußnote zu seinen Ausführungen selbst widerspricht: Der Historiker Clapham habe ihm einen ganz ähnlichen Gedanken in Tookes zweitem Band der *History of Prices* von 1838 gezeigt.

lobte Bagehot den *Bank Act* dafür, genau diesen Effekt zu erzielen und die Bank zur Verteidigung ihrer Reserve und damit zum Geldmarktmanagement zu zwingen. Aber Marx kritisiert in seinem Kommentar Bagehots Ideen über das Management des Geldmarkts als widersprüchlich und illusionär: Obwohl die Bank durch das richtige Gesetz angeleitet worden war, kam es zu den großen Krisen von 1847 und 1857, in denen sich ihre Reserve in Luft auflöste. Bagehots Heilmittel, der *Bank Act*, hatte gar nicht die von ihm behauptete Wirkung. Die Tatsachen der Praxis, von denen er ausgehen wollte, stimmten nicht mit den Postulaten überein, die er durch ihre Analyse zu gewinnen vorgab.

Es ist daher kein Zufall, dass das Argument aus dem *Economist* in *Lombard Street* zwar wieder auftaucht, Bagehot hier aber nur noch implizit den *Bank Act* für die Bildung des Reservefonds verantwortlich macht.[166] Nicht das Gesetz von 1844, sondern erst die von George Joachim Goschen in den 1860er Jahren verordnete „new policy" der Bank of England, zur Umkehr eines *drains* ihre Diskontrate immer gleich um einen ganzen Prozentpunkt heraufzusetzen, habe dem unsäglichen Verhalten ihrer Direktoren, ein Schrumpfen ihrer Reserve zuzulassen, wie sie es vor fast allen Krisen von 1825 bis 1857 immer getan hätten, ein Ende bereitet (Bagehot 1873, 178–182).[167] Diese Idee, dass sich mithilfe einer entschiedenen Erhöhung der Diskontrate in großen Schritten das Gold in England behalten ließe, findet sich noch nicht in Marx' Exzerpten aus Bagehots *Economist*-Artikeln, aber Marx hat es direkt in *The Theory of the Foreign Exchanges* von Goschen, den er für einen Anhänger der *Currency School* hielt, gelesen und kritisiert.[168] Wie schon Fullarton betont hatte, dass die Ursachen der *drains* viel zu verschieden sind, als dass es ein Allheilmittel gegen sie geben könnte,[169]

---

166 „What was the effect of the Act of 1844 on the panic of 1866 is a question on which opinion will be long divided; but I think it will be generally agreed that, acting under the provisions of that law, the directors of the Bank of England had in their banking department in that year a fairly large reserve [...] to meet unexpected and painful contingencies." (Bagehot 1873, 183)
167 Möglicherweise revidierte Bagehot sein Argument infolge der Kritik der *Money Market Review*, dass der *Bank Act* bloß die Begrenzung der Notenemission, aber keine Diskontpolitik vorschreibe. Diese Kritik exzerpierte auch Marx (MEGAdigital, Bd. IV/19, Heft „London. 1868", S. 216).
168 Marx notierte Goschens Axiom: „The fact has been that almost every advance in the Bankrate of discount is followed by a turn of the exchange in favour of England; and, vice versa, as soon as the rate of interest is lowered, the exchanges become less favourable." (MEGAdigital, Bd. IV/19, „1869 I Heft", S. 106) Als Goschen seine Regel vorstellt, bemerkte Marx, er würde nur Tookes Idee wiederholen, das Gold durch Anheben der Diskontrate in England zu halten (MEGAdigital, Bd. IV/19, „1869 I Heft", S. 105). Bereits Fullarton (1844, 142) kritisierte diesen Vorschlag: „I own I cannot help fearing, that Mr. Tooke is somewhat over-sanguine, when he anticipates that the Bank, by merely varying its rate of discount, and that to an extent scarcely exceeding one per cent., would in general be enabled in such cases to limit sufficiently the efflux of bullion, and save the money-market from any violent derangement."
169 Fullarton (1844, 153) konstatierte „a rather formidable catalogue of drains, which are either entirely beyond the reach of remedy, or to which no remedy can be applied without entailing consequences only less deplorable than the exhaustion of the bullion". – Marx exzerpierte aus Fullartons

bezweifelte auch Marx Goschens Axiom: „This fact is only true – and still with great exceptions – for very acute panic times." (MEGAdigital, Bd. IV/19, „1869 I Heft", S. 106) Marx bemerkt hier, dass die „new policy" von Goschen (entschlossene Erhöhung der Diskontrate zur Attraktion von Gold) nur im Moment der akuten Geldkrise, wenn Geld als Zahlungsmittel fehlt, effektiv ist, aber dann wird das Gold nicht zur Bildung eines Reservefonds verwendet, vielmehr zur Zahlung offener Rechnungen und zur Tilgung von Schulden. Außerdem funktioniert die „new policy" auch nicht in jeder Krise. Eine solche Ausnahme stellte gerade die Krise von 1866 dar, als diese geldpolitische Maßnahme lange Zeit nicht den gewünschten Erfolg herbeiführte: Trotz der vierzehn Wochen lang anhaltenden riesigen Diskrepanz zwischen den Diskontraten der Bank of England (10%) und der Banque de France (3% bis 3,5%) zogen die hohen Zinsen in England das Gold aus dem Ausland nicht magnetartig an, und es kam im Gegenteil zu einem „run upon England" (dazu 5.3.1).[170] An diesem Punkt der Reservebildung also wendet sich Bagehot von Fullarton ab und schließt sich ‚unideologisch' dem Currency-Prinzip an.[171] Aber sein verräterisches Schwanken, ob nun der *Bank Act* oder doch die „new policy" Goschens die Bank of England zur Reservebildung anhält, entlarvt die Mängel seines Pragmatismus als Illusionen.[172] Bagehot behauptete die Möglichkeit des Geldmarktmanagements mehr, als dass er sie wirklich nachwies.[173] Und dies ging nur um den Preis der Leugnung sowohl des Bankrotts vieler Marktteilnehmer in den Krisen, die ihm als bloße Liquiditätsengpässe erschienen, als auch der von Fullarton erörterten Grenzen der Diskontpolitik der Bank of England. Ob der *Bank Act* oder die Goschen-Regel: Bagehot wusste keinen Vorschlag zu formulieren, der mit den Tatsachen wirklich vereinbar gewesen wäre. Er sah von

---

Schrift: „Also kein Mittel, at all times, for the suppression or correction of a drain of the precious metals." (MEGA IV/8, 109)

170 Deshalb wies Ernest Seyd (1868, 568) in *Bullion and Foreign Exchanges* darauf hin, dass schon die Krise von 1866 das Goschen-Prinzip widerlegte. – Auch dass die Edelmetall-Reserve der Bank of England in der Krise von 1866 nicht in Gefahr geriet, dürfte weniger auf die Anwendung der „new policy" Goschens zurückzuführen sein, sondern darauf, dass es sich, anders als 1847 und 1857, um keine klassische Krise aus Überproduktion handelte (siehe 5.3.1). Es wurde kein Gold verlangt, weil die Auslandsverschuldung in dieser „English crisis" (Marx) nicht ausschlaggebend war – und nicht wegen des *good management* der Bank of England.

171 Dass sich Bagehot an dieser Stelle auf die *Currency School* bezieht, stellt auch O'Brien fest (2007, 196/197).

172 Wenngleich Bagehot sein Lob des *Bank Act* nicht explizit wiederholte, ist die alte Inkonsistenz in *Lombard Street* reproduziert. Obwohl die Bank of England in den 1860er Jahren unter der „new policy" der Goschen-Regel richtigerweise für eine ausreichend große Reserve gesorgt (Bagehot 1873, 64) und damit verhindert habe, dass aus der Geldklemme von 1864 eine größere Krise wurde, war es zwei Jahre später mit dem großen Crash von 1866 schließlich doch wieder so weit (Bagehot 1873, 183).

173 An anderer Stelle wird in *Lombard Street* auch darauf hingewiesen, dass die Bank of England nicht den *langfristigen* Durchschnitt des Geldwerts bestimmen und lediglich die *kurzfristigen* Abweichungen davon eindämmen kann: „A bank with a monopoly of note issue has great sudden power in the Money Market, but no permanent power" (Bagehot 1873, 115).

den wirklichen Widersprüchen einfach ab und ignorierte die unbequemen theoretischen Einwände gegen seine pragmatischen Lösungen.

Wollte man Bagehot auf die Inkonsistenz seiner Ausführungen hinweisen, würde er vermutlich nur mit den Schultern zucken. Krisen – ob sie nun aus unregelmäßigen äußerlichen Unfällen („irregular external accidents") entstehen oder aus den sich regelmäßig wiederholenden Umschlägen von finanzieller Stabilität in finanzielle Instabilität[174] – lassen sich auch für ihn grundsätzlich nicht verhindern. Den Praktikern erscheinen die Krisen als immer wieder neu zu lösendes Problem in einer konkreten Situation. Von ihren Inkonsistenzen wissen sie mitunter selbst; Bagehots Wissenschaftslehre lief gerade darauf hinaus, diese für belanglos zu erklären und sogar zum Prinzip zu erheben. Aus dem Vorrang einer sich ständig verändernden Praxis folgt auch, dass die überlieferte Theorie immer wieder überholt wird. So wie es keine festen Regeln des Managements gibt, gibt es keine festen Lehrsätze der politischen Ökonomie. Man muss immer wieder neu lernen, wie das Kapital tatsächlich funktioniert.

Das Prinzip der Inkonsistenz drückte sich letztendlich auch in Bagehots ambivalentem Verhältnis zum *Bank Act* aus. Im *Economist* forderte er auf dem Höhepunkt der Panik vom Mai 1866 nicht die Abschaffung des Bankgesetzes von 1844, sondern die Integration einer Krisenklausel („expansive clause", „crisis clause") in das Gesetz, mit deren Hilfe es in den Krisen auf legalem Wege suspendiert werden könnte.[175] In *Lombard Street* wiederholte er diese Forderung nicht, brachte aber wieder indirekt zum Ausdruck, dass eine Abschaffung des *Bank Act* nicht nötig sei,[176] da man ihn schließlich in der Praxis – wie die Erfahrung lehre und welche Vorschriften auch immer sich aus der reinen Theorie ergeben mögen – jederzeit qua Suspension aus dem Weg räumen kann (Bagehot 1873, 202/203).[177]

---

174 Im sechsten Kapitel *Why Lombard Street is often Dull, and sometimes Excited* führt Bagehot eine zyklische Mechanik aus, wonach eine Preissteigerung durch Kreditexpansion sich selbst das Wasser abgräbt und zu einer Kreditkontraktion wird, was zu finanzieller Instabilität führt.
175 Sein Vorschlag lautete: „The remedy seems plain. There ought to be *within* the law, a power of doing, when necessary, precisely what was done without and *beyond* the law in 1847 and 1857. The Chancellor of the Exchequer and the First Lord of the Treasury should have the legal power of suspending the Act of 1844. [...] The clause we propose would enable the Treasury and the Bank to deal with an internal panic, not as an exceptional monstrosity to be destroyed by an illegal act; but as a calculable, though unpleasant piece of business, to be managed calmly as a matter of business." (The Economist, 12. Mai 1866, S. 555)
176 „There should be no delicacy as to altering the constitution of the Bank of England." (Bagehot 1873, 241)
177 „Whatever theory may prescribe, the logic of facts seems peremptory so far. [...] the Bank of England ought [...] to manage a panic with the Act of 1844, pretty much as they would manage one without it – in the early stage of the panic because then they are not fettered, and in the latter because then the fetter has been removed." (Bagehot 1873, 203) „[T]he greatest reform which can be made" (Bagehot 1873, 237) sei stattdessen die Bestellung eines dauerhaften Beamten bei der Bank of England, eines aufgeklärten Technokraten, der in einer Panik kühlen Kopf bewahrt und die Kunst der sinnvollen Anwendung der Leihregeln ausübt.

Bagehots Vorschlag im *Economist*, in den *Bank Act* eine Krisenklausel zu integrieren, fand damals breite Unterstützung, als sich Geldmarktpraktiker wie John Peter Gassiot (1867, 21), William Fowler (1866), Robert Baxter (1866) und John Mills (1866) dieser Forderung nach einer Anpassung des Gesetzes an die „mercantile emergencies" (Baxter 1866, 8) anschlossen. Marx wird 1868/69 bei Mills und in der *Money Market Review* lesen, dass es John Stuart Mill war, der zu dieser Synthese inspirierte (MEGAdigital, Bd. IV/19, Heft „London. 1868", S. 247/248). In der Tat erklärte Mill nicht nur die Konvertibilität des Papiergelds zur *sine qua non* eines gesunden Geldsystems und klagte die übertriebene Macht der Emittenten von Papiergeld als ein „intolerable evil" (Mill 1862, II, 77) an; er verteidigte daneben noch den *Bank Act* als Instrument der Preisstabilität (Laidler 1991, 32–40), das solche Preisanstiege unterbinde, die aus einer unangemessenen Expansion der *currency* oder des Kredits resultierten. Aber zugleich hielt er gegen die *Currency School*, dass gerade in Krisenzeiten Gold (verzögert) ins Land fließe und daher aus dem Currency-Prinzip selbst die Noten- und Krediterweiterung in der Krise folge (Mill 1862, II, 217). Wo Tooke und Fullarton gegen eine falsche Theorie und ihre folgerichtige Umsetzung in dem geldpolitisch fatalen *Bank Act* anschrieben, kritisierte Mill im Gegenteil den *Bank Act* als falsche Umsetzung einer richtigen Theorie[178] und brachte auf diese Weise Überlegungen der *Banking School* in die Debatte, ohne den theoretischen Boden der *Currency School* zu verlassen (vgl. Fetter 1965, 226/227; Laidler 1991, Kap. 2), wohingegen Bagehot umgekehrt grundsätzliche Einsichten der *Banking School* weiterentwickelte, dabei aber Fullartons Kritik am ‚Souveränismus' des Currency-Prinzips und an der Omnipotenz der Diskontpolitik in den Wind schlug. So berief sich der Zyklusforscher John Mills zur Legitimation der Krisenklausel auf John Stuart Mill.[179] Für Mill und Mills ist die Aufhebung des *Bank Act* in ‚anormalen Zeiten' nicht nur keine Verletzung, vielmehr die Verwirklichung des dem Gesetz zugrundeliegenden Prinzips. Der Fluchtpunkt der neuen monetären Orthodoxie waren eine genaue Definition und Reglung

---

[178] „The machinery of the system [gemeint ist der *Bank Act*, TG] withholds […] the very medicine which the theory of the system prescribes as the appropriate remedy." (Mill 1862, II, 217) Später wollte auch F. A. Hayek (2015 [1930/31], 480) glauben, der *Bank Act* wäre keine notwendige Konsequenz aus der richtigen Geldlehre Ricardos.

[179] „In the case of the Bank Act, however, it has been forcibly argued by Mr. John Stuart Mill, that this authorised departure from the letter of the Act in times of crisis is in reality a more effectual carrying out of its spirit. […] it was therefore – on the principle laid down by Mr. Mill – *legitimate, though not legal*, that this retarded operation of the Act itself should be anticipated by an immediate expansion of issues." (Mills 1866, 11/12. Herv. TG) Mill hat im Anschluss mit Mills korrespondiert und dessen Einschätzung explizit zugestimmt (John Stuart Mill an John Mills, 16. November 1866. In: Petrie-Mills 1899, 303).

des Ausnahmezustands[180] und die Legalisierung des Übergangs in die Extralegalität zum Zweck eines verbesserten Krisenmanagements.

Angesichts der zweiten Suspension des *Bank Act* in der Krise von 1857 bemerkte Marx, dass dieses Gesetz offensichtlich bloß eine Fiktion der Legalität, Normalität und Regelung erzeugt: „In ordinary times, when the act is notoriously a dead letter, they want to be fortified by the fiction of its legal operation, and in moments of pressure, the only moments in which it can operate at all, they want to get rid of it by a Government ukase." (MEGA I/16, 391) Vielleicht ließe sich Marx wie folgt verstehen: Erhabene Gesetzestexte wie der *Bank Act* (oder eine Verfassung, eine Staatsschuldenbremse usw.) erzeugen eine Fiktion des Legalen, das heißt, von ihnen geht der Schein aus, sie selbst hätten wirtschaftliche Stabilität und politische Freiheit garantiert. Aber wenn die Gesetze von den Katastrophen und von der Unfreiheit absehen, die die moderne Gesellschaft ebenso hervorbringt wie stabil scheinende Phasen und Formen von Freiheit, dann sind sie in solchen Krisenmomenten tendenziell leider nicht zu gebrauchen, weshalb sie manchmal außer Kraft gesetzt werden müssen, um die Krisen rationell behandeln zu können. Die Suspension der Gesetze öffnet dann den Raum für Empörung, die einfach am Gesetz festhalten und die Suspension zurücknehmen will. Dieses konformistische Geschrei über die ‚Verfassungsnot', die ‚Entrechtlichung', den ‚Exzeptionalismus' und den ‚Schaden', den ‚das Recht' genommen habe, vergisst, dass nicht das Recht die gesellschaftlichen Verhältnisse formt und dass es ein und dieselbe Gesellschaft ist, die mal freier und stabiler, dann wieder unfreier und instabiler erscheint und sich folglich das Gesetz und die von ihm ausgehende Illusion mal leisten kann und mal nicht. Es ist daher kein Zufall, dass viele Gesetzbücher, wie berühmterweise die Weimarer Reichsverfassung, den Ausnahmezustand nicht innerhalb ihrer selbst abdecken können und daher ahnungsvoll durch Notstandsparagraphen ihre Selbstsuspension in Zeiten einer Krise vorsehen. Aber der ‚Ausnahmezustand' ist weniger juristische Verfügung denn ökonomische Realität.[181] Spiegeln die juristischen nicht die ökonomischen Gesetze wider, unter deren Kontrolle die Menschen stehen, sind sie praktisch undurchführbar (Arnhold 1979a), und ehrenwerte Gesetze, die von der fundamentalen Unfreiheit und Instabilität der Moderne absehen und das Gegenteil verankern und fixieren wollen, müssen früher oder später aus dem Weg geräumt werden.

Bei Marx, der immer wieder darüber gerätselt hat, ob es nicht doch ein wahres Moment in der falschen Geldpolitik gibt oder wie es denn sonst zu erklären ist, dass im liberalen Zentrum des industriellen Kapitalismus, entworfen und unterstützt von

---

[180] Marx notierte die Kritik der *Money Market Review* an William Fowler: „The *law was meant to meet all such emergencies*, but it is now argued by this most earnest advocate for the law that *the emergency must be met by suspending the law.*" (MEGAdigital, Bd. IV/19, Heft „London. 1868", S. 240. Herv. i. O.)

[181] Die Verteidiger der Krisenklausel sprachen von den „mercantile emergencies" (Baxter 1866, 8).

einem Großteil der aufgeklärten Wissenschaft der politischen Ökonomie, ein „verrücktes" Bankgesetz wie das von 1844 verabschiedet werden und trotz seines offenkundigen Fiaskos beibehalten werden konnte, lassen sich noch einige andere Deutungen finden. Er wunderte sich, ob im Wechselspiel aus *Bank Act* und seiner wiederholten Suspension nicht gerade das Moment der Suspension entscheidend ist: „Laws have usually been designed to circumscribe the discretionary power of Government. Here, on the contrary, the law seems only continued in order to continue to the Executive the discretionary power of overruling it." (MEGA I/16, 389) Existierte das Gesetz vor allem zu dem Zweck, dass die Exekutive es außer Kraft setzen kann? Dass sich Krisenpolitik prinzipiell erst durch einen Regelbruch und ein Überschreiten der Legalität konstituieren kann, behaupten zwei Ökonomen, die fünf Prinzipien zur Bewältigung einer Finanzkrise aus den historischen Fällen destilliert haben. Die fünfte Regel lautet: „Laws and Regulations need not apply during a financial crisis" (Gorton/Tallman 2018, 181).[182] Stehen sie der Krisenüberwindung im Weg, sind Gesetze, die etwa zur Konvertibilität der Banknote, zur Auszahlung von Depositen oder zur Tilgung von Schulden verpflichten, außer Kraft zu setzen. Bagehots Vorschlag einer Krisenklausel im Gesetz wäre in diesem Sinne kein Versehen gewesen: Der Staat demonstriert mit solch einem, wie Marx sich ausdrückte, „financial *coup d'état*" (MEGA I/16, 65) nicht nur seine Bereitschaft zum *whatever it takes*, sondern die Krisen lassen sich nicht immer mit dem bestehenden Regelbuch überwinden, denn es ist Krise gerade wegen des ‚Normalzustands', und es müssen mitunter ungewöhnliche Mittel erst erfunden werden, wenn sie aufhören soll.[183] Die bestehenden Gesetze müssen immer wieder gebrochen werden, damit das Kapital weiterbestehen kann. Dabei waren es gerade Antimonetaristen wie Fullarton und Bagehot (inspiriert von John Stuart Mill) – die sich als Antipoden zur Quantitätstheorie heute großer Beliebtheit bei ‚heterodoxen' Ökonomen erfreuen –, die eine legalistische Krisenpolitik kritisierten. In der unangenehmen Einsicht dieser avancierteren bürgerlichen Krisendenker

---

182 Das Bundesverfassungsgericht wollte sich diese Dialektik von der 2007/08 ausgebrochenen Finanzkrise nicht einpauken lassen. Als das Gericht am 5. Mai 2020 die panikbrechende, ‚unkonventionelle' Geldpolitik der Europäischen Zentralbank für teilweise grundgesetzwidrig erklärte, gab sein Präsident Voßkuhle in der Urteilsbegründung zum Besten, sich von der Krise nicht die ‚Normalität' madig machen zu lassen: „Um die Krise und ihre Folgen nachhaltig zu bewältigen, brauchen wir das Recht als festes, gemeinsames Fundament."

183 Auch lässt sich nicht immer einfach zur scheinbaren Normalität zurückkehren, denn mitunter transformieren die Krisen die alte in eine ‚neue Normalität'. Der konservativen Klage über den Ausnahmezustand steht der „flexible Normalismus" (Finke 2020) gegenüber, der die Krisen auf enttäuschte Normalitätserwartungen reduziert und sich damit beruhigt, dass jede Krise irgendwann auch die Normalitätserwartungen erneuert und die Grenze zwischen rechtmäßig und rechtswidrig neu zieht. Wo das Geschrei über den Exzeptionalismus die Krise ignoriert und einfach an dem festhalten will, was vor ihr bestanden hatte, affirmiert der flexible Normalismus die Anforderungen, die die Krisen des Kapitals stellen, und verharmlost ihre Auswirkungen auf das Recht als „normalen Verfassungswandel".

in die Plausibilität des Rechtsbruchs in der Krise lag allerdings keine böse Absicht, denn sie entsprach der Form der Krise selbst. Die Liberalen zeigten deshalb ihre autoritäre Seite, weil sie gezwungen waren, Einsicht in die destruktiven Konsequenzen der ‚Freiheit' zu nehmen, und daraus schließen mussten, dass man manchmal mit dieser Freiheit radikal brechen muss, um sie zumindest in Teilen erhalten zu können. Diejenigen dagegen, die in der Krise zwanghaft am bestehenden Gesetz festhalten wollen, werden womöglich wenig zu ihrer Überwindung beitragen können und sie, immer bei Gefahr der ganz großen Eskalation, über sich ergehen lassen müssen.

1.6 Conclusio. Gibt es eine bürgerliche Krisentheorie?

Die Krisen des 19. Jahrhunderts erwiesen sich als eine entscheidende Antriebskraft der politischen Ökonomie. Say und Mill gingen in Anlehnung an die Smith'sche Utopie von der warentauschenden Gesellschaft als einer prosperierenden, friedlichen, effizienten und krisenfreien Ordnung aus und schlossen die Möglichkeit einer allgemeinen Überproduktion von Waren und Kapital systematisch und wiederholt aus. Da dieses perfekte System offensichtlich nicht immer mit der gesellschaftlichen Wirklichkeit übereinstimmen wollte, wurden Momente der Wirklichkeit als Störfaktoren der ökonomischen Gesetze aufgefasst. Mit der Konzeption der partiellen Überproduktion fanden Say und Mill einen Weg, sowohl am Gleichgewichtsmodell festhalten als auch eine Erklärung der Wirtschaftskrisen rund um die Napoleonischen Kriege anbieten zu können, mit deren Hilfe sich zugleich ihrer politischen Programmatik zuwiderlaufende ‚außerökonomische' Staatseinmischungen (Protektionismus, Zollbarrieren, Steuereinzug) kritisieren ließen. Marx schrieb, dass sich die Vertreter von ‚Says Gesetz' damit begnügen, „die Catastrophe selbst zu läugnen und ihrer gesetzmässigen Periodicität gegenüber darauf zu beharren, daß die Production, wenn sie sich nach den Schulbüchern richtete, es nie zur Krise bringen würde." (MEGA II/3, 1122/1123) Für Say und Mill waren nicht die Lehrbücher falsch, sondern die Wirklichkeit, die diesen nicht entsprach (Stapelfeldt 1979).

Als mit der bis dato intensivsten und räumlich umfassendsten Krise von 1825 die Dynamik und das Zerstörungspotential der modernen Gesellschaft offen zutage getreten waren, konnte eine solche reine Externalisierung nicht mehr überzeugen. In Anlehnung an Marx'sche Äußerungen[184] gilt das fortgesetzte Leugnen der modernen Disharmonien, zu dem sich etwa Say und McCulloch dennoch hinreißen ließen,

---

[184] „Die Geschichte der modernen politischen Oekonomie endet mit Ricardo und Sismondi, Gegensätze, von denen der eine englisch, der andre französisch spricht [...]. Die spätere politisch-ökonomische Literatur verläuft sich entweder in eklektische, synkretistische Compendien, wie z. B. das Werk von J. St. Mill, oder in tiefere Ausarbeitung einzelner Zweige, wie z. B. Tooke's History of prices und im Allgemeinen die neueren englischen Schriften über Circulation – der einzige Zweig, worin wirklich neue Entdeckungen gemacht worden sind" (MEGA II/1, 3).

manchmal als „Todtenglocke der wissenschaftlichen bürgerlichen Oekonomie" (MEGA II/6, 702).[185] Zwar setzte nun tatsächlich eine ungeschminkte Apologetik der bestehenden Verhältnisse ein, aber darin lag nur einer von fünf Wegen, den die politische Ökonomie einzuschlagen begann. Weniger als ihr Ende markierte 1825, „nachdem sie das Phänomen der Ueberproduction und der Crisen nicht mehr wegraisonniren konnten" (MEGA II/3, 1133), für die politischen Ökonomen auch einen Neuanfang entlang der Frage nach der „mehr oder minder rationellen Behandlung des Unvermeidlichen" (MEGA II/4.2, 625), dem Umgang mit den Krisen. Trotz des Festhaltens an ‚Says Gesetz' wuchs zugleich die Bereitschaft, einfach darüber hinwegzusehen.[186] In „theoretisch[e] Verlegenheiten" (MEGA II/5, 108) geraten, wandelten sogar Say und McCulloch die Quantitätstheorie des Geldes in eine Krisenlehre um. Von nun an stand, zweitens, eine vornehmlich monetäre Erklärung der Krisen durch unkontrollierte Geldemission mit den praktischen Konsequenzen einer Regulierung des Geldes auf der Tagesordnung.

Eine dritte Antwort war die Entstehung einer sozialistisch-konservativen Kritik der politischen Ökonomie durch Sismondis Rückführung der Krisen auf den für die moderne Handelsgesellschaft spezifischen Widerspruch zwischen Produktionsverhältnissen und Produktivkräften, die wegen mangelnder Begriffsbildung und nostalgischer Perspektive kaum direkte Wirkmächtigkeit erzielte und stattdessen Malthus Waffen in die Hand gab. Einen anderen Weg aus der Krise von 1825 ging John Stuart Mill mit einem eklektischen Sozialliberalismus, der ‚Says Gesetz' verteidigte und *zugleich* die Möglichkeit von Krisen einräumte und auf diese Weise Unvereinbares miteinander zu vereinbaren gedachte (siehe 2.1). Dass dieser Eklektizismus im Angesicht des Unvermeidlichen seine ‚liberale' Seite leicht abzulegen bereit ist, zeigte die Diskussion um den *Bank Act*, die zu der Erkenntnis führte, dass die Suspension der Gesetzgebung im kommerziellen Ausnahmezustand mitunter nicht zu vermeiden ist. Die Krisen wurden hier als Momente aufgefasst, in denen konventionelle Regeln ihre Geltung einbüßen, denn sie entspringen gerade der scheinbaren Normalität, die ihnen vorausging. Gegen die konservative Klage über den Ausnahmezustand inspirierte Mill einen „flexiblen Normalismus", der jede von den Krisen aufgezwungene Notwendigkeit als normalen und begrüßenswerten ‚Wandel' verharmlost.

---

185 „Die nachfolgende Zeit von 1820–30 zeichnet sich in England aus durch wissenschaftliche Lebendigkeit auf dem Gebiet der politischen Oekonomie. Es war die Periode wie der Vulgarisirung und Ausbreitung der Ricardo'schen Theorie, so ihres Kampfes mit der alten Schule. [...] Der unbefangne Charakter dieser Polemik [...] erklärt sich aus den Zeitumständen. Einerseits trat die große Industrie selbst nur aus ihrem Kindheitsalter heraus, wie schon dadurch bewiesen ist, daß sie erst mit der Krise von 1825 den periodischen Kreislauf ihres modernen Lebens eröffnet. Andrerseits blieb der Klassenkampf zwischen Kapital und Arbeit in den Hintergrund gedrängt" (MEGA II/6, 702).
186 „Die regelmässige Wiederholung der Crisen hat in der That des Saysche etc Gekohl zu einer Phraseologie herabgesetzt, die nur noch in times of prosperity is used, but is thrown to the winds in times of crisis." (MEGA II/3, 1122)

Fünftens wuchs nach 1825 das Bemühen um eine Erforschung der Krisen entweder in Gestalt eines Zyklusmodells (dazu 2.3 und 5.4.1) oder als empirische Untersuchung des Verlaufs historischer Krisen (2.5.1). Den Zyklustheoretikern lag das Problem vor, wie und warum ein und dasselbe Handelssystem glückliche Tage der Prosperität hervorbringen kann, die zum Schrecken aller plötzlich und unerwartet in ihr Gegenteil umschlagen. Wade, Overstone, Fullarton und Bagehot beschrieben deshalb eine Mechanik, wonach die Stabilität destabilisierend ist[187] und der Expansionsprozess selbst sein eigenes Ende herbeiführt. Bei Wade steigen in einer Phase der Expansion die Preise, aber steigende Preise verringern die Konsumtion und führen damit zur Kontraktion (dazu 2.3); laut Overstone wird aus einer Stimmung der Euphorie der Leichtsinn, aus dem Leichtsinn der Übermut und aus diesem die Ernüchterung; für Fullarton erzeugt gerade das Wachstum des Kapitals einen Mangel an profitablen Verwertungsmöglichkeiten; Bagehot zufolge gräbt sich eine Kreditexpansion selbst das Wasser ab und wird zu einer Kreditkontraktion. Auch Marx wird das Krisenproblem auf eine solche Weise in den *Pariser Heften* (2.1) und in der Akkumulationstheorie des *Kapital* fassen (4.1).

Wenn die politischen Ökonomen über die Krisen nachdachten, kreisten ihre Gedanken um insbesondere zwei miteinander zusammenhängende Problemkomplexe, deren jeweilige Pole sie voneinander separierte und als Gegensätze auffasste, um eine Seite desselben zu hypostasieren. Sie produzierten eine Serie von Dualismen wie ‚Theorie und Empirie' (beziehungsweise Theorie und Geschichte) und ‚Produktion und Finanz' (beziehungsweise Ware und Geld), die weniger als einfache Denkfehler zu verstehen sind und vielmehr auf Widersprüche der bürgerlichen Produktion selbst verweisen. Zunächst zum Gegensatz von Theorie und Empirie, der die Methode und Wissenschaftslehre der politischen Ökonomie berührt.

Wie festgestellt, fanden Say und McCulloch das Gesetz von der Unmöglichkeit der Überproduktion noch im Angesicht der Krisen bestätigt, und ihr Krisenverständnis wurde stattdessen von Ricardos Geldtheorie aufgefangen, die sie laut Marx einer „neue[n] Nutzanwendung" (MEGA II/2, 240) unterzogen. Eine schon bestehende Theorie, die Ricardo ohne die Erfahrung allgemeiner Überproduktionskrisen für einen anderen Gegenstand entwickelt hatte, wurde von der politischen Ökonomie benutzt, um ein neuartiges historisches Phänomen zu erklären. Auch Malthus wendete sein altes Bevölkerungsprinzip – vermengt mit den Einsichten Sismondis über die Bedeutung der effektiven Nachfrage – auf die Krisen an. Hierin zeigt sich eine große und erklärungsbedürftige Schwierigkeit der klassischen Ökonomen, adäquat auf die rasante Dynamik und die von den Krisen hervorgehobene Zerstörungskraft der modernen Gesellschaft zu reagieren. Aber wenngleich sich die Klassiker dabei schwer taten,

---

[187] Im 20. Jahrhundert hat Hyman Minsky die Umschlagmechanik des Zyklus mit der ikonischen Formel „stability is destabilizing" beschrieben.

ihr Denken mit der Wirklichkeit zu versöhnen, waren sie ebenfalls nicht einfach dogmatisch, sondern identifizierten im Geld ein krisenträchtiges Moment, an dem sie theoretisch wie praktisch ansetzen konnten. Für die englischen Sozialisten ist eine vergleichbare Schwerfälligkeit zu konstatieren: Zwar entwickelte Owen anlässlich der Krise von 1818/19 *eine* Erklärung sowohl des Ausnahme- als auch des Normalzustands, aber die periodische Wiederkehr allgemeiner Krisen sowie die enorme Steigerung ihrer Intensität und ihres Umfangs führte nicht zu einer Weiterentwicklung des Owenismus, weshalb das Phänomen in dieser Tradition weitestgehend unbearbeitet blieb. Das Konkrete war bei Owen zwar der Ausgangspunkt des Denkens, aber das Denken blieb in der Folge stehen. In dieser zunehmenden Erstarrung und Dogmatisierung muss eine Ursache des abrupten Verschwindens der auf ihn folgenden *Popular Political Economy* gesehen werden.

Ließ die ausbleibende Aktualisierung die *Popular Political Economy* an Relevanz verlieren, führte die fortgesetzte Leugnung der Widersprüche der Warenproduktion im bürgerlichen Denken zur Inkonsistenz des gesamten Theoriegebäudes. Say und McCulloch waren nicht zu einer grundlegenden Korrektur ihrer Konzeption in der Lage und verwickelten sich so in einen Widerspruch mit sich selbst: Das Geld ist neutral *und* zugleich (in übermäßiger Quantität) schädlich. So ist es nur konsequent, dass die Wiederkehr der Krisen, für welche die politische Ökonomie nur einseitige Erklärungen gefunden hatte beziehungsweise die zugleich weiterhin an ‚Says Gesetz' festund die Krisenhaftigkeit damit von einer allgemeinen Theorie des Kapitals fernhielt, zu einem Abschied von der Theoriebildung selbst führte. Mit Bagehot erreichte fünfzig Jahre nach Ricardos Tod eine anti-theoretische, pragmatische Wissenschaftslehre ihren Höhepunkt: Weil ihm die Störfaktoren viel zu groß und die Wirklichkeit zu komplex schienen, sollte man am besten damit aufhören, allgemeine Prinzipien auf eine spekulative Weise zu erörtern (und zu fragen, was Wert, Geld, Kapital usw. sind). Man musste stattdessen die bestehende konkrete Praxis analysieren, um zu verstehen, wie man ihre Probleme (das heißt die Krisen) in den Griff bekommen kann. In gewisser Weise erklang bei Bagehot wieder Sismondis Kritik an Ricardos realitätsfernen Abstraktionen und die Kritik von Tooke und Fullarton an der Verzerrung der Tatsachen durch das vorgefasste Currency-Prinzip. Der Pragmatismus als moderne Denkform zieht seine Plausibilität nicht zuletzt daraus, dass sich der Kapitalismus in einem ständigen Umwandlungsprozess befindet und sich die überlieferte Theorie damit immer wieder bis zu einem gewissen Grad erschöpfen muss. Seine Berechtigung liegt insbesondere in einer Reflexion über die Krisen als historischen Ereignissen, die immer wieder einen anderen Charakter annehmen und in neuem Gewand erscheinen. Fullarton und Bagehot betonten daher, dass sich in der Theorie keine Panazee für jede Krise feststellen lässt und sich das Krisenmanagement nicht an einer vorab bestimmten Regel orientieren kann, sondern dass in den einzelnen Situationen unterschiedliche Lösungen für unterschiedliche Fälle erwogen und mitunter erst erfunden werden müssen. Wo die Wissenschaftslehre des Deduktionismus ein logisch einwandfreies System konstruierte, das leider nicht mit der gesellschaftlichen Wirklichkeit übereinstimmte, wollte der Pragmatismus umgekehrt von den Problemen der Wirklichkeit ausgehen, war dabei aber nicht in der Lage, halbwegs konsistente Theoreme zu entwickeln.

Daher findet sich bei Bagehot auch das gleiche affirmative Verhältnis zum Bestehenden wie in ‚Says Gesetz'. Bei Say und Ricardo sind die ewigen Naturgesetze der Produktion zugleich die, die in der Wirklichkeit gelten sollen; man muss diese Gesetze kennen, um sie respektieren zu können und nicht gegen sie zu verstoßen. Bei Bagehot dagegen muss die existierende Wirklichkeit schon die ‚richtige' sein, weil sie mehr oder weniger funktioniert (andernfalls würde sie nicht existieren); und weil sie funktioniert, ist sie grundsätzlich auch zu bejahen beziehungsweise ohnehin nicht einfach nach ideellen Prinzipien umzugestalten. ‚Idealerweise' würde die Bank of England nicht einmal existieren, aber jeder Versuch, sie ‚heutzutage' abzuschaffen, wäre ebenso aussichtslos wie ein Versuch, die englische Monarchie zu stürzen (Bagehot 1873, 330). Der Deduktionismus wie der Pragmatismus enthalten beide neben der affirmativen aber auch eine kritische Seite: Für Say gibt es (politische) Handlungen, welche die Durchsetzung der Naturgesetze stören und die man daher kennen und unterlassen muss; bei Bagehot dagegen verhindert eine falsche theoretische Auffassung der bestehenden Wirklichkeit das volle Ausschöpfen ihrer Potenziale. Für Say und Ricardo stimmten die Lehrbücher, aber die Wirklichkeit nicht; für Bagehot stimmte die Wirklichkeit, aber in den Lehrbüchern stand Unfug.

Wo Tooke, Fullarton und Bagehot nahelegten, dass sich die Probleme der Praxis nicht auf einen finalen Mechanismus reduzieren ließen, sondern immer wieder *neu* untersucht werden müssten, ging bei den Arbeiterökonomen die Auffassung der Gesellschaft als eines statischen Systems und einer festen Struktur mit dem Desinteresse an den historischen Krisen einher. Die englischen Arbeiterökonomen hielten ein Verständnis dieser Krisen für belanglos, weil sie dachten, dass es *nicht ihre Krisen* wären und nicht sie sich darüber den Kopf zu zerbrechen hätten. Mit ihrer Gleichgültigkeit gegenüber den Krisen des Kapitals gab die englische Linke nicht nur ihren Anspruch auf, das Kapital wissenschaftlich zu begreifen, sondern versäumte auch ihre eigene Erneuerung. Dagegen hatten die Krisen Sismondi zu einem Abschied vom Gleichgewichtsdenken bewegt, Owen zur Arbeitswerttheorie geführt, Tooke Einsicht in die Unsinnigkeit seiner früheren quantitätstheoretischen Vorstellungen vermittelt und Fullarton von der Notwendigkeit einer unabhängigen Staatsbank überzeugt. Sismondi erklärte es sogar zum methodischen Prinzip, dass jede neue Auflage eines Werks über die allgemeinen Grundsätze der politischen Ökonomie die aktuellen Umbrüche zu berücksichtigen und daher gezwungenermaßen ein ganz neues Buch zu sein habe. Die überlieferten Theorien müssen ihre Geltung *durch die neusten Tatsachen* unter Beweis stellen und sich somit ständig weiterentwickeln. Marx wird an diese anti-dogmatische Methodologie anknüpfen und insbesondere die Krisen als Prüfsteine der allgemeinen Kapitalanalyse begreifen, da sie es sind, die die vorhandenen Widersprüche deutlich hervorheben (dazu 4.3).

Die Spannung zwischen Theorie und Geschichte in der politischen Ökonomie korrespondiert mit dem zweiten Gegensatz, dem von Ware und Geld. Dieser spiegelt sich in den beiden Krisentheoremen der Ricardianer – ‚Says Gesetz' und die Quantitätstheorie des Geldes – wider. Das Geld gilt in der Quantitätstheorie als empirisch, arrangierbar und daher einer besonderen Regulierung bedürftig; das Produkt wird in ‚Says Gesetz' dagegen als ewige Wahrheit aufgefasst.[188] Die Welt der Waren ist *Natur*, die des Geldes *Geschichte*. Daher haben viele Ökonomen die Krisen entweder – sofern sie als Kontingenz gedacht werden – von den Grundsätzen („Principles") ihrer Wissenschaft ferngehalten oder aber – sofern sie, wie bei den Sozialisten, mit dem Dauerzustand identisch sein sollen – nicht als der näheren Untersuchung und Spezifizierung bedürftig erachtet. In der allgemeinen Analyse der Produktion ist bei vielen Ökonomen wenig Platz für die Krisen, und das Kapitalverhältnis wird als die einzige Form der menschlichen Produktion vorgestellt;[189] aber in den Kapiteln über die Distribution und das Geldwesen (*currency*, Bankwesen, Kredit) sind die Krisen plötzlich möglich (infolge von Geldmissbrauch und exzessiver Spekulation); und in der Bestandsaufnahme der historischen Bewegungen des Geldes schließlich werden sie als Tatsachen akzeptiert. Typischerweise werden die Krisen daher außerhalb der allgemeinen Grundsätze, in Publikationsformen wie Pamphleten, Artikeln, Reden und Rezensionen besprochen beziehungsweise verzichten diejenigen, die, wie Bagehot, die Krisen in den Mittelpunkt ihres Denkens rücken, auf eine allgemeine Analyse des Kapitals. Sismondi dagegen zog die Krisen immer wieder als Stützpunkte seiner „Neuen Grundsätze der politischen Ökonomie" heran. Die Spannung von Theorie und Empirie in der politischen Ökonomie verweist indes auf ein echtes Problem, der Dualismus in den Gedanken ist ein Symptom: Die Krisen selbst sind uniform und zugleich divers. Als wiederkehrende Momente mit typischen Eigenschaften müssen sie von einer allgemeinen Kapitaltheorie begreiflich gemacht, aber als historische Ereignisse auch jedes Mal in ihrer Eigentümlichkeit untersucht werden. So zumindest wird Marx den Dualismus in seinem Zusammenhang ‚dialektisch' zu vermitteln versuchen. Die allgemeine Analyse des Kapitals muss immer wieder mit einer besonderen Analyse der historischen Krisen kombiniert werden (siehe 4.3).

Die Annahmen, dass es keine bürgerliche Krisentheorie gäbe oder sich das bürgerliche Krisenwissen ganz und gar *außerhalb* der Theorie gebildet habe, machen es sich also zu einfach.[190] Es ist klar, dass der aus Marx'scher Sicht zusammenhängende

---

[188] In der *Einleitung* von 1857 bemerkte auch Marx die „Abgeschmacktheit der Oekonomen, die die Production als ewige Wahrheit entwickeln, während sie die Geschichte in den Bereich der Distribution bannen" (MEGA II/1, 33).

[189] Über Ricardo schrieb Marx: „Die ‚Parallelogramme des Herrn Owen' scheinen die einzige Gesellschaftsform, die er außer der bürgerlichen kannte." (MEGA II/2, 137)

[190] „[D]ie klassische Theorie [fand] keine dem System immanente Erklärung" für die „allgemeinen Überproduktionskrisen" ihrer Zeit (Mattick 1974, 27). „In der bürgerlichen politischen Ökonomie gelten Krisen zumeist als zufällige Erscheinungen, die mit der Funktionsweise der ‚Marktwirtschaft' als

Krisenkomplex – die basalen Vergesellschaftungsformen des Kapitalismus wie Warenproduktion, Geld, Lohnarbeit, Mehrwertmaximierung, große Industrie und Kapitalakkumulation (dazu 4.1) – von bürgerlicher Seite als Ganzes kaum erfasst werden kann, denn das würde, wenn man die Krisen wirklich loswerden wollte, ein radikales Infragestellen der eigenen Gesellschaftsform implizieren. Daher wird das Krisenproblem in der klassischen Ökonomie zwar entweder vermieden oder in einem Jargon der Alternativlosigkeit zu einer *conditio humana* erklärt, aber zugleich auf eine Weise behandelt, die es *beherrschbar* erscheinen lässt und auch in bestimmter Hinsicht tatsächlich moderierbar macht. Denn ist die Quantitätstheorie keine Theorie? Doch, bloß sagt sie nicht mehr – aber eben auch nicht weniger –, als dass das Geld *empirisch* ist und von hier der Ärger droht. Typisch für bürgerliches Krisendenken ist also eine Gleichzeitigkeit zwischen Apologetik und Krisenleugnung einerseits und der Ahnung andererseits, dass es sich bei der periodischen Wiederkehr der Krisen um ein Problem handelt, dessen Bestand man wissenschaftlich aufnehmen und über das man ernsthaft nachdenken und sprechen muss, und zwar auf eine Weise, bei der dessen wirkliche Bedingungen unangetastet bleiben.[191]

In der politischen Ökonomie und im Frühsozialismus bestand daher die Tendenz, das Geld als isolierte Erscheinung zu fixieren. Während ‚Says Gesetz' die Denkform der Selbstbezüglichkeit des Kapitals ist (siehe 4.1), bringen rein monetäre Krisenbetrachtungen den Geldfetisch zum Ausdruck (3.2.2). Für das vom Geldfetisch eingenommene Denken ist es nicht nötig, eine Theorie der logischen Entstehung des Geldes zu entwickeln, da das Geld als gegeben erscheint und daher auch beliebig verändert und politisiert werden kann. Während Marx die Quantitätstheorie, die das Geld einfach festhalten wollte, als Ausdruck des Klassenkampfes ‚von oben' begriff und auch in die Nähe eines magischen Denkens („ganz falsch", „bloßes Hirngespinst", „altogether imaginary") rückte und als eine vulgäre Variante des Geldfetischs begriff, war die *Banking School* demgegenüber als Versuch einer echten Wissenschaft des Kapitals realistischer, da sie intuitiv verstand, dass das Geld viele Abenteuer in den Sphären von Produktion und Zirkulation durchleben muss, um sich erhalten und vermehren zu können. Das Geld war für die *Banking School* ein Reflex der Produktion, eine „sekundäre Bewegung" (MEGA II/2, 243) und daher nicht an sich

---

solcher angeblich nicht zu tun haben" (Sablowski 2012, Sp. 1). Die hier untersuchten Fälle zeigen, dass es sich nicht lohnt, sich auf dem „zumeist" auszuruhen. Der Marxismus wähnt sich anderen Krisentheorien überlegen, weil er die Krisen vornehmlich unter dem Gesichtspunkt ihrer Ursachen betrachtet, für die sich allerdings die Bürger – denen wichtiger ist, wie man die Krisen behandeln kann – naturgemäß weniger interessieren.
191 Die typische Spannung bürgerlichen Krisendenkens besteht also darin, einen „‚gesunden' Kapitalismus heilen" (Schuchardt 1962, 134) zu müssen.

mächtig, aber sie wollte nichts davon wissen, was innerhalb dieser Produktion vor sich ging.[192]

Viele Sozialisten dagegen strebten die Herstellung einer Identität von Ware und Geld an: Arbeitsprodukte als Waren herstellen, aber nicht als Waren austauschen. Wegen ihres Desinteresses an den Krisen, hinter dem sich letztlich ein Desinteresse an einem wissenschaftlichen Verständnis des Kapitals verbarg, vernachlässigten sie nicht nur die zyklische Form und büßten somit ihre Relevanz ein, sondern bildeten auch allerlei ‚verkürzte' und in weiten Teilen affirmative Vorstellungen darüber aus, was das Kapital ist und wie es zu überwinden wäre. Die Frühsozialisten und die *Popular Political Economists* ritten auf den Gegensätzen herum. Sie hingen ‚Says Gesetz' an, hielten es nur für nicht verwirklicht. Sie kritisierten das gegebene Geld (meistens das Metallgeld, aber Hodgskin auch das ‚politische' Geld der Bank of England) als ein falsches, künstliches Geld und forderten mit dem Arbeitsgeld das natürliche, unzweifelhafte, gerechte und immer in ausreichender Quantität vorhandene Geld ein. Der Versuch, den Gegensatz zwischen Ware und Geld nicht dualistisch zu behandeln, blieb wieder Sismondi vorbehalten, für den die Krisenursachen keine monetären sind, aber der Kredit gleichwohl die Überproduktion entscheidend intensiviert.

Weil die politische Ökonomie (neben der Staatseinmischung) das Geld als den Störenfried schlechthin begreift, ist die typische bürgerliche Antwort auf die Krisen: Kontrolle des Geldes und Regulierung des Geldmarkts. Die Welt der Waren muss man sich selbst überlassen, aber für die des Geldes war dies schon im 19. Jahrhundert nicht möglich. Den Markt muss man befreien, die Menge und den Wert des Geldes aber kontrollieren. Marx wird rein monetäre Krisenerklärungen als oberflächlich kritisieren (dazu 2.5): Sie ähnelten jener Naturphilosophie, die im Fieber die Ursache der Krankheit erblickt (MEGA I/16, 107). Aber so wie es Mittel gibt, die das Fieber senken, ohne die Ursache der Krankheit zu berühren, hat die politische Ökonomie mit der Geld-, Fiskal- und Erinnerungspolitik Mittel ersonnen, welche die Krisensymptome behandeln und unterdrücken können, ohne ihren Entstehungskomplex anzutasten. Marx wird daher die Möglichkeiten und Grenzen von fiskal- und geldpolitischen Maßnahmen in den Krisen von 1847 und 1857 ausführlich untersuchen (2.4 und 3.3.3).

Der Staat galt allen Meistern der Krise als die einzige Instanz, mit deren Hilfe sich etwas gegen die Krisen ausrichten ließe. Bei den politökonomischen Krisengedanken handelt es sich daher zumeist um verkappte Theorien der Souveränität, deren zentrales Problem lautet, wer unter welchen Bedingungen in der Lage ist, die Kontrolle über das wirtschaftliche Leben zurückzugewinnen. Von Say an konnte dies immer nur der Staat sein; bei ihm selbst noch auf negative Weise durch eine Bestimmung derjenigen Handlungen, die er zu unterlassen habe. Schon sein Antipode Malthus

---

[192] In der Krise von 1857/58 hielt Marx fest: „even Mr. Tooke, [...] well as he handles the phenomena of the London money and colonial markets, has proved unable not only to delineate, but even to comprehend, the contractions in the heart of English production" (MEGA I/16, 107).

betonte dagegen die Bedeutung der unproduktiven Konsumtion durch den Staat. Ricardos Quantitätstheorie des Geldes war uneindeutig: Ricardo ging zwar noch ‚fatalistisch' davon aus, dass sich Paniken auf dem Geldmarkt – kollektive Ausbrüche irrationaler Leidenschaften – durch keinerlei Dankenreform vermeiden ließen, konzipierte gleichwohl ein ideales Zirkulationssystem, in welchem der Staat als Anker fungiert, da nur er die Konvertibilität des Papiergelds in Edelmetall durch Gesetzgebung gewährleisten und die (vom Parlament und der Regierung) unabhängigen Kommissare zur Verwaltung einer zentralen Notenbank einsetzen kann. Ricardos Schwanken zwischen Fatalismus und Optimismus ausnutzend, versuchte die *Currency School*, aus der Quantitätstheorie technische Regeln zu destillieren, mit deren Hilfe sich die Geldemission kontrollieren und die Krisen verhindern ließen. Wie bei Ricardo handelte es sich für die *Currency School* darum, eine ‚quasi-natürliche', sich durch den Wert des Goldes vermeintlich selbst-regulierende Zirkulation ins Werk zu setzen, was sich wegen der dazu erforderlichen Währungsexperimente mittels einer aufwändigen Bankgesetzgebung, die eine Notenbank mit Emissionsmonopol und komplizierter Kompetenzaufteilung vorsah, als eine ganz und gar nicht natürliche Angelegenheit herausstellte.[193]

Allerdings erwies sich gerade der Kritiker der Quantitätstheorie Fullarton als der eigentliche Meister der Krise, weil er sie zum einen als unabwendbar und als funktional akzeptierte sowie zum anderen die Krisensituation als den einzigen Moment bestimmte, in dem die Bank of England einen gewissen Einfluss ausüben kann und Politik möglich ist. Die Annahme der *Currency School*, dass die Krisen sich verhindern lassen, wenn die Staatsbank immer richtig handelt, kehrte Fullarton derart um, dass die Staatsbank nur deshalb richtig handeln kann, weil die Krisen unvermeidbar sind. Politik ist für ihn immer *reaktiv*; das einzige, was der Staat (vermittels des öffentlichen Instituts der Bank of England) tun kann, ist, die richtige Antwort auf die Krisen zu finden und ihre Verläufe so zu steuern, dass sie nicht schwerer als nötig ausfallen. Die von Fullarton entworfene Kunst der Krisenverwaltung fand ihre konsequente Weiterentwicklung bei Bagehot, der die Staatsintervention in den Krisen deutlicher anerkannte und befürwortete. Der Staatsbank fällt in der Panik die momentane Macht zu, sie zu brechen. Wie für Fullarton kann es auch für Bagehot keine Prävention für die Krisen selbst geben, aber ungeachtet der Skepsis des ersteren kann die Bank of

---

193 Foucault (2006, Vorl. 5–7) stellte den klassischen Liberalismus so dar, wie er sich in ‚Say's Gesetz' ausdrückte, aber übersah, dass bei Say und Ricardo der Staat in der Geldfrage keineswegs Raum für einen Markt schaffen soll und es ihnen auch nicht darum ging, die ‚natürliche' Metallgeldwährung zu restituieren. Vielmehr muss der Staat ein *quasi-natürliches* Geldsystem erst herstellen und dann kontrollieren, selbst wenn es sich bei diesem darum handelt, einer Regierung die direkte Einmischung in die Belange der Geldzirkulation zu untersagen, also eine Politisierung der Geldpolitik zu verhindern. Der Keynesianismus, der das Geld- und Krisenproblem in den Mittelpunkt rückt und daher notwendigerweise näher am Pol des Staats liegt, gilt Foucault daher irrtümlicherweise als „Interventionismus" und als *nicht liberal* (vgl. Mann 2017, 210).

England für Bagehot – hierin liegt das Unkonventionelle seiner Synthese – auch in der Prosperität durch Management des Geldmarkts die Voraussetzungen dafür schaffen, unter denen sie später die Krise behandelt. Konsistent begründen konnte er dies allerdings nicht.

Leugnung und Optimismus in Bezug auf die Möglichkeit, die Negativität der modernen Gesellschaft auf ihrem eigenen Boden aufzuheben, sind also zwar verbreitete, aber bei weitem nicht die einzig typischen bürgerlichen Haltungen zu den Krisen. Erst wenn das kindische Wegsehen von den Widersprüchen der modernen Gesellschaft der Akzeptanz ihrer Krisenhaftigkeit weicht, können Überlegungen über die „mehr oder minder rationale Behandlung des Unvermeidlichen" (Marx) entstehen. Schon der ‚fatalistische' Ricardo leugnete zwar die allgemeine Überproduktion, aber brachte mit seiner Quantitätstheorie und den von ihr abgeleiteten praktischen Vorschlägen zum Ausdruck, dass es unerfreulich wäre, wenn es gerade ‚sein Geld' ist, das in einer Krise entwertet würde. Auch die pessimistischen Realisten Fullarton und Bagehot haben die Unvermeidbarkeit der Krisen in der Marktgesellschaft uneingeschränkt akzeptiert und daraus den Schluss gezogen, dass es nur darum gehen könne, (immer wieder neu) zu lernen, so gut wie möglich mit ihnen zu leben. Weil er diesen Lernprozess ausschloss und angesichts der immer größer werdenden Krisen seiner Zeit die moderne Handelsgesellschaft auf bedrohliche Katastrophen zurasen sah, schien es Sismondi unmöglich, diese ‚Zivilisation', in der die Menschen über die Dinge vergessen werden, zu retten, und vielmehr geboten, die Uhr der Geschichte zurückzudrehen, um das Juggernautrad der großen Industrie zum Stillstand zu bringen. Malthus dagegen erkannte und verabsolutierte die Krisen nicht deshalb, weil er sie verhindern oder lindern wollte, sondern um einerseits opportunistisch seine eigene Agenda ins Gespräch zu bringen und andererseits die bürgerliche Gesellschaft in ihrem Krisenzustand zu affirmieren. Für Fullarton erfüllten die Krisen zwar die Funktion der Kapitalbereinigung, stellten aber zugleich eine beängstigende Gefahr dar, die man so rational wie möglich behandeln musste, um sie in Grenzen zu halten. Für Malthus dagegen waren sie kein notwendiges (und bedrohliches) Übel, sondern sowohl zwangsläufig als auch unentbehrlich und erforderlich: Er wollte den Lauf der Natur nicht stören beziehungsweise auf eine Weise regulieren, welche die Krisensymptome bewahrt oder gar noch übertreibt. Mit seiner Lust an der Krise schrieb Malthus, so Marx, „*gegen* die Masse des Volks" (MEGA II/3, 766), Sismondi mit seiner Hoffnungslosigkeit „im Interesse der Massen gegen das Kapital" (MEGA II/4.3, 403). In Marx' Augen waren der Fortschrittspessimismus, die Verzweiflung und Nostalgie des letzteren unangebracht: Sismondi konnte nicht erkennen, dass gerade die periodische Wiederkehr der Krisen darauf hinweist, dass der Kapitalismus überwindbar ist.

2 Von der Entfremdungsphilosophie zur Krisentheorie, 1844–51

Marx lernte die krisentheoretischen Gedanken der politischen Ökonomie, von denen seine eigenen Versuche über die Krisen ausgingen, ab Mitte der 1840er Jahre peu à peu kennen. Bereits in seiner ersten umfangreichen Auseinandersetzung mit der politischen Ökonomie in den *Pariser Heften* von 1844 finden sich erste Äußerungen dazu. Weil er das Krisenproblem mit seiner an Ludwig Feuerbach orientierten Entfremdungsphilosophie nur unzureichend bearbeiten konnte, sollte es zu seinem Abschied von der Wesensphilosophie beitragen (dazu 2.1). Dass Marx anschließend die Werttheorie akzeptierte und in *Misère de la philosophie* (1847) weiterentwickelte, war auch auf seine Lektüre der ökonomischen Werke Sismondis zurückzuführen, in denen die Krisenhaftigkeit der modernen Gesellschaft mithilfe der Werttheorie begründet wurde (2.2). Von großer Bedeutung war für ihn außerdem der Beitrag des jungen Friedrich Engels, der als einer der ersten Sozialisten die Bedeutung des Krisenphänomens aufgriff. Gleichwohl zeigen die krisenbezogenen Passagen des *Manifests der Kommunistischen Partei*, dass einige konzeptionelle Differenzen schon im Frühwerk der beiden bestanden (2.3).

Zunächst beschäftigte sich Marx eher beiläufig mit der Entstehung und dem Verlauf von Krisen. Politische Brisanz und damit auch theoretische Priorität erhielten sie für ihn erst, als infolge der ersten gesamteuropäischen Krise von 1847/48 die europaweite Revolution von 1848/49 ausbrach. Er verfolgte zunächst in der *Neuen Rheinischen Zeitung* die Übersetzung der Wirtschaftskrise in politische Unruhe und wies dabei auf die Krise der Staatsfinanzen als Bindeglied zwischen Ökonomie und Politik hin (2.4). Nach dem Scheitern der Revolution sah er sich zu einer Rekonstruktion des Verlaufs der 1847 ausgebrochenen Krise veranlasst und nahm dazu im Londoner Exil seine ökonomischen Studien wieder auf, auch um eine neue Krise – an die er die Wiederbelebung der Revolution knüpfte – antizipieren zu können (2.5.1). Auch weil die Krise als Geldkrise ausbrach und Marx die monetäre Sphäre als „Symptom" der Produktion bestimmte, wurde er zu umfangreichen Studien der politischen Ökonomie des Geldes und des Geldmarkts in den *Londoner Heften* motiviert. Er wollte einerseits die grundlegende Verlaufsform von Krisen mit den entsprechenden Vermittlungs- und Übersetzungsschritten der Widersprüche der Produktionsverhältnisse auf den Geldmarkt nachvollziehen und sich andererseits mit einer Krisendiagnostik ausrüsten, die grundlegend auf der Deutung von Geldmarktphänomenen basiert. Marx führte seine Überlegungen 1851 in der längeren Notiz *Reflection* mit den Begriffen Überproduktion und Geldkrise zusammen (2.5.2). Mit dieser Synthese schloss er die erste Phase der Formation einer eigenständigen Krisentheorie vorerst ab.

2.1 Die Grenzen der Entfremdungsphilosophie. Das Krisenproblem als Wendepunkt der Marx'schen Ökonomiekritik (Marx' Kritik des ‚Say'schen Gesetzes' I)

Paris, Sommer 1844

> Die *Ueberproduktion* ist die *Werthlosigkeit des Reichthums* selbst, eben weil der Reichthum als Reichthum einen Werth haben sollte.
>
> Marx: Pariser Hefte (MEGA IV/3, 57)

Auf den ersten Blick mag es scheinen, als wäre das Krisenproblem in Marx' erster Fassung einer Kritik der politischen Ökonomie, die 1844 in Paris entstanden ist, fast gänzlich abwesend.[1] Obwohl sie zur gleichen Zeit geschrieben wurden und eine große Menge an eigenen Überlegungen enthalten, werden seine Notizen zu Jean-Baptiste Says Werken *Traité d'économie politique* und *Cours complet d'économie politique pratique* sowie zu den französischen Ausgaben von David Ricardos *Principles of Political Economy, and Taxation*, John Ramsay McCullochs *A Discourse on the Rise, Progress, Peculiar Objects and Importance of Political Economy* und James Mills *Elements of Political Economy* gewöhnlich nicht als ein Teil derjenigen Kompilation betrachtet, die den editorischen Titel *Ökonomisch-philosophische Manuskripte* trägt (Rojahn 1983, 20). Berücksichtigt man diese Exzerpte in den *Pariser Heften* nicht, könnte der Eindruck entstehen, dass die Kontroverse um ‚Says Gesetz' nicht innerhalb des Horizonts des Pariser Marx gelegen hat. In der Tat hatte das Krisenproblem für ihn zu diesem Zeitpunkt keine Priorität. Sein Erkenntnisinteresse galt vornehmlich der Frage, warum der Arbeiter arm ist, und die Krise war dafür lediglich ein Faktor unter vielen und ganz sicher nicht der ausschlaggebende.[2] Den Schlüssel zum Verständnis des modernen Elends erkannte Marx in der entfremdeten Arbeit, von der aus sich alle anderen Kategorien der menschlichen Selbstentfremdung wie Privateigentum, Konkurrenz und Geld herleiten ließen. Gleichwohl spielt ‚Says Gesetz' schon in den *Pariser Heften* eine wichtige Rolle. Seine ambivalente, unentschiedene Kritik des Theorems als einerseits teilweise korrekt und als andererseits grundsätzlich falsch wies Marx auf Schwächen seiner eigenen theoretischen Grundlagen hin.

Marx hing in den *Ökonomisch-philosophischen Manuskripten* der Wesensphilosophie Ludwig Feuerbachs an und stellte das naturgegebene ‚Wesen des Menschen' ei-

---

[1] Einige Aussagen dieses Abschnitts sind in einem Artikel veröffentlicht worden (Graßmann 2018b), gegenüber dem sich die nachfolgenden Ausführungen durch größere Klarheit auszeichnen sollten.
[2] „Also im abnehmenden Zustand der Gesellschaft progressives Elend des Arbeiters, im fortschreitenden Zustand complicirtes Elend, im vollendeten Zustand stationaires Elend." (MEGA I/2, 202)

ner pathologischen Realität, seiner ‚Entfremdung' in der Religion oder im Privateigentum gegenüber. Heinrich (2006, 109) zufolge tendierte er dazu, die Probleme der politischen Ökonomie als philosophische umzuformulieren.³ Gewissermaßen ‚übersetzte' er dabei die Gedanken der politischen Ökonomie in die ihm geläufige Diktion einer philosophischen Anthropologie. Dass der Arbeiter verdienen muss, um leben zu können, und dabei des Produkts seiner Arbeit beraubt wird, reformuliert Marx als Entfremdung des Arbeiters vom Objekt und Subjekt des Arbeitsprozesses (MEGA IV/2, 455). Dass die Menschen nur über das Geld miteinander in Kontakt treten, fasst er als Selbstentfremdung der Menschheit von ihrem Gattungswesen. Da das Geld in der Gegenwart „zum *wirklichen Gott*" (MEGA IV/2, 448) geworden ist, verarmt die Menschheit umso mehr, je weiter die Macht dieses Gottes wächst.⁴ Demzufolge wäre Marx' erste Kritik der politischen Ökonomie eine des Standpunkts: Weil die politische Ökonomie denkt, eine ewige, natürliche Form der menschlichen Produktion zu betrachten, beschreibt sie nur die Gesetze einer entfremdeten Welt und ist eine „Wissenschaft nur *innerhalb* der Entfremdung" (Heinrich 2006, 110).

Jedoch wäre der Schluss voreilig, dass Marx bloß den Standpunkt der politischen Ökonomie vom Standpunkt einer kritischen Anthropologie kritisiert, nicht aber ihre speziellen Einzelkonzepte. Es wird oftmals angenommen, dass Marx 1844, weil er nur den Standpunkt dieser Disziplin kritisieren wollte, die ökonomischen Theoreme als die richtigen Theoreme für falsche Verhältnisse aufgefasst hätte.⁵ In der Tat wandte er seine Kritik durch Übersetzung auch auf ‚Says Gesetz' an und lobte die Beschreibung des Geldes als Zirkulationsmittel im Warentausch bei James Mill:

> Sehr gut und das Wesen der Sache in einen Begriff gebracht, ist es, wenn Mill das *Geld* als den *Vermittler* des Austausches bezeichnet. Das Wesen des Geldes ist [...] daß die *vermittelnde Thätigkeit* oder Bewegung, der *menschliche*, gesellschaftliche Akt, wodurch sich die Producte des Menschen wechselseitig ergänzen, *entfremdet* und die Eigenschaft eines *materiellen Dings* ausser dem Menschen, des Geldes wird. Indem der Mensch diese vermittelnde Thätigkeit selbst entäussert, ist er hier nur als sich abhanden gekommner, entmenschter Mensch thätig [...]. Durch diesen *fremden Mittler*, – statt daß der Mensch selbst der Mittler für den Menschen sein sollte –

---

3 Marx habe den „philosophische[n] Begriff der Entfremdung" der politischen Ökonomie „äußerlich übergestülpt", bemerkt auch Lindner (2013, 68 u. 107).
4 Im *Manifest der Kommunistischen Partei* distanziert sich Marx von einer solchen Kritik durch Übersetzung: „Es ist bekannt, wie die Mönche Manuskripte, worauf die klassischen Werke der alten Heidenzeit verzeichnet waren, mit abgeschmackten katholischen Heiligengeschichten überschrieben. Die deutschen Literaten gingen umgekehrt mit der profanen französischen Literatur um. Sie schrieben ihren philosophischen Unsinn hinter das französische Original. Z. B. hinter die französische Kritik der Geldverhältnisse schrieben sie ‚Entäußerung des menschlichen Wesens', hinter die französische Kritik des Bourgeoisstaates schrieben sie ‚Aufhebung der Herrschaft des abstrakt Allgemeinen' usw." (MEW 4, 486)
5 Heinrich (2006, 110) etwa bemerkt, Marx habe „[a]n den einzelnen Analysen und Begriffsbildungen der Nationalökonomie [...] noch nicht viel auszusetzen". Im letzten *Pariser Heft* aber heißt es mit Blick auf ‚Says Gesetz': „Says Lehre ist wie alle nationalökonomischen Lehren falsch." (MEGA IV/3, 54)

schaut der Mensch seinen Willen, seine Thätigkeit, sein Verhältniß zu andern als eine von ihm und ihnen unabhängige Macht an. Seine Sklaverei erreicht also die Spitze. (MEGA IV/2, 447/448)

Marx vollzieht hier eine kritische Wendung von Mills Theorem und versteht das Geld als ein adäquates Vermittlungsinstrument entfremdeter menschlicher Beziehungen. Weil das Tauschverhältnis in seinen Augen kein menschliches Verhältnis ist, sondern das abstrakte Verhältnis von Privateigentümern, verhalten sich warentauschende Menschen nicht menschlich zueinander, sondern als Personifikation abstrakter Gegenstände (MEGA IV/2, 448). James Mill sprach genau dies durchaus korrekt aus, wenn auch auf eine affirmative Weise, indem er diese entfremdete Vermittlung als die natürliche Verkehrsform verstand (MEGA IV/2, 453).

Gleichwohl kritisierte Marx in den *Pariser Heften* Say, Mill und Ricardo auch ausdrücklich für ihr ‚Gesetz' des Marktes – und zwar weil es einen Begriff von Krise verunmöglicht. Manchmal werden die Dinge von der politischen Ökonomie korrekt ausgesprochen und müssen nur noch kritisch entwickelt werden, immer ist dies offensichtlich aber nicht der Fall. Als Marx jene Stelle exzerpiert, an der Ricardo seine Akzeptanz von ‚Says Gesetz' in all seinen vier Dimensionen bekundet (dazu 1.1), bemerkt er in einer längeren Notiz die Untauglichkeit der Ricardianer, ihr Gesetz mit der krisenhaften gesellschaftlichen Wirklichkeit zu vereinbaren.

> Die Nationalökonomie hat nicht nur das Wunder von Ueberproduktion und Ueberelend, sondern auch von einem Wachsthum der Capitalien, wie ihrer Anwendungsweisen einerseits und dem Mangel an produktiver Gelegenheit durch dieses Wachsthum andrerseits. [...] Was Ricardo nicht beantworten kann und ebenso wenig Herr Say (der mit ihm übereinstimmt [...] und der zuerst[6] das Princip aufgestellt hat, daß die Nachfrage nach Producten nur durch die Production selbst beschränkt ist), woher die *Concurrenz* und die daher erfolgenden Bankerutte, Handelskrisen etc, wenn jedes Capital seinen gehörigen emploi findet? wenn der emploi immer im Verhältniß zur Zahl der Capitalien stehe? (MEGA IV/2, 416/417)

Diese Passage zeigt, dass Marx schon in Paris nicht nur den Standpunkt, sondern auch einzelne Theoreme der politischen Ökonomie verwarf. Worauf Ricardo und Say keine „Antwort" fanden, waren die Krisen. Da Marx seine Auseinandersetzung mit der politischen Ökonomie zu einem Zeitpunkt begann, als die Krisen des Kapitals die Leerstellen dieser Disziplin bereits enttarnt hatten, war die Feststellung nicht schwer, dass offenkundig nicht nur ihr Standpunkt, sondern auch ihre Analysen und Theoreme nicht ganz ‚richtig' sein konnten.

Bemerkenswert ist auch, dass Marx in dieser Passage das Krisenproblem auf eine Weise erfasst, wie er es noch mehr als zwanzig Jahre später im *Kapital* tun sollte. Zwei Sachverhalte versetzten die politische Ökonomie in Staunen und kamen ihr wie ein „Wunder" vor, da sie von ihren Naturgesetzen abwichen und deshalb nur durch den

---

[6] Marx sieht hier noch in Say den Urheber des ‚Gesetzes'; in *Zur Kritik der politischen Ökonomie* (1859) hielt er diesem vor, James Mill plagiiert zu haben (MEGA II/2, 166).

Zufall oder mittels widernatürlicher Kräfte auf die Welt gekommen sein konnten. Zum einen „das Wunder von Ueberproduktion und Ueberelend", also der alltägliche Mangel inmitten von Überfluss; zum anderen das Wunder der Handelskrisen, das Marx aus einem Missverhältnis zwischen dem Wachstum des Kapitals und seiner mit diesem Wachstum einhergehenden „Anwendungsweisen" (ließ: Verwertungsgelegenheiten) einerseits und dem gleichzeitigen Mangel an Anwendungsweisen durch dieses Wachstum andererseits hervorgehen sieht. Dieser abstrakten Bestimmung der Krisenhaftigkeit wird Marx bis zum *Kapital* treu bleiben: Sie entspringt einer Dynamik, in der das Kapital durch sein Wachstum (ließ: die Akkumulation) die Möglichkeiten seiner Verwertung vergrößert und mit diesem Wachstum zugleich einen Mangel daran befördert.[7]

Marx versucht sich in Paris nicht an einer näheren Bestimmung dieser Kapitaldynamik der Selbstbeschränkung durch Selbstverwertung, sondern kritisiert Ricardo und Say immanent für die Inkohärenz ihres ‚Gesetzes'. Er sieht es im Widerspruch zu anderen Theoremen, wie der Konkurrenz, die vor allem Ricardo in seinen *Principles of Political Economy, and Taxation* als Konkurrenz zwischen den Produzenten um den Ausstoß, zwischen Händlern um den Absatz und zwischen Arbeitern um den Lohn ausführlich behandelt. Aber in seiner Akkumulationstheorie lasse Ricardo „[d]ie Konkurrenz […] ganz aus dem Spiel" (MEGA IV/2, 416) und sehe davon ab, dass unter dem Privateigentum die individuellen und allgemeinen Interessen nicht identisch sind und daher auch keine Identität zwischen Produktion und Konsumtion bestehen kann: „Das Mißverhältniß kömmt nicht aus dem Mißverhältniß der ungeheuren Grösse des Capitals einerseits und der Zahl der möglichen Anwendungen andrerseits. Es entspringt aus der *Vielheit* der Capitale ihrer Parcellirung und wechselseitig feindseeligen Action." (MEGA IV/2, 415)[8] Ricardos Theorie war für Marx nicht kohärent.

Aber noch mehr: Indem die politische Ökonomie in ‚Says Gesetz' von der Konkurrenz abstrahiert und sich den Kapitalismus als harmonische Gesellschaft mit gemeinschaftlichem Eigentum vorstellt, abstrahiert sie von der Realität. Ihr gilt die Wirklichkeit als bloß akzidentiell oder ihre Abstraktion für die eigentliche Wirklichkeit. Genauer gesagt, denkt Marx, dass die abstrakten Gesetze der politischen Ökonomie

---

7 Henryk Grossmann bemerkte in seinem Brief an Paul Mattick vom 17. Juni 1933, dass Marx bereits in dieser Passage „ausdrücklich von der Überakkumulation von Kapitalien schreibt und darin die Krisenursache sieht" (Grossmann 1969, 101). Zwar ist von einer „Überakkumulation" nicht die Rede, aber es ist in der Tat bemerkenswert, dass Marx die Krise von Anfang an nicht von einer einfachen Theorie der Warenüberproduktion oder der Unterkonsumtion der Massen aus begriffen hat, sondern als Widerspruch der Akkumulation, die gerade deshalb misslingt, weil alles gut geht (dazu 4.1).
8 In seinen Kommentaren zu McCullochs *Discourse* wiederholt Marx: „Die Infamie der Nationalökonomie besteht darin, unter der Voraussetzung der durch das Privateigenthum feindlich getrennten Interessen so zu spekuliren als wären die Interessen nicht getrennt und das Eigenthum gemeinschaftlich. So kann sie beweisen, daß wenn ich alles consummire und du alles producirst, Consumtion und Produktion in Bezug auf die Gesellschaft in gehöriger Ordnung sind." (MEGA IV/2, 482)

die Realität nur in einem bestimmten Moment fixieren. So „begeht Mill – wie überhaupt die Schule von Ricardo – den Fehler, daß sie das *abstrakte Gesetz*, ohne den Wechsel oder die beständige Aufhebung dieses Gesetzes, – wodurch es erst wird – ausspricht." (MEGA IV/2, 447; vgl. 5.3.3)[9] Statt zu rekonstruieren, wie Produktion und Konsumtion zu einer Deckung kommen, nämlich indem periodisch Produktionsanlagen stillgelegt und Konsumtionsgüter vernichtet werden, wird einfach eine Identität der Gleichung präsentiert. Die „Infamie der Nationalökonomie" besteht also in einer einseitigen, apologetischen Spekulation. ‚Says Gesetz' enthält ein wahres Moment (Geld wird als Entfremdung gesellschaftlicher Verhältnisse erkennbar) und stellt zugleich die Wirklichkeit schöner da, als sie eigentlich ist, indem es ihre Antagonismen, Kollisionen und Krisen verschweigt. Es stimmt und es stimmt doch nicht: Weil das allgemeine Gesetz nicht die „wirkliche Bewegung" des ökonomischen Prozesses, durch die sie sich zugleich verwirklichen und aufheben, erfassen kann, lehnt Marx zu dieser Zeit nicht nur ‚Says Gesetz', sondern auch die Werttheorie ab, die in seinen Augen einen fixen Tauschwert behauptet (MEGA IV/2, 447).

Indem er die immanenten Widersprüche und die Mängel auch der positiven Lehren der politischen Ökonomie bemerkte, muss Marx allerdings auf Probleme seiner eigenen Methode der Kritik durch Übersetzung gestoßen sein. Wenn einzelne Gesetze der politischen Ökonomie nicht nur der zwar zynische, aber immerhin korrekte Ausdruck einer entfremdeten Realität sind – wie Marx es der Auffassung vom Geld als Zirkulationsmittel zugute hielt –, sondern zum Teil auch grundlegend falsch sind, dann können die Widersprüche der Ökonomen auch nicht mit einem äußerlichen an sie herangetragenen Ansatz aufgelöst werden. Eine Übersetzung kann nur gelingen, wenn die Vorlage selbst in Ordnung ist – aber gerade dies war für ‚Says Gesetz' nicht der Fall. Weil Marx schon in Paris bemerkte, dass auch die Theoreme der politischen Ökonomie nicht immer stimmen, stieß er gleichsam mit seiner Art, Kritik zu üben, an Grenzen. Seine erste Kritik der politischen Ökonomie blieb unvollständig.

Damit wäre, entgegen der Annahme eines ‚Stirner-Schocks', Marx' Abschied von der anthropologischen Philosophie nicht allein durch einen externen Faktor verursacht. Der Idee, dass erst Max Stirners Kritik an Feuerbachs Essentialismus, vorgebracht im Herbst 1844 in *Der Einzige und sein Eigenthum*, Marx plötzlich Schwächen seines eigenen Ansatzes aufdeckte, liegt die Annahme zugrunde, dass er mit seinem entfremdungsphilosophischen Ausgangspunkt selbst völlig zufrieden war. Dagegen ist Marx' ‚Bruch' mit der Entfremdungsphilosophie ebenso deren internen Problemen

---

9 „Diese *wirkliche* Bewegung, wovon jenes Gesetz nur ein abstraktes, zufälliges und einseitiges Moment ist, wird von der neurn Nationalökonomie zum Accidenz gemacht, zum Unwesentlichen." (MEGA IV/2, 447) – „Die Nationalökonomie, um ihren Gesetzen einigermassen Consistenz und Bestimmtheit zu geben, muß die Wirklichkeit als accidentell und die Abstraktion als wirklich unterstellen." (MEGA IV/2, 405) – „Den Ricardiens ist es also nur um das *allgemeine Gesetz* zu thun. Wie das sich durchsezt, ob Tausende darüber ruinirt werden, ist dem Gesetz und den Nationalökonomen vollständig gleichgültig." (MEGA IV/2, 482)

geschuldet, die der erste Versuch einer Kritik an ‚Says Gesetz' zu Tage treten ließ. Wie die politische Ökonomie der Ricardianer ist die anthropologische Philosophie zwar gut ausgerüstet, einen Zustand vom Standpunkt eines „gegenüber Geschichte und Gesellschaft fixierten Absolutum" (Kluchert 1985, 72) als Ausdruck menschlicher Selbstentfremdung zu kritisieren, aber weniger in der Lage, eine spezifische gesellschaftliche Dynamik (die „wirkliche Bewegung") zu begreifen, in der die Gesetze sich durchsetzen, indem sie sich selbst aufheben und somit als ihr Gegenteil erscheinen. In der sechsten These *1) ad Feuerbach*, niedergeschrieben im Frühjahr 1845, kritisiert Marx eben jene statischen Abstraktionen, wie auch ‚Says Gesetz' eine ist: Mit seinem Essentialismus sei Feuerbach „gezwungen [...] von dem geschichtlichen Verlauf zu abstrahiren u. das religiöse Gemüth für sich zu fixiren" (MEGA IV/3, 21).

Marx erkannte, dass eine Kritik der politischen Ökonomie sich nicht nur den Standpunkt dieser Wissenschaft, sondern auch ihre Theoreme und Analysen vornehmen muss. Das Misslingen einer Kritik von ‚Says Gesetz' verdeutlichte die Grenzen einer philosophischen Kritik das Kapitalismus: Weder konnte Marx mit seiner Entfremdungstheorie gegenüber den Ökonomen einen Punkt auf ihrem Gebiet machen – inwiefern etwa führt die Kapitalakkumulation sowohl ein Wachstum als auch einen Mangel an Anwendungsmöglichkeiten herbei? –, noch zu positiven Aussagen über die gesellschaftliche Wirklichkeit gelangen, indem er ihr philosophische Begriffe überstülpte. Eine Abkehr von der Philosophie und eine Hinwendung zur politischen Ökonomie sind angesichts dieser Einsichten plausibel.

Wie bemerkt, steht das Krisenproblem nicht im Zentrum der *Ökonomisch-philosophischen Manuskripte* und es sollte für Marx erst mit der Krise von 1847 und der auf sie folgenden Revolution an Dringlichkeit gewinnen. Wie sehr ihn dennoch ‚Says Gesetz' beschäftigte, ist daran zu erkennen, dass er in seinem letzten *Pariser Heft*[10] einen zweiten Anlauf zu einer Kritik daran unternommen hat. Inmitten seiner Exzerpte aus Pierre de Boisguillebert unterbricht Marx die Auszüge in einer für die *Pariser Hefte* typischen Weise durch eine längere Ausführung eigener Gedanken. Wie Boisguillebert „den *Mangel innerhalb des Ueberflusses* erklärt", nämlich aus einem Mangel an Produktion, sei „ähnlich wie *Say* die *Ueberproduktion* durch seine Lehre v. den *débouchés* wegdemonstrirt". Marx betont abermals: „Says Lehre ist wie alle nationalökonomischen Lehren falsch." (MEGA IV/3, 54)[11] Falsch findet er nach wie vor, dass das ‚Gesetz' die Überproduktion und damit die Krisenhaftigkeit „wegdemonstriert".

---

10 Die Datierung des Exzerpthefts ist unsicher, aber seine Editor:innen vermuten den Pariser Spätsommer als wahrscheinlichste Entstehungsumgebung (siehe MEGA IV/3 App., 613/614).
11 Diese Passage stellt Mandels (1968, Kap. 3) Interpretation infrage, der zwar die Pariser Texte über Manuskripte und Exzerpte hinweg in der Abfolge ihrer Entstehung interpretiert, aber das letzte *Pariser Heft* nicht kannte. Mandel zufolge lehnte Marx zuerst die „Arbeitswerttheorie" als gänzlich unrealistische Abstraktion ab, ehe er dazu überging, das „abstrakte Gesetz" als „ein Moment der wirklichen Bewegung" zu betrachten. Aber wie kann „Says Lehre" dann schlichtweg „falsch" sein? – Auch die Überlegung bei Herre (1973, 110), dass laut Marx der Widerspruch der Ricardianer, ‚Says Gesetz'

Dagegen versucht Marx mithilfe der an Feuerbach orientierten Entfremdungsphilosophie, Voraussetzungen des Phänomens der Überproduktion zu bestimmen. Erstens erfolge die Produktion unter dem Privateigentum bewusstlos und blind, nicht dem menschlichen Wesen entsprechend. Weil „nicht *menschlich*" (MEGA IV/3, 55) produziert werde, sind die menschlichen Bedürfnisse, zweitens, auch nicht der Maßstab der Produktion, was eine Überfülle von Produkten überhaupt erst ermöglicht.[12] Schließlich hat der Reichtum unter dem Privateigentum, drittens, gerade das Elend und die „feindliche Ausschliessung der Mehrzahl v. dem Resultat der Production" zur Voraussetzung und daher bleiben die Absatzmärkte („débouchés") durch „den kleinen Rest der *zahlungsfähigen Menschheit*" (MEGA IV/3, 56) beschränkt.

Marx sieht zwar das wachsende Elend durch das Wachstum der Produktion selbst bedingt und präzisiert auf diese Weise seine frühere These von dem „Wunder [...] von einem Wachsthum der Capitalien, wie ihrer Anwendungsweisen einerseits und dem Mangel an produktiver Gelegenheit durch dieses Wachsthum andrerseits" (MEGA IV/2, 416). Denn: „Mit dem Wachsen der Production wächst der Mangel an Débouchés, weil die Zahl der Eigenthumslosen" (MEGA IV/3, 57) auch zunehme.[13] Doch abermals bemerkt Marx, dass zum einen die Überproduktion „heut zu Tage im Allgemeinen genommen sicher nicht stattfindet" – dass die Krisen also nicht permanent sind, sondern gerade aus einer spezifischen Kapitaldynamik hervorgehen – und dass zum anderen selbst „dann auch noch Ueberproduktion stattfinden könnte", wenn „alle reich wären", das heißt eine Voraussetzung, unter der er soeben noch ‚Says Gesetz' kritisiert hatte (die Armut vieler), doch nicht gegeben wäre.[14] Obwohl sich zentrale Elemente der späteren Marx'schen Krisentheorie des *Kapital* bereits in roher Form in den *Pariser Heften* nachweisen lassen – Versachlichung der gesellschaftlichen Verhältnisse gegenüber den Menschen, private Arbeit und Konkurrenz („wechselseitig feindselige Action"), Lohnarbeit („feindliche Ausschliessung der Mehrzahl

---

und „Arbeitswerttheorie" nicht mit der Realität in Einklang bringen zu können, der zynische aber korrekte Ausdruck der kapitalistischen Produktionsweise selbst sei, kann angesichts dieser eindeutigen Zurückweisung von ‚Says Gesetz' nicht überzeugen. Herre antizipiert vielmehr Marx' spätere Kritik, wonach das ‚Gesetz' die abstrakte Selbstbezüglichkeit des Kapitals zum Ausdruck bringt. Wie das Kapital seine Voraussetzungen externalisiert, so tun es ihm seine Theoretiker nach (siehe 4.1).

12 Say vergesse, „daß die Grenze der *demande* das Privateigenthum ist. In Frankreich z. B. werden nicht zu viel *Schuhe* producirt, es gehn Millionen barfuß. Die Ueberproduktion tritt ein, sobald mehr producirt wird, als es zahlungsfähige Aspiranten v. Schuhen giebt" (MEGA IV/3, 55).

13 „Die Production producirt selbst die allgemeine Armuth, also mit jedem verarmten Individuum ein débouché weniger." – „Die *demande* im ökonomischen Sinn muß abnehmen durch die Industrie. Die *Masse* der Producte muß verhältnißmässig wachsen, also immer mehr die demande übersteigen, d.h. werthlos werden." (MEGA IV/3, 57)

14 „Also nicht, daß v. andrer Seite ebenfalls möglichst viel producirt wird, sondern daß *möglichst viele Menschen* Producte zum Austausch besitzen, wäre die Bedingung eines grossen débouché, d. h. daß *alle reich* wären, obgleich dann auch noch *Ueberproduktion* stattfinden könnte, die heut zu Tage im Allgemeinen genommen sicher nicht stattfindet." (MEGA IV/3, 56)

v. dem Resultat der Production") und Kapitalakkumulation (als Prozess der Selbstbeschränkung durch Selbstverwertung) –, war er im Spätsommer 1844 einer Lösung des Krisenproblems kaum nähergekommen.

Manchester, Sommer 1845

Dass es sich auch beim Geld nicht einfach um einen neutralen Mittler, sondern um ein krisenträchtiges Element handelt, erkannte Marx schnell in seinen weiteren ökonomischen Studien. Während einer mit Engels unternommenen sechswöchigen Reise nach England im Sommer 1845 füllte er neun Hefte mit Exzerpten aus Schriften vornehmlich englischer Ökonomen, die damals auf dem europäischen Kontinent kaum erhältlich gewesen waren. In den Heften befinden sich unter anderem Auszüge aus John Stuart Mills gerade veröffentlichter Aufsatzsammlung *Essays on Some Unsettled Questions of Political Economy* (1844), in der Mill auch seinen schon früher entstandenen Beitrag zur Kontroverse um die Überproduktion erstmals abdruckte.[15] Wie im geldpolitischen Streit zwischen *Currency* und *Banking School* (dazu 1.5.3) versuchte Mill, auch zwischen ‚Says Gesetz' und seinen Kritikern zu vermitteln. Zwar verwirft er zu Beginn seines Essays *Of the Influence of Consumption upon Production* die Einwände gegen das Gesetz als „palpable absurdities",[16] aber dennoch sieht er den Ursprung dieser Opposition in den ökonomischen Erscheinungen selbst (Mill 1844, 50): Obwohl ‚Says Gesetz' korrekt sei, war es offensichtlich trotzdem immer wieder zu Krisen gekommen.

So wendet sich John Stuart im Zuge seiner Argumentation auch gegen die Annahme seines Vaters James Mill, dass sich Angebot und Nachfrage mit metaphysischer Notwendigkeit („metaphysical necessity") in einem Zustand der Harmonie befänden. Marx wird in seiner späteren Kritik des ‚Gesetzes' nicht nur die Formulierung „metaphysische Nothwendigkeit" (MEGA II/2, 166) gebrauchen, sondern auch Mills entscheidenden Einwand aufgreifen. Der wirft den „Ökonomischen Läugner[n] der Ueberproduktion" (MEGA IV/4, 341), also auch seinem Vater nämlich vor, in ihrem Modell etwas übersehen zu haben: Say und James Mill analysierten bloß eine Ökonomie des Naturalgütertauschs („barter"),[17] in Geld keine konstitutive Rolle spiele. Aber das Geld trenne den Tauschakt in zwei verschiedene Operationen – Kauf und Verkauf – und reiße seine Identität potenziell auf, da sich etwa Käufe aufschieben

---

[15] Die Essays, die Mill als Sammlung publizierte, sind bereits 1829/30, unmittelbar nach der von ihm gesondert analysierten (siehe Béraud 2013) Krise von 1825 entstanden.
[16] „In opposition to these palpable absurdities it was triumphantly established by political economists, that consumption never needs encouragement. All which is produced is already consumed" (Mill 1844, 48).
[17] „[T]his argument is evidently founded on the supposition of a barter; and, on that supposition, it is perfectly uncontestable" (Mill 1844, 69).

ließen. Obwohl er an ‚Says Gesetz' festhält, begründet das Geld für Mill die Möglichkeit einer allgemeinen Warenüberproduktion.

Als Marx Mills Ausführungen in Manchester liest, bewertet er sie sogleich als eklektisches Resultat des aussichtslosen Versuchs, zwischen unvereinbaren Widersprüchen zu vermitteln.[18] Für Mill hatten sowohl sein Vater als auch dessen Kritiker Recht: der Vater, weil die warentauschende Gesellschaft schlussendlich Wohlstand für alle garantiert; die Kritiker, weil es in einer Geldwirtschaft nichtsdestotrotz Krisen geben kann.[19] Ähnlich wie Mill später den *Bank Act* als falschen Schluss aus dem richtigen Currency-Prinzip verwerfen wird, hielt er zwar ‚Says Gesetz' für richtig, aber den Schluss für falsch, dass deshalb keine Krisen möglich wären. Sein Synkretismus war auf die theoretische „Verzweiflung" (MEGA IV/4, 340) zurückzuführen, als bürgerlicher Ökonom die Prosperitätsversprechen der modernen Gesellschaft zu akzeptieren, aber die Krisenleugnung nach 1825 nicht länger durchhalten zu können (dazu 1.6). Die gleiche Logik ist auch in Mills Beitrag zur damals viel diskutierten Entwicklungstendenz der bürgerlichen Gesellschaft hin zu einer ultimativen Stagnation infolge des unvermeidlichen Falls der Profitrate zu beobachten: Die Entwicklung zur Stagnation sei nicht zu verhindern, aber dies wäre auch kein Grund zur Sorge (5.4.2).[20]

Mitten in den Auszügen aus Mill erweitert Marx seine eigene Kritik von ‚Says Gesetz': „Wenn gesagt wird, z. B. von *old Mill*, daß demand und Zufuhr identisch sind, weil jeder Zuführer ein demandeur ist, so vergißt er, abgesehen vom *Geld*punkt, (es handelt sich nicht um Tauschhandel,) daß jeder von dem andern kaufen will, um mit Profit zu verkaufen, nicht um irgend ein unmittelbares Bedürfniß zu befriedigen." (MEGA IV/4, 342) Auch vom Junior inspiriert, veränderte Marx seine Einschätzung zu Mill Senior aus den *Pariser Heften* grundlegend. In Paris hatte er James Mill noch dafür gelobt, zynisch aber korrekt die Beziehungen des Tauschs zu beschreiben; jetzt kritisiert er, dass dieser gar nicht den Warentausch, bloß einen Naturalgütertausch

---

18 „Dieser *Mill* Junior ist ein merkwürdiges Beispiel von der Verzweiflung, worin der *theoretische Bourgeois* geraten ist. Erst sagt er die Oekonomen haben Recht, man versteht sie nicht, sie stellen scheinbar paradoxe Sätze auf. Dann zeigt er, daß diese Sätze wirklich abgeschmackt sind. Die Heilmittel, die er giebt sind eben so abgeschmackt. Und schließlich hat er dann den ökonomischen Satz, den er widerlegt hat, bewiesen! Beispiel wie er die Ueberproduktion beweist" (MEGA IV/4, 340).
19 Im ersten Band des *Kapital* heißt es: „Herr *J. St. Mill* versteht es, mit der ihm geläufigen eklektischen Logik, der Ansicht seines Vaters J. Mill und zugleich der entgegengesetzten zu sein." (MEGA II/5, 83) Stedman Jones (2017, 498) behauptet, Marx habe in Mill einen Vulgärökonomen gesehen, aber Marx hat dies explizit verneint (MEGA II/5, 493) und Mill stattdessen wiederholt als eklektisch und synkretistisch kritisiert.
20 Zu John Stuart Mills Fassung von ‚Says Gesetz' siehe Hollander (1985, Kap. 7). Tugan-Baranowski (1901, 177) hielt die „Lehre [...] von J. S. Mill" für „so verwickelt und dunkel, dass die betreffenden Seiten wahrscheinlich nur von wenigen vollkommen verstanden worden sind". Die Komplikationen lösen sich darin auf, dass Mill in Bezug auf ricardianische Theoreme wie das Currency-Prinzip, ‚Says Gesetz' und die Tendenz zur Stagnation immer am Ausgangsprinzip festhält, um dann dessen Implikationen zu verwerfen und auf diese Weise auch den Kritikern der Theoreme Recht zu geben.

behandelte. In Paris hatte Marx Mill auch dafür gelobt, zynisch aber korrekt das Geld als entfremdete Vermittlung sozialer Beziehungen zu fassen; jetzt aber „vergißt" Mill den „Geldpunkt", die eigentümliche Rolle des Geldes im Warentausch. Die schnelle Änderung seiner Meinung zu Mill bringt eine Erweiterung seiner Kritik von ‚Says Gesetz' in nunmehr allen seinen vier Dimensionen (dazu 1.1) zum Ausdruck. Dieses war noch viel falscher, als Marx in Paris dachte.

Brüssel, Frühjahr 1845

Marx' Kritik aller vier Dimensionen von ‚Says Gesetz' geht auch auf seine erste Lektüre der ökonomiekritischen Werke Simonde de Sismondis zurück, die einen Ausweg aus den internen Problemen seiner philosophischen Anthropologie anboten und dazu beigetragen haben dürften, ihn von der Werttheorie zu überzeugen. Es mag scheinen, als wäre Marx bereits 1844 in Paris mit Sismondi vertraut gewesen, bevor er James Mill kommentierte.[21] Aber die wenigen Pariser Referenzen zu Sismondi sind oberflächlich und zeigen keine genauere Lektüre an.[22] Er verfolgte in Paris wohl auch die Absicht, Sismondi zu lesen – und zwar den wichtigen Anhang zur zweiten Ausgabe der *Nouveaux principes* bestehend aus den drei Artikeln, in denen dieser sich gegen seine Kritiker McCulloch, Ricardo und Say verteidigt –, aber anscheinend hat er diese nicht verwirklicht.[23] In Paris hatte Marx aller Wahrscheinlichkeit nach höchstens eine grobe Vorstellung von den Grundideen Sismondis und in der Tat exzerpierte

---

21 Dies nehmen Rojahn (1984) und Stedman Jones (2017, 199) an. Dagegen meint Herre (1973, 96), dass Marx sich erst nach der Lektüre von Sismondi der Werttheorie anschloss.
22 Das einzige Zitat von Sismondi in den *Ökonomisch-philosophischen Manuskripten* entstammt dem Buch seines Schülers Antoine-Eugène Buret *De la misere des classes laborieuses en Angleterre et en France* (1840, I, 6/7). Es lautet: „Sismondi sagt mit Recht, daß nach dieser Ansicht von Ricardo der König von England, wenn er durch Maschinen im ganzen Lande dasselbe revenu erhalten könnte, des *englischen Volks* nicht bedürfte." (MEGA IV/2, 421; ein zweites Mal zitiert in MEGA I/2, 222) – Auch als er bemerkt, dass Say und Sismondi den Standpunkt der Ricardianer verlassen mussten, um ihre Unmenschlichkeit zu kritisieren, kann er die Passagen bei Say genau angeben, zu Sismondi hingegen nicht einmal ein Werk anführen (MEGA IV/2, 421).
23 Der auf das Titelblatt des Marx'schen Exzerptheftes notierte Titel des Anhangs ist wieder getilgt (MEGA IV/2, 471, Faksimile). Trotz dieser Streichung glaubt Rojahn (1983, 41), dass Marx schon in Paris den Anhang zur zweiten Auflage der *Nouveaux Principes* gelesen hat, weil er McCulloch an einer Stelle einen „Schüler des cynischen Ricardo" (MEGA I/2, 451) nennt, ähnlich wie Sismondi ihn in seinem Anhang als „un disciple de M. Ricardo" vorstellte. Aber es war damals allgemein bekannt, dass es sich bei McCulloch um einen Schüler Ricardos handelte. Im Vorwort der von Marx 1844 exzerpierten französischen Übersetzung seines *Discourse* heißt es über ihn: „Adoptant en général les principes de Ricardo, il expose rapidement la théorie et en fait entrevoir les principales applications." (McCulloch 1825, XI) Im Nachwort des Übersetzers Guillaume Prévost ist immer wieder von „Les Ricardiens", von „Ricardo et [...] ses successeurs" (McCulloch 1825, 180), und auch von den „disciples de Ricardo" (McCulloch 1825, 162) die Rede, zu denen Prévost McCulloch zählt.

er dessen ökonomischen Werke erst im Brüsseler Exil im Frühjahr 1845 nach seiner Ausweisung aus Paris.[24]

Wie gesehen, wies Marx schon 1844 in Paris ‚Says Gesetz' als statisch und wirklichkeitsverleugnend zurück, und lehnte aus dem gleichen Grund auch Ricardos Werttheorie ab, da sie die „wirkliche Bewegung" der Produktion ebenfalls nicht zu berücksichtigen schien (MEGA IV/2, 447). Sismondi hingegen war in der Lage, die Krisen gerade *mithilfe der Werttheorie* zu erklären. In Marx' Brüsseler Exzerpten aus den *Études* befinden sich alle krisenrelevanten Ausführungen Sismondis: die Kritik an ‚Says Gesetz' als einem unrealistischen Modell, das „wie es die deutschen Metaphysiker tun würden, von Zeit und Raum absieht" (Sismondi 1971 [1827], II, 328); die Reproduktionstheorie, der zufolge die Kapitalakkumulation steigende Arbeitslosigkeit und vermindertes Einkommen bedeutet (MEGA IV/3, 129); die Erklärung der Krise von 1825 durch industrielle Überproduktion und eine internationale Kreditausdehnung auf Grundlage der Verschuldung der amerikanischen Republiken (MEGA IV/3, 183–185 u. 197); und nicht zuletzt die Idee, dass das Produktionsmotiv in der modernen Handelsgesellschaft nicht länger die Bereitstellung des Gebrauchs-, sondern die Vermehrung des Tauschwerts ist, was Sismondi schließlich als den Ursprung einer tiefen Mittel-Zweck-Verkehrung begriff, bei der die Menschen den Dingen untergeordnet werden. Gerade weil mit der Vermehrung des stofflichen Reichtums nicht auch der abstrakte Reichtum des Werts wächst, kommt es zu der Produktion um der Produktion willen, dem Wettbewerb um den Absatzmarkt, dem industriellen Vernichtungskrieg der Nationen, der Verelendung der Massen und den wiederkehrenden Wirtschaftskrisen.

Es ist keine Überraschung, dass ein lautes Echo von Sismondis Kritik der politischen Ökonomie in Marx' Thesen *1) ad Feuerbach* nachhallt, die wahrscheinlich unmittelbar nach den Exzerpten aus Sismondi entstanden sind.[25] Drei Kritikpunkte von Marx an Feuerbach ähneln denen, die Sismondi an die Ricardianer richtete: 1) dass die Abstraktionen unrealistisch sind und die gesellschaftliche Wirklichkeit verfehlen; 2) dass sie insbesondere „vom geschichtlichen Verlauf" abstrahieren, also statisch sind und keine historische Dynamik kennen; 3) und dass die epistemologischen Subjekt-Objekt-Verkehrungen – wie die Religion, die Feuerbach als Beherrschung des Menschen durch seine eigenen Kopfgeburten kritisierte – aus „der Selbstzerrissenheit u. [dem] Sichselbstwidersprechen" (MEGA IV/3, 20) der „weltlichen Grundlage" selbst hervorgehen. Indem die Ricardianer mit ihrer Chrematistik die Menschen nur als Anhängsel der Vermehrung des abstrakten Reichtums betrachteten, bejahten sie

---

24 Lediglich die Exzerpte aus den *Études sur l'économie politique* wurden überliefert, die aus den *Nouveaux principes* sind dagegen verloren gegangen.
25 Die Thesen *1) ad Feuerbach* werden auf Mitte April 1845 datiert (MEGA IV/3 App., 478), die Exzerpte aus Sismondis *Études* entstanden zwischen Anfang Februar und Mitte April 1845 (MEGA IV/3 App., 643 u. 653).

in den Augen Sismondis bloß die für die moderne Handelsgesellschaft charakteristische Mittel-Zweck-Verkehrung selbst. Marx wollte in Paris davon ausgehen, dass die politische Ökonomie die richtige Theorie für falsche Verhältnisse und daher bloß der Standpunkt dieser Wissenschaft als Affirmation des falschen Lebens zu kritisieren sei. Ähnlich hielten auch Owen und Bray die einzelnen Theoreme der politischen Ökonomie wie ‚Says Gesetz' für richtig, aber das moderne Produktionssystem für falsch, da es die Verwirklichung dieser richtigen Theoreme verhindert (1.4). Aber weil die politische Ökonomie keine Antwort auf die Krisen gab, befand Marx schon 1844 ihre Theoreme zugleich für „falsch" und stieß daher mit seinem Versuch an Grenzen, sie einfach in die Sprache der philosophischen Anthropologie zu übersetzen. Indem Sismondi erklärte, dass die einzelnen ökonomischen Theoreme falsch sind, weil die Produktionsweise falsch ist, deutete er an, dass die Verkehrung im Denken der Ökonomen der Produktionsweise selbst entspringt, also noch die Falschheit der Theorie eine Wahrheit über die modernen Produktionsverhältnisse verrät.

Marx' Sismondi-Lektüre zog insbesondere zwei Konsequenzen nach sich. Erstens fiel Sismondis Verständnis der modernen Handelsgesellschaft als einer historisch besonderen Organisationsweise der Produktion, die auf dem Tauschwert beruht und die Krisen notwendig hervorbringt, bei dem an der Wesensphilosophie zweifelnden Marx auf fruchtbaren Boden und muss zu den Gründen gezählt werden, aus denen er mit dieser brach und selbst die Werttheorie akzeptierte.[26] In der Tat: Kurz bevor Marx in der *Misère de la philosophie* (1847) seine Akzeptanz der Werttheorie bekennt,[27] begründet er dies mithilfe von Sismondi, der die Überproduktion gerade durch die Wertbestimmung erklärt hatte:

Sismondi [...] sieht in diesem durch die Arbeitszeit „*konstituirten* Werth" die Quelle aller heutigen Widersprüche zwischen Handel und Industrie. [...] Die beständige Entwerthung der Arbeit ist nur eine Seite, nur eine Konsequenz der Abschätzung der Waaren durch die Arbeitszeit; übermässige Preissteigerungen, Ueberproduktion und viele andere Erscheinungen industrieller Anarchie finden in diesem Abschätzungsmodus ihre Erklärung. (MEGA I/30, 262/263)[28]

---

[26] Die Bedeutung von Sismondis Untersuchung verschiedener Gesellschaftsformationen für Marx' Theorieentwicklung ist ebenfalls bei Richter (1978, 278–287) angedeutet. Im Gegensatz zu Sismondi sprachen weder Feuerbach noch Proudhon über die Historizität verschiedener Organisationsweisen der Gesellschaft. Marx sah in Sismondis Analyse der Widersprüche der kapitalistischen Produktion einen geeigneteren Anknüpfungspunkt als in Feuerbachs philosophischem Humanismus.
[27] „Die Bestimmung des Werthes durch die Arbeitszeit, d. h. die Formel, welche Herr Proudhon uns als diejenige hinstellt, welche die Zukunft regeneriren soll, ist nur der wissenschaftliche Ausdruck der ökonomischen Verhältnisse der gegenwärtigen Gesellschaft, wie Ricardo lange vor Herrn Proudhon klar und deutlich bewiesen hat." (MEGA I/30, 265)
[28] Siehe Henryk Grossmann (2018 [1924], 103): „Crises and overproduction, the relations of economic disproportion, are here, in conformity with Sismondi, deduced not from the unequal distribution of wealth, nor from the fact of the underconsumption of the working class, but rather *from the funda-*

Wenn Marx in den *Grundrissen* schreiben wird, dass Sismondi „nicht nur das Antreffen der Schranke betont, sondern das Schaffen derselben durch das Capital selbst, das so in Widersprüche geräth, von denen er ahnt, daß sie zu seinem downbreak führen müssen" (MEGA II/1, 323), dann umreißt er damit jenen zweiten Teil der Gleichung des Problems aus dem Sommer 1844, dass das Kapital in seinem Expansionsprozess seine Schranken erweitert und zugleich auch immer wieder neu setzt.

Aus Sismondis politischer Ökonomie ergibt sich zweitens eine große Bedeutung des Studiums der Phänomene des Wirtschaftslebens, darunter der historischen Krisen, die für Sismondi die aktuellen Umwandlungsprozesse erhellen. Den Krisen widmet sich Marx im September 1846 nach der Arbeit an den Manuskripten zur *Deutschen Ideologie*, in denen das Programm einer anti-philosophischen Wirklichkeitswissenschaft emphatisch umrissen wird,[29] und zwar in seinem beinahe 1000 Seiten umfassenden Exzerpt aus Gustav von Gülichs monumentalem wirtschaftsgeschichtlichen Abriss *Geschichtliche Darstellung des Handels, der Gewerbe und des Ackerbaus der bedeutendsten handeltreibenden Staaten unsrer Zeit* (1830–1845).[30] Marx liest aus Gülichs Daten heraus, dass in jedem neuen Zyklus der Produktionshöchststand des vorherigen überschritten wird: „*Beweis, daß jede Crise die Production auf einen neuen Fuß hebt*" (MEGA IV/6, 951). Wie Sismondi in der zweiten Auflage der *Nouveaux principes d'économie politique* (1827) ging auch Marx 1846/47 davon aus, dass die Krisen mit ihrer periodischen Wiederkehr ihrer Intensität nach immer größer würden.

2.2 *Misère de la philosophie*: Die Herrschaft der abstrakten Zeit und die Wertlosigkeit des Reichtums

In *Misère de la philosophie* (1847), seiner ersten veröffentlichten Schrift zur politischen Ökonomie, wendet sich Marx gegen das Denken des französischen Sozialisten Pierre-Joseph Proudhon, insbesondere gegen dessen Auffassung des „konstituierten Werts". Wie Owen und Bray ging auch Proudhon davon aus, dass gegenwärtig permanent Unterkonsumtion herrschen müsse, weil der in den Waren verkörperte, konstituierte Wert Profit und Zins enthalte und die Waren daher immer einen höheren Preis haben, als sich die Arbeiter leisten können. Wie die englischen Sozialisten und

---

mental fact on which the whole edifice of the capitalist system rests: that *labour time serves as a measure for exchange value* and that as a result all relations of exchange are based on a variable measure, constantly changing and constantly devaluing."

29 „Man muß ‚die Philosophie bei Seite liegen lassen' […], man muß aus ihr herausspringen & sich als ein gewöhnlicher Mensch an das Studium der Wirklichkeit geben, wozu auch literarisch ein ungeheures, den Philosophen natürlich unbekanntes Material vorliegt; […] Philosophie & Studium der wirklichen Welt verhalten sich zu einander wie Onanie & Geschlechtsliebe." (MEGA I/5, 291)

30 Unter anderem exzerpiert Marx Gülichs Chronik der Krise von 1825 (MEGA IV/6, 483–486 u. 918) und trägt eigenständig Angaben zu den Krisen von 1818, 1825 und 1836 zusammen.

Arbeiterökonomen schlägt Proudhon ein neues Entlohnungs- und Tauschmedium vor, das den Arbeiter nach seinen tatsächlich geleisteten Stunden entlohnen würde.[31] Wenn Arbeitslohn und „konstituierter Wert" des Produkts übereinstimmten, befänden sich Produktion und Konsumtion im Gleichgewicht (Proudhon 2003 [1846], 73/74 u. 563–565).

Anders als in der *Heiligen Familie* (1845) und in den Manuskripten zur *Deutschen Ideologie* (1845–47) versucht sich Marx in der *Misère* zum ersten Mal an einer Entwicklung der Werttheorie. Gegen die Vorstellungen der Sozialisten, dass der Wert etwas Konstituiertes und Statisches sei und sich mit dem Allheilmittel Arbeitsgeld Ausbeutung und Krise zugleich beseitigen ließen, will Marx den Nachweis führen, dass es nicht die wirklich geleistete Anzahl von Arbeitsstunden ist, die den Wert einer Ware bestimmt, sondern das Minimum der zu ihrer Herstellung nötigen Arbeitszeit. Der Wert einer Ware werde „nicht durch die Arbeitszeit konstituirt, die zu seiner Herstellung für sich allein notwendig ist, sondern im Verhältnis zur Menge aller andern Produkte, die in derselben Zeit erzeugt werden können" (MEGA I/30, 274). Zum Beleg zitiert Marx ausführlich aus Sismondis *Études*.[32]

Marx meint, dass die Produzenten in einem System des Warentauschs erst auf dem Markt herausfinden, wie viel Wert ihrer (konkret verausgabten) Arbeitszeit beigemessen wird. Die Äquivalenz von Tauschwerten entspreche nicht der absoluten Gleichheit jeder aufgewendeten Arbeitsstunde. Über das Verhältnis geleisteter Arbeitsstunden werde erst ‚hinter dem Rücken' der Produzenten auf dem Markt entschieden, beziehungsweise würden erst hier die konkreten Arbeiten unter Abstraktion von ihrer Qualität gegeneinander gemessen:

> Gilt deine Arbeitsstunde soviel als die meinige? Diese Frage wird durch die Konkurrenz entschieden. [...] Die Zeit ist alles, der Mensch ist nichts mehr, er ist höchstens noch die Verkörperung der Zeit. Es handelt sich nicht mehr um die Qualität. Die Quantität allein entscheidet alles: Stunde gegen Stunde, Tag gegen Tag; aber diese Gleichmachung der Arbeit ist keineswegs das Werk von Herrn Proudhons ewiger Gerechtigkeit. Sie ist ganz einfach ein Ergebnis der modernen Industrie. (MEGA I/30, 255)

Aus dieser „Gleichmachung der Arbeit" durch eine „oszillatorische Bewegung [...], die allein aus der Arbeitszeit das Mass des Werthes macht" (MEGA I/30, 262), folgt entgegen der vom Schein falscher Unmittelbarkeit geblendeten Identitätslogik Proudhons, dass es keine intrinsische Wertqualität der individuellen Arbeitsakte gibt und

---

31 Wenn die gleichen Ideen zu unterschiedlichen Zeiten und unterschiedlichen Orten unabhängig voneinander entstehen, spricht dies dafür, dass sie den ökonomischen Formen selbst entspringen (dazu 2.5.2).
32 „‚Der Tauschwerth', sagt er [Sismondi, TG], ‚wird in letzter Instanz stets durch die Menge von Arbeit bestimmt, die nothwendig ist, um den abgeschätzten Gegenstand zu beschaffen: nicht durch die, welche er seinerzeit gekostet hat, sondern durch die, welche er künftighin kosten würde, infolge vielleicht verbesserter Hilfsmittel [...]'" (MEGA I/30, 262).

die unmittelbar verausgabte Arbeitszeit nicht das Wertmaß ist. Das Problem im Kapitalismus ist nicht ein „ungleicher Tausch" zwischen Kapital und Arbeit, sondern dass die Arbeit um der Austauschbarkeit willen gleichgemacht und von dieser Abstraktion beherrscht wird. Dies ist die Geburtsstunde der Marx'schen Konzeption der gesellschaftlich durchschnittlichen oder gesellschaftlich notwendigen Arbeitszeit.[33]

Ausgehend von diesen Überlegungen denkt Marx auch das Krisenproblem neu: „Sismondi hat auf den *Gegensatz* zwischen Gebrauchswerth und Tauschwerth seine Haupttheorie begründet, nach welcher das Einkommen abnimmt im Verhältnis wie die Produktion gesteigert wird." (MEGA I/30, 243) Wie Sismondi betont er, dass sich Arbeit und Waren durch die Produktivkraftentwicklung entwerten:

> Jede neue Erfindung, welche es ermöglicht, in einer Stunde zu produziren, was bisher in zwei Stunden produzirt wurde, entwerthet alle gleichartigen Produkte, die sich auf dem Markte befinden. Die Konkurrenz zwingt den Produzenten, das Produkt von zwei Stunden ebenso billig zu verkaufen, wie das Produkt einer Stunde. Die Konkurrenz führt das Gesetz durch, nach welchem der Werth eines Produktes durch die zu seiner Herstellung nothwendige Arbeitszeit bestimmt wird. Die Thatsache, dass die Arbeitszeit als Mass des Tauschwerthes dient, wird auf diese Art zum Gesetz einer beständigen *Entwerthung* der Arbeit. Noch mehr; die Entwerthung erstreckt sich nicht nur auf die dem Markt zugeführten Waaren, sondern auch auf die Produktionsinstrumente und auf ganze Werkstätten. (MEGA I/30, 262)

Wenn die notwendige Arbeitszeit durch Konkurrenz und technologische Entwicklung immer weiter reduziert wird (und somit in gegebener zeitlicher Einheit immer mehr stofflicher Reichtum hergestellt werden kann), sinkt der Tauschwert des einzelnen Produkts und damit auch der Tauschwert der Arbeit, die den Tauschwert setzt. Marx wird Sismondi noch in *Zur Kritik der politischen Ökonomie* zugute halten, dass er nicht nur den „specifisch gesellschaftlichen Charakter der Tauschwerth setzenden Arbeit", sondern auch die Reduktion der „Werthgröße auf *nothwendige* Arbeitszeit" herausstellte (MEGA II/2, 138). Auch die Überproduktion findet laut Marx „ihre Erklärung" in der Wertbestimmung (MEGA I/30, 263).

Eine weitere Grundlage der Überproduktion sieht er in der großen Industrie, welche die Mittel und „Instrumente"[34] zur Überproduktion bereitstellt:

> Diese richtige Proportion zwischen Angebot und Nachfrage, die wiederum der Gegenstand so vieler Wünsche zu werden beginnt, hat seit langem zu bestehen aufgehört. Sie hat das Greisenalter überschritten; sie war nur möglich in jenen Zeiten, wo die Produktionsmittel beschränkt

---

33 Marx hat 1880 bei der Vorbereitung einer neuen Auflage der *Misère* betont, die Schrift enthalte die „Keime der nach zwanzigjähriger Arbeit im ‚Kapital' entwickelten Theorie" und könne folglich, wie auch das *Manifest der Kommunistischen Partei*, „zur Einführung dienen in das Studium des ‚Kapitals'" (MEGA I/25, 198; dt. Übers. MEW 19, 229).

34 „Schon durch die Instrumente, über welche sie verfügt, gezwungen, in beständig grösserem Masse zu produziren, kann die Grossindustrie nicht die Nachfrage abwarten. Die Produktion geht der Konsumtion voraus, das Angebot erzwingt die Nachfrage." (MEGA I/30, 264)

waren, wo der Austausch sich in ausserordentlich engen Grenzen vollzog. Mit dem Entstehen der Grossindustrie mußte diese richtige Proportion verschwinden, und mit Naturnothwendigkeit muss die Produktion in beständiger Aufeinanderfolge den Wechsel von Prosperität und Depression, Krisis, Stockung, neuer Prosperität und so fort durchmachen. (MEGA I/30, 264)

Auch wenn Marx in der *Misère* nicht weiter darauf eingeht, wie es zu den Krisen kommt oder was in ihnen passiert, ist ein Grund der modernen Krisenhaftigkeit nun werttheoretisch umrissen. Konkurrenzvermittelte, ungleichmäßige Produktivkraftentwicklung entwertet Produktionsanlagen, Arbeiter- und Warenmassen, die sich daher als Fehlinvestitionen entpuppen und somit überproduziert worden sind. Was der politischen Ökonomie als ein „Wunder" vorkommt – die durch das Kapitalwachstum selbst begründeten Verwertungsschwierigkeiten –, entspringt laut Marx der Wertbestimmung.

Mit der Konzeption der „gesellschaftlich notwendigen Arbeitszeit" leistet Marx eine positive Weiterentwicklung der Werttheorien Ricardos und Sismondis. Zugleich deutet er auch an, warum es überhaupt den Wert gibt, auf welchen gesellschaftlichen Beziehungen er gründet.[35] Seine Existenz ist an die spezifischen Produktionsverhältnisse der bürgerlichen Gesellschaft gebunden, in denen „es keinen Austausch von Produkten [gibt], sondern einen Austausch von Arbeiten, die zur Produktion zusammenwirken" (MEGA I/30, 271). Die bürgerlichen Produktionsverhältnisse gehen nicht von *travailleurs immédiats* aus,[36] das heißt nicht von direkt gesellschaftlichen Arbeitern. Sie basieren vielmehr auf voneinander isolierten und gegeneinander verselbständigten Produzenten, von denen jeder zunächst für sich produziert und deren Arbeiten sich erst über den Tausch vergesellschaften.[37]

Mit seiner Werttheorie kritisiert Marx Proudhon, die englischen Arbeiterökonomen und ihr wichtigstes Reformmittel, das Arbeitsgeld. Er will zeigen, dass es auch in einer warenproduzierenden Arbeitsgeldökonomie zu Überproduktion kommen würde, da die Gefahr, dass bereits verausgabte Arbeitszeit untauschbar und inkonvertibel sein könnte, weiterhin nicht gebannt wäre. Eine Fehlallokation, eine Produktion an den Bedürfnissen vorbei wären immer noch möglich: „Was hat uns nun der Austausch gleicher Arbeitsmengen gebracht? Ueberproduktion, Entwerthung,

---

[35] Marx hat den Ausdruck „Arbeitswerttheorie" niemals benutzt. Im Zentrum seiner Werttheorie steht weniger die Determination der Preisbildung, vielmehr die Frage, warum die Wertform existiert und was sie ausdrückt.

[36] Bernstein und Kautsky übersetzen „selbständige Arbeiter" (MEGA I/30, 270), was im französischen Original treffend „travailleurs immédiats" (Marx 1847, 60) heißt: unmittelbare, sofortige, direkte Arbeiter, die nicht in voneinander getrennten Produktionsstätten arbeiten, sondern unmittelbar gesellschaftliche Arbeit leisten.

[37] Den für die *Ökonomisch-philosophischen Manuskripte* zentralen Begriff des „Privateigentums" (auch von Proudhon in der griffigen Formel „Eigentum ist Diebstahl" angegriffen) benutzt Marx in der *Misère* folglich nicht. Er setzt nun ‚unterhalb' der juristischen Sphäre an. Kapitalismus umfasst mehr als bloß Privateigentum.

Ueberarbeit, gefolgt von Stockung, endlich ökonomische Verhältnisse, wie wir sie in der gegenwärtigen Gesellschaft bestehen sehen" (MEGA I/30, 270).[38]

Weil die Probleme nicht erst im Tauschmedium begründet liegen, wären warenproduzierende Verhältnisse auch nicht durch ein neues Tauschmittel krisenfrei zu bekommen. Dazu wäre es vielmehr nötig, dass man „von vornherein über die Stundenzahl übereinkommt, welche für die materielle Produktion nothwendig ist". Aber „eine solche Uebereinkunft schliesst den individuellen Tausch aus" (MEGA I/30, 270), denn eine gesellschaftliche Vereinbarung über das zu Produzierende vor dem Akt der Produktion wäre keine Warenproduktion mehr, die sich eben dadurch auszeichnet, dass voneinander isolierte Produzenten nicht unmittelbar gesellschaftliche Arbeit verausgaben, sondern ihre Waren auf den Markt tragen und erst dort, im Nachgang der Produktion, über deren gesellschaftliche Geltung in Form des Werts erfahren, in dem sich ihre privat verausgabten Arbeiten vergegenständlichen (oder eben nicht).

Marx sagt in der *Misère* nicht mehr (aber auch nicht weniger) zu den Krisen, als dass eine Produktionsweise, die auf „travail médiat", „Individualtausch", Wertbestimmung, Konkurrenz und großer Industrie beruht, diese Ereignisse strukturell hervorbringt. Sein Hauptziel besteht in der Kritik der Reformvorschläge seiner sozialistischen Kontrahenten als untauglich, da den Maßstäben der bürgerlichen Gesellschaft entnommen. Brays und Proudhons Utopie eines harmonischen „Proportionalitätsverhältnisses" hält Marx für eine biedere Vorstellung,[39] die einem bestimmten Aspekt der kapitalistischen Wirtschaftsweise entspringe, nämlich dem „individuelle[n] Austausch, wie ihn sich der Bourgeois vorstellt" (MEGA I/30, 271). Sozialistische Ideale, die sich aus der Vorstellung des Markts als harmonischer Austauschsphäre von Freien und Gleichen speisen, seien „nur der verschönerte Schatten", ein „Reflex der gegenwärtigen Welt" und könnten schwerlich den Weg in eine bessere Gesellschaft weisen.[40] Statt die falschen Vorstellungen der bürgerlichen Ökonomen über ihre eigene Produktionsweise als Illusionen zu enttarnen, bestand die sozialistische Kritik

---

38 Aus diesem Grund gingen auch die real existierenden Arbeitstauschbörsen in England Pleite. Nach anfänglichen Erfolgen tummelten sich dort bestimmte Waren, während andere gar nicht erhältlich waren. Probleme bestanden offensichtlich in der Koordination der Bedürfnisse (Oliver 1958; McNally 1993, 136–138). Marx: „Man hat in London, in Sheffield, in Leeds, in vielen anderen Städten Englands *equitable-labour-exchange-bazars* gegründet, die nach Absorbirung beträchtlicher Kapitalien sämmtlich skandalösen Bankerott gemacht haben. Man hat den Geschmack daran für immer verloren" (MEGA I/30, 271).
39 „Herr Bray erhebt die *Illusion* des biedern Bürgers zum *Ideal*, das er verwirklichen möchte; dadurch dass er den individuellen Austausch reinigt, dass er ihn von allen widerspruchsvollen Elementen, die er in ihm findet, befreit, glaubt er, ein *egalitäres* Verhältnis zu finden, das man in die Gesellschaft einführen müsste." (MEGA I/30, 271)
40 Siehe McNally (1993, 151), Rakowitz (2000), Hoff (2008, 94), Bohlender (2013) und Hudis (2013, 95–100).

darin, die Nicht-Einhaltung dieser Selbstbeschreibung anzuprangern und ihre Realisierung einzufordern (Bray hielt den Ökonomen vor, dass die gesellschaftlichen Bedingungen, unter denen ihre Theoreme verwirklicht wären, erst noch herzustellen seien (dazu 1.4)). Der Kardinalirrtum Proudhons war nicht nur die Verewigung der Warenform, sondern „die Degradation des *Geldes* und die Himmelfahrt der *Waare* ernsthaft als Kern des Socialismus zu predigen und damit den Socialismus in ein elementarisches Mißverständnis über den nothwendigen Zusammenhang zwischen Waare und Geld aufzulösen" (MEGA II/2, 157).

Während die Arbeiterökonomen und Frühsozialisten Ideale wie *Harmonie* (statt Konkurrenz), *Gleichheit* (statt ungleichem Tausch) und *Proportionalität* (statt Disproportion) verbreiteten, scheint die post-kapitalistische Gesellschaft in Marx' Kritik dieser Ideale vielmehr auf als charakterisiert durch *bewusste Kontrolle* (statt blinder Herrschaft der abstrakten Zeit), *Übereinkunft* (statt individuellem Austausch, Konkurrenz oder Harmonie), *Qualität* (statt Quantität oder Gleichmachung) und *gesellschaftliche Arbeit* (statt privater). Erst wenn die Menschen zu solchen Zwecken zusammenwirkten, den Produktionsprozess durch gemeinsame Übereinkunft gestalteten und sich der gesellschaftliche Zusammenhang nicht hinter ihrem Rücken einstellte, wären sie nicht mehr durch eine fundamentale Unfreiheit bestimmt und könnten selbst über ihre eigene Entwicklung verfügen. Erst in einer Gesellschaft, in der die Menschen nicht mehr unter der Übermacht ihrer eigenen Handlungen zu leiden hätten, würden die Krisen nicht mit periodischer Regelmäßigkeit wiederkehren.

2.3 Krise, Revolution und die Mechanik des Zyklus. Der Beitrag von Engels

In den 1840er Jahren war es im Lager des internationalen Sozialismus unüblich, den wiederkehrenden Krisen des Kapitals größere Aufmerksamkeit zu widmen. Zwar zog etwa der Owenismus hin und wieder eine bereits bestehende Unterkonsumtionstheorie heran, um über einzelne Wirtschaftskrisen zu sprechen, bemühte sich aber im Grunde nicht um eine spezielle Erklärung des periodischen Hin und Her von Boom und Crash (dazu 1.4). Eine Ausnahme bilden die Pionierarbeiten des jungen Friedrich Engels *Umrisse zu einer Kritik der Nationalökonomie* (1844) und *Die Lage der arbeitenden Klasse in England* (1845), in denen dieser versuchte, auch die Bedeutung dieses immer noch relativ jungen historischen Phänomens zu begreifen. Es ist erstaunlich, wie viele Elemente der Marx'schen Krisentheorie bereits beim jungen Engels auftauchen. Dass die Krisen typisch für eine Konkurrenzgesellschaft sind, deren Mitglieder den Produktionsprozess nicht bewusst gestalten; dass die Krisen aus einem Überfluss von Waren, Produktions- und Arbeitskraft resultieren und dass sie diesen stofflichen Reichtum vernichten; dass sie die Gleichgewichtsmodelle der politischen Ökonomie als ideologisch entlarven; dass sie periodisch wiederkehren und immer universeller werden; dass sie die gesamte bürgerliche ‚Zivilisation' bedrohen und zugleich die Bedingung einer sozialen Revolution sind – all das hatte Engels angenommen, bevor Marx auch nur begann, über das Phänomen nachzudenken. Marx wird all diese Ideen nicht eins zu eins übernehmen, aber sie bilden einen wichtigen Ausgangspunkt seiner eigenen theoretischen Anstrengungen.

In den *Umrissen* schreibt Engels:

> Der Oekonom kommt mit seiner schönen Theorie von Nachfrage und Zufuhr heran, beweist Euch, daß „nie zu viel produzirt werden kann", und die Praxis antwortet mit den Handelskrisen, die so regelmäßig wiederkehren wie die Kometen, und deren wir jetzt durchschnittlich alle 5 bis 7 Jahre eine haben. Diese Handelskrisen sind seit achtzig Jahren eben so regelmäßig gekommen wie früher die großen Seuchen – und haben mehr Elend, mehr Unsittlichkeit mit sich gebracht, als diese (MEGA I/3, 484).

Engels gibt die Quelle seiner Beobachtungen selbst an: Es ist die 1833 erschienene *History of the Middle and Working Classes* des britischen Journalisten und Historikers John Wade.[41] Sismondi hatte die Notwendigkeit der Krisen begründet, aber Wade sprach wahrscheinlich als erster deutlich aus, dass diese Ereignisse („mercantile revulsions") – 1811, 1815/16, 1818 und 1825/26 – alle fünf bis sieben Jahre (Wade 1833, 211) beständig aufeinanderfolgen: „likened to the plague and pestilence which formerly desolated the earth, [they] return nearly with as much periodic regularity" (Wade 1833, 255). Wie die Pestepidemien mithilfe des Fortschritts in der Medizin bekämpft wurden, hoffte Wade, dass mithilfe zukünftiger Fortschritte in der politischen Ökonomie eines Tages auch die Krisen verhindert werden könnten.

Anders als Wade benennt Engels einen Grund für die Krisen: Es ist das Privateigentum an Produktionsmitteln, das eine konkurrenzgeprägte Anarchie des Markts und eine strukturelle Unfähigkeit zur gesellschaftlichen Kontrolle des Produktionsprozesses erzeugt.[42] Durch die Produktivkraftentwicklung falle der Produktionsausstoß stets größer aus, als die Möglichkeiten ihn abzusetzen. Weil es Krisen aus überzähliger Produktionskraft sind, gelten sie Engels als der schlagendste Ausdruck der „wahnsinnigen Stellung" und „lebendigen Absurdität" einer Wirtschaftsweise, in der „die Leute vor lauter Ueberfluß verhungern" (MEGA I/3, 486). Die wahre Konsequenz des Privateigentums ist keineswegs die harmonische Herstellung des Allgemeinwohls hinter dem Rücken der Beteiligten, vielmehr Elend, Unsittlichkeit und Krise.

---

[41] Wade hat daneben Bücher gegen die Kirche und Korruption im politischen System geschrieben, sich mit Geldwesen und Gewerkschaften beschäftigt und eine Geschichte der Frauen vorgelegt. Hobsbawm (2014, 48) nimmt an, Wade wäre „eher radikal denn sozialistisch", und weist darauf hin, dass der Einfluss der *Radicals* auf Marx noch wenig untersucht ist.

[42] „Die Zufuhr ist immer gleich hinter der Nachfrage, aber kommt nie dazu, sie genau zu decken; sie ist entweder zu groß oder zu klein, nie der Nachfrage entsprechend, weil in diesem bewußtlosen Zustande der Menschheit kein Mensch weiß, wie groß diese oder jene ist." (MEGA I/3, 484)

Die Krisen demonstrieren für Engels allerdings nicht nur den widersinnigen, absurden und entfremdeten Zustand, in den die Menschheit geraten ist,[43] sondern zugleich auch die *Unhaltbarkeit* dieses Zustands. Sie befördern zum einen den Prozess der Monopolbildung, indem sie kleinere Unternehmen zerstören, und vermehren damit die lohnabhängige Arbeitsbevölkerung; zum anderen aber ist die Krise genau der Moment, in dem diese in die Arbeitslosigkeit stürzt und zu revolutionären Abenteuern gedrängt wird. Weil die Krisen die Arbeiterklasse zu einer Klasse ohne Arbeit machen, weisen sie diese mit Nachdruck darauf hin, zu sozialen Heilmitteln Zuflucht zu nehmen: Jede Handelskrise „muß universeller, also schlimmer werden als die vorhergehende, muß [...] die Masse der zu beschäftigenden Arbeit [...] zusehends vergrößern, und endlich eine soziale Revolution herbeiführen, wie sie sich die Schulweisheit der Oekonomen nicht träumen läßt." (MEGA I/3, 484/485) Die Krisen sind für Engels sowohl die greifbarste Erscheinung der Absurdität des Kapitalismus als auch Vorbote und Mechanismus seines notwendigen Untergangs. Sie sind keine „gelegentliche[n] Abweichungen von der ‚Normalität'" und nicht einfach eine Korrektur einer vorangegangenen Übertreibung, sondern werden immer universeller und versichern somit, dass der Sozialismus ein „nothwendiges Erzeugniß der geschichtlichen Entwicklung" (MEGA I/27, 447) ist, wie er noch im *Anti-Dühring* (1878) formulieren wird.

Engels folgt Wade allerdings darin, dass der Mechanismus der kommerziellen Fluktuationen nicht in außerökonomischen oder monetären[44] Faktoren, sondern in der Wirkung der Warenpreise zu suchen ist (vgl. Bergmann 1895, 236–238; Besomi 2008). Laut Wade stimulieren niedrige Warenpreise die Konsumtion, aber wenn die Konsumtion zunimmt, steigen auch die Preise und steigende Preise führen zu nachlassender Konsumtion. Der Nachfragerückgang lässt die Preise wieder fallen, was abermals die Konsumtion stimuliert und so beginnt das ganze Spiel von vorn: Wie auf den Sommer der Winter und auf den Winter der Sommer, folgt auf die Prosperität unausweichlich die Krise und auf die Krise die Prosperität (Wade 1833, 254). Engels wiederholt Wades Mechanismus des über den Preis vermittelten Missverhältnisses von Angebot und Nachfrage in den *Umrissen* beinahe wortwörtlich:

> Ist die Nachfrage größer als die Zufuhr, so steigt der Preis und dadurch wird die Zufuhr gleichsam irritirt; sowie sie sich im Markte zeigt, fallen die Preise, und wenn sie größer wird als jene, so wird der Fall der Preise so bedeutend, daß die Nachfrage dadurch wieder aufgereizt wird. So geht es in Einem fort, nie ein gesunder Zustand, sondern eine stete Abwechslung von Irritation

---

[43] „Produzirt mit Bewußtsein, als Menschen, nicht als zersplitterte Atome ohne Gattungsbewußtsein, und Ihr seid über alle diese künstlichen und unhaltbaren Gegensätze hinaus. So lange Ihr aber fortfahrt, auf die jetzige unbewußte, gedankenlose, der Herrschaft des Zufalls überlassene Art zu produziren, so lange bleiben die Handelskrisen" (MEGA I/3, 484).

[44] Wade sprach dem Geld eine die Krisen lediglich intensivierende und beschleunigende Wirkung zu (siehe MEGA IV/4, 288/289 u. 295). Es sei ein „hazardous medium", das Spekulation befördert.

und Erschlaffung, die allen Fortschritt ausschließt, ein ewiges Schwanken, ohne je zum Ziel zu kommen. (MEGA I/3, 484)[45]

Marx knüpfte 1844 in Paris zwar an Aspekte von Engels' Krisentheorie an, übernahm aber nicht den Wade-Engels'schen Mechanismus des Zyklus. Er stellte lediglich die Untauglichkeit von Gleichgewichtsmodellen wie ‚Says Gesetz' zur Erklärung der „wirklichen Bewegung" der Produktion fest und verzichtete darauf, die Triebkräfte dieser Bewegung genauer anzugeben (siehe 2.1; Clarke 1994, 81/82). Eine Krisentheorie hätte, wie festgestellt, zu zeigen, wie aus „einem Wachsthum der Capitalien, wie ihrer Anwendungsweisen einerseits" zugleich ein „Mangel an produktiver Gelegenheit durch dieses Wachsthum andrerseits" (MEGA IV/2, 416) entstehe. In Marx' Augen konnten auch Engels und Wade das „Wunder" von der Selbstbeschränkung durch Selbstverwertung des Kapitals nicht vollends entschlüsseln, denn beide stellten schematisch Angebot und Nachfrage einander gegenüber und ihr Mechanismus beschrieb im Grunde bloß, dass die Preise vor den Krisen hoch und danach niedrig sind. Auch Marx las 1845 in Manchester auf Empfehlung von Engels Wades *History of the Middle and Working Classes*: Dass Wade die Periodizität der Krisen klar benannt und die zyklische Form grundlegend beschrieben hatte, befand Marx für „das originellste in Wade" (MEGA IV/4, 298).[46] Aber er war zugleich weniger beeindruckt, etwa weil Wade die industrielle Revolution für die Ursache des Zyklus und zugleich auch seiner Linderung auffasste. Einerseits seien die heftigen Schwankungen zwischen Phasen der Ausdehnung und solchen der Kontraktion nur durch die „greater expansive power" (Wade 1833, 253) des mächtigen Maschinenbetriebs möglich; andererseits schreibt Wade dem Einsatz von Maschinerie eine fluktuationsmildernde Tendenz zu, was Marx spöttisch kommentiert (MEGA IV/4, 297.1–2). Zwar war Wades Zyklustheorie „originell", aber auch mechanistisch, konfus und voller Widersprüche,[47] von denen sich Marx mehr irritieren ließ als Engels, der Wades einfache Mechanik des Zyklus in den *Umrissen* eins zu eins übernommen hatte.

---

45 Clarke (1994, 77) hat gezeigt, dass sich dieser simple Mechanismus des Zyklus noch bei Kautsky und Hilferding finden lässt.
46 Insofern Wade die Lage der arbeitenden Klassen in großer Abhängigkeit von der wirtschaftlichen Entwicklung sah, spielten der Zyklus und die Auswirkung seiner einzelnen Phasen auf die Beschäftigung für ihn die größte Rolle. Marx hat im *Kapital* seine Einschätzung wiederholt: „Der theoretische Theil dieses Buchs, eine Art Grundriß der politischen Oekonomie, enthält für seine Zeit einiges Originelle, z. B. über Handelskrisen." (MEGA II/5, 188)
47 Marx weist auf eine Reihe von Widersprüchen bei Wade hin: dass die Maschinerie die Bedingung der Überproduktion sei, sie diese aber auch abmildere; dass sie an sich einen positiven Effekt auf die ganze Gesellschaft zeitige, obwohl sie zahlreiche Existenzen in der Jetztzeit ruiniere; dass der Arbeiter in der Krise weniger arbeiten, die Maschinerie aber konstant weitergeführt werden soll. Als Wade eine für Krisenzeiten vereinbarte Lohnrate vorschlägt, wirft Marx ein: „Und wenn der Meister während

Gerade weil einige krisenbezogene Ausführungen im *Manifest der Kommunistischen Partei* (1848) mit denen des jungen Engels korrespondieren, tritt in anderen Passagen die Marx'sche Handschrift umso deutlicher hervor. Trotz des großen Beitrags von Engels' Frühwerk zu Marx' Krisentheorie sind 1848 wenigstens drei Unterschiede zwischen beiden zumindest angelegt. Sie betreffen Charakter und Ursachen der Krisen. Für Engels entstehen, erstens, die Krisen immer aus der Überproduktion von Waren. Wades Metapher von der „greater expansive power" aufnehmend, galt ihm in den *Umrissen* die Krise als eine unmittelbare Folge der „überzählige[n] Produktionskraft" (MEGA I/3, 486) über die „Consumtionskraft" (MEGA I/3, 485). Im *Manifest* heißt es aber: „In den Krisen bricht eine gesellschaftliche Epidemie aus, welche allen früheren Epochen als ein Widersinn erschienen wäre – die Epidemie der Überproduktion." (MEW 4, 468) Im Unterschied zu Engels, bei dem die Überproduktion von Waren die nähere Ursache einer Krise ist, ist sie bei Marx ein in der Krise erscheinendes Phänomen. Das kann zwar implizieren, dass eine Warenüberproduktion vor der Krise stattgefunden hat und erst jetzt erscheint, aber Marx' Formulierung ist subtiler und vermeidet eine Festlegung auf eine monokausale Krisenentstehung.

Wades Schwächen übernehmend, gab Engels, zweitens, der Technologie einen Vorrang und leitete nicht selten soziale Verhältnisse aus dem Stand der technologischen Entwicklung ab. So schrieb er mehrmals, dass die Konkurrenz und sogar das Privateigentum[48] und das Proletariat[49] aus der großen Industrie hervorgegangen sind.[50] So sah Engels in den *Grundsätzen des Kommunismus* (1847), einer von ihm allein verfassten Vorarbeit des *Manifests*, auch die Krisentendenzen der Konkurrenzgesellschaft aus der großen Industrie hervorgehen:

---

dieses Cyclus Bankerutt macht?" Als Wade dies selbst auffällt und er ein System fester Löhne angesichts der Weltmarktkonkurrenz für „ruinös" erklärt, kommentiert Marx dies mit „Richtig!" (MEGA IV/4, 297).

48 „Jede Veränderung in der gesellschaftlichen Ordnung, jede Umwälzung der Eigentumsverhältnisse ist die notwendige Folge der Erzeugung neuer Produktivkräfte gewesen, welche den alten Eigentumsverhältnissen sich nicht mehr fügen wollten. Das Privateigentum selbst ist so entstanden." (MEW 4, 371)

49 In den *Grundsätzen* heißt es: „Das Proletariat ist entstanden durch die industrielle Revolution" (MEW 4, 363). Dieselbe Idee findet sich in *Die Lage Englands* („Bis 1780 hatte England wenig Proletarier" [MEGA I/3, 556]) und in der *Lage der arbeitenden Klasse in England* (MEGA I/4, 241). Das bedeutet nicht, dass für Engels nur Fabrikarbeiter zum Proletariat zählen, denn das Kennzeichen dieser Klasse ist seine Eigentumslosigkeit. Aber die Trennung der Produzenten von den Produktionsmitteln erfolgte für Engels erst mit der Einführung der großen Industrie (Sherwood 1985, 844/845) – eine Annahme, die Marx nicht geteilt hat.

50 Sherwood (1985, 850) spricht daher von einer „great machine theory of history" bei Engels, dem die von großer Industrie und Maschinerie verkörperten Produktivkräfte als die eigentlichen Agenten der Geschichte galten. Sherwood überschätzt indes den Einfluss von Engels auf Marx in dieser Frage, der vielmehr von Sismondis Primat der Organisationsweise der Gesellschaft ausging.

> Was waren die weiteren Folgen der industriellen Revolution? [...] Die große Industrie schuf in der Dampfmaschine und den übrigen Maschinen die Mittel, die industrielle Produktion in kurzer Zeit und mit wenig Kosten ins unendliche zu vermehren. Die *aus dieser großen Industrie notwendig hervorgehende freie Konkurrenz* nahm bei dieser Leichtigkeit der Produktion sehr bald einen äußerst heftigen Charakter an; eine Menge Kapitalisten warfen sich auf die Industrie, und in kurzer Zeit wurde mehr produziert, als gebraucht werden konnte. Die Folge davon war, daß die fabrizierten Waren nicht verkauft werden konnten und daß eine sogenannte Handelskrisis eintrat. (MEW 4, 369. Herv. TG)[51]

Marx hatte in der *Misère* hingegen die Konkurrenz anders begründet, nämlich mit den spezifisch bürgerlichen Produktionsverhältnissen, die auf der Verausgabung der *travail médiat* gründen.[52] Im *Manifest* heißt es folglich:

> Die bürgerlichen Produktions- und Verkehrsverhältnisse, die bürgerlichen Eigentumsverhältnisse, die moderne bürgerliche Gesellschaft, die so gewaltige Produktions- und Verkehrsmittel hervorgezaubert hat, gleicht dem Hexenmeister, der die unterirdischen Gewalten nicht mehr zu beherrschen vermag, die er heraufbeschwor. Seit Dezennien ist die Geschichte der Industrie und des Handels nur die Geschichte der Empörung der modernen Produktivkräfte gegen die modernen Produktionsverhältnisse, gegen die Eigentumsverhältnisse, welche die Lebensbedingungen der Bourgeoisie und ihrer Herrschaft sind. Es genügt, die Handelskrisen zu nennen [...]
> (MEW 4, 467)

Laut *Manifest* haben die „bürgerlichen Produktions- und Verkehrsverhältnisse", welche Konkurrenzverhältnisse einschließen, „gewaltige Produktions- und Verkehrsmittel hervorgezaubert" – Engels hatte vornehmlich die umgekehrte Kausalität angenommen und sah die Produktionsverhältnisse durch die Produktivkräfte bestimmt.

Drittens identifizierte Engels im Privateigentum und der Anarchie des Markts die tiefsten Ursachen der Krisenhaftigkeit und das blieb nicht ohne praktische Konsequenzen: Es scheint, als würde das Ersetzen des Privateigentums durch eine andere Eigentumsform (zum Beispiel Staatseigentum) und das Ersetzen der Anarchie des Markts durch eine (zum Beispiel staatliche) Planung genügen, um krisenfreie Verhältnisse herbeizuführen.[53] Marx hingegen galt das Privateigentum als ein (juristischer) Ausdruck der Klassengesellschaft; schon in der *Misère de la philosophie* spielte dieser Begriff keine analytische Rolle mehr für ihn. Für Engels resultieren die Krisen

---

51 Man findet bei Engels indes auch die umgekehrte Kausalität. Auf denselben Seiten heißt es zuerst, dass „[d]ie freie Konkurrenz [...] für den Anfang der großen Industrie notwendig [ist]" (MEW 4, 368), und dann wieder, dass „die große Industrie [...] in ihrer ersten Entwicklungsepoche die freie Konkurrenz erzeugt hat" (MEW 4, 369).
52 Natürlich steht in der *Misère* auch die viel zitierte Formulierung: „Die Handmühle ergibt eine Gesellschaft mit Feudalherren, die Dampfmühle eine Gesellschaft mit industriellen Kapitalisten." (MEGA I/30, 291) Aber aus der Gesamtheit der Argumentation wird deutlich, dass Marx den Spezifika sozialer Verhältnisse den Vorrang gibt.
53 In den *Grundsätzen* schrieb Engels explizit, was die Beseitigung des Privateigentums unter anderem bedeuten würde: „Die Krisen fallen weg" (MEW 4, 375).

tendenziell aus einem Verteilungsproblem, einem Missverhältnis zwischen Angebot und Nachfrage (zu viele Waren und zu wenig Möglichkeiten sie zu konsumieren). Für Marx ist es das System des Privataustauschs und des Werts, welches sich als ein tieferes und abstrakteres Missverhältnis zwischen Produktionsverhältnissen und Produktivkräften ausdrückt, das die bürgerliche Gesellschaft immer wieder in die Krise führt: „Die bürgerlichen Verhältnisse sind zu eng geworden, um den von ihnen erzeugten Reichtum zu fassen." (MEW 4, 468)

Marx entschärfte im *Manifest* also die einfache Warenüberproduktionstheorie, verschob den Fokus weg von der Technologie hin zu den gesellschaftlichen Verhältnissen und stellte die Produktions- vor die Eigentumsverhältnisse.[54] In der Spezifizierung dieser gesellschaftlichen Verhältnisse wie der Mechanismen der Krisenentstehung lag für ihn in der Folgezeit eine wichtige theoretische Aufgabe.

Bei aller Skepsis über den technologischen Reduktionismus und die mechanistische Logik, die man bei Engels antreffen kann, sind es insbesondere zwei Aspekte, an denen Marx anknüpfen wird. Erstens war Engels' Auffassung über das Verhältnis von Theorie und Wirklichkeit charmant. Wie in der politischen Ökonomie gerade wegen der Krisen schon Sismondi 1819 die wirklichkeitsfernen Abstraktionen der Ricardianer kritisierte (dazu 1.3) und Bagehot 1873 als methodologische Vorgehensweise einen konsequenten Pragmatismus vorschlug, der auf eine allgemeine Theorie gänzlich verzichtet (1.5.3), empfahl Engels insbesondere der deutschen Linken in Gestalt der Junghegelianer, nicht kurzerhand von „theoretischen Voraussetzungen" auszugehen, wenn man, wie allen voran bei den Deutschen der Fall, von den „Tatsachen" der „wirklichen Welt" keine Ahnung hat.[55] Die Philosophie kann nicht den Anspruch erheben, die wichtigste Disziplin der modernen Gesellschaft zu sein, und schon gar nicht lassen sich aus allgemeinen Prinzipien ewige Reformmittel zur Verbesserung der Lage des Proletariats ableiten, denn der rein begrifflichen Spekulation fehlt der Kontakt zur Wirklichkeit. Vielmehr wären die offen zutage liegenden Resultate des geschichtlichen Prozesses – das Elend des Proletariats, die Krisen, die Klassenkämpfe – zunächst einmal undogmatisch zu dokumentieren. Wenn man diese Tatsachen vorurteilsfrei zur Kenntnis nimmt, kann man nicht nur eine Anschauung von der Wirklichkeit gewinnen (und dann eventuell später versuchen, ihre Entwicklungsgesetze zu begreifen), sondern zugleich diese elendigen Verhältnisse selbst kritisieren. Denn die „wahnsinnige" und „absurde" Wirklichkeit kritisiert sich im Grunde

---

54 Diese Unterschiede sind noch in den Formulierungen des späten Engels zum Krisenproblem enthalten, die große Teile des Marxismus prägten (siehe, leider in lausiger Satz- und Druckqualität, Graßmann 2021).

55 Im Vorwort zur *Lage* monierte er: „Der deutsche Sozialismus und Kommunismus ist mehr als jeder andre von *theoretischen Voraussetzungen* ausgegangen; wir deutschen Theoretiker kannten von der *wirklichen Welt* noch viel zu wenig [...]. [...] Uns Deutschen vor Allen thut eine Kenntniß der *Thatsachen* in dieser Frage noth." (MEGA I/4, 239. Herv. TG)

selbst: Das Elend der Welt zu schildern, wie Engels es in der *Lage* vorgab zu tun, kann als eine frühe Form der Kritik durch Darstellung verstanden werden.

Allerdings wäre es verfehlt, Engels als ‚Empiriker', Marx als ‚Theoretiker' einander gegenüberzustellen. Denn einerseits wird Marx selbst intensiv empirisch arbeiten und etwa die drei großen Krisen von 1847, 1857 und 1866 eingehend in ihrem Verlauf untersuchen. Und andererseits nimmt die Beobachtungsfähigkeit auch mit den theoretischen Kenntnissen zu beziehungsweise muss man sich ab und an auch mit Theorie beschäftigen, um seine Phantasie anzureichern und eine borniert Betrachtung der Welt zu vermeiden. Engels mangelte es insbesondere an einem Bewusstsein für die Bedeutung monetärer Fragen (vgl. Clarke 1994, 84) und wie Wade begriff er das Geld als sekundäres, abgeleitetes Moment. Marx dagegen dachte schon in den *Ökonomisch-philosophischen Manuskripten* über das Geld nach (dazu 2.1) und dass die Krise von 1847 als Geldkrise ausbrach, motivierte ihn zu ausführlichen Studien monetärer Fragen in den *Londoner Heften 1850–1853* (2.5). Er ging, im Gegensatz zu Engels, in den *Londoner Heften* die gesamte englische Geld- und Geldmarkttheorie durch, auch weil er sie zur Entwicklung einer eigenen Krisendiagnostik nutzen wollte. Engels' mangelndes Verständnis monetärer Fragen wird dagegen einige seiner krisen- und konjunkturanalytischen Einschätzungen der 1850er Jahre trüben. Sei es im Falle des kalifornischen Goldrauschs – den er allein unter dem Gesichtspunkt der effektiven Nachfrage betrachtete, wohingegen für Marx die Auswirkungen der Goldfunde auf den Geldmarkt genauso wichtig waren (siehe 3.2.1) – oder sei es im Falle der Bedeutung der Wechselreiterei in der Weltmarktkrise von 1857 – deren Auswirkungen auf den Charakter der Krise Engels übersah (3.4.3) –: Häufig wird Engels Marx zwar auf Umwandlungsprozesse und neue Phänomene nachdrücklich hinweisen, aber Marx sollte derjenige sein, der diese Entwicklungen im Anschluss umfassend theoretisch verarbeitet hat und zwar meistens auf eine Weise, die über die erste Deutung von Engels hinausging.

Zweitens musste Marx von Engels' Krisendiagnostik beeindruckt gewesen sein. Engels tat 1845 in der *Lage* nichts Geringeres, als die Krise von 1847 und ihre politischen Konsequenzen, die auf sie folgende Revolution vorauszusagen:

> Ich glaube nicht, daß das Volk sich noch mehr als eine Krisis wird gefallen lassen. Wahrscheinlich bringt schon die nächste, 1846 oder 1847 eintretende Krisis die Abschaffung der Korngesetze und die Charte. Was die Charte für revolutionäre Bewegungen veranlassen wird, steht zu erwarten. Aber bis zur dann folgenden Krisis, die [...] 1852 oder 1853 eintreten müßte, [...] wird es das englische Volk wahrlich überdrüssig sein, zum Vorteil der Kapitalisten sich ausbeuten zu lassen [...] Wenn sich bis dahin die englische Bourgeoisie nicht besinnt [...] so wird eine Revolution folgen, mit der sich keine vorhergehende messen kann. [...] Der Krieg der Armen gegen die Reichen wird der blutigste sein, der je geführt worden ist. (MEGA I/4, 498/499)

Dass die Nachfolgerin der Krise von 1847 in den 1850er Jahren eine sozialistische Revolution in Europa hervorbringen werde, wird auch Marx' Erwartung bis 1858 sein (siehe Kapitel 3).

Den Zusammenhang von Krise und Revolution[56] fand Engels nicht in seinem Kopf, sondern in Manchester, wo er 1842 eintraf.[57] Bereits die Krise von 1842 hatte die Bewegung des Chartismus beflügelt und das englische Proletariat in einen großen Generalstreik treten lassen. So galten Engels die Handelskrisen (und nicht etwa eine Partei oder eine Gewerkschaft) als „der mächtigste Hebel aller selbstständigen Entwicklung des Proletariats" (MEGA I/4, 498). Sie sind es, die jedes Mal eine soziale Krise herbeiführen, bestehende Klassenkämpfe verschärfen und das Proletariat schließlich zu der Einsicht zwingen, dass die gegenwärtige Gesellschaftsordnung durch keinerlei Reform zu kurieren ist und nur es selbst seine Lage durch seine eigenständige Aktion verbessern kann. Die Aufgabe der Theoretiker dieser Revolution bestünde nicht darin, dem Proletariat Fragebögen vorzulegen, allgemeine Prinzipien seiner Befreiung auszumalen oder es voluntaristisch dazu aufzufordern, endlich die Ärmel hochzukrempeln, sondern zum einen die objektiven Bedingungen seiner Kämpfe (das heißt vor allem das Kapital und die Konjunkturen seiner Bewegung) zu untersuchen und zum anderen zu verstehen, warum diese Kämpfe in der Vergangenheit gescheitert sind. Nur auf diese Weise könnten sie einen Beitrag zu einem zukünftigen Gelingen dieser Kämpfe leisten.

2.4 Der Staat in der Krise

Obwohl Marx schon in den *Pariser Heften* und in der *Misère de la philosophie* eine spezifische Dynamik der modernen Wirtschaftsweise herausstellte, stand das Problem der Krise in diesen Schriften noch eher am Rande. In dem Anfang des Jahres 1848 verfassten *Manifest der Kommunistischen Partei* nahm es eine größere Rolle ein, was nicht verwunderlich ist, da im Oktober 1847 die bis dato zäheste und heftigste Krise der Geschichte gerade ihren Höhepunkt in England überschritten hatte und sich ab Jahresende auf dem europäischen Kontinent auszubreiten begann. Die Krise von 1847/48 initiierte die europaweite Revolution von 1848/49 und füllte damit die geniale Skizze des jungen Engels über den Konnex von Krise und Revolution mit Leben. Die Geschichte gab Engels bis auf das Jahr genau Recht, denn der hatte in der *Lage*

---

56 Nicht selten wurden bereits die Krisen selbst als eine „revolution" oder „revolution in property" vorgestellt (Miller 1924, 297 u. 300).
57 In der *Lage* schreibt er: „Nehmen wir z. B. die Krisis von 1842, die, weil die letzte, auch die heftigste war [...] Als ich Ende November 1842 nach Manchester kam, standen noch überall eine Menge Arbeitsloser an den Straßenecken, und viele Fabriken standen noch still" (MEGA I/4, 319/320). Marx bestätigte später, „the industrial distress from 1838 to 1843" sei „[t]he most serious convulsion which English industry ever sustained" gewesen und dazu „the only one which produced great social changes" (MEGA I/16, 107).

der arbeitenden Klasse in England (1845) gleich drei Mal die mutige Prognose aufgestellt, dass die neue Krise bis spätestens 1847 auf sich warten lassen würde.[58] Die Krise wurde gemäß der von Sismondi, Gülich und Engels betonten Steigerungslogik auch intensiver und universeller, denn sie war die erste, die sich auf dem gesamten europäischen Kontinent so unangenehm bemerkbar machte wie ihre Vorgängerinnen nur in England.

Engels berichtete zuerst über die Ereignisse.[59] In Echtzeit hat Marx die wirtschaftlichen Vorgänge von 1847/48 kaum kommentiert, obwohl ab Juni 1848 mit der *Neuen Rheinischen Zeitung* ein geeignetes Organ zur Verfügung gestanden hätte, das sich verständlicherweise in erster Linie dem unmittelbaren Verlauf der Revolution von 1848/49 in verschiedenen europäischen Ländern widmete.[60] Erst nach der Niederlage der Revolution, die ihn ins Exil zwang, setzte sich Marx in den *Londoner Heften* mit den Ursprüngen der Krise von 1847, ihrem Verlauf in England und ihrem Übersetzen auf den europäischen Kontinent auseinander. Der erste Zweck dieser Aufarbeitung der Krise bestand darin, eine Diagnostik zu entwickeln, mit der eine halbwegs präzise Prognose der kommenden Krise möglich wäre (siehe 2.5).

In seiner Rekonstruktion des Krisenverlaufs in den *Londoner Heften* wird Marx bestätigt finden, dass die Krise in Frankreich nicht Folge der Februarrevolution, sondern die französische Revolution Folge der englischen Krise war. Er wird auch einige Ideen darüber entwickeln, wie sie sich von England auf den europäischen Kontinent übertrug, und vor allem im internationalen Goldtransfer einen Universalmechanismus entdecken (siehe 2.5.1). Aber wie war aus der Krise die Revolution geworden? Eine Antwort auf diese Frage findet man eher nicht in den *Londoner Heften* und den Texten, die Marx auf ihrer Grundlage schrieb, sondern in den Ausgaben der *Neuen Rheinischen Zeitung* von 1848/49, in denen er zwar nicht die Krise selbst, aber zumindest einige Auswirkungen in Echtzeit kommentierte. Als Marx diese Zeitung Mitte des

---

58 „[D]ie Intensität der Krisen wächst mit jeder Wiederholung, und die nächste, die wohl 1847 spätestens eintreten wird, wird allem Anscheine nach noch heftiger und dauernder sein." (MEGA I/4, 319) „Die Annäherung an den Sozialismus kann nicht ausbleiben, besonders wenn die nächste Krisis, die auf den jetzigen lebhaften Zustand der Industrie und des Handels allerspätestens bis 1847 [...] folgen muß, eine Krisis, die alle früheren an Heftigkeit und Wuth weit übertreffen wird, durch die Noth die Arbeiter immer mehr auf soziale, statt auf politische Hülfsmittel verweisen wird." (MEGA I/4, 447) „Wahrscheinlich bringt schon die nächste, 1846 oder 1847 eintretende Krisis die Abschaffung der Korngesetze und die Charte." (MEGA I/4, 498)
59 In einem Artikel für die Zeitung *La Réforme* vom 26. Oktober 1847 (MEW 4, 325–327).
60 Eine erste Rückschau auf die Krise, in der nachgewiesen werden soll, dass die Anfang des Jahres 1849 einsetzende wirtschaftliche Erholung auf dem europäischen Kontinent nicht auf die Siege der Konterrevolution, sondern auf die beginnende Prosperität in England zurückzuführen ist, befindet sich in der Ausgabe vom 7. März 1849 in dem Artikel *Die Handelslage* (MEW 6, 326–331), der von Georg Weerth geschrieben wurde (Melis 2006, 175). Engels gab 1895 an, dass es während der Revolution „unmöglich" gewesen wäre, auch die ökonomischen Vorgänge zu verfolgen (MEGA I/32, 333).

Jahres 1848 mitbegründete, befand sich die Krise in Europa gerade in ihrer letzten Phase: einer europaweiten Krise der Staatsfinanzen.

Stedman Jones (2017, 373) bemängelt das „Fehlen" von Hinweisen auf den „politischen" und „sozioökonomischen Kontext" in Marx' Revolutions-Schrift mit dem redaktionellen Titel *Die Klassenkämpfe in Frankreich* (1850).[61] Auch Kluchert (1985, 275) kommt nach einer 400-seitigen Untersuchung der Marx'schen historischen Schriften von 1846 bis 1852 zu dem Schluss, dass es „unklar bleibt, in welcher Weise die ökonomische Krise den revolutionären Prozeß in Gang setzt. [...] Das Handeln der Klassen, aus dessen Untersuchung Aufschluß über den Zusammenhang von Wirtschaftskrise und Revolution [...] zu gewinnen wäre, wird von Marx und Engels in die Analyse nicht einbezogen." Es stimmt zwar, dass Marx die soziologischen und ‚subjektiven' Aspekte des kollektiven Handelns zu dieser Zeit eher vernachlässigte beziehungsweise davon ausging, dass entlang eines objektiven Widerspruchs quasi automatisch kritische Subjektivität entstünde. Und selbstverständlich tauchen in seiner Publizistik einige Passagen auf, in denen ein Zusammenhang zwischen Wirtschafts- und politischer Krise beziehungsweise zwischen Prosperität und einem gesellschaftlichen Klima der Indifferenz (dazu 3.1) bloß unterstellt scheint. Aber nichtsdestoweniger ist in den Artikeln der *Neuen Rheinischen Zeitung* zur europaweiten Revolution von 1848/49 und dann über eine Dekade Marx'scher Krisenanalyse hinweg mindestens ein wiederkehrendes Motiv eindeutig identifizierbar: Ökonomische und politische Erschütterungen sieht Marx durch eine Krise der Staatsfinanzen vermittelt.

Marx hat den *Staat in der Krise* für Preußen, England, Österreich, Australien und vor allem Frankreich beschrieben und dabei immer wieder Zusammenhänge zur politischen Belebung hergestellt.[62] Wie bei ihm ökonomische, fiskalische und politische Krise zusammenhängen, soll im Folgenden ausgeführt werden. Eine These lautet hierbei, dass Marx in der Krise von 1847/48 die staatliche Kapazität der Krisenbewältigung vornehmlich unter fiskalpolitischen Gesichtspunkten – Steuern und Staatsverschuldung – analysierte und damit etwas unterschätzte. In der Krise von 1857/58 werden dagegen geldpolitische Maßnahmen der europäischen Regierungen unter seiner Beobachtung stehen (dazu 3.3.3). Zwischen Steuer- und Geldpolitik sah Marx einen großen formalen Unterschied. Weil die Steuer die Schnittstelle schlechthin zwischen Wert und Recht ist (Stützle 2017, 53), geraten der Staatshaushalt unmittelbar

---

61 Merkwürdigerweise verweist der Marx-Biograph mit dem krisenbedingten Ansteigen der Arbeitslosigkeit in den Großstädten allerdings auf einen ‚Kontext', der für Marx und vor allem Engels seit 1842 die zentrale Vermittlung war.
62 Dies lässt sich noch in Marx' Exzerpten von 1868/69 für die Vereinigten Staaten nachweisen, wo während des Amerikanischen Bürgerkriegs eine gewaltige Staatsschuld kontrahiert worden war, was heftige Konflikte um deren Tilgung zur Folge hatte und auch den Kampf des amerikanischen Proletariats für die Beschränkung des Arbeitstages beflügelte: *„the agitation among the working classes in the U. States is due to the increased cost of living produced by the great and growing taxation"* (MEGAdigital, Bd. IV/19, Heft „London. 1868", S. 134).

– und damit tendenziell auch die politischen Verhältnisse – selbst in Notlage, wenn in der Wirtschaftskrise Steuereinnahmen wegbrechen. Mit der Geldpolitik hingegen können wirtschaftliche Probleme in die Zukunft verlagert werden. Marx wird daher erst 1857/58 die staatlichen Fähigkeiten bei der Moderation des Krisenverlaufs ausführlicher betrachten.

Die Krise der Staatsfinanzen markiert als Schnittstelle, an der wirtschaftliche zu politischen Problemen werden, den Auftakt der Marx'schen Berichterstattung zur Krise von 1847/48. Marx' Beiträge dazu in der von ihm im Revolutionsjahr 1848 mitbegründeten und als Chefredakteur betreuten *Neuen Rheinischen Zeitung* behandeln vornehmlich fiskalische Fragen. Und dies war nicht aus der Luft gegriffen, denn viele europäische Staaten befanden sich zu dieser Zeit in einer schweren Haushaltsnotlage. Im hochverschuldeten Österreich etwa flogen 1848 bis dahin geheim gehaltene Staatsschuldpapiere auf (sogenannte Staats-Central-Cassenanweisungen), die sich zu einem gehörigen Defizit angehäuft hatten. Daneben ließ Österreichs kriegerisches Vorgehen gegen die Revolution in Italien und Ungarn die Edelmetallvorräte der Nationalbank in wenigen Monaten dahinschmelzen. In der Folge stellte die Nationalbank die Barzahlung ein und die Regierung ging am 12. Mai 1848 dazu über, den umlaufenden Noten einen Zwangskurs zu verordnen.[63] Nicht nur die österreichischen Staatsanleihen wurden in der Krise abgestoßen, selbst in England war zu Beginn des Jahres 1848 der Kurs der *Consols* abgestürzt und es kam zu Notverkäufen (Morier Evans 1849, 59 u. 110–112; Bignon et al. 2012, 597). In Frankreich ließ die provisorische Regierung die Barzahlung der Banque de France aussetzen, Beträge in Sparkassenbüchern konfiszieren und eine Sondersteuer nach der nächsten einführen, darunter Mitte März 1848 die Zusatzsteuer von 45 Centimes je Franc (also 45%) auf die vier direkten Steuern, die vor allem Bauern schwer belastete, die auch deshalb bei den späteren Präsidentschaftswahlen für Napoleon III. votieren sollten, da dessen Name Befreiung von der Übersteuerung versprach (siehe 3.3.1).

Auch in Preußen, wo sich Marx und Engels 1848/49 aufhielten, sah sich die Regierung mit der Schwierigkeit konfrontiert, der plötzlichen Bedürftigkeit von Kaufleuten, Industriellen und Banken mit einem dezimierten Budget – krisenbedingt waren Steuereinnahmen weggebrochen – begegnen zu müssen. Als der Staat zur Rettung bankrotter und angeschlagener Unternehmen angerufen wurde, konterte Marx in der *Neuen Rheinischen Zeitung* vom 21. Januar 1849, dass solche staatlichen Zuschüsse ihrerseits auf Steuermitteln basierten:

> Der Staat aber, die Regierung, gibt bekanntlich nur scheinbar. Erst muß ihm gegeben werden, damit er gebe. Wer aber soll ihm geben [...]? Der untergehende Erwerbszweig, damit er noch schneller untergehe? Oder der aufkommende, damit er schon im Aufkommen verkümmre? [...] Wenn eine europäische Handelskrise ausbricht, so kann der preußische Staat nichts ängstlicher

---

[63] Siehe: 25 Jahre Oesterreichischer Finanzpolitik (1874). Marx schrieb noch 1850, dass „in *Oestreich* der Staatsbankerott in voller Blüthe" steht (MEGA I/10, 212).

in Betracht ziehen, als wie er den gewohnten Steuerquellen durch Execution u. dergl. die letzten Wassertropfen abpresse. Der arme preußische Staat! Damit der preußische Staat die Handelskrisen unschädlich mache, müßte er außer der Nationalarbeit noch eine dritte Einnahmequelle in den Wolken besitzen. (MEGA I/8, 318)

Höhere Abgaben können kein Heilmittel für gesunkene Einkommen sein. Mit dem Steuerzugriff wäre das Problem nur verschoben, aber nicht behoben.[64] So sah sich die preußische Regierung in der Tat dazu gezwungen, zur Deckung ihres Mehrbedarfs kreativ zu werden. Als Finanzminister David Hansemann zur Finanzierung von Haushaltsdefizit, Bankenrettung, Verstaatlichung und Konjunkturstimulus eine freiwillige Staatsanleihe mit 5% Zinsen vorschlug, die kaum gezeichnet wurde, drohte er als Konsequenz im Juni 1848 eine Zwangsanleihe mit 3,5% Zinsen an. Der Kaufmann und Bankier Hansemann hatte wenige Jahre zuvor noch „das viele Regieren oder das Einmischen der Staatsverwaltung in zu viele Gegenstände" (Hansemann 1919 [1840], 197) beklagt, beschloss jetzt aber, nachdem er ausgerechnet während einer Wirtschaftskrise in Regierungsverantwortung geraten war, Steuererhöhungen und gedachte, den Kauf von Staatsanleihen per Gesetz zu erzwingen.

Mit der Zwangsanleihe sollten jene Haushaltslöcher gestopft werden, die direkt durch die Krise des Kapitals und auch deshalb entstanden waren, weil Hansemann sie mit Staatsmitteln lindern wollte.[65] Hansemann stellte die Zwangsanleihe als ein Mittel vor, nutzlos in privater Hand liegende Gelder zu akquirieren und in die Zirkulation zu werfen, um auf diese Weise die Produktion anzukurbeln (MEGA I/7, 407). Marx hielt diese Vorstellung für skurril:

Von dem Augenblicke an, wo der Fabrikant seine Baumwollstoffe nur noch mit Verlust verkaufen oder gar nicht verkaufen kann, hört er auf zu produziren, hört er auf die Arbeiter zu beschäftigen, und mit dem Aufhören der Produktion [...] hört die *Cirkulation* auf. Wir werden die Cirkulation zwangsweise herstellen! ruft Hansemann aus. Warum läßt der Fabrikant auch sein Geld *nutzlos* liegen? Warum läßt er es nicht cirkuliren? Wenn schönes Wetter ist, circuliren viele Leute

---

64 Ähnlich bemerkte ein engagierter Zeitzeuge über die Krise: „In dieser Verlegenheit will ein Jeder Hülfe vom Staat haben; es scheint fast als ob die Leute den Staat als eine besondere Person betrachteten, die eine unerschöpfliche Gold- und Silberquelle zur Bestreitung aller Ausgaben habe. Dem ist aber nicht so; der Staat [...] hat keine anderen Mittel der Abhülfe der Noth, als die, welche er von den Staatsangehörigen durch Abgaben erhält." (Scharlau 1848, 4)
65 Eine der ersten Amtshandlungen Hansemanns war die Rettung der in Immobilienspekulation verstrickten Bank Abraham Schaaffhausen. Hansemann zahlte sofort, noch bevor Vertreter der Bank zu Verhandlungen in Berlin eintreffen konnten (Bergengrün 1901, 433). Ferner gewährte er der Preußischen Bank Kredite, gab Garantien für Industrie und Bankwesen und gründete sogenannte „Darlehenskassen": Diskontbanken, die vom Staat garantiertes Papiergeld (Darlehenskassenscheine) gegen bestimmte Waren ausgaben (Lichter 1999, 141–146). Zur Zwangsanleihe vgl. Bergengrün (1901, 514–516). Eine Branntwein- und Zuckersteuer scheiterte am Widerstand der Grundeigentümer. Später verstaatlichte die preußische Regierung auch die Eisenbahn.

im Freien. Hansemann treibt die Leute in's Freie, zwingt sie, zu cirkuliren, um das schöne Wetter herzustellen. (MEGA I/7, 408)

Die Zirkulation ist das Resultat der Produktion, nicht umgekehrt. Die Zwangsanleihe erweitere die Zirkulation auf eine äußerliche Weise, indem sie zusätzliches Geld in sie hineinzwingt. Dass Einkommen durch eine Ausdehnung des Geldumlaufs geschaffen wird, die Produktion sich mit der Zirkulation vergrößern kann, hält Marx für eine Illusion. Eine staatliche Zirkulationserweiterung könne gegen die Krise nichts ausrichten, erst recht nicht, wenn sie wie die Zwangsanleihe auf Expropriation beruht.

Marx wird in seiner ersten ausführlichen öffentlichen Diskussion der Wirkungsweise des *Bank Act* in einem Artikel für die *New-York Tribune* vom 24. September 1853, der nach seinen geldtheoretischen Studien in den *Londoner Heften* entstanden ist, ähnlich argumentieren und die von einer Omnipotenzphantasie ausgehende Bankregulierung des *Bank Act* kritisieren. Weil nicht die Geldmenge die Preise, sondern die Gesamtheit der Preise die Zirkulationsquantität bestimme, könne eine Bank so viele Noten drucken, wie sie wolle: Ob diese auch in die Zirkulation eingehen, hänge einzig vom Bedarf des Publikums ab (MEGA I/16, 324). Die Bank of England und der über sie verfügende Gesetzgeber haben keine Macht, einen Einfluss auf die Geldzirkulation zu nehmen[66] und darüber Preisentwicklungen zu steuern oder Krisentendenzen zu unterbinden. Im Gegenteil wird, so Marx, die ‚quasi-automatische Maschine', die den reibungslosen Ablauf der Zirkulation garantieren soll, auch die kommende Krise verschlimmern, so wie sie die letzte verschlimmert hatte (MEGA I/16, 64/65).

Marx wollte also die von Hansemann und der *Currency School* erdachten Mittel der Krisenabwehr und -überwindung entwaffnen und sie zusätzlich noch gegen ihre Urheber richten: Der Staat kann der Krise des Kapitals nicht nur nichts entgegensetzen, sondern gerät selbst umso tiefer in die Krise, je mehr er sich dagegen wehrt. Die Barreserve der Nationalbank nimmt in dem Maße ab, in dem man sie qua Gesetz zusammenhalten will; Hansemanns Zwangsanleihe belastet genau den Reichtum, der in der Krise ohnehin gefährdet ist; Kapitalsteuern würden das zum Erliegen gebrachte Wirtschaftsleben erst recht abwürgen und damit die „Krisen verschärfen" (MEGA I/10, 298).[67] Die Staatseingriffe betrachtet Marx Ende der 1840er Jahre als grundsätzlich willkürlich und die Gesetze der kapitalistischen Produktion verletzend.

Marx zeigt den Staat als hilflos, auch aus dem folgenden Grund: Zwar existiert die gesellschaftliche und individuelle Ohnmacht in der modernen Gesellschaft zu jeder Zeit, aber in der Euphorie der Prosperität entsteht eine Illusion der Kontrolle

---

[66] Marx knüpft bis hin zur Formulierung an Tooke an, in dessen Schrift *An Inquiry into the Currency Principle* ein Kapitel den programmatischen Titel „The Bank of England has not the power to add to the circulation" (Tooke 1844, 60) trägt.
[67] Kapitalsteuern betrachtet Marx, darin Ricardo nicht unähnlich (siehe Kap. 1, Fn. 35), als einen Abzug vom Mehrwert.

(dazu 3.1). Dass der Produktionsprozess nicht ‚souverän gemeistert' wird, ist die Erfahrung erst der Krise, einer objektiven Zwangslage, in der sich Hilflosigkeit, Angst und Panik ausbreiten. Um die Restitution der Kontrolle, so konzipierten es auch alle Krisentheorien der politischen Ökonomie (dazu 1.6), soll sich dann der Staat bemühen und Marx geht es auch um die Zerschlagung dieser in der Krise grassierenden Rettungs- und Souveränitätsillusionen. Der Staat hat der Krise nichts entgegenzusetzen; er kann die Probleme des Kapitals nicht lösen, weil er selbst über Steuern und Staatsverschuldung mit ihnen verstrickt ist. „That crisis is beyond Government control" (MEGA I/16, 67), und der Staat könnte erst dann zu einem ebenbürtigen Gegner für sie werden, wenn er „außer der Nationalarbeit noch eine dritte Einnahmequelle in den Wolken" besäße oder sich „durch Allerhöchste Neujahrswünsche, Wrangel'sche Armeebefehle oder Manteuffel'sche Ministerialerlasse Geld aus der Erde stampfen ließe" (MEGA I/8, 318).

Dass der Staat auf einer ökonomischen Grundlage fußt, über die er erstens nicht selbst bestimmen und die er nur mit Steuern abschöpfen kann und die zweitens durch die Krise zusammenschmilzt, ist Ende der 1840er Jahre nicht das einzige Marx'sche Argument für die grundlegende Impotenz des Staats. Zu dieser Zeit vertrat Marx ein im *Manifest* belegtes instrumentelles Verständnis des Staats als das Exekutivkomitee der Bourgeoisie, als der „Ausschuß, der die gemeinschaftlichen Geschäfte der ganzen Bourgeoisklasse verwaltet" (MEW 4, 464). Ähnlich wie er zu dieser Zeit den Kredit als Repräsentation der Produktion bestimmte (dazu 2.5.2), galt ihm auch der Staat als ein unmittelbarer Ausfluss des Kapitals. Er ging in den *Klassenkämpfen* sogar so weit, das Personal des Staats mit einer Fraktion des Kapitals, der „Finanzaristokratie", gleichzusetzen.[68] In Frankreich konnte die Finanzaristokratie wegen der fiskalischen Notlage von 1848 das Ruder im Staat an sich reißen; sie nutzte die Not der provisorischen Regierung aus und profitierte von der Staatsverschuldung.[69] Der Staat konnte für Marx also auch deshalb die Krise nicht lösen, weil er von einer Klasse beherrscht

---

[68] „Nicht die französische Bourgeoisie herrschte unter Louis Philipp, sondern *Eine Fraktion* derselben, Bankiers, Börsenkönige, Eisenbahnkönige, Besitzer von Kohlen- und Eisenbergwerken und Waldungen, ein Theil des mit ihnen ralliirten Grundeigenthums – die sogenannte *Finanzaristokratie*." (MEGA I/10, 119/120) Ähnlich musste Marx davon ausgegangen sein, dass mit der Regierung Camphausen/Hansemann die Bourgeoisie auch in Preußen ans Ruder gelangte.

[69] „Durch ihre Finanznoth war die Julimonarchie von vorn herein abhängig von der hohen Bourgeoisie und ihre Abhängigkeit von der hohen Bourgeoisie wurde die unerschöpfliche Quelle einer wachsenden Finanznoth. [...] Die *Verschuldung des Staats* war vielmehr das *direkte Interesse* der durch die Kammern herrschenden und gesetzgebenden Bourgeoisfraktion. Das *Staatsdefizit*, es war eben der eigentliche Gegenstand ihrer Spekulation und die Hauptquelle ihrer Bereicherung." (MEGA I/10, 120)

wird, die ihn zur Durchsetzung eigener Interessen benutzt und die ihn schwächt, weil sie von seinen Defiziten lebt.[70]

Die Staatseinmischung kann somit leicht als Ursache und Lösung der Probleme erscheinen. Marx kam auf das Verhältnis von Staat und Wirtschaft in der politischen Ökonomie 1857 in seiner Notiz mit dem redaktionellen Titel *Bastiat und Carey* zurück. Der Amerikaner Henry Charles Carey und der Franzose Frédéric Bastiat, zwei nichtenglische Ökonomen der nachricardo'schen Epoche, konzipierten in Say'scher Tradition die bürgerliche Gesellschaft als eine sich im Gleichgewicht befindende. Was beide in Marx' Augen vereinte, ließe sich als ‚Staatsillusion' bezeichnen: Die Ursache der „weltmarktlichen Disharmonien" (MEGA II/1, 8) sahen sie in dem „Einfluß des Staats auf die bürgerliche Gesellschaft, in seinen Uebergriffen und Eingriffen" (MEGA II/1, 7), die der eine für zu klein, der andere für zu groß erachtete. Der Protektionist Carey sah *zu wenig Staat* in den USA, weshalb Englands Macht auf dem Weltmarkt die innere Harmonie Amerikas störe; der Freihändler Bastiat wiederum erkannte *zu viel Staat* in Frankreich, wo sich die bürgerliche Gesellschaft daher „nur in der verkümmerten französischen Form" (MEGA II/1, 7) realisiert hätte. Marx dagegen fasste die „weltmarktlichen Disharmonien" als „nur die lezten adaequaten Ausdrücke der Disharmonien" (MEGA II/1, 8) der abstrakten ökonomischen Kategorien und sah die „Staatseinflüsse, public debt, taxes etc selbst aus den bürgerlichen Verhältnissen hervorwachsen" (MEGA II/1, 7). Darin, der Gesellschaft ihre Staatsillusion zu rauben, lag für ihn eine wichtige politische Aufgabe: Die Krisen haben ihren Ursprung nicht im Staat – so unfähig und korrupt, hypertroph, liberalisiert und unterfinanziert er und sein Personal auch sein mögen – und daher ist ihre Wiederkehr auch nicht hier zu verhindern.

Die Staatseinflüsse sind aber nicht nur für politische Ökonomen ein „Ärgernis" (Krätke 1984, 53; Stützle 2017, 54), womit ein politischer Konflikt um die richtige Art der Staatsfinanzierung angedeutet ist. Steuern sind ein direkter, sicht- und spürbarer Eingriff in das Wirtschaftsleben.[71] Wenn das Kapital in der Krise nicht noch mit Extrasteuern belastet werden kann, sucht der Staat an anderer Stelle nach Einzugsquellen. Aber gerade Steuereinzug, Zollerhöhung und Subventionsabbau rufen auch in der Bevölkerung Ärger und Protest hervor, denn sie *verteuern* das Leben direkt. Marx beschrieb dies in den *Klassenkämpfen*:

---

[70] Dieses instrumentelle Staatsverständnis wird Marx im Laufe der 1850er Jahre, auch angesichts der Erfahrung des Bonapartismus und der Staatsmaßnahmen in der folgenden Krise von 1857, zugunsten einer formanalytischen Staatsauffassung ablegen (siehe 3.3.4).

[71] „[G]anz wie die Revolution von 1848 für eine Krise verantwortlich gemacht wurde, die bereits im Jahre 1847 ausgebrochen war" (MEGA I/14, 23), wurde in der britischen Öffentlichkeit die Geldklemme von 1855 mit dem Krimkrieg (1853–56) erklärt, zu dessen Finanzierung mehrmals die Steuern erhöht werden mussten.

> Unterdessen krümmte sich die provisorische Regierung unter dem Alpe eines wachsenden Defizits. [...] Es mußte zu einem heroischen Mittel geschritten werden, zur Ausschreibung einer *neuen Steuer*. Aber wen besteuern? Die Börsenwölfe, die Bankkönige, die Staatsgläubiger, die Rentiers, die Industriellen? Das war kein Mittel, die Republik bei der Bourgeoisie einzuschmeicheln. Das hieß von der einen Seite den Staatskredit und den Handelskredit gefährden, während man ihn von der andern Seite mit so großen Opfern und Demüthigungen zu erkaufen suchte. Aber Jemand mußte blechen. Wer wurde dem bürgerlichen Credit geopfert? Jacques le bonhomme, der *Bauer*. (MEGA I/10, 131)

Der Streit darüber, auf *wen* die Steuer fällt, ist unmittelbar Klassenkampf. Wer für die Krise zahlen soll, bringt daher unweigerlich das politische Feld in Bewegung. Neue Abgaben empören unmittelbar das Gemüt derjenigen, denen sie veranschlagt werden.[72] Indem die Krise qua Steuereinzug auf ganze Schichten umgelegt wird, *verallgemeinert* sie sich über den Staat und seine Zugriffsmöglichkeiten.[73]

Weil die Krise der Staatsfinanzen die politische Unruhe am Leben hält, engagierte sich Marx 1848 einige Monate lang als ‚Aktivist' in der „Steuerverweigerungskampagne". Als der preußische König Anfang November 1848 die Preußische Nationalversammlung entmachtete, rief diese zur Steuerverweigerung auf. Marx schloss sich dem in der *Neuen Rheinischen Zeitung* an und forderte „alle demokratischen Vereine der Rheinprovinz" dazu auf, die Bevölkerung zum Steuerstreik zu bewegen: „Von dem heutigen Tage an sind also die Steuern aufgehoben!!! Die Steuereinzahlung ist Hochvrath, die Steuerverweigerung erste Pflicht des Bürgers!" (MEGA I/8, 102) Ein Steuerboykott schien Marx ein aussichtsreiches Mittel, die Krise der Staatsfinanzen zu verschlimmern und die politische Revolution neu zu entfachen.[74]

Weil der Steuereinzug direkt die Einkommen belastet, private Interessen verletzt und die wirtschaftliche Krise auf breite Gesellschaftsschichten umlegt, erscheint dem Staat in der Krise die zweite Hauptform seiner Finanzierung, die Verschuldung, als eine attraktive Ausflucht aus den quälenden Widersprüchen der Besteuerung. Die Staatsverschuldung in Form von Staatsanleihen scheint gegenüber der Steuerabschöpfung die Vorteile aufzuweisen, die Expropriation durch den Staat zu verdecken

---

72 Marx beschreibt etwa in der *Neuen Oder-Zeitung* vom 7. März 1855, wie eine geplante Steuererhöhung in Australien Zusammenkünfte bewaffneter und „empörter" Bürger auslöste, die „beschlossen, der Eintreibung der gehässigen Steuer auf's Äußerste zu widerstehen" (MEGA I/14, 178/179).
73 Marx und Engels führen dies in der *Neuen Rheinischen Zeitung* vom 16. März 1849 näher aus. Im Laufe der 1848er Revolution entstand unter französischen Radikalen die Idee der „Milliarde", einer Sondersteuer von einer Milliarde Francs, mit der Grundbesitzer belegt werden sollten. Die Milliarde sei „die erste revolutionäre Maßregel, welche die Bauern in die Revolution schleudert" (MEW 6, 355).
74 Das war keine Kopfgeburt von Marx, denn damals ereigneten sich über den ganzen Deutschen Bund hinweg zahlreiche Steuerproteste und -tumulte wie Antisteuer-Demonstrationen, Schmuggel, Anschläge auf Zollgebäude und Brandstiftung von Steuerkassen (Siegert 2001, 389–396). Hansemann musste daher schon im April 1848 die Mahl- und Schlachtsteuer erleichtern, die vor allem die städtische Bevölkerung, wegen der Krise von hoher Arbeitslosigkeit betroffen, belastet hatte.

und darüber hinaus sogar Kapital zu akkumulieren, da sie einen „Abzugskanal" des Surpluskapitals bildet.[75]

Negative Effekte der Verschuldung wirken allerdings auf lange Sicht. Marx wird im ersten Band des *Kapital* schreiben, dass „die Staatsschuld ihren Rückhalt in den Staatseinkünften hat, die die jährlichen Zins- u. s. w. Zahlungen decken müssen [...]. Die Anleihen befähigen die Regierung, außerordentliche Ausgaben zu bestreiten, ohne daß der Steuerzahler es sofort fühlt, aber sie erfordern doch für die Folge erhöhte Steuern." (MEGA II/10, 678) Die Eigentümer der Schuldtitel verlangen Zins- und Tilgungszahlungen, die ihrerseits wiederum durch Steuern oder weitere Kredite zu finanzieren sind. Mit der Hansemann'schen Zwangsanleihe könnten die Finanzierungsschwierigkeiten womöglich vorübergehend überdeckt werden, allerdings sieht Marx eine andauernde Kreditfinanzierung des Staats begrenzt: „Womit will der preußische Staat nicht 5, sondern nur $3^{1}/_{3}$ pCt. zahlen? Mit neuen Steuern. Und wenn die gewöhnlichen Steuern nicht ausreichen, wie vorher zu sehen ist, mit einer neuen Zwangsanleihe. Und womit die Zwangsanleihe Nr. II? Mit einer Zwangsanleihe Nr. III. Und womit die Zwangsanleihe Nr. III? Mit dem *Bankerut*." (MEGA I/7, 484) Der Staat kann den Steuereinzug nicht ultimativ vermeiden und seine Verschuldung macht ihn auf lange Sicht anfällig: Zinszahlungen belasten sein Budget und eine hohe Staatsverschuldung mag den Anleihenmarkt verschrecken – all das erhöht die Wahrscheinlichkeit eines zukünftigen Staatsbankrotts. Staatsschuldpapiere können in einer Krise auch schnell zu Ramschanleihen werden, wie es 1848 kurzzeitig sogar den britischen *Consols* widerfahren war. Marx bemerkt daher in den *Klassenkämpfen*: „Der öffentliche Credit und der Privatcredit sind der ökonomische Thermometer, woran man die Intensität einer Revolution messen kann. *In demselben Grade, worin sie fallen, steigt die Glut und die Zeugungskraft der Revolution.*" (MEGA I/10, 129/130)

Es ist kein Zufall, dass Marx gerade in seinen Zeitungsartikeln von 1848 und 1858 zur Krise der Staatsfinanzen und zu den in seinen Augen phantastischen Vorstellungen darüber, wie diese zu bewältigen sei, zweimal dieselbe Anekdote aus dem *Zwiegespräch der Hunde* wiedergegeben hat, der letzten der zwölf *Exemplarischen Novellen* von Miguel de Cervantes, der kurze Zeit selbst als Steuereintreiber tätig war. Angesichts der von Hansemann ins Spiel gebrachten Zwangsanleihe schrieb er 1848:

> In einer Novelle des Cervantes finden wir den größten spanischen Finanzmann im Irrenhaus. Der Mann hatte ausfindig gemacht, daß die spanische Staatsschuld vernichtet sei, sobald „die Cortes das Gesetz genehmigen, daß alle Vasallen seiner Majestät vom vierzigsten bis in das sechzigste Jahr verpflichtet sein sollen, einen Tag im Monat bei Wasser und Brod zu fasten, und zwar an einem nach Belieben auszuwählenden und zu bestimmenden Tage. Der Aufwand aber, der

---

[75] Schon Sismondi wunderte sich darüber, dass keine menschliche Erfindung mehr Illusionen erzeuge als die Staatsschulden, die in der Regel mit wirklichem Kapital verwechselt würden. Mit den Staatsanleihen verzögere die gegenwärtige Generation den Staatsbankrott bloß auf Kosten der folgenden (Sismondi 1971 [1827], II, 177ff.; Manes 1922, 123).

sonst an Früchten, Gemüsen, Fleischspeisen, Fischen, Weinen, Eiern und Hülsenfrüchten an diesem Tage verbraucht worden wäre, soll zu Geld angeschlagen und Sr. Majestät abgeliefert werden, ohne daß ein Heller, bei Strafe des Meineides, wegfalle." (MEGA I/7, 411)

Die Empfehlung des „größten spanischen Finanzmanns" berücksichtigt das expropriative Moment des Steuereinzugs, drückt zugleich jedoch eine Abstinenztheorie der Staatsfinanzen aus, wonach diese auf magische Weise durch den Verzicht der Bürger entstehen. Im Jahr 1848 münzte Marx die Anekdote auf die preußische Zwangsanleihe. Hansemann Idee sei der des spanischen Steuerbeamten im Irrenhaus sehr ähnlich: Sie „kürzt das Verfahren ab" (MEGA I/7, 411), indem den Untertanen, wenn auch keine „Fleischspeisen", so durch den Anleihenzwang doch direkt das Geld entwendet werden soll. Hansemann „hat seine sämmtlichen Spanier, die ein jährliches Einkommen von 400 Thalern besitzen, aufgefordert, einen Tag im Jahr ausfindig zu machen, an dem sie 20 Thaler entbehren können. Er hat die Kleinen aufgefordert [...] sich für 40 Tage ungefähr aller Konsumtion zu enthalten" (MEGA I/7, 411). Weder können die Krisen des Kapitals gelöst werden, indem die Gesellschaft ihre Konsumtion einschränkt, um Finanzlöcher im Staat zu stopfen; noch können die Staatsfinanzen in Ordnung gebracht werden, wenn die Bürger ihr Geld dem Staat direkt geben, so dass es an anderer Stelle ‚der Wirtschaft' fehlt, aus welcher der Staat dann wiederum weniger Steuern herausziehen kann.[76]

Zehn Jahre später griff Marx erneut auf Cervantes zurück, um Premierminister Benjamin Disraeli zur Abschaffung des gesetzlich verankerten Staatsschulden-Tilgungsfond *sinking fund* zu beglückwünschen, der sich als haltlos entpuppt hatte. Dem *sinking fund* lag die Überlegung zugrunde, dass der Staat niemals in Finanznöten geraten würde, wenn er zu Urzeiten eine kleine Ersparnis beiseitegelegt und ‚investiert' hätte, so dass die ursprünglich nur geringe Summe allmählich im Laufe der Jahrzehnte und Jahrhunderte durch Zins und Zinseszins exponentiell zu einer gewaltigen Zahl herangewachsen wäre.[77] Mit dem *National Debt Reduction Act* von 1786

---

[76] Dass sogar die sprechenden Hunde am Ende von Cervantes' Novelle nur lachen können, hat nicht verhindert, dass immer wieder derartige Versuche der Staatsfinanzierung unternommen worden sind. Erinnert sei an den „Eintopfsonntag" der Nationalsozialisten, ein Kollektivessen, bei dem die Teilnehmer die vom Munde abgesparte Differenz zwischen den Ausgaben für den aufgegebenen Sonntagsbraten und den Kosten für den einfachen Eintopf spendeten, um staatliche Sozialausgaben zu ermöglichen. Auch die 2010 unter anderem von Hochschulprofessoren ins Leben gerufene „Deutsche Tilgungsinitiative" ruft dazu auf, zur Tilgung der deutschen Staatsschuld sein Vermögen direkt dem Staat zu übertragen.

[77] Der *sinking fund* war in Marx' Augen „one of those monster delusions which obscure the mental faculties of a whole generation" (MEGA I/16, 272). Der britische Premierminister William Pitt wurde bei der Ausarbeitung des *sinking fund* von den „fabelhaften Einfällen des Dr Price geleitet, die bei weitem die Phantasien der Alchymisten hinter sich lassen" (MEGA II/4.2, 464) und dachte, „die state debt durch das Mysterium des compound interest wegzuhexen" (MEGA II/4.2, 465). Marx kontert, dass bald 24 Stunden eines Tages nicht ausreichen würden, um den in der Form des Zinses endlos gesetzten Mehrwert auch wirklich zu produzieren (MEGA II/4.2, 468).

wurde dem *sinking fund* jedes Jahr eine Million Pfd. St. zugeteilt. Das Geld sollte aus Zinsdifferenzen stammen, die der Staat dadurch gewänne, dass er Geld zu einem bestimmten Zinssatz lieh, um es zu einem höheren Zinssatz zu verleihen. Aber wenn in der Krise (oder im Kriegsfall) die Zinssätze für Staatsanleihen steigen, funktioniert dieser Mechanismus nicht mehr. Durch das Gesetz war der Staat aber zur Aufrechterhaltung des *sinking fund* und damit zur Zeichnung von Anleihen mit nun in die Höhe gehenden Zinsen verpflichtet, um damit Anleihen zu tilgen, die in der Vergangenheit zu einem geringeren Zinssatz aufgenommen worden waren (vgl. Giuseppi 1966, 72). Das „fantastic scheme" des *sinking fund* war, so Marx, „rather less ingenious than the financial plan of the fool in one of Cervantes's novels" (MEGA I/16, 273). Während die Zwangsanleihe noch direkt das Geld appropriiert, wird mit der „financial alchemy" (MEGA I/12, 114) des *sinking fund* bloß eine Staatsanleihe in eine andere umgewandelt, eine Anleihe ausgegeben, um eine andere Anleihe zu tilgen. Hierbei werden verpreiste, handelbare und deshalb als Kapital erscheinende Papiere angehäuft, die Ansprüche verbriefen, einen (wieder über Steuern eingetriebenen) Geldbetrag vom Staat zu erhalten. Staatsanleihen sind fiktives Kapital: ihre Akkumulation nicht mehr als eine „Accumulation von Schulden" (MEGA II/4.2, 530). Schulden allerdings, die, weil verpreist und handelbar, als Kapital erscheinen und daher den Traum der automatischen Progression evozieren. Doch ein Staat lässt sich, so glaubte Marx, nicht durch eine bloße Neukreation von Eigentumstiteln, sondern schlussendlich nur durch Steuern und die ihnen zugrundeliegende Mehrarbeit finanzieren.

Marx dachte 1848/49 den Zusammenhang von Wirtschaftskrise und politischer Revolution also durchaus nicht bruchlos. Eine Wirtschaftskrise wird direkt durch Arbeitslosigkeit und Prekarität in eine soziale, aber auch mittels einer Krise der Staatsfinanzen in eine politische Krise verwandelt. Marx entwarf diese Zusammenhänge nicht etwa am Reißbrett, sondern kommentierte vielmehr, was sich vor seinen Augen abspielte: Infolge des ökonomischen Kollaps herrschte 1848/49 eine fast europaweite Krise der Staatsfinanzen, über die sich Politiker und Staatspersonal den Kopf zerbrachen und die die Bevölkerung zu Steuertumulten anstiftete. Diese Schwachstelle wollte Marx selbst durch sein Engagement in der Steuerverweigerungskampagne ausnutzen. Allerdings sollte es sich in Zukunft als Besonderheit des Crashs von 1847/48 herausstellen, dass er auch den Staat in einem derart existenziellen Ausmaß erschütterte. In Marx' Einschätzung des jeweiligen Verhältnisses zwischen dem Cervantes-Plan und den beiden Instrumenten der Staatsfinanzierung kommt dieser Unterschied zum Ausdruck: Die Zwangsanleihe von 1848 war eine zum Scheitern verurteilte, aberwitzige Kopfgeburt des preußischen Staats; 1858 aber schien die britische Regierung mit der Abschaffung des *sinking fund* zur Vernunft gekommen zu sein. Dies deutet auf eine Verschiebung im Marx'schen Verständnis von Politik und Ökonomie zugunsten eines größeren Spielraums des Staates bei der Moderation der Krise hin, auf die zurückzukommen sein wird (dazu 3.3.3 und 3.3.4).

2.5 Die Ausarbeitung einer Krisendiagnostik in den *Londoner Hefte*n

> Auf der einen Seite Uebermasse aller Reproductionsbedingungen und Uebermasse aller Sorten unverkaufter Waaren auf dem Markt. Auf der andren Seite bankrotte Capitalisten und von allem entblöste, darbende Arbeitermassen. (MEGA II/3, 1145)

Seine wenig beachteten Beiträge zur europäischen Krise der Staatsfinanzen in der *Neuen Rheinischen Zeitung* markieren den (noch zögerlichen) Auftakt von Marx' Kommentierung der Krise von 1847/48. Marx widmete sich der Krise erstmals, als diese sich bereits in ihrer letzten Phase befand und die Revolution von 1848/49 schon in vollem Gange war. Mit ihren Ursprüngen, ihrem Verlauf in England und ihrem Übergreifen auf den europäischen Kontinent setzte er sich erst nach der Niederlage der Revolution, die ihn ins Exil zwang, in Form einer Rekonstruktion auseinander. Hiermit setzte Marx' „Erforschung eines laufenden Konjunkturzyklus" (Fiehler 2016b, 181) ein, der mit der Krise von 1857/58 seinen Abschluss finden sollte (dazu Kapitel 3). Zur Aufarbeitung von Krise und Revolution gab er gemeinsam mit Engels im Jahr 1850 die Zeitschrift *Neue Rheinische Zeitung. Politisch-ökonomische Revue* (im Folgenden: *Revue*) in fünf Nummern heraus und fertigte umfangreiche Exzerpte an, die in die ersten *Londoner Hefte* mündeten.[78]

Die Motivation zum Studium der Krise ergab sich aus ihrem Resultat, der europaweiten Revolution von 1848/49. Weil Marx die neue Krise als entscheidenden Faktor der Wiederbelebung der Revolution erwartete, erlangte die Antizipation dieser kommenden Krise für ihn die allergrößte Bedeutung. Er erkannte schnell, dass die Prognose der kommenden Krise die genaue Kenntnis ihrer Vorgängerin mitsamt ihren ökonomisch-technischen Details (Warum wurde die Krise eine gesamteuropäische? Wie übertrug sie sich von England nach Frankreich? Wie wurde sie überwunden?) voraussetzt. Die Genesis von Marx als einem ‚ökonomischen Wissenschaftler', das heißt als Analytiker der Bewegungen auf den Industrie-, Waren- und Geldmärkten, der Konjunkturen des Weltmarkts und der Phasen des industriellen Zyklus, vollzog sich wesentlich entlang der Frage nach der Entstehung und dem typischen Verlauf von Wirtschaftskrisen. Und diese Frage war wiederum von der allergrößten politischen Dringlichkeit. Der Revolution lagen offensichtlich materielle Bedingungen zugrunde und es war somit fehl am Platz, einfach an den Willen des Proletariats zu appellieren, die Aktion jetzt sofort wiederaufzunehmen. Man musste stattdessen jene Bedingungen näher untersuchen, um die unter Sozialisten weit verbreiteten gefährlichen voluntaristischen Illusionen zu ernüchtern und den Arbeitern nicht zu einem völlig ungeeigneten Zeitpunkt zu empfehlen, wieder Barrikaden zu errichten (vgl.

---

[78] Zu den *Revue*-Artikeln siehe Mandel (1968), Projekt Klassenanalyse (1972, 56–64), Kluchert (1985), Krätke (1999) und Fiehler (2016b). Ansätze zu einer Untersuchung des Zusammenhangs zwischen den Artikeln und den *Londoner Heften* bei Arnhold (1979a), Jones/Müller (1980) und Müller (1981).

Arnhold 1979b, 33).[79] Die Krisen selbst begründeten für Marx eine Einheit von ökonomischer Wissenschaft und Revolution; sie waren die Schnittstelle schlechthin zwischen Theorie und Praxis. Es ging ihm bei der Rekonstruktion der Krise daher nicht nur um eine bloße Diagnose, eine Gesamtschau ihrer Befunde, sondern vornehmlich um eine Prognose. Die Aufarbeitung der Vergangenheit war kein historiographischer Selbstzweck, sondern eine Voraussetzung für die Antizipation der kommenden Krise und damit ein Kompass für die sozialen und politischen Kämpfe der Gegenwart und der näheren Zukunft.[80] Marx' Ausarbeitung einer Prognosetechnik und eines geeigneten Instrumentariums ist Gegenstand des vorliegenden Abschnitts.

Es ist oft gesagt worden, dass bei Marx keine zusammenhängende Theorie des industriellen Zyklus oder der periodisch wiederkehrenden Krisen zu finden sei (siehe Einleitung). Im Gegenteil dazu lässt sich zeigen, dass er schon 1850/51 durch die *Revue*-Artikel, seine Studien, Kommentare und Notizen in den *Londoner Heften* sowohl über eine rudimentäre Theorie über die Ursachen der Krisenhaftigkeit des Kapitalismus als auch über ein Modell des Zyklus und der Verlaufsform von Krisen verfügte. Anders gesagt: Dass Marx zu dieser Zeit ein Verlaufsschema von Krisen entwickelte, ist nicht ohne Weiteres zu erkennen, wenn die *Londoner Hefte* vernachlässigt werden.[81] An diesem Schema wiederum wird er sich im Laufe der 1850er Jahre orientieren; er wird es erweitern, modifizieren und über den Haufen werfen, sofern es sich als unzulänglich entpuppt (dazu Kapitel 3).

Dass eine Krisenprognose ohne theoretisches Modell und ohne genaue Kenntnis der früheren Krisen (insbesondere der direkten Vorgängerin) wenig vielversprechend ist, musste Marx zunächst am eigenen Leib erfahren. Gemeinsam mit Engels schrieb er zu Beginn des Jahres 1850 zwei Artikel für die Februar- und die April-Ausgabe der *Revue*, für die er als Quelle lediglich aktuelle *Economist*-Ausgaben heranzog. Hier analysierten die beiden die gegenwärtige konjunkturelle Lage, vornehmlich um den in ihren Augen herannahenden Crash aufzuspüren. Nachdem sich insbesondere die Einschätzung, dass die neue Krise schon im Spätsommer 1850 ausbrechen werde, als

---

79 Der Bund der Kommunisten spaltete sich wegen Differenzen in der Frage, ob die neue Revolution aus dem bloßen Willen der Revolutionäre oder vielmehr „aus der Macht der Verhältnisse" (MEGA III/3, 740) hervorgehen würde (vgl. Schrader 1980, 18/19). Marx fasste seine Position prägnant gegenüber Joseph Weydemeyer am 19. Dezember 1849 zusammen: „Ein früheres Ausbrechen der Revolution […] wäre nach meiner Ansicht ein malheur, da grade jezt, wo der Handel immer en ascendant geht, die Arbeitermassen in Frankreich, Deutschland u. s. w., ebenso der ganze Krämerstand u. s. f. vielleicht in der Phrase, sicher aber nicht en réalité revolutionär sind." (MEGA III/3, 52)
80 Krätke (1999, 5), der die *Revuen* als „Konjunkturberichte" bezeichnet, und Fiehler (2016b) bringen diesen Primat nicht in aller Deutlichkeit zum Ausdruck. Fiehler etwa formuliert, dass die „Konjunkturforschung auf absehbare Krisen aufmerksam zu machen [hat]". Es verhält sich aber umgekehrt: Weil Marx die absehbare Krise antizipieren will, betreibt er Konjunkturforschung.
81 Die MEGA-Bände IV/7 und IV/8, welche die ersten zehn *Londoner Hefte* enthalten, wurden 1983 respektive 1986 veröffentlicht.

irrig erwies, begann Marx im Herbst 1850 damit, eine ausgiebige Sammlung von Exzerpten aus der neusten Krisenliteratur und den wichtigsten Schriften der *Banking School* anzulegen, um in einem dritten konjunkturanalytischen Artikel (geschrieben für die Ausgabe Mai–Oktober 1850) Verlauf und Ausgang der Krise von 1847 zu rekonstruieren.

In den ersten beiden Konjunkturartikeln der *Revue* ging Marx noch davon aus, dass die neue Krise unmittelbar bevorstünde. Für Großbritannien war ein industrieller Aufschwung zu verzeichnen: Die Waren hatten in Ostasien „Débouchés gefunden" (MEGA I/10, 217), die Fabriken liefen auf Hochtouren, neue würden errichtet, Geld ströme auf den Markt, das überflüssige Kapital aus der Krise werfe sich auf die Produktion, die Preise stiegen. Doch die asiatischen Märkte sah Marx schon wieder beinahe überführt: „Kurz, die ‚Prosperität' in ihrer schönsten Blüthe beglückt England, und es fragt sich nur, wie lange dieser Rausch dauern wird. Sehr lange jedenfalls nicht." (MEGA I/10, 217) Mit „den ersten Nachrichten von dieser Ueberführung wird der ‚panic' in der Spekulation und Produktion gleichzeitig eintreten – vielleicht schon gegen Ende des Frühjahrs, spätestens im Juli oder August" (MEGA I/10, 217/218). Marx und Engels nahmen optimistisch an, dass die neue, für den Spätsommer 1850 prognostizierte Krise „den Anfang der modernen englischen Revolution" markieren würde.

Diese Prognose wird schon im zweiten Konjunkturartikel der *Revue* vom April 1850 revidiert: Nicht England, vielmehr Deutschland werde am stärksten betroffen sein, weil Deutschland mit der Krise in England der Hauptmarkt für seine Exporte wegbreche (MEGA I/10, 303). Marx entwickelt nun die These, dass im gegenwärtigen Moment die „gewöhnlichen Abzugskanäle" des „überzählige[n] Kapital[s] der Prosperitätsepoche verschlossen" (MEGA I/10, 293) seien: Eisenbahnen, die „seit der Crisis von 1825 der Hauptkanal der Spekulation" (MEGA IV/7, 9) gewesen waren, seien zum gewöhnlichen Zweig degradiert, Staatsanleihen wegen der fiskalischen Krise zu riskant geworden, die Getreidekrise wegen neuer, reichlicher Ernten vorüber. Das Surpluskapital werfe sich daher auf die industrielle Produktion selbst und die nächste Krise werde somit vor allem die Baumwollindustrie und damit „die entscheidende Industriebranche" (MEGA I/10, 293) treffen. Dass die nächste Krise wegen der potenzierten Überproduktion im englischen Exportsektor eine industrielle würde und es daher so richtig krachen müsse, ist Marx' Erwartung bis 1857.

Doch diese Krise blieb im Jahr 1850 aus. Marx hatte, wie erwähnt, für die Einschätzung der nachrevolutionären ökonomischen Lage in den ersten beiden Konjunkturartikeln lediglich aktuelle *Economist*-Ausgaben herangezogen (siehe MEGA IV/7, 5–9). Erst zur Abfassung eines dritten Artikels für die Ausgabe Mai–Oktober

1850 der *Revue* rekonstruierte er den Verlauf der Krise von 1847.[82] Als Reaktion auf die unzulänglichen Prognosen der ersten beiden Artikel hat er dazu ausgiebig die aktuelle Literatur zu den Ereignissen von 1847 konsultiert und mit dem Anlegen der *Londoner Hefte* begonnen (2.5.1). Als Versuch einer begrifflichen Verallgemeinerung der Vorgänge entstand anschließend im März 1851 die längere Notiz *Reflection* in *Londoner Heft VII*, in der Marx reproduktions- und geldtheoretische Grundlagen des Krisengeschehens entwickelte, also eine erste Skizze einer eigenständigen Krisentheorie anfertigte (2.5.2). Mit den Methoden der Aufarbeitung der Vergangenheit und der theoretischen Abstraktion entwarf Marx eine Krisendiagnostik, um mit deren Hilfe die gegenwärtige Phase des industriellen Zyklus und die kommende Krise präzise bestimmen zu können.

2.5.1 Die Rekonstruktion der Krise von 1847

Im berühmten Vorwort zu *Zur Kritik der politischen Ökonomie* (1859) bemerkte Marx über seine Anfangszeit im Londoner Exil, dass „[d]as ungeheure Material für Geschichte der politischen Oekonomie, das im British Museum aufgehäuft ist" ihn dazu „bestimmte", seine ökonomischen Studien „ganz von vorn wieder anzufangen" und sich „durch das neue Material kritisch durchzuarbeiten" (MEGA II/2, 102). Die 24 *Londoner Hefte 1850–53* (MEGA IV/7 bis IV/11) dokumentieren diesen gründlichen Neuanfang. Marx exzerpierte zunächst keine Klassiker der politischen Ökonomie, sondern vornehmlich aktuelle Schriften, etwa zur Debatte zwischen *Currency* und *Banking School* (dazu 1.5) und zur Krise von 1847. Nach dieser Krise erschien in England eine Reihe von Broschüren und Pamphleten, in denen engagierte ökonomische Schriftsteller – „Practiker, die in gegebnen Momenten der Crise schreiben" (MEGA II/3, 1122) – einer breiteren Öffentlichkeit das Chaos vor Augen führen wollten und über die Ursachen der Krise stritten, um ihre Wiederkehr zu erschweren.

In den ersten *Londoner Heften* widmet sich Marx dieser Literatur ausgiebig. In dem im September 1850 entstandenen *Londoner Heft I* exzerpiert er Fullartons Kritik der „currency party" und des *Bank Act* in *On the Regulation of Currencies* (1844), dann Thomas Tookes gerade veröffentlichten neusten Band der *History of Prices, 1839–1847* (1848), der exakt den jüngsten Zyklus abdeckte, und schließlich Chroniken der Krise wie *The Commercial Crisis 1847–1848* von David Morier Evans (1848) und *The Recent*

---

[82] In der *Revue* wird Engels als Mitverfasser des Artikels ausgewiesen, aber mindestens für den krisenanalytischen Hauptteil muss Marx wegen der ausführlichen Verwendung seiner eigens dazu angefertigten Exzerpte als alleiniger Autor angenommen werden. Auch als Marx später in *Herr Vogt* (1860) Auszüge aus diesem Artikel wiedergab, gab er mehrmals nur sich selbst als Verfasser an (MEGA I/18, 119).

Commercial Distress; or, the Panic Analysed von Alexander Anderson (1847).[83] Unmittelbar danach setzt Marx Mitte September bis Mitte Oktober 1850 in *Londoner Heft II* seine Tooke-Exzerpte fort und sieht sich drei weitere Krisenanalysen an: Robert Torrens' Verteidigung des Peel'schen *Bank Act* in *The Principles and Practical Operation of Sir R. Peel's Bill* (1848), *The Financial and Commercial Crisis Considered* von Lord Ashburton (1847) sowie Archibald Alisons *Free Trade and a Fettered Currency* (1847). Die *Londoner Hefte* beginnen also mit dem Krisenproblem, das wegen des Konnexes zwischen Krise und Revolution nun praktisch höchste Dringlichkeit hatte und damit auch theoretisch in den ersten Rang erhoben war.[84] Wenngleich diese Krisenliteratur von den modernen Produktionsverhältnissen und ihren Widersprüchen überhaupt nichts zu wissen scheint, empfahl sie Marx als „erwähnenswert",[85] und zwar weil sie deren Symptomatik in den Blick nimmt: das Geschehen auf dem Geldmarkt. Wenn sie die ökonomische Gesamtbewegung mit der Bewegung des Geldmarkts identifiziert, erfasst sie damit immerhin ihre Symptome. Eine These des vorliegenden Abschnitts lautet, dass sich Marx' eigene Krisendiagnostik auch aus einer Adaptation der Geldmarktanalytik von Tooke und Fullarton, den beiden wichtigsten Vertretern der *Banking School*, speiste, wenngleich sie in ihrer ganzen Ausrichtung (Weltmarkt, Verhältnis von ‚Produktion und Finanz', Absicht einer Krisenprognose, Fokus auf politische Folgen) weit darüber hinausging. Marx nutzte die aktuelle bürgerliche Geldtheorie

---

83 Der Publizist Alexander Anderson (1847, 24) sah im *Currency*-Mangel den Hauptgrund der Krise von 1847. Für John G. Kinnear fehlte es an Kapital, und zwar infolge fehlgeleiteten Investments (in der Eisenbahnmanie der 1840er Jahre sei „floating capital" in „fixed capital" versenkt worden), aber auch er kritisierte den *Bank Act* als krisenverschärfend (Kinnear 1847, II). Daher schlugen Anderson und Kinnear trotz unterschiedlicher Analysen ähnliche Heilmittel vor: Anderson (1847, 18) unbeschränkte Ausgaberechte für alle Banken („no limitation, no restriction or privilege"), Kinnear (1847, 66) die Wiedereinführung der 1-Pfund-Note und die Abschaffung des Single-Issue-Systems. Beide kritisierten den *Bank Act* als schädlichen Staatseinfluss. Auch für Ashburton (1847, 14/15 u. 27/28) war die Krise hauptsächlich durch den *Bank Act* verursacht.

84 Der Ursprung der *Londoner Hefte* liegt also weder in einem enzyklopädischen Anspruch von Marx (wiewohl dieser bestanden haben mag) oder allein in seinen (möglicherweise schon vorhandenen) Absichten zu einer eigenen ökonomischen Abhandlung (dazu Jakob 2021). Die ersten Hefte, die er sich in London angelegt hat, stehen vielmehr im Kontext seines Vorhabens der Entwicklung einer Krisendiagnostik. Noch vor dem ersten *Londoner Heft* erstellte er Exzerpte aus aktuellen *Economist*-Nummern (MEGA IV/7, 5–25) und von den in den ersten beiden *Londoner Heften* insgesamt elf exzerpierten Schriften behandeln sechs (Morier Evans, Tooke, Anderson, Torrens, Ashburton, Alison) die jüngste Krise unmittelbar und zwei weitere (Fullarton, Gilbart) diskutieren Krisen allgemeiner und kritisieren den *Bank Act*, das Hauptthema der Krisenliteratur. Lediglich die Exzerpte aus John Stuart Mills *Principles of Political Economy*, aus der *Vergleichenden Kulturstatistik* von Friedrich Wilhelm von Reden sowie aus der Theorie der Wechselkurse von William Blake (die Fullarton gelobt hatte), stehen in keinem näheren Zusammenhang mit den Ereignissen von 1847–50.

85 Marx würdigte diese Schriften noch im Manuskript zum dritten Buch des *Kapital*: „die erwähnenswerthe ökonomische Literatur seit 1830 löst sich hauptsächlich in Literatur über currency, Creditwesen, Crisen auf" (MEGA II/4.2, 545).

ausgiebig für seine Kritik des Kapitalismus. Bei ihm finden sich daher zwei Seiten: einerseits radikaler Kritiker der modernen Gesellschaft, andererseits ein seinen bürgerlichen Kontrahenten durchaus verwandter Geldmarktanalytiker. Beide ‚Seelen' vereinen sich in der Ausarbeitung einer Krisendiagnostik.

Bei der Rekonstruktion des Krisenverlaufs im dritten *Revue*-Konjunkturartikel orientiert sich Marx insbesondere an den Darstellungen von Thomas Tooke und David Morier Evans. Morier Evans, Wirtschaftsjournalist der Tageszeitung *The Times*, war ein Chronist der Krise: Sein Buch *The Commercial Crisis 1847–1848* (1848) ist programmatisch untertitelt mit *Being Facts and Figures*: Der Krisenverlauf wird anhand der „Fakten" wie den Bankrotten,[86] Preisbewegungen, Kursnotierungen der Staatsanleihen und Eisenbahnaktien sowie Diskontratenänderungen der Bank of England nachvollzogen. Bei Morier Evans und Tooke hat man es mit einer wirtschaftshistorischen Konjunktur- und Krisenverlaufsanalyse zu tun, die keinerlei Anspruch erhebt, auch eine Krisentheorie zu sein und sich also weder für die Ursachen ihrer Wiederkehr noch für den typischen Verlauf der Krisen interessiert. Die Abwesenheit einer Krisentheorie führte etwa bei Tooke dazu, dass, wie Marx später bemerken wird, in seinen Darstellungen die Handelslage immer prinzipiell in Ordnung ist, ehe plötzlich und als Resultat einer zufälligen Verkettung von politischen, kommerziellen und landwirtschaftlichen Ereignissen die Krise vom Himmel fällt.[87] Tookes Denken war, anders als das von Fullarton, von einer Ontologie der Kontingenz beherrscht; fast keine Krise wäre wirklich unvermeidbar gewesen.

Morier Evans teilte den Verlauf der Krise von 1847 in drei Phasen ein: erstens Eisenbahnspekulation, zweitens Nahrungsmittelpanik und Geldkrise sowie drittens Februarrevolution in Frankreich. Er bestätigte Fullartons Analyse von 1844: Damals habe ein Kapitalüberfluss wegen Mangel an profitabler Abzugskanäle vorgelegen, der durch die niedrige Zinsrate ausgedrückt worden war. Das überflüssige Geldkapital warf sich auf den Eisenbahnbau (Morier Evans 1848, 52). Allerdings wäre Morier Evans zufolge das Ende der *Railway Mania* nicht so dramatisch ausgefallen, hätte sich nicht auf ihrem Höhepunkt im Dezember 1846, als die Kurse der Eisenbahnaktien wieder zu fallen begannen, die „Food Panic" eingestellt. Die schlechte Ernte des Jahres 1846 ließ die Kornpreise explodieren und infolge von Nahrungsmittelimporten fiel zwischen Januar und März 1847 der Goldvorrat der Bank of England von 15 auf 11,5 Millionen Pfd. St., weshalb die Bank ihre Diskontrate erhöhte und es zur ersten Geldmarkt-Panik im April kam. Auch Morier Evans setzte die drei Phasen der Krise nicht wieder zusammen und behandelte sie nicht als einen einzigen Prozess, sondern

---

[86] Der Appendix seiner Schrift enthält eine seitenlange Auflistung der bankrottierten Firmen mit Unternehmenssitz, Branchenzugehörigkeit und Verbindlichkeiten.
[87] „Selbst *Th. Tooke* – in seiner sonst so verdienstvollen ‚History of Prices' gleicht einem Kriegsgeschichtsschreiber, dessen Held alle Feldzüge regelmässig verlirt, aber dennoch stets den Krieg ‚gesund' führte bis zu dem Augenblick, wo er die Prügel bespricht." (MEGA II/11, 17)

als Summe dreier isolierter Einzelkatastrophen, die eher zufällig in den großen Krach vom Herbst 1847 mündeten.

In seiner eigenen Chronik der Krise orientiert sich Marx zunächst an Morier Evans und unterteilt den Verlauf ähnlich in „Eisenbahnkrisis", „Kornkrise" und „die eigentliche kommerzielle, [...] die Geldkrise". Das überschüssige Kapital der Prosperitätsjahre hatte sich nacheinander auf Eisenbahn, Getreide, Baumwolle und Asienhandel geworfen.[88] Im Oktober 1845 kam es zu den ersten Bankrotten im Eisenbahnsektor, im April 1846 zum Rückschlag auf kontinentale Aktienmärkte, ab August 1845 zu einer Kartoffelplage, aus der die *Great Famine* in Irland hervorging, die eine Million Iren das Leben kostete und eine weitere Million in die Emigration trieb, und die die Kornpreise bis Frühjahr 1847 emporschießen ließ. Das Fortdauern der „Eisenbahnkrisis" derangierte den Kreditmarkt und der *bullion drain* beförderte die erste Panik in der Londoner City Ende April 1847, bei der „das ganze Creditsystem zusammenbrach" (MEGA I/10, 453). In der Folge fielen die Getreidepreise, was die Getreidespekulanten bis Anfang August aushielten, als einige Händler Pleite gingen (MEGA I/10, 451). Für den 18. September notiert Marx das Ende dieser „Kornkrise". Damit war aber keineswegs die Krise selbst beendet. Denn die Bank of England hatte nach der ersten Panik vom April 1847 ihre Diskontrate erhöht und damit den allgemeinen Kredit erschwert. Unter dem Druck dieser Kreditrestriktion setzte eine Bankrottwelle unter im Asienhandel tätigen Handelshäusern im September/Oktober ein und schließlich brach im Oktober die allgemeine Krise aus.

Im Unterschied zu Morier Evans führt Marx die allgemeine Krise vom Herbst 1847 auf eine Überproduktion der Baumwollindustrie zurück, die sich erstmals 1845 andeutete, bevor daraufhin eine Phase der Überspekulation einsetzte, in der Rohbaumwolle, Getreide und Eisenbahnen als „Abzugskanäle" (MEGA I/10, 448) der Überproduktion fungierten. Vor allen anderen Problemen steht für Marx also die Überproduktionstendenz im verarbeitenden Baumwollgewerbe. Von hier nahm der Krisenprozess seinen Ausgang. Die Überspekulation – von Morier Evans in ihrer konkreten Ausprägung beschrieben – war alles andere als zufällig, sondern speiste sich notwendigerweise aus dem anlagesuchenden Surpluskapital der überproduzierenden Textilindustrie. Im Laufe des Jahres 1847 zerplatzte zuerst nur die Überspekulation und daher wurde aus der Eisenbahnkrise im April 1847 noch keine allgemeine Krise; erst im September nahm die „eigentlich kommerzielle Krise" mit den Bankrotten der Handelshäuser wieder an Fahrt auf, „als die Krisis mit concentrirter Gewalt im allgemeinen Verkehr, besonders im ostindischen, westindischen und Mauritius-

---

[88] Das klingt auch nach Sismondi, aus dessen *Études* Marx 1845 exzerpierte: „D. Kapitalisten sind so embarassirt für ihr Geld vortheilhafte emplois zu finden, daß man sie mit Blindheit, mit Wuth, Millionen auf Millionen in Unternehmungen von Kanälen, Minen, Anleihen der neuen amerikanischen Republiken hat stürzen sehn u. heut in die Eisenbahnen. Keine Distance hält mehr die Spekulanten auf; die Hoffnung des Gewinnes läßt das Kapital reissend schnell v. einem Ende der bekannten Welt zum andern cirkuliren." (MEGA IV/3, 126)

Geschäft ausbrach, und zwar gleichzeitig in London, Liverpool, Manchester und Glasgow" (MEGA I/10, 453).

Die Überproduktion der Baumwollindustrie und die Überspekulation auf ausländischen Absatzmärkten kamen somit erst zum Vorschein, nachdem die Bank of England ihre Diskontrate angesichts der Eisenbahnkrise im Frühjahr herauf- und wegen der Kornkrise im Spätsommer auch nicht wieder herabsetzte.[89] Erst durch die Kreditrestriktion der Bank of England ereignete sich eine „in der Handelsgeschichte unerhörte Reihe von Bankerotten" (MEGA I/10, 453) unter den Ostasienhäusern. Im Anschluss an die durch Zwangsverkäufe und Zahlungsausfälle in den Bankrott getriebenen Handelshäuser fallierten viele Banken, so dass schließlich die Bank of England selbst unter Druck geriet und nur durch die Suspension des *Bank Act* auf dem Höhepunkt der Krise zwischen dem 23. und 25. Oktober, als „alle kommerziellen Transaktionen [...] vollständig aufgehört" (MEGA I/10, 454) hatten, vor der Zahlungsunfähigkeit bewahrt werden konnte. Die Überproduktion erschien erst angesichts der Kreditverknappung.

Zwar orientiert sich Marx bei der Phaseneinteilung des Krisenverlaufs erkennbar an der Krisenliteratur, aber seine Analyse hebt sich in ihrer Dimension und Ausrichtung wesentlich von dieser ab. Der Fluchtpunkt der englischen Praktiker lag in einer Beruhigung der Panik: Ihre Geschichte ist mit dem Ende der Geldkrise in der Londoner City vorbei. Sie mussten daher nur nach England, genauer gesagt nur auf den zentralen Finanzplatz in London und auf die Bank of England sehen. In der Krisenliteratur ergänzten sich methodischer Nationalismus und eine „oberflächliche" Fokussierung auf den Geldmarkt; die vornehmlich monetäre Betrachtung wirtschaftlicher Vorgänge korrespondierte mit einer anglo- und eurozentrischen Fixierung auf die Finanzzentren.[90] Aber für Marx ging die ganze Geschichte mit dem Ende der Londoner Geldkrise erst so richtig los. Seiner Aufarbeitung des Verlaufs der Krise von 1847/48

---

[89] Gleichwohl gaben sich die Schwierigkeiten im verarbeitenden Baumwollgewerbe bereits zu Beginn des Jahres 1847, rund zehn Monate vor Krisenausbruch, zu erkennen: „In der Baumwollenindustrie, dem Hauptindustriezweig für den ostindischen und chinesischen Markt, war schon 1845 für diesen Markt überproduzirt worden und sehr bald ein verhältnißmäßiger Rückschlag eingetreten. Der Baumwollmißwachs von 1846, das Steigen der Preise sowohl des Rohprodukts wie der fertigen Waare und die damit gegebne Abnahme des Verbrauchs vermehrten den Druck auf diese Industrie. In den ersten Monaten von 1847 wurde in ganz Lancashire die Produktion bedeutend eingeschränkt und die Baumwollarbeiter waren schon von der Krisis erreicht." (MEGA I/10, 451) Darauf hatte Tooke hingewiesen (MEGA IV/7, 106).

[90] „Es ist charakteristisch für die englischen ökonomischen Schriftsteller [...], daß sie den Export von Bullion etc, kurz das turning of the Exchanges in Zeiten der Crise, blos vom *Standpunkt von England* aus betrachten, als ein rein nationales Phänomen, und ihre Augen resolut gegen die Thatsache verschliessen, daß wenn ihre Bank in Zeiten der Crise den Zinsfuß erhöht, alle andern europäischen Banken dasselbe thun, und daß wenn heute bei ihnen das Hallo wegen des Bullionefflux ist, es morgen in United States, übermorgen in Deutschland und Frankreich erschallt u. s. w." (MEGA II/4.2, 545/546)

lässt sich entnehmen, dass er prognostizieren wollte, *wann* ihre Nachfolgerin kommt, *wo* sie ausbricht, *wohin* sie sich ausbreitet, welchen *Charakter* sie annimmt und mit welchen *Folgen* zu rechnen ist. Um all diese Dinge in Erfahrung zu bringen, reicht es nicht, sich bloß die Produktion oder bloß den Geldmarkt vorzunehmen, den Blick ausschließlich auf das Zentrum oder nur auf die Peripherie zu richten. Vielmehr hat Marx all diese Faktoren miteinander zu kombinieren versucht.

Erstens muss man das Verhältnis zwischen Industrie- und Geldmarkt, zwischen ‚Produktion und Finanz' untersuchen. Beinahe die gesamte Krisenliteratur ging davon aus, dass es die Spekulation gewesen sei, welche die Krise hervorbrachte. Marx hält im Gegenteil die Prosperität für die erste Ursache der Krise und die Spekulation für den typischen Ausdruck ihrer späten Phase. Die Überspekulation ist ein „Symptom" der Überproduktion:

> Die Jahre 1843–1845 waren Jahre der industriellen und kommerziellen Prosperität, nothwendige Folgen der fast ununterbrochenen Depression der Industrie der Epoche 1837–42. Wie immer, entwickelte die Prosperität sehr rasch die Spekulation. Die Spekulation tritt regelmäßig ein in den Perioden, wo die Ueberproduktion schon in vollem Gange ist. Sie liefert der Ueberproduktion ihre momentanen Abzugskanäle, während sie ebendadurch das Hereinbrechen der Krise beschleunigt und ihre Wucht vermehrt. Die Krise selbst bricht zuerst aus auf dem Gebiet der Spekulation, und bemächtigt sich erst später der Produktion. Nicht die Ueberproduktion, sondern die Ueberspekulation, die selbst nur ein Symptom der Ueberproduktion ist, erscheint daher, der oberflächlichen Betrachtung, als Ursache der Krise. Die spätere Zerrüttung der Produktion erscheint nicht als nothwendiges Resultat ihrer eignen vorhergegangnen Exuberanz, sondern als bloßer Rückschlag der zusammenbrechenden Spekulation. (MEGA I/10, 448/449)

In den ersten beiden Krisenartikel der *Revue* stehen Überproduktion und Überspekulation noch etwas undifferenziert nebeneinander,[91] aber im dritten, hier zitierten Artikel sticht die Symptomtheorie hervor (vgl. Schrader 1980, 19/20). Diese geht auf die Arbeit im ersten *Londoner Heft* zurück, als Marx John Fullarton rezipierte, der davon ausging, dass das Kapital in der Prosperität schneller wächst als die Möglichkeiten seiner profitablen Verwertung und im Moment des Kapitalüberflusses die Spekulation entsteht. Kapital, das nach produktiver Anlage sucht, werde zu risikoreichen Abenteuern in der Sphäre der Spekulation verleitet (siehe 1.5.2; MEGA IV/7, 51). Marx schloss daraus, dass die Überproduktion sich zuerst in der Überspekulation ausdrückt,[92] die Krise deshalb als Geldkrise ausbricht und erst dann wieder die Industrie erfasst, wo sie ihre Quelle hat. Der Übergang von der Prosperität in die Krise vollzieht

---

[91] „Die Ueberproduktion und Ueberspekulation in Eisenbahnen erreichte indeß eine solche Höhe" (MEGA I/10, 301); „Schon jetzt treten die ersten Symptome der Krise in den bedeutendsten Zweigen der Industrie und der Spekulation hervor." (MEGA I/10, 302)
[92] In seinem zweiten Exzerpt aus *On the Regulation of Currencies* meinte Marx, dass Fullarton das Kapital zwar nur in Geldform behandle, aber stellte fest, dass „die superabundance of capital [...] doch nichts als die superabundance of products employed in new production" sei und Fullarton daher „auf einem Umweg die Ueberproduktion zugegeben" (MEGA IV/8, 111) habe.

sich daher in der Reihenfolge: Überproduktion (latent), Überspekulation, Geldkrise, Produktionskrise (manifeste Überproduktion).

Zwar ist es eines der wichtigsten Marx'schen Anliegen, die Überspekulation auf die Überproduktion zurückzuführen und somit zu zeigen, dass die Krise aus den Widersprüchen der bürgerlichen Produktion hervorgeht. Trotz einer gewissen, später überwundenen Tendenz, alle Phänomene direkt aus dem industriellen Geschehen abzuleiten, zeigt der dritte *Revue*-Krisenartikel eine Seite des Marx'schen Denken, die in der Regel verkannt oder unterschätzt wird: die Analyse des Geldmarkts. Die Fähigkeit, die Bewegungen des Geldmarkts zu durchschauen, ist für eine Krisenprognose unabdingbar, denn die an der Oberfläche des Geldmarkts erscheinenden Phänomene und Zeichen lassen Rückschlüsse auf das Wesen der Vorgänge zu.[93] Gegenüber den ersten beiden *Revue*-Krisenartikeln ist auffällig, dass er sich im dritten an eine genauere Deutung von Geldmarktphänomenen wagt. Marx entwirft erstmals eine gewisse Mechanik der Bewegungen des Geldmarkts im industriellen Zyklus und plausibilisiert dadurch seine neue Krisenprognose. Die Geldmarktdiagnostik ermöglicht vor allem eine Bestimmung der gegenwärtigen Phase des industriellen Zyklus und folglich eine Abschätzung, wie lange es bis zur nächsten Krise ungefähr dauern würde.[94]

Diese Ansicht geht, wie bemerkt, auf die Überlegungen Fullartons zurück, die Marx erstmals in *Londoner Heft I* ausführlich rezipierte. Marx hatte in den ersten beiden *Revue*-Artikeln eine Krise für den Spätsommer 1850 angekündigt und diese Fehlprognose war ein Anlass seiner Studien, welche die ersten beiden *Londoner Hefte* füllen. Mithilfe der Theorie Fullartons, wonach niedrige Zinsen eine Plethora des Kapitals ausdrücken und eine Phase anzeigen, in der das Kapital abenteuerlustig wird und zu spekulieren beginnt, erkannte er, dass die Krise 1850 nicht unmittelbar bevorstünde und vielmehr noch auf sich warten lassen würde, da sich zunächst die Phase der Überspekulation entfalten müsse. Im ersten *Revue*-Konjunkturartikel interpretierte er die damals niedrige Diskontrate noch im Rahmen eines einfachen Angebot-Nachfrage-Mechanismus als Ausdruck einer momentanen Vollbeschäftigung des Kapitals. Aber im dritten Artikel fügt er hinzu, dass die allgemeine Prosperität die Kredittätigkeit steigert (MEGA I/10, 459/460), was auf Fullarton zurückgeht, der bemerkte, dass in der Prosperität die Nachfrage nach Kredit, in der Krise hingegen die Nachfrage nach *currency* zunimmt (siehe 1.5.2). So führt Marx als Ursache des niedrigen Zinsfußes nicht mehr nur das viele „additionelle Kapital" an, sondern auch die für die Prosperität typische Kreditausdehnung. Wie Fullarton 1844 den neuen Crash wegen der niedrigen Zinsrate – welche die wachsende Kluft zwischen der Größe des

---

[93] Auch Fiehler (2016b, 185) bemerkt bei Marx die „Orientierung der Krisenprognose" an den Symptomen der Überproduktion.
[94] Marx verwendet als Indikator bei der Bestimmung der Zyklusphasen keineswegs nur die rein empirisch auf vier Jahre bestimmte Länge des Zyklus (MEGA I/10, 459), sondern ebenso die Diskontrate der Bank of England. Auch weil die *Londoner Hefte* damals noch nicht veröffentlicht waren, wurde dies von Mandel (1968, 69/70) verkannt.

Kapitals und den Möglichkeiten seiner profitablen Unterbringung anzeigt – prognostizierte, schreibt nun auch Marx: „Als ein Symptom, daß die aus der Ueberproduktion sich erzeugende Ueberspekulation, die jeder Krise vorhergeht, nicht lange mehr ausbleiben kann, führen wir hier an, daß der Diskonto der Bank von England seit zwei Jahren nicht höher als 3 pCt. steht." (MEGA I/10, 459) Den niedrigen Stand der Diskontrate deutet Marx also als ein Anzeichen der sich *erst noch* ausbreitenden Überspekulation. Das Kapital hatte gerade erst mit der Abenteurerei begonnen. Mit der neuen Krise wäre daher nicht vor 1852 zu rechnen.[95] Erst 1857 wird er durch die Analyse der niedrigen Zinsrate der Jahre 1850 bis 1852 in Tookes neuen Bänden der *History of Prices* verstehen, warum diese Einschätzung auf einem zu mechanischen Modell beruhte und schlussendlich nicht korrekt war (dazu 3.2.1).

An den Geldmarktsymptomen kann man also ablesen, an welchem Punkt der Verlaufskurve des industriellen Zyklus man sich momentan befindet, und *wann* die nächste Krise kommt. Wie ließe sich, zweitens, in Erfahrung bringen, welchen Charakter und welche Ausmaße diese annehmen würde? Der Analyse von Morier Evans war zu entnehmen, dass die Anlagefelder des Surpluskapitals der Prosperitätsperiode dazu den Ausschlag geben. Marx hält im Herbst 1850 daher an der Analyse des *Economist* fest, dass in den Jahren 1848–50 die „drei Haupt-Abzugskanäle der Spekulation verstopft" (MEGA I/10, 455) gewesen waren. Angesichts dieses „Mangel[s] an Debouché's der Spekulation" wurde das „*additionelle* Kapital" – bestehend aus demjenigen Kapital, das sich in der Prosperität nach 1848 vermehrte, und aus demjenigen, „das während der Krise schlummerte" und nun „aus seiner Unthätigkeit gezogen und auf den Markt geworfen" worden war – „gezwungen sich auf die eigentliche Industrie zu werfen und damit die Produktion noch rascher zu steigern" (MEGA I/10, 455/456). Die nächste Krise werde wegen dieser potenzierten Überproduktion *industriellen* Charakter annehmen und ihre Quelle wäre zugleich auch ihr Zentrum: die englische Baumwollindustrie.

Die Erwartung einer industriellen Krise fand Marx zusätzlich dadurch bestätigt, dass er in Tookes *History of Prices* von einer besonderen Form der Kreditausdehnung las, die den englischen Ostasienhandel der 1840er Jahre dominierte: dem System der Konsignation, der Lieferung von Waren auf Kredit (MEGA IV/7, 93/94). Bei der Konsignation wird eine Ware von einem Auslieferer („consignor") an einen Empfänger („consignee") gegen einen Wechsel verschickt, der einen direkten Vorschuss auf die Ware darstellt und Zahlung zu einem bestimmten Termin und zu einem bestimmten Preis verspricht. Die Ware harrt derweil in einem Lager ihres Verkaufs. In der Praxis lief es häufig derart ab, dass ein Manchester Fabrikant Waren an einen Londoner

---

[95] Dass Engels bereits 1845 in der *Lage der arbeitenden Klasse in England* eine Krise für 1852 prognostizierte (dazu 2.3), mag bei der genauen Bestimmung des neuen Jahres hilfreich gewesen sein, aber diente Marx zunächst Anfang 1850 offensichtlich nicht mehr als Orientierung.

Händler gegen einen in sechs Monaten fällig werdenden Wechsel verschickt. Der Londoner Händler wiederum kann Wechsel auf indische Händler gegen die Frachtbriefe bei der Übermittlung der Waren ziehen. Der Fabrikant in Manchester und der Händler in London wurden somit lange vor der tatsächlichen Bezahlung der Waren in den Besitz von ‚Geldern' gebracht. Sind die Wechsel reif und nicht bezahlbar, werden sie in der Hoffnung verlängert, sie später bedienen zu können. Es besteht eine Tendenz zur Verlängerung der Wechsel, wenn Waren unverkäuflich werden und der Kredit noch nicht erschüttert ist. Der Kreditbedarf steigt daher kurz vor der Krise. Aber steigender Kreditbedarf führt zu höheren Zinsen und diese zu knappem Kredit. Bei einer Verlangsamung oder Restriktion des Kreditflusses erscheint daher die Überproduktion.

Zwei Dinge charakterisieren die Konsignation: Die Kreditgewährung bezieht sich auf eine bestimmte Ware beziehungsweise liegt der Kredittransaktion unmittelbar ein Handelsgeschäft zugrunde (vgl. Müller 2015, 91). Daneben wurde der Ursprungskredit von Fabrikanten an Handelshäuser vergeben, das heißt er entstammt der englischen Exportindustrie.[96] Die ganze Kreditkette hatte ihren Ausgangspunkt in den Textildistrikten Lancashires. Marx nahm somit an, dass die Sphäre der Überspekulation entweder direkt auf den Krediten der Baumwollindustrie und des von ihr abgeleiteten Baumwollhandels basierte, wie die Konsignation im internationalen Handel, oder vom Surpluskapital der Baumwollindustrie stammte und sich in andere Kanäle verlagerte. Nicht nur also warf sich 1850 das Surpluskapital auf die Baumwollindustrie, sondern es war darüber hinaus auch die Baumwollindustrie selbst, die Kredite vergab, um ihre potenzierte Überproduktion abzusetzen. Die nächste Krise werde deshalb industrieller, gewaltiger und gewaltsamer als jede ihrer Vorgängerinnen.

Auch für die dritte Frage, wo diese Krise ausbrechen würde, sind die neuen Anlagefelder entscheidend. Tooke sah die 1842 einsetzende Prosperität bedingt durch die neuen asiatischen Absatzmärkte und die Ausweitung des Handels mit Kolonialwaren infolge des Ersten Opiumkriegs (1839–42), der China zur Öffnung seiner Häfen zwang. Das Surpluskapital aus der vorangegangen Depressionsphase befeuerte den Ostasienhandel, so dass es zur „Spekulation *nur* in dem Chinese trade" kam, „wo man etwas zu viel von der immediate extension dieser markets erwartete" (MEGA IV/7, 104), wie Marx aus der *History of Prices* exzerpierte. Im Zentrum der Krise von 1847 stand daher der Kollaps der britischen Handelshäuser, die Ereignisse nahmen den Charakter einer Handelskrise an. Analog zur Entstehung der Krise von 1847 ging Marx davon aus, dass ihre Nachfolgerin dort ausbrechen würde, wo die von 1847 mittels

---

96 Auch aus dem *Economist* exzerpierte Marx: „Waaren werden verschifft auf Rechnung eines Hauses in Manchester zu einem Agenten in Rio de Janeiro; [...] Practically speaking, then, England gives long credits upon her exports, while the imports are paid for in ready money." (MEGA IV/7, 463)

einer gewaltigen Neuanlage von Kapitalien überwunden worden war.⁹⁷ Die spezifische Überwindung einer Krise trägt bereits den Keim ihrer Nachfolgerin in sich.

Neben der Baumwollindustrie identifiziert Marx ein weiteres neues Investitionsfeld des überzähligen Kapitals: die 1848 entdeckten Goldfelder in Kalifornien.

> Die Ueberproduktion ruft zahlreiche neue Projekte hervor, und das Gelingen einiger weniger davon reicht hin, eine ganze Reihe von Kapitalien in dieselbe Richtung zu werfen, bis der Schwindel nach und nach allgemein wird. Die Spekulation hat aber wie wir sehen, in diesem Augenblick nur zwei mögliche Hauptabzugskanäle: die Baumwollenkultur und die neuen Weltmarktsverbindungen die durch die Entwicklung von Californien und Australien gegeben sind. Man sieht, daß ihr Feld diesmal ungemein größere Dimensionen nehmen wird als in irgend einer früheren Prosperitätsperiode. (MEGA I/10, 460)

Die nächste Krise werde in Amerika beginnen, weil sich im Zuge des kalifornischen Goldrauschs (ab 1848) ein gewaltiger Absatzmarkt (von 300 000 Menschen, die nichts produzieren außer Gold und dieses gegen Waren eintauschen) und neue Anlagemöglichkeiten im Ausbau der Transport- und Kommunikationsmittel (Dampfschiffe, Panama-Kanal, Eisenbahnen) aufgetan hatten. Den erweiterten amerikanischen Markt sieht Marx als wesentlichen Faktor in der Überwindung der Krise von 1847. Doch wie das Zentrum dieser Krise diejenige Branche war, in der ihre Vorgängerin überwunden worden war (der Ostasienhandel), werde auch jetzt die Lösung wieder zum Problem. Im Goldrausch sei „bereits der Grund gelegt zur Ueberspekulation" (MEGA I/10, 463), und New York wird als „Centrum des ganzen Schwindels [...] zuerst seinen Zusammenbruch erleben" (MEGA I/10, 464). Als im August 1857 die Krise tatsächlich mit dem Kollaps einer amerikanischen Bank ihren Lauf nahm, wird sich Marx stolz dieser Prognose erinnern (siehe 3.4).

Wohin würde, viertens, die Krise geraten? Obwohl sie in Amerika ausbrechen würde, liegt der Ursprung des industriellen Zyklus in England und der globale Rest bleibt abhängig vom Zustand seiner Baumwollindustrie, dem vermuteten Zentrum der nächsten Krise. Die zyklische Bewegung beginne in England und übertrage sich über Handel und Geldsystem auf die Welt in abgeleiteten Formen. So schlug die Krise von 1847 gerade in dem Moment auf den europäischen Kontinent zurück, als sich ab November des Jahres die Lage in England zu bessern begann.⁹⁸ Weil Marx auch die überseeischen Absatzmärkte der englischen Industrie, deren Konjunktur die englische beeinflusst (Mandel 1968, 69), berücksichtigt, zeichnet er eine einzigartige Landkarte des Weltmarkts.

---

97 In Manuskript II zum zweiten Buch des *Kapital* wird Marx dies wie folgt begründen: „Indessen bildet die Krise immer Ausgangspunkt einer grossen Neuanlage, also auch [...] mehr od. minder neue materielle Grundlage für den nächsten Umschlagscyclus." (MEGA II/11, 132)

98 „In demselben Maß wie die Intensität der Krise in England abnahm, stieg sie auf dem Kontinent", weil „in demselben Maß wie der Geldmarkt in England leichter wurde, er sich in der übrigen Handelswelt kontrahirte, und die Krise sich hier in demselben Maß ausdehnte" (MEGA I/10, 454).

> Wie die Periode der Krise später eintritt auf dem Kontinent als in England, so die der Prosperität. In England findet stets der ursprüngliche Prozeß statt; es ist der Demiurg des bürgerlichen Kosmos. Auf dem Kontinent treten die verschiedenen Phasen des Cyklus, den die bürgerliche Gesellschaft immer von Neuem durchläuft, in sekundärer und tertiärer Form ein. Erstens führte der Kontinent nach England unverhältnißmäßig mehr aus als nach irgend einem andern Land. Diese Ausfuhr nach England hängt aber wieder ab von dem Stand Englands, besonders zum überseeischen Markt. Dann führt England nach den überseeischen Ländern unverhältnißmäßig mehr aus als der gesammte Kontinent, so daß die Quantität des kontinentalen Exports nach diesen Ländern immer abhängig ist von der jedesmaligen überseeischen Ausfuhr Englands. Wenn daher die Krisen zuerst auf dem Kontinent Revolutionen erzeugen, so ist doch der Grund derselben stets in England gelegt. (MEGA I/10, 466)

Die englischen Geldmarktpraktiker schrieben weitestgehend vom Standpunkt eines oberflächlichen Nationalismus, aber für Marx stehen die „Weltmarktsverbindungen", die geographische Organisation des Kapitals und die Dependenzen zwischen Zentrum und Peripherie im Mittelpunkt der Analyse. Das Problem stellt sich für ihn deshalb so viel schwieriger dar, weil er herausfinden will, wohin die Krise gerät, das heißt, wie sie sich von England auf die Welt überträgt. Marx deutet zwei Transmissionsmechanismen an. Der erste ist die Exportfähigkeit Kontinentaleuropas, die nachlässt, wenn es in England kracht.[99] Der zweite ist der Wechselkurs:

> In demselben Maß wie die Intensität der Krise in England abnahm, stieg sie auf dem Kontinent und ergriff Punkte, die sie bisher nicht erreicht hatte. Während der schlimmsten Periode war der Wechselkurs günstig für England, und so zog dieses seit November fortwährend steigende Zufuhren von Gold und Silber an sich, nicht nur aus Rußland und dem Kontinent, sondern auch aus Amerika. Die unmittelbare Folge hiervon war, daß in demselben Maß wie der Geldmarkt in England leichter wurde, er sich in der übrigen Handelswelt kontrahirte, und die Krise sich hier in demselben Maß ausdehnte. (MEGA I/10, 454)

Die internationale Bewegung des Goldes versteht Marx zu diesem Zeitpunkt als Universalmechanismus der Krisenübertragung: Wegen des Goldmangels in England steigen dort die Zinsen, so dass Edelmetalle in der Krise dorthin verschickt werden und damit an anderen Orten gerade dann fehlen, wenn auch die Exporte zurückgehen. Verbesserung des Geldmarkts in England bedeutet Verschlechterung des Geldmarkts in Frankreich. Eine wichtige Rolle fällt der Reaktion der Bank of England zu, die in der Krise die Zinsen erhöht, um das Gold anzulocken: „Die Bank hatte also die obigen Maßregeln getroffen, um dem Abfluß des Goldes aus ihren Kellern Einhalt zu thun, und den Baarfonds wieder zu erhöhen." (MEGA I/10, 452) Je mehr sich England gegen die Krise wehrt, desto größer wird ihre Wucht auf dem europäischen Kontinent (dazu

---

[99] „Diese erneuerte Prosperität, die unsre deutschen Bürger naiver Weise der Herstellung der Ruhe und Ordnung zuschreiben, beruht in der Wirklichkeit einzig auf der erneuerten Prosperität in England und der vermehrten Nachfrage nach Industrieprodukten auf den amerikanischen und tropischen Märkten." (MEGA I/10, 464)

2.4). Auch dieser Mechanismus der internationalen Krisenübertragung wird sich in der folgenden Krise von 1857/58 als unzulänglich erweisen (3.3.3).

Fünftens: An Marx orientierte Krisentheorien interessieren sich in der Regel für die ultimativen Mechanismen, welche die Wiederkehr der Wirtschaftskrisen provozieren, aber Marx selbst war es 1850 anscheinend wichtiger, dass der industrielle Zyklus „die *reale* Grundlage" bildet, „auf der diese oberflächlichen Wallungen" des politischen Lebens „spielen" (MEGA I/10, 448). Er interessierte sich nicht nur für die *Ursachen der Krise*, sondern noch mehr für die *Krise als Ursache*.

Im Gegensatz zu Marx' Auffassung wurde in der europäischen Öffentlichkeit häufig die Februarrevolution als ‚externer' und ‚außerökonomischer' Schock für die Wirtschaftskrise verantwortlich gemacht. Etwa behandelte Morier Evans die Revolution in Frankreich als eine Phase des Krisenverlaufs – und war damit einer der wenigen englischen Autoren, der die Ausbreitung der Krise über die englischen Landesgrenzen hinaus überhaupt thematisierte –, aber Marx fand, dass dessen eigene Daten seiner Auffassung widersprachen: „Wenn man die Bankerottliste ansieht, die Herr D. M. Evans seiner Commercial crisis of 1847–48 (London 1848) anhängt, so findet man, daß in England *nicht ein einziges bedeutendes Haus* infolge dieser Revolution fallirte." (MEGA I/10, 454) Der Höhepunkt der Krise in England war bereits überschritten, ehe sie nach Frankreich übersetzte und dort Ende Februar die Revolution entfachte.[100] Aus Morier Evans' Bankrottliste exzerpierte Marx, dass kontinentaleuropäische Handelshäuser und Banken bereits im November und Dezember 1847 fallierten (MEGA IV/7, 58/59). Folglich heißt es im dritten *Revue*-Krisenartikel: „Die Zahl der Bankerotte außerhalb England stieg also im November; es kamen jetzt ebenfalls bedeutende Fallimente vor in New-York, Rotterdam, Amsterdam, Havre, Bayonne, Antwerpen, Mons, Triest, Madrid und Stockholm. Im Dezember brach die Krise auch in Marseille und Algier aus und nahm in Deutschland eine erneuerte Heftigkeit an." (MEGA I/10, 454) So war es für Marx „gewiß, daß die Handelskrise zu den Revolutionen von 1848 unendlich mehr beigetragen hat, als die Revolution zur Handelskrise" (MEGA I/10, 455). Die berühmte Schlussformel des dritten *Revue*-Artikels – *„Eine neue Revolution ist nur möglich im Gefolge einer neuen Krisis. Sie ist aber auch ebenso sicher wie diese."* (MEGA I/10, 467) – zieht ihre Plausibilität wesentlich auch aus der einfachen Auflistung der Bankrotte.

---

100 „Zwischen März und Mai hatte England schon direkten Vortheil von der Revolution, die ihm eine Menge von kontinentalem Kapital zuführte. Von diesem Augenblick an ist die Krise hier als geschlossen zu betrachten; in allen Geschäftszweigen trat eine Besserung ein, und der neue industrielle Cyklus beginnt mit entschiedner Tendenz zur Prosperität. Wie wenig die kontinentale Revolution diesen Aufschwung der Industrie und des Handels in England hemmte, beweist die Thatsache, daß die Masse der hier verarbeiteten Baumwolle von 475 Mill. Pfund (1847) auf 713 Millionen Pfund (1848) stieg." (MEGA I/10, 455)

Marx wollte mit dieser Schlussformel zum Ausdruck bringen, dass alle Versuche, die Revolution wiederaufzunehmen, ohne eine neue Krise vergeblich bleiben müssen: Eine neue Krise ist die notwendige Bedingung einer neuen Revolution. Er behauptete hingegen nicht, dass jede Krise automatisch, immer oder überall Revolution hervorbringen muss. Im Gegenteil: Zwar ist die Krise zuerst in England, die Revolution aber zuerst auf dem Kontinent, weil die industriell weniger entwickelten Staaten, so Marx ganz allgemein, als schwächere Kettenglieder instabiler seien: „In den Extremitäten des bürgerlichen Körpers muß es natürlich eher zu gewaltsamen Ausbrüchen kommen als in seinem Herzen, da hier die Möglichkeit der Ausgleichung größer ist als dort." (MEGA I/10, 466) Ein Vermittlungsmechanismus zwischen Ökonomie und Politik jenseits der durch die Krise unmittelbar verschärften sozialen Frage war die kontinentale Staatsverschuldung, die sich 1848 – als sich eine Krise zum ersten Mal auf dem Kontinent ebenso fühlbar machte wie zuvor nur in England – zu einer veritablen Krise der Staatsfinanzen entwickelte (dazu 2.4).[101]

Allerdings dachte Marx in den *Revuen* von 1850 das Verhältnis von Krise und Politik nur in eine Richtung: die Politik als Ausfluss der Ökonomie. Dass auch Politik die Krise beeinflusst, ist höchstens embryonal angelegt. In seinen vor seinem Londoner Exil verfassten Artikeln für die *Neue Rheinische Zeitung* über die europäische Krise der Staatsfinanzen ging Marx davon aus, dass jede Maßnahme gegen die Krise unnötig und falsch ist, da der Staat die Krise, die er behandeln will, durch seine Behandlung nur noch schlimmer macht. Aber durch die *Bank-Act*-Kritik von Tooke und Fullarton musste er in den *Londoner Heften* auf den Unterschied zwischen einer willkürlichen, krisenverschärfenden Politik und der abwägenden, lindernden Behandlungskunst stoßen und einsehen, dass manche Politik ‚falscher' ist als die andere. Es ist daher auffällig, dass Marx in seiner Rekonstruktion in der *Revue* die Rolle des *Bank Act* nicht diskutiert: Ohne nähere Begründung bemerkt er, dass der *Bank Act* „die Finanzaristokratie stärkt[e]" (MEGA I/10, 469), und deutet in der Beschreibung seiner Suspension das krisenverschärfende Moment dieses Gesetzes lediglich an.[102]

Marx' relatives Schweigen ist deshalb bemerkenswert, weil der Einfluss des *Bank Act* das Hauptthema der zum Fiasko von 1847 veröffentlichten Literatur war. Der Großteil der Krisenliteratur drehte sich um die Wirkung dieser neuen Zirkulationsvorrichtung auf die Spekulation: ob der *Bank Act* die Krise herbeigeführt oder zumindest

---

[101] Fiehler (2016b, 183/184) versucht, die „unmittelbare Verknüpfung" zwischen Krise und Revolution bei Marx mit Verweis auf die Ungleichzeitigkeit der Ereignisse von 1847–49 – die Krise war zuerst in England, die Revolution zuerst auf dem Kontinent – zu relativieren. Aber die Annahme, dass auch die nächste von England ausgehende, in Amerika ausbrechende Krise für eine Erschütterung der politischen Verhältnisse in Frankreich sorgen würde, durchzieht Marx' Denken der 1850er Jahre (3.3).
[102] „Mit dieser Suspension hörte die Trennung der Bank in zwei vollständig unabhängige Departments mit zwei gesonderten Baarfonds momentan auf; noch ein paar Tage des alten Regimes, und das eine dieser Departements, das banking department, hätte falliren müssen, während in dem issue department sechs Millionen Gold aufgespeichert lagen." (MEGA I/10, 454)

verschärft oder ob er sie im Gegenteil gelindert oder gar nichts mit ihr zu tun hatte. Anlässlich seines Versagens als Krisenpräventiv schlug nun die Stunde seiner Kritiker,[103] wohingegen seine Verteidiger sich auf den Standpunkt des Fatalismus zurückzogen und die Krisen für grundsätzlich unabwendbar erklärten (dazu 1.5.1). Als prominentester Kritiker des *Bank Act* trat Thomas Tooke in Erscheinung, der in der *History of Prices* nachweisen wollte, dass das neue Bankgesetz zum einen die Spekulationen im Eisenbahnbau und im Asienhandel forcierte[104] und dass zum anderen der Goldabfluss Anfang des Jahres 1847 nichts mit einer angeblichen Entwertung der britischen Währung zu tun hatte, sondern das Gold allein zur Zahlung ausländischer Waren (wie Getreide) ausgeführt wurde und der *Bank Act* also das völlig falsche Mittel gegen diesen *drain* verordnete, nämlich die Einschränkung der Zirkulation. Erst die vorübergehende Suspension des *Bank Act* im Oktober 1847 ermöglichte den Geldtransfer zwischen den Abteilungen und beruhigte die Panik. Tooke dachte also, dass *allein falsche Geldpolitik* hinter dem großen Krach stand. Da er hervorheben wollte, dass sich ein Desaster wie das von 1825 ohne *Bank Act* nicht wiederholt hätte, „leugnet" er auch, wie Marx bei seiner Lektüre der *History of Prices* feststellt (MEGA IV/7, 89), die Krisen von 1836 und 1839. Bei Tooke wird die *Verschärfung* der Krise durch ihre falsche Behandlung verwechselt mit den *Ursachen* ihrer Wiederkehr, was bei ihm politische Illusionen hervorrief. Er verbreitete so – im Gegensatz zu Fullarton, für den die Krisen unvermeidlich waren – die Hoffnung, dass eine richtige Geldpolitik ihre Wiederkehr unterbinden oder mindestens erschweren könnte.

Dass Marx selbst das Hauptthema der Krisenliteratur mit keiner eigenständigen Position bearbeitet, zeigt seine Unsicherheiten in geldpolitischen Fragen, zumal er in der *Misère de la philosophie* noch der Quantitätstheorie Ricardos anhing (Schrader 1980, 20), deren Umsetzung im *Bank Act* gerade krachend gescheitert war. Diese Zweifel erklären die Fortsetzung seiner geldtheoretischen Studien in den weiteren *Londoner Heften* im Anschluss an den dritten *Revue*-Krisenartikel. Erst nach dieser Lektüre weiterer Schriften schließt sich Marx der Kritik der *Banking School* an und erklärt den *Bank Act* erstmals im Brief an Engels vom 3. Februar 1851 zu den „verrückte[n] Einmischungen der Staatsgewalt", welche „die vorhandene Crise erschweren können, wie 1847" (MEGA III/4, 27). Sollte die Bank of England im Falle eines *drain of bullion* ihre Notenausgabe gemäß dem Currency-Prinzip drosseln, dann auf

---

103 Aus Archibald Alison (1847) notierte Marx: „Es ist jezt ascertained authentisch, daß alle unsre frühern Commerciellen Crisen gestopped oder alleviated wurden durch eine increased issue of Paper, 1793, 1797, 1810, 1825, 1836–1840. [...] Immer seit Menschengedenken periods of commercial distress and difficulty have been surmounted *by an enlarged issue of paper*" (MEGA IV/7, 113/114).
104 Die Bank of England hatte nun freie Hand, den Wettbewerb zu anderen Privatbanken aufzunehmen, verlor damit ihren öffentlichen Charakter und konnte wie eine gewöhnliche Privatbank die Wettbewerber mit Niedrigzinsen aus dem Feld konkurrieren. Siehe MEGA IV/7, 90 und die Tooke-Monographien von Arnon (1991, 136–139) und Smith (2011, 194).

Kosten einer *unnötigen Verschärfung* der Krise. In dem Brief heißt es weiter: „Ich behaupte nun, daß die Bank umgekehrt handeln muß, ihre Discounts *vermehren*, wenn das Bullion *abnimmt*, und sie ihren gewöhnlichen Gang gehn lassen, wenn es zunimmt. Unter Strafe die Handelskrise, die im Anzug ist, unnöthig zu intensiren." (MEGA III/4, 24–27) Marx hat hier erstmals genauer über die Möglichkeit der Einflussnahme von Politik auf den Krisenverlauf nachgedacht. Wenn sie die Vorgänge nicht unnötig verschlimmern will, dann „muß" die Bank of England „umgekehrt handeln" – eine bemerkenswerte Aussage. Erstens *muss* die Bank handeln, das heißt, wenn sie im Augenblick der Krise tatenlos zusieht, kann dies nicht ungestraft bleiben. Und zweitens muss sie *anders* handeln, als das Gesetz von 1844 es ihr vorschreibt, nämlich im genauen Gegenteil: Sie muss ihre Diskontierungen ausweiten, ihr Kreditgeld vermehren und expansiv agieren. Hält sie stattdessen ihre Banknoten willkürlich zurück, verschärft dies die Geldkrise. Weil die Krise von 1847 der Kritik der *Banking School* Recht gab, erkannte Marx, verglichen mit seinen Artikeln von 1848/49 für die *Neue Rheinische Zeitung* (siehe 2.4), dass der Staat die Krise mehr oder weniger rationell behandeln kann und die Verschärfung der Krise durch seine Behandlung *nicht notwendig* ist.[105] Diese Einsicht zwang ihn dazu, die Moderation der Krisen von 1857 (siehe 3.3.3) und 1866 (5.3.1) genau zu beobachten.

Für Marx bestand die erste Aufgabe seiner Londoner Studien in der Entwicklung einer Krisendiagnostik. Dieses aus seinen eigenen Überlegungen zwischen 1844 und 1849, der Literatur zur Krise von 1847 und der Geldmarktanalytik der *Banking School* gewonnene Verlaufsmodell (zusammengefasst in 2.6) wird in den 1850er Jahren den Hintergrund seiner konjunkturbezogenen Zeitungsartikel für die *New-York Tribune* und seiner historisch-politischen Schriften wie dem *18. Brumaire des Louis Bonaparte* darstellen (siehe Kapitel 3). Die Analyse der Krise von 1847/48 war zum einen ein selbständiger, an die Arbeiter, Sozialisten und Revolutionäre Europas gerichteter Beitrag, zum anderen ein Mittel zur Entwicklung einer Diagnostik des kommenden Crashs. Dazu drängte sich durch die Rekonstruktion des Krisenverlaufs und die Durchsicht der auf die Krisen bezogenen Literatur ein allgemeines Problem auf: Wie

---

[105] Dagegen versteht Nelson (1999, 35) Marx' Kritik des *Bank Act* wie folgt: „In Marx's analysis there is an implicit assumption that government regulation artificially interferes with an otherwise semi-automatic mechanism which is not explained." Dieser Zirkulationsmechanismus in der Krise bleibt unerklärt, weil er in den Augen von Marx, der hierin Fullarton folgte, wesentlich *politisch* bestimmt ist. Laut Marx konnte in den Krisen von „1793 und 1825, und 1847 [...], wo wirkliches Capital war, durch Ausgeben von Exchequerbills und Noten geholfen werden [...]. Die Crise hörte nicht auf, aber die Geldkrise hörte auf." (MEGA IV/8, 230) Die Vermehrung des Kreditgelds wie Schatzkammerscheine oder Banknoten sah er als (durch den *Bank Act* unterbundenes) Mittel der Krisenlinderung. Aber die Reichweite einer solchen expansiven Geldpolitik ist auf die Geldkrise selbst beschränkt. Eine Erweiterung des Kreditgelds kann für Marx nicht die der Geldkrise zugrundeliegende Überproduktion beseitigen.

lassen sich die Beziehungen und Wechselwirkungen zwischen der Baumwollindustrie und ihren Kreditgeschäften, dem Einkommen der Lohnabhängigen und der Diskontpolitik der Bank of England theoretisch begreifen? Warum und auf welche Weise erscheint eine Krise aus Überproduktion als Geldkrise? Diese Fragen leiten Marx in seiner theoretischen Notiz *Reflection*.

2.5.2 Die Geldkrise als Reflexion der Überproduktion

Auch weil eine Leerstelle seiner Analyse die Wirkung des *Bank Act* auf den Verlauf der Krise von 1847 war, führte Marx seine Studien zum Geldwesen in den *Londoner Heften* weiter. In den *Londoner Heften V* und *VI* geht er zum ersten Mal die wichtigsten Schriften der *Currency School* durch.[106] Anschließend kompiliert und kommentiert er seine bisherigen Exzerpte in der Sammlung namens *Bullion. Das vollendete Geldsystem* (MEGA IV/8) und fertigt ein zweites Mal Auszüge aus Fullartons *On the Regulation of Currencies* an.[107] Inmitten von *Londoner Heft VII*, das weitere Auszüge aus Schriften zur Geld- und Krisentheorie enthält,[108] unterbricht Marx die Exzerpiertätigkeit und verfasst im März 1851 die längere theoretische Notiz *Reflection*, die eine Zäsur seines Forschungsprozesses markiert. Denn abgesehen von einigen Exzerpten[109] und Kommentaren, die unmittelbar auf die Notiz folgen, schließt Marx mit *Reflection* seine Untersuchungen zur Krise vorläufig ab[110] und dies hat einen Grund: Die Aufarbeitung der jüngsten Krise war für ihn der dringende Anlass zu den *Londoner Heften* und nun verfügte er nicht nur über eine ungefähre Vorstellung von der Gestalt ihrer Nachfolgerin, sondern konnte auch erstmals ein eigenständiges Modell des typischen Verlaufs von Krisen skizzieren.

---

106 Marx exzerpiert unter anderem die Schriften von Overstone (Loyd 1837; 1838), Norman (1838) und Clay (1837), *Economist*-Artikel aus dem Jahr der Verabschiedung des *Bank Act*, John G. Kinnear: *The Crisis and the Currency* (1847), die Anthologie *The Currency Question* sowie John Francis: *History of the Bank of England* (1848).
107 Dieses Mal benutzt Marx die zweite, nach der Verabschiedung des *Bank Act* überarbeitete Auflage von 1845.
108 Nämlich aus der zirkulationstheoretischen Debatte zwischen Ricardo und seinem Kritiker Charles Bosanquet, aus James Gilbarts *An Inquiry into the Causes of the Pressure on the Money Market During the Year 1839* (1840), aus dem anonymen Pamphlet *The Currency Theory Reviewed* (1845), dem Bullion-Report von 1810, aus Tookes *An Inquiry into the Currency Principle* (1844) und Robert Torrens' *On the Operation of the Bank Charter Act* (1847).
109 Etwa aus dem Bericht des parlamentarischen Untersuchungsausschusses zur Krise von 1847.
110 In den weiteren *Londoner Heften* (MEGA IV/7 bis IV/11) folgen eine neue Lektüre der politökomischen Klassiker und im Anschluss Exzerpte zur Grundrente, Agrikulturchemie, Geschichte der Technologie, des Mittelalters, der Literatur und Kultur sowie zu Geschlechterverhältnissen. Für einen Überblick siehe Pradella (2015, Kap. 4).

Den Titel „Reflection" hat Marx dieser fragmentarischen, verästelten, stellenweise kryptischen Notiz wahrscheinlich erst nach oder während der Abfassung verliehen, denn er quetsche ihn zwischen die erste Zeile der Notiz und die letzte Zeile des vorangehenden Exzerpts (siehe MEGA IV/8, 225, Faksimile). Dieser Titel lässt sich auf eine dreifache Weise deuten. Erstens reflektiert Marx (im Sinne von betrachten, zusammenfassen und weiterdenken) über seine bisherigen Londoner Studien; die Notiz hat den Charakter einer resümierenden Diskussion der vorläufigen Ergebnisse seiner Londoner Forschungen. Es handelt sich also weniger um einen ersten Entwurf einer Kapitaltheorie, wenngleich Marx hier viele begriffliche Grundlagen dazu schafft (Arnhold 1979a, 110) und zum ersten Mal sowohl den Begriff des „Stoffwechsels" (Saito 2016, 77) verwendet als auch die Krise als „Eklat" sämtlicher Widersprüche der kapitalistischen Produktion bestimmt (dazu unten). Zweitens lautet die ihn umtreibende Frage, inwiefern eine Krise aus Überproduktion durch eine Geldkrise reflektiert (widergespiegelt, auf gebrochene Weise zurückgeworfen, verschoben und zur Erscheinung gebracht) wird, wie also ‚Produktion und Finanz' miteinander zusammenhängen.[111] Und drittens behandelt Marx das Verhältnis zwischen ökonomischen Kategorien und Formen ihrer gesellschaftlichen Reflexion (Denkformen). Die politische Ökonomie gilt Marx jetzt, anders als noch in den *Pariser Heften*, nicht mehr als ‚zynisch aber korrekt'; er sieht ihr Denken stattdessen durch Formen beherrscht, die bloß an der Oberfläche erscheinende Momente der gesellschaftlichen Verhältnisse reflektieren.[112] Diese Frage nach dem gesellschaftlichen Erkenntnisvermögen warf Marx schon in seinen Studien der Krisenliteratur und der Geldmarkttheorie auf, als er feststellte, dass „die Ueberspekulation, die selbst nur ein Symptom der Ueberproduktion ist, [...] der oberflächlichen Betrachtung, als Ursache der Krise [erscheint]" (MEGA I/10, 448/449). Warum begreift die politische Ökonomie die Krise vor allem als monetäres Problem?

Als Ausgangspunkt wählt Marx in *Reflection* die von Adam Smith entworfene und von Tooke, den Marx kurz zuvor exzerpiert hatte, aufgegriffene Differenzierung zwischen zwei Arten des Handels, die verschiedene Zirkulationen ausbilden: dem „Handel zwischen dealers und dealers", einem Transfer von Kapital, und dem „Handel zwischen dealers und consumers", dem Austausch von Einkommen gegen Kapital. Marx stellt fest, dass die bisherige Debatte diese beiden Handelskreisläufe unterschieden und gegeneinander isoliert hat, es aber an einer Bestimmung ihrer Beziehungen und Wechselwirkungen mangelt. Er gliedert *Reflection* in fünf Punkte.

---

[111] Ohne Kenntnis der *Londoner Hefte* mag es scheinen, als würde Marx in seiner Krisenanalyse von 1850/51 bloß mithilfe von Analogieschlüssen operieren: „der innere Zusammenhang dieser Momente – Handelsstockung, Kreditkrise, Geldkrise etc. – bleibt unklar" (Projekt Klassenanalyse 1972, 56). Gerade dieser Zusammenhang ist das Hauptthema von *Reflection*.

[112] In diesem Sinne hieß es schon in der *Misère*: „Herr Bray ahnt nicht, dass dieses egalitäre Verhältnis, dieses *Verbesserungsideal*, welches er in die Welt einführen will, selbst nichts andres ist, als der Reflex [*le reflet*] der gegenwärtigen Welt" (MEGA I/30, 271).

Zunächst diskutiert er im ersten Abschnitt die reproduktionstheoretischen Implikationen der Unterscheidung in zwei Handelskreisläufe und greift dazu auf Sismondi zurück: „Alle Krisen zeigen faktisch daß der Handel zwischen dealers und dealers beständig die Grenze überschreitet, die ihm der Handel zwischen dealers und consumers sezt." (MEGA IV/8, 227) Marx sieht also wie in den *Pariser Heften* von 1844 die Krisen durch die widersprüchliche Kapitaldynamik der Selbstbeschränkung durch Selbstverwertung begründet. Jene Ökonomen, welche mithilfe von ‚Says Gesetz' die Unmöglichkeit der Überproduktion nachweisen wollen, beziehen sich, „wie Sismondi schon richtig gezeigt hat gegen MacCulloch", nur auf den Handel zwischen „dealers und dealers", auf den bloßen Austausch von Kapital. Doch weil „der Austausch zwischen dealers und consumers zu ³/₄ wenigstens der Austausch zwischen den Arbeitern und den retail dealers und Professionisten ist", hängt dieser „von dem Austausch zwischen Arbeitern und industriellen Kapitalisten" ab, „der seinerseits wieder bedingt ist durch den Austausch zwischen dealer und dealer. Cercle vicieux" (MEGA IV/8, 227). Das Kapital strebt beständig, über die Möglichkeiten seiner Verwertung hinauszuwachsen, doch zugleich wachsen diese auch erst mit der Kapitalakkumulation an.

Im zweiten Abschnitt bestimmt Marx die Grenzen der Theorie permanenter Unterkonsumtion, wie sie Proudhon, Owen und Bray vertraten (dazu 1.4), um Ansatzpunkte zu einer Erweiterung dieser Theorie zu ermitteln. Hinsichtlich der Annahme, dass die Konsummittel der Lohnabhängigen kleiner als das Kapital sind, sei „die ganze Oekonomie dumm vereinfacht worden von Proudhon u. s. w."[113] Weil die Arbeiterklasse den Großteil der Konsumenten darstelle, sei es „zum grossen Teil richtig", dass mit dem Schrumpfen des Einkommens der globalen Arbeiterklasse „die Überproduktion herbeigeführt wird", aber Marx schränkt sogleich ein, dass diese Art der Unterkonsumtionstheorie „absolut" betrachtet „falsch" ist. Neben dem Luxuskonsum der besitzenden Klassen nimmt er die beiden Modifikationen vor, die Sismondi für die Krise von 1825 beobachtet hatte: Weltmarkt und Kredit (dazu 1.3). Zuerst kritisiert er insbesondere Proudhon dafür, bloß über einen nationalen Markt zu sprechen, aber der Konsument müsse nicht in Großbritannien oder Frankreich, sondern könne auch „auf den jonischen Inseln" sitzen „oder in Afghanistan oder in Adelaide" (MEGA IV/8, 228).[114] Zweitens können Beschäftigung und Konsum der Arbeiter auch durch die Nachfrage von „Spekulanten" steigen. Auf diese Weise habe die

---

113 Schrader (1980, 82) gibt zur Erläuterung der ‚dummen Vereinfachung' Proudhons eine Stelle aus dessen *Philosophie de la misère* wieder, in der Proudhon durchrechnet, dass der Gesamtlohn der Arbeiter in Frankreich 20 Milliarden Francs betrage, das französische Gesamtprodukt sich aber wegen Zins- und Profitaufschlag auf 25 Milliarden Francs belaufe, der französische Arbeiter also fünf Francs zahlen soll, wo er nur vier eingenommen hat.
114 Schon in Marx' Manuskript *Arbeitslohn* (1847) heißt es: „Wenn vom Steigen des Arbeitslohns gesprochen wird, ist zu bemerken, daß man immer den Weltmarkt im Auge haben muß und daß das

Eisenbahnspekulation der 1840er Jahre „definitive[n] Konsum" erzeugt, von dem sich erst in der Krise herausstellte, dass er „rein ‚unproduktiv'" gewesen war.

Marx versucht das Verhältnis von Produktion und Konsumtion also als Wechselwirkung aufzufassen.[115] Denn obwohl der Handel zwischen dealers und dealers durch den zwischen dealers und consumers begrenzt ist – dies zeigen die Krisen –, erzeugt erst der Handel zwischen dealers und dealers in einem gewissen Ausmaß denjenigen zwischen dealers und consumers. Hierin, so kann man Marx' Ausführungen interpretieren, läge das wahre Moment von ‚Says Gesetz': Das Kapital realisiert sich in gewisser Weise selbst, indem etwa das Surplus des einen Kapitals zur Ausweitung der Produktion eines anderen Kapitals angewendet wird. Auch scheitere der Handel zwischen dealers und consumers „meist" am Handel zwischen dealers und dealers und die Krisis trete „immer" zuerst im Handel zwischen dealers und dealers ein, denn sie zeigt sich zunächst als Finanzcrash und erst dann auf dem Markt als Überproduktion von Waren. Als eine weitere Modifikation der einfachen Unterkonsumtionstheorie schreibt Marx zunächst ohne nähere Erläuterung: „Die Ueberproduktion nicht ausschließlich zurückzuführen auf die disproportionate Production, sondern auf das Verhältniß zwischen der Klasse der Kapitalisten und der der Arbeiter." (MEGA IV/8, 228) Die Implikationen dieser Aussage wird Marx im fünften Abschnitt von *Reflection* auflösen.

Wie werden nun, drittens, die Arten des Handels durch das Hinzutreten von Geld und Kredit reflektiert? Den beiden Arten des Handels entsprechen zwei Arten von Geld: Das Geld im Handel zwischen dealers und dealers ist „Handelsgeld", eine Zirkulation von Kredit; das Geld im Handel zwischen dealers und consumers ist „currency" für den Austausch von Einkommen gegen Waren und konstituiert sich als eine Zirkulation von Geld als Umlaufmittel. Marx hat hier noch keine Differenzierung des Geldes selbst in verschiedene Momente und Funktionen vor Augen, sondern beschreibt unterschiedliche monetäre Zirkulationen zur Abwicklung verschiedener wirtschaftlicher Transaktionen. Das Handelsgeld speise sich aus den „hoards", dem „eigne[n] money" der Marktteilnehmer, das bei den Banken in Form von Depositen hinterlegt wird und dort als Grundlage der „Kreditoperationen" (wie etwa der Diskontierung von Wechseln) fungiert.[116] Die *currency* bestehe aus „Münze" (MEGA IV/8, 227), also aus barem Geld.[117] Marx knüpft hier an John G. Kinnear, Fullarton und Tooke an, die er in den *Londoner Heften* exzerpiert hat und die allesamt *dual-circulation*

Steigen des Arbeitslohns außer Kraft dadurch ist, daß Arbeiter in andern Ländern außer Brot gesetzt werden." (MEW 6, 543)

115 Es handelt sich bei den beiden Arten des Handels um einen „Kreis gegenseitiger Abhängigkeiten und Voraussetzungen" (Schrader 1980, 81).

116 Für das im Kreditsystem verfügbare verleihbare Kapital wird Marx später den Begriff *monied capital* verwenden (siehe 4.2.2).

117 Das erste Geld ist ein „*Money für transfer of capital*", das zweite dient der „*realisation of income*" (MEGA II/4.2, 643), wie sich Marx im Manuskript zum dritten Buch des *Kapital* ausdrücken wird.

schemes konstruierten und zwischen zwei Geldzirkulationen unterschieden: Fullarton etwa zwischen verleihbarem Kapital („loan of capital" oder „pecuniary accommodation") und Zirkulationsmitteln („currency"). In der Prosperität gibt es für Fullarton eine große Nachfrage nach vorzuschießendem Kredit, in der Krise hingegen ist diese Nachfrage gering, weil viel überflüssiges Geldkapital vorhanden ist; dafür herrscht in diesem Moment eine große Nachfrage nach Zirkulationsmitteln, mit denen laufende Rechnungen beglichen werden müssen.[118] Die von der Banking School vorgenommene Differenzierung des Geldes als Handelsgeld und Kredit einerseits und als Zirkulationsmittel/*currency* andererseits entspricht mehr oder weniger dem Sismondi'schen Dualismus von Kapital und Einkommen. Denn wie Tooke[119] und Kinnear[120] identifiziert auch Marx tendenziell die Gesamtheit der Löhne mit der zirkulierenden *currency*. Das Handelsgeld dagegen „repräsentiert" den „Werth [...] der Handelskapitalien" (MEGA IV/8, 229). Der Kredit (Wechsel, Depositen) speist sich aus den *hoards*, die *currency* (Münze, Bargeld) aus den Löhnen. Wieder bemerkt Marx, es genüge nicht, nur „die Trennung zwischen beiden" Zirkulationen „festzustellen", denn „es handelt sich auch um ihre Beziehung und Wechselwirkung" (MEGA IV/8, 229). Wie also wirken die Zirkulationen von Kredit und *currency* aufeinander?

Das Schema der dualen Zirkulation in *Reflection*

Handel:	zwischen dealers und dealers	zwischen dealers und consumers
Transfer von:	(Handels-)Kapital	Waren (als Kapitalteile) gegen Einkommen
Zirkulation von:	Kredit (Geld als Recheneinheit)	Currency (Geld als Umlaufmittel)
Art des Geldes:	Handelsgeld (Depositen, Wechsel)	Münze (Bargeld, Banknoten)
Quelle:	hoards, monied capital	zahlungsfähige Nachfrage, zu ³/₄ Löhne

---

118 Marx resümierte Fullartons Unterscheidung zwischen Kapital und *currency* und die entgegengesetzte Nachfrage nach beiden in verschiedenen Momenten: „7) Die *Nachfrage für pecuniary accommodation*, d. h. für *Anleihn von Capital* nicht identisch mit der *Nachfrage für additional Circulationsmittel*, erste in der Prosperity, zweite im Moment, wo die Crisis beginnt." (MEGA IV/8, 46)
119 Tooke (1844, 35/36) sah den Handel zwischen dealers und dealers durch den Handel zwischen dealers und consumers bestimmt. Weil letztlich das Einkommen der Endverbraucher die Preise bestimme, spricht Arnon (1997, 123) von einer „Einkommenstheorie der Preise" bei Tooke.
120 Wie Fullarton fasste auch John G. Kinnear, den Marx in *Londoner Heft VI* exzerpierte, diesen Unterschied als einen zwischen „Tauschmittel" zum Transfer von Kapitalien und „Kaufmittel" für tägliche Ausgaben. Nur das Geld im Handel zwischen dealers and consumers ist „currency" und seine Bewegung wird durch die der Löhne reguliert. Marx notierte sich diesen Zusammenhang aus Kinnear: „wenn wages hoch, the amount of money in circulation is increased und dieß power of purchase being increased, so is the demand for commodities, and, the supply being the same, prices rise. In diesen cases, prices rise and fall, in Folge of a greater or less demand, the supply being the same; and not from increased issues, in the sense understood by the currency party" (MEGA IV/7, 583).

Das Kreditsystem, in dem das Handelsgeld zirkuliert, beruht auf den Depositen, die aus den Revenue-Überschüssen (den „hoards") bestehen und daher nicht als *currency* benötigt werden. Die Depositen stammen zum Großteil von der nicht am Handel beteiligten Bevölkerung und werden dem Handel über die Banken in Form von Krediten zugeführt. Aber wenn die Banken die Wechseldiskontierung und das Leihen von Geldkapital beschränken und sich der Kreditfluss verlangsamt, erfolgt auch der Abzug ihrer Depositen: „In Momenten[121] des Mißcredit werden sie dem Handel entzogen." (MEGA IV/8, 229) Zwar beruht also das Banksystem auf den Depositen, aber diese werden erst mit dem Zusammenbruch des Banksystems in einem Bankrun wieder abgezogen. Hierin sieht Marx eine eigenständige Vermittlungsleistung des Kreditsystems. Eine solche Kreditrestriktion macht Kapital „unproductiv", indem sie die Mittel über die Verfügung des Kapitals „vernichtet". Zwar haben sich Löhne und Profite in der Prosperität vermehrt und befinden sich auf dem Höhepunkt, aber mit der Kreditrestriktion kann sich das Kapital schwerer reproduzieren. Mit einer Störung im Kreditsystem sinkt daher auch das Einkommen und damit die *currency* und „so dringt die Klage über Geldmangel aus der Handelswelt in die Welt der Consumenten" (MEGA IV/8, 229). Mit der Produktion nehmen auch die Depositen zu und damit kann sie mittels Kredit erweitert werden, wodurch auch die *currency* wächst – aber mit Einschränkung des Kredits sinkt auch die *currency*, Depositen werden aus den Banken abgezogen und die Produktion kollabiert. Dies ist die reproduktions- und geldtheoretische Verallgemeinerung des Übergangs von Prosperität in Krise durch die Phasen von Überproduktion (latent), Überspekulation, Geldkrise, Produktionskrise (manifeste, erscheinende Überproduktion).

Weil der Umschlagpunkt die Störung des Kredits ist, sieht es für das politökonomische Denken so aus, als würde die Krise aus einem Mangel an Kapital und Kredit hervorgehen. Diese Illusion wird dadurch bestärkt, dass sich die Verringerung der *currency* in Momenten des Misskredits als eine Zunahme der *currency* zeigt, das heißt, sich der Kreditmangel in der Krise in steigende *currency* übersetzt. Sie ist in der Krise „dem amount nach am größten" (MEGA IV/8, 229), weil die Zirkulationsgeschwindigkeit abgenommen hat und weil Handelsgeld nun für alle möglichen Transaktionen, für die es früher nicht benötigt wurde, als *currency* fungieren muss.[122] Obwohl sich die

---

[121] Eigene Entzifferung nach der Marx'schen Handschrift (IISG, Marx-Engels-Nachlass, Sign. B44, S. 49). Für diese Stelle ist in den bisherigen Veröffentlichungen des Manuskripts kein Entzifferungsvorschlag gegeben worden.
[122] Dies hatte Thomas Joplin bemerkt, der als Vordenker des *lender of last resort* gilt und die Krise von 1825 durch eine zu restriktive Geldpolitik der Bank of England verursacht sah (vgl. Schrader 1980, 63). Marx fasste Joplins Gedanken in *Bullion* zusammen: „*Nachfrage für Geld in gewöhnlichen Zeiten und in Zeiten der panic sind sich direkt entgegengesetzt*, die erste, um es *in Circulation* zu bringen, die zweite um es aus ihr *herauszunehmen* und zu *hoard*. Beispiel der Crise von 1825. [...] Im panic 2 mal soviel Geld nöthig, um dasselbe Geschäft zu denselben Preissen zu führen wie früher. Die Bank kann daher sicher solche extra demand für currency befriedigen." (MEGA IV/8, 59)

currency auf einem höheren Stand als zu Prosperitätszeiten befindet, da alle Gelder mobilisiert werden, um Rechnungen zu begleichen, reicht sie in der Krise nicht aus, um die fälligen Zahlungen zu leisten (umso weniger, als dass die Löhne in diesem Moment rapide fallen). Entgegen dem Anschein fehlt es in der Krise „also faktisch an currency und nicht an Kapital" (MEGA IV/8, 229).

Aber warum kommt es zum Umschlag? Als Momente des „Mißkredit" werden in *Reflection* diejenigen unterstellt, in denen sich Waren zu einem antizipierten Preis nicht mehr oder immer schwerer verkaufen lassen beziehungsweise das Kapital „entwerthet" wurde und „unverwerthbar" ist: „Die Hauptfrage bleibt also immer die *inconvertibility* der *Waaren*, des *Kapitals* selbst." (MEGA IV/8, 230) Wenn sich in der späten Phase der Prosperität Waren nicht verkaufen oder Kapitalien nicht verwerten lassen, steigt die Nachfrage nach Kredit. Dann gehen die Zinsen in die Höhe, der Kreditfluss wird erschwert und es erfolgt ein Rückgriff auf die Depositen. In der Folge sinken die Einkommen und damit auch die *currency*, wenngleich die Zirkulation von Münze und barem Geld zunimmt, weil gezahlt werden muss.

In der Krise herrscht allgemeine *Inkonvertibilität*. Waren sind unverkäuflich und Handelsgeld (Wechsel und Depositen) und Sicherheiten wie Staatsanleihen nicht mehr einlösbar in *currency*. Aus Ware und aus den sie repräsentierenden Wertzeichen kann kein Geld werden.[123] Die Krise ist also nicht nur eine Überproduktion von Waren oder eine Überproduktion von Geld (oder gar bloß von Banknoten), sondern eine *Überproduktion von Waren und Geld zugleich*: eine Überproduktion von Waren und des sie repräsentierenden Handelsgeldes bei gleichzeitigem Mangel an gültigem Geld, der einen Mangel an gültiger, absetzbarer Produktion reflektiert. In der Krise wertet das „Geld als solches" auf und daher schreibt Marx: „Die Depreciation des Geldes und die Depreciation der Waaren stehn faktisch sogar in umgekehrtem Verhältniß." (MEGA IV/8, 230) Die in der Prosperität noch geläufigen Geld-Substitute (Wechsel, Sicherheiten, Banknoten) depreziieren hingegen und zeigen, dass „jedes Zwischenglied zwischen Waaren und Geld, jedes Substitut nur Substitut und darum gratis bleibt" (MEGA IV/8, 230). Die Krise enttarnt eine Hierarchie des Geldes, wobei die untergeordneten Substitute ihren Geldcharakter verlieren und nur noch das übergeordnete „Geld als solches" gilt. Diesen Vorgang wird Marx später als den „Umschlag vom Kredit- ins Monetarsystem" bezeichnen (dazu 4.2.3).

Seine aus der Rekonstruktion der Krise von 1847 resultierende Frage hat Marx damit wie folgt beantwortet: Weil zu viele (die überproduzierten Waren abbildenden) Geldsubstitute wie undiskontierbar gewordene Wechsel und sonstige inakzeptabel gewordene Papiere im Kreditsystem umlaufen, hat sich die Überproduktion in eine Geldkrise übersetzt (vgl. Schrader 1980, 85) und erscheint als finanzieller Exzess, obwohl zugleich das Geld als solches fehlt, das Tauschwert repräsentiert. Und an diesem Geld fehlt es, weil über die Verwertungsmöglichkeiten hinaus produziert worden

---

123 „Die Waaren hören auf Geld zu sein, sie sind nicht convertibel in Geld" (MEGA IV/8, 230).

ist. Die Kreditzirkulation hob sich über die Einkommenszirkulation, weil überproduziert worden war. Der stoffliche Reichtum in Warenform ist *wertlos* geworden.

Im vierten Abschnitt von *Reflection* geht Marx bürgerliche und sozialistische Krisenerklärungen kritisch durch. Beinahe dem gesamten politökonomischen Räsonnement ist gemein, dass es die Krisen vom Standpunkt des Geldsystems aus betrachtet (siehe 1.6). Marx hält dafür eine Erklärung bereit: Die Krise scheint bloß eine Geldkrise zu sein. Weil die Waren nicht mehr konvertibel in Geld sind, werde „dieser Mangel […] auf das Geldsystem geschoben" oder sogar nur auf eine „besondere Form" des Geldsystems. Indem sie das Geldsystem für den letzten Grund der Disharmonien nehmen, kratzen die politischen Ökonomen lediglich an der Oberfläche. In Marx' Augen aber ist die Existenz des Geldsystems Ausdrucks der realen Zerrissenheit der Produktionsverhältnisse: des „System[s] des Privataustauschs" (MEGA IV/8, 230). Das Geld ist notwendig, weil die Arbeitsprodukte die Warenform annehmen und daher einen Tauschwert haben, der im Geld „nothwendig eine *besondre* Existenz hat, die von den Waaren unterschieden ist" (MEGA IV/8, 230).[124]

Marx kritisiert weiter diejenigen, die die Überproduktion leugnen und die Krise durch Kapitalmangel begründen: „Es ist Blödsinn von den Einen, die sagen: Es fehlt nicht an Geld, sondern an Kapital. Die currency ist gleichgültig." (MEGA IV/8, 230) Aber der „Unsinn" sei „noch grösser von der andren Seite", also seitens der Geldreformer, seien sie sozialistisch oder bürgerlich. Diese geben die „inconvertibility des Kapitals"[125] in Gestalt der vereinfachten Unterkonsumtionstheorie (Proudhon, Owen, Bray) oder in Gestalt des Handelszyklus (Overstone) zu, aber sie führen die Krise darauf zurück, dass *zu wenig* oder *zu viel Geld* existierte. Sie wollen die Inkonvertibilität „durch diese oder jene Künstelei und Modifikation am *Geldsystem*" beseitigen, aber die Möglichkeit und Wirklichkeit der Trennung von Ware und Geld ist schon „im Dasein der Producte in der Gestalt des Capitals" enthalten und mit jedem Geldsystem gegeben. Das Geldsystem ist nur der Ausdruck der Unverwertbarkeit des Kapitals und ist „schon mit dem Kapital" und mit der ihm eigenen „ganzen Organisation der Production" gegeben.[126]

Alle Versuche, die Krisen mittels einer Reform des Geldsystems loszuwerden, sind daher aussichtslos. Explizit verwirft Marx die von der Birmingham Schule um Thomas Attwood entworfene Idee des exzessiven Gelddruckens: Die „Birminghamer

---

[124] Dass das Geld die besondere Existenz des Tauschwerts ist, wird auch in den *Grundrissen* zum Ausgangspunkt der Marx'schen Geldtheorie (dazu 3.2.2).
[125] Candrian (1994, 112) denkt, Marx kritisiere hier Anhänger des ‚Say'schen Gesetzes'. Aber wer von ihnen (außer John Stuart Mill, dazu 2.1) hätte jemals die Inkonvertibilität des Kapitals zugegeben?
[126] „In dem *Dasein des Geldsystems* ist nicht nur die Möglichkeit, sondern schon die Wirklichkeit der Trennung gegeben und daß es da ist, beweist, daß die Unverwerthbarkeit des Kapitals, eben weil es das Geld erzeugt, schon mit dem Kapital, also mit der ganzen Organisation der Production gegeben ist." (MEGA IV/8, 231)

sind natürlich Esel", da sie „die Inconveniencen des Geldes dadurch aufheben" wollen, dass „sie viel Geld machen, oder den standard des Geldes depreciiren" (MEGA IV/8, 231). Laut Marx ist die Konvertibilität des Kapitals nicht durch das Anwerfen der Notenpresse herzustellen, wenngleich er festhält, dass in den Krisen von 1793, 1825 und 1847, „wo wirkliches Capital war, durch Ausgeben von Exchequerbills und Noten geholfen werden konnte": „Die Crise hörte nicht auf, aber die Geldkrise hörte auf." (MEGA IV/8, 230) Marx teilt also die Kritik der *Banking School*, dass der *Bank Act* die Geldkrise verschlimmert, weil er der Bank of England eine unnötige Kreditrestriktion verordnet. Würde sie dagegen ihr Kreditgeld vermehren und Banknoten ausgeben, linderte oder beendete sie dadurch die Geldkrise. Die von der Geldkrise bloß zur Erscheinung gebrachte Inkonvertibilität von Ware in Geld ist aber nicht dadurch zu überwinden, dass einfach ‚mehr Geld' bereitgestellt wird. Es hat einen Grund, warum zu wenig *currency* da ist: Es wurde überproduziert.

Auch Proudhon und Gray seien „Esel", da sie „das Geld beibehalten wollen, aber so, daß es nicht die Eigenschaften des Geldes besitzen soll" (MEGA IV/8, 231), weil sie mit der warenproduzierenden Gesellschaft („Werth und […] Privataustausch") die „Trennung zwischen dem Product und seiner Austauschbarkeit" und damit die Grundlage der Krise beibehalten. *„Aber sie wollen das Zeichen dieser Trennung* [das Geld, TG] *so arrangiren, daß es die Identität ausdrückt."* (MEGA IV/8, 231) Sozialistische oder andersartige Geldreformen nehmen das Geld als gegeben hin, als könne es beliebig „arrangiert" werden. Sie zielen darauf, dem Geld die Eigenschaft zu „rauben", die es zum Geld macht. Ausgehend von diesen Überlegungen zu der Frage, warum sowohl bürgerliche als auch sozialistische Krisenerklärungen auf die monetäre Sphäre fixiert sind und dieser eine nahezu magische Wirkmächtigkeit zuschreiben, wird Marx in den *Grundrissen* den Geldfetisch[127] näher bestimmen (dazu 3.2.2): „Da im Geldmarkt die Gesammtcrise eclatirt, sämtliche Widersprüche der bürgerlichen Production, als Symptome, die allerdings accidentiell wieder Ursache werden, so nichts einfacher, als daß die bornirten, auf bürgerlichem Boden bleibenden Reformer, das Geld reformiren wollen." (MEGA IV/8, 231) Die monetären Erscheinungen sind nicht beliebig arrangierbar, weil sie nur die Widersprüche der Produktion reflektieren und als Symptome zum Ausdruck bringen.

---

127 Jahn (1981) nimmt an, dass sich Marx bereits in *Reflection* über den Fetischcharakter der Ware im Klaren war, ohne den Begriff zu gebrauchen. Dagegen geht Marxhausen (1976) für *Reflection* von einem allgemeinen Tauschwertfetischismus aus, den Marx erst in den *Grundrissen* weiter in Geld- und Warenfetisch differenziert habe. Marx' Äußerung in der kurz vor *Reflection* entstandenen Exzerptsammlung *Bullion* scheint Marxhausen Recht zu geben: „Was jedes Einzelne Individuum im Geld besitzt ist die allgemeine *Tauschfähigkeit*, wodurch es seinen Anteil an den gesellschaftlichen Producten für sich nach Belieben auf seine Faust bestimmt. Jedes Individuum besitzt die *gesellschaftliche* Macht, in seiner *Tasche* unter der Form einer Sache." (MEGA IV/8, 55)

Marx bleibt bei diesen ideologiekritischen Beobachtungen nicht stehen. Sie führen ihn vielmehr im fünften Abschnitt von *Reflection* zu einer Bestimmung grundlegender Strukturelemente der bürgerlichen Gesellschaft. Was bedeutet es, dass sowohl den Sozialisten als auch den Bürgern die moderne als eine monetäre Gesellschaft erscheint? Marx kritisiert hier zunächst „[d]ie absolut Simplen, d. h. die biedren unwissenden Demokraten", die das Geld „blos im Handel zwischen dealers und consumers" kennen (MEGA IV/8, 231), und erwähnt dabei namentlich einzig Max Stirner, den zurückgebliebenen deutschen Philosophen, der von Wechselkursen, verschiedenen Geldarten, Zirkulationssystemen und ihren Regulierungsweisen noch nie etwas gehört hat.[128] Marx dachte aber auch an August Willich, ein Mitglied derjenigen Fraktion des Bundes der Kommunisten, von der er sich 1849 wegen ihres zu voluntaristischen Revolutionsverständnisses und ihrer Rücksichtslosigkeit gegenüber den ‚materiellen Bedingungen' losgesagt hatte.[129] Diese „Simplen" unterscheidet von den zuvor kritisierten Ökonomen und Sozialisten, dass sie das Geldsystem erst gar nicht problematisieren, sondern diese weitgehend unreflektiert hinnehmen, da ihnen die bürgerliche Organisation der Produktion so „einfach" erscheint „wie alles ihnen erscheint, ebenso einfach und einfältig, als sie selbst sind" (MEGA IV/8, 231). Sie sehen in dem „biedermännischen Austausch von Werthen gegen Werthe", in der geldvermittelten Vergesellschaftung den ewigen, unproblematischen Handel zwischen dealers und consumers sowie zusätzlich noch die Freiheit des Individuums verwirklicht. Ihnen sei die „Sphäre, in der die Collisionen spielen, die Ruine, die Geldkrisen und die grossen Geldtransactions" (MEGA IV/8, 231), absolut unbekannt.

Marx wendet gegen diese biederen, harmlosen, gutgläubigen und ahnungslosen Demokraten ein,[130] keinen Gedanken an die für die Moderne spezifischen gesellschaftlichen Verhältnisse zu verschwenden: „Von Klassengegensatz ist in diesem Austausch nicht die Rede." (MEGA IV/8, 231) Die „Simplen" setzen einfach voraus, dass jedes Individuum geldtragend ist, und fixieren „das kaufende Individuum

---

[128] Bereits in den Manuskripten zur *Deutschen Ideologie* hatte sich Marx mit Stirners Geldlehre beschäftigt und dabei den Begriff der Geldkrise geprägt, zwei Arten des Geldes als „Geld" und „Vermögen" umrissen sowie skizziert, dass in der Krise jeder zahlen muss, aber keiner kaufen will: „Die Geldkrise besteht zunächst darin, daß alle ‚Vermögen' auf ein Mal gegenüber dem Tauschmittel depreciirt werden & das ‚Vermögen' über das Geld verlieren. Die Krise ist gerade dann da, wenn man nicht mehr mit seinem ‚Vermögen' zahlen *kann*, sondern mit Geld zahlen *muß*. [...] Die Schwierigkeit während der Krise ist eben, daß ‚alles Vermögen' aufgehört hat, ‚Geld' zu sein." (MEGA I/5, 453/454)

[129] Dies geht aus seinem Brief an Joseph Weydemeyer vom 27. Juni 1851 hervor, in dem es heißt: „Der Stoff, den ich bearbeite, ist so verdammt vielverzweigt [...]. Die demokratischen ‚simpletons', denen die Erleuchtung ‚von Oben' kommt, haben natürlich derartige Anstrengungen nicht nöthig. Wofür sollten sie sich mit ökonomischem und historischem Material plagen, diese Sonntagskinder? Es ist ja Alles *so einfach*, pflegte der wackre Willich mir zu sagen. Alles so einfach! In diesen wüsten Köpfen. Höchst einfache Kerls!" (MEGA III/4, 140)

[130] „Das Geldsystem und das ganze jetzige System ist in ihren Augen so brav, so dumm, wie sie selbst sind." (MEGA IV/8, 232)

schlechthin, ohne Klassencharakter" (MEGA IV/8, 233). Das Geldsystem habe aber ohne Klassengegensatz „keinen Sinn", sondern setze gerade eine noch größere Klassentrennung als in den „vorgeldlichen Gesellschaftsstufen" (MEGA IV/8, 232) voraus. Denn im Handel zwischen dealers und consumers, „diesem scheinbar so einfachen Akt", treten „sämmtliche Klassenverhältnisse hervor" und sind „vorausgesetzt": „die Klasse der Lohnarbeiter, der Grundeigenthümer, der industriellen, der nichtindustriellen Kapitalisten" und „die Existenz der bestimmten gesellschaftlichen Verhältnisse, was dem Reichthum den Charakter des Capitals giebt und Kapital von Revenüe scheidet" (MEGA IV/8, 232). Gegen die Demokraten hält Marx also: Was ihr euch als ewige Form der Vergesellschaftung vorstellt, das Geldausgeben, ist eine voraussetzungsvolle Angelegenheit, die es verallgemeinert bloß unter den Bedingungen der bürgerlichen Klassengesellschaft gibt. Wer vom Geld und den Krisen nichts wissen will, kann auf keinen Fall den Anspruch erheben, die führende Theorie und die treffendste Kritik der modernen Gesellschaft zu formulieren.

Wenngleich die Vorurteile dieser simplen Demokraten, im Gegensatz zur englischen Geldtheorie und Geldmarktanalytik, für ein Verständnis der modernen Produktion einigermaßen unbrauchbar sind, sitzen auch sie der Symptomatik auf und reflektieren dadurch ein wahres Moment der Geldgesellschaft. Das Geld begründet eine sowohl scheinbare als auch wirkliche persönliche Freiheit – man kann kaufen, was man will – und eine sowohl scheinbare als auch wirkliche Gleichheit: „Daher die scheinbare Gleichheit – minus dem Geld – in der bürgerlichen Gesellschaft. Daher andrerseits [...] die wirkliche bürgerliche Gleichheit der Individuen, so weit sie Geld besitzen, welches auch ihre Einkommenquelle sei. Es ist nicht mehr, wie in der antiken Gesellschaft, nur von Privilegirten dieß oder jenes eintauschbar, sondern alles ist zu haben von allen" (MEGA IV/8, 233).[131] Das politische Privileg hat im Kapitalismus keine Bedeutung, aber die braven Demokraten lassen sich vom Schein der Oberfläche blenden, denn das Geld verschleiert den ihm zugrunde liegenden Klassengegensatz: Es „verwischt den Klassencharakter und übertüncht ihn" (MEGA IV/8, 233). Im Geld erscheint die bürgerliche Gesellschaft als eine der Gleichen, aber Geld kann es nur in einer Gesellschaft mit struktureller und unüberwindbarer Ungleichheit geben. In der Gleichheit des Geldes spiegelt sich die Ungleichheit der Klassengesellschaft. Es ist nur das „verklärte und von der Wirklichkeit selbst als aus sich geworfne reflectirte Lichtbild" (MEGA II/2, 61), wie Marx später im *Urtext* von *Zur Kritik der politischen*

---

[131] Marx denkt also, dass die bürgerlichen Ideale von Freiheit und Gleichheit wesentlich dem entwickelten Geldsystem entspringen, das wiederum ein Symptom der Klassengesellschaft ist: „Das Tauschwerthsystem und mehr das Geldsystem sind in der That das System der Freiheit und Gleichheit." (MEGA II/2, 61) Eine Krise später wird er sehen, dass mit dem Zerfall des Geldes auch den bürgerlichen Idealen die Grundlage entzogen ist und Krisen immer auch den Boden für Ideologien der Ungleichheit und Unfreiheit bereiten (dazu 3.5.4).

Ökonomie formulieren wird, also der ideelle Ausdruck der realen Gestalt.[132] In *Reflection* konstituiert die Spiegelung der Klassenverhältnisse in monetären Erscheinungen ein einseitiges, oberflächliches und systematisch verzerrtes Erkenntnisvermögen, welches den Reflex für die ganze Realität nimmt oder fordert, dass die Wirklichkeit auch so schön wie ihr Spiegelbild sein soll. Marx kann damit sowohl die Verschleierung der Klassenverhältnisse als auch die Fixierung vieler Krisenerklärungen und Reformvorhaben auf das Geld begreifen (vgl. Fiehler 2016b, 191). Das Geld begründet in *Reflection* eine Freiheits-, Gleichheits- und Demokratieillusion.

Insofern Marx in *Reflection* die Entstehung einer Krise aus Überproduktion und deren typischen Verlauf durch die Sphären von Industrie, Handel, Geld und Kredit begrifflich verallgemeinerte, war in dieser theoretischen Notiz der im *Manifest* skizzierte Widerspruch zwischen Produktivkräften und kapitalistischen Produktionsverhältnissen vielmehr vorausgesetzt als begründet. Wie dieser Widerspruch auf dem Markt als Überproduktion erscheint, als Geldkrise eklatiert und als Krise verläuft, war der Gegenstand von *Reflection*. Marx begründete die Überproduktion skizzenhaft damit, dass das Kapitalverhältnis auf einer Klassengesellschaft beruht, in der die Verwertungsmöglichkeiten des Kapitals trotz ihrer permanenten Erweiterung durch Kredit und Weltmarkt beschränkt bleiben müssen. Aber woher rührt der Trieb des Kapitals zur unbedingten Steigerung der Produktion? Unmittelbar im Anschluss an *Reflection* reichte Marx im April/Mai 1851 in *Londoner Heft VIII* während einer erneuten[133] Lektüre von Ricardos *Principles of Political Economy, and Taxation* eine Begründung nach. In seinem Kommentar zu Ricardo heißt es:

> Der bürgerliche Reichthum und der Zweck bei aller bürgerlichen Production ist der *Tauschwerth*, nicht der Genuß. Um diesen Tauschwerth zu vermehren giebt es [...] kein andres Mittel, als die Producte zu vervielfältigen, mehr zu produciren. Um diese Mehrproduction zu erreichen, müssen die Productivkräfte vermehrt werden. Aber in demselben Verhältniß als die Productivkraft einer gegebnen Arbeitsquantität vermehrt wird – einer gegebenen Summe von Kapital und Arbeit – fällt der Tauschwerth der Producte und die verdoppelte Production hat denselben *Werth* wie früher die Hälfte. [...] Indem sie ungleichmässig geschieht, kommen alle Collisionen hinein, aber zugleich der bürgerliche Fortschritt. Die Mehrproduction der Waaren ist *nie* der Zweck der bürgerlichen Production, sondern die Mehrproduction von *Werthen*. Die wirkliche Vermehrung der Productivkraft und der Waaren geschieht malgré elle und der Widerspruch zwischen dieser

---

132 Auf die Spiegelung als Verkehrung und Verschleierung wird Marx bei der Bestimmung des Fetischcharakters der Ware in der zweiten Auflage des *Kapital* (1872) zurückgreifen. Die Warenform spiegelt „den Menschen die gesellschaftlichen Charaktere ihrer eignen Arbeit als gegenständliche Charaktere der Arbeitsprodukte selbst, als gesellschaftliche Natureigenschaften dieser Dinge zurück", so dass den Produzenten auch ihr gesellschaftliches Verhältnis „als ein außer ihnen existirendes gesellschaftliches Verhältniß von Gegenständen" zurückgespiegelt wird (MEGA II/6, 103).

133 Nach den *Pariser Heften*, *Brüsseler Heften* (in dieser Heftserie jedoch nicht überliefert) und dem *Londoner Heft IV* ist es wahrscheinlich das vierte Mal, dass Marx das Hauptwerk Ricardos exzerpiert.

> *Vermehrung der Werthe*, die sich selbst aufhebt in ihrer eignen Bewegung in eine Vermehrung von Producten, liegt allen Krisen u. s. w. zu Grunde. (MEGA IV/8, 364)

Die Produktion um der Produktion willen entspringt dem *Zweck* der bürgerlichen Produktion.[134] Produziert wird in der bürgerlichen Gesellschaft für die Vermehrung des Tauschwerts; die Bereitstellung stofflichen Reichtums ist nur ein Nebenaspekt. Die Erweiterung der Produktion mithilfe der Entfesselung der Produktivkräfte ist das probateste Mittel der Vermehrung des Tauschwerts. Allerdings fällt mit der Produktivkraftentwicklung auch der Tauschwert einer stofflichen Einheit. Wenn sich die Produktivkraft verdoppelt, so dass sich in derselben Arbeitszeit die zweifache Warenmenge ausstoßen lässt, hat die gleiche Warenmenge (oder Kapitalauslage) den halben Wert wie zuvor.[135] Damit drohen Investitionen zu Fehlinvestitionen, Kalkulationen zu Fehlkalkulationen zu werden. Zudem erfolgt die Produktivkraftanwendung wegen der Konkurrenz ungleichmäßig, innerhalb der Branchen und über sie hinweg nicht einheitlich. Somit wird gegeneinander so viel wie möglich produziert und es „kommen alle Collisionen hinein". Dass die Wertvermehrung „sich selbst aufhebt" in der Vermehrung nichtverwertbaren stofflichen Reichtums, ist der Widerspruch, der den Krisen zugrunde liegt. Die Überproduktion von Waren über ihre Verkaufbarkeit und von Kapital über seine Verwertbarkeit geht aus der Produktion für den Tauschwert hervor.

Marx wendete *Reflection* derart, dass er das Geldsystem, in dem die allgemeine Inkonvertibilität möglich und wirklich ist, als ein Charakteristikum der bürgerlichen Produktions- und Klassenverhältnisse bestimmte. Den „Privataustausch", der die Trennung des Arbeitsprodukts in Ware und Geld bewirkt, kann es nur geben, wenn die große Masse der arbeitenden Bevölkerung von den Produktions- und Subsistenzmitteln getrennt ist und sich daher zwangsweise in der Lohnarbeit verdingen muss. Der Lohn wird in Geld ausgezahlt und Lohnarbeiter erwerben ihre Reproduktionsmittel wiederum über das Kaufen von Waren: „Ohne Geld keine Lohnarbeit" (MEGA IV/8, 232). Aus diesem Grund schrieb Marx im zweiten Abschnitt von *Reflection*, dass „[d]ie Ueberproduktion [...] auf das Verhältniß zwischen der Klasse der Kapitalisten

---

134 Den Punkt unterschätzt Schrader (1980, 83), der denkt, Marx habe in *Reflection* Proudhons' Theorie „nichts entgegen" gesetzt. Marx fragt aber danach, warum in der bürgerlichen Klassengesellschaft die Tendenz zur Überproduktion vorherrscht, und entwickelt dazu Argumente aus der *Misère* weiter – in der Tat aber weniger in *Reflection*, eher im anschließenden Kommentar zu Ricardo.

135 Das Sinken des Werts einer stofflichen Einheit sucht das individuelle Kapital durch eine Erhöhung des Ausstoßes zu kompensieren; es steigert so seinen Anteil am gesellschaftlichen Gesamtwert. Wenn die Konkurrenz nachzieht und die gleiche Produktivkraftsteigerung vollzieht, hätte sich das ursprüngliche Anteilsverhältnis am Gesamtwert wiederhergestellt, obwohl nun doppelt so viele Waren wie zuvor da sind. Das Spiel beginnt von vorn, was Postone (2003) den „Tretmühleneffekt" nennt.

und der der Arbeiter" zurückzuführen sei (MEGA IV/8, 228).[136] Der letzte Grund für die Wiederkehr der Wirtschaftskrisen ist nicht die einfache Überproduktion von Waren, ein bloßes Missverhältnis zwischen Angebot und Nachfrage, sondern eine auf Lohnarbeit, Ausbeutung, Geld und Profit basierende Produktionsweise. Aber gerade die Krisen als Eklat aller Widersprüche enthüllen die Ungleichheit und Unfreiheit, wenn mit dem sich entwertenden Geld auch der Spiegel zerbricht. Wenn „[a]lle Krisen zeigen", „daß der Handel zwischen dealers und dealers beständig die Grenze überschreitet, die ihm der Handel zwischen dealers und consumers sezt" (MEGA IV/8, 227), dann zeigen sie im Grunde den Klassencharakter der bürgerlichen Gesellschaft. Sie verhüllen und verzerren nicht, sondern enthüllen und entzerren. Sie zeigen nicht das verschönerte Spiegelbild, sondern die hässliche Fratze der wirklichen Gestalt.

2.6 Conclusio. Marx' Krisentheorie anno 1851 und die Aussichten auf eine neue Krise

Kurz nach der Abfassung von *Reflection* informierte Marx Engels am 2. April 1851 darüber, „in 5 Wochen mit der ganzen ökonomischen Scheisse fertig" zu sein: „Et cela fait, werde ich zu Haus die Oekonomie ausarbeiten, und im Museum mich auf eine andre Wissenschaft werfen. Ça commence[137] à m'ennuyer. Au fond hat diese Wissenschaft seit A. Smith und D. Ricardo keine Fortschritte mehr gemacht, so viel auch in einzelnen Untersuchungen, oft supradelicaten, geschehn ist." (MEGA III/4, 85) Marx ging also davon aus, seine ökonomischen Studien so gut wie abgeschlossen zu haben – und dies wesentlich auch deshalb, weil er annahm, mit der Rekonstruktion der Krise von 1847 in den *Londoner Heften* und in den *Revue*-Artikeln, der theoretischen Skizze *Reflection* und dem daran anschließenden Kommentar zu Ricardo seine 1844 begonnenen Überlegungen zu einer Theorie der Krisen, ihrer Entstehung und ihres Verlaufs entwurfsweise zusammengeführt zu haben.[138]

Marx diskutierte die Krisen zumeist in der Tradition von Sismondi, Wade und Engels als von einer Überproduktion von Waren auf dem Weltmarkt ausgehend. Denn die Krisen seit 1825 waren ihrer Form nach Krisen, die der Überproduktion der englischen Textilindustrie entsprangen. Aber die Überproduktion selbst ist für Marx nicht

---

[136] Jahn deutet (1981, 11) diese Stelle so, dass Marx die „Konsumbeschränkung der Lohnarbeiter" als „die tiefste Krisenursache" begreife, aber, anders als Sismondi, nicht als direkte Ursache der Entstehung einer Krise, sondern als „tiefstes" Strukturmerkmal, das sich durch die anderen Widersprüche des Kapitalismus entfaltet.
[137] In MEGA III/4 ist fehlerhaft „commerce" gedruckt.
[138] Wygodskis (1978, 87) Bemerkung, dass Marx in *Reflection* die Grundzüge einer Krisentheorie schon vor der ‚Entdeckung' des Mehrwerts in den *Grundrissen* entwickelt hatte, verdeutlicht, dass die Entwicklung einer Krisendiagnostik zu dieser Zeit sein vorrangiges Ziel war.

die tiefste oder einzige Ursache der modernen Krisenhaftigkeit. Im *Manifest der Kommunistischen Partei* bestimmte er sie im Unterschied zu Engels als erscheinenden Inhalt der Krisen und nicht als ihren letzten Grund. Auch die einfache Unterkonsumtionstheorie von Owen, Bray und Proudhon hat er daher schon in *Reflection* als unterkomplex und unzulänglich („dumm vereinfacht") verworfen. Den Grund für die Wiederkehr der Krisen lokalisierte er abstrakter in historisch spezifischen gesellschaftlichen Verhältnissen, die auf eigentumslosen Lohnarbeitern beruhen, die auf Tauschwertvermehrung ausgerichtet sind und in denen die Arbeit privat verausgabt, auf dem Markt getauscht und durch das Geld vergesellschaftet wird. Diese Dinge stehen nicht zufällig nebeneinander, sondern hängen innerlich miteinander zusammen: Das Geldsystem ist die folgerichtige Einrichtung in einer auf eigentumslosen Lohnarbeitern beruhenden Klassengesellschaft, in der für den Profit produziert wird und in der der Tauschwert (und nicht der stoffliche Reichtum) die Form des Reichtums ist. Dass Marx zur Begründung der Krisenhaftigkeit ‚tiefer' als etwa Engels ansetzte, stellt ein größeres Maß an Subtilität her und lässt andere Krisentypen und andere Wege der Krisenentstehung offen, die er bis 1851 zwar weder erfahren noch durchdacht hatte, aber in den folgenden beiden Jahrzehnten kennenlernen und in seine Überlegungen integrieren sollte (Kapitel 5).

Die Überproduktion resultiert laut Marx aus den Widersprüchen der bürgerlichen Produktion, insbesondere aus dem im *Manifest* erörterten Widerspruch zwischen Produktivkräften und Produktionsverhältnissen: einerseits Massenproduktion und dazu Entwicklung der Produktivkräfte als Mittel der Tauschwertvermehrung, andererseits Beschränkung der Verwertungsbasis durch die Entwicklung der Produktivkräfte. Denn die Produktivkraftentwicklung, die Einzelkapitale unter Konkurrenzbedingungen unabhängig voneinander zur Tauschwertvermehrung vornehmen, bedeutet – wie Marx in der *Misère de la philosophie* in seinen Überlegungen zur Herrschaft der abstrakten Zeit über den Menschen in einer auf privater Arbeit und Konkurrenz beruhenden Tauschgesellschaft herausstellte – eine Entwertung verausgabter Arbeiten, bestehender Produktionsanlagen und schon erzeugter Waren. Was gestern noch in zehn Stunden hergestellt wurde, verliert die Hälfte seines Werts, wenn heute dazu nur fünf Stunden benötigt werden. Die Vermehrung des Stoffs hebt sich somit selbst auf in einer Verringerung des Werts. Die große Industrie stellt die Instrumente zur Massenproduktion bereit, aber die Aufnahmefähigkeit des Weltmarkts bleibt letztendlich, wegen der beständigen Entwertung, begrenzt. Marx hatte damit eine Erklärung für das 1844 in Paris konstatierte „Wunder" der Selbstbeschränkung des Kapitals durch seine Selbstverwertung entworfen. Der Handel zwischen dealers und dealers erweitert seine Schranke, den Handel zwischen dealers und consumers, durch Luxusproduktion, Weltmarkt und Kredit. Es kommt zu einer Zirkelbewegung nach oben und mit dem Produktionsausstoß steigen auch die Löhne und damit die Absatzmöglichkeiten, aber infolge der Entwertung werden bestehende Produktionsanlagen unrentabel und Warensammlungen zu einem antizipierten Preis unverkäuflich, so dass irgendwann eine Abwärtsspirale einsetzt.[139] Zur Krise kommt es dann, wenn sich Investitionen wegen dieser Entwertung als Fehlinvestitionen entpuppen und zu Kreditausfällen führen, die das Kreditsystem gefährden.

Wenn in den Krisen die „Epidemie der Überproduktion" ausbricht, sind sie charakterisiert als ein Prozess der *Vernichtung* von stofflichem Reichtum und menschlichen Existenzen. In den Krisen „opfert" die bürgerliche Gesellschaft einen „Teil des Reichtums, der Produkte und selbst der Produktionskräfte den Göttern der Unterwelt", so dass auch „ganze Arbeiterhekatomben [...] in den Krisen untergehen" (MEW 6, 423), wie Marx in *Lohnarbeit und Kapital* (1849) schrieb. Die „*Werthlosigkeit des Reichthums* selbst" (MEGA IV/3, 57) erscheint als überflüssiger stofflicher Reichtum und als überflüssige Menschheit. Dies ist keine Pathologie der modernen Gesellschaft, sondern Bedingung ihres Selbsterhalts.[140]

Marx bestimmte die Krise in *Reflection* daher erstmals als den Eklat „sämmtliche[r] Widersprüche der bürgerlichen Production" (MEGA IV/8, 231)[141] und damit als einen Moment, in dem ihre Gegensätze, Antagonismen und widerstreitenden Elemente explosionsartig – plötzlich, gewaltsam, aufsehenerregend – erscheinen und sich geltend machen. Der Begriff des „Eklats" kann auch als eine theoretische Verarbeitung der Erfahrung, dass die Krise von 1847/48 in die Revolution von 1848/49 mündete, verstanden werden. Kollaps und Revolution waren nicht nur über die soziale Krise der Arbeitslosigkeit und die politische Krise der Staatsfinanzen, sondern auch über die epistemologische Dimension der Krise vermittelt, die Widersprüche des Kapitals schockartig zu enthüllen und unter anderem offenzulegen, dass der Zweck der kapitalistischen Produktion nicht im menschlichen Wohlbefinden oder in der Bereitstellung von stofflichem Reichtum besteht. In den 1850er Jahren wird Marx ausführlicher die Ambivalenz der Krisen in ihrem Moment des Hinausweisens über die bürgerliche Gesellschaft einerseits und in ihrer im *Manifest* angedeuteten Eigenschaft der Rückversetzung in die ‚Barbarei' andererseits erörtern.

---

[139] Darüber schrieb Marx im Manuskript *Arbeitslohn* (1847): „In allen Krisen folgende Zirkelbewegung in bezug auf die Arbeiter: Der Arbeitgeber kann die Arbeiter nicht beschäftigen, weil er sein Produkt nicht verkaufen kann. Er kann sein Produkt nicht verkaufen, weil er keine Abnehmer hat. Er hat keine Abnehmer, weil die Arbeiter nichts als ihre Arbeit auszutauschen haben, und eben deswegen können sie ihre Arbeit nicht austauschen." (MEW 6, 543)
[140] Schon in *Lohnarbeit und Kapital* werden die Krisen als „die Erdbeben" vorgestellt, „worin die Handelswelt sich nur dadurch erhält, daß sie einen Teil des Reichtums [...] den Göttern der Unterwelt opfert" (MEW 6, 423).
[141] „Das Bedeutende der ‚Reflection' besteht darin, daß Marx die Ursachen der Wirtschaftskrisen aus der Gesamtheit der eklatierenden Widersprüche der kapitalistischen Reproduktion erklärt und sich klar gegenüber einseitigen Erklärungsversuchen abgrenzt." (Jahn 1981, 10)

Der bedeutendste Marx'sche Erkenntnisfortschritt in den ersten *Londoner Heften* und insbesondere in *Reflection* bestand darin, eine an Sismondi orientierte Reproduktions- und Krisentheorie, die sozialistische Kritik der Ausbeutung und die Geldmarktdiagnostik der *Banking School* miteinander vermittelt, also einen Zusammenhang zwischen der Überproduktionstendenz des Kapitals, der klassengesellschaftlichen Profitproduktion und den Bewegungen im Geld- und Kreditsystem hergestellt zu haben. Seine wichtigsten Eigenleistungen und Vermittlungen waren: dass eine Krise aus Überproduktion als Geldkrise „eclatirt"; dass daher die monetären Phänomene das Denken sowohl der bürgerlichen Ökonomen als auch der sozialistischen Kritik beherrschen; dass in jedem Geldsystem die Trennung zwischen Ware und Geld möglich und wirklich ist; dass das Geldsystem die bürgerliche Klassengesellschaft zum Ausdruck bringt, deren Bevölkerung zum Großteil aus von den Subsistenz- und Produktionsmitteln getrennten Lohnabhängigen besteht; dass schließlich die Klassengesellschaft gerade durch das Geld Formen wirklicher Gleichheit und Freiheit zulässt und als eine Gesellschaft der Gleichen und Freien erscheint; dass mit der Krise aber die bürgerlichen Formen von Gleichheit und Freiheit zerfallen und daher auch der Schein, dass die bürgerliche Gesellschaft eine der Freien und der Gleichen sei, seine Plausibilität verliert.

In *Reflection* versuchte Marx, die geldmarktanalytische Kraft der bürgerlichen Geldtheorie für eine Kritik des Kapitalismus zu nutzen. Verglichen mit den philosophischen Reflexionen über ‚das Geld' in den *Pariser Heften* wählte er eine ganz andere Herangehensweise und widmete sich erstmals dem wirklichen Funktionieren des Geldes auf dem Markt in seinen verschiedenen Formen und mitsamt seinen „supradelicaten" technischen Aspekten.[142] In *Reflection* ging er davon aus, dass der Verkauf der Waren durch zirkulierende Zahlungsverpflichtungen (wie Wechsel) abgebildet wird. Das Kreditgeld repräsentiert und spiegelt demnach die Warenwelt. Können Waren nicht verkauft werden, werden reife Wechsel uneinlösbar, was sich eine Zeit lang durch Verlängerung der Wechsel und Rückgriff auf Depositen decken lässt. Die Kreditexpansion intensiviert und verlängert so den Boom, indem sie das Verwertungs- und Absatzproblem vorübergehend überbrückt und auch Löhne und Konsum ansteigen lässt. Aber lassen sich die Waren weiterhin nicht (zu den kalkulierten Preisen) verkaufen, platzen die Wechsel und damit kollabiert der Kreditüberbau, da die Banken die Wechseldiskontierung einstellen. Die Kreditrestriktion ist somit ein Reflex des ausbleibenden Verkaufs.

Marx' krisentheoretische Skizze in *Reflection* basierte auf einer „Nutzanwendung" der Reproduktionsmodelle von Smith und Sismondi und den darüber gestülpten *dual-circulation schemes* der *Banking School*. Trotz aller verbalen Abgrenzungen

---

142 „Marx moves away from religious analogies and an emphasis on the abstract social power of money, to confront technical details of financial and monetary institutions in the context of political economists' theories." (Nelson 1999, 40)

von der einfachen Überproduktionstheorie wählte Marx einen Ansatz, der tendenziell auf einer (verglichen mit seinen späteren Ausführungen im *Kapital*) einfachen Gegenüberstellung von Produktion und Konsumtion, von Kreditgeld und *currency* basierte. Zwar stützt sich die Argumentation in *Reflection* nicht auf eine Unterkonsumtionstheorie, allerdings muss das Schema als roh angesehen werden: Tookes *dual-circulation scheme*,[143] Fullartons *Reflux*-Prinzip[144] und Wilsons Identifikation von überproduzierten Waren in einer niedrigen Zinsrate[145] passten zu Marx' Auffassung, dass monetäre Phänomene ein direkter Ausfluss, ein einfaches Abbild, eine reflexartige Widerspiegelung des industriellen und kommerziellen Geschehens wären. Wie die Spiegelungs-Metapher des Titels andeutet, wird die Produktion durch die Kredit- und Geldzirkulation reflektiert, gebrochen und an einen anderen Ort zurückgeworfen. Das Symptom ist wie ein Zeichen und verweist auf etwas außerhalb seiner selbst; vice versa erscheint die Ursache an der Oberfläche in einer von ihm unterschiedenen Form. Die Geldmarktphänomene sind Anzeichen und Erscheinungsbild der ‚Krankheit', aber nicht ihre Ursache (höchstens „akzidentiell"). Marx adaptierte die *Banking School* nicht nur wegen ihrer ausgefeilteren und realistischeren Analysen des Geldmarkts, sondern auch, weil sie die Abhängigkeit monetärer Phänomene vom (allerdings kaum näher spezifizierten) Wirtschaftsleben betonte.[146] Mithilfe der *Banking School* ließen sich die Geldreformillusionen der Sozialisten und die Omnipotenzphantasien der *Currency School*, die beide einen Primat des Monetären unterstellten, viel überzeugender angreifen.

Obwohl Marx den Anspruch formulierte, Wechselwirkungen und Symptome, die „accidentell wieder Ursache werden", mitdenken zu wollen, blieb dies in *Reflection* noch weitestgehend ein formales Bekenntnis zu dialektischen Zusammenhängen, die kaum im „Leben des Stoffs" nachgewiesen sind. So wie im Grunde nur eine Möglichkeit der Krisenentstehung durchdacht wird, sind seine Überlegungen zum Verhältnis von ‚Produktion und Finanz' im Wesentlichen eine Adaptation der *Banking School* und noch nicht wirklich originell. Marx akzeptierte die Dualismen von Sismondi und

---

143 Kurz vor der Abfassung der Notiz notierte er aus dem *Economist*, dass für Torrens die *currency* den Handel, und für Tooke der Handel die *currency* reguliere (MEGA IV/7, 484).
144 Mit der Identität von Emission und Rückfluss unterstellte Fullarton indirekt eine Identität von Ware und Geld. Die Banken reagieren nur auf die Impulse aus dem Wirtschaftsleben und passen sich der Kreditnachfrage an. Allerdings gilt dies nur für Zeiten der Prosperität; in der Krise hängt die Zirkulation wesentlich von der politischen Aktion der Bank of England ab (dazu 1.5.2).
145 Marx exzerpierte aus einem *Economist*-Artikel Wilsons: „Alle loans of money, in welcher Form sie immer gemacht sein, sind nur ein transfer der command über Waaren von dem einen auf den anderen. Sind Waaren daher überflüssig, so muß der Geldzins niedrig sein; sind sie scarce, so muß er hoch sein." (MEGA IV/7, 452)
146 „Die ‚Reflections' zeigen aber, daß Marx der Bankingtheorie während seiner Studien nicht unkritisch gegenübersteht, obwohl er noch nicht erkannt hatte, daß sie die dem Geld selbst zukommende Unterscheidung zwischen Zirkulations- und Zahlungsmittel als falschen Gegensatz von Geld und Kapital widerspiegelt." (Arnhold 1979b, 44) Marx wird diese Kritik später zuspitzen (siehe 3.2.2).

der *Banking School* und wollte vor allem Beziehungen zwischen bereits etablierten Variablen – Kapital und Einkommen, Kredit und Geld – herstellen.

Marx' Auffassung, dass die Überspekulation ein Symptom der Überproduktion ist, korrespondierte mit seiner Beobachtung, dass die Konsignation der Textilindustrie die entscheidende Form der Kreditausdehnung im internationalen Handel vor der Krise von 1847 gewesen war. Der Kredit basierte also auf einem Warengeschäft und ging direkt von den Industriellen aus. Bei der Zurückführung der Überspekulation auf die Überproduktion ging Marx bei seiner Rekonstruktion der Krise von 1847/48 daher noch etwas reduktionistisch vor und leitete die Überspekulation mitunter direkt aus der Überproduktion der Baumwollindustrie ab, was wiederum mit der damals prägenden Kreditform der Konsignation eine Entsprechung in den tatsächlichen ökonomischen Verhältnissen fand. Die Geldmarktdiagnostik der *Banking School* wird sich allerdings in den 1850er Jahren als zu einfach erweisen und zu einigen Diagnosefehlern führen. Marx sollte verstärkt auf die Selbständigkeit monetärer Phänomene aufmerksam werden (dazu 3.2.1 und 3.4.3) und in den 1860er Jahren sogar zunehmend erörtern, was er 1850 in der *Revue* noch verworfen hatte: dass die Zerrüttung der Produktion mitunter nur ein „Rückschlag der zusammenbrechenden Spekulation" ist (Kapitel 5). Er wird feststellen, dass das gleiche Symptom nicht immer auf die gleiche Ursache zurückzuführen ist, sondern verschiedene ‚Krankheiten' zum Vorschein bringen kann (4.2.3). Diese Multilinearität ist in *Reflection* noch nicht durchdacht. Die Oberfläche selbst und die Beziehungen zwischen ihr und der ‚Tiefenebene' hat Marx in den *Londoner Heften* noch etwas oberflächlich behandelt.

Marx hat die Krisen zwischen 1844 und 1851 sowohl als einen allgemeinen, beständig wiederkehrenden Zustand der bürgerlichen Gesellschaft als auch als historisches Ereignis in seinem Verlauf untersucht. Bei Ricardo und Say entstehen die Krisen infolge der Verletzung der allgemeinen Produktionsgesetze und sind daher von einer allgemeinen Analyse des Kapitals fern zu halten; Owen und die Arbeiterökonomen konnten mit ihrer Ausbeutungstheorie nicht ihren periodischen Charakter erfassen; Morier Evans und Tooke betreiben eine Krisenanalyse ohne Anspruch auf theoretische Verallgemeinerung. So ist Marx neben Sismondi und Fullarton der einzige, der *Krisentheorie mit Krisenanalyse* verbindet. Er blickte auch nicht nur auf den Londoner Geldmarkt und die Bank of England, weil der Fluchtpunkt seiner Analyse nicht die Überwindung der Geldkrise und eine ‚Rückkehr zur Normalität' war. Sein Ziel lag vielmehr in einer aufrichtigen Prognose der nächsten Krise und dazu sah er sich viele Variablen an: die Vorgänge in den Produktionsstätten, die Bewegungen des Geldmarkts, die neuen Anlagefelder und die Wege der Spekulation, die internationale Arbeitsteilung und die geographische Organisation des Kapitals.

Marx dürfte durch diese Breite der Betrachtung der einzige Kommentator der Krise von 1847/48 gewesen sein, dem sich die Idee aufgedrängt hat, dass ihre Nachfolgerin in Amerika ausbrechen würde. Er prognostizierte auf Grundlage seiner Aufarbeitung der alten eine neue Krise für 1852, die wegen des kalifornischen Goldrauschs und der damit einhergehenden Spekulation mit britischem Surpluskapital mit einer amerikanischen Bankenkrise beginnen würde. Er begriff England als „Despoten des Weltmarkts" (MEGA I/10, 126), dessen Textilindustrie beständig zur Überproduktion tendiere. Diese würde eklatieren, wenn sich die englischen Baumwollwaren nicht mehr zum antizipierten Preis verkaufen ließen und die europäischen und überseeischen Absatzmärkte überführt wären. Die Krise würde intensiver und umfangreicher als jede ihrer Vorgängerinnen[147] und darüber hinaus industriellen Charakter annehmen, da die gewöhnlichen Abzugskanäle des überschüssigen Kapitals – wie Staatsanleihen und Eisenbahnaktien – verstopft seien und sich die Kreditausdehnung auf die industriellen Sektoren selbst beziehen würde (damit die Überproduktion noch potenzierend). Einer der wichtigsten Indikatoren des kommenden Krachs ist die niedrige Zinsrate, das Symptom einer Übermasse nicht-verwertbaren Kapitals und somit Anzeichen der sich ausbreitenden Phase der Überspekulation. Wegen seiner willkürlichen Bestimmungen würde der *Bank Act* die Geldhungersnot in London verschlimmern, weil er der Bank of England die Ausgabe von Banknoten untersagt und somit den Liquiditätsengpass vergrößert. Mittels einer weniger restriktiven Geldpolitik könnte zwar die Geldkrise gelindert werden, aber die mit ihr ausbrechende Epidemie der Überproduktion kann durch keine Politik kuriert werden und wegen der Tendenz zur Überproduktion ist die Vermeidung von Krisen durch irgendeine Form der staatlichen Intervention unmöglich. Ein neues Zentrum der Kreditexpansion sah Marx, wie bemerkt, in Amerika, wo eine die englische Überproduktion reflektierende Geldkrise ausbrechen und sich ihren Weg nach London bahnen würde, von wo aus sie einerseits eine industrielle Krise in Lancashire, dem zweiten Zentrum der Kreditausdehnung, herbeiführen und sich, übertragen durch den universellen Mechanismus der Goldströme, auf den europäischen Kontinent übersetzen müsse. Dass es zu einer politischen Krise und zur Wiederbelebung der Revolution daher auf dem europäischen Kontinent, vor allem in Frankreich, kommen würde, ist eine Erwartung, die sich bei Marx im Laufe der 1850er Jahre durch neue politökonomische Studien bestärken wird (3.3.2). Wenn in New York die Panik ausbricht, weil sich englische Baumwollprodukte nicht mehr in China und Indien verkaufen ließen, würde in Frankreich die Revolution wiederbelebt.

Marx ging davon aus, in den *Londoner Heften* die Wiederkehr der Wirtschaftskrisen genauer erfasst und ein Schema eines typischen Krisenverlaufs entworfen zu haben. Im Laufe der 1850er Jahre sah er sich nach und nach gezwungen, viele seiner Annahmen zu erweitern, zu modifizieren und über den Haufen werfen, sofern der geschichtliche Verlauf einige Zusammenhänge seines Modells widerlegen sollte.

---

147 Eine Steigerungslogik der Krisen beobachteten Sismondi (1.3), Gülich (2.1), Engels (2.3), Lassalle (MEGA III/3, 406) und auch Tooke: „Nach Herrn Tooke waren diese Bankerotte [in der Krise von 1847, TG] sowohl ihrer Zahl wie ihrem Kapitalbetrag nach beispiellos in der englischen Handelsgeschichte und übertrafen weit die der Krisis von 1825." (MEGA I/10, 453)

3 Von der Theorie der Krise zu ihrer Analyse und wieder zur Theorie zurück, 1851–59

Die Weltwirtschaftskrise von 1857/58 wurde in vielerlei Hinsicht nicht die Krise, die Marx erwartet hatte. Sie brach mit reichlicher Verspätung aus, erreichte Frankreich kaum, nahm keinen industriellen Charakter an, wurde in Europa schnell überwunden, diffundierte nicht in eine Krise der Staatsfinanzen, besiegelte nicht das Ende des Bonapartismus und brachte keine neue Revolutionsbewegung in Europa hervor. Sie sollte Marx zeigen, dass sein Instrumentarium zur Diagnose der Geldmarkt-Symptome (3.2.1), des Ansteckungsmechanismus zwischen Ländern (3.3.3), der reflexartigen Widerspiegelung von ‚Produktion in Finanz' (3.4.3) und der Übersetzung von ökonomischen in politische Probleme (3.3.4) nicht gerade präzise war. Auch die Moderation des Krisenverlaufs durch den Staat, die Marx abermals unter die Lupe nahm (3.3.3), erwies sich als nicht ganz so hilflos, wie es 1847/48 den Anschein hatte. Das alte Verlaufsmodell war nicht ausreichend, um zu prognostizieren, *wann* die Krise ausbricht, *wohin* sie gerät, welchen *Charakter* sie annimmt und welche *Folgen* sie zeitigt. Ohne Kenntnis der *Londoner Hefte* mögen die über sehr viele Texte verstreuten Marx'schen Aussagen zum Krisenproblem in den 1850er Jahren als zusammenhangslos erscheinen, aber es lässt sich vielmehr eine kontinuierliche Weiterentwicklung seiner Krisentheorie nachweisen, insofern sie sich als inadäquat, zu grob oder überholt herausstellte. Die Konfrontation seiner theoretisch begründeten Annahmen und Erwartungen mit der gesellschaftlichen Wirklichkeit ließ für Marx in den *Grundrissen* und in *Zur Kritik der politischen Ökonomie* neue konzeptionelle Arbeit darüber nötig werden, *was* sich in den Krisen ausdrückt und *warum* sie wiederkehren (3.5). Kurzum: Zwischen 1850 und 1859 erhielt sein Denken entscheidende Anstöße durch eine ständige Auseinandersetzung mit empirischen Befunden.

Nach dem Abschluss seiner Krisenstudien in den *Londoner Heften* arbeitete Marx zunächst nicht an ökonomischen Manuskripten, sondern als Journalist. Ab 1852 übte er eine zehnjährige Korrespondententätigkeit für die *New-York Tribune* (im Folgenden: *Tribune*) aus, der auflagenstärksten Tageszeitung der Welt.[1] Marx hat über rund 500 Zeitungsartikel hinweg auch immer wieder die konjunkturelle Lage, darunter die Weltmarktkrise von 1857/58 analysiert (3.4). Auch wenn sich hier einige der am häufigsten zitierten Marx'schen Aussagen zu den Krisen befinden, ist eine einigermaßen vollständige Auswertung des krisenbezogenen Gehalts der Artikel, Briefe, Exzerpte wie den *Krisenheften* von 1857/58 und den parallel dazu geschriebenen *Grundrissen*

---

[1] Dazu grundsätzlich die Einführung zum MEGA-Band I/16, Krätke (2006) und Schönfelder (2016).

ausgeblieben.² Viele, die behaupten, dass es bei Marx keine zusammenhängende Krisentheorie gibt (siehe Einleitung), beziehen sich ‚bloß' auf die drei Bücher des *Kapital*, wohingegen seine Journalistik gern als ‚unreif', ‚unwissenschaftlich', als „Nebenprodukt" (Kluchert 1985, 395) oder bloße Vorstufe seiner Kritik der politischen Ökonomie unterschätzt wird. Dabei bieten die vielen Artikel, Exzerpte und Briefe eine einzigartige Gelegenheit, die man verpasst, wenn man nur im *Kapital* nach einer Krisentheorie Ausschau hält. Marx hat hier einen gesamten industriellen Zyklus in seinem unmittelbaren Verlauf über alle Phasen hinweg begleitet, so dass sich erstens seine Krisenanalyse in ihrem ganzen Reichtum offenlegen und zweitens sein Forschungs- und Lernprozess und die Weiterentwicklung seiner Krisentheorie verfolgen lässt. Es wird sich zeigen, wie sehr das Marx'sche Denken auf eine adäquate Vermittlung von Theorie und Geschichte abzielt.

3.1 Im Jubel der Prosperität

> Eben noch erklärte der Bürger in prosperitätstrunknem Aufklärungsdünkel das Geld für leeren Wahn. [...] Nur das Geld ist Waare! gellt's jetzt über den Weltmarkt. Wie der Hirsch schreit nach frischem Wasser, so schreit seine Seele nach Geld, dem einzigen Reichthum.
>
> Marx: Das Kapital. Bd. 1 (MEGA II/5, 94)

> Die Fabrikanten behaupten, noch nie eine so gute Zeit gehabt zu haben – eine Behauptung die jedesmal am Vorabend der Krise gemacht wird.
>
> Marx/Engels: Revue. Januar/Februar 1850 (MEGA I/10, 217)

> Ministerielle Glückwünsche scheinen zum Ceremoniel zu gehören, womit Erschütterungen des Weltmarktes in England standesgemäß angekündigt werden.
>
> Marx: Zur Handelskrisis (MEGA I/14, 59)

Mit der anhaltenden Prosperität setzte in der englischen Öffentlichkeit nach den katastrophalen 1840er Jahren ein zunehmender Optimismus ein, der das Land auf dem Weg zu anhaltendem Wohlstand wähnte.³ Der *Economist* vom 2. Oktober 1852 verzeichnete leere Arbeitshäuser und schrumpfende Pauperismuszahlen und erklärte dies begeistert zu Effekten des neuen Freihandelsregimes, das nach dem Wegfall der agrarprotektionistischen Korngesetze (1846) entstanden war. Als es sich dem Ende

---

2 Die wesentlichen Arbeiten dazu von Bologna (2009 [1973]), Goldberg (1987) und Krätke (1999) gehen nicht vom Marx'schen Stand von 1850/51 aus, untersuchen vornehmlich ‚nur' den Zeitraum von 1856 bis 1858 und konnten die jüngsten MEGA-Publikationen nicht berücksichtigen.

3 Die 1850er Jahre charakterisierte Hobsbawm (1980, 46) als ökonomisch expansiv und politisch ruhig. Die britischen Exporte verdoppelten sich zwischen 1850 und 1860 und waren nie zuvor schneller gewachsen. Neue Transport- und Kommunikationsmittel ließen die Welt etwas ‚kleiner' werden. (Vgl. Pinner 1937, 67–69.)

zuneigte, hielt auch Marx das Jahr 1852, für das er nach seinen Studien von 1850/51 in den *Londoner Heften* die neue Krise erwartet hatte, für „one of the most signal years of prosperity England ever enjoyed" (MEGA I/11, 346). Er konterte, dass wie das Jahr 1852 auch die Prosperität einmal ein Ende finden müsse. Warum die Krise nicht nur nicht 1852 ausbrach, sondern noch weitere fünf Jahre auf sich warten lassen sollte, dürfte für Marx die wichtigste Frage in dieser Zeit gewesen sein (3.2.1).

Es mag überraschen, dass Marx in seinen ersten *Tribune*-Artikel, der eine aktuelle konjunkturelle Lage behandelt, ausgerechnet die Beschreibung des industriellen Zyklus durch Lord Overstone, das Oberhaupt der *Currency School* (dazu 1.5.1), fast wortwörtlich in den Text übernommen hat: „Modern industry and commerce, it is well known, pass through periodical cycles of from 5 to 7 years, in which they, in regular succession, go through the different states of quiescence – next improvement – growing confidence – activity – prosperity – excitement – overtrading – convulsion – pressure – stagnation – distress – ending again in quiescence." (MEGA I/11, 344) Marx hat die Herkunft dieses Satzes nicht ausgewiesen, weshalb das versteckte Zitat bislang nicht entdeckt worden ist.[4]

Da Marx seine Quelle verschwiegen hat, ging es ihm offenbar nicht darum, einen Keil in das bürgerliche Lager zu treiben und die Optimisten der Prosperität an die unangenehmen Einsichten der Meister der Krise zu erinnern. Er hatte andere Absichten. Zum einen wollte er auf die ungenügenden Statistiken des *Economist* hinweisen, der bloß isolierte Jahresdaten anbot. Solche Daten seien dagegen im Durchschnitt über den Zyklus hinweg zu betrachten,[5] denn der Pauperismus steigt und fällt mit den Perioden von Stagnation und Prosperität.

Zum anderen knüpfte Marx an seine für *Reflection* zentrale Überlegung der Widerspiegelung von ökonomischen Formen in Denkformen an. Er griff gezielt die Gedanken von Overstone auf, gerade weil dieser die Ursachen des industriellen Zyklus in die menschliche Psyche verlegt hatte. Weil im Gefühlsleben auf die Euphorie der Leichtsinn und auf den Leichtsinn die Ernüchterung folgt, ist laut Overstone auch das Wirtschaftsleben in einem ewigen Zirkel von Prosperität, Spekulation und Depression gefangen. Marx wollte diese Psychologisierung allerdings nicht bestätigen, sondern den Spieß umdrehen. Den Phasen des Zyklus entsprechen bestimmte Vorstellungen über sie: Die Prosperität evoziert das ‚Vertrauen', eine gesteigerte

---

[4] Marx sandte seine Artikel als handschriftliche Manuskripte nach New York, wo sie von der *Tribune*-Redaktion für den Druck gesetzt und zum Teil auch bearbeitet wurden. Zwar ist unwahrscheinlich, dass genau dieser Nachweis getilgt worden wäre, aber grundsätzlich sollte bei der Analyse der Artikel die Möglichkeit redaktioneller Eingriffe, die insgesamt sicherlich klein ausfielen, bedacht werden.

[5] Ähnlich hieß es in der *Rede zum Freihandel* (1848): „Grundsätzlich darf man in der politischen Ökonomie niemals Zahlen eines einzelnen Jahres zusammenstellen, um aus ihnen allgemeine Gesetze abzuleiten. Man muß stets den Durchschnitt von sechs bis sieben Jahren nehmen – den Zeitabschnitt, während dessen die moderne Industrie die verschiedenen Phasen der Prosperität, Überproduktion, Stagnation, Krise durchmacht und ihren unvermeidlichen Kreislauf vollendet." (MEW 4, 450)

Überzeugung von den eigenen Kräften, und entwickelt die Phantasie, selbstverständlich, unerschütterlich und dauerhaft zu sein. Marx hat dies das „commercial excitement"[6] (MEGA I/11, 350) genannt, den „Rausch" (MEGA I/10, 217) oder „Jubel der Prosperität" (MEGA I/10, 458). In der rasanten Geschäftigkeit und der aufgeregten Betriebsamkeit der Prosperität verfliegt der Argwohn, so dass die gesellschaftliche Ohnmacht – die ‚naturgesetzliche' Bewegungsform des Zyklus läuft automatisch ab und wechselt unerbittlich, zwanghaft und „immer von Neuem" (MEGA I/10, 466) von einer Phase in die andere – nicht erfahren wird. Stattdessen erzeugt der konjunkturelle Hochbetrieb das kollektive Hochgefühl, die Dinge seien unter Kontrolle und das Leben nicht von fremden Mächten regiert. Die Prosperität formt ein gesellschaftliches Erkenntnisvermögen, dem die Zyklizität und damit die Krisen überwunden gelten, die Geschichte sich vorwärts zu bewegen und die bürgerliche Ordnung den Sieg davon getragen zu haben scheint. Wenn die Geschäfte gut laufen, schlägt, so Marx im *Kapital*, die Stunde des „prosperitätstrunkne[n] Aufklärungsdünkel[s]" (MEGA II/5, 94).

Der Jubel und der Rausch der Prosperität finden Marx zufolge ihre Grundlage in dieser konjunkturellen Lage selbst. In der Prosperität vermehrt sich das Kapital (MEGA I/10, 455), die Preise steigen scheinbar unaufhörlich, verleihbares Kapital ist einfach zu bekommen und die Zinsrate ist niedrig.[7] Weil der Zirkulationsprozess flüssig vonstattengeht, lässt sich in der Prosperität auch kaufen, ohne zahlen zu müssen. Die Handelstransaktionen gleichen sich bei gelingender Zirkulation weitestgehend aus, so dass alle möglichen Geldsubstitute – wie Wechsel, Schecks, Bankguthaben, Wertpapiere und Aktien – als Geld im Sinne einer symbolischen Verrechnungseinheit akzeptiert werden und die wirkliche Zahlung häufig nur vorgestellt ist.[8] Daneben scheint es in der Prosperität, als wäre der Handel zwischen dealers und dealers nicht durch den Handel zwischen dealers und consumers beschränkt, als ließe sich ohne Rücksicht auf die zahlungsfähige Nachfrage produzieren und auch verkaufen.[9] Solange sich der Austausch der Produzenten in diesen „happy moments" (MEGA I/11, 351) untereinander ungestört vollziehen kann, sehen sie sich stets einer genügenden

---

[6] Die in den MEW (Bd. 8, 367–378) angebotene Übersetzung überträgt „excitement" äußerst ungünstig mit „Paroxysmus" ins Deutsche. Paroxysmus mag zwar den Moment der äußersten Anspannung bezeichnen, in dem die Prosperität zur Überproduktion wird, aber der erkenntniskritische Gehalt des „excitement" ist dadurch völlig verloren gegangen.
[7] Der „von der Leichtigkeit der Kapitalbeschaffung genährte Prosperitätsglaube" fiel auch Rosenberg (1974, 98) auf.
[8] Im Manuskript zum dritten Buch des *Kapital* ist dies wie folgt gefasst: „In der Zeit der prosperity, before die eigentliche Speculation sets in (new enterprises etc) Credit is easy – confidence strong. When such is the case, *transfers of credit* perform the greater part of the functions of circulation without the intervention of banknotes." (MEGA II/4.2, 556)
[9] In den *Grundrissen* wird Marx es als „Illusion jedes Capitalisten" (MEGA II/1, 333) bezeichnen, dass ihm die gesamte Welt als Konsument seiner Waren zur Verfügung steht, obwohl er gleichzeitig versucht, den Lohn seiner eigenen Arbeiter zu drücken.

Nachfrage gegenüber. In der Prosperität ist der Gewinn des einen der Gewinn des anderen. In der Prosperität scheint ‚Says Gesetz' zu stimmen und der Kapitalismus ohne Widersprüche.

Weil er sie vom Fieber der Prosperität befallen sah, bezeichnet Marx die den Illusionen der Prosperität verfallenen Ökonomen als „Phantasten", „Optimisten" und „Utopisten", die Dinge von der Prosperität erwarteten, die diese nicht leisten könne: „there are no greater Utopists in existence than these Bourgeois optimists" (MEGA I/11, 345). Der Rausch der Prosperität beschädigt die Fähigkeit, die Verhältnisse nüchtern einzuschätzen, und lässt das kollektive Vorstellungsvermögen versagen:

> when have these Bourgeois optimists ever foreseen or predicted a crisis? There never was a single period of prosperity, but they profited by the occasion to prove that *this time* the medal was without a reverse, that the inexorable *fate* was *this time* subdued. And on the day, when the crisis broke out, they held themselves harmless by chastising trade and industry with moral, commonplace-preaching against want of foresight and caution. (MEGA I/11, 349)

Ein solcher Realitätsverlust ist integraler Bestandteil einer jeder längeren oder glücklicheren Prosperitätsperiode, wenn Wunschvorstellungen eines niemals endenden Wirtschaftswunders oder Goldenen Zeitalters, Träume vom Ende der Geschichte oder letztlich haltlose Theoreme über die Stabilisierung der Konjunktur[10] oder das Stillstellen der Krise in einer verwalteten Welt kursieren.[11] Wie die Krisen kehren auch die „seasons of general self delusion" (MEGA I/16, 415) immer wieder. Marx fand 1852 im britischen Schatzkanzler Frederick John Robinson ein geeignetes Symbol für solche Phantasien: Der hatte während einer Rede im House of Commons nur wenige Wochen vor dem Ausbruch der Krise von 1825 ewige Prosperität verkündet und seitdem den Spitznamen „Prosperity Robinson" inne (MEGA I/14, 59).[12]

---

10 Zwei Jahre vor dem großen Crash von 1929 gab Werner Sombart (1927, 702) zum Besten: „Die Krisis von 1857 war die letzte Katastrophe großen Stils, die England erlebte; Deutschland und Österreich erfuhren dann noch im Jahre 1873 eine schwere Krisis. Und seitdem besteht die deutliche Neigung im europäischen Wirtschaftsleben, die Gegensätze auszugleichen, abzumildern, zum Verschwinden zu bringen; [...] Was solcherweise aus dem sich selbst überlassenen Kapitalismus hervorwuchs, war [...] das Gegenteil der prophezeiten Verschärfung der Krisen; es war deren Beseitigung, es war [...] die Stabilisierung der Konjunktur."

11 „[E]s gab einmal eine Zeit, und sie dauerte immerhin Jahrzehnte, da die Ansicht vorherrschte, daß die Krisen immer seltener, immer milder würden im Zuge einer Stabilisierung und Statisierung der kapitalistischen Wirtschaft, die mit ihrer technischen Reife, ihrer methodischen Schulung, ihrer ökonomischen Sammlung in das Manneszeitalter gemessner Ruhe und überlegter Beherrschung eingetreten zu sein schien", schrieb, vor 85 Jahren, der Krisenhistoriker Felix Pinner (1937, 2), der solche Ewigkeitsphantasien schon für die amerikanische Prosperitätsphase von 1839 bis 1857 nachweisen konnte (Pinner 1937, 152).

12 Als legendär gelten heute auch die Reden von US-Präsident Coolidge aus dem Jahr 1929, der seinem Land, kurz vor dem *Great Crash*, zu einer nie da gewesenen wirtschaftlichen Blüte gratulierte (Galbraith 2005, 33 u. 71).

Doch gerade aus der Leichtigkeit der Prosperität entstehen die Komplikationen. Gerade wegen des Überflusses an verleihbarem Kapital und der „*Creditleichtigkeit*" (MEGA II/4.2, 482) entwickelt „die Prosperität sehr rasch die Spekulation" (MEGA I/10, 448), das heißt, ein Teil der Preissteigerung hat keine Grundlage in der Verwertung von Kapital. In der Krise dann entpuppen sich die gestern noch als Geld akzeptierten Substitute als Luftschlösser, denn es wird nun ausschließlich „hartes Geld" verlangt: Das Geld schlägt aus seiner ideellen, „gasartigen, hirngewebten Gestalt als Maaß der Werthe in hartes Geld oder Zahlungsmittel um" (MEGA II/2, 208). Das bürgerliche Bewusstsein, dem Marx große Aufmerksamkeit widmet, folgt den Launen des Weltmarkts und gleicht einem Wechselbad der Gefühle: So leicht die Dinge in den guten Zeiten von der Hand gehen, so schwer wird der folgende Kater. Die Prosperität ist der Gegenbegriff zur Krise, es sind zwei qualitativ ganz andere Zustände und Existenzweisen ein und derselben Gesellschaft. Der Übergang aus dem einen in den anderen erfolgt unerwartet, plötzlich und als Umschlag oder Eklat (gestern noch schien die Welt in Ordnung). In der Krise weicht der Prosperitätstaumel einer schockartigen Ohnmachtserfahrung, die die Grundlage einer radikalen epistemologischen Umwälzung darstellt.[13] Wenn die Geschäfte gut gehen, braucht die Bourgeoisie sich nicht um Politik zu kümmern, denn der „peculiar state of politics created by [...] commercial and industrial prosperity" (MEGA I/11, 349) ist die „political apathy" (MEGA I/11, 351); in der Krise aber vermögen noch die größten Anstrengungen – „resembling the vain cries of distress which precede a shipwreck" (MEGA I/16, 110) – nicht die Normalisierung des Handels herbeizuführen. Aufklärungsdünkel und das Leugnen oder Bagatellisieren der spezifisch modernen Negativität sind typisch für jede längere Prosperitätsphase, allerdings gibt es verschiedene Weisen, mit der Erfahrung der Ohnmacht umzugehen: Marx wird den Staatsstreich Napoleons III. mit einer Krise in Verbindung bringen (siehe 3.3.1) und in den *Grundrissen* und *Zur Kritik der Politischen Ökonomie* zwei typische Krisencharaktere identifizieren (3.5.4).

Die *Erfahrung* der Prosperität entfaltet für Marx wiederum ökonomische Wirkungen. Das gesellschaftliche Klima selbst trägt seinen Teil zum Umschlag von Prosperität in Krise bei.[14] Die selbstgefällige Illusion, das Risiko sei beherrschbar und ‚heutzutage', nach all den erfolgreichen Lernprozessen und Aufklärungsfortschritten, so etwas wie Krisen unmöglich geworden, steigern krisenförderndes Verhalten. Weil die Schranken der Verwertung in der Prosperität nicht erfahren werden, entsteht ein „*Schein*, der über die richtige Proportion hinaus treibt" (MEGA II/1, 334). Durch die

---

[13] Es ist daher falsch, diesen plötzlichen qualitativen Umschlag als „konjunkturellen Abschwung" oder dergleichen zu verharmlosen. Was aus der historischen Rückschau wie eine bloße Delle in Wachstumskurven aussehen mag, stellte zumeist eine Zäsur dar.

[14] „[T]his state of excitement itself, is only the precursor of the state of convulsion. Excitement is the highest apex of prosperity; it does not produce the crisis, but it provokes its outbreak." (MEGA I/11, 349)

Kreditleichtigkeit kommt es am Ende der Prosperität zu einer komplizierten Kreditverschlingung, von der „der Schein sehr soliden Geschäfts und flüssiger Returns" (MEGA II/4.2, 540) ausgeht, obwohl die Spekulation schon kurz vor dem Kollaps steht. Weil das Risiko wegen der Kreditverschlingung *nicht erkannt* werden kann, ist die kollektive Arg- und Sorglosigkeit, die wiederum spekulatives Verhalten befördert, immer vor den Krisen besonders groß.[15] Wenn für die Experten alles in Ordnung ist und sie Profite ohne Ende wittern oder von einer *Great Moderation* durch sich selbst korrigierende Märkte berichten, kann die Krise nicht mehr fern sein: „Daher scheint immer das Geschäft exceedingly sound grade kurz vor dem clash. Besten Beweis liefern z. B. die Reports on the Bankacts 1857, wo alle Bankdirectoren, Commercielle etc, kurz die ganzen Committees sich wechselseitig über die Blüthe und Soundness des Geschäfts gratulirten einen Monat (August 1857) bevor die Crise ausbrach." (MEGA II/4.2, 540) Soziale Form und Gedankenform, Ökonomie und Ideologie konzipirt Marx also nicht als voneinander getrennt, sondern als miteinander verschlungen. Der laute Jubel der Prosperität und das kollektive Vergessen der letzten Katastrophen stellen ein nicht unwesentliches Moment bei der Begründung der Krisen dar (siehe 4.2.2).

Marx dachte nach den Erfahrungen von 1839–49, dass eine neue Krise einer sozialrevolutionären Bewegung Auftrieb verleihen würde. Ihm zufolge vernebelt die Prosperität die Gedanken und lähmt die politische Aktivität, in der Krise aber wächst das soziale Elend an und die Widersprüche des Kapitalismus können schwerlich geleugnet werden, weil offener denn je zutage liegt, dass das Kapitalverhältnis ein dem Stand der technologischen und wissenschaftlichen Entwicklung adäquates Leben verunmöglicht.[16] Dieser Widersinn erstrahlt in umso hellerem Glanz, da in der Prosperität auch die Löhne gestiegen waren und die Arbeiter ihre Bedürfnisse erweitern konnten. Marx führt in den *Grundrissen* aus:

> Die Arbeiter sollen in der guten Geschäftszeit so viel sparen, daß sie in der schlechten mehr oder minder leben können, short time ertragen, oder das Herabsetzen der Löhne etc. [...] Also Forde-

---

15 In der psychologischen Symptomatik liegt somit eine weitere Möglichkeit, über die Krise zu sprechen, ohne ihren ganzen Verursachungskomplex thematisieren zu müssen. Der Zyklusforscher John Mills dachte Ende der 1860er Jahre, dass man sich, um eine neue Krise zu verhindern, an die alte erinnern soll, um unnötiges Risiko fortan zu vermeiden. Ironischerweise erklärte er zugleich das Vergessen der Krise zur Voraussetzung eines neuen Aufschwungs (siehe 5.4.1). Die Hoffnung auf eine Erinnerungspolitik als Mittel der Prävention zukünftiger ökonomischer Katastrophen hegte später auch John Kenneth Galbraith (2005).

16 In der *Revue* von 1850 heißt es: „Bei dieser allgemeinen Prosperität, worin die Produktivkräfte der bürgerlichen Gesellschaft sich so üppig entwickeln wie dies innerhalb der bürgerlichen Verhältnisse überhaupt möglich ist, kann von einer wirklichen Revolution keine Rede sein. Eine solche Revolution ist nur in den Perioden möglich, wo diese *beiden Faktoren, die modernen Produktivkräfte* und die *bürgerlichen Produktionsformen,* mit einander in *Widerspruch* gerathen." (MEGA I/10, 466/467)

rung, daß sie sich immer auf einem Minimum von Lebensgenuß halten sollen und den Capitalisten die Crisen erleichtern etc.[17] [...] solche Verthierung machte selbst unmöglich, den Reichthum in allgemeiner Form, als Geld, als angehäuftes Geld, nur anzustreben – [...] und der Antheil den der Arbeiter an höheren, auch geistigen Genüssen nimmt; die Agitation für seine eignen Interessen, Zeitungen halten, Vorlesungen hören, Kinder erziehen, Geschmack entwickeln etc, sein einziger Antheil an der Civilisation, der ihn vom Sklaven scheidet, ist ökonomisch nur dadurch möglich, daß er den Kreis seiner Genüsse in den guten Geschäftszeiten erweitert. (MEGA II/1, 209)

Dass die Lohnabhängigen in der Prosperität ihrer „Verthierung" entrinnen und ihre Bedürfnisse erweitern können, die dann in der Krise wieder eingeschränkt werden müssen,[18] zeigt, dass es für Marx gerade das Wechselspiel aus „guten Zeiten und noch schlechteren Zeiten" (Monday 2008) ist, das die Erkenntnis dämmern lassen könnte, dass es keinen vernünftigen Grund gibt, den einmal erlangten „Antheil an der Civilisation" wieder abzutreten. Die bedingungslose Zuversicht, mit der Marx den großen Crash von 1857 begrüßen wird, speist sich daher nicht aus einer ‚Krisenbejahung' im Sinne einer prinzipiellen Lust an Gewalt und Zerstörung oder eines Berauschens an apokalyptischen Untergangsphantasien, sondern allein daraus, dass im Augenblick des Zusammenbruchs der Gedanke aufblitzt, dass eine Gesellschaft, in der eine dauerhafte echte Prosperität möglich ist, erst noch herzustellen ist.

3.2 Die Zaubermacht des Goldes

> Wichtiger noch als die Februarrevolution, ist die Entdeckung der Californischen Goldgruben.
> Marx/Engels: Revue. Januar/Februar 1850
> (MEGA I/10, 218)

Spiegelbildlich zum Prosperitätsjubel konnte Marx die neue Krise kaum erwarten. Dabei überraschte ihn die Intensität der damaligen Prosperitätsphase zunächst nicht: In den Krisenartikeln der *Revue* von 1850 stellte er gerade die Prognose einer raschen Entwicklung der Industrie. Unerwartet war dagegen die Länge des Booms. Er begann schon Ende 1851, ein Jahr nach der letzten *Revue*, ungeduldig zu werden und fragte Engels am 13. Oktober: „Qu'est ce que fait la crise commerciale? Der Oeconomist enthält die Tröstungen, Betheurungen und Ansprachen, die den Krisen regelmässig vorausgehn." (MEGA III/4, 232) Am 4. Februar 1852 fügte er an: „Was die Handelsgeschichte angeht, so werde ich nicht mehr klug daraus. Bald scheint die Crise vor der Thüre zu stehn, die City niedergeschlagen, bald alles wieder obenauf. Ich weiß, daß

---

[17] Marx denkt hier an den Vorschlag von John Wade (1833), dass die Arbeiter in Prosperitätszeiten weniger ausgeben sollen, um für die Härten der Krise gewappnet zu sein (dazu 2.3).
[18] „In Momenten der Ueberproduction ist ein grosser Theil der Nation (speciell die Arbeiterklasse) weniger als je mit Getreide, Schuhen etc versehen, von Wein und furniture gar nicht zu sprechen." (MEGA II/3, 1128)

das alles der Catastrophe keinen Eintrag thut. Aber um die actuelle Bewegung zu verfolgen, dazu ist London in diesem Augenblick nicht der Ort." (MEGA III/5, 39)[19]

Es war zuerst Engels, der Marx in Briefen vom 2. März und 20. April 1852 eine Erklärung für die Verzögerung der Krise anbot. Wegen des „Stimulus" Kaliforniens (MEGA III/5, 66) beziehungsweise der „durch Californien und Australien hineingekommene[n] Confusion" und der „ganz unerwartete[n] Elasticität des ostindischen Marktes" käme „man fast in Versuchung der gegenwärtigen Prosperitätsperiode eine außerordentlich verlängerte Dauer zu prophezeien" (MEGA III/5, 93).[20] Am 24. August schließlich setzte Engels entschlossener hinzu: „Californien und Australien sind zwei Fälle die im Manifest nicht vorgesehn waren: Schöpfung großer neuer Märkte aus Nichts. Sie müssen noch herein" (MEGA III/5, 186). Engels verwies damit auf die gesteigerte effektive Nachfrage infolge der Entdeckung und Erschließung der gewaltigen Goldfelder in Kalifornien (1848) und Australien (1851).[21] Zwar galt Marx England als der „Despot des Weltmarkts", aber auf dem Weltmarkt stellt sich die industrielle Vorherrschaft Englands als eine Abhängigkeit von seinen Absatzmärkten dar.[22] Die Erschließung neuer Märkte kann die Krise hinauszögern, die Fülle der Märkte ihr zum Ausbruch verhelfen. Weil die Konjunktur in Ostasien und Amerika auf England zurückwirkt, wird Marx im Laufe der 1850er Jahre bei der Suche nach Erklärungen für das Ausbleiben der Krise auf die globalen Handelsverflechtungen gelenkt. Die politischen Entwicklungen in der Peripherie (China, Indien, Amerika) bleiben nicht ohne ökonomische Konsequenzen für die Metropolen: Ein Aufstand in Asien im richtigen Moment – wie der chinesische Taiping-Aufstand, durch den der Absatzmarkt für englische Exporte kontrahierte (MEGA I/12, 149/150) – könnte so zum Auslöser einer Revolution in Europa werden: „[A]s the greater part of the regular commercial circle has already been run through by British trade, it may safely be augured that the Chinese

---

[19] Gegenüber Ferdinand Lassalle gestand Marx diese Unsicherheit nicht ein und informierte ihn nur zwei Wochen später am 23. Februar 1852 über eine „immer näher auf den Leib rückende Crise im Handel, deren erste Symptome nach allen Seiten hin schon eclatiren" (MEGA III/5, 59).
[20] Marx gab Engels' Worte am 30. April 1852 an Joseph Weydemeyer weiter, dass sich „durch die ausserordentlichen Umstände" wie die Goldfunde und das kommerzielle Vordringen der Engländer in Indien „die Crise bis 1853 verschleppt" (MEGA III/5, 110).
[21] Marx und er hatten darüber schon in der Revue geschrieben (dazu 2.5.1), aber Marx hielt damals den „erste[n] Californiarausch" bereits für „vorbei" (MEGA IV/7, 9).
[22] Diese Abhängigkeit der englischen Industrie erzeugt eine neue Illusion im bürgerlichen Krisenbewusstsein: Wenn der englische Fabrikant bankrottiert, weil sein Kunde nicht mehr zahlen oder ein Schuldner nicht mehr tilgen kann, scheint es, als befände sich das englische Wirtschaftsleben im besten Zustand, bloß das der Anderen nicht. „It was said that English trade was sound, but that, alas! its customers, and, above all, the Yankees, were unsound. The sound state of a trade, the healthiness of which exists on one side only, is an idea quite worthy of a British economist." (MEGA I/16, 67) Ob aus schlechten menschlichen Neigungen oder aus dem Chaos der Peripherie: Immer scheinen die Krisen von einem ungesunden Außen zu kommen.

revolution will throw the spark into the overloaded mine of the present industrial system and cause the explosion of the long-prepared general crisis, which, spreading abroad, will be closely followed by political revolutions on the Continent." (MEGA I/12, 151) So sollte Marx im indischen Sepoy-Aufstand einen Trigger der Krise von 1857 erkennen (dazu 3.4.1).

Engels betrachtete die kalifornischen Goldfunde vornehmlich unter dem Aspekt der effektiven Nachfrage, drängte Marx aber mit Nachdruck auf dieses Phänomen. Marx sollte Engels' Aufforderung beherzigen, solche „Fälle" ins „Manifest" aufzunehmen, wenn auch auf eine ganz andere Weise als von diesem intendiert. Eine These des folgenden Abschnitts lautet, dass Marx auch infolge eines kontinuierlichen Studiums des kalifornischen Goldrauschs seine Überlegungen aus dem *Manifest* über die bürgerliche Gesellschaft als eine post-religiöse, entzauberte Welt revidierte.

3.2.1 Krisenerscheinungen ohne Krise. Die neuen Bände der *History of Prices*

> Kein Mensch, ob klug oder nicht, kann wissen, wann eine Depression kommt.
> John Kenneth Galbraith: Der große Crash 1929
> (2005, 59)

Wann die neue Krise kommt beziehungsweise *warum* sie sich verspätet war für Marx ab 1850 die wahrscheinlich wichtigste theoretische und praktische Frage. Als Ende November 1852 klar geworden war, dass sich die Prognose aus der *Revue* als irrig erwiesen hatte und 1852 kein Krisenjahr werden würde, deutete Marx, gemäß der Geldmarktdiagnostik der *Banking School* (dazu 1.5.2 und 2.5), das Brachliegen des verleihbaren Kapitals, die großen Goldbestände in den Kellern der Bank of England (ein Symptom des großen Exportüberschusses Großbritanniens) und die Herabsetzung ihrer Diskontrate als Anzeichen des nahenden Krachs, den er nun für 1853 ankündigte (MEGA I/11, 347).[23] So schlug er in den Folgejahren immer wieder ‚falschen Alarm': angesichts der Geldklemmen von 1854 in den USA,[24] 1855 in England und 1856 in

---

23 In der *Tribune* schrieb er am 1. November 1852: „Now, if you compare any history of trade, say Tooke's *History of Prices*, you find that the coincidence of these symptoms: unusual accumulation of bullion in the cellars of the Bank of England, excess of exports over imports, favorable rate of exchange, abundance of loanable capital, and low rate of interest, regularly opens, in the commercial cycle, that phase where prosperity passes into excitement, where on one hand overtrading in imports, on the other, wild speculations in all sorts of attractive bubbles, is sure to begin." (MEGA I/11, 349)
24 Als Ende 1854 über 100 amerikanische Banken die Zahlung einstellten, erachtete Marx es in der Artikelserie *Geschäftskrisis* (Neue Oder-Zeitung, 11./12. Januar 1855) für „unabweisbar", dass nun „der commercielle Cyclus [...] wieder bei dem Punkte angelangt [ist], wo Ueberproduction und Ueberspeculation in eine Krise umschlagen", und zwar „in unheilvolleren Dimensionen als 1847 und 1836" (MEGA I/14, 23/24). Ganz im Sinne seines alten Schemas erklärte er, die amerikanische Krise sei „nur ein Moment der englischen Krise" (MEGA I/14, 25). „In 1837 the American crisis was at the heels of the

Frankreich. Seine freudige Erwartung sowie der lange Verlauf der Krise von 1847 mit gleich zwei Geldkrisen in der Londoner City, aber vor allem sein theoretisches Schema des Krisenverlaufs ließen ihn in solchen Konjunktureinbrüchen, Pleitewellen, Geldklemmen und Börsenpaniken den Auftakt einer neuen allgemeinen Krise vermuten. Zu dieser sollte es allerdings erst 1857 kommen.

Zur Einschätzung der aktuellen konjunkturellen Lage orientierte sich Marx an seiner in den *Londoner Heften* entwickelten Krisendiagnostik, die er wegen ihrer Unzulänglichkeit nach und nach revidieren und verbessern sollte. Eine erste Schwäche seines Zyklusmodells betrifft die Wechselwirkung zwischen Industrie und Landwirtschaft. Marx dachte einige Zeit, eine schlechte Ernte würde abermals einen Goldabfluss aus England und damit die Krise auslösen (MEGA I/12, 29; vgl. MEGA III/6, 119). Allerdings musste er schnell einsehen, dass die hohen Kornpreise des Jahres 1853 die Prosperität nicht gefährdeten. Also könne „1853 ebensowenig die Prosperität, wie 1854 die Symptome der Krise aus dem Stand der Kornpreise erklärt werden" (MEGA I/14, 26). In der *Tribune* vom 26. Januar 1855 korrigierte er: „The truth is that although high cornprices may cripple the commercial and industrial prosperity by contracting the home market, the home market in a country like Great Britain, will never turn the balance unless all foreign markets be already hopelessly overstocked. High cornprices must, therefore, in such a country aggravate and prolong the revulsion, which, however, they are unable to create." (MEGA I/14, 33) Die schlechte Ernte tat der Prosperität keinen Abbruch.[25]

Eine zweite Ernüchterung betrifft seine Diagnostik der Symptome des Geldmarkts und geht auf die neusten Untersuchungen von Thomas Tooke zurück. Marx sah in der *Tribune* vom 24. März 1855 eine langsam anlaufende Krise in Gang gesetzt (MEGA I/14, 168) und wiederholte noch im Mai, sie nehme „jeden Tag an Gewaltsamkeit und Universalität zu" (MEGA I/14, 171). Es handelte sich nicht um eine bloße Fata Morgana: Infolge des Krimkriegs erhöhte die Bank of England ihre Diskontrate auf ein krisenähnliches Niveau, weil ihre Edelmetallbestände zwischen April und Oktober 1855 von 12,5 auf 4,5 Millionen Pfd. St. geschrumpft waren. Marx war nicht der einzige, dem die Krisenerscheinungen von 1855 ins Auge sprangen: Auch Tooke beschrieb diese Geldklemme („pressure on the money market") in den gemeinsam mit

---

English crisis of 1836, while this time the English crisis succeeds the American one; but in both instances the crisis may be traced to the same source – the fatal working of the English industrial system which leads to overproduction in Great Britain and overspeculation in all other countries." (MEGA I/14, 35)

25 So bemerkte Marx am 30. November 1857 in der *Tribune*: „what is still more remarkable, while industry took an unprecedented start in the face of the high prices of corn, now [...] it has suffered an unprecedented collapse in the face of a plentiful harvest." (MEGA I/16, 71). Später erinnerte er an das physiokratische Bonmot: „No law can prevent the distress resulting from a superabundant harvest." (MEGA I/16, 207) Schäffle (1858, 422) bestätigte, dass Krisenanlass häufig ein Absturz der Getreidepreise war.

seinem Mitarbeiter William Newmarch verfassten, mit Anhängen rund 1600 Seiten umfassenden beiden neuen Bänden der *History of Prices*, die den Zeitraum von 1848 bis 1856 behandeln und im Februar 1857 veröffentlicht wurden.

Marx besorgte sich die neuen Bände sofort nach ihrer Veröffentlichung und exzerpierte im Laufe des Jahres zwei Mal aus dem zweiten Band.[26] Schon am 16. Februar 1857 gab er gegenüber Engels eine erste Einschätzung ab: „Von *Tooke* sind die 2 lezten Bände der ‚History of prices' erschienen, von 1849 an. Es ist natürlich schade, daß der alte Herr in seinem unermüdlichen Kampf gegen die Currencykerls und Peel's Akte zu ausschließlich sich mit der Circulationsscheisse beschäftigt. Bleibt indeß in diesem Moment interessant." (MEGA III/8, 80) Rund zwei Monate später äußerte er sich noch euphorischer:

> Ein alter Londoner Börsenwolf hat [...] versichert, daß die Art chronischer Crise, wie sie jezt herrscht, ihm in einer Praxis von 40 years' standing unerhört sei. Ich bin noch nicht dazu gekommen, muß aber doch einmal ganz genau untersuchen das Verhältniß zwischen Wechselkurs und Bullion. Die Rolle, die das Geld als solches spielt, in Bestimmung des Zinsfußes und des moneymarkets, is some thing striking and quite antagonistic to all laws of political economy. Wichtig die 2 neu erschienen Bände von Tooke's „*History of prices*". Schade, daß der Alte allen seinen Untersuchungen, durch den directen Gegensatz zu den currency-principle Kerls veranlaßt, einen ganz einseitigen turn giebt. (MEGA III/8, 107)

Beide Male bedauerte Marx die Einseitigkeit Tookes, seine Schriften zu sehr auf den directen Kampf gegen die *Currency School* (dazu 1.5.1) zuzuschneiden. Er schien nahelegen zu wollen, dass Tooke wegen dieser Fixierung nicht vermochte, das Potential seiner Analysen vollends zu realisieren. Gleichwohl befand Marx die neuen Bände der *History of Prices* zunächst für „in diesem Moment interessant", zwei Monate später für „wichtig", was für seine Verhältnisse ein einigermaßen deutliches Lob darstellt. Höchstwahrscheinlich lag zwischen beiden Äußerungen eine ausführliche Lektüre des Werks. Während im ersten Brief noch Tookes eingeengter Blick auf die „Circulationsscheisse" kritisiert ist, präzisierte Marx im zweiten Brief unter Rückgriff auf das „Geld als solches", was er an den neuen Bänden der *History of Prices* schätzte: die Analyse der Rolle jenes Geldes als solches auf die „Bestimmung des Zinsfußes und des moneymarkets". Lag hierin der Schlüssel zum Verständnis der so lange anhaltenden Prosperität?

---

26 Beide Exzerpte werden im MEGA-Band IV/13 veröffentlicht. Das erste Exzerpt (IISG, Marx-Engels-Nachlass, Sign. B83a) behandelt die wirtschaftliche Entwicklung Frankreichs zwischen 1848 und 1856 und entstand vermutlich im Frühjahr/Sommer 1857, möglicherweise in Vorbereitung auf eine mehrteilige Artikelserie zu den Staatsfinanzen des Zweiten Kaiserreichs, welche die *Tribune* allerdings nicht abdruckte (höchstens der Beitrag vom 26. September 1857 zum Crédit Mobilier ist dazu zu zählen) und die deshalb verloren gegangen ist (Ratajczak 1984, 47). Diese Frankreich-Exzerpte werden im Abschnitt 3.3.2 behandelt. Das zweite, ungefähr bei Ausbruch der Krise im Herbst 1857 angelegte Exzerpt (IISG, Marx-Engels-Nachlass, Sign. B89) behandelt Tooke/Newmarchs Analyse der Wirkung des Goldes auf die globale Konjunktur und den englischen Geldmarkt.

Es sind keine Exzerpte von Marx aus dem ersten Band der *History of Prices, 1848–1856* überliefert, daher lässt sich seiner Äußerung im Brief nicht ohne Weiteres eine Entsprechung in der Quelle zuweisen. Mindestens fünf Argumente Tookes waren „gegen die Currencykerls und Peel's Akte" gerichtet: Der *Bank Act* habe 1) weder die Zunahme der Bullionbestände in der Bank of England, 2) noch die gegenwärtige Prosperitätsperiode, aber sehr wohl 3) die wirtschaftlichen Schwierigkeiten des Jahres 1855 bewirkt. Außerdem seien 4) die Warenpreise nicht direkt durch das neu gefundene Gold gestiegen und es ereignete sich 5) ein *bullion drain*, der entgegen des Currency-Prinzips nicht aus einer entwerteten Währung, vielmehr aus einer befürchteten Änderung des Wertverhältnisses von Gold zu Silber herrührte.

Der Kampf gegen die Quantitätstheorie des Geldes hatte deshalb eine neue Brisanz erhalten, weil das herausragende Ereignis seit der Krise von 1847/48 ein monetäres gewesen war: Tooke/Newmarch hielten die gewaltigen Goldfunde in Kalifornien und Australien und ihre Auswirkungen auf die globale Konjunktur für beispiellos.[27] Sie schätzten, dass den weltweiten Goldvorräten seit 1851 durch diese außergewöhnlichen Funde eine Menge im Wert von rund 174 Millionen Pfd. St. hinzugefügt worden war – eine unfassbare Zunahme von rund 27% (Tooke/Newmarch 1857, II, 150–152).[28] Hier hatte sich ein historisch völlig einmaliger Vorgang ereignet: In sechs Jahren wurde fast ein Drittel so viel Gold gefördert wie in der gesamten vorangegangenen Geschichte der Menschheit. Das von den Europäern jahrhundertelang mit aller Brutalität und Rücksichtslosigkeit gesuchte *El Dorado* schien endlich gefunden.

Beinahe das gesamte zusätzliche Gold war den internationalen Geldmärkten zugeführt worden und in diesem exorbitanten Goldzustrom, nicht in den Verordnungen des *Bank Act*, erkannten Tooke/Newmarch die wahre Ursache für die Verdopplung der Edelmetallreserve der Bank of England von 8,3 Millionen Pfd. St. bei Krisenausgang im Oktober 1847 auf 19,8 Millionen im Januar 1853.[29] Allerdings machten die Preishistoriker den *Bank Act* für die Geldklemme von 1855 verantwortlich, als die Bank of England auf einen Goldabfluss ins Ausland infolge des Krimkriegs mit Erhöhungen ihrer Diskontrate auf 6% und dann auf 7% reagierte (Tooke/Newmarch 1857,

---

27 San Francisco, ein verschlafenes Fischerdorf am Ende der Welt, wurde über Nacht zur Metropole und der Pazifik zu einem zentralen Schauplatz des globalen Handels und der Massenmigration (siehe Hobsbawm 1980, 81–85; als literarische Verarbeitung Stefan Zweigs *Die Entdeckung Eldorados*). Marx schrieb Engels am 8. Oktober 1858: „Die eigentliche Aufgabe der bürg. Gesellschaft ist die Herstellung des Weltmarkts, wenigstens seinen Umrissen nach, u. einer auf seiner Basis ruhenden Production. Da die Welt rund ist, scheint dieß mit der Colonisation v. Californien u. Australien u. dem Aufschluß v. China u. Japan zum Abschluß gebracht." (MEGA III/9, 218)
28 Marx hielt diese Angaben in seinem zweiten Exzerpt fest (IISG, Marx-Engels-Nachlass, Sign. B89, S. [4]). Eine Schätzung, die Tooke/Newmarch im Wesentlichen bestätigt, bei Hughes (1960, 245/256).
29 Giuseppi (1966, 112) nimmt deshalb an, dass der Goldstandard ohne diese gewaltigen Funde schon damals nicht viel länger hätte aufrechterhalten werden können.

I, 572–574). Tooke/Newmarch vertraten die Ansicht, dass die Direktoren die Diskontrate bei 4% hätten belassen können, da ausreichend Edelmetall im Banking Department vorrätig gewesen sei. Die willkürlichen Zinsratenwechsel – die daher rührten, dass es dem Banking Department wegen des Peel'schen Gesetzes gestattet sei, wie eine Privatbank zu agieren – hätten unnötige Panikmache bedeutet: „for the excitement and the panic there was no cause but the division of the Bank into Two Departments." (Tooke/Newmarch 1857, I, 575) Dafür, dass es 1855 trotz des *Bank Act* bei einer kleineren Geldmarkterschütterung blieb, sorgte laut Tooke/Newmarch das rein zufällige Eintreffen eines mit australischem Gold im Wert von acht Millionen Pfd. St. beladenen Schiffs. Ohne immer wieder derart einfließendes Extragold wäre es schon früher zu einer schweren Krise gekommen.[30]

Tooke/Newmarch sahen die gesamte Prosperität der ersten Hälfte der 1850er Jahre wesentlich durch die unerhörte Goldzufuhr aus Australien und Kalifornien bedingt. Wie durch ein Wunder waren die wirtschaftlichen Probleme früherer Zeiten plötzlich verschwunden.[31] Überzeugt von der Einzigartigkeit des Phänomens und seines unerwarteten Einflusses auf Industrie und Geldmarkt,[32] setzten die beiden Wirtschaftshistoriker im zweiten Band der *History of Prices, 1848–1856* zu einer ausführlichen Untersuchung darüber an, auf welche Weise das Gold den Wohlstand der Nationen vermehrt hatte. Mit dem zusätzlichen Gold gingen zwischen 1851 und 1856 durchschnittlich leicht gestiegene Preise von 55 untersuchten Waren (wobei die Preise für Baumwollerzeugnisse fielen) sowie gestiegene Löhne von 15% bis 20% einher (Tooke/Newmarch 1857, II, 158–178 u. 225).[33] Aber die Zunahme der Metallgeld-Quantität ließ die Preise nicht unmittelbar in die Höhe gehen, wie es die Quantitätstheoretiker der *Currency School* unterstellten, sondern sie stimulierte Produktion und

---

30 „[T]he extremely unsound state of credit indicated by the long and disastrous series of commercial failures [...] would have led to severe commercial crises, had it not been for the continuance of the enormous supplies of Gold which at that time poured in from Australia" (Tooke/Newmarch 1857, I, 593).
31 Die Goldfunde waren mit Sicherheit „the strongest single factor modifying the economic history of the period" (Redford 1947, 202). Es sollte einmal Pinners (1937, 257) Hinweis nachgegangen werden, dass die beiden ‚langen Wellen' ab 1850 (bis 1873) und ab 1895 mit einem Goldrausch einsetzten.
32 „When the Fourth Volume [der *History of Prices* (Tooke 1848), TG] was published, the Discovery of Gold in California was an occurrence of which there was not the faintest probability or anticipation. But the production, year by year, of large and increasing quantities of New Gold, not only in California, but since 1851 in Australia, has so entirely changed the aspect of nearly every question relating to the supply of, and the demand for, Commodities" (Tooke/Newmarch 1857, I, V/VI).
33 Marx musste daher von moderat gestiegenen Reallöhnen in den 1850er Jahren ausgegangen sein. Dafür spricht auch seine Diskussion in den *Grundrissen*, wonach die Arbeiter in der Prosperität ihre Bedürfnisse erweitern können (siehe 3.1). Nach Rosenbergs (1974, 71) späterer Analyse überstieg allerdings sowohl in England als auch in Frankreich die Preis- die Lohnsteigerung.

Handel und erst dadurch wuchsen auch Preise und Löhne an (Tooke/Newmarch 1857, II, 197).[34]

Die beiden Wirtschaftshistoriker identifizierten zwei Mechanismen, durch die das zusätzliche Gold das internationale Wirtschaftsleben stimulierte (vgl. Smith 2011, 118). Erstens wurde das meiste *bullion* wegen der Überlegenheit seiner Industrie von Großbritannien absorbiert. Wie Marx in der *Revue* voraussah und Engels mit Nachdruck betonte, entstanden vor allem in Kalifornien und später auch Australien riesige Märkte aus dem Nichts, die mit überwiegend englischen Industriewaren im Austausch gegen Gold versorgt wurden.[35] Das Gold fungierte hier als internationales Zahlungsmittel. Dieses Argument war Marx also bestens bekannt: Auch in Artikeln vom Januar 1855 hatte er selbst gezeigt, dass 40% der britischen Exporte des Jahres 1853 nach Kalifornien und Australien verschifft wurden. Insgesamt waren die britischen Ausfuhren von 1850 bis 1853 um rund 30% gewachsen und zu etwa 75% kam dieses Wachstum durch Exporte in diese beiden Regionen zustande (vgl. die Angaben in MEGA I/14, 25). Von Großbritannien ging das Gold wiederum zur Bezahlung seiner Importe nach Asien und Europa und beförderte derart einen globalen Boom, bei dem London als Goldumschlagplatz fungierte. Deshalb führten weder die hohen Getreidepreise des Jahres 1853 noch der Krimkrieg zu einem wirklich gefährlichen *drain of bullion* aus England. Die Goldzufuhr „enabled us to pass through the perils and calamities of the last three years without encountering any consequences more disastrous than a rise in the Rates of Interest and Discount" (Tooke/Newmarch 1857, II, 203). Kurzum: Das zusätzliche Gold hatte eine Krise verhindert.

---

[34] Diese Analyse sticht bis heute aus dem schier endlosen Strom hervor, in dem die quantitätstheoretische Unterstellung, dass die Goldfunde direkt das globale Preisniveau angehoben hätten, munter weiterlebt (z. B. Margo 1997; Nash 1998, 286; Arnold 2014, 311).

[35] Der Goldrausch führte zu riesigen Migrationsbewegungen in die betreffenden Gebiete und ließ Goldgräbersiedlungen und Versorgungsstädte entstehen. Die Einschätzung von Hughes (1960, 14), „the economist of the period who grasped the essential fact that its discovery meant increased effective demand from the gold-producing nations and subsequent international multiplier effects was William Newmarch ", muss daher revidiert werden: Es waren Marx und Engels, die schon 1850 schrieben, die Bedeutung der Goldfunde „liegt in dem Sporn, den der mineralische Reichthum Californiens den Kapitalien auf dem ganzen Weltmarkt gab, in der Thätigkeit, worin die ganze amerikanische Westküste und die asiatische Ostküste versetzt wurde, in dem neuen Absatz-Markt, der in Californien und allen vom Einfluß Californiens berührten Ländern geschaffen wurde. Der californische Markt allein ist schon bedeutend; vor einem Jahr waren 100 000, jetzt sind mindestens 300 000 Menschen dort, die fast nichts produziren als Gold und gegen dieses Gold alle ihre Lebensbedürfnisse von fremden Märkten her eintauschen." (MEGA I/10, 462)

Zweitens entlastete die enorme Bullionzufuhr den Londoner Geldmarkt und gestattete der Bank of England Anfang der 1850er Jahre ein Absenken ihrer Diskontrate.[36] Der Goldzufluss wirkte also nicht direkt auf die Preise, sondern auf die Zinsrate.[37] Diese Einschätzung musste Marx getroffen haben, der nach seinen Studien in den *Londoner Heften* etwas schematisch annahm, eine niedrige Zinsrate wäre unbedingt ein Indikator für einen bevorstehenden Crash. Eine niedrige Zinsrate reflektierte laut Fullarton einen Überfluss an anlagesuchendem Kapital;[38] überflüssiges verleihbares Kapital wiederum begriff Marx als Symptom von Überproduktion und Verwertungsschwierigkeiten (2.5.2). Noch in der *Neuen Oder-Zeitung* vom 22. Mai 1855 hielt er das Herabsetzen des Zinsfußes für einen „Beweis" für „Geschäftsstockung" (MEGA I/14, 340).[39] Nun las er bei Tooke/Newmarch, dass das genaue Gegenteil der Fall war: Die Akkumulation des verleihbaren Kapitals war ‚positiv' und erzielte einen erleichternden Effekt.

Genau aus diesem Grund schrieb Marx bei Erscheinen der neuen Bände der *History of Prices*: „Die Rolle, die das Geld als solches spielt, in Bestimmung des Zinsfußes und des moneymarkets, is some thing striking and quite antagonistic to all laws of political economy." In der *Tribune* vom 30. November 1857 und später im Manuskript zum dritten Buch des *Kapital* behandelte er dieses Problem in Zustimmung zu Tooke als „Accumulation von moneyed capital durch aussergewöhnlichen *Influx of Bullion*, wie 1852, 53, in Folge der australischen und californischen Entdeckungen" (MEGA

---

36 „The rate of discount in 1852 fell to 1½ per cent., not because the 8 Millions of New Gold had been added to the Circulation of this country; but because the 8 Millions had been added to the Reserves of Capital, seeking employment; in the first place, in the form of advances by the Bank of England; and in the second place, in the form of advances by other Banks and other persons having capital to employ in loans and discounts." (Tooke/Newmarch 1857, II, 201)

37 In der *Revue* dachten Marx und Engels die Goldfunde vornehmlich unter dem Aspekt der effektiven Nachfrage und gingen kaum auf ihre Wirkungen auf den Geldmarkt ein (MEGA I/10, 461/462).

38 Marx war von Fullarton insbesondere deshalb beeindruckt, weil dieser die Krise von 1847 schon drei Jahre zuvor wegen des damals niedrigen Zinsstands angekündigt hatte. Diesen Zusammenhang legten auch andere Vertreter der *Banking School* nahe. Aus James William Gilbarts *A Practical Treatise on Banking* notierte Marx: „In allen recent pressures auf dem Geldmarkt finden wir sie präcedirt durch folgende Umstände: Ueberfluß von Geld, niedriger Zinsfuß [...]" (MEGA IV/7, 134). Und während der Lektüre der Broschüre *The Currency Theory Reviewed*, verfasst von einem anonymen Banker, bemerkte Marx, dass dieser „für 1846 erhebliche Crise [prophezeit]" und „als Symptome dieser kommenden Crise" (MEGA IV/8, 172) unter anderem die niedrige Zinsrate anführt, was Marx mit einer Randanstreichung festhielt. Auch aus Tooke exzerpierte er mit Randanstreichung: „Was die gleichzeitig rasche Reduction des Zinsfusses von 4½% in dem Frühling 1842 auf nur 2% im Frühling und Sommer 1843 angeht, so erklärt durch die accumulation of surplus capital necessarily accompanying the scarcity of profitable employment for it in previous years" (MEGA IV/7, 104).

39 „Beweis, daß der Fall des Zinsfußes nicht der größeren Zufuhr von Capitalien, sondern nur der kleineren Nachfrage für commercielle und industrielle Unternehmungen zuzuschreiben ist; Beweis endlich, daß die Zunahme des Metallvorraths in den Kellern der Bank nur die Zunahme von müssig liegendem und in diesem Augenblicke nicht verwerthbarem Capital ist." (MEGA I/14, 342)

II/4.2, 557). Diese Akkumulation von verleihbarem Kapital auf dem Geldmarkt („monied capital") *zeigte also keine Überproduktion an*. Die außergewöhnlichen Goldfunde verwiesen auf ein konzeptionelles Problem bei Fullarton, der das industrielle Geschehen vernachlässigte und daher den Überfluss des (verleihbaren) Kapitals als mechanischen Reflex mangelnder Verwertungsgelegenheiten begriff. Auf Grundlage von Fullartons Theorie dachte Marx in *Reflection*, dass sich die Überproduktion von Waren in einer Überproduktion von Kredit widerspiegelt. Wegen der Goldzufuhr der 1850er Jahre drückte die Zunahme des verleihbaren Kapitals aber keinen Überfluss des industriellen Kapitals aus. Die Zunahme des zu verwertenden Kapitals[40] war dieses Mal nicht das Symptom einer Abnahme profitabler Verwertungsgelegenheiten.

Umgekehrt löste das allmähliche Steigen des Zinsfußes ab Oktober 1855[41] zwar mehrere Geldklemmen, aber keine allgemeine Krise aus. Das einströmende Gold entlastete zum einen den Geldmarkt in Form der stark gewachsenen Reservefonds der Nationalbanken und verhinderte zum anderen in kritischen Momenten einen schweren *drain* und schob so die Krise auf, so dass trotz des hohen Zinsfußes „production and exchange went on unabated at a pace never before thought of" (MEGA I/16, 71).[42] Daraus schloss Marx, dass „these exceptional phenomena may be traced back to the opportune arrivals of gold from Australia and the United States, which allowed the Bank of England to relax its grip at intervals" (MEGA I/16, 71).[43]

Marx wollte im Anschluss an die Lektüre der neuen Bände der *History of Prices* nicht nur die Bedeutung des „Geldes als solches" für die Bestimmung des Geldmarkts und des Zinsfußes, sondern auch noch „das Verhältniß zwischen Wechselkurs und Bullion" „einmal ganz genau untersuchen". Was konnte er bei Tooke/Newmarch darüber lernen? Aus Perspektive der Quantitätstheorie des Geldes mussten die Goldfunde katastrophale Folgen zeitigen, weshalb etwa Holland aus Sorge um die Wertstabilität des Goldes den Goldstandard abschaffte und seine Gold- in eine

---

40 Marx erläuterte im Manuskript zum dritten Buch des *Kapital*, dass das Gold zuerst von ihren Besitzern in der Bank of England deponiert wurde. Die Bank of England „suchte diese deposits zu verwerthen durch Erniedrigung des discount auf 2%" (MEGA II/4.2, 557). Diese Reduktion des Zinsfußes missverstand er zunächst als Ausdruck eines Mangels an profitablen Anlagemöglichkeiten.

41 Der Zinsfuß war laut Marx im Zuge des Goldrauschs erst auf mittlere Sicht gestiegen „mit dem Wachsen der Geldmasse, in Folge des ungeheuren Impulses, den die ganze Production erhält" (MEGA II/4.2, 642).

42 Marx schrieb am 26. Dezember 1857 in der *Tribune*: „During the Autumns of 1854, 1855 and 1856, monetary pressure prevailed through the whole of Europe, while industry went on taking an unprecedented start and the quotations of every kind of products, raw materials, provision and colonial produce, realized prices the standard of which was so exceptional as to be ascribed to a corresponding depreciation in the value of gold." (MEGA I/16, 116)

43 Auch in das Manuskript zum dritten *Kapital*-Buch integrierte er die Aussage William Newmarchs vor dem parlamentarischen Untersuchungskomitee zur Krise von 1857, man habe sich daran gewöhnt, aus den Geldklemmen durch das Eintreffen eines mit Edelmetallen beladenen Schiffs befreit zu werden (MEGA II/4.2, 627/628).

Silberreserve umwandelte. Auch kam es 1850 zu einem *bullion drain* aus England Richtung Kontinent: Obwohl ihm keine Störung im wirklichen Handel zugrunde lag, war der Wechselkurs gegen England ganz plötzlich gefallen, und zwar allein aus *Furcht* vor der Entwertung des Goldes im Verhältnis zu Silber, also völlig unabhängig von der Handelsbilanz.[44] Tooke/Newmarch (1857, II, 676) argumentierten dafür – wieder in Polemik gegen die *Currency School* –, dass der Wert des Goldes durch die neuen Minen nicht gesunken sei.[45] Zu dem *drain* kam es ausschließlich wegen der Angst vor der Entwertung – befördert durch die Popularität der falschen Annahmen der *Currency School* – und der anschließenden Flucht ins Silber. Dieser Vorgang stellte aber nicht nur das Currency-Prinzip, sondern daneben auch Fullartons Geldmarktdiagnostik infrage, die davon ausging, dass ein *bullion drain* das Signal des kommenden Krachs ist, weil sich in ihm der Misskredit ausdrückt, der gesättigten ausländischen Märkten entspringt. Hierin etwas reduktionistisch,[46] fasste Fullarton das Gold als passives Medium auf: In den internationalen Bewegungen des Goldes reflektiert sich das ‚realwirtschaftliche' Geschehen. Wie die Ricardianer dachte auch Fullarton das Gold nicht als besondere, sondern als neutrale Ware.

Die jüngsten Analysen von Tooke/Newmarch, wonach die Goldzufuhr eine wachsende globale Nachfrage nach industriellen Waren, das Zahlen höherer Löhne und steigende Konsumgüterpreise (und erst in der Folge eine größere Quantität zirkulierender Geldmittel) beförderte, hat Marx uneingeschränkt akzeptiert.[47] Zwar waren die Ausführungen der Preishistoriker für den direkten Kampf gegen die *Currency School* zugespitzt, denn sie wollten beweisen, dass die Prosperität nichts mit dem *Bank Act* zu tun hatte, dass das neue Gold nicht unmittelbar die Preise anstiegen ließ und dass diverse quantitätstheoretische Annahmen über die Bewegungen des Geldmarkts

---

44 Über diesen *drain* exzerpierte Marx nur knapp in den *Londoner Heften* (MEGA IV/7, 358).
45 Marx in den *Grundrissen* und Tooke/Newmarch in den neuen Bänden der *History of Prices* haben den Wert des Goldes unterschiedlich bestimmt: Marx durch die durchschnittlich gesellschaftliche Arbeitszeit (MEGA II/1, 70), Tooke durch die Produktivität der unproduktivsten Mine. Marx hielt einen Fall im Wert des Goldes für „wahrscheinlich", sah ihn aber 1859 noch nicht gegeben (MEGA II/2, 217).
46 Fullarton führte auch nur ‚realwirtschaftliche' Ursachen (Getreidemissernte, Kriegsausgaben, Kapitaltransfer, Ausgleich der Handelsbilanz) eines *drains* an (MEGA IV/8, 107), die Marx noch im Darimon-Abschnitt der *Grundrisse* wiederholt (MEGA II/1, 62).
47 Marx trug diese Analyse in der *Tribune* vom 23. September 1859 vor: „it would be quite incorrect to conclude that the metallic circulation was directly increased by the influx of new gold. [...] The mass of gold entering the circulation in the shape of coin was [...] not determined by the import of gold bullion; but of the gold imports, a greater part was, on an average absorbed into the inner circulation [...], because commercial and industrial pursuits had generally expanded; an expansion, however, which to a great extent may be traced to the working of the new gold countries." (MECW 16, 495/496; dt. Übers. MEW 13, 499) – Plumpes (2013, 55) grobe Bemerkung, durch die Goldfunde habe die „Geldmenge" zugenommen, verrät, dass es berechtigt ist, wenn er bloß vom Feuilleton für einen Kenner der Marx'schen Theorie genommen wird.

nicht den Tatsachen entsprachen. Aber in der Entschlüsselung verschiedener eigentümlicher Phänomene des Geldmarkts wie des *drains* von 1850, der niedrigen Zinsrate des Jahres 1852 sowie der ab Ende 1855 ausbleibenden allgemeinen Krise trotz steigenden Zinsfußes zeigte sich in den Bewegungen des Geldmarkts stärker als zuvor und deutlicher, als es in früheren Analysen der *Banking School* zum Ausdruck kam, eine gewisse Selbständigkeit. Der Überfluss an verleihbarem Kapital drückte keine Überproduktion aus, die hohe Zinsrate führte keine Krise herbei und der *drain* ereignete sich aus bloßer Furcht vor dem Wertverlust des Goldes. Das Hauptthema der neuen Bände der *History of Prices* war aus Marx' Sicht also die Eigentümlichkeit des Geldmarkts, die Bedeutung monetärer Faktoren und die zauberhafte Wirkmacht des Goldes: Das Geld als solches war auf keinen Fall einfach ein neutrales, sekundäres oder passives Medium. Durch die neuen Bände der *History of Prices* war Marx' Annahme eines reflexartigen Widerspiegelungszusammenhangs zwischen ‚Produktion und Finanz', wonach monetäre Phänomene ein mehr oder weniger direkter Ausfluss des Geschehens in der Produktion sind, bereits infrage gestellt.

So hat Marx durch die empirischen Studien von Thomas Tooke – den er bei seinem Tod im Brief an Engels vom 5. März 1858 als „Freund" und als den „lezte[n] englische[n] Oekonom[en] of any value" (MEGA III/9, 94) pries – und seinem Mitarbeiter Newmarch zur Prosperität der 1850er Jahre einige seiner Auffassungen über den Verlauf des industriellen Zyklus korrigiert. Schon in den Besonderheiten der Prosperitätsphase zeigten sich Grenzen seines Modells von 1850/51. Als die Krise endlich 1857 losbrach, folgerte Marx, dass sie „normal 2 Jahre früher hätte eintreffen müssen" (MEGA III/8, 193) – „normal", das heißt ohne die außergewöhnlichen Goldfunde. Er glaubte bei Krisenbeginn also, dass die Ermittlung der Faktoren der Prosperität keine größere Korrektur seiner Erwartungen über den weiteren Krisenverlauf nötig machen würde: „Auch die delays erklären sich nun so rationell, daß selbst Hegel zu seiner grossen satisfaction den ‚Begriff' wiedergefunden haben würde in dem ‚empirischen Auseinander der Welt der endlichen Interessen'." (MEGA III/8, 193) Aber seine Annahme einer reflexartigen Widerspiegelung der Produktion im Kredit sollte in der Krise von 1857 noch durch das fiktive Kapital erschüttert werden (siehe 3.4.3).

3.2.2 Geld, Gold, Kapital

> Gold und Silber ist nicht Geld an und für sich. Die Natur producirt kein Geld, so wenig wie sie einen Wechselkurs oder Banquiers produzirt. [...] Aber Geld ist unmittelbar Gold und Silber.
> Marx: Grundrisse (MEGA II/1, 161)

Die Analyse der kalifornischen und australischen Goldfunde auch mithilfe von Engels und Tooke/Newmarch konnte für Marx das so wichtige wie komplizierte Rätsel lösen, warum die Prosperität sich derart ausdehnte und die Krise so lange auf sich warten ließ. Daher steht seine umfangreiche theoretische Diskussion des Geldes in

Heft I der *Grundrisse*, dem *Kapitel vom Geld* (1857), unter dem starken Eindruck des Goldrauschs. Nicht einfach nur kam Marx hier mehrmals auf die Rolle von Goldfunden zu sprechen; er wurde nicht zuletzt durch sie zu einer entschiedenen Bestimmung der dritten Eigenschaft des „Geldes als Geld" angeregt.[48] Zwar hat Marx für das *Kapitel vom Geld* auf seine 1851 kompilierte, die Resultate seiner Geldstudien in den *Londoner Heften* zusammentragende Materialsammlung *Bullion* zurückgegriffen, aber der Goldrausch und seine wundersamen Wirkungen haben ihn auf das „Geld als solches" nachdrücklich hingewiesen und zu einer eingehenden Untersuchung dieses Moments gedrängt.[49] Immerhin wies Marx selbst im *Vorwort* von *Zur Kritik der politischen Ökonomie* (1859) darauf hin, dass der Neuanfang seiner politökonomischen Studien im Londoner Exil nicht nur durch „[d]as ungeheure Material für Geschichte der politischen Oekonomie, das im British Museum aufgehäuft ist", den „günstige[n] Standpunkt, den London für die Beobachtung der bürgerlichen Gesellschaft gewährt", sondern auch „das neue Entwicklungsstadium, worin letztere mit der Entdeckung des kalifornischen und australischen Goldes einzutreten schien", angeregt worden war (MEGA II/2, 102). Das *Kapitel vom Geld* ist innerhalb der systematischen Entwicklung des inneren Zusammenhangs der bürgerlichen Produktion somit auch eine Verarbeitung des „neuen Entwicklungsstadiums", das mit Überwindung der Krise von 1847/48 einsetzte. Es ist daher aufschlussreich, Marx' theoretische Betrachtung des Goldrauschs nachzuvollziehen.

In *Reflection* war Marx stark von den *dual-circulation schemes* der *Banking School* beeinflusst und unterschied zwischen zwei Arten von Geld: dem Handelsgeld für den Kapitaltransfer (Kredit) und dem Geld als Zirkulationsmittel zur Realisierung des Kapitals *(currency)*. Diese Unterscheidung wurde nicht auf der Abstraktionsebene der „einfachen Zirkulation" – auf der Marx in Heft I der *Grundrisse* einsetzt – getroffen, da in *Reflection* schon die Existenz von Kapital, Kredit und Banknoten unterstellt war (Schrader 1980, 138). Im *Kapitel vom Geld* dagegen will Marx die Eigenschaften des Geldes in theoretischer Reinheit herausschälen; hier geht es noch nicht um den Geldmarkt und nicht um „Arten" von Geld. Die Bestimmung des Geldes als Geld, die Marx zwar schon in den *Pariser Heften* benannte (darunter aber, wie gleich zu zeigen ist,

---

48 Schon die Verschiebungen in seinen Äußerungen zu Tooke in den Briefen an Engels vom 16. Februar („Circulationsscheisse") und vom 23. April 1857 („das Geld als solches") legen diesen Einfluss nahe. Die Idee, dass Marx durch die neuen Bände der *History of Prices* selbst zur Bestimmung der dritten Geldfunktion gelangte, findet sich ohne weitere Ausführung bei Krätke (1999, 30).

49 Auch in seiner mit *Citate. Geldwesen. Creditwesen. Crisen* (IISG, Marx-Engels-Nachlass, Sign. B79) betitelten Exzerptsammlung, deren Veröffentlichung noch aussteht, scheint Marx über viele Seiten hinweg seine *Londoner Hefte* auf die Goldfrage hin durchgesehen zu haben. Dieses Manuskript ist vermutlich 1855 und damit vor den neuen Bänden der *History of Prices* entstanden. Marx war dem Gold also schon auf der Spur und Tookes gewissenhafte Untersuchung hatte ihn mit Nachdruck auf die selbständigen Momente des Geldes und des Geldmarkts hingewiesen.

etwas ganz anderes verstand) und in *Bullion* knapp andeutete (MEGA IV/8, 3), konnte er jedenfalls noch nicht in seine frühen Londoner Schriften integrieren.

Wahrscheinlich beabsichtigte er eine solche Integration auch nicht, denn er schien Anfang der 1850er Jahre unschlüssig gewesen zu sein, was unter dem „Geld als solches" zu verstehen sei. In den *Pariser Manuskripten* vertrat er die Auffassung, dass allein „das Merkantilsystem nur das *edle Metall* als Existenz des Reichthums kennt" (MEGA I/2, 385) und dies für den entwickelten Kapitalismus nicht mehr gelte, sondern die „Nationen, welche noch von dem sinnlichen Glanz der edlen Metalle geblendet und darum noch Fetischdiener des Metallgeldes sind – [...] noch nicht die vollendeten Geldnationen [sind]" (MEGA I/2, 424).[50] Er sympathisierte damals mit den Gedanken von James Mill (siehe 2.1), der das Geld nur in seinem Moment als Tauschmittel erfasste und dem das den Austausch erleichternde Papier- und Kreditgeld als das vollendete Geld galten. So betrachtete auch Marx in Paris „das *Papiergeld* und die *papiernen Repräsentanten des Geldes* (wie Wechsel, Mandate, Schuldscheine etc.)" als „das *vollkommnere* Dasein *des Geldes als Geld* und ein nothwendiges Moment im Fortschritt der Entwicklung des Geldwesens" (MEGA IV/2, 449/450). Unter „Geld als Geld" verstand er also so etwas wie Kredit und Liquidität. In *Reflection* erkannte Marx zwar, dass der Tauschwert im Geld „nothwendig eine *besondre* Existenz hat, die von den Waaren unterschieden ist" (MEGA IV/8, 230), explizierte aber nicht, dass diese besondere Existenz des Geldes sich wiederum in einem materiellen Substrat verkörpert. In seinen Reflexionen zu Alfred Darimon, die Marx vermutlich schon im Januar/Februar 1857, also noch vor dem Erscheinen der beiden neuen Bände der *History of Prices*, schrieb[51] und an dessen Ende er Mitte Oktober desselben Jahres mit dem *Kapitel vom Geld* anknüpfte, hielt er dagegen fest, „daß Gold und Silber keine Waaren wie die andern sind und die moderne Oekonomie sich plötzlich und mit Schrecken temporär immer wieder bei den Vorurtheilen des Mercantilsystems ankommen sieht" (MEGA II/1, 62).[52] Die 1850er Jahre warfen also eine ganz andere Frage auf: Warum hatte das Gold eine solch große Macht über die bürgerliche Gesellschaft noch in ihrem industrialisierten und vermeintlich aufgeklärten Entwicklungsstadium?

---

50 Brunkhorst (2013, 413) beruhigt uns, der „Geldfetisch gehört, wie man bei Marx nachlesen kann, einer Epoche an, die der modernen kapitalistischen Produktionsweise lange vorherging, mit dieser untergegangen und zur Kuriosität verkommen ist". Diese Lesart mag sich allein auf die *Pariser Hefte* stützen.

51 Siehe die Einleitung zu MEGA III/8, 22*/23*, Antonowa (1987, 184/185) und Wygodski (1987).

52 Marx betrachtet hier, im Anschluss an Fullarton, die *bullion drains* einzig als Effekt ‚realwirtschaftlicher' Vorgänge (MEGA II/1, 62). Die von Tooke/Newmarch analysierte relative Selbständigkeit monetärer Faktoren – wie sie im Falle des *drains* von 1850 aus Furcht vor der Entwertung des Goldes zu beobachten war – ist hier also wahrscheinlich noch nicht verarbeitet worden (vgl. Toporowski 2013; Clarke 1994, 126). Dies bekräftigt die Vermutung, dass der Abschnitt zu Darimon vor dem Erscheinen der neuen Bände der *History of Prices* entstanden ist.

Der Proudhon-Anhänger und Metallstandard-Kritiker Darimon nahm an, dass die französischen Geldklemmen Mitte der 1850er Jahre wegen des auf dem Doppelstandard beruhenden Geldsystems Frankreichs zustande gekommen waren. Eine paradoxe Einschätzung: Gerade die Goldfunde hatten die französische Wirtschaft stimuliert (dazu 3.3.2), aber Darimon galt das Gold als Ursprung der Krise. Wie einige der gleichsam anti-metallisch eingestellten englischen Arbeiterökonomen (1.4) vertrat Darimon das Ideal einer Warentauschgesellschaft mit alternativem Geld: Geld solle kein Privileg gegenüber den anderen Waren besitzen. Bestünde die Währung hingegen aus Zetteln, welche die zur Herstellung einer Ware unmittelbar verausgabte Arbeitszeit dokumentierten, wäre ‚Says Gesetz' verwirklicht, so dass „die Producte sich wahrhaft gegen Producte austauschten" (MEGA II/1, 60), wie Marx aus Darimon übersetzt, der hier das erste Moment von ‚Says Gesetz' (dazu 1.1) eins zu eins wiedergibt. Eine aus solchen Stundenzetteln bestehende Währung würde sowohl die Krise der Arbeit (die Armut) als auch die Krisen des Kapitals (die Überproduktion) aus der Welt befördern. „Laßt den Papst bestehn, aber macht jeden zum Pabst" (MEGA II/1, 61), fasst Marx die Darimon'schen Geldreformbestrebungen zusammen. Um diese zu widerlegen, entfaltet er seine in der *Misère de la philosophie* getroffene Unterscheidung zwischen der Durchschnittsarbeitszeit, die den Wert konstituiert, und der unmittelbar verausgabten Arbeitszeit, die für Darimon das Arbeitsgeld bilden soll. Marx entgegnet, dass die Produzenten den Wert nicht kennen können, da sich seine Bildung hinter ihrem Rücken als gesellschaftlicher Durchschnitt vollzieht. Ein „Stundenzettel, der *Durchschnittsarbeitszeit* repräsentirt", würde daher „nie der *wirklichen Arbeitszeit* entsprechen und nie gegen sie convertibel sein" (MEGA II/1, 74). Diese Differenz stellt sich in solchen Produktionsverhältnissen notwendig ein, in denen sich die Verausgabung und Verteilung der gesellschaftlichen Arbeit nicht bewusst vollzieht und die einzelnen Produzenten somit erst über eine Abstraktion (das Geld) miteinander in Kontakt geraten (dazu Hudis 2012, 106/107). Marx' politische Perspektive ist deutlich: Keine obskure Geld-, keine harmlose Steuerreform, nur die Umwälzung der Produktionsverhältnisse – die Aufhebung der Privatproduktion, der Lohnarbeit und damit auch des Geldes – könnte das erreichen, was Darimon anstrebt: eine weniger ausbeuterische Gesellschaft, die nicht von wiederkehrenden Wirtschaftskrisen geplagt wäre (siehe Schrader 1980, 112).

Im *Kapitel vom Geld* will Marx den logischen Ursprung des Geldes ergründen. Es entsteht seiner Auffassung zufolge naturwüchsig im Warentausch und tritt zunächst als eine besondere Ware mit drei spezifischen Eigenschaften auf, die es von allen anderen Waren unterscheidet. In seiner ersten Eigenschaft fungiert das Geld als das Maß der Werte: An ihm lässt sich in einem ideellen Vergleichsvorgang der Wert der anderen Waren feststellen, so dass sich der Wert jeder Ware im Geld ausdrückt. Geld ist als Maß der Werte nicht wirklich vorhanden und „nur als vorgestellte Einheit", „blos als Recheneinheit nöthig" (MEGA II/1, 136); es ist eine Denkkategorie, die sich einstellt, wenn Warenbesitzer den Wert ihrer Waren abschätzen. Geld fungiert zweitens als Zirkulationsmittel: als Mediator des Austauschs von Waren. Als Zirkulationsmittel wird Geld noch nicht als „Geld" benutzt, sondern als Tauschinstrument für den Warenumlauf. Es muss zur Realisierung der Preise zwar in gewisser Quantität vorhanden sein – die sich laut Marx aus der Gesamtsumme der Preise und der Umlaufgeschwindigkeit des Geldes ergibt –, aber „verschwindet" wieder, weil seine Bestimmung darin liegt, wieder gegen Ware getauscht zu werden.

Es ist formal möglich, die einfache Zirkulation als zwei Bewegungen zu beschreiben: W–G–W (verkaufen, um zu kaufen) und G–W–G (kaufen, um zu verkaufen). In der ersten Figur vermittelt das Geld die Bewegung, in der zweiten erscheint es plötzlich als ihr Ausgangs- und Endpunkt. Es ist dann nicht mehr Maß oder Mittel, sondern angestrebtes Ziel des Warentauschs, tritt als solches aus der Zirkulation heraus und wird zu einem Selbstzweck (MEGA II/1, 131 u. 142). Das dritte Moment folgt aus dem Privileg des Geldes, von den Waren getrennter, vergegenständlichter Tauschwert zu sein: „Das Geld ist die Arbeitszeit als allgemeiner Gegenstand, oder die Vergegenständlichung der allgemeinen Arbeitszeit, die Arbeitszeit als *allgemeine Waare*." (MEGA II/1, 100) Es ist „daher der Gott unter den Waaren" (MEGA II/1, 146), eine Verkörperung des abstrakten Reichtums. Als Marx zum ersten Mal auf die dritte Geldeigenschaft zu sprechen kommt, erinnert seine Formulierung an die briefliche Äußerung zu Tooke (MEGA III/8, 107):

> Die Eigenschaft des Geldes als allgemeine Waare gegen alle andren, als Verkörperung ihres Tauschwerths, macht es zugleich zur realisirten und stets realisirbaren Form des Capitals; zur stets gültigen Erscheinungsform des Capitals, eine Eigenschaft die bei den Bulliondrains hervortritt; die macht daß das Capital historisch zuerst nur in der Form des Geldes erscheint; die endlich den Zusammenhang des Geldes mit dem Zinsfuß und seine Einwirkung darauf erklärt.
>
> (MEGA II/1, 80)

Weil es Marx auch darum geht, eine Erklärung für die Zaubermacht des Goldes zu finden, die sich in dem „außerordentliche[n] Einfluß" ausdrückte, „den die Entdeckung neuer Goldländer in der Mitte des 19. Jahrhunderts auf den Weltverkehr ausübt" (MEGA II/2, 213), will er in einem nächsten Schritt zeigen, dass das Geld in den

Edelmetallen einen Körper bekommen hat.[53] Das Material, in dem sich das Geld verkörperte, lässt wiederum Rückschlüsse auf die Geldform selbst zu.[54] Die ‚Wahl' fiel nicht zufällig auf die Edelmetalle, denn das Geld stellt Ansprüche an die physische Beschaffenheit seines Trägers wie Unveränderlichkeit, Teil-, Transportierbarkeit, Seltenheit und Beständigkeit: Nur ein vor Korrosion und „Motten" (MEGA II/1, 155) sicheres Material ist aufschatzbar. Da diese Eigenschaften auf Gold und Silber zutreffen, wurden sie handgreiflicher Tauschwert, „incarnirter Reichthum" (MEGA II/1, 149), ganz wie man ihn in der Alchimie suchte. In der Form der geprägten Münze ist die Wirkung des Goldes lokal beschränkt, es muss „erst umgeschmolzen werden um als Geld als solches dienen zu können" (MEGA II/1, 150). In seiner Barrenform ist es *Geld als solches*, Geld in Reinform, universelles Geld, das in der warentauschenden Gesellschaft an allen Orten und zu allen Zeiten, 1857 wie 2022, als der „materielle Repräsentant des *allgemeinen* Reichtums" (MEGA II/1, 151) gilt. Das Gold verkörpert den Tauschwert buchstäblich und ist als solches „realisirt[e] und stets realisirbar[e] Form des Capitals". Mit einem Goldbarren hält man die Möglichkeit zu neuem Kapital als Materie in den Händen.

In seiner Untersuchung des dritten Moments des Geldes kommt Marx mehrmals auf die Bedeutung von Goldfunden zu sprechen. Er sah sich spätestens mit den kalifornischen Goldfunden einer doppelten Opposition in der Geldtheorie gegenüber. Nach den gravierenden Auswirkungen des Goldrauschs auf die Weltwirtschaft reichte es nicht länger aus, bloß den Proudhonisten zu entgegnen, dass Gold und Silber nicht die Quelle allen Übels sind. Es hatte sich ebenso gezeigt, dass die ricardianische Reduktion des Geldes auf ein neutrales Zirkulationsmittel und selbst die Fullarton'sche Auffassung vom Geld als einem rein sekundären Medium gleichsam unhaltbar sind.[55] Marx betont daher in den *Grundrissen*, dass „die Wirkung neuer

---

[53] Damit ist nicht gesagt, dass Marx eine reine ‚Warengeldtheorie' entwickelt hat. Seine Geldtheorie ist auf dem Niveau der einfachen Zirkulation, die er auch als „einfache Metallcirkulation" (MEGA II/2, 243) vorgestellt hat, noch lange nicht beendet. Marx geht es hier zunächst um die logische Genesis des Geldes aus dem Warentausch: „Die Hauptschwierigkeit in der Analyse des Geldes ist überwunden, sobald sein Ursprung aus der Waare selbst begriffen ist." (MEGA II/2, 139) In seiner weiteren Entwicklung tritt das Geld als Kapital, Geldkapital, zinstragendes Kapitel, verleihbares Kapital, fiktives Kapital usw. auf. Marx betont daher schon in *Zur Kritik der politischen Ökonomie*: „*Kreditgeld* gehört einer höhern Sphäre des gesellschaftlichen Productionsprocesses an und wird durch ganz andre Gesetze geregelt." (MEGA II/2, 181; dazu 4.2.3)
[54] „Die Untersuchung über die edlen Metalle als die Subjecte des Geldverhältnisses, die Incarnationen desselben, liegt also keineswegs, wie Proudhon glaubt, ausserhalb des Bereiches der politischen Oekonomie" (MEGA II/1, 104).
[55] In der *Misère de la philosophie* bezog sich Marx stark auf Ricardo und akzeptierte viele seiner Theoreme, um *mit* ihrer Hilfe *gegen* Proudhon zu argumentieren. Aber in der *Tribune* vom 18. Februar 1853 fragte er die englischen Ökonomen spöttisch, wieso der Goldhandel solche Aufmerksamkeit erhalten sollte, wenn Produkte einzig gegen Produkte getauscht würden und Geld nur ein neutrales Instrument sei (MEGA I/12, 29).

Gold und Silber producirenden Länder auf die allgemeine Production unbegreiflich" (MEGA II/1, 509) bleiben muss, wenn man das Kapital für immer vollauf beschäftigt erachtet.[56] Das Kapital ist elastisch, nie ganz ausgelastet und kann daher durch zusätzliches Gold zu einer größeren Produktionsaktivität stimuliert werden. In *Zur Kritik der politischen Ökonomie* nennt Marx dies die „Zauberwirkung" des Goldes:

> Während also die Nationen von Waarenbesitzern durch ihre allseitige Industrie und allgemeinen Verkehr Gold zu adäquatem Geld umschaffen, erscheinen ihnen Industrie und Verkehr nur als Mittel, um das Geld in der Form von Gold und Silber dem Weltmarkt zu entziehn. Gold und Silber als Weltgeld sind daher eben so wohl Produkt der allgemeinen Waarencirkulation, wie Mittel, ihre Kreise weiter zu ziehn. Wie hinter dem Rücken der Alchymisten, indem sie Gold machen wollten, die Chemie erwuchs, so springen hinter dem Rücken der Waarenbesitzer, indem sie der Waare in ihrer verzauberten Gestalt nachjagen, die Quellen der Weltindustrie und des Welthandels auf. Gold und Silber helfen den Weltmarkt schaffen, indem sie in ihrem Geldbegriff sein Dasein anticipiren. Daß diese ihre Zauberwirkung keineswegs auf die Kinderjahre der bürgerlichen Gesellschaft beschränkt ist, sondern nothwendig hervorwächst aus der Verkehrung, worin den Trägern der Waarenwelt ihre eigne gesellschaftliche Arbeit erscheint, beweist der außerordentliche Einfluß, den die Entdeckung neuer Goldländer in der Mitte des 19. Jahrhunderts auf den Weltverkehr ausübt. (MEGA II/2, 212/213)

Woher also rührt die universelle Zaubermacht des Goldes? Marx arbeitet in den *Grundrissen* die Bedingungen dieser Zauberwirkung heraus. Durch den Nachweis, dass Gold nur unter bestimmten gesellschaftlichen Bedingungen eine Verkörperung des abstrakten Reichtums ist, kann er zweierlei zeigen. Zum einen hat hier das Konzept des „Geldfetischs" seinen Ursprung, also die in warenproduzierenden Gesellschaften vorherrschende Vorstellung, Geld sei *an sich* wert- und machtvoll und die Industrie nur ein Mittel, dem Weltmarkt Gold zu entziehen (G–W–G). Zum anderen bereitet Marx damit den Übergang vom Geld zum Kapital vor, denn das Gold ist sowohl Produkt der Warenzirkulation als auch ein Mittel, sie zu erweitern (G–W–G′).

Eine erste Bedingung dieser Zaubermacht liegt schon in der physischen Beschaffenheit der edlen Metalle, und zwar ihrer Seltenheit: „Damit etwas den Gegenstand des Austauschs bilde, Tauschwerth habe, muß nicht Jeder es ohne Vermittlung des Austauschs haben können" (MEGA II/1, 109). Geld darf kein allgemein verfügbares Gut sein wie etwa „Kieselsteine" oder Muscheln. Eine Materie kann nur so lange das Geld verkörpern, wie sie trotz aller Funde immer noch vergleichsweise knapp bleibt.

---

[56] „Es nüzt nichts von stimulus zu sprechen, den australisches Gold oder ein neuentdeckter Markt giebt. Läge es nicht in der Natur des Capitals nie völlig beschäftigt, d. h. stets partialiter *fixirt* zu sein, entwerthet zu sein, unproductiv, so könnten keine stimuli es zu größrer Production treiben. Andrerseits die abgeschmackten Widersprüche, worin sich die Oekonomen verrennen – selbst Ricardo – die voraussetzen, daß das Capital immer vollauf beschäftigt; also aus Schöpfung von neuem Capital allein ein increase von Production erklären." (MEGA II/1, 509/510) Sowohl Tooke/Newmarch als auch Engels sprachen vom „Stimulus" Kaliforniens (MEGA III/5, 66).

Damit das Gold handgreiflicher Tauschwert sein kann, muss außerdem „das Geld *unmittelbar* Gegenstand, Zweck und Product der allgemeinen Arbeit" (MEGA II/1, 148) sein. Marx knüpft hier an die logische Struktur von *Reflection* an: Das System der Lohnarbeit ist die Voraussetzung des entwickelten Geldsystems. Nur wenn sich der allgemeine Teil der gesellschaftlich verausgabten Arbeit gegen Geld tauscht – was in Gesellschaften nicht der Fall ist, die zum Beispiel auf Sklaverei und Lehnswesen beruhen –, kann das Geld seine Magie entfalten: „Die Arbeit muß unmittelbar den Tauschwerth, d. h. Geld produciren. Sie muß daher *Lohnarbeit* sein." (MEGA II/1, 148)

Eine weitere Bedingung der Zaubermacht des Goldes zeigt sich in dem widersprüchlichen Resultat, welches das fieberhafte und rücksichtslose „Jagen nach Gold in allen Ländern" zeitigt: „Wo es nicht aus der Circulation hervorgeht, wie in Spanien, sondern leibhaft gefunden wird, verarmt die Nation, während die Nationen, die arbeiten müssen, um es den Spaniern abzunehmen, die Quellen des Reichthums entwickeln, und sich wirklich bereichern." (MEGA II/1, 149) Das Geld als solches ist selbst nicht die Quelle des Reichtums, denn es steht in Spannung zur Zirkulation: Sein drittes Moment ist auch nur *eine* Bestimmung des Geldes und das Festhalten der warentauschenden Individuen an ihr erzeugt eine „Illusion über seine Natur", die „ihm diese wirklich magische Bedeutung giebt, hinter dem Rücken der Individuen" (MEGA II/1, 149). Dass das Gold die allgemeine Form des Reichtums festhält, ist eine Abstraktion des Kopfes, „blose Einbildung", „ein reines Hirngespinst" (MEGA II/1, 157), denn um sich als materieller Repräsentant des allgemeinen Reichtums zu verwirklichen, muss es wieder in die Zirkulation geworfen werden. Die Selbständigkeit des Geldes ist „nur Schein; seine Unabhängigkeit von der Circulation besteht nur in Rücksicht auf sie, als Abhängigkeit von ihr" (MEGA II/1, 157). Gold ist nicht von Natur aus Geld und Geld ist nicht an sich mächtig, denn es materialisiert den Tauschwert nur, insofern es aus der Zirkulation hervorgeht und von ihr abhängt.

Gleichwohl ist die Verkehrung in den Gedanken eine *notwendige*, da den Warenbesitzern ihre gesellschaftliche Arbeit nur in Gestalt einer Sache, dem Geld, handgreiflich erscheint. Die in warentauschenden Gesellschaften vorherrschende Vorstellung, dass das Geld eine eigenständige Macht ist, bezeichnet Marx später im *Kapital* als den Geldfetisch. Der Geldfetisch ist kein ‚falsches' Bewusstsein, sondern eine ‚korrekte' Verarbeitung der realen Zaubermacht des Geldes. Diese Macht wächst mit der Versachlichung der gesellschaftlichen Verhältnisse, also in dem Maße, wie „sich das Tauschverhältniß als eine den Producenten gegenüber äussere und von ihnen unabhängige Macht fest[setzt]" (MEGA II/1, 80). Diese Zaubermacht ist keine Frage des Willens oder Vertrauens der Menschen, denn sie entsteht ‚hinter ihrem Rücken' als Resultat ihrer sozialen Beziehungen. Wenn dieser Bann gebrochen werden und die

Macht des Geldes aufhören soll, reicht es nicht aus, bloß mit einer Konvention zu brechen[57] oder den Glauben an das Geld zu verlieren; vielmehr müssten ganz andere gesellschaftliche Beziehungen eingegangen werden. Weil das Metallgeld „die frappanteste, widerspruchsvollste und härteste Erscheinung [ist], worin das System handgreiflich gegenübertritt" (MEGA II/1, 162), liegt im Antimetallismus und in den Stundenzettel-Utopien der Frühsozialisten etwas „Wahres" (MEGA II/1, 72), auch wenn ihr Kampf gegen die „scheinbar transcendentale Macht des Geldes" (MEGA II/1, 81) eine aussichts- und wirkungslose „Stümperei" (MEGA II/1, 162) bleiben muss, solange sie die gesellschaftlichen Entstehungs- und Gelingensbedingungen dieser Macht nicht infrage stellen. Der Geldfetisch erklärt somit auch die Fixierung vieler Parteien auf das Geld als die Quelle aller Hoffnung oder die Ursache allen Übels: sei es die ‚verkürzte' Kritik der Sozialisten, seien es die Theoreme der Ökonomen über die Banknotenüberemission als Ursache der Krise oder die Kreditausdehnung als ihre Lösung. Weil sie in der Regel selbst dem Geldfetisch aufsitzt und das Geld *voluntaristisch* als manipulier-, aushandel- und arrangierbar auffasst, kennt die klassische politische Ökonomie eine solche Vermittlung von Ware und Geld nicht (dazu 1.6). Als eine große Leistung von Marx muss daher seine Geldtheorie angesehen werden, die sowohl eine logische Entstehung des Geldes nachweisen – also eine überzeugende Antwort auf die Frage vorschlägt, warum es überhaupt Geld gibt – als auch das eigentümliche Wechselspiel aus der Abhängigkeit des Geldes von der Zirkulation und der Selbständigkeit des Geldes gegenüber ihr fassen kann.

Die Spannung des Goldes zur Zirkulation wiederholt sich in einer weiteren Bedingung seiner scheinbar transzendentalen Macht: in der Abhängigkeit des Geldes von der Produktion. Die Magie des Geldes würde verpuffen und „in sich zusammenfallen", wenn das Geld nicht „zum Austausch gegen *fremde lebendige Arbeit*" vordringen kann (MEGA II/1, 318). Im Geld als Geld liegt ein Widerspruch: Das Geld, negativ gegen die Zirkulation gesetzt, erhält sich nicht, sondern wird zu einem reinen Hirngespinst. Wenn sich der im Geld verselbständigte Wert erhalten will, muss er sein Geld-Dasein aufgeben und sich wieder in Ware verwandeln. Dieser Widerspruch hebt sich auf, indem Geld zu Kapital wird: „Die Unvergänglichkeit, die das Geld erstrebte, indem es sich negativ gegen die Circulation sezte, sich ihr entzog, erreicht das Capital indem es sich grade dadurch erhält, daß es sich der Circulation preißgibt" (MEGA II/1, 185). Denn zu einem Tausch von Geld gegen Geld (G–W–G) gibt es keinen Grund; Geld wird nur dann ausgelegt, wenn es seine Quantität vermittelt durch W expandieren und zu Mehrgeld G´ werden kann.[58] Das Geld als solches ist Resultat von W–G–W

---

[57] So heißt es in den *Grundrissen*: „Das Geld entsteht nicht durch Convention, so wenig wie der Staat. Es entsteht aus dem Austausch und im Austausch naturwüchsig, ist ein Product desselben." (MEGA II/1, 97)

[58] „Im Geld – wie die Entwicklung seiner Bestimmungen zeigt – die Forderung gesezt des in die Circulation eingehenden u. in ihr sich erhaltenden, zugleich sie selbst setzenden Werths – *Capital*." (MEGA III/9, 125)

und fordert zugleich zu G–W–G′ auf. Um diesen Übergang vom Geld zum Kapital zu konzeptualisieren, bot die in den 1850er Jahren klar zutage getretene dritte Geldfunktion einen geeigneten Weg. Denn das Gold ist, wie Marx bemerkte, „realisirte und stets realisirbare Form des Capitals" beziehungsweise genauer: im Gold existiert der Mehrwert „in der Form des Geldes als Möglichkeit von neuem Capital" (MEGA II/1, 320). Zur Realisierung dieser Möglichkeit muss es die unselbständige Form der einfachen Zirkulation W–G–W verlassen. Aus dem Geld als Repräsentant des abstrakten Reichtums wird so die Selbstbezüglichkeit des Kapitals als Verwertung des Werts.

Die motivierende Wirkung des Goldrauschs kommt noch darin zum Ausdruck, dass Marx in den *Grundrissen* die dritte Geldfunktion nicht innerhalb der einfachen Warenzirkulation W–G–W, sondern als etwas außer ihr Liegendes aus G–W–G entwickelt (siehe MEGA II/1, 142/143; III/9, 124), aber schon in *Zur Kritik der politischen Ökonomie* (1859) den Übergang zur dritten Geldfunktion anders fassen und aus W–G, dem Anfangsteil von W–G–W, ableiten wird.[59] Das Geld als solches entsteht in den *Grundrissen* außerhalb der einfachen Warenzirkulation, als würde es einfach irgendwo gefunden, als wäre es einfach da und den Eingeweiden der Erde entrissen.[60] In dieser logisch noch nicht vollendeten Fassung sind die Spuren der ihr zugrundeliegenden historischen Situation enthalten. Schon die Formel G–W–G erinnert an den transatlantischen Goldhandel der 1850er Jahre, in dem die englische Industrie als ein bloßes Mittel erschien, um dem Weltmarkt die universelle Geldware Gold zu entziehen. Das Gold verstand Marx dabei sowohl als Produkt der Zirkulation als auch als ein über sie hinaustreibendes Mittel: von G–W–G zu G–W–G′. Diese Spuren der Entstehung hat er später verwischt, indem er zu einer logisch saubereren Formulierung vordringen konnte.

3.2.3 Die Geburt des Geldfetischs

Es ist bemerkenswert, dass Marx in den *Grundrissen* zuerst den Geldfetisch entwickelt (wenn auch terminologisch noch nicht so bezeichnet) hat, bevor er erst gegen Ende des Texts zum ersten Mal den Fetischcharakter der Ware als einer epistemologischen Verkehrung im gesellschaftlichen Denken beschreibt als eine mystifizierende Erkenntnishaltung, der gesellschaftliche Bestimmungen als natürliche Eigenschaften

---

[59] Mau (2018, 80) sieht hierin eine Art Flüchtigkeitsfehler von Marx, was unwahrscheinlich ist, da dieser die Ableitung der dritten Geldeigenschaft aus G–W–G noch am 2. April 1858 gegenüber Engels wiederholt hat (MEGA III/9, 124). Arnon (1984) denkt, dass der neue Übergang in der späteren Fassung wegen Tooke zustande kam, weil Marx dessen Theorie erst jetzt durchdacht habe. Aber diese These ist fragwürdig, denn Marx beschäftigte sich schon im Frühjahr 1857 eingehend mit Tooke.

[60] „Die 3^t *Bestimmung* des Geldes in ihrer vollständigen Entwicklung unterstellt die beiden ersten und ist ihre Einheit. Das Geld hat also selbstständige Existenz ausser der Circulation; es ist aus ihr herausgetreten." (MEGA II/1, 143)

von Sachen, Dingen und Gegenständen gelten.⁶¹ Weil in den Waren gesellschaftliche Arbeit vergegenständlicht ist, scheinen sie für das warenfetischistische Bewusstsein *lebendig*, ‚mit Leben' begabt zu sein. Die Produzenten können nur durch den Austausch von Sachen, ihrer Arbeitsprodukte, miteinander in Kontakt treten, so dass sich gesellschaftliche Verhältnisse in der Bewegung von Sachen widerspiegeln und gesellschaftliche Bestimmungen auf die Waren selbst projiziert werden. Es scheinen somit die Natureigenschaften der Dinge zu sein, die das gesellschaftliche Leben regulieren. Marx vergleicht am Ende der *Grundrisse* den Fetischcharakter der Ware explizit noch einmal mit dem Gold, dessen Natureigenschaft es nicht ist, Geld zu sein, auch wenn es in warentauschenden Gesellschaften *immer* unmittelbar Geld ist und diese gesellschaftliche Eigenschaft daher auf den Naturstoff (Gold) projiziert wird (MEGA II/1, 567). Im *Kapital* wird Marx formulieren, dass das „*Räthsel des Geldfetischs* [...] nur das sichtbar gewordne, die Augen blendende *Räthsel des Waarenfetischs*" (MEGA II/5, 59) ist. In der fertigen Darstellung der kategorialen Zusammenhänge im *Kapital* mag es also so aussehen, als sei der Geldfetisch eine bloße Ableitung aus dem Warenfetisch. In den *Grundrissen* aber ist Marx zuerst auf den Geldfetisch gestoßen.

Diese Entdeckung war auch deshalb möglich, weil, wie Marx schreibt, der Geldfetisch ‚die Augen blendet' wie das Gold selbst. Der Geldfetisch ist leichter zu erkennen als der Fetischcharakter der Ware. Der augenfällige Goldrausch drängte Marx zum Geldfetisch, oder genauer: Mit dem Begriff des Geldfetischs legte er sich Rechenschaft ab über das, was sich vor seinen Augen abspielte.⁶² Es ist wichtig zu betonen, dass Marx dabei nicht ‚induktiv' vorgegangen ist, denn der Geldfetisch ist vermittels der logischen Analyse der Verselbständigung des Werts und der Geldeigenschaften in der einfachen Warenzirkulation entwickelt worden.⁶³ In der Induktion, dem unmittelbaren Schluss von den empirischen Tatsachen auf etwas Allgemeines, liegt die Gefahr einer voreiligen Verallgemeinerung des historisch Besonderen. So kritisierte

---

61 Die Stelle lautet: „Der grobe Materialismus der Oekonomen, die gesellschaftlichen Productionsverhältnisse der Menschen und die Bestimmungen, die die Sachen erhalten, als unter diese Verhältnisse subsumirt, als *natürliche Eigenschaften* der Dinge zu betrachten, ist ein ebenso grober Idealismus, ja Fetischismus, der den Dingen gesellschaftliche Beziehungen als ihnen immanente Bestimmungen zuschreibt und sie so mystificirt." (MEGA II/1, 567)

62 Die Formulierung im *Kapital* über den Geldfetisch als das „Augen blendende Rätsel des Warenfetischs" erinnert an den Ausspruch aus der *Misère de la philosophie*, die Theoretiker des Kommunismus hätten es „nicht mehr nöthig, die Wissenschaft in ihrem Kopfe zu suchen; sie haben nur sich Rechenschaft abzulegen von dem, was sich *vor ihren Augen abspielt* und sich zum Organ desselben zu machen" (MEGA I/30, 302. Herv. TG).

63 Ohne geistige Reproduktion des Konkreten durch Theorie bliebe „eine chaotische Vorstellung des Ganzen" (MEGA II/1, 36), schrieb Marx in der *Einleitung* von 1857, damit den Empirismus verwerfend. Die gesellschaftliche Wirklichkeit kann nicht unmittelbar anhand einer Aufreihung von ‚Fakten' konstatiert werden (Heinrich 2006, 153–157; Lindner 2013, 243). Erst durch begriffliche Bestimmung lassen sich erscheinende Phänomene in ihrer Genesis und ihren Interdependenzen mit anderen Phänomenen begreifen (Fahling 1978, 3).

Marx Ricardo dafür, dass er „in seiner Geldtheorie [...] speciell nur die Ereignisse von 1797–1809 vor Augen hatte" (MEGA II/3, 776); er „verkannte so gänzlich die Rolle der edlen Metalle als internationaler Zahlungsmittel", auch weil die „Periode, worin Ricardo's schriftstellerische Thätigkeit fällt, [...] überhaupt wenig geeignet [war], um die Funktion der edlen Metalle als Weltgeld zu beobachten" (MEGA II/2, 237).[64] Die Induktion ist theoretisch wenig robust. Allerdings waren die Erfahrungen der 1850er Jahre eine Voraussetzung des Marx'schen Abstraktionsprozesses und zur Beobachtung der dritten Geldfunktion ‚besser geeignet'. Die tiefe Religiosität und Irrationalität der bürgerlichen Gesellschaft wurden offensichtlich, als sie nach zwei elenden Dekaden auch deshalb in ein nie gekanntes Prosperitäts- und Entwicklungsstadium eintrat, weil an zwei Enden der Welt zufällig ein paar Tausend Kilogramm eines seltenen Edelmetalls gefunden worden waren.

Für den Gang der Abstraktion war für Marx also eine genaue Kenntnis des Konkreten nötig. Aber er ging bei der Aneignung des Konkreten auch nicht unmittelbar von Alltagserfahrungen aus, sondern griff auf erste Analysen der Goldfunde durch seinen „Freund", den Wirtschaftshistoriker Tooke zurück. Die Ereignisse spielten sich zwar vor den Augen ab, ‚blendeten' sie aber zugleich, das heißt, nicht alle Aspekte ihrer welthistorischen Bedeutung waren unmittelbar einsichtig. Tookes Leistung bestand darin, die Effekte des Goldrauschs zu dechiffrieren und die Tatsachen des Geldmarkts gegen die Verzerrungen der *Currency School* zu zergliedern.[65] Aber Marx bedauerte es („Schade, daß der Alte..."), dass Tooke seine intellektuelle Energie nur zu einer Widerlegung der Quantitätstheorie des Geldes aufwendete und seine theoretische Diskussion mangelhaft blieb.[66] Die Erkenntnisse der politischen Ökonomen – nicht nur der Klassiker, vielmehr auch der Geldmarktanalytiker und der Praktiker – waren Ansatzpunkte für Marx, der in ihren Lösungen vor allem Probleme sah (Arnhold 1979a). Tooke dröselte die selbständigen Momente des Geldes auf, aber entwickelte die abstrakte Geldform nicht und stellte die besondere Qualität des Geldes und des Goldes nicht infrage. Er beschrieb die Zaubermacht des Goldes, aber fragte nicht, warum die Edelmetalle Weltgeld sind; er unterschied zwischen zwei Zirkulationen,

---

[64] Marx bemerkte, dass Ricardo die Rolle der edlen Metalle als internationales Zahlungsmittel verkannte und deshalb davon ausging, dass eine Wiederaufnahme der Barzahlung durch die Bank of England den unvorteilhaften Goldabflüssen ein Ende bereiten würde. Marx: „Er starb rechtzeitig gerade vor dem Ausbruch der Krise von 1825, die seine Prophezeiung Lügen strafte." (MEGA II/2, 237)
[65] Tooke befriedigte gewissermaßen das „Bedürfnis nach vorurteilsfreier Untersuchung der empirisch gegebenen Wirtschaftserscheinungen" (Mattick 1974, 30).
[66] „Tooke's Verdienst ist aber in der That mehr negativer Art, Widerlegung des ‚Currency Principle' durch sorgfältige Zergliederung zahlreicher Thatsachen. Aber Th. Tooke hat die abstrakte Geldform nirgendwo rein entwickelt, nirgendwo den Zusammenhang zwischen Werthform u. Werth auch nur geahnt, wie er überhaupt die Ergebnisse seiner empirischen Forschungen in keinen Zusammenhang mit der allgemeinen Theorie zu bringen suchte od. wußte." (MEGA II/4.3, 307)

aber fragte nicht, wie Geld in Kapital verwandelt wird und was der Unterschied zwischen beiden ist.⁶⁷ Marx hingegen formulierte auf dieser Grundlage eine völlig neue Geldtheorie.

Die ‚Geburt des Geldfetischs' war keine leichte. Marx griff zur Bestimmung des Geldfetischs, der „welthistorischen Delusions", die das Geld in seiner dritten Eigenschaft als materieller Repräsentant des abstrakten Reichtums erzeugt, auf seine Pariser Überlegungen und religionssoziologischen Kenntnisse zurück, die angesichts des Goldrauschs eine neue Plausibilität gewannen.⁶⁸ In seiner Entfremdungsphilosophie des Geldes hatte Marx bereits 1844 auf dessen religiösen Gehalt verwiesen. Wie Jesus Christus sei das Geld ein entfremdeter Mittler zwischen den Menschen: Es wird erhöht, während die tauschenden Menschen zu seinen Knechten degradieren. Aber obwohl Marx der Fetischbegriff aus der Religionssoziologie bekannt war,⁶⁹ nahm er im *Manifest der Kommunistischen Partei* an, dass die bürgerliche Gesellschaft zu gefühlloser Nüchternheit, Illusionslosigkeit und Irreligiosität tendieren würde und prophezeite optimistisch die ‚Entweihung alles Heiligen' durch die eiskalten, rücksichtslosen Berechnungen der Bourgeoisie.⁷⁰

---

67 Marx hat Tookes Einfluss im Brief an Engels vom 23. Mai 1868 nahegelegt: „*Th. Tooke* hebt in seinen Untersuchungen über currency hervor, daß das Geld in seiner Function als Kapital zu seinem Ausgangspunkt refluirt [...], in seiner Funktion als blosse currency nicht refluirt. [...] Unser Verfasser dagegen [Marx meint sich selbst, TG] macht diese eigenthümliche Cirkulationsform des Geldes, das als Kapital functionirt, [...] zum Ausgangspunkt für seine Untersuchung über die Natur des Kapitals selbst, u. zunächst für die Beantwortung der Frage: Wie wird Geld, diese, selbstständige, Form des Werths, in Kapital verwandelt? [...] *Kaufen um zu verkaufen*, dieß ist in der That die Transaction, worin Geld als Kapital functionirt, u. die seinen Rückfluß to its point of issue bedingt, im Gegensatz zum *Verkaufen, um zu kaufen*, worin es bloß als currency zu functioniren *braucht*. Die verschiedne Reihenfolge der Acte v. selling u. buying drückt dem Geld zwei verschiedne Cirkulationsbewegungen auf. Was dahinter versteckt liegt, ist verschiednes Verhalten des in Geldform dargestellten *Werthes* selbst." (MEGAdigital)
68 Dass Marx in den *Grundrissen* die Feuerbach'sche Entfremdungsthematik wieder aufgreift, nachdem er in der *Deutschen Ideologie* damit gebrochen hatte, bemerken auch Lindner (2013, 254) und Spekker (2016).
69 Der große Goldrausch im 16. Jahrhundert stand am Beginn der bürgerlichen Gesellschaft und spornt europäische Konquistadoren zur Unterjochung Amerikas an. Somit greift Marx in den *Grundrissen* auf Anekdoten aus dem *Siglio de Oro* von Juan Sempere y Guarino zurück (MEGA II/1, 700). Als letzte Bemerkung in *Bullion* lobte Marx Sempere für „hübsche Citate über die Illusionen vom Geld" (MEGA IV/8, 74). Marx meinte etwa den Philipp II. unterbreiteten Vorschlag, die mit Gold bezahlte Einfuhr von Kerzen, Gläsern und Messern in das spanische Königreich zu verbieten. Die Spanier seien schließlich nicht so ignorant wie die Indigenen Amerikas, ihren wahren Reichtum für so nutzlose Dinge herzugeben (MEGA IV/9, 533).
70 „Die Bourgeoisie, wo sie zur Herrschaft gekommen, hat [...] kein anderes Band zwischen Mensch und Mensch übriggelassen als das nackte Interesse, als die gefühllose ‚bare Zahlung'. Sie hat die heiligen Schauer der frommen Schwärmerei, der ritterlichen Begeisterung, der spießbürgerlichen Wehmut in dem eiskalten Wasser egoistischer Berechnung ertränkt. [...] Sie hat, mit einem Wort, an die Stelle der mit religiösen und politischen Illusionen verhüllten Ausbeutung die offene, unverschämte,

Folglich unterschied er in *Reflection* – wo allerdings keine systematische Geldentwicklung erfolgte und Marx sich eng an die Geldmarktdiagnostik der *Banking School* anlehnte – nur zwischen zwei Arten von Geld im Handel. Die *Banking School* hatte, wie es in den *Grundrissen* heißt, die „3^t Eigenschaft [...] nicht besonders entwickelt" (MEGA II/1, 735),[71] denn sie hatte zwar die Rolle der edelmetallischen Horte bei der Regulation der *currency* betont, aber dies nicht aus dem Wesen des Geldes selbst erklärt (Arnhold 1979b, 38), sondern in vielen Punkten das Geld als neutrales, sekundäres, bloß die Geschehnisse in der (nicht näher spezifizierten) Sphäre der Produktion reflektierendes Medium aufgefasst.[72] So hatte auch Marx in *Reflection* Waren-, Geld- und Kapitalfetisch noch nicht begrifflich differenziert (Marxhausen 1976).[73] Er ging, mit dem *Manifest* im Hinterkopf, eher von einer Nivellierung gesellschaftlicher Unterschiede durch das Geld aus: von seiner Universalität und den von ihm ausgehenden Idealen von Gleichheit und Freiheit. Diese Ideale selbst galten ihm als illusorisch: In der Freiheit und Gleichheit des Geldverhältnisses spiegelte sich die Unfreiheit und Ungleichheit der modernen Klassengesellschaft. Aber das war noch nicht der Geldfetisch, der auf der Eigenschaft des Geldes beruht, materieller Repräsentant des abstrakten Reichtums zu sein, und der damit die Illusion bezeichnet, das Geld selbst wäre schon der Reichtum. In der Materialsammlung *Bullion*, so scheint es, lagen die Geldfunktionen noch nebeneinander, aber weder hatte Marx sie hier zusammengesetzt noch eine Theorie des Fetischs skizziert. Der Begriff der „Illusion" fiel in *Bullion* nur einmal, und zwar in einer Bemerkung, die Marx erst später hinzugefügt hat (MEGA IV/8, 74).

---

direkte, dürre Ausbeutung gesetzt. [...] Alles Ständische und Stehende verdampft, alles Heilige wird entweiht, und die Menschen sind endlich gezwungen, ihre Lebensstellung, ihre gegenseitigen Beziehungen mit nüchternen Augen anzusehen." (MEW 4, 464/465)

71 „Die Engländer haben den guten Ausdruck *currency* für das Geld als Circulationsmittel [...] und *money* für es in der 3^t Eigenschaft. Da sie diese aber nicht besonders entwickelt, erklären sie dieß *money* für *capital*, obgleich sie dann wieder gezwungen sind faktisch es als diese bestimmte Form des Capitals vom Capital überhaupt zu unterscheiden." (MEGA II/1, 735)

72 Marx kritisiert Fullarton im *Urtext* für diese Verkennung der dritten Geldfunktion: „Fullarton sieht also hier, daß der Werth in Gold und Silber als Geld, nicht in Waaren transmittirt wird; daß dieß eine specifische Function derselben als *Geld* ist und er hat daher Unrecht zu sagen, daß sie als *Capital* transmittirt werden [...]. Capital kann auch in der Form von Reis etc, twist etc transmittirt werden." (MEGA II/2, 29)

73 In den Teilen der *Londoner Hefte*, die vor *Bullion* und *Reflection* entstanden sind, taucht das Problem der Goldfunde und ihres Einflusses auf die Konjunktur nur in Exzerpten aus *Economist*-Artikeln des Jahres 1851 (MEGA IV/7, 347–358) auf. Marx hat erst im Anschluss an *Bullion* und *Reflection* verstärkt über die Goldfunde nachgedacht, was nicht verwunderlich ist, da es damals ein so junges wie außergewöhnliches Ereignis gewesen war, zu dem es kaum Literatur gab und dessen Wirkungen sich erst im Laufe der folgenden Prosperitätsperiode voll entfalteten.

Die ‚Entdeckung' des Geldfetischs, die Erkenntnis, dass es sich bei der bürgerlichen doch um eine verzauberte Welt handelt, folgte für Marx also nicht aus der bisherigen ökonomischen Theorie allein, die man nur hätte ‚immanent' kritisieren müssen. Um das Kapital adäquat zu begreifen, reicht es nicht aus, bloß Smith und Ricardo zu lesen; im Gegenteil entpuppte sich deren überhebliches Belächeln des Goldes als Grenze ihres Erkenntnisvermögens.[74] Marx folgte eine Zeit lang der ricardianischen Kritik der Geldware, aber die 1850er Jahre führten die (relative) Selbständigkeit monetärer Faktoren, die Eigenschaft des Goldes als Weltgeld und eine spezifisch moderne Form der Religiosität deutlicher vor Augen. In *Zur Kritik* heißt es:

> Wie es der Vorstufe der bürgerlichen Produktion entsprach, hielten jene verkannten Propheten an der gediegnen, handgreiflichen und glänzenden Form des Tauschwerths fest, an seiner Form als allgemeine Waare im Gegensatz zu allen besondern Waaren. [...] Der unauslöschliche Kampf der modernen Oekonomen gegen das Monetar- und Merkantilsystem rührt großen Theils daher, daß dieses System in brutal-naiver Form das Geheimniß der bürgerlichen Produktion ausplaudert, ihr Beherrschtsein durch den Tauschwerth. [...] In ihrer Kritik des Monetar- und Merkantilsystems fehlt die politische Oekonomie also, indem sie dieses System als bloße Illusion, als nur falsche Theorie befeindet, nicht als barbarische Form ihrer eigenen Grundvoraussetzung wieder erkennt. (MEGA II/2, 218)

Mit der Leugnung der Zaubermacht des Goldes leugnete die politische Ökonomie die tiefe Religiosität der bürgerlichen Gesellschaft. Das „Geheimnis der bürgerlichen Produktion" ist ihr „Beherrschtsein durch den Tauschwerth" und dieses Geheimnis tritt in jeder Krise mit dem Rückfall ins Monetarsystem, wenn nur noch das Geld als solches als Reichtum akzeptiert wird, in „barbarischer Form" wieder offen hervor (dazu 3.5.4). Entgegen der Idee des *Manifests*, wo die bürgerliche Gesellschaft als illusionslos und entzaubert erscheint, verlangt sie Opfer, denn Menschen, Natur und stofflicher Reichtum – zu dessen Bewahrung und Bereitstellung sie nicht eingerichtet ist – sind bloß Mittel zur Verwirklichung des sie bestimmenden Zwecks. Wo die Herrschaft des Werts gefährdet ist, tritt die „barbarische Form ihrer eigenen Grundvoraussetzung" hervor, die keine vor-, sondern eine frühkapitalistische und damit spezifisch moderne ‚Barbarei' ist. Das Monetarsystem, das im funkelnden Gold die einzige Form des Reichtums erkannte und das die Europäer zur Kolonisierung und Ausplünderung Südamerikas antrieb, plauderte aus, dass die moderne Gesellschaft keine nüchterne, gefühllose, transparente Welt, sondern wegen ihrer Verzauberung zu den größten Zivilisationsbrüchen fähig ist.

---

[74] Allerdings lässt sich ein entsprechender Widerspruch bei Ricardo nachweisen, nämlich, dass „Ricardo's Theorie, die das Geld in seiner flüssigen Form als Cirkulationsmittel isolirt, damit endet, der Zu- und Abnahme der edeln Metalle eine absolute Einwirkung auf die bürgerliche Oekonomie zuzuschreiben, wie sie der Aberglaube des Monetarsystems nie geträumt hatte" (MEGA II/2, 242/243).

Der Geldfetisch ergab sich also nicht ohne Weiteres aus einer Lektüre der ökonomischen Klassiker, aber auch nicht aus einer ‚logischen' Deduktion von *a priori* gesetzten Annahmen. Marx entwickelte seine Geldtheorie nicht ausgehend von Axiomen, einem ursprünglichen Prinzip oder als „Ausführung einer a priori gefaßten Idee" (MEGA II/1, 79).[75] Seine Geldtheorie ist in diesem Sinne „keine Gedankenkonstruktion" (Arnhold 1979b, 32) und keine reine Philosophie, auch wenn seine entfremdungs- und vergegenständlichungsphilosophische Herkunft aus der junghegelianischen Tradition zur Erkenntnis des Geldfetischs drängte. Aber obwohl Marx in den *Pariser Heften* der Entfremdungsphilosophie anhing, folgte er damals der Goldskepsis eines James Mill. Erkenntniskonstitutiv war auch nicht allein ein politisches Handgemenge, also Marx' Wille, politische Kontrahenten in einer polemischen Auseinandersetzung zu ‚besiegen' (vgl. Spekker 2016). Darimons Goldkritik stellte keine große Überraschung dar; schon Owen und Bray opponierten den Monetarismus des Metalls, und so schrieb Marx bei Erscheinen der Darimon'schen Schrift, der „Witz" sei „der alte".[76] Es war nicht allein das x-te proudhonistische Pamphlet mit den immer gleichen Thesen, das Marx' Denken antrieb, sondern die Konfrontation seiner Theorie mit der wirklichen Geschichte, die nach der letzten Krise nicht so verlaufen war, wie er es erwartet hatte.[77] Die Verlauf der bürgerlichen Gesellschaft in ihrem „neuen Entwicklungsstadium" zwang ihn zu einer konzeptionellen Neuausrichtung.

Mit seiner Geldtheorie hat Marx auch den ungeheuren Wirtschafts- und Exportboom der 1850er Jahre aufgearbeitet. Die Referenzen auf den Goldrausch sind daher weniger als ‚Illustrationen' im Kopf erdachter Zusammenhänge denn als Ausgangs- und Stützpunkt der begrifflichen Entwicklung zu verstehen (dazu 4.3). Marx übernahm in den 1850er Jahren beide Aufgaben: die konkrete Aufarbeitung der jüngsten Geschehnisse sowie die abstrakte Theoretisierung der bürgerlichen Gesellschaft mit (und gegen) Hegel, Feuerbach, Ricardo, Sismondi, Frühsozialismus, Religionssoziologie, Geldmarktanalyse und empirischer Wirtschaftsgeschichte. In der Aufbereitung

---

75 Marx' Methode ist, wie bemerkt, weder die der Induktion, die vom empirischen Material direkt auf allgemeinere Zusammenhänge schließt, noch die der Deduktion, die aus axiomatischen Merksätzen ein System zur Erklärung des Einzelnen und Besonderen entwickelt (Fahling 1978, 4).

76 So schrieb Marx Engels am 10. Januar 1857: „Eine neuere Schrift von einem Schüler Proudhons hab' ich hier –: ‚De la Réforme des Banques *par Alfred Darimont*, 1856'. Witz der alte: Die Démonétisation de l'or et de l'argent oder que toutes les marchandises transformirt in instruments d'échange au même titre que l'or et l'argent." (MEGA III/8, 68) Dass Marx von den Proudhonisten schon gelangweilt war, zeigt sich noch darin, dass seine Auseinandersetzung mit Darimon bereits Anfang des Jahres 1857 entstanden ist (siehe Fn. 51) und ihn nicht unmittelbar zur Abfassung der *Grundrisse* motivieren konnte. Dies vollbrachte erst die Weltmarktkrise ab Oktober des Jahres (dazu 3.5).

77 Eben dies zu versäumen, warf Marx Darimon stellvertretend für die „Proudhonianer" vor: „Statt daß ökonomische Thatsachen die Probe ihrer Theorieen liefern, liefern sie den Beweis der Nichtüberwältigung der Thatsachen, um mit ihnen spielen zu können. Ihre Art mit den Thatsachen zu spielen zeigt vielmehr die Genesis ihrer theoretischen Abstraktion." (MEGA II/1, 55)

der Erscheinungen durch letztere lag ein weiterer Ausgangspunkt seines Abstraktionsgangs in den *Grundrissen*.

3.3 Von der Krise des Staats zum Staat der Krise

Indem sie die magischen Effekte des Goldrauschs auf die globale Konjunktur und den englischen Geldmarkt dechiffrierten, trugen Thomas Tooke und sein Mitarbeiter William Newmarch zu einer ‚Ernüchterung' der Marx'schen Krisendiagnostik von 1850/51 bei. Es ist somit nicht ohne Ironie, dass die beiden Wirtschaftshistoriker gleichzeitig Marx in seiner Erwartung bestärkten, dass die kommende Krise Frankreich schwer treffen und hier die politische Zuspitzung erfolgen würde, beides in der Weltmarktkrise von 1857/58 allerdings ausblieb.

Die neuen Bände der *History of Prices* hatten eine vergleichsweise große Ahnung der bestehenden Krisenpotentiale, die ihren Autoren zufolge durch willkürliche Staatseinmischungen entstanden waren: durch falsche Bankgesetzgebung in England und durch staatsgeförderte Kreditmobilisierung in Frankreich. Nach dem Staatsstreich des Autokraten Napoleon III. vom 2. Dezember 1851, der für zwanzig Jahre das Ende der parlamentarischen Republik in Frankreich bedeutete, hatten sich Finanzwesen und Staat, Ökonomie und Politik auf eine Weise verquickt, die den beiden Wirtschaftshistorikern zufolge einen höchst spekulativen und manipulativen Charakter annahm und die in ihren Augen das (nach den kalifornischen Goldfunden) zweite große Novum der auf die Krise von 1847/48 folgenden Periode darstellte. Marx sollte, so ist im Folgenden zu zeigen, durch eine umfangreiche Untersuchung des bonapartistischen Staats-Finanz-Komplexes (siehe 3.3.2) und der Maßnahmen der europäischen Regierungen gegen die Weltmarktkrise von 1857 (3.3.3) ein ganz anderes Bild des Krisenverlaufs zeichnen, indem er stärker als 1847 die Wechselbeziehungen zwischen Krise und Staat berücksichtigte und in der Konsequenz sein Staatsverständnis modifizierte (3.3.4).

3.3.1 Krise und Bonapartismus

In seiner Schrift *Der 18. Brumaire des Louis Bonaparte* (1852) widmete sich Marx ausführlich einem aktuellen Ereignis, das in seinem Zyklusmodell von 1850/51 ganz sicher nicht einkalkuliert worden war: dem Umschlag der Revolution von 1848/49 in den *coup d'état* vom 2. Dezember 1851 durch Louis Bonaparte, dem Neffen von Napoleon I. und Regenten von Frankreich zwischen 1848 und 1870 (erst als Präsident, dann als Kaiser) unter dem Namen Napoleon III. Den Ausgangspunkt des Staatsstreichs erblickte Marx in einer sich 1851 ereignenden „Art von kleiner Handelskrisis". Zwar war 1850 noch „eines der glänzendsten Jahre industrieller und kommerzieller Prosperität" und das „Pariser Proletariat vollständig beschäftigt" (MEGA I/11, 139), aber schon wenige Monate später sah sich die Bourgeoisie abermals mit einer ökonomischen Problemlage konfrontiert:

> Ende Februar zeigte sich Verminderung des Exports gegen 1850, im März litt der Handel und schlossen sich die Fabriken, im April schien der Stand der industriellen Departements so verzweifelt wie nach den Februartagen, im Mai war das Geschäft noch nicht wieder aufgelebt, noch am 28. Juni zeigte das Portefeuille der Bank von Frankreich durch ein ungeheures Wachsen der Depositen und eine eben so große Abnahme der Vorschüsse auf Wechsel den Stillstand der Produktion, und erst Mitte Oktober trat wieder eine progressive Besserung des Geschäfts ein.
> (MEGA I/11, 167)[78]

Diese Ereignisse mögen aus der historischen Rückschau vollkommen belanglos aussehen und in der Tat stellte sie Marx als eine „scheinbare Krise" (MEGA I/11, 168) vor,[79] die allenfalls der Auftakt und eine erste Erscheinung der kommenden allgemeinen Handelskrise wäre, die er zu diesem Zeitpunkt für 1852 erwartete. Doch die vergleichsweise geringfügige Stockung rief bei der französischen Bourgeoisie die schlimmsten Erinnerungen an die Katastrophe von 1847/48 wach und *schien* ihr eine neue Krise zu sein. Im *18. Brumaire* gab Marx die in einem Liverpooler Handelsbericht geäußerten Befürchtungen wieder, dass nun offenbar „alle drei Jahre ein panic" (MEGA I/11, 169) bevorstehe. War ‚es' also schon wieder so weit? Die handgreifliche Wechsellage von Krise, Aufschwung, Wiedereinbruch hinterließ ein Wechselbad der Gefühle und die Furcht vor einer Wiederholung des letzten Fiaskos. Diese scheinbare Krise gab laut Marx den Ausschlag dafür, dass die französische Bourgeoisie ihrem parlamentarischen Arm, der Ordnungspartei, die Unterstützung entzog. Denn diese Ordnungspartei war anscheinend nicht in der Lage, für Ordnung zu sorgen, da sie sich in einen nicht enden wollenden parlamentarischen Streit um eine Verfassungsänderung verzettelt hatte. In den Querelen um die Verfassungsänderung sowie in der Abwesenheit

---

[78] An anderer Stelle bemerkt Marx über diese Zeit: „Der Handel wurde täglich flauer, die unbeschäftigten Hände vermehrten sich zusehends, in Paris waren wenigstens 10 000 Arbeiter brodlos, in Rouen, Mühlhausen, Lyon, Roubaix, Tourcoing, St. Etienne, Elbeuf u. s. w. standen zahllose Fabriken still." (MEGA I/11, 157)

[79] Im Briefwechsel scheint Marx diese Krise mit Roland Daniels diskutiert zu haben. Der schrieb ihm am 25. Mai 1851: „Was hälst Du von Frankreich? [...] Sollen die Socialisten die günstige Gelegenheit vorübergehen lassen. Die Fabriken stocken überall, und selbst Herr Emil von Girardin will sich schlagen." (MEGA III/4, 386) Marx' Antwort ist nicht überliefert, weil seine gesamten Briefe an Daniels mit dessen Verurteilung im Kölner Kommunistenprozess verloren gegangen sind.

einer starken Regierung und einer ordnungsgemäßen Administration[80] wollte die Bourgeoisie wiederum die Ursache für die wirtschaftlichen Komplikationen sehen.[81]

Was Marx an dieser Stelle des *18. Brumaire* beschreibt, ist ein Auseinandertreten von Krisenbewusstsein und wirklicher Krise, eine Sedimentierung der Krisenerfahrung im Bewusstsein beziehungsweise eine Verselbständigung des Krisenbewusstseins. Die periodische Wiederkehr der Krisen ließ eine Weltwahrnehmung entstehen, die eben jene Wiederkehr so sehr fürchtet, dass sie damit beginnt, die Gegenwart als eine einzige Krise zu empfinden und auch da Krisen zu sehen, wo noch gar keine sind. Wenn die Krisen nicht verdrängt werden, können sie einen Gegenstand der theoretischen Reflexion und des politischen Kalküls bilden. Im emotionalen Haushalt derjenigen, die auf gar keinen Fall eine weitere Krise erleben wollen,[82] evoziert ein solches Bewusstsein Ohnmachtsgefühle, die schreiend nach einer Lösung verlangen. In einer Situation, in der die Nerven blank lagen, weil man angesichts einer halbjährigen Stockung glaubte, es wäre (bald) wieder Krise, entstand auf Seiten der Bourgeoisie ein dringendes, ‚normatives' Bedürfnis nach einer autoritären Stabilisierung, die Bereitschaft zur *ultima ratio* zu greifen und dazu die dem Staat „durch Jahrhundert lange Kämpfe" abgetrotzten „liberalen Konzessionen" (MEGA I/11, 101) über Nacht gegen Ruhe, Ordnung und Stabilität einzutauschen.[83]

> Man stelle sich nun den französischen Bourgeois vor, wie mitten in diesem Geschäftspanic sein handelskrankes Gehirn gefoltert, umschwirrt, betäubt wird von Gerüchten über Staatsstreiche und Herstellung des allgemeinen Wahlrechts, [...] und man begreift, daß der Bourgeois in dieser unsäglichen, geräuschvollen Konfusion von Fusion, Revision, Prorogation, Konstitution, Konspiration, Koalition, Emigration, Usurpation und Revolution seiner parlamentarischen Republik toll zuschnaubt: *„Lieber ein Ende mit Schrecken, als ein Schrecken ohn' Ende!"* Bonaparte verstand diesen Schrei. (MEGA I/11, 169)

---

80 „Die Bourgeoisie schrie aber um so lauter nach einer ‚starken Regierung', sie fand es um so unverzeihlicher, Frankreich ‚ohne Administration' zu lassen, jemehr eine allgemeine Handelskrise nun im Anmarsche schien und in den Städten für den Sozialismus warb, wie der ruinirend niedrige Preis des Getreides auf dem Lande." (MEGA I/11, 157)
81 „Die französische Bourgeoisie erklärte sich diese Handelsstockung aus rein politischen Gründen, aus dem Kampfe zwischen dem Parlamente und der Exekutivgewalt, aus der Unsicherheit einer nur provisorischen Staatsform" (MEGA I/11, 167). Marx wiederholte dies 1853 in der *Tribune*: „As to the middle classes, they were foolish enough to suspect the Assemblée Nationale of having caused, by the disputes and intrigues going on among its different fractions, and by their common opposition to the executive power, the transitory commercial stagnation of 1851." (MEGA I/12, 561)
82 Auch der umgekehrte Fall der Krisenbejahung ist möglich.
83 Der *Economist* begrüßte zunächst Bonaparte als „Schildwache der Ordnung", erklärte nach dem Staatsstreich aber die Linke für schuldig am Aufstieg der Rechten (MEGA I/11, 166). Das durch sozialistische Flausen verdorbene Proletariat habe seine Partikular- über die Gesellschaftsinteressen gestellt und nicht das liberale Allgemeinwohl verteidigen wollen.

In der Krise zeigten sich gewissermaßen die Prioritäten der Bourgeoisie. Sie optierte deshalb für die Aufgabe ihrer politischen Macht, für das Ende des Parlamentarismus und für die Diktatur, weil ihr, so Marx, die Krise den Eindruck verschaffte, dass es innerhalb der bestehenden politischen Ordnung nicht gut für sie ausgehen würde. Um endlich Ruhe zu haben und ihre in Gefahr scheinende ökonomische Macht weiterhin ausüben zu können, schien es ihr geboten, die *Flucht nach vorn* anzutreten: ihre politische Macht abzugeben, das Parlament zum Schweigen zu bringen und aktiv einen Staatsstreich zu provozieren (MEGA I/11, 136).[84]

Dass der Bonapartismus nicht einfach eine konterrevolutionäre Reaktion auf die Ereignisse von 1848/49 war, vielmehr als *Antwort auf die Krise* entstanden ist, ist in den Diskussionen um den *18. Brumaire* einigermaßen vernachlässigt worden.[85] Die Ursprünge des Kaiserreichs werden im Anschluss an Marx zumeist klassenzentrisch verkürzt in einem ‚Kräftegleichgewicht' zwischen Bourgeoisie und Proletariat gesehen.[86] Aber Marx war es wichtig zu betonen, dass der Staatsstreich nicht in der Prosperität, sondern während ihrer Unterbrechung vollzogen wurde.[87] Wie auch immer die konkreten Klassenkräfte konfiguriert gewesen sein mögen, erst in einer krisenähnlichen Bedrohungssituation sah sich die Wirtschaftselite zu einer politischen Neuorientierung gezwungen.[88] Im Hinblick auf die Marx'sche Krisentheorie ist die

---

[84] Marx wiederholte 1853 in der *Tribune*, die Bourgeoisie wollte *starken Staat und gesunde Wirtschaft*: „They deserted not only their own representatives, but they provoked intentionally the *coup d'état* with a view to restore what they called 'a regular Government,' and above all, 'sound business.'" (MEGA I/12, 561)

[85] Eine Ausnahme stellt etwa Kadritzke (1973, 20–30) dar. Obwohl Marx diesem Zusammenhang mehrere Seiten seiner Schrift widmet, wird ihm bei Wippermann (1983), Brunkhorst (2007) und in den Sammelbänden Bowling/Martin (2002) und Beck/Stützle (2018) keine große Bedeutung beigemessen. In der Forschung zur wirtschaftlichen Entwicklung des Zweiten Kaiserreichs ist dagegen häufiger die Ansicht zu finden, dass politische ‚Stabilität' „notwendig war, um das Kapital und die ganze Wirtschaft von ihrem drückenden Unsicherheitsgefühl zu befreien" (Pinner 1937, 88; vgl. Cameron 1961, 127/128). Auch Engels schrieb 1895: „Die innere Ruhe sicherte die volle Entwicklung des neuen industriellen Aufschwungs" (MEGA I/32, 339).

[86] Wippermann (1983, 58–60) hat darauf hingewiesen, dass es nicht Marx war, der eine für die spätere marxistische Bonapartismus-Theorie zentrale Formel vom „Gleichgewicht der Klassenkräfte" benutzt hat, und stattdessen Engels den Bonapartismus direkt auf „*the balance of the contending classes of French society*" (MEGA I/11, 210) zurückführte. Engels erwähnte in seiner Artikelserie zum Staatsstreich auch nicht die scheinbare Krise von 1851, sondern erklärte im Gegensatz zu Marx die Inaktivität des Proletariats während des Staatsstreichs aus der Prosperität (MEGA I/11, 209).

[87] Daher muss Kluchert (1985, 387) präzisiert werden, bei dem es heißt, dass für Marx nunmehr „die Siege der ‚Konterrevolution' in der bald zurückkehrenden Prosperität [gründeten]". Zwar wird Marx erst später, nach der Lektüre der neuen Bände der *History of Prices* mehrmals auf die Prosperität als Grundlage der *Dauer* des Bonapartismus verweisen, aber sein *Ursprung* lag nicht in der Prosperität, vielmehr im Auftrag der Krisenüberwindung. Die Rückkehr der Prosperität erklärt nicht, warum Napoleon III. an die Macht gekommen, sondern warum er an der Macht geblieben ist.

[88] Marx dachte auch nicht, dass dem Staatsstreich eine tatsächliche revolutionäre Bedrohung der bürgerlichen Herrschaft vorausging (Kadritzke 1973, 22), da sich der politische Kampf 1851 schon

enge Verknüpfung der Krisenhaftigkeit der bürgerlichen Gesellschaft mit der Entstehung des Bonapartismus als einer bestimmten Form der modernen Staatsgewalt in mindestens dreifacher Hinsicht bemerkenswert.

Erstens stellt sie die keine zwei Jahre alte Schlussformel der *Revue* vom Oktober 1850 infrage, dass eine neue Krise die Voraussetzung einer neuen Revolution sei (dazu 2.5.1). Der konjunkturelle Einbruch brachte dieses Mal allerdings keine Revolution, sondern einen autoritären Staat hervor, der mit dem Auftrag ausgestattet wurde, die Problemlage zu beseitigen und dadurch auch eine neue Revolution zu unterbinden. Auch im *18. Brumaire* zeigt Marx, wie der industrielle Zyklus das gesellschaftliche und politische Leben antreibt; aber die genaue politische Reaktion ist nicht durch die ökonomische Bewegung selbst determiniert. So hieß es schon im *Manifest*, dass sich die bürgerliche Gesellschaft in einer Krise „plötzlich in einen Zustand momentaner Barbarei zurückversetzt" (MEW 4, 468). Eine Krise weist offensichtlich noch ein anderes, die bestehenden Verhältnisse nicht transzendierendes, sondern ein an ihren historischen Anfang zurückversetzendes Moment auf.[89] Daher ist die Reaktion auf die Krisen nicht ‚immer dieselbe' und eben in der Bestimmung ihrer genauen Auswirkungen liegt für Marx eine Bedeutung der Krisenverlaufsanalyse. Es ist insbesondere der ‚subjektive' Faktor, dem er im *18. Brumaire* nun größere Aufmerksamkeit widmet: „Auf den verschiedenen Formen des Eigenthums, der sozialen Existenzbedingungen, erhebt sich ein ganzer Ueberbau verschiedener und eigenthümlich gestalteter Empfindungen, Illusionen, Denkweisen und Lebensanschauungen." (MEGA I/11, 121) Diese Bewusstseinsformen (Emotionen, Phantasien, Denk- und Wahrnehmungsweisen, Weltanschauungen) und Bewusstseinsinhalte sind bei Marx weder durch übergeschichtliche psychologische Dispositionen noch durch die Klassenlage oder ökonomische Kategorien vollends determiniert. Sie stehen allerdings in einer Verbindung zu den „sozialen Existenzbedingungen" und entfalten sich in einer konkreten gesellschaftlichen Situation. Diese ‚Varietäten' der Reaktion auf die Krisen wird Marx in der Folge weiter untersuchen und etwa in den *Grundrissen* und *Zur Kritik der politischen Ökonomie* zwei typische Charaktermasken unterscheiden, die die Warenbesitzer in der Krise annehmen (3.5.4). Im *18. Brumaire* knüpfte er an die Diagnose des *Manifests* über die schädigenden Auswirkungen der Krisen auf das gesellschaftliche Bewusstsein an, denn die Angst vor einem neuen großen Crash besiegelte die

---

längst wieder parlamentarisiert hatte. Gleichwohl waren die *Erinnerungen* an die Revolution und die „*Furcht* die revolutionäre Unruhe wieder heraufzubeschwören" (MEGA I/11, 148. Herv. TG) im bürgerlichen Bewusstsein präsent. Mit einer schnellen Überwindung der Krise wäre somit auch die Wiederkehr der Revolution unterbunden.

89 „[G]erade in solchen Epochen revolutionärer Krise", so Marx, beschwören die Menschen „ängstlich die Geister der Vergangenheit zu ihrem Dienste herauf, entlehnen ihnen Namen, Schlachtparole, Kostüme, um in dieser altehrwürdigen Verkleidung und mit dieser erborgten Sprache die neue Weltgeschichtsszene aufzuführen." (MEGA I/11, 97)

„Dialektik der Konterrevolution"[90] mit dem Staatsstreich eines Despoten und dem Ende der parlamentarischen Republik.

Zweitens wird Marx von seinen Interpreten gern in einen „deterministischen Ökonomen" und einen „nicht-deterministischen Historiker" (vgl. Elbe o. D.) aufgespalten. Diesem einfachen Schema zufolge ist der *18. Brumaire* als ‚historische', ‚politische' oder ‚historisch-politische' Schrift zu klassifizieren: Hier argumentiere Marx nicht-deterministisch, weil er anders als in seinen ökonomiekritischen Manuskripten die Handlungsmotive der ‚Akteure' nicht „utilitaristisch" verstehe, sondern stattdessen deren bunte „normative Hintergrundkultur" berücksichtige, durch die ganz vielfältige Handlungsdynamiken in Gang gesetzt würden, welche nicht auf ökonomische Erwägungen reduzierbar seien (so Honneth 2011; ähnlich Brunkhorst 2007, 270/271).[91] Vergleichbare Auffassungen sehen den Bonapartismus durch einen „Primat der Politik" (Winkler 1978) charakterisiert und sprechen so die politisch Handelnden von ökonomischen Motiven frei.[92] Dem ist zu entgegnen, dass sich das politische Geschehen auf der Bühne des *18. Brumaire* eindeutig vor dem Hintergrund der Bewegungen auf dem Weltmarkt abspielt. Wie gleich genauer gezeigt wird, steht eine Reihe ‚ökonomischer' Annahmen und Quellen hinter Marx' ‚historisch-politischen' Schriften und Zeitungsartikeln. Außerdem war der Bonapartismus für Marx nicht nur ein Problem der politischen, sondern mindestens genauso sehr ein Problem der ökonomischen Theorie. Denn der Bonapartismus zeigte keineswegs einen reinen Primat des Politischen, sondern zeichnete sich durch eine wirkliche Verschlingung von Ökonomie und Politik aus, die sich aus Marx' Sicht umso mehr verkomplizierte, je länger diese politische Form Bestand hatte.

---

[90] Die „Dialektik der Konterrevolution" (Kluchert 1985, 343) besteht darin, dass die Bourgeoisie mit den repressiven Mitteln ihres Sieges über das Proletariat (Einschränkung der revolutionären Presse, Polizeiaufsicht von Volksversammlungen, Auflösung der demokratischen Nationalgarden) den Grund ihrer eigenen Niederlage gegen Louis Bonaparte legte.

[91] Ähnlich befand Hannah Arendt in *Vita activa* (2002, 225/226), dass der – explizit allein Marx zugeschriebene – „Grundirrtum aller Versuche, den Bereich des Politischen materialistisch zu verstehen" im Ausschalten des „subjektiven Faktors" liege. Für Marx allerdings spielen solche Scheingegensätze wie der von ‚Struktur vs. Handeln' keine Rolle. Er widmet sich im *18. Brumaire* und in seiner Publizistik nicht nur der ‚normativen Hintergrundkultur' verschiedener Schichten wie der unter republikanisch gesinnten Schriftstellern grassierenden Sehnsucht nach nationaler Größe (MEGA I/11, 107) und der unter Militärs zur Schau gestellten Vorliebe für Fleischspeisen wie „kalte[s] Geflügel und Knoblauchswurst" (MEGA I/11, 143), sondern auch der *Persönlichkeit* Napoleons III. – mit seiner „fixe[n] Idee" (MEGA I/11, 170) vom Staatsstreich, seinem Fatalismus (MEGA I/11, 143) und seiner Furcht vor dem Schuldenturm (MEGA I/16, 199) – derart eindringlich, dass Schönfelder (2018, 129) nahelegen kann, Marx habe den Bonapartismus auf die Person Napoleon III. reduziert („Um allerdings den Bonapartismus wirklich theoretisch *durchzuarbeiten*, hätte Marx das Phänomen auch über die Person Louis-Napoléon hinaus verfolgen müssen.").

[92] Wenn man die Verselbständigung des Staats gegenüber dem Kapital überbetont, wäscht man auch den Kapitalismus von seinen autoritären ‚Sündenfällen' rein.

So kann einer aufmerksamen Lektüre des *18. Brumaire* nicht entgehen, dass Marx in dieser Schrift die 1850 in der *Revue* formulierte Auffassung, dass der industrielle Zyklus „die *reale* Grundlage" bildet, auf der sich die „oberflächlichen Wallungen" (MEGA I/10, 448) des sozialen und politischen Geschehens abspielen, in keiner Weise revidiert hat. Das politische Leben Frankreichs sieht er nach wie vor in einer tiefen Abhängigkeit von dem Auf und Ab in England, dem „Despoten des Weltmarkts" (MEGA I/10, 126) und „Demiurg des bürgerlichen Kosmos" (MEGA I/10, 466): „So macht Frankreich außer den allgemeinen Krisen seine eignen nationalen Handelskrisen durch, die jedoch weit mehr durch den allgemeinen Stand des Weltmarkts als durch französische Lokaleinflüsse bestimmt und bedingt werden." (MEGA I/11, 168) Auch die Wiederkehr der Wirtschaftskrisen zählt zu den „unmittelbar vorhandenen, gegebenen und überlieferten Umständen", die die Möglichkeiten und Unmöglichkeiten gesellschaftlichen und politischen Handelns wesentlich bedingen.[93] Den französischen Proletariern empfiehlt Marx im *18. Brumaire* deshalb, nicht sofort in Aktion zu treten und auf die nächste Krise zu warten, bis die Farce des Bonapartismus zu Ende gespielt wäre und sich die Handlungsspielräume und Machtreserven des Regimes erschöpft haben würden: Der „geschichtliche Prozeß" müsse „zunächst wieder *über* ihren Köpfen vor sich gehen" (MEGA I/11, 139). Die Widersprüche der modernen Gesellschaft ließen sich nicht durch autoritäre Verordnungen stillstellen. Mit dem neuen Crash – den Marx ja noch 1852, dem Jahr der Veröffentlichung des *18. Brumaire* erwartete[94] – wäre es mit der Scheinstabilität und dem Scheinstillstand wieder vorbei und die Geschichte würde sich gewissermaßen zurückmelden. Die nächste Krise wäre daher für das französische Proletariat der richtige Moment, das politische Handeln wiederaufzunehmen.

Es gibt in Bezug auf die ‚historische Konstellation' und das ‚ökonomische Gesetz' keinen ‚doppelten Marx'.[95] Zwar handelt es sich dabei um verschiedene Gegenstände,

---

[93] „Die Menschen machen ihre eigene Geschichte, aber sie machen sie nicht aus freien Stücken unter selbstgewählten, sondern unter unmittelbar vorhandenen, gegebenen und überlieferten Umständen." (MEGA I/11, 96/97) Marx griff hier auf einen Lieblingsbegriff von Robert Owen zurück, der zu den Umständen („circumstances") auch die ökonomische Lage zählte.

[94] Marx hat seine Revolutionshoffnung im *18. Brumaire* daher nicht „auf unbestimmte Zeit verschoben" (Steil 1993, 155), nur um ein paar Monate.

[95] Zu dem unbefriedigenden Gegensatz von Subjektivismus/Politizismus vs. Objektivismus/Ökonomismus äußerte sich Marx selbst im Vorwort zur zweiten Auflage des *18. Brumaire*. In der Darstellung von Victor Hugo erscheine der Staatsstreich „wie ein Blitz aus heitrer Luft. Er sieht darin nur die Gewaltthat eines einzelnen Individuums"; Proudhon dagegen „sucht den Staatsstreich als Resultat einer vorhergegangenen geschichtlichen Entwicklung darzustellen" und „verfällt so in den Fehler unserer sogenannten *objektiven* Geschichtsschreiber" (MEGA I/21, 130/131). Marx wollte eben einerseits den „Fehler" der objektiven Geschichtsschreibung vermeiden und den Staatsstreich nicht als notwendigen Ausfluss einer gesetzmäßigen Entwicklung präsentieren. Andererseits waren die Ereignisse offensichtlich ebenso wenig auf die geniale Tat eines ‚welthistorischen Individuums' zu reduzieren: Napoleon III. hatte seine Machtergreifung mit einer erstaunlichen Beharrlichkeit bereits seit

die jeweils eine eigene Untersuchungs- und Darstellungslogik erfordern, aber diese Trennung bedeutet kein gegensätzliches Verhältnis.[96] Zum einen wird aus dem empirischen Material Theorie gebildet (3.2.3); man muss es daher in der Aufarbeitung der Gesellschaft und ihres Wandels kennenlernen, in der die Kräfteverhältnisse zwischen den Klassen, die ‚Normativität' kollektiven Handels und nicht zuletzt die „Empfindungen, Illusionen, Denkweisen und Lebensanschauungen" die allergrößte Rolle spielen. Man muss sich genau ansehen, was tatsächlich passiert ist, um allgemeine Aussagen über die bürgerliche Gesellschaft treffen zu können. Zum anderen aber ist das Ausmaß der Kontingenzen in kapitalistischen Gesellschaften durch die ökonomischen Formen und Gesetze begrenzt (Postone 2013, 366–370). Diese stoßen eine Dynamik an, die niemals kontrolliert werden kann und immer wieder zu Krisen führt.

So kann zwar der Staatsstreich nicht auf den industriellen Zyklus reduziert werden, aber er vollzog sich auch nicht unabhängig von ihm. Möglicherweise liegt im Zustand der Krise und im Modus des plötzlichen Umschlags von Prosperität in Krise etwas Allgemeines, das in allen oder zumindest den meisten Krisen – an verschiedenen Orten, in verschiedenen Ausdrücken – nachweisbar ist. Solche wiederkehrenden Problemlagen müssen ein Buch mit sieben Siegeln bleiben, wenn man die Bewegung des Kapitals nicht kennenlernen möchte. Wie an allen längeren oder glücklicheren Tagen der Prosperität die Erlösungsphantasie ihrer Ewigkeit und eines Endes der Geschichte anzutreffen ist, so stehen in den Krisen immer wieder die bürgerlichen Ideale von Freiheit, Gleichheit und Brüderlichkeit zur Disposition (dazu 3.5.4). Diese sich in den Krisen periodisch vollziehende Suspension der ‚liberalen Utopie' muss die Gesellschaft und ihre großen Denker jedes Mal aufs Neue überraschen, wenn sie – ob willentlich oder unreflektiert – von der Krise als allgemeinem Problem absehen.

Die Liebhaber des *18. Brumaire* ziehen ihre Begeisterung für den Text vornehmlich daraus, dass dessen Verfasser dem Marx des orthodoxen Marxismus gar nicht ähnlich zu sehen scheint. Und ungeachtet der (mitunter gravierenden) Unzulänglichkeiten ihrer Lektüren können die Kritiker gegen die ‚Orthodoxie' Punkte machen. Denn in der Tat ist in einem solchen Marxismus, der sich ausschließlich auf den „idealen Durchschnitt" der kapitalistischen Produktionsweise, ihre „innere Kernstruktur"[97] oder dergleichen fokussiert, manchmal ein gewisses Desinteresse, um nicht zu sagen eine gewisse Rücksichtslosigkeit gegenüber den vermeintlichen Ausnahmen,

---

Jahrzehnten über zwei Putschversuche, Exil und eine mehrjährige Haftstrafe hinweg verfolgt, aber die nötige Zustimmung für ein auf ihn zentriertes Herrschaftsmodell fand er erst in einer konkreten Krisensituation. Der Bonapartismus wurde aus der Krise und den französischen Klassenkämpfen geboren, war aber kein zwangsläufiges Resultat einer ‚Logik der Geschichte' oder dergleichen.

96 Auch Lindner (2013, 272) hat darauf hingewiesen, dass es nicht die eine Marx'sche Methode gibt, Geschichtsschreibung und Kritik der politischen Ökonomie dennoch zu demselben Theorieprogramm zu zählen sind. Der Unterschied bestehe vor allem im Abstraktionsgrad, der im *18. Brumaire* geringer als im um Systematisierung ringenden *Kapital* ist.

97 Diese Ausdrücke verwendet Marx im Manuskript zum dritten Buch des *Kapital*.

Anomalien und Besonderheiten anzutreffen. Etwa vertritt Meiksins Wood (2020) die Auffassung, dass sich im *18. Brumaire* keine Theorie des kapitalistischen Staats finden lasse und im Bonapartismus auch nicht nach der Essenz desselben gesucht werden sollte.[98] Weil der Bonapartismus Ausdruck einer französischen Rückständigkeit, also der *Abwesenheit des Kapitalismus* gewesen sei, könne Marx anhand dieses Phänomens keine Theorie des kapitalistischen Staats entwickelt haben. Der Kapitalismus sei stattdessen mit Demokratie, Parlament und Rechtsstaat kompatibel, weil, anders als etwa im Feudalismus oder in einer auf Sklaverei basierenden Produktionsweise, die ökonomische Macht zur Auspressung und Aneignung der Surplusarbeit von politischen Privilegien getrennt ist, so dass die Klassengesellschaft weiterbesteht, obwohl das Proletariat der Bourgeoisie rechtlich gleichgestellt ist. Besser also eine Kritik der liberalen Demokratie üben, als im autoritären Staat die Wahrheit der Moderne zu erkennen (und dann womöglich auf liberal-demokratische Illusionen hereinzufallen). Stellen Bonapartismus, Faschismus und Militärdiktatur also bloß vorübergehende, episodische Abweichungen vom liberal-demokratischen Durchschnitt dar, die auf einen Mangel an kapitalistischer Entwicklung zurückzuführen sind? Zumindest mit seiner Kapitaltheorie ist Marx eindeutig einer anderen Vorgehensweise zuzuordnen: Aus den basalen Formen des Kapitals heraus müssen auch die periodischen Krisen – oftmals nur vergleichsweise kurze Momente, die als Ausnahmesituation und Abweichung von der Normalität erscheinen – zu begreifen sein (siehe 4.1). Wenngleich Marx in seiner Theorie der kapitalistischen Produktionsweise den Staat bei weitem nicht auf eine ähnlich systematische Weise wie das Kapital und seine Krisen behandelt und die Periodizität solcher autoritären ‚Einzelfälle' nicht wirklich kennengelernt hat, zeigen seine Formulierungen am Ende des Zweiten Kaiserreichs in *The Civil War in France* (1871), dass er auch im Bonapartismus keine einfache Ausnahme, sondern eine spezifische Form der bürgerlichen Staatsgewalt gesehen hat, und zwar dessen „ultimative" und „prostituierteste". Darauf wird zurückzukommen sein (siehe 3.3.4).

Daneben ist in marxistischen Theorien des Bonapartismus (und Faschismus) nicht selten ein ökonomischer Reduktionismus anzutreffen, der diesen Gegenständen nicht angemessen ist. Zwar wäre es falsch, für den Bonapartismus einzig einen

---

[98] Zwar urteilt Meiksins Wood wörtlich nur über den *18. Brumaire*, aber zugleich zählt sie Bürokratie, Militär, Cliquen- und Klientelwirtschaft (also dass der Staat zur Beute von Rackets wird) zu den „*non-capitalist features of the Bonapartist state*". Anders als im demokratischen Normalstaat seien im Bonapartismus politische Rechte eine Bedingung für die ökonomische Appropriation gewesen. Zudem habe es das Kapital, aus Sicht der allgemeinen Theorie, zu seinem Selbsterhalt *nicht zwangsläufig* nötig, die Demokratie zu zerstören: „*The Eighteenth Brumaire of Louis Bonaparte* is not a guide to capitalist democracy precisely because the material interests of capital do not reside in the state and capitalism does not inevitably require the dissolution of democracy in order to maintain the class power of capital." (Meiksins Wood 2020, 62) Ihr macht also zu schaffen, dass die Trennung von Ökonomie und Politik im Bonapartismus nicht ganz so sauber war wie ihre theoretische Unterscheidung.

Primat der Politik anzunehmen, aber gleichsam unangemessen, dieses Phänomen einfach als notwendigen Ausfluss ökonomischer Entwicklungsgesetze abzuleiten. Denn wie im Folgenden ausgeführt wird, war im Bonapartismus ein Problem mindestens vorweggenommen, dass es einer geläufigen Auffassung der Geschichte zufolge erst im 20. Jahrhundert gegeben haben soll: Staatseinmischungen im großen Ausmaß. Der Bonapartismus bedeutete eine umfassende ‚Politisierung der Ökonomie', denn auf den Gebieten der Wirtschafts-, Fiskal- und Geldpolitik wurden für die damalige Zeit unkonventionelle Staatseingriffe durchgeführt, die wiederum dem Zweck der industriellen Entwicklung selbst dienten. Ohne die Differenzen und Brüche in der weiteren Binnengeschichte des Kapitalismus, die hier gar nicht untersucht werden können, infrage stellen zu wollen, lässt sich bei Marx demnach ein großer Schatz an Überlegungen zu den Staatseinmischungen in die Ökonomie bergen. Allerdings stehen diese Ausführungen weniger in den Manuskripten zum *Kapital*, wo Marx zu einer systematischen Durchdringung der Staatsform nicht vorgedrungen ist, weshalb es für viele seiner Interpreten den Anschein hatte, als habe er über Staatseinmischungen nicht nachgedacht beziehungsweise sie überhaupt nicht gekannt. Wenn man die Reichweite der Marx'schen Theorie verstehen oder sich an ihr orientieren will – hierin ist den Kritikern der Orthodoxie zuzustimmen –, kann man nicht nur auf das unvollendet gebliebene *Kapital* sehen, sondern muss jene ‚historisch-politischen' Schriften zur Kenntnis nehmen, die zwar gleichsam neben der Kritik der politischen Ökonomie verfasst wurden, aber doch innerlich mit ihr zusammenhängen.

Drittens besteht in den Kommentaren zum *18. Brumaire* eine gegensätzliche Auffassung darüber, ob der Staatsstreich Marx zu einem Bruch mit ‚geschichtsphilosophischen' Überzeugungen verleitet hat. So lautet Brunkhorsts Hauptthese (2007, 166 u. 190), dass Marx im *Manifest* einen unvermeidlichen Fortschritt von der bürgerlichen zur sozialistischen Gesellschaft vorhergesagt habe; ein Rückfall hinter bürgerliche Verhältnisse, den der Staatsstreich markiert haben soll, sei dabei nicht vorgesehen gewesen, weshalb der *18. Brumaire* einen Abschied vom Fortschrittsoptimismus markiere. Brunkhorst überliest damit allerdings nicht nur die Ausführungen im *Manifest* über die sich in den in den Krisen vollziehende plötzliche Rückversetzung „in einen Zustand momentaner Barbarei" (MEW 4, 468). Auch interpretieren Wippermann (1983, 56/57) und Kluchert (1985, 346–355) – beide von Brunkhorst nicht ausgewertet – den *18. Brumaire* im genauen Gegenteil: Wie in den *Klassenkämpfen* (1850) verstehe Marx auch in seiner Analyse des Staatsstreichs noch die Konterrevolution ‚optimistisch' als eine Bedingung für den kommenden Triumph der sozialen Revolution (MEGA I/11, 101). Denn der neue Napoleon werde unfreiwillig dafür Sorge tragen, dass die in der Bevölkerung verbreiteten, antirevolutionären „idées napoléennes" in Zukunft unhaltbar werden. Etwa verbanden die französischen Bauern mit dem Namen „Napoleon" ihre Befreiung von feudalen Fesseln und Überbesteuerung; indem aber Napoleon III. zur Finanzierung seiner Staatsdefizite, Experimente und Abenteuer die Steuern auf dem Land erhöhen werde, müsse den Bauern endgültig deutlich werden, dass sie gegen ihre Interessen gestimmt hatten und ‚von oben' keine Emanzipation mehr zu erwarten sei (vgl. Projekt Klassenanalyse 1972, 120–123). Dass diese Deutung die korrekte ist, lässt sich anhand der im *18. Brumaire* gebrauchten Farce-Metapher verdeutlichen.

Napoleon III. wird von Marx als Schauspieler in einer Farce,[99] einer *Verwechslungskomödie* dargestellt: Alle können sich mit ihm (genauer: jeweils einer Rolle oder Maske von ihm) identifizieren, alle halten ihn für die Lösung ihrer Probleme (die Bourgeoisie etwa glaubte, er würde ihre Krise lösen). Marx dachte zunächst, dass sich der ‚Kaiser', so überzeugend seine schauspielerische Verstellung als „Retter der Gesellschaft" auch ausfalle, als tatsächlicher Staatsmann doch wie ein Idiot aufführt, der, indem er es allen Recht machen will, gegen die Regeln des kapitalistisch angemessenen Staatshandelns verstößt und deshalb von den Folgen seiner eigenen Handlungen „überrollt" (Lindner 2013, 219) wird.[100] Sollte der Kaiser seine Rolle allzu ernst nehmen und tatsächlich einen ‚Primat der Politik' setzen, würde dieser von den ökonomischen Widersprüchen wieder einkassiert. Die in der kommenden Krise kulminierende Entwicklung würde diese Farce daher beenden. Die Krise würde die Diskrepanz zwischen der Vorstellung Napoleons III. als nationale[101] Lösung der Probleme aller Klassen und seinem wirklichen Handeln entlarven und so die letzten Illusionen über die Französische Revolution zerschmettern, die französische Gesellschaft von der „Wucht der Tradition" (MEGA I/11, 185) befreien und den Wiederholungszwang der Revolutionäre brechen.[102] Weil erst jetzt der parasitäre Staat der Gesellschaft vollends gegenübergetreten sei,[103] würden sich nach der Erfahrung mit *diesem* Napoleon

---

99 Der berühmte Eröffnungssatz des *18. Brumaire* lautet: „Hegel bemerkt irgendwo, daß alle großen weltgeschichtlichen Thatsachen und Personen sich so zu sagen zweimal ereignen. Er hat vergessen hinzuzufügen: das eine Mal als große Tragödie, das andre Mal als lumpige Farce." (MEGA I/11, 96)

100 „[W]enn er nun selbst seine kaiserliche Rolle im Ernste nimmt und mit der napoleonischen Maske den wirklichen Napoleon vorzustellen meint, wird er das Opfer seiner eignen Weltanschauung" (MEGA I/11, 142).

101 Ein Element des Bonapartismus war in Marx' Augen der gesteigerte Nationalismus. Napoleon III. spielte sich mit seinen Versprechungen, die Bourgeoise vor der roten Anarchie und die Arbeiterklasse vor dem Despotismus des Kapitals zu bewahren, als ein über allen Klassen stehender „Retter der Gesellschaft" auf. Er personifizierte eine Lösung für alle. Seine Losung „keine Steuern mehr, nieder mit den Reichen, nieder mit der Republik, es lebe der Kaiser" (zit. nach Hobsbawm 1980, 40) kam nicht nur unter Bauern gut an.

102 Indem er Napoleon III. als den Hauptdarsteller der Farce identifiziert, den der weitere Verlauf der Geschichte als „Hanswurst" und Hochstapler enttarnen würde, lehnt sich Marx an eine Hegel'sche Überlegung aus der *Phänomenologie des Geistes* aus dem Abschnitt *Das geistige Kunstwerk* an: Indem sich das Publikum mit dem Schauspieler identifiziert, erfährt es diese Identifikation am Ende des Stücks, nachdem der Schauspieler seine Maske ablegt und sein wirkliches Selbst offenbart, als eine Hypokrisie. Die Erfahrung, von einem schauspielernden Heuchler betrogen worden zu sein, ist ein Übergang zu einer höheren Stufe des Bewusstseins.

103 „Erst unter dem zweiten Bonaparte scheint sich der Staat der Gesellschaft gegenüber verselbstständigt und sie unterjocht zu haben." (MEGA I/11, 179)

Etatismus, Personenkult und das Schwenken der Trikolore ein für alle Mal blamiert haben. Der *18. Brumaire* markiert also keinen Bruch mit einem ‚linearen' Geschichtsmodell, sondern erklärt, warum Marx in den kommenden Jahren so obsessiv nach der nächsten Krise Ausschau halten wird, welche die Geschichte gewissermaßen wieder in ihre natürliche Umlaufbahn zurückschleudern oder, genauer gesagt, verdeutlichen würde, dass die Umlaufbahn gar nicht verlassen worden war, denn der Inhalt der Farce ist bloß die *Verwechslung* selbst und im Grunde hatte sich gar nichts bewegt. In der Tat hat der *coup d'état* keineswegs die Marx'sche Fixierung auf eine (französische) Revolution gelöst; dies wird erst die große Weltmarktkrise von 1857/58 vollbringen, die weder Frankreich schwer treffen noch Revolution in Europa hervorbringen sollte. Trotz seiner Irritation über die Machtergreifung Louis Bonapartes blickte Marx zunächst also optimistisch in die Zukunft. Die Farce des autoritären Staats ist nur ein kurzes, womöglich nicht einmal nachteiliges Intermezzo zwischen der Tragödie der Französischen Revolution und der kommenden Komödie der sozialen Umwälzung.[104]

Darstellungen der Marx'schen Analyse des Bonapartismus nehmen häufig nur auf den *18. Brumaire* Bezug.[105] Aber nicht nur musste der Staatsstreich Napoleons III. ohne Verständnis des industriellen Zyklus unbegreiflich bleiben, weshalb die in der *Revue*, in *Reflection* und in den *Klassenkämpfen* entworfenen Überlegungen einen theoretischen Hintergrund des *18. Brumaire* darstellen. Darüber hinaus hat Marx das Zweite Kaiserreich noch zwanzig Jahre bis zu seinem Ende 1870/71 so obsessiv wie kaum einen anderen Gegenstand verfolgt und dabei sein Verständnis des Bonapartismus immer wieder aktualisiert, und zwar auf eine Weise, die mit der zunehmenden Komplexität des Phänomens Schritt halten musste. Es lassen sich mitunter erhebliche Verschiebungen, gar Brüche in seiner Auffassung des Bonapartismus feststellen, die man verpasst, wenn man nur den *18. Brumaire* untersucht (dazu 3.3.4). Marx hat seine Überlegungen zum Konnex zwischen Krise und Revolution im Angesicht des Bonapartismus entwickelt und auch seine Charakterisierung des Bonapartismus als eine Art Zuwiderhandlung gegen die ökonomischen Gesetze der modernen Gesellschaft modifiziert. Zudem zeigte ihm seine vergleichende Untersuchung der in Frankreich und in anderen europäischen Staaten ergriffenen Maßnahmen gegen die Weltmarktkrise von 1857/58 in den *Krisenheften*, dass die Fähigkeiten des Staats beim Krisenmanagement nicht ganz so gering waren, wie es noch 1847/48 den Anschein hatte (3.3.3).

---

[104] Brunkhorst gelangt auch deshalb zu einer Fehleinschätzung, weil er Marx' ökonomische Analysen über Zyklus, Krise und Steuern im *18. Brumaire* konsequent ausblendet. Ein Marx'scher Bruch mit dem ‚ökonomischen Determinismus' (Brunkhorst 2007, 225) lässt sich dann umso leichter behaupten.
[105] Stedman Jones (2017, 404–406) moniert, Marx habe die modernisierenden Seiten des Bonapartismus übersehen, doch Marx' Aufmerksamkeit für dessen finanzielle Innovation des Crédit Mobilier zeigt, dass das Gegenteil der Fall ist. Kluchert denkt (1985, 355), dass Marx einen Begriff wie „Bonapartismus" nie verwendet hätte, aber in dessen Publizistik fällt mehrmals das Wort „Bonapartism" (MEGA I/16, 224 u. 277). Indes sprach er auch von Cäsarismus, Napoleonismus und Imperialismus.

3.3.2 Eine Allianz gegen Louis Bonaparte: Tooke und Marx zur politischen Ökonomie des autoritären Staats

> Die Februarrevolution ist überhaupt in letzter Instanz an Californien und Australien gescheitert.
>
> Marx: Herr Vogt (MEGA I/18, 178)

Der französischen Bourgeoisie schien der Konjunktureinbruch von 1851 *politische* Ursachen in Frankreich zu haben. Aber weil sie laut Marx vielmehr aus der Überproduktion der englischen Industrie in den Boomjahren 1849/50 herrührte, konnte es dafür keine französische Lösung geben, so innovativ, extravagant oder autoritär sie auch ausfallen würde.[106] Gemäß seiner in der Krise von 1847/48 entwickelten Überlegung, dass der Staat die Krise durch seine Behandlung verschlimmert und sich selbst dadurch in Schwierigkeiten bringt (2.4), erhöhte er noch den Einsatz: Eine neue Krise in Frankreich wäre nicht nur unvermeidlich, sondern würde auch das Ende der bonapartistischen Modernisierungsdiktatur besiegeln. Von der Bourgeoisie mit dem Auftrag der Krisenbeseitigung ausgestattet, würden die zu seiner Erfüllung ergriffenen Staatsmaßnahmen für Napoleon III. selbst wieder zum Problem werden, sofern diese die Grenzen kapitalistischen Staatshandelns *ignorierten*.[107] Seine Gefallsucht und die daraus resultierende widersprüchliche Politik erklärte nicht nur den Aufstieg, vielmehr auch den Untergang Napoleons III.[108] Aus der temporären Überwindung der Krise fallen Kosten an, die sich später bemerkbar machen. Ein solches Programm für seine Frankreich-Artikel der *Tribune* bezeichnete Marx als „Einfluß der bevorstehenden Crise auf doing away with the Bonaparte regime" und skizzierte es gegenüber Engels am 12. Oktober 1853 wie folgt:

---

106 Ähnlich befand Georg Weerth in der *Neuen Rheinischen Zeitung* vom 7. März 1849: „Lächerlich ist es daher auch, wenn man das Wiederaufblühen des Handels dem augenblicklichen Siege der Kontrerevolution zuschreibt. [...] die Engländer arbeiten nicht deswegen aufs neue den ganzen Tag in allen Bergwerken, in allen Schmieden, in allen Spinnereien, in all ihren Häfen, weil ein Fürst Windischgrätz die Wiener standrechtlich erschießen läßt" (MEW 6, 330; zur Autorschaft Melis 2006, 175).

107 Marx schreibt 1853 ganz deutlich in der *Tribune*: „industrial crises are neither to be prevented by military despotism nor alleviated by its stretching public credit to its utmost limits, exhausting it by the most lavish expenditure, and making the financial [fiskalische, TG] crisis the inevitable partner of a commercial one." (MEGA I/12, 561)

108 „Diese widerspruchsvolle Aufgabe des Mannes erklärt die Widersprüche seiner Regierung, das unklare Hin- und Hertappen, das bald diese, bald jene Klasse bald zu gewinnen, bald zu demüthigen sucht und alle gleichmäßig gegen sich aufbringt [...] Das Volk soll beschäftigt werden. Anordnungen von Staatsbauten. Aber die Staatsbauten erhöhen die Steuerpflichten des Volkes. Also Herabsetzung der Steuern durch Angriff auf die Rentiers durch Konvertirung der fünfprozentigen Renten in 4^1/$_2$prozentige. Aber der Mittelstand muß wieder ein Douceur erhalten. Also Verdoppelung der Weinsteuer für das Volk, das ihn en detail kauft und Herabsetzung um die Hälfte für den Mittelstand, der ihn en gros trinkt." (MEGA I/11, 187)

> Ich glaube, daß es hohe Zeit ist, die Aufmerksamkeit auf Frankreich zu lenken, wo die Catastrophe doch eclatiren wird. [...] Pressure der Regierung auf die Bank. Steuerexecutor rigoröser eintreibend auf dem Land als je. Enorme Differenz zwischen dem voraus veranschlagten und dem wirklichen Budget. Alle städtischen Administrationen – weil der prosperity unter die Arme gegriffen werden sollte, scheußlich verschuldet. [...] Es wäre noch besonders hervorzuheben, wie die Manifeste, Aufrufe etc der Gesinnungsmänner Ledru, L. Blanc [...] nicht die Laus gemoved haben, wie aber die sociale oder ökonomische Crise die ganze Schmiere in Bewegung bringt etc etc. (MEGA III/7, 34/35)

Es ist auffällig, dass Marx in dieser Programmvorschau weitere Elemente seiner 1850/51 entwickelten Krisendiagnostik zusammenbringt: die Abhängigkeit Frankreichs von den Aktivitäten der englischen Industrie, das Eklatieren der in England entstandenen Krise auf dem europäischen Kontinent, die Vermittlung zwischen ökonomischen Problemen und politischer Belebung durch die Krise der Staatsfinanzen, Frankreich als das auserkorene Land der Revolution. Er macht hier deutlich, sich wieder auf die Entfaltung der objektiven Widersprüche konzentrieren zu wollen, und nicht auf den französischen Klassenkampf, der in letzter Zeit „nicht die Laus gemoved" habe. Im *18. Brumaire* sah Marx das Novum des bonapartistischen Staats darin, dass er sich „der Gesellschaft gegenüber verselbstständigt und sie unterjocht zu haben" (MEGA I/10, 179) schien. In seiner auf den *18. Brumaire* folgenden Publizistik wollte er anhand der aktuellen Entwicklungen demonstrieren, *wie* sich der verselbstständigte, autoritäre Staat durch seine willkürlichen Eingriffe in die Natur des modernen Wirtschaftslebens schlussendlich selbst zu Fall bringen würde. Marx hat diese Zusammenhänge also nicht nur dogmatisch behauptet oder sich von seinen Hoffnungen zu einem Wunschdenken verleiten lassen, sondern die Versuche des Regimes, mit dem Weiterwirken der von ihm ignorierten und umgangenen Widersprüche zurechtzukommen, in umfangreichen Exzerpten und Artikelserien genau verfolgt.

So spürte Marx in seinen Zeitungsartikeln von 1856 zur staatsgestützten Aktienbank Société générale du crédit mobilier (kurz: Crédit Mobilier) ein weiteres Element seiner Diagnostik auf: die Kreditausdehnung als Indikator der Überproduktion. Wenn in Frankreich zu viel spekuliert würde, weil in England zu viel produziert worden war, würde die Krise gemäß des in der *Revue* und in *Reflection* entworfenen Mechanismus der Widerspiegelung von Produktion in Kredit auch hierher zurückgeworfen. Im Crédit Mobilier sah Marx zugleich das Sinnbild einer heimtückischen Allianz von frühsozialistischer Kredittheorie und bonapartistischer Modernisierungsdiktatur. Die Aktienbank wurde Mitte November 1852, wenige Tage vor der Ratifizierung des Zweiten Kaiserreichs per Plebiszit von den Brüdern Émile und Isaac Péreire, Anhängern des Sozialisten Henri de Saint-Simon, gegründet. Saint-Simon schwebte neben dem

Gemeinbesitz an Gütern und der Abschaffung des Erbrechts auch ein kreditorientierter Weg in den Sozialismus vor.[109] Letzterer hob sich in der Gründung des Crédit Mobilier auf: Neben den üblichen Bankgeschäften im Diskont- und Depositenbereich sollte sie auch öffentliche Arbeiten und dem Gemeinwohl verpflichtete Großunternehmungen finanzieren – ein Eisenbahn-, Straßen-, Kanal- und Telegraphiesystem, die Pariser Weltausstellungen, transatlantische Dampfschiffe, die städtische Gasbeleuchtung und den Umbau von Paris unter Baron Haussmann (dazu Harvey 2003, 119–121) –, was die Grenzen eines Einzelkapitals überschritten hätte. Der Bonapartismus bedeutete neben der *Entdemokratisierung des Staats* auch eine *Entprivatisierung des Kapitals* durch eine Teilnegation des Privateigentums und die Konzentration des Kapitals in Gestalt der neuen Aktiengesellschaften. Marx skizzierte schon im *18. Brumaire* einen fiskalischen Mechanismus des Staatszerfalls: Die Bauern, die Napoleon III. gegen ihre eigenen Interessen gewählt hatten, würden für dessen wirtschaftspolitische Experimente und außenpolitische Abenteuer früher oder später durch höhere Steuern bezahlen müssen (vgl. Kluchert 1985, 353; Goldberg 1987, 166).[110] Der Kredit war daher „the one great resource that had carried him [Napoleon III.] over the most difficult economical situations" (MECW 15, 15). Er überbrückte sowohl die ökonomischen als auch die fiskalischen Schwierigkeiten.

Marx hat Isaac Péreire, den „Erfinder und Diktator des Crédit Mobilier", einer „sentimentalen Kritik der Oekonomie" (MEGA II/2, 164) bezichtigt, da Péreire in seiner Schrift *Leçons sur l'industrie et les finances* (1831) den in modernen Gesellschaften vorherrschenden Antagonismus als die Aufhebung einer ursprünglichen Harmonie deutete. Im Gegensatz zu den französischen liberalen Ökonomen wie Say (dazu 1.1) und Frédéric Bastiat (2.4) ging Péreire nicht von einem prästabilierten Gleichgewicht der Dinge in warentauschenden Gesellschaften aus. Seine sozialistische Schulung hatte ihm stattdessen zu der Einsicht verholfen, dass der Austauschprozess Antagonismus und Kampf um Anerkennung bedeutet und sich die bestmögliche Welt nicht wie selbstverständlich hinter dem Rücken der Menschen einstellt, sondern dass es zentralisierter Kredit- und Staatseinrichtungen bedarf, um die verloren gegangene Harmonie wiederherzustellen (dazu Bologna 2009 [1973], 11). Weil das Kapital sich nicht von selbst reguliert, galt es dringend, aktiv zu werden, die Dinge zu verändern

---

[109] Saint-Simons Kritik bezog sich auf die ‚Schattenseiten' des Privateigentums, insbesondere eine ineffiziente Ressourcenverteilung, was ihn dazu brachte, Formen der Zentralisierung (etwa von Kredit) als eine egalitärere Verteilungsweise vorzuschlagen. Von einem „general system of banks" (Saint-Simon 1958, 106) versprach er sich ein gegen die Anarchie des Markts gerichtetes Instrument zur Organisation der Industrie. Die Saint-Simonisten befürworten, im Gegensatz zu Sismondi, auch steigende Staatsschulden und eine expansive Ausgabe von Papiergeld (Manes 1922, 123/124).

[110] „Starke Regierung und starke Steuer sind identisch" (MEGA I/11, 183). Aber der „französische Bauer, wenn er sich den Teufel an die Wand malt, malt ihn unter der Gestalt des Steuerexecutors." (MEGA I/10, 184)

und etwas Neues, Großes und Verrücktes zu unternehmen:[111] mittels Geld und Geschäft die Einheit und Ganzheit der Welt (buchstäblich in Form des Eisenbahnausbaus) herstellen[112] und den Kredit durch technische Innovationen so mobilisieren und ‚demokratisieren', dass sich das Angebot endlich wieder der Nachfrage anpassen würde.[113] Bonaparte garantierte politische Stabilität und Ordnung, die Péreires ergänzten sie mit ihrer Finanzerfindung um das Element wirtschaftlicher Aktivität und Dynamik. Die sentimentale, romantische Kritik der politischen Ökonomie, deren den Klassenkampf befriedende Harmoniebestrebungen sich mit dem Nationalismus Napoleons III. deckten,[114] hatte sich so in „kaiserlichen Sozialismus"[115] (Marx) verwandelt. Der Bonapartismus speiste sich auch aus Protest und Querdenkertum und viele

---

111 Wegen der Politisierung der Ökonomie im Bonapartismus sind die Saint-Simonisten immer wieder zu Frühkeynesianern erklärt worden (etwa bei Kindleberger 1985, 41–62). Marx dachte wahrscheinlich auch an die Péreires und den Crédit Mobilier, als er Mitte 1857 in *Bastiat und Carey* schrieb, dass „in Frankreich [...] manches für Socialismus gilt, was in England politische Oekonomie ist" (MEGA II/1, 7). Das wäre, nebenbei bemerkt, eine treffende Charakterisierung des Keynesianismus: eine Art der politischen Ökonomie, die leicht als Sozialismus verkannt wird.

112 Später sah Marx in den „Hauptverkündern" des Kreditsystems „von Law bis Isaac Péreire" einen „angenehmen Mischcharakter von Schwindlern und Propheten", weil sie einerseits den Kapitalismus „zum reinsten und kolossalsten Schwindelsystem und Spielsystem" (dazu 5.3.3) und andererseits mit den Aktiengesellschaften die Produktivkräfte entwickeln und somit an der Ausbildung einer „Uebergangsform" in eine postkapitalistische Gesellschaft beteiligt sind (MEGA II/4.2, 505).

113 Cameron (1961, 116/117 u. 137/138) zeichnet nach, wie die Entwicklung des französischen Bankwesens mit den entwicklungs- und krisentheoretischen Überlegungen des Saint-Simonismus einhergeht. Auch für die Péreire-Brüder bot die Krise von 1847/48 eine Gelegenheit zur Verwirklichung ihrer schon in den 1830er Jahren bestehenden Ideen zu einer neuen Bank (Cameron 1961, 125/126). Die Erfolgsaussichten des Crédit Mobilier bei der Krisenprävention stellten allerdings schon Tooke/Newmarch in den neuen Bänden der *History of Prices* infrage. Der Idee, dass der Kredit durch langfristige Anlage und Befreiung von der Goldeinlösung unerschütterlich würde, entgegneten die Preishistoriker: „if the bill, discounted three months ago, cannot be conveniently paid at maturity, it may be renewed, and, if the debtor so desires, it may be increased in amount. But a process of this kind is not repayment, but extension and extension which can only be carried on by one means, namely, inconvertible paper, and *arrive at only one goal*, namely, *hopeless Depreciation.*" (Tooke/Newmarch 1857, II, 112. Herv. TG)

114 „And there happened to be in France the school of St. Simon, which [...] deluded itself with the dream that all the antagonism of classes must disappear before the creation of universal wealth by some new-fangled scheme of public credit." (MECW 15, 15; dt. Übers. MEW 12, 27)

115 Napoleon III. hat sich selbst durchaus als Sozialist verstanden und mit Wohnungs- und Infrastrukturbau, Beschäftigungsprogrammen und Brotpreiskontrollen Elemente einer Sozialpolitik entwickelt. Marx spielte mit dem Begriff „kaiserlicher Sozialismus" auch auf die Partizipation der Saint-Simonisten an, deren Ideen über öffentliche Arbeiten, Kreditdemokratisierung und Assoziation eine ‚Verwirklichung' in den Aktiengesellschaften fanden, die eine *Entprivatisierung* des Kapitals, eine *Expropriation* kleiner Kapitalisten und eine *Partizipation* größerer Teile der Bevölkerung am Geldwesen bedeuteten. – Auch Marx wird daher in den *Grundrissen* eine sozialistische Tendenz in den Aktienge-

französische Sozialisten sahen mit Napoleon III. eine Möglichkeit gekommen, ihre Vorstellungen umzusetzen.[116] Durch ihre kritischen Einsichten in die Natur des Kapitals waren sie zur Mitarbeit an der politischen Industrialisierung besser befähigt als die krisenleugnenden liberalen Ökonomen. Aus Marx' Sicht war das Projekt des „kaiserlichen Sozialismus" allerdings zum Scheitern verurteilt: Die Widersprüche der bürgerlichen Gesellschaft ließen sich weder durch nationalistisches Überspielen noch durch Kreditmobilisierung oder ausgefallene Kunstgriffe des Staats aus der Welt befördern.[117]

Den Crédit Mobilier, das Resultat dieser romantischen Modernisierung, nahm Marx in einer Artikelserie für die *Tribune* im Sommer 1856, wenige Monate vor einem Börsenkrach in Paris, genauer unter die Lupe. Der Crédit Mobilier profitierte enorm von dem nur ihm zufallenden staatlichen Privileg einer geringeren Eigenkapitaldeckung.[118] Vom bonapartistischen Staat mit dieser Garantie ausgestattet, kaufte er alle möglichen Aktien, Schuldverschreibungen und Bonds und ersetzte sie an der Börse durch eigene Wertpapiere. Indem die Bank damit profitversprechende Anlagemöglichkeiten schuf, mobilisierte sie nicht nur die festsitzenden Ersparnisse der französischen Gesellschaft und erlangte auf diese Weise eine monopolartige Verfügungsgewalt über einen größeren Teil des verleihbaren Kapitals, sondern vermehrte das verleihbare Kapital noch durch eine technische Multiplizierung von Schuldtiteln.[119] Zwar gab es in Frankreich bereits vor den 1850er Jahren Banken, die an industrielle Aktiengesellschaften liehen, allerdings waren mit dem Crédit Mobilier laut Marx drei finanzielle Innovationen verbunden: Er strebte nach dem Monopol über das verleihbare Kapital Frankreichs; sein leitendes Prinzip war die Gründung möglichst vieler industrieller Unternehmungen; aber der Zweck dieser Gründungen bestand nicht in der Errichtung einer produktiven Kapitalanlage, sondern im Erzielen von Spekulationsgewinnen an der Börse (MECW 15, 22). Die Bank wollte langfristig billigen Kredit

---

sellschaften erkennen: „Das Capital arbeitet so an seiner eignen Auflösung als die Production beherrschende Form." (MEGA II/1, 577) Nach eingehender Untersuchung des Aktienwesens in den Exzerptheften von 1868/69 (dazu 5.3) hat er diese Einschätzung allerdings nicht wiederholt.

116 Auch Émile de Girardin äußerte sich im Vorwort zu Darimons *De la réforme des banques* begeistert über den Crédit Mobilier und forderte Napoleon III. zwischen den Zeilen auf, nun noch das Metallgeld abzuschaffen (Schrader 1980, 108).

117 Die nächste Krise würde daher auch das französische Proletariat wieder in die Arbeitslosigkeit stürzen und ihm damit die Augen öffnen, dass sich seine Lage kein bisschen verbessert hatte (vgl. MEGA I/16, 199).

118 Dazu Tooke/Newmarch (1857, II, 110) und Marx: „It is authorized to issue debentures amounting to ten times its original capital, i.e., to the amount of 600,000,000 francs; or, in other words, the institution intended for the accommodation of all the world is authorized to come into the market as a borrower for a sum ten times larger than its own capital." (MECW 15, 22) Ein Großteil der Aktien war von den Péreires selbst gezeichnet (Cameron 1961, 143).

119 Entscheidend dafür scheinen die geringe Eigenkapitaldeckung und ein ausgeklügeltes System zur Begleichung verschiedener Arten von Verpflichtungen gewesen zu sein (Gille 1976, 174–177).

bereitstellen, die industrielle Entwicklung befördern und den Krisen vorbeugen, aber Marx wandte ein, dass der Crédit Mobilier damit die französische Industrie in den Strudel der Pariser Börse ziehe (MECW 15, 18). Hinter dem Crédit Mobilier stand kein industrieller Profit, nur Differenzgewinn an der Börse (MECW 15, 20); die Sicherheiten seiner Wertpapiere waren nicht Hypotheken auf produktives Kapital, bloß andere Wertpapiere; seine Aktien repräsentierten keine Arbeit, sondern Schwindel (vgl. Egoavil 2009; Ricciardi 2015). Fielen die Aktienkurse, müsse, so Marx, auch der Crédit Mobilier Bankrott machen.

Vor dem Hintergrund dieser Analyse schlug Marx ein weiteres Mal ‚falschen Alarm', als sich in Frankreich im Oktober 1856, nur kurz nach seinen ersten *Tribune*-Artikeln zum Crédit Mobilier, eine Geldmarktpanik anlässlich eines plötzlichen Silberabflusses nach Ostasien, der schlechten Getreideernte des Jahres 1855 und der Ausfälle in der Seidenernte von 1856 ereignete. Marx interpretierte diese Klemme ganz im Sinne seiner Annahmen über den Krisenverlauf: In Frankreich sei es mit Crédit Mobilier zu einer „Verallgemeinerung der Börsenspekulation" und „Zentralisierung des Schwindels" gekommen; es sei großenteils englisches Kapital, „which supplies the great arteries of the European Crédits Mobiliers with the heavenly moisture" (MECW 15, 109). Die Überproduktion in England erzeuge so einen Finanzcrash in Frankreich, wo Spekulation und Staat im Bunde waren und der Staat daher die *bad debts* aufkaufen[120] und selbst in Zahlungsschwierigkeiten geraten würde. Aber auch aus dieser Klemme resultierte keine allgemeine Krise. Marx' Analyse hatte ihre Stärken in der Beschreibung des in den 1850er Jahren noch vergleichsweise unterentwickelten Phänomens der Aktiengesellschaften, der Rolle des Crédit Mobilier im bonapartistischen Projekt einer populistischen Modernisierung und Re-Stabilisierung der Konjunktur sowie des sozialistischen Anteils daran. Allerdings bleibt seine Einordnung des Phänomens geprägt durch die Prämissen, wonach der autoritäre Staat sich selbst das Wasser abgraben müsse. Er konzentrierte sich fast nur auf die lächerliche, ‚spekulative' Seite und bot keine nähere Erklärung der französischen Prosperität an.

Rund zwei Monate, nachdem die große Weltmarktkrise endlich im Oktober 1857 in den USA ausgebrochen war und wenige Wochen nachdem auf dem Höhepunkt der Geldkrise in London der *Bank Act* ein weiteres Mal suspendiert werden musste, schrieb Marx am 25. Dezember 1857 an Engels: „Da es jezt unsre erste Aufgabe ist, klar über die französischen Zustände zu werden, habe ich wieder durchgesehn meine sämmtlichen Excerpte über French commerce, industry and crises, und bin zu einigen Resultaten gekommen, die ich Dir in der Kürze mittheilen will" (MEGA III/8, 229). Das Fazit des vierseitigen Briefes lautet: „Bricht die eigentlich französische Crisis los, dann der Teufel los mit dem security market und der security dieses Markts, dem

---

[120] „Louis Bonaparte, the imperial Socialist, will try to seize upon French industry by converting the debentures of the *Crédit Mobilier* into State obligations. Will he prove more solvent than the *Crédit Mobilier*?" (MECW 15, 24; dt. Übers. MEW 12, 48)

Staat", denn „[d]en Schwindel, den in Hamburg, England, U. St[ates] private Capitalists, hat in Frankreich der Staat selbst getrieben" (MEGA III/8, 230). Nach der Durchsicht seiner „sämmtlichen Excerpte" sieht sich Marx also im Wesentlichen bestätigt: Wenn die Krise Frankreich erreicht, wird sie dem dortigen Regime erhebliche Probleme bereiten (vgl. Fiehler 2016a).

Bei der Durchsicht seiner Exzerpte griff Marx zum einen auf das Ende November 1857 angelegte Heft zum Verlauf der Weltmarktkrise in Frankreich namens *1857 France* zurück, zum anderen auch auf die zuvor entstandenen Auszüge aus den neuen Bänden der *History of Prices* von Thomas Tooke und seinem Mitarbeiter William Newmarch, welche die englische und französische Handelsgeschichte für den Zeitraum von 1848 bis 1856 abdeckten.[121] Wie bemerkt, identifizierten Tooke/Newmarch bestehende Krisenpotentiale nicht nur in der falschen Bankgesetzgebung in England (3.2.1), sondern auch in der staatsgeförderten Kreditmanipulation in Frankreich. Der von Newmarch geschriebene und von Tooke redigierte erste Teil des zweiten Bandes widmete sich ausführlich der wirtschaftlichen Entwicklung Frankreichs von der Februarrevolution bis zur Konsolidierung des Kaiserreichs und der Geldklemme des Jahres 1856. Diese Darstellung sollte Marx in seiner Erwartung über die Wirkung und den Verlauf der Krise in Frankreich erheblich beeinflussen. Denn zwar korrigierten Tooke/Newmarch einige Aspekte seiner Analyse der politischen Ökonomie des kaiserlichen Sozialismus; sie sollten ihn jedoch zugleich an seiner Annahme über den bevorstehenden Kollaps der französischen Staatsfinanzen beharrlich festhalten lassen.

Im Zentrum von Tooke/Newmarchs Geschichte der französischen Staatshaushalte von 1848 bis 1856 stand die Analyse der nach dem Staatsstreich etablierten „New Financial Policy" (IISG, MEN, B83a, S. [2b][122]), einer neuartigen expansiven Fiskal- und Geldpolitik, mit der eine zuvor unbekannte Verquickung von Staat und Finanzwesen eingeleitet wurde. Tooke/Newmarch sahen, genau wie Marx, bereits die politische Krise von 1848 durch die hohe Staatsverschuldung in Frankreich bedingt:[123] Der Staat hatte damals eine Reihe von „unproduktiven Ausgaben" getätigt: für den Ausbau der Eisenbahn und öffentliche Arbeiten, die Kolonisierung Algeriens und den Unterhalt von Marine und Militär. Die „New Financial Policy" von Napoleon III. strapazierte die Staatsfinanzen weiter (IISG, MEN, B83a, S. [2b]–6): 1) Die Regierung unterstützte direkt den Eisenbahnausbau durch Konzessionen, wodurch in fünf Jahren doppelt so viel Kapital in den Eisenbahnen versenkt wurde wie in der britischen *Railway Mania* der 1840er Jahre; 2) die Ausgaben für öffentliche Arbeiten zum

---

121 Marx' Exzerpte befinden sich in: IISG, Marx-Engels-Nachlass, Sign. B83a.
122 Die Seitenangabe bezieht sich auf die Marx'sche Paginierung der Exzerpte. Die Exzerpte sind über ein ganzes Heft verstreut und Marx hat sie später durch die Paginierung geordnet.
123 „The Rev[olution] of Feb. '48 occurred at a period when the French finances already seriously embarrassed" (IISG, MEN, B83a, S. 25), notierte Marx in seinen Exzerpten.

Stadtumbau von Paris, als die kleingassigen Arbeiterquartiere abgerissen wurden, um sie durch große Boulevards zu ersetzen, ließen die Zinsbelastung des defizitären Pariser Haushalts rapide ansteigen; 3) die neuen Finanzgesellschaften Crédit Foncier und Crédit Mobilier stellten neue Formen der Finanzalchimie dar; 4) durch diverse Regierungsdekrete wurde die Banque de France gezwungen, Eisenbahn- und andere Aktien aufzukaufen sowie den Pariser Haushalt mit Direktzahlungen zu unterstützen; 5) Anweisungen des Staats verpflichteten die Banque de France auch zur Reduktion ihrer Diskontrate von 5% auf 3%; 6) die Rückzahltermine von Staatskrediten an die Banque de France wurden verlängert. Hinzu kamen die großen Zwangs- und Kriegsanleihen von 1854 und 1855, die allein Schulden in Höhe von 60 Millionen Pfd. St. bedeuteten, sowie ein Almosen-Programm der Brotverbilligung, das die Entstehung von Aufständen unterbinden sollte.

Mit der aktiven, expansiven Fiskalpolitik der „New Financial Policy" hatte das Regime in den ersten fünf Jahren seines Bestehens ein bis dahin völlig undenkbares Defizit im Staatshaushalt von beinahe 50 Millionen Pfd. St. akkumuliert (IISG, MEN, B83a, S. 26). Den gewaltigen Silberabfluss des Jahres 1856 interpretierten die beiden Wirtschaftshistoriker als Resultat der staatlichen Interventionen in den Kredit- und Warenmarkt und der Ausgaben für öffentliche Arbeiten. Die Banque de France versuchte ihre Bullionreserve mit zahlreichen Maßnahmen zu halten und zu vermehren, die allesamt ins Leere gelaufen wären, hätte es die Goldfunde in Kalifornien und Australien nicht gegeben, von denen auch Frankreich enorm profitierte.[124] Das zusätzliche Gold „surmounted French difficulties" (Tooke/Newmarch 1857, II, 91) – und hierin lag die finale Ursache für die Stabilität Bonapartes. Zum einen ersetzte das Gold das abfließende Silber und bereitete damit der staatlich forcierten Krediterweiterung den Boden. Genau dies hatte Marx in seinen Artikeln zur 1856er Klemme explizit verneint,[125] aber aus Tooke/Newmarch notierte er nun: „In France die 60 Millions of Gold Coin, to a considerable extent, in substitution of Silver Coinage, withdrawn by purchases in this country for Eastern remittance" (IISG, MEN, B89, S. [5]; Tooke/Newmarch 1857, II, 157).[126]

Zum anderen bildete das Gold die Voraussetzung für Frankreichs Handelsüberschuss von insgesamt 80 Millionen Pfd. St. ab 1848, der zu drei Vierteln durch Exporte

---

[124] Pinner (1937, 92) berichtet von einer Verdopplung der Goldreserve in der Banque de France zwischen 1850 und 1851.
[125] Zuvor hatte Marx die Annahme kritisiert, ein Teil des neuen Goldes habe „merely replaced a similar amount of silver formerly in use in America und France" (MECW 15, 120/121). Hughes (1960, 251) kommt zu demselben Schluss wie Tooke/Newmarch.
[126] Marx schloss sich dieser Analyse der Preishistoriker an und übernahm sie später in das Manuskript zum dritten Buch des *Kapital*: „Das aus Europa ausgeführte Silber zum grossen Theil ersetzt durch das Surplusgold. Ferner wurde ein Theil des neuzugeführten Goldes in der innern Geldcirculation absorbirt. Es wird geschätzt, daß bis 1857 about 30 Mill. Gold zusätzlich in die internal circulation von England eingingen." (MEGA II/4.2, 620)

nach Großbritannien und Amerika zustande kam (IISG, MEN, B83a, S. 26).[127] Die Grundlage des französischen Wirtschaftswunders und damit der Konsolidierung Napoleons III. war die durch den Goldrausch bedingte weltweite Prosperität. Dass Marx auch diese Einschätzung mehrmals bestätigt hat, zeigt die enorme Bedeutung der *History of Prices* für seine politische Ökonomie des Bonapartismus. Etwa schrieb er in seinem Pamphlet *Herr Vogt* (1860): „Es ist in der That die industrielle Prosperität, die Louis Bonaparte's Regime so lange hielt. Der französische Ausfuhr-Handel hatte sich in Folge der australisch-californischen Entdeckungen und ihrer Wirkungen auf den Weltmarkt mehr als verdoppelt, einen bisher unerhörten Aufschwung genommen." (MEGA I/18, 178; vgl. I/16, 199)

Weil brummender Exportmotor, Aktienboom, Kreditausdehnung, expansive Fiskalpolitik und steigende Staatsverschuldung wesentlich durch die mysteriöse Zaubermacht des Goldes ermöglicht worden waren, hielten Tooke/Newmarch die französische Prosperität für teilweise „künstlich"[128] und das Frankreich des Jahres 1856 für höchst fragil und kurz vor dem Zusammenbruch.[129] Durch diese Analyse der beiden Preishistoriker fand Marx seine eigene Auffassung erhärtet, dass der nahende Crash dem französischen Staat selbst einen wirkungsvollen Treffer verpassen müsste. Im Gegensatz zu seinen Artikeln über den Crédit Mobilier konnten Tooke/Newmarch nicht nur eine Ursache für die bisherige Stabilität der französischen Ökonomie ermitteln, sondern auch die neuartigen Geldmarkterscheinungen zergliedern. Darüber hinaus gingen sie davon aus, dass die stimulierenden Effekte des zusätzlichen Goldes schon bald ein Ende finden müssten. Die Wunderwirkungen des Goldes würden sich langsam erschöpfen, weil selbst eine konstante jährliche Goldzufuhr die existierenden Vorräte nur progressiv abnehmend vergrößerte (IISG, MEN, B89, S. [5]; Tooke/Newmarch 1857, II, 151/152). Da sich die positiven Effekte der Goldfunde also zunehmend abschwächten, würde auch die französische Blase bald platzen. So schrieb Marx Engels am 15. August 1857, ungefähr zum Zeitpunkt des zweiten Tooke-Exzerpts: „Der financial débâcle in Frankreich muß enorm werden, da von allen Seiten in tollster Weise darauf los gearbeitet wird." (MEGA III/8, 141)

---

127 Auch über die Klemme von 1856 notierte Marx aus Tooke/Newmarch (1857, II, 133): „These embarrassments und disorders would have become altogether overwhelming if it had not been for the springing up, since 1849, chiefly in the Gold Countries, and in consequence of the Gold Influx; of a demand for French manufactures and produce, so large and continuous, that, during 9 years 48–56 the Balance of Trade in favor of France has amounted to not much less than 80 Millions Sterling."
128 In den Anfangsjahren des Zweiten Kaiserreichs war die Prosperität „chiefly the result of these artificial measures" (Tooke/Newmarch 1857, II, 132).
129 „And the real moral of the whole of the violent and extraordinary proceedings of the Bank of France, in 1855 and 1856, to protect and increase its Reserve, is shortly That, but for the New Supplies of Gold, those measures must, of necessity, have been devoid of success; and that at a very early period of the pressure in France, a catastrophe must have been encountered." (Tooke/Newmarch 1857, II, 91; IISG, MEN, B83a, S. 9)

3.3.3 Die Geburt der Geldpolitik

Zunächst schien der Lauf der Dinge wie von Marx vermutet, denn als die Krise Anfang Oktober 1857 in den USA ausbrach, jubilierte er bei Eintreffen der freudigen Botschaft in England am 20. Oktober gegenüber Engels, ihr „Rückschlag auf die französische Industrie war immediate, da die Seidenwaaren jezt wohlfeiler in New York verklopft, als in Lyons producirt werden" (MEGA III/8, 184). Doch zwei Monate später waren zwar Spanien, Italien, Dänemark, Schweden und die Stadt Hamburg von der Krise angesteckt, ihr Einbruch in Frankreich aber ließ weiterhin auf sich warten, was Marx in der *Tribune* als „a riddle harder to be solved than the general crisis itself" (MEGA I/16, 110) und gegenüber Engels als das „Befremdende" (MEGA III/8, 209) an den sonst so erfreulichen Ereignissen bezeichnete. Ab November 1857 begann Marx drei Hefte mit Exzerpten, Zeitungsausschnitten und Notizen anzulegen, die ausschließlich den unmittelbaren Krisenverlauf dokumentieren (dazu 3.4). Das erste dieser drei *Krisenhefte* widmet sich den Ereignissen in Frankreich und Marx betitelte es mit *1857 France*. Es ist nicht unbedingt ein „Rätsel" (Mori 2018a, 10), warum er seine Krisenstudien mit einem Heft eigens zu Frankreich (und nicht etwa zu England) begann, denn, wie gesehen, erwartete er seit 1850 das Wiederaufleben der Revolution mit der kommenden Krise vor allem dort. Weil er auf die Nichttragfähigkeit der „New Financial Policy" hinwies, hatte er hierin in Thomas Tooke – dem führenden englischen Wirtschaftshistoriker, der im Zweiten Kaiserreich etwas Unliberales und Unnatürliches entdeckt hatte, das nicht von Dauer sein kann – einen Verbündeten, einen „Freund" (MEGA III/9, 94). Marx, der durch Tookes Analyse des Einflusses der Goldfunde auf den Geldmarkt und die Zinsrate einsah, dass seine eigenen Konjunkturanalysen bis 1856 von zu schematischen Annahmen ausgingen, fand nun im Gegenteil andere Aspekte seines Schemas durch die ganz konkrete ‚Empirie' und mit brandaktuellen Anhaltspunkten gestützt. Eine ganze Reihe an Indizien schien auf den Zusammenbruch des Zweiten Kaiserreichs hinzudeuten: die stimulierenden Effekte der Goldfunde vor ihrem Auslaufen, die Überspekulation des Crédit Mobilier als Ausdruck der englischen Überproduktion und der Nexus zwischen Finanz und Staat, durch den sich letzterer selbst an den Rand des fiskalischen Kollapses gebracht hatte. Wenn der Rückschlag der Krise auf Frankreich schon am 20. Oktober 1857 „immediate" (MEGA III/8, 184) erfolgte, dann war keine Zeit zu verlieren. So beginnt die erste in *1857 France* geklebte und handschriftlich ergänzte Tabelle mit Börsenkursen vom 29. Oktober (MEGA IV/14, 5).

Weil der Blitz zwei Monate später aber immer noch nicht in Paris eingeschlagen und es zu einem *bullion drain* zwar aus England, nicht aber aus Frankreich gekommen war, beschlichen Marx erste Zweifel und er empfand es als seine „erste Aufgabe [...], klar über die französischen Zustände zu werden" (MEGA III/8, 229). So hat ihn die Durchsicht seiner Frankreich-Exzerpte schon zu einer Korrektur seines Verlaufsmodells bewogen:

> Englische, Nordische, und Americanische Crisen haben in Frankreich *niemals* direkt eine „französische Crisis" hervorgebracht, sondern nur *passive* Wirkungen – chronische distress, limitation of production, stagnation of trade, und general uneasiness. Ursache: Frankreich hat die Handelsbilanz für sich gegen United States, Hanseatic towns, England, Denmark. [...] Consequently können diese Crisen nie einen *drain of bullion*, also keinen *properly so called monetary panic* in Frankreich produciren. (MEGA III/8, 229)

Marx modifizierte damit seine frühere Annahme, wonach die Offenbarung der Überproduktion in England durch die internationale Goldbewegung, dem vermuteten Universalmechanismus der Krisenübertragung, *direkt* zu einer Krise auf dem Kontinent „in sekundärer und tertiärer Form" (MEGA I/10, 466) führen muss (siehe 2.5.1).[130] Er führt im Brief an Engels fort: „Hat das Land mit der günstigen Handelsbilanz keine langen Credite gegeben, noch accumulated produce for the export to the centres of the crises, – und beides widerstrebt der pedlarmässigen Natur des französischen Fabrikanten und Kaufmanns – so wird es Verluste zu tragen haben etc., aber keine *akute* Crisis." (MEGA III/8, 229)

Diese wichtige Weiterentwicklung seiner Krisendiagnostik verdankte Marx seiner akribischen Arbeit an den *Krisenheften*. In *1857 France* konnte er so gut wie keine Hinweise auf eine schwere Überproduktion in Frankreich sammeln, auch wenn in Lyon mehrere Tausend Arbeiter aus Fabriken entlassen wurden (MEGA IV/14, 20) und die Hälfte der Seidenspinnereien vorübergehend schließen musste (MEGA IV/14, 23): Keine offenen Rechnungen, keine überdurchschnittliche Zahl an Bankrotten (MEGA IV/14, 27), keine fallenden Warenpreise, bloß eine Stagnation im Einzel- (MEGA IV/14, 31) und die Flaute im Lyoner Seidenhandel. Marx verweist im Brief auf die ‚Pedlarmäßigkeit', das heißt den Krämer- oder Straßenhändlercharakter der französischen Wirtschaft. Frankreichs industrielle Kapazitäten waren nicht ausreichend entwickelt, um selbst eine allgemeine Überproduktionskrise herbeiführen zu können. Anders als es Sismondi für die neuen amerikanischen Republiken vor der Krise von 1825 beschrieb, die englische Waren mit englischen Krediten kauften, bildete Frankreich daher auch keinen nennenswerten Defizitkreislauf aus, dessen Abbruch eine Geldkrise herbeiführen würde. Einzig mit der Schweiz sei Frankreich über „lange Credite" verbunden: „Mit der *Schweiz* steht Frankreich auf demselben Fuß wie die United States mit England. Die temporäre Handelsbilanz stets für Frankreich. Da es aber äusserst *verschuldet* an die Schweiz, diese stets fähig in Zeiten der Crisen heavily to draw upon it." (MEGA III/8, 230) Ansonsten basierten Frankreichs Exporte der 1850er Jahre

---

[130] Stadler (1964, 140) scheint diese Passage beispielhaft für Marx' „Anpassungsfähigkeit gegenüber der augenblicklichen Macht der Fakten wie für seinen Willen, diese Fakten gleichwohl seinem Schema ein- und unterzuordnen". Es handelt sich aber um eine echte Weiterentwicklung des Schemas. Noch in der *Tribune* hatte er am 24. Juni 1856 mitgeteilt, „that the French have a regular industrial crisis each time when America and England condescend only to a little smash in their commerce" (MECW 15, 17).

aber nicht auf Auslandskrediten, die jetzt auszufallen drohten, sondern auf den Goldfunden, die den Welthandel belebten und für einen globalen Industrie- und Exportboom sorgten.

Frankreich war weniger in England und den USA verschuldet, obwohl es vor allem dorthin exportierte; England und die USA waren aber auch kaum in Frankreich verschuldet, da sie französische Waren mit Gold bezahlten. Die Gefahr gehe von den Schuldnern der französischen Banken und Handelshäuser aus: „Die eigentlich französische Crisis bricht erst aus sobald die general crisis zu einer gewissen Höhe gediehn in Holland, Belgien, Zollverein, Italien (Triest eingeschlossen), Levante, und Rußland (Odessa); weil in diesen Ländern die Handelsbilanz bedeutend *gegen* Frankreich, also pressure direkt monetary panic in Frankreich bewirkt." (MEGA III/8, 230) Marx las von diesem Zusammenhang im *Economist* (MEGA IV/14, 29/30) und musste sich an seine ein Jahr zuvor angestellten Überlegungen erinnert fühlen, als eine Geldklemme in Deutschland Barzahlung in Frankreich nötig werden ließ, da der Crédit Mobilier an deutschen Eisenbahnlinien beteiligt war (MECW 15, 117). Die Geldkrise in England wirkt also *nicht direkt* auf Frankreich, vielmehr über den Umweg der europäischen Handels- und Schuldenketten. Die Handelsbilanz, das heißt das Verhältnis von Warenexporten und -importen, spielt dabei zwar eine wichtige Rolle, aber entscheidender für den Ansteckungsprozess ist die in einem bestimmten Moment zu tilgende Auslandsverschuldung:[131] „capitalists in Germany, Switzerland and the Netherlands, are large holders of French securities, the greater part of which, at the progress of the crisis in those countries, will be thrown upon the Paris Bourse to be turned into money at any price" (MEGA I/16, 127). Marx sah den Ansteckungsprozess in der Krise von 1857 wesentlich durch die Kreditketten bestimmt.

Erklärungsbedürftig war nicht nur, warum Frankreich noch nicht angesteckt worden war, sondern warum es stattdessen zu einer Hausse an der Pariser Börse kam. Die Aktien des Crédit Mobilier und der Eisenbahngesellschaften fielen zwar für kurze Zeit bis zum 10. Dezember erheblich, aber Marx musste im Laufe seiner Datensammlung in *1857 France* – er trug wochenlang die täglichen Börsennotierungen in selbsterstellte Tabellen ein – einen Anstieg verzeichnen (MEGA IV/14, 4–9 u. 62–64), der unter anderem von weiteren Vorschusszahlungen der Banque de France auf Eisenbahnaktien und einer Politik der Rediskontierung bereits diskontierter Wechsel

---

[131] Marx hat hier im Sinn, was er später als Zahlungsbilanz bezeichnet hat. Diese findet ihre Grundlage zwar in den Kreisläufen des wirklichen Handels, ist aber gegenüber der Handelsbilanz insofern eigenständig, als sie von Zahlungsterminen abhängt (dazu 4.2.3). In der *Tribune* schrieb er am 12. Januar 1858: „We do certainly not contest the fact that thus far the crisis has had less influence on French commerce than was expected. The reason is simply that in transactions with the United States, Great Britain, and the Hanseatic towns, the balance of trade is, and has been for a long time, in favor of France. Thus, in order that the disasters occurring in those countries should directly recoil on France, *large credits must have been given to them*, or commodities for export to them have been speculatively accumulated. Nothing of the sort has happened." (MEGA I/16, 123. Herv. TG)

durch die Staatsbank verursacht war. Im Brief an Engels vom 25. Dezember 1857 deutet Marx die Hausse als eine ‚Liquiditätsblase', die einen neuen, größeren Aktienschwindel vorbereite:[132]

> Das Freiwerden von Capital in commerce und industrie bringt zugleich hervor größre buoyancy an der Bourse. Unter Boustrapha dieß noch mehr der Fall wie unter Louis Philippe, weil er durch Decret von '52 die Bank gezwungen advances on railway securities und fonds und Crédit foncier papiers zu machen und die vom *Comptoir national d'Escompte* discontirten Schwindelbills wieder zu discontiren, ebenso wie auf die securities, auf die es vorgeschossen, ihm wieder vorzuschiessen. Daher z. B. die hohen Course der französischen Railway shares und bonds (MEGA III/8, 230).

Aber die Banque de France konnte nach der Erhöhung ihrer Diskontrate am 12. November 1857 auf rekordverdächtige 10% schon eine Woche später steigende Goldvorräte verzeichnen und seitdem die Zinsen wieder senken und den Kredit lockern (MEGA IV/14, 29, 33 u. 37). Obwohl einige Kommissionshäuser bankrottierten, gab es weiterhin keine Geldkrise in Frankreich. Marx sah Napoleon III. schon die Konvertibilität der Banknoten suspendieren und zu Assignaten Zuflucht nehmen (MEGA III/8, 210), erkannte aber nicht, dass die Zinssenkung der Banque de France bereits das Abklingen der französischen Krise bedeutete, und interpretierte stattdessen das Aufblasen der Börsenkurse als ihre Verschärfung. Wie die Krise von 1847 mit einem Stillstand des Geschäftslebens im April begann, dann im Herbst ihren Höhepunkt in England erreichte und erst Ende des Jahres auf den europäischen Kontinent übergriff, wären auch dieses Mal, in einer frühen Phase der Krise, lediglich die Vorboten des großen Krachs in Erscheinung getreten. Auch damals breitete sich in dieser „*ersten* Phase der general crisis" in Frankreich der „Schein des guten Glücks" (MEGA III/8, 229) aus, dem Kladderadatsch entkommen zu sein.

Bemerkenswerterweise hat Marx in *1857 France* nach der Untersuchung des französischen Geldmarkts eine Sektion zu den vom französischen Staat ergriffenen Maßnahmen gegen die Krise angelegt. In einer der ausführlichsten Studien zum Bonapartismus bei Marx ist behauptet worden, dass es Frankreich dank dieser Staatsmaßnahmen gelang, „die Krise nicht nur zu überstehen, sondern im Vergleich zu anderen Ländern sogar ihre Folgen zu vermindern" (Wippermann 1983, 67), und dass Marx diese großartige Leistung dank seiner anti-bonapartistischen Vorbehalte übersehen habe oder nicht wahr haben wollte.[133] Doch obwohl Marx bereits die Maßnahmen von Napoleon III. in der Kreditklemme von 1856 kommentiert hatte

---

132 Die Idee, dass das durch die Krise freigesetzte Kapital sich von Handel und Industrie wegbewegt und sich bei den Banken und Geldhändlern sammelt, wird Marx in den 1860er Jahren bei seiner Bestimmung selbständiger Geldkrisen wieder aufnehmen (siehe 4.2.3 und 5.2).
133 In seiner materialreichen Studie scheint auch Wippermann (1983) den Bonapartismus mit seinen Infrastruktur-, Beschäftigungs- und Kreditlockerungsprogrammen als eine frühe Form des Keynesianismus aufzufassen und dem Regime zwischen den Zeilen immer wieder zuzuschreiben, im Grunde

(MECW 15, 117ff.), zeigte er sich offen für die Frage, welche Überraschungen sich Paris dieses Mal einfallen lassen würde. Sollte er also tatsächlich die vermeintlichen Erfolge des bonapartistischen ‚Krisenmanagements' verkannt haben, müsste dies trotz dieser Untersuchung in den *Krisenheften* geschehen sein. Was also hat Marx in *1857 France*, das erst 2017 veröffentlicht worden ist, beobachtet?

In *1857 France* werden die folgenden „*Maßregeln des Bonaparte*" registriert: 1) das Einschmelzen von Silbermünzen und der Export von Gold und Silber wurden verboten; 2) der Kaiser. verkündete in einem Brief, dass die Krise bloß in der Vorstellung und kein Grund zur Panik existiere;[134] 3) die Prohibitionsgesetze von Weizenexport und -destillation wurden aufgehoben, um den rapide fallenden Weizenpreis zu stützen (MEGA IV/14, 34–36); 4) der Geldmarkt sollte stabilisiert werden, indem die Banque de France weitere Vorschüsse auf die Aktien von Eisenbahnunternehmen machte (MEGA IV/14, 39) und die Wechsel von privilegierten Finanzgesellschaften wie dem Credit Foncier und der Comptoir d'Escompte diskontierte und rediskontierte (MEGA I/16, 126); es wurden 5) vor der Pleite stehenden Händlern Seide abgekauft, 6) Kredite an notdürftige Arbeiter und Händler vergeben (MEGA IV/14, 37 u. 57) und 7) Zahlungstermine um ein paar Wochen verschoben (MEGA I/16, 200). In der *Tribune* vom 12. Januar 1858 folgerte Marx, dass insbesondere die Banque de France durch ihre waghalsigen geldpolitischen Rettungsmaßnahmen selbst Schiffbruch erleiden würde,[135] und gegenüber Engels kommentierte er die Staatsmaßnahmen wie folgt:

> Das französische Capital – trotz der *cosmopolitischen* Natur, die Herr Péreire an ihm entdeckt hat – ist im eigentlichen commerce ängstlich, knickerig, und vorsichtig geblieben, wie es immer war. Der Schwindel (der allerdings auch wieder zur Voraussetzung des *soliden* commerce und industrie in its turn wurde) existirt eigentlich nur in Branchen, wo der Staat direkt oder indirekt der *wirkliche employer* ist. Daß aber selbst ein an sich, wie Hegel sagen würde, bankerotter Capitalist von der Grösse des französischen Governments etwas länger shiften kann als ein private capitalist, ist sicher. Die Polizeiverhinderung des bullion-exports, die praktisch in Frankreich jezt in full vigor ist, mehr aber noch die Ausfuhr des Products der neuen Korn- Seiden-

---

stabil gewesen zu sein, was Marx irgendwie verkannt haben soll. Aber in der Auflösungstendenz des Bonapartismus lag Marx nicht daneben; bloß darin, wann und wie sich diese manifestieren würde, hatte er sich immer wieder getäuscht. – Die Vorstellung einer dauerhaften Krisenlösung durch den autoritären Staat ist selbstredend verführerisch. So bemerkt Wolff (1997) über das französische „Rätsel" von 1857/58: „The French economy was least affected. The reason for this lay in the combination of a series of phenomena, namely: the situation/degree of industrialisation; the volume, nature, orientation and protection of foreign trade [...]; the careful supervision of the unfolding of events; and the measures being taken by the Banque de France (slight increase in the volume of discount, manipulation of interest rates with a particularly noticeable rise). Above all, without doubt, the primary reason was the public's confidence in the government".

134 Napoleon III. pflegte auch in dieser Hinsicht den für die Zeit ungewöhnlichen Regierungsstil, sich durch Artikel und öffentliche Briefe direkt an die Bevölkerung zu wenden.

135 „Thus the plan evidently is to weather the storm by making the Bank of France responsible for all these concerns – a maneuver which of course exposes the Bank itself to wreck." (MEGA I/16, 126)

Weinerndte etc., at which prices whatever, hat für ein paar Wochen den Abfluß des bullion's von der Bank von Frankreich verhindert. Trotz alledem the drain will set in und wenn es nur in die Gosse geschieht wie 1856 (October), so ist die ganze Geschichte im Arsch. (MEGA III/8, 210)

Schon hier gibt es Verschiebungen gegenüber den früheren Artikeln zum Crédit Mobilier und zum Staat in der Krise von 1847/48: Staatsunternehmen bankrottierten nicht so schnell wie private; Polizeimaßnahmen und der Wegfall von Exportbeschränkungen hätten den *bullion drain* „für ein paar Wochen" verhindert; und die staatsbetriebene Kreditmobilisierung sei eine „Voraussetzung des *soliden* commerce und industrie" gewesen – ein bemerkenswerter Einschub, auf den zurückzukommen sein wird.[136] Trotz seiner zunehmenden Aufmerksamkeit für die Rolle des Staats bei der Krisenverwaltung blieb es für Marx nur eine Frage der Zeit, bis Frankreich in den Strudel der Ereignisse geraten würde.

Marx untersuchte in den *Krisenheften* auch die Staatsmaßnahmen in anderen Ländern und musste dabei bemerkt haben, dass die französischen „governmental measures" alles andere als einzigartig waren. In seinem zweiten Krisenheft mit dem Titel *Book of the Crisis of 1857* notierte er die Spekulationen der britischen Presse, wonach – allerdings ohne großes Getöse wie in Frankreich, vielmehr hinter vorgehaltener Hand – auch die Bank of England in der Krise Hilfsmaßnahmen („aid", „assistance", „relief", „support") einleitete: Staatsanleihen (MEGA IV/14, 200) und andere „Government Securities" (MEGA IV/14, 300) aufkaufte, Liquiditätsspritzen an angeschlagene Banken verteilte (MEGA IV/14, 173) und Händlern (MEGA IV/14, 172) mit Vorschüssen und Krediten unter die Arme griff. Auch Engels berichtete ihm von Vorschusszahlungen der Bank of England in Höhe von 1 Million Pfd. St. an das Kreditinstitut des Philanthropen George Peabody, das sich dadurch retten konnte (MEGA III/8, 205/206), und Marx notierte: „Bank o. E. gab ihm Support" (MEGA IV/14, 82). Die Suspension der Bankgesetzgebung in Großbritannien diente nicht zuletzt der Durchführung solcher Rettungsmaßnahmen, vor allem um die heiß begehrten Banknoten gegen inkonvertibel gewordene Wechsel und Depositen ausgeben und auf diese Weise „accommodation" – Liquiditätsbereitstellung im heutigen Verständnis (Arnon 1984) – gewährleisten zu können.[137]

---

136 Monate später sollte Engels am 17. März 1858 diese Aussage aufgreifen: „Übrigens bin ich ganz zu Deiner Ansicht gekommen, daß der Crédit Mobilier in Fkch kein zufälliger Schwindel sondern ein durchaus nothwendiges Institut war" (MEGA III/9, 107).
137 Diese Deutung widerspricht dem historischen Vorurteil über den ‚Nachtwächterstaat' des 19. Jahrhunderts, der die Krise habe „ausbrennen" lassen, wie es Plumpe (2013, 61) wiederholt, obwohl er noch eine Seite vorher das „Eingreifen der Bank of England" in die Londoner Geldkrise registriert. Der Autor verlässt sich auf das 85 Jahre alte Urteil von Pinner (1937, 146), wonach es 1857/58 „Interventionen des Staates [...] nur in einigen unbedeutenden Ausnahmefällen" gegeben habe. Die Marx'sche Untersuchung in den *Krisenheften* sowie jüngere Veröffentlichungen von Ahrens (1986), Bignon et al. (2012) und Ögren (2014 u. 2018) zeigen, dass dies revidiert werden muss.

Wie Marx zur Kenntnis nahm, wurden auch die Regierungen und Nationalbanken der schwer von der Krise getroffenen Länder Skandinaviens aktiv. In dieser Region waren Handel und Geldmarkt wegen der heftigen Geldkrise in London und Hamburg lahmgelegt. Ende November war Hamburg „the center of the convulsion" (MEGA I/16, 110) und der dortige Fall für Marx „the most regular and classical example of a monetary crisis that ever existed" (MEGA I/16, 121).[138] Auch verlieh eine überraschend große Anzahl englischer Häuser Kapital nicht etwa nach Paris, sondern auf wundersame Weise nach Stockholm (dazu 3.4.3), oder, wie Engels schrieb: „Die ganze Geschichte in Hamburg beruht auf der großartigsten Wechselreiterei die je gesehen worden. Zwischen Hamburg, London, Kopenhagen und Stockholm ist dies am tollsten getrieben worden." (MEGA III/8, 206/207). Auch bei der Beobachtung der nordeuropäischen Krise richtete Marx seine Aufmerksamkeit auf Staatsmaßnahmen: Die Regierungen tätigten Direktzahlungen an ihre Nationalbanken zur Schuldentilgung (MEGA IV/14, 127 u. 140/141) und an in Hamburg aktive Handelshäuser, liehen zur Linderung der Kreditnot Geld an Händler (MEGA IV/14, 142 u. 144) und brachten sonstige Hilfszahlungen auf (MEGA IV/14, 144); die Nationalbanken ließen das Einlösungsdatum von auf Hamburg laufende Wechsel um drei Monate verlängern (MEGA IV/14, 128) und versuchten ebenfalls, in Hamburg aktive Handelshäuser vor dem Konkurs zu bewahren.[139] Marx kommentierte diese Rettungspakete am 8. Dezember 1857 gegenüber Engels in berühmten gewordenen Worten: „Dass die Capitalisten, die so sehr gegen das ‚droit au travail' schrien, nun überall von den Regierungen ‚öffentliche Unterstützung' verlangen und in Hamburg, Berlin, Stockholm, Kopenhagen, England selbst (in der Form der Suspension der Akte), also das ‚droit au profit' auf allgemeine Unkosten geltend machen, ist schön."[140] (MEGA III/8, 209) Einem schwedischen Bankhistoriker zufolge agierte die Riksbank in der Krise von 1857 zum ersten

---

138 Hamburg als die wichtigste Handelsstadt und „*der erste Wechselplatz des Continents*", notierte Marx im *Book of the Crisis of 1857* aus unbekannter Quelle, hatte „Wechselverbindlichkeiten übernommen, die durch keine Waaren gedeckt u. durch das grosse Wachsen der Waarenpreise zu enormen Beträgen angewachsen sind" (MEGA IV/14, 118). Auf Hamburg gezogene Wechsel stiegen zwischen 1855 und 1857 von 162 Millionen auf 248 Millionen Mark Banko (Rosenberg 1974, 129). Zur Krise in Hamburg siehe MEGA IV/14 App., 550–553.
139 Dem von Hamburg aus den britisch-skandinavischen Handel abwickelnden Händler Pontoppidan & Co. ließ die dänische Nationalbank eine Schiffsladung mit 400 000 Reichstalern in Silber zukommen (MEGA IV/14, 140/141).
140 Ähnlich witterte Albert Schäffle (1886 [1858], 53) Hamburg bereits „auf dem Wege des Staatscommunismus, und zwar jenes schlimmen Communismus, welcher die Kleinen für die Großen, das consumirende Publikum für verwegene Handelsmonopolisten gefährdet".

Mal in ihrer Geschichte als „lender of last resort" durch Bereitstellung von ‚Liquidität' und rettete erstmalig Banken durch Bailouts (Ögren 2014, 90).[141]

Marx wird in den – zum Teil sogar international koordinierten – Staatsmaßnahmen in England, Frankreich und Nordeuropa gegen die Geldkrise einen gemeinsamen Charakter gesehen haben. Im Grunde tat Paris nichts wesentlich anderes als Hamburg, London und Stockholm. Die Liquiditätsgewährleistung, Geldspritzen, Bailouts, Bürgschaften, Garantien, Vorschüsse und Schuldenmoratorien für Banken, Wechselmakler und Handelshäuser sollten die Panik brechen. Das Ziel dieser Eingriffe bestand darin, erstens Preise von (überproduzierten) Waren aufrechtzuerhalten, zweitens Liquiditätsengpässe durch vorübergehende Befreiung von Tilgungszahlungen zu überbrücken sowie, drittens, die Ansteckungsketten durch eine Art *Containment* der faulen Kredite zu unterbrechen, also sie durch den Staat sammeln, isolieren und verwahren zu lassen (und sie dabei in Staatsschulden zu verwandeln). Es ist schwer zu ermitteln, inwieweit die von den Regierungen und Nationalbanken bereitgestellten Summen gegenüber den Verbindlichkeiten und Abschreibungen durch Liquidationen und Bankrotte ins Gewicht fielen. In Hamburg betrug das Verhältnis ungefähr 1 : 11,[142] in Stockholm konnten zwölf von 37 insolventen Handelshäusern mithilfe der Staatsunterstützung vor der Liquidation bewahrt werden (Hammerström 1962, 152). Auch wenn die Kapitalvernichtung und die schon ab Januar 1858 zunehmenden Exporte der englischen Baumwollindustrie nach Ostasien (dazu 3.4.3) einen schnellen Wiederaufschwung ermöglichten, trugen die Suspension des *Bank Act* und ein österreichischer 10 Millionen Kredit in Silber für Hamburg zweifellos zur Beruhigung der Panik bei. Marx jedenfalls schlug einen anderen Ton als in der Krise von 1847/48 an und sprach von den Schuldenmoratorien nun als „the only remedy against the crisis, that of relieving its citizens from the duty of paying their debts" (MEGA I/16, 111).

Insofern die *governmental measures* Napoleons III. den Notmaßnahmen der nicht weniger aktiven europäischen Regierungen ähnelten und sie in Großbritannien, Hamburg und Stockholm keinen Einfluss auf die Ansteckung nahmen, konnten sie aus Marx' Sicht auch in Frankreich nicht über den Ausbruch der Krise entschieden

---

141 Zwar war die Riksbank an einen Silberstandard gebunden, sie versuchte aber diese Restriktion dadurch zu umgehen, indem sie ihre *assets* als Reserve neu-klassifizierte (Ögren 2014, 54). Die Stockholmer Börse sollte in Hamburg ein Büro eröffnen und ausländische Wechsel erwerben, welche die Riksbank dann aufkaufte und in ihrer Reserve als „legal backing" verbuchte.

142 Die vom Staat für die Krisenüberwindung bereitgestellten Summen überstiegen mit 35 Millionen Mark Banco das für 1857 veranschlagte Gesamtbudget um das Fünffache; die Verluste durch die Krise lagen in Höhe von 400 Millionen Mark Banco (Ahrens 1978, 28; Ahrens 1986, 79).

haben.¹⁴³ Der ausschlaggebende Übertragungsmechanismus war zunächst die Eingliederung in die internationalen Schuldenketten, denn die Krise war in der ersten Phase vor allem eine Geldkrise: nicht mehr bedienbare Schulden, verallgemeinerte Zahlungsunfähigkeit, Reduktion und dann Einstellen der Kreditvergabe, Geldhungersnot. Obwohl der wirkliche Warenhandel zwischen Großbritannien und Frankreich einen viel größeren Umfang annahm als der zwischen Großbritannien und Skandinavien, gelangte die Krise nach Nordeuropa, weil bestimmte empfindliche Kreditketten zwischen Großbritannien und Skandinavien ausgeprägter waren als zwischen Großbritannien und Frankreich (dazu 3.4.3). Hierin identifizierte Marx die entscheidende Ursache für die ausbleibende Geldkrise in Frankreich, dessen Kreditinstitute und Händler kaum im Ausland verschuldet waren und nicht dort Gläubiger waren, wo Barzahlung und Schuldentilgung überstürzt fällig wurden.¹⁴⁴ Entscheidend für die Ansteckung war 1857 nicht die Handelsbilanz als Verhältnis der internationalen Warenströme an sich, sondern die Verflochtenheit von Banken, Händlern und Unternehmen mit dem internationalen Geldmarkt über Auslandskredite und -schulden. Die Auslands- ist im Vergleich zur Inlandsverschuldung von anderer Qualität, weil hier die Kredittilgung nicht einfach auf staatlichen Befehl hin ausgesetzt werden kann. Den staatlich verordneten Aufschub der Schuldentilgung bezeichnete Marx aber, wie gesehen, als „the only remedy against the crisis" (MEGA I/16, 111). Mit diesem nur national wirksamen Heilmittel lassen sich Gläubiger jenseits des staatlichen Hoheitsgebiets nicht besänftigen; dazu ist vielmehr eine aufwändige internationale Koordinierung gefordert (vgl. Kindleberger 1978, Kap. 10). Tatsächlich reisten 1857/58 Europas Regierungs- und Nationalbankvertreter nach London und Hamburg, um Wechsel zu protestieren, über Schuldenmoratorien zu verhandeln und die Bank of England zu bitten, Londoner Kreditgeber, bei denen Skandinavier verschuldet waren, mit Liquidität auszustatten (MEGA IV/14, 146). Das Ausbleiben einer französischen Geldkrise konnte für Marx also nicht auf die Staatsmaßnahmen an sich zurückzuführen sein, sondern höchstens darauf, dass sie in Frankreich unter anderen Bedingungen zur Geltung kamen.

Möglicherweise waren die innenpolitischen Widerstände gegen die Krisenmaßnahmen im diktatorischen Frankreich geringer, aber auch in Hamburg und England wurden sie jeweils innerhalb weniger Tage überwunden. Etwa verweigerte Preußen (wie könnte es anders sein) Hilfszahlungen für Hamburg beziehungsweise verlangte unerfüllbare Gegenleistungen dafür (Bergengrün 1901, 684/685; Ahrens 1986, 82–84

---

143 Auch Schäffle (1886 [1858], 39) hielt „die Schmeichelei der französischen Regierungspresse, daß die Weisheit der Regierung Frankreich vor einer eigentlichen Katastrophe bewahrt habe" für „unwahr", und ging sogar davon aus, dass Napoleon III. „die in Frankreich besonders verführerische Bahn der Staatshülfe vermieden hat" und die Hamburger Maßnahmen stärkere Eingriffe darstellten.
144 Rosenberg (1974, 131) stellt ebenfalls fest, dass es 1857 in Frankreich, Deutschland und Österreich zu keinem *drain* kam, weil sich die dortigen Banken kaum an der internationalen Warenspekulation und der Finanzierung des überseeischen Exportgeschäfts beteiligt hatten.

u. 91–97),¹⁴⁵ jedoch sprang Österreich schnell mit einem 10 Millionen Kredit in Silber – das in einem Sonderzug durch halb Europa gekarrt wurde und beinahe vom preußischen Zoll gestoppt worden wäre (MEGA IV/14, 145; Ahrens 1986, 84–91) – in die Bresche (siehe MEGA IV/14 App., 553). Auch war die zaudernde Hamburger Bürgerschaft zunächst nicht bereit, den Banken und Handelshäusern durch die Gründung einer „Staatsdiscontokasse" zu helfen. „[T]he burghers are generally of opinion that, as the mercantile community have been the main cause of bringing the difficulties upon themselves by over-speculation, they must do the best they can to get themselves out of the mess, and have no right to call upon the freeholders to pay their losses" (MEGA IV/14, 136), schnitt Marx aus der *Times* aus, sich darüber freuend, „daß die Hamburger Spießbürger sich geweigert haben, fernere Almosen für die Capitalisten zu geben" (MEGA III/8, 209). Aber schon einen Tag später, nach einem ersten zehnstündigen und einem weiteren Verhandlungsmarathon kam es zu einem Sinneswandel bei Senat¹⁴⁶ und Bürgerschaft: Sie gewannen Einsicht in die Notwendigkeit der Gründung einer *bad bank* in Staatshänden, die mit ihrem großen Kapital von zunächst 15 Millionen Mark Banco unter anderem Eisenbahnaktien und faule Kredite aufkaufte (MEGA IV/14, 138), Direktgelder für vor der Pleite stehende „great houses" (MEGA IV/14, 143) – die schon vorher Notkredite bekamen (MEGA IV/14, 127) – bereitstellte und das Silber aus Österreich verwalten sollte.¹⁴⁷ Natürlich übten auch die großen Aktienbanken der Londoner City Druck aus, um die Regierung zur Suspension des *Bank Act* zu bewegen, wie Marx im Manuskript zum dritten Buch des *Kapital* festhielt: „1857 drohten die 4 größten Joint Stock Banks, wenn die Bank of England nicht einen ‚Regierungsbrief' zur Suspension des Bankakts von 1844 erwirke, ihre Deposits zurückzuziehn, womit das Banking Department bankrott gewesen wäre." (MEGA II/4.2, 528) Solche Widerstände gegen die Rettungsmaßnahmen hätten der Möglich-

---

145 Verschwiegen in Poschingers (1971 [1879], 51/52) Geschichte der preußischen Bankpolitik, wo es heißt, dass die Preußische Bank „dem Lande in diesem kritischen Jahre grosse Dienste geleistet" hat.
146 Die Commerz-Deputation machte den Senat darauf aufmerksam, dass eine Krise nicht der richtige Augenblick ist, um an bestehenden theoretischen Überzeugungen festzuhalten: Der Senat müsse wohl mehrheitlich „aus Rechtsgelehrten besteh[en], welche die Größe des drohenden Unheils und die äußerste Dringlichkeit der Abhülfe noch nicht erkennen. [...] Vorgefaßte *theoretische* Grundsätze müssen zurücktreten" (zit. nach Ahrens 1978, 19).
147 Zuvor war bereits die Bildung sogenannter „Garantie-Assoziationen" in Hamburg und Stockholm (MEGA IV/14, 151; Ahrens 1978, 9–11) gescheitert, die ausgefallene Kredite „garantieren" sollten: in Hamburg etwa dadurch, dass der von Handelshäusern und Banken ins Leben gerufene und mit 12 Millionen Mark Banco ausgestattete „Garantie-Disconto-Verein" Garantiestempel auf ausgewählte Wechsel und Noten drucken ließ, um damit die Wechsel-Zirkulation aufrecht zu erhalten. Aber die Gründung des „Vereins" am 26. November verschärfte bloß die Panik, weil die Garantiestempel indirekt die enorme Masse nicht-gestempelter Wechsel zu *bad debts* erklärten (Ahrens 1986, 27). Marx taufte den „Verein" daher liebevoll auf den Namen „Hamburger Association for discounting the panic" (MEGA III/8, 209).

keit nach den Krisenverlauf verändern können; aber da alle betroffenen europäischen Staaten vergleichsweise schnell eine ‚Einsicht in die Notwendigkeit' gewannen und die zur Bekämpfung der Geldkrise ‚angemessenen Maßnahmen' durchführten und sich sogar international koordinierten, waren sie kein entscheidender Faktor für den Verlauf der so heftigen wie kurzen Weltmarktkrise von 1857.

Ebenso wenig konnte der französische Versuch, die Krise zu exportieren, für den milden Verlauf gesorgt haben, da er auch in anderen Ländern unternommen wurde. Wenn alle Staaten gegeneinander versuchen, die Verluste ihren Nachbarn aufzuzwingen, beschleunigt dies nur den Preisverfall.[148] Somit konnten es für Marx nicht die Maßnahmen des ‚starken Staats'[149] gewesen sein, die Frankreich vor der Krise bewahrten. Denn die liberalen Staaten waren gar nicht so liberal, sondern „imitierten"[150] den Interventionismus der anderen. Tatsächlich gelang 1857 nicht nur Marx der Durchbruch zum Konzept des Geldfetischs (3.2.3), sondern es vollzog sich auch so etwas wie eine – in den *Krisenheften* dokumentierte – ‚Geburt der Geldpolitik', als die europäischen Staaten und Staatsbanken in einer Krise unbekannten Ausmaßes und unbekannter Reichweite mitunter koordiniert auf eine Vielzahl von teils bekannten Instrumenten und Maßnahmen zur Linderung der Panik zurückgriffen beziehungsweise neuartige Instrumente erfanden.[151] Marx hat im *Kapital* zwar keine systematische Diskussion des Krisenmanagements geführt, da er auch nicht zu einer systematischen Behandlung des Staats vorgedrungen ist, die große Kapazität der Geldpolitik gleichwohl ausdrücklich anerkannt. Zwar könne das „ganze künstliche System gewaltsamer Ausdehnung des Reproductionsprocesses [...] nicht dadurch curirt werden, daß nun etwa eine Bank (die Bank of England z. B.) in Papier allen Schwindlern das ihnen fehlende Capital giebt und die sämmtlichen Waaren zu ihren

---

148 „The French decree rescinding the prohibition of the export of corn and flour immediately compelled the London millers to reduce their quotations by three shillings per 280 pounds, in order to stem the influx of flour from France." (MEGA I/16, 113)

149 So bemerkte Marx über die Erhöhung von Importzöllen in *1857 France*, dies „[z]eigt die Schwäche der Burschen" (MEGA IV/14, 52). Der Protektionismus in Paris war nicht Ausdruck von Stärke, sondern von Krise.

150 Als es 1859 nach dem Bankrott des führenden Wechselmaklers der Stadt zu einer Geldkrise in Wien kam, die nach Ungarn, Böhmen und Schlesien übergriff, fühlte sich Marx an die Hamburger Handelspanik von 1857 erinnert und berichtete in der *Tribune* vom 6. Juni 1859 nicht nur über die antisemitischen Ausschreitungen infolge der Krise, sondern stellte auch fest, dass die Wiener Regierung die Hamburger Maßnahmen zur Linderung der Panik („for the alleviation of the panic") „imitiert" habe. Konkret führte er an: „Some relaxation will take place in the laws concerning bills of exchange; the National Bank will form a Committee for the support of firms only momentarily driven to a suspension of payments by the general state of discredit, and two millions of paper money will be granted to the banks of Prague and Brünn." (MECW 16, 326; dt. Übers. MEW 13, 338)

151 Auch heutige Historiker betonen, dass die Krise von 1857 das europaweite Ende einer Politik der Kreditrationierung in der Krise markierte: „there was an evolution in the way central banks dealt with crises, from a policy of universal credit rationing before 1850, to a policy that strongly supported the market by providing unlimited loans, or at least much more generous ones." (Bignon et al. 2012, 582)

alten Nominalwerthen kauft" (MEGA II/4.2, 543), aber es sei „klar, daß so lange der *Credit* einer Bank nicht erschüttert ist, sie durch Vermehrung des Creditgelds [...] den[152] Panic lindert und durch Contraction ihn vermehrt" (MEGA II/4.2, 595). Liest man nur das unfertige *Kapital*, übersieht man also leicht zentrale Aspekte von Marx' ökonomischer Theorie, wie den ganzen Komplex der „Staatseinmischung".

Marx versicherte sich in den *Krisenheften* durch seine vergleichende Untersuchung der Staatseinmischung in verschiedenen europäischen Ländern, dass die französische Krise nicht wegen der Regierungsmaßnahmen auf sich warten ließ. Wenn Frankreich auch über die globalen Verschuldungsketten nicht unmittelbar von der Krise angesteckt worden war, blieb der Einbruch weiterhin von zwei Flanken möglich: einerseits von denjenigen ausländischen Geldmärkten, auf denen es als Schuldner oder Gläubiger fungierte, andererseits von weiter fallenden Warenpreisen, welche die vom Staat verordneten Schuldenmoratorien und Bürgschaften – die auf schnell wiederanziehende Preise spekulierten – konterkarieren würden, so dass sich diese Rettungsmaßnahmen, welche die Krise vorübergehend fernhalten sollten, als Boomerang entpuppen müssten. Weil Marx von weiter fallenden Preisen ausging, kündigte er Engels am 25. Dezember zuversichtlich das große Finale an:

> Also Boustrapha's [gemeint ist Napoleon III., TG] Plan offenbar die B. of F. mit dem nicht von ihr beseßnen, sondern bei ihr nur deponirten Capital, das abfliessen wird on the first signal given in the neighbouring countries, zum Generalentrepreneur seiner sämmtlichen Schwindeleien zu machen. Dieß in fact sehr gut um die Bank auch caput zu machen. [...] So scheint Boustrapha 1858 schwerlich davonkommen zu können, es sei denn, daß er sich für längere Zeit durch den Belagerungszustand und Assignaten hält. (MEGA III/8, 231)

Bestärkt durch Engels' Zustimmung zu seiner Argumentation[153] verfasste Marx bis Juni 1858 fünf Artikel, in denen er am nahenden Ende von Napoleon III. festhielt.[154] Die Krise werde „fall severely upon the stock market and endanger the supreme security of that market – the State itself" (MEGA I/16, 126). Doch die Situation spitzte sich weder zu einer ökonomischen noch zu einer politischen Krise zu. Das denkbar knapp gescheiterte Bombenattentat von Felice Orsini auf Napoleon III. vom 14. Januar 1858 – was vielleicht nicht das Regime, aber wenigstens den Kaiser erledigt hätte – hatte zwar einen kleinen Einbruch der Aktienkurse zur Folge (MEGA IV/14, 70), entfachte aber keine revolutionäre Aktion in Frankreich, auch wenn Marx das

---

152 In MEGA II/4.2 heißt es fehlerhaft „die".
153 Der ließ ihn an Silvester 1857 wissen: „Wegen Frankreich hast du in every particular, soweit ich urtheilen kann, Recht. Auch dort ist der Verlauf bis jetzt normal." (MEGA III/8, 235)
154 Es handelt sich um die Tribune-Artikel vom 12. Januar *(The French Crisis)*, 12. März *(The Commercial Crisis in France)*, 30. April *(The Financial State of France)*, 11. Mai *(Mazzini and Napoleon)* und 11. Juni 1858 *(Bonaparte's Financial Maneuvers–Military Despotism)* (alle veröffentlicht in MEGA I/16).

Attentat selbst zur krisenbedingten politischen Aktivität zählte.[155] Nachdem er das Heft *1857 France* rund acht Wochen lang führte, brach er es Ende Januar bezeichnenderweise mit einer Nachricht aus dem *Economist* über zufriedenstellende Steuereinkünfte ab. Über die „French State Revenue" heißt es dort: „These figures also are satisfactory." (MEGA IV/14, 75) Der letzte Satz des *Krisenhefts*, das den Zusammenbruch des Zweiten Kaiserreichs festhalten sollte, überbringt die frohe Kunde gesunder Staatsfinanzen.

3.3.4 Die Effekte des Krisenmanagements: Bonapartismus vs. Liberalismus

Als Marx sich endgültig im Klaren darüber geworden war, dass Napoleon III. sich durch die Krise hindurch halten würde, bemerkte er gegenüber Engels am 8. Oktober 1858, „daß in Rußland die *Revolution angefangen* hat" und es „den Franzosen nichts schaden [wird], wenn sie sehn, daß die Welt auch ohne sie ‚mov't'." (MEGA III/9, 217/218). Diese Erkenntnisse schadeten ihm selbst nicht. Dass die Revolution in Frankreich wiederbelebt würde, sobald in New York die Interbankenkreditvergabe aussetzt, war eine Prise zu waghalsig gedacht.[156] Aber auch nur eine Prise: Denn die in Amerika ausgebrochene Krise von 1857 sollte dort Sklavenbewegungen lostreten und kurz darauf einen Bürgerkrieg auslösen (siehe 3.4.1), der Crédit Mobilier musste schließlich Ende 1867 zwangsliquidiert werden und zu einer neuen französischen Revolution und dem Ende des Zweiten Kaiserreichs kam es weitere drei Jahre später. Wenn Marx im Zuge seiner Beschäftigung mit dem bonapartistischen Frankreich mit ‚geschichtsphilosophischen' Erwartungen gebrochen haben soll (3.3.1), dann erst ab Herbst 1858. Eine erste Lockerung des seit 1850 eng gefassten Konnex von englischer Krise und französischer Revolution lässt sich jedenfalls ziemlich genau auf jenen Brief vom 8. Oktober 1858 datieren (siehe 3.6).

Allerdings sind verglichen mit seiner Kommentierung der Krise von 1847/48, als ihm Staat und Politik als direkter Ausfluss des Kapitals galten (dazu 2.4), deutliche Unterschiede in Marx' Bewertung der Staatsmaßnahmen festzustellen. Obwohl er

---

[155] Lassalle ließ er am 22. Februar 1858 wissen: „Der Zusammenhang der lezten Ereignisse in Frankreich mit der Handelskrise ist vielleicht wenig Leuten klar. Er bekommt aber evident wenn man betrachtet 1) the real economical state produced in France by the last crisis; 2) sich die Frage stellt, [...] warum das Attentat solche Effects hervorbrachte, die apparently stood in no proportion whatever, and even in no necessary relation, to the alleged cause." (MEGA III/9, 73)

[156] Goldberg (1987, 167) meint, es war „ziemlich naiv", einen revolutionären Aufbruch zu erwarten. Aber der Punkt ist, dass eine Krise beinahe zwangsläufig die politischen Verhältnisse erschüttert, wenn auch nicht an jedem Ort. So steigerte sich die Handelskrise in Hamburg „schon nach wenigen Tagen zu einer eigentlichen Staatskrise" (Ahrens 1978, 4) und zu Sklavenbewegungen kam es nach 1858 in Amerika und Russland.

weiterhin von der grundsätzlichen Impotenz des Staats bei der Vermeidung wirtschaftlicher Schwierigkeiten ausging, untersuchte er dessen Behandlung der Krise von 1857/58 sehr genau. Er erkannte an, dass nicht nur die Krise den Staat trifft, vielmehr auch der Staat den Krisenverlauf beeinflusst.[157] Mit der Feststellung einer Aktivierung des Staats stellten sich für Marx neue Fragen: nach den Konsequenzen der Staatsmaßnahmen sowie nach den Grenzen des Interventionismus.

Die staatliche Krisenverwaltung interpretierte Marx als eine dreifache Metamorphose der ökonomischen Widersprüche. Erstens die *Verwandlung ökonomischer Probleme in soziale*. Anhand der Hamburger Maßnahmen, wie der Verwandlung fauler Schulden in Staatsschulden, prägte er die berühmte, auf ihn zurückgehende, aber von ihm nicht wörtlich gebrauchte Formel von der Verstaatlichung und *Sozialisierung der Verluste*: „To uphold prices, and thus ward off the active cause of the distress, the State must pay the prices ruling before the outbreak of the commercial panic, and realize the value of bills of exchange which had ceased to represent anything but foreign failures. In other words, the fortune of the whole community, which the Government represents, ought to make good for the losses of private capitalists. This sort of communism, where the mutuality is all on one side, seems rather attractive to the European capitalists." (MEGA I/16, 111) Ähnlich schrieb er in der *Tribune* vom 12. März 1858 über Frankreich und sein ‚ökonomisches Wunder':

> While French industry is stagnant, great numbers of workmen unemployed, and the means of everybody stinted, prices, which have elsewhere declined on an average from 30 to 40 per cent, are still maintained in France at the speculative range of the period preceding the general crisis. If we are asked by what means this economical miracle has been worked, the answer is simply that the Bank of France, under Government pressure, has twice been obliged to renew the bills and loans which had fallen due [...]. The Government seems to imagine that by this exceedingly simple process of distributing bank notes wherever they are wanted, the catastrophe can be definitively warded off. Yet the real result of this contrivance has been, on the one hand, an aggravation of distress on the part of the consumers, whose diminished means have not been met by diminished prices; on the other hand, an enormous accumulation of commodities in the Customs entrepots, which, when ultimately, as they must be, they are forced upon the market, will collapse under their own weight. (MEGA I/16, 206)

Die Preise von überproduzierten Waren durch Vorschüsse auf ihrer spekulativen Höhe zu halten und damit die gewaltsame Herstellung der Einheit von Kauf und Verkauf zu blockieren oder zu verzögern, wälzt die Verluste auf die Konsumenten ab.

Diese Sozialisierung der Verluste bedeutet aber zweitens keine Lösung der wirtschaftlichen Komplikationen, sondern nur eine *Bearbeitung ihres Charakters*.

---

[157] Auch im Brief an Engels vom 25. Dezember 1857 bemerkte Marx, dass ein *bullion drain*, wenn er „nur der Gewinnsucht der profitmongers" und nicht der Zahlungsbilanz entspringt, „mit Erfolg, wie Bonaparte jetzt wieder zeigt, durch Gensdarmen verhindert werden" (MEGA III/8, 229) kann.

Wenn man die Krise nicht zulassen will, setzt man mitunter auch ihre reinigende Wirkung aus und verschiebt die Entwertung in die Zukunft. So heißt es in der *Tribune* vom 22. Februar 1858, dass die Krise in Frankreich wegen den Regierungsmanövern und staatlich verordneten Schuldmoratorien chronisch geworden sei (MEGA I/16, 200).[158] Wenn insolvente Schuldner nicht in die Liquidation gehen und zahlungsunfähige Häuser durch Staatskredit gestützt werden, verschleppt der Staat bloß die Krankheit. Jedoch ist auffällig, dass Marx diese spezifische Konsequenz des Krisenmanagements vor allem für das bonapartistische Frankreich diskutierte. In Hamburg waren die Schuldenmoratorien „the only remedy against the crisis", aber in Frankreich veränderten sie den Charakter der Krise von akut zu chronisch. In Hamburg sah Marx die Vorschüsse des Staats begrenzt, und zwar sowohl in ihrer Höhe als auch auch in den Warengattungen, auf die sie gewährt wurden (MEGA I/16, 110/111). Napoleon III. aber, der selbsternannte Retter der französischen Gesellschaft, wollte sie wieder einmal alle retten und allen Schwindlern das fehlende Kapital geben. In Hamburg wurde gewissermaßen Fullartons Kunst der abwägenden Krisenbehandlung ausgeübt (1.5.2), wohingegen in Frankreich das Moment des Zwangs nicht berücksichtigt, sondern der ganze Schwindel mit weiteren Hilfskrediten überdeckt und verstaatlicht wurde.[159] Die Krisenursachen wurden nicht bereinigt, sondern mithilfe des ohnehin überzogenen Staatskredits noch einmal aufgebläht, Schwindel wurde mit Schwindel bekämpft. Indem Paris versuchte, den Ausbruch der Krise zu unterdrücken – ein Versuch, der wiederum nur wegen der besonderen Lage Frankreichs (weder Demiurg des Weltmarkts noch Weltkreditgeber oder -nehmer) unternommen werden konnte –, blockierte es auch ihre heilende Kraft.[160]

---

158 „It is now perfectly understood that, at the hight of the panic, the Bank of France, on Government order, renewed all bills due – an accommodation which, by the by, it was again compelled to afford on the 31st of January; but this suspense in the liquidation of debts, instead of restoring commercial activity, has only imparted a chronic character to panic." (MEGA I/16, 199/200) – In *Herr Vogt* (1860) ergänzte Marx: „Die allgemeine Handelskrise, 1857–1858, hatte die französische Industrie gelähmt. Die Regierungsmanöver, um den acuten Ausbruch der Krise zu verhindern, machten das Uebel chronisch, so daß sich die Stockung des französischen Handels bis zum Ausbruch des italienischen Kriegs fortschleppte." (MEGA I/18, 178)
159 In der *Tribune* vom 12. Januar 1858 heißt es in diesem Sinne: „Instead of checking stock gambling, the present stagnation of French commerce and industry has favored it." (MEGA I/16, 126)
160 Die Kritik der Liberalen an den *Hamburger* Rettungsmaßnahmen klang ganz ähnlich: Die Staatseingriffe stützten die Spekulanten und hielten unproduktive ‚Zombies' am Leben, verhinderten einen Rückgang der Preise auf Kosten der Konsumenten, benachteiligten mittlere und kleine Unternehmen und zögen den Krisenverlauf künstlich in die Länge (dazu Ahrens 1978), kurzum: Sie würden den Lauf der Natur unterbrechen und die ‚reinigende Kur' der Krise verunmöglichen. Weil „durch Staatsgelder und Staatsanleihen, eine schon insolvente Wechselreiterei noch fortgesetzt" (Büsch 1858, 71) wird, müssten solche Staatskredite „dauernd dem Credit der Hamburger Börse schädlich werden, weil durch dieselben höchst wahrscheinlich sonst zur Insolvenzerklärung gezwungene Häuser, unter der Maske einer erheuchelten Solvenz, ihre Geschäfte fortsetzen können. Wie soll aber nach einer so starken Geschäftsverwirrung der Credit wirklich wiederkehren, so lange nicht offenkundig wird, wer

Obwohl eine Lektüre der *Krisenhefte* keinen wesentlichen Unterschied im Charakter der Regierungsmaßnahmen in liberalen Ländern und im bonapartistischen Frankreich nahelegt, hat Marx letztere also doch auf etwas andere Weise interpretiert, und zwar zunehmend mit seiner im Laufe des Jahres 1858 wachsenden Einsicht, dass Frankreich tatsächlich von der Krise verschont geblieben war. Marx hat auch in seiner Diskussion der staatlichen Krisenverwaltung daran festgehalten, dass dem Bonapartismus das Moment der Willkür anhaftet, und ihm weiterhin eine spezifische Verfallstendenz zugeschrieben, wenn sich auch der Mechanismus des Staatszerfalls geändert hat, und zwar von fiskalisch zu militärisch-außenpolitisch. Die dritte Konsequenz des Krisenmanagements, insbesondere des französischen, war nämlich eine *Verwandlung von ökonomischen Problemen in politische*. Im Februar 1859 ging Marx erstmals darauf ein, dass der französische Staat wegen seiner hohen Verschuldung keine neuen Anleihen mehr aufnehmen konnte, weshalb für Napoleon III. „from a merely pecuniary point of view, a war with the prospect of forced loans, of plunder and war contributions from conquered provinces, would, at a certain extremity, appear the only outlet left" (MECW 16, 164). Den Krieg bloß anstiften, um eine Anleihe erheben zu können; wegen der inneren Problemlage nach Außen expandieren: Eine solche Abenteuerpolitik würde nicht der wirtschaftlichen Entwicklung dienen und wäre nur die letzte Karte Napoleons III., der gewissermaßen seine finale Rolle spielen würde, nämlich „the attitude of the savior of France from a general European struggle, after having carried her to its very confines" (MECW 16, 442/443). Ökonomische Probleme erscheinen infolge der staatlichen Intervention in den Krisenverlauf also nicht mehr nur als ökonomische und soziale, sondern auch als genuin politische.[161] Marx denkt, dass der Bonapartismus, indem er im Laufe seines Bestehens zunehmend abhängiger von der Armee und militärischen Erfolgen im Ausland

---

in Hamburg wirklich solvent und wer schließlich insolvent geblieben ist?" (Büsch 1858, 132/133) Marx war diese liberale Kritik gut bekannt, denn in seinem Handexemplar des Buchs ist die eben zitierte Stelle auf S. 71 mit einer Marginalie versehen (MEGA IV/32, Nr. 179). Ebenso verlangte Schäffle (1886 [1858], 50), dass dem „Gericht [...] freier Lauf gelassen werde", und Adolph Wagner hielt die Staatsdiscontokasse für „einen höchst gefährlichen Präcedenzfall" (zit. nach Ahrens 1986, 11).

161 Wenn ökonomische als politische Probleme erscheinen, verstärkt das die Staatsillusion (siehe 2.4): die Vorstellung, *erst der Staat* – seine exzessive Besteuerung, sein enormes Haushaltsdefizit, sein Missmanagement, seine außenpolitischen Verwicklungen, seine Behandlung der Krise – sei die Quelle der Krise. So nahmen auch Tooke/Newmarch an, dass Frankreich überhaupt nur *wegen* der staatsgeförderten Kreditausdehnung und expansiven Fiskalpolitik in Schwierigkeiten geraten müsse. Es sieht so aus, als seien ein immer maßloser Staat, seine Finanzierungsbedürfnisse und sein willkürliches Eingreifen in die ‚Naturgesetze der Wirtschaft' Ursache für die Probleme des Kapitals, obwohl sie doch mehr und mehr zu Voraussetzungen für dessen weiteres Bestehen werden. So schließt Kostadinov (2015) auf abenteuerliche Weise von der Kürze der Rezession von 1858 darauf, dass sich die Märkte in ‚Selbstkorrektur' bei Abwesenheit einer aktiven Zentralbank schneller erholen würden. Die heutigen Niedrigzins- und Zentralbankkritiker werden von ähnlichen Phantasien beherrscht.

wird, eine gegenüber den ökonomischen Bewegungsgesetzen *eigenständige Entwicklungslogik* aufweist (Winkler 1978, 52).[162] Die Pervertierung der Staatsform des Zweiten Kaiserreichs bleibt bei Marx also bestehen.

Mit dieser Feststellung der Transformation ökonomischer in außenpolitische Probleme revidierte Marx auch seine frühere Einschätzung aus dem *18. Brumaire*, dass das bonapartistische Intermezzo einer sozialen Revolution nicht abträglich sei. Ab 1859 wird er dies kaum noch betonen (vgl. Wippermann 1983, 65). Und auch in der zweiten Auflage des *18. Brumaire* von 1869 wird er den Satz aus der Erstauflage „Mit der Verzweiflung an der napoleonischen Restauration scheidet der französische Bauer von dem Glauben an seine Parzelle" (MEGA I/11, 185) tilgen und damit den zentralen Gedanken des fiskalischen Staatszerfalls abschwächen, wonach Napoleon III. zur Finanzierung seiner unkonventionellen Wirtschaftspolitik die Steuern auf dem Land erhöhen und dabei einen Prozess der Desillusionierung unter den Bauern in Gang setzen müsse. Stattdessen war er nun davon überzeugt, dass das Regime mit einer Serie von abenteuerlichen Kriegen, die ausschließlich zum Zweck seiner Stabilisierung geführt würden, unbedingt eine außenpolitische Eskalation herbeiführen müsse. Und dass die Arbeiterklasse aus einem solchen Krieg – bei dem sie nicht nur den heimischen Klassenfeinden, sondern zusätzlich noch einer ausländischen Armee gegenüberstehen könnte – als Siegerin hervorgehen würde, schien wesentlich unwahrscheinlicher als ihr Triumph in einer Wirtschaftskrise. Als die preußischen Truppen 1870 direkt vor Paris standen, riet Marx daher pikanterweise in einer öffentlichen Adresse der Internationalen Arbeiterassoziation dem Pariser Proletariat abermals ab, in Aktion zu treten, und forderte es stattdessen dazu auf, sich bei der Wiedererrichtung der parlamentarischen Republik zu engagieren.[163] So wie Marx 1851 den Staatsstreich nicht als den richtigen Moment zu handeln sah, hielt er zunächst auch das Ende des Zweiten Kaiserreichs – herbeigeführt tatsächlich durch einen internationalen Krieg – nicht für den geeigneten Augenblick. Mit den Krisen- waren auch die Revolutionsaussichten undeutlicher geworden.

Neben der Differenzierung von Krise und Krisenbewusstsein sind somit bereits drei große Verschiebungen im Marx'schen Krisenverständnis zwischen 1848 und

---

[162] Diese Verschiebung stellte Marx in *Herr Vogt* noch einmal heraus: „Ich wies z. B. ausführlich in der ,Tribune' nach (s. z. B. Februar 1859), daß die finanziellen und innern politischen Zustände des ,bas empire' bei einem kritischen Punkt angelangt seien, wo nur noch ein auswärtiger Krieg die Herrschaft des Staatsstreichs in Frankreich und damit der Kontrerevolution in Europa verlängern könne."
[163] Die von Marx Anfang September 1870 verfasste *Second Address of the General Council of the International Working Men's Association on the War* enthält ein Bekenntnis der Internationalen Arbeiterassoziation zur Republik in Frankreich („we hail the advent of the Republic in France" [MEGA I/21, 490]) und eine offene Warnung an die Pariser Arbeiter vor den verheerenden Konsequenzen, die jeder Versuch („a desperate folly"), die Regierung zu stürzen, angesichts feindlicher Truppen in der Stadt zeitigen müsse.

1858 herausgestellt worden. Erstens entwickelte Marx bereits im *18. Brumaire* den Gedanken, dass die Krisenhaftigkeit der Moderne nicht nur zu einer sozialen Revolution, sondern unter Umständen auch zu einem autoritären Staat führen kann. Zweitens erkannte er infolge der Krise von 1857/58 und der Konsequenzen des französischen Krisenmanagements, dass auch der Bonapartismus keine kollektive Ernüchterung über seine Restauration, sondern eher eine Serie von Kriegen hervorbringen würde, die der sozialistischen Sache nicht unbedingt förderlich wäre. Und drittens lässt sich bei Marx eine immer größere Aufmerksamkeit für die Einflüsse des Staats auf die Krise nachweisen: Der Staat kann für ihn nach wie vor die Krisen nicht verhindern und die in ihr eklatierenden Widersprüche nicht stillstellen, aber, unter Umständen, ihre reinigende Wirkung unterdrücken oder aufschieben und dabei den Charakter und die Erscheinungsform ökonomischer Probleme verändern.

In der Krise von 1857/58 hat Marx also ein völlig anderes Bild des Krisenprozesses und seiner staatlichen Verwaltung als noch eine Dekade zuvor gezeichnet. Dass man sich keinen Illusionen darüber hingeben darf, dass der Staat die Probleme der bürgerlichen Gesellschaft lösen kann, sollte nicht die Einsicht verhindern, dass dieser es doch mit allen Mitteln versucht und dadurch einiges bewegt. Aber Marx' neues Bild basierte auf einem wirklichen historischen Wandel: 1847/48, in der ersten gesamteuropäischen Wirtschaftskrise war es weniger Marx, der besonders ignorant gewesen wäre, sondern die europäischen Staaten selbst, die nicht wussten, wie mit dem Chaos umzugehen war. Die massive Ausweitung des Krisenmanagements war ein Novum der Weltmarktkrise von 1857/58. Diese Verschiebungen bei Marx spiegeln sich auch in den wirtschaftspolitischen Maßnahmen wider, die er in den Krisen vor Augen hatte. So untersuchte er 1847–49 vornehmlich Steuerpolitik (2.4). Die Steuer ist ein direkter Abzug vom Mehrwert und somit fasste Marx auch das Verhältnis von Ökonomie und Politik als sehr unmittelbares. Aber in den 1857 beobachteten Instrumenten liegt ein größerer Spielraum: Schuldenmoratorien, Preiskontrolle und Geldpolitik verlagern die Probleme in die Zukunft und bearbeiten ihren Charakter. Wie bemerkt, hat Marx die Kapazität der Geldpolitik im Manuskript zum dritten Buch des *Kapital* ausdrücklich anerkannt: Es sei „klar, daß so lange der *Credit* einer Bank nicht erschüttert ist, sie durch Vermehrung des Creditgelds […] den Panic lindert und durch Contraction ihn vermehrt" (MEGA II/4.2, 595). Die Bedingung „so lange der *Credit* einer Bank nicht erschüttert ist" weist auf die Grenzen der Geldpolitik hin: Im Falle der Staatsbank sind diese erst bei einer Krise der Staatsfinanzen erreicht. Denn „die Hauptbanken, die Noten ausgeben" wie die Bank of England und die Banque de France haben „in der That den Nationalcredit hinter sich" und „ihre Noten [sind] mehr oder minder legal tender" (MEGA II/4.2, 474). Hinter den Staatsbanken steht die Kreditbonität eines ganzen Landes. Solange der Staat glaubhaft versichern kann, dass eines Tages genügend Reichtum herangewachsen sein wird, um die „Anticipation kommender Früchte der Arbeit" (MEGA II/1, 607) in den Staatsschulden bedienen zu können, wird, so Marx' Einsicht, eine expansive Geldpolitik durch Vermehrung des Kreditgelds die Geldkrisen lindern.[164]

Folglich verschob sich, viertens, auch Marx' Auffassung des Staats selbst. Ende der 1840er Jahre vertrat er die Auffassung, dass der Staat die Krise umso mehr verschlimmert und daher umso schwerer selbst in Notlage gerät, je mehr er sich gegen sie zur Wehr setzt. Die Staatsgewalt galt ihm dabei als „mehr oder minder willenlose[s] Werkzeug der ökonomisch mächtigsten Klassen" (Wippermann 1983, 50), als gewissermaßen identisch mit dem Kapital, als „Ausschuß, der die gemeinschaftlichen Geschäfte der ganzen Bourgeoisklasse verwaltet" (MEW 4, 464), wie es im *Manifest* hieß. Die Krise des Kapitals war ganz unmittelbar die des Staats. Im *18. Brumaire* ging Marx davon aus, dass sich unter Napoleon III. der Staat gegenüber der Gesellschaft „verselbständigt" habe. In der *Einleitung* von 1857 prägte er hingegen die Auffassung von der „Zusammenfassung der bürgerlichen Gesellschaft in der Form des Staats" (MEGA II/1, 43), das heißt, er hielt daran fest, dass der Staat, so innovativ und autoritär er auch sein mag, die bürgerliche Gesellschaft nicht transzendiert, sondern zusammenfasst und daher auch die Probleme des Kapitals nicht aus der Welt befördern kann. Unabhängig von bestimmten Staatsformen trifft dies nach Marx für die „Form des Staats", den Staat schlechthin zu.

Marx ist von einem instrumentellen (*Manifest*) zu einem formanalytischen Staatsverständnis (*Einleitung*, *Grundrisse*) gelangt (zu diesen Staatsverständnissen Sumida 2018; vgl. Wippermann 1983, 162; Kluchert 1985, 359). Das ‚relativ autonomistische' Staatsverständnis herrscht, dazu gleich mehr, dagegen nur im *18. Brumaire* vor. Zwischen diesen Auffassungen bestehen große Unterschiede: Für das instrumentelle Verständnis sind die gemeinsamen Interessen einer Klasse (der Bourgeoisie) und das Staatsinteresse *identisch*; in der Theorie seiner Verselbständigung ist das Interesse des Staats von der bürgerlichen Gesellschaft *losgelöst* und kann ihm demzufolge auch entgegen stehen; im formanalytischen Verständnis ist die gesamte bürgerliche Gesellschaft in einer allgemeinen Sphäre (der Form Staat) *entäußert*, also weder identisch noch losgelöst, sondern als eine Gesamtheit zusammengefasst.

Worin besteht das allgemeine, in der Form des Staats zusammengefasste Interesse der bürgerlichen Gesellschaft? Es ist ihr *Überleben*, ihr Fortbestand – und genau dies kann das Kapital in seinen Krisen nicht immer selbst garantieren. Kapitalisten organisieren bloß die private Arbeit, aber die Vergesellschaftung dieser Arbeit erfolgt hinter ihrem Rücken. Dabei entsteht eine Gesellschaft erst nachträglich und unabhängig von dem Handeln und den unmittelbaren Interessen der Privatproduzenten. Die Krise ist der Moment, in dem durch private Arbeit und Zirkulation gerade kein

---

[164] Trotz ihrer Trennung verweben sich Kapital und Staat immer enger miteinander: Bei Erschütterung des Staatskredits kann es keine Geldpolitik mehr geben, aber gerade durch Geldpolitik lässt sich die Erschütterung des Staatskredits (zumindest temporär) unterbinden.

gesellschaftlicher Zusammenhang mehr entsteht, sondern dieser schlagartig zerfällt. Damit sich dieser wiederherstellt, bedarf es der Intervention einer am Produktionsprozess nicht direkt beteiligten Agentur. Die Funktion des Staats in der Krise ist der Interventionismus zur Rettung des Kapitals.

Napoleon III. kam also auch deshalb an die Macht, weil das Kapital seine Krisen nicht allein lösen konnte. Aus dem Entwicklungsrückstand Frankreichs, der Wirtschaftskrise von 1847/48, der Krise der Staatsfinanzen und der Revolution von 1848/49 sowie dem missverstandenen Konjunktureinbruch von 1851 entstand in Teilen der französischen Gesellschaft ein ‚normatives' Bedürfnis, dass etwas *anders* werden musste. Die Bourgeoisie gab die politische Herrschaft nicht aus Feig- oder Gemeinheit ab, vielmehr wegen einer strukturellen Unfähigkeit, ihre eigenen Probleme in den Griff zu bekommen.[165] Diese Unfähigkeit bleibt ohne Konsequenzen, solange die Dinge in der Prosperität ihren Gang gehen; sie macht sich erst in der Krise als einer objektiven Zwangslage geltend. Mit der „New Financial Policy" und dem staatlich privilegierten Crédit Mobilier waren solche Voraussetzungen für wirtschaftliche Entwicklung schnell gefunden. Marx erkannte dies mit seiner Formulierung an, dass der „Schwindel" des Crédit Mobilier „allerdings auch wieder zur Voraussetzung des *soliden* commerce und industrie in its turn wurde" (MEGA III/8, 210).[166] Das Besondere des Bonapartismus gegenüber dem liberalen ‚Nachtwächterstaat' des 19. Jahrhunderts wäre dann – neben dem übersteigerten Nationalismus als Mittel der Klassenversöhnung, der Verselbständigung der Exekutive und ihren militärischen Abenteuern – aus wirtschaftspolitischer Sicht seine Bereitschaft zum *Experiment*. Der französische Liberalismus war viel zu inkompetent, um solche Innovationen zu entwickeln, und wollte stattdessen einfach zur ‚Normalität' zurückzukehren, die ja der Ursprung der Krise war. Die Arbeit nahmen ihr dann die sozialistischen Saint-Simonisten ab, die ihre Vorstellung, dass sich eine harmonische Gesellschaft nicht von allein einfindet, sondern aktiv herzustellen ist, im kaiserlichen Sozialismus verwirklichen konnten. Napoleon III. kam auch deshalb an die Macht, weil der demokratische Staat mit seinem wirtschaftspolitischen Latein am Ende war. Dass die Bourgeoisie also ‚nicht mehr' in der Lage war zu regieren, wie Marx in *The Civil War in France* schrieb, könnte vielmehr so verstanden werden, dass, wenn sie *momentan* nicht dazu fähig ist, ein anderer, brutalerer Staat an ihre Stelle tritt, um der Diktatur des Kapitals eine Atempause zu verschaffen (MEGA I/22, 104).

---

[165] Damit ist nicht gesagt, dass dem Staat die Krisenüberwindung immer gelingt. Seine Trennung von der Gesellschaft stattet ihn mit dem nötigen Spielraum aus, das Ziel zu verfehlen oder über es hinauszuschießen und einen für das Kapital schädlichen Weg einzuschlagen.

[166] „*Crédit Mobilier*, eine Form, die übrigens nur in einem Land wie Frankreich vorherrschend werden konnte, wo weder das moderne Creditsystem, noch die grosse Industrie hinreichend entwickelt waren." (MEGA II/4.2, 661) „Nobody will deny that the second Empire marks an epoch in the development of French credit" (MEGA I/18, 31).

Zu einer fünften Verschiebung kam es deshalb in Marx' Verständnis des Bonapartismus selbst. Denn obwohl Marx den Bonapartismus auch nach 1858 weiter auf dem Pol der Willkür und der Pervertierung ansiedelte, hat er zugleich auch dessen modernisierenden Charakter anerkannt. Im *18. Brumaire* und in den Artikeln zum Crédit Mobilier von 1856 wird das bonapartistische Regime noch vorwiegend als lächerlich, willkürlich und verrückt, als Schwindel und Farce dargestellt, was Tooke/Newmarch in ihrer Analyse der manipulativen Fiskal- und Geldpolitik genau so sahen. Ebenso hielt Marx nach der Krise von 1857/58 daran fest, dass der Bonapartismus nicht nur keine Lösung der Widersprüche der bürgerlichen Produktion bedeutet, sondern wegen seiner willkürlichen Eingriffe in die Ökonomie, seiner Gouvernementalität des Chaos und seiner eigentümlichen militaristischen Entwicklungslogik auch extrem instabil bleibt und sich selbst das Wasser abgräbt, so dass seine Auflösung – wenngleich nicht mehr unbedingt aus fiskalischen, eher aus außen- und geopolitischen Gründen – unvermeidlich ist. Die im *18. Brumaire* portraitierte Seite war also nicht falsch, aber auch nicht die ganze Wahrheit: Marx anerkannte zugleich mehr und mehr die modernisierenden, innovativen Seiten des Bonapartismus, die mitunter gerade seiner Verrücktheit und chaotischen Gouvernementalität entsprangen. Eben durch sein unkonventionelles Vorgehen und die Integration des ehemaligen Protests an der früheren ‚Normalität' wurden neue Formen gefunden, in denen sich das Kapital weiterentwickeln konnte. Ehemals undenkbare Neuerungen wie die expansive Fiskal- und Geldpolitik sowie die Privilegien für den Crédit Mobilier – kurzum: der Schwindel – waren eine Voraussetzung der Solidität.[167] Der Bonapartismus sicherte nicht nur die ökonomische Macht der Bourgeoisie, sondern beförderte die industrielle Entwicklung durch eine mobilisierende Politik. Marx' Darstellung wechselte im Laufe der Jahre von einer Überbetonung des populistischen, lächerlichen Moments hin zu einer Betrachtung auch der innovativen, kreativen Seiten. Aber trotz seiner modernisierenden Momente und obwohl er ein Teil der bürgerlichen Gesellschaft ist, der ihr Überleben sichert, bleibt der Bonapartismus gleichzeitig auf dem Pol der Willkür und in einem antagonistischen, spannungsreichen Verhältnis zur bürgerlichen Gesellschaft.[168] Besteht hier ein Widerspruch bei Marx oder liegt dieser in der Sache selbst?[169]

---

[167] Ungefähr dies meinte Marx 1859 in der *Tribune*: „Reaction carries out the programme of the revolution. On this apparent contradiction rests the strength of Napoleonism" (MECW 16, 404).
[168] Marx wies 1859 angesichts der zunehmenden Militarisierung des Regimes auf den „essential antagonism between civil society and the coup d'état" (MECW 16, 443) hin.
[169] Der von Marx konstatierte „wesentliche Antagonismus zwischen der bürgerlichen Gesellschaft und dem coup d'état" (MECW 16, 443) ist für Winkler (1978, 51/52) nicht bruchlos mit einer materialistischen Staatstheorie zu vereinbaren, denn der Militärdespotismus bilde mit seinem „Primat der Politik" eine eigentümliche Entwicklungslogik aus, die nicht aus den ökonomischen Gesetzen der bürgerlichen Gesellschaft ableitbar sei. Daher irritiert es Winkler (1978, 56–58), dass für Marx das

Engels glaubte Mitte der 1860er Jahre, im Bonapartismus das Wesen der modernen politischen Form erkannt zu haben, und sein späterer Begriff des Staats als „ideeller Gesamtkapitalist" weist erhebliche Übereinstimmungen mit seinem Verständnis des Bonapartismus auf, der eben kein Ausschuss der Bourgeoisie war, sondern ein Ausschuss, in dem die Bourgeoisie selbst gar nicht vertreten war. In diesem Sinne schrieb er Marx am 13. April 1866: „der Bonapartismus ist doch die wahre Religion der modernen Bourgeoisie. Es wird mir immer klarer daß die Bourgeoisie nicht das Zeug hat selbst direct zu herrschen, & daß daher [...] eine bonapartistische Halbdictatur *die normale Form* ist; die großen materiellen Interessen der Bourgeoisie führt sie durch selbst gegen die Bourgeoisie, läßt ihr aber keinen Theil an der Herrschaft selbst. Andrerseits ist diese Dictatur selbst wieder gezwungen diese materiellen Interessen der Bourgeoisie widerwillig zu adoptiren." (MEGAdigital. Herv. TG) Gegen Engels' Verständnis stehen die oben (siehe 3.3.1) wiedergegebenen Auffassungen der marxistischen Politiktheoretikerin Meiksins Wood (2000), wonach der Kapitalismus „inevitably" keine Auflösung der Demokratie zur Sicherung seines Bestands nötig habe und dass ferner der Bonapartismus eine Abweichung von der Regel beziehungsweise bloß französischer Ausdruck einer Abwesenheit des Kapitalismus war und somit kein Grund zur theoretischen Sorge ist.

Am Ende des Zweiten Kaiserreichs hat Marx in *The Civil War in France*, vor allem im zweiten Entwurf zu dieser Schrift, im Grunde beiden widersprochen und den Bonapartismus weder als „die normale Form" (Engels) noch als eine episodische, rückständige, untypische Erscheinung, sondern als die „prostituierteste, vollständigste und ultimative politische Form" der bürgerlichen Gesellschaft charakterisiert: „The Empire is not, like its predecessors, the legitimate monarchy, the constitutional monarchy and the parliamentary republic, one of the political forms[170] of bourgeois society, it is at the same time its most prostitute, its most complete, and its ultimate political form. It is *the* statepower of modern classrule, at least on the European continent." (MEGA I/22, 117) Der Bonapartismus ist *eine* politische Form der Moderne, wenn auch nicht diejenige, die die bürgerliche Gesellschaft im idealen Durchschnitt annimmt, aber gleichwohl eine typische, auf die Spitze getriebene und eine bestimmte Funktion für sie erfüllende. Marx fügte sogar hinzu, dass diese Form auf dem europäischen Kontinent floriert und dort die einzig mögliche politische Form ist, in

---

Kaisertum einerseits die ultimative politische Form der modernen Staatsgewalt darstellte und er andererseits zugleich betonte, dass sich die Staatsmacht im Bonapartismus nur „scheinbar" gegenüber der Gesellschaft verselbständigt habe. Winkler sieht darin einen Widerspruch bei Marx, aber dieser liegt in der Sache: Wenn ein Militärdespotismus sein eigenes Programm exekutiert, wird dadurch seine Abhängigkeit vom Kapital womöglich temporär gestört, ist aber nicht dauerhaft möglich.

170 Einigen Teilnehmern der Staatsableitungsdebatte zufolge versteht Marx unter „politischer Form" den von der Gesellschaft getrennten Staat, das politische Gemeinwesen der bürgerlichen Gesellschaft (dazu Hirsch 2005, 20–39). Diese Definition suggeriert, dass „politische Form" nach Marx nur im Singular stehen könnte, aber Marx hat den Begriff offensichtlich (auch) anders verwendet.

der die appropriierende Klasse fortfahren könne, die produzierende Klasse auszubeuten (MEGA I/22, 100).[171]

„Ultimativ" meint also nicht, dass der Bonapartismus die zeitlich letzte politische Form vor einer proletarischen Revolution sei, sondern dass es sich logisch um die höchstentwickelte und gemeinste Herrschaftsform der bürgerlichen Gesellschaft („in its supreme and basest reality" [MEGA I/22, 105]) handelt, um ihre *ultima ratio*. Die ultimative Form der modernen Staatsgewalt ist durch ein Übergewicht der Exekutive gekennzeichnet („*the* statepower of modern classrule").[172] Es ist ein entliberalisierter Staat ohne Rechtsstaat und unabhängige Gerichte, ohne Parlament und ohne Presse- und Versammlungsfreiheit; ein Staat, der die Herrschaft des Kapitals sichern soll und ihr dann doch in einem bestimmten Ausmaß zuwider handelt; ein Staat, in dem sich die formelle Freiheit und Gleichheit der bürgerlichen Gesellschaft nicht widerspiegelt; der lächerliche und verrückte Dinge unternimmt und vor einer ‚Politisierung' der Ökonomie nicht zurückschreckt und von dem gerade deshalb Innovations- und Modernisierungseffekte ausgehen können; der ‚prostituiert' ist, da er ökonomischen Erfolg von politischen Beziehungen abhängig macht und der sich damit selbst verkauft und sich von einer Lumpenbourgeoisie plündern lässt („shameless plunder of the state resources by a band of adventurers" [MEGA I/22, 104]; „Korruption als allgemeines Regierungsmittel" [MEW 15, 379]); der eine extrem widersprüchliche Gouvernementalität des Chaos ausbildet („das unklare Hin- und Hertappen", „jeden Tag einen Staatsstreich en miniature zu verrichten", „die Anarchie selbst im Namen der Ordnung", „Frankreich zu stehlen, um Frankreich zu kaufen"), die sich um wissenschaftliche Überprüfbarkeit und die aufgeklärte Öffentlichkeit wenig schert und die stattdessen heute den Frieden aufkündigt, damit sie ihm morgen den Reiz des Neuen geben kann (MEW 13, 447); ein Staat, der aber zugleich wegen seiner etwas gestörten Beziehung zum Kapital eine nochmals instabilere Herrschaftsform mit kürzerer Lebenserwartung und einer eigenen, gewaltgetriebenen Entwicklungslogik ist, die mitunter zur militärischen Expansion drängt; der daher zugleich in einem gewissen Gegensatz zur bürgerlichen Gesellschaft steht, da er nicht versucht, diese zusammenzufassen, sondern sie sich unterzuordnen.

---

171 Die „dauernde[n] Strukturänderung[en]", die Rosenberg (1976, 174) aus den Anti-Krisenmaßnahmen der 1870er Jahre im Deutschen Kaiserreich hervorwachsen sieht – „die Vermehrung der Staatsmacht; der steigende Einfluß der Ministerialbürokratie; die wachsende Abhängigkeit der Privatwirtschaft von staatlicher Hilfe; die Verstärkung des Nationalismus" – kennzeichneten demnach schon den Bonapartismus. Auch Engels sah im Kaiserreich einen „preußisch-deutschen Bonapartismus" und in Bismarck einen Schüler und Nachfolger von Napoleon III. (Wippermann 1983, Kap. 4).
172 „The modern bourgeois state is embodied in two great organs, parliament and government. Parliamentary omnipotence had, during the period of the party of order republic, from 1848 to 1851, engendered its own negative – the Second Empire, and Imperialism, with its mere mockery of parliament" (MEGA I/22, 100).

Eine weitere Variante im *18. Brumaire* in der zweiten, von Marx überarbeiteten Auflage von 1869 verdeutlicht dies. Die beiden Nebensätze in: „Der politische Einfluß der Parzellenbauern findet also darin seinen letzten Ausdruck, daß die Exekutivgewalt sich das Parlament, der Staat sich die Gesellschaft unterordnet." (MEGA I/11, 180) werden in der zweiten Auflage zu „daß die Exekutivgewalt sich die Gesellschaft unterordnet" (MEGA I/11 App., 733; MEW 8, 198). Napoleon III. steht jetzt deutlicher für die Exekutive, die ausführende Staatsgewalt, nicht mehr für den Staat, der sich die kapitalistische Gesellschaft eben nicht unterordnet, sondern ihre allgemeinen Interessen in einer von ihr entfremdeten, verobjektivierten Form zusammenfasst. Aber in einem bonapartistischen Staat, der auf einer Verselbständigung eines Teils des Staats, der Exekutivgewalt, beruht, ist das zusammenfassende Moment des Staats auf Kosten seiner ‚Prostitution' etwas zurückgedrängt. Der Staat stellt dann weniger eine Sphäre politischer Gemeinschaftlichkeit dar, da der Interessenausgleich durch freie Presse, Versammlungen, Vereine, Gewerkschaften, Parlament und Intervention der Gerichte autoritär verunmöglicht ist. Was in einem bonapartistischen Staat erscheint, ist weniger das gesellschaftlich Allgemeine in entfremdeter Form, sondern die Privatinteressen von Abenteurern, Parvenues, Großkapitalisten, Politikern, Militärs und Bürokraten. Daher war es kein Versehen, dass Marx noch 1859 auf den „wesentlichen Antagonismus zwischen der bürgerlichen Gesellschaft und dem coup d'état" (MECW 16, 443) hinwies, denn es besteht ein gewisser Widerspruch zwischen der ultimativen Staatsgewalt und der bürgerlichen Gesellschaft, auch wenn er ihr entspringt. Insofern die Verselbständigung der Exekutive beziehungsweise das Moment der Unterordnung der Gesellschaft durch die Exekutive größer als in einer parlamentarischen Demokratie ist, bleibt sie gleichwohl eine scheinbare. Denn gerade wegen seiner eigentümlichen Entwicklungslogik, die sich in einem gewissen Ausmaß auch gegenüber der Souveränität des Kapitals verselbständigt, zeichnet sich die ultimative Form der Staatsgewalt durch ein höheres Maß an Instabilität aus, auch wenn die ökonomischen Widersprüche nicht als Wirtschafts-, sondern als politische Krise, in Form eines Krieges etwa, eklatieren können. Die Periodizität des so verstandenen autoritären Staats scheint also *typisch* für die moderne Gesellschaft. Wenn es innerhalb der liberal-demokratischen ‚Normalform' nicht mehr weitergeht oder nicht mehr weiterzugehen scheint, vermag ein autoritärer „Ausnahmestaat" (Poulantzas), ein *Staat der Krise*, an seine Stelle zu treten und die Notwendigkeit des Leviathans in die Willkür des Behemoths umzuschlagen.

Der Bonapartismus zeigte also auch den Handlungsspielraum an, den der Staat gegenüber dem Kapital tatsächlich aufweisen kann und den eine antibonapartistische Aktion nicht unterschätzen sollte, weil der Schaden gigantisch sein kann. Die besondere Instabilität des Bonapartismus muss nicht viel bedeuten, wenn er sich zwanzig Jahre lang halten und die Welt dabei ins Chaos stürzen kann. Aber gleichwohl behält die These von der Heteronomie des Staats Recht: Seine besondere Instabilität weist emanzipatorische Bestrebungen nachdrücklich darauf hin, dass selbst mit der ultimativen, diktatorischsten und gemeinsten politischen Form keine Befreiung von den Zwängen des Kapitalverhältnisses zu erreichen ist. Deshalb hat Marx angesichts des Bonapartismus noch stärker das *Zerbrechen* dieser Form[173] und die „Zertrümmerung der Staatsmaschine" (MEGA I/11, 185) als politisches Ziel ausgegeben. Der Staat ist kein Ausschuss, sondern eine Maschine, und das Proletariat kann erst dann siegreich sein, wenn es diese Maschine stürmt und zerschlägt.

3.4 Marx in medias res. Die Chronik der Krise von 1857/58

> Im tiefsten politischen Frieden, nach allseitig reicher Ernte, stürzt derselbe Bau zusammen.
> Albert Schäffle: Die Handelskrisis von 1857 in Hamburg (1886 [1858], 23)

> Die Krisis wird mir körperlich ebenso wohlthun wie ein Seebad.
> Engels an Marx, 15. November 1857 (MEGA III/8, 197)

Weil die Weltmarktkrise von 1857/58 mit einem Bankencrash in den USA losbrach, der eine transatlantische Geldkrise auslöste, ist sie (manchmal stillschweigend) mit ihrer entfernten Nachfahrin von 2007–09 verglichen worden. Damals gerieten amerikanische Banken unter Druck, als es zu Bankrotten von Getreidehändlern kam, da mit Ende des Krimkriegs (1856) die zwischenzeitlich stark gestiegene Nachfrage nach amerikanischem Getreide in Erwartung neuer Getreidelieferungen aus dem zuvor vom Weltmarkt abgetrennten Osteuropa wieder gefallen war.[174] Als erstes fallierte am 24. August 1857 die tief in die Rohstoffspekulation und den Eisenbahnausbau verwickelte Ohio Life Insurance and Trust Company. Die noch bei ihrer Pleite als „the safest banking institution in the country" (*New York Herald*, 26. August 1857; zit. nach Riddiough/Thompson 2012, 9) verschriene Bank war kein gewöhnliches Kreditinstitut. Sie galt als besonders „sicher", weil sie keine Noten ausgab (Gibbons 1858, 351), lieh aber von anderen Banken – sogar direkt von Londoner Häusern (MEGA IV/14, 92) –

---

[173] Marx schrieb Kugelmann am 12. April 1871: „Wenn Du das letzte Kapitel meines ‚Achtzehnten Brumaire' nachsiehst, wirst Du finden, daß ich als nächsten Versuch der französischen Revolution ausspreche, nicht mehr wie bisher die bürokratisch-militärische Maschinerie aus einer Hand in die andre zu übertragen, sondern sie zu *zerbrechen,* und dies ist die Vorbedingung jeder wirklichen Volksrevolution auf dem Kontinent." (MEW 33, 205)

[174] Durch den Krimkrieg war der osteuropäische Getreidehandel mit Westeuropa unterbrochen, so dass England auf amerikanisches Getreide auswich. In den 1860er Jahren hingegen sollte England von der Zufuhr amerikanischer Baumwolle abgeschnitten werden (siehe 5.1). Wie schon zu Zeiten der Napoleonischen Kriege (dazu 1.1) fanden die Krisen ihren Anlass oftmals in den Störungen, die aus dem Abtrennen ganzer Regionen vom Weltmarkt (beziehungsweise ihrem Wiedereintreten) infolge eines Kriegs hervorgingen (plötzliche Preisrevolutionen, unterbrochene Handelsrouten und Lieferketten, hinfällige Kalkulationen usw.).

um weiter zu verleihen und fungierte auf diese Weise als finanzieller Mediator.[175] Der Goldrausch hatte für eine ungeheure Kreditausdehnung gesorgt, bei der auch in Amerika mittels zuvor unbekannter Techniken der Kreditvergabe und -bündelung ein so enges wie fragiles Kreditnetz über das halbe Land gesponnen wurde. In den Büchern der Ohio-Bank standen von Eisenbahngesellschaften entwickelte Finanzinnovationen: verbriefte Hypotheken auf Farmland.[176] Die Ohio trat als Kreditgeber und Finanzier der Eisenbahnen in Erscheinung. Ihre Zahlungsunfähigkeit zog Aktienkurseinbrüche, Hypothekenausfälle und steigende Zinsen nach sich, so dass die großen New Yorker Banken ihre Diskontierungen einstellten und die wechselseitige Kreditvergabe weitestgehend einfror (Gibbons 1858, 353 u. 363). Mit rund fünfwöchiger Verzögerung[177] kam es am 13. Oktober in New York zu einem Bankrun mit bis zu 30 000 Teilnehmern, die Gold für Noten und Schecks verlangten (Huston 1987, 22): Der Amerika-Korrespondent der Londoner *Times* berichtete, dass die Wall Street von einem „financial earthquake" (The Times, 27. Oktober 1857, S. 9) erschüttert worden sei, in dem die Banken eine nach der anderen wie Dominosteine umfielen. 62 von 63 New Yorker Banken stellten die Zahlung ein und in New York wurde die Goldkonvertibilität der Banknoten suspendiert; bis Jahresende machten circa 5000 amerikanische Unternehmen Bankrott, viele Sektoren gerieten in eine rund zweijährige Rezession, die Arbeitslosigkeit stieg in unbekannte Höhen und unzählige Menschen verloren ihr Einkommen, Land und Vermögen (Rosenberg 1974, 121; Morier Evans 1859, 34). Ei-

---

175 Noch heute beschreiben Krisenhistoriker die Bank als ein „an sich solide[s] Institut" (Plumpe 2013, 58), das sich bloß „verspekuliert" habe. „An sich" war alles in Ordnung, bloß war plötzlich Krise. Abgesehen davon, dass hier Pinner (1937, 129) falsch paraphrasiert wird, wo es heißt, dass die Bank den Zeitgenossen als „streng solides Institut" „galt", spricht aus solchen Verrenkungen nur die plumpe Leugnung der für die moderne Gesellschaft spezifischen Krisenhaftigkeit, die ersatzweise als unüberwindbares Schicksal der Menschheit verewigt wird.
176 Eisenbahngesellschaften hatten den „railroad farm mortgage bond" entwickelt (Riddiough 2012; Riddiough/Thompson 2012). Sie vergaben undokumentierte und unregulierte Hypothekenkredite auf Farmland mit einer Tilgungsrate von 8%. Im Gegenzug erhielten Farmer Aktien der Eisenbahngesellschaft und ein Dividendenversprechen von 10%, so dass in diesem ‚todsicheren' Deal kein direkter Geldaustausch zwischen Farmern und der Eisenbahngesellschaft stattfand. Statt Tilgungszahlungen für die Hypothek einzunehmen, gaben die Eisenbahngesellschaften weiter Aktien aus und ‚hebelten' auf diese Weise ihr Eigenkapital. Die Hypotheken wurden in einem zweiten Schritt in New York verbrieft und in handelbare Papiere umgewandelt, in die wiederum das britische Surpluskapital investierte: „in the year 1850, the first known attempt to securitize a pool of mortgages on Wall Street had occurred" (Riddiough/Thompson 2012, 23). Marx waren die Abläufe ungefähr bekannt. Er las im *Economist* von „land speculations, conducted only upon bonds and bills" in den USA und dass unter europäischen Banken amerikanische Eisenbahnpapiere im Wert von mehr als 100 Millionen Pfd. St. zirkulierten (MEGA IV/14, 113/114).
177 Man wähnte die Situation bereits unter Kontrolle, doch nachdem das mit 21 Tonnen an kalifornischem Gold beladene Schiff *Central America* auf dem Weg nach New York sank, brach in der Wall Street Panik aus (Huston 1987, 16; Stampp 1989, 223).

nige Historiker argumentieren, dass das finanzielle schon bald ein politisches Erdbeben hervorrief, da die Krise zum einen eine Sklavenbewegung entstehen ließ und zum anderen den schwelenden Konflikt zwischen den amerikanischen Nord- und Südstaaten entscheidend verschärfte und das Jahr 1857 somit den „political point of no return" (Stampp 1989, VIII) markierte, an dem der Amerikanische Bürgerkrieg (1861–1865) unvermeidbar geworden war.[178]

Die Krise griff sofort nach Großbritannien über und britische Banken mussten ihre in Amerika angelegten Gelder abschreiben. Denn nicht nur war es ihr Kredit, mit dessen Unterstützung die englische Industrie Waren geliefert hatte, die sich nun unverkäuflich in den Docks von New York stapelten; auch trieb ihr verleihbares Kapital über New Yorker Banken, die zum Teil direkt bei schottischen Banken diskontieren konnten, die amerikanische Kreditausdehnung an.[179] Bei Ankunft der Nachrichten im November brachen daher vier große britische Banken (Western Bank of Scotland, Northumberland and Durham District Bank, Borough Bank of Liverpool, City of Glasgow Bank) und zwei führende Londoner Wechselmakler sofort zusammen. Die Bank of England gewährte Vorschüsse und Kredite an Handelshäuser, Banken und einzelne Unternehmen (dazu 3.3.3), doch geriet schnell selbst unter Druck, so dass, um sie vor dem Bankrott zu bewahren, am 12. November der *Bank Act* per Regierungsbrief abermals suspendiert werden musste. Die Londoner Panik, in der die Bank of England ihre Diskontrate auf 10% hochschraubte, hatte fatale Auswirkungen auf den Welthandel und trug die Krise wieder nach Amerika zurück, wo das Geschäftsleben zum Erliegen kam. Auf Grundlage der globalen Kreditverkettungen, die sich in den 1850er Jahren in einer zuvor unbekannten Reichweite entwickelt hatten, breitete sich die Krise mit hoher Geschwindigkeit von London unter anderem nach Hamburg aus, gelangte von dort nach Nordeuropa, ehe sie die Reise zurück über den Atlantik nach

---

[178] Der Süden wurde von der Krise zwar ebenfalls heftig erwischt, aber weil sich der auf Sklavenarbeit basierende Baumwollanbau schnell wieder erholte, erschien der Schlamassel als von den Yankees eingebrockt. Der schwerer getroffene Norden hingegen wollte im einströmenden britischen Kapital die Krisenursache erkennen, weshalb Henry Charles Carey in seinen berühmten *Letters to the President* (1858) eine protektionistische Politik zum Schutz der Industrie und Arbeit Amerikas als Mittel zur Prävention zukünftiger Crashs forderte. Weil der Süden hingegen vom freien Zugang zur schier unbegrenzten Nachfrage der englischen Textilindustrie nach Rohbaumwolle abhing, verschärften die Bemühungen um Krisenüberwindung und -prävention in Amerika den Streit zwischen Protektionisten und Freihändlern, der mit den ökonomischen Grundlagen des Südens („King Cotton") und industriellen Nordens korrespondierte (Stampp 1989, 230–235; Huston 1987). Zudem ließen die Arbeitslosigkeit, Streiks und Aufstände, die auf die Krise vornehmlich im Norden folgten, für viele Südstaatler die Sklaverei als moralisch überlegen erscheinen. Anderen Kommentatoren galt die Sklaverei als Hort einer ‚moralischen Krise', die das ganze Lande in den Ruin getrieben habe (Stampp 1989, 235).
[179] Die Western Bank of Scotland etwa hatte Verbindungen nach New York, wo man Wechsel auf Schottland ziehen konnte (Report 1858, XVIII). Das verleihbare Kapital auf dem britischen Geldmarkt ist demnach direkt in die Hypothekenverbriefung nach New York geflossen.

Südamerika antrat. Sie wütete *synchron* auf dem halben Planeten: in Australien, Südost- und Ostasien und in Osteuropa. Wenn sich ihre Vorgängerin von 1847/48 als erste gesamteuropäische Krise bezeichnen lässt, ist die Krise von 1857/58 daher als die „erste Weltwirtschaftskrise" in die Geschichtsbücher eingegangen.

In ihrem grundlegenden Charakter und Verlauf waren die Ereignisse ein Triumph der prognostischen Fähigkeiten von Marx, den er in seiner Kampfschrift *Herr Voigt* (1860) auch gebührlich ausgekostet hat.[180] Wie von ihm erwartet, lag der Krise nicht nur eine Überproduktion des industriellen Kapitals Englands zugrunde, die durch einen Aufstand in Asien zum Vorschein kam, sondern sie begann auch mit einem Kollaps der amerikanischen Banken, die anlagesuchendes britisches Geldkapital verwalteten und auf dem heimischen Rohstoff- und Eisenbahnmarkt investierten. Nicht zuletzt wurde sie, als sie Großbritannien in Gestalt einer Geldkrise erreichte, durch den *Bank Act* verschärft, der daher erneut suspendiert werden musste.

Marx' Triumph war berechtigt und zugleich etwas übertrieben. Er lag mit der durch aufwändige empirische Studien untermauerten Prognose daneben, die Krise werde Frankreich schwer treffen und hier abermals für eine fiskalische Notlage sorgen (dazu 3.3). Und als er bei Krisenausbruch auf die auffallende Ähnlichkeit der vergangenen Dekade mit den letzten beiden Zyklen hinwies (MEGA I/16, 71), sind darin seine Anstrengungen verdeckt, eine Erklärung für die Anomalien der Bewegung von 1849 bis 1857 zu finden (3.2.1). Die Verspätung der Krise war in Tookes neuen Bänden der *History of Prices* sorgfältig zergliedert: Der kalifornische Goldrausch, der ein „neues Entwicklungsstadium" der bürgerlichen Gesellschaft einzuleiten schien, und sein Einfluss auf Welthandel und Geldmarkt hatten die Prosperität in die Länge gezogen, so dass die Krise „normal", ohne dieses welthistorische Ereignis, „2 Jahre früher hätte eintreffen müssen" (MEGA III/8, 193). Die atypischen Momente, die im Verlauf des Zyklus hervorgetreten waren, schienen Marx bei Ausbruch der Krise zunächst keine weiteren Abweichungen vom erwarteten Verlauf anzuzeigen.

Marx' Prognosen darüber, *wann* die Krise ausbrechen, *wohin* sie gelangen und *welche gesellschaftlichen und politischen Folgen* sie zeitigen würde, sollten sich also nicht ganz bewahrheiten. Im vorliegenden Abschnitt ist zu zeigen, dass auch seine Annahmen, *wie die Krise verlaufen*, *wie lange* sie andauern und *welchen Charakter* sie annehmen würde, revisionsbedürftig waren. Seine ab 1850 bestehende Erwartung einer *industriellen Krise*, deren Zentrum das Herz der englischen Baumwollindustrie in Lancashire würde (dazu 2.5.1; vgl. MEGA IV/14 App., 517), erfüllte sich nicht. Diese Erwartung war von einem pikanten Subtext durchzogen: Eine Industriekrise würde

---

[180] „Wie klar ich damals über die nächste Zukunft America's war, ersieht man aus folgender Stelle derselben Revue: ‚Die *Ueberspeculation* wird sich sehr bald entwickeln, und wenn auch englisches Capital massenhaft eintreten wird, so bleibt doch *New-York* diesmal das Centrum des ganzen Schwindels und wird, wie 1836, zuerst seinen Zusammenbruch erleben.' [...] Dieses Prognosticon, das ich America im Jahre 1850 gestellt hatte, sollte sich wörtlich in der großen Handelskrise von 1857 erfüllen." (MEGA I/18, 119)

den englischen Reichtum an seiner Wurzel treffen und dadurch das englische Proletariat in Lancashire – wo es weitaus zahlreicher und konzentrierter als an jedem anderen Ort der Welt war – in die Arbeitslosigkeit stürzen und damit zu politischem Aufruhr anstacheln.[181] Die Krise wurde entgegen der Marx'schen Erwartung jedoch eher eine *kommerzielle*, eher eine Handels- als eine Produktionskrise. Warum sie diesen Verlauf nahm und wie Marx dessen gewahr wurde, lässt sich erst durch eine genaue Lektüre der *Krisenhefte* entschlüsseln.

Marx stürzte sich *in medias res* auf die Krise. Er hat sie in ihrem unmittelbaren Verlauf in einer Serie von zehn Zeitungsartikeln für die *New-York Tribune*,[182] im Briefwechsel mit Engels sowie einer in den drei *Krisenheften* zusammengestellten Materialsammlung beobachtet, analysiert und kommentiert.[183] In den drei *Krisenheften* (MEGA IV/14) kompilierte er zwischen Ende November 1857 und Mitte Februar 1858 mehr als 1500 Textauszüge aus vor allem englischen Zeitungen wie *The Economist*, *The Times*, *The Morning Star* und *The Manchester Guardian*, ein Drittel handschriftlich, zwei Drittel durch in die Hefte geklebte und mit Unterstreichungen und Randanstreichungen versehene Zeitungsausschnitte (MEGA IV/14 App., 511). Er exzerpierte zunächst fast keine analytischen Einschätzungen des Geschehens, sondern stellte statistische Angaben und Berichte aus verschiedenen Quellen zusammen und brachte sie in eine eigenständige Ordnung. Nach Abfassung des dritten *Tribune*-Artikels[184] legte er Ende November das erste Krisenheft *1857 France* an (dazu 3.3.3), nach dem fünften Beitrag das zweite Heft namens *Book of the Crisis of 1857* (3.4.2) und nach dem siebten Artikel das dritte Heft mit dem Titel *The Book of the Commercial Crisis* (3.4.3). Er verfolgte die Absicht, eine Broschüre über die Ereignisse zu verfassen, und die *Krisenhefte* sind in erster Linie als Materialsammlung für dieses geplante Pamphlet anzusehen. Parallel setzte sich Marx mit den Grundlagen der Phänomene in den sieben Heften der *Grundrisse* theoretisch auseinander: Ab Mitte Oktober führte er just während der europäischen Geldkrise das *Kapitel vom Geld* fort (dazu 3.2.2); ab Mitte

---

181 Marx kündigte etwa eine „revulsion in the social and political state of Great Britain" (MEGA I/16, 68) als Konsequenz der industriellen Krise an.
182 Die zehn Artikel sind: 1) *The Bank Act of 1844 and the Monetary Crisis in England* (veröffentlicht: Tribune, 21. November 1857), 2) *The British Revulsion* (30. November 1857), 3) *The Commercial Crisis in England* (15. Dezember 1857), 4) *The Financial Crisis in Europe* (22. Dezember 1857), 5) *The Commercial and Industrial State of England* (26. Dezember 1857), 6) *The Crisis in Europe* (5. Januar 1858), 7) *The French Crisis* (12. Januar 1858), 8) *British Commerce* (3. Februar 1858), 9) *The Approaching Indian Loan* (9. Februar 1858), 10) *The Commercial Crisis in France* (12. März 1858) (siehe MEGA IV/14 App., 566). Sie sind allesamt im MEGA-Band I/16 und in deutscher Übersetzung in Band 12 der MEW erschienen.
183 Die *Krisenhefte* wurden 2017 veröffentlicht. Mit Ausnahme von Artikeln ihrer Editoren Mori (2018a u. 2018b), Hecker (Block/Hecker 1991; Hecker/Mori 2018) und Fiehler (2016a) sowie einem Aufsatz von Krätke (1999) ist eine nähere Untersuchung bislang ausgeblieben.
184 Es ist zu beachten, dass Marx die Artikel in der Regel rund zwei Wochen vor ihrer Veröffentlichung abfasste, da die Postlaufzeit über den Atlantik etwa zwei Wochen betrug. So wurde der dritte Artikel in der Tribune vom 15. Dezember 1857 ungefähr am 27. November geschrieben.

Dezember auf dem Höhepunkt der englischen Industrie- und Handelskrise schrieb er an Heft IV und diskutierte die Ursachen der Krisenhaftigkeit moderner Gesellschaften (3.5.1); nach dem Abflauen der Krise arbeitete Marx an dem sogenannten „Maschinenfragment" (ein Teil von Heft VII), in dem er erstmals ausführlich eine langfristige Entwicklungsperspektive des Kapitals erörterte (3.5.3).

3.4.1 Die *Krisenhefte* als Vorbereitung einer „Chronique Scandaleuse"

Marx spielte mit dem Gedanken, eine Schrift über die Weltmarktkrise von 1857/58 zu verfassen. Als er gerade seinen sechsten *Tribune*-Artikel zu den Ereignissen geschrieben und ein paar Tage an dem zweiten *Krisenheft* gearbeitet hatte, ließ er Engels am 18. Dezember 1857 wissen:

> Ich arbeite ganz colossal, meist bis 4 Uhr Morgens. Die Arbeit ist nämlich eine doppelte: 1) Ausarbeitung der Grundzüge der Oekonomie. [...] 2) die *jetzige Crisis*. Darüber – ausser den Artikeln an die *Tribune*, führe ich blos Buch, was aber bedeutend Zeit wegnimmt. Ich denke, daß wir about Frühling *zusammen* ein Pamphlet über die Geschichte machen, als *Wiederankündigung* beim deutschen Publico – daß wir wieder und noch da sind, always the same. Ich habe 3 grosse Bücher angelegt – England, Germany, France. Die Geschichte über America liegt alles Material in der *Tribune*. Man kann das später zusammenstellen. [...] So oft Deine Zeit erlaubt, schreibe mir; da Du nachher doch all die so nöthige „Chronique scandaleuse" der Crisis vergißt; ich ziehe aus Deinen Briefen aus und trage sie in die Hauptbücher ein. (MEGA III/8, 221/222)

Marx gibt hier zu erkennen, mit welchen Absichten er die *Krisenhefte* anlegte. Derzeit führe er „ausser" seinen *Tribune*-Artikeln – die Hefte sind also keine Vorbereitung für die Zeitungsartikel – „blos Buch" über „die jetzige Crisis", so dass er später, „about Frühling", mit Engels[185] „*zusammen* ein Pamphlet über die Geschichte machen" könne. ‚Bloß Buch führen' heißt also nicht, dass die Arbeit auf die Dokumentation des Geschehens beschränkt wäre, sondern dass diese „bloß" ein erster Schritt zu einem außer ihr liegenden Zweck ist, der erst zukünftig verwirklicht werden soll. Gegenüber Lassalle äußerte sich Marx drei Tage später in dem gleichen Sinne: Er beabsichtige, „auch etwas über die gegenwärtige Crisis zu präpariren" (MEGA III/8, 223). Und schon am 13. November hatte er Engels aufgefordert, möglichst viele Zeitungen aus Manchester zu schicken: „Nicht nur für die *Tribune*. Ich denke für das Vaterland über die Crise zu schreiben." (MEGA III/8, 193) Eine Schrift zur Krise in deutscher Sprache stellte also die Perspektive dar, mit der Marx die Materialsammlung in den *Krisenheften* führte. Ihm schwebte eine Broschüre („Pamphlet") vor und diese beschrieb er gegenüber Engels näher als „die so nöthige ‚Chronique scandaleuse' der Crisis". Die Anführungszeichen um den Begriff der „Chronique Scandaleuse" deuten

---

[185] Zu Engels' Einschätzung der Krise siehe Mayer (1932).

eine gewisse Distanz zu ihm an, wahrscheinlich weil er ein literarisches Genre bezeichnet und daher etwas fehl am Platz ist, denn genauso wenig wollte Marx eine tatsächliche Tragödie oder Komödie der Krise schreiben. Allerdings hatte er etwa im *18. Brumaire* zur Darstellung des Staatsstreichs von Napoleon III. erzählerische Figuren der dramatischen Gattungen Komödie, Tragödie und Farce verwendet (siehe 3.3; Fietkau 1978; Brunkhorst 2007, 191–218).[186] Ohne die Metapher der Chronique Scandaleuse überstrapazieren zu wollen, kann man gleichwohl zeigen, dass die Anspielung auf dieses Format nicht ohne Hintergedanken erfolgte.

Denn sowohl das „Skandalöse" als auch die „Chronique" weisen einen klaren Bezug zu seinem neuen Vorhaben auf. Eine „Chronique" umfasst eine lose Sammlung von Geschichten über eine Epoche und ist daher zwar nicht mit Annalen, einer rein chronologischen, theorie- und wertungsfreien Auflistung von Ereignissen zu verwechseln. Die Chronologie der Krise wird allerdings durch einen nicht erst heutzutage als „Ansteckungsprozess" bezeichneten Verlauf bestimmt.[187] So kann durch die Herstellung einer Kette von Fakten die in der Krise ablaufende Kettenreaktion – Wer kann zahlen, wer nicht? Wer ist bei wem verschuldet und wer reißt wen mit in den Abgrund? – nachvollzogen werden. In der *Tribune* ist daher von einer „week's history of the European financial crisis" (MEGA I/16, 110), einer Wochenchronik ihres Verlaufs die Rede.[188] Auch in die *Krisenhefte* ordnet Marx viele Daten und Berichte wochenweise ein. Insbesondere durch das Erstellen von Bankrottlisten („Failures") lassen sich *Ausbreitung*, *Zentrum* und *Charakter* der Krise identifizieren.[189] Die Wochenchronik in den *Krisenheften* und der *Tribune* kann daher als eine Vorarbeit für die Darstellungsform der „Chronique" angesehen werden, die zwar ebenfalls chronologisch (und nicht logisch) ist, aber zugleich deutlicher analytische und politische Farben trägt.

---

186 So verwendet Marx die Drama-Metaphorik auch in der *Tribune*: „The monetary panic of 1847 was the mere London *epilogue* of a *drama* whose *five acts* had been *enacted* from May to October, on the whole surface of the country, while the monetary panic of 1857 is the mere Lombard and Threadneedle street *prologue* to a *drama* whose *principal scenes* will be *enacted* at Manchester, Liverpool and in London itself, at Mark lane and Mincing lane." (MEGA I/16, 116. Herv. TG)
187 Schon Marx gebrauchte in seiner Publizistik mehrmals den Begriff „contagion" (MEGA I/16, 71, 74 u. 110). In den MEW ist dieser phantasievoll mit gleich drei verschiedenen Wörtern übersetzt (Verbreitung, Seuche, Ansteckung).
188 Wenn dieser Satz auch womöglich von der Redaktion der *Tribune* stammt (siehe MEGA I/16 App., 730), ist es denkbar, dass sie die Worte „week's history" (Wochenchronik) dem Marx'schen Text entnommen hat. Dies passt auch zum vom *Tribune*-Herausgeber Charles Dana erteilten Auftrag, Marx solle einen Artikel pro Woche zur Krise liefern.
189 Die größten Londoner Falliten in der, nach Marx' Einteilung, ersten Woche der Krise standen in Verbindung mit dem Amerika-, weniger mit dem Ostasienhandel (MEGA IV/14, 81). In der zweiten Woche sticht die Pleite des Londoner Nordeuropahändlers Sieveking hervor, welche Hamburg die Panik bescherte; auch gab es Bankrotte im Getreide-, Türkei-, Brasilien-, Afrika- und Skandinavienhandel.

Auch das „Skandalöse" steht in einen Zusammenhang mit den *Krisenheften*. Marx definierte erstmals in *Reflection* die Krise als den *Eklat* aller Widersprüche der bürgerlichen Produktion. Skandal ist nur ein anderes Wort für Eklat: ein Vorfall, der starkes öffentliches Aufsehen erregt und Licht ins Dunkel bringt. Chronique Scandaleuse bedeutet also Chronik der Krise, des Eklats aller Widersprüche der bürgerlichen Produktion. Die Marx'sche Verlaufsanalyse der Krise erfüllt damit dieses Mal eine andere Funktion als bei ihrer Vorgängerin: Die erste Aufgabe der Rekonstruktion der Krise von 1847/48 in den *Londoner Heften* bestand in der Entwicklung eines Instrumentariums zur Prognose ihrer Nachfolgerin. Das Ziel der geplanten Chronique Scandaleuse von 1857/58 ist dagegen die *Intervention durch Dokumentation*, eine Art der Kritik durch Darstellung. In den Krisen kritisiert sich das Kapital selbst und als Kritiker hätte man im Grunde nicht viel mehr zu tun, als diesen Eklat zu dokumentieren, um seinen enthüllenden Effekt zu verstärken. Marx wollte gegenüber dem deutschen Publikum als Chronist auftreten: den Deutschen die vermeintlich angloamerikanische Krise, die plötzlich über sie hereingebrochen war, begreiflich machen;[190] ihnen in diesem entscheidenden Moment die Offenbarungen der Krise vor Augen führen.[191]

Es ist insbesondere die im *Manifest der Kommunistischen Partei* herausgestellte „Empörung" (MEW 4, 467) der Produktivkräfte gegen die Produktionsverhältnisse, die sich in einer Krise in ihrer ganzen Absurdität präsentiert. So öffnet sich in den *Krisenheften*, in Marx' *Tribune*-Publizistik wie auch in den Briefen von Engels, der Marx mit Insider-Informationen über Vorgänge in der Handelswelt versorgte, ein Panorama des Wahn- und Widersinns. Da sind die sich über alle Branchen der englischen Wirtschaft erstreckenden Bankrotte mit Verlusten in nie dagewesener Höhe, doppelt so hoch wie 1847 (MEGA IV/14, 274); die Selbstmorde von Händlern, Direktoren und Bankangestellten (MEGA IV/14, 123 u. 125); die nun ans Tageslicht kommenden Urkunden- und Wechselfälschungen, die Inhaftierungen und überstürzte Fluchten ins Ausland nach sich ziehen (MEGA IV/14, 176); getäuschte Bankbilanzen, in denen Schulden als Kredite und Verluste als Guthaben verbucht wurden (MEGA I/16, 416); Wechselmakler, die mit Millionenbeträgen jonglierten, obwohl sie selbst so gut wie nichts besaßen (MEGA III/8, 206); panische Regierungen in Skandinavien, die Gesandte nach London schicken, um Wechsel zu protestieren, und Nationalbanken in Nordeuropa und Regierungen in Wien, die mit Edelmetallen beladene Schiffe und Eisenbahnen quer durch Europa jagen; eine zaudernde Bürgerschaft in Hamburg, die die Banken und Großhändler zunächst nicht retten will und es doch tun muss; ein preußischer Staat, der so tut, als ob ihn das alles nichts anginge und fordert, jeder

---

[190] Die Deutschen reagierten auf die Krise indes selbst mit einer Flut von Broschüren unter anderem von Rodbertus (1858), Schäffle (1858 u. 1886 [1858]), Mohl (1858), einer Neuauflage von Büsch (1858) mit Kommentaren zu den aktuellen Ereignissen sowie der *Geschichte der Handelskrisen* von Max Wirth (1858).

[191] Die Chronique Scandaleuse erinnert auch an Engels' Charakterisierung seiner *Lage der arbeitenden Klasse in England* als „Sündenregister" (MEGA III/1, 251).

solle vor seiner eigenen Haustür kehren; Militäreinsätze gegen die Bankruns in Glasgow (MEGA I/16, 72) und Rio de Janeiro (MEGA IV/14, 142/143); eine mit Wagen und Karren verstopfte Jägerstraße in Berlin, wo vor der Preußischen Bank die gesamte Warenwelt aufgefahren wird, um an Vorschüsse zu gelangen (MEGA IV/14, 135);[192] in Frankreich ein Staatsoberhaupt, das behauptet, die Krise existiere nur in der Vorstellung, in Amerika die Erklärungen, die Krise komme aus England, und in England die Versicherungen, sie komme aus den USA;[193] die Klagen der Baumwollhändler über den milden Winter, der den Absatz von Winterkleidung nur weiter herabdrückt (MEGA IV/14, 272 u. 443); Massenarbeitslosigkeit, steigende Pauperzahlen (MEGA IV/14, 289 u. 444), sich füllende Arbeitshäuser (MEGA IV/14, 285), die Ausbreitung von Hunger (MEGA IV/14, 454 u. 455) und Suppenküchen, brutale Polizeieinsätze gegen streikende Arbeiter (MEGA IV/14, 281), eine Presse, die mit Moralpredigten aufwartet (MEGA IV/14, 175, 266, 435 u. 492) und die nun anmahnt, dass man über seine Verhältnisse gelebt habe („overliving and overspending") und die frühere Prosperität nur eine trügerische Einbildung („false appearance") gewesen sei (MEGA IV/14, 491).

Der Skandal der Krise ist also, dass sie den Hunger neben übervollen Warenlagern, die Arbeitslosigkeit neben stillgelegten Produktionsanlagen und die Obdachlosigkeit neben dem Leerstand von Häusern dramatisch verschärft und dadurch die Borniertheit des Kapitals deutlicher und spürbarer als in Nichtkrisenzeiten zeigt. Selbst das Organ des Freihandels *The Morning Star* kann nun nicht mehr um die Feststellung umhin, dass die Arbeiter „may absolutely perish in a land of plenty" (MEGA IV/14, 456). Es ist Krise aus Überproduktion: der Erzeugung von stofflichem Reichtum über seine Verwertbarkeit als Kapital hinaus. Den Skandal, dass unter der Herrschaft des Kapitals keine dem erreichten Produktivkraftniveau adäquate Vergesellschaftung möglich ist, bekommen die Menschen in der Krise in Form von Armut, Arbeitshaus, Eigentumsverlust und staatlicher Repression handfest zu spüren.

Aber diese im Grunde nicht allzu schwer zu verstehenden Zusammenhänge werden in den Köpfen spontan auf merkwürdige Weise gedeutet. Marx verband mit der Krise die Möglichkeit einer Einsicht, welche die nun deutlich erfahrbare Zweitrangigkeit der Menschen und des stofflichen Reichtums in der bürgerlichen Gesellschaft

---

192 Von Hamburg griff die Krise nach Preußen über, wo sich der Staat dazu durchrang, der Preußischen Bank zu gestatten, Darlehen auf Waren zu vergeben (MEGA I/16, 112).
193 US-Präsident Buchanan unterstellte das als „britische Erfindung" verbrämte Papiergeld als Krisenursache und forderte eine rein metallische Währung für sein Land; auch die protektionistisch ausgerichtete *Tribune* sah die Krise aus dem „over-importing, over-buying, over-borrowing, over-banking, over-trading" von europäischem Kapital hervorgehen: „We have bought of Europe many Millions' worth of Metals, Wares and Fabrics that we should have produced at home." (New-York Tribune, 12. Oktober 1857, S. 4.) Der *Economist* wiederum entlastete die britische Öffentlichkeit und sprach gern von einer „American Crisis" (MEGA IV/14, 111), wie es ihm noch heute der um keine Ausrede verlegene Historiker und Apologet der Londoner City Kynaston (1994, 196) nachtut: „1857 was very much an American-induced crisis".

nicht länger hinnehmen will. Und in der Tat dokumentieren die *Krisenhefte* auch Streiks, Arbeiter-Selbstorganisation, Bürgerzusammenschlüsse, Demonstrationen, Proteste, Plünderungen, Aufstände und Ansätze internationaler Koordinierung. Doch zugleich verarbeiteten die arbeitslos gewordenen und sich von den Versprechen des Freihandels betrogen wähnenden englischen Seidenweber die Krise auch mit Furor über „foreign dresses" und den „foreign artisan" (MEGA IV/14, 293).

So vollzieht sich in der Krise im kollektiven Bewusstsein auch ein Umschlag von Idealismus und Jubel (dazu 3.1) in Entbehrung, Härte, Neurose (3.5.4) und Moralismus (5.3.3). In der Prosperität scheint irgendetwas grundsätzlich falsch gelaufen zu sein, sonst wäre es nicht zur Krise gekommen. Daher begibt sich das kollektive Bewusstsein auf die Suche nach den faulen Elementen, der Illegitimität und den Schuldigen, die das Unglück losgelassen haben sollen und jetzt die Zeche zahlen müssen.[194] Die gestern noch bejubelte Prosperität erscheint plötzlich als dekadenter Exzess, den es nun zu geißeln und einzudämmen gilt. Etwa überschlug sich die Londoner Tageszeitung *The Times* vor moralischer Entrüstung und sprach, wie Marx in der *Tribune* wiedergab, von dem „Gift", das „gangs of reckless speculators and fictitious bill drawers" der „honest industry" (MEGA I/16, 104) eingeflößt hätten. Allerdings muss die Suche nach dem Übel nicht in Form einer Hexenjagd ablaufen. Die Krise ist, wie Marx bemerkte, auch die Zeit der theoretischen Untersuchung (dazu 3.5): Der „theoretische Schrecken" (MEGA II/2, 208) erweckt eine plötzliche Neugier dafür, wie eigentlich der Kapitalismus funktioniert, die sich exemplarisch in der Wochenzeitung *The Economist* niederschlägt, von deren Erkenntnissen auch Marx in den *Krisenheften* etwas lernen konnte (3.4.3).

Die *Krisenhefte* bestehen bei weitem nicht nur aus ‚Skandalgeschichten'. Eine Chronique Scandaleuse ist eine Prosaschrift, kein Drama, und so entfernt sich Marx in den *Krisenheften* etwas von der großen Geschichtsdramaturgie: Im Zentrum seiner Aufmerksamkeit stehen weniger die Revolution und der politische Kampf, die komödiantische Aufhebung des prosaischen Grauens in einer großen sozialen Umwälzung, sondern vielmehr, wie in einer Novelle von Cervantes, die absurdesten Geschichten aus der fetischistischen Irrenanstalt der bürgerlichen Gesellschaft. Die Chronik der Krise würde dem Publikum auflisten, was wirklich gespielt worden war, und wäre damit ein Beitrag zur politischen Wiederbelebung. Wo Leugnung, Fatalismus, Schuldprojektion und instrumentelle Vernunft regieren, zielt die Chronique Scandaleuse auf Kritik, Entfetischisierung und Überwindung der bestehenden Verhältnisse.

---

[194] Laut Galbraith (2005, 26) bestand eine Parallele zwischen den Börsencrashs von 1929 und 1987 in der „Suche nach einem Sündenbock, den man für den Börsenkollaps verantwortlich machen konnte". An der ‚Naturform' des Markts kann es schließlich nicht gelegen haben.

3.4.2 Die zwei Arbeitsphasen im *Book of the Crisis of 1857* und die Formwechsel der Krise

> I still do not fully understand why it happened.
>
> Alan Greenspan, 2008

Die *Krisenhefte* von 1857/58 dokumentieren den unmittelbaren Verlauf der Weltwirtschaftskrise in verschiedenen Ländern. Marx wollte sich in seiner Chronik zunächst auf vier Zonen des Weltmarkts konzentrieren: „England, Germany, France" und „America" (MEGA III/8, 221).[195] Die Verbreitung der Krise über den Erdball geht mit ihren Sprüngen über verschiedene Märkte einher. Weil er seine Untersuchung gliedert in, erstens, Geldmarkt, zweitens Kolonial- und Rohstoffmarkt (der sogenannte „produce market", wo Rohbaumwolle, Wolle, Seide, Zucker, Kaffee, Tee gehandelt wurden) und, drittens, Industriemarkt (wozu Marx den Arbeitsmarkt zählt) kann man davon sprechen, dass in den *Krisenheften* die „totale[n] Gestaltungen" (MEGA II/1, 203) des Markts ausgebreitet werden (dazu Mori 2018b). Marx verfolgte außerdem, ob sich der (geographischen) Ausbreitung der Krise mithilfe von staatlichen Maßnahmen Einhalt gebieten lässt: Die kontinentale Geldkrise, deren Brennpunkt in Hamburg, Kopenhagen und Stockholm, nicht aber in Paris lag, nahm er in den ersten beiden *Krisenheften* zum Anlass einer vergleichenden Untersuchung der von den europäischen Regierungen ergriffenen Maßnahmen (siehe 3.3.3).

Die Aufteilung in Märkte und Länder folgt zudem der Dynamik der Ereignisse: Marx vollzieht durch die wochenweise Anordnung des Materials die Bewegung und den Verlauf der Krise mit. Mit dieser Datensammlung (sowie dem Material aus der *Tribune*) zeichnet sich eine Chronik der Krise in mehreren Akten ab: 1. Akt: Ausbruch in Amerika; 2. Akt: Geldkrise in Schottland und in der City of London; 3. Einbruch der Rohstoff- und Kolonialwarenmärkte in Liverpool und London; 4. industrieller Kollaps in Lancashire und dadurch soziale Notlage;[196] 5. Übergang der Krise auf den europäischen Kontinent; 6. fiskalische Notlage der europäischen Staaten und, als großes Finale, das Erklingen der Melodie, die die versteinerten Verhältnisse zum Tanzen

---

[195] Amerika, wo die Krise ausbrach, und Asien, wo sie überwunden werden sollte (siehe 3.4.3), standen bei Krisenbeginn kaum im Mittelpunkt des Marx'schen Interesses. „[Ü]ber Amerika" befinde sich „alles Material in der *Tribune*", auf die Marx als Korrespondent offenbar in London Zugriff hatte, und dieses Material ließe sich „später zusammenstellen" (MEGA III/8, 221). So sammelte er in den *Krisenheften* kein Material aus der *Tribune*.

[196] In der *Tribune* fasste Marx die Verlaufsform als Übergang der Geld- in eine industrielle Krise. Die Erschütterung des britischen Handels habe drei Formen gezeigt: Erstens die „pressure on the money and produce market in London", die sich in der äußersten Einschränkung des Kredits und dem allgemeinen Preissturz der Waren zeigte; zweitens die Bankenkrise in Schottland, bei der sogar Noten der Bank of England zurückgewiesen wurden; drittens der „industrial collapse" in den Manufakturdistrikten Lancashires, wo von gefallenen Preisen, großen Warenvorräten, Arbeitslosigkeit und Kurzarbeit berichtet wurde (MEGA I/16, 69–74).

bringt. In den *Krisenheften* verfolgte Marx, wie und wann sich der Übergang zwischen diesen Erscheinungsformen der Krise vollzieht, wie sich die Krise zwischen Märkten fortbewegt und damit Landesgrenzen überschreitet, wie sie also als Weizen- und Bankenkrise in Amerika, Geldkrise in London, Panik in Hamburg und Nordeuropa, Industriekrise in England, Rohstoffkrise in Südamerika und Handelskrise in Asien eine Schneise der Verwüstung schlägt. Allerdings sollte die Krise nicht das Herz der englischen Baumwollindustrie erreichen, keine „industrielle" in dem von Marx erwarteten Ausmaß werden und ebenso wenig das englische Proletariat in nennenswerte Bewegung versetzen. Warum die Krise in Marx' Augen zwar rasanter, intensiver und weltumspannender als ihre Vorgängerinnen, aber auch kürzer, „kommerzieller" und Lancashire nicht ihr Zentrum wurde, lässt sich erst durch eine genaue Lektüre der *Krisenhefte* nachvollziehen.

Die Gliederung der zweiten Arbeitsphase des *Book of the Crisis of 1857*

I) Failures

II) Money Market

  1) Bank of England

  2) Loan Market

  3) Bullion Market

    a) Efflux and Influx of Bullion

    b) Price of Silver

    c) Foreign Exchanges. Miscellaneous

  4) Security Market

    a) Consols

    b) Railway-Jointstockbank–mining shares

III) Produce Market

  a) Rawmaterials for textile fabrics

    1) Cotton

    2) Silk

    3) Wool

    4) Hemp and flax

  2) Rawmaterials not für textile fabrics

    a) Metals

    b) Hides and leather

    c) Mincing lane commodities

    d) Mark-lane (Corn)

IV) Industrial Market

  Labourmarket

---

1. Akt: Ausbruch in Amerika

Für Marx stand außer Frage, dass die Krise von 1857 aus der Überproduktion der englischen Industrie hervorging: „the important point is that British manufactures have been stretched to a point which must result in a general crash under contracted foreign markets, with a consequent revulsion in the social and political state of Great Britain." (MEGA I/16, 68) Die englische Industrieproduktion hatte ihren Höchststand im Mai 1857 erreicht. Durch die Sättigung des indischen Markts infolge des am 10. Mai 1857 beginnenden Sepoy-Aufstands waren den englischen Exporten Grenzen gesetzt. Dieser Einbruch sollte, so Marx, mit größeren Exporten in die USA kompensiert werden,[197] doch wie 1837 würden die amerikanischen Schwierigkeiten auch dieses Mal für einen bedrohlichen Rückgang der englischen Exporte sorgen, die laut Marx immerhin zu 30% nach Amerika gingen (MEGA I/16, 67).

Zentral für den Verlauf der Krise ist für Marx der Zusammenhang zwischen der Ausdehnung der Produktion und der des Kredits. Von Anfang an hielt er – als Ergebnis seiner Londoner Studien zur Krise von 1847 – die Überproduktion und die sie reflektierende neue Geldkrise für zwei Momente ein und desselben Prozesses. Allerdings thematisiert er weder in seiner Publizistik noch in den *Krisenheften* ausdrücklich die Frage nach dem Trigger der amerikanischen Bankenkrise. Er betonte zwar wiederholt, dass sich das englische Surpluskapital ab 1849 auf die heimische Industrie und auf Spekulationen im Ausland warf,[198] und demnach wäre (wie 1847) zuerst die Überspekulation kollabiert, ehe die Überproduktion zum Vorschein kam. Aber welcher Zusammenhang bestand zwischen dem *glut* des indischen Markts (infolge des Sepoy-Aufstands) und der geplatzten Rohstoff-, Land- und Eisenbahnblase in Amerika? Dies bleibt in Marx' *Tribune*-Publizistik unausgesprochen, weshalb der Eindruck entstehen kann, als hätte die Krise gewissermaßen zwei Auslöser – einer in Indien, einer in Amerika –, die zufällig zur gleichen Zeit auftraten.[199] Daher hat

---

[197] In der *Tribune* vom 15. Dezember 1857 hält Marx fest: „It is, therefore, clear that in that month [July, TG] the other markets had to absorb beyond their ordinary consumption not only the portion usually sent to India, but a great surplus over the usual English production. In that month, therefore, the foreign markets seem to have been so far overstocked that the increase in the exports was successively forced down from about two and one third millions to £885,513 in August, £852,203 in September, and £318,838 in October." (MEGA I/16, 109)

[198] In der *Tribune* vom 30. November 1857 wiederholte Marx: „[T]he English have very largely participated in speculations abroad, both on the Continent of Europe and in America, while at home their surplus capital has been mainly invested in factories" (MEGA I/16, 73).

[199] In der Forschung werden verschiedene Erklärungen für den amerikanischen Crash angeboten, wobei der Zusammenhang zwischen den einzelnen Faktoren nicht wirklich geklärt scheint. Riddiough/Thompson (2012) etwa beschreiben die Techniken der Kreditexpansion brillant, bieten aber als Krisenerklärung lediglich exzessive Risikobereitschaft und einen Mangel an „Monitoring" und Regulierung an. Stampp (1989, 221) bemerkt einen Abzug britischen Geldkapitals und führt die Aktienkurseinbrüche an den amerikanischen Börsen auf die Geldklemmen in London und Paris von 1855 und 1856 zurück. In den klassischen Studien von Schäffle (1886 [1858], 28), Tugan-Baranowski (1901, 126)

Goldberg (1987, 172) angemerkt, dass „es *Marx* zu diesem Zeitpunkt noch nicht zu gelingen [scheint], die Erscheinungen der Geldkrise mit denen der Handelskrise und vor allem der industriellen Krise [...] zu vermitteln".[200] Für Marx war aber in *Reflection* klar, dass die Unverkäuflichkeit von Waren der Vermittlungsmechanismus zwischen Geldkrise und Überproduktion ist. Weil der Warenverkauf in Gestalt von Wechseln und Vorschüssen antizipiert wurde, geraten Fabrikanten und Händler lange vor der tatsächlichen Bezahlung in den Besitz von ‚Geld'. Die produzierten Waren werden durch die zirkulierenden Zahlungsverpflichtungen repräsentiert. Können sie nicht verkauft werden, werden reife Wechsel unbezahlbar, was sich eine Zeit lang durch Verlängerung der Wechsel überdecken lässt. Die Unverkäuflichkeit spiegelt sich also in der Zahlungsunfähigkeit, einer Unfähigkeit, ausstehende Schulden zu tilgen, was zu einer Kreditverknappung führt. Somit erscheint die Verkaufs- zuerst als Zahlungskrise im Kreditsystem.

Im dritten Buch des *Kapital* hat Marx einen ähnlichen Entstehungszusammenhang der Krise von 1857 nahegelegt. In seinen Notizen zum vor der Krise tagenden Untersuchungsausschuss des britischen Parlaments über die Wirkungsweise des *Bank Act* hält er fest: „Der einzige Kerl [...], der *1857 (July)* Blick in den Zustand des Landes thun läßt, ist *Twells* (London banker). [...] Seine Bemerkungen weiter wichtig, für das latente Dasein der Crise, als noch keiner der Esel es ahnte." (MEGA II/4.2, 598/599) Die Ausführungen des Londoner Bankiers Twells sind deshalb „wichtig", weil sie beschreiben, wie das Reißen der Zahlungsketten infolge der Unverkäuflichkeit von Waren zu einer Kreditkrise führt. Marx notiert:

> Frenchman schickt einem broker in Mincing Lane [Londoner Handelsplatz für Kolonialwaren, TG] 3000£ worth of goods to sell them at a certain price. Kann es nicht. Schreibts dem Frenchman. Der sagt, er würde verlieren unter dem Preiß. Then the broker assists him with 1000£. Zieht Wechsel auf ihn für diese 1000 (auf den broker) für 3 months; dieser die goods als securities. Aber[201] die 3 months expired, he is not nearer the selling than before. He has then to pay this 1000£ bill, and though he has the 3000£ security he cannot make it available: then he is in difficulties, and that is how one pulls down another. (MEGA II/4.2, 599)

---

und Pinner (1937, 127: „Riesige Warenvorräte, auf Kredit gekauft und nachträglich beliehen, sammelten sich in den amerikanischen Häfen") wird die Krise dagegen eher auf eine einfache Warenüberproduktion zurückgeführt.

200 Dass die Überproduktion sich auf verschiedenen Wegen manifestieren kann – entweder durch Zusammenbruch der Kreditketten, so dass Warenüberschüsse nicht länger gehortet werden können und dann die Preise fallen, oder umgekehrt, indem ein Preissturz von Waren zu Zahlungsunfähigkeit und damit zum Reißen der Kreditketten führt – und Marx in seiner Publizistik keinen klaren Mechanismus angebe, führt Goldberg (1987, 172) auf das Fehlen einer „selbständige[n] Begründung des industriellen Zyklus" bei ihm zurück. Aber für Marx war die amerikanische Getreidespekulation nur ein Ausfluss der Überspekulation des britischen Surpluskapitals. Plötzlicher Kollaps der Warenpreise hingegen ist das „allgemeinste und sinnfälligste Phänomen der Handelskrisen" (MEGA II/2, 241).
201 Eine alternative Entzifferung ist „Als".

Zu antizipierten Preisen lässt sich nicht mehr verkaufen, was zunächst durch Liquiditätswechsel überdeckt wird, bis der Zahltag schließlich doch kommt.[202] Marx orientierte sich bei Krisenbeginn noch stark an seinem *Reflection*-Schema und sah die Krise direkt von der englischen Textilindustrie ausgehen, deren kreditfinanzierte Erweiterung bei Verschluss seiner Exportmärkte sich als überdimensioniert entpuppt hatte. So wie es wegen der Schwierigkeiten in der Baumwollindustrie Anfang des Jahres 1847 zu Misskredit kam, infolgedessen dem Geldmarkt das Geldkapital entzogen wurde und die einzelnen Spekulationsblasen in Eisenbahn und Getreide zerplatzten, was zur allgemeinen Krise im Herbst des Jahres führte, sieht Marx auch 1857 die Verkaufsprobleme in der englischen Exportindustrie (infolge des Sepoy-Aufstands in Indien) als ausschlaggebend für Misskredit in Europa, der zum Abzug britischen Geldkapitals aus Amerika führte, was dort die Blase in Eisenbahn, Land und Getreide platzen ließ.[203] Die Schwierigkeiten der englischen Industrie erschwerten den Kredit in Europa nach und nach, wodurch auch das amerikanische Finanzsystem unter Druck geriet. Die Krise bricht als Geldkrise aus und frisst sich aus Amerika nach London vor und von London zurück an ihre Quelle in Lancashire.

Der Anlass der Krise ist für ihre Formwechsel nicht unwichtig. Sie trat die Rückreise über den Atlantik nach Großbritannien auf dreierlei Wegen an: Erstens in Form einer Geldkrise durch Zahlungsausfälle (die zuerst kollabierenden schottischen Banken waren durch Diskontgeschäfte eng mit den Banken in der Wall Street verschlungen); zweitens durch Abbruch des transatlantischen Handelskreislaufs (England lieferte Waren auf Kredit), der die Überproduktion englischer Industriewaren zum Vorschein brachte; und drittens gingen mit dem Zustrom verbilligter amerikanischer Agrarwaren auch die Preise auf dem englischen *Produce Market* in den Keller. Der amerikanische Bankencrash traf also alle britischen Märkte direkt – aber welchen Markt in welchem Ausmaß? Wo würde die Krise ihr Zentrum finden? Wie bemerkt, ging Marx bei Anlegen der *Krisenhefte* von einer Verschärfung der industriellen Krise in England aus. Allerdings sollte dies nicht in dem von ihm erwarteten Ausmaß eintreten, und zwar auch weil sich die Kreditvergabe weniger auf die Erzeugnisse der englischen Industrie, sondern mehr auf den internationalen Rohstoff- und Kolonialwarenhandel bezogen hatte, was sich schon im Ursprung der amerikanischen Getreidekrise ankündigte, die Marx bei Krisenbeginn tendenziell als einen bloßen Ausfluss der Überproduktion der englischen Textilindustrie betrachtete (dazu 3.4.3).

---

202 Bereits vorher schrieb Marx in diesem Manuskript: „Die Crise tritt ein, sobald die returns der Kaufleute, die fernab verkaufen (oder deren stocks auch im Inland sich gehäuft haben) so langsam und spärlich werden, daß die Banken auf Zahlung dringen oder auch andre Kaufleute, die Wechsel auf sie haben. Dann beginnen Zwangsverkäufe, Verkäufe *um zu zahlen*. Und damit ist der crash da, der der scheinbaren Prosperität auf einmal ein Ende macht." (MEGA II/4.2, 378)
203 Den Abzug britischen Geldkapitals aus den USA als Auslöser der amerikanischen Bankenkrise betont auch Kindleberger (1978, 130), der aber, anders als Marx, keine Erklärung für diesen Vorgang anbietet.

2. Akt: Geldkrise in London

Marx begann das zweite Krisenheft namens *Book of the Crisis of 1857* am 12. Dezember 1857, nach seinem fünften *Tribune*-Artikel zu den Ereignissen. Er erstellte das Heft in zwei Arbeitsphasen. In der ersten Arbeitsphase untersuchte er den Verlauf der Londoner Geldkrise retrospektiv: Er hat in wenigen Tagen, womöglich an nur einem Tag, rund 30 Manuskriptseiten mit (zum Teil vorher gesammelten) Materialien beklebt und beschrieben.[204] Marx teilte diesen Zeitraum in fünf Wochen ein[205] und legte damit, seine Analysen aus den ersten fünf *Tribune*-Artikeln wiederholend und ergänzend, eine „Wochenchronik" der Londoner Geldkrise – des möglichen zweiten Akts der Chronique Scandaleuse – an.

In seinem ersten Artikel zu den Ereignissen von 1857 *The Bank Act of 1844 and the Monetary Crisis in England* (*Tribune*, 21. November 1857; geschrieben am 6. November) prophezeite Marx, auf Basis seiner früheren Argumente (siehe 2.5), korrekt die unmittelbar bevorstehende Suspension des *Bank Act*, von der ein erleichternder Effekt ausgehen müsse.[206] Das Ende dieser willkürlichen, krisenverschärfenden Geldpolitik markierte für Marx einen Wendepunkt in der Geldkrise. In den *Krisenheften* hielt er als Folge der Konsolidierung der Bank of England die enorme Goldzufuhr in der fünften Woche der Geldkrise fest, in der diese langsam überwunden wurde (MEGA IV/14, 87 u. 94). Die Bank befand sich in einer ähnlichen Lage wie 1847: In der Panik fielen ihre Reservenoten und Bullionvorräte und es stiegen die bei ihr hinterlegten privaten Sicherheiten („private securitites") und ihr Diskontsatz (siehe MEGA IV/14 App., 535). In der Krise herrscht akuter Geldmangel, wohingegen die Zunahme an privaten Einlagen „die fortwährende Pressure" (MEGA IV/14, 87) zeigt, da die Bank of England als „Zufluchtsort" (Pinner 1937, 136) Wechsel annimmt und dafür Noten und Edelmetalle ausgibt und auf diese Weise ‚Liquidität' bereitstellt. Der Verlauf der neuen Geldkrise bestätigte Marx' Gedanken in *Reflection*: Bei einer Panik wächst zunächst die Quantität der zirkulierenden Banknoten zum Begleichen von Rechnungen und Schulden; sie fällt nach der Panik in dem Maße, wie das geschrumpfte Wirtschaftsleben weniger Zirkulationsmittel benötigt.[207] Geht das Diskontgeschäft wieder

---

[204] Dass Marx zunächst nachholend gearbeitet hat, bestätigt, dass er die *Krisenhefte* nicht anlegte, um Material für seine eigenen Zeitungsartikel aufzubereiten.
[205] Der Untersuchungszeitraum reicht vom 14. November, dem Tag der Suspension des *Bank Act*, als das Banking Department der Bank of England dem Issuing Department zwei Millionen Pfd. St. an Staatsschuldpapieren im Austausch gegen Banknoten übermachte, bis zum 12. Dezember 1857.
[206] „The effect of the suspension must be one of comparative relief, as we have previously shown. It does away with an artificial stringency, which the Act adds to the natural stringency of the money market in times of commercial revulsion." (MEGA I/16, 69)
[207] Marx notierte in den *Krisenheften*: „Die Verbeßrung des moneymarkets heißt nichts, als daß die bloße ‚*monetary panic*' einerseits aufgehört u. Bullion sich vermehrt hat, aber gleichzeitig die industrielle u. commercielle Thätigkeit gelähmt ist u. f. die sehr abgenommnen Transactionen zu enorm gesunknen Preissen *weniger Circulation* erheischt ist." (MEGA IV/14, 91)

zu den Geschäfts- und Aktienbanken über, ist dies ein Indikator für die Beruhigung der Lage. Anders als viele Kommentatoren hielt Marx die Besserung des Geldmarkts aber nicht für das Ende, sondern für ein verändertes Erscheinungsbild der Krise: „Trotzdem, daß nun die Lage der Bank positiv sehr verbessert, u. auch der eigentliche Moneymarket (insofern firstrate-papers leichter discontirt), verschlechtert sich in der 4^t u. 5^t Woche alles im Produce- u. Industrial market" (MEGA IV/14, 91).[208]

3. und 4. Akt: Krise auf dem *Produce* und auf dem *Industrial Market*

Marx bestätigte, dass die Erleichterung des Geldmarkts infolge der Suspension des *Bank Act* „favorably affected the produce market" (MEGA I/16, 112), aber eines seiner Hauptargumente lautete, dass die Geldkrise nicht die Intensität der wirklichen Krise aus Überproduktion anzeigt.[209] Einen Tag, bevor er die Arbeit am *Book of the Crisis of 1857* begann, schrieb er am 11. Dezember den fünften Krisen-Artikel *The Commercial and Industrial State of England* (Tribune, 26. Dezember 1857).[210] Dieser Artikel ermöglicht es, die Problemstellung, die Marx in der zweiten Arbeitsphase des *Book of the Crisis of 1857* umtrieb, genau zu identifizieren. Dort heißt es: „The important point upon which we wish to fix the attention of our readers [...] is the accelerated approach of the crisis in the English produce and industrial markets." (MEGA I/16, 115) Bislang sei die Krise in England hauptsächlich eine Geldkrise („monetary crisis") mit Rückwirkungen auf *Produce* und *Industrial Market* gewesen, aber: „At this very moment it is not the monetary pressure which keeps down the industrial and produce markets in England, but it is the commencing crisis in those markets that keeps down monetary credit." (MEGA I/16, 116) Wie der zweite in den dritten und vierten Akt der Chronik, wie die Geld- in die industrielle Krise übergeht, steht im Zentrum von Marx' Aufmerksamkeit in der zweiten Arbeitsphase des *Book of the Crisis of 1857*.[211]

---

[208] In der *Tribune* hatte er geschrieben: „If the first reaction on Great Britain of our American collapse manifested itself in a monetary panic, attended by a general depression in the produce market, and followed more remotely by manufacturing distress, the industrial crisis now stands at the top and the monetary difficulty at the bottom. If London was for a moment the focus of the conflagration, Manchester is so now." (MEGA I/16, 107)

[209] „We make this remark, not because we consider the relative improvement of the London money market as a symptom of its final recovery, but only to note the fact, that in a manufacturing country like England, the fluctuations of the money market are far from indicating either the intensity or the extent of a commercial crisis." (MEGA I/16, 107)

[210] Dieser Artikel wurde von der Forschung spät entdeckt (Ratajczak/Baumgart 1984) und mit dem MEGA-Band I/16 (2019) erstmals in einer Edition der Schriften von Marx veröffentlicht.

[211] Engels, am 11. Dezember auf die Überproduktion in der globalen Landwirtschaft hinweisend, dürfte Marx in diesen Fragen bestärkt haben: „Bei dieser Krise ist die Überproduction so allgemein gewesen, wie noch nie, sie ist auch in den Colonialwaaren unläugbar, und ebenso im Korn. Das ist das Famose, und muß kolossale Folgen haben. Solange die Überproduction sich nur auf die Industrie beschränkte war die Historie doch nur halb, sowie sie aber auch den Ackerbau und in den Tropen ebensogut wie in der gemäßigten Zone ergreift, wird die Sache großartig." (MEGA III/8, 217)

Zu diesem Zeitpunkt steckten die Fabrikdistrikte in großen Schwierigkeiten: Fabriken schlossen, Waren stapelten sich in den Warenhäusern, Kurzarbeit, Arbeitslosigkeit und Pauperismus nahmen zu. Marx ging offensichtlich davon aus, dass Englands Absatzmärkte für einige Zeit gesättigt wären, dennoch blieb offen, wie lange dies der Fall sein würde, und daher galt es, die Export- und Handelsstatistiken der Baumwollindustrie im Blick zu behalten.[212] Wegen der Industriekrise (die eine gesunkene Nachfrage für Rohstoffe bedeutet) und weil das Angebot an Rohstoffen wegen des Booms und der guten Ernte stark gewachsen war, erwartete Marx einen schnellen Einbruch der Preise auf dem *Produce Market*. In London lagerte nach der Geldkrise eine ungeheure Masse an Zucker und Kaffee; deren Preise waren, so Marx, deshalb nicht tiefer gefallen, weil die Waren in der Hoffnung zurückgehalten würden, sie im richtigen Moment doch noch verkaufen zu können. Aber weil die Nachfrage nach ihnen weiter fallen und außerdem Waren durch Zwangsverkäufe von insolventen Händlern auf den Markt kommen würden, ließen sich die Preise nicht dauerhaft auf diese Weise stabilisieren: Je länger die Verzögerung, desto heftiger der folgende Preissturz und damit die Krise, weil er die Vorschussgeber mit in den Ruin reißt. In der zweiten Arbeitsphase am *Book of the Crisis of 1857* will Marx also erforschen, von welchen Waren besonders große Vorräte bestanden und wann diese zwangsverkauft würden. Welche Preise waren ‚zu hoch' und nicht länger haltbar und wo würde sich demnach die *Verkaufskrise* verschärfen?

In welchen Ländern und Branchen kam es darüber hinaus zu einer Krediterweiterung, die nun kollabieren würde? Wo drohte die *Zahlungskrise* und daher Gefahr für den englischen Geldmarkt? Diese Zahlungskrise werde dann eintreten, so Marx, wenn englische Händler Schulden bedienen oder Tilgung einfordern müssen, die wegen gefallener Warenpreise nicht mehr beglichen werden können: „Then a panic will ensue and forced sales will carry all goods before them. No expansion of the money market [...] will cure this mortal malady." (MEGA I/16, 117) Die ultimative Grenze der Geldpolitik ist der Preissturz von Waren. Dies passt zu Marx' Beobachtung, dass die Krise im internationalen Wechselmarkt hartnäckig verharrt,[213] weil sich hier die Schuldentilgung nicht einfach qua Regierungsbefehl aussetzen lässt. Ein staatlich verordnetes Schuldenmoratorium hatte er kurz zuvor als „the only remedy against

---

212 In der *Tribune* vom 26. Dezember 1857 erwartete Marx immer noch eine industrielle Krise: „Then as to the German market, the Hamburg catastrophe has closed it more hermetically to England than the strictest continental system could have done. It is, therefore, only natural that the British manufacturers should anticipate a crash of a most profound and sweeping character. We find in all their organs the most gloomy anticipations of its approaching outbreak. Its effects will be deeply felt in this country, especially by those engaged in the raising and the selling of cotton." (MEGA I/16, 119)

213 „Im u. um *Wechselmarkt* besteht die eigentliche ‚*monetary panic*' darin, wenn bills nicht mehr discontirbar, nicht mehr convertibel in Geld (notes or coin) sind; im *Foreign Exchange* dauert daher panic also zu gewissem Grade, d. h. für alle nicht first-class papers fort." (MEGA IV/14, 105)

the crisis" (MEGA I/16, 111) bezeichnet und hierin sah er einen Grund für das Ausbleiben der Ansteckung Frankreichs, wo diese Maßnahme greifen konnte, weil weder die dortige Industrie großartig überproduziert hatte, noch Banken, Händler und Staat in den krisengebeutelten Teilen der Welt signifikant verschuldet waren.

Die Suche nach der Verkaufs- und der Zahlungskrise bestimmt Marx' Untersuchung des *Produce* und des *Industrial Market* im *Book of the Crisis of 1857*. Dabei ging es ihm weniger darum, „seine Vorhersage anhand von *empirischen* Daten [zu] beweisen" (MEGA IV/14 App., 527), wie die Herausgeber der *Krisenhefte* und Mori (2018, 2)[214] interpretieren. Er wollte eher aufspüren, wo und wie sich die Ansteckung ausbreiten und wo und wie sich ihr Widerstände entgegenstellen würden. Dazu trug er zum einen in seitenlangen Tabellen über mehrere Wochen hinweg die wöchentlichen Preisnotierungen dutzender global gehandelten Waren ein[215] und suchte zum anderen nach Indikatoren wie Zwangsverkäufen, unverkäuflichen Vorräten, sich auf dem Weg befindlichen Warenlieferungen, fallenden Preisen, nicht diskontierbaren Wechseln und Arbeitslosenzahlen. Marx breitete den Weltmarkt tabellarisch vor sich aus und fertigte eine große Landkarte der Krise an. Mitte Dezember sah es düster aus: in den Liverpooler Lagern stapelten sich riesige Vorräte an Rohbaumwolle (MEGA IV/14, 216 u. 274), begleitet von einem Niedergang des Baumwollpreises und großen Zwangsverkäufen (MEGA IV/14, 241); Meldungen über die üppige Baumwollernte kamen denkbar ungelegen. Der Getreidehandel war „depressed" (MEGA IV/14, 243) und musste massive Preisstürze hinnehmen (MEGA IV/14, 247), vor allem der amerikanische Getreidemarkt war zusammengebrochen (MEGA IV/14, 164). Die in Großbritannien unverkäuflichen Kolonialwaren wie Zucker, Kaffee, Kakao und Reis stapelten sich in großen Mengen; bloß die Rum-Reserven waren krisenbedingt zusammengeschmolzen (MEGA IV/14, 151ff.). Kaffee aus Ceylon harrte in europäischen Warenlagern aus und weitere Ladungen waren bereits unterwegs; dazu wurden Einbrüche in den chinesischen Tee-Exporten verzeichnet (MEGA IV/14, 233–235). Von welcher Branche drohte Unheil? Wo war viel konsigniert worden und wo daher Kreditausfälle zu befürchten? Von brasilianischen Kaffeeplantagen oder chinesischen Teefeldern? Im Zuckeranbau Louisianas (MEGA IV/14, 233 u. 237) oder Manilas (MEGA IV/14, 237)?

---

214 Lassen sich theoretisch begründete Aussagen anhand von Erscheinungen der Oberfläche „beweisen"? Allerdings impliziert Marx' Methode, die das Konkrete zum Ausgangspunkt des Denkens nimmt, um es durch begriffliche Vermittlung als geistig Konkretes begreiflich zu machen, eine permanente Konfrontation mit den tatsächlichen Verhältnissen, „das dauernde Messen der Begriffe an der Empirie" (Fahling 1978, 6). (Dazu 4.3.)

215 Zu den „totalen Gestaltungen" des Markts, die Marx in den *Krisenheften* empirisch untersuchte, heißt es in den *Grundrissen*, dass „wirklich grosse Märkte […] nur die grossen Producte zum Consum (ökonomisch wichtig nur der Kornmarkt, Thee-, Zucker-, Coffeemarkt; Weinmarkt einigermassen und Spiritmarkt überhaupt) oder die die Rohstoffe der Industrie bilden (Woll-, Seiden-, Holz-, Metallmarkt etc)" (MEGA II/1, 204).

War das Problem gar die Spekulation mit Butter durch eine führende Liverpooler Bank? (MEGA IV/14, 240) Wohin würde die Krise wann und wie gelangen?[216]

In seinem sechsten *Tribune*-Artikel *The Crisis in Europe*, dem ersten nach Beginn der zweiten Arbeitsphase des *Book of the Crisis of 1857*, geschrieben am 18. Dezember – dem Tag, an dem er gegenüber Engels euphorisch die Chronique Scandaleuse ankündigte –, findet Marx seine Annahmen vollauf bestätigt: „As to the manufacturing markets, an earnest of the industrial crisis which we predicted has now been given in half a dozen failures of spinners and weavers in Lancashire, of three leading houses in the woolen trade in the West Riding, and an important firm in the carpet trade of Worcester." (MEGA I/16, 121) Für die Verschärfung der Krise auf dem Rohstoff- und Kolonialwarenmarkt führt Marx ein Beispiel an, das instruktiv dafür ist, dass er die Verzweigung von diesem mit dem Geldmarkt im Rahmen der in *Reflection* entworfenen Widerspiegelungstheorie denkt. In Hamburg wurden die Schuldner von Wechseln in Höhe von neun Millionen Mark Banko gesucht, die von Kaffeefirmen aus Rio de Janeiro auf Hamburg für ein halbes Jahr zuvor versendeten Kaffee gezogen waren. Da die Zahlungsversprechen aber für 40% höhere Preise getätigt wurden, konnten diese Wechsel nicht mehr bedient werden. Marx interpretierte den Preissturz einer Kolonialware (Kaffee) als Wiederbelebung der Krise.[217] Er ging zu diesem Zeitpunkt noch erkennbar von der Konsignation, dem Versenden von Waren gegen ein Zahlungsversprechen, als der vorherrschenden Form der Kreditausdehnung im internationalen Handel aus. Doch anders als 1847 eklatierten dieses Mal Rohstoff- und Geldkrise *synchron* – und dies hatte nicht nur mit den neuen Kommunikationsmitteln,[218] sondern vor allem mit der Art der Kreditausdehnung vor der Krise zu tun.

---

216 Engels schrieb Marx am 17. Dezember, er erwarte für die nahe Zukunft „4 distincte Krisen: 1) die Colonialwaaren, 2) Korn, 3) Spinner und Fabrikanten, 4) home Trade" (MEGA III/8, 219).
217 „In Sweden, and especially in Denmark, the crisis has rather increased in violence. The revival of the evil after it appeared to have passed away is to be explained by the dates on which the great demands on Hamburg, Stockholm and Copenhagen fall due. During December, for instance, nine millions of bills drawn on Hamburg by Rio Janeiro houses for coffee fell due, were all protested, and this mass of protests created a new panic. In January the drafts for the cargoes of sugar shipped from Bahia and Pernambuco will probably meet with a similar fate, and cause a similar revival of the crisis." (MEGA I/16, 121/122)
218 Die Krise wurde auch durch die neuen Kommunikationsmittel wie die Telegraphenlinien (seit 1850 wurde ein Seekabel zwischen Dover und Calais verlegt) beschleunigt und synchronisiert: Stockholmer Firmen fallierten „on telegraphic Despatch" (MEGA IV/14, 125).

3.4.3 *The Book of the Commercial Crisis:* **Die Maskerade des fiktiven Kapitals**

> An der *Production* tritt das Uebel auf, nicht an der Speculation.
> Karl Rodbertus: Die Handelskrisen und die Hypothekennoth der Grundbesitzer (1858, 21)

Die Marx'sche Publizistik zur Krise von 1857/58 ist bekannt für Aussagen, die dem Kredit eine sekundäre oder abgeleitete Bedeutung zuzuschreiben scheinen. In der *Tribune* vom 15. Dezember 1857 kritisierte Marx die Auffassungen der britischen Presse, welche die Krise aus einer exzessiven Kreditvergabe und der „Spekulation" hervorgehen sah:

> If speculation toward the close of a given commercial period appears as the immediate forerunner of the crash, it should not be forgotten that speculation itself was engendered in the previous phases of the period, and is therefore, itself a result and an accident, instead of the final cause and the substance. The political economists who pretend to explain the regular spasms of industry and commerce by speculation, resemble the now extinct school of natural philosophers who considered fever as the true cause of all maladies. (MEGA I/16, 107)

Eines der wichtigsten Marx'schen Anliegen war es, die Überspekulation auf die Überproduktion zurückzuführen und somit zu zeigen, dass die Krisen aus den Widersprüchen des kapitalistischen Produktionsprozesses entstehen (dazu 2.5). Wie schon durch die neuen Bände der *History of Prices* (3.2.1) wurde er allerdings auch von der Krise von 1857/58 verstärkt auf die Eigentümlichkeit monetärer Phänomene aufmerksam gemacht. Dies zeigt eine Lektüre seines dritten Krisenhefts.

Marx begann das dritte *Krisenheft* mit dem Titel *The Book of the Commercial Crisis* am 3. Januar 1858 anzulegen. Kurz zuvor waren bereits erste Nachrichten der wirtschaftlichen Besserung eingetroffen. Am 24. Dezember 1857 wurde der *Bank Act* wieder in Kraft gesetzt, die Diskontrate der Bank of England von 10% auf 8% reduziert und die über das gesetzlich zulässige Maß hinaus emittierten Banknoten zurückgezahlt.[219] Für viele Kommentatoren war der Schrecken damit vorüber: „*Times* v. 28 Dec. erklärt damit die *crisis f. beendigt.* (!)" (MEGA IV/14, 180) Das galt zweifellos nicht für Marx, auch wenn das Bild schon weniger eindeutig war. Zwar hörten auch die Zwangsverkäufe für Baumwolle auf (MEGA IV/14, 214) und die Hamburger Krise galt als „passed away" (MEGA IV/14, 209), doch waren die Aussichten nach wie vor pessimistisch. Das verleihbare Kapital nahm zwar in den Banken zu, blieb dort aber wirkungslos, da die Industrie noch in der Depression steckte.[220] Daneben bestand eine

---

[219] Bereits in der Vorwoche war die Reserve der Bank durch neue Goldlieferungen (MEGA IV/14, 93–95, 183–190 u. 485) und die Liquidation fauler Schulden (MEGA IV/14, 182) gestärkt worden.
[220] Marx notierte: „*Geld* sucht eifrig nach employment." (MEGA IV/14, 312) Aus einer Zeitung schnitt er aus: „It is feared that several important branches of trade have not yet felt the full force of the

„indisposition to deal in long paper" (MEGA IV/14, 190) beziehungsweise wurden in Erwartung weiterer Preisstürze keine Kredite für große Warenvorräte gewährt.[221] Die Gliederung des *Book of the Commercial Crisis* hat Marx wahrscheinlich bei Beginn der Arbeit an diesem Heft entworfen. Es gibt eine bedeutende Veränderung gegenüber der Gliederung für die zweite Arbeitsphase des *Book of the Crisis of 1857*: Marx fügt einen neuen Punkt „V) Miscellaneous" hinzu und lässt damit eine Öffnung seiner Studien zu. Dieser Raum für neue Entwicklungen entspricht der weniger eindeutigen Marktlage Anfang Januar und Marx sollte ihn in der Tat gut gebrauchen können.

Anfang Januar begann Marx, seine Erwartungen über den weiteren Krisenverlauf zu korrigieren. In einem um den 7. Januar geschriebenen Zeitungsartikel konstatiert er zwar, dass „at the present moment the industrial crisis rages most violently in the British Woolen districts, where failure follows upon failure" (MEGA I/16, 136), aber von einer sich verschärfenden Industriekrise ist keine Rede mehr. Genau in dieser Woche wurde der Aufwärtstrend für Rohbaumwolle und Textilwaren ersichtlich (MEGA IV/14, 210/211; vgl. App., 546/547) und Engels berichtete am 6. Januar von einem „Stillstand" in der Krise, „wenigstens was Manchester und die Cottonindustrie angeht" (MEGA III/9, 9). Damit verfolgt Marx in *The Book of the Commercial Crisis* zunehmend eine neue Frage: Warum verlief die Krise nicht wie angenommen, warum wurde sie keine industrielle in dem erwarteten Ausmaß?

Die überraschend schnelle Überwindung der Krise war einer Erweiterung des indischen (dazu Hughes 1960, 96–98; Rosenberg 1974, 147–150; MEGA IV/14 App., 553/554) und chinesischen Markts geschuldet (MEGA IV/14, 446), welcher Marx durch aktuelle Meldungen vom Rohstoff-, Kolonialwaren- (MEGA IV/14, 342/343) und Industriemarkt (MEGA IV/14, 412, 417, 421 u. 443) sofort gewahr wurde. Engels schrieb später, dass ihm das schnelle Abklingen der Krise „durchaus nicht klar"[222] gewesen sei, aber wieder taten sich wundersamerweise neue Märkte auf, welche die britischen Überschüsse absorbieren konnten. Anfang Dezember glaubte Marx die indischen Märkte noch gesättigt und die englische Industrie fortwährend Waren ausstoßend, „as would suffice to overstock three Indias on the shortest notice" (MEGA I/16, 113). Diese Wiedereröffnung der asiatischen Märkte ist die erste Beobachtung, die Marx in „Miscellaneous" macht. Er ging auf die asiatische Krisenüberwindung im neunten *Tribune*-Artikel *The Approaching Indian Loan* (am 22. Januar geschrieben)

---

pressure. Thus, whilst the supply of loanable capital is steadily accumulating, the mass of bills, which form one great channel for its employment, is as rapidly diminishing." (MEGA IV/14, 207)

[221] Marx hebt mit einer Unterstreichung hervor: „*It must not be supposed* […] *a new extension of credit to the holders of heavy stocks of produce. Such large supplies of goods will be thrown upon our markets that it will be impossible to buy them up.*" (MEGA IV/14, 210)

[222] „Ich muß übrigens doch sagen daß mir die Art & Weise wie die überproduzirte Masse die die Krise hervorrief, absorbirt worden ist, durchaus nicht klar ist; ein so rascher Abfluß einer so heftigen Sturmfluth ist noch nie dagewesen." (MEGA III/9, 216)

ein und widmete sich der industriellen Erholung später in dem Artikel *Important British Documents* (*Tribune*, 20. Mai 1858): Der Gesamtrückgang der britischen Exporte im Zuge der Krise betrug 19% und insbesondere die Ausfuhren in die USA waren um die Hälfte eingebrochen (MEGA I/16, 279/280). In beinahe jedes Land konnte Großbritannien weniger exportieren – von diesem Trend ausgenommen war allein Indien. Der Sepoy-Aufstand hatte das Land seit Mitte des Jahres 1857 teilweise geschlossen und die dortigen Warenvorräte waren peu à peu verbraucht worden, doch mit dem nachlassenden Aufstand war dieser Markt wieder ‚zugänglich' geworden. In der Krise von 1847 waren Asien der Auslöser der Krise und der amerikanische Goldrausch der Ausweg gewesen (2.5.1), jetzt verhielt es sich umgekehrt: Wie ein Boomerang kamen die Probleme aus Amerika nach England zurück und konnten anschließend in Indien überwunden werden. Die Krisen markierten jeweils einen Wendepunkt in den internationalen Beziehungen; die Verhältnisse zwischen Amerika, England und Indien sollten auch den Zyklus der 1860er Jahre prägen (siehe 5.1).[223]

Das plötzliche Wiedereinsetzen des asiatischen Exportgeschäfts war ein Grund, aus dem 1857/58 die Baumwollindustrie in Lancashire nicht noch härter getroffen wurde. Aber es gibt noch einen zweiten Faktor, den Marx in *The Book of the Commercial Crisis* aufspürte: die Form der Kreditausdehnung in der Prosperität. Engels ließ ihn schon am 11. Dezember 1857 wissen, dass in der neuen Krise eine Besonderheit zutage getreten war:

> Die Form, in der die Überproduction sich versteckt, ist immer mehr oder weniger die Ausdehnung des Credits, diesmal aber ganz speciell die *Wechselreiterei*: Die Manier Geld zu machen durch Tratten auf einen Bankier oder ein „Wechselgeschäfte" machendes Haus, und diese vor Verfall zu decken, oder auch nicht, je nachdem die Sache arrangirt war [...]. Diese Manier ist aufs colossalste in Hamburg getrieben worden, wo über 100 Mill. Mk Banco Wechsel liefen. [...] Hier im englischen Fabrikgeschäft und im home trade ist die Sache so gemacht worden daß die Leue statt Cash in a month zu zahlen, nach Verfall 3 Monate dato auf sich trassiren ließen und die Zinsen zahlten. Dies nahm im Seidenfabrikgeschäft in demselben Maße zu wie die Seidenpreise stiegen. Kurz Jeder hat über seine Kräfte gearbeitet, *overtraded*. Overtrading aber ist mit Überproduktion zwar nicht synonym aber der Sache nach identisch. Eine mercantile community die für £20 000 000 Capital besitzt, hat dadurch ein gewisses Maß ihrer Productions, Verkehrs, und Consumtionsfähigkeit. Macht sie mit diesem Capital durch Wechselreiterei ein Geschäft das £30 000 000 Capital voraussetzt, so vermehrt sie die Production um 50%; [...] Dies Entstehen der Überproduction durch Ausdehnung des Credits und overtrading kann man an der gegenwärtigen Krisis mit allen Details studiren. In der Sache selbst ist nichts Neues aber in der merkwürdig klaren Form in der die Sache sich jetzt abwickelt. 1847 und 1837–42 ist es lange nicht so klar gewesen. (MEGA III/8, 217/218)

---

[223] Marx legte in der *Tribune* vom 16. Juni 1860 nahe, dass die ‚Lösung' schon wieder zum Problem geworden und „the Indian trade beyond its natural capacities" (MEGA I/18, 451) angeschwollen war (dazu 5.1).

Es ist bemerkenswert, dass Engels die Wechselreiterei als besondere Form der Kreditausdehnung schon so früh im Krisenverlauf erkannt hat. Bei der Wechselreiterei werden auf eine reputable dritte Partei, die als Schuldner fungiert, aus ‚Gefälligkeit' Wechsel gezogen. Auf diese Weise kann ein früherer Wechsel erneuert und vor seinem Fälligwerden bewahrt werden, indem er, gegen einen neuen eingetauscht, im Umlauf gehalten wird; so wird auf Wechseln ‚geritten' und es entstehen neue Schulden auf der Grundlage von alten Schulden. Der Kreditoperation liegt kein Handelsgeschäft zugrunde, vielmehr ein anderer, mitunter fälliger und nicht einlösbarer Wechsel (vgl. Oelßner 1949, 78; Müller 2015, 194). Die Wechselreiterei hielt Engels zwar nicht für neu, aber anders als in den früheren Krisen sei sie dieses Mal die dominante Form der Kreditausdehnung gewesen und in noch nie gesehener Klarheit hervorgetreten. In der Interpretation des Phänomens zeigte sich bei Engels allerdings eine Unsicherheit: Er schrieb zuerst, dass sich die Überproduktion in der Ausdehnung des Kredits „versteckt", und dann, dass sie durch die „Ausdehnung des Credits und overtrading" entstanden ist. Die Versteckthese befindet sich im Rahmen der alten Theorie von Marx, wonach die Überspekulation nur das Spiegelbild der Überproduktion ist, die letztere aber dreht die Wirkungsrichtung um: Durch die Wechselreiterei sei „Geld gemacht" und mit diesem die Produktion erweitert worden.

Mit dieser Perspektive schließt Marx die *Krisenhefte*: Das zweite vom Untersuchungsplan abweichende Thema in „Miscellaneous" sind die Formen und Techniken der Kreditausdehnung vor der Krise, die ihren Charakter und Verlauf wesentlich mitbestimmten. Darüber konnte Marx in den ersten Rekapitulationen der Ereignisse im *Economist* mehr erfahren. Mit seinen Exzerpten aus diesen resümierenden Artikeln verlieren die *Krisenhefte* auch etwas den Charakter einer Materialsammlung, was etwa daran erkennbar ist, dass Marx die Artikel jetzt zum Teil kommentiert.[224] In der Artikelserie *Bank Deposits* vom 16. und 23. Januar 1858 sprach der *Economist* im Gegensatz zu Engels nicht nur von einer neuen Dimension, sondern auch von einem neuen Charakter der Kreditausdehnung. Dieser gründete in der enorm gewachsenen Bedeutung der Londoner Aktienbanken, deren Bilanzsummen sich seit 1845 vervierfacht hatten (MEGA IV/14, 106/107). In der Geschäftspraxis der Aktienbanken, Zinsen auf bei ihnen hinterlegte Depositen zu gewähren, sah der *Economist* eine finanzielle Innovation. Ohne Zinsprämien waren die sich in den Banken befindlichen Mittel begrenzt gewesen (MEGA IV/14, 494). Wie Marx es für den Crédit Mobilier beschrieben

---

[224] Als etwa der *Economist* in der folgenden Passage den Zusammenbruch der Kreditverflechtung floskelhaft unterstellt, ohne eine Ursache dafür anzugeben, weist Marx in Klammern darauf hin: „the crash came at last in its most sweeping form by *the simultaneous breaking up* (and whence this simultaneous breaking up?) of several of the great centres upon which the coherence of the system depended" (MEGA IV/14, 105). Auch wenn man dem *Economist* aus seiner Sicht wenig über die Kausalitäten entnehmen konnte, gab es hier doch brauchbare Darstellungen der „Überspekulation".

hatte (dazu 3.3.2), hätten auch die britischen Aktienbanken in der vergangenen Dekade mehr und mehr die Verwaltung des gesamten Anlage suchenden Kapitals übernommen, wohingegen früher jeder Investor auf eigene Faust investiert habe.²²⁵

Durch dieses neue Einlagesystem hatte sich das verleihbare Kapital in einem historisch neuartigen Ausmaß auf dem Geldmarkt konzentriert: Marx wird später für diese Kategorie den Begriff des *monied capital* verwenden (dazu 4.2.2). Neben den Goldfunden und ihrem Einfluss auf den Geldmarkt (dazu 3.2.1) stellte auch diese Entwicklung das reflexartige Widerspiegelungsverhältnis von ‚Produktion und Finanz' infrage, da es durch das „wachsende Deponiren bei den Londoner Joint Stock banks in Folge des Zinszahlens auf Deposits" (MEGA II/4.2, 542) zu einer Akkumulation des *monied capital* kam, die keine Akkumulation des produktiven Kapitals ausdrückte, vielmehr Verwandlung von einem früheren Privatschatz in *monied capital* war.²²⁶

Um ihre Depositen zu verwerten, engagierten sich die Banken im Diskontgeschäft von Wechseln. Hierbei kamen altbekannte Techniken der Kreditschöpfung in neuer Quantität und in einer zuvor unbekannten Vielzahl an Formen zum Einsatz, wie Marx aus dem *Economist* exzerpierte: „Die practice of obtaining credit through the means of mere accommodation paper not new; but never before did it appear in such numerous shapes, upon so extensive a scale, or in forms so well systematised." (MEGA IV/14, 471) Diese neuen Gefälligkeitswechsel ließen sich wie Tickets für die Oper „speedy, inexpensive, and simple" (MEGA IV/14, 107) in wenigen Minuten und ohne Dokumentation durch einen Anwalt, Makler, Notar oder Zeugen fabrizieren. Marx hatte die Technik der Gefälligkeitswechsel („accommodation bills") schon in den *Londoner Heften* durch James William Gilbarts *A Practical Treatise on Banking* (1849, I, 38) kennengelernt (MEGA IV/7, 129): Gilbart warnte die Banken davor, solche Papiere anzunehmen und sich an dieser gefährlichsten Art des Wechselhandels zu beteiligen. Er ging noch davon aus, dass jeder erfahrene Bankier solche Schwindelpapiere mit einer Kontrolle von Termin, Dauer und den partizipierenden Parteien problemlos enttarnen kann. In den 1850er Jahren allerdings fabrizierten Handelshäuser, Wechselmakler und Banken solche „accommodation bills" auf systematische Weise in einem bislang unbekannten Ausmaß (MEGA IV/14, 105).

---

225 Marx klebte in die *Krisenhefte*: „The Banks were confined to *their original function of taking charge of floating balances for short periods*, – and all persons possessing accumulations of money seeking investment, made their own inquiries in their own way as to the kind of investment [...] which would best suit them. [...] *But in their new character, as the centres of these large deposits, the Joint Stock Banks have in a great measure relieved the holders of ready money from all necessity of exercising this vigilance and discretion.*" (MEGA IV/14, 107. Herv. von Marx) Pinner (1937, 106–110) lokalisiert in den 1850er Jahren daher die „Geburt des Giralsystems" mit Instrumenten wie Scheck, Buchgeld, Banküberweisung und Girokonto.

226 Im Manuskript zum dritten Buch des *Kapital* heißt es: „So lange die Productionsleiter dieselbe bleibt, bewirkt es nur superabundance des loanable monied capital gegenüber dem productiven. Daher niedriger Zinsfuß." (MEGA II/4.2, 542)

Der *Economist* bezeichnete diese Kreditfabrikate als „fictitious paper" oder „fictitious credit" (MEGA IV/14, 471/472) – und damit war gemeint, was Engels als Wechselreiterei beschrieb. In Form des „open credit" kamen sie im internationalen Handel zum Einsatz: Der „open credit" oder „blanco credit" wurde von britischen Handelshäusern für ausländische, etwa Hamburger oder schwedische Handelshäuser zur Refinanzierung ihrer Tätigkeiten bereitgestellt, die damit Waren in Südamerika und Ostasien kaufen konnten. In der Krise wurde den fiktiven Krediten vorgehalten, kein wirkliches Kapital zu repräsentieren (siehe z. B. MEGA IV/14, 492) und keine reale Handelstransaktion zur Grundlage zu haben. Diese fiktiven Papiere basierten nicht direkt auf einer Ware, sondern auf einem anderen Papier.[227] Sie repräsentieren teilweise nicht einmal wirkliche Menschen: Bei Wechselprotesten waren 30 von 79 Schuldner überhaupt nicht zu ermitteln, da die Wechsel auf fingierte Personen ausgestellt worden waren (MEGA IV/14, 471).[228] Der *Economist* charakterisierte diese Papiere als höchst gefährlich und fragil, denn bei dem leisesten Anzeichen einer Panik oder nachgebenden Preisen käme die Wechselfabrikationsmaschinerie sofort zum Stehen. Außerdem bildeten sie die Grundlage der internationalen Kreditverschlingung (vgl. Morier Evans 1859, 33) und daher der Ansteckung und der globalen Synchronisation („common ruin") der Krise. In der Krise von 1847 wurden wohlhabende Handelshäuser in die Knie gezwungen; jetzt traf es solche, die niemals ‚eigenes Kapital' besessen hatten.[229] Von den vier bankrottierten britischen Großbanken waren „3 längst faul", notierte Marx (MEGA IV/14, 471).[230]

Dieser Charakter der „fictitious paper" wird auch in einem im *Economist* abgedruckten Leserbrief eines Händlers deutlich, für den sich Marx stark interessierte (MEGA IV/14, 108–110). Der Leser unterscheidet zwischen „produce bills" und „document bills", wobei erstere dem alten System der Konsignation entsprechen: Hier wird eine Ware gegen einen direkten Vorschuss verschickt, der verspricht, sie zu

---

[227] Aus dem *Economist* hielt Marx fest: „Fictitious paper, by whatever name it is known, representing no real transactions, – no real commodity, – is, as a rule, the beginning and the end of all ruinous business." (MEGA IV/14, 473)

[228] Im Deutschen sogenannte Kellerwechsel. Siehe die Charakterisierung bei Büsch (1858, 24/25), die Marx in seinem Handexemplar dieses Buchs (MEGA IV/32, Nr. 179) mit einer Randanstreichung markiert hat.

[229] So hielt Engels am 7. Dezember fest: „In Hamburg sieht es großartig aus. Ulberg & Cramer (Schweden) die mit Schulden von Banco Mark 12 000 000 fallirt sind (worunter 7 Mill. Wechsel auf sie!) *hatten ein Capital von nicht mehr als 300 000 Mark!!* Eine Masse Kerls sind bloß dadurch hereingeritten daß sie für einen einzigen fälligen Wechsel keine baribus auftreiben konnten und vielleicht den hundertfachen Betrag in momentan werthlosen Wechseln im Pult hatten." (MEGA III/8, 206)

[230] Auch die ab 1850 wie Pilze aus dem Boden sprießenden amerikanischen Banken wie die Ohio Life Insurance and Trust Company hatten als einzige Sicherheit oftmals Hypotheken: „it was mostly fictitious – merely paper capital – nothing in fact, but the creation of a book debt, with hypothecated stock certificates as collateral securities." (Gibbons 1858, 370)

einem bestimmten Termin zu bezahlen; der Kredit bezieht sich also auf das ihm unmittelbar zugrundeliegende Handelsgeschäft und der Wechsel fungiert als Zirkulationsmittel. Die „document bills" hingegen sind von einer Ware abgeleitete ‚Sicherheiten' (wie Frachtbriefe, Dokumente von Schiffsladungen oder andere Wechsel) und bilden die Ware bloß auf einem Umweg ab. Diese Wechsel fungierten eher als eine Technik der Kreditschöpfung und trieben die Warenpreise in die Höhe, weil sie eine nicht vorhandene Absatzmöglichkeit suggerierten – aber mit ihrer Hilfe wurde der Handel auch tatsächlich ausgeweitet. Dies war ungefähr, was Engels vor Augen hatte, als er schrieb, die Überproduktion sei dieses Mal durch *Overtrading* entstanden: also nicht durch die einfache Überproduktion von Waren, deren erwartete Zahlung in Wechseln verbrieft wurde, sondern durch die Fabrikation von fiktivem Kapital, das erst zur Produktion von Waren motivierte.[231]

Vor der Krise waren Marx diese Vorgänge so wenig bekannt wie der Weltöffentlichkeit.[232] Auch den neuen Bänden der *History of Prices* war zwar die Schätzung einer Verdopplung der Wechselzirkulation zwischen 1853 und 1857 (Tooke/Newmarch 1857, II, 587–592), aber so gut wie nichts über die spezifische Form und Funktion dieser Wechsel wie „open credit", „accommodation bills" und Wechselreiterei zu entnehmen, denn Tooke/Newmarch vermuteten zum einen wie Marx die Spekulation in Frankreich und waren zum anderen zu sehr mit der Widerlegung der Quantitätstheorie des Geldes beschäftigt. In der Krise wurde aber deutlich, dass die Currency-Frage unbedeutender denn je geworden war.[233]

In zwei Nachkrisen-Artikeln für die *Tribune* übernahm Marx viele dieser Einschätzungen des *Economist* und bestätigte den Rückgang der Notenzirkulation in England trotz massiv expandierten Geschäftslebens für die vergangene Dekade. Die Handelstransaktionen wurden weniger über wirkliches Geld („real money") wie Gold

---

[231] Marx exzerpierte bereits 1845 in einem *Brüsseler Heft* aus Sismondis *Études sur l'économie politique*: „Die Vermehrung der Banken ist also die Hauptursache dessen was die Engländer overtrading (outre-commerce) nennen" (MEGA IV/3, 197).
[232] Ein amerikanischer Chronist der Krise von 1857 beschrieb das versteckte Risiko wie folgt: „Who can tell how much gold is hoarded – how much of what has been supposed to be real capital, is nominal or mortgaged – how much insolvency has buoyed up for years on the general tides of credit and to what extent dishonest people take advantage of the common distress, to repudiate debts which they are able to pay? Who can tell what frauds are carried along in stock companies, or what speculations in land, mines, and railways are mixed up in the mass of trade? On these points, the sharpest scrutiny is wholly at a loss. In truth, the egg of the crisis of 1857 was buried where it could not be seen in the private and household accounts of individuals." (Gibbons 1858, 347)
[233] So zirkulierten in England Banknoten im Belauf von 38 Millionen Pfd. St., aber allein die gesamten Bankdepositen beliefen sich auf beinahe die zehnfache Summe (MEGA IV/14, 492); auch in den Bilanzen amerikanischer Banken waren die Notenzirkulation konstant geblieben, dagegen Diskontierungen, Bankguthaben und Portfolios mit Eisenbahnaktien stark angestiegen (MEGA IV/14, 113); außerdem wütete die Krise in Hamburg am schlimmsten, wo es gar keine Papiergeldzirkulation gab (MEGA IV/14, 112/113).

und Banknoten der Bank of England abgewickelt, sondern zunehmend bargeldlos: über Buchgeld wie Depositen und Schecks, die Saldierung der Interbankentransaktionen im *Clearing House* sowie Kreditschöpfungstechniken, die wegen des neuen Charakters der Aktienbanken verstärkt zum Einsatz kamen. Marx schrieb in der *Tribune* vom 28. August 1858: „This new feature in the paper currency of Great Britain arose from the growing competition of the London joint stock banks with the private banks, and from the accumulation of vast sums in their hands, consequent upon their practice of allowing interest on deposits." (MEGA I/16, 394) Er dachte, dass der „rapidly growing influence" der Aktienbanken „on the economy of nations can hardly be overvalued" (MEGA I/16, 417), ließ dabei aber, möglicherweise weil ihm die Vermittlungen zu diesem Zeitpunkt nicht eindeutig schienen, den Zusammenhang zwischen fiktivem Kapital, Handel und Preisbildung offen: „Whatever influence, therefore, banks may have exercised upon the general tendency of trade, and upon prices, must have been effected by the management of their deposits, that is, by credit operations, instead of by an over-issue of notes, which they proved unable to keep up even to the old margin of circulation." (MEGA I/16, 394)

Marx stimmte dem *Economist* auch darin zu, dass das Ausmaß der Kreditausdehnung einen neuartigen Charakter aufwies, doch hielt ebenfalls an Engels' Auffassung fest, dass die Technik der Kreditschöpfung selbst den Reiz des Neuen vermissen ließ:

> The facts dwelt upon by the Committee, with a view to illustrate the system of fictitious credit, lack, of course, the interest of novelty. The system itself was in England carried on by a very simple machinery.[234] The fictitious credit was created through the means of accommodation bills. The latter were discounted principally by joint stock country banks, which rediscounted them with the London bill brokers. The London bill brokers, looking only to the indorsement of the Bank, not to the bills themselves, in their turn relied not upon their own reserves, but upon the facilities afforded to them by the Bank of England. (MEGA I/16, 415)

Marx weist hier auf die Technik der Rediskontierung hin, mittels der die Gefälligkeitswechsel entstehen. Bei der Rediskontierung wird ein bereits diskontierter Schuldtitel (zum Beispiel von einer Aktienbank) an eine andere Partei (zum Beispiel einen Wechselmakler) verkauft. Auf diese Weise steigt das Kreditvolumen, denn aus Schulden wurde neuer Kredit. Auch diese Technik lernte Marx schon in den *Londoner Heften* bei Gilbart kennen, der davon sprach, dass durch die Rediskontierung tote Kredite wieder zum Leben erweckt würden („give a sort of vitality to dead loans") (Gilbart 1849, I, 41). Solche Papiere treiben als lebendige Tote ihr Unwesen beziehungsweise täuschen ihre Lebendigkeit bloß vor, sind aber bereits faul und tot. Marx las damals aber auch im *Economist*, dass die Rediskontierung vor der Krise von 1847 vornehm-

---

[234] Marx nimmt hier den *Economist* aufs Korn. Der nannte die ausländische Kreditverkettung eine „complicated machinery" (MEGA IV/14, 473).

lich von englischen Landesbanken betrieben worden war, um sich in London mit Liquidität zu versorgen (MEGA IV/7, 471/472). Allerdings nahm all dies in den 1850er Jahren mit der Professionalisierung und der Expansion der Aktienbanken sowie der Konzentration des „spare cash" in London[235] ganz andere Ausmaße an.[236]

Im dritten Buch des *Kapital* wird Marx die Fabrikation von Zahlungsversprechen durch Rediskontierungen als eine „blos technische Vermehrung des *loanable monied Capital* für die Creditschwindeleien" (MEGA II/4.2, 549) bestimmen. Solche Techniken der finanziellen Mediation vermehren das zur Verfügung stehende *monied capital* durch eine Verlängerung der Kreditketten und die Umwandlung eines Schuldtitels in einen anderen (der sich dann verdoppelt, verdreifacht, vervierfacht usw.). Durch sie wird, wie Engels bemerkte, ‚Geld gemacht'. Marx beschreibt dies mit seinem typischen Witz:

> In der That also, as far as the transaction between those bankers and the billbrokers go, the former[237] *rediscount* the bills already discounted by the billbrokers; but, in point of fact, a great mass of the bills discounted by the billbrokers were already originally *rediscounted* by them und mit demselben Geld, womit der banker rediscounts die broker's bills, the latter rediscounts other bills. (MEGA II/4.2, 549)

Bei der Rediskontierung werden ad infinitum Kredite auf Grundlage von Schulden vergeben, „um ein faules Geschäft durch das andre zu decken" (MEGA II/4.2, 490), und auf diese Weise geschieht das gleiche, was Marx über Bilanzfälschungen von Banken bemerkte (MEGA I/16, 416): Es kommt zu einer Maskierung, Verkleidung, Tarnung („disguise"): Schulden erscheinen als Kredite[238] und Verluste als Guthaben. Während dieser Multiplizierung entsteht, so Marx, „die ‚schöne' Verschlingung des Credits" (MEGA II/4.2, 550), an der viele Akteure teilhaben, ohne von dieser Verschlingung und den entsprechenden Risiken eine Ahnung zu haben, da sie in der verkleideten Gestalt eines ‚sicheren' Papiers auftreten.

---

[235] Noch im Manuskript zum dritten Buch des *Kapital* heißt es, dass sich im Gegensatz zu den 1840er Jahren das verleihbare Kapital in London konzentrierte: „Der Fortschritt *1857*, daß also das spare cash etc ‚collected in London' etc. den billbrokers und bankers zur Disposition." (MEGA II/4.2, 550)

[236] Marx gab in der *Tribune* vom 4. Oktober 1858 das folgende Beispiel: „The Borough Bank in Liverpool, the Western Bank of Scotland, in Glasgow, the Northumberland and Durham District Bank [...] seem to have carried the palm in the race of mismanagement. The Western Bank in Glasgow, which had 101 branches throughout Scotland and connections in America, allowed to draw upon it for the mere sake of the commission [...]. Its discounts which in 1853 were £14,987,000 had been increased in 1857 to £20,691,000. The rediscounts of the bank in London, amounting in 1852 to £407,000, had risen in 1856 to £5,407,000." (MEGA I/16, 416)

[237] In MEGA II/4.2 ist an dieser Stelle fehlerhaft „farmer" gedruckt.

[238] Ein solcher Vorgang scheint sich vor den meisten Krisen zu ereignen. Galbraith (2005, 25) sah in den 1920er Jahren „die mutmaßliche Innovation" von Finanzgesellschaften in einer „Transformation der Schulden in Wertpapiere".

Wie wirken diese Techniken der Kreditschöpfung auf die Produktion? Mithilfe des technisch vermehrten verleihbaren Kapitals kann die Elastizität der Produktionsapparatur ausgenutzt und wirtschaftliche Aktivität ‚induziert' werden. In hohem Maße anfällig für eine Blasenbildung durch fiktives Kapital sind leicht ‚manipulierbare' Waren wie Land in Amerika,[239] Rohstoffe und Kolonialwaren. Der *Economist* stellte schon 1847 fest, dass die Rediskontierungen vor allem den Londoner Rohstoff- und Kolonialwarenhändlern „extensive powers" (MEGA IV/7, 472) verliehen hatten. Das Spiel würde bis zur Finanzialisierung *zukünftiger* Ernten weit entlegener Kolonien getrieben (MEGA IV/14, 472).

Marx ging bei Krisenbeginn bis Ende Dezember noch von einem viel einfacheren Verhältnis von ‚Produktion und Finanz' aus. Er schrieb dies Engels – „Die Glasgower haben, wie sich jezt herausstellt, viel auf Consignation verschickt" (MEGA III/8, 184) – und dies zeigen auch seine Beispiele des Zusammenhangs von *Produce Market* und Kreditmarkt im *Book of the Crisis of 1857* (3.4.2). Aber das System der Konsignation war in den 1850er Jahren nicht länger die entscheidende Form der Kreditausdehnung im internationalen Warenhandel, so dass die Überproduktion in der Praxis anders funktionierte: nämlich als *Overtrading durch fiktives Kapital*, wie es Engels andeutete.[240] Die Warensendung gegen Vorschuss und Zahlungsversprechen wurde zunehmend von einer Krediterweiterung abgelöst, die sich über Aktienbanken, ein neues Einlagesystem, Wechselreiterei, fiktives Kapital und Rediskontierung vom unmittelbaren Warenhandel entfernte, und damit war auch die Krise weg von den Industriezweigen getragen worden, die sie hervorgebracht hatten. Wenngleich die Überspekulation immer noch ein Symptom der Überproduktion war, insofern sie auf der allgemeinen Prosperität, also der Kapitalakkumulation, basierte, wurde die Krise durch die Verdopplung und Verdreifachung von Schuldtiteln auf den internationalen Rohstoff- und Kolonialwarenmarkt abgeleitet und die Überproduktion von Industriewaren verschob sich zum *Overtrading* mit Rohstoffen. Sie traf daher eher Händler als Fabrikanten und die Ereignisse nahmen den Charakter einer Handels-, nicht einer Industriekrise an – auch wenn ihre Quelle in der englischen Baumwollindustrie lag, der die zyklische Bewegung entsprang. Das einfache Widerspiegelungsverhältnis zwischen ‚Produktion und Finanz' sah Marx nun weiter gebrochen durch eine Verdopplung, Verdrehung, Verkleidung und Maskierung. Er musste erkennen, dass zwischen der Überproduktion und der Überspekulation viele Wege möglich waren.

---

[239] Marx las später (vgl. MEGA IV/18 App., 1185) in der *Westminster Review*: „In America, as in all new countries under the process of population, land is a staple commodity, frequently changing hands, subject to great fluctuation in price, and a chief object of speculation." (The Crisis and its Cause [1858], S. 154) Der Landhandel wurde von New York aus betrieben, „solely using European capital and lending it out" (The Crisis and its Cause [1858], S. 171).

[240] King (1936, XV–XVII) bestätigt diesen Funktionswandel des Wechsels für die 1850er Jahre: von einer kommerziellen Funktion (ein Zahlungsversprechen, das Waren zirkulieren lässt), hin zu einer finanziellen (liquides Instrument der Kreditschöpfung).

Diese Einsichten bestätigten Marx auch den vergleichsweise milden Verlauf in Frankreich und waren kompatibel mit seiner Analyse, dass Frankreich kaum durch akut zu tilgende Auslandsschulden mit dem Weltmarkt verstrickt war (3.3.2). Wenn sich die Überproduktion in der Wechselreiterei versteckt, kann sie dagegen an Orte geworfen werden, deren wirklicher Warenhandel eine vergleichsweise geringe Bedeutung spielt. Durch den Kredit gelangte die Krise nicht nach Frankreich, sondern nach Schweden. Sie verbarg sich weniger im Crédit Mobilier, sondern in skandinavischen Minen, Morasten, Wäldern und Werften, wie Marx aus dem *Economist* ausschnitt.[241] Durch die kontinuierliche Erneuerung ausländischen Kredits ohne große Sicherheiten waren Land- und Rohstoffpreise inflationiert worden.

Diese Darstellung hat die spätere Forschung bestätigt. Obwohl ab 1851 auch der Außenhandel des damals noch am Beginn seiner Industrialisierung stehenden Schwedens, wo gerade erst 1846 das Zunftwesen abgeschafft worden war, stark stieg und sich etwa die Importe verdoppelten, gingen im Jahr 1857 nur 1% der britischen Exporte nach Schweden. Die Grundlage des Kredits war zwar der tatsächlich rasant gewachsene Außenhandel Schwedens während der globalen Prosperitätsperiode, aber der allergrößte Teil der Kreditketten zwischen London und Nordeuropa bestand nicht aus Konsignationskrediten auf *diese* Waren. Die Einsicht in die Insolvenzakten in Stockholmer Bankarchiven durch Hammerström (1962) hat bezeugt, dass schwedische Händler in den 1850er Jahren auf Londoner Handelshäuser Wechsel ziehen konnten („open credit"), mit denen sie wiederum Kredite in Stockholm und Hamburg aufnahmen, um damit ihren Warenhandel in Ostasien und Südamerika abzuwickeln.[242] Londoner Handelshäuser fungierten also als Finanziers und Refinanziers für einen transozeanischen Warenhandel, an dem Großbritannien nicht direkt beteiligt war. So entstand ein wachsender Kreislauf von Gefälligkeitswechseln und „pure bill transactions" – „die ‚schöne' Verschlingung des Credits" (MEGA II/4.2, 550). Mit dem Kollaps der Londoner Häuser brachen der schwedische Kredit und mit ihm die Händler und Produzenten in Übersee zusammen.

---

241 „Houses of some means and of character have obtained 'open credits', first upon houses in Hamburg, and next upon houses in London, and not, in each case, upon a single house, but upon several. The business might begin with some legitimate operations of trade; the first bills drawn might be against shipments of produce. But Sweden offered a tempting field for enterprise. Forests were to be felled: mines were to be opened: morasses were to be reclaimed: ships were to be built. All offered tempting opportunities for employing capital at a high rate of profit: – under their rapid development the value of property rapidly rose." (MEGA IV/14, 472) Siehe auch den von Marx mit einer Randanstreichung als bedeutsam markierten Absatz (MEGA IV/14, 472/473).

242 Hammerström (1962, 144) beschreibt „open credit" wie folgt: „It meant that British houses allowed themselves to be drawn upon abroad; they supplied credit, up to a round sum previously agreed upon, by accepting bills that were sent to them. These bills could then be negotiated by the foreign merchant. The understanding was that payment to England would be forthcoming, either in goods or bills, in time for the British accepting house to meet its obligations. The open credit was also used by the Hamburg houses to accommodate their correspondents in Scandinavia."

In diesen Zusammenhängen liegt eine zweite Antwort auf die Frage, warum sich Marx' Annahme, dass sich die Notlage des industriellen Kapitals in England weiter verschärfen werde, nicht erfüllte. Denn obwohl die englische Textilindustrie mit ihrer Tendenz zur Überproduktion den industriellen Zyklus hervorbrachte, war sie, anders als Marx glaubte, *selbst nicht der Krisenherd*. Sowohl die amerikanischen als auch die Londoner und Hamburger Geldkrisen waren weitaus stärker mit dem *Produce Market* verbunden und Hamburg, Nordeuropa und Amerika litten mehr unter der Krise als England,[243] obwohl dort ihre Quelle lag. Was kollabierte, war weniger die englische Baumwollindustrie als der internationale Rohstoffhandel. Der englische Überexport stand lediglich am Anfang der Malaise, nicht an ihrem Ende. Indem Großbritannien die Importe anderer Länder finanzierte – schwedische Händler konnten bei Londoner Handelshäusern und amerikanische Banken bei schottischen Aktienbanken diskontieren und rediskontieren –, stand dieses Mal eher der *Überimport* als der *Überexport* im Mittelpunkt der Krise. Sie steigerte sich nicht zu einer industriellen in dem von Marx erwarteten Ausmaß.

Marx hat über diese Zusammenhänge in der *Tribune* kaum noch näher berichtet; sie können erst in den *Krisenheften* und ihrer Verarbeitung in seinen ökonomischen Manuskripten deutlich nachvollzogen werden. Im *Manuskript 1861–63* heißt es knapp, dass der Baumwollhandel von der Krise von 1857 „nur oberflächlich berührt" (MEGA II/3, 2075) wurde. Und im Manuskript zum dritten Buch des *Kapital* erinnert Marx, dass 1857, anders als 1847, weniger die Konsignation der Waren durch die Industriellen selbst (die dieses Mal weniger an der Kreditausdehnung teilhatten), sondern das *Overtrading* der Händler „auf eigne Rechnung" der Krisenherd war:

> „Did the manufacturers [vor 1847, TG] export on their own account? – Principally; the *merchants*, I think, very soon saw that the thing would not answer, and they rather encouraged the manufacturers to consign them than take a direct interest themselves." *1857* dagegen hatten die merchants vorzugsweise zu blechen (d. h. bankrottiren), da dießmal die manufacturers ihnen das Overimportiren der fremden Märkte „auf eigne Rechnung" überliessen. (MEGA II/4.2, 533)

Obwohl es Engels selbst war, der Marx zuerst auf dieses *Overtrading* durch fiktives Kapital aufmerksam machte, hat er diese Stelle paradoxerweise nicht ganz korrekt in seine Edition des dritten Bandes des *Kapital* übernommen und „die Überführung der fremden Märkte" (MEW 25, 505) statt „das Overimportiren der fremden Märkte" gesetzt. Aber Kriseninhalt war neben der „Überführung" ausländischer Märkte mit englischen Waren mehr noch der durch britische Handelshäuser finanzierte *Überimport ausländischer Märkte* wie Amerika und Skandinavien mit Rohstoffen und Kolonialwaren. Daher war 1857 entgegen der Marx'schen Erwartung eher eine „commercial

---

[243] So auch Tugan-Baranowsky (1901, 137) und Hughes (1960, 96): „the cotton industry was spared most of the misery of the 1858 depression".

crisis", mehr zumindest als eine „industrial crisis".²⁴⁴ Dieser Unterschied war für Marx keinesfalls episodischer Natur: Noch später, in Manuskript II zum zweiten Buch des *Kapital* wird er diese Einschätzung wiederholen und von der Handelskrise als einer „spezifische[n] Form" von Krise sprechen, bei der, anders als in einer Krise, vor welcher der „Producent selbst Consignation od. Credit für lange Zeit verkauft", nicht unmittelbar einsichtig sei, dass die Produktion nicht ‚gesund' sei.²⁴⁵ Auch als er ungefähr 1869 das bis heute viel zitierte Buch von Max Wirth über die *Geschichte der Handelskrisen* (1858) durchging und daraus knapp fünf offensichtliche Fehleinschätzungen Wirths notierte, hielt er gerade Wirths falsche Behauptung fest, dass die Fabrikanten vor der Krise von 1857 auf den Konsignationskredit zurückgegriffen hätten.²⁴⁶ Insbesondere die Deutschen und ihre Ökonomen, denen Marx die Chronik der Weltmarktkrise vorlegen wollte, hatten überhaupt keine Ahnung von den tatsächlichen Vorgängen in der Londoner City.

Gegenüber der Marx'schen Publizistik zur Krise von 1857/58, die den Kreditverhältnissen keine große Rolle zuzuweisen scheinen, enden die *Krisenhefte* mit der Feststellung einer von der Krise offenbarten größeren Selbständigkeit des Kredits. Wie in der Geldtheorie sah sich Marx im Laufe der 1850er Jahre abermals einer Doppelfront gegenüber: Gegen bürgerliche Denker wollte er zeigen, dass die Krisen ihren letzten Grund in den modernen Produktionsverhältnissen haben; aber zugleich gegen mechanistische und vulgärmaterialistische Sozialisten wie Karl Rodbertus und begriffsstutzige, schlecht informierte deutsche Nationalökonomen wie Max Wirth, welche die Wechselreiterei und die tatsächlichen Verhältnisse auf dem Weltmarkt verkannten, die Bedeutung des Kredits nicht klein reden. Marx erkannte, dass man die Art und Weise, in der die Akkumulation von produktivem Kapital und die Akkumulation des *monied capital* miteinander verwoben sind, wie Engels schrieb, „an der gegenwärtigen Krisis mit allen Details studiren" müsse. Es war kein einfaches Ableitungsverhältnis.

---

244 Womöglich betitelte Marx sein letztes Krisenheft daher mit *The Book of the Commercial Crisis*. Bereits im *18. Brumaire* verknüpfte Marx die industrielle mit einer Export-, die kommerzielle mit einer Importkrise (MEGA I/11, 167).
245 „Im Text ist auf Krisen angespielt, die die spezifische Form v. ‚Handelskrisen' annehmen. Wenn dagegen der Producent selbst Consignation od. Credit für lange Zeit verkauft, bis er schließlich gezwungen ist, definitiv loszuschlagen\Verkauf od. Zahlung zu settle (wie 1847), so ist es natürlich sichtbar, daß die Production nicht ‚sound' war, aber dann wird eben so sehr gesagt, daß der ‚trade' od. ‚commerce' sound war." (MEGA II/11, 17)
246 Marx notiert aus Wirth: „Das erste u. einfachste Manöver der Spekulanten war, *die Fabrikanten zu verleiten*, ihre Waaren auf eigne Rechnung zu consigniren" (MEGAdigital, Bd. IV/19, Notizbuch aus den Jahren 1869 bis 1871, S. [9]). Ohne von Marx' Kritik zu wissen, verwarf auch Hughes (1960, 51/52) diese Wirth'sche Behauptung.

3.5 Die theoretische Verarbeitung der Krise in den *Grundrissen* und in *Zur Kritik der politischen Ökonomie*

> Die Zeit der Krise ist in England zugleich die der theoretischen Untersuchungen.
>
> Marx an Ferdinand Lassalle, 23. Januar 1855
> (MEGA III/7, 168)

Im Winter 1857/58 betrachtete Marx seine Arbeit als „eine doppelte" (MEGA III/8, 221): zum einen die Analyse des Krisenverlaufs und die Abfassung eines auf die Enthüllungen der Krise hinweisenden Pamphlets, zum anderen die Entwicklung einer allgemeinen Theorie des Kapitals und seiner Krisen in den *Grundrissen*. In den verblüffend schnell, von Oktober 1857 bis Mai 1858 niedergeschriebenen, rund 50 Druckbogen umfassenden sieben Heften der *Grundrisse* begab sich Marx zum ersten Mal nach *Reflection* 1851 wieder auf das Gebiet der ‚reinen Theorie'.[247] Die *Grundrisse* blieben ein „Rohentwurf",[248] dessen Einsichten über den notwendigen Zusammenhang von Warenproduktion und Geld Marx in der 1859 veröffentlichten Schrift *Zur Kritik der politischen Ökonomie* systematisch darstellte.[249] Wie Marx in seinen Londoner Studien zuerst die Krise von 1847/48 untersuchte (siehe 2.5.1) und anschließend in der theoretischen Notiz *Reflection* allgemeine Aussagen über die Krisen zu treffen versuchte (2.5.2), sind es nun mit der *Tribune*-Publizistik und den *Krisenheften* auf der einen und mit den *Grundrissen* auf der anderen Seite nach wie vor zwei Baustellen, auf denen er parallel, auf der einen am Tag, auf der anderen in der Nacht arbeitete. Die Trennung der beiden Arbeiten ist einsichtig; die Königsfrage ist die nach ihrer Beziehung und Wechselwirkung.

Zwar schrieb Marx bereits nach dem französischen Börsenkrach vom Herbst 1856 im Laufe des Jahres 1857 die Kommentare zu Darimon (dazu 3.2.2) und zu Bastiat und Carey (2.4) sowie die *Einleitung*, doch mit einer entschlossenen Arbeit an den *Grundrissen* setzte er just mit Eintreffen der Krise ein, auf die er jahrelang so ungeduldig gewartet und deren ‚Verspätung' zu erklären ihn einige Anstrengungen abverlangt hatte. Warum begann Marx erst in der Krise mit der „Zusammenfassung" seiner „Oekonomischen Studien" (MEGA III/8, 210)? Weniger weil die Krise ihn dazu „motiviert"

---

[247] Zumindest sind keine theoretischen Manuskripte aus der Zwischenzeit überliefert. In den *Grundrissen* verweist Marx einmal auf „meine ‚Bemerkungen über Oekonomie' p. V (13, 14)", aber bislang ist unbekannt, worum es sich dabei handelt.

[248] Die beiden üblichen redaktionellen Titel des in sieben Heften überlieferten Manuskripts „Grundrisse" und „Rohentwurf" (MEGA III/9, 248/249) beziehen sich auf Marx'sche Äußerungen aus dieser Zeit: „Ich arbeite wie toll die Nächte durch an der Zusammenfassung meiner Oekonomischen Studien, damit ich wenigstens die Grundrisse im Klaren habe bevor dem déluge." (MEGA III/8, 210)

[249] Inwiefern die *Grundrisse* ‚nur' Forschungs- oder ‚schon' Darstellungsprozess sind, beziehungsweise inwiefern bei Marx beides miteinander verflochten ist, siehe Wygodski (1979) und Quaas (1992).

hätte (Negri 1978, 94),[250] weil er Lassalle zuvorkommen wollte, der zu dieser Zeit ebenfalls eine Schrift zur politischen Ökonomie verfasste, oder weil er die Revolution erwartete und daher abermals Proudhon bekämpfen (Spekker 2016, 206) oder wenigstens seine „Grundzüge der Oekonomie" vor ihrem Ausbruch abgeschlossen haben wollte (Heinrich 2016, 77/78);[251] und erst recht nicht, weil er den Kapitalismus kurz vor seinem finalen Kollaps stehen sah (Plumpe 2013, 61). Marx begann erst im Moment der Krise mit der Ausarbeitung der Ökonomiekritik, weil er es erst jetzt *konnte*. Erst in dieser Stunde der Wahrheit wurde ersichtlich, welche Teile der Theorie adäquat und in welche Richtung sie zu entwickeln waren.

Weil die Krise die Widersprüche der modernen Produktionsweise mit einem Knall explosionsartig ans Tageslicht befördert, kommt ihr eine überragende Bedeutung für die Wissenschaft der politischen Ökonomie zu. Indem durch sie „die Realität von der Phantasie getrennt" (Pinner 1937, 131) wird, können etwa auch die bürgerlichen Optimisten auf den Boden der Tatsachen zurückkehren,[252] so dass einige von ihnen nun nüchterne Ursachenforschung betreiben, um Vorschläge zur Meisterung der Krisen zu unterbreiten. Das Kapital, so griff Marx diese Überlegung in den *Grundrissen* auf, hat „keineswegs ein Bewußtsein über die Natur seines Verwerthungsprocesses", sondern „nur in *Crisen* ein Interesse [...], ein Bewußtsein darüber zu haben" (MEGA II/1, 283). Daher hat die Bourgeoisie in der Prosperität kein Bedürfnis für Politik (MEGA I/11, 351; I/16, 207) oder für Theorie, die erst dann relevant wird, wenn die Widersprüche eklatieren.[253] „Dies plötzliche Umschlagen des Kreditsystems in das Monetarsystem fügt den theoretischen Schrecken zum praktischen panic, und die Cirkulationsagenten schaudern vor dem undurchdringlichen Geheimniß ihrer eigenen Verhältnisse." (MEGA II/2, 208) Zur Panik in der Praxis fügt sich der Schrecken in der

---

250 Die „gegenwärtige commercielle Crise", ließ Marx am 21. Dezember 1857 Lassalle wissen, „hat mich dazu angespornt, mich nun ernsthaft an die Ausarbeitung der Grundzüge der Oekonomie zu geben" (MEGA III/8, 223).
251 Weil Marx seit 1850 eine neue Revolution mit einer neuen Krise erwartete, kann diese Revolutionserwartung keine Erklärung dafür sein, dass er erst bei Krisenausbruch mit der Arbeit begann.
252 Im Nachwort zum *Kapital* heißt es in diesem Sinne: „Die widerspruchsvolle Bewegung der kapitalistischen Gesellschaft macht sich dem praktischen Bourgeois *am schlagendsten fühlbar* in den Wechselfällen des periodischen Cyklus, den die moderne Industrie durchläuft, und deren Gipfelpunkt – die allgemeine Krise." (MEGA II/6, 709. Herv. TG)
253 Zum Ausdruck kommt dies in der Bemerkung eines Historikers über die Hamburger Panik von 1857, wonach die Einwohner der Stadt „für mehrere Wochen in einen Zustand unbeschreiblicher Verwirrung" geraten waren (Bergengrün 1901, 683): Der Sturz in die Verwirrung drängt gewissermaßen zu einer Klärung. Diesen Gedanken entwickelte, im Anschluss an Marx, Negri (1972, 48) in seiner Studie zu Keynes: „Einzig im notwendigen Moment der Krise folgt das theoretische Bewußtsein der Praxis und entziffert den Sinn der gesellschaftlichen Hieroglyphen [...]. Und man könnte ebenso sagen, daß einzig der Zwang des Zusammenstoßes, die Unmittelbarkeit und die Angst [...] den Bereich der Mystifikation reduzieren, auf den das theoretische Bewußtsein beschränkt ist [...]. Sein theoretisches Glück ist dann nur sein praktisches Unglück."

Theorie: die große Rat- und Fassungslosigkeit. Plötzlich erscheint das, was jahrelang als selbstverständlich hingenommen wurde – welche ominösen Vorgänge eigentlich den Kapitalismus antreiben, was überhaupt Geld ist, wie eine Bank funktioniert, ob ‚unsere' Annahmen korrekt waren, ob die Zivilisation jetzt kollabieren wird –, als „undurchdringliches Geheimniß", das ergründet werden will.

Die Krise ist auch für eine Kritik der politischen Ökonomie kein x-beliebiger Gegenstand, vielmehr ein Moment von eigentümlicher epistemologischer Qualität. Wegen ihres „Realitätseffekts" (Breyer 2016) ist jede Krise ein Prüfstein für die allgemeine Analyse des Kapitals und nicht ohne Grund schrieb Marx am 22. Februar 1858 an Lassalle – just in dem Augenblick, als er das letzte Krisenheft *The Book of the Commercial Crisis* beendete –, dass nun die „beste Zeit f. wissenschaftliche Unternehmungen" (MEGA III/9, 73) gekommen sei. Indem der Schein zerfällt, dass die Verselbständigung der einzelnen Momente gegeneinander gleichgültig sei und problemlos erfolgen könne, und ihre innere Einheit gewaltsam wiederhergestellt wird (MEGA II/1, 354 u. 357), scheidet die Krise das Wahre von dem Falschen, Illusionären und Trügerischen und *hilft* damit den Theoriebildenden, die ebenfalls kraft des gedanklichen Abstraktionsprozesses die Trennung zwischen dem Wahren und dem Falschen und Ideologischen, zwischen dem Allgemeinen und dem Besonderen vollziehen müssen.[254] So hatte etwa die Krise von 1836/37 Tooke zu einer Abkehr von quantitätstheoretischen Annahmen bewegt und Fullarton von der Notwendigkeit einer öffentlichen Staatsbank überzeugt (dazu 1.5.2) und auch Sismondi verabschiedete sich wegen der Krisen rund um die Napoleonischen Kriege von früheren Gleichgewichtsvorstellungen (1.3).

Erst in der Krise als dem Eklat aller Widersprüche der kapitalistischen Produktionsweise fiel es auch Marx *leichter*, die über die Jahre angesammelten Puzzleteile zusammenzufügen.[255] Die Krise verwischte Bedenken und Zweifel und bestärkte damit den Theoretiker: „now that the whole statement is before us" (MEGA III/8, 193), zeigte sich etwa die „striking resemblance" (MEGA I/16, 71) des gerade abgeschlossenen Zyklus mit seinem Vorgänger. Sie bestätigte Tookes Analysen über die Wirkungen des Goldrauschs auf die Länge der Prosperität – „die delays erklären sich nun so rationell, daß selbst Hegel zu seiner grossen satisfaction den ‚Begriff' wiedergefunden haben würde" (MEGA III/8, 193) – und entlarvte die antimetallischen Dünkel der klassischen politischen Ökonomie über das Gold als materiellen Repräsentanten des abstrakten Reichtums, indem sie zeigte, dass „in Perioden allgemeiner Crisen Gold

---

[254] Dies meint die Marx'sche Methode der Abstraktion: die im Kopf vollzogene Trennung von den für wesentlich angesehenen von den als unwesentlich erachteten Eigenschaften, von denen abgesehen, d. h. abstrahiert wird (Quaas 1992, 101). Insofern die abstrakten Kategorien die von Kontingenzen und Komplexität bereinigten vorgefundenen Anschauungen und Vorstellungen sind, drücken sie ebenso wie diese die gesellschaftliche Wirklichkeit aus.
[255] In diesem Sinne ist die Äußerung von Jenny Marx vom 8. Dezember 1857 zu verstehen, wonach sich die Krise positiv auf Marx' „Arbeitsfähigkeit und Leichtigkeit" (MEW 29, 645) ausgewirkt habe.

und Silber ganz in dieser Bestimmung" auftreten „im Jahre 1857 so gut, wie 1600" (MEGA II/1, 151), so dass die bürgerliche Gesellschaft trotz aller vermeintlichen Lernprozesse und moralischen Fortschritte eine verzauberte Welt geblieben war, die ihre „barbarischen Grundvoraussetzungen" nicht überwunden hatte (dazu 3.2.2).[256] Sie gab Marx' geldpolitischen Gedanken Recht und verschaffte ihm Anfang Dezember 1857 eine im Hinblick auf seine Schreibfähigkeit nicht zu unterschätzende „Satisfaction" (MEGA III/8, 209), da er die Suspension des *Bank Act* in der *Tribune* korrekt prognostiziert hatte, und zwar im Gegensatz zu seinen geldmarktanalytischen Kontrahenten von der *New York Times*, die seiner Vorhersage öffentlich widersprochen hatten. Schließlich hatte Marx sogar New York als den Ort des Ausbruchs korrekt vorausgesagt und nicht zuletzt wurde die Krise gemäß der im *Manifest* umrissenen Steigerungslogik umfassender und intensiver als je zuvor. Die Krise ist daher ein geeigneter Moment für die „Zusammenfassung" politökonomischer Studien. Wie später gezeigt wird (Kapitel 5), konnte Marx auch den ersten Band des *Kapital* unter anderem nur deshalb vorlegen, weil er den Zyklus und die Krisen der 1860er Jahre mit den in den *Kapital*-Manuskripten entwickelten Kategorien zu deuten wusste. In den 1870er Jahren hingegen wird der eigentümliche Verlauf der Krisen von 1873 und 1879, von ihren Vorgängerinnen von 1847, 1857 und 1866 in vielerlei Hinsicht gravierend abweichend, ein Grund dafür sein, dass Marx die Bücher 2 und 3 des *Kapital* nicht vollenden wird (4.3).

Obwohl Marx zu dieser Zeit die Krisen im geplanten letzten Buch seiner auf sechs Bücher angelegten Kritik der politischen Ökonomie namens „Der Weltmarkt und die Crisen" (MEGA II/1, 43) darzustellen beabsichtigte (dazu 4.1), können auch die *Grundrisse*, die allein den ersten Teil („das Kapital im Allgemeinen") des ersten Buchs („Vom Kapital") behandeln sollten (siehe Marx an Engels, 2. April 1858 [MEGA III/9, 122]), als eine theoretische Konsumtion der Krise angesehen werden. In seiner Konjunkturanalyse der 1850er Jahre beschäftigte Marx vor allem, *wann* und *wohin* die Krise kommen würde; in den *Krisenheften* untersuchte er, *wie* sich die Formwandel der Krise vollziehen, ob sich die Ansteckung durch Staatsmaßnahmen *verhindern* lässt, welchen *Charakter* die Krise annimmt und welche *Konsequenzen* sie zeitigt. In den *Grundrissen* galt es darüber hinaus herauszufinden, *was* die Krisen bedeuten und *warum* sie wiederkehren. Dazu musste man mithilfe der Methode der Abstraktion die Voraussetzungen der Überspekulation und des *Overtrading* entschlüsseln (Clarke 1994, 122).[257]

---

[256] Im *Urtext* (1858) schreibt Marx: „Die spezifische Rolle, die Gold und Silber im internationalen Verkehr spielen ist wieder völlig klar und von den Oekonomen wieder anerkannt worden, seit den grossen Goldabflüssen und den Krisen von 1825, 1839, 1847, 1857." (MEGA II/2, 29)

[257] „Das Problem der Theorie bestand darin, die Einheit des Krisenprozesses wieder zusammenzusetzen, über die Formen hinauszugehen und hinter den Anschein zu sehen, um die Bewegungsgesetze des Kapitals zu entdecken." (Bologna 2009 [1973], 46)

Wie bemerkt, begann Marx die *Grundrisse* just bei Ausbruch der Krise von 1857/58: in einem Moment, in dem er seine Erwartungen über diese Krise vollauf bestätigt fand. Aber je mehr die Krise in ihrem weiteren Verlauf vom erwarteten abwich, irritierte sie ihn auch und machte damit auf neue theoretische Probleme aufmerksam. Sie warf die Fragen auf, warum sie intensiver als ihre Vorgängerin war und dennoch schneller endete und warum sie allseitiger als je zuvor war und dennoch nicht so recht nach Frankreich kam; sie demonstrierte die zunehmende Verselbständigung des Kredits und dessen Wirkung auf Verlauf und Charakter der Krise; und schließlich drängte sich im Laufe des Jahres 1858 die schmerzhafte Frage auf, warum es trotz der ersten Weltmarktkrise zu keiner echten Erneuerung der so sehnsüchtig erwarteten revolutionären Bewegung in Europa gekommen war. Die Krise ist daher nicht nur ein guter Zeitpunkt für die „Zusammenfassung", sondern auch für einen Neubeginn ökonomischer Studien und die *Grundrisse* enthalten nicht Marx' letztes Wort zu den Krisen. Einige Dinge sind schon zwei Jahre später in *Zur Kritik der politischen Ökonomie* wieder etwas anders gefasst.

Worin also besteht die Beziehung und Wechselwirkung zwischen der Marx'schen Analyse von Zyklus und Weltmarktkrise einerseits und seiner Diskussion des Kapitals und seiner Krisen andererseits? Es ist wichtig darauf hinzuweisen, dass der Einfluss empirischer Untersuchungen auf die *Grundrisse* kein unmittelbarer sein kann. Theorie, dies begründete Marx in der *Einleitung* von 1857, wird nicht qua Induktion aus dem vorgefundenen Material, sondern qua Abstraktion gewonnen. Aber ein Kennzeichen des Marx'schen Materialismus ist, dass die Abstraktionen das Konkrete zum Ausgangspunkt haben und die in den Analysen des Konkreten gewonnenen Einsichten berücksichtigen müssen. Diesem methodologischen Verständnis zufolge wäre es unmöglich, dass Marx' empirische Untersuchungen der 1850er Jahre keinerlei Einfluss auf seine theoretischen Versuche ausgeübt hätten.[258] Verschiebungen lassen sich auf sechs Gebieten ermitteln: der Geld- und Staatstheorie (dazu 3.2 und 3.3), der Rolle des Kredits (3.5.2), der langfristigen Entwicklungstendenz der bürgerlichen Produktion (3.5.3) sowie dem Zusammenhang von Krise und Erkenntnis (3.5.4).

---

[258] Fiehler (2016a) scheint zu einer Trennung zu tendieren und Fülberth (2018, 211) vermutet, dass die *Krisenhefte* „keine große Bedeutung für Marx' theoretische Arbeit hatten"; dagegen versuchen Krätke (1999) und Bologna (2009 [1973]), beide Arbeiten zusammen zu denken. Indes impliziert das skizzierte Marx'sche Methodenverständnis, dass es keine Einbahnstraße der Erkenntnis gibt. Die genaue Kenntnis der Gesellschaft und ihrer Geschichte sind Voraussetzungen der Theoriebildung, aber natürlich sind die Gesellschaft und ihre Geschichte nur mittels eines begrifflichen Apparats und Vorstellungsvermögens erkennbar. Daher ist nicht immer zweifelsfrei zu entscheiden, ob bei Marx eine Beobachtung des tatsächlichen Geschehens zur Theoriebildung angestiftet oder umgekehrt eine bestimmte Beobachtung erst durch eine theoretische Einsicht ermöglicht wurde.

3.5.1 Der Grundwiderspruch des Kapitals

Die Eigenlogik der Abstraktion zeigt sich darin, dass Marx in den Heften II und III der *Grundrisse* zum ersten Mal den Begriff des Mehrwerts formuliert und in der Folge „die ganze Lehre vom Profit, wie sie bisher war, [...] über den Haufen geworfen" (MEGA III/9, 24) hat, wie er Engels am 14. Januar 1858 stolz mitteilte. Möglich war dies durch die begriffliche Entschlüsselung der Konzeption des „Arbeitsvermögens": der menschlichen Fähigkeit zu arbeiten. Marx erklärte die Entstehung des Mehrwerts durch die Ausbeutung der Lohnabhängigen, die das Recht auf die temporäre Anwendung des Arbeitsvermögens im Produktionsprozess abtreten und dafür die Mittel zur Reproduktion ihres Arbeitsvermögens erhalten (vgl. Mandel 1968, 77–82; Schrader 1980, 149/150; Clarke 1994, 130). Zwar ist der Tausch zwischen Kapital und Arbeit ein äquivalenter, aber einer, in dem sich das Kapital die Überschüsse fremder Arbeit aneignen kann.

In den Heften I und II der *Grundrisse*, dem *Kapitel vom Geld*, untersuchte Marx parallel zu den Geldkrisen in London und Hamburg das Geld und seine Eigenschaften in der einfachen Warenzirkulation (siehe 3.2.2). Während der Phase der Industriekrise diskutierte er in Heft IV der *Grundrisse* (zwischen Mitte Dezember 1857 und 22. Januar 1858 entstanden) den Widerspruch zwischen Kapitalproduktion und -verwertung als Grundlage der Überproduktion. Im Unterschied zu *Reflection* denkt Marx hier weniger über einen Dualismus von Kapital und Einkommen nach, sondern begreift die Widerstände, auf die das Kapital in seinem Expansionstrieb stößt, nunmehr als Schranken, die es sich selbst setzt.

Der Endpunkt der einfachen Zirkulation war das Geld als Geld, das für Marx nur durch die Vernutzung von lebendiger Arbeitskraft im Produktionsprozess qua Appropriation von Mehrarbeitszeit zu Kapital werden kann. In der Verwertung, seinem Erhalt durch Vermehrung, besteht der Zweck des Kapitals. In Heft IV der *Grundrisse* bemerkt Marx, dass „der Verwertungs*process* des Capitals [...] zugleich als sein *Entwerthungsprocess*, its demonetisation [erscheint]. Und zwar nach doppelter Seite hin." (MEGA II/1, 315) Die *Entwertung* nach der ersten Seite hin vollzieht sich bei der Verwandlung des Kapitals von Geld- in Warenkapital; sie ist „ein Moment des Verwerthungsprocesses" (MEGA II/1, 316; dazu Fahling 1978, 140/141).[259] Wenn das Kapital seine Geldform verliert und in Warenform fixiert ist, so Marx in den *Grundrissen*, entwertet es sich: Es liegt nicht mehr in monetärer, sondern in stofflicher Gestalt vor.

---

[259] Der zweite Entwertungsprozess ergibt sich aus der Steigerung der Produktivkraft der Arbeit, die eine Verminderung der notwendigen Arbeitszeit und der Reproduktionskosten des Kapitals und damit eine beständige Entwertung des Kapitals zur Konsequenz hat (dazu 3.5.3). Sie sei „hier nur zu notiren, um anzudeuten, wie das Spätere schon im allgemeinen Begriff des Kapitals enthalten" (MEGA II/1, 316); die Entwertung nach der ersten Seite ist also ihre Vorwegnahme.

Es muss diesen Weg durch den Stoff gehen, denn Geld kann sich nicht von allein vermehren: Erst durch die Produktion von Waren, bei der durch Ausbeutung des Arbeitsvermögens Mehrwert entsteht, wird Geld zu Mehr-Geld und damit zu Kapital. Die mit Wert „geschwängerten" Waren müssen erst auf dem Markt verkauft werden und die Verwertung erscheint in der Zirkulation als Entwertung.[260] Gelingt der Austausch des Warenkapitals in Geldkapital nicht, vollzieht sich eine reale Entwertung: „Gesezt dieser Process scheitre – und durch die blose Trennung ist die Möglichkeit dieses Scheiterns im einzelnen Fall gegeben – so hat sich das Geld des Capitalisten in ein werthloses Product verwandelt und nicht nur keinen neuen Werth gewonnen, sondern seinen ursprünglichen verloren." (MEGA II/1, 316)

Vom Standpunkt des unmittelbaren Produktionsprozesses des Kapitals aus erscheint die Verwertung als identisch mit der Produktion von Surpluszeit und daher ohne weitere Schranken (MEGA II/1, 317). So gestaltet sich die Perspektive eines individuellen produktiven Kapitals: Es sucht einfach, mittels einer Maximierung der Surpluszeit im Produktionsprozess seine eigene Verwertung zu maximieren. Doch erschien das Geld als Illusion, sofern es nicht gegen lebendige Arbeit ausgetauscht werden kann, so erscheint nun der Produktionsprozess als fixiert und das Kapital in Warenform als entwertet, sofern es nicht wieder in den Zirkulationsprozess eingehen kann, wo allein das Kapital den Mehrwert „realisieren" und ihn wieder zu Geld machen kann. Damit erscheint das Kapital plötzlich als abhängig von der Zirkulation. Um austauschbar zu sein, muss die erzeugte Ware erstens Gebrauchswert haben und zweitens in der Zirkulation einen äquivalenten Wert antreffen, gegen den sie sich austauschen kann: Die erste Voraussetzung der Kapitalverwertung ist also gesellschaftliche Konsumtionsfähigkeit, die zweite die Existenz eines Surplusäquivalents (MEGA II/1, 318).[261] Hier kommt Marx wieder auf die Bedeutung von Goldfunden zu sprechen, die den Zirkel der Zirkulation unmittelbar erweitern.[262]

Obwohl die Schranken der Verwertung in der Zirkulation, außerhalb des Produktionsprozesses zu liegen scheinen, will Marx zeigen, dass sie schon innerhalb des Produktionsprozesses durch das Kapital selbst gesetzt werden.[263] Denn weil sich der

---

[260] „Circulationszeit = Zeit der Entwerthung" (MEGA II/2, 280).
[261] Marx macht klar, auf diesem Abstraktionsniveau noch nicht über Revenueformen zu sprechen: „Von einem *nicht zahlungsfähigen* Bedürfniß, d. h. einem Bedürfniß nach einer Waare, das nicht selbst eine Waare oder Geld in Austausch zu geben hätte, kann nach den bisherigen Voraussetzungen noch in keiner Weise die Rede sein." (MEGA II/1, 317)
[262] „Der an einem Punkt geschaffne *Mehrwerth* erheischt die Schöpfung des Mehrwerths an einem *andren* Punkt, gegen den er sich austausche; wenn auch nur zunächst Production von mehr Gold und Silber, mehr Geld, so daß, wenn der Mehrwerth nicht unmittelbar wieder zu Capital werden kann, er in der Form des Geldes als Möglichkeit von neuem Capital existirt." (MEGA II/1, 320)
[263] Clarke (1994, 133) meint, dass „capital confronts an external barrier", wenn es Mehrwert realisieren möchte. Aber diese Schranke ist keine äußerliche, sondern eine für die kapitalistische Produktionsweise spezifische und ihr immanente.

Mehrwert gegen einen anderen Mehrwert austauscht, dehnt sich mit der Produktion von Mehrwert an allen Orten auch die Zirkulation aus, die zuvor als Voraussetzung der Produktion erschien: „Erschien die Circulation zunächst als gegebne Grösse, so erscheint sie hier als bewegte und durch die Production selbst sich ausdehnende. [...] Die Tendenz den *Weltmarkt* zu schaffen ist unmittelbar im Begriff des Capitals selbst gegeben. Jede Grenze erscheint als zu überwindende Schranke." (MEGA II/1, 320/321)

Doch daraus, „daß das Capital jede solche Grenze als Schranke sezt und daher *ideell* darüber weg ist", folgt für Marx nicht, „daß es sie *real* überwunden hat" (MEGA II/1, 322/323). Die vom Kapital im Produktionsprozess gesetzte und vorgestellte Verwertung entspricht nicht unmittelbar seiner wirklichen Verwertung.[264] Als Schranke treten alle Bedingungen einer gelingenden Verwertung auf, die das Kapital in seinem unmittelbaren Produktionsprozess leichtfertig vergessen hat: die Verfügbarkeit der Elemente des Arbeitsprozesses (Arbeitskraft, Rohstoffe, Produktionsmittel), die Aneignung der Natur, nicht-kapitalistische Reproduktionsweisen, in denen das Arbeitsprodukt nicht unmittelbar in Geld verwandelt wird, (Konsum-)Bedürfnisse, alte Lebensweisen, die Enge von Märkten, Störungen in der (Kredit-)Zirkulation und nicht zuletzt politische ‚Probleme' (wie der Sepoy-Aufstand).[265] All diese Dinge rächen sich in Form sich dem Kapital entgegenstellender Widerstände.[266] Da sie dem Kapital und seinem Drang zur grenzenlosen Expansion widersprechen, „bewegt sich seine Production in Widersprüchen, die beständig überwunden, aber ebenso beständig gesetzt werden" (MEGA II/1, 323). Das Kapital bewegt sich von einer Krise zur nächsten; jede Überwindung setzt abermals den Widerspruch zwischen Produktion und Verwertung in anderen Formen und wird zu einer neuen Schranke.

Wenngleich die Schranken ihr äußerlich scheinen, sind sie für die kapitalistische Produktionsweise spezifisch. Marx sucht nach einer „Grundlage" der Überproduktion und will abstrakt begründen, dass die Schranken, die sich dem Kapital entgegenstellen, nicht von außen herangetragen werden, sondern von ihm selbst gesetzt, ihm immanent sind.[267] Er knüpft damit an seine Pariser Überlegung von 1844 an, als

---

264 „Der ganze Streit, ob *Ueberproduction* möglich und nothwendig auf dem Standpunkt des Capitals, dreht sich darum, ob der Verwerthungsprocess des Capitals in der Production unmittelbar seine Verwerthung in der Circulation sezt; ob seine im *Productionsprozeß* gesezte Verwerthung seine *reale* Verwerthung ist." (MEGA II/1, 323)

265 In seiner *Tribune*-Publizistik benennt Marx im Anschluss an die Formulierungen in den *Grundrissen* die beiden Voraussetzungen der Kapitalverwertung, Nutzen und Surplusäquivalent: „the articles thrown upon it being not very nicely calculated, in regard either to the actual wants or the paying powers of the consumers." (MEGA I/16, 410)

266 „Die vollzogene und zugleich mißlungene Verselbständigung des sich verwertenden Wertes gegen seine endliche Basis nennt der Begriff der Überproduktionskrise." (Stapelfeldt 1979, 206) Das Kapital hat so getan, als könnte es unabhängig von den Bedingungen seiner Existenz bestehen, und die Krise ist die ‚Wiederkehr des Verdrängten'.

267 Marx will hier also nicht die Größe der Konsumtivkraft bestimmen und formuliert damit keine unterkonsumtionstheoretische Begründung der Krise: „Es handelt sich hier, of course, noch nicht

er der politischen Ökonomie vorwarf, das „Wachsthum der Capitalien, wie ihrer Anwendungsweisen einerseits und dem Mangel an produktiver Gelegenheit durch dieses Wachsthum andrerseits" (MEGA IV/2, 416) nicht begreifen zu können. In dieser Idee, dass die Krisenhaftigkeit in den wesentlichen Bestimmungen des Kapitals selbst angelegt ist, besteht eine Invariante der Marx'schen Theorie (dazu 4.1).

Warum also setzt sich das Kapital selbst Schranken? Marx diskutiert das Verhältnis von Ricardo und Sismondi, für ihn die Theoretiker schlechthin der beiden Pole des Widerspruchs zwischen Kapitalproduktion und -verwertung. Ricardo habe „das positive Wesen", die „universale Tendenz" des Kapitals tiefer erfasst, indem er Produktion und Selbstverwertung des Kapitals identisch setzte: Die stetige Erweiterung der Produktion geht Hand in Hand mit der Erweiterung der Zirkulation und der Kreation neuer Bedürfnisse, der Exploration der Erde und der Natur, des universellen Austauschs der Produkte aller Länder und der Entwicklung der Naturwissenschaften (MEGA II/1, 321). Doch Ricardo betrachte die Schranken der Verwertung als zufällig und äußerlich und so haben er „und seine ganze Schule die wirklichen *modernen Crisen* [...] niemals begriffen" (MEGA II/1, 323). Sismondi hingegen erkannte die „negative Einseitigkeit" der kapitalistischen Produktionsweise, ihre „besondere Beschränktheit" und Borniertheit und verstand diese Schranken auch als durch das Kapital selbst erzeugte, „das so in Widersprüche geräth, von denen er ahnt, daß sie zu seinem downbreak führen müssen". Marx kritisiert Sismondi dafür, der Produktion „von Außen", durch „Sitte" Fesseln auflegen zu wollen, statt (wie Robert Owen) die von Ricardo durchdachten „civilisirenden Tendenzen" (MEGA II/1, 326) des Kapitals als Ausgangspunkt einer sozialen Bewegung zu nehmen, die das erkennen würde, was das Kapital selbst zu erkennen gibt: dass seine „Universalität" „Schranken an seiner eigenen Natur" findet (MEGA II/1, 323).[268] Die von den vermeintlichen Antipoden Ricardo und Sismondi hervorgehobenen Seiten sind, so Marx, *beide* im allgemeinen Begriff des Kapitals enthalten: das „positive Wesen" wie die „negative Einseitigkeit", die Prosperität wie die Krise, die „zivilisirenden Tendenzen" wie die „barbarischen Grundvoraussetzungen", der Universalismus wie die spezifischen Beschränkungen, die seine Realisierung niemals zulassen, sondern ihn durch die großen Weltmarktungewitter immer wieder zurücknehmen. Marx bezeichnet das Kapital

---

darum die Ueberproduction in ihrer Bestimmtheit zu entwickeln, sondern nur die Anlage dazu, wie sie primitiv im Verhältniß des Capitals selbst gesetzt ist. Wir haben daher auch noch hier wegzulassen die Rücksicht auf die andren besitzenden und consumirenden etc Klassen, die nicht produciren, sondern von ihrer Revenue leben, also mit dem Capital austauschen; Tauschcentren für es bilden." (MEGA II/1, 330) Die Anlage zur Überproduktion rührt aus der dem Kapital „immanente[n] widersprüchliche[n] Tendenz zur eigentümlichen Beschränkung der Produktion und zur maßlosen Erweiterung der Surplusarbeit und daher Produktion" (Chu 1998, 95).

[268] „Die Universalität [...] findet Schranken an seiner eigenen Natur, die auf einer gewissen Stufe seiner Entwicklung es selbst als die größte Schranke dieser Tendenz werden erkennen lassen und daher zu seiner Auflösung durch es selbst hintreiben." (MEGA II/1, 323)

daher als den „lebendige[n] Widerspruch" (MEGA II/1, 334) beziehungsweise den „processirenden Widerspruch" (MEGA II/1, 582). Das Kapital ist eine lebendige Bewegung aus ‚Fortschritt' und ‚Rückschritt'. Oder wie Marx im *18. Brumaire* schrieb: „Wie gewonnen, so zerronnen." (MEGA I/11, 101)

Marx bezeichnet diesen „Widerspruch zwischen der Production und Verwerthung" (MEGA II/1, 326) als den „Grundwiderspruch des entwickelten Capitals" (MEGA II/1, 327). Er will diesen Grundwiderspruch nicht nur als eine bloße Möglichkeit – das äußerlich Auseinanderfallende aber innerlich Zusammengehörige (Produktion und Verwertung) kann sich finden oder nicht – darstellen, sondern darüber hinaus den Nachweis erbringen, „daß das Capital eine *besondre* Beschränkung der Production enthält". Durch diesen Nachweis wäre „die Grundlage der *Ueberproduction* [...] aufgedeckt" (MEGA II/1, 327). Die vier dem Kapital immanenten Schranken, die in Marx' Augen für den Nachweis einer Grundlage der Überproduktion „genügen", sind:

– „die *nothwendige Arbeit* als Grenze des Tauschwerths des lebendigen Arbeitsvermögens oder des Salairs der industriellen Bevölkerung"; das heißt, dass der Wert der Ware Arbeitskraft durch die Arbeit, die zu ihrer Reproduktion notwendig ist, beschränkt ist, so dass Mehrwert entstehen kann (vgl. Schrader 1980, 165);[269]

– „der *Surpluswerth* als Grenze der Surplusarbeitszeit"; dieser Widerspruch impliziert einen Mittel-Zweck-Konflikt zwischen der unbedingten Entwicklung der Produktivkräfte und ihrem Anwendungszweck der Mehrwertproduktion;[270]

– „die *Verwandlung in Geld* [...] als Grenze der Production"; das heißt, dass der „reale Reichtum" nur erzeugt wird, wenn er die von ihm verschiedene Form des Werts annehmen kann;

– die „*Beschränkung der Production von Gebrauchswerthen* durch den Tauschwerth"; das heißt, „use values are produced only as the means towards the valorisation of capital" (Clarke 1994, 140).

Das Geheimnis sowohl der positiven wie der negativen Seite des Kapitals und damit die Grundlage der Überproduktion liegt in dem Zweck, für den es produziert: dem Mehrwert. Um den Mehrwert zu ergattern, für den allein es sich interessiert, gräbt das

---

[269] Clarke (1994, 147) versteht dies so, dass Marx „is not refering to the limited consumption power of the mass of the population, but to the fact that the workers will only be employed if their wages are limited to the necessary labour that allows for the possibility of producing surplus labour as the basis for the appropriation of surplus value."

[270] Marx weiter: „Es ist ebenso sehr Tendenz des Capitals menschliche Arbeit überflüssig zu machen (relativ) als menschliche Arbeit ins Maaßlose zu treiben. [...] Den einzelnen Arbeitstag betrachtet, ist der Process natürlich einfach: 1) ihn bis an die Grenzen der natürlichen Möglichkeit zu verlängern; 2) den nothwendigen Theil desselben immer mehr zu verkürzen (also die Productivkräfte maaßlos zu steigern)." (MEGA II/1, 306/307)

Kapital die Erde um[271] und eignet sich mehr als jede andere Produktionsweise die menschliche Arbeitsfähigkeit an. Es gerät bei den Versuchen, Mehrwert zu maximieren, allerdings in Widerspruch mit seinen Verwertungsbedingungen: Es gehe aus der „allgemeinen Tendenz des Capitals" (MEGA II/1, 327) hervor, diese ihm immanenten Schranken zu vergessen und von ihnen zu abstrahieren. Marx bezieht sich an dieser Stelle auch auf die englischen *Popular Political Economists*, bei denen sich das „Capital als *Schranke der Production* [...] angedeutet" (MEGA II/1, 328) findet. Hodgskin hatte das Kapital durch die Formel „artificial check to production" (siehe 1.4) charakterisiert, weil es nur dann produziert wird und austauschbar ist, wenn ein Profit dabei entsteht, selbst wenn menschliche Bedürfnisse unbefriedigt sind. Die Arbeiterökonomen haben damit, so Marx, „die eine Seite des Widerspruchs vollständig ausgedrückt" (MEGA II/1, 329). Weil es Produktion für Mehrwert ist, setzt das Kapital eine Schranke für die Anwendung der Arbeit und erzeugt zugleich eine Tendenz, diese ins Maßlose zu erweitern (dazu Kim 1998, 69).

Marx fasst den „lebendigen Widerspruch" noch einmal wie folgt zusammen:

> Das Capital zwingt die Arbeiter hinaus über die nothwendige Arbeit zur Surplusarbeit. Nur so verwerthet es sich und schafft Surpluswerth. Aber andrerseits sezt es die nothwendige Arbeit nur, *soweit* und *insofern* sie Surplusarbeit ist und diese *realisirbar* ist als *Surpluswerth*. Es sezt also die Surplusarbeit als Bedingung für die nothwendige, und den Surpluswerth als Grenze für vergegenständlichte Arbeit, Werth überhaupt. [...] Es beschränkt also – wie die Engländer sich ausdrücken durch artificial check – Arbeit und Werthschöpfung und zwar aus demselben Grunde, warum und insofern es Surplusarbeit und Surpluswerth sezt. Es sezt also seiner Natur nach eine *Schranke* für Arbeit und Werthschöpfung, die im Widerspruch mit seiner Tendenz steht sie ins Maaßlose zu erweitern. Und indem es ebensowohl eine ihm *spezifische* Schranke sezt, wie andrerseits über *jede* Schranke hinaus treibt, ist es der lebendige Widerspruch.
>
> (MEGA II/1, 334)

Das Kapital ist durch eine Expansionstendenz charakterisiert, die es aber selbst wieder beschränkt. Es will die Surplusarbeit erweitern, indem es die notwendige Arbeit reduziert, die sie aber setzen muss, um Surplusarbeit aneignen zu können (vgl. Chu 1998, 91). Einerseits entwickelt es die Produktivkräfte und dehnt die Produktion aus – die ultimativen Mittel der Mehrwertmaximierung –, andererseits reduziert es die notwendige Arbeit und verengt dadurch die Austauschsphäre im Prozess seiner Expansion.[272] Bei der Rückverwandlung des in den Waren schlummernden Werts und

---

271 Aus der gleichen Unterordnung der stofflichen Seite unter den abstrakten Reichtum und seinen Imperativ der endlosen Vermehrung resultiert die Degradierung der Natur und die ökologische Krise.
272 „Die maaßlose Vergrößerung seines Werths – das maaßlose Werthsetzen – also absolut hier identisch mit dem Schrankensetzen der Austauschsphäre, d. h. der Möglichkeit der Verwerthung – der Realisirung des im Productionsprocess gesetzten Werthes. Mit der *Productivkraft* ebenso. Einerseits die Tendenz des Capitals nothwendig sie zum Aeussersten zu steigern, um die relative *Surpluszeit* zu vermehren. Anderseits damit die *nothwendige Arbeitszeit*, also die Tauschfähigkeit der Arbeiter vermindert." (MEGA II/1, 335)

Mehrwerts in Geld erfährt es diese Widerstände: „Hinc die Ueberproduction: d. h. die plötzliche *Erinnerung* aller dieser nothwendigen Momente der auf das Capital gegründeten Production; daher allgemeine Entwerthung in Folge des Vergessens derselben." (MEGA II/1, 328)

Die Überproduktion diskutiert Marx also als einen in den allgemeinen Charakteristika des Kapitals angelegten Widerspruch. Grundlage für die Überproduktion ist, wie zitiert, der „Widerspruch zwischen der Production und Verwerthung" als der „Grundwiderspruch" beziehungsweise der „lebendige Widerspruch" des Kapitals. Die Überproduktion selbst ist also nicht der letzte Grund der Krisenhaftigkeit des Kapitalismus, sondern selbst ein Ausdruck davon oder ein, wie Marx es im *Manifest* fasste, in den Krisen erscheinendes Phänomen.[273] Der letzte Krisengrund ist der Widerspruch zwischen der Maximierung des Mehrwerts im Produktionsprozess und den dabei entstehenden Schranken der Kapitalverwertung.

Clarke (1994, 173/174) und Goldberg (1987, 172/173) argumentieren dafür, dass Marx in den *Grundrissen* mit diesen Ausführungen die Notwendigkeit von Krisen nicht begründen kann. Marx gebe keinen genauen Mechanismus an, der erklärt, wie und wann die Prosperität unvermeidlich in die Krise umschlägt: „In this sense Marx establishes that capitalism is in permanent crisis" (Clarke 1994, 175). Aber im Zweck der Produktion – der Abschöpfung von Mehrwert – liegt das Geheimnis sowohl des „positiven Wesens" wie der negativen Einseitigkeit des Kapitals. Daher ist die mehrwerttheoretische Begründung der Schranken des Kapitals ein großer Fortschritt. Die „Grundlage der Ueberproduction" ist der Trieb des Kapitals, den Mehrwert maximieren und dazu den gesamten Planeten (Arbeitskraft und Natur) mobilisieren und umwälzen zu müssen und daher auf der einen Seite Phasen der Expansion und Prosperität hervorbringen zu können, auf der anderen Seite aber gerade *wegen dieser Einseitigkeit* Grenzen der Expansion und Verwertung errichten zu müssen.

Dennoch sind die Einwände nicht unberechtigt: Marx bietet damit zwar eine abstrakte Bestimmung der modernen Krisenhaftigkeit an, hat aber nicht die Entstehung von Krisen nachgezeichnet, sondern mit der Überproduktion ihr Grundphänomen begründet. Eine wichtige Vermittlung ist in den *Grundrissen* nur angedeutet: Es ist der Kredit, den Marx in den sieben Heften der *Grundrisse*, in denen er sich lediglich den ersten Abschnitt („Das Kapital im Allgemeinen") des ersten Buchs („Vom Kapital") von insgesamt sechs geplanten Büchern vornahm, gar nicht behandeln wollte.[274]

---

[273] Dass die Überproduktion von Waren die *Ursache* der Krisen sei, vertritt Itoh (1980). Heinrich (2006, 347/348) sieht gar eine unterkonsumtionstheoretische Argumentation in den *Grundrissen*. Aber *warum* gibt es periodisch zu viele Waren auf dem Weltmarkt? Marx sucht nach der „Grundlage", der „Anlage" der Überproduktion in den allgemeinen Bestimmungen des Kapitals.

[274] Das erste Buch „Vom Kapital" des von Marx 1857/58 entworfenen Sechs-Bücher-Plans sollte aus drei Abschnitten bestehen: 1) das Kapital im Allgemeinen, 2) Konkurrenz, 3) Kredit (vgl. MEGA II/1, 187 u. 199). Die *Grundrisse* umfassen somit lediglich den ersten Abschnitt des ersten Buchs.

Marx war sich selbst darüber im Klaren, dass er mit seiner Kapitaltheorie in den überlieferten Manuskripten der *Grundrisse* bei Weitem nicht fertig war und dass diese für eine umfassende Begründung der Krisenhaftigkeit des Kapitalismus noch nicht genügte.

Allerdings will eine Krisentheorie nicht nur erklären, warum die Krisen wiederkehren und wie sie entstehen, sondern auch, was sich in ihnen zuträgt. In Heft IV der *Grundrisse* geht Marx näher auf die Überproduktion als Inhalt der Krisen ein. Wenn eine Warensammlung nicht verkaufbar ist, entwerten sich sowohl die Waren als auch das Geld, das sie zirkulieren ließ. Entgegen den vom Geldfetisch bestimmten Illusionen der „Geldkünstler", dass „mehr Geld künstlich geschaffen werden muß" (MEGA II/1, 324), kann die Überproduktion nicht kuriert werden, indem mehr Zirkulationsmittel bereitgestellt werden, denn davon gibt es bereits ‚zu viel'. In der Krise fehlt es an Geld in seiner Eigenschaft als materieller Repräsentant des Werts; und dieser Mangel ist gerade der Produktion über Äquivalenzwerte hinaus geschuldet.

In *Reflection* war es *currency*, die letztlich das Einkommen der Arbeiter repräsentierte, die in der Krise fehlte; jetzt mangelt es an Geld, weil „der Werth dem Capital fehlt und es sich daher nicht *monétiser* kann", also wegen der fehlenden Möglichkeit der Verwertung durch einen Äquivalenzwert. In der Unterkonsumtionslehre werde „das Moment der Verwertung gänzlich herausgeworfen und Production und Consumtion sich einfach gegenübergestellt" (MEGA II/1, 325). Diese Theorie übersehe, dass ein großer Teil der Waren vom Kapital selbst konsumiert wird und dass die Konsumtion der Lohnabhängigen niemals für eine befriedigende Expansion der Kapitalisten hinreicht. Ihr zufolge müsste *immer* Krise sein. Sie sei dann nicht mehr „zum grossen Theil richtig", aber „absolut" betrachtet „falsch" (MEGA IV/8, 228), wie es in *Reflection* hieß, sondern „in dieser Abstraction falsch" (MEGA II/1, 345);[275] auf der Abstraktionsebene, auf der Marx die moderne Krisenhaftigkeit bestimmen will, ist sie nicht zu gebrauchen. Mehr noch als in *Reflection* gerät die Produktion nicht mit dem Einkommen in Konflikt, sondern mit dem Verwertungsprozess.[276] Indem Marx in den Begriff des Kapitals auch dessen negative Einseitigkeit aufnimmt, enthalten die *Grundrisse* eine überzeugendere Kritik der Unterkonsumtionstheorie. Die Überproduktion von Waren ist nur ein Moment einer „allgemeinen Entwerthung" (MEGA II/1, 328) und „Vernichtung" (MEGA II/1, 356) von Kapital, Geld, Arbeitskraft und stofflichem Reichtum. In der Krise herrscht überflüssige Bevölkerung neben überflüssigem Kapital neben unverkäuflichen Waren neben inkonvertiblem Geld.

---

275 „Also Nichts mit Herrn Proudhon's Entdeckung, daß der Arbeiter sein Product nicht zurückkaufen kann. [...] seine Conclusion, daß *daher* Ueberproduction in dieser Abstraction falsch." (MEGA II/1, 345)

276 „Das Gute an Ricardos Erklärung ist, daß [...] Consumtion (im Sinn des Selbstaufzehrens) [...] in Bezug auf das *Capital* selbst betrachtet wird. Also Verhältnis des Gebrauchswerths für das *Capital* selbst. *Sismondi* dagegen bringt gleich eine dem Capital zunächst exoterische Bestimmung herein: die *direkte oder indirecte Consumtion durch den Menschen*" (MEGA II/1, 531).

3.5.2 Kredit

Zwar wollte Marx in den sieben Heften der *Grundrisse* den Kredit nicht systematisch behandeln, aber gleichwohl deutete er eine Entwicklung dieses Phänomens aus den Bedürfnissen des Verwertungsprozesses an: „Das ganze *Creditwesen*, und damit zusammenhängende overtrading, overspeculation etc beruht auf der Nothwendigkeit die Schranke der Circulation und der Austauschsphäre zu erweitern und überspringen." (MEGA II/1, 328) Er erinnerte beispielhaft an den transatlantischen Handelskreislauf, der auch die jüngste Krise entscheidend geprägt hatte: „So z. B. die Engländer gezwungen, fremden Nationen zu *leihen*, um sie zu ihren customers zu haben. Au fond tauscht der englische Capitalist aus mit dem *productiven* englischen Capital doppelt, 1) als er selbst, 2) als Yankee etc oder unter welcher andren Form er sein Geld placirt hat." (MEGA II/1, 328) Weil der Kredit die Schranke der Zirkulation erweitert und überspringt – das heißt die Phase überdeckt, in der das Kapital sich wieder in seinen Geldzustand verwandeln muss –, zögert er auch den Moment der tatsächlichen Verwertung hinaus, ohne dass dies spürbar wäre: „Wenn wir vorhin sahen, daß das Geld die Schranken des Tauschhandels nur aufhebt, indem es sie verallgemeinert – d. h. Kauf und Verkauf ganz von einander trennt – so werden wir später sehn, wie der *Credit* diese Schranken der Verwerthung des Capitals ebenfalls nur aufhebt, indem er sie in ihre allgemeinste Form erhebt, Periode der Ueberproduction und Unterproduction als 2 Perioden sezt." (MEGA II/1, 510) Indem der Kredit die Schranken des Verwertungsprozesses temporär überbrückt, aber nicht beseitigt, konzentriert er sie zugleich in einer allgemeinen Form. Der Kredit erhebt die Überproduktion zu einer eigenständigen Periode und gehört damit zu den wesentlichen Momenten in der Begründung der Krisen (dazu 4.2.2).

Marx betont damit explizit die relative Selbständigkeit des verleihbaren Kapitals: „in allgemeiner Crise der Ueberproduction ist der Widerspruch nicht zwischen den verschiednen Arten des productiven Capitals, sondern zwischen dem industriellen und loanable Capital – zwischen dem Capital, wie es als in den Productionsprocess direkt involvirt und wie es als Geld selbstständig (relativement) ausser demselben erscheint." (MEGA II/1, 325) Dies führt er gegen das Theorem der partiellen Überproduktion ins Feld (dazu 1.1), wonach sich das Kapital, wenn es sich in einem Produktionszweig nicht verwerten kann, einfach auf einen anderen wirft. Marx wendet ein, dass der Geldmarkt, den er als die Totalität des Kapitals bestimmt (MEGA II/1, 199), dazwischengeschaltet ist: Wird Kapital überproduziert (bei Stockung oder schrumpfenden Profitaussichten), wird es nicht wieder auf den Produktionsprozess geworfen, sondern sammelt sich im Kreditsystem und sucht hier nach produktiver Anlage. Das im Kreditsystem versammelte verleihbare Kapital erlangt so eine relative Selbständigkeit. Brachliegendes Geld, das Überspekulation und *Overtrading* mit sich bringt, entsteht so aus der Überproduktion von Kapital; die Überproduktion bricht somit als Geldkrise aus. Das ist eine wichtige Verschiebung gegenüber *Reflection*, wo Marx die

Zirkulation des Kapitals als Handelsgeld noch mehr oder weniger als direkten Ausfluss des Warenkapitals auffasste.

Dass Marx den Widerspruch zwischen industriellem und verleihbarem Kapital als Merkmal der allgemeinen Überproduktionskrise bestimmt, korrespondiert mit seiner Beobachtung der die Krise prägenden Formen der Kreditausdehnung und des im Kreditsystem versammelten verleihbaren Kapitals in *The Book of the Commercial Crisis* (3.4.3). Der Zusammenhang zwischen ‚Produktion und Finanz' hatte sich 1857/58 als nicht so einfach erwiesen, wie Marx es in *Reflection* konzipierte. Das Abrücken vom einfachen Widerspiegelungsmechanismus in den *Grundrissen* ergab sich nicht allein aus der von Marx in diesen Manuskripten verfolgten Logik der Verselbständigung (des Werts im Geld, des Geldes im Gold, des Goldes im Kapital, des Kapitals im Geldkapital, des Geldkapitals im verleihbaren Kapital usw.). Schon Tooke/Newmarch hatten in den neuen Bänden der *History of Prices* die Eigentümlichkeit monetärer Faktoren herausgearbeitet (siehe 3.2.1). Und als in der Krise die „Verstecke" der Überproduktion – die amerikanische Rohstoff- und Eisenbahnblase, die britischen Gefälligkeitswechsel, die Wechselreiterei in Hamburg, die „open credits" im Skandinavien- und die „document bills" im Ostasienhandel – aufflogen, trat zutage, dass sich Formen des Kredits durch Multiplikatortechniken der finanziellen Vermittlung wie Rediskontierung und *accommodation bills*, die in neuer Qualität und Vielfalt zum Einsatz kamen, vom unmittelbaren Warenhandel entfernt hatten. Die Ereignisse hatten die Totalität des Geldmarkts eindrücklich gezeichnet. In diesem Sinne war die Verselbständigung des Geldmarkts nicht einfach eine von Marx vollzogene theoretische Ableitung, sondern auch eine tatsächliche Entwicklung, die von der Weltmarktkrise demonstriert wurde und die es zu begreifen galt.

3.5.3 Kollaps oder Kommunismus

> Die Krise beschwört die Frage an die geschichtliche Zukunft.
> Reinhart Koselleck: Kritik und Krise (1973, 105)

> Und ich sah einen neuen Himmel und eine neue Erde; denn der erste Himmel und die erste Erde sind vergangen, und das Meer ist nicht mehr.
> Die Offenbarung des Johannes

Die Krise von 1857/58 warf die Fragen auf, warum sie ihrer Ausdehnung nach globaler und ihrem Inhalt nach intensiver als alle ihre Vorgängerinnen war.[277] Im *Manifest* erklärte Marx die Steigerungslogik der Krisen durch die fortwährende „Eroberung neuer Märkte und die gründlichere Ausbeutung alter Märkte" (MEW 4, 468); in den

---

[277] In der *Tribune* schrieb Marx am 23. August 1858: „In 1847 and 1857, [...] the panics were even of a more intense and destructive character than any ever witnessed before." (MEGA I/16, 389)

Grundrissen ergänzt er dies durch den immer höheren Entwicklungsgrad der Produktivkräfte, der zu einer beständigen, auf lange Sicht zunehmenden Entwertung des Kapitals beiträgt.[278] Um eine größere Masse an Mehrwert appropriieren zu können, führt das individuelle Kapital zur Steigerung der Arbeitsproduktivität beständig neue Maschinen und Technologien ein und operiert damit von einem immer größeren Maschinisierungsgrad aus. Somit aber wird zur Herstellung der gleichen Warenmenge immer weniger Arbeitszeit benötigt und das Kapital verdrängt damit tendenziell Arbeitskraft aus dem Produktionsprozess, obwohl es sich nur durch ihre Vernutzung erhalten kann. Es konfrontiert sich so selbst mit einer ‚wachsenden Schwierigkeit' der Verwertung[279] und macht sich selbst das Leben immer schwerer. Durch die Produktivkraftentwicklung entfaltet sich die dem Kapital eigentümliche Schranke in seiner Entwicklungsgeschichte: „Zugleich damit Aufgabe dem Capital gestellt von einem immer höhern Grade der Entwicklung der Productivkräfte aus etc von neuem seinen Versuch zu beginnen mit immer größrem collapse *als Capital*." (MEGA II/1, 328) Marx verwendet „collapse" hier synonym mit Krise.[280] Unter Kollaps oder ‚Zusammenbruch' verstand er also keinen Endpunkt der kapitalistischen Entwicklung, keine ‚finale Krise', in der das Kapital einfach zu existieren aufhörte, sondern *die Krise*, den Moment der allgemeinen Entwertung. Wegen den zunehmenden Verwertungsschwierigkeiten unterliegt die Abfolge der historischen Krisen allerdings einer Dynamik der Steigerung („immer größre[r] collapse *als Capital*"): Sie würden ihrem Umfang und ihrer Intensität nach immer allgemeiner und damit „mehr und mehr" das Kapital „als Grundlage der Gesellschaft und Production selbst bedrohn" (MEGA II/1, 323).

Einer vor allem im Feuilleton kolportierten Erzählung zufolge habe Marx durch seine genaue Beobachtung der Krise von 1857/58 in den *Krisenheften* seine angeblich vorher bestehende Idee aufgegeben, dass der Kapitalismus von sich aus zusammenbrechen werde. Heinrich (2013) behauptet demgegenüber, dass sich eine Zusammenbruchstheorie bei Marx am ehesten im letzten Teil der *Grundrisse* finden lasse, der erst nach Abschluss der *Krisenhefte* geschrieben wurde, welcher der ersten Ansicht

---

[278] „Ein Theil des bestehnden Capitals wird beständig entwertet, durch Verminderung der Productionskosten, zu denen es *reproducirt* werden kann" (MEGA II/1, 316). Diese beständige Entwertung des bestehenden Kapitals setzt, so Marx, „schon das Capital fertig voraus" und gehört „in die Lehre von der Concentration und Concurrenz der Capitalien".

[279] „In demselben Maasse aber wie die Masse der Producte wächst, wächst die Schwierigkeit die in ihnen enthaltne Arbeitszeit zu verwerthen" (MEGA II/1, 335).

[280] Auch später im Text heißt es: „verschwindet oder schrumpft zusammen die Nachfrage *exterior to the demand of the labourer himself*, so tritt der collapse ein." (MEGA II/1, 333) Das Wort taucht auch mehrmals in Marx' Publizistik von 1857/58 auf, immer in der Bedeutung von Crash oder dem plötzlichen Zusammenbruch der Produktion wie zum Beispiel in „Hamburg collapse" und „American collapse". Siehe MEGA I/16, 71, 107, 108, 111, 112, 117, 388 u. 392. In den MEW ist „collapse" mit gleich vier Wörtern übersetzt: „Schock" (MEW 12, 322), „Erschütterung" (MEW 12, 336), „Krach" (MEW 12, 340, 341 u. 544) und „Zusammenbruch" (MEW 12, 539).

nach die Marx'schen Zusammenbruchsaussichten ernüchtert haben soll. Der ersten Deutung ist zu entgegnen, dass Marx von einem ‚Zusammenbruch' des Kapitalismus vor 1857 überhaupt nicht gesprochen hatte. Im *Manifest* formulierte er die Idee, dass der Umfang und die Intensität der Krisen zunehmen, aber nicht, dass damit der Kapitalismus als Produktionsweise automatisch zusammenklappen müsse; auch in der *Misère* war bloß eine langfristige Entwertung der Arbeit entworfen. Doch gerade diese Annahmen fand Marx 1857 bestätigt, denn die Krise wog schwerer für das Kapital, das deutlich mehr Bankrotte mit weitaus größeren Verlusten als in den Vorgängerinnen zu tragen hatte und selbst an solchen Orten (wie Schweden) kollabierte, an denen es sich gerade erst zu entwickeln begonnen hatte.

„Wachsende Unangemessenheit", „immer größer", „mehr und mehr", es „wächst die Schwierigkeit" – die von Marx beschriebene Entwicklungsrichtung des Kapitals steuert nicht auf einen finalen Kulminationspunkt oder automatischen Kollaps zu,[281] sondern umfasst ‚lediglich' eine zunehmende, strukturelle Schwierigkeit der Verwertung. Marx hat diese Tendenz erstmals in den *Grundrissen* im Anschluss an die *Krisenhefte* ausführlicher diskutiert:[282] Im sogenannten „Maschinenfragment", einem Teil des letzten Hefts der *Grundrisse* (Heft VII) – geschrieben ab Ende Februar 1858, als er die Arbeit an den *Krisenheften* gerade beendet hatte und noch immer das nahende Ende Napoleons III. öffentlich ankündigte – entwickelt er den berühmten „processirende[n] Widerspruch" des Kapitals, die Arbeitszeit auf ein Minimum zu reduzieren und zugleich die Arbeitszeit als einzige Quelle des Reichtums anerkennen zu können (MEGA II/1, 582). Je mehr wirklichen Reichtum das Kapital ausstößt, desto weniger Wert (pro stofflicher Einheit) enthält dieser (dazu Postone 2003, 67–71). *Je reicher eine Gesellschaft, desto schwieriger für sie, eine kapitalistische zu sein.* Dadurch lässt das Kapital zunehmend die Möglichkeit seiner eigenen Überwindung entstehen, aber es bricht nicht automatisch, ohne menschliches Zutun zusammen.[283] Es bringt

---

281 So scheint es Heinrich (2016, 81) anzunehmen: „Und selbst wenn das [Infragestellen der Arbeitszeit als Wertmaß, TG] [...] erfolgen sollte, mag das zwar Schwierigkeiten hervorrufen, aber warum gleich einen Zusammenbruch der gesamten Produktionsweise?" Marx spricht eben von wachsenden Schwierigkeiten.

282 Heinrich (2006, 349) meint, Marx' „rein negative[s]" Verständnis der Krisen in den *Grundrissen* als etwas Zerstörerisches, die Produktionsweise und Gesellschaftsform Auflösendes wäre „noch kein *Ergebnis* der Kritik der politischen Ökonomie, sondern geht ihr als *Annahme* voraus". Aber abgesehen davon, dass Marx die Krisen nicht nur „rein negativ" bestimmte – die gewaltsame Vernichtung des Kapitals begriff er als „Bedingung seiner Selbsterhaltung" (MEGA II/1, 623) – und dass er den Profitratenfall in kritischer Auseinandersetzung mit den Theoremen Smiths und Ricardos diskutierte, war die Steigerung der Intensität und des Umfangs der Krisen eine *Erfahrung* seit 1818/19, die auch Sismondi (1.3), Gülich (2.1), Engels (2.3) und Tooke (2.6) artikuliert hatten und die es zu begreifen galt.

283 Marx schreibt zwar an einer Stelle, es „bricht die auf dem Tauschwerth ruhnde Production zusammen", fügt aber sogleich an, dass sie durch Handeln überwunden werden muss: „In fact aber sind sie die materiellen Bedingungen, um sie in die Luft zu sprengen." (MEGA II/1, 582) Kurz darauf wiederholt er: „these regularly recurring catastrophes lead to their repetition on a higher scale, and

stattdessen immer heftigere und immer weitere Teile der Welt erfassende Krisen hervor, in denen sich seine wachsende Unangemessenheit ausdrückt:

> In schneidenden Widersprüchen, Crisen, Krämpfen drückt sich die wachsende Unangemessenheit der productiven Entwicklung der Gesellschaft zu ihren bisherigen Productionsverhältnissen aus. Gewaltsame Vernichtung von Capital, nicht durch ihm äussere Verhältnisse, sondern als Bedingung seiner Selbsterhaltung ist die schlagendste Form, worin ihm advice gegeben wird to be gone and to give room to a higher state of social production. (MEGA II/1, 623)

Der „*Diebstahl an fremder Arbeitszeit, worauf der jetzige Reichthum beruht,* erscheint miserable Grundlage" (MEGA II/1, 581) gegenüber den neuen Potenzen. Denn anstatt den Reichtum von seinem Wertcharakter zu befreien, will das Kapital die Gesellschaftskräfte „einbannen in die Grenzen, die erheischt sind, um den schon geschaffenen Wert als Wert zu erhalten" (MEGA II/1, 582). Indem die Ausbeutung von Menschen und Natur mit zunehmendem Bestehen des Kapitals immer deutlicher als eine miserable Grundlage *erscheint* und es diese Entwicklungen sind, die das Kapital „auf einer gewissen Stufe seiner Entwicklung" „als die größte Schranke" einer besseren Gesellschaft „*werden erkennen lassen* und *daher* zu seiner Aufhebung durch es selbst hintreiben" (MEGA II/1, 323. Herv. TG), besteht hier eine Verbindung zum epistemologischen Gehalt der Krise, die diese miserable Grundlage als einen Skandal der „wachsenden Unangemessenheit" der bestehenden Verhältnisse offenbart und einsichtig werden lässt. In den großen Krisen verkündet das Kapital selbst die Nachricht seiner zunehmenden Inadäquatheit, indem es sich selbst als „lästige Schranke der Production und des Verkehrs" zu erkennen gibt.[284] Marx ging von der Entstehung kritischer Subjektivität durch das Gewinnen von Einsicht[285] in diese miserable Grundlage aus und plausibilisierte damit die kritische Subjektivität durch ihre Lokalisierung in der objektiven Tendenz selbst. Die Krise als „die schlagendste Form" vermittelt diese Einsicht, weil in ihr, wenn sich das Kapital durch seine gewaltsame

---

finally to its violent overthrow" (MEGA II/1, 624). Thomas/Reuten (2013, 315/316) unterstellen, Marx denke den „violent overthrow" (gewaltsamen Umsturz) ganz ohne politisches Subjekt, gewissermaßen als automatische Selbstabschaffung des Kapitals. Doch legt das Kapital für Marx durch seine eigene Bewegung, die periodisch in immer größeren Krisen kulminiert, zwar seine Auflösung nahe. Aber es bricht nicht von allein zusammen, sondern muss umgestürzt, in die Luft gesprengt und bewusst überwunden werden.

284 „Klar daher, daß die höher die Entwicklung des Capitals, es um so mehr als Schranke der Production – und daher auch der Consumtion erscheint, abgesehn von den andren Widersprüchen, die es als lästige Schranke der Production und des Verkehrs erscheinen lassen." (MEGA II/1, 328)

285 Dies erinnert an die Bemerkung im *Manifest*, dass die Kommunisten „theoretisch vor der übrigen Masse des Proletariats die *Einsicht* in die Bedingungen, den Gang und die allgemeinen Resultate der proletarischen Bewegung voraus[haben]" (MEW 4, 474. Herv. TG). Auch an Louis Kugelmann schreibt Marx am 11. Juli 1868: „Mit der Einsicht in den Zusammenhang stürzt, vor dem praktischen Zusammensturz, aller theoretische Glauben in die permanente Nothwendigkeit der bestehenden Zustände." (MEGAdigital)

Vernichtung in besonders glänzendem Widersinn präsentiert, eine Identität zwischen seiner historischen Tendenz zur Auflösung und dem gesellschaftlichen Bewusstsein in die Notwendigkeit derselben am ehesten entsteht.[286] In diesem Sinne ist Marx' Notiz zum letzten Buch „Der Weltmarkt und die Crisen" seiner auf sechs Bücher angelegten Kritik der politischen Ökonomie zu verstehen: „Die Crisen sind dann das allgemeine Hinausweisen über die Voraussetzung, und das Drängen zur Annahme einer neuen geschichtlichen Gestalt." (MEGA II/1, 152)

Das „Maschinenfragment" liest sich tatsächlich wie die Marx'sche Fassung der Offenbarung des Johannes. Aber Marx formuliert hier kein ‚Zusammenbruchsgesetz' im herkömmlichen Verständnis. Ohne Einsicht in die Abschaffung und ohne bewusste Überwindung wird sich überhaupt nichts zum Besseren ändern; und was genau – neben den immer größeren Krisen[287] – in der Spät- oder ‚Zusammenbruchs'-Phase des Kapitalismus passieren würde, sollte die Revolution ausbleiben, bleibt völlig offen. Ebenso wenig denkt Marx, dass erst die gesamte Produktionsweise von sich aus ‚zusammenbrechen' muss, ehe es besser werden kann. Die Bedingung einer höheren Gesellschaftsform liegt vielmehr in der Zeitersparnis, für die das Kapital durch Entwicklung der Produktivkräfte sorgt und die den Individuen in Form der *disposable time*, als freie Mußezeit zur „Allseitigkeit ihrer Entwicklung, ihres Genusses und ihrer Thätigkeit" (MEGA II/1, 103) zugute kommen könnte. Die wachsende Unangemessenheit des Kapitals befördert allerdings beide Möglichkeiten: Infolge wachsender Einsicht in die wachsende Unangemessenheit könnte es zu seiner Aufhebung kommen, aber ohne diese Einsicht nehmen die Krisen an Intensität und Umfang zu. Das heißt im Umkehrschluss, dass die Abschaffung des Kapitalverhältnisses zunehmend *notwendig* und *dringlich* wird.[288] Wollen sie den zunehmend größeren Explosionen, Katastrophen und Krisen zuvorkommen, müssen die Menschen ihr Heil in der Zukunft suchen, sich zu einem bewussten Bruch mit dem Kapitalverhältnis entschließen und sich zu einem Verein freier Produzenten zusammenschließen.

---

[286] Reichelt (1970, 185) ist zuzustimmen, dass nach Marx mit der Wiederkehr der Krisen die Geschichtlichkeit der Produktionsweise ins Bewusstsein tritt.

[287] „These contradictions lead to explosions, cataclysms, crises, in which by momentaneous suspension of labour and annihilation of a great portion of capital the latter is violently reduced to the point, where it can go on fully employing its productive powers without committing suicide." (MEGA II/1, 624)

[288] „Daß die Katastrophe eintritt, ist aber dann umso wahrscheinlicher, je weniger das Bewußtsein der Menschen den Krisen angemessen ist. Die Marxsche Theorie war der Versuch, ihnen dieses Bewußtsein zu geben." (Pohl 1987, 56)

3.5.4 Die Charaktermasken der Krise

Das „Maschinenfragment" zeigt deutlich, dass die ökonomischen Formen für Marx immer auch „gesellschaftlich gültige, also objektive Gedankenformen" (MEGA II/5, 47) sind. Sie haben einen erkenntnisstiftenden (also kulturellen, ‚subjektiven') Gehalt und legen eine bestimmte Mentalität, Denk-, Wahrnehmungs-, Empfindungs- und Verhaltensweise nahe (vgl. Postone 2013, 389/390; Breda 2019, 43–45). Der Ursprung einer ganzen Vorstellungswelt über die Beschaffenheit, Funktionsweise und Bedeutung der modernen Gesellschaft liegt weniger in den persönlichen Überzeugungen der denkenden Individuen, sondern in den Kategorien der kapitalistischen Produktionsweise. Marx' erkenntniskritischer Anspruch besteht darin, Inhalt, Logik und Ursprung dieser objektiven Gedankenformen zu erfassen, um sowohl ihre Plausibilität begreifen als auch ihre Einseitigkeit und illusorischen Momente kritisieren zu können. Auch den Wechselfällen des industriellen Zyklus entspringt ein spezifisches Erkenntnisvermögen.[289] Etwa stellt die Existenzweise der Prosperität die Grundlage für eine Epistemologie der Leichtigkeit, der Euphorie, des Optimismus, der Leugnung und Bagatellisierung von Problemen und Spannungen dar, denn hier kommt der Kapitalfetisch, wonach das Kapital sich automatisch und von selbst vermehrt (dazu 5.3.3), voll zum Tragen und die bürgerliche Gesellschaft erscheint, wie in ‚Says Gesetz', als widerspruchsfrei und harmonisch (siehe 3.1). Anders gesagt, fasst ‚Says Gesetz' die bürgerliche Gesellschaft nur in ihrer Daseinsform der Prosperität.

Welche Daseinsform des Kapitals stellt demgegenüber die Krise dar? Als Marx Mitte Oktober 1857 das *Kapitel vom Geld* der *Grundrisse* und ab Ende Februar 1858 das „Maschinenfragment" schrieb, ging er von der Krise als der „schlagendsten Form" aus, in der sich das Kapital als borniert zu erkennen gibt und in der es daher über sich hinausweist auf eine Gesellschaft, die nicht die Vernichtung ihres Reichtums zur Bedingung ihres Selbsterhalts akzeptieren würde. Aber als Marx sich in der zweiten Hälfte des Jahres 1858 mehr und mehr davon überzeugen musste, dass dieses Mal keine revolutionäre Bewegung in Europa auftreten würde, sah er sich gezwungen, noch einmal über seine Thesen von der Krise als einem „Zustand momentaner Barbarei" (MEW 4, 468) und vom Aufstieg des Bonapartismus in einer Krisensituation nachzudenken. Er vertiefte den Zusammenhang von Krise und Erkenntnis daher in seiner Veröffentlichung *Zur Kritik der politischen Ökonomie* (1859) (im Folgenden: *Zur Kritik*) und dem dazugehörigen Entwurf mit dem redaktionellen Titel *Urtext* (1858),

---

[289] Die erkenntniskritischen Aspekte der Marx'schen Krisentheorie sind selten aufgegriffen worden. Ausnahmen sind etwa Postone (2005) und Adorno (2019) mit ihren Überlegungen zum bundesrepublikanischen „Wirtschaftswunder" sowie Monday (2008 u. 2012).

wo seine Ausführungen noch einmal eine etwas andere Wendung als in den *Grundrissen* nehmen.[290] Dass Marx mit der neuen Krise auch das Wiederaufleben einer Revolution erwartete, ist häufig festgestellt worden. Aber seine Versuche einer Antwort auf die Frage, *warum die Krise keine Revolution* in Europa hervorbrachte, sind unaus gewertet geblieben.

Marx' Ausführungen in *Zur Kritik der politischen Ökonomie* beziehen sich auf die Abstraktionsebene der einfachen Warenzirkulation.[291] In einem der wenigen Beiträge zum Verhältnis von Marx'scher Krisenpublizistik und den *Grundrissen* hat Sergio Bologna die Interpretation vorgeschlagen, dass die „verschiedenen Formen" der Krise von 1857 „den verschiedenen Bestimmungen des Geldes und des Verhältnisses zwischen Ware und Geld" (Bologna 2009 [1973], 47) entsprechen. Die drei Eigenschaften des Geldes, die Marx im *Kapitel vom Geld* der *Grundrisse* diskutiert, entsprächen dem Ware-Geld-Verhältnis in den drei Formen der Krise von 1857, die Marx in der *Tribune* vom 30. November als, erstens, Geldkrise in London, zweitens, Krise auf den Rohstoff- und Kolonialwarenmärkten in Liverpool und London sowie, drittens, „industrial collapse" in Lancashire beschrieben hatte. Laut Bologna führen die verselbständigten Phasen der Kapitalbewegung dazu, dass das Kapital als Industriekapital (Manchester), Handelskapital (Liverpool) und Geldkapital (London) auftritt. Daher verlaufe die Krise in drei verschiedenen Phasen, obwohl es sich um einen einzigen Prozess handle. Dass die drei Phasen der Krise einer Trinität des Kapitals und der Märkte entsprechen, ist richtig. Marx' Diskussion der einfachen Zirkulation – derjenigen Abstraktionsebene, auf der er die Geldfunktionen noch unter Absehung von Kapital, Überproduktion und Kreditformen entwickelt – korrespondiert aber nicht mit der Verlaufsform *der Krise* von 1857, sondern nimmt vielmehr die Verlaufsform des *industriellen Zyklus* vorweg. Die abstrakten Bestimmungen der einfachen Zirkulation sind auf den weiteren Darstellungsstufen zunächst im Produktionsprozess des Kapitals G–W–G′, dann im Zirkulationsprozess des Kapitals und später in den Phasen des industriellen Zyklus (Stagnation, Prosperität, Krise) wiederkehrend enthalten, wenngleich in diesen konkreteren Formen viele neue Bestimmungen dazu treten.[292]

---

290 Rakowitz (2000, 152) stellt ebenfalls fest, dass Marx im *Urtext* ausführlicher als in den *Grundrissen* darauf eingeht, „wie die Subjekte als Austauschende in der Zirkulation erscheinen".
291 Mit der „einfachen Warenzirkulation" abstrahiert Marx von Lohnarbeit, Mehrwert und Kapital und fixiert so ein Moment des kapitalistischen Reproduktionsprozesses, wie es ihm zufolge an der Oberfläche der Gesellschaft erscheint. Es ist die „Aller Augen zugängliche Sphäre" (MEGA II/5, 128). Dem Alltagsverstand präsentiert sich die kapitalistische Produktionsweise *verkehrt* in Gestalt der einfachen Warenproduktion; es tendiert zu einer Verwechslung des Kapitalismus mit einfacher Warenzirkulation (dazu Rakowitz 2000; Campbell 2013). Der „Freihändler vulgaris" etwa entlehnt seine „Anschauungen, Begriffe und Maßstab für sein Urteil über die Gesellschaft des Kapitals und der Lohnarbeit" (MEGA II/5, 128) der einfachen Warenzirkulation.
292 „Alle Widersprüche der [einfachen, TG] Circulation leben wieder auf in neuer Form." (MEGA II/1, 319)

So schlägt Marx mehrere Brücken für die weitere kategoriale Darstellung[293] und spricht schon an dieser Stelle über das „plötzliche Umschlagen des Kreditsystems in das Monetarsystem" (MEGA II/2, 208), obwohl der Kredit noch nicht entwickelt ist. So ließe sich die Prosperität durch den mühelosen, scheinbar automatischen Ablauf einer sich stets erweiternden Zirkulation kennzeichnen, die Krise durch ihre gewaltsame Unterbrechung und die Stagnation durch eine stockende und gegenüber der Prosperität geschrumpfte Zirkulation.

In *Zur Kritik* entwickelt Marx den notwendigen Zusammenhang von Ware und Geld ausgehend von dem der Warenproduktion eigenen Widerspruch, dass „die besondere Arbeit des Privatindividuums, um gesellschaftliche Wirkung zu haben, sich als ihr unmittelbares Gegentheil, als abstrakt allgemeine Arbeit darstellen muß" (MEGA II/2, 144). Die Ware ist das Arbeitsprodukt von Privatproduzenten und wird erst durch den Tausch auf dem Markt als Teil der gesellschaftlichen Gesamtarbeit anerkannt. Bevor der einzelne Warenbesitzer die Operation W–G vollzieht, ermittelt er den Wert seiner Ware anhand eines gedanklichen, schriftlichen oder sprachlichen Vorgangs. Das Geld ist hier Maß der Werte, „Rechengeld" (MEGA II/2, 147), und dieses Maß hat „keine Grenzen [...] als die Vorstellung" (MEGA II/1, 121). Der Warenproduzent kalkuliert mit dem Verkauf der Ware, was ihm in der Prosperität in der Regel auch gelingt. Hierin liegt eine Grundlage für den Idealismus, Aufklärungsdünkel und Optimismus der Prosperität: Solange W–G reibungslos erfolgt, ist der idealisierte Preis (sofern er ‚realistisch' am Markt orientiert war) problemlos zu erzielen. Was der Warenbesitzer im Kopf hatte, konnte scheinbar mühelos Wirklichkeit werden. Grenzen des Vorgestellten werden nicht erfahren: Der Arbeitsprozess erscheint als ungesellschaftlich und rein individuell bestimmt, das Eigentum als auf eigener Arbeit beruhend, der Vertragsschluss als freiwillig und so erhält „der Produzent [...] die Illusion der Selbstverwirklichung" (Projektgruppe 1973, 86) und wähnt sich frei und selbstbestimmt. Die Einheit des Zirkulationsprozesses entspricht einer „Einheit des Bewusstseins" (Monday 2008) des Warenbesitzers: Seine innere Vorstellungswelt deckt sich weitestgehend mit seinen Erfahrungen in der äußeren Realität.

Wechselt die Ware tatsächlich den Besitzer, fungiert das Geld in dieser Transaktion als Zirkulationsmedium: Im Warentausch W–G–W ist Geld ein Mittel. Gelingt der Verkauf, wird aus nur vorgestelltem Geld symbolisches Geld; das Geld realisiert den ideell veranschlagten Preis der Ware (MEGA II/2, 159). Aber auch der Verkauf hat zunächst noch ein ideelles Moment, da er nur rein juristisch und auf dem Papier vollzogen ist, ohne dass wirkliches Geld geflossen wäre (MEGA II/2, 205). Um die Gesamtsumme der Preise realisieren zu können, muss das Geld zwar in bestimmter Quantität

---

293 Er greift in *Zur Kritik* mehrmals auf die „Zuständ[e] entwickelter bürgerlicher Produktion" vorweg beziehungsweise weist auf die Grenzen der einfachen Warenzirkulation hin. Tookes „Detailuntersuchungen", die „einer andern Sphäre als der der einfachen Metallcirkulation an[gehören]" könnten hier „noch" nicht erörtert werden (MEGA II/2, 243).

wirklich vorhanden sein, aber wenn sich Kaufsummen mehr oder weniger ausgleichen, kommt das Geld in seiner Eigenschaft als Zirkulationsmittel und nicht ‚als Geld' zum Einsatz. Auch als Zirkulationsmittel erleidet es daher „allerlei Unbill, wurde beschnitten, und sogar zum blos symbolischen Papierlappen verflacht" (MEGA II/2, 188/189). Solange die Zirkulation W–G–W reibungslos als ein „flüssiges Ganzes" (Rakowitz 2000, 127) abläuft, kann also der Idealismus bestehen bleiben und munter gekauft und verkauft werden, ohne dass jemals Zahlung nötig würde. In der Gleichsetzung ihrer Arbeiten und der wechselseitigen Anerkennung als gleiche Vertragssubjekte besteht eine *wirkliche Gleichheit* der Warenproduzenten. Im *Urtext* heißt es: „Wenn so die Circulation nach allen Seiten eine Verwirklichung der individuellen Freiheit ist, so bildet ihr Process als solcher betrachtet [...], d. h. in seinen ökonomischen Formbestimmungen betrachtet, die völlige Realisation der gesellschaftlichen Gleichheit." (MEGA II/2, 57) Solange sich W–G–W vollzieht, besteht in durch private Arbeit und Warentausch konstituierten gesellschaftlichen Beziehungen eine reale Grundlage für die in der bürgerlichen Gesellschaft herrschenden Ideale von Freiheit und Gleichheit. In der Prosperität scheint ‚Says Gesetz' zu gelten und die Utopie des Liberalismus verwirklicht.

Weil die Akte Verkauf und Kauf voneinander getrennt sind – wer verkauft, muss nicht sofort wieder kaufen –, kann die Metamorphosenreihe allerdings jederzeit gewaltsam abbrechen. Hierin erkennt Marx „die allgemeine Möglichkeit der Handelskrise", und zwar, „weil der Gegensatz von Waare und Geld die abstrakte und allgemeine Form aller in der bürgerlichen Arbeit enthaltenen Gegensätze ist" (MEGA II/2, 165). Erst wenn wirklich gezahlt werden muss, tritt das Geld in seiner dritten Eigenschaft auf: „Als Geld wird ihm seine goldene Herrlichkeit zurückgegeben. Aus dem Knecht wird es der Herr. Aus dem bloßen Handlanger wird es zum Gott der Waaren." (MEGA II/2, 188/189) Im Unterschied zum Geld als Zirkulationsmittel macht es sich in seiner Eigenschaft als Zahlungsmittel „sehr unangenehm bemerkbar in den Epochen der Handelskrisen" (MEGA II/2, 202), also nicht in der Prosperität bei gelingender Zirkulation, sondern bei ihrem gewaltsamen Abbruch. In einer Geldkrise wird „Geld als Geld" verlangt; die Geldsubstitute sind inkonvertibel geworden beziehungsweise zeigt sich erst jetzt, was ‚wirklich' Geld ist.[294] In *Zur Kritik* bestimmt Marx eine solche Geldhungersnot wie folgt:

> Wo daher die Kette der Zahlungen und ein künstliches System ihrer Ausgleichung sich entwickelt hat, schlägt bei Erschütterungen, die den Fluß der Zahlungen gewaltsam unterbrechen und

---

[294] Marx sah in Hamburg eine solche Geldkrise par excellence: „Everything except silver and gold had become worthless. Firms of old standing have broken down, because they are unable to pay in cash some single bill that had fallen due, although in their tills there lay bills to a hundred times its value, which, however, for the moment were valueless, not because they were dishonored, but because they could not be discounted." (MEGA I/16, 121)

den Mechanismus ihrer Ausgleichung stören, das Geld plötzlich aus seiner gasartigen, hirngewebten Gestalt als Maaß der Werthe in hartes Geld oder Zahlungsmittel um. (MEGA II/2, 207/208)

Was gestern noch als Maß der Werte und Zirkulationsmittel fungierte, entpuppt sich in der Krise als bloße Kopfgeburt beziehungsweise als bedeutungsloser Papierlappen, der seine Magie eingebüßt hat: Es ist kein Geld mehr. Und damit kann es auch nicht mehr als Grundlage der bürgerlichen Ideale von Freiheit und Gleichheit fungieren. Gestern gab es noch genug Geld für (fast) alle, aber nun ist „hartes Geld" zur Schuldentilgung gefragt, über das kaum jemand verfügt. Es ist ein Umschlag von Gleichheit in Ungleichheit.

Werden Waren zu einem antizipierten Preis unverkäuflich, wird der Gott der Waren zum „Henker aller Dinge". Mit der Entwertung des Geldes als Zirkulations- und der Aufwertung des Geldes als Zahlungsmittel in der Krise geht die „wirklich[e] Entwerthung und Werthlosigkeit alles stofflichen Reichthums" (MEGA II/2, 208) einher. Die Krise ist der Moment, in dem sich die Unfähigkeit verallgemeinert, stofflichen Reichtum in Geld zu verwandeln und sich das Geld als Geld somit als das „ausschließlich[e] Dasein des Reichthums *offenbart*" (MEGA II/2, 208. Herv. TG). Der Gott der Waren wird nun zornig:

> Die Waare erscheint also, wenn ihr Preiß nicht realisirt werden kann, wenn sie nicht in Geld verwandelt werden kann, als *entwerthet, entpreißt*. Der in ihrem Preiß ausgedrückte Tauschwerth muß geopfert werden, sobald diese Specifische Verwandlung in Geld nöthig ist. Daher die Klagen bei Boisguillebert z. B. daß das Geld der Henker aller Dinge ist, der Moloch, dem alles geopfert werden muß, der Despot der Waaren. In den Zeiten der aufkommenden absoluten Monarchie mit ihrer Verwandlung aller Steuern in Geldsteuern erscheint das Geld in der That als der Moloch, dem der reale Reichthum geopfert wird. So erscheint es auch in jedem monetary panic. (MEGA II/1, 128)

Der aus Menschen und stofflichen Gütern bestehende „reale Reichtum" kommt dann in einem gewaltsamen, „schrecklichen" Prozess auf den Altar. Genau deshalb kann die Krise die Macht des Fetischs brechen, denn sie „offenbart", dass der Zweck der bürgerlichen Gesellschaft nicht die Bereitstellung des wirklichen Reichtums ist: Gearbeitet und getauscht wurde nicht, um Menschen zu versorgen oder zu beglücken. Weil sie diese Wahrheit ganz deutlich vor Augen führen, betrachtete Marx die Krisen als „das Drängen zur Annahme einer neuen geschichtlichen Gestalt" (MEGA II/1, 152). Denn es herrscht Krise, nicht weil es an Arbeitskraft, Waren, stofflichem Reichtum und Mitteln zur Bedürfnisbefriedigung mangelt, sondern weil sich diese nicht auf eine Weise kombinieren lassen, auf die Geld gemacht werden kann.

Bei gelingendem Verkauf war der Warenbesitzer Idealist, Optimist und Aufklärer, weil er sich in Freiheit und die äußere Welt unter Kontrolle wähnte beziehungsweise eine Identität von Innerem und Äußerem erfuhr. In der Krise zerfallen diese Illusionen auf dramatische Weise und hierin liegt die Grundlage eines plötzlichen Umschlags des gesellschaftlichen Klimas und Erkenntnisvermögens. Marx identifiziert gegenüber dem aufgeklärten, liberalen und kosmopolitischen[295] Prosperitätsidealisten zwei typische Krisencharaktere: Schatzbildner und Gläubiger.

Zur Schatzbildung als Krisenphänomen kommt es, da die Zirkulation bei W–G abreißen und aus Geld keine Ware werden kann. Marx notierte in den *Grundrissen*: „das Aufspeichern als In-Sicherheit-Bringen des Reichthums in seiner gediegnen Form vor den Wechselfällen der äußren Welt, in welcher er *vergraben* werden kann, etc, kurz in ein *ganz geheimes* Verhältniß zum Individuum tritt. [...] Wiederholt sich bei allen panics, Kriegen etc in der bürgerlichen Gesellschaft, die dann in den barbarischen Zustand zurückfällt." (MEGA II/1, 154) Wenn in der Krise der Zirkulationsprozess gewaltsam abbricht und der abstrakte Reichtum bedroht ist, so Marx deutlich an das *Manifest* anknüpfend, dann ist es mit der ‚Zivilisiertheit', Fortschrittlichkeit, Aufgeklärtheit und Universalität der modernen Gesellschaft wieder vorbei.[296] Darin besteht „[i]n Zeiten der Crisen [die] Wichtigkeit des Gelds" in seiner dritten Funktion: In dieser erzeugt es den Geldfetisch, die „welthistorischen Delusions", und verfügt über „[d]estructive Eigenschaften" (MEGA III/9, 124). Dieser periodisch wiederkehrende ‚Zivilisationsbruch' ist spezifisch für die moderne Gesellschaft, denn keine andere Gesellschaftsform hat das Geldmachen zu ihrem Beruf (dazu 3.2.2).

Als Schatzbildner wird der Warenbesitzer ein skurriler, nostalgischer, „altmodische[r]" (MEGA II/5, 478) und neurotischer[297] Kauz. Er versucht der gesellschaftlichen Bewegung zu entkommen, indem er die Materiatur des gesellschaftlichen Zusammenhangs (das Geld) vergräbt, argwöhnisch beäugt, vor der äußeren Welt verstecken und beschützen will. Indem er das Geld absichtlich als Schatz festhält und „vor der Circulation zu *retten* sucht" (MEGA II/5, 108), *bejaht* der Schatzbildner den Abbruch

---

295 „Wie sich das Geld zum Weltgeld, entwickelt sich der Waarenbesitzer zum Kosmopoliten. Die kosmopolitische Beziehung der Menschen zu einander ist ursprünglich nur ihr Verhältniß als Waarenbesitzer. Die Waare ist an und für sich über jede religiöse, politische, nationale und sprachliche Schranke erhaben. Ihre allgemeine Sprache ist der Preis und ihr Gemeinwesen ist das Geld." (MEGA II/2, 213) Der Kosmopolitismus endet mit der Krise, wenn das monetäre Gemeinwesen der Warenbesitzer zerfällt. An die erhabene Idee einer globalisierten Menschheit treten dann schnell protektionistische, souveränistische Illusionen.
296 Einen ähnlichen Gedanken fand Marx in Sismondis *Études*: „ein panischer Schrecken läßt die Gesellschaft aus dem civilisirten Zustand in den wilden Zustand zurückfallen, wo jeder Schätze aufhäuft, wo jeder in seinem Koffer eine condensirte Macht haben will." (MEGA IV/3, 196)
297 Rosenberg (1976, 56) verstand die Große Depression 1873–1896, die von zwei großen Crashs und ausbleibender Prosperität geprägt war, als ein „Zeitalter der Neurose". Er konstatierte eine „zunehmende Anfälligkeit für irrationales und neurotisches Denken" (Rosenberg 1976, 67), eine Stimmung der Anspannung, Bedrohung, Sorge, Angst, Furcht sowie die Vorherrschaft von Ungewissheit, Misstrauen und Pessimismus (Rosenberg 1976, 51). Die neurotische Stimmung kulminierte in einem radikalen Struktur- und Funktionswandel des Antisemitismus sowie der Entstehung der Rassenbiologie.

des Zirkulationsprozesses.[298] Er versucht, sich in einen Moment der Zirkulation zurückzuziehen und hier auszuharren, also aus dem Krisenprozess einfach auszusteigen. Er will Kontrolle über sein Leben zurückgewinnen, indem er der warentauschenden Weltgesellschaft den Rücken kehrt und dem Kosmopolitismus eine Absage erteilt. Der Schatzbildner pflegt einen Arbeitskult, ist Asket, Puritaner und Protestant (MEGA II/2, 193).[299] Man könnte hinzufügen, dass das Horten nicht nur die fortgesetzte tatsächliche Unterbrechung der Zirkulation und Entwertung des für den wahren Reichtum genommenen Geldes affirmiert, sondern auch als kollektivpsychologische Krisenmentalität ein Eigenleben gewinnen kann. Marx wies mehrmals auf die *puritanische* Qualität des Schatzbildners hin; in Krisenzeiten ist mit einer Aufwertung protestantischer Moralvorstellungen zu rechnen. Auch muss der Schatzbildner nicht zurückhaltend und rein defensiv agieren: Er begnügt sich notgedrungen mit dem, was er hat, *solange* er es nur behalten kann. Wähnt er seinen Schatz bedroht – was umso wahrscheinlicher wird, insofern sein Verhalten nicht zur Überwindung der Krise beiträgt, sondern sie bestätigt – und die Welt seinem „geheimen Verhältnis" zum Reichtum auf die Schliche kommen, kann er aggressiv werden, Schutzmaßnahmen ergreifen und gegen die Bedrohung mobilmachen.

Die zweite Charaktermaske der Krise, der Gläubiger, entspringt dem Abriss der Zirkulation bei G–W, wenn aus Ware kein Geld mehr werden kann. Wo der Schatzbildner sein Geld absichtlich festhalten und nicht mehr den Abenteuern der Zirkulation preisgeben will, verlangt der Gläubiger nun ‚sein Geld' mit allen Mitteln zurück:

> Verkäufer und Käufer werden Gläubiger und Schuldner. Wenn der Waarenbesitzer als Hüter des Schatzes eher eine komische Figur spielte, wird er nun schrecklich, indem er nicht sich selbst, sondern seinen Nächsten als Dasein einer bestimmten Geldsumme auffaßt und nicht sich, sondern ihn zum Märtyrer des Tauschwerths macht. Aus einem Gläubigen wird er zum Gläubiger, aus der Religion fällt er in die Jurisprudenz. (MEGA II/2, 201)

Wird aus dem Warenbesitzer ein Zahlungsmittel verlangender Gläubiger, mutiert er zu einem „schrecklichen" Monster und wird so hart wie das Geld, das ihm fehlt: bereit, seinen Nächsten „zum Märtyrer des Tauschwerths" und das nicht zu seiner Kopfgeburt passende Äußere gewaltsam einzupassen. Wo der Schatzbildner dem stofflichen Reichtum entsagt und ihn für hinfällig erklärt, vollstreckt der Gläubiger aktiv

---

[298] Marx wird in Manuskript II zum zweiten Buch des *Kapital* betonen, dass die Schatzbildung das „Resultat einer Stockung der Cirkulation – indem grössere Geldmassen als gewöhnlich die Schatzform annehmen" (MEGA II/11, 338) sein kann. Zu diesem nicht-intendierten Resultat bildet sich die Gestalt des Schatzbildners.
[299] „Der Schatzbildner ist übrigens, soweit sein Ascetismus mit thatkräftiger Arbeitsamkeit verbunden ist, von Religion wesentlich Protestant und noch mehr Puritaner." (MEGA II/2, 193) „Der Schatzbildner opfert daher dem Goldfetisch seine Fleischeslust. Er macht Ernst mit dem Evangelium der Entsagung. [...] Arbeitsamkeit, Sparsamkeit und Geiz bilden daher seine Kardinaltugenden" (MEGA II/5, 91).

dessen Entwertung. Beide Figuren suchen den abstrakten Reichtum zwanghaft zu retten, verkennen jedoch dessen prozesshafte Entstehung durch die Zirkulation: Der Schatzbildner verweigert sich dem Prozess, weil er ihn als eine einzige Bedrohung empfindet, und der Gläubiger will Momente des Prozesses auslöschen, von denen er annimmt, sie gingen ihn nichts an. Beide Charaktermasken sind somit dysfunktional im Hinblick auf die Überwindung der Krise. Der Schatzbildner galt Marx *expressis verbis* als „der verrückte Kapitalist" (MEGA II/5, 108), dessen Horte „unter der Hand in ein bloses Gespenst des wirklichen Reichthums [verdunsten]" (MEGA II/1, 157), wenn sie nicht wieder in die Zirkulation geworfen werden, wo allein sie sich als abstrakter Reichtum erhalten können. Der Gläubiger aber, indem er den Schuldner zur Strecke bringt, ist kaum weniger verrückt. Es kann nicht die gesamte verschuldete Welt am Tag der Abrechnung zur Kasse gebeten werden, denn der Reichtum des Gläubigers hatte schließlich auch die Defizite des Schuldners zur Voraussetzung (vgl. 3.5.2). Daher führt das Verhalten des Schatzbildners und des Gläubigers nicht die ‚Normalisierung' des Handels herbei. Aber der Witz besteht gerade darin, dass ihr Handeln *natürliches Krisenhandeln* ist[300] und sie sich nicht mehr so verhalten *können* wie in der Prosperität, da diese vorbei ist. Genau deshalb fällt es den Warenbesitzern schwer, die Krise selbst zu überwinden, und sie benötigen dazu die Hilfe einer am Zirkulationsprozess nicht direkt beteiligten Instanz, zum Beispiel des Staats (siehe 3.3.4).

Der Umschlag von Warenbesitzer in Schatzbildner ist ein Umschlag von Freihandel in Protektionismus, von Kosmopolitismus in Nationalismus, von Aufklärung in Neurose, von Idealismus in protestantische Moral, von Konsumtionslust in Askese, von Forschrittsoptimismus in Nostalgie und von Rationalität in Schuldprojektion; der Umschlag von Warenbesitzer in Gläubiger ein Umschlag von Idealismus in Härte, von Nachsicht in Repression und von *laissez faire* in Interventionismus. Damit hat Marx die Krisen als etwas konzipiert, die nicht nur den Fetischismus entzaubern, sondern ebenso gut das genaue Gegenteil befördern: eine *Überproduktion der Illusionen*. Aber diese Illusionen sind kein vormodernes Relikt, sondern entspringen der Krise, einer typischen und spezifischen Existenzweise der bürgerlichen Gesellschaft.

In der Krise erfahren die Warenbesitzer somit plötzlich ihre Unfreiheit, denn ihr Handeln scheitert an der äußeren Realität, sowie auch ihre Ungleichheit, denn hatten in der Prosperität allesamt noch am Geld als Zirkulationsmittel teil, sind jetzt nur einige zahlungsfähig, andere dagegen insolvent. Die Warenzirkulation ist, wie Marx im *Kapital* bemerken wird, „ein wahres *Eden der angebornen Menschenrechte*. Was allein hier herrscht, ist *Freiheit, Gleichheit, Eigenthum*, und *Bentham*" (MEGA II/5, 128). Aber die Verbreitung der in der bürgerlichen Gesellschaft herrschenden Ideale von Frei-

---

300 Oftmals wird gesagt, dass Marx zufolge die Schatzbildung im Kapitalismus dysfunktional und zwecklos sei. Aber zu sagen, das Horten mache im Kapitalismus keinen Sinn, ist wie zu sagen, die Krise mache keinen Sinn.

heit, Gleichheit, Eigentum (als Ausdruck privater Arbeit und Selbstkontrolle), rationaler Kommunikation und rechtsstaatlicher Aufgeklärtheit gründet im Moment der Prosperität, wenn die Zirkulation auch wirklich funktioniert. Ein naiver Liberalismus, wie er sich in ‚Says Gesetz' manifestiert, ist die Denkform der Prosperität schlechthin.

Bricht der Zirkulationsprozess gewaltsam ab (oder droht er es zu tun), zerfallen auch die mit ihm verknüpften Momente der Gleichheit und Freiheit. Das Geld stiftet dann keine Gleichheit und Freiheit mehr, sondern drückt plötzlich das Gegenteil aus. Aus Gleichen werden Ungleiche, aus Brüdern Feinde[301] und es zerfällt das „Eden der angebornen Menschenrechte". Marx betont mehrmals, einen Widerspruch zu entwickeln, der nicht erst im Geld seinen Ursprung hat, sondern schon in der Warenproduktion angelegt ist: „Im unsichtbaren Maaß der Werthe lauert das harte Geld." (MEGA II/2, 144) Die Krise ist Ausdruck gesellschaftlicher Verhältnisse, in denen die Produktion durch gegeneinander verselbständigte und voneinander getrennte Privatproduzenten erfolgt und die auf Lohnarbeit beruhen. Was in der Warenform „lauert", manifestiert sich in der Krise, die damit zu einer ‚Stunde der Wahrheit' wird: ein ‚Tag der Abrechnung', wo auf den Opferaltar muss, was sich nicht in Geld verwandeln lässt; ein apokalyptischer Augenblick, in dem die Ruhe und Harmonie, der Idealismus und Utopismus der Prosperität ein Ende finden. In diesem Sinne ist sie ein Moment, in dem Freiheits- und Gleichheitsillusionen zerplatzen können und einsichtig werden kann, dass ein Leben auf dem erreichten technisch-wissenschaftlichen Niveau am Produktionszweck des Geldmachens scheitert und dass man sich Lohnarbeit, Geld und Staat entledigen muss, um eine Gesellschaft zu errichten, in der alle ihre Mitglieder die dauerhaften Bedingungen für eine freie Entfaltung ihrer Individualität vorfinden können.

Aber wenn die materielle Grundlage von Freiheit und Gleichheit zerfällt und diese Ideale keine Entsprechung in der gesellschaftlichen Wirklichkeit mehr finden, kann die in der Krise zutage liegende Unfreiheit und Ungleichheit der Menschen in der bürgerlichen Gesellschaft auch die Grundlage für *Ideologien der Unfreiheit und Ungleichheit* darstellen. Krisen und Stagnationsphasen können zu Epochen der Ungleichwertigkeit und Unfreiheit, der autoritären Bedürfnisse nach Einheit und Stabilität, der Härte des Gläubigers, der protestantischen Moral und den gefährlichen Neurosen des Schatzbildners werden. Jede Krise dementiert nicht einfach nur ‚Says

---

[301] Das Motiv des krisentypischen Umschlags von Brüderlichkeit in feindseligen Konkurrenzkampf greift Marx im Manuskript zum dritten *Kapital*-Buch auf: „Solange alles gut geht, agirt [...] die Concurrenz als praktische fraternity der Capitalistenklasse, so daß sie sich gemeinschaftlich [...] den gemeinschaftlichen Raub theilt. Sobald es sich aber nicht mehr um die Theilung des Profits, sondern um eine Theilung des Verlustes handelt, sucht jeder soviel wie möglich sein Quantum an demselben zu verringern und dem andern auf den Hals zu schieben. Der Verlust ist unvermeidlich für die Klasse. Wie viel aber jeder einzelne davon zu tragen, wie weit er überhaupt daran theil zu nehmen, wird dann Frage der Macht, der List und der Beute und die Concurrenz verwandelt sich dann in einen Kampf der feindlichen Brüder." (MEGA II/4.2, 327)

Gesetz', sondern ist immer auch eine des ‚Liberalismus', der gemeinsam mit der Geldwirtschaft zerfällt. In jeder Krise sind die Lernfortschritte und die Menschenrechte, der Universalismus und der Kosmopolitismus wieder hinfällig. Im Eden der Prosperität lauert das Inferno der Krise.

3.6 Conclusio. Die Steigerung der Komplexität und die multilineare Wende

Als Marx im Februar 1858 das letzte Heft der *Grundrisse* schrieb und dort die Krise als „die schlagendste Form" bestimmte, in der sich der Widersinn, die Überholtheit und Fälligkeit der kapitalistischen Produktionsweise offenbart, war er noch ganz von seiner Erwartung einer Wiederbelebung einer revolutionären Bewegung in Europa im Zuge der sich weiter verschärfenden Weltmarktkrise von 1857/58 und ihrem Einbruch in Frankreich beherrscht.[302] Seine Untersuchung der gegen die Krise ergriffenen Staatsmaßnahmen in den *Krisenheften* vom Dezember 1857 (3.3.3) mündeten zwar in die Erkenntnis, dass der Staat die Krisen mithilfe von Preiskontrollen, Schuldenmoratorien und der Umwandlung von faulen Schulden in Staatsschulden moderieren kann, aber Marx dachte, dass die Probleme auf diese Weise lediglich für ein paar Monate verschiebbar wären. Das sogenannte „Maschinenfragment" der *Grundrisse* betont daher stark die Steigerungslogik der Krisen und sprüht vor Optimismus darüber, dass die Menschen die Auflösungsbewegung des Kapitals aufgreifen und zu Ende führen würden. Warum die Krisen nicht nur diese Erkenntnis befördern, sondern zugleich auch destruktive Auswirkungen auf das kollektive Bewusstsein zeitigen und ihr mit Schatzbildner und Gläubiger zwei typische Charaktere entspringen, die die in der Krise exekutierte Vernichtung des stofflichen Reichtums nicht zum Anlass einer kritischen Distanznahme, sondern einer *Bejahung* dieser Entwertung der Menschen und der Dinge nehmen, hat Marx daher erst 1858 im *Urtext* und 1859 in *Zur Kritik der politischen Ökonomie* in Antwort auf das Ausbleiben der so sehr erwarteten Wiederbelebung einer Revolution in der Krise von 1857/58 deutlicher entwickelt.

Dieser ‚Doppelcharakter' der Krisen zwischen wachsender Einsicht und wachsender Illusion, zunehmender Kritik und zunehmender Affirmation, Hinausweisen und Zurückversetzen, Revolution und Regression war nicht das Einzige, was Marx in seiner Krisentheorie von 1850/51 noch wenig berücksichtigt hatte. Er ging damals da-

---

302 Als Marx Engels noch am 22. Februar 1858 einen Crash in Frankreich ankündigte, schrieb er: „Take all in all, so hat die Crisis wie ein braver Maulwurf gewühlt." (MEGA III/9, 75) Das Maulwurf-Bild erinnert an die Formulierung aus dem *Manifest*, wonach das Proletariat der „Totengräber" des Kapitals sei. Wie ein Maulwurf grub die Krise in verborgenen Tiefen unterhalb der sichtbaren Oberfläche und leistete so ihren Beitrag dazu, dass der bürgerlichen Ordnung bald der Boden unter den Füßen einbrechen würde.

von aus, nach seiner Rekonstruktion der Krise von 1847 und seiner Rezeption der englischen Geldmarktpraktiker über ein Modell des industriellen Zyklus zu verfügen, mit dessen Hilfe Verursachungsmoment und Verlaufsform der kommenden Krise halbwegs bestimmbar seien. Die auf diesem Modell getroffenen Einschätzungen erwiesen sich in den folgenden Jahren zwar nicht immer als falsch, aber doch mehrfach als unzulänglich. Es waren insbesondere vier Faktoren, die in dem Modell unterschätzt worden waren: die Effekte des Goldrauschs und die Zaubermacht des Geldes (3.2), die Handlungsspielräume des Staats (3.3.3), die Komplexität der Kreditverhältnisse (3.4.3) und die Ambivalenz der Krisen selbst (3.5.4). Der erste Faktor trug dazu bei, dass die Krise so lange auf sich warten ließ; der zweite, dass sie so schnell vorüber war; der dritte, dass sie nicht nach Frankreich kam und keinen industriellen Charakter annahm; der vierte, dass sie keine Revolution in Europa hervorbrachte. Das Marx'sche Denken speiste sich zwischen 1850 und 1859 aus einer ständigen Auseinandersetzung mit der ‚Empirie' – und erhielt dadurch entscheidende Anstöße zur Weiterentwicklung der Theorie.[303]

Schon der Bonapartismus als eine politische Form der bürgerlichen Gesellschaft entsprang in Marx' Augen auch einer Verselbständigung des Krisenbewusstseins und eines Bedürfnisses nach einer autoritären Garantie für den stockenden und abzureißen drohenden Zirkulationsprozess. Eine krisenähnliche Situation trieb die Bourgeoisie zur Flucht nach vorn und ließ sie aktiv den Staatsstreich von 1851 provozieren, durch den sie ihre eigene politische Macht verlor. Der *18. Brumaire des Louis Bonaparte* zeigt daher allerlei Menschen, die, wie etwa auch die französischen Parzellenbauern, nicht in ihrem Interesse handeln, sondern schwere Illusionen und wilde Phantasien ausbilden. Marx widmete sich verstärkt der Eigenständigkeit von Bewusstseinsformen – „verschiedener und eigenthümlich gestalteter Empfindungen, Illusionen, Denkweisen und Lebensanschauungen" (MEGA I/11, 121) – und den Bewusstseinsinhalten, um die von seinem damaligen Krisenmodell abweichenden Phänomene zu erklären.

Auch die neuen Bände von Tookes *History of Prices* verdeutlichten Marx, dass er einige ökonomische Zusammenhänge etwas schematisch verstanden hatte. Der hohe Kornpreis, zuvor als Krisenindikator gedacht, entpuppte sich in den 1850er Jahren als folgenlos, da er wegen der kalifornischen Goldströme nicht zu einem nennenswerten *drain of bullion* aus England führte; umgekehrt kam es zu *drains* ganz ohne unmittelbar realwirtschaftliche Anlässe, etwa aus bloßer Furcht vor einer Entwertung des Goldes. Die niedrige Zinsrate der Bank of England im Jahr 1852 zeigte zwar die durch die Goldfunde gewachsene Masse verleihbaren Kapitals an, aber diese war dieses Mal kein Ausdruck eines Mangels an profitablen Gelegenheiten; und die hohen Zinssätze

---

[303] „In der fortwährenden Korrektur der eigenen Prognose wurde zugleich die ökonomische Theorie ausgearbeitet." (Steil 1993, 164)

in den Geldklemmen von 1855 und 1856 mündeten wegen des beständig einströmenden Extragoldes nicht in eine Geldkrise. Tooke und sein Mitarbeiter Newmarch vermochten die monetären Rätsel zu entschlüsseln, die sich seit dem Goldrausch in Kalifornien zugetragen hatten, und verwiesen Marx dadurch stärker als zuvor auf die eigenständigen Momente des Geldmarkts. In den *Krisenheften* schließlich erkannte er, dass die Krise sich nicht durch den Universalmechanismus der Goldströme von einem Ort an den anderen übertrug, sondern sich über komplizierte Handels- und Verschuldungszusammenhänge in der Welt ausbreitete.

Wie Marx ausgehend vom Verlauf des neuen Zyklus seine Überlegungen zum Geld und zum Geldmarkt weiterentwickelte, so auch seine Auffassung vom Staat. In seinen vor den *Londoner Heften* entstandenen Beiträgen zur Krise von 1847/48 sah er den Staat die Krise umso mehr verschärfen, je mehr er sich gegen sie wehrt. Aber eine Krise später – und nachdem er die Kritik der *Banking School* an willkürlicher, krisenverschärfender Politik rezipiert hatte – wurde deutlich, dass die Kompetenzen des Krisenmanagements nicht ganz so beschränkt waren, wie es zuvor den Anschein hatte. Durch Geldpolitik konnten ‚Zeit gekauft' und die erwarteten politischen Turbulenzen, zumindest in Europa, vermieden werden. In seiner Untersuchung der Staatsmaßnahmen in Frankreich, Skandinavien, Hamburg und Großbritannien betonte Marx den Einfluss der Politik auf den Krisenverlauf, ohne dabei allerdings die These von der Impotenz aufzugeben. Er blieb bei der Auffassung, dass nicht einfach voluntaristisch per Regierungshandeln über die Ansteckung befunden werden kann. Aber ähnlich wie Fullarton dachte, wird Politik erst in der Krise möglich als Antwort auf die Ereignisse und als Versuch, sie in bestimmte Bahnen zu lenken und nicht zu verschlimmern. Zwar war Marx' frühere Vermittlung zwischen wirtschaftlicher und politischer Krise durch eine fiskalische Notlage nicht grundlegend falsch, aber indem die europäischen Staaten den Entwertungsdruck in die Zukunft verschoben, entstand dabei über die fiskalischen Schnittstellen hinaus ein ganzes Feld, auf dem ökonomische zu politischen Problemen mutieren können. Analog zum reflexartigen Widerspiegelungsverhältnis von ‚Produktion und Finanz' hatte Marx bis 1851 auch den Weg von der ökonomischen zu einer fiskalischen Krise als direkten und im Grunde einzig möglichen erwogen. Nun wandte er sich vermehrt alternativen Möglichkeiten der politischen Wiederbelebung zu: etwa dem ideologischen Streit um die richtige Krisenüberwindung (wie zwischen Bürgerschaft und Senat in Hamburg sowie zwischen Freihandel und Protektionismus in Amerika) und den außenpolitischen Spannungen, zu denen es nach 1858 in Europa vermehrt kam.

Die 1850er Jahre und insbesondere die Krise von 1857/58 beförderten insgesamt also eine Fortentwicklung des Marx'schen Denkens von beinahe ‚epistemologischer' Qualität: eine Wende hin zur Multilinearität und zu einer zunehmenden Komplexität in den Beziehungen zwischen den 1850/51 etablierten Variablen. Marx beobachtete, dass der Kredit die Ware bloß indirekt, auf einem Umweg abbilden kann; dass die Krise durch die Maskierung des fiktiven Kapitals an von den Handelsbeziehungen kaum berührte Orte getragen wurde; dass die Möglichkeiten der Übersetzung von ökonomischen in politische Probleme vielfältig waren (ideologisch, handels- und geopolitisch, fiskalisch); dass eine Krise unmittelbar kein nennenswertes revolutionäres Bewusstsein hervorbringen muss. Daher wäre es merkwürdig gewesen, wenn er in den *Grundrissen* von einem automatischen Zusammenbruch des Kapitalismus ausgegangen wäre, denn die Grundtendenz in der Weiterentwicklung seines politökonomischen Denkens seit der frühen Londoner Zeit besteht in einer Abkehr von allzu mechanisch gedachten Zusammenhängen wie der reflexartigen Widerspiegelung von Produktion in Finanz, von der Überproduktion im Crédit Mobilier, England in Frankreich und Ökonomie in Politik, kurzum: der ‚materiellen Basis' im ‚ideellen Überbau'. In der *Revue* und in *Reflection* ließ Marx 1850/51 tendenziell etwas ökonomistisch die Sphäre der Produktion auf passive Spiegelflächen einwirken, welche die einfallenden Strahlen bloß brechen und reflektierend weiterleiten: die Kreditausdehnung „repräsentierte" den wirklichen Handel, die Überspekulation war ein „Symptom" der Überproduktion und die Überproduktion spiegelte sich in einer Geldkrise; die Krise auf dem Kontinent war die englische „in sekundärer und tertiärer Form", die „oberflächlichen Wallungen" des politischen Lebens (vermittelt durch die Krise der Staatsfinanzen) Erscheinungen des industriellen Zyklus und nicht zuletzt wäre eine neue Revolution so sicher wie eine neue Krise.

Um der Verflochtenheit der verschiedenen Phänomene des gesellschaftlichen Ganzen gerecht zu werden, griff Marx in den *Grundrissen* auf Konzepte der Vergegenständlichung, Selbständigkeit und Wechselwirkung zurück (vgl. Kluchert 1985, 107–109). In den *Pariser Heften* und den *Ökonomisch-philosophischen Manuskripten* stülpte Marx der sozialen Wirklichkeit noch philosophische Begriffe über; in der *Deutschen Ideologie* stellten Engels und er philosophisch formal die Forderung auf, die Wechselwirkungen zwischen den einzelnen Momenten der gesellschaftlichen Totalität zu berücksichtigen (MEGA I/5, 45), und Marx wiederholte diesen Anspruch in *Reflection* (MEGA IV/8, 229). Aber es ist etwas ganz anderes, diese Zusammenhänge im Leben des wirklichen Stoffs auch nachzuweisen und die genaue Art und Weise zu bestimmen, in der Wirkungen zu Ursachen werden. Das Geld ist weder bloß neutrales oder reflektierendes Medium noch die Ursache allen Übels; die Kreditausdehnung ist weder der letzte Grund der Krisen noch wirkungslos in ihrem Verlauf; der Staat kann die Krisen nicht ultimativ verhindern, aber greift doch in ihren Verlauf ein und bearbeitet dadurch ihren Charakter; obwohl die Quelle der Krise das englische Industriekapital ist, muss dieses nicht auch ihr Zentrum sein; das Krisenbewusstsein kann sich verselbständigen, so dass die Befürchtung oder die Bejahung einer großen Katastrophe auch ohne Anlass einer tatsächlichen Krise virulent werden können. Zwischen Auffassungen, die eine Seite eines Gegensatzes einnehmen, zwischen Ricardo und Sismondi, zwischen politischen Ökonomen und Arbeiterökonomen, zwischen Theoretikern und Praktikern, Hugo und Proudhon, Subjektivismus und Objektivismus, Politizismus und Ökonomismus versuchte er, eine dialektisch-vermittelnde, die Dualismen radikal aufhebende Position zu finden.

Aber nicht einfach nur war Marx' Modell von 1850/51 bloß etwas zu schematisch; die Welt selbst hatte sich anschließend globalisiert und war unübersichtlicher geworden. Mit der zunehmenden Erschließung von Asien, Amerika, Australien, Frankreich und Skandinavien schien die bürgerliche Gesellschaft in ein „neue[s] Entwicklungsstadium" (MEGA II/2, 102) eingetreten zu sein. Das Kapital hatte sich in diesen Jahren enorm ausgebreitet und dabei auch zuvor weniger einsichtige Seiten gezeigt. Marx' neue Auffassungen waren nicht einfach nur ein theoretisches Postulat, sondern entsprachen einer wirklichen Entwicklung, die er in seiner Journalistik und in seinen Exzerpten aufspürte. Das Bewusstsein für eine veränderte Weltlage entstand am konkreten Material, weniger in der Arbeit am Begriff. Anhand seines Lernprozesses der 1850er Jahre lässt sich somit nachvollziehen, wie Marx damit umging, dass Dinge nicht wie angenommen abliefen und sich unbekannte Phänomene zeigten. Er war weder modisch noch dogmatisch. Seine früheren Gedanken waren nicht grundsätzlich falsch und doch nicht mehr ganz auf der Höhe der Zeit. Nur indem die neuen Erscheinungen mit einer erneuerten Theorie eingeholt werden, kann eine sich verändernde Situation begriffen werden und die Kritik ihre Kraft behalten. Auch wenn diese enge Verbindung von Theorie und Geschichte in den *Kapital*-Manuskripten der 1860er Jahre keineswegs verloren gegangen ist (siehe 5.1), liegt ein Vorzug des Marx'schen Schaffens der 1850er Jahre in der Eindeutigkeit, mit der sie zutage tritt.

Wie die Ausführungen am Ende der *Grundrisse* über das zunehmende Auseinanderklaffen von stofflichem Reichtum und Wert zeigen, hat Marx am epistemologischen Gehalt der Krise als der „schlagendsten Form", die den Widerspruch zwischen Produktionsverhältnissen und Produktivkräften ins Bewusstsein rücken lässt, festgehalten. Auch als er sich endgültig davon überzeugt hatte, dass die Krise dieses Mal nicht in eine französische Revolution münden würde (es würde „den Franzosen nichts schaden, wenn sie sehn, daß die Welt auch ohne sie ‚mov't'."), beharrte er gegenüber Engels am 8. Oktober 1858 darauf, dass auf dem europäischen Kontinent „die Revolution imminent" sei und „auch sofort einen socialistischen Character annehmen" (MEGA III/9, 218) werde. Obwohl sich der Konnex von Krise und Revolution nicht in seiner engen Fassung bestätigt hatte, gab Marx ihn also nicht absolut auf. So ist noch im berühmten Vorwort von *Zur Kritik der politischen Ökonomie* (1859) davon die Rede, dass eine „Epoche socialer Revolution" (MEGA II/2, 101) eintritt, sobald die Produktivkräfte von Entwicklungsformen in Fesseln der Produktionsverhältnisse umschlagen. Allerdings werden im *Vorwort* zwei Einschränkungen formuliert, die der im Laufe der 1850er Jahre deutlich zutage getretenen Ambivalenz der Krise Rechnung tragen.

Erstens hatte sich die Erfahrung der Periode von 1839 bis 1849, dass eine Krise unmittelbar bestehende soziale und politische Kämpfe zuspitzt, nicht bestätigt. So kam es 1857/58 zwar zu Streiks, proletarischer Selbstorganisation, Bürgerzusammenschlüssen, Demonstrationen, Protesten, Plünderungen und Aufständen, jedoch nahmen im Proletariat auch Nationalismus, Opferbereitschaft und Konkurrenz zu. Alle drei *Krisenhefte* endeten mit einer Ernüchterung: *1857 France* mit der Kunde gesunder

Staatsfinanzen in Frankreich (MEGA IV/14, 75), das *Book of the Crisis of 1857* mit proletarischen Illusionen über die Krise als Einbruch eines fremden Außen (MEGA IV/14, 293) und *The Book of the Commercial Crisis* mit einer neuen Entwicklungsperspektive des Kapitals in Ostasien. Die Ausdehnung des Weltmarkts hatte die größte Krise der Geschichte herbeigeführt, aber einer kommunistischen Bewegung keinen nennenswerten Auftrieb verliehen. Marx vernahm die Kaisertreue mancher Sozialisten, den Puritanismus des Schatzbildners und den Moralismus der liberalen Presse. Er vernahm, dass die aberwitzigsten Phantasien über die Krise und ihren Ursprung kursieren, dass die Klassen gegen ihre Interessen handeln, die Menschen schwersten Illusionen anhängen und die Bourgeoisie im Zweifelsfall einen Diktator an der Macht bevorzugt, der die halbe Welt in Schutt und Asche zu legen vermag. So hat er sich den uneindeutigen Effekten der Krise auf das gesellschaftliche Bewusstsein durch die Einführung der Krisencharaktere Schatzbildner und Gläubiger angenommen. Seine Pointe lautet, dass sich hinter den Idealen von Freiheit und Gleichheit, die den Formen von Warentausch, Geld, Vertrag entspringen, nicht nur Ungleichheit, Unfreiheit und Konkurrenzkampf verbergen, sondern dass die Krise die materielle Grundlage der Freiheits- und Gleichheitsillusionen zerbricht und sie damit auch den Boden für Ideologien der Ungleichheit und Unfreiheit bereitet. Die Krisen lösen nicht nur den Bann des Fetischismus, sondern verstärken ihn auch zu einer Überproduktion der Illusionen. Wenn das Geldmachen plötzlich nicht mehr funktioniert, könnte, statt diesen sinnlosen Zweck zu brechen, die Krise und die sich in ihr zeigende destruktive Seite des Geldes – dem Henker aller Dinge und dem Opfer verlangenden Moloch – auch bejaht werden. Bei der Rückversetzung in die Barbarei, von der Marx mehrmals sprach, handelt es sich somit um eine spezifisch moderne Angelegenheit, die der tiefen Verzauberung und Religiosität der bürgerlichen Gesellschaft auf der einen und ihrer Krisenhaftigkeit auf der anderen Seite entspringt. Es ist keine vormoderne Rohheit und Grausamkeit, von der die bürgerliche Gesellschaft periodisch heimgesucht wird. Die Dialektik von ‚Zivilisation und Barbarei', Fort- und Rückschritt, Universalismus und Borniertheit, Kosmopolitismus und Nationalismus, Gewinnen und Zerrinnen ist vielmehr eine spezifisch bürgerliche und kommt wesentlich mit den Umschlägen von Prosperität in Krise zum Ausdruck.[304]

Die zweite Einschränkung ist die langfristige Entwicklungstendenz des Kapitals als eines Auflösungsprozesses, die Marx im „Maschinenfragment" diskutierte. Im Anschluss daran betonte er im *Vorwort* von 1859 die *langfristige* Mobilisierung kritischer Subjektivität im Zuge der zunehmenden Einsicht, dass die bürgerliche Gesellschaft die unter ihrer Ägide geschaffenen Potentiale nicht zu verwirklichen vermag und daher ihre Grundformen Lohnarbeit, Warenproduktion, Geld und Staat überwunden

---

[304] Das heißt nicht, dass mit jeder Krise und mit jeder Prosperität mechanisch ein solcher Umschlag eintritt, sondern nur, dass dem Kapitalverhältnis selbst diese verschiedenen Momente zukommen und sich typischerweise mit den Krisen ihren Weg an die Oberfläche bahnen.

werden müssen. Die Revolution ist nicht mehr nur ein punktuelles Ereignis, sondern eine „Epoche" und diese würde nicht durch eine einzelne Krise, sondern durch ihre fortwährende Wiederkehr geprägt. Im *Vorwort* lässt Marx daher den Auflösungsprozess des Kapitals und die uneindeutige Reflexion darauf in den Formen des gesellschaftlichen Bewusstseins auseinandertreten:

> Aus Entwicklungsformen der Produktivkräfte schlagen diese Verhältnisse in Fesseln derselben um. Es tritt dann eine Epoche socialer Revolution ein. Mit der Veränderung der ökonomischen Grundlage wälzt sich der ganze ungeheure Ueberbau langsamer oder rascher um. In der Betrachtung solcher Umwälzungen muß man stets unterscheiden zwischen der materiellen naturwissenschaftlich treu zu konstatirenden Umwälzung in den ökonomischen Produktionsbedingungen und den juristischen, politischen, religiösen, künstlerischen oder philosophischen, kurz ideologischen Formen, worin sich die Menschen dieses Konflikts bewußt werden und ihn ausfechten. (MEGA II/2, 101)

Aus der Erkenntnis, dass das Bewusstsein über die Lösung der Aufgabe nicht automatisch mit den Bedingungen der Auflösung Schritt hält, sondern sich in unterschiedlichsten, phantastischen,[305] illusionären und anachronistischen Formen vollzieht (und insgesamt daher wohl auf sich warten lassen würde), ergab sich für Marx wieder ein Vorrang neuer Theoriearbeit. Es schien ihm nun wichtig, die ökonomischen Bewegungsgesetze der bürgerlichen Gesellschaft begrifflich genauer zu fassen: warum sie die Krisen periodisch hervorbringt und was diese ausdrücken (dazu 4.1), wie der überzyklische Auflösungsprozess mit der Periodizität der Krisen zu vermitteln sei (4.2.1) und wie sich die eigentümlichen Bewegungen des verleihbaren Kapitals im Kreditsystem zur Bewegung des produktiven Kapitals verhalten (4.2.3). Wieder besteht bei Marx eine Einheit von kritischer Wissenschaft und politischem Vorhaben: Mittels einer theoretischen Untersuchung seiner Bewegungsformen lässt sich ein Verständnis dafür gewinnen, auf welche Situationen das Kapital (und mit ihm die Menschheit) zusteuert und welche Widersprüche und damit Widerstände es hervorrufen würde. Wenn der Grundwiderspruch des Kapitals und die ideologischen Formen, in denen er verhandelt wird, auseinandertreten, hilft die Kritik der politischen Ökonomie den Menschen bei der bewussten Austragung des Konflikts.

Wie bemerkt, demonstrierten die Ereignisse von 1857/58, dass man sich auf eine Krise allein nicht verlassen sollte. Dass sich der Konnex zwischen einer einzelnen Krise als Bedingung einer neuen Revolution etwas relativiert hat (gegenüber dem Bedeutungszuwachs der langfristigen Tendenzen), heißt aber nicht, dass er völlig zerbrochen wäre. So wird Marx in den 1860er Jahren nicht auf Krisenprognosen verzichten (siehe 5.1) und noch in der *Tribune* vom 6. September 1860, gute drei Jahre nach

---

305 Marx schrieb Paul Lafargue am 18. April 1870: „The general aspirations and tendencies of the working class emanate from the real conditions in which it finds itself placed. They are therefore common to the whole class although the movement reflects itself in their heads in the most diversified forms, more or less phantastical, more or less adequate." (MECW 43, 485)

dem Zusammenbruch der Ohio Life Insurance and Trust Company, sein ‚altes' Modell noch einmal präzisieren: „If, in England, the effect of the imminent monetary pressure is not likely to stretch far beyond the sphere of political economy, it is quite another thing on the Continent, where serious political disturbances are almost unavoidable whenever a monetary crisis coincides with a failing harvest and a great increase of taxation." (MEGA I/18, 519) Auch in *Herr Vogt* wird er 1860 die zehn Jahre alte Formel aus der *Revue* – „Eine neue Revolution ist nur möglich im Gefolge einer neuen Krisis." (MEGA I/10, 467) – noch einmal als Selbstzitat wiederaufleben lassen und hinzufügen: „In der That nahm die europäische Geschichte erst wieder seit der Krise von 1857–58 einen acuten, und wenn man will, revolutionairen Character an." (MEGA I/18, 119) Indes hat er in dem Selbstzitat zwei Dinge weggelassen. Einmal heißt es in *Herr Vogt* nicht mehr „im Gefolge einer neuen Krisis", sondern „im Gefolge einer Krisis"; nicht wiederholt ist zudem der in der *Revue* folgende Satz, dass die Revolution „auch ebenso sicher" wie die (neue) Krise sei. Was verloren gegangen ist, ist also die Eindeutigkeit des einzelnen Krisenereignisses.

Obwohl sich seine politischen Hoffnungen verkomplizierten, wurde Marx nicht pessimistisch oder defätistisch. Die Multilinearität zwischen Ware und Geld, Industrie und Kredit, Krise und Staat, Krise und Erkenntnis deutete darauf hin, dass auch die Revolution auf vielen Wegen kommen kann: Die Welt war „rund" und Europa klein geworden.[306] Auch daher weitete sich Marx' Blick ab 1858 noch mehr für das innere Leben in den außereuropäischen Regionen und für neue Antagonismen des Kapitals. Auf die Weltmarktkrise von 1857/58 folgten schließlich doch soziale Umwälzungen welthistorischen Ausmaßes, allerdings nicht in Westeuropa und nicht mit unmittelbar kommunistischer Ausrichtung: die Sklavenbewegungen in Amerika und Russland.[307] So hieß es schon im *Vorwort*: „Daher stellt sich die Menschheit immer nur Aufgaben, die sie lösen kann, denn genauer betrachtet wird sich stets finden, daß die Aufgabe selbst nur entspringt, wo die materiellen Bedingungen ihrer Lösung schon vorhanden oder wenigstens im Proceß ihres Werdens begriffen sind." (MEGA II/2, 101)

---

[306] Siehe Marx an Engels, 8. Oktober 1858: „Wir können es nicht läugnen, daß die bürgerliche Gesellschaft zum 2'mal ihr 16ᵗ Jhdt erlebt hat, – ein 16ᵗ Jhh., von dem ich hoffe, daß es sie ebenso zu Grabe läutet, wie das erste sie ins Leben poussirte. [...] Die schwierige question für uns ist die: Auf dem Continent ist die Revolution imminent u. wird auch sofort einen socialistischen Character annehmen. Wird sie in diesem kleinen Winkel nicht nothwendig gecrusht werden, da auf viel größrem Terrain das movement der bürgerlichen Gesellschaft noch ascendant ist?" (MEGA III/9, 218)

[307] Siehe Marx an Engels, frühestens 11. Januar 1860: „Nach meiner Ansicht ist das Größte, was jezt in der Welt vorgeht, einerseits die amerik. Sklavenbewegung, [...] andrerseits die Sklavenbewegung in Rußland. [...] So ist die ‚sociale' Bewegung im Westen u. Osten eröffnet. Dieß zusammen mit dem bevorstehenden downbreak in Centraleuropa wird grandios werden." (MEGA III/10, 153)

4 Von der Möglichkeit zur Wirklichkeit der Krise. Das Krisenproblem in der logischen Struktur des *Kapital*

Im vorliegenden Kapitel wird versucht, die logische Struktur zu rekonstruieren, in der Marx das Krisenproblem in den drei Büchern seines unvollendet gebliebenen ökonomischen Hauptwerks *Das Kapital* behandelt hat. Es wird sich zeigen, dass hier eine zusammenhängende Krisentheorie vorliegt und es in die Irre führt, diese in einem bestimmten kategorialen Moment oder Mechanismus (Unterkonsumtion, Disproportion, Profitratenfall, Profitklemme usw.) zu isolieren. Marx betonte mehrmals, dass in einer allgemeinen Krise „alle Widersprüche" der kapitalistischen Produktionsweise „collectiv" (MEGA II/3, 1154) eklatieren: Es sind „die großen Weltmarktsungewitter, worin der Widerstreit aller Elemente des bürgerlichen Produktionsprozesses sich entladet" (MEGA II/2, 240). Auch das Gesetz des tendenziellen Falls der Profitrate beschreibt keinen endgültigen Mechanismus, der alle oder wenigstens die meisten Krisen entstehen lässt (4.2.1). Vielmehr hat Marx dem Kredit eine große krisentheoretische Bedeutung zugesprochen (4.2.2 und 4.2.3).

Marx' Krisentheorie im *Kapital* ist zuallererst eine Kapitaltheorie. Sie bezieht sich auf den Nachweis der Krisenhaftigkeit der kapitalistischen Produktionsweise und ist hinreichend, um die periodische Wiederkehr der Wirtschaftskrisen und einige ihrer grundlegenden Eigenschaften zu begründen. Gleichwohl ist sie nicht ‚vollständig': Selbst wenn Marx das *Kapital* hätte abschließen können, wäre er nicht der Überzeugung gewesen, alles Nötige zu den Krisen gesagt zu haben. Aus dem folgenden Grund: Im von ihm ab 1857 mehrmals skizzierten Sechs-Bücher-Plan zur Kritik der politischen Ökonomie war das Buch „Der Weltmarkt und die Crisen" nach den Büchern über Kapital, Grundeigentum, Lohnarbeit, Staat und internationale Arbeitsteilung als Abschluss vorgesehen.[1] Dies war konsequent, denn die Krise ist die „reale Zusammenfassung und gewaltsame Ausgleichung aller Widersprüche der bürgerlichen Oekonomie" (MEGA II/3, 1131), so, wie das Konkrete „die Zusammenfassung vieler Bestimmungen ist, also Einheit des Mannigfaltigen" (MEGA II/1, 36). Bei der Weltmarktkrise handelt es sich um ein reich bestimmtes Moment, laut Marx sogar um das konkreteste, komplizierteste, „das verwickelste Phänomen der capitalistischen Production" (MEGA II/3, 1123). Es ließe sich ergänzen, dass sie damit eines der offensichtlichsten Phänomene ist, da sie – im Gegensatz zur „unsichtbaren Kerngestalt" (MEGA II/4.2, 279) der bürgerlichen Produktion – für alle wahrnehmbar ist. Aber insofern die

---

[1] Genau genommen hat Marx nur in der *Einleitung* (MEGA II/1, 43) und in den *Grundrissen* (MEGA II/1, 152) das letzte Buch als „Der Weltmarkt und die Crisen" und später nur noch als „Weltmarkt" vorgestellt. Kuruma (1930) ist zuzustimmen, dass dies keine konzeptionelle Änderung bedeutete.

Weltmarktkrise die Zusammenfassung aller Widersprüche der kapitalistischen Produktionsweise ist, setzt ihre Darstellung die Darstellung eben jener Gesamtheit der Widersprüche voraus, um zu demonstrieren, dass es deren Verwicklungen sind, die eklatieren. Es ist zwar nicht leicht, die Krisen zu übersehen, aber ebenso schwer ist es, sie zu durchschauen. Gerade wegen ihrer Vielseitigkeit kann leicht nur eine Seite des Phänomens in den Blick geraten und es somit ‚missverstanden' werden. Den Abschluss der Kritik der politischen Ökonomie sollte daher das Buch über den Weltmarkt und die Krisen bilden, das behandelt hätte, wie alle Widersprüche als Eklat an die Oberfläche treten.

Marx rückte vom Sechs-Bücher-Plan im Laufe der Arbeit an dessen erstem Buch über das „Kapital im Allgemeinen" ab, das ihm unter der Hand zu einem beinahe 2500-seitigen Manuskript ausgewachsen war: dem *Ökonomischen Manuskript 1861–63* (MEGA II/3), von dem ein Teil besser bekannt ist unter dem Titel *Theorien über den Mehrwert*. Er äußerte erstmals am 28. Dezember 1862 gegenüber Louis Kugelmann, *Das Kapital* als eigenständiges Werk veröffentlichen zu wollen (MEGA III/12, 296). Das *Kapital* muss als ein neues Vorhaben angesehen werden, das nicht mit dem ersten Buch des Sechs-Bücher-Plans identisch ist.[2] In den geplanten vier Büchern des *Kapital* wollte Marx nicht mehr das „Kapital im Allgemeinen" (gegenüber den vielen besonderen Kapitalien) behandeln, sondern stattdessen eine „allgemeine Analyse des Capitals" (MEGA II/4.2, 305) unternehmen: eine *allgemeine* Untersuchung der kapitalistischen Produktionsweise unter Einschluss der Revenueformen Profit, Zins, Grundrente und der wirklichen Bewegung der vielen Kapitalien etwa bei der Bildung der Durchschnittsprofitrate und der Bewegung des Kredits (Otani 2015).

Weil sich in den Krisen alle Widersprüche manifestieren und damit für das Alltagsbewusstsein und den bürgerlichen Verstand erkennbar werden, ist die Vermutung berechtigt, dass die Krisen den Abschluss auch des *Kapital* bilden müssten. Allerdings sind in das *Kapital* lediglich die ersten drei Bücher des Sechs-Bücher-Plans (Kapital, Grundeigentum, Lohnarbeit) eingegangen. Da die Weltmarktkrisen aber den Weltmarkt – auf dem „alle Widersprüche zum Process kommen" (MEGA II/1, 151) – voraussetzen,[3] der im *Kapital* genauso wenig entwickelt wird wie der Staat (Buch 4 des Sechs-Bücher-Plans) und die internationale Arbeitsteilung (Buch 5), kann es im *Kapital* folglich keinen Abschnitt mit einer systematischen Diskussion der Krisen geben. Vor der Darstellung des Krisenphänomens in seiner vollen Bestimmt-

---

2 Anknüpfend an Rosdolsky (1968, 71–76) wird häufig angenommen, dass Marx auch im *Kapital* das „Kapital im Allgemeinen" behandeln wollte. Dazu kritisch Heinrich (2006, 179–195) und Otani (2015).
3 Schon 1845 notierte Marx aus Sismondis *Études*: „Auf den Weltmarkt muß man also die Blicke richten, auf diesen Markt, der nothwendig beschränkt ist, denn für ihn giebt es keine Exportation u. wenn der Welthandel sich vorsezt viel zu produciren u. wenig zu consummiren, so kann für diesen Handel wenigstens kein Zweifel vorhanden sein, daß alle seine efforts zum encombrement streben." (MEGA IV/3, 186)

heit bedürfte es der kategorialen Entwicklung des Staats, der internationalen Arbeitsteilung und des Weltmarkts. Mit der Planänderung seiner Kritik der politischen Ökonomie und dem Wegfall der Bücher vier bis sechs hat Marx auch davon Abstand genommen, seine Krisentheorie in einem eigenen Abschnitt zusammenhängend vorzustellen. Insofern enthielte das *Kapital*, selbst wenn Marx es hätte fertigstellen können, keine seinem eigenen Anspruch nach ‚vollständige' Krisentheorie.

Allerdings fällt die Krisentheorie trotz dieses sicherlich schmerzhaften Verzichts nicht aus dem *Kapital* heraus. Ganz im Gegenteil: Die mannigfaltigen Krisenpotenziale entstehen nicht erst im Staat, in der internationalen Arbeitsteilung oder auf dem Weltmarkt, sondern sie lauern bereits in der Warenform und entwickeln sich durch den kapitalistischen Produktions-, Zirkulations- und Gesamtprozess. Auf der Darstellungsstufe des Kredits hätten die Krisen als typische Momente in den eigentümlichen Bewegungen des verleihbaren Kapitals ausführlicher Erwähnung gefunden, wenn auch nicht in ihrer vollen Bestimmtheit. Es ist plausibel, dass Marx im Abschnitt über den Kredit ein rudimentäres Modell ohne Staat, internationale Arbeitsteilung und Weltmarkt entwickeln (vgl. Bader et al. 1975, 114) und somit innerhalb des *Kapital*-Projekts die Latenz der Widersprüche bis zu ihrer Manifestation als Geldkrise im Kreditsystem verfolgen wollte.

Auf welche Weise das Krisenproblem im *Kapital*-Vorhaben behandelt werden sollte, ist nicht ohne Rückgriff auf jenes *Ökonomische Manuskript 1861–63* zu erklären, an dem Marx zur Zeit der Planänderung arbeitete. Eine methodische Vorgehensweise zur Entwicklung einer Krisentheorie findet sich dort im Abschnitt zur Kritik der Ricardo'schen Akkumulationstheorie (entstanden im September 1862) relativ ausführlich dargelegt. Marx schreibt:

> Und dieß ist bei der Betrachtung der bürgerlichen Oekonomie das Wichtige. Die Weltmarktscrisen müssen als die reale Zusammenfassung und gewaltsame Ausgleichung aller Widersprüche der bürgerlichen Oekonomie gefaßt werden. Die einzelnen Momente, die sich also in diesen Crisen zusammenfassen, müssen also in jeder Sphäre der bürgerlichen Oekonomie hervortreten und entwickelt werden, und je weiter wir in ihr vordringen, müssen einerseits neue Bestimmungen dieses Widerstreits entwickelt, andererseits die abstracteren Formen desselben als wiederkehrend und enthalten in den konkreteren nachgewiesen werden. (MEGA II/3, 1131)[4]

---

4 Heinrich (2016, 92; ähnlich 2006, 354) kommentiert diese Stelle wie folgt: „Die Krise ist also jetzt nicht mehr, wie in der Planskizze der *Einleitung* von 1857 [...] nur als *letzter* Punkt der Darstellung zu betrachten; die Krisenmomente sollen jetzt auf *allen* Darstellungsebenen entwickelt werden. Auch werden die Krisen von Marx nicht mehr allein als etwas Zerstörerisches betrachtet, die auf eine Art Endkrise zulaufen. Marx hebt jetzt vielmehr ihre Periodizität hervor: Sie sind unvermeidlicher Ausdruck der kapitalistischen Produktionsweise, aber nicht mehr Anzeichen einer Tendenz zum automatischen Zusammenbruch." Aber bereits in *Reflection* sah Marx die Unverwertbarkeit des Kapitals (und damit die Krisen) „schon mit dem Kapital" und der ihm spezifischen „ganzen Organisation der Production" (MEGA IV/8, 231) gegeben und in den *Grundrissen* waren die Krisenmomente „primitiv im Verhältniß des Capitals selbst gesetzt" (MEGA II/1, 330). (Vgl. Kim 1998, 106–126.) Auch entwickelt

Marx gibt hier deutlich zu erkennen, das Krisenproblem in einem logischen Zusammenhang betrachten zu wollen (vgl. Bader et al. 1975, 110–114).[5] Das methodische Programm der Darstellung des Krisenproblems in den Büchern des *Kapital* lautet, dass es sich durch alle Kategorien hindurch ziehen soll und damit „immer wieder neu aufgenommen werden" (Reichelt 1970, 189) muss.[6] Der berühmte Aufstieg vom Abstrakten zum Konkreten umfasst wesentlich auch die Entwicklung von der Möglichkeit zur Wirklichkeit der Krise (vgl. Arndt 1994, 304).[7] Die einzelnen Momente der Krisen müssen in jeder Sphäre der bürgerlichen Ökonomie hervortreten, was auch heißt, dass „jede Sphäre" ein krisentheoretisches Moment enthält und man zum Beispiel nicht über das fixe Kapital oder den Staat sprechen kann, ohne dabei das Problem der Krise zu berücksichtigen. Marx will mit dem Fortschreiten der Analyse die abstrakten Formen als wiederkehrend in den konkreten nachweisen; weil es sich bei letzteren um keine bloße Wiederholung des Abstrakten handelt, müssen dabei neue inhaltliche Bestimmungen hinzutreten. Weil das *Kapital*-Werk die Konkretisierung der Krisenhaftigkeit zu entfalten versucht, enthält es keine Krisen- neben der Kapitaltheorie, sondern eine allgemeine Analyse des Kapitals, die dessen Krisen systematisch mitdenken und begründen muss. Es umfasst insofern *eine einzige Krisentheorie*.

Marx' Krisentheorie im *Kapital* läuft also nicht darauf hinaus, einen Punkt (Unterkonsumtion, Disproportion, Profitklemme, Fall der Profitrate) zu isolieren, an dem die Prosperität unausweichlich in ihr Gegenteil umschlagen muss;[8] mit ihrer Hilfe können allerdings solche Verursachungsmomente von Krisen bestimmt und begriffen werden. Das sechste Buch über den „Weltmarkt und die Crisen" hätte wahrscheinlich eine solche Systematisierung von Verursachungsmomenten und des typischen Verlaufs von Krisen zum Gegenstand gehabt.[9] Marx hätte in diesem Sinne die

---

Marx die ökonomischen Kategorien nicht vom Anfang bis zum ‚Ende' des Kapitalismus, sondern von den abstrakten zu den konkreten Formen. Die Krisen sollten deshalb im letzten Buch systematisch behandelt werden, weil es sich bei ihnen um das konkreteste Phänomen der bürgerlichen Produktion handelt, das alle Widersprüche voraussetzt und zum Eklat bringt.

5 Heinrich (2005, 171) bestreitet die Existenz dieses Zusammenhangs der Marx'schen Aussagen zu den Krisen und daher auch die Möglichkeit einer Rekonstruktion seiner Logik (Heinrich 2006, 368).

6 „Der Weg von der Möglichkeit zur Wirklichkeit der Krise stellt sich so dar als Aufstieg von der abstrakten zur konkreten Form sowie Bewegung und Entwicklung der Widersprüche, die in der Krise zum Eklat kommen." (Arndt 2012, 236)

7 Unter Abstraktion ist nicht mehr zu verstehen als das gedankliche Weglassen von Einzelheiten beziehungsweise das geistige Überführen auf etwas Allgemeines. Je konkreter eine Kategorie, desto mehr Bestimmungen sind in ihr zusammengefasst. Allerdings sollte man bei diesem Verfahren darauf achten, ob nicht gerade das, was als Einzelfall erscheint (die Krise, die ‚Unterentwicklung' der Peripherie, der Bonapartismus usw.), das Wesentliche ist oder zeigt.

8 „Die Aufdeckung des Grundes der Krisen darf nicht mit einer Konstruktion der Wendepunkte und des gesamten Verlaufs des industriellen Zyklus verwechselt werden." (Bader et al. 1975, 26)

9 Wahrscheinlich hätte das sechste Buch keinen Abriss der historischen Krisen umfasst. Wie das *Kapital* hätte es nicht die empirische Geschichte seines Gegenstands behandelt und damit auch nicht einzelne Weltmarktkrisen in extenso dargestellt.

Unausweichlichkeit von Krisen nachgewiesen, wenn er gezeigt hätte, dass die abstrakten Widersprüche in den konkreteren Formen weiterbestehen und darüber hinaus eine inhaltliche Grundlage finden. Dem Buch über den Staat fiele eine große krisentheoretische Bedeutung zu, weil hier plausibel gemacht werden müsste, dass auch der Staat in seiner scheinbaren Omnipotenz mit all seinen Finanzen, Techniken und Regulierungen die Widersprüche der bürgerlichen Produktion nicht beseitigen kann. Dass sich im Kapitalismus „Krisen nicht vermeiden" (Heinrich 2005, 175) lassen, ist mit Marx' Methode so verstehen, dass sich innerhalb des bürgerlichen Kosmos keine logisch zu bestimmende Instanz identifizieren lässt, die die Widersprüche der kapitalistischen Warenproduktion aufheben kann, sondern dass es stattdessen Momente gibt, die zu ihrem Eklat drängen. Sein methodisches Vorgehen besteht laut Marx daher darin, „zu untersuchen, worin die widerstreitenden Elemente bestehn, die in der Catastrophe eclatiren" (MEGA II/3, 1122).

Im Folgenden gilt es, die logische Struktur des Krisenproblems in den drei Büchern des *Kapital* in Umrissen zu rekonstruieren.[10] Wegen ihrer Bedeutung für die Marx'sche Krisentheorie selbst und in ihrer Rezeption ist besonderes Augenmerk auf die Rolle des tendenziellen Falls der Profitrate und den Kredit zu richten (4.2). Indes müsste man im Anschluss an Marx, selbst wenn man es zu einer ‚abgeschlossenen' oder ‚vollständigen' Theorie darüber gebracht hätte, die Krisen jedes Mal aufs Neue untersuchen. Das vorliegende Kapitel schließt daher mit Überlegungen zum Verhältnis zwischen der allgemeinen Analyse des Kapitals und der besonderen Analyse historischer Krisen, wie sie Marx für die von 1847, 1857 und 1866 unternommen hat (4.3).

4.1 Der Produktions- und der Zirkulationsprozess des Kapitals (Marx' Kritik des ‚Say'schen Gesetzes' II)

> Umgekehrt wäre vielmehr zu fragen: wie, auf Grundlage der capitalistischen Production, wo jeder für sich arbeitet und die besondre Arbeit zugleich als ihr Gegentheil, abstract allgemeine Arbeit, und in dieser Form gesellschaftliche Arbeit sich darstellen muß, die nothwendige Ausgleichung und Zusammengehörigkeit der verschiednen Productionssphären [...] anders als durch beständige Aufhebung einer beständigen Disharmonie möglich sein soll?
> Marx: Ökonomisches Manuskript 1861–63
> (MEGA II/3, 1150)

Der vorliegende Abschnitt über das Krisenproblem im ersten Band des *Kapital* (1867) bezieht sich nicht nur auf dieses Buch allein, denn, wie bemerkt, erläuterte Marx

---

10 Die Betrachtung jedes kategorialen Niveaus würde den Rahmen der Untersuchung sprengen. Vor allem wird auf eine ausführliche Diskussion des zweiten *Kapital*-Buchs verzichtet, auch deshalb, weil Marx die meisten Manuskripte dazu erst ab 1868/69, nach den Exzerpten zur Krise von 1866 (dazu 5.3) verfasst hat. Zudem würde sich eine Diskussion des Kaufmannskapitals lohnen.

seine krisentheoretische Vorgehensweise im *Manuskript 1861–63* im Abschnitt zur Kritik der Ricardo'schen Akkumulationstheorie.[11] Wie gesehen (1.1), akzeptierte Ricardo in seinen *Principles of Political Economy, and Taxation* ‚Says Gesetz' in all seinen vier Momenten: „Productions are always bought by productions, money is only the medium by which the exchange is effected. Too much of a particular commodity may be produced, of which there may be such a glut in the market, as not to repay the capital expended on it; but this cannot be the case with respect to all commodities" (Ricardo 1817, 403). Konnte Marx 1844 vom Standpunkt der Entfremdungsphilosophie noch nicht zu einer befriedigenden Kritik von ‚Says Gesetz' vorstoßen (2.1), kritisiert er es in den 1860er Jahren als eine grundlegend irrende, von den spezifischen Eigenschaften abstrahierende Auffassung der kapitalistischen Produktionsweise. Insbesondere sieht das ‚Gesetz' von der Zerrissenheit dieser Produktionsweise ab und hält dadurch „[d]em Gegensatz gegenüber die Einheit" fest. Indem sie seine spezifischen Differenzen grandios verkennen, konzipieren Say und Ricardo die kapitalistische als eine harmonische, gegensatzlose und widerspruchsfreie Produktionsweise:

> Hier werden also die Crisen dadurch wegraisonnirt, daß die ersten Voraussetzungen der capitalistischen Production – das Dasein des Products als Waare, die Verdopplung der Waare in Waare und Geld, die daraus hervorgehenden Momente der Trennung im Waarenaustausch, endlich die Beziehung zwischen Geld oder Waare zur Lohnarbeit vergessen oder geleugnet werden. […] Welche gemüthliche Verkündung der bürgerlichen Verhältnisse! (MEGA II/3, 1124/1125)

Die Kritik von ‚Says Gesetz' ist die Kritik der Krisenleugnung der politischen Ökonomie (wie auch einer naiv-liberalen Denkform, die das Kapital in seiner Daseinsform der Prosperität identifiziert) und damit zugleich, wie Marx recht ‚psychoanalytisch' anmerkt, ein geeigneter Ansatzpunkt, um „zu untersuchen, worin die widerstreitenden Elemente bestehn, die in der Catastrophe eclatiren" (MEGA II/3, 1122):

> Die apologetischen Phrasen, um die Crise wegzuleugnen, sofern wichtig, als sie immer das Gegentheil von dem beweisen, was sie beweisen wollen. Sie – um die Crise wegzuleugnen – behaupten Einheit, wo Gegensatz existirt und Widerspruch. Also so weit wichtig, als gesagt werden kann: Sie beweisen, daß wenn in der That die von ihnen wegphantasirten Widersprüche nicht existirten, auch keine Crise existiren würde. In der That aber existirt die Crise, weil jene Widersprüche existiren. Jeder Grund, den sie gegen die Crise angeben, ist ein wegphantasirter Widerspruch, also ein realer Widerspruch, also ein Grund der Crise. (MEGA II/3, 1141)

In der Krisenleugnung liegt etwas Typisches für das bürgerliche Denken: Wegen der Bejahung der bürgerlichen Gesellschaft als natürliches und harmonisches Paradies auf Erden werden Teile der äußeren Realität, die nicht so recht ins Bild passen, von den allgemeinen Grundsätzen dieser Gesellschaftsformation ferngehalten (dazu

---

11 Zu diesem Abschnitt siehe Projektgruppe Entwicklung des Marxschen Systems (1975, 433–467).

1.6).[12] Die Theorie wird dadurch einseitig und unrealistisch: Indem sie die Negativität und Destruktivität der modernen Gesellschaft leugnet, externalisiert, naturalisiert (oder kulturalisiert) oder in das Reich des Kontingenten verweist, erfasst sie die „einfachsten ökonomischen Verhältnisse" (MEGA II/3, 1123) nicht korrekt. Bürgerliches Krisendenken sucht daher tendenziell nach dem ungesunden Außerhalb, wo die Probleme herkommen sollen. Am Identitätsdenken der klassischen Ökonomie kann die Kritik daher gut ansetzen: Wo Einheit, Harmonie und Gleichgewicht herbeiphantasiert werden, ist davon auszugehen, dass hier ein tatsächlicher Widerspruch geleugnet wird. Denn wie das Kapital seine Existenzgrundlagen vergisst und degradiert (dazu 3.5.1) und „von den gesellschaftlichen Verhältnissen, innerhalb deren die capitalistische Production stattfindet" (MEGA II/4.2, 323), absieht, so tun es ihm seine Theoretiker nach. Die Krisen weisen beide, das Kapital und seine Denker, auf ihr Vergessen hin. Weil die Gedanken der Politökonomen eine einseitige Verarbeitung der ökonomischen Kategorien selbst sind, hat sich Marx im *Manuskript 1861–63* bei der Untersuchung der „widerstreitenden Elemente [...], die in der Catastrophe eclatiren", von seiner Kritik an ‚Says Gesetz' leiten lassen. Er diskutierte hierbei erneut seine in *Reflection* und den *Grundrissen* gewonnenen Erkenntnisse und bestimmte dabei die spezifischen Charakteristika der kapitalistischen Produktionsweise, die er anschließend im ersten Band des *Kapital* systematisch darstellen wird. Dort heißt es knapp:

> Der der Waare immanente Gegensatz von Gebrauchswerth und Tauschwerth, von Privatarbeit, die sich zugleich als unmittelbar gesellschaftliche Arbeit darstellen muß, von besondrer konkreter Arbeit, die zugleich nur als abstrakt allgemeine Arbeit gilt, von Personificirung der Sache und Versachlichung der Personen – dieser immanente Widerspruch erhält in den Gegensätzen der Waarenmetamorphose seine entwickelten *Bewegungsformen*. Diese Formen schließen daher die *Möglichkeit*, aber auch nur die Möglichkeit der Krisen ein. Die Entwicklung dieser Möglichkeit zur Wirklichkeit erfordert einen ganzen Umkreis von Verhältnissen, die vom Standpunkt der einfachen Waarencirculation noch gar nicht existiren. (MEGA II/5, 74)

Wenn der Reichtum einer Gesellschaft die Warenform annimmt, handelt sich diese die Möglichkeit von Krisen ein. Denn die in der Warenform enthaltenen miteinander zusammenhängenden Widersprüche – von Gebrauchs- und Tauschwert, von Privatarbeit und gesellschaftlicher Arbeitsteilung, des Doppelcharakters der Arbeit sowie von Versachlichung der Person und Personifizierung der Sache – stellen, wenn sie sich durch die Metamorphose der Ware entfalten, die Möglichkeit der Krise dar.

---

[12] Gegen McCulloch und Say bemerkt Marx: „In den Weltmarktscrisen bringen es die Widersprüche und Gegensätze der bürgerlichen Production zum éclat. Statt nun zu untersuchen, worin die widerstreitenden Elemente bestehn, die in der Catastrophe eclatiren, begnügen sich die Apologeten damit, die Catastrophe selbst zu läugnen und ihrer gesetzmässigen Periodicität gegenüber darauf zu beharren, daß die Production, wenn sie sich nach den Schulbüchern richtete, es nie zur Crise bringen würde." (MEGA II/3, 1122/23)

Die Ware

In ‚Says Gesetz' werden zuerst die Spezifika der Warenproduktion verkannt. Es bleibt unverstanden, was es bedeutet, dass Arbeitsprodukte die Warenform annehmen. Marx gibt im *Kapital* vier Gegensätze an, die der Warenform immanent sind. So zeichnet sich die grundlegende Struktur einer warenproduzierenden Gesellschaft durch eine Zersplitterung der Produktionsverhältnisse in *private Arbeit* aus. Voneinander isolierte und gegeneinander verselbständigte Privatproduzenten verausgaben Arbeitskraft unabhängig und getrennt voneinander. Die gesamtgesellschaftliche Arbeit liegt daher nicht unmittelbar gesellschaftlich vor; vielmehr müssen die einzelnen Arbeitsprodukte als Waren auf den Markt getragen werden und erst hier, nach der Produktion, erfahren die Privatproduzenten über die gesellschaftliche Geltung ihrer Arbeitsprodukte, insofern sich diese verkaufen lassen (oder eben nicht). In dieser nur für die kapitalistische Produktionsweise spezifischen Form der gesellschaftlichen Arbeitsteilung – in der Trennung der Produzenten voneinander und ihrer Gleichgültigkeit gegeneinander, in der „scheinbare[n] Gleichgültigkeit der innerlich Zusammengehörigen" (Chu 1998, 98) – ist das Fundament der ganzen Zerrissenheit der bürgerlichen Gesellschaft zu suchen.

In der Ware existiert weiterhin der Gegensatz zwischen Gebrauchswert und Tauschwert. Sie ist sowohl ein nützliches Ding zur Befriedigung eines Bedürfnisses als auch tauscht sie sich in einer bestimmten Proportion mit einer anderen Ware. Das Verhältnis, in dem sich die Waren austauschen, wird durch ihren Wert reguliert. Es ist das allgemeine Wertgesetz, dass die Wertgröße durch „das *Quantum gesellschaftlich nothwendiger Arbeit* oder die zur *Herstellung eines Gebrauchswerths gesellschaftlich nothwendige[n] Arbeitszeit*" (MEGA II/5, 20) bestimmt ist. Daraus folgt, dass, je produktiver die Arbeit wird, umso mehr stoffliche Einheiten in gegebener Arbeitszeit produziert werden können, aber umso weniger Wert auf eine stoffliche Einheit fällt.

> Ein größres Quantum Gebrauchswerth bildet an und für sich größern *stofflichen Reichthum*, zwei Röcke mehr als einer. Mit zwei Röcken kann man zwei Menschen kleiden, mit einem Rock nur einen Menschen u. s. w. Dennoch kann der steigenden Masse des stofflichen Reichthums ein gleichzeitiger Fall seiner *Werthgröße* entsprechen. Diese gegensätzliche Bewegung entspringt aus der *zwieschlächtigen Bestimmung* der Arbeit. [...] Derselbe Wechsel der Produktivkraft, der die Fruchtbarkeit der Arbeit und daher die Masse der von ihr gelieferten Gebrauchswerthe vermehrt, kann also die *Werthgröße* selbst der *vermehrten* Gesammtmasse *vermindern*, wenn er nämlich die zu ihrer Produktion nothwendige *Arbeitszeit* abkürzt. (MEGA II/5, 26)

Marx wird die aus dem Doppelcharakter der in den Waren dargestellten Arbeit, die sich einerseits als konkrete Arbeit, andererseits als ihr Gegenteil, als abstrakt-allgemeine Arbeit darstellen muss, als den „Springpunkt, um den sich das Verständniß der politischen Oekonomie dreht" (MEGA II/5, 22), bezeichnen (dazu Grossmann 1969, 17–20). Diesem Doppelcharakter „entspringt" die „gegensätzliche Bewegung" zwischen stofflichem Reichtum und Wert, die in einer immer größeren Kluft auseinandertreten (siehe 3.5.3).

Kann sich die Ware in Geld verwandeln, hat sich gezeigt, dass die privat verausgabte Arbeit gesellschaftlichen Charakter besitzt. Ricardo aber fasste das Geld nur als Zirkulationsmittel auf, weil er nur die „*quantitative Bestimmung* des Tauschwerths im Auge hat" (MEGA II/3, 1126); Dies ist eine „ganz falsche Auffassung des Geldes" (MEGA II/3, 1247), weil sie von seiner besonderen *Qualität* absieht, nämlich dass sich im Geld als der notwendigen Existenzform des Werts ausdrückt, ob die produzierte Ware von der Gesellschaft akzeptiert wird. Die Gesellschaftsmitglieder verständigen sich nicht direkt miteinander, sie sprechen sich nicht über das zu Produzierende ab und darüber entscheiden auch nicht Brauch, Tradition oder Vorschrift. Der gesellschaftliche Verkehr wird stattdessen durch Sachen, Gegenstände und Dinge durch die Arbeitsprodukte der Privatproduzenten vermittelt: „Ihre eigne gesellschaftliche Bewegung besitzt für sie [die Menschen, TG] die Form einer Bewegung von Sachen, unter deren Kontrole sie stehen, statt sie zu kontroliren" (MEGA II/6, 105). Auf Grundlage dieser Versachlichung der Personen entsteht der Fetischcharakter der Ware, eine Subjekt-Objekt-Verkehrung, wonach es das Verhältnis der Sachen ist – gemeint sind die Waren als vergegenständlichte Arbeitszeit und Träger des Werts –, welches das Verhältnis der Menschen bestimmt. Der Fetischcharakter der Ware ist also kein falsches Bewusstsein, sondern notwendiger Schein der objektiven Versachlichung.[13] Bei der bürgerlichen ‚Ökonomie' handelt es sich um eine wirkliche Verobjektivierung mit einer blinden, unkontrollierbaren, zwanghaften Dynamik, der die zwischenmenschlichen Beziehungen und Absichten nachgeordnet sind.

Ricardo verkannte also die für die Warenproduktion spezifische Form gesellschaftlicher Arbeitsteilung, unterschied nicht die zwieschlächtige Natur der in den Waren dargestellten Arbeit, begriff das Geld nicht als Existenzform des Werts, abstrahierte von der Metamorphose der Ware und konnte den automatischen Charakter der warenproduzierenden ‚Ökonomie' als einem verobjektivierten Zwangssystem nicht auf den Begriff bringen (vgl. Brentel 1989, 164). Was Marx im *Kapital* durch „einen ganzen Umkreis von Verhältnissen" hindurch immer wieder neu aufnimmt, und zwar als wiedererscheinend in konkreteren Kategorien und in Gestalt neuer Bestimmungen, sind genau die Konfusionen, Komplikationen und Kollisionen, die aus der relativen Entwertung des wachsenden stofflichen Reichtums, aus der nachträglichen Vergesellschaftung der privaten Arbeit sowie aus der versachlichten Herrschaft und von keiner Instanz zu kontrollierenden Dynamik herrühren.

---

13 Die Verhältnisse erscheinen den Produzenten „*als das was sie sind*, d. h. nicht als unmittelbar gesellschaftliche Verhältnisse der Personen in ihren Arbeiten selbst, sondern vielmehr als sachliche Verhältnisse der Personen und gesellschaftliche Verhältnisse der Sachen" (MEGA II/6, 104. Herv. TG). Die reale Marktabhängigkeit der warentauschenden Gesellschaftsmitglieder erzeugt die entsprechende Vorstellung, dass es die Natureigenschaft der sich auf dem Markt tummelnden Arbeitsprodukte ist, die Beziehungen zwischen den Menschen zu regulieren (dazu 3.2.2).

Das Geld

Für Marx liegt in der Metamorphose der Ware, das heißt in ihrem beständigen Formwechsel zwischen W[are]–G[eld]–W[are], „die *abstracteste Form der Crise* (und daher formelle Möglichkeit der Crise)" (MEGA II/3, 1131). Beim Formwechsel der Ware fallen Kauf und Verkauf „auseinander und können sich gegen einander verselbstständigen" (MEGA II/3, 1127); die Krise ist die „gewaltsame Geltendmachung der Einheit" (MEGA II/3, 1131) der sich äußerlich verselbständigenden und gegeneinander gleichgültig scheinenden Momente. Die Möglichkeit ist zugleich Form und Inhaltsbestimmung der Krise: Auf dem Niveau des Geldes als Zirkulationsmittel nimmt sie die Form einer Kaufs- oder Verkaufskrise an und ihr Inhalt ist die Unkäuflichkeit oder die Unverkäuflichkeit von Waren.

Marx unterscheidet eine zweite formelle Möglichkeit der Krise im Geld. Als *Zahlungsmittel* fungiert Geld als Realisierungsmittel des Werts. Mit dem Geld als Zahlungsmittel „erweitert sich schon die Inhaltsbestimmung der Crise" (MEGA II/3, 1132); sie „leitet ihren Charakter her nicht nur von der *Unverkäuflichkeit* der Waare" (MEGA II/3, 1137), sondern wird schon konkreter und weist eine „viel realere Grundlage für die Verwirklichung dieser Möglichkeit" (MEGA II/3, 1132) auf. Dies ist die *„eigentliche Form der Geldcrisen"* (MEGA II/3, 1137): Ihr Inhalt ist der Ausfall einer Reihe von Zahlungen zu einem bestimmten Zeitpunkt, die *Zahlungsunfähigkeit*.

Marx betont, dass es ohne das Geld keine Krisen geben kann: „Krisen können nicht stattfinden ohne Geldcirkulation" (MEGA II/2, 165) – „Es kann keine Crise existiren, ohne daß Kauf und Verkauf sich von einander trennen und in Widerspruch treten, oder daß die im Geld als Zahlungsmittel enthaltnen Widersprüche erscheinen" (MEGA II/3, 1133). Wenn „diese beiden abstracten Formen der Crise nicht realiter als solche erscheinen, existirt keine Crise". Jede Krise ist also „[u]nter allen *Umständen*" (MEGA II/3, 1133) eine Geldkrise.[14] Es wird häufig festgestellt, dass der Krisenbegriff unscharf und nicht klar sei, wann man wirklich von einer Krise sprechen kann und wann nicht (siehe Einleitung), aber Marx hat zumindest eine Minimaldefinition von Krise vorgelegt: Immer dann, wenn entweder sich die Unfähigkeit verallgemeinert, Waren zu einem antizipierten Preis zu kaufen oder zu verkaufen, oder wenn sich die Zahlungsunfähigkeit verallgemeinert und plötzlich Geld als Geld verlangt wird, dann ist oder beginnt Krise.

Gleichwohl reichen diese beiden Formen selbst nicht aus, um die Wiederkehr der Krisen zu begründen:

> Aber dieß sind auch blose *Formen* – allgemeine Möglichkeiten der Crisen; daher auch Formen, abstracte Formen der wirklichen Crise. In ihnen erscheint das Dasein der Crise als in ihren einfachsten Formen und insofern in ihrem einfachsten Inhalt, als diese Form selbst ihr einfachster Inhalt ist. Aber es ist noch kein *begründeter* Inhalt. Die einfache Geldcirculation und selbst die

---

[14] Im ersten Band des *Kapital* heißt es daher, die Geldkrise sei eine „*Phase jeder Krise*" (MEGA II/5, 94).

> Circulation des Gelds als Zahlungsmittel – und beide kommen lange *Vor* der capitalistischen Production vor, ohne daß Crisen vorkämen – sind möglich, und wirklich, ohne Crisen. Warum also diese Formen ihre kritische Seite herauskehren, warum der in ihnen potentia enthaltne Widerspruch actu als solcher erscheint, ist aus diesen Formen allein nicht zu erklären. (MEGA II/3, 1133)

Warum es periodisch zu den Krisen kommt, kann allein aus der Metamorphose der Ware und der Verselbständigung des Geldes nicht begriffen werden. Zwar lassen sich die Möglichkeiten der Krise als ihre allgemeinsten Voraussetzungen und Formen auffassen – das heißt: ohne Geld keine Krise und keine Krise ohne allgemeine Unverkäuflichkeit oder Zahlungsunfähigkeit –, aber sie sind keine hinreichenden Bedingungen, denn Geld gab es bereits vor dem Kapitalismus, aber keine Krisen. Die einfache Warenzirkulation birgt bereits ein großes Krisenpotential, enthält aber noch kein Moment, das die Wiederkehr der Krisen zwingend macht (Schmiede 1973, 167).

Das Auftreten der Krisen in der modernen Gesellschaft ist für Marx aber kein Zufall. So rügt er „die enorme Fadaise der Oekonomen", die die Form für die Ursache nehmen und „sich damit beruhigen, daß in jenen Formen die Möglichkeit gegeben, daß *Crisen* eintreten, es also *zufällig* ist, daß sie nicht eintreten und damit ihr Eintreten selbst als bloßer *Zufall* erscheint" (MEGA II/3, 1133). Er denkt hierbei an John Stuart Mill (dazu 2.1):

> Nicht besser sind übrigens die Oekonomen (wie J. St. Mill z. B.), die die Crisen aus diesen einfachen, in der Metamorphose der Waaren enthaltnen *Möglichkeiten* der Crise – wie der Trennung von Kauf und Verkauf – erklären wollen. Diese Bestimmungen, die die Möglichkeit der Crise erklären, erklären noch lange nicht ihre Wirklichkeit, noch nicht *warum* die Phasen des Processes in solchen Conflict treten, daß nur durch eine Crise, durch einen gewaltsamen Proceß, ihre innre Einheit sich geltend machen kann. Diese *Trennung* erscheint in der Crise; es ist die Elementarform derselben. Die Crise aus dieser ihrer Elementarform *erklären*, heißt die Existenz der Crise dadurch erklären, daß man ihr Dasein in seiner abstraktesten Form ausspricht; also die Crise durch die Crise erklären. (MEGA II/3, 1124)

Versachlichte Herrschaft, die Metamorphose der Ware und die Verdopplung von Ware in Ware und Geld bilden zwar notwendige Voraussetzung der Krisen, sind aber für eine Begründung der Krisenhaftigkeit nicht ausreichend. Die einfache Warenzirkulation umfasst nur die Möglichkeit der Krisen; zur „weitere[n] Entwicklung der potentia crisis" bedarf es eines Begriffs von Kapital.[15] Die Gründe für die Periodizität der Krisen müssen im Kapital liegen, nicht im Geld oder in der einfachen Warenzirkulation, wo noch alles in Ordnung scheint, „*Freiheit, Gleichheit, Eigenthum,* und *Bentham*" herrschen und auch eine „*prästabilirt[e] Harmonie der Dinge*" (MEGA II/5, 128) wie in ‚Says Gesetz' (vgl. MEGA II/5, 74) besteht. „Die Entwicklung dieser Möglichkeit

---

15 „Es handelt sich aber um die weitere Entwicklung der potentia Crisis [...] zu verfolgen, so weit sie aus den Formbestimmungen des Capitals hervorgeht, die ihm als Capital *eigenthümlich* und nicht in seinem blosen Dasein als Waare und Geld eingeschlossen sind." (MEGA II/3, 1133)

zur Wirklichkeit erfordert", so knüpft Marx im *Kapital* an, „einen ganzen Umkreis von Verhältnissen, die vom Standpunkt der einfachen Waarencirculation noch gar nicht existiren." (MEGA II/5, 74) Durch diesen „ganzen Umkreis von Verhältnissen", eine zusammenhängende soziale Struktur, entwickelt sich die bloße Möglichkeit zu einer *Potenz* und erhält eine zur Realisierung dieser Möglichkeit drängende Grundlage. Die Untersuchung darüber, „warum die *allgemeine Möglichkeit der Crise* zur *Wirklichkeit* wird", bezeichnet Marx auch als die „Untersuchung der *Bedingungen* der Crise" (MEGA II/3, 1137). Es geht in der Kapitaltheorie also nicht um das Aufspüren einer einfachen Kausalität – durch x oder y realisiert sich die Möglichkeit der Krise –, sondern um die Ermittlung einer Reihe von Bedingungen, die vorhanden sein müssen, damit es zur regelmäßigen Wiederkehr der Krisen kommt. Die allgemeinen Bedingungen der Krisen wiederum „müssen aus den allgemeinen Bedingungen der capitalistischen Production zu entwickeln sein" (MEGA II/3, 1138).[16]

Lohnarbeit oder: der Übergang vom Geld zum Kapital

Worin also bestehen die allgemeinen Bedingungen der kapitalistischen Produktion und damit der Krisen? Der erste Band des *Kapital* behandelt, nach dem ersten Kapitel über Ware und Geld, den unmittelbaren Produktionsprozess des Kapitals. Marx sprach in seinen methodischen Ausführungen im *Manuskript 1861–63* davon, dass die allgemeinen Weltmarktkrisen „aus dem Productionsproceß selbst hervorgehen" (MEGA II/3, 1120). Mit dem unmittelbaren Produktionsprozess des Kapitals erhält die Möglichkeit der Krise eine neue Qualität und wird zur Potenz: zu einer Veranlagung oder Disposition.

Neben der Warenproduktion und der besonderen Qualität des Geldes ist das dritte Wesensmerkmal der kapitalistischen Produktionsweise, von dem in Gleichgewichtsmodellen wie ‚Says Gesetz' abstrahiert wird, die für sie charakteristische Form der Arbeit: die Lohnarbeit.[17] Ricardo etwa hat, so Marx, „die Arbeit blos als Gebrauchswerth gefaßt (eine Nebensache in der kapitalistischen Production), ganz wie in dem Wort ‚Product' das Wesen der *Waare* und der in ihr liegende Widerspruch unterdrückt wird" (MEGA II/3, 1124). Ricardo betrachtete Arbeit als einen neutralen Produktionsfaktor unter vielen und sah von der Bestimmung der Lohnarbeit ab, für die Erzeugung von Mehrwert vernutzt zu werden. Die Warenform wird nur dann verallgemeinert, wenn eine genügend große Masse der arbeitenden Bevölkerung auch von den Produktions- und Subsistenzmitteln getrennt ist und daher ihre Arbeitskraft auf

---

16 „In der Analyse der allgemeinen Bedingungen der Krise sind ihre Momente und Bestimmungen anzugeben, die sich aus der allgemeinen Natur des Kapitals ergeben." (Projektgruppe 1975, 435)
17 „Was also die kapitalistische Epoche charakterisirt, ist daß die Arbeitskraft für den Arbeiter selbst die Form einer ihm gehörigen Waare, seine Arbeit daher die Form der Lohnarbeit erhält. Andrerseits verallgemeinert sich erst von diesem Augenblick die Waarenform der Arbeitsprodukte." (MEGA II/6, 186)

dem Markt feilbieten muss. Lohnarbeiter sind private Warenproduzenten, die nichts als ihre Arbeitskraft zu verkaufen haben. Im Unterschied zu einer auf Sklaverei basierenden Produktionsweise, in der Sklaven die Subsistenzmittel zum Erhalt ihrer Arbeitskraft nicht in Lohnform erhalten, werden Lohnabhängige mit Geld bezahlt und erwerben ihre Reproduktionsmittel über das Kaufen von Waren. „Ohne Geld keine Lohnarbeit" (MEGA IV/8, 232), hatte Marx in *Reflection* geschrieben, und in den *Grundrissen*: „Die Arbeit muß unmittelbar den Tauschwerth, d. h. Geld produciren. Sie muß daher *Lohnarbeit* sein." (MEGA II/1, 148) Die Lohnabhängigen bilden daher ein „Tauschzentrum": Sie enthalten ihre Revenue in Geldform, sind frei zu kaufen, was sie wollen, und bilden einen großen Teil des Absatzmarkts der kapitalistischen Warensammlung.

Die Lohnarbeit ist somit das „spezifische Verhältniß, wodurch sich Geld und Waare in Capital verwandeln" (MEGA II/3, 1124). Wenn Ricardo von der Lohnarbeit und dem Klassengegensatz absah, verkannte er, dass „die producirende Lohnarbeit und der producirende Capitalist zwei Producenten ganz verschiedner Art" sind, denn die Arbeiter produzieren den Mehrwert: den Wertzuwachs, durch den Geld zu Kapital wird (dazu 3.5.1). Das Verhältnis von Lohnarbeit und Kapital beinhaltet, dass der große Teil der Produzenten (die Lohnabhängigen) nicht die von ihm erzeugten Produkte konsumieren kann; die Produzenten sind überwiegend Nicht-Konsumenten. Lohnarbeit bedeutet, dass die „größte Masse der Producenten also von dem Consum des Reichthums – so weit er über den Kreis der necessaries hinaus geht – mehr oder weniger ausgeschlossen bleibt." (MEGA II/3, 1149) Die Lohnarbeiter können überhaupt nur konsumieren, solange sie Mehrwert produzieren, und daher gilt: „Sie müssen stets *Ueberproducenten* sein" (MEGA II/3, 1142).[18]

Das Lohnarbeitsverhältnis ist damit *ein* weiterer Schritt in der Entwicklung der Krisenpotenz. Wenn Geld durch Lohnarbeit zu Kapital, das heißt zu einem neuen Produktionsverhältnis wird, in dem ein permanentes Missverhältnis zwischen Verausgabung der Arbeit und Verwendung des Surplusprodukts entsteht, entwickelt sich die Möglichkeit zu einer Disposition (Empfänglichkeit) der Krise. Dies ist aber ebenfalls noch keine hinreichende Begründung ihrer periodischen Wiederkehr, denn Ausbeutung findet nicht nur im Kapitalismus *immer* statt, sondern auch in Gesellschaften, die keine Krisen kannten. Noch ohne einen Zusammenhang zwischen Lohnarbeit und Geldsystem herzustellen, blieb Proudhons einfache Unterkonsumtionslehre – gegen die sich Marx schon in *Reflection* verbal und in den *Grundrissen* mit einer plausibleren Konzeption gewendet hatte – auf dieser Konkretionsstufe stehen.[19]

---

[18] Marx knüpft damit an die *Grundrisse* an, wo er festhielt, dass das Kapital die notwendige Arbeit nur setzt, wenn sie Mehrwert abwirft (siehe 3.5.1).
[19] In den 1870er Jahren hat Marx an dieser Kritik festgehalten: „Es ist eine reine Tautologie zu sagen, dass die Crisen aus Mangel an zahlungsfähiger Consumtion od. zahlungsfähigen Consumenten hervorgehn. […] Dass Waaren unverkäuflich sind, heisst nichts als dass sich keine zahlungsfähigen Käufer für sie finden" (MEGA II/11, 742).

Die Maximierung von Mehrwert als Zweck der kapitalistischen Produktion

In kapitalistischen Gesellschaften nimmt das Arbeitsprodukt die Warenform an. In der Ware ist der Widerspruch zwischen Tauschwert und Gebrauchswert zusammengefasst, aber in ‚Says Gesetz' wird die Ware als bloßes „Produkt", das heißt nur als Gebrauchswert, als Natur behandelt. Hierin sieht Marx einen weiteren Irrtum Ricardos, der die Warenzirkulation als unmittelbaren Produktenaustausch betrachtete und den spezifischen Charakter der bürgerlichen Reichtumsproduktion damit „wegräsonierte", da er ihn in einer unmittelbar gesellschaftlichen Produktion sah, in welcher der Reichtum nach gesellschaftlicher Absprache und Übereinkunft erzeugt und verteilt würde. Ricardo und Say konzipierten den Kapitalismus als eine „*gesellschaftliche* Production" zum Zweck der „unmittelbare[n] Consumtion der Producenten", so als ob „die Gesellschaft, wie nach einem Plan, ihre Productionsmittel und Productivkräfte vertheilt in dem Grad und Maaß, wie nöthig zur Befriedigung ihrer verschiednen Bedürfnisse" (MEGA II/3, 1149).[20] Dagegen betont Marx: „Es ist nie zu vergessen, daß es sich bei der capitalistischen Production nicht direkt um Gebrauchswerth, sondern um Tauschwerth handelt, und speziell um Vermehrung des Surpluswerths. Dieß ist das treibende Motiv der capitalistischen Production" (MEGA II/3, 1118).

Anders als etwa bei Produktionsweisen der Antike, in denen es keine Überproduktion und keine Krisen gab, da der gesellschaftliche Reichtum für die Privat*kon*sumtion geschaffen wurde,[21] ist die Erzeugung stofflichen Reichtums zur Bedürfnisbefriedigung nicht der Zweck der kapitalistischen Produktion. Dieser besteht vielmehr in der Appropriation von Mehrwert und abstraktem Reichtum:[22] „Production von Mehrwerth oder Plusmacherei ist das absolute Gesetz dieser Productionsweise." (MEGA II/5, 498) In der Antike war die Produktion auf die Bereitstellung von Gebrauchsgütern ausgerichtet: „die Alten dachten auch nicht daran das surplusproduce in Capital zu verwandeln" und verwendeten es vielmehr in Schatzbildung und in „unproductive[n] Ausgaben für Kunstwerke, religiöse Werke, travaux publics" (MEGA II/3, 1149). Wäre das Produktionsmotiv die Bereitstellung von Gebrauchsgütern zur Befriedigung von Bedürfnissen, könnte es so etwas wie Überproduktion von

---

20 Marx erklärt diese Verwechslung „aus dem Versenktsein in die bürgerliche Production, als die Production schlechthin. Ganz wie ein Kerl, der an eine bestimmte Religion glaubt – in ihr die Religion schlechthin sieht, und ausserhalb derselben nur *falsche* Religionen" (MEGA II/3, 1150). Die politische Ökonomie ist nicht mehr ‚zynisch aber korrekt' (siehe 2.1), sondern kann gerade die spezifische Form der bürgerlichen Produktion nicht erkennen.

21 „In Zuständen, wo Männer für sich selbst produciren, giebt es in der That keine Crisen, aber auch keine capitalistische Production. Wir haben auch nie gehört, daß die Alten mit ihrer Sklavenproduction jemals Crisen kannten, obgleich einzelne Producenten, auch unter den Alten, bankrutt machen." (MEGA II/3, 1125) Bankrotte einzelner Händler verallgemeinerten sich demnach nicht und ergriffen nicht die gesamte Ökonomie.

22 „,The possession of other goods' ist zunächst nicht der Zweck der capitalistischen Production, sondern die Appropriation of value, of money, of abstract wealth." (MEGA II/3, 1126)

Produkten überhaupt nicht geben, zumal bislang zu keinem Zeitpunkt in der Geschichte der Menschheit wenigstens die elementaren Bedürfnisse der Weltbevölkerung befriedigt worden sind. Aber selbst wenn für die Privatkonsumtion einer herrschenden Klasse (also eine ‚Überkonsumtion') produziert würde, wären regelmäßige Krisen aus Überproduktion unmöglich.

Zur Maximierung von Mehrwert ist die Produktion einerseits auf die Steigerung der Ausbeutung (Verlängerung des Arbeitstags, Intensivierung der Arbeit), andererseits auf die unbedingte Entfesselung und Entfaltung der Produktivkräfte (Teilung der Arbeit, Einführung neuer Maschinerie und Technologie, Anwendung von Naturkräften und Wissenschaft) ausgerichtet. Dies ist ein systematisches Streben des Kapitals. Weil für Mehrwert, nicht für den Genuss oder die Befriedigung menschlicher Bedürfnisse produziert wird, besteht die Tendenz zu einer unbegrenzten Steigerung der Produktion, denn dies ist das Hauptmittel, die „größtmöglichste Masse Arbeit auszubeuten" (MEGA II/3, 1154), so viel Surplusarbeit wie möglich zu vereinnahmen und einen größtmöglichen Anteil am Mehrwert zu ergattern.

Maximierung von Mehrwert heißt aber auch, dass der Kapitalist den angeeigneten abstrakten Reichtum nicht selbst verkonsumiert oder gemütlich beiseitelegt. Der abstrakte Reichtum wird vermehrt mit dem Ziel, ihn weiter zu vermehren (MEGA II/3, 1125/1126); das Kapital ist darin maß- und grenzenlos. Der Surpluswert G´, Endpunkt der Bewegung G–W–G´, wird bei seiner Realisierung zum neuen Ausgangspunkt G und muss abermals zu G´ vermehrt werden. In dieser bornierten Bewegung liegt ein wahres Moment der falschen Formel von ‚Says Gesetz': Das Kapital bezieht sich nur auf sich selbst und produziert allein nach Maßgabe seiner maximalen Selbstverwertung. Sein Telos liegt in der unendlichen Produktion um der Produktion willen, aber zugleich setzt es sich selbst als Schranke der Unendlichkeit, denn es wird nur solange produziert, wie Mehrwert dabei entsteht.[23] Daher ist das Kapital für sich selbst die größte Schranke: „Der Satz Ric.'s richtig analysirt, sagt grade das Gegentheil von dem, was er sagen soll – nämlich, daß die Production nicht mit Rücksicht auf bestehende Schranken der Consumtion geschieht, sondern nur durch das Capital selbst beschränkt ist." (MEGA II/3, 1142)

Die Produktion des relativen Mehrwerts

Im ersten Band des *Kapital* wird die Überproduktion zum ersten Mal im Abschnitt über den relativen Mehrwert erwähnt. Zur Maximierung des Mehrwerts kann das Kapital zwei Wege einschlagen: erstens die Verlängerung des Arbeitstags und damit der Gesamtarbeitszeit und ergo der Mehrarbeitszeit (absoluter Mehrwert) und zweitens die Verkürzung der notwendigen Arbeitszeit, die einer Erhöhung des Anteils der

---

[23] Die Krisenhaftigkeit entspringt diesem „Konflikt zwischen Maß und Maßlosigkeit des Kapitals" (Projektgruppe 1975, 439).

Mehrarbeitszeit an der Gesamtarbeitszeit gleichkommt (relativer Mehrwert).[24] Eine Steigerung des relativen Mehrwerts wird vor allem durch Produktivkraftentwicklung in denjenigen Sektoren erreicht, welche die für die Reproduktion der Ware Arbeitskraft nötigen Waren erzeugen. Auf diese Weise sinkt der Wert der Ware Arbeitskraft, so dass in der Folge die Arbeiterin am Arbeitstag trotz gleichbleibender Länge desselben weniger für sich selbst und länger für das Kapital arbeitet. Die absolute Grenze des absoluten Mehrwerts ist die physische Länge des Arbeitstags (24 Stunden), der durch eine gesetzmäßige Regulierung (auf zum Beispiel zehn, acht oder sechs Stunden) beschränkt werden kann; die absolute Grenze des relativen Mehrwerts ist die Verkürzung der zur Reproduktion der Ware Arbeitskraft notwendigen Arbeitszeit auf null. Die systematische Produktion relativen Mehrwerts unterstellt eine gewisse Durchsetzung und Verallgemeinerung des Kapitalverhältnisses: die sogenannte „reelle Subsumtion" der Arbeitskraft und des Arbeitsprozesses unter das Kapital. Mit dieser reellen Subsumtion findet das Kapital zu sich selbst und gestaltet eine Welt nach seinem Bilde. Notwendige Arbeit und Mehrarbeit gibt es in allen Klassengesellschaften; aber in der Produktion relativen Mehrwerts liegt eine spezifisch kapitalistische Weise, das Verhältnis zwischen beiden zu modifizieren.

> Es liegt also in der Anwendung der Maschinerie zur Produktion von Mehrwerth ein *immanenter Widerspruch*, indem sie von den beiden Faktoren des Mehrwerths, den ein *Kapital von gegebner Größe* liefert, den einen Faktor, die Rate des Mehrwerths, nur dadurch *vergrößert*, daß sie den andern Faktor, die Arbeiterzahl, *verkleinert*. (MEGA II/5, 334)[25]

Durch den Maschinenbetrieb, dem „*automatische[n]* System der Maschinerie" (MEGA II/5, 311) als der adäquaten Existenzweise des Kapitals, deren Anwendungszweck in der Steigerung des relativen Mehrwerts besteht, wird die Mehrarbeitszeit durch Verringerung der notwendigen Arbeitszeit erhöht, so dass der Maschinenbetrieb „die Quelle des Mehrwerts nur dadurch vergrößert, daß er die Quelle des Werts überhaupt, die lebendige Arbeit, verringert" (Bader et al. 1975, 180/181; vgl. Chu 1998, 88). Das

---

24 „Wir haben beim Productionsproceß gesehn, daß das ganze Streben der capitalistischen Production möglichst viel Surplusarbeit zu accapariren, also möglichst viel unmittelbare Arbeitszeit mit gegebnem Capital zu materialisiren, sei es nun durch Verlängrung der Arbeitszeit, sei es durch Abkürzung der nothwendigen Arbeitszeit, durch Entwicklung der Productivkräfte der Arbeit, Anwendung von Cooperation, Theilung der Arbeit, Maschinerie etc, kurz Produciren auf grosser Stufenleiter; also massenhaftes Produciren. In dem Wesen der capitalistischen Production liegt also Production ohne Rücksicht auf die Schranke des Markts." (MEGA II/3, 1143)
25 In Anknüpfung an die *Grundrisse* (siehe 3.5.1) greift Marx an dieser Stelle schon vor auf die „später zu entwickelnden Tendenz des Kapitals, die von ihm beschäftigte Arbeiteranzahl oder seinen variablen in Arbeitskraft umgesetzten Bestandtheil so viel als immer möglich zu reduciren", die „im Widerspruch" steht „zu seiner andren Tendenz, die möglichst große Masse von Mehrwerth zu produciren" (MEGA II/6, 305).

Kapital sucht, diese Abnahme durch Verlängerung des Arbeitstages zu kompensieren.[26] Die Produktion des relativen Mehrwerts hat somit nicht nur die Widersprüche des absoluten Mehrwerts nicht gelöst, sondern auch dem Verwertungsprozess mit der Verdrängung von lebendiger Arbeit durch Maschineneinsatz neue Schranken gesetzt (vgl. Bader et al. 1975, 176–186). Somit konkretisiert sich der in der Warenform zusammengefasste Widerspruch zwischen Tauschwert und Gebrauchswert in der Produktion relativen Mehrwerts als Widerspruch zwischen Produktivkraftentwicklung und Kapitalverwertung. Das Motiv der Maximierung von Mehrwert und insbesondere ihre spezifische Realisierungsweise durch die Produktion des relativen Mehrwerts treibt zur Entwicklung der Produktivkräfte und maximalen Produktion einerseits und sorgt andererseits dafür, dass die Grundlage der Verwertung beschränkt bleiben muss.

Genau diese gegensätzliche Bewegung hatte Marx in den *Grundrissen* und im *Manuskript 1861–63* als den „Grundwiderspruch" des Kapitals bezeichnet. Er fragte damals, wie die Überproduktion zu erklären sei: „Wollte man antworten, daß die stets sich erweiternde Production [...] eines stets erweiterten Markts bedarf, und daß die Production sich rascher erweitert als der Markt, so hat man das Phänomen, das zu erklären ist, nur anders ausgesprochen; statt in seiner abstrakten, in seiner realen Gestalt." (MEGA II/3, 1145) Man muss also erklären, warum sich die Produktion rascher als der Markt erweitert. Mit der Produktion des relativen Mehrwerts hat Marx eine Erklärung angeboten: Die „Grundlage der modernen Ueberproduction" ist die „unbedingte Entwicklung der Productivkräfte und daher die Massenproduction auf Grundlage der in den Kreis der necessaries eingeschloßnen Producentenmasse einerseits, der Schranke durch den Profit der Capitalisten andererseits" (MEGA II/3, 1149). Der Imperativ der Mehrwertmaximierung bedeutet einerseits Entfesselung der Produktivkräfte und Ausdehnung der Produktion, andererseits Reduktion der notwendigen Arbeit und Verdrängung der Arbeit überhaupt. Er bedeutet Massenproduktion für eine weitgehend auf die Lebensnotwendigkeiten beschränkte Masse mit dem Ziel, einen Profit aus diesem Vorgang zu ziehen. Marx beendet die Ausführungen zur Krisentheorie im *Manuskript 1861–63* mit dem, was er das „allgemeine Productionsgesetz des Capitals" tauft:

> Die *Ueberproduction* speziell hat das allgemeine Productionsgesetz des Capitals zur Bedingung, zu produciren im Maaß der Productivkräfte (d. h. der Möglichkeit mit gegbner Masse Capital größtmöglichste Masse Arbeit auszubeuten) ohne Rücksicht auf die vorhandnen Schranken des Markts, oder der zahlungsfähigen Bedürfnisse – und dieß durch beständige Erweiterung der Reproduction und Accumulation, daher beständige Rückverwandlung von Revenue in Capital aus-

---

26 „[E]s ist dieser Widerspruch, der wiederum das Kapital, ohne daß es sich dessen bewußt wäre, zur gewaltsamsten *Verlängerung des Arbeitstags* treibt, um die Abnahme in der *verhältnismäßigen Anzahl* der exploitirten Arbeiter durch Zunahme nicht nur der relativen, sondern auch der *absoluten Mehrarbeit zu kompensiren*." (MEGA II/5, 334)

zuführen, während andrerseits die Masse der Producenten auf das average Maaß von Bedürfnissen beschränkt bleibt, und der Anlage der capitalistischen Production nach beschränkt bleiben muß. (MEGA II/3, 1154/1155)

Später im Text bezeichnet Marx in einer ähnlich lautenden Passage die zur Maximierung des Mehrwerts eingesetzten zwiespältigen Mittel (permanente Steigerung der Produktivkräfte, Vermehrung von in Geld zu verwandelnde Waren und beständige Rückverwandlung von Revenue in Kapital) einerseits, und der gleichzeitigen Beschränkung großer Teile der Bevölkerung auf die Lebensnotwendigkeiten andererseits, noch einmal als den „Grundwiderspruch" (MEGA II/3, 1248) der kapitalistischen Produktionsweise. Hierin liege „der innerste und geheimste Grund der Crisen" (MEGA II/3, 1276). An diesen Stellen wird mehrmals der zumeist als simpler Unterkonsumtionstheoretiker belächelte Sismondi dafür hervorgehoben, diesen „Grundwiderspruch" zwischen der unbegrenzten Entwicklung der Produktivkräfte und den begrenzten Möglichkeiten der Kapitalverwertung „roh [...] und doch anderseits gewissermaassen richtig" (MEGA II/3, 1276) aufgefasst zu haben (siehe 1.3). Sismondi lag gewissermaßen richtig, weil er ahnte, dass die Entfesselung der Produktivkräfte im Kapitalismus ein Selbstzweck sei und nicht den Menschen zugutekommt, fasste diesen Widerspruch aber roh als einen zwischen Produktion und Distribution auf. Marx begründete den Grundwiderspruch durch den Mehrwert als die „Bedingung der Entwicklung und zugleich Beschränkung der Produktion" (Chu 1998, 95). Er wiederholte diesen Punkt mehrmals im Manuskript zum dritten Buch des *Kapital*: „Der letzte Grund aller wirklichen Crisen", heißt es dort, „bleibt immer die Armuth der Massen einerseits, der Trieb der capitalistischen Productionsweise andrerseits die Productivkräfte so zu entwickeln, als ob die absolute Consumtionsfähigkeit der Gesellschaft ihr limit bildete." (MEGA II/4.2, 540)

Die „Grundlage der modernen Ueberproduction", der „Grundwiderspruch des entwickelten Capitals" (MEGA II/1, 327), „das allgemeine Productionsgesetz des Capitals", „der innerste und geheimste Grund der Crisen", der „letzte Grund aller wirklichen Crisen" – Marx hat von den *Grundrissen* an bis hin zum Manuskript zum dritten *Kapital*-Buch von 1864/65 betont, dass der Grund der Krisenhaftigkeit der modernen Gesellschaft im Produktionszweck Mehrwert und den sich daraus ergebenden konfligierenden Tendenzen zu suchen ist.[27] Weil sich dieser Zusammenhang bereits 1851 in den *Londoner Heften* in seinem Kommentar zu Ricardo finden lässt (auch wenn Marx damals noch von Tauschwert sprach, dazu 2.5.2), besteht hier so etwas wie ein fester Kern seiner Krisenlehre. Die Produktion für Mehrwert begründet ein Streben sowohl zur Erweiterung der Produktion (Entfesselung der Produktivkräfte, Rückverwand-

---

27 Auch im Entwurf zum ersten Band des *Kapital* begründet Marx die Überproduktion auf dem Niveau des relativen Mehrwerts: „Ihr gegensätzlicher Charakter schließt *Schranke der Production* ein, über die sie beständig hinaus will. Daher Crisen, Ueberproduction u. s. w." (MEGA II/4.1, 107)

lung der Revenue in Kapital) als auch zur Beschränkung der Produktion (Mehrwertappropriation, notwendige Arbeit als Voraussetzung von Mehrarbeit, Verdrängung der Arbeit aus dem Produktionsprozess, relative Verringerung des variablen Kapitals). Diese gegensätzliche Bewegung bildet die materielle Grundlage der Überproduktion, des „Grundphänomen[s] der Crisen" (MEGA II/3, 1149). Die von der Produktion für relativen Mehrwert ausgehende sich widerstrebende Bewegung greift Marx im weiteren Gang seiner Darstellung immer wieder auf, um sie zu konkretisieren und weiterzuentwickeln.

Die große Industrie

Der industrielle Zyklus erscheint im *Kapital* zum ersten Mal in dem Kapitel „Maschinerie und große Industrie", denn der in der Produktion des relativen Mehrwerts angelegte Widerspruch „tritt hervor, sobald mit der Verallgemeinerung der Maschinerie in einem Industriezweig der Werth der maschinenmäßig producirten Waare zum regelnden gesellschaftlichen Werth aller Waaren derselben Art wird" (MEGA II/5, 334). Marx bleibt damit seiner in der *Misère de la philosophie* entwickelten Idee treu, dass die große Industrie die „Instrumente" zur Überproduktion bereitstellt (siehe 2.2). Die große Industrie wird im *Kapital* nicht als eine neutrale, ‚an sich' nichtkapitalistische Einrichtung vorgestellt, die nur von der Fessel des Profits und der privaten Aneignung zu befreien wäre,[28] sondern als eine vom Kapital gesetzte Apparatur zur Mehrwertproduktion. Erst wenn die Produktivkräfte mit der großen Industrie als einer dem Kapital eigentümlichen Produktionseinrichtung wirklich entfesselt werden, ist eine materielle Grundlage für die periodische Wiederkehr der Krisen gegeben. Erst mit der ‚Industrialisierung' und der Fabrik als spezifisch kapitalistischer Organisationsform des Produktionsprozesses hat sich das Kapital die Mittel geschaffen, die Stufenleiter der Produktion auch tatsächlich zu erweitern. Die Form des industriellen Zyklus geht somit aus der großen Industrie hervor (vgl. Projektgruppe 1975, 463), weil dieser „eine *Elasticität*, eine *plötzliche sprungweise Ausdehnungsfähigkeit*" eigen ist, „die nur an dem Rohmaterial und dem Absatzmarkt Schranken findet" (MEGA II/5, 368). Alle bisherigen Widersprüche bekommen nun eine inhaltliche Grundlage, auf der sie sich entfalten können:

> Die ungeheure, stoßweise Ausdehnbarkeit des Fabrikwesens und seine Abhängigkeit vom Weltmarkt erzeugen *nothwendig fieberhafte Produktion und darauf folgende Ueberfüllung der Märkte*,

---

28 Durch seine im *Anti-Dühring* geprägte Formel vom „Widerspruch zwischen gesellschaftlicher Produktion und kapitalistischer Aneignung" (MEGA I/27, 437 u. 438) als dem tiefsten Grund der Krisenhaftigkeit des Kapitalismus legte Engels eine solche Auffassung nahe (Graßmann 2021). In *Socialisme utopique et socialisme scientifique* hat Engels hinzugefügt, dass es sich dabei um den „antagonisme fondamental" (MEGA I/27, 579) des Kapitalismus handle. Die Engels'sche Fassung vom „Grundwiderspruch" ist in der Geschichte des Marxismus viel häufiger als die Marx'sche geteilt worden, zum Beispiel bei Varga (1934, 23), Oelßner (1949, 30), Mandel (1972, 501) und Krahl (2008, 392).

mit deren Kontraktion Lähmung eintritt. Das Leben der Industrie verwandelt sich in eine Reihenfolge von Perioden mittlerer Lebendigkeit, Prosperität, Ueberproduktion, Krise und Stagnation. Die Unsicherheit und Unstätigkeit, denen der Maschinenbetrieb die Beschäftigung und damit die Lebenslage des Arbeiters unterwirft, werden normal mit diesem Periodenwechsel des industriellen Cyklus. Die Zeiten der Prosperität abgerechnet, rast zwischen den Kapitalisten heftigster Kampf um ihren individuellen Raumantheil am Markt. Dieser Antheil steht in direktem Verhältniß zur Wohlfeilheit des Produkts. Außer der hierdurch erzeugten *Rivalität* im Gebrauch verbesserter, *Arbeiter ersetzender Maschinerie* und neuer Produktionsmethoden, tritt jedesmal ein Punkt ein, wo *Verwohlfeilerung der Waare* durch *gewaltsamen Druck des Arbeitslohnes* unter den Werth der Arbeitskraft erstrebt wird. (MEGA II/5, 370. Herv. TG.)

Durch die große Industrie wird die maximale Verwertung vollzogen und zugleich eingeschränkt: Notwendigkeit fieberhafter Produktion auf immer größerer Stufenleiter und Druck zur Verbilligung der Waren, wozu zwei Mittel – die Einführung von Arbeitskraft freisetzender Maschinerie und das Senken der Löhne unter den Wert der Ware Arbeitskraft – zur Einschränkung der Verwertungsmöglichkeiten beitragen. Die Überfüllung der Märkte ist das Ergebnis. Mit Kontraktion der Märkte tritt, so Marx, „Lähmung" ein, noch nicht die Krise. Damit aus einem Abbruch der Expansion die Krise wird, bedarf es der Entwicklung des Kredits (4.2.2). Die Kreditexpansion wiederum stützt sich auf die Ausdehnungsfähigkeit der großen Industrie.

Die Grundlage der Überproduktion liegt in der Maximierung von Mehrwert und entwickelt sich durch die Produktion relativen Mehrwerts, die gleichzeitig Entfesselung der Produktivkräfte und Fesselung der Verwertungsbasis bedeutet. Die *Periodizität* der Krisen, ihre regelmäßige Wiederkehr, geht aus der großen Industrie hervor, deshalb spricht Marx von den „*allgemeinen* periodischen Wechselfälle[n] des industriellen Cyklus" (MEGA II/5, 391), der „Bewegungsform der modernen Industrie" (MEGA II/5, 509) und dem „eigenthümliche[n] Lebenslauf der modernen Industrie, der uns in keinem früheren Zeitalter der Menschheit begegnet" und der „auch in der Kindheitsperiode der kapitalistischen Production unmöglich" (MEGA II/5, 509) gewesen war.[29]

Marx gibt in der eben zitierten Passage aber auch zu erkennen, dass der industrielle Zyklus den Weltmarkt voraussetzt. Deshalb kann er die für die große Industrie

---

[29] Die Unterscheidung zwischen „zyklischer" und „allgemeiner" Krise (vgl. etwa Heinrich 1995, 147–150) stammt nicht von Marx, der den Abschluss des industriellen Zyklus konsequent als „allgemeine Krise" bezeichnet, sowohl im *Kapital* (MEGA II/6, 709) als auch in Artikeln (u. a. MEGA I/16, 72, 110, 116, 123/124 u. 206). Marx unterscheidet stattdessen zwischen *allgemeinen* und *besonderen* Krisen: „Alle Widersprüche der bürgerlichen Production kommen in den allgemeinen Weltmarktkrisen collectiv zum Eclat; in den besondren Crisen (dem Inhalt und der Ausdehnung nach *besonderen)* nur zerstreut, isolirt, einseitig." (MEGA II/3, 1154) „Damit eine Crise (also auch die Ueberproduction) allgemein sei, genügt es, daß sie die leitenden Handelsartikel ergreife." (MEGA II/3, 1127) Aber zum Beispiel „macht Frankreich außer den allgemeinen Krisen seine eignen nationalen Handelskrisen durch, die jedoch weit mehr durch den allgemeinen Stand des Weltmarkts als durch französische Lokaleinflüsse bestimmt und bedingt werden." (MEGA I/11, 168)

typische Bewegungsform an dieser Stelle noch nicht analytisch entwickeln,[30] sondern greift, wie er einräumt, nur auf Verhältnisse vor, „wozu unsre theoretische Darstellung selbst noch nicht geführt hat" (MEGA II/5, 368). Wenngleich die zyklische Form aus der großen Industrie hervorgeht, ist das Kapitel darüber nicht der Platz für die systematische Entwicklung des industriellen Zyklus, der weitere, an dieser Stelle noch nicht eingeführte Bedingungen hat, wie zum Beispiel das Vorhandensein einer industriellen Reservearmee,[31] den Umschlag des fixen Kapitals[32] und den Weltmarkt.

In Marx' Konzeption des industriellen Zyklus gibt es drei aufschlussreiche Verschiebungen zwischen den ersten beiden deutschen Ausgaben des Kapital (1867 und 1872/73) und der französischen Ausgabe, die zwischen 1872 und 1875, also vorwiegend nach der Krise von 1873 erschien und für die Marx insbesondere das Kapitel über den Akkumulationsprozess des Kapitals gründlich überarbeitet hat. „Die plötzliche und ruckweise Expansion der Produktionsleiter ist die Voraussetzung ihrer plötzlichen Kontraktion" (MEGA II/5, 509; II/6, 577), heißt es in den deutschen Ausgaben, aber in der französischen Ausgabe ist „die Voraussetzung" durch „die erste Ursache [la cause première]" (Marx 2017, 571; MEGA II/7, 556) ersetzt.[33] Diese Überarbeitung kann als Verstärkung und zugleich als Abschwächung des Zusammenhangs gedeutet werden. Einerseits folgt jeder Ausdehnung in der Tat mit kausalem Zwang die Kontraktion; aber durch die Tilgung von „Voraussetzung" ist andererseits auch eingeschränkt, dass einer plötzlichen Kontraktion keine Expansion vorausgegangen sein muss und die Kontraktion gewissermaßen auch eine ‚zweite Ursache' haben kann.

---

30 Harvey (2010, 224) denkt daher, die eben zitierte Stelle „lacks any theoretical underpinning". Aber Marx wollte die theoretische Entwicklung an anderer Stelle einholen. Noch in der französischen Ausgabe des Kapital betonte er die krisentheoretische Bedeutung der großen Industrie: „Aber erst von der Zeit an, als die mechanische Industrie so tiefe Wurzeln geschlagen hatte, daß sie auf die ganze nationale Produktion einen überwiegenden Einfluß ausübte; als durch sie der Außenhandel dem Binnenhandel den Rang abzulaufen begann; als sich der Weltmarkt sukzessive ausgedehnter Gebiete in der neuen Welt, in Asien und in Australien bemächtigte; als schließlich die industriellen Nationen, die auf die Arena traten, zahlreich genug geworden waren – erst von dieser Zeit an datierten jene sich stets wiedererzeugenden Zyklen, deren aufeinanderfolgende Phasen Jahre umfassen und die immer hinauslaufen auf eine allgemeine Krise, die Ende eines Zyklus und Ausgangspunkt eines neuen ist." (MEW 23, 662; MEGA II/7, 557)
31 „Die ganze Bewegungsform der modernen Industrie erwächst also aus der beständigen Verwandlung eines Theils der Arbeiterbevölkerung in unbeschäftigte oder halbbeschäftigte Hände." (MEGA II/5, 509)
32 „Durch diesen eine Reihe v. Jahren umfassenden Cyclus v. zusammenhängenden Umschlägen, in den das Kapital durch seinen fixen Bestandtheil gebannt ist – ergiebt sich eine materielle Grundlage der periodischen Krisen, worin das Geschäft aufeinander folgende Perioden der Abspannung, mittleren Lebendigkeit, Ueberstürzung, Krise durchmacht." (MEGA II/11, 132)
33 In der von Engels besorgten vierten deutschen Auflage des Kapital lesen wir nicht die letzte Fassung von Marx (siehe MEW 23, 661).

Die zweite Änderung korrespondiert mit der ersten. In den beiden deutschen Ausgaben des *Kapital* wird der Zyklus noch explizit als eine Form bestimmt: „Der charakteristische Lebenslauf der modernen Industrie, die *Form* eines durch kleinere Schwankungen unterbrochnen *zehnjährigen Cyklus* von Perioden mittlerer Lebendigkeit, Produktion unter Hochdruck, Krise und Stagnation [...]" (MEGA II/5, 509; II/6, 576. Herv. TG). Diese Passage wurde in der französischen Ausgabe des *Kapital* getilgt und damit ist der Zyklus nicht mehr explizit als eine Form charakterisiert (MEGA II/7, 555–557; Marx 2017, 570–573). Zwar hat Marx – da er das ‚französische Publikum' nicht mit Hegel'scher Dialektik überfrachten wollte – in der französischen Ausgabe den spielerischen Gebrauch von Schlussformeln der Hegel'schen Logik[34] reduziert und daher sollte man diese Variante nicht überinterpretieren. Aber, streng genommen, nimmt jetzt nur noch die *Periodizität der Wechselfälle* des Zyklus, das heißt die regelmäßige Wiederkehr der einzelnen Phasen, einen Formcharakter an.[35] Marx ist also von einem engen Verständnis des Zyklus als einem kreislaufförmigen Ablauf mit der immergleichen Phasenabfolge etwas abgerückt und hat damit eine größere Offenheit der Bewegung zugelassen. Die periodische Wiederkehr von Phasen der Expansion, Kontraktion und Krise, ob in der Kreislaufgestalt des Zyklus oder nicht, ist die typische Bewegungsform.[36] Darüber hinaus ging Marx, drittens, auch von einer Tendenz zur Verkürzung der typischen Länge des ‚Zyklus' aus (vgl. 4.2.1). Auf die Gründe für diese drei insgesamt wahrscheinlich nicht ganz zufälligen Varianten und ihren möglichen Zusammenhang mit dem tatsächlichen Verlauf des industriellen Zyklus nach der Krise von 1873 wird im Abschnitt 4.2.1 zurückzukommen sein.

Der Akkumulationsprozess
Die einfache Warenzirkulation und die Selbständigkeit des Geldes begründen, dass es Krisen geben kann; die Beziehung zwischen Warenproduktion, Geldwirtschaft und Lohnarbeit begründet ein Ausbeutungsverhältnis, in dem die unmittelbaren Produzenten stets „Überproduzenten" sind; dem Produktionszweck Mehrwert und seiner spezifisch kapitalistischen Realisierungsweise durch den relativen Mehrwert entspringt eine gegensätzliche Bewegung von Ent- und Begrenzung der Produktion und

---

34 „Ich bekannte mich daher offen als Schüler jenes großen Denkers, und kokettirte sogar hier und da im Kapitel über die Werththeorie mit der ihm eigenthümlichen Ausdrucksweise." (MEGA II/6, 709)
35 Fast unverändert steht in allen drei *Kapital*-Ausgaben: „Wirkungen werden ihrerseits zu Ursachen und die Wechselfälle des ganzen Prozesses, der seine eignen Bedingungen stets reproducirt, nehmen die Form der *Periodicität* an." (MEGA II/5, 510; II/6, 577; II/7, 557)
36 Breda (2019, 129) denkt, dass den Krisen als historischen Ereignissen keine Formbestimmung zufalle und daher „die dialektische Entwicklung des Kapitalbegriffs gar keinen Beweis für die logische Notwendigkeit von Krisen erbringen kann, und dass sie eine solche Aufgabe auch nicht übernehmen darf" (Breda 2019, 124). Aber Marx hat zuerst den Zyklus, dann die Periodizität seiner Wechselfälle ausdrücklich als Form aufgefasst, und zudem auf dem Niveau des Kredits mehrmals von der Unvermeidbarkeit der Krisen gesprochen (dazu 4.2.3).

damit die Grundlage der Überproduktion, des Grundphänomens der Krisen; weil sie die Instrumente der Überproduktion stellt, geht die Form des Zyklus (beziehungsweise die Form der Periodizität) und damit die regelmäßige Wiederkehr der Krisen aus der großen Industrie hervor. Der logische Zusammenhang, den Marx im *Kapital* entfaltet, stellt, wie bemerkt, keinen Entstehungsmechanismus einer historischen Krise dar, sondern untersucht die „widerstreitenden Elemente [...], die in der Catastrophe eclatiren", also die zur Krise treibenden Momente der kapitalistischen Produktionsweise. Die einzelnen Elemente stehen nicht zufällig nebeneinander, sondern hängen innerlich miteinander zusammen.

Die Schwierigkeit einer Krisentheorie besteht darin, eine Erklärung dafür zu finden, wie *dieselbe Produktionsweise* einmal Phasen der Expansion bewerkstelligen kann und dann wieder Perioden der Kontraktion hervorbringt, warum das, was in einem Aufschwung eine Zeit lang ‚funktionierte', plötzlich nicht mehr aufrechterhalten werden kann. Im Krisendenken der politischen Ökonomie – etwa bei Overstone, Fullarton, Bagehot (siehe Kapitel 1), bei Wade und beim jungen Engels (2.3) – findet sich deshalb häufig eine zyklische Mechanik ausgeführt, wonach der Erfolg bereits den Keim seines Scheiterns in sich trägt. Auch Marx will – ganz abstrakt – zeigen, wie die Krisen aus der Expansion entstehen. Gerade wenn alles gut geht, werden die Voraussetzungen dafür untergraben, dass es weiter gut gehen kann. Dass die Krisen aus einem Prozess der Selbstbeschränkung durch Selbstverwertung entstehen, den das Kapital während seines Wachstumsprozesses durchläuft, war schon in den *Pariser Heften* von 1844 seine Überzeugung.

Im ersten Band des *Kapital*, im Kapitel über den Akkumulationsprozess, nimmt Marx diesen Gedanken wieder auf. Die Akkumulation ist die Rückverwandlung des im unmittelbaren Produktionsprozess gewonnenen Mehrwerts in Kapital und impliziert eine kontinuierliche Erweiterung der Stufenleiter der Produktion. Wenn sich das Kapital in der „einfachen Reproduktion" durch Ausbeutung der Arbeitskraft reproduzieren kann, wächst der Mehrwert, der zum Teil in die Erweiterung der Produktion fließt. Reproduktion des Kapitals bedeutet Reproduktion auf erweiterter Stufenleiter: Akkumulation. Eingangs des Kapitels weist Marx darauf hin, dass der wirkliche Akkumulationsprozess daher den Zirkulationsprozess des Kapitals (das heißt die Realisierung des Mehrwerts durch Verkauf der produzierten Ware auf dem Markt und Verwandlung derselben in Geld) voraussetzt. Die Akkumulation ist also ein Moment jenseits des unmittelbaren Produktionsprozesses des Kapitals, aber Marx will sie zunächst unter Abstraktion des Zirkulationsprozesses, nur vom Standpunkt des Produktionsprozesses aus betrachten.

Gemäß seiner Bemerkung im *Manuskript 1861–63*, dass die Krise nicht aus der Krise erklärt werden kann, setzt er nun *gelingende* Akkumulation des Kapitals voraus, um zu zeigen, wie dem Erfolg – noch ohne auf das Realisierungs- oder Profitratenfallproblem einzugehen – Probleme erwachsen.[37] Mit der Akkumulation steigen zunächst auch die Löhne, so dass die Lohnarbeiter ihre Bedürfnisse erweitern, ihren Konsumtionsfonds verbessern und einen Geldfonds anlegen können (MEGA II/5, 497/498; Pohl 1987, 52/53). Die Lage der arbeitenden Klasse hängt in erster Linie vom Zustand des Kapitals ab und unter diesen „den Arbeitern günstigsten Accumulationsbedingungen kleidet sich ihr *Abhängigkeitsverhältniß* vom Kapital in erträgliche oder, wie Eden sagt, ‚bequeme und liberale Formen'." (MEGA II/5, 497) Parallel zum Wachstum des Kapitals, wächst, so setzt Marx voraus, auch die Nachfrage nach Arbeit. Doch selbst wenn ‚Says Gesetz', wie hier unterstellt, in einem Moment volle Gültigkeit erlangt hätte und sich alle produzierten Waren tatsächlich absetzen ließen, könnte dieser Zustand nicht für immer währen. In der Marx'schen Argumentation lassen sich vier innerlich zusammenhängende Momente identifizieren, durch die im Akkumulationsprozess zugleich Schranken der profitablen Verwertung errichtet werden. Es handelt sich hierbei um eine Konkretisierung der gegensätzlichen Bewegung, die der Produktion des relativen Mehrwerts entspringt.

Erstens besteht eine absolute Grenze der Lohnsteigerung. Weil die „Produktion von Mehrwert oder Plusmacherei [...] das absolute Gesetz dieser Produktionsweise" (MEGA II/5, 498) ist, können die Löhne nicht unendlich steigen, da infolge des steigenden Arbeitspreises die Akkumulation erschlaffen würde:

> Nur soweit sie die Produktionsmittel als Kapital erhält, ihren eignen Werth als Kapital reproducirt und in unbezahlter Arbeit eine Quelle von Surpluskapital liefert, ist die Arbeitskraft verkaufbar. [...] Der Arbeitslohn, wie man gesehn, bedingt seiner Natur nach, stets Lieferung eines bestimmten Quantums unbezahlter Arbeit auf Seiten des Arbeiters. Ganz abgesehn vom *Steigen des Arbeitslohns* mit *sinkendem Preis der Arbeit* u. s. w., besagt *seine Zunahme* im besten Fall *nur quantitative Abnahme der unbezahlten Arbeit*, die der Arbeiter leisten muß. Diese Abnahme kann nie bis zum Punkt fortgehn, wo sie den kapitalistischen Charakter des Produktionsprocesses ernsthaft gefährden würde (MEGA II/5, 498/499).

Die sogenannte Lehre von der Profitklemme („profit squeeze") bezieht sich auf diese Ausführungen: Ihr zufolge steigen mit der Akkumulation die Löhne, aber mit steigenden Löhnen sinken die Profite und damit verlangsamt sich die Akkumulation bis zur Krise;[38] dann sinken die Löhne, so dass die Profite wieder steigen können und das Spiel beginnt von vorn. Solche mechanischen Ansätze verkennen allerdings den Abs-

---

[37] Marx nimmt also einen statischen Gleichgewichtszustand (einfache Reproduktion) an, um die Dynamik zur Überproduktion nachzuweisen (vgl. Shoul 1957; Mattick 1974, 21). Dass das Kapital immer einen neuen Zustand erzeugt, hat Marx im überlieferten Manuskript zum ersten Band des *Kapital* betont: die „Accumulation selbst" sei „nur ein andrer Name" (MEGA II/4.1, 357) für Überproduktion.
[38] In der Prosperität steigen die Löhne (dazu 3.1) und daher sind steigende Löhne der „*Sturmvogel einer Crise*" (MEGA II/11, 742).

traktionsgrad des *Kapital*. Im Kapitel über den Akkumulationsprozess will Marx keinen endgültigen Mechanismus der Entstehung von Krisen angeben. Der Akkumulationsprozess verdeutlicht allerdings, wie die maßlose Bewegung des Kapitals mit der Grenze des Werts der Ware Arbeitskraft (und damit der Löhne) kollidiert (vgl. Bader et al. 1975, 259/260).[39] Der Arbeiterklasse kann es nicht besser gehen als dem Kapital.

Zweitens befördert die mit der Akkumulation fortgesetzte Produktion relativen Mehrwerts sogar eine Tendenz zum Sinken des Werts der Ware Arbeitskraft, denn es wird immer weniger Arbeitszeit zur Reproduktion der Arbeitskraft erheischt. Marx bezeichnet diese Entwertung der Ware Arbeitskraft auch als die „Verwohlfeilerung des Arbeiters" (MEGA II/5, 487). Im Akkumulationsprozess wirken also auch Kräfte, die dafür sorgen, dass die Lohnentwicklung wirklich begrenzt bleibt.

Marx setzt, drittens, voraus, dass mit der Akkumulation auch die Nachfrage nach Arbeit wächst. Allerdings geht „[i]m Fortgang der Accumulation [...] eine große Revolution vor im *Verhältniß* von Masse der Productionsmittel und Masse der sie bewegenden Arbeitskraft" (MEGA II/5, 501). Mit der Akkumulation und der fortgesetzten Produktion relativen Mehrwerts steigt die organische Zusammensetzung des Kapitals, da sich in der gleichen Arbeitszeit eine immer größere Masse an Produktionsmitteln in Bewegung setzen lässt: Der konstante Teil (Maschinerie, Produktionsmittel) des Kapitals nimmt im Verhältnis zu seinem variablen Element (Arbeitskraft) zu. Mit dem sinkenden Anteil des variablen Kapitals am Gesamtkapital sinkt auch die relative Nachfrage nach Arbeit:

> Da die *Nachfrage nach Arbeit* nicht durch den Umfang des Gesammtkapitals, sondern durch den seines variablen Bestandtheils bestimmt ist, *fällt sie also progressiv mit dem Wachstums des Gesammtkapitals*, statt, wie vorhin unterstellt, verhältnißmäßig mit ihm zu wachsen. Sie fällt relativ zur Größe des Gesammtkapitals und in beschleunigter Progression mit dem Wachsthum dieser Größe. (MEGA II/5, 506)[40]

Im Gegensatz zur Voraussetzung fällt die relative Nachfrage nach Arbeit mit dem Wachstum des Kapitals. Zwar steigen also die Löhne – daher hat die Lehre von der Unterkonsumtion Unrecht –, aber gleichzeitig verringern sich die Gesamtlöhne auch

---

[39] „Auf dieser Grundlage entwickelt sich die [...] Überproduktion, indem derselbe Prozeß enorme Entwicklung der Produktivkraft, stets massenhaftere Produktion, Bedürfnis nach stets erweitertem Markt einschließt und zugleich die Basis, auf der die Konsumtionsverhältnisse beruhen, beschränkt." (Projektgruppe 1975, 460)

[40] Auch im Manuskript zum dritten Buch des *Kapital* im Kapitel zum Profitratenfall heißt es: „Die ungeheure Productivkraft, die innerhalb der capitalistischen Productionsweise, sich im Verhältniß zur Bevölkerung entwickelt [...] widerspricht der steigend (relativ zum wachsenden Reichthum) schmalern Basis, [die] *für* diese ungeheure Productivkraft wirkt und dem *Verwerthungsverhältnisse* dieses schwellenden Capitals. Daher die Crisen." (MEGA II/4.2, 340)

im Verhältnis zum Gesamtkapital.[41] Selbst wenn also ‚Says Gesetz' in einem Moment stimmt, steigt die organische Zusammensetzung und revolutioniert die Verhältnisse.

Viertens begründet Marx durch das „allgemeine Gesetz der kapitalistischen Akkumulation",[42] dass mit der Größe des Kapitals auch die absolute Größe der relativen Überflussbevölkerung zunimmt. Das allgemeine Gesetz der kapitalistischen Akkumulation besagt, dass eine zunehmend größere Zahl an Menschen in absoluter Armut verharren muss. Es wird nach Marx im Kapitalismus niemals dazu kommen, dass die elementaren Grundbedürfnisse aller Menschen befriedigt sind; im Gegenteil wird es immer mehr Lohnabhängige ohne Lohnarbeit und damit immer mehr Menschen geben, die als zahlungsfähige Konsumenten weitestgehend ausfallen. Überflüssige Arbeitszeit (und damit Bevölkerung) wird eine Bedingung für das Setzen notwendiger Arbeitszeit; überflüssige Bevölkerung steht neben überakkumuliertem Kapital.[43] Auch die gesellschaftliche Konsumtivkraft muss somit im Fortschritt der Produktionsweise begrenzt bleiben.

Im *Manuskript 1861–63* stellte Marx eine fünfte Unzulänglichkeit von ‚Says Gesetz' fest: „Ric. läugnet daher consequent die Nothwendigkeit *einer Erweiterung des Markts* mit Erweiterung der Production und Wachsthum des Capitals. Alles Capital, das in einem Lande vorhanden ist, kann auch vortheilhaft in diesem Lande verwandt werden." (MEGA II/3, 1146) Dagegen will er zeigen, dass diese Beschränkungen gerade im Prozess der gelingenden Kapitalakkumulation entstehen: dass das Kapital die notwendige Arbeit setzen muss, um Surplusarbeit aneignen zu können, und die Löhne daher nicht ins Unendliche steigen können; dass der Wert der Ware Arbeitskraft mit der Steigerung des relativen Mehrwerts sinkt und die Lohnentwicklung damit auch wirklich begrenzt bleibt; dass das variable Kapital im Verhältnis zum konstanten Kapital abnimmt und die Gesamtlöhne damit im Verhältnis zur Kapitalanlage

---

41 Die Akkumulation bedingt damit absolute Steigerung der Konsumtivkraft, aber gemessen am Gesamtkapital, das sich verwerten muss, bedeutet sie wegen der steigenden organischen Zusammensetzung relative Abnahme der Konsumtivkraft (Varga 1934, 26/27). „Der Konsum der Arbeiterklasse stellt damit einen beständig schrumpfenden Teil des Gesamtkonsums dar" (Winterfeld 2015, 23). Oder umgekehrt: „bei einer niedrigeren organischen Zusammensetzung des Kapitals ist der Widerspruch zwischen Produktion und Konsumtion weniger ausgeprägt" (Mattick 1974, 64).
42 Es lautet: „*Je größer der gesellschaftliche Reichthum*, das funktionirende Kapital, Umfang und Energie seines Wachsthums, *also auch die absolute Größe der Arbeiterbevölkerung und die Produktivkraft ihrer Arbeit*, desto größer die relative Surpluspopulation oder industrielle Reservearmee. Die *disponible Arbeitskraft* wird durch dieselben Ursachen entwickelt, wie die *Expansivkraft des Kapitals*. Die verhältnißmäßige Größe der industriellen Reservearmee wächst also mit den Potenzen des Reichthums. [...] Dieß ist *das absolute, allgemeine Gesetz der kapitalistischen Accumulation*." (MEGA II/5, 519)
43 Marx knüpft hier an das „Maschinenfragment" der *Grundrisse* an, wo es hieß, dass das Kapital „die Arbeitszeit [...] in der Form der nothwendigen [vermindert], um sie zu vermehren in der Form der überflüssigen; sezt daher die überflüssige in wachsendem Maaß als Bedingung – question de vie et de mort – für die nothwendige" (MEGA II/1, 582).

immer kleiner werden; dass die auf die Löhne drückende überflüssige Bevölkerung mit der Akkumulation wächst. Marx entwirft hier keinen einfachen Mechanismus, aber der Akkumulationsprozess stellt ein ausschlaggebendes Moment in der Begründung der Krisenhaftigkeit der kapitalistischen Produktionsweise dar. Die Produktion für Mehrwert und die ständige Verwandlung des Mehrwerts in Kapital im Akkumulationsprozess zeigt unbedingte Entwicklung der Produktivkräfte, unbedingte Vermehrung des Warenausstoßes und unbedingten Anstieg der Kapitalauslage einerseits, aber keine unbedingte Entwicklung des Marktes, vielmehr im Gegenteil notwendige Verengung der Verwertungsverhältnisse andererseits. Dies war Marx' Überzeugung auch im Manuskript zum dritten Buch des *Kapital*, wo er anführte, dass die gesellschaftliche Konsumtivkraft beschränkt ist, einerseits durch die kapitalistische „Basis *antagonistischer Distributionsverhältnisse*, welche die grosse Grundlage der Gesellschaft auf ein Minimum der Consumtion [...] beschränkt", andererseits durch den „Accumulationstrieb, den Trieb nach Vergrösserung des Capitals und Production von Mehrwert auf erweiterter Stufenleiter" (MEGA II/4.2, 313). Daher wird im Akkumulationsprozess die „*Ueberproduction* ein fortlaufendes, continuirliches und immanentes Moment der capitalistischen Productionsweise" (MEGA II/4.1, 357).

Muss der Abbruch einer Expansionsphase zwangsläufig in eine Krise münden? In den *Grundrissen* schrieb Marx, dass es „in der entwickelten Bewegung des Capitals Momente" gibt, „die diese Bewegung aufhalten *anders als durch Crisen*; so z. B. die beständige Entwerthung eines Theils des existirenden Capitals; die Verwandlung eines grossen Theils von Capital in capital fixe das nicht als Agent der directen Production dient; unproductive Vergeudung einer grossen des Capitals etc" (MEGA II/1, 624. Herv. TG). Ließe sich der Abbruch einer Expansion also dauerhaft „anders als durch Crisen" – zum Beispiel mittels einer graduellen Kapitalentwertung oder eines Aussetzens des Akkumulationszwangs –, etwa in Gestalt eines sanften Übergangs in eine Depression vollziehen? Es ist zu zeigen, dass der entscheidende Faktor, der aus dem Abbruch der Expansion eine Krise werden lässt, der Kredit ist. Wie Marx schon in den *Grundrissen* bemerkte (siehe 3.5.2), überbrückt der Kredit die Schranken der Zirkulation und des Marktes nur um den Preis ihrer Verallgemeinerung; er intensiviert und beschleunigt dadurch den Abbruch der Expansion und sorgt somit dafür, dass die Krise die für das Kapital natürliche Ausgleichsweise ist (4.2.2). Durch die Akkumulation wird die Überproduktion ein „fortlaufendes, continuirliches und immanentes Moment" der bürgerlichen Produktion; der Kredit bringt sie in Gestalt einer Krise zum Vorschein.

Der Zirkulationsprozess des Kapitals

Der erste Band des *Kapital* hat den Produktionsprozess des Kapitals zum Gegenstand; Buch 2 behandelt den Zirkulations- und damit Reproduktionsprozess, das heißt die Einheit von Produktions- und Zirkulationsprozess des Kapitals. Das krisentheoretische Programm des ersten Bandes besteht in der Entfaltung der spezifischen Widersprüche einer auf Warenproduktion, Geld, Kapitalverhältnis, Produktion für Mehrwert, relativen Mehrwert, große Industrie und Akkumulationszwang beruhenden Produktionsweise. Auf jeder Konkretionsstufe hat Marx gezeigt, dass die abstrakten Widersprüche nicht gelöst worden sind, sowie auch ihre Bestimmungen erweitert. In diesem Sinne bildet etwa der Akkumulationsprozess eine inhaltliche Grundlage, auf der sich der „Grundwiderspruch" von Produktion und Verwertung entwickeln und manifestieren kann. Die Krise ist die gewaltsame Zusammenfassung *aller* dieser Widersprüche.

Marx hat so im ersten Band des *Kapital* versucht, die Grundlage der Überproduktion, des Grundphänomens der Krisen, in den allgemeinen Bedingungen des Kapitals zu ermitteln. Allerdings ist damit weder jede historische Krise in ihrer tatsächlichen Entstehung erklärt noch die Marx'sche Krisentheorie an ihr Ende gelangt. Im *Manuskript 1861–63* heißt es:

> Es handelt sich aber um die weitere Entwicklung der potentia Crisis – die reale Crisis kann nur aus der realen Bewegung der capitalistischen Production, Concurrenz und Credit, dargestellt werden – zu verfolgen, so weit sie aus den Formbestimmungen des Capitals hervorgeht, die ihm als Capital *eigenthümlich* und nicht in seinem blosen Dasein als Waare und Geld eingeschlossen sind. Der blose *Productionsproceß* (unmittelbare) des Capitals kann an sich hier nichts neues zufügen. Damit er überhaupt existirt, sind seine Bedingungen unterstellt. Daher in dem ersten Abschnitt über das Capital – den *unmittelbaren* Productionsproceß – kein neues Element der Crise hinzukömmt. *An sich* ist es in ihm enthalten. Weil der Productionsproceß Aneignung und daher Production von Mehrwerth. Aber in dem Productionsproceß selbst kann dieß nicht erscheinen, weil in ihm nicht die Rede von der *Realisirung* des nicht nur reproducirten Werths, sondern Mehrwerths. Hervortreten kann die Sache erst im *Circulationsproceß*, der an und für sich zugleich *Reproductionsproceß*. (MEGA II/3, 1133/1134)

Häufig ist Marx' Unterscheidung zwischen „potentia Crisis" und „reale Crisis" so verstanden worden, als würde die logische Struktur, in der das Krisenproblem über die Bücher des *Kapital* hinweg entfaltet wird, einer Ermittlung von *Ursachen* gleichen, durch welche die „Möglichkeit" der Krise zur „Wirklichkeit" wird.[44] Allerdings widerspricht ein solches Verständnis den Formulierungen in den *Grundrissen* (siehe 3.5.1) und im *Manuskript 1861–63*, wo Marx die Untersuchung der Frage, „warum die *allgemeine Möglichkeit der Crise* zur *Wirklichkeit* wird", auch als die „Untersuchung der *Bedingungen* der Crise" (MEGA II/3, 1137) bezeichnete und davon ausgig, dass die

---

44 Hilferding (1954 [1910], Abschnitt 4) fasste den Unterschied von Möglichkeit/Wirklichkeit als Bedingungen/Ursachen der Krise. Siehe auch Heinrich (2006, 355–357), der hinzufügt, dass diese in seinen Augen „dichotome" Gegenüberstellung von Möglichkeit und Wirklichkeit der Krise nur im *Manuskript 1861–63* anzutreffen sei und nicht als „methodische Richtschnur einer ‚Rekonstruktion' der Marxschen Krisentheorie dienen" könne. Marx allerdings hat, wie gezeigt, diese Unterscheidung noch im *Kapital* beibehalten (MEGA II/5, 74), die auch plausibel ist: Weder ist immer Krise noch kann die Krise auf jeder Darstellungsstufe *in actu* erscheinen.

„Ueberproduction schlechthin" (MEGA II/3, 1153) als das „Grundphänomen der Crisen" (MEGA II/3, 1149) schon im Begriff des Kapitals angelegt sein muss.[45] Auch in der eben zitierten Stelle heißt es: „*An sich*" seien die Elemente der Krise in der „allgemeinen Natur des Capitals"[46] enthalten, „[w]eil der Productionsproceß Aneignung und daher Production von Mehrwerth" ist.

Vor allem Vertreter der Lehre des Profitratenfalls deuten diese Stelle anders: „Geht man von der Betrachtung der einfachen Warenzirkulation über zu der des unmittelbaren Produktionsprozesses, so ergeben sich in ihm selbst keine neuen Elemente der Krise" (Schmiede 1973, 168); als „wesentlicher Kriseninhalt" gilt erst das im dritten Buch des *Kapital* dargestellte Gesetz des tendenziellen Falls der Profitrate (Fahling 1978, 19/20, 285ff. u. 353); erst der Profitratenfall realisiere die schlummernden Möglichkeiten der Krise (Roberts 2018, 51). Diese Deutung, dass der Entwicklung des Krisenbegriffs auf der Ebene des Produktionsprozesses theoretisch nichts hinzugefügt werden kann, ist nicht überzeugend.[47] Denn Marx denkt, die Krisenpotentiale können in der Darstellung des Produktionsprozesses insofern nicht entwickelt werden, als sie erst im Zirkulationsprozess *erscheinen*. Aber „an sich" sind sie „in ihm enthalten", das heißt, die Disposition zur Krise entwickelt sich im unmittelbaren Produktions- und im Akkumulationsprozess des Kapitals und muss daher auch hier angedeutet werden.[48] Marx bemerkte dies bereits ausdrücklich in den *Grundrissen*: „In dem einfachen Begriff des Capitals müssen *an sich* seine civilisirenden Tendenzen etc enthalten sein; [...] Ebenso die Widersprüche, die später frei werden, schon latent in ihm nachgewiesen werden." (MEGA II/1, 326. Herv. i. O.) Der unmittelbare Produktionsprozess gehört somit zur „weitere[n] Entwicklung der potentia Crisis", denn Lohnarbeit, Produktion für Mehrwert und große Industrie gibt es auf der Darstellungsstufe der einfachen Warenzirkulation noch nicht. Mit dem Akkumulationsprozess, der den

---

45 Marx sah in den *Grundrissen* die Überproduktion „primitiv im Verhältniß des Capitals selbst gesezt" (MEGA II/1, 330; dazu 3.5.1) und beabsichtigte im *Manuskript 1861–63* die „Entwicklung der Crisen aus der Grundform des Capitals" (MEGA II/3, 672 u. 1205).
46 „Indeß, wie wir schon bei Betrachtung des Gelds fanden, [...] daß es die Möglichkeit von Crisen einschließt, so ergibt sich das noch mehr bei der Betrachtung der allgemeinen Natur des Capitals, ohne daß noch die weiteren realen Verhältnisse entwickelt, die alle Voraussetzungen des wirklichen Productionsprocesses bilden" (MEGA II/3, 1114).
47 Sie findet sich auch bei Goldberg (1982) und bei Altvater (1983, 91), der daraus schließt, dass in der Analyse des Produktionsprozesses nur „vereinzelte Krisenmomente ausfindig zu machen" wären. Diese Auffassung widerspricht seiner korrekten Aussage, es könnte „[o]hne Widersprüche im Reproduktionszusammenhang des kapitalistischen Systems [...] keine Krisen geben" (Altvater 1983, 84).
48 Daher schreibt die Projektgruppe (1975, 434) zu Recht, es muss sich „aus der Formbestimmtheit des Akkumulationsprozesses des Kapitals ergeben, daß und wie die kapitalistische Produktion als Reproduktionsprozeß die Bedingungen der Surplusproduktion enthält". „Aus der scharfen Auffassung des Kapitalverhältnisses müssen sich alle Widersprüche der bürgerlichen Produktion ergeben, daher auch die begrifflichen Bestimmungen der Krise." (Projektgruppe 1975, 435; vgl. ebd., 444; ähnlich Mattick 1974, 61)

Zirkulationsprozess voraussetzt, überschreitet Marx bereits im ersten Band des *Kapital* den unmittelbaren Produktionsprozess. Das heißt, der Widerspruch zwischen Gebrauchswert und Tauschwert kehrt nicht erst im Zirkulationsprozess des Kapitals wieder (Schmiede 1973, 169), sondern bereits im Produktions- und Akkumulationsprozess.

Aber die Schranken des Kapitals können im Produktionsprozess noch „nicht erscheinen", das heißt, nicht an die Oberfläche vordringen, sondern sie werden erst „später frei", da dieser nur ein Moment des Reproduktionsprozesses ist und das Kapital hier seine gesellschaftlichen Existenzbedingungen „vergessen" und verdrängt hat.[49] Das erste *Kapital*-Buch *zeigt* nur den Produktionsprozess des Kapitals (vgl. Bader et al., 112/113 u. 153/154). Die allgemeinen Krisen gehen zwar „aus dem Productionsproceß selbst hervor" (MEGA II/3, 1120), aber im ersten *Kapital*-Band geht es deshalb explizit so wenig um sie, weil sie hier nicht dargestellt werden können. Wie sich auch die in der Ware bewegenden Widersprüche erst mit der Metamorphose der Ware entwickeln können und die abstrakteste Möglichkeit der Krise daher im Geld als Zirkulationsmittel liegt, treten die Schranken des Kapitals erst im Zirkulationsprozess hervor, in dem sich das Kapital durch die beständige Wiederholung der Momente des Kaufens und Verkaufens reproduzieren muss. Hier muss sich das privat produzierte Kapital als gesellschaftliches erweisen und der Mehrwert sich realisieren. Was in der einfachen Warenzirkulation formell angelegt war, bekommt erst im zweiten Buch einen „begründeten Inhalt" beziehungsweise „materiellen Gehalt" (Brentel 1989, 165; vgl. Projektgruppe 1975, 447). Im Zirkulationsprozess müssen daher „Elemente der Crise sich anhäufen und entwickeln" (MEGA II/3, 1118). Hierbei handelt es sich um *inhaltlich begründete Formen* der Krise, aber nicht um eine kausale Erklärung des Umschlags von Prosperität in ihr Gegenteil.

Im Reproduktionsprozess des Kapitals als Einheit seiner Produktions- und seiner Zirkulationsphase liegt „eine weiter entwickelte Möglichkeit oder abstrakte Form der Crise" (MEGA II/3, 1134). In dem Kreislauf, den ein Einzelkapital beschreibt, muss es beständig und sukzessive zwischen den Formen produktives Kapital (P), Warenkapital (W) und Geldkapital (G) wechseln können. Als Einheit nimmt es die Kreislaufform G–W–P–W′–G′ an. Aber die Kontinuität des Kreislaufs ist ständig durch Blockaden, Störungen, Abbrüche und Unterbrechungen bedroht. Hier gibt es viele weitere Bestimmungen von Krisenpotentialen, die auf den „obigen Formen"[50] (Metamorphose der Ware und Geld als Zahlungsmittel) des Widerstreits gründen. Eine Möglichkeit liegt

---

49 So heißt es im zweiten Buch des *Kapital*: „Die Bedingtheit des Produktionsprocesses durch die Cirkulationsstadien erscheint erst in den Krisen." (MEGA II/11, 658)
50 Marx im *Manuskript 1861–63*: „bei Betrachtung des *Reproductionsprocesses* des Capitals (der mit seiner Circulation zusammenfällt), ist nachzuweisen, daß jene obigen Formen sich einfach wiederholen oder vielmehr hier erst einen Inhalt bekommen, eine Grundlage, auf der sie sich manifestiren können." (MEGA II/3, 1131)

in den Wertveränderungen während des Zirkulationsintervalls.[51] Während der Zirkulationszeit des Kapitals kommt es zu Wertrevolutionen: in den Elementen des produktiven Kapitals (des Rohstoffs, der Maschinerie), im variablen und im Warenkapital (MEGA II/3, 1154). Die hierbei entstehende Wertdifferenz für die gleichen Kapitalbestandteile schlägt sich in Stockungen nieder. Im Zirkulationsprozess konkretisiert sich somit der Widerspruch von privater Arbeit und gesellschaftlicher Arbeitsteilung: Es kommt zu einer Um- und Entwertung privater Arbeiten, die vom kapitalistischen Standpunkt aus umsonst verausgabt wurden und sich nicht als Teil der gesellschaftlichen Gesamtarbeit erweisen.[52]

Es ist von großer Bedeutung, dass Marx im *Manuskript 1861–63* und in Manuskript II zum zweiten *Kapital*-Buch (1868–70) *mehrere* Möglichkeiten der Krisenentstehung ermittelt. In letzterem schreibt er bei der Betrachtung des Kapitalkreislaufs:

> Der Kreislauf des Kapitals geht nur normal vonstatten, wenn seine verschiednen Phasen ohne Stockung in einander überfliessen. Stockt das Kapital in der ersten Phase G–W, so erstarrt das Geldkapital zum Schatz. Stockt es in der Produktionsphase, so liegen Produktionsmittel funktionslos auf der einen Seite, während die Arbeitskraft unbeschäftigt auf der andern ist, oder der Produktionsprozeß selbst wird durch Unfälle gestört u. unterbrochen. Stockt das Kapital endlich in der lezten Phase W'–G', so versperren unverkäufliche Waaren die Cirkulationskanäle u. häufen sich auf. (MEGA II/11, 30)

Marx beschreibt hier „neue Formen und inhaltliche Bestimmungen der Krise" (Schmiede 1973, 176), die unterschiedlichen Momenten des Reproduktionsprozesses des Kapitals entspringen. Zwei verschiedene Arten von Krisen, die aus Stockungen an verschiedenen Stellen des Kapitalkreislaufs entstehen, diskutierte er bereits im *Manuskript 1861–63*: „Die Rückverwandlung von Geld in Waare kann also auf Schwierigkeiten stossen und Möglichkeiten der Crise schaffen, ganz so gut wie die Verwandlung der Waare in Geld." (MEGA II/3, 1153) Bei den „Crisen der erstren Art geht die Crise aus Störungen im *Rückkauf* der Elemente des productiven Capitals her-

---

[51] „Hat der Werth changirt in *dem Intervall*, ist die Waare im Moment ihres Verkaufs nicht *werth*, was sie *werth* war, im Moment wo das Geld als Maaß der Werthe und daher der gegenseitigen Obligationen functionirte[,] kann aus dem *Erlös der Waare* die Obligation nicht erfüllt werden und daher die ganze Reihe von Transactionen nicht saldirt werden, die rückgängig von dieser einen abhängen. Kann die Waare auch nur in *einem bestimmten Zeitraum* nicht verkauft werden, selbst wenn ihr Werth nicht changirte, so kann das *Geld* nicht als *Zahlungsmittel* functioniren, da es in *bestimmter, vorausgesetzter Frist* als solches functioniren muß. Da dieselbe Geldsumme aber hier für eine Reihe von wechselseitigen Transactionen und Obligationen functionirt, tritt hier *Zahlungsunfähigkeit* nicht nur in einem, sondern vielen Punkten ein, daher *Crise*." (MEGA II/3, 1134–1137)

[52] „Die Krise erweist sich so als die gewaltsame Manifestation der permanenten Differenz wie der notwendigen inneren Einheit der gesellschaftlichen Gesamtarbeit wie sich in der ‚Wert'-Eigenschaft der Produkte unter kapitalistischen Produktionsbedingungen aufscheint, im steten Prozeß der Bewertung, Umwertung und Entwertung der Waren." (Brentel 1989, 172)

vor" (MEGA II/3, 1139): Es handelt sich hierbei um eine Störung des Reproduktionsprozesses durch Werterhöhung oder Mangel eines seiner Bestandteile, zum Beispiel des Rohmaterials oder auch der Arbeitskraft.[53] Der zweite Krisentyp umfasst „*Crisen, die aus Störungen der ersten Phase der Reproduction hervorgehen;* also gestörter Verwandlung der Waaren in Geld, oder *Störung des Verkaufs*" (MEGA II/3, 1139). Indem Marx *zwei* Krisentypen analytisch unterscheidet, fasst er nicht allein die Überproduktion von Waren als die einzig denkbare nähere Krisenursache; Krisen können auch aus der Unterproduktion von Rohstoffen und damit der relativen Überproduktion von Produktionsmitteln entstehen. Genau deswegen betont er im ersten Band des *Kapital*, dass die Expansionsfähigkeit der großen Industrie „an dem Rohmaterial *und* dem Absatzmarkt Schranken findet" (MEGA II/5, 368. Herv. TG). Es sind (mindestens) zwei Schranken, nicht nur eine. Woraus die Störung hervorgeht, in welchem Moment des Reproduktionsprozess sie entsteht, bildet somit die Grundlage für unterschiedliche Krisentypen.[54] Jede Schranke begründet einen Krisentyp. Der eine Krisentyp geht aus einer Störung der Rückverwandlung von Geldkapital in die Elemente des Produktionsprozesses (einer Störung von G–W) hervor; es könnte sich dabei um Rohstoff-, Arbeits-, Produktionskrisen handeln. Die zweite Krisenart entsteht bei Störung von W′–G′ und könnte als Absatzkrise bezeichnet werden. Der erste Krisentyp geht aus einer Störung des Kaufs, der zweite aus einer Störung des Verkaufs hervor. In Manuskript II zum zweiten Buch des *Kapital* entwarf Marx noch zwei weitere Krisentypen: Der eine entspringt der Störung oder Unterbrechung des Produktionsprozesses durch zum Beispiel Zerstörung von Produktionsanlagen oder Unfälle; der andere dem brachliegenden und zum Schatz erstarrten Geldkapital. Bei letzteren handelt es sich typischerweise um selbständige Geldkrisen (dazu 4.2.3).

Durch die Analyse des Akkumulationsprozesses konnte Marx begründen, dass der Expansionsprozess seinen eigenen Abbruch herbeiführt und die Überproduktion ein kontinuierliches Moment wird. Im Zirkulationsprozess kann sich die Überproduktion (von Geld-, Produktions- und Warenkapital) entfalten. Aber an welcher Stelle des Kapitalkreislaufs die Störung im historischen Verlauf eintritt und welcher Krisentyp[55] sich tatsächlich ausbildet, ist in der allgemeinen Analyse des Kapitals nicht zu ermitteln. Diese Aufgabe muss die spezielle Analyse der Krisen übernehmen.

---

53 Dies beobachtete Marx in der *Cotton Famine* (ab 1861) der englischen Textilindustrie (dazu 5.1).
54 Kleinknecht (1978, 88/89) erklärt die verschiedenen Charaktere der Krisen aus der Variabilität der Formen der Kapitalentwertung.
55 Bei den Krisen- handelt es sich um so etwas wie ‚Idealtypen'. Analytisch lassen sich verschiedene Ursachen isolieren, aber bei den historischen Krisen handelt es sich zumeist um Mischformen, die aus einem Komplex an Faktoren hervorgehen. Die Krise von 1866 etwa war laut Marx keine ‚reine' selbständige Geldkrise, sondern nahm einen „vorwiegend finanziellen Charakter" an (dazu 5.2).

4.2 Die konkreten Gestaltungen des Kapitals und ihre Bewegungsformen

Das dritte Buch des *Kapital* gilt als der krisentheoretisch bedeutsamste Marx'sche Text. Genau wie das zweite Buch des *Kapital* hat Marx es weder veröffentlicht noch fertiggestellt (das vierte ist nicht einmal begonnen worden, dazu Kapitel 1). Noch vor Vollendung des ersten Bandes hat er 1864/65 ein umfangreiches Manuskript zum dritten Buch verfasst, aus dem Engels später den dritten Band zusammenstellte, wenngleich ihm bekannt war, dass Marx es überarbeiten und mit neuem Material über die große Finanzkrise von 1866 anreichern wollte (dazu 5.3). Bevor die Beziehungen zwischen der Krisenproblematik und der im Manuskript zum dritten Buch dargestellten Momente wie des tendenziellen Falls der Profitrate (4.2.1) und des Kredits (4.2.2 und 4.2.3) behandelt werden können, ist es unerlässlich, das gesamte dritte Buch in die logische Struktur des gesamten *Kapital*-Projekts einzuordnen und seine Relevanz für die krisentheoretische Methode von Marx zu bestimmen.

Wie bemerkt, behandelt das erste Buch des *Kapital* den Produktionsprozess des Kapitals und das zweite Buch den Zirkulations- und damit Reproduktionsprozess, das heißt die Einheit von Produktions- und Zirkulationsprozess des Kapitals. In den einleitenden Worten zum dritten Buch heißt es:

> Worum es sich in diesem Buch handelt, kann nicht sein allgemeine Reflexionen über diese „Einheit" anzustellen. Es gilt vielmehr die konkreten Formen aufzufinden und darzustellen, welche aus dem Proceß des Capitals – als Ganzes betrachtet – hervorwachsen. [...] Die Gestaltungen des Capitals, wie wir sie in diesem Buch entwickeln, nähern sich also schrittweis der Form, worin sie auf der Oberfläche der Gesellschaft, im gewöhnlichen Bewußtsein der Productionsagenten selbst, und endlich in der Action der verschiednen Capitalien auf einander, der Concurrenz auftreten. (MEGA II/4.2, 7)

Im dritten Buch will Marx die „konkreten Formen" darstellen, die sich aus dem Gesamtprozess des Kapitals ergeben. Es sind diejenigen „Gestaltungen des Capitals", die an der „Oberfläche der Gesellschaft" und damit im Bewusstsein der Produktionsagenten als „reale Existenz" des Kapitals spontan erscheinen. Etwa ist der Preis für jedermann sichtbar, denn alle Waren „tragen an der Stirn fatale weißliche Papiermarken, worin arabische Ziffern mit den lakonischen Charakteren £ s. d. eingegraben sind" (MEGA II/2, 158). Nicht ohne weiteres erkennbar ist, dass der Preis in einer Beziehung zum Wert, seiner „unsichtbaren Kerngestalt", steht. (Die Bewegung der Preise ist mit der Bewegung des Werts nicht identisch, wird aber durch sie reguliert.) Konkrete Gestaltungen sind die verschiedenen Revenueformen wie Profit, Zins und

Grundrente als „verselbstständigte Bestandteile" (MEGA II/4.2, 288) des Mehrwerts.[56] Sie speisen sich aus dem Mehrwert und ihre Gesamtgröße wird daher durch den Mehrwert reguliert. Für den produktiven Kapitalisten erscheint der Mehrwert als Profit, als Gewinn auf seine Investitionen.

Anders als manche Interpreten, begnügt sich Marx nicht mit dem simplen Nachweis, dass die Revenueformen als Teile des Mehrwerts anzusehen sind.[57] Vielmehr will er auch ihre spezifischen Erkenntnis- und Bewegungsformen ermitteln, denn schließlich bezeichnete er es im Vorwort zum ersten Band des *Kapital* als den „*letzte[n] Endzweck dieses Werks das ökonomische Bewegungsgesetz der modernen Gesellschaft zu enthüllen*" (MEGA II/5, 13/14). Die „Wirklichkeit" wird im dritten Buch auch als die „Erscheinungswelt" (MEGA II/4.2, 63) bezeichnet: Die „wirkliche Bewegung" des Kapitals ist also seine an der Oberfläche erscheinende Bewegung in seinen konkreten Gestaltungen Profit, Zins und Rente. Diese „wirkliche" ist demnach nicht mit einer geschichtlichen Bewegung zu verwechseln, was auch bedeutet, dass Marx im *Kapital* nie zu den historischen Krisen und ihrer tatsächlichen Entstehung vordringt.[58] Wie die konkreten Gestalten beschaffen sind, wie sie im Bewusstsein erscheinen und welche eigentümlichen Bewegungsformen sie durchlaufen, wie sich also die kapitalistische Ökonomie wirklich verhält, bewegt und darstellt, ist Gegenstand des dritten Buchs des *Kapital*.[59]

Demnach geht es Marx darum, zur Vorstellungswelt, einem Ausgangspunkt seiner Untersuchung, zurückzukehren.[60] Die Gedanken der politischen Ökonomen hängen dabei von den konkreten Gestaltungen und ihren Bewegungsformen ab. Etwa

---

56 Die Struktur des dritten Buchs – industrielles Kapital (Kapitel 3), Handelskapital (Kapitel 4), zinstragendes Kapital (Kapitel 5) – entspricht einer Umkehrung der Dreiteilung der Märkte in den *Krisenheften*, die Marx dort in der Abfolge des Krisenverlaufs untersuchte: money market, produce market, industrial market (siehe 3.4.1).
57 Eine solche Lesart bei Moseley (2016, 4). Dagegen Bischoff/Otto (1993, 9): „Es reicht nicht aus, den Naturformen des gesellschaftlichen Lebens und den Sachzwängen des Alltags einfach die Sichtweise gegenüberzustellen, daß sie letzlich bloß gegenständlicher Ausdruck einer bestimmten Form von Gesellschaftlichkeit seien […]. Es muß auch erklärt werden, weshalb die Menschen in den oberflächlichen, äußerlichen Lebensformen nicht mehr erkennen, daß diese vergegenständlichte und mystifizierte Bruchstücke ihrer gesellschaftlichen Aktivität sind." Dazu ist es unerlässlich, zu zeigen, *wie* sich das Wertgesetz in den Bewegungen der konkreten Formen durchsetzt und sich dabei modifiziert.
58 „Der Begriff einer konkreten Gestalt darf jedoch nicht als Entstehung einer wirklichen Krise mißverstanden werden. Er verweist vielmehr auf die Notwendigkeit der Krisenentstehung im Kapitalismus." (Kim 1998, 131)
59 So schreibt Marx über das Handelskapital: „Alle oberflächlichen und verkehrten Anschauungen des Gesamtprocesses sind der Betrachtung des mercantilischen Capitals entnommen, und den Vorstellungen, die seine eigenthümlichen Bewegungen in den Köpfen der Circulationsagenten bilden." (MEGA II/4.2, 385)
60 „Indem die reale Existenz des Kapitals, dessen Wesen schon begriffen war, bis hin zu konkreten Gestalten entwickelt wird, ist die Erkenntnis des Gegenstandes nun abgeschlossen. […] Marx [hat]

vertraten Smith und Ricardo eine Lehre vom Fall der Profitrate und nach der Krise von 1857 kursierte die Vorstellung, dass es die Erleichterung des Geldmarkts gewesen war, die den Wiederaufschwung herbeiführte. Um diese „verzauberte, verkehrte und auf den Kopf gestellte Welt" (MEGA II/4.2, 852) der Vorstellungen verstehen und korrigieren zu können, ist eine Untersuchung der eigentümlichen Bewegungen der Revenueformen Profit, Zins und Rente nötig. Marx wird zu dem Ergebnis gelangen, dass Warenpreise, Profit- und Zinsrate im Laufe des kapitalistischen Fortschritts eine Tendenz zu fallen, die Rente (vermittelt durch den Bodenpreis) eine Tendenz zu steigen (MEGA II/4.2, 310/311 u. 676) aufweisen.

Was also hat das dritte Buch mit den Krisen zu tun? Es wäre der Ort, an dem die Manifestation der Widersprüche erstmals näher thematisiert werden kann. Das erste Buch des *Kapital* umfasst die Möglichkeit der Krise in der einfachen Zirkulation, die Entwicklung der Möglichkeit zu einem Krisenpotenzial im unmittelbaren Produktionsprozess und den Akkumulationsprozess als Prozess kontinuierlicher Überproduktion. Im zweiten Buch des *Kapital* ermittelte Marx mit dem Zirkulations- und Reproduktionsprozess eine inhaltliche Grundlage, auf der sich die Formen der Krise manifestieren können, und identifizierte verschiedene Bruchstellen des Kapitalkreislaufs, an denen verschiedene Typen von Krisen entstehen. Aber auch das zweite Buch war nicht der Platz, um über die Wirklichkeit der Krise zu sprechen, da vorwiegend der Zirkulations- und Reproduktionsprozess, wie ihn ein individuelles Kapital typischerweise durchläuft, behandelt ist. Die ersten beiden Bücher des *Kapital* umfassen jeweils nur einen Teilprozess unter Abstraktion des Gesamtprozesses und daher konnten die Krisenpotentiale hier nicht erscheinen und nicht „frei werden". Die Darstellung der Manifestation setzt dagegen die wirkliche Bewegung des Kapitals voraus, wie es im *Manuskript 1861–63* heißt:

> Es ist hier ferner zu bemerken, daß wir den Circulationsproceß oder Reproductionsproceß darstellen müssen, *bevor* wir das fertige Capital – *Capital und Profit* – dargestellt haben; da wir darzustellen haben, nicht nur wie das Capital producirt, sondern wie das Capital producirt wird. Die wirkliche Bewegung aber geht aus von dem vorhandnen Capital – die wirkliche Bewegung heißt das auf Grundlage der entwickelten, von sich selbst beginnenden, sich selbst voraussetzenden capitalistischen Production. Der Reproductionsproceß und die in ihm weiter entwickelten Anlagen der Crisen werden daher unter dieser Rubrik selbst nur unvollständig dargestellt und bedürfen ihrer Ergänzung in dem Capitel: „*Capital und Profit*". (MEGA II/3, 1134)

Warum bedürfen die im Reproduktionsprozess (Buch 2) „unvollständig" dargestellten Anlagen der Krise einer „Ergänzung" im Kapitel über den Profit? Nicht, weil erst im Kapitel über den Profit eine Ursache für die Wiederkehr der Krisen gefunden werden kann, sondern weil erst hier das „fertige Capital" vorliegt, das heißt Marx erst

---

diese Weise der Entwicklung die ‚*dialektische Entwicklungsmethode*' genannt." (Otani 2015, 152) (Vgl. Postone 2003, 208–210.)

jetzt, im dritten Buch, die „fertige Gestalt der ökonomischen Verhältnisse, wie sie sich auf der Oberfläche zeigt, in ihrer realen Existenz, und daher auch in den Vorstellungen" (MEGA II/4.2, 279) behandelt. Auch die vorhandenen Widersprüche können sich erst *manifestieren* und in Gestalt einer Krise erscheinen, nachdem das Kapital fertig entwickelt an der Oberfläche erscheint und seine wirkliche Bewegung durchläuft (vgl. Bader et al. 1975, 112; Stapelfeldt 1979, 192).

Dass die Krisentheorie im dritten Buch eine „Ergänzung" erfährt, gilt nicht nur für das Kapitel über den Profit, sondern mindestens genau so sehr für das Kapitel über den Kredit. Die folgende Bemerkung im *Manuskript 1861–63* ist vergleichsweise selten zitiert worden: „Es giebt noch eine Masse Momente – Bedingungen, Möglichkeiten der Crise [–], die erst bei der Betrachtung der konkreteren Verhältnisse, namentlich der Concurrenz der Capitalien und des Credits betrachtet werden können." (MEGA II/3, 1153) Hier zählt Marx abermals die im dritten Buch untersuchten Formen nicht zu den Ursachen, vielmehr – gemäß seiner Absicht, die „*Bedingungen* der Crise" zu erörtern – zu den Bedingungen der Krisen. Eine auf konkreterer Darstellungsstufe wiederkehrende Bestimmung des Widerspruchs zwischen Gebrauchs- und Tauschwert ist das Gesetz vom tendenziellen Fall der Profitrate (4.2.1). Doch solche Bedingungen der wiederkehrenden Krisen treten offensichtlich noch *nach* dem Kapitel über den Profit auf: Die wirkliche Bewegung des Kredits ist der Ort, an dem sich die Widersprüche manifestieren, denn die Krise erscheint immer als Geldkrise und vollzieht sich als Umschlag des Kreditsystems ins Monetarsystem (4.2.2). Zudem hält der Kredit die Möglichkeit eines ganz neuen Krisentyps bereit: der selbständigen Geldkrise (4.2.3).

Die Bedingungen der Krisen in den drei Büchern des *Kapital*

Einfache Warenzirkulation (Buch 1)	Die Möglichkeit der Krisen. Ihre abstrakten Formen.
Unmittelbarer Produktionsprozess (Buch 1)	Die Entwicklung der „potentia crisis". „An sich" ist die Anlage der Krise hier enthalten und muss angedeutet werden. Grundlage der Überproduktion: die konfligierenden Bewegungen, die aus dem Verwertungsdrang und den dadurch errichteten Schranken resultieren
Akkumulationsprozess (Buch 1)	Setzt den Zirkulationsprozess voraus; die Überproduktion wird „ein fortlaufendes, continuirliches und immanentes Moment"
Zirkulations- und Reproduktionsprozess (Buch 2):	Abstraktion vom Produktions- und Akkumulationsprozess. Begründeter Inhalt der Krisenpotenz. Die Krisentypen (Arbeits-, Kapital- und Rohstoffkrise, Krisen aus Überproduktion oder Unfällen) gehen aus verschiedenen Bruchstellen des Kapitalkreislaufs hervor
Konkrete Gestaltungen (Buch 3)	In der „wirklichen Bewegung" des Kapitals erscheinen die Krisen durch den Kollaps des Kredit- ins Monetarsystem. Neuer Krisentyp: selbständige Geldkrise

4.2.1 Das Gesetz des tendenziellen Falls der Profitrate und die Krisen

Die „Ergänzung" der im „Reproductionsproceß [...] entwickelten Anlagen der Crisen" im Kapitel über den Profit besteht natürlich in dem berüchtigten „Gesetz des tendentiellen Falls der Allgemeinen Profitrate im Fortschritt der capitalistischen Production" (MEGA II/4.2, 285), das Marx im dritten Kapitel des Manuskripts zum dritten Buch des *Kapital* behandelt. Es sind viele Schlachten um das ‚Gesetz', seine Relevanz und seine Validität geschlagen worden. Hier soll nicht danach gefragt werden, ob Marx es mathematisch wasserdicht ‚beweisen' konnte, sondern sein Beitrag zur Begründung der Krisenhaftigkeit der modernen Gesellschaft geklärt werden. Die Extrempositionen in den Showdowns um das ‚Gesetz' könnten nicht weiter voneinander entfernt liegen: Es soll einmal als die einzige, ultimative Krisentheorie anzusehen sein (Moseley 1997; Roberts 2018), ein anderes Mal soll es keine „enge Verbindung" (Heinrich 2007, 47) zur Krisentheorie aufweisen. Beide Deutungen sind ernst zu nehmen und im Folgenden wird versucht, einen ‚dritten Weg' vorzuschlagen. Demnach ist das ‚Gesetz' als ein wichtiges Moment in Marx' umfassender Begründung der Krisenhaftigkeit des Kapitalismus, aber weder als die Quintessenz seiner Krisentheorie noch als ultimativer Entstehungsmechanismus einer historischen Krise anzusehen.

Das Gesetz des tendenziellen Falls der Profitrate selbst ist schon häufig dargestellt worden, weshalb hier eine Zusammenfassung genügt. Die Profitrate P des Gesamtkapitals ist durch den im Produktionsprozess erzeugten Mehrwert m dividiert durch die Summe des variablen Kapitals v (Arbeitskraft) und des konstanten Kapitals c (Produktionsmittel, Maschinerie) bestimmt: $P = m/(v + c)$. Im Fortschritt der kapitalistischen Produktionsweise hat die Profitrate laut Marx die Tendenz zu fallen, weil mit dem Akkumulationsprozess die organische Zusammensetzung des Kapitals steigt.[61] Das ‚Gesetz' ist eine Konkretisierung des Wertgesetzes und insbesondere des Widerspruchs zwischen Gebrauchswert und Tauschwert: Die Profitrate fällt nicht, weil weniger Lohnabhängige arbeiten oder weil sie unproduktiver arbeiten, sondern weil die gleiche Arbeitsbevölkerung produktiver wird und mehr vergegenständlichte Arbeit in Bewegung setzt (MEGA II/4.2, 291). Im Fall der Profitrate wird der „Grundwiderspruch" des Kapitals handgreiflich. Wie das allgemeine Gesetz der Akkumulation (dazu 4.1) bezieht sich auch das Gesetz des tendenziellen Falls der Profitrate auf den Akkumulationsprozess des Kapitals. Wieder konzipiert Marx eine Logik, wonach die Schwierigkeiten gerade in der Phase der Expansion entstehen: Wenn alles gut geht und die Profitrate hoch ist, sind Kräfte am Werk, die ihren Fall herbeiführen.

---

[61] Marx schrieb Engels am 30. April 1868, die „*Tendenz der Profitrate zum Fall im Fortschritt der Gesellschaft* [...] *ergiebt sich schon aus dem* [in] *Buch I Entwickelten über die Veränderung in der Zusammensetzung des Kapitals mit der Entwicklung der gesellschaftlichen Productivkraft*" (MEGAdigital), denn sie ist ein Resultat der steigenden organischen Zusammensetzung des Kapitals.

Marx hat das ‚Gesetz' zwei Mal für „das wichtigste Gesetz der politischen Oekonomie" (MEGA II/3, 1632) erklärt.[62] Warum? In den *Grundrissen* findet sich der Zusatz, es sei „vom historischen Standpunkt aus das wichtigste Gesetz" und „das wesentlichste, um die schwierigsten Verhältnisse zu verstehn" (MEGA II/1, 622). Auch im Manuskript zum dritten Buch des *Kapital* kommt schon in der Kapitelüberschrift zum Ausdruck, dass sich das ‚Gesetz' auf den „Fortschritt der capitalistischen Production",[63] also auf eine Entwicklungsrichtung im Gang ihres Bestehens bezieht. Nicht zuletzt dachten bereits Smith, Ricardo und Malthus über den Profitratenfall als einer langfristigen Entwicklung nach. Ricardo nahm einen Fall der Profitrate infolge des sogenannten ‚Gesetzes des abnehmenden Bodenertrags' an, das einen linearen Rückschritt der Bodenproduktivität hin zu immer weniger ertragreichen Böden als ein für alle Gesellschaften gültiges Naturgesetz behauptet. Wegen des stetigen Bevölkerungswachstums müsse immer mehr Kapital auf immer schlechteren und schlechter werdenden Böden ausgelegt werden, so dass Grundrente und Löhne (aufgrund wachsender Unterhaltskosten) auf lange Sicht steigen und die Profitrate damit fallen muss.[64] Ricardo spürte die Endlichkeit der kapitalistischen Produktion, aber suchte nach einer externen Ursache und schrieb die ‚Grenzen des Wachstums' dem ‚Geiz der Natur' zu:

> Die Oekonomen also, wie Ric., die die capitalistische Productionsweise für die absolute halten, fühlen hier, daß diese Productionsweise sich selbst eine Schranke schafft und suchen diese daher nicht dieser Productionsweise, sondern der Natur (in der Lehre von der Rente) zuzuschreiben. Das Wichtige aber in ihrem horror vor der fallenden Profitrate ist das Gefühl, daß die capitalistische Productionsweise an der Entwicklung der Productivkräfte Schranken findet, die an und für sich nichts mit der Production des Reichthums zu thun haben und diese *eigenthümliche*

---

62 Clarke (1994, 166) weist darauf hin, dass Marx damit nicht seine eigene Einstellung zum Gesetz des Profitratenfalls wiedergegeben haben muss, schließlich bezeichnete er sein Vorhaben als *Kritik* der politischen Ökonomie.
63 Dass es Marx hier um eine Entwicklungsperspektive geht, wird auch aus den anderen Stellen ersichtlich, an denen er diese Formulierung verwendet. So spricht er von „vielerlei lokalen Hindernissen, die jedoch abnehmen mit dem Fortschritt der capitalistischen Production und der Unterordnung aller ökonomischen Verhältnisse unter diese Productionsweise" (MEGA II/4.2, 215) und: „Mit dem Fortschritt der capitalistischen Productionsweise entwickeln sich auch ihre Bedingungen, oder unterwirft sie das Ganze der gesellschaftlichen Bedingungen, innerhalb deren der Productionsprozeß vor sich geht, ihrem specifischen Charakter und ihren immanenten Gesetzen." (MEGA II/4.2, 270)
64 Für Ricardo ist der Fall der Profitrate aber keine krisenbeförderende Tendenz und steht für ihn daher nicht im Widerspruch zu ‚Says Gesetz', sondern läuft auf einen Zustand der Stagnation („stationary state") hinaus, der sicherlich ungemütlich und kein Grund zur Freude wäre – der anonyme Ricardianer sprach von einem „stationary and melancholy state" (Anon 1819, 461) –, aber nicht den Kollaps oder das Ende der bürgerlichen Production bedeuten würde. Noch in der endlosen Stagnation befände sich der Kapitalismus im Gleichgewicht. In Foucaults (1974, 316/317) Lesart, dass für Ricardo mit dem „stationary state" die Geschichte an ihr Ende gerät, kommt dies besser zum Ausdruck als bei Stapelfeldt (2006, 381), der von einer „Zusammenbruchstendenz" bei Ricardo ausgeht, und als bei Piketty (2014, 18), der Ricardo für einen „Apokalyptiker" hält.

> Schranke bezeugt die *Beschränktheit* und den nur historischen Charakter dieser Productionsweise und daß sie keine für die Production des Reichthums *absolute* Productionsweise ist, vielmehr mit seiner Fortentwicklung auf einer gewissen Stufe in Conflict tritt. (MEGA II/4.2, 310)

Marx will demgegenüber zeigen, dass die dunklen Gedanken Ricardos, wonach die bürgerliche Gesellschaft auf einen unüberwindbaren, melancholischen Zustand der Stagnation zusteuert (dazu 5.4.2), der wirklichen Bewegung des Kapitals entspringen. Das ‚Gesetz' ist das „wichtigste", weil es den „Entwicklungsgang der capitalistischen Productionsweise" (MEGA II/4.2, 308) erklären kann, und Marx war stolz, das bedeutendste Theorem der politischen Ökonomie, dem die Klassiker wie Smith, Ricardo und Malthus auf der Spur waren, als „Entwicklungsgesetz" (MEGA II/4.2, 333) positiv begründet zu haben.

Das ‚Gesetz' ist kein linearer Mechanismus, sondern wirkt „nur als Tendenz".[65] Zahlreiche ihm entgegenwirkende Kräfte heben das Gesetz zwar nicht auf, aber verhindern, dass die Profitrate ungebrochen und ununterbrochen fällt: „Es müssen conteragirende Einflüsse im Spiel sein, welche die Wirkung des allgemeinen Gesetzes aufhalten" (MEGA II/4.2, 301), moderieren, abschwächen, verlangsamen und mitunter paralysieren (MEGA II/4.2, 304).[66] Die gegenwirkenden Faktoren erklären „die relativ schwache Proportion dieses Falls": „So wirkt das Gesetz nur als Tendenz, dessen Wirkung nur unter bestimmten Umständen und auf lange Perioden ausgedehnt schlagend hervortritt." (MEGA II/4.2, 308) An das *Manifest* und die *Grundrisse* anknüpfend, geht Marx indes von einer zunehmenden Schwierigkeit aus, die Gegentendenzen zu mobilisieren (dazu Moseley 2018): „Die capitalistische Production sucht beständig die ihr immanenten Schranken zu überwinden, aber sie überwindet sie nur durch Mittel, die sie von neuem und auf erweitertem Maaßstab reproduciren." (MEGA II/4.2, 324)

---

65 Der Marx'sche Gesetzesbegriff ist kein Newton'scher im Sinne eines deterministischen Kausalgesetzes. Er umfasst vielmehr die für historisch spezifische Produktionsweisen notwendigen oder wesentlichen objektiven Beziehungen, die den Möglichkeitshorizont kontingenter Konstellationen unabhängig von der subjektiven Verfasstheit der beteiligten ‚Akteure' bestimmen (Schürmann 1973).

66 Die wichtigsten Gegentendenzen sind: erstens die Erhöhung des Exploitationsgrads der Arbeit, das heißt die Vergrößerung des ausgepumpten Mehrwerts entweder durch die Intensivierung der Arbeit und die Verlängerung des Arbeitstags oder durch steigenden relativen Mehrwert qua Produktivkraftentwicklung in den für die Reproduktion der Arbeitskraft relevanten Sektoren; zweitens das „*Herunterdrücken des Arbeitslohns unter seinen Werth*" (MEGA II/4.2, 305); drittens die Verbilligung des konstanten Kapitals, vor allem der Rohstoffe; viertens die Ausbildung einer Surpluspopulation, die auf die Löhne drückt; fünftens die Zunahme des auswärtigen Handels; sechstens Aktiengesellschaften. – Chu (1998, 102) hat darauf hingewiesen, dass die Mattick-Schule die entgegenwirkenden Tendenzen als „dem Akkumulationsprozeß an sich äußerlich[e] Faktoren" (Schmiede 1973, 136/137) anführt und ihr auf diese Weise die „Zwieschlächtigkeit der Wirkung" (MEGA II/4.2, 306) entgeht. Für Marx ist der tendenzielle Fall der Profitrate eng mit dem tendenziellen Steigen des Mehrwerts verbunden (MEGA II/4.2, 308).

Im Anschluss an die Darstellung des ‚Gesetzes' führt Marx erneut eine Diskussion der Überproduktion – und dies nicht ohne Grund. Diese logische Struktur befindet sich schon im *Manuskript 1861–63* und dort heißt es, dass die in den ersten beiden Büchern entwickelten „Anlagen der Krisen" im Abschnitt über den Profit ihre „Ergänzung" finden.[67] Allerdings behauptet Marx keine direkte Kausalität zwischen dem ‚Gesetz' und der Entstehung von Krisen, sondern drückt sich vielmehr wie folgt aus:

> soweit die *Profitrate* [...] der stimulus der capitalistischen Production ist, wie die Verwerthung des Capitals ihr einziger Zweck, verlangsamt ihr Fall die Bildung neuer selbstständiger Capitalien und erscheint so als bedrohlich für die Entwicklung des capitalistischen Productionsprocesses. (Derselbe Fall befördert Ueberproduction, Speculation, Crisen, redundancy of capital neben der redundancy of labour oder relative surpluspopulation.) (MEGA II/4.2, 310)

Der Fall der Profitrate begründet eine verlangsamte Kapitalbildung und somit eine bedrohlich erscheinende Tendenz zur Erlahmung des Kapitalismus, zu einem Erlöschen seiner vielgerühmten ‚Dynamik'. Weil die Profitrate „der stimulus", „das belebende Feuer" und „die treibende agency in der capitalistischen Production" (MEGA II/4.2, 333) ist, markiert ihr Fall eine Schranke des Akkumulationsprozesses. Das Gesetz des tendenziellen Falls der Profitrate „befördert", das heißt, es begünstigt, unterstützt und verstärkt damit auch die Entstehung von Krisen. Denn „in consequence" (MEGA II/3, 1633) einer fallenden Profitrate kommt es, schreibt Marx im *Manuskript 1861–63* mit Verweis auf Fullarton, zur Spekulation.[68] Eine fallende Profitrate sorgt also für finanzielle Expansion und Instabilität: Das Kapital wird bei geringen Profitaussichten „Abenteuer lustig. Hinc Crisis" (MEGA II/3, 1640). Die Widersprüche verschaffen sich „in Crisen Luft" (MEGA II/4.2, 323).

Häufig gilt der Profitratenfall als die ultimative Ursache der Krisen: Durch die gegenwirkenden Tendenzen werde der lineare Fall in eine zyklische Bewegung überführt (Grossmann 1929, 137; Schmiede 1973, 196; Johannes 1989, 43; Roberts 2018, 54–59). Nicht selten wird eine fallende Profitrate auch herangezogen, um die Entstehung einer historischen Krise zu erklären. Das Gesetz gilt manchmal nicht nur als hinreichende, sondern auch als einzige Bedingung einer Krise: *Erst* muss die Profitrate fallen, dann kann es zur Krise kommen; *nur* wenn die Profitrate fällt, kann es zur Krise kommen. Aber wie bemerkt, zeichnet Marx im *Kapital* nicht die Entstehung einer historischen Krise nach und daher hat er auch keine direkte Kausalität zwischen dem

---

[67] In den *Grundrissen* diskutierte Marx erst in Heft IV die Überproduktion und dann im sogenannten „Maschinenfragment" (einem Abschnitt von Heft VII) den Profitratenfall.

[68] „Andre Oekonomen haben Trostgründe hiergegen [gegen das ‚Gesetz', TG] vorgebracht, die nicht minder charakteristisch sind. Aber neben der Theorie spricht die Praxis, die Krisen aus superabundance of capital or, what comes to the same, the mad adventures capital enters upon in consequence of the lowering of rate of profit. Hence crises – see Fullarton – acknowledged as a necessary violent means for the cure of the plethora of capital, and the restoration of a sound rate of profit." (MEGA II/3, 1633)

‚Gesetz' und den Krisen behauptet. So hat er in seinen historischen Analysen *keine einzige Wirtschaftskrise* durch Bezugnahme auf das ‚Gesetz' zu erklären versucht. Die Krisen kamen sehr schnell wieder, aber die „Wirkung" des ‚Gesetzes' tritt laut Marx „nur unter bestimmten Umständen und auf lange Perioden ausgedehnt schlagend hervor" (MEGA II/4.2, 308). Die Krisen aber machen sich für Marx nicht erst „auf lange Perioden ausgedehnt schlagend" geltend, sondern in periodischer Regelmäßigkeit. Mit dem Profitratenfall ging es ihm offensichtlich nicht um eine Lehre der Krisenentstehung, vielmehr um eine Entwicklungstendenz, die sich nur unter bestimmten Bedingungen und über eine längere Periode hinweg zeigt. Das ‚Gesetz' ist nicht die einzige, finale oder tiefste Ursache, die jeder oder wenigstens den meisten Krisen zugrunde liegt. Es besagt nicht, wann, wie und wo die Prosperität in ihr Gegenteil umschlägt.

Für diese These lassen sich weitere Argumente anführen. Es wäre erstens daran zu erinnern, dass die Überproduktion, das Grundphänomen der Krisen, bereits durch den im ersten Band des *Kapital* entwickelten Akkumulationsprozess „ein fortlaufendes, continuirliches und immanentes Moment der capitalistischen Productionsweise" (MEGA II/4.1, 357) wird.[69] Zweitens hat Marx ausdrücklich darauf hingewiesen, dass der Fall der Profitrate nicht hinreichend für die Überproduktion ist (vgl. Clarke 1994, 171): Es komme infolge des Profitratenfalls erst dann zu einer Überproduktion von Kapital, wenn der Fall nicht durch eine Erhöhung der Profitmasse kompensiert werden kann (MEGA II/4.2, 325), wenn, mit anderen Worten, die Profitrate schneller fällt, als das Gesamtkapital wächst (MEGA II/3, 1640). Dann entstünden „Krisen aus superabundance of capital".[70] Aber ein nachlassendes Wachstum der Profitmasse folgt nicht aus dem ‚Gesetz' selbst, weil gerade mit dem Wachstum des konstanten Kapitals auch die Profitmasse wächst: „Dieselben Gesetze produciren also eine *wachsende absolute Profitmasse*, die das Gesellschaftscapital aneignet, mit *fallender Profitrate*." (MEGA II/4.2, 293) Aus dem ‚Gesetz' folge daher „nicht von selbst, daß die *Accumulation* des Capitals abnehme oder daß die absolute *Masse* des *Profits* [...] falle" (MEGA II/3, 1639). An anderer Stelle heißt es, dass der Fall der Profitrate und die Überakkumulation von Kapital „aus denselben Umständen entspringen" (MEGA II/4.2, 326), was bedeutet, dass der Fall der Profitrate nicht die Ursache der Überakkumulation sein kann.

Umgekehrt ist es kein Zufall, dass Marx sowohl im *Manuskript 1861–63* als auch im dritten Buch des *Kapital* die Überproduktion nach dem ‚Gesetz' diskutiert. Dies ist zunächst einmal weniger eine Frage der Kausalität als eine der Darstellung, denn erst

---

[69] Roberts (2018, 65) behauptet, der Fall der Profitrate sei die Ursache der Überproduktion. Auch Moseley (2016, 21) schreibt, dass nach Marx „capitalist crises are caused by a falling rate of profit". Ähnlich Moseley (1997, 430/431).

[70] Dass es Krisen „*aus* superabundance of capital" gibt, bedeutet, dass Krisen für Marx auch *aus* anderen Gründen entstehen können (dazu 4.1, 4.2.3 und 5.1).

jetzt, in der wirklichen Bewegung des Kapitals kann die Überproduktion *erscheinen* und sich zeigen. Außerdem handelt es sich um eine neue Widerspruchsebene mit neuen Bestimmungen: Wie das Akkumulationsgesetz begründet, dass der Markt als Schranke der Produktion bestehen bleiben muss, begründet das Gesetz des tendenziellen Falls der Profitrate, dass der Profit als Schranke der Produktion[71] bestehen bleiben muss. Marx zeigt durch das ‚Gesetz', dass der Profit nicht konstant (hoch) bleiben kann, sondern durch den Akkumulationsprozess selbst reguliert und beschränkt wird. In diesem Sinne kann die Schranke des Profits – anders als die Stufenleiter der Produktion mit der großen Industrie – nicht beliebig erweitert werden. Selbst die konteragierenden Tendenzen können den Fall nicht für immer aufhalten. Allgemein gesagt, „befördert" das Gesetz dadurch Krisen, dass es die Schranke der Produktion (den Profit) immer wieder neu errichtet und daher die Bildung selbständiger Kapitalien verlangsamt: Produktion, durch die sich Produktion realisieren könnte, wird unterlassen („artificial check on production"), weil die Profitaussichten zu gering sind. Das Akkumulationsgesetz demonstriert die Schranken der gesellschaftlichen Konsumtivkraft, das Gesetz des tendenziellen Falls der Profitrate die Schranken der produktiven Konsumtivkraft durch das Kapital selbst. Die „Ergänzung" der „Anlagen der Crisen" durch das ‚Gesetz' besteht also darin, dass es keine Mittel gibt, die den „artificial check on production" dauerhaft aufheben könnten. Das ‚Gesetz' stellt in diesem Sinne ein weiteres Moment bei der Begründung der Wiederkehr der Krisen dar: Hier setzt sich das Kapital selbst immer wieder eine Schranke, um die es sich nicht herumdrücken kann. Genau dies drückt Marx' berühmte Formulierung aus, dass die „wahre Schranke der capitalistischen Production [...] das *Capital* selbst" (MEGA II/4.2, 324) ist. Der tendenzielle Fall der Profitrate beschreibt also keinen einfachen Mechanismus der Krisenentstehung, sondern die gesetzmäßige Selbstbeschränkung des Kapitals.

In seiner Gerichtetheit als einer Tendenz „befördert" der Fall der Profitrate darüber hinaus im Fortschritt der kapitalistischen Produktion Krisentendenzen. Das ‚Gesetz' treibt Entwicklungen voran, welche die Entstehung von Krisen begünstigen, unterstützen und verstärken.

Erstens: Laut Marx ist die Konzentration des Kapitals die „wichtigste Consequenz" (MEGA II/3, 1882; vgl. MEGA II/4.2, 324/325) der steigenden organischen Zusammensetzung, die zu Monopolbildung führt und damit kleine Kapitale unter Druck setzt: „Die Masse der kleinen zersplitterten Capitalien daher Abentheuerlustig, Speculation, Creditschwindel, Aktienschwindel, Crisis." (MEGA II/4.2, 325) Die Konzentration des Kapitals bedeutet demnach, zweitens, finanzielle Expansion und Instabilität.

---

[71] „Die Schranke der Production ist der Profit der Capitalisten, keineswegs das Bedürfniß der Producenten." (MEGA II/3, 1148)

Drittens: Die Entwertung des bestehenden Kapitals ist ein „immanentes Mittel", den Fall aufzuhalten und den Akkumulationsprozess und die Bildung von Neukapitalien zu beschleunigen. Hier besteht eine Kontinuität zu der in der *Misère de la philosophie* entworfenen Theorie der Entwertung (dazu 2.2), denn durch die Entwertung bestehender Produktionsanlagen werden Investitionen zu Fehlinvestitionen, was zu Krisen führt.[72] Auch die in der Krise sich vollziehende Kapitalvernichtung ist ein Mittel, den Profitratenfall aufzuhalten.

Viertens „bringt der mit der Accumulation verbundne Fall der Profitrate nothwendig einen Concurrenzkampf hervor" (MEGA II/4.2, 330), das heißt, durch den Profitratenfall verwandelt sich die Konkurrenz in eine Krisenkonkurrenz. In Prosperitätszeiten kauft ein Kapital bei dem anderen und Gewinne werden ‚brüderlich' geteilt – eine Grundlage für den Jubel der Prosperität (dazu 3.1) –, aber die *fraternité* schlägt in einen „Kampf der feindlichen Brüder" um, in einen Verdrängungswettbewerb, in dem um die Teilung der Verluste und die Verteilung des Entwertungsdrucks gestritten wird (MEGA II/4.2, 327). Der Profitratenfall verschärft also den im System der privaten Arbeit angelegten Antagonismus. Aus Brüderlichkeit wird Feindlichkeit (3.5.4).

Marx fügt fünftens an, dass sich „[d]ieselbe Sache" wie beim Konkurrenzkampf „in der *Ueberproduction von Waaren*, overstocking of markets" (MEGA II/4.2, 330) zeige. Wie also der Profitratenfall die Gleichgültigkeit der Gesellschaftsmitglieder gegeneinander zu offen feindseligen Handlungen verschärft, so intensiviert er auch den „Zwiespalt" zwischen Produktion und Verwertung. Im Fortschritt der kapitalistischen Produktionsweise absorbiert die einzelne Ware immer weniger lebendige Arbeit und enthält daher immer weniger Wert (MEGA II/4.2, 316). Weil die Werte der Waren sinken, müssen tendenziell immer mehr davon produziert und abgesetzt werden, um die Profitmasse aufrecht zu erhalten. Die Erhöhung des Warenausstoßes ist eine Kompensation für den Profitratenfall (vgl. Johannes 1989). Was als schöne Utopie einer „ungeheuren Waarensammlung" (MEGA II/5, 17) erscheint, drückt Kopfschmerzen des Kapitals aus. Immer mehr Warenplunder, der in immer kürzerer Arbeitszeit hergestellt wurde und daher immer weniger Wert enthält und immer weniger kostet, muss unter die Leute gebracht werden.[73]

---

[72] „Die periodische Depreciation des vorhandnen Capitals, die ein der capitalistischen Productionsweise immanentes Mittel ist, den Fall der Profitrate aufzuhalten und die Accumulation von Capitalwerth und Bildung von Neucapital zu beschleunigen, stört die gegebnen Verhältnisse, worin sich der Circulations- und Reproductionsproceß des Capitals vollzieht und ist daher begleitet von plötzlichen Stockungen und Crisen des Productionsprocesses." (MEGA II/4.2, 323/324)

[73] „[C]apitalist development leads to a rise in the mass of surplus value to be realized, and in the quantity of commodities in which this surplus value is embodied; at the same time as it becomes progressively more difficult to increase the rate of surplus value, and so to prevent a fall in the general rate of profit." (Clarke 1994, 149)

Das ‚Gesetz' drückt, sechstens, zugleich aus, dass ein Teil der Weltbevölkerung in Armut, Einkommenslosigkeit und Abhängigkeit verharren muss. Diese sozialen Konsequenzen einer zunehmend größeren für die Bedürfnisse der Kapitalverwertung überflüssigen Bevölkerung hat Marx nach der Abfassung des Manuskripts zum dritten *Kapital*-Buch als allgemeines Gesetz der kapitalistischen Akkumulation in den ersten Band des *Kapital* integriert (siehe 4.1). War die Eigentumslosigkeit und Lohnabhängigkeit einer großen Masse der Bevölkerung ein Grundmerkmal der kapitalistischen Produktionsweise, so tritt im Fortschritt der kapitalistischen Akkumulation die kontinuierliche *Entwertung der Lohnarbeit* in Form von Massenarbeitslosigkeit und überflüssiger Bevölkerung hinzu. Wie Malthus es diagnostizierte (dazu 1.3), entsteht überflüssiges Kapital neben überflüssiger Bevölkerung. Nicht die Menschen haben ‚über ihre Verhältnisse gelebt', sondern das Kapital kann nicht die gesamte Menschheit in seine Ausbeutungsmaschine integrieren – obwohl es zugleich die vorkapitalistischen Gesellschaften und die bäuerliche Produktion auflöst, das heißt, alle Menschen in Lohnabhängige verwandelt –, ohne dabei den „*Widerspruch*" zu steigern, „zwischen den Bedingungen, worin dieser Mehrwerth producirt und den Bedingungen worin er realisirt wird" (MEGA II/4.2, 313).

Das Kapital setzt sich, siebtens, auch Schranken der Natur, denn steigende Kapitalintensität bedeutet steigenden Naturverbrauch. Einerseits ist die Verbilligung von Rohstoffen (und damit des konstanten Kapitals) eine den Profitratenfall bremsende Tendenz und das Kapital setzt alle wissenschaftlichen und technologischen Agentien in Bewegung, um Naturstoffe ‚billig' und verfügbar zu halten; andererseits muss mit dem Wachstum des konstanten Kapitals auch der stoffliche Ausstoß und Verbrauch zunehmen (siehe Ortlieb 2009), um den Wertverlust pro stofflicher Einheit zu kompensieren. Je entwickelter der Kapitalismus, desto mehr wird er also den gesellschaftlichen Stoffwechsel mit der Natur degradieren und desto tiefer wird er in die letzten wilden Gebiete des Planeten Erde vordringen, aber desto härter wird er auch an Naturgrenzen stoßen und somit ‚ökologisch' induzierte Krisen hervorbringen.[74] Denn das Kapital begibt sich in eine zunehmende Abhängigkeit von der stofflichen Umwelt und wird damit empfindlicher gegenüber Störungen in der Bereitstellung von Naturstoffen: „Heftige Preißschwankungen im Rohstoff bringen daher Unterbrechungen u. s. w. grosse Collisionen und Catastrophen im Reproductionsprozeß hervor." (MEGA II/4.2, 188)

---

[74] „Je entwickelter die capitalistische Production und je grösser daher die Mittel plötzlicher und anhaltender Vermehrung des aus Maschinerie u. s. w. bestehenden Theils des constanten Capitals – je rascher die Accumulation (wie in den times of prosperity) – desto grösser die *relative Ueberproduction* von Maschinerie und andrem fixen Capital und desto häufiger die *relative Unterproduction* der Rohstoffe (vegetabilischen und animalischen) und das [...] Steigen in ihrem Preisse und dementsprechender collapse. Desto häufiger also die Revulsionen, die in dieser heftigen Preißschwankung eines der Elemente des Reproductionsprozesses ihren Grund haben." (MEGA II/4.2, 189)

Die steigende organische Zusammensetzung des Kapitals zeitigt mannigfaltige Konsequenzen in allen gesellschaftlichen Bereichen. Wie schon Sismondi dachte (1.3), entwickelt sich mit dem Kapital auch seine Tendenz zur Krise: bei Marx durch eine immer größere Sammlung zu verkaufender Waren, eine wachsende überflüssige Bevölkerung, eine Verschärfung der Konkurrenz, einen erhöhten Verbrauch von Natur, die Erschöpfung von Ressourcen und finanzielle Instabilität. Der gesetzmäßige Fall der Profitrate begründet, dass die kapitalistische Produktion in ihrem Fortschreiten auf *viele* gesellschaftliche, politische, ökologische und eben auch ökonomische Katastrophen zusteuert.

Somit bezeichnet das ‚Gesetz' zwar keinen simplen Mechanismus der Entstehung historischer Krisen, gleichwohl kann es eine Untersuchung historischer Epochen anleiten und anreichern (vgl. Shaikh 1992), da seine Wirkung „auf lange Perioden ausgedehnt schlagend hervortritt" (MEGA II/4.2, 308). Marx hat die Auswirkungen eines Profitniveaus für eine längere Periode näher beschrieben und für einen zweiten Zeitraum indirekt nahegelegt. Die erste Periode vom Ende des 18. Jahrhunderts bis zum Ende der Napoleonischen Kriege 1815 war eine mit hoher Profitrate. Es war „die Hauptperiode der *Verlängrung des normalen Arbeitstags*" (MEGA II/3, 2107) und die Wertsteigerung der Arbeitskraft infolge der sehr hohen Getreidepreise wurde durch die zeitgleich erfolgte rücksichtslose Verlängerung des Arbeitstags kompensiert:

> Von 1797–1815, wo der Kornpreiß in England bedeutend stieg und der nominelle Arbeitslohn, nahm die Zahl der üblichen Arbeitsstunden in den Hauptindustrien, die auch in einer rücksichtslosen Entwicklungsphase sich befanden, sehr zu, und ich glaube, daß dieß den Fall der Profitrate (weil der Rate des Mehrwerths) aufgehalten hat. (MEGA II/3, 1031)

In diesem Zeitraum, in dem ‚Says Gesetz' von Say und Mill formuliert wurde, gab es vergleichsweise wenige Krisen:

> *Between 1770 and 1815*, cotton trade depressed or stagnant 5 years, and revived and prosperous 40 years. *Between 1815 und 1863* depressed or stagnant 28 years, prosperous 20 years. *After 1846*, since the repeal of the cornlaws, cotton trade stagnant or depressed 9 years, revived 8. (MEGA II/3, 2075)

Die zweite Periode ist die zwischen 1861 und 1870. Sie begann 1861 mit der *Cotton Famine* und war durch die Geldklemme von 1864, die große Finanzkrise von 1866 und eine anschließende Stagnationsphase bis Ende 1869 geprägt (dazu Kapitel 5). Auch wenn er dies nirgendwo explizit machte, ging Marx wahrscheinlich von einer gefallenen Profitrate ab 1861 aus. Ab 1861 explodierten nämlich die Preise für Rohbaumwolle, als die englische Baumwollindustrie in der *Cotton Famine* durch Handelsblockaden im Amerikanischen Bürgerkrieg schockartig von allen Rohbaumwollimporten aus den amerikanischen Südstaaten abgeschnitten worden war (dazu 5.1). „Bei sonst *gleichbleibenden Umständen fällt und steigt die Profitrate daher im umgekehrten Verhältniß wie der* Preiß des Rohmaterials" (MEGA II/4.2,

166), schrieb Marx und in der Tat lässt sich für die genannte Dekade eine fallende Profitrate vermuten (Roberts 2015). In der Folge floh das Kapital auf den Geldmarkt, wurde abenteuerlustig und bildete einen Aktienschwindel aus. Möglicherweise lässt sich daher schlussfolgern, dass in einer Periode, in der die gegen den Profitratenfall wirkenden Kräfte zu schwach ausgeprägt sind, die *Wahrscheinlichkeit* steigt, dass es zu Krisen, Krämpfen und Stockungen kommt.[75]

Jedenfalls bemerkte Marx am 4. November 1864 angesichts einer Geldklemme in der Londoner City zum ersten Mal, dass „die Crisen jetzt durch Häufigkeit [ersetzen], was ihnen an Intensität fehlt" (MEGA III/13, 44), und sprach Ende Dezember 1864 in der *Inauguraladresse der Internationalen Arbeiterassoziation* über „die raschere Wiederkehr, den erweiterten Umfang und die tödtlichere Wirkung der gesellschaftlichen Pest, die man *industrielle und commercielle Krise* heißt" (MEGA I/20, 22). Man könnte vermuten, dass Marx diese raschere Wiederkehr der Krisen im Kopf hatte, als er kurz darauf im Manuskript zum dritten *Kapital*-Buch bemerkte, dass sich „die Entwicklung der Productivkraft der Arbeit in *dem Fall der Profitrate* ein Gesetz erzeugt, das ihrer eignen Entwicklung auf einem gewissen Punkt feindlich gegenübertritt, und daher beständig durch Crisen überwunden werden muß" (MEGA II/4.2, 332). Fällt die Betonung auf „beständig", stärkt dies die Interpretation, dass die Krisen in einer Periode mit fallender Profitrate häufiger auftreten und sie sich umgekehrt in einer Periode, in der der Fall aufgehalten oder verlangsamt wird, seltener ereignen.

Eine beschleunigte Wiederkehr allgemeiner Krisen musste Marx in der Folgezeit bestätigt finden: Krisenjahre waren 1866, 1873[76] und 1878/79[77]. Ab Anfang 1870 ereignete sich ein neuer Boom, dem der Gründerkrach von 1873 und anschließend laut

---

[75] So auch Clarke (1994, 241): „Nowhere does Marx simply argue that a rise in the organic composition of capital leads to a fall in the rate of profit and so to a crisis." Einen mechanischen Zusammenhang von Fall der Profitrate und Krise sieht auch Kleinknecht (1978) nicht; Goldberg (1982, 294) begreift den Profitratenfall als Aggravation der „Krisenhaftigkeit des Akkumulationsprozesses".

[76] Marx schien angenommen zu haben, dass der Gründerkrach von 1873 in Wien, Berlin und New York eine allgemeine Krise (in England) bloß diskontiert habe: „Das Nachwort zur zweiten deutschen Auflage ist datirt auf den 24. Januar 1873, und nur kurze Zeit nach seiner Veröffentlichung brach die dort vorausgesagte Krise in Oesterreich, den Vereinigten Staaten und Deutschland aus. Viele Leute glauben, zu Unrecht, dass mit diesen heftigen, aber vereinzelten Ausbrüchen die allgemeine Krise sozusagen abgemacht [*escomptée*] ist. Im Gegentheil, sie strebt ihrem Höhepunkt zu, und England wird das Zentrum ihres Ausbruchs sein, dessen Rückwirkung auf dem Weltmarkt spürbar sein wird." (Marx 2017, 712; MEGA II/7, 697)

[77] Die Pleite der City of Glasgow Bank am 2. Oktober 1878 löste eine britische Bankenkrise aus, auf die Marx in seinem Brief vom 15. November 1878 an Nikolaj Francevič Daniel'son Bezug nahm: „Die englische Krise, die ich S. 351 der französischen Ausgabe, Anmerkung, ankündigte [vgl. Fn. 76, TG], ist tatsächlich in den letzten Wochen ausgebrochen. Freunde – Theoretiker und Geschäftsleute – hatten mich gebeten, diese Anmerkung wegzulassen, weil sie ihnen ungenügend begründet schien. So sehr waren sie überzeugt, daß die Krisen im Norden und Süden Amerikas, in Deutschland und Österreich die englische Krise sozusagen ‚diskontieren' [*escompter*] müßten." (MECW 45, 344; dt. Übers. MEW 34, 359)

Marx „the period of chronic crisis" (MECW 45, 344) bis 1879 folgten,[78] also eine Art Aussetzen des konjunkturellen Automatismus, wonach auf eine Krise sofort eine Prosperitätsphase folgen muss. Folglich tendierte Marx (wie in 4.1 ausgeführt) in der französischen Ausgabe des *Kapital* (1872–75) dazu, den industriellen Zyklus nicht mehr als eine (Kreislauf-)Form mit automatischem Phasenwechsel zu begreifen, sondern, wörtlich genommen, nur noch die Periodizität der Wechselfälle als Form zu definieren.

Nachdem er in den 1850er Jahren noch mit dem Gegenteil geliebäugelt hatte,[79] modifizierte er in der französischen Ausgabe auch seine Auffassung über die Bestimmbarkeit der Länge des industriellen Zyklus: „Bis jetzt ist die periodische Dauer solcher Zyklen zehn oder elf Jahre, aber es gibt keinerlei Grund, diese Zahl als konstant zu betrachten. Im Gegenteil, aus den Gesetzen der kapitalistischen Produktion, wie wir sie eben entwickelt haben, muß man schließen, daß sie variabel ist und daß die Periode der Zyklen sich stufenweise verkürzen wird." (MEW 23, 662; MEGA II/7, 557; vgl. Mattick 1974, 74–77)[80] Zwar gab Marx an, die stufenweise Verkürzung der Zykluslänge aus ökonomischen Gesetzen, hier insbesondere der steigenden organischen Zusammensetzung, abgeleitet zu haben, aber gleichwohl verdeutlicht diese Stelle, dass der tatsächliche konjunkturelle Verlauf ab den 1860er Jahren für Marx einen Stütz- und Orientierungspunkt („greifbare Anzeichen") seiner Theorie bildete (auch wenn die Theorieentwicklung im *Kapital* keine Verallgemeinerung empirischer Tatsachen ist).[81]

Dass Marx hier weiterhin eine Entwicklungsrichtung des Kapitals vor Augen hatte, verdeutlicht sein ungefähr zeitgleich zum neuen Akkumulationsabschnitt verfasster Brief an Petr Lavrovič Lavrov vom 18. Juni 1875: „Das wirklich bemerkenswerte

---

[78] Marx schrieb Daniel'son am 15. November 1878: „The most interesting field for the economist is now certainly to be found in the United States, and, above all, during the period of 1873 (since the crash in September) until 1878 – the period of chronic crisis. Transformations – which to be elaborated did require in England centuries – were here realised in a few years." (MECW 45, 344; dt. Übers. MEW 34, 359)

[79] „In the attempt at laying bare the laws by which crises of the market of the world are governed, not only their periodical character, but the exact dates of that periodicity must be accounted for." (MEGA I/16, 415)

[80] Marx hat in der französischen Ausgabe auch einen anderen Verweis auf die Zehnjährigkeit des Zyklus getilgt. Aus „die moderne Industrie mit ihrem zehnjährigen Cyklus und seinem regelmäßigen Periodenwechsel" (MEGA II/5, 513; II/6, 580) ist in der französischen Ausgabe „l'industrie moderne" (MEGA II/7, 560) geworden. Allerdings spricht er kurz zuvor von „cycle décennal à peu près régulier" (MEGA II/7, 556).

[81] So schien Marx die Krise von 1857 „verzögert" durch die Goldfunde (siehe 3.2.1), die von 1866 hingegen als „verfrüht" (5.2). Er hatte zwischenzeitlich die Möglichkeit einer mathematischen Modellierung des Zyklus anhand von Preisen und Diskontraten eruiert (MEW 33, 82), aber seine Exzerpte deuten nicht darauf hin, dass er jemals versucht hätte, diese Zusammenhänge wirklich zu berechnen. In der französischen Ausgabe des *Kapital* werden schließlich die Länge des Zyklus und die Länge seiner Phasen für *flexibel* erklärt.

Phänomen ist die Verkürzung der Perioden zwischen den allgemeinen Krisen.[82] Ich habe diese Zahl nie für eine konstante, sondern stets für eine abnehmende Größe gehalten; aber das Erfreuliche ist, daß sie so greifbare Anzeichen ihrer Abnahme aufweist; das ist ein schlechtes Omen für die Dauer der bürgerlichen Welt." (MEW 34, 145. Übers. des ersten Satzes TG) Marx scheint hier mit seinen Überlegungen aus den *Grundrissen*, dass die Krisen „das Drängen zur Annahme einer neuen geschichtlichen Gestalt" (MEGA II/1, 152) bedeuten, nicht gebrochen zu haben, allerdings ist es zu einer Verschiebung gekommen. Damals hatte er auch in Verarbeitung der tatsächlichen Steigerung von Intensität und Umfang der Krisen zwischen 1818 und 1857 angenommen, dass das Kapitalverhältnis in seinem Fortschritt immer heftigere Krisen hervorbringen würde. Dies modifizierte er dahingehend, dass in einer Periode, in der die den Profitratenfall konteragierenden Tendenzen zu schwach ausgeprägt sind, *häufiger* Krisen auftreten. Die Krisen würden im ‚Spätkapitalismus' nicht immer intensiver im Sinne der früher angenommenen Steigerungslogik, allerdings nur um den Preis ihrer schnelleren Wiederkehr und schwierigeren Überwindung.

Moseley (2018, 127)[83] und Heinrich (2006, 351) nehmen an, dass im dritten Buch des *Kapital* keine ‚Zusammenbruchstheorie' mehr anzutreffen sei. Moseley führt zum Beleg den im Profitratenfallkapitel fehlenden Hinweis auf die Krisen als „violent overthrow" (gewaltsamen Umsturz) der Produktionsweise an. Aber zum einen schreibt Marx ausdrücklich, dass der Machtzuwachs des Kapitals im Zuge seines Konzentrationsprozesses – der „wichtigsten Consequenz" des ‚Gesetzes' –, durch den das Kapital der Gesellschaft mehr und mehr „als *entfremdete, verselbstständigte gesellschaftliche Macht*" gegenübertritt, „die *Auflösung dieses Verhältnisses* ein[schließt]" (MEGA II/4.2, 337). Der Auflösungsprozess des Kapitals scheint hier wie selbstverständlich zu sein. Zum anderen ist dieser Abschnitt auch nicht Marx' letztes Wort zu der Problematik im dritten Buch des *Kapital*. Auch im fünften Kapitel über das zinstragende Kapital werden die Krisen – wie schon in den Planskizzen von 1857/58[84] – als ein Element der Auflösung vorgestellt:

> Das Creditwesen beschleunigt daher die materielle Entwicklung der Productivkräfte und die Herstellung des Weltmarkts, die bis zu einem gewissen Grad – als materielle Basen der neuen Productionsweise herzustellen – die *historische Aufgabe* der capitalistischen Productionsweise

---

[82] Der erste Satz des französischen Originalbriefs lautet: „Le phénomène réellement remarquable c'est le décroissement du chiffre périodique des crises genérales." (RGASPI, Sign. f. 1, op. 1, d. 3613) In der in den MEW angebotenen Übersetzung dieses Satzes taucht irrtümlicherweise der Begriff „Krisenzyklus" auf, den Marx selbst niemals verwendet hat.

[83] Darin Thomas/Reuten (2013, 323) folgend, die betonen, dass auf die Krise, statt des Zusammenbruchs, immer Ausgleich und Aufschwung folgen. Kleinknecht (1978, 90) hebt demgegenüber zu Recht hervor, dass die Kapitalvernichtung in der Krise keine automatische Wiederbelebung des Akkumulationsprozesses zur Folge hat.

[84] „Die Crisen. Auflösung der auf den Tauschwerth gegründeten Produktionsweise und Gesellschaftsform." (MEGA II/1, 187)

> ist. Es beschleunigt zugleich die Crisen, die gewaltsamen Ausbrüche dieses Widerspruchs und daher die Elemente der Auflösung der alten Productionsweise. (MEGA II/4.2, 505)

Der Gedanke, dass die Krisen die zunehmende Inadäquatheit des Kapitals verkünden und in diesem Sinne anzeigen, dass eine auf ihm beruhende Produktion keineswegs ‚alternativlos' ist, war aus Marx' Kopf offensichtlich nicht verschwunden. Dies zeigt außerdem nicht nur der oben zitierte Brief an Lavrov vom 18. Juni 1875; auch im zweiten, letztlich nicht abgeschickten Entwurf des Briefs an Vera Ivanovna Zasulič (1881) heißt es über die kapitalistische Produktionsweise: „D'un côté elle a merveilleusement développé les forces productives sociales, mais de l'autre côté elle a trahi sa propre incompatibilité avec les forces mêmes qu'elle engendre. Son histoire n'est plus désormais qu'une histoire d'antagonismes, de crises, de conflits, de désastres. En dernier lieu elle a dévoilé à tout le monde, sauf les aveugles par intérêt, son caractère purement transitoire." (MEGA I/25, 232)[85] Und im ersten Entwurf schrieb er:

> La meilleure preuve que ce développement de la «commune rurale» réponde au courant historique de notre époque, c'est la crise fatale subie par la production capitaliste dans les pays européens et américains où elle a pris le plus grand essor, crise qui finira par son élimination, par le retour de la société moderne à une forme supérieure du type le plus archaïque –, la production et l'appropriation collectives. (MEGA I/25, 228)[86]

Für Marx war es von großer Bedeutung für Russland, dass der Kapitalismus in seinen westeuropäischen und amerikanischen Zentren in den 1870er Jahren in einer „fatalen Krise" steckte. Aus seiner Sicht trafen sich die robuste russische Dorfgemeinde und der absteigende Kapitalismus im gleichen geschichtlichen Moment. Zwar war der Untergang der Dorfgemeinde nicht notwendig (vgl. Conversano 2018), aber nur weil sich der Kapitalismus in einer Schwäche- oder gar Auflösungsperiode befand, hatte sie auch wirklich eine Chance zu überleben und konnte als Grundlage einer Erneuerung der russischen Gesellschaft dienen.

Marx beobachtete ab 1870 eine immer schnellere Wiederkehr der allgemeinen Krisen (1857, 1866, 1873, 1878/79), immer längere Phasen der Stagnation (dazu 5.4),

---

85 „Einerseits hat sie die gesellschaftlichen Produktivkräfte hervorragend entwickelt, andererseits aber hat sie die eigene Unvereinbarkeit mit den von ihr selbst hervorgebrachten Kräften gezeigt. Ihre Geschichte ist nichts weiter als eine Geschichte von Antagonismen, Krisen, Konflikten und Katastrophen. Schließlich hat sie aller Welt, mit Ausnahme derer, die auf Grund ihrer Interessen blind sind, ihren reinen Übergangscharakter offenbart." (MEW 19, 397)
86 „Der beste Beweis dafür, daß diese Entwicklung der ‚Dorfgemeinde' dem historischen Verlauf unserer Epoche entspricht, ist die verhängnisvolle Krise, die die kapitalistische Produktion in den europäischen und amerikanischen Ländern durchläuft, in denen sie den größten Aufschwung genommen hatte, eine Krise, die mit der Abschaffung des Kapitalismus und mit der Rückkehr der modernen Gesellschaft zu einer höheren Form des archaischsten Typus – der kollektiven Produktion und Aneignung – enden wird." (MEW 19, 392)

einen immer schwerer gelingenden Wiederaufschwung sowie immer kürzere und weniger eindeutige Perioden der Prosperität (wie in der „Periode der chronischen Krise" 1873–79). Seine Äußerungen ab 1870 deuten nicht darauf hin, dass er davon ausgegangen wäre, der Kapitalismus habe noch rosige 500 Jahre vor sich. Allerdings behauptete er keine Steigerungslogik der Krisen mehr und beobachtete daneben das Ende eines konjunkturellen Automatismus: Die Serie der Wechselfälle ab 1873 war nicht Krise, Stagnation, Prosperität, Krise, vielmehr Krise, Stagnation, Krise. Krisen ohne vorangegangene Prosperitätsphase sind aber nicht unbedingt intensiver. Das wäre ein ‚Auflösungsszenario', das dem von Ricardo antizipierten in gewisser Weise ähnelt: Der Kapitalismus ‚endet' mit einer ausgedehnten Stagnationsperiode.[87] Wie noch genauer zu zeigen ist (4.2.3), bedeutet Stagnation für Marx aber, im Gegensatz zu Ricardo, finanzielle Expansion und Instabilität.

Der vorgeschlagenen Interpretation zufolge diente Marx das Gesetz des tendenziellen Falls der Profitrate nicht als Mechanismus der Entstehung historischer Krisen, sondern als ein Moment in der Begründung der Selbstbeschränkung und damit der Krisenhaftigkeit des Kapitals. In historischen Untersuchungen angewendet, begründet es eher längere Perioden „beschleunigter oder stockender Akkumulation", wie Fiehler (2013, 244) beiläufig bemerkt. Zwischen 1797 und 1815 war die Profitrate hoch und es gab wenige Krisen; ab 1861 fiel die Profitrate schnell und die wirtschaftliche Entwicklung verlief schleppend, krisen- und krampfhaft. Eine Variante im *Manuskript 1861–63* versinnbildlicht dies: Marx schrieb dort innerhalb eines längeren Absatzes, dass die „Abnahme der Profitrate [...] übrigens lange nicht so groß ist, wie man sagt" (MEGA II/3 App., 2706), strich dann aber den ganzen Absatz. Sowohl diese Variante als auch Marx' Beobachtungen des industriellen Zyklus der 1870er Jahre zeigen, dass dies erste Ideen darüber waren, wie das ‚Gesetz' auf die Periodizität der Krisen wirken könnte. Sie speisten sich deutlich aus den Umwandlungsprozessen des letzten Drittels des 19. Jahrhunderts. Ob Marx diese Fragen auch *theoretisch* entschieden hatte, darf bezweifelt werden und wird sich wegen der ausbleibenden Überarbeitung des Manuskripts zum dritten *Kapital*-Buch kaum klären lassen. Wie sich das ‚Ende' des Kapitalismus darstellen würde – ob als endlose Stagnation, in Gestalt immer schneller wiederkehrender oder immer größer werdender Krisen, als großer Krieg, ökologische Katastrophe oder durch eine bewusste Überwindung –, bleibt offen. Die Krux dürfte darin zu sehen sein, ob sich das Kapital wirklich *à tout le monde* als „ein vorübergehendes Produktionssystem" offenbart.

---

[87] Shoul (1957, 614) schrieb daher von „ultimate stagnation". Auch Kleinknecht (1978, 88) hält im Zuge des Profitratenfalls „ein allmähliches Nachlassen der Akkumulation (Stagnationstendenz)" für „eher vorstellbar als eine akute Überakkumulationskrise".

4.2.2 Kredit und Krise

Das Gesetz des tendenziellen Falls der Profitrate ist ein wichtiges Moment im Marx'schen Gesamtkomplex einer Begründung der Krisen. Es ist aber weder eine ultimative Krisentheorie im Sinne eines letztgültigen oder einzigen Verursachungsmoments von Krisen noch das letzte Wort zum Krisenproblem im dritten Buch des *Kapital*. Marx schrieb im *Manuskript 1861–63*, dass „die reale Crisis [...] nur aus der realen Bewegung der capitalistischen Production, Concurrenz und Credit, dargestellt werden [kann]" (MEGA II/3, 1133). So heißt es folgerichtig im Abschnitt zum ‚Gesetz', die „nähere Untersuchung" der Überproduktion von Kapital „gehört in die Betrachtung der *erscheinenden Bewegung des Capitals,* wo Zinscapital etc Credit etc weiter entwickelt" (MEGA II/4.2, 325) sind. Diese Passage wurde von Engels erheblich modifiziert zu: „ihre nähere Untersuchung folgt weiter unten" (MEW 25, 261), was nahelegt, dass diese Untersuchung noch in demselben Abschnitt zum Gesetz des tendenziellen Falls der Profitrate durchgeführt werden soll. Mit dieser Änderung griff Engels heftig in die Argumentation ein: Marx formulierte ausdrücklich, die Überproduktion von Kapital erst auf der Ebene des Kredits näher untersuchen zu wollen.[88] Wegen seines Eingriffs konnte es scheinen, als wäre das von Engels erschaffene „Kapitel 15" der geeignete Platz für die Krisentheorie.[89] Das anschließende Kapitel über das zinstragende Kapital ist verglichen mit der Überbetonung des ‚Gesetzes' für eine an Marx orientierte Krisenlehre eher vernachlässigt worden,[90] dabei ist es für eine solche zentral.

Dass die Bewegung des Kredits eine „erscheinende" ist,[91] bedeutet keinesfalls, dass es sich hierbei bloß um eine Akzidenz oder eine Ableitung aus dem vermeintlichen ‚Wesen' des Profits – seinerseits schon eine konkrete Gestaltung des Kapitals –

---

[88] Groteskerweise hält Moseley (2016, 22) Engels' Änderung für „accurate", denn Marx „may not have intended to write so much about the credit system in this book". Moseley erscheinen die Ausführungen zur Bewegung des verleihbaren Kapitals im Kreditsystem als „the least important part of this chapter" (Moseley 2016, 24), aber gerade in dem angeblich „unbedeutendsten Teil" stellten sich für Marx „die einzig schwierigen Fragen" (siehe unten). Heinrich (2006, 363) wiederum, der die Bedeutung des Kredits für die Krisentheorie zu Recht hervorhebt, geht davon aus, dass Marx mit dieser Bemerkung auf etwas außerhalb des *Kapital*-Projekts Liegendes zielt.

[89] Marx hat das gesamte dritte Kapitel zum Profitratenfall nicht weiter untergliedert, wohingegen Engels es in drei Abschnitte geteilt und den dritten Abschnitt zu Kapitel 15 mit der fatalen Überschrift „Entfaltung der inneren Widersprüche des Gesetzes" versehen hat, die in der Tat suggeriert, dass hier der Ort einer (auf dem ‚Gesetz' fußenden) Krisentheorie wäre (vgl. Heinrich 2006, 358).

[90] In ihrer Rekonstruktion der Marx'schen Krisentheorie schließen Bader et al. (1975, 25/26) Kreditverhältnisse aus der wesentlichen Bewegung des Kapitals aus. „Marx barely discussed [...] financial factors", heißt es auch bei Laidler (1991, 45).

[91] Der Zins ist eine noch handgreiflichere Kategorie als der Profit. Zu Marx' Zeiten setzte die Bank of England jede Woche eine Diskontrate fest, die in jeder Ausgabe der Organe des Geldmarkts nachzuschlagen war: „Meteorologische Bulletins zeichnen nicht genauer den Stand von Barometer und Thermometer, als Börsenbulletins den Stand des Zinsfusses" (MEGA II/4.2, 440).

handelt. Auf der Ebene des Kredits entstehen, wie zitiert, neue Bedingungen und Möglichkeiten der Krise: „Es giebt noch eine Masse Momente – Bedingungen, Möglichkeiten der Crise [–], die erst bei der Betrachtung der konkreteren Verhältnisse, namentlich der Concurrenz der Capitalien und des Credits betrachtet werden können." (MEGA II/3, 1153)[92] Die „Untersuchung, warum die allgemeine *Möglichkeit der Crise* zur *Wirklichkeit* wird" aber bezeichnete Marx als die „Untersuchung der *Bedingungen* der Crise" (MEGA II/3, 1137). Auch hat er seit den *Londoner Heften* konsequent Geld, Kredit und Krise in einen theoretischen Zusammenhang gestellt: Warum die Überproduktion als Geldkrise erscheint, war ein Hauptthema in *Reflection* (dazu 2.5.2). Mitte der 1850er Jahre betitelte er eine Exzerptsammlung mit *Citate. Geldwesen. Creditwesen. Crisen* (IISG, Marx-Engels-Nachlass, Sign. B79) und auch in den *Grundrissen* hieß es (3.5.2): „in allgemeiner Crise der Ueberproduction ist der Widerspruch nicht zwischen den verschiednen Arten des produktiven Capitals, sondern zwischen dem industriellen und loanable Capital – zwischen dem Capital, wie es als in den Productionsprocess direkt involvirt und wie es als Geld selbstständig (relativement) ausser demselben erscheint." (MEGA II/1, 325)[93] Im *Manuskript 1861–63* schließlich betonte Marx, die reale Krise „nur aus der realen Bewegung der capitalistischen Production, Concurrenz und Credit" (MEGA II/3, 1133) darstellen zu können.[94] Die Bedeutung des Kredits für eine Krisentheorie hat Marx ausdrücklich und kontinuierlich herausgestellt.

---

92 Heinrich (2013) ist zuzustimmen: „a systematic treatment of crisis theory cannot therefore follow immediately from the 'law of the tendency of the rate of profit to fall,' but only *after* the categories of interest-bearing capital and credit have been developed. [...] many Marxist approaches to crisis theory completely disregard credit relationships and consider the root causes of crisis to be phenomena that have nothing to do with money and credit." Heinrich (2006, 368) empfiehlt zur Weiterentwicklung einer Krisentheorie die weitere Untersuchung der „*Interaktion* der Produktions- und der Kreditbedingungen". Allerdings kann die Behauptung, dass „Marx in seinen krisentheoretischen Ansätzen die Frage nach dem Verhältnis von Produktion und Kredit nicht mehr explizit aufgenommen hat", nicht überzeugen, denn genau dieses Verhältnis ist seit den *Londoner Heften*, in denen Marx nach einer Erklärung dafür suchte, dass die Überproduktion als Geldkrise ausbricht, eines der Hauptthemen seiner Krisentheorie.
93 Im Manuskript zum dritten Buch des *Kapital* heißt es auch, „die erwähnenswerthe ökonomische Literatur seit 1830 löst sich hauptsächlich in Literatur über currency, Creditwesen, Crisen auf" (MEGA II/4.2, 545). (Zu dieser Literatur siehe 2.5.1.)
94 Mattick geht so selbstverständlich davon aus, dass der Kredit Akzidenz sein muss, dass er diese Passage als nicht auf die Kapitaltheorie bezogen deutet, sondern stattdessen denkt, mit der „realen" oder „wirklichen Bewegung" sei die empirische Bewegung gemeint. Er schreibt, dass nach Marx' Auffassung „[a]lle *wirklichen* Krisen des Kapitalismus [...] aus den empirisch gegebenen Verhältnissen erklärt werden, ‚aus der realen Bewegung der kapitalistischen Produktion, Konkurrenz und Kredit'." (Mattick 1970, 11) Dagegen etwa Stapelfeldt (1979, 193): „Im Profit ist der ‚Entstehungsprozeß' des Kapitals abgeschlossen; das ‚fertige Kapital' ist die erste Stufe seiner ‚wirklichen Bewegung'." Matticks Beharren auf dem Unterschied zwischen dem im *Kapital* dargestellten „Modell" des Kapitalis-

Dass die Bewegung des Kredits eine „Bedingung" der Krise ist, bedeutet nicht, dass sie ihre *Ursache* ist. Sie ist vielmehr der Ort, an dem sich die vorher entwickelten Widersprüche in der wirklichen Bewegung des Gesamtkapitals manifestieren. Nicht nur gibt es keine Krise ohne Geldkrise, sondern die Geldkrise ist meistens auch ihr Auftakt.[95] Die ersten Möglichkeiten und Formen der Krise sind das Geld als Zirkulationsmittel und das Geld als Zahlungsmittel (dazu 4.1), und ohne dass „diese beiden abstracten Formen der Crise [...] realiter als solche erscheinen, existirt keine Krise" (MEGA II/3, 1133). Die Grundlage der Überproduktion entsteht im Produktions- und Akkumulationsprozess des Kapitals; der Zirkulationsprozess begründet die Möglichkeit mehrerer Krisentypen und der Fall der Profitrate die Selbstbeschränkung des Kapitals, weshalb das Phänomen der Überproduktion an dieser Stelle diskutiert werden kann. Aber weil er die Schranken des Verwertungsprozesses temporär überbrückt, fasst erst der Kredit die Überproduktion zu einer eigenen Phase zusammen, wie Marx bereits in den *Grundrissen* bemerkte.[96] Die „nähere Untersuchung" der Überproduktion kann daher erst bei der Betrachtung der Bewegung des Kapitals in seiner konkreten Gestalt des Kredits erfolgen. Hier ist also der Ort, an dem sich die Krisenpotenziale in der erscheinenden Wirklichkeit als „reale Crisis" manifestieren.

Ähnlich wie Marx' Ausführungen zum Profitratenfall hat das Kapitel über das zinstragenden Kapital ob seiner Länge und seines höchst fragmentarischen Charakters für große Diskussionen darüber gesorgt, was hier überhaupt behandelt wird – mit dem Unterschied, dass es deutlich weniger Aufmerksamkeit erhalten hat. Das ganze Kapitel ist, gelinde gesagt, unübersichtlich, skizzen- und lückenhaft und ziemlich kompliziert,[97] so dass im Folgenden zuerst knapp die Struktur des Kapitels und dann die krisenbezogenen Inhalte (4.2.3) herausgestellt werden sollen.

Das fünfte Kapitel ist im Marx'schen Manuskript in sechs Abschnitte geteilt (Engels hat daraus 16 Abschnitte gemacht, siehe die Übersicht in Miyata 2016). Marx charakterisiert im ersten Abschnitt die konkrete Gestalt des zinstragenden Kapitals: Sie besteht im Wesentlichen darin, dass es zu einer Art Gebühr, dem Zins, verliehen wird

---

mus und der historischen Wirklichkeit ist korrekt (denn Marx vollzieht im *Kapital* nicht die Entstehung einer historischen Krise nach), aber der Kredit ist unverzichtbarer Bestandteil einer Begründung der Unvermeidbarkeit von Krisen.

95 Es ist daher zurückzuweisen, dass nach Marx die Krise, ohne Entwicklung des Kredits, schon auf dem Niveau des fertigen industriellen Kapitals erscheinen kann (so Bader et al. 1975, 112).

96 „[S]o werden wir später sehn, wie der *Credit* diese Schranken der Verwertung des Capitals ebenfalls nur aufhebt, indem er sie in ihre allgemeinste Form erhebt, Periode der Ueberproduction und Unterproduction als 2 Perioden sezt." (MEGA II/1, 510)

97 Dies stellte schon Engels fest: „Hier liegt also nicht ein fertiger Entwurf vor, nicht einmal ein Schema, dessen Umrisse auszufüllen wären, sondern nur ein Ansatz von Ausarbeitung, der mehr als einmal in einen ungeordneten Haufen von Notizen, Bemerkungen, Materialien in Auszugsform ausläuft." (MEW 25, 12)

(dazu Gaul o. D.). Das Verleihen ist „kein Moment der Metamorphose oder des Reproductionsprocesses des Capitals" (MEGA II/4.2, 414), nur ein Transfer, eine Übertragung von Kapital, das nach einer gewissen Frist zu seinem Ausgangspunkt in Form der Rückzahlung zurückkehrt. Im zweiten Abschnitt führt Marx aus, dass es keine „natürliche Zinsrate" gibt, da diese immer auch durch die Konkurrenz- und Kräfteverhältnisse, das heißt, durch das Spiel zwischen Angebot und Nachfrage von verleihbarem Kapital auf dem Geldmarkt bestimmt ist. Die Zinsrate hängt gleichwohl von anderen ökonomischen Bewegungen ab und lässt sich durch diese zumindest eingrenzen. Einerseits ist sie nach oben hin durch die Profitrate begrenzt, weshalb mit fallender Durchschnittsprofitrate im Fortschritt der kapitalistischen Produktion auch die durchschnittliche Zinsrate fällt (MEGA II/4.2, 433 u. 438; vgl. Fritsch 1968, 118; Bischoff/Otto 1993, 199). Andererseits hängt sie von dem Verhältnis zwischen Angebot und Nachfrage von verleihbarem Kapital im Kreditsystem ab. Sie verläuft in den Wechselfällen des industriellen Zyklus in einem Auf und Ab:[98] Es lässt sich durch keine Formel determinieren, ob die „natürliche Zinsrate" im Moment der Krise 8% oder 10% beträgt, aber es lässt sich feststellen, dass die Zinsrate in der Krise höher ist als zum Beispiel in der Prosperität, in der Prosperität höher als in der Stagnation usw. Weil ein Ziel von Marx in der Bestimmung der typischen Bewegungsformen der Revenuen besteht, behält er die Bewegung des verleihbaren Kapitals im Kreditsystem im Blick.

Im dritten Abschnitt bestimmt Marx die Verselbständigung („Verknöcherung") des Zinses zu einer eigenständigen Revenueform. Dies entspricht der im dritten Buchs des *Kapital* verfolgten Absicht, die Spaltung des Mehrwerts in Profit, in Kaufmannsprofit, Zins und Grundrente nachzuvollziehen. Der vierte Abschnitt widmet sich erkenntniskritischen Problemen, die mit dem zinstragenden Kapital verbunden sind. Hier werden die phantastischen Vorstellungen über das zinstragende Kapital (wie der Staatsschulden-Tilgungsfond, dazu 2.4) oder auch die regressive Wut darauf à la Proudhon und die „naive Polterei" (MEGA II/4.2, 463) Martin Luthers vorgeführt. Die mit der Zinsform verbundenen Erlösungsphantasien und Hassprojektionen erklärt Marx durch die Form des zinstragenden Kapitals selbst: G–G´ ist die *„äusserlichste und fetischartigste* Form" (MEGA II/4.2, 461) des Kapitalverhältnisses, ein „automatischer Fetisch", der keine Narben mehr davon trägt, dass er durch die Vernutzung von Arbeitskraft hervorgebracht wurde.[99] Wie ein Birnbaum Birnen abwirft, scheint es im zinstragenden Kapital, als werde das Geld aus sich heraus „automatisch" zu mehr

---

98 „[M]eist niedriger Stand des Zinses [entspricht] Perioden der Prosperität oder of Extraprofits [...], Steigen des Zinses der Scheide zwischen der Prosperität und ihrem Umschlag, Maximum des Zinses bis zur äussersten Wucherhöhe aber der Crisis." (MEGA II/4.2, 433/434)

99 „Es steckt der noch größre Unsinn darin, daß auf Basis der capitalistischen Productionsweise das Capital *Zins* abwerfen würde, ohne als productives Capital zu functionieren, d. h. ohne *Mehrwerth* zu schaffen, wovon der Zins nur ein Theil, daß die capitalistische Productionsweise erst ohne die capitalistische Production ihren Gang gehn würde." (MEGA II/4.2, 449)

Geld: Es erscheint als die Quelle allen Glücks respektive Übels. Diese Vorstellung, es sei die Natureigenschaft des Kapitals, sich einfach so von selbst zu vermehren, nennt Marx den „Capitalfetisch" (MEGA II/4.2, 462, 468 u. 851).[100]

Die Struktur der ersten vier Abschnitte des fünften Kapitels ist vergleichsweise deutlich. Schwierig ist vor allem der lange, mit „Credit. Fictives Capital" betitelte fünfte Abschnitt,[101] in den Marx noch zwei Materialsammlungen mit dem Titel „Die Confusion" eingelegt hat. Eingangs des mit „III)" überschriebenen Teils wirft er die vier „einzig schwierigen Fragen bei dieser ganzen Creditgeschichte" auf:

> Die einzig schwierigen Fragen bei dieser ganzen Creditgeschichte, denen wir uns nun nähern, sind folgende: [...] Die *Accumulation* des eigentlichen Geldcapitals. Wie weit und wie weit nicht ist sie indicativ von wirklicher *Accumulation des Capital* i. e. Reproduction auf erweiterter Stufenleiter? Die s. g. *Plethora of capital* (ein Ausdruck, der immer von monied Capital gebraucht wird) bildet es ein besondres Phänomen neben, oder ist es nur eine besondre Manier die Ueber*production* auszudrücken? Wie weit fällt oversupply of monied capital mit stagnanten Geldmassen (coin\bullion oder notes) zusammen, so daß sie sich ausdrückt in grösserer *Quantität von Geld*? Andrerseits: Bei den pressures of money, wie weit drückt sie want of real capital aus? Wie weit fällt sie zusammen mit want of money as such, want of means of payment? (MEGA II/4.2, 529/530)

Zunächst: Marx nimmt hier den Begriff des *monied capital* auf. Damit ist „*das auf dem Geldmarkt befindliche, d. h. verleihbare Capital*" (MEGA II/4.2, 440), das Geldkapital in den Händen der Banken und Geldverleiher gemeint.[102] „In Ländern von entwickeltem Creditwesen können wir annehmen, daß alles moneyed Capital [...] in der *Form von Deposits* bei bankers und money lenders existirt." (MEGA II/4.2, 556) Genau dieser Entwicklungsschritt im englischen Kreditwesen vollzog sich in den 1850er Jahren mit der Geburt des Giralsystems, als mit der Finanzerfindung des *interest on deposit*

---

[100] „In dem Zinstragenden Capital ist aber die Vorstellung des *Capital*fetisch vollendet, der als Automat, durch some innate quality dem gegenständlichen Reichthum, dazu fixirt als Geld, die Kraft zuschreibt in geometrischer Progression Mehrwerth zu erzeugen, und der *daher* [...] allen Reichthum der Welt für alle Zeiten als ihm von Rechts wegen gehörig und zufallend, bereits lange discontirt hat." (MEGA II/4.2, 468)

[101] Indem Engels den gesamten fünften Unterabschnitt in elf Kapitel (Kapitel 25 bis 35 in MEW 25) aufgelöst und allein das fünfundzwanzigste Kapitel mit „Fiktives Kapital" betitelt hat, lässt es seine Edition irreführenderweise so aussehen, als würden nur die paar Seiten dieses Kapitels das fiktive Kapital und die anderen Kapitel etwas anderes behandeln.

[102] Otani (2011) charakterisierte *monied capital* als „loanable money capital centralized in the bankers' hands from various sources of unemployed money and money capital and then put at the disposal of productive and commercial capitalists according to the needs of their reproduction process. In other words, [...] it has the narrower meaning of interest-bearing capital under the credit and banking system". *Monied capital* ist eine materielle Grundlage der Bildung von fiktivem Kapital (MEGA II/4.2, 531; vgl. 5.3.3).

das Geldkapital der englischen Gesellschaft zunehmend als Depositen bei den Londoner Banken und Geldverleihern konzentriert wurde (dazu 3.4.3). *Monied capital* bildet somit das Fundament des Geldmarkts (MEGA II/4.2, 585).

Marx fragt also danach, was die Bewegung der Depositen in den Banken reguliert. Die erste seiner vier „einzig schwierigen Fragen" betrifft das Verhältnis der Akkumulation des verleihbaren Kapitals im Kreditsystem zur Akkumulation des produktiven Kapitals,[103] das durch die Ausbeutung von Arbeitskraft im Produktionsprozess des Kapitals entstanden ist. Er knüpft damit direkt an den im Abschnitt zum Profitratenfall formulierten Hinweis an, dass die „nähere Untersuchung" der Überproduktion von Kapital erfolgen soll, wenn „Zinscapital etc Credit etc weiter entwickelt" (MEGA II/4.2, 325) sind.[104]

Nur indem Marx die Bewegungsformen des *monied capital* ermittelt, kann er damit zum einen die typische Bewegung der Zinsrate näher bestimmen und zum anderen effektiv gegen den vom zinstragenden Kapital ausgehenden Kapitalfetisch vorgehen, also gegen die Vorstellung, dass das Kapital sich einfach von selbst vermehrt. Denn die monetäre Fixierung zeitigt ein fatales Verständnis der periodisch auftretenden Wirtschaftskrisen: In einem schlecht konstruierten Geldsystem und einer uferlosen Expansion von Kredit und dessen Missbrauch identifizierten bürgerliche, sozialistische und heterodoxe Ansätze die vornehmlichen Krisenursachen. McCulloch, Say und der *Currency School* schien *zu viel Geld*, einigen Sozialisten hingegen *zu wenig Geld* das Problem. Das Geld wird dabei in beiden Traditionen als eigenständige Macht unterstellt. Weil es an einer Theorie darüber fehlt, wie das Geld in die Welt kommt, ist die Vorstellung weit verbreitet, dass man es voluntaristisch politisieren, arrangieren, missbrauchen kann; dass entweder zu viel davon zirkuliert und man es beschränken muss oder dass zu wenig davon vorhanden und es zu vermehren ist. Daher zielt die zweite der „einzig schwierigen Fragen bei dieser ganzen Creditgeschichte" auf die „Plethora" des *monied capital* ab: Woher kommt es, dass periodisch ‚zu viel Geld' da ist? Drückt dieser Überfluss immer die Überproduktion von Kapital aus? Ist die Geldkrise immer ein Reflex der Überproduktion? *Nur* durch die Beantwortung dieser Fragen kann Marx eine überzeugende Kritik an den Vorstellungsformen – wonach zum Beispiel eine Kreditexpansion *in die Krise* und *aus der Krise* führt – leisten und damit auch das Geheimnis des Kapitalfetischs lüften.

---

[103] Marx spricht manchmal auch von reproduktivem Kapital.
[104] Diese Problemstellung ist von der Forschung einigermaßen übersehen und durch die nur auf Japanisch vorliegenden Untersuchungen von Teinosuke Otani (2016; siehe die Rezension von Ehara 2018) bekannt gemacht und dem internationalen Publikum durch seinen Schüler Miyata (2016) vorgestellt worden. Für eine Diskussion des Marx'schen ‚Kreditzyklus' siehe auch Harvey (1982, 300–305), Bischoff/Otto (1993, 146–153) und Kunzmann (2011, 128–159), der allerdings die für Marx „schwierige" Frage nach dem *Verhältnis* von produktivem und verleihbarem Kapital nicht aufwirft.

Häufig wird angenommen, „daß einem großen Teil der Marxschen Betrachtungen über die Bewegung des Leihkapitals[105] im Zyklus [...] kein systematischer Stellenwert zukommen kann" (Heinrich 2006, 292). Marx scheint diese Interpretation im letzten Kapitel des Manuskripts zum dritten Buche des *Kapital* selbst nahezulegen:

> In der Darstellung der *Versachlichung der Productionsverhältnisse* und ihrer *Verselbstständigung* gegen die Productionsagenten selbst, gehn wir nicht ein auf die Art und Weise, wie die Zusammenhänge durch den Weltmarkt, seine Conjuncturen, die Bewegung der Marktpreisse, die Perioden des Credits, Cyclen der Industrie und des Handels, die verschiednen Epochen von Prosperity, Crise etc ihnen als *übermächtige,* sie willenlos beherrschende *Naturgesetze* und *blinde Nothwendigkeit* erscheinen und sich als solche ihnen gegenüber geltend machen. Deswegen nicht, weil die wirkliche Bewegung der Konkurrenz etc ausserhalb unsres Plans liegt und wir nur die innere Organisation der capitalistischen Productionsweise, so zu sagen in ihrem idealen Durchschnitt darzustellen haben. (MEGA II/4.2, 852/853)

In der Tat setzt eine systematische Entwicklung des industriellen Zyklus und der Krisen den Weltmarkt voraus, der nicht Gegenstand des *Kapital* ist (dazu 4.1). Aus diesem Grund bleibt Marx' Krisentheorie im *Kapital* unvollständig. Im Kapitel über das zinstragende Kapital und den Kredit behandelt Marx daher nicht den Zyklus im eigentlichen Sinn, sondern die Bewegungen des verleihbaren Kapitals im Verhältnis zur Akkumulation des produktiven Kapitals, so wie er im ersten Band des *Kapital* die Bewegungen der Löhne im Verhältnis zur Akkumulation des produktiven Kapitals untersuchte. Die Absicht, die Ursachen des „overcredit" zu entwickeln, bekannte er schon im *Manuskript 1861–63*.[106] Daher ist es plausibel anzunehmen, dass – bei allen Ambivalenzen in den schlussendlich nicht fertiggestellten und nicht veröffentlichten Manuskripten – neben der allgemeinen Form des zinstragenden Kapitals auch die Akkumulation des *monied capital* im Rahmen eines Modells, in dem noch von Staat, internationaler Arbeitsteilung und Weltmarkt abgesehen wird, ‚innerhalb' seines Plans gelegen haben. Warum sonst sollte Marx sich den einzig schwierigen Fragen „nähern", wenn er sie gar nicht hätte beantworten wollen?[107] Zu einer überzeugenden Entfetischisierung durch den Nachweis der Entstehung von Geldmassen ist eine tiefergehende Darstellung der eigentümlichen Bewegungen des verleihbaren Kapitals im Kreditsystem unerlässlich. Auch sprechen die verschiedenen krisentheoretischen Bemerkungen seit dem *Manuskript 1861–63* immer von den Bewegungen des Kredits.

---

105 Leihkapital lautet Engels' Übersetzung des Begriffs *monied capital.*
106 „So weit die Entwicklung des Gelds als Zahlungsmittel mit der Entwicklung des Credits zusammenhängt und des *overcredit* sind allerdings die Ursachen des leztren zu entwickeln, was hier noch nicht am Platze." (MEGA II/3, 1137)
107 Weil zum Beispiel Breda (2019, 137) sich darauf festlegt, dass die erscheinende Bewegung des Kapitals nicht zum dritten Buch des *Kapital* gehört, behandelt er in seiner großen Studie zur Marx'schen Kredittheorie die „einzig schwierigen Fragen" an keiner Stelle.

Marx hat daher im ersten Band des *Kapital* auf diese vorgegriffen: „Die Oberflächlichkeit der politischen Oekonomie zeigt sich u. a. darin, daß sie die Expansion und Kontraktion des Kredits, das bloße Symptom der Wechselperioden des industriellen Cyklus, zu deren Ursache macht." (MEGA II/5, 509/510) Eine solche Behauptung will allerdings eingeholt werden.

4.2.3 Die eigentümlichen Bewegungen des *monied capital*

Ausgehend von Marx' methodologischen Bemerkungen zur Krisentheorie lässt sich die *Bewegung des verleihbaren Kapitals im Kreditsystem* als ein Gegenstand des fünften Abschnitts „Credit. Fictives Capital" des Kapitels über das zinstragende Kapital identifizieren. Marx versucht, die „eigenthümlichen Bewegungen des monied Capital" (MEGA II/4.2, 531) durch eine logische Analyse des Verhältnisses von Angebot und Nachfrage im Verhältnis zur Akkumulation des reproduktiven Kapitals zu ermitteln. Wodurch werden die Bewegungen des vergleichbaren Kapitals reguliert? In welchen Momenten gibt es ‚zu viel Geld'?[108] Im langen Abschnitt „Credit. Fictives Capital" trägt Marx daher viel Material zu den großen Krisen von 1836/37, 1847/48 und 1857/58 zusammen und bestimmt viele Geldmarkterscheinungen der vergangenen zwanzig Jahre (*Bank Act*, Goldfunde, Gefälligkeitswechsel und Rediskontierung, Staatsschulden und *sinking fund*, Zahlungsbilanz usw.). Er unterscheidet zwischen, erstens, einer positiven Akkumulation von *monied capital*, wenn es sich um eine Verwandlung von Geldkapital oder Revenue in *monied capital* handelt, zweitens, einer Verwandlung von Geld in *monied capital* (MEGA II/4.2, 547) sowie, drittens, einer „blos technische[n] Vermehrung" (MEGA II/4.2, 549) des *monied capital* etwa mittels Rediskontierungen, finanzieller Mediation und „durch blosse *Ausdehnung des Bankwesens*" (MEGA II/4.2, 548), das heißt ohne direkten Bezug zur wirklichen Akkumulation von Kapital.

Marx versteht die Bewegung des *monied capital* als eine „eigenthümliche". Sie lässt sich also nicht direkt aus der Bewegung des Profits oder der Akkumulation des produktiven Kapitals ableiten und ist nicht auf diese zu reduzieren.[109] Die Quantität des Geldes in seiner Funktion als Zirkulationsmittel, wie es Marx auf der Abstraktionsebene der einfachen Zirkulation bestimmte (dazu 3.2.2 und 3.5.4), wächst direkt mit der Gesamtsumme der zu realisierenden Warenpreise und verhält sich invers zur Umlaufgeschwindigkeit des Geldes. Aber Marx wies schon damals darauf hin, dass das Kreditgeld „einer höhern Sphäre des gesellschaftlichen Productionsprocesses"

---

[108] Ähnliche Fragen warf John Mills nach der Krise von 1866 auf (siehe 5.4.1).
[109] „Their activity receives its ‚impetus' from value, but value never completely and exactly dictates their ‚predestination'." (Maksakovsky 2009 [1929], 24)

angehört und es „durch ganz andre Gesetze" (MEGA II/2, 181) als das Geld als Zirkulationsmittel auf dem Niveau der einfachen Warenzirkulation reguliert wird.[110] Einfach gesagt, verläuft die Bewegung des *monied capital* „umgekehrt" zu der des produktiven Kapitals:

> Im Ganzen also ist die Bewegung des moneyed capital (wie sie sich im Zinsfuß ausdrückt) umgekehrt zu der des productiven Capitals. Das Erreichen seiner average Höhe, der Mitte, die gleich weit entfernt ist von seinem Minimum und Maximum, drückt das Zusammenfallen von reichlichem loanable capital und grosser Expansion des productiven Capitals aus. Dasselbe thut der niedrige, aber über dem Minimum stehende Zinsfuß, der mit dem „improvement" und „growing confidence" zusammenfällt. Aber am Anfang [in der Stagnation, TG] des industriellen Cyclus ist der niedrige Zinsfuß zusammenfallend mit Contraction und am Ende [in der Krise, TG] der hohe Zinsfuß mit Superabundance von productivem Capital. (MEGA II/4.2, 542)

Marx nimmt hier die Spiegel-Metapher wieder auf, wenn er die Bewegung des *monied capital* als *umgekehrt* zu jener des produktiven Kapitals bestimmt, denn auch im Spiegel erscheint das Abgebildete umgekehrt. Aber er hat hier einen ganz anderen Zusammenhang im Sinn, als es das reflexartige Widerspiegelungsverhältnis aus *Reflection* unterstellte, wonach der Kredit mit den Waren direkt zunimmt und die (über-)produzierten Waren von einer entsprechenden Quantität von Handelsgeld abgebildet werden. Auch im ersten Band des *Kapital* scheint Marx noch von einer solchen einfachen Wirkungsrichtung auszugehen, wenn er die Kreditbewegung als „das bloße Symptom" der Wechselfälle des industriellen Zyklus bestimmt. Zweifellos reflektiert der ‚Kreditzyklus' den industriellen. Aber seine Diskussion im Kreditabschnitt zeigt deutlich, dass viele verschiedene Beziehungen zwischen ‚Produktion und Finanz' möglich sind. Das *monied capital* kann *mit* dem produktiven Kapital akkumulieren, aber auch dann, wenn es das produktive *nicht* tut; schließlich vermag es sogar auf das produktive Kapital zurückzuwirken. Daher ist die Zufuhr von Leihkapital nicht immer ‚prozyklisch', nicht immer identisch mit dem Wachstum des produktiven Kapitals. Mit seiner Diskussion der eigentümlichen Bewegungen des verleihbaren Kapitals im Kreditsystem liefert Marx innerhalb des *Kapital*-Projekts den letzten Mosaikstein, um die Unvermeidbarkeit der Krisen in der bürgerlichen Produktion zu begründen.

Stagnation und Aufschwung

Eine der für Marx „schwierigen Fragen bei dieser ganzen Creditgeschichte" lautete: Ist der Überfluss von verleihbarem Kapital auf dem Geldmarkt, wie noch in *Reflection*

---

[110] Daran anknüpfend schreibt er im Kreditabschnitt, dass der kommerzielle Kredit die Basis des Kreditsystems und der Wechsel ein Repräsentant desselben ist: „Wie diese wechselseitigen Vorschüsse der Producenten und Kaufleute unter einander die *eigentliche Grundlage* des Creditwesens bildet, so deren Circulationsinstrument, der *Wechsel*, die Basis des eigentlichen Creditgelds, der *Banknoten*circulation u. s. w., deren Basis nicht die Geldcirculation (sei es metallisches oder Staatspapiergeld), sondern die *Wechsel*circulation." (MEGA II/4.2, 470/471; vgl. II/4.2, 535)

unterstellt, immer ein Reflex der Überproduktion von produktivem Kapital? Marx reformuliert dieses Problem wie folgt: „die Frage hier überhaupt, wie weit superabundance of moneyed Capital – oder besser wie weit die *Accumulation des Capitals* in der Form von loanable monied capital mit der wirklichen Accumulation zusammenfällt?" (MEGA II/4.2, 547) Im Laufe seiner Diskussion stellt er fest, dass dies nicht immer der Fall sein muss: Der Überfluss an *monied capital* kann Ausdruck der Überproduktion sein, aber auch ein eigenständiges Moment bilden (vgl. Miyata 2016). Die Unterschiede zwischen diesen beiden Formen der Plethora sind sehr wichtig.

Marx identifiziert zwei Momente, in denen die Akkumulation des *monied capital* keine „positive" ist, also nicht auf aus dem Akkumulationsprozess ausgeschiedenem Geldkapital oder Revenue basiert, sondern durch die „blosse Verwandlung von Geld in moneyed Capital" zustande kommt, in denen Geld also nicht zu Produktionskapital, sondern zu *monied capital* wird. Der erste Moment liegt vor, wenn produktives Kapital brachliegt, wie es etwa in der Stagnation, nach der Geldkrise, der Fall ist: dann „erscheint Geldcapital, das früher in activ business employed, als *unemployed monied Capital*" (MEGA II/4.2, 547). Die Akkumulation des *monied capital* drückt hier also eine „*Contraction und Paralysirung des productiven Capitals*" (MEGA II/4.2, 532), also das Gegenteil von Akkumulation aus. In der Stagnation sind Profite, Preise und Löhne gesunken, die Arbeitslosigkeit ist hoch und der schrumpfende Umfang wirtschaftlicher Transaktionen erheischt weniger Zirkulationsmittel. Zugleich sind die (Auslands-)Schulden durch Bulliondrain und Bankrotte liquidiert, so dass, im Gegensatz zum Moment der Krise, kein Geld als Weltgeld verlangt ist. In der Stagnation gibt es zu viele Produktionsmittel, zu viel verleihbares Kapital, zu viel zu vernutzendes Menschenmaterial – und doch erfolgt keine Ausweitung der Produktion (vgl. Winterfeld 2015), weil sich diese ‚Produktionsfaktoren' nicht auf eine Weise kombinieren lassen, durch die Profit entsteht. Marx beschreibt die Stagnation wie folgt:

> Die Masse des loanable moneyed capital – unemployed monied capital seeking for profitable investment – ist am größten nach einer Crise, wenn der Reproductionsproceß contrahirt ist und die Masse des reproductiven Capital daher zum Theil abgenommen hat (so weit es in Masse von stocks von Waaren besteht), ein Theil aber des fixen Capitals nicht völlig beschäftigt ist u. s. w. The money usually devoted to commercial discounts accumulates in the money centres; Preisse fallen, Arbeiter schlecht employed; die Masse des circulirenden Mediums nimmt daher ab. Die returns von aussen kommen nach und nach ein zum Theil in der Form von bullion, weil die niedrigen Preise und der Mangel an Unternehmungsgeist die Imports lähmen. In diesem Fall kann also niemand sagen, daß Zins low weil a superabundance of capital. Es ist Contraction des productiven Capitals und theils relative, theils absolute Ausdehnung gegen es des Capitals in seiner moneyed Form. (MEGA II/4.2, 541)

Das große Angebot an verleihbarem Kapital, das „in the money centres" vorherrscht, trifft im Moment der Kontraktion des produktiven Kapitals auf eine geringe Nachfrage nach Kredit. Weil das industrielle Leben wegen mangelnder profitabler Anlagemöglichkeiten stagniert, ist der Einfluss des verleihbaren Kapitals darauf limitiert: Der billige Kredit kann die Industrie kaum zu Aktivität stimulieren und somit schwerlich

Instrument zur Wiederherstellung des Gleichgewichts sein (Maksakovsky 2009 [1929], 119; Miyata 2016). Wegen dieser relativen *plethora of monied capital* ist die Zinsrate niedrig. Ist das produktive Kapital paralysiert, akkumuliert das verleihbare Kapital in den „money centres" im Bankensystem, flieht leicht an die Börse und sucht Anlage in Anleihen und Aktien.[111]

Der zweite Moment, in dem *monied capital* nicht-positiv akkumuliert, tritt bei Beginn der „Wieder Expansion des Reproductionsprocesses", also etwa in der Phase des Wiederaufschwungs nach der Stagnation ein. Entwertetes Kapital ist abgeschrieben, eine neue technologische Grundlage ist gesetzt, die Profitrate beginnt sich zu erholen. Der niedrige Zinsfuß, der von der Überakkumulation des produktiven Kapitals und der folgenden Akkumulation des *monied capital* herrührt, geht mit steigenden Preisen einher. Daher *sieht es so aus*, als wäre der zunehmende Kredit die Ursache der wiederanziehenden Preise. So vertraten 1857/58 viele Kommentatoren die Ansicht, dass in der Erleichterung des Geldmarkts infolge der Suspension des *Bank Act* und der Konsolidierung der Bank of England die Ursache für die schnelle industrielle Erholung lag. Der Verlauf der neuen Krise von 1866 wird diese Marx'sche Analyse bestätigen: Obwohl der Geldmarkt schon wenige Monate nach der Panik wieder intakt war, dauerte die industrielle Stagnation dieses Mal mehr als drei Jahre an, was zu heftigen Diskussionen in der englischen Öffentlichkeit führte (siehe 5.4).

Zwar irrten die Kommentatoren, die das Ende der Krise von 1857/58 der Konsolidierung der Bank of England zuschrieben, weil sie wesentlich durch Entwertung des Kapitals und Erweiterung der Absatzmärkte überwunden wurde, aber der Irrtum war nicht absolut. Denn die Zufuhr des verleihbaren Kapitals „fördert", so Marx, die neuerliche Ausdehnung des Akkumulationsprozesses;[112] die Erleichterung des Geldmarkts begleitet und begünstigt die industrielle Erholung. Umgekehrt würde daher eine zunehmende Nachfrage nach verleihbarem Kapital auf dem Geldmarkt die industrielle Erholung erschweren.[113]

---

[111] Eine solche Situation lag nach der Geldkrise von 1857 vor, als Marx in den *Krisenheften* dokumentierte, dass sich eine „absolute plethora of money in the open market" (MEGA IV/14, 317) in einer Hausse an der Börse (MEGA IV/14, 319 u. 328) und einem Kursanstieg von Eisenbahnaktien (MEGA IV/14, 333) bemerkbar machte.

[112] „[A]ls ein Umstand, der die wirkliche Accumulation fördert, kann die früher relative abundance of moneyed capital (oder sein Wachsen als blos temporärer Ausdruck der Stagnation, wie das die Schatzbildung überhaupt ist) mit einer der Umstände sein, die zu a real increase of moneyed capital führt." (MEGA II/4.2, 548)

[113] Marx fand eine solche Situation in seinem letzten Artikel zur Krise von 1857, *The Approaching Indian Loan* (Tribune, 9. Februar 1858), vor. Damals lag das aus den Industriebezirken abgezogene Kapital auf dem Londoner Geldmarkt brach und suchte nach Anlage; eine neue Indienanleihe erschien als mögliche Abzugsgelegenheit. Er merkte an, dass die indische Anleihe die Entwertung englischen Geldkapitals verhindern, damit die Zinsrate erhöhen und daher das Leiden des englischen Industriekapitals verstärken würde (MEGA I/16, 176–178). Der Entwertungsdruck würde so vom Geld- zum Industriekapital weitergereicht.

Die Paralyse und Kontraktion des produktiven Kapitals einerseits, seine Wiederexpansion andererseits stellen also zwei Momente des Überflusses von *monied capital* dar, in denen das produktive Kapital entweder in Schwierigkeiten steckt[114] oder gerade erst beginnt, sich von ihnen zu erholen: In beiden Fällen gilt für Marx: „the productive capitalist dictates to the moneyed one" (MEGA II/4.2, 547), denn erst die erneute profitable Vernutzung von Arbeitskraft im Produktionsprozess erhöht die Nachfrage des produktiven Kapitals nach neuem Kredit. Die Trennung und Entfernung des Kredits vom produktiven Kapital bedeuten also keine Loslösung oder Entkopplung. Aber in der Stagnation verselbständigt sich das *monied capital* auf eine eigentümliche Weise und damit entsteht die Möglichkeit selbständiger Geldkrisen, auf die gleich zurückzukommen sein wird.

Prosperität und Überproduktion
Bei einer Expansion des produktiven Kapitals nimmt auch die Beschäftigung zu und Preise, Löhne und Umfang der Zirkulation wachsen. Die Prosperität ist „der einzige Zeitpunkt" (MEGA II/4.2, 542), zu dem die Akkumulation des *monied capital* zusammenfällt mit der Ausdehnung des produktiven Kapitals. Der Kredit vermittelt hier zum einen den expandierenden Produktionsprozess, indem er durch Saldierung die zu leistenden Zahlungen erleichtert, sowie zum anderen den Handel und den Absatz der Waren: „*Viel Credit* innerhalb des reproductiven circle [...] ist nicht viel *unbeschäftigtes* Capital, das zum loan ausgeboten wird und profitable employment sucht, sondern *grosse Beschäftigung* von Capital im Reproductionsproceß" (MEGA II/4.2, 538). Die Akkumulation des produktiven und die des verleihbaren Kapitals verstärken sich wechselseitig: „Die Entwicklung des Productionsprocesses erweitert den Credit und der Credit führt zur Ausdehnung der productiven und mercantilen Operationen." (MEGA II/4.2, 537) Die gewaltige Akkumulation von verleihbarem Kapital auf dem Geldmarkt ist jetzt identisch mit der größten Beschäftigung des produktiven Kapitals.[115] Die niedrige Zinsrate, die Marx Anfang der 1850er Jahre als Indikator der sich ausbreitenden Phase der Überspekulation heranzog (siehe 2.5.2 und 3.2.1), kann somit verschiedene Zustände anzeigen: die Paralysierung des Kapitals in der Stagnation und ebenso gut den Zustand seiner maximalen Verwertung.[116] Die Saldierung der

---
114 „Die *Superabundance of monied capital* drückt [...] eine Stagnation des productiven Capitals [...] aus." (MEGA II/4.2, 547)
115 „Das Maximum des Credits hier = der vollsten Beschäftigung des productiven Capitals, i. e. the utmost employment of the latent reproductive power, without any regard to the limit of consumption. Diese limit of consumption erweitert durch die Anspannung des Reproductionsprocesses selbst, denn einerseits mehr Verzehr von Revenu durch Arbeiter und reproductive capitalists; andrerseits ist die Anspannung des Reproductionsprocesses identisch mit der productiven Consumtion." (MEGA II/4.2, 538/539)
116 „[I]n den Crisen; die Waaren sind überflüssig, inconvertibel in Geld und *daher* der Zinsfuß *hoch*; andrerseits grosse Nachfrage nach Waaren, daher flüssige Returns, aber zugleich Steigen ihrer

zunehmenden Schuldforderungen gelingt, wenn die Verwandlung des Warenkapitals in Geldkapital (W–G′) gelingt (MEGA II/4.2, 536): „Solange der Reproductionsproceß flüssig bleibt, also die Returns gesichert, dauert dieser Credit und dehnt sich aus und seine Ausdehnung basirt auf der Ausdehnung des Reproductionsprocesses selbst." (MEGA II/4.2, 539) Die Realisierung der „Returns" ist durch die Verwertung des produktiven Kapitals gesichert.

Genau in diesem expansiven Moment, so Marx' krisentheoretisch entscheidender Punkt, entwickelt der Kredit eine fatale Eigendynamik: „Die Flüssigkeit der Returns, verknüpft mit dem grossen *commerciellen* Credit, sichert die Zufuhr des loanable Capital trotz der gesteigerten Nachfrage und hält es auf seinem level. Andrerseits kommen jetzt erst die Ritter herein, to a sensible degree, die ohne Reservecapital, respektive ohne Capital, arbeiten und daher ganz auf den moneyed Credit hin operiren." (MEGA II/4.2, 542) Marx knüpft hier an Fullartons Überlegungen an, dass das Kapital in der Phase der Überproduktion *zwangsweise* extreme Risiken eingeht und sich auf spekulative Abenteuer verlegt: Der Moment der maximalen Kreditausdehnung (und daher des niedrigen Zinsfußes) kurz nach der Höhe der Prosperität heißt für Fullarton, dass die Überspekulation beginnt (dazu 1.5.2 und 2.5.1). Marx fasst dies wie folgt: Wenn beim Übergang von der Prosperität in die Überproduktion (von der Blüte in die Schwindelblüte) die Akkumulation des produktiven Kapitals zu stocken beginnt, nimmt der kommerzielle Kredit ab und es steigt das Bedürfnis nach ‚Liquidität' (MEGA II/4.2, 510). Es „findet allgemein Ueberproduction statt, eine Ueberproduction facilitated durch den Credit und die ihn begleitende general inflation of prices" (MEGA II/4.2, 544/545). Die Kreditvergabe bricht nicht sofort zusammen, sondern wird in der Form des Bankkredits jetzt erst recht erhöht, um die Schwierigkeiten zu überbrücken. In der Phase der Überproduktion beginnt das verleihbare Kapital somit gegenüber dem produktiven Kapital zu überwiegen. Die folgende Krise ist also nicht nur eine temporäre Unverfügbarkeit von Kredit (‚Liquidität'), als die sie gern verharmlost wird, sondern Ausdruck der Überproduktion. Diese wird vorübergehend kompensiert durch den Bankkredit und den Schwindel der „Ritter". Marx wird diese Phase der späten Prosperität in einem Manuskript zum zweiten Buch des *Kapital* als die „Zeit ihrer Schwindelblüthe" (MEGA II/11, 742) bezeichnen. Die Blüte der Prosperität ist bereits am Verwelken und wird allein durch den Schwindel hinausgezögert. Der Schwindel ist keine moralische Verfehlung einzelner Spekulanten, er ist systemisch und erfüllt eine Funktion (dazu 5.3.3).

Welche Wirkungen die Kreditausdehnung in der Schwindelblüte der Prosperität entfachen und inwiefern diese eine Bedingung der Krise darstellen, ist ein Thema, auf das Marx in seinen fragmentarischen Ausführungen zum Kredit immer wieder zu

---

Preisse, und wegen der flüssigen Returns *niedriger* Zinsfuß [...]. (Wieder findet das Umgekehrte statt in Zeiten of quiescence *nach* der Crise. Waaren scarce, absolutely, nicht in regard to demand, und Zinsfuß niedrig.)" (MEGA II/4.2, 638)

sprechen kommt. Welche Effekte generiert der Kredit beim Übergang in die Überproduktion? Viele Marxisten haben sich auf Marx' Behauptung ausgeruht, dass „die Expansion und Kontraktion des Kredits" ein „bloße[s] Symptom der Wechselperioden des industriellen Cyklus" (MEGA II/5, 509/510) sei, beziehungsweise sie falsch gedeutet, denn obwohl der Kredit nicht die erste Ursache für den Umschlag des industriellen Zyklus ist, erweitert er ganz entscheidend den *Möglichkeitshorizont* der Krise. Diese Qualität des Kredits als Bedingung der Krisen gilt es im Folgenden herauszustellen,[117] ehe die Möglichkeit eines ganz neuen Krisentyps, die selbständige Geldkrise, diskutiert wird.

Indem der Kredit die Phase der Expansion des produktiven Kapitals verlängert, weil er Zirkulations-, Absatz- und Zahlungsschwierigkeiten vorübergehend überdeckt, wirkt er erstens als Multiplikator der Überproduktion. Weil er den „seiner Natur nach elastisch[en]" Reproduktionsprozess des Kapitals „bis zur äussersten Grenze" forciert, wird er zum „Haupthebel der Ueberproduction und des overtrade und Ueberspeculation im Handel" (MEGA II/4.2, 505). Wo die Prosperität in Überproduktion übergeht, entstehen neue Unternehmungen und Absatzmärkte allein auf der Basis des Kredits. Der Kredit verleiht dem Kapital „größere Expansionskraft wie auch größere Kontraktionskraft" (Bischoff/Otto 1993, 148) und befördert auf diese Weise eine größere Trennung des Preises vom Wert und des Produktionsausstoßes von der konsumtiven Basis. Er lässt die Prosperität „gären" (Maksakovsky 2009 [1929], 106). Aber durch den längeren Reifeprozess wird auch der folgende Bruch größer, die Landung härter. Die Krise wird dadurch *intensiviert* und *verschärft* (Maksakovsky 2009 [1929], 114; Miyata 2016). Noch stärker: Ohne Kreditausdehnung würde der Abbruch einer Expansionsphase schwerlich in Gestalt einer Krise explodieren.[118] Erst der Kredit fasst die Überproduktion zu einer allgemeinen Phase zusammen, die in Gestalt einer Krise eklatiert.

Durch die Kreditausdehnung in der Prosperität entsteht, zweitens, die „‚schöne' Verschlingung des Kredits" (MEGA II/4.2, 550). Das heißt, Liquiditätswechsel, Wechselreiterei und Rediskontierung schaffen ein weitgestrecktes und verzweigtes Beziehungsnetz. Indem der Kredit den Handel ausdehnt, vom Produktionsort entfernt und die Produzenten und Konsumenten miteinander verschlingt, *verbreitet* sich die Krise räumlich und *verallgemeinert* sich über verschiedene Branchen.

---

[117] Crotty (1985, 26) identifiziert bei Marx vier Effekte des „contract-credit system" auf die Krise: „(1) the overextension of the expansion; (2) the increasing vulnerability of the expansion to adverse financial or nonfinancial developments; (3) the codetermination of the timing of the crisis; and, (4) the deepening and widening of the contraction."

[118] Diese Auffassung findet sich schon bei Maksakovsky (2009 [1929], 106): „Were it not for credit, there would be no capitalist crisis as the intervening stage in the transition from Expansion, with its distinguishing feature of overproduction, to depression."

> Andrerseits complicirt sich durch die Wechselreiterei einerseits, durch das Verkaufen von Waaren, um Wechsel ziehn zu können, andrerseits, die ganze Geschichte so sehr, daß der Schein sehr soliden Geschäfts und flüssiger Returns lange existiren kann, nachdem die Returns in der That nur noch auf Kosten theils beschissener moneylenders, theils beschissener Producenten gemacht werden. Daher scheint immer das Geschäft exceedingly sound grade kurz vor dem clash. Besten Beweis liefern z. B. die Reports on the Bankacts 1857, wo alle Bankdirectoren, Commercielle etc, kurz die ganzen Committees sich wechselseitig über die Blüthe und Soundness des Geschäfts gratulirten einen Monat (August 1857) bevor die Crise ausbrach. (MEGA II/4.2, 540)

Drittens: Durch die Verschlingung verkomplizieren sich die Kreditbeziehungen und werden undurchsichtig.[119] Diese Komplikationen werden aber nicht erfahren, denn der Kredit ist vergleichsweise leicht zu bekommen, weil er ohne Deckung durch Eigenkapital oder eine wirkliche Handelstransaktion vergeben wird. Nichts falscher also, als die Krise auf mangelndes ‚Vertrauen' zurückzuführen.[120] Der Leichtigkeit der Kreditvergabe entspringt der „Schein sehr soliden Geschäfts". Solange die Rückzahlungen innerhalb der sich ausdehnenden Kreditverschlingung flüssig erfolgen, ist es so gut wie *unmöglich*, das Risiko zu entdecken: „Der *Schein* rascher und sicherer returns hält sich immer für längre Zeit, nachdem die Wirklichkeit derselben vorbei ist durch den *Credit*, der einmal im Gang ist, da die Creditreturns die wirklichen vertreten." (MEGA II/4.2, 510) Das Geschäft sieht kerngesund aus, die Returns fließen, alle scheinen zahlungsfähig zu sein, aber in Wirklichkeit finden schon Schwindel, Spekulation und Wechselreiterei statt.[121] Durch diese „*Creditleichtigkeit*" (MEGA II/4.2, 482) oder *Liquiditätsillusion* entsteht ganz wesentlich die Euphorie, der Jubel und die *Illusion* der Prosperität (siehe 3.1). Gerade dann, wenn schon überproduziert wird, kommt die Täuschung des Kapitalfetischs voll zum Tragen; wenn alles in bester Ordnung scheint, ist dies ein Anzeichen dafür, dass aus der Prosperität eine „scheinbare Prosperity" geworden ist, die „nur noch durch den *Credit* aufrecht erhalten wird" (MEGA II/4.2, 624). In der schönsten Schwindelblüte ist die Krise zwar besonders nahe, kann aber auch besonders gut verkannt und verdrängt werden. Hierin liegt ein Grund dafür, dass die Gesellschaft und ihre Theoretiker von den Krisen immer wieder

---

119 Ein Depositor einer Bank „bildet sich ein bei seinem ‚banker' zu deponiren, und bildet sich ferner ein, daß wenn der banker auspumpt, es an ihm bekannten Privatpersonen geschieht. He has not the least idea that that banker puts his ‚deposit' at the disposal of a London billbroker over whom he cannot exercise the smallest influence." (MEGA II/4.2, 550/551)
120 Bei Alfred Marshall (1890, 591/592) heißt es klassisch: „The chief cause of the evil is a want of confidence", denn der Mangel an Vertrauen ziehe einen Investitionsstopp nach sich. Dagegen stellt Galbraith (2005, 22) einen „unerschütterliche[n] Optimismus" vor dem Börsenkrach von 1929 fest: „Der blinde Wohlstandsoptimismus verleitet Menschen und Institutionen zu der Annahme, alles werde sich zum Besten fügen." (Galbraith 2005, 23)
121 Die Verschleierung des Risikos kennzeichnet nach Marx schon das Kaufmannkapital: Da ein Kaufmann an den anderen verkauft und hierbei *„fiktive Nachfrage"* entsteht, mag „diese Art Circulation in speculativen Zeiten sehr blühend aussehen", aber „an irgendeinem unsichtbaren Punkt liegt Waare unverkauft" (MEGA II/4.2, 377/378).

auf dem falschen Fuß erwischt werden und ihnen unvorbereitet und hilflos gegenüberstehen.[122] Man wähnte sich am ‚Ende der Geschichte', plötzlich stürzt das Kartenhaus zusammen.

Der Moment des größten Jubels und Rauschs ist also, viertens, zugleich der Moment der größten Störungsanfälligkeit. Denn durch Wechselreiterei wird „[d]as Reservecapital [...] umgangen einerseits für jeden individuell. Andrerseits die Abhängigkeit von den wirklichen Returns." (MEGA II/4.2, 540) Die Kreditvergabe durch die „Ritter" erzeugt notwendigerweise eine „sensibility of the whole machinery" (MEGA II/4.2, 625): eine *Überempfindlichkeit*, *Fragilität* und *Instabilität* des Kreditsystems. Die Zahlungsfähigkeit eines jeden hängt von der Zahlungsfähigkeit aller anderen ab: Fällt ein „return" aus, ist keiner mehr zahlungsfähig. So genügt ein mitunter kleiner, willkürlicher, äußerlicher Stoß, um das Kartenhaus zum Einsturz zu bringen: eine schlechte oder gute Ernte, der Anfang oder das Ende eines Krieges, die Öffnung oder das Verschließen eines Marktes, die Verteuerung oder Verbilligung eines Rohstoffs, die zinspolitische Entscheidung einer Notenbank, eine Naturkatastrophe, ein Verkehrsunfall wie das Sinken eines mit Gold beladenen Schiffes, eine schlechte oder gute Nachricht. Für Marx ist die Sensibilität und Anspannung des Kredits seinerseits Ausdruck der Überproduktion, aber von der Kreditexpansion selbst geht ein destabilisierender Effekt für das Kreditsystem aus.

Fünftens ist der *Charakter*, den die Krise annimmt – ob sie eine industrielle, kommerzielle oder finanzielle wird –, ebenfalls geprägt von der Art der Kreditausdehnung: genauer gesagt davon, wer den Kredit an wen gegeben hat. Weil sich wirtschaftliche Transaktionen in der Schwindelblüte über den Kredit weit von der Quelle der Überproduktion entfernen können, kann die Krise ganz unterschiedliche Ausprägungen annehmen. Indem er die Karten neu verteilt, „credit changes the *relation* between the separate elements of reproduction" (Maksakovsky 2009 [1929], 113). 1857 wurde die Krise auch wegen des Einsatzes von Gefälligkeitswechseln als Instrumenten der Refinanzierung des internationalen Rohstoff- und Kolonialwarenhandels eine kommerzielle und keine industrielle; bestimmte Kredittechniken ermöglichten, dass Händler ohne Eigenkapital an Händler ohne Eigenkapital verleihen konnten. Die Krise von 1866 sollte dagegen „vorwiegend finanziellen Charakter" (MEGA II/5, 540) annehmen, was ebenfalls mit den Kreditformen zusammenhing (dazu 5.2 und 5.3.2).

Sechstens: Obwohl auch die Zahlungsbilanz etwa zwischen Ländern nicht die Ursache der Krise ist – denn was in dem einen Land als Überexport erscheint, erscheint in dem anderen als Überimport, so dass in der Krise „*die Zahlungsbilanz gegen alle ist*" (MEGA II/4.2, 544) –, bestimmt sie ihren *Verlauf* und ihre *Verbreitung* mit. Die

---

[122] „Uebrigens macht Tooke sonderbarer Weise in seiner ‚Hist. of Prices' *die Illusion* noch einmal als Geschichtsschreiber durch. Trade ist immer sound und die campaign im gedeihlichsten Fortgang, bis auf einmal der Alarmruf ertönt." (MEGA II/4.2, 541. Herv. TG)

Zahlungsbilanz ist nicht mit der Handelsbilanz, dem Verhältnis von Ex- und Importen und den sich daraus ergebenden Forderungen, zu verwechseln, sondern „unterscheidet sich dadurch von der Handelsbilanz, daß sie in einer bestimmten *Zeit* fällige Handelsbilanz ist" (MEGA II/4.2, 595), das heißt, sie ergibt sich durch in Kreditgeschäften vereinbarte Zahlungstermine. Zwar zeigt die Krise an, „daß alle diese Nationen gleichzeitig überexportet (also overproduced) und überimportet (also overtraded) haben, daß in allen prices inflated, Credit overstrained", so dass an allen Orten „derselbe collapse" (MEGA II/4.2, 545), also eine Gleichzeitigkeit der Krise eintritt. Allerdings „tritt ein Unterschied ein zwischen dem Land das auf Credit exportirt und denen, die nicht, oder gegen geringern Credit exportiren" (MEGA II/4.2, 544). Die Krise verläuft in der Abfolge der „Zahlungsbilanz", das heißt in der Reihe, in der die beteiligten Parteien „ihre Rechnung mit dem Himmel [...] schliessen" und zu einem bestimmten Termin Schulden zu tilgen haben. Der Ort, an dem es zum Crash kommt, wird nicht der sein, an dem die Profitrate am stärksten oder schnellsten gefallen ist, sondern derjenige, der den meisten oder mit dem meisten Risiko behafteten Kredit gegeben oder erhalten hat:

> Die Crise eclatirt zuerst in dem Land, gegen das zunächst die Zahlungsbilanz [...] Dieß Land wird unter gewöhnlichen Umständen England oder United States sein, d. h. das Land, das den meisten Credit giebt und den wenigsten erhält, oder das Land, das den meisten Credit erhält, und den wenigsten giebt. (MEGA II/4.2, 545)

Der letzte Punkt ist die *Beschleunigung* beziehungsweise *Synchronisierung* der Krise. „Die pressure des Landes, worin die Crise zuerst ausgebrochen [...] beschleunigt den Termin der Zahlungsbilanz für das andre" und die Krise „drängt diese Termine in ganz kurze Periode zusammen" (MEGA II/4.2, 545) – wegen der vorangegangenen Kreditausdehnung. Natürlich spielen für die „Gleichzeitigkeit des Konkurses" (Pinner 1937, 190) auch Kommunikationstechnologien eine wichtige Rolle: Weil das atlantische Telegrafenkabel erst 1866 verlegt wurde, dauerte es 1857 noch zwei Wochen, ehe die Nachricht vom New Yorker Bankrun in England die Runde machte; schwedische Händler hingegen kollabierten damals schon sofort auf Telegrammnachricht (MEGA IV/14, 125).[123] Aber dass mit Ankunft der frohen Botschaft auch die Krise da ist, basiert auf der schönen Verschlingung des Kredits. Sie sorgt dafür, dass der Kollaps ein gleichzeitiger wird. Das Kreditsystem „beschleunigt zugleich die Crisen, die gewaltsamen Ausbrüche dieses Widerspruchs und daher die Elemente der Auflösung der alten Productionsweise" (MEGA II/4.2, 505).

---

[123] Daraus ergibt sich die Möglichkeit eines Kommunikationsfetischs: Die schnelle Verbreitung der Krise scheint eine Natureigenschaft der Technologie zu sein.

Krise

Die „wirkliche Krise" ist derjenige Moment in den eigentümlichen Bewegungen des verleihbaren Kapitals, in dem diese wie aus dem Nichts abbricht. Dann kollabiert das Kreditsystem und schlägt in das Monetarsystem um (MEGA II/2, 208; II/4.2, 604 u. 625): Die Unterbrechung des Kreditflusses macht überstürzt das Geld in seiner Funktion als Zahlungsmittel nötig. Dies erklärt, dass das Krisenereignis plötzlich und unvermittelt in der Weise eines Eklats eintritt (vgl. Kwack 2005, 168). Die Geldkrise oder Geldhungersnot enttarnt eine Hierarchie des Geldes, wobei die nachgeordneten Substitute ihren Geldcharakter verlieren und nur noch das übergeordnete „Geld als solches" als Geld gilt. In der Krise kann man daher sehen, welche Form (Gold, Banknoten) das Geld als Geld in einem gegebenen Augenblick annimmt. Die Krise zerstört auf gewaltsame Weise den Schein der Selbständigkeit des Kreditüberbaus und mit ihr zerreißt der Zirkulationsprozess. Der Aufwertung des Geldes als Zahlungsmittel entspricht die Entwertung des stofflichen Reichtums (Arbeitskraft und Waren), der dem ‚Gott der Waren' nun geopfert werden muss:

> In Zeiten of pressure, wo der Credit aufhört oder contrahirt wird, tritt *Geld* als Zahlungsmittel und wahres Dasein des *Werths* absolut den Waaren gegenüber. Hinc their general depreciation, um sie in Geld zu verwandeln, d. h. in ihre rein phantastische Form. [...] Der Werth der Waare daher geopfert, um das phantastische und selbstständige Dasein dieses Werths im Geld zu sichern. Als Geldwerth ist er überhaupt nur gesichert, so lange das Geld gesichert ist. Für ein paar Millionen Geld müssen daher viele Millionen Waaren sacrificirt werden. Dieß ist unvermeidlich in der bürgerlichen Production und bildet eine ihrer Schönheiten. In frühern Productionsweisen existirt das nicht, weil bei der engen Basis, auf der sie sich bewegen, weder der Credit noch das Creditgeld sich entwickeln. (MEGA II/4.2, 594/595)

Marx spricht hier davon, dass die Krisen in der bürgerlichen Produktion, anders als in vorkapitalistischen Gesellschaften, „unvermeidlich" sind, weil sich, gestützt auf den Trieb zur Mehrwertmaximierung und die Elastizität der großen Industrie, das Kreditsystem und das Kreditgeld entwickeln (vgl. Kwack 2005, 38). Indem er gezeigt hat, dass die Bewegung des Leihkapitals nicht die Ursache der Krise ist, drückt er zugleich aus, dass sie auch nicht ihre Lösung sein kann. Er betont, wie schon in seiner Publizistik der 1850er Jahre (dazu 3.3.3), die Grenzen einer Antikrisenpolitik: „Willkührliche Bankgesetzgebung (wie die von 1844–45) kann diese Geldcrise erschweren. Aber keine Art Bankgesetzgebung kann die Crise beseitigen." (MEGA II/4.2, 543) Zwar gilt, „daß so lange der *Credit* einer Bank nicht erschüttert ist, sie durch Vermehrung des Creditgelds [...] den Panic lindert und durch Contraction ihn vermehrt" (MEGA II/4.2, 595), aber weder kann der Staatsbankkredit die Preise überproduzierter Waren aufrecht erhalten,[124] noch alle ausgefallenen Zahlungen wett machen:

---

[124] „In Zeiten der Crise die prices grosstheils inflated by speculation, resulting from the exaggerations of the credit. Es ist dann unmöglich diese Preisse aufrecht zu halten by supporting the holders of, or speculators in, those commodities. Die Scheisse muß platzen." (MEGA II/4.2, 591)

> Aber in der That handelt es sich nicht nur um die „Convertibilität" der Wechsel in Geld. Eine ungeheure Masse dieser Wechsel stellen blose Schwindeltransactionen vor, die jetzt explodirt sind und ans Tageslicht kommen; verunglückte und mit fremdem Capital getribne Speculationen; endlich Waarencapitalien, die depreciirt sind oder Returns, die nie mehr gemacht werden können. Das ganze künstliche System gewaltsamer Ausdehnung des Reproductionsprocesses kann natürlich nicht dadurch curirt werden, daß nun etwa eine Bank (die Bank of England z. B.) in Papier allen Schwindlern das ihnen fehlende Capital giebt und die sämmtlichen Waaren zu ihren alten Nominalwerthen kauft. (MEGA II/4.2, 543)

Selbständige Geldkrise

Wie gesehen, unterscheidet sich die Akkumulation des *monied capital* in der Stagnation von seiner Akkumulation in der Prosperität. In der Prosperität kommt es zu einer „positiven Akkumulation" von *monied capital*, das heißt, es entstammt der Revenue und auf vernutzter Arbeitskraft basierendem Geldkapital. In der Stagnation dagegen findet keine „positive" Akkumulation durch Verwandlung von Geldkapital in *monied capital* statt, sondern eine Verwandlung von brachliegendem Geld in *monied capital*. In der Prosperität ist das Kapital maximal beschäftigt; der Kredit bezieht sich auf Vermittlung, Ausdehnung und Absatz der Warenproduktion. In der Stagnation aber akkumuliert das *monied capital* im Bankensystem und geht damit auf Distanz zur industriellen Aktivität. Die Akkumulation des verleihbaren Kapitals in der Prosperität könnte man daher als eine *Kreditausdehnung* bezeichnen, während sich in der Stagnation eher eine *Kreditansammlung* vollzieht.

Marx identifiziert also zwei Momente, in denen eine *Plethora of monied capital* vorliegt: bei Überexpansion des produktiven Kapitals (in der Schwindelblüte der Prosperität, vor der Krise) und bei Kontraktion oder Paralyse des produktiven Kapitals (in der Stagnation, nach der Krise). Einmal drückt der Überfluss an verleihbarem Kapital zu viel für den zahlungsfähigen Konsum bestimmte Waren beziehungsweise zu viel Produktionskapazität für die profitablen Verwertungsgelegenheiten aus, ein anderes Mal die Paralyse und Kontraktion des produktiven Kapitals. Im später verfassten Manuskript II zum zweiten Band des *Kapital* (1868–70) hat Marx dieser Einsicht auf einer vor dem Kredit angesiedelten Konkretionsstufe, dem Reproduktionsprozess des Kapitals, vorgegriffen:

> Der Kreislauf des Kapitals geht nur normal vonstatten, wenn seine verschiednen Phasen ohne Stockung in einander überfliessen. Stockt das Kapital in der ersten Phase G–W, so erstarrt das Geldkapital zum Schatz. Stockt es in der Produktionsphase, so liegen Produktionsmittel funktionslos auf der einen Seite, während die Arbeitskraft unbeschäftigt auf der andern ist, oder der Produktionsprozeß selbst wird durch Unfälle gestört u. unterbrochen. Stockt das Kapital endlich in der lezten Phase W′–G′, so versperren unverkäufliche Waaren die Cirkulationskanäle u. häufen sich auf. (MEGA II/11, 30)

Kann Waren- nicht in Geldkapital verwandelt werden, herrscht Überproduktion von ersterem. Auf dieses Moment bezieht sich der in der späten Prosperität vergebene Kredit. Bei einer Stockung in der Phase G–W aber kann sich Geldkapital nicht in produktives Kapital verwandeln. Dies findet, im übertragenen Sinne, in der Stagnation statt, in der sich das verleihbare Kapital nicht auf die Produktion bezieht und sich daher aufschatzt.[125] Dieses aufgeschatzte Geldkapital bildet die Grundlage für den Überfluss des im Kreditsystem *versammelten* Leihkapitals. In beiden Fällen ist die Plethora ein Symptom: „Was daher als Crise auf dem Geldmarkt erscheint, drückt Anomalien im Produktions- u. Reproduktionsprozeß selbst aus." (MEGA II/11, 310) Aber produktives und verleihbares Kapital beziehen sich jeweils ganz unterschiedlich aufeinander.

Es ist daher konsequent, dass der Kreditabschnitt mit dem Postulat der Unvermeidbarkeit der Krisen und der Andeutung einer neuen Krisenmöglichkeit endet: der Möglichkeit unabhängiger Geldkrisen.[126]

> In frühern Productionsweisen existirt das nicht, weil bei der engen Basis, auf der sie sich bewegen, weder der Credit noch das Creditgeld sich entwickeln. Solange der *gesellschaftliche* Charakter der Arbeit als das *Gelddasein* der Waare und daher als ein *Ding* ausser der wirklichen Production erscheint, sind Geldcrisen, unabhängig oder als Aggravation von wirklichen Crisen unvermeidlich. (MEGA II/4.2, 594/595)

Bestätigt durch die nächste Krise von 1866, die sich als die erste große Finanzkrise des industriellen Zeitalters deutlich von ihren Vorgängerinnen unterschied (dazu 5.2 und 5.3.1), definierte Marx im ersten Band des *Kapital* (1867) die „selbständige Geldkrise" als eine besondere Krisenart, die nicht aus der Zahlungsnot von Produzenten oder Händlern herrührt und deren Ursprung nicht unmittelbar in den Sphären von Industrie und Handel liegt, sondern die nur auf sie zurückschlägt:

> Die Geldkrise [...] als *Phase jeder Krise*, ist wohl zu unterscheiden von der *besondern Krisenart*, die man auch Geldkrise nennt, die aber ein ganz selbstständiges Phänomen bilden kann, so daß sie auf Industrie und Handel nur rückschlagend wirkt. Es sind dieß Krisen, deren Bewegungscentrum das Geldkapital ist, und deren unmittelbare Sphäre daher auch die Sphäre der Haupt- und Staatsaktionen des Geldkapitals, Bank, Börse, Finanz. (MEGA II/5, 94)[127]

---

125 In Manuskript II zum zweiten Buch des *Kapital* wiederholt Marx auch die beiden Ursprünge einer Plethora von Geldkapital (MEGA II/11, 271).
126 Marx scheint diese schon in der noch unveröffentlichten Exzerptsammlung *Citate. Geldwesen. Creditwesen. Crisen* für die Krise von 1839 in Erwägung gezogen zu haben: „Wichtig dieß Beispiel v. 1839, wie die Stagnation des Handels zu Ueberfluß im Geldmarkt, Fallen des Zinsfusses, dieses zu Spekulationen in fremden securities, dieß wieder, verbunden mit schlechter Ernte u. daher ungünstigem Wechselkurs zum *Geldpanic* führt, der hier neben dullem Handel auftritt." (IISG, MEN, Sign. B79, S. 1 [Marx'sche Paginierung des Exzerpts])
127 Der Satz steht identisch in der zweiten Auflage des *Kapital* (MEGA II/6, 159). In einer Note in seinem Handexemplar hat Marx die Formulierung leicht verändert: Die Geldkrise „als besondre Phase allgemeiner Productions- und Handels-Krise, ist wohl zu unterscheiden von der eignen Sorte Krise, die man auch Geldkrise nennt, aber selbstständig auftreten kann, so daß sie auf Industrie und Handel

Marx bezeichnet die Geldkrisen hier, anders als im Kreditabschnitt, nicht als „unabhängig", sondern etwas einschränkend als „selbständig". Selbständige Geldkrisen sind demnach nicht völlig ‚entkoppelt' vom industriellen Zyklus.[128] Aber die Geldkrisen können gerade deshalb selbständig werden, weil die Produktion schon paralysiert war. Solche Krisen gehen nicht aus einer Kreditausdehnung hervor, die der Vermittlung von Kauf oder Verkauf diente und die die Prosperität als Überproduktion verlängerte, sondern aus einer Kreditansammlung, das heißt aus brachliegendem und in der Sphäre von „Bank, Börse, Finanz" akkumulierendem Geldkapital.[129]

Dass Marx die Möglichkeit eines ganz neuen Krisentyps erwogen hat, verdeutlicht, dass es für ihn keinen einfachen Mechanismus der Krisenentstehung gab. Die Entdeckung der selbständigen Geldkrise war keine ‚rein logische' Ableitung – auch wenn sie zugleich eine begriffliche Entwicklung der im Geld angelegten Selbständigkeit ist –, sondern stützte sich ebenso auf eine besondere Konjunkturlage (Kapitel 5). Marx beobachtete und beschrieb eine solche Situation bereits in der kurzen Stagnation nach der Geldkrise von 1857/58, die sich in reger Börsenaktivität spiegelte. Aber das Kapital warf sich damals wegen der schnellen Erholung der Baumwollindustrie schon bald wieder auf die Produktion. Die Grundlage des Aktienbooms der 1860er Jahre und der Krise von 1866 war die Paralyse der englischen Baumwollindustrie infolge der Rohstoffkrise namens *Cotton Famine*. Der Kredit bewegte sich wegen der ausbleibenden industriellen Erholung hin zum Aktienmarkt, und in England entstand eine Vielzahl von Finanzgesellschaften, die zuerst als unerschütterliche finanzielle Innovationen gefeiert wurden, ehe man sie 1866 zu „bubble companies" deklarieren musste (siehe 5.2). Marx führte umfangreiche Studien zum Verlauf der Krise von 1866 durch, auch um sich näher mit der Sphäre von „Bank, Börse, Finanz", in der die selbständigen Geldkrisen entstehen, vertraut zu machen (5.3).

---

nur rückschlagend wirkt. Es sind Krisen, deren Bewegungscentrum das Geldkapital ist, und daher Bank, Börse, Finanz ihre unmittelbare Sphäre." (MEGA II/8 App., 861)

128 Suzanne de Brunhoff (2015, 114) sah das Charakteristikum der selbständigen Geldkrisen in ihrer relativen Unabhängigkeit vom industriellen *Zyklus*, aber sie sind unabhängig nur gegenüber der industriellen *Expansion*. Das Finanzkapital des 21. Jahrhunderts wird bei Robert Kurz (2005) als entkoppelt charakterisiert. Dem traditionellen Marxismus hingegen gilt tendenziell jede Krise als eine ‚zyklische Überproduktionskrise', die ihren Ursprung *direkt* in der Sphäre der Produktion haben muss.

129 „[S]peculation, stock market euphoria, outright swindling and general casino atmosphere of the overheated boom can create a financial structure vulnerable to the exposure of fraud, the disappointment of unfulfillable expectations and the collapse of Ponzi-like financial pyramiding even in the absence of a prior collapse in the industrial and commercial sectors." (Crotty 1985, 31)

4.3 Die Rückkehr des Konkreten

> Always different, always the same.
>
> John Peel über die Musik von The Fall

> Es darf vielleicht daran erinnert werden, daß das Partikulare nicht viel Sinn hat, wenn es nicht zu dem Universalen in Beziehung gesetzt wird.
>
> Hans Rosenberg: Große Depression und Bismarckzeit (1976, 17)

> Nicht an allem, was in diesem Buch gesagt ist, halten wir unverändert fest. Das wäre unvereinbar mit einer Theorie, welche der Wahrheit einen Zeitkern zuspricht, anstatt sie als Unveränderliches der geschichtlichen Bewegung entgegenzusetzen.
>
> Horkheimer/Adorno: Dialektik der Aufklärung (1981 [1969], 9/10)

Im dritten Buch des *Kapital* wollte Marx zeigen, wie sich das Wertgesetz in den konkreten Gestaltungen durchsetzt und modifiziert, und dabei wieder an die ‚Oberfläche' und zu den Erscheinungsformen zurückkehren und eine umfassende Theorie der verselbständigten Revenueformen sowie ihrer Bewegungs- und Gedankenformen integrieren. Das methodische Vorgehen im *Kapital* gleicht daher einer schrittweise sich vollziehenden *Entfetischisierung*.[130] Er wollte dabei auch die wirkliche Krise aus den Grundbewegungen der konkreten Gestaltungen des Kapitals (seiner „realen Bewegung") darstellen. Allerdings sind die typischen Bewegungsformen nicht mit dem tatsächlichen historischen Verlauf identisch. Die Krise ist sowohl ein wiederkehrendes Moment in den typischen Bewegungen des Kapitals mit bestimmten Eigenschaften als auch ein Resultat des geschichtlichen Prozesses. Wer unter Berufung auf Marx' ‚Gesetz' jede historische Krise aus einem ihr vorangegangenen Fall der Profitrate erklären will, verfehlt somit das Abstraktionsniveau des *Kapital*.[131] Auch ist Marx' Analyse der Beziehungen zwischen der Akkumulation des produktiven und der des verleihbaren Kapitals als logische Entwicklung des „overcredit" zu verstehen, nicht als notwendiger Verlauf eines ‚Kreditzyklus'.

Indem auf den „overcredit" typischerweise die Krise folgt, hätte Marx die „wirkliche Krise" auf der Darstellungsstufe des Kredits als Kollaps der Kreditzirkulation und plötzlicher Umschlag des Kredit- ins Monetarsystem dargestellt. Aber damit wäre, wie festgestellt, seine Krisentheorie nicht an ihr Ende gelangt, da die Krisen den Staat, die internationale Arbeitsteilung und den Weltmarkt – also die zweite Hälfte

---

[130] Backhaus (2011, 377) hat die Genesis der „begriffslosen Formen" des Werts als den Gegenstand des dritten Buchs beschrieben (ähnlich Bischoff/Otto 1993, 8) und Deutschmann (1974, 164) als Vermittlung von „Wertbegriff und Wirklichkeit".
[131] Daher kann der Schluss, Marx habe das ‚Gesetz' in den 1870er Jahren aufgeben wollen, weil er die Krisen dieser Dekade nicht damit erklärt hat (Heinrich 2013b), ebenfalls nicht überzeugen. In seinen Analysen historischer Krisen ist Marx niemals auf das ‚Gesetz' zu sprechen gekommen.

des Sechs-Bücher-Plans – voraussetzen. Marx' Abrücken vom Sechs-Bücher-Plan (dazu 4.1) ist nicht mit einem Eingeständnis gleichzusetzen, dass dessen logische Reihenfolge unstimmig gewesen wäre (Jeong 2015, 54/55). Somit könnte seine Krisentheorie entlang der zweiten Hälfte des Sechs-Bücher-Plans weiterentwickelt werden.[132] Staat, internationaler Handel und Weltmarkt wären dabei keine sekundären oder abgeleiteten Elemente, in denen sich die abstrakten Widersprüche bloß wiederholen würden, sondern sie erhielten neue Bestimmungen und damit die Kraft, die grundlegende Bewegung zu modifizieren: zu paralysieren, aufzuhalten, zu verkehren, zu verstärken, zu transformieren. Der Weltmarkt ist eine weitere Bedingung der Krisen, da erst auf ihm „alle Widersprüche zum Process kommen" (MEGA II/1, 151).[133] Ferner war für Marx das Problem der Verschärfung (siehe 5.3.1), der Moderation und des Aufschubs von Krisen (3.3.3 und 3.3.4) zentral. Staatsschuld und öffentlicher Kredit galten ihm explizit als im Buch über den Staat abzuhandelnde Fragen (MEGA II/1, 43); aus krisentheoretischer Sicht wären auch Krieg,[134] internationale Koordinierung und Währungssystem in der Staatstheorie zu diskutieren. Zu einer Weiterentwicklung der Krisentheorie könnten also die spezifischen Krisenmomente etwa des Staats analytisch untersucht werden.[135] Dabei wäre im Anschluss an Marx zu zeigen, dass die vorhandenen Widersprüche nicht von den konkreten Kategorien aus der Welt geschafft werden können: Der Staat ist die „Zusammenfassung" (MEGA II/1, 43) der bürgerlichen Gesellschaft und transzendiert sie nicht. Selbst ein großer Krieg, der jede ökonomische Bewegung stören muss und der im 19. Jahrhundert nicht selten mit Krisen einherging (Napoleonische Kriege, Krimkrieg, Amerikanischer Bürgerkrieg, Deutsch-Französischer Krieg), kann nicht ewig geführt werden.

Aber selbst wenn diese in den Büchern vier bis sechs abgehandelten Faktoren theoretisch eingeholt wären, wäre immer noch nicht die Entstehung einer historischen Krise erklärt. Das logische Fortschreiten von der inneren Kerngestalt (dem ‚Wesen') der ökonomischen Verhältnisse in den Büchern 1 und 2 des *Kapital* zu ihren konkreten Gestaltungen (in der Erscheinungswelt) in Buch 3 ist nicht mit einer direkten Annäherung an die historische Realität zu verwechseln. Die „reale Existenz" der öko-

---

[132] Diese Idee bei Bader et al. (1975, 109/110, 114 u. 470–472) und Jeong (2015, 55).
[133] Auch weil sie erstmals die Grenzen Europas überschritt und in Südamerika wütete, galt Marx die Krise von 1825 als die erste allgemeine Krise des Kapitalismus.
[134] In den *Grundrissen* bemerkte Marx, Krieg sei dasselbe, „als wenn die Nation einen Theil ihres Capitals ins Wasser würfe" (MEGA II/1, 62). Dass Krieg Kapitalvernichtung bedeutet, schließt nicht aus, dass er einzelne Sektoren stimulieren kann. Marx registrierte etwa die belebende Wirkung des Krimkriegs für Schiffbau und Eisenindustrie sowie die Rolle neuer Kriegsanleihen als Abzugskanal des Surpluskapitals (MEGA I/14, 25/26).
[135] Aus der Perspektive des 20. und 21. Jahrhunderts ist leicht einzusehen, welch große Rolle insbesondere der Staat bei der „Bewältigung des Realisierungsproblems" (Deutschmann 1974, 182), der Geldpolitik, der Organisation und Regulierung der Produktion usw. einnimmt.

nomischen Verhältnisse im dritten Buch des *Kapital* ist nicht die empirisch-historische Realität, sondern eine modellhafte, idealtypische. Die ‚Wirklichkeit' in Buch 3 ist die Erscheinungswelt in ihrem allgemeinen Charakter, nicht das tatsächliche Geschehen. Der historische Verlauf ist zwar von den allgemeinen Formen beherrscht, aber nicht vollständig oder direkt aus ihm ableitbar. Die Analyse der Krisen und der Konjunktur stellt (auch) eine zutiefst empirische Angelegenheit dar.[136]

Marx hat diese empirische Arbeit für jede große Krise seiner Zeit durchgeführt. Er wollte nicht nur ökonomische Verursachungsmomente von Krisen im Rahmen einer theoretischen Diskussion der Krisenhaftigkeit des Kapitals bestimmen, sondern hat auch immer wieder Entstehung, Anlass und Verlauf einer historischen Krise untersucht.[137] Er hat die Krisen sowohl theoretisch als auch historisch behandelt, weil es sich bei ihnen um einen Gegenstand mit Doppelcharakter handelt: ein periodisch wiederkehrender Zustand mit typischen Eigenschaften sowie ein historisches Ereignis. Dieser Doppelcharakter des Gegenstands macht unterschiedliche Forschungs- und Darstellungsmethoden nötig: Abstraktion und Formanalyse (*Das Kapital*) einerseits sowie, auf geringerem Abstraktionsniveau, Krisenverlaufs- und Konstellationsanalyse (Publizistik, *18. Brumaire*, Chronique Scandaleuse und *Krisenhefte*) andererseits (dazu 3.3.1). Die Beziehungen zwischen beiden Methoden sind nicht immer gut verstanden worden.

Unter marxistischen Ökonomen scheint die Bedeutung des Krisenverlaufs gering geschätzt zu werden und die Ableitung der Krisen aus ökonomischen Gesetzen als die eigentliche Aufgabe zu gelten. Häufig wird die Entstehung einer Krise daher einfach auf den Profitratenfall als einer letztgültigen („ultimate") Ursache zurückgeführt:

> Looking for a cause is scientific. But dialectically there can be causes at different levels, the ultimate (essence) and the proximate (appearance). The ultimate [...] provides an explanation for the proximate. The crisis of 2008–9, like other crises, has an underlying cause based on the contradictions between accumulation of capital and the tendency of the rate of profit to fall under capitalism. (Roberts 2018, 60)

Marx selbst hat keine einzige historische Krise explizit auf den Fall der Profitrate zurückgeführt. Das ‚Gesetz' ist zwar ein wichtiges Moment in seiner Gesamtbegründung der Krisenhaftigkeit der bürgerlichen Produktion, weil es die Selbstbeschränkung des

---

136 So ist der „Übergang von der Analyse der allgemeinen Bedingungen der Krisen zur Betrachtung der empirischen Erscheinung der Krisen" zu vollziehen „mit dem Übergang von der allgemeinen Untersuchung der kapitalistischen Produktionsweise zur Untersuchung eines Stücks Zeitgeschichte der bürgerlichen Gesellschaft" (Projektgruppe 1975, 436).
137 „Deshalb ist davon auszugehen, daß die Analyse des wirklichen Krisenprozesses nicht auf der Darstellungsebene der allgemeinen Entwicklungstendenz der kapitalistischen Produktionsweise, sondern im Rahmen ihrer historisch konkreten Konstellation durchgeführt werden muß." (Kim 1998, 132) Den Kredit vernachlässigend, legt Kim allerdings nahe, dass der Krisenverlauf selbst nicht theoretisierbar wäre.

Kapitals erklärt, und es ist auch nicht auszuschließen, dass eine Krise entstehen kann, weil zuvor die Profitrate gefallen ist. Aber die nähere Ursache einer Krise ist kein bloßer Effekt der Bedingungen der strukturellen Krisenhaftigkeit: Es führt keine direkte Linie von diesem Gesetz zur historischen Wirklichkeit, weshalb sich Marx die tatsächliche Entstehung jeder großen Krise seiner Zeit genau angesehen hat. Von an ihm orientierten Ansätzen dagegen wird die historische Untersuchung manchmal als eine „Ergänzung" (Ellmers 2015, 148) der allgemeinen Grundsätze abgetan. Ein „Verständnis" der allgemeinen Bedingungen des Kapitals sei eine unabdingbare „Voraussetzung" (Projektgruppe 1975, 437) für die Analyse der Krisen. In der Theorie habe man den typischen Charakter der Phänomene herausgestellt, „whereas in a concrete study this truth is presupposed and does not figure as the main object of the investigation" (Maksakovsky 2009 [1929], 31). Es steht außer Frage, dass die bloße Feststellung von Tatsachen ohne begriffliche Einordnung des denkenden Kopfs überhaupt nichts erklären kann, dass also die Fakten niemals ‚für sich' sprechen; aber tendenziell besteht hier die Gefahr, wie im Owenismus (1.4), eine immer schon fertige Lehre zu unterstellen, die nur noch „anzuwenden"[138] sei. Für die ‚Orthodoxie' fällt der einzelnen Krise vor allem die Bedeutung zu, eine bereits feststehende Theorie zu *bestätigen*. Der Einzelfall hat keinerlei Kraft, zu neuer Theoriearbeit anzuregen oder die Kritik zu aktualisieren. Egal was im Fortgang des Kapitalismus passieren wird, es steht schon heute fest, dass auch die nächste Krise durch das Gesetz des tendenziellen Falls der Profitrate ausgelöst werden wird. Die Geschichte ist unbedeutend, es zählt allein das ökonomische Gesetz.

Die Kritiker einer solchen ‚Orthodoxie' dagegen stellen sich bisweilen selbst das Armutszeugnis aus, von ökonomischen Gesetzmäßigkeiten überhaupt nichts wissen zu wollen. So schrieb Jürgen Habermas – seine frühere, am Ausgang des goldenen Zeitalters der ‚Steuerbarkeit' formulierte Marx-Kritik aufgreifend[139] – im Verlauf der 2007/08 ausgebrochenen Krise:

> Da Wolfgang Streeck sein Szenario in einem handlungstheoretischen Rahmen entwickelt, ohne sich auf „Gesetze" des ökonomischen Systems (z. B. einen „tendenziellen Fall der Profitrate") zu stützen, ergibt sich aus der Anlage der Darstellung klugerweise keine theoretisch begründete Voraussage. Voraussagen über den weiteren Krisenverlauf können sich in diesem Rahmen nur

---

138 Die Marx'sche Theorie komme bei der „Analyse gesellschaftlicher Verhältnisse" zur „Anwendung" (Projekt Klassenanalyse 1972, 15), heißt es in einer Untersuchung der Marx'schen Frankreich-Schriften, die ironischerweise zum Großteil *vor* den Manuskripten zum *Kapital* entstanden sind, also zu einem Zeitpunkt, als Marx seine eigene Theorie, die er nur hätte „anwenden" müssen, noch gar nicht entwickelt hatte.
139 Schon in *Erkenntnis und Interesse* rückte Habermas Marx in die Nähe einer „positivistischen Verkümmerung der Erkenntnistheorie" und kritisierte dessen angebliche Reduktion von Erkenntnis auf instrumentelles Handeln und Arbeit. Marx nehme zwar die symbolisch vermittelte Interaktion und die Rolle kultureller Überlieferung wahr, aber in sein „philosophische[s] Bezugssystem geht diese Seite der Praxis nicht ein" (Habermas 1968, 58).

aus der Einschätzung historischer Umstände und kontingenter Machtkonstellationen ergeben. (Habermas 2013, 146)

Hier offenbart sich eine verblüffende Unkenntnis des wahren Sinns der Marx'schen Theorie. ‚Gesetz' und ‚Konstellation' beziehen sich auf verschiedene Abstraktionsebenen beziehungsweise behandeln verschiedene Gegenstände, die unterschiedlicher methodologischer Forschungs- und Darstellungsprogramme bedürfen. Marx wollte aus der Profitratenfalltendenz nicht den *Verlauf* der Krisen ableiten, denn sie bezieht sich in erster Linie auf ihre Wiederkehr, das heißt auf die Tatsache, dass es sie (immer wieder) gibt. Auf eine allgemeine Theorie zu verzichten, mit deren Hilfe sich der Verlauf einer Krise antizipieren ließe, posaunt Habermas hingegen als „klug" aus. Mit einem solchen Primat der Kontingenz rückt er sich in die Nähe eines Vorgehens, das Marx als die „schülerhafte Methode" bezeichnet hat:

> We consider this to be the essential defect not only of the recent Parliamentary Report, but of the "Report on the Commercial Distress of 1847," and all the other similar reports which preceded them – that they *treat every new crisis as an insulated phenomenon*, appearing for the first time on the social horizon, and, therefore, to be accounted for by incidents, movements and agencies altogether peculiar, or presumed to be peculiar, to the one period just elapsed between the penultimate and the ultimate revulsion. If natural philosophers had proceeded by the same method, the world would be taken by surprise on the reappearance even of a comet. (MEGA I/16, 415. Herv. TG)

Noch später hat Marx diejenigen Ökonomen kritisiert, die bloß innerhalb historischer Umstände operieren, Zufälligkeiten überbetonen und „jedesmal als einzig möglichen Grund der Crisen das zugegeben, was der *handgreiflichste Anlaß* der jedesmaligen Crise war" (MEGA II/3, 1310). Mit seiner Ontologie der Kontingenzen steht Habermas in der sozialliberalen Tradition eines John Stuart Mill, der ebenfalls über die Krisen mitreden wollte, ohne in der bürgerlichen Gesellschaft eine nähere Veranlagung zu ihnen erkennen zu können. Wo es für die ‚Orthodoxie' nur die (immer gleiche) Theorie des Kapitals gibt, gibt es für Habermas überhaupt keine Theorie, weil im Grunde auch gar keine kapitalistische Produktionsweise mit spezifischen Gesetzmäßigkeiten existiert, die man theoretisch behandeln könnte. Wer vor dem Allgemeinen die Augen verschließt, wird es allerdings nicht einmal mit den bürgerlichen Meistern der Krise aufnehmen können. Eine sich als ‚kritisch' verstehende Gesellschaftstheorie aber, die auf eine allgemeine Analyse des Kapitals verzichtet, muss jeder neuen Krise unvorbereitet gegenüberstehen und vor den Verhältnissen kapitulieren.[140]

---

[140] Unzweifelhaft entspricht die *Aufwertung* des als rein kontingent verstandenen Krisenverlaufs gegenüber der Theorie des Kapitalismus in der Habermas-Schule sowie die *Abwertung* des Krisenverlaufs zugunsten allgemeiner Gesetze in Teilen des Marxismus einer ideologischen Ausrichtung. Erstere verleugnen die allgemeine Natur der kapitalistischen Produktionsweise und ihre Negativität auch deshalb, weil sie politisch nicht angerührt werden soll oder kann. Einigen Marxisten hingegen scheint der Hinweis auf die Unvermeidbarkeit der Krisen im Kapitalismus auch deshalb zu genügen,

Das von der ‚Orthodoxie' und ihren Kritikern tendenziell dualistisch behandelte Problem ist das folgende. Die Krise ist zugleich *uniform* und *divers*. Uniform, weil es sich um einen *wiederkehrenden* Moment handelt, in dem plötzlich die Produktion stillsteht und die Überproduktion erscheint, und der durch seinen Offenbarungseffekt, die soziale Liquidation und die Suspension der liberalen Utopie die gesellschaftlichen Verhältnisse zum Tanzen bringt.[141] Divers, weil sich all dies in jeder Krise unter veränderten Umständen und in neuen Verkleidungen vollzieht. Gegenüber denjenigen Krisentheoretikern, die, wie Breda (2019, 150) treffend bemerkt, von der schülerhaften Methode, „für die jeder neue Komet der erste ist, [...] in die entgegengesetzte Ideologie [fallen], für die jeder neue Komet der selbe Komet ist", hat Schumpeter (2008, 292) Recht: „Jede Krise ist in einem bestimmten Sinne ein historisches Individuum."[142] Aber jede Krise ist *in einem bestimmten Sinne* zugleich eine Wiederholung ihrer Vorgängerinnen. Es kann nicht jedes Mal an einem Un- oder Zufall oder kontingenten Machtverhältnissen gelegen haben, dass die Krisen einen Wendepunkt der Geschichte initiierten (wie 1825, 1847, 1857, 1873–79, 1929–31, 1973–75, 2007–09).

So lassen sich bei Marx viele Ansätze zu einer ‚Modellierung' eines typischen Krisenverlaufs finden: der Ablauf der Geldkrise (siehe 3.4.2), der Einfluss der Kreditausdehnung auf Timing, Verlauf und Charakter der Krisen (4.2.3), die Wirkung der Krise auf die sozialen und politischen Verhältnisse (2.4 und 3.3), die Charaktermasken der Krise (3.5.4) usw. Um dies zu illustrieren: Man kann verschiedene Abbruchstellen des Kapitalkreislaufs in der Figur G–W–P–W′–G′ logisch ermitteln und daraus verschiedene Krisentypen ableiten (dazu 4.1), aber an welcher Stelle sich die Störung im geschichtlichen Verlauf einstellt, welchem Typ die nächste Krise angehört, ist in der allgemeinen Analyse des Kapitals nicht zu entscheiden. Man kann in der Lehre über den Profitratenfall feststellen, dass die Konkurrenz bei einer Verengung des Profits in einen „Kampf der feindlichen Brüder" umschlägt; aber welche Maßnahmen zur Selbstbehauptung die einzelnen Konkurrenten in diesem Kampf um die Verteilung der Verluste tatsächlich ergreifen, kann auf diesem Abstraktionsniveau nicht entschieden werden.[143] In der Kredittheorie lässt sich bestimmen, dass die Geldkrise an dem Ort ausbricht, der den meisten (riskanten) Kredit gegeben oder erhalten hat, aber nicht, welcher Ort (London, New York, Shanghai) dies tatsächlich sein wird. In jeder

---

weil es (vermeintlich) um die Überwindung des Allgemeinen geht, wobei das Neue, Partikulare, Untypische usw. nur Ablenkung oder Störfaktoren zu sein scheinen.

141 „At the highest level of abstraction, then, business cycles do not function as events" (Sewell 2012, 315).

142 Es ist gerade nicht so, dass, wie Honneth (2011, 584) meint, im *Kapital* „alle gesellschaftlichen Entwicklungen nach dem Muster einer Expansion der Kapitallogik erklärt werden sollten". Eben nicht *alle* Entwicklungen.

143 Krisenverlauf bedeutet hier, wie sich der Ausgleich wiederherstellen soll (Pohl 1987, 44), also mit welchem Inhalt sich die allgemeine Form durchsetzt.

Krise ist das „plötzliche Umschlagen des Kreditsystems in das Monetarsystem" sicher, aber in welcher Form das Geld schließlich verlangt wird (Gold, Banknote), muss im *Kapital* offen bleiben. Jede Panik bringt einen „theoretischen Schrecken" (MEGA II/2, 208) mit sich, aber welche neuen Antworten dieser Sturz in die Verwirrung entstehen lässt, liegt nicht in der Krisenform selbst begründet.

Marx selbst sah daher keinen Widerspruch zwischen beiden Analyseverfahren. Innerhalb weniger Monate betonte er in der *Tribune* sowohl die große Bedeutung der allgemeinen Analyse des typischen Krisenverlaufs[144] als auch die Vorzüge der besonderen Krisenverlaufsanalyse: „The recoil of the crisis on English industry will become apparent in the next Board of Trade returns. [...] The study of the English trade reports affords the only trustworthy clue to the mystery of the present convulsion in that country." (MEGA I/16, 108/109) Natürlich sind der letzteren Aussage konzeptionelle Annahmen vorausgesetzt, aber der „einzig verlässliche Anhaltspunkt" zur Entschlüsselung des unmittelbaren Krisenverlaufs ist nicht Hegels *Logik* oder Ricardos *Principles*, sondern schnöde englische *Trade* oder wahlweise auch *Bank Reports*.

Dieses Problem der Vermittlung von allgemeinem Gesetz und besonderen Umständen hatte schon das Denken der klassischen politischen Ökonomie des 19. Jahrhunderts beherrscht (siehe Kapitel 1). Die Ricardianer betrachteten die Krisen als ein Phänomen, das von den Grundsätzen der Ökonomie fernzuhalten ist, weil es aus ihrer Verletzung resultiert; die Untersuchung einer Krisenkonstellation in Broschüren, Rezensionen, Aufsätzen glich somit einer Identifikation störender, den allgemeinen Prinzipien zuwiderlaufender Elemente. In der Theorie konnten sie nur feststellen, dass das Geld das *empirische*, historische und politische Element ist, und die *Currency School* schlug daher – ohne Sinn für die Umstände – ewige Regeln einer nicht manipulierbaren Geldzirkulation vor, welche der Entstehung *aller* Geldkrisen vorbeugen würden. Die Arbeiterökonomen um Owen hingegen unterließen die Analyse historischer Krisen und versäumten dadurch eine Erneuerung ihrer Theorie, die durch ihre ewige Wiederholung und ‚Anwendung' den Kontakt zur Geschichte verlor und dogmatisch wurde. Tooke wiederum betrieb für einen Zeitraum von über sechzig Jahren eine andauernde Konjunkturanalyse ohne theoretische Rückbindung, welche die Wiederkehr oder die Bedeutung der Krisen hätte plausibilisieren können, und war damit repräsentativ für jene Wirtschaftshistoriker und „Practiker, die in gegebnen Momenten der Crise schreiben" (MEGA II/3, 1122), die, wie Bagehot, aus der Beobachtung der Wiederkehr von Krisensituationen und der Anerkennung ihrer ‚Komplexität' den Schluss ziehen, dass Theoriearbeit nicht die erste Aufgabe sei. John Stuart Mill erklärte in einer eklektischen Vermengung von Theorie und Empirie – sowohl ‚Says Gesetz' befürwortend als auch seine Implikationen verwerfend – die Krisen zwar für

---

144 „The distinctive features, moreover, peculiar to every new commercial crisis, must not be allowed to overshadow the aspects common to all of them." (MEGA I/16, 415)

möglich, sah aber in der kapitalistischen Produktionsweise selbst keine nähere Disposition zu ihnen angelegt und verwies daher wieder auf die historische Untersuchung als einer Untersuchung der Un- und Zufälle. Einzig Sismondi begriff die bürgerliche Gesellschaft konzeptionell als widersprüchlichen Zusammenhang und wertete zugleich die historischen Krisen (wegen ihrer Bedeutung für die Weiterentwicklung und Aktualisierung der Theorie) *innerhalb* seiner großen Werke aus. Auf gewissermaßen staatstragende Weise ist das Verhältnis zwischen den Krisen als typischen Phasen und als historischen Ereignissen auch bei Fullarton bearbeitet: Er akzeptierte ihre unvermeidbare Wiederkehr als reinigende Gewitter und dachte zugleich, dass man zu ihrer Eindämmung Maßnahmen ergreifen müsste, die nicht durch vorgefasste Prinzipien vollständig zu bestimmen, sondern in einer konkreten Situation zu erwägen sind.

Methodisch knüpfte Marx an Sismondi an und maß den Studien den historischen Krisen eine vielfältige Bedeutung bei, ohne allerdings darüber größere Reflexionen methodologischer Art hinterlassen zu haben. Indirekt hat er über den Nutzen seiner empirischen Studien im Nachwort zur zweiten Ausgabe des *Kapital* (1872) Auskunft gegeben, indem er dort, auf beinahe zwei Seiten, lange Auszüge aus der vergleichsweise euphorischen Rezension des *Kapital* durch den russischen Ökonomen I. I. Kaufmann in eigener Übersetzung ins Deutsche wiedergab. Marx lässt durch Kaufmann mitteilen, er bemühe sich „nur um eins: durch genaue wissenschaftliche Untersuchung die Nothwendigkeit bestimmter Ordnungen der gesellschaftlichen Verhältnisse nachzuweisen und soviel als möglich untadelhaft die Thatsachen zu konstatiren, die ihm zu Ausgangs- und Stützpunkten dienen" (MEGA II/6, 707). Er kommentiert die Ausführungen seines Rezensenten, dieser habe seine „wirkliche Methode", die Dialektik, „so treffend" (MEGA II/6, 708) geschildert. Kaufmanns Charakterisierung, der Marx zustimmte, lässt sich aufgreifen: Die „Tatsachen" fungieren bei Marx als Ausgangs- und Stützpunkt der wissenschaftlichen (das heißt für ihn: theoretischen) Untersuchung.

Erstens, die Tatsachen als *Ausgangspunkt* der Theorie. Es geht in der empirischen Untersuchung weniger um die Operationalisierung, Anwendung oder bloße Falsifikation einer feststehenden Lehre, sondern darum, einen Kontakt zu den Resultaten des geschichtlichen Prozesses herzustellen.[145] Hier versammelt man den Stoff, der zu (neuer) Theoriebildung drängt.[146] Die Krise ist dabei ein privilegierter Gegenstand, da

---

[145] „Das Konkrete wird so zum Fixpunkt, in dem die Wissenschaft ihren Ausgangspunkt setzt. Der Materialismus ist hier lokalisiert." (Fahling 1978, 4; vgl. Sandkühler 1995).

[146] In diesem Sinne wäre Marx' Kritik an Lassalle zu verstehen, der „ein Esel ist, der mit ein paar abstrakten Phrasen wie ‚abstracte Einheit' u. d. g. sich anmaßt über empirische Dinge zu urteilen, die man studiren muß, u. lange into the bargain, um über sie mitsprechen zu können" (MEGA III/9, 329). Lindner (2013, 244) spricht von der „erkenntnisstiftende[n] Kraft der Empirie" bei Marx: „Die Logik der Abstraktion setzt, um sie überhaupt sinnvoll durchführen zu können, eine immense Vertrautheit mit dem empirischen Material voraus."

sich manche Elemente der kapitalistischen Produktionsweise erst in diesem Augenblick offenbaren. In der Prosperität scheint die bürgerliche Gesellschaft als gegensatzlos; die Krise aber hebt die vorhandenen Widersprüche als Eklat hervor. Die Krise verdunkelt nicht die Tatsachen, sondern erhellt sie. Dabei zeigt sie auch das Neue und bislang im Verborgenen Gebliebene an, das nun an die Oberfläche vordringt. Die fortwährende Erscheinung neuer Phänomene ist in der modernen Gesellschaft keine Beiläufigkeit, vielmehr ein Wesensmerkmal des Kapitalismus, der einen permanenten Umwandlungsprozess durchläuft. „[D]ie jetzige Gesellschaft", heißt es im Vorwort zum ersten Band des *Kapital*, ist „kein fester Krystall, sondern ein umwandlungsfähiger und beständig im Prozeß der Umwandlung begriffener Organismus" (MEGA II/5, 14). Mit den Umwandlungsprozessen des Kapitals, durch die systematisch etwas Neues generiert wird, müssen sich notwendigerweise auch Theorie und Kritik desselben erneuern. Indem sie die Widersprüche und das Neue verdichtet und erstrahlen lässt, testet sie, ob die bisherige Theorie noch adäquat oder schon überholt ist.

Entgegen geläufiger Marx-Interpretationen ist also nicht nur die Theorie eine Voraussetzung der historischen Untersuchung, sondern umgekehrt die Kenntnis der Tatsachen (vor allem der Krisen) auch Voraussetzung der theoretischen Arbeit. Marx selbst war in den 1850er Jahren nicht im Besitz seiner späteren konzeptionellen Voraussetzungen (beziehungsweise nur in embryonaler Form) und stattdessen wirkte seine Beobachtung und Deutung neuartiger historischer Phänomene – und nicht nur das abermalige Durcharbeiten der bisherigen Theorie oder die reine Entwicklung von Begriffen – als Anstoß neuer Theoriebildung. Die *Grundrisse* konnte er erst mit dem Eintreffen der Krise schreiben, weil erst in diesem Moment deutlich geworden war, wie seine Ideen weiterzutreiben waren (dazu 3.5).[147] Auch den ersten Band des *Kapital* vermochte er unter anderem nur deshalb vorzulegen, weil sich der Zyklus der 1860er Jahre mit den in den *Kapital*-Manuskripten entwickelten Kategorien verarbeiten ließ (5.1). In den 1870er Jahren hingegen wird laut eigenen Angaben der eigentümliche, sich von ihren Vorgängerinnen von 1847, 1857 und 1866 deutlich abhebende Verlauf der Krisen ein Grund dafür sein, dass Marx sein theoretisches Hauptwerk nicht vollenden können wird (vgl. Krätke 1999). So ließ er Nikolaj Francevič Daniel'son am 10. April 1879 wissen:

> I should under no circumstances have published the second volume before the present English industrial crisis had reached its climax. The phenomena are this time singular, in many respects

---

[147] An der Wiederkehr der Krisen hat Marx indes niemals gezweifelt. Es ist daher viel heiße Luft, im *Kapital* ein „Wechselspiel" zu sehen, „in dem sich die Plausibilität der [...] Tiefenstruktur und der Offenbarungscharakter der Krise gegenseitig zugleich voraussetzen und verstärken [...]. Während *Das Kapital* [...] den privilegierten Charakter des Krisenereignisses verstärkt und theoretisch präzisiert, bürgt das periodische Auftreten der Krisen umgekehrt für die Überzeugungskraft der Theorie." (Breyer 2016, 86) In der Tat: Die Krisen bestätigen auch die Theorie, dass es sie geben muss.

different from what they were in the past, and this – quite apart from other modifying circumstances – is easily accounted for by the fact that never before the *English crisis was preceded* by tremendous and now already 5 years lasting crisis in *the Unites States, South America, Germany, Austria,* etc. It is therefore necessary to watch the present course of things until their maturity before you can "consume" them "productively", I mean *"theoretically"*.

(MECW 45, 354; dt. Übers. MEW 34, 370/371)[148]

Das Studium der historischen Krisen ist für jede Kapitaltheorie unabdingbar, weil neue Krisentypen (Rohstoff-, Finanz-, Währungs-, Schulden-, Corona-Krise etc.) auf neue beziehungsweise wichtiger gewordene und deshalb erst jetzt leichter erkennbare Antagonismen hindeuten, die von der allgemeinen Analyse des Kapitals einzuholen sind. Angesichts eines neuen Krisentyps etwa wäre unbedingt auch die allgemeine Analyse des Kapitals zu modifizieren. Marx hatte es bis 1857 vornehmlich mit Absatzkrisen zu tun, die aus einer Überproduktion von Waren auf dem Weltmarkt hervorgingen, also musste er vornehmlich die Tendenz zur Überproduktion aus den Widersprüchen des Kapitals erklären. In den 1860er Jahren sollte er dagegen zwei neuartige Krisentypen kennenlernen: Rohstoff- und Finanzkrise drängten ihn zu einer Erweiterung seiner Kapitaltheorie. Marx zeigte sich offen für Phänomene und Entwicklungen, die mithilfe der (bisher vermuteten) Gesetzmäßigkeiten nicht plausibel begründet werden konnten. In diesem Sinne verweisen neue historische Erscheinungen auf eine nötige Revision auch des Kerns der überlieferten Theorie. Wenn man also die Marx'sche Krisentheorie für das 21. Jahrhundert entwickeln, verbessern und aktualisieren will, kann man nicht einfach nur von ihm ermittelte ‚Gesetze' wiederholen, operationalisieren oder anwenden, denn man hat zunächst einen Berg an historischer Arbeit vor sich. Diese könnte der Ausgangspunkt für neue theoretische Anstrengungen sein, die sich dann nicht mehr nur auf die zweite Hälfte des Sechs-Bücher-Plans (Staat, internationale Arbeitsteilung, Weltmarkt), sondern auch auf dessen erste Hälfte (Kapital, Lohnarbeit, Grundeigentum) erstrecken müsste. Nicht nur ist der „ideale Durchschnitt" der kapitalistischen Produktionsweise keine statische, in sich ruhende Struktur, sondern dynamisch (die Form der Periodizität, das Akkumulationsgesetz, der Fall der Profitrate usw.); er verändert sich darüber hinaus auch mit den Umwandlungsprozessen des Kapitals selbst und muss daher in der Theorie erweitert werden.

Marx' Methode besteht indes nicht darin, induktiv von den erscheinenden Phänomenen unmittelbar auf allgemeine Aussagen zu schließen (vgl. 3.2.3). Die Theorieentwicklung im *Kapital* folgt weder der empirischen Geschichte des Kapitalismus

---

148 Die Krise erst theoretisch konsumieren zu müssen, wiederholt Marx noch ein Jahr später. Am 27. Juni 1880 gibt er an, dass das zweite Buch auch deshalb auf sich warten lasse, „als grade in diesem Augenblick gewisse ökonomische Phänomene in ein neues Stadium der Entwicklung getreten sind, also neue Bearbeitung erheischen" (MEW 34, 447; MECW 46, 16) und am 12. September 1880 kommentiert er abermals die Krise (MECW 46, 31; MEW 34, 463).

noch verallgemeinert sie empirisch zu beobachtende Vorgänge. Letzteres tun die vergleichenden Untersuchungen der historischen Krisen, die von den verschiedenen empirischen Krisenverläufen auf einen typischen Verlauf schließen (Kindleberger 1978; Reinhart/Rogoff 2009). Aber Marx' Krisentheorie ist Kapitaltheorie: Nur durch allgemeine Analyse des Kapitals kann man einen tieferen Grund ermitteln, aus dem die Krisen wiederkehren, und begreifen, was in ihnen passiert. Dabei müssen die Bedingungen der Krisen in den elementaren Formen des Kapitals lokalisiert, das Weiterleben der abstrakten in den konkreten Kategorien nachgewiesen sowie neue Bestimmungen und Bedingungen in den konkreten Momenten ermittelt werden. Um eine solche logische Entwicklung sinnvoll durchführen zu können, sollte man wiederum mit der Geschichte der Wirtschaftskrisen vertraut sein.[149]

Die Tatsachen sind laut Kaufmann für Marx nicht nur Ausgangspunkt, sondern, zweitens, auch *Stützpunkt* der Theorie. Die vielen statistischen Angaben und historisch-politischen Referenzen im *Kapital* haben auch den Zweck, das Leben der objektiven Widersprüche der bürgerlichen Produktion in der gesellschaftlichen Wirklichkeit nachzuweisen. Anders als bei John Stuart Mill, ist die historische Untersuchung bei Marx keine Untersuchung der Un- und Zufälle. Man darf die Oberfläche daher nicht oberflächlich behandeln. Schon im ersten Band des *Kapital* tauchen auch ein Abriss der Entwicklung der Baumwollindustrie und die großen Krisen von 1825, 1847, 1857 und 1866 auf. Solche Passagen werden manchmal als ‚Illustration', als veranschaulichende Beispiele eines logischen Kategoriensystems oder gar als Störung einer strengen Arbeit am Begriff abgetan.[150] Allerdings handelt es sich bei den ‚Illustrationen' vielmehr um eine Äußerungsweise und dadurch Spezifizierung der Kategorien. Die ‚Tatsachen' sind auch Stütz- und Orientierungspunkte, in denen sich die gelungene Vermittlung der Theorie mit der Wirklichkeit zeigt.

Marx maß auch andere politische Ökonomen daran, inwieweit sie die Tatsachen als Prüfstein ihrer Überlegungen berücksichtigt haben. Adam Smith nahm er in Schutz, weil er das Phänomen der Überproduktion und der allgemeinen Weltmarktkrisen aus Überproduktion nicht kennen konnte und nur einige (lokale) Geldkrisen erlebt hatte (MEGA II/3, 1146); Ricardo konnte deshalb an ‚Says Gesetz' festhalten,

---

[149] Der Streit ‚logisch vs. historisch' dreht sich vornehmlich darum, ob die Entwicklung der Kategorien im *Kapital* parallel zu einem „historischen Verlauf" gesetzt ist, wie es Engels in seiner Rezension von Marx' *Zur Kritik* missverstand (MEGA II/2, 253). (Zur Diskussion siehe Brentel 1989, 356–365.) In der *Einleitung* von 1857 hat Marx ausdrücklich dargelegt, die „Gliederung" der kategorialen Zusammenhänge, „die sie in der modernen bürgerlichen Gesellschaft auf einander haben" (MEGA II/1, 42), logisch entwickeln zu wollen. Hier wird also keine geschichtliche Abfolge theoretisiert. Wohl aber muss innerhalb der logischen Gliederung die historische Wirklichkeit berücksichtigt und begreiflich gemacht werden.

[150] Heinrich (2017, 432) etwa bemängelt, dass Marx im *Kapital* eine Passage zur Krise von 1866 (MEGA II/5, 540) „an völlig unpassender Stelle in das Manuskript des ersten Bandes quetschte". Im fünften Kapitel wird dagegen die zentrale Bedeutung dieser Passage herausgestellt.

weil er kurz vor der ersten allgemeinen Krise des Kapitalismus von 1825 gestorben und die Negativität des Kapitals noch nicht an die Oberfläche vorgedrungen war (MEGA II/3, 1120). Aber: „Die spätren *historischen Phänomene*, speziell die fast regelmässige Periodicität der Weltmarktscrisen erlaubte den Nachfolgern Ric's nicht mehr die *Thatsachen* zu leugnen und sie als *zufällige facts* zu interpretiren." (MEGA II/3, 1120/1121. Herv. TG) Indem aber Say und McCulloch noch nach 1825 die Krisenhaftigkeit des Kapitals ausschlossen, demonstrierten sie die zunehmende Verflachung der politischen Ökonomie und damit letztlich den Sieg des Bürgertums über die alte Ordnung. Sismondi und Tooke wiederum sahen ihr Denken *durch die Krisen* infrage gestellt und Marx war auch deshalb von ihnen so beeindruckt, weil sie den Mut aufbrachten, angesichts der Beobachtung neuer Phänomene radikal mit ihren bisherigen Auffassungen zu brechen.

Marx' Krisenanalysen können nicht auf ihre Rolle bei der Theoriebildung reduziert werden. Sie sind nicht nur Forschungsprozess, sondern besitzen, drittens, eine ‚relative Autonomie', die an die Grenzen der Theorie anknüpft. Wie oben bemerkt, ermittelt die historische Analyse die genauen Inhalte, in denen sich die allgemeinen Formen in einer besonderen Krise ausdrücken (in welcher Form das Geld verlangt wird usw.). Zugleich ist sie eine Form der Kapitalismuskritik auf niedrigerem Abstraktionsniveau. Marx' Ziel bestand 1857/58 darin, mit einem eigenständigen Pamphlet in den Verlauf der Weltmarktkrise zu *intervenieren*. Mit der „Chronique Scandaleuse" sollte der soeben eklatierte Widerspruch zwischen Produktionsverhältnissen und Produktivkräften demonstriert werden. Man muss nicht Theorie betreiben, um etwas über das Kapital lernen oder um es kritisieren zu können.

Die Untersuchung der historischen Erscheinungen hat viertens auch eine politisch-strategische Dimension. Schon im *Manifest* hieß es, dass die Vorgehensweise einer revolutionären Bewegung „je nach den verschiedenen Ländern verschieden sein" (MEW 4, 481) muss. Im Vorwort zur deutschen Ausgabe des *Manifest* von 1872 schrieben Marx und Engels daher: „Die praktische Anwendung dieser Grundsätze, [...] wird überall und jederzeit von den geschichtlich vorliegenden Umständen abhängen" (MEW 4, 573). Man kann nicht Universalheilmittel für alle Länder und alle Zeiten aus der reinen Theorie ableiten, sondern muss spezifischer auf die vorgefundenen, lokalen, sich verändernden Umstände eingehen. Im *18. Brumaire* empfahl Marx dem französischen Proletariat, auf die nächste Krise zu warten, bis die Farce des Bonapartismus zu Ende gespielt wäre, und so legte er auf deren Höhepunkt die *Krisenhefte* auch deshalb an, weil er es als seine „erste Aufgabe" empfand, sich „klar über die französischen Zustände zu werden" (MEGA III/8, 229), und weil er prüfen wollte, ob die Zeit auch tatsächlich reif für eine Intervention gewesen war. Die Analyse der Umstände hat also eine strategische Bedeutung für den politischen Kampf (vgl. Projekt Klassenanalyse 1972, 170ff.).

Daher wäre Klucherts Annahme zu präzisieren, wonach mit Marx' Vorrang der Theorie ab 1858 die strategische Funktion der „Zeitgeschichtsschreibung" und historisch-politischer Untersuchungen in den Hintergrund getreten sei. Es ist zwar nicht völlig falsch, dass der historiographische Aspekt im *Kapital* „nicht mehr als Beiwerk" (Kluchert 1985, 396) ist (genauer gesagt: ein Stütz- und Orientierungspunkt). Aber daraus sollte keine generelle Marx'sche Geringschätzung der Gegenwartsanalyse geschlussfolgert werden. Marx' Denken kann nicht auf das *Kapital* reduziert werden und er hat das historiographische Schaffen keineswegs mit der Arbeit daran eingestellt. Erinnert sei an seine Schriften zum Amerikanischen Bürgerkrieg, in denen er das englische Proletariat trotz seines Leidens im Shutdown der *Cotton Famine* auf die Unterstützung des abolitionistischen Kampfes einschwört (dazu 5.1); an die *Inauguraladresse der Internationalen Arbeiterassoziation* (1864), in der er auch aufgrund der Erfahrungen in der Epoche von 1848 bis 1864, als die Grenzen der Kooperativbewegung zutage getreten waren, die Eroberung politischer Macht empfiehlt; an *Value, Price and Profit* (1865), wo er sein Plädoyer für die Unterstützung von Gewerkschaften auch auf eine umfangreiche Konjunktur-, Preis- und Geldmarktanalyse der vergangenen Dekade stützt;[151] an das Bekenntnis der Internationalen Arbeiterassoziation (1870) zur Republik in Frankreich angesichts des Deutsch-Französischen Kriegs; an den *Bürgerkrieg in Frankreich* (1871), wo er der Welt vorführen wollte, dass die Commune de Paris endlich die „*political form of the social emancipation*" (MEGA I/22, 58) aufgedeckt hatte; und nicht zuletzt auch an die Entwürfe des Briefs an Vera Ivanovna Zasulič (1881), in denen er der russischen Modernisierungslinken auch wegen der Wirtschaftskrisen der 1870er Jahre im Westen eine Absage zu erteilen versuchte. Für Marx bleibt also die Vermittlung durch das Lokale, Situative und historisch Besondere keineswegs nur „Beiwerk", sondern unabdingbar, um eine nähere politische Ausrichtung vornehmen zu können.

4.4 Conclusio. Gibt es eine Marx'sche Krisentheorie?

Den Marx'schen Krisenstudien und -analysen fällt eine vierfache Bedeutung zu. Sie sind, erstens, (ein) Ausgangspunkt der Theoriebildung, zweitens, Prüfstein und Spezifizierung des Allgemeinen in der empirischen Wirklichkeit (Stützpunkt), drittens, eigenständiges Moment, das an den Grenzen der Krisentheorie anknüpft, sowie, viertens, ein Mittel zur Bestimmung einer näheren politischen Strategie.

Dass die spezifischen Krisenpotentiale der modernen Gesellschaft sich nicht zufällig verwirklichen, hat Marx im Rahmen der drei Bücher des *Kapital* durch eine „Untersuchung der *Bedingungen* der Crise" (MEGA II/3, 1137), die eine Untersuchung der „allgemeinen Bedingungen der capitalistischen Production" ist, nachzuweisen versucht. Sein methodisches Vorgehen bestand darin, „zu untersuchen, worin die widerstreitenden Elemente bestehn, die in der Catastrophe eclatiren" (MEGA II/3, 1122).

---

[151] Marx hat dazu im *Notizbuch zur Internationalen Arbeiterassoziation* eigens statistisches Material gesammelt und aufbereitet (siehe MEGA IV/18 App., 937–941).

Diese Untersuchung der Krisenbedingungen zielte unter anderem auf den Nachweis der Krisenhaftigkeit der bürgerlichen Produktion. Mit seiner Kapitaltheorie fragte Marx nicht danach, wie genau eine historische Krise entsteht, sondern warum die Krisen in der modernen Gesellschaft periodisch wiederkehren. Die Frage, warum die Möglichkeit zur Wirklichkeit der Krise wird, gleicht nicht einem Übergang von Bedingungen hin zu Ursachen (einem Gesetz oder einem einfachen Mechanismus), die das Potential realisieren. Die Darstellungsweise im *Kapital* entspricht vielmehr einer beständigen Erweiterung des Umkreises von Verhältnissen, die zu den Bedingungen der Krisen zählen. Marx wollte zeigen, dass sich innerhalb des bürgerlichen Kosmos keine Instanz logisch identifizieren lässt, die die Widersprüche der kapitalistischen Warenproduktion überwinden kann, sondern dass es stattdessen zahlreiche Momente gibt, die zu ihrem Eklat drängen.

Einen finalen Mechanismus, der die Prosperität in ihr Gegenteil umschlagen lässt, konnte Marx auf dem Abstraktionsniveau des *Kapital* auch deshalb nicht angeben, weil die Krisen selbst nicht immer auf dieselbe Weise entstehen. So analysierte er in Manuskript II zum zweiten Buch des *Kapital* verschiedene Bruchstellen innerhalb des Reproduktionsprozesses des Kapitals, an denen verschiedene Krisentypen entstehen. Die Krisentypen wie auch die verschiedenen Verursachungsmomente von Krisen hätte Marx im letzten Buch seines Sechs-Bücher-Plans über den „Weltmarkt und die Crisen" systematisieren können, den er zugunsten des auf vier Bücher angelegten *Kapital* aufgab. Trotz des Abrückens vom Sechs-Bücher-Plan hat sich aber die Bestimmung der Krisen nicht verändert. Als Zusammenfassung aller Widersprüche handelt es sich bei ihnen um das konkreteste, „das verwickeltste Phänomen der capitalistischen Production" (MEGA II/3, 1123). Weil Krisen die Widersprüche zum Eklat bringen und somit das Neue oder das Bekannte (oder Geahnte) in großer Klarheit zeigen, sind sie ein privilegiertes Studienobjekt für die politische Ökonomie und ihre Kritik. Marx wollte im Forschungsprozess vom (unbegriffenen) Konkreten ausgehen und in der Darstellung der ökonomischen Kategorien von den abstrakten zu den (nun begriffenen) konkreten fortschreiten. Deshalb stehen die Krisen in seiner Kritik der politischen Ökonomie am *Ausgang der Forschung* und am *Ende der Darstellung*. Dass die Krise im dritten Buch des *Kapital* als ein typisches Moment der eigentümlichen Bewegungen des verleihbaren Kapitals – als plötzlicher Umschlag des Kreditsystems in das Monetarsystem – zur Sprache gekommen wäre, hätte keine vollständige Krisentheorie bedeutet, da Staat, internationale Arbeitsteilung und Weltmarkt unverzichtbare Bestandteile einer solchen sind. In Marx' Ausführungen sind zahlreiche Elemente enthalten, um die Wiederkehr der Krisen begründen, Verursachungsmomente feststellen (und systematisieren) und ihren Charakter und Verlauf einschätzen zu können, aber dennoch bilden sie keine ‚vollständige' Krisentheorie. Seine Krisentheorie entweder als abgeschlossen und vollständig oder als nicht-existent und unzusammenhängend anzunehmen, ist daher gleichermaßen übertrieben.

Seine Ausführungen zum Gesetz des tendenziellen Falls der Profitrate bis hin zu den Zasulič-Briefen haben gezeigt, dass die Krisen für Marx auch nach 1858 „das

Drängen zur Annahme einer neuen geschichtlichen Gestalt" (MEGA II/1, 152) bedeuten. Der langfristige Profitratenfall lässt sich als Präzisierung der These aus den *Grundrissen* über den zunehmenden Anachronismus des Kapitals verstehen, weil er mannigfaltige ökonomische, soziale, politische und ökologische Probleme befördert. Dies ist das Entwicklungs-, nicht das Krisengesetz. Allerdings sieht Marx ab Mitte der 1860er Jahre keine notwendige Steigerungslogik hin zu immer intensiveren Krisen mehr, sondern erwägt, eher kursorisch, ihre häufigere Wiederkehr als Äußerung der Tendenz des Profitratenfalls. Der Verlauf des industriellen Zyklus und der Krisen in den 1870er Jahren gaben ihm einige Rätsel auf (vgl. Zusammenfassung).

Es sollte deutlich geworden sein, dass die vielen sich in der Geschichte des Marxismus verselbstständigten Krisentheorien ihre Grundlage in den Widersprüchen der Warenform und der „allgemeinen Natur des Capitals" haben. Auf die Zersplitterung der Produktionsverhältnisse durch private Arbeit, die erst nachträglich, im Anschluss an ihre Verausgabung vergesellschaftet wird, bezieht sich die Disproportionalitätstheorie, die die Krise auf die Inkompatibilität verschiedener arbeitsteilig erzeugter Produktionselemente in verschiedenen Fabrikationszweigen zurückführt. Auf das Moment der Lohnarbeit und die notwendige Kluft zwischen ‚Produktion und Konsumtion' stützt sich die Unterkonsumtionslehre, die in der Ausbeutung der Lohnabhängigen die finale Ursache von Wirtschaftskrisen sieht. Engels' These vom Widerspruch zwischen gesellschaftlicher Produktion und kapitalistischer Aneignung wiederum bezieht sich auf die große Industrie als Apparatur der Mehrwertproduktion. Die Lehre von der Profitklemme, wonach steigende Profite auch steigende Löhne, steigende Löhne aber fallende Profite bedeuten, beruht auf dem Akkumulationsprozess des Kapitals. Der Widerspruch zwischen Gebrauchs- und Tauschwert und die daraus folgende gegensätzliche Bewegung, die den wachsenden stofflichen Reichtum entwertet, findet eine konkrete Gestalt in der Tendenz der Profitrate zu fallen.[152] In der Rezeption besteht häufig die Tendenz, *ein* Moment aus der umfangreichen und komplexen Marx'schen Begründung der Krisenhaftigkeit des Kapitalismus herauszugreifen und als den ausschlaggebenden Mechanismus zu präsentieren. Marx aber bezeichnet die Krisen als den kollektiven Eklat aller Widersprüche der bürgerlichen Produktion.[153]

---

[152] Clarke (1994, 167) kommt auf anderem Weg zu einem ähnlichen Ergebnis: „The underconsumption, disproportionality and falling rate of profit theories of crisis are not inconsistent with one another, but are part of a coherent scheme." (Siehe auch Clarke 1994, 168/169)

[153] „Da die Krisen nach Marx ‚die reale Zusammenfassung und gewaltsame Ausgleichung aller Widersprüche der bürgerlichen Ökonomie sind' – Widersprüche, die sich nicht isolieren lassen und so ihren besonderen Wirkungen nach nicht abgeschätzt werden können –, läßt sich auch die Periodizität der Krisen nicht aus einem besonderen Vorgang innerhalb des Gesamtprozesses erklären." (Mattick 1974, 75/76) – Auch für Harvey (2008, 24) gibt es „no singular theory of crisis formation" bei Marx. Harvey selbst scheint allerdings auf den Nachweis der Unvermeidbarkeit der Krisen zu verzichten.

Da es sich bei den Krisen um „das verwickeltste Phänomen der capitalistischen Production" handelt, war es Marx auch klar, dass es für das Denken über sie typisch ist, sie bloß in einem ihrer vielen Momente zu fixieren. Um auf die Probleme einer einseitigen Betrachtung hinzuweisen, kam er in seiner Diskussion der Krisenmomente immer wieder auf die Überlegungen der politischen Ökonomie und des Sozialismus zu sprechen. Mit seiner Kritik der politischen Ökonomie und des Sozialismus, die er in einem geplanten vierten Buch des *Kapital* als ‚dogmengeschichtlichen' Abriss zusammenzuführen gedachte (siehe Kapitel 1), wollte er selbst auf die Beschränktheit anderer Krisentheorien (sowie auf ihre wahren Momente) durch ihre Einordnung in die kategoriale Abfolge hinweisen. Blieben John Stuart Mill bei der abstrakten Möglichkeit der Krise im Geld und Proudhon und Owen bei dem Moment der Lohnarbeit stehen, so setzten Wade und Engels erst mit der großen Industrie ein. Alle Ansätze werden der Komplexität des Phänomens nicht gerecht und haben gravierende Mängel. Begnügt man sich mit der Feststellung ihrer abstrakten Möglichkeit, lässt sich die Entstehung der Krise *theoretisch* nicht nachvollziehen und ihr Eintreffen muss immer als zufällig erscheinen. Wird die permanente Ungleichheit zwischen Kapital und Arbeit als Ursache genommen, fehlt es an einem Verständnis der spezifischen Dynamik der bürgerlichen Produktion und es müsste immer Krise sein. Verlegt man hingegen den Grund der Krisenhaftigkeit auf ein zu konkretes Niveau (wie das Kreditsystem), entsteht die Illusion, dass, um die Krisen loszuwerden, nur diese bestimmten Momente zu überwinden wären, aber die anderen, abstrakteren Formen bestehen bleiben können, weil sie als widerspruchslos gelten.[154] Doch die Tendenz zur Krise bliebe erhalten, solange eine Gesellschaft Waren produzierte, auf Lohnarbeit gegründet und auf Maximierung des Mehrwerts ausgerichtet wäre, mittels der großen Industrie relativen Mehrwert erzeugen, das Mehrprodukt wieder in Kapital rückverwandeln würde und ein Kreditsystem ausbildete, in dem das Kapital sich in seiner Gestalt des verleihbaren Kapitals konzentrierte.

Um das Kapital und mit ihm die periodischen Krisen aus der Welt zu befördern, reicht es also nicht, das Privat- durch ein Staatseigentum, die Konkurrenz durch Planung, die Industrie durch einen Dienstleistungssektor, das bestehende Geld durch ein anderes Geld zu ersetzen, den Arbeitstag zu regulieren, die Fabrikate der großen Industrie gesellschaftlich anzueignen, die Steuerung der Investitionen dem Staat zu übertragen,[155] den Geldmarkt zu regulieren oder die Kreditausdehnung zu kontrollieren. Wenn man einen oder sogar alle diese Momente reguliert, mag der Rhythmus der

---

154 „[D]ie Verfehlung der abstraktesten Form der Krise [bedingt] die Unmöglichkeit einer Lösung des Gesamtkomplexes" (Reichelt 1970, 189).
155 Es leitet auch politisch fehl, wenn man *erst* den Profitratenfall als die hauptsächliche, letzte oder gar einzige Ursache der Krisen annimmt. Dies könnte zu der Idee verleiten, dass die staatliche Kontrolle der Investitionen auch der Periodizität der Krisen ein Ende bereiten würde. Einige Vertreter der

Krisenwiederkehr modifiziert sein. Doch Marx wies im *Kapital* darauf hin, dass es gerade die gesetzliche Beschränkung des Arbeitstags (also die Regulierung der Produktion des absoluten Mehrwerts) war, welche die Produktion des relativen Mehrwerts entfesselte und die Entwicklung der Technologie enorm anspornte.[156] Gerade die Fabrikgesetzgebung, „diese erste bewußte und planmäßige Rückwirkung der Gesellschaft auf die naturwüchsige Gestaltung ihres Produktionsprozesses" (MEGA II/5, 393), vermehrte „die Anarchie und Katastrophen der kapitalistischen Produktion" (MEGA II/5, 408). Die Regulierung verlagerte die Widersprüche nur von einer Sphäre in die nächste. Wollte eine Gesellschaft die Wiederkehr der Wirtschaftskrisen verhindern, müsste sie all diese innerlich zusammenhängenden Dinge überwinden: Sie dürfte nicht für Mehrwert, sondern müsste für die Bereitstellung von Gebrauchsgütern produzieren; die Lohnarbeit dürfte nicht die vorherrschende Form der Arbeit sein; die Arbeitsprodukte dürften nicht durch voneinander isolierte Privatproduzenten hergestellt und nicht über den Markt vergesellschaftet werden, sondern bestenfalls nach gesellschaftlicher Absprache. Kurzum: Die Menschen müssten ganz andere Beziehungen zueinander eingehen als in der bürgerlichen Gesellschaft.

Möglicherweise auch weil der Begriff „Grundwiderspruch" eine solche Vereinseitigung nahelegt, hat Marx ihn nicht in den Manuskripten zu den drei Büchern des *Kapital* (wie überhaupt niemals in einer Veröffentlichung) verwendet. In den *Grundrissen* und im *Manuskript 1861–63* war der Grundwiderspruch derjenige, der die Grundlage der Überproduktion und damit den „innerste[n] und geheimste[n] Grund der Crisen" begründet. Der Grundwiderspruch besteht zwischen der unbegrenzten Entwicklung der Produktivkräfte und der Beschränkung der Möglichkeiten der Kapitalverwertung (MEGA II/3, 1248). Demnach entspringt der Produktion zum Zweck der Mehrwertmaximierung eine gegensätzliche Bewegung zur Erweiterung der Produktion (durch unbedingte Entwicklung der Produktivkräfte, Erweiterung der Stufenleiter, Maximierung des Ausstoßes) einerseits und zur Beschränkung der Produktion (Mehrwerterzeugung, Profitratenfall, Reduktion notwendiger Arbeitszeit, Entstehung überflüssiger Bevölkerung) andererseits. Seit den *Pariser Heften* von 1844 sah Marx die Krisenhaftigkeit aus einer spezifischen Dynamik des Kapitals zur Selbstbeschränkung durch Selbstverwertung hervorgehen, wonach das Kapital durch sein Wachstum die Möglichkeiten seiner Verwertung vergrößert und mit diesem Wachstum zugleich einen Mangel daran befördert. So setzte er im *Kapital* gelingende Akkumulation voraus, um zu zeigen, wie die Expansion des Kapitals zugleich Bedingungen schafft, welche die Expansion unterminieren. Die gelingende Akkumulation

---

Profitratenfalllehre ziehen in der Tat diese Konsequenz: Roberts (2017) etwa nimmt an, die Volksrepublik China wäre ob des größeren staatlichen Einflusses über die gesellschaftlichen Investitionen keine kapitalistische Gesellschaft.

156 Marx schreibt, dass der „Sturmmarsch" der Produktion des relativen Mehrwerts erst „unter dem Druck eines verkürzten Arbeitstags" (MEGA II/5, 356) losbrach.

erzeugt die Bedingungen ihres eigenen Abbruchs. Der Akkumulationsprozess verdeutlicht, dass die bürgerliche Produktion zu keinem statischen oder harmonischen Zustand in der Lage ist, sondern gerade dann, wenn alles gut geht, die Bedingungen einer Krise entstehen.

Zwei wichtige Gesetze auf der Darstellungsstufe des Akkumulationsprozesses konkretisieren diese zwieschlächtige Bewegung. Das allgemeine Gesetz der Akkumulation begründet das notwendige Setzen von Schranken der gesellschaftlichen Konsumtivkraft gerade im Prozess der gelingenden Kapitalakkumulation: dass steigende Löhne sinkende Profite bedeuten und der Lohnentwicklung damit eine Grenze gesetzt ist; dass der Wert der Ware Arbeitskraft mit der Steigerung des relativen Mehrwerts sinkt und die Lohnentwicklung damit auch wirklich begrenzt bleibt; dass das variable Kapital im Verhältnis zum konstanten Kapital abnimmt und die Löhne damit im Verhältnis zur Kapitalauslage immer kleiner werden, obwohl sie in der Prosperität absolut steigen; dass die absolute Zahl der überflüssigen Bevölkerung immer weiter wächst.[157] Daneben begründet das Gesetz des tendenziellen Falls der Profitrate die Selbstbeschränkung des Kapitals, denn mit steigender organischer Zusammensetzung im Verlauf der Akkumulation erlischt auch sein „belebendes Feuer" und es verlangsamt sich die Bildung neuer Kapitalien, also die Mittel der Selbstrealisierung des Kapitals. Marx entwarf hier keinen einfachen Mechanismus – vor einer historischen Krise muss nicht die organische Zusammensetzung gestiegen sein –, aber der Akkumulationsprozess bildet ein entscheidendes Moment der Begründung der Krisenhaftigkeit der modernen Gesellschaft. Die Produktion für Mehrwert und die ständige Verwandlung des Mehrwerts in Kapital zeitigt unbedingte Entwicklung der Produktivkräfte, unbedingte Vermehrung des Warenausstoßes und unbedingtes Wachstum der Kapitalauslage einerseits, aber auch Begrenzung der Verwertungsbasis andererseits. Das allgemeine Gesetz der Akkumulation und das Gesetz des tendenziellen Falls der Profitrate begründen, dass, selbst wenn das Kapital seine Schranken erweitert, die Schranken wieder neu entstehen.

Durch den Akkumulationsprozess wird die Überproduktion somit ein „fortlaufendes, continuirliches und immanentes Moment" (MEGA II/4.1, 357) der bürgerlichen Produktion. Indem der Kredit die Schranken des Verwertungsprozesses temporär überbrückt, aber nicht beseitigt, konzentriert er sie zugleich in einer allgemeinen Form und erhebt die Überproduktion zu einer eigenständigen Phase, indem er sie in Gestalt einer Krise zum Vorschein bringt. Marx hat seit Beginn seiner Londoner Studien von 1850/51 konsequent darauf hingewiesen, dass der Kredit zu den wesentlichen Bedingungen der Krisenhaftigkeit der bürgerlichen Produktion zählt. Mit der Diskussion der eigentümlichen Bewegungen des verleihbaren Kapitals im Kreditsys-

---

[157] Bereits im letzten *Pariser Heft* schrieb Marx: „Die Production producirt selbst die allgemeine Armuth, also mit jedem verarmten Individuum ein débouché weniger." (MEGA IV/3, 57)

tem lieferte er den letzten Mosaikstein innerhalb des *Kapital*-Projekts für deren Begründung. Die Überdehnung des Kredits („overcredit") am Ende der Prosperität intensiviert, verallgemeinert, verbreitet und verlängert die Überproduktion; sie zeitigt ferner destabilisierende Effekte und erzeugt dabei zugleich den Schein der Prosperität, der eine Identifikation des Risikos so gut wie ausschließt. Der Kredit intensiviert und beschleunigt zudem den Abbruch einer Expansionsphase und bestimmt Timing, Ausbruchsort, Charakter und Verlauf der Krise mit.

Das Einbeziehen seiner Bewegung, der „einzig schwierigen Fragen" des Kredits, in das dritte Buch des *Kapital* schien Marx deshalb bedeutsam, weil dadurch Geld- der Kapitalfetisch nachhaltig bekämpft werden können. Hier konnte er nachweisen, dass das Kapital sich nicht von selbst vermehrt und das Geld nicht einfach so gegeben ist und es daher nicht beliebig manipuliert werden kann, um Kontrolle über den Produktionsprozess zu erlangen. Das Modell in *Reflection* ist erheblich erweitert: Das lineare Verhältnis von ‚Produktion und Finanz' modifizierte er zu einer Theorie der Widerspiegelung in semi-autonomen Bewegungen von produktivem und verleihbarem Kapital, die in verschiedenen Beziehungen zueinander stehen können (Multilinearität). Die Wirkungsrichtung kann sich in bestimmten Momenten, in denen das *monied capital* auch dann akkumuliert, wenn es das produktive Kapital nicht tut, umkehren, so dass auf dem Niveau des Kredits auch die Möglichkeit der selbständigen Geldkrise als einem neuen Krisentyp entsteht. Die selbständige Geldkrise ist zwar ein Symptom des industriellen Zyklus, aber sie muss nicht der Erweiterung des Reproduktionsprozesses entspringen.

Im ersten Band des *Kapital* deutete Marx daher keinen einfachen Mechanismus an, sondern betonte die sich wechselseitig verstärkende Wirkung aller Faktoren:

> Ganz wie die Himmelskörper, sobald sie durch ersten Stoß in eine bestimmte Bewegung geschleudert sind, dieselbe Bewegung stets reproduciren, so die gesellschaftliche Produktion, sobald sie einmal in jene Bewegung wechselnder Expansion und Kontraktion geworfen ist. Wirkungen werden ihrerseits zu Ursachen und die Wechselfälle des ganzen Prozesses, der seine eignen Bedingungen stets reproducirt, nehmen die Form der *Periodicität* an. (MEGA II/5, 510)

Der Verzicht auf den Begriff des Grundwiderspruchs korrespondiert auch damit, dass Marx während der Arbeit an den *Kapital*-Manuskripten neue Krisentypen kennenlernte (Kapitel 5). Die Überproduktion ist das Grundphänomen aller Krisen, aber nicht jede Krise geht aus einer Überproduktion von Waren auf dem Weltmarkt hervor. Marx betonte bereits 1865, dass die bürgerliche Gesellschaft wegen des wachsenden Naturverbrauchs durch das immer größer werdende konstante Kapital in Zukunft häufiger von Rohstoffkrisen heimgesucht werden würde. Im folgenden Kapitel wird gezeigt, dass er zu dieser Erweiterung seiner Krisentheorie auch durch eine Reihe von neuartigen Phänomenen in den 1860er Jahren veranlasst wurde. Marx betrachtete angesichts der englischen Baumwollhungersnot erstmals ausführlicher die stofflichen Widerstände gegen das Kapital und untersuchte anhand der großen Finanzkrise von 1866 die Charakteristika selbständiger Geldkrisen.

5 *Kapital* und Konjunktur, 1860–70

Wie im vorangegangenen Kapitel dargelegt, kann weder für den Kern der Marx'schen Krisentheorie noch für die Logik, mit der Marx das Krisenproblem in seiner allgemeinen Analyse des Kapitals behandeln wollte, ein echter Bruch für die Dekade zwischen der Abfassung der *Grundrisse* und der Veröffentlichung des ersten Bandes des *Kapital* angenommen werden. Es handelte sich vielmehr um eine Fundierung, Systematisierung und Weiterentwicklung. Während Marx das große *Ökonomische Manuskript 1861–63* (MEGA II/3) und anschließend in den Jahren 1863–65 einen Gesamtentwurf für die drei Bücher des *Kapital* schrieb (MEGA II/4), stellte er darüber hinaus auch die Krisen- und Konjunkturanalyse nicht ein. Vielmehr motivierten ihn neue Erscheinungen des Wirtschaftslebens zu einer Erweiterung seiner Krisentheorie um neue Verursachungsmomente und Typen von Krisen. Der enge Zusammenhang von Theorie und Geschichte (siehe 3.5 und 4.3) in Marx' Werk blieb bestehen, auch wenn er wegen der nachlassenden publizistischen Aktivität – seine Korrespondententätigkeit für die *Tribune* endete 1862 – nicht mehr so deutlich ins Auge springen mag. So konnte Marx den ersten Band des *Kapital* auch deshalb im September 1867 vorlegen, weil die Krise von 1866 ihn nicht infrage stellte (5.1 und 5.2). Abermals basierte seine allgemeine Analyse des Kapitals auch auf einer Verarbeitung des aktuellen wirtschaftlichen Geschehens.

Mit dem Schwung der Veröffentlichung des ersten Bandes machte sich Marx sofort an die Arbeit, den zweiten Band des *Kapital* fertigzustellen, der die Bücher 2 (Zirkulationsprozess) und 3 (konkrete Gestaltungen des Kapitals) enthalten sollte. Ab Ende 1867 unternahm er dazu neue Forschungen und exzerpierte umfangreich zu insbesondere zwei Gegenständen des dritten Buchs: Grundeigentum, Grundrente, Agrikultur in den Heften von 1868 einerseits (MEGA IV/18) sowie Geld-, Kredit-, Aktienwesen und Krise in den Heften von 1868/69 andererseits (MEGAdigital, Bd. IV/19).[1] Ungefähr mit Abschluss dieser Forschungen verfasste er in den Jahren 1868–70 ein neues großes Manuskript, das Manuskript II, zum zweiten Buch des *Kapital*. Wieder untersuchte Marx erst eingehend die jüngste Krise von 1866 und ihre Resultate, ehe er zu neuer Theoriearbeit ansetzte.[2]

Schon die Entstehung der Krise war dieses Mal ganz eigentümlich: Sie ging nicht aus einer Überproduktion der englischen Textilindustrie, sondern aus deren Paralyse hervor (Abschnitt 5.1). Marx schrieb im ersten Band des *Kapital*, dass die Krise einen

---

[1] Die Marx'sche Analyse des Zyklus von 1858 bis 1866 ist bislang kaum untersucht worden (Ausnahmen bei Takenaga 2016; de Paula et al. 2016) und die Veröffentlichung der Marx'schen Exzerpthefte von 1868/69 zur Krise von 1866 im MEGA-Band IV/19 (MEGAdigital) erfolgte erst im Jahr 2021.
[2] Wahrscheinlich begann Marx mit der Arbeit an Manuskript II des *Kapital* im Dezember 1868 oder Januar 1869 (siehe MEGAdigital, Bd. IV/19, Einführung), unmittelbar nachdem er die Krise von 1866 im Oktober/November 1868 ausgiebig untersucht hatte.

„vorwiegend finanziellen Charakter" (MEGA II/5, 540) annahm (5.2). Auch weil sich ihr Charakter erst in ihrem Verlauf mehr und mehr zu erkennen gab, setzte Marx zu einer ausführlichen Untersuchung der Krise nach der Veröffentlichung des *Kapital* in den Exzerptheften von 1868/69 an (5.3.1). Er richtete sein Augenmerk abermals auf die speziellen, die Krise prägenden Finanzformen und auf die genauen Spekulationstechniken im englischen Kreditsystem, die sich dieses Mal nicht mehr nur auf den Wechselhandel, sondern verstärkt auf das Aktien- und Börsenwesen erstreckten (5.3.2). Marx beabsichtigte, mithilfe des von der Krise zutage geförderten Materials geläufige Praktiken der Wirtschaftskriminalität, des Finanzbetrugs und des Börsenspiels im zu überarbeitenden dritten Buch des *Kapital* bloßzustellen (5.3.3). Außerdem mündete die Krise in eine vergleichsweise lange Stagnationsphase, die politische Ökonomen wie den Zyklusforscher John Mills beschäftigte, was auch Marx in seinen Studienheften von 1868/69 zur Kenntnis nahm (5.4).

5.1 Die Baumwollhungersnot in England und die Hungersnot in Indien

> Vielleicht haben die Oekonomen, wenn sie von Verbesserung sprachen, von den Millionen Arbeitern sprechen wollen, die in Ostindien umkommen mussten, damit den $1^1/_2$ Millionen in der gleichen Industrie in England beschäftigter Arbeiter drei Jahre Prosperität auf zehn verschafft würden.
>
> Marx: Misère de la philosophie (MEGA I/30, 286)

Oberflächlich betrachtet mag es so wirken, als hätte sich in den periodisch wiederkehrenden Wirtschaftskrisen des 19. Jahrhunderts immer das Gleiche zugetragen. In der Tat bildete sich in der politischen Ökonomie deshalb nach 1866 eine vergleichende Zyklusanalyse heraus, welche die Ursachen dieser verblüffenden Regelmäßigkeit auch mithilfe statistischer Verfahrensweisen erkunden wollte (5.4.1). Jedoch lagen den Krisen jedes Mal ganz unterschiedliche Entstehungsbedingungen zugrunde und daher nahmen sie immer einen etwas anderen Charakter an. Die näheren Ursachen der Krise von 1866 könnten im Vergleich zu ihren Vorgängerinnen verschiedener nicht sein. Die Krise entsprang nicht einer Expansion der englischen Industrie, sondern deren *Paralyse*.

Die englische Baumwollindustrie boomte bald nach der Krise von 1857/58 erneut und erreichte um das Jahr 1860 den Höhepunkt ihrer Bedeutung für die britische Wirtschaft mit einem nie zuvor erreichten Anteil von fast 40 % der britischen Gesamtexporte (Farnie 1978, 136). Marx beschrieb 1864 die Jahre von 1858 bis 1860 als „*prosperity years*",[3] die darauffolgenden hingegen als „*3 Jahr[e] der Crisis* etc *in Lancashire*

---

[3] Im *Kapital* fügt er hinzu, „daß selbst unter den Prosperitätsjahren der englischen Baumwollindustrie das Jahr 1860 einzig dasteht" (MEGA II/5, 211).

etc" (MEGA IV/18, 80). Denn die englische Baumwollindustrie wurde mit dem 1861 einsetzenden Amerikanischen Bürgerkrieg durch die Ausbreitung der Baumwollhungersnot („Cotton Famine") schwer erschüttert. Mit der Blockade der Häfen entlang der langen Atlantikküste der amerikanischen Südstaaten durch die Union zu Beginn des Kriegs wurde Großbritannien schockartig von der wesentlichen Bezugsquelle des wichtigsten Rohstoffs seiner Schlüsselindustrie abgeschnitten. Denn der allergrößte Teil der in England verarbeiteten Baumwolle stammte von den durch brutale Ausbeutung von Sklaven und Sklavinnen betriebenen Plantagen der amerikanischen Südstaaten. Mit der plötzlichen Unterbrechung der Baumwollzufuhr musste auch der Betrieb der englischen Baumwollindustrie weitgehend eingestellt werden.

Allein, in der versiegenden Rohstoffquelle lag für Marx nicht die einzige Ursache der Probleme des englischen Baumwollkapitals zu Beginn der 1860er Jahre. Es war für die englische Öffentlichkeit zu bequem, in auswärtigen Konflikten die Quelle der heimischen Probleme ausmachen und diese somit abermals als ‚amerikanische Krise' verhandeln zu können. Diesen Selbstfreispruch wollte Marx nicht akzeptieren. Er sah die englische Baumwollindustrie bereits im Jahr 1860 im Zustand der Überproduktion, wie er im *Manuskript 1861–63* festhielt: „The cotton trade was at its zenith. Indian markets etc glutted with cotton. Noch 1863 die glut in diesen markets nicht ganz beseitigt. So sehr vortheilhaft für die manufacturers zunächst die American crisis." (MEGA II/3, 2075)[4] Nicht nur waren in den Jahren unmittelbar vor der *Cotton Famine* Rekordimporte von amerikanischer Rohbaumwolle in England zu verzeichnen, auch die indischen Absatzmärkte waren um 1860 durch den Boom nach der Krise von 1857/58 wieder einmal gesättigt. Marx war über die Vorgänge in Lancashire nicht zuletzt durch die Analysen von Engels gut informiert: Dieser setzte ihn am 26. Januar 1860 über die Überführung des indischen Marktes mit englischen Industriewaren in Kenntnis und kündigte „einen kolossalen Collapse" (MEGA III/10, 165) für das Frühjahr 1861 an. Die beiden vermuteten zu dieser Zeit, dass die neue Krise dort heraufziehen würde, wo die alte überwunden worden war: Indien. Marx berichtete 1860 in der *Tribune* von einem „glut of British commodities in the Indian market and of Indian commodities in the English market" (MEGA I/18, 537) und sah eine „cotton crisis" (MEGA I/18, 479) im Anmarsch.[5] Die Baumwollindustrie befand sich also wegen ihrer

---

4 Im *Kapital* wiederholte Marx diese Diagnose: „*1859* große Prosperität, Zunahme der Fabriken. *1860* Zenith der englischen Baumwollindustrie. Indische, australische und andere Märkte so überführt, daß sie noch 1863 kaum den ganzen Quark absorbirt haben. *Französischer Handelsvertrag*. Enormes Wachsthum von Fabriken und Maschinerie. *1861* Aufschwung dauert Zeitlang fort, Reaktion, amerikanischer Bürgerkrieg, Baumwollnoth. *1862 bis 63* vollständiger Zusammenbruch." (MEGA II/5, 372)
5 „The artificial demand raised by the Government during the Indian rebellion; the stimulus given to commercial activity by the subsiding of the revolutionary disturbances, and the contraction of most of the other markets of the world, consequent upon the general crisis of 1857–58 – all these circumstances concurred to swell the bulk of the Indian trade beyond its natural capacities." (MEGA I/18, 451)

eigentümlichen Dynamik schon in der Phase der Überproduktion, bevor der Amerikanische Bürgerkrieg ausbrach.[6] Das Problem war zunächst nicht Knappheit, sondern wie gehabt der Überfluss.[7] Am 6. September 1860 wiederholte Marx in der *Tribune* sogar noch sein altes Modell, wonach ernsthafter politischer Tumult auf dem europäischen Kontinent so gut wie unvermeidlich sei, wenn Krise, schlechte Ernte und Steuererhöhungen zusammenfielen (MEGA I/18, 519). Nach der Erfahrung von 1857/58 hat er also weder die Krisenprognosen eingestellt noch den Konnex zwischen Krise und Revolution absolut aufgegeben (siehe 3.6).

Die *Cotton Famine* unterbrach den typischen Ablauf des Zyklus und „verhinderte" (MEGA II/5, 372) damit laut Marx eine neue Produktions- und Handelskrise, die aus der sich schon 1860 abzeichnenden Überproduktion hervorgegangen wäre.[8] England „entging 1861, wie selbst in den offiziellen Berichten der englischen Handelskammern zu lesen steht, nur durch den Ausbruch des amerikanischen Bürgerkriegs einer industriellen Crise von bisher ungeahntem Umfang" (MEGA II/4.1, 80). Daher kam „die Baumwollnoth den Fabrikanten gelegen" und war für sie „zum Theil vortheilhaft" (MEGA II/5, 372). Marx dachte also nicht, dass die *Cotton Famine* bloß der Auslöser derjenigen Krise gewesen wäre, die sich ohnehin im Anmarsch befunden hatte. Es handelte sich vielmehr um ein welthistorisches Ereignis, das die Kraft hatte, den Verlauf des industriellen Zyklus zu *unterbrechen*. Die Baumwollhungersnot war für Marx das „größte Beispiel der Unterbrechung[9] des Reproductionsprocesses durch want and consequent high price, of the raw material[10]" (MEGA II/4.2, 198). Die Produktionsanlagen in Lancashire waren plötzlich stillgelegt, wie im ersten Band des *Kapital* dokumentiert ist: „Was den Umfang der Lähmung betrifft, so standen

---

6 Diese Einschätzung wird in klassischen Untersuchungen der *Cotton Famine* von Henderson (1934, 11/12), Kelly (1973) und Farnie (1978, 144) bestätigt.

7 Perelman (1987) wollte, mit Bezug auf Marx, die Darstellung bei Farnie (1978) widerlegen und die Baumwollkrise auf Rohstoffknappheit reduzieren. Er übersah Marx' *Tribune*-Publizistik zur Überproduktion von 1860 und hatte auch das Originalmanuskript des dritten Buchs des *Kapital* nicht zur Verfügung. So konnte er behaupten, „the materials that Marx included in the third volume of *Capital* did not support the idea that the crisis was one of overproduction" (Perelman 1987, 43). Aber in Marx' Materialsammlung zum Zyklus der Baumwollindustrie, die Engels nicht in seine Edition des dritten Buchs übernahm, schreibt Marx deutlich: „Ueberproduction in 1860. ,It has taken between 2 and 3 years to absorb the overproduction of 1860 in the markets of the world.'" (MEGA II/4.2, 199) Die Stilllegung der Baumwollindustrie infolge der *Cotton Famine* erfolgte erst 1862/63.

8 Nachdem Marx später Statistiken über die Baumwollvorräte studierte, bestätigte er in Manuskript II zum zweiten Buch des *Kapital*: „Man begreift daher, welche furchtbare Krisis der amerikanische Bürgerkrieg v. England abhielt." (MEGA II/11, 68) Siehe Henderson (1934, 12) und die im Manuskript zum dritten Buch des *Kapital* versammelten *Factory Reports* (MEGA II/4.2, 199).

9 Als den „Moment der Störung und Unterbrechung des Reproductionsprocesses" (MEGA II/3, 1125) hatte er zuvor die Krise bestimmt.

10 Dem plötzlichen Mangel an Rohbaumwolle folgten ein extremer Preisanstieg und ein Spekulationsrausch: Im Dezember 1862 hatten sich die Preise von Rohbaumwolle gegenüber dem Vorbürgerkriegs-Niveau verdreifacht.

nach den authentischen Schätzungen im Oktober 1862 60,3% der Spindeln und 58% der Webstühle still." (MEGA II/5, 372)[11] Die *Cotton Famine* zog einen umfassenden *Shutdown* des industriellen Zentrums Englands nach sich.[12] Diese Aussetzung war nicht der Trigger der sich anbahnenden industriellen Weltmarktkrise aus Überproduktion, sondern wendete diese ab. Indem sie diese Krise verhinderte, schuf sie allerdings die Bedingungen der Krise von 1866, die sich von der, zu der es ohne Baumwollhungersnot gekommen wäre, wesentlich unterscheiden sollte.

Das außergewöhnliche Ereignis der *Cotton Famine* und die durch sie bedingte Unterbrechung des Reproduktionsprozesses waren in diesem Ausmaß neuartig. Die Handelsblockade der Union hatte viel drastischere Auswirkungen auf die englische Industrie als die vergleichbare Kontinentalsperre Napoleon Bonapartes (dazu 1.1), die England mit seiner Seemacht im Grunde leicht umschiffen konnte. Die *Cotton Famine* ließ für Marx daher Momente der kapitalistischen Produktionsweise deutlicher vor Augen treten, die zuvor nicht das Zentrum seiner Aufmerksamkeit erreicht hatten.[13] „[D]er Geist der capitalistischen Production überhaupt", befand er, sei „sehr gut zu studiren an der cotton famine" (MEGA II/4.2, 191). Weit davon entfernt, in der *Cotton Famine* nur einen ‚externen Schock' zu sehen, der einen ‚an sich gesunden' Industriezweig getroffen hatte, veranschaulichte diese Episode für Marx zweierlei: einerseits einen spezifisch kapitalistischen Umgang mit der Natur[14] und, andererseits, dass Krisen auch ohne Absatzprobleme auf dem Weltmarkt entstehen können. In den *Grundrissen* fasste er die Krisenhaftigkeit des Kapitals auch als Ausdruck eines Widerspruchs zwischen ‚Stoff und Form', konzentrierte sich bei der stofflichen Seite aber vornehmlich auf den Widerspruch des Kapitals, die Arbeitskraft nur als mehrwerterzeugende setzen zu können, sie dabei aber zugleich überflüssig zu machen. Angesichts der *Cotton Famine* und ihrer Bedeutung für den neuen, mit der Krise von

---

11 Farnie (1978, 147) gibt den Rückgang von Exporten und Binnenkonsum der Baumwollprodukte mit jeweils rund 40% an. Die Baumwollverarbeitung sank zwischen 1862 und 1865 um 55% im Vergleich zu 1860/61.

12 „The depression of production during the Cotton Famine proved to be the most severe in the whole history of the industry." (Farnie 1978, 135)

13 Bereits in der *Revue* schrieb Marx 1850: „Die Bourgeoisie, die sich kaum von der niederschlagenden Entdeckung erholt hatte, daß einer der Grundpfeiler ihrer ganzen gesellschaftlichen Ordnung, die Kartoffel gefährdet war, sieht nun noch den zweiten Grundpfeiler bedroht, die Baumwolle. Konnte schon ein einziger mittelmäßiger Ausfall in der Baumwollernte und die Aussicht auf einen zweiten mitten im Jubel der Prosperität ernstlichen Alarm erregen, so werden einige aufeinander folgende Jahre des wirklichen Baumwollmißwachses nothwendig die ganze civilisirte Gesellschaft momentan in die Barbarei zurückschleudern." (MEGA I/10, 458)

14 „After 1862, raw materials were given far more prominence in Marx's work." (Perelman 1987, 45) Perelman scheint der einzige Forscher zu sein, der festgestellt hat, dass sich Marx wegen der *Cotton Famine* verstärkt mit dem Verhältnis von Marktwirtschaft und Ressourcenknappheit beschäftigt hat. Marx' Beurteilung der modernen Agrikultur sei wegen der Baumwollhungersnot zunehmend kritischer geworden.

1866 endenden industriellen Zyklus hat Marx auch die Krisenpotentiale, die sich das Kapital durch seine rücksichtslose Behandlung der Natur einhandelt, ausführlich in seinen ökonomischen Manuskripten dieser Zeit diskutiert. Das heißt zugleich, dass er den neuen Zyklus in den ökonomischen Manuskripten der 1860er Jahre weitgehend ‚theoretisch konsumiert' hat.

So wie die Weltmarktkrise von 1857/58 gewisse Ähnlichkeiten mit der 2007/08 ausgebrochenen aufweist, mögen Momente der *Cotton Famine* an den Corona-Crash von 2020 erinnern.[15] Bei den Krisenpotenzialen ist erstens die spezifische Form der abrupten Unterbrechung des Reproduktionsprozesses durch Ausfall der Rohmaterialien zu nennen. So wie in den Napoleonischen Kriegen „in Folge der Continentalsperre der Markt gewaltsam, aus politischen, nicht ökonomischen Gründen, contrahirt war" (MEGA II/3, 1120), war nun die englische Schlüsselindustrie selbst durch eine Handelsblockade weitestgehend stillgelegt und kontrahiert. Die Störung trat nicht bei der Verwandlung von Waren- in Geldkapital (W'–G'), sondern bei der Verwandlung von Geldkapital in die Elemente des produktiven Kapitals (G–W) ein (dazu 4.1).[16] Marx beschrieb die Konsequenzen einer solchen Produktionsunterbrechung durch Verknappung und Verteuerung des Rohstoffs im *Manuskript 1861–63*:

> Die Reproduction kann nicht auf derselben Stufenleiter *wiederholt* werden. Ein Theil des *capital fixe* steht still, ein Theil Arbeiter aufs Pflaster geworfen. Die *Profitrate* fällt, weil der Werth des constanten Capitals gegen das variable gestiegen und weniger variables Capital angewandt wird. Die fixen Abgaben – Zins, Rente – die anticipirt auf *gleichbleibende* Rate des Profits und Exploitation der Arbeit bleiben dieselben; können zum Theil *nicht bezahlt* werden. Daher *Crise*. Arbeitscrise und Capitalcrise. Es ist dieß also *Störung* des Reproductionsprocesses durch Wertherhöhung des einen aus dem Werth des Products zu ersetzenden Theil des constanten Capitals. (MEGA II/3, 1138)

Wegen des Shutdowns der Produktionsanlagen nimmt die Arbeitslosigkeit zu und das Einkommen der Lohnabhängigen ab.[17] Die organische Zusammensetzung des Kapitals steigt infolge verteuerter Rohstoffe und die Profitrate fällt. Die Gleichzeitigkeit

---

15 Im *Kapital* ridikülisiert Marx sogar die Paradoxien des *stay home* infolge der Stilllegung der Produktionsstätten: „*Dr. Edward Smith* wurde während der den amerikanischen Bürgerkrieg begleitenden Baumwollkrise von der englischen Regierung nach Lancashire, Cheshire u. s. w. geschickt, zur Berichterstattung über den Gesundheitszustand der Baumwollarbeiter. Er berichtet u. a.: Hygienisch habe die Krise, abgesehn von der Verbannung der Arbeiter aus der Fabrikatmosphäre, vielerlei andre Vortheile. Die Arbeiterfrauen fanden jetzt die nöthige Muße, ihren Kindern die Brust zu reichen, statt sie mit Godfrey's Cordial zu vergiften. Sie hatten die Zeit gewonnen, *kochen* zu lernen. Unglücklicher Weise fiel diese Kochkunst in einen Augenblick, wo sie nichts zu essen hatten." (MEGA II/5, 323)
16 „*Crise* kann hervorgehn: [...] durch *Werthveränderungen* in den Elementen des productiven Capitals, namentlich des *Rohstoffs*, z. B. wenn die Masse der Baumwollerndte vermindert. Ihr *Werth* steigt damit." (MEGA II/3, 1139/1140)
17 „Die Stockung der Reproduction führt zur Abnahme des variablen Capitals, Fallen des Arbeitslohns und Fallen der angewandten Masse Arbeit. Diese ihrerseits reagirt von neuem auf die Preisse

von „Arbeitscrise und Capitalcrise" stört den gesamten Handelskreislauf. Unterbrechung an einer Stelle bedeutet Unterbrechung des gesamten Prozesses und damit potentiell Entwertung und Krise. In diesem Moment zeigt sich auch, was es bedeutet, dass im Kreditsystem aller „Reichthum der Welt für alle Zeiten als ihm von Rechts wegen gehörig und zufallend, bereits lange discontirt" (MEGA II/4.2, 468) worden ist. Die ständig zu leistenden Tilgungszahlungen sind von den Banken bereits als Einnahme verbucht und eingeplant (und höchstwahrscheinlich schon verbrieft und weiterverkauft worden). Weil antizipierte Raten des Profits nicht realisiert werden können, fallen die vorab fixierten Tilgungszahlungen aus und das ganze Kreditsystem ist von einer Klemme bedroht: „Daher *Crise*". Das Kapital kann die Produktion auch deshalb nicht ungestraft einstellen, weil jeder Zeit Schulden zu tilgen sind.

Bei einem großflächigen Ausfall von Produktionskapazitäten steigen die Preise der auf dem Markt befindlichen Waren. Während die Profitrate insgesamt fällt, geben die Profite derjenigen Kapitalisten nicht nach, die Eigentümer der knapp werdenden Waren sind:

> Bei der gegenwärtigen cotton Crise in Folge des amerikanischen Bürgerkriegs hat sich beides gezeigt. Größtes Elend in den manufacturing districts und Stillsetzen on the largest scale of the mills einerseits. Andrerseits, da die Märkte seit 1860 überführt, Steigen im Preiß der auf dem Markt befindlichen yarns und goods und daher Profite für die Fabrikanten, denen diese goods gehören. (MEGA II/3, 1771)

Zwei oder drei Jahre nur noch halb so viel Kleidung aus Baumwolle herstellen zu können, würde in keiner anderen bekannten Produktionsweise Krise und „[g]rößtes Elend" für die Bevölkerung bedeuten. Dies ist aber in der kapitalistischen der Fall, weil nicht die Versorgung von Menschen der Zweck des Produzierens ist, sondern das Geldmachen. Marx brachte dies im Brief an Louis Kugelmann vom 11. Juli 1868 zum Ausdruck, wonach zwar „jedes Kind" wisse, dass „jede Nation verrecken würde, die, ich will nicht sagen für ein Jahr, sondern für ein paar Wochen die Arbeit einstellte", aber die Spezifik der bürgerlichen Gesellschaft, in der sich der Zusammenhang der gesellschaftlichen Arbeiten nur hinter dem Rücken der Akteure herstellt (dazu 4.1), darin liegt, „daß a priori keine bewußte gesellschaftliche Reglung der Produktion stattfindet" (MEGAdigital). Unterbrechung des kapitalistischen Produktionsprozesses bedeutet für die Lohnabhängigen daher Überflüssigkeit und Einkommensverlust, neben steigenden Preisen: eine unmittelbare Gefährdung ihrer Existenz.

---

und führt neuen Fall derselben herbei." (MEGA II/3, 1118) Laut Marx waren 1861 rund vier Millionen Menschen in der englischen Baumwollindustrie beschäftigt (MEW 15, 348). Obwohl die Arbeitslosigkeit in England durch den Shutdown der Industrie auf ein Rekordniveau schnellte, unterstütze er die Kriegsmaßnahmen gegen die Konföderation. Er ließ Abraham Lincoln wissen, dass die englischen Arbeiter „bore [...] patiently the hardships imposed upon them by the Cotton crisis" (MEGA I/20, 29).

Auch gehen verschiedene Gesellschaften unterschiedlich mit ‚externen Schocks‘ um. Allerdings erleidet die bürgerliche eigenartig viele Schocks, so dass sich in der Moderne die großen Katastrophen wie Perlen aneinanderreihen. Jede Gesellschaft hat jederzeit mit einer schlechten Ernte, einer Naturkatastrophe oder einer Unterbrechung der Handelswege zu rechnen und wappnet sich für ‚schlechte Zeiten‘. Das Kapital aber kann, ohne dass es dazu gezwungen wird, solche ‚außerökonomischen‘ Ereignisse nicht einplanen, weil es Präventionsmaßnahmen für außeralltägliche Notfälle, wie zum Beispiel die Vorratsbildung, als tote Kosten behandelt, die es zu minimieren gilt. Eine Gesellschaft, die auf einer Produktionsweise beruht, die Grundvoraussetzungen des gesellschaftlichen Stoffwechsels systematisch *externalisiert*, darf sich nicht wundern, häufig von ‚externen Schocks‘ getroffen zu werden.

Ein zweites Krisenmoment ist die Diskrepanz zwischen der Umschlaggeschwindigkeit des Kapitals und der mitunter langsameren Reproduktionszeit der Natur. Eine Unterproduktion von Rohstoffen führt direkt eine Überproduktion von Produktionskapazitäten herbei. Es tritt dann ein besonderer Krisentypus ein, der durch einen Mangel an Elementen des produktiven Kapitals gekennzeichnet ist.[18] Den Problemen der englischen Baumwollindustrie lag ab 1862 keine Überproduktion von Fabrikerzeugnissen, sondern eine Unterproduktion von Rohstoffen zugrunde. Im Manuskript zum dritten Buch des *Kapital* schließt Marx, dass „die relative Unterproduction der Rohstoffe (vegetabilischen und animalischen)" und die daraus resultierenden „Revulsionen" im Fortschritt der kapitalistischen Produktion „häufiger" auftreten würden (MEGA II/4.2, 189). Zwar war die *Cotton Famine* selbst auf außergewöhnliche Umstände zurückzuführen, aber Marx sah angesichts dieses Ereignisses bereits die Häufigkeit ‚ökologisch‘ induzierter Wirtschaftskrisen in der Zukunft zunehmen.

Drittens legte Marx nahe, dass wegen der *Cotton Famine* die Profitrate gefallen war. Wie im Abschnitt 4.2.1 bemerkt, wird die Profitrate durch den Preis von Rohmaterialien stark beeinflusst und die Verbilligung des konstanten Kapitals ist eine der wichtigsten dem Profitratenfall entgegenwirkenden Tendenzen, woraus sich ein Streben des Kapitals zu immer größerem Naturverbrauch ableiten lässt: „Bei sonst *gleichbleibenden Umständen fällt und steigt die Profitrate daher im umgekehrten Verhältniß wie der* Preiß des Rohmaterials. Es ergiebt sich hieraus u. a., wie wichtig für industrielle Länder der niedrige Preiß des Rohmaterials" (MEGA II/4.2, 166) ist. In der *Cotton Famine* entfiel diese konteragierende Wirkung vollständig: Das konstante Kapital hatte sich explosionsartig verteuert und damit war die organische Zusammen-

---

18 „Abgesehn von dieser demand von bullion, kann nicht gesagt werden, daß in irgend einer Weise ‚Capital' deficient ist in solchen times of pressure. (Unter ausserordentlichen Umständen, wie Getreidetheurung, cotton famine etc kann dieß der Fall sein; er ist aber keineswegs ein nothwendiger oder regular concomitant jener times of pressure, und die Existenz eines solchen Mangels an Capital kann daher nicht prima facie daraus geschlossen werden, that there exists a pressure for monetary accommodation.)" (MEGA II/4.2, 520)

setzung des Kapitals gestiegen und die Profitrate gefallen. Den Einfluss der Rohmaterialien auf die Profitrate diskutierte Marx erstmals angesichts der *Cotton Famine*: „wenn in Folge der Mißernte nicht Baumwolle genug da wäre, um dieselbe Quantität lebendiger Arbeit wie früher zu absorbieren", dann „würden amount und Profitrate fallen" (MEGA II/3, 489).[19] Die Rohstoffkrise leitete daher einen Konzentrationsprozess des Kapitals[20] und einen Maschinisierungsschub[21] ein.

Die Hungersnot in Indien

Wie die kalifornischen Goldfunde in den 1850er Jahren, fand das Ereignis, das den neuen, weiterhin von Lancashire ausgehenden industriellen Zyklus am stärksten beeinflusste, also abermals in Amerika statt. Die Baumwollhungersnot zerriss die frühere Einheitlichkeit der Kreisläufe des industriellen, kommerziellen und finanziellen Kapitals noch stärker als der Goldrausch (3.2.1). Sie verhinderte zunächst eine sich 1860 abzeichnende ‚klassische' Krise aus Überproduktion, indem sie sowohl die großen Vorräte an Rohbaumwolle abbaute und daneben den übersättigten Absatzmärkten eine Verschnaufpause gewährte. Aber aus der Lösung eines Problems wurde die Ursache neuer Schwierigkeiten. Der *Cotton Famine* entsprangen laut Marx zwei Ereignisse des Jahres 1866: eine Hungersnot in Indien und eine Finanzkrise in London.[22]

Die Arbeitsteilung zwischen Amerika, Großbritannien und Indien am Ausgang der Krise von 1857/58 wurde durch den Amerikanischen Bürgerkrieg reproduziert:

---

19 Moseley (2018, 108–114) fand heraus, dass Marx die Verbilligung des konstanten Kapitals als dem tendenziellen Fall der Profitrate entgegenwirkende Tendenz erstmals im *Manuskript 1861–63* anführt.
20 Der französischen Ausgabe des *Kapital* fügt Marx eine Bemerkung über den Konzentrationsprozess des Kapitals in den 1860er Jahren hinzu: „Von 1861 bis 1868 verschwanden also 338 Baumwollfabriken; d. h., produktivere und großartigere Maschinerie konzentrierte sich in den Händen einer geringern Zahl von Kapitalisten. Die Zahl der Dampfwebstühle nahm ab um 20 663; aber ihr Produkt hatte sich gleichzeitig vermehrt, so daß ein Webstuhl jetzt mehr leistete als ein alter. Endlich die Spindelzahl wuchs um 1 612 547, während die Zahl der beschäftigten Arbeiter um 50 505 abnahm. Das ‚zeitweilige' Elend, womit die Baumwollkrise die Arbeiter erdrückte, wurde also gesteigert und befestigt durch raschen und anhaltenden Fortschritt der Maschinerie." (MEW 23, 458/459; MEGA II/7, 374)
21 Der Amerikanische Bürgerkrieg gab der Verbesserung der Maschinerie einen enormen Anreiz: Infolge des Ersetzens von lebendiger Arbeit durch Maschinen konnten Löhne eingespart und zugleich die Rohmaterialien effizienter verwertet und recycelt werden: „Aber wer hätte *1860*, im Zenithjahr der englischen Baumwollindustrie, die galoppirenden Verbesserungen der Maschinerie und die entsprechende Deplacirung von Handarbeit geahnt, welche die *drei folgenden Jahre unter dem Stachel des amerikanischen Bürgerkriegs* hervorriefen?" (MEGA II/5, 356)
22 In der Geschichtsschreibung werden diese Ereignisse seit über 150 Jahren typischerweise getrennt voneinander behandelt: als Geschichte der *Cotton Famine*, der Hungersnot *oder* der Finanzkrise. Marx dürfte bis heute der einzige Autor geblieben sein, der das Verbindende zwischen ihnen herausgestellt hat.

Wie 1857 schienen England die Probleme der 1860er Jahre abermals aus Amerika gekommen zu sein und in Asien behoben werden zu können. Bereits infolge der Überwindung der Krise von 1857/58 richtete Marx seine Aufmerksamkeit verstärkt auf Indien, wo er zunächst, vor Ausbruch des Amerikanischen Bürgerkriegs, den Entstehungsherd ihrer Nachfolgerin vermutete.[23] Infolge der Baumwollhungersnot sollte in Indien nicht mehr nur die englische Überproduktion, sondern nun auch noch der Rohstoffmangel beseitigt werden.

Denn ein Versuch der britischen Wirtschaftspolitik, die Baumwollnot zu lindern und das Niveau der Baumwollimporte wiederherzustellen, bestand darin, neue Anbaugebiete für Baumwolle zu erschließen und solche agrikulturellen Ausweichareale wurden schon bald in Großbritanniens kolonialen Unternehmungen in Indien und Ägypten gefunden. Marx schrieb am 8. Februar 1862 in *Die Presse*: „Was empfiehlt also die Handelskammer? Die englische Regierung soll alle Hindernisse beseitigen, die von seiten der Verwaltung noch immer die Baumwollkultur in *Indien* hemmen." (MEW 15, 462) Zu diesem Zweck wurde die „Cotton League" (alias „Cotton Supply Foundation") aktiviert, über die Engels am 9. April 1858 bemerkte, sie sei „Nichts als eine von den freetradern selbst eingerichtete Institution überall in der Welt wo Boden & Clima nicht total unpassend sind, Baumwollencultur im directen Gegensatz mit dem Ganzen freetrade zu forciren durch Prämien, Vorschüsse, Geschenke von Samen, Pump von Maschinen &c &c." (MEGA III/9, 126)[24] Die „Cotton League" richtete ihre Anstrengungen unter dem Druck der Baumwollhungersnot auf Indien, Ägypten und Brasilien. So verdreifachte sich der Wert der aus Indien nach England importierten Baumwolle zwischen 1860 und 1864 (Tugan-Baranowski 1901, 138) und zwischen 1862 und 1864 steuerte Indien plötzlich rund 70% der englischen Baumwollimporte

---

23 In der *Tribune* vom 19. August 1859 schreibt Marx: „The most important and surprising feature of the Board of Trade Returns is, undoubtedly, the rapid development of the British export trade to the East Indies. [...] Recollecting the fact that for about 16 years – from 1840 to 1856 – the British export trade to India was generally stationary, [...] one is rather startled to see this stationary trade doubled in the short interval of two years [...]. [...] all the data known incline us to the opinion that transitory circumstances have, so to say, swelled that trade beyond its organic dimensions." (MECW 16, 479–481; dt. Übers. MEW 13, 479–481)

24 Siehe auch Henderson (1934, Kap. 3) und Marx im dritten *Kapital*-Buch: „Während der Zeit der Rohstofftheurung thun sich die industriellen Capitalisten zusammen, bilden Associationen, um die *Production* zu reguliren. [...] Sobald aber der unmittelbare Anstoß vorüber ist und natürlich das allgemeine Princip der Concurrenz ‚to buy in the cheapest market' [...] wieder rules supreme, wird es wieder dem ‚Preisse' überlassen die Zufuhr zu reguliren. Aller Gedanke an gemeinsame, übergreifende und vorsehende Controlle der Production der Rohstoffe – (eine Controlle, die im Grossen und Ganzen auch durchaus unvereinbar ist mit den Gesetzen der capitalistischen Production und daher immer frommer Wunsch bleibt oder sich auf ausnahmsweise common steps in moments of great immediate danger and perplexity beschränkt –) macht Platz dem Glauben, daß supply and demand will regulate each other." (MEGA II/4.2, 190/191) Siehe auch Marx' Artikel in *Die Presse* vom 6. November 1861 (MEW 15, 349).

bei (Kawakatsu 2018, 162). In Ägypten, so notierte Marx 1868 in Exzerpten, habe sich der Landwert vervierfacht, da das Land während der *Cotton Famine* zum Exporteur von Baumwolle, aber wegen der veränderten Flächennutzung auch zum Importeur von Nahrungsmitteln geworden war, was er für „undesirable" (MEGA IV/18, 659) hielt. Ehemalige Subsistenzbauern in Indien und Ägypten wurden jetzt dazu ermutigt, Baumwolle statt Reis oder Weizen anzubauen, „and land under cotton cultivation in India expanded throughout the 1860s" (Kawakatsu 2018, 174). Marx bemerkte im ersten Band des *Kapital* mehrmals, dass „Ostindien zur Produktion von Baumwolle, Wolle, Hanf, Jute, Indigo u. s. w. für Großbritannien gezwungen [wurde]" (MEGA II/5, 369). An der *Cotton Famine* konnte man also nicht nur die Unfähigkeit des Kapitals zu einem bewussten Umgang mit der stofflichen Umwelt, eine spezifische Anfälligkeit der modernen Gesellschaft für vermeintlich externe Schocks und einen neuartigen Typus der Rohstoffkrise, sondern auch die permanente Umwälzung der Welt studieren: „So kann man z. B. aus den Exporttabellen mit den Fingern herauszeigen, wie während der letzten 30 Jahre die indische Baumwollproduction wächst, wenn Ausfall in der amerikanischen etc und dann plötzlich wieder mehr oder minder nachhaltigen check erhält." (MEGA II/4.2, 190)[25]

Doch unter dem Zustrom britischen Kapitals ereignete sich 1866 in Indien – also genau in dem Jahr, in dem das Land mit 893 Millionen Pfund eine neue Rekordmenge Rohbaumwolle nach England verschiffte (Kawakatsu 2018, 174; Henderson 1934, 41) – auch eine große Hungersnot, die allein in der Provinz Orissa (heute Odisha) schätzungsweise eine Million Menschen das Leben kostete, einem Drittel der damaligen Bevölkerung dieser Provinz. Marx erwähnte diese Katastrophe im ersten Band des *Kapital* an drei Stellen und stellte sie in einen Zusammenhang mit der Baumwollhungersnot in England: „In Folge der großen Baumwollnachfrage seit 1861 wurde in einigen sonst zahlreich bevölkerten Distrikten Ostindiens die Baumwollproduktion auf Kosten der Reisproduktion ausgedehnt.[26] Es entstand daher partielle Hungersnoth, weil wegen mangelnder Kommunikationsmittel und daher mangelnden physischen Zusammenhangs der Reisausfall in einem Distrikt nicht durch Zufuhr aus andren Distrikten ausgeglichen werden konnte." (MEGA II/5, 287) Die Versuche des britischen Kolonialimperiums, seine Baumwollkrise durch Umgestaltung der indischen Landwirtschaft zu bewältigen, führten eine gewaltige soziale Katastrophe her-

---

[25] Indien stellte Rohstoffreservoir, Absatzmarkt für Industriewaren und auch Anlagefeld für britische Investitionen dar. Ein Investitionsboom beförderte in den 1860er Jahren die Ausweitung des indischen Bankwesens, das daher mit dem Londoner Crash vom Mai 1866 ebenfalls zusammenbrach (siehe MEGAdigital, Bd. IV/19, Heft „London. 1868", S. 227/228).
[26] In Manuskript II zum zweiten Buch des *Kapital* (1868–70) bekräftigte Marx dies (siehe Fn. 32). Dieser Zusammenhang kommt auch bei Beckert (2014, 244) vor; bei Henderson (1934), der sich auf die sozialen Folgen der *Cotton Famine* in England konzentriert, und Farnie (1978) finden die Hungersnöte hingegen keine Erwähnung.

bei. Dass England zwischen 1860 und 1866 trotz der Baumwollhungersnot seine Gesamtausfuhren stabil halten konnte, hatte nicht nur, wie in vielen historischen Darstellungen betont, den für den Freihandel förderlichen Cobden-Chevalier-Vertrag von 1860 zur Voraussetzung, sondern ebenso eine Million toter Menschen in Indien.

Als die Hungersnot im November/Dezember 1865, von der Weltöffentlichkeit noch unbemerkt, gerade ihren Lauf zu nehmen begann, schrieb Marx für das dritte Buch des *Kapital* den Abschnitt über die Grundrente und bemerkte dort:

> Es ist dieß alles, wie auch der Geist der capitalistischen Production überhaupt, sehr gut zu studiren an der cotton famine [...] Die Moral von der Geschichte [...] ist die, daß das bürgerliche System einer rationellen Agricultur widerstrebt oder die Agricultur unverträglich ist mit dem bürgerlichen System (obgleich es ihre Entwicklung technologisch befördert), und entweder der Hand des kleinen Selbstbebauers oder der Controlle der associirten Producenten bedarf.
> (MEGA II/4.2, 191)

Marx hielt also die Irrationalität der modernen Agrikultur in dem Augenblick fest, als sich infolge landwirtschaftlicher Umstrukturierungsexperimente eine Hungersnot in Indien anbahnte. Er antizipierte diese Katastrophe wegen der *Cotton Famine*.

Häufig ist die britische Kolonialherrschaft für die Hungerkatastrophe verantwortlich gemacht worden.[27] Vor allem die Salz- und Baumwollindustrie Orissas waren von den Briten heruntergewirtschaftet worden,[28] was zu hoher Arbeitslosigkeit und stagnierenden Einkommen in der Region geführt hatte. Auch das Management der Hungersnot war katastrophal: Eine Preiskontrolle und eine zusätzliche Reiszufuhr nach Orissa im November 1865 wurden mit dem Argument abgelehnt, dass lediglich eine ökonomische Rezession drohe, zu deren Lösung eine staatliche Intervention unnötig sei.[29] Zeitgleich mit der Panik in City of London erschienen im Mai/Juni 1866 in der englischen Presse Berichte über massenhaft Verhungernde, den Ausbruch von Seuchen und Plünderungen der Reislager.

---

27 Die *Orissa Famine* markierte nur den Auftakt zu einer Reihe von indischen Hungersnöten (Davis 2004). Zur Hungersnot von 1866 siehe Samal (1990), Mishra (1991), Mohanty (1993) und Mukherjee (2013).

28 Diese Auffassung teilte Marx, der in der *Tribune* vom 5. August 1859 als langfristige Auswirkung des plötzlichen Anwachsens des englischen Exporthandels „the complete destruction of Indian native industry" vermutete (MECW 16, 481).

29 Der Governor General, John Lawrence, bestellte erst im Juni 1866 10 000 Tonnen Reis, die nicht einfach verteilt, sondern zum horrenden Marktpreis verkauft wurden, was Marx im *Kapital* bitter kommentierte: „Im Jahr 1866 starben in der einzigen Provinz Orissa *mehr als eine Million Hindus am Hungertod*. Die Hungersnot währt bis zu diesem Augenblick. Nichtsdestoweniger suchte man die indische Staatskasse zu bereichern durch die Preise, wozu man den Verhungernden Lebensmittel abließ." (MEGA II/5, 603)

Marx waren diese ungeheuerlichen Vorgänge derart wichtig, dass er 1868 gleich drei *Parliamentary Reports* zur Hungersnot und wirtschaftlichen Lage Orissas exzerpierte (MEGA IV/18, 670–676).[30] In seinen Exzerpten geht es immer wieder um einen Vergleich der traditionellen Ökonomie Indiens mit ihrer Zerstörung im Zuge ihrer Integration in den Weltmarkt. Das alte Indien habe über ein System der Preiskontrolle, einen Primat des gemeinschaftlichen Konsumtionsfonds sowie eine funktionierende Lebensmittelausgabe in schlechten Zeiten verfügt, während in der Orissa-Krise die Preise für Reis stiegen, die Nahrungsmittelvorräte außer Landes geschafft wurden und die Subsistenzbauern als freie Lohnarbeiter ohne Einbettung in die moralische Ökonomie vollkommen abhängig vom Markt waren. Marx notiert deshalb, dass „das moderne Gesellschaftssystem *schwerer* Hungersnöthen widersteht" (MEGA IV/18, 672. Herv. TG) als eine Landwirtschaft in ‚der Hand des kleinen Selbstbebauers'.

Vorratsbildung und irrationale Landwirtschaft sind ein weiterer theoretischer Schwerpunkt, den Marx von dem ‚außerordentlichen' Verlauf des aktuellen Zyklus aufgriff. Weil Marx bei der Betrachtung des Zirkulationsprozesses des Kapitals verstärkt auf Transport, Lagerung und Konsumtion von Gebrauchswerten eingeht, behandelt er – anders als in den 1840er Jahren, als die *Great Famine* in Irland nicht im Zentrum seiner Überlegungen stand – das Problem von Hungersnöten nicht mehr beiläufig. In Manuskript II zum zweiten Buch des *Kapital* (1868–70) gibt es einen eigenen Abschnitt über die Vorratsbildung als *faux frais* des Zirkulationsprozesses des Kapitals, in dem Marx betont, dass Elemente des produktiven Kapitals, wie Rohmaterialien, zur Sicherung der Kontinuität des Produktionsprozesses vorrätig sein müssen, diese aber zugleich für das Kapital tote Kosten bilden, weil sie ‚unproduktiv' brachliegen, ehe sie im Produktionsprozess vernutzt werden. Gerade hier kommt Marx abermals auf die *Cotton* und die *Orissa Famine* zu sprechen.[31]

Die Vorratsbildung versteht Marx als „eine von allen historischen Gesellschaftsformen unabhängige Naturbedingung des menschlichen Lebens" (MEGA II/11, 60): „Wenn wir schon bei gewissen Thierarten Vorrathbildung finden, zeigt der oberflächlichste Blick auf die Kulturgeschichte die Vorrathbildung von Productions- u. Consumtionsmitteln auf allen Entwicklungsstufen." (MEGA II/11, 61) Adam Smith ging

---

[30] Marx indizierte etwa den Schriftverkehr der Regierung in Bengalen mit dem Board of Revenue in den Lower Provinces ab Dezember 1865: Der Sekretär des Board of Revenue in den Lower Provinces erklärte angesichts der ersten Warnungen vor steigenden Reispreisen, keinesfalls vom „economic law of supply and demand" abrücken zu wollen (MEGA IV/18, 670). Marx nahm auch zur Kenntnis, wie der britische Staatsmann Northcote den Hungertod („melancholy loss of life") in malthusianischer Manier auf „mainly [...] natural and inevitable causes" (zit. nach Samal 1990, 9) schob (MEGA IV/18, 674).

[31] Engels hat diese Stellen und andere Materialsammlungen zumeist nicht in seine Edition der *Kapital*-Bände integriert oder dort enthaltene theoretische Aussagen isoliert und auf diese Weise die Verbindung der Manuskripte zum konkreten Stoff gekappt.

irrtümlicherweise davon aus, dass es vor der bürgerlichen Gesellschaft gar keine Vorratsbildung gegeben habe und verwechselte damit, so Marx, Kapitalakkumulation mit Vorratsbildung. Denn das Kapital tendiert laut Marx nicht nur zur Konzentration der gesellschaftlichen Vorräte in den Händen weniger Privateigentümer (MEGA II/11, 62), sondern auch zu einer Minimierung der Vorratsbildung überhaupt und zu einer Verwandlung von Produktvorräten in Warenvorräte. Die „Waarenform des Vorraths u. Vorrath selbst" sind „2 verschiedne Dinge" (MEGA II/11, 535); nehmen die Vorräte die Warenform an, sind sie handelbar und fungieren als latentes produktives Kapital, das darauf wartet, aktiv im Produktionsprozess benutzt zu werden.

Dieser Übergang „aus der Produktion für den Selbstbedarf in die Waarenproduktion", wie ihn die indische Agrikultur bei ihrer Integration in den Weltmarkt vollzog, verursacht somit „die heftigsten u. gefährlichsten Krisen in der Oekonomie der Gewese" (MEGA II/11, 61).[32] Es komme zu „Catastrophen bei Verwandlung des unmittelbaren Produktenvorraths in die Form v. Waarenvorrath", wie die Beispiele „Indien, Algerien[33]" (MEGA II/11, 535) zeigten. Die Hungersnot von 1866 wurde also nicht nur durch die Rücksichtslosigkeit des industriellen Kapitals auf der Suche nach neuen Rohstoffen und die negativen Effekte der britischen Kolonialherrschaft in Indien (Deindustrialisierung, fehlende Bewässerungsanlagen, fehlender Katastrophenschutz, miserables Management der Hungersnot) hervorgebracht und verschärft, sondern auch durch den Trieb der kapitalistischen Produktionsweise, die Peripherie in einen Lieferanten von Rohstoffen sowie den Produkten- in einen Warenvorrat zu verwandeln, weil er bloß tote Kosten darzustellen scheint.[34] Das Kapital minimiert die Vorratsbildung und unterminiert damit eine allen Gesellschaftsformen selbstver-

---

32 „In Indien z. B. erhielt sich bis auf die allerneuste Zeit ‚die uralte Gewohnheit das Getreide, wofür in Jahren des Ueberflusses wenig zu haben war, massenhaft aufzuhäufen'. Der amerikanische Bürgerkrieg u. die dadurch plötzlich enorm gesteigerte Nachfrage für Baumwolle, Jute u. s. w. veranlaßte in den Nordwestlichen Provinzen u. andren Theilen Indiens grosse Einschränkung des Reisbaus, Steigen des Reispreises u. Verkauf der Reisvorräthe von Seiten der eigentlichen Agrikulturdistrikte. Dazu kam in den Jahren 1864–66 beispiellose Reisausfuhr zur See nach Australien, Madagaskar u. s. w. Daher der akute Charakter der Hungersnoth von 1866, die in dem Distrikt v. Orissa allein eine Million Menschen hinraffte." (MEGA II/11, 61)
33 Zwischen 1877 und 1879 ereignete sich in Algerien eine Hungersnot: „Dasselbe trat bei den Arabern in Algerien ein. Es unterliegt auch keinem Zweifel, daß die Revolution im alten arabischen System der Kornaufspeicherung, bewirkt durch den Kornexport nach Frankreich, die jüngste Hungersnoth in Algier furchtbar verschärft hat." (MEGA II/11, 62)
34 Der Punkt, an dem ein Warenvorrat zu toten Kosten wird, hängt indes vom Eintreffen des ‚außerökonomischen' Schocks selbst ab. In der Schweiz stellten sich die von Baumwollfabrikanten angehäuften Baumwollvorräte als „Vortheil während der cotton famine" (MEGA IV/18, 661) heraus: „Der normale oder anormale Charakter dieser *Vorrathbildung* [...] verräth sich meist erst im Augenblick der Krise selbst." (MEGA II/11, 67) Hier zeigt sich ein Dilemma für die Kapitalisten: Wer eine bessere Vorsorgeinfrastruktur aufweist, würde von der Krise möglicherweise weniger getroffen, aber ohne Krise hätte die Vorsorge zu höheren Produktionskosten und Wettbewerbsnachteilen geführt.

ständliche Einrichtung: die Vorbeugung für Notstände wie Ernteausfälle und Epidemien. Marx' Kritik ließe sich wie folgt zuspitzen: Indem das Kapital danach strebt, die toten Kosten seiner Zirkulation zu reduzieren, erhöht es zugleich die Anzahl toter Menschen. Gerade an der *Cotton Famine* und ihren Konsequenzen war „der Geist der capitalistischen Production überhaupt", eine ihr typische Mentalität und Verfahrensweise, „sehr gut zu studiren".

5.2 Eine Krise mit vorwiegend finanziellem Charakter

Während der Arbeit am *Kapital* hat Marx die aktuellen Bewegungen auf dem Industrie-, Rohstoff- und Geldmarkt bis in die indische Provinz verfolgt. Durch die Rohstoffnot waren der Reproduktionsprozess der globalen Schlüsselindustrie und damit auch die sich schon 1860 andeutende Überproduktionsphase unterbrochen, so dass sich der auf die Überproduktion beziehende Kredit nicht bis zur Krisenreife entwickeln konnte. Aber die Paralyse der Baumwollindustrie, die zunächst eine industrielle Weltmarktkrise verhinderte, wurde ihrerseits zu einer Bedingung der großen Finanzkrise von 1866, indem sie die Kapitalströme von der Baumwollindustrie weglenkte. Das durch die Unterbrechung freigesetzte Geldkapital warf sich zum einen auf den ägyptischen und indischen Baumwollanbau und bildete zum anderen die Grundlage eines Anlage- und Gründerbooms in England, deren Resultat die im Mai 1866 ausbrechende Finanzkrise war. So wie die Orissa-Hungersnot Marx' Kritik der modernen Landwirtschaft im dritten Buch des *Kapital* erhärtete, bestätigte der Crash vom Mai 1866 seine Gedanken über den Typus der selbständigen Geldkrise (dazu 4.2.3). Anders gesagt: Die Erörterung selbständiger Geldkrisen war nicht nur eine logische Ableitung, sondern auch eine von der Beobachtung des Zeitgeschehens ausgehende Antizipation der nächsten Krise.

Drei finanzielle Entwicklungen beförderten den englischen Gründerboom der 1860er Jahre. Erstens kam es nach den Pleiten im Außenhandel in der Krise von 1857/58 und wegen des Amerikanischen Bürgerkriegs zu einer „Repatriierung" (Cottrell 1975) des britischen Kapitals: Das britische Investment in Amerika ließ nach und der Stimulus der neuen Kreditausdehnung war dieses Mal weniger überseeisch, sondern ging vornehmlich von heimischen Aktiengesellschaften aus, vor allem im Eisenbahnsektor (Cottrell 1985, I, 127/128).[35] Zweitens erblühten in Großbritannien Finanzgesellschaften („finance companies") vom Typus des Crédit Mobilier, der bedeutendsten Finanzinnovationen des kaiserlichen Sozialismus, als dessen „Imitation"

---

35 Zwischen 1860 und 1865 stagnierten die Exporte und zugleich verdoppelten sich die inländischen Investitionen (Cottrell 1988, 43–45).

sie oft bezeichnet werden.[36] Die Finanzgesellschaften vermittelten monetäre Transaktionen zum Aufschlag einer Kommission, welche die Hauptquelle ihres Gewinns ausmachte. Die Vermittlungsleistung wurde *„financing"* genannt und das Hauptmerkmal der Finanzgesellschaften bestand darin, gegen alle möglichen und unmöglichen ‚Sicherheiten' zu leihen. Die rasche Verbreitung der Finanzgesellschaften, basierend auf dem durch die *Cotton Famine* freigesetzten Geldkapital, vergrößerte in den 1860er Jahren das Kreditangebot und bildete damit eine Voraussetzung für finanzielle Expansion, Investitionsboom und Blasenbildung. Dieser Anlageboom wurde, drittens, befördert durch eine ‚Deregulierung' der Finanzmärkte.[37] Zwar ergaben sich nach der Krise von 1857 die Übergänge von ausländischen zu inländischen Unternehmungen und vom Finanzierungsinstrument des Wechsels zur Aktie genauso naturwüchsig, wie zuvor auf die in der Krise von 1847 beendete englische *Railway Mania* eine Ausweichbewegung hin zum internationalen Wechselhandel gefolgt war. Allerdings wurden die beiden Entwicklungen nach 1857 (Repatriierung und Aktie) noch durch eine neue Bank- und Unternehmensgesetzgebung befördert. Die restriktiven Bestimmungen des Peel'schen *Joint Stock Banking Act* von 1844 wurden durch die Gesetze von 1855 (18 & 19 Vict., c. 133), 1856 (19 & 20 Vict., c. 47), 1857 (20 & 21 Vict., c. 49) und 1858 (21 & 22 Vict., c. 91) zunehmend zurückgenommen. Diese vereinfachten die Gründung von Aktiengesellschaften mit beschränkter Haftung, so dass Besitzer oder Anteilseigner („shareholder") bei einem Bankrott nur für die investierte Summe, nicht mehr mit ihrem Privatvermögen zu haften hatten.[38] Zwischen 1844 und 1857 waren nur zwölf Neugründungen von Aktienbanken zu verzeichnen (Cottrell 1985, I, 52/53); aber mit dem Gesetz von 1858 war Banken die Umwandlung in Gesellschaften mit beschränkter Haftung („limited liability") gestattet und der *Companies Act* von 1862 (25 & 26 Vict., c. 89) stellte Banken anderen Handelsgesellschaften gleich (Anderson/Cottrell 1974, 304). Diese Deregulierung wurde als Ermutigung zur Neugründung und Umwandlung von Banken, Aktien- und Finanzgesellschaften in *limited liability companies* verstanden. Wie Napoleon III. in den 1850er Jahren, sah auch der britische Staat dem wirtschaftlichen Einbruch nicht tatenlos zu, sondern gedachte,

---

36 Die *Finance Companies* seien eine „belated imitation of the ‚Crédit Mobilier'" (King 1936, 231), eine „English imitation of the Crédit Mobilier" (Cottrell 1988, 47) gewesen: „From across the Channel, their success inspired envy at first, and later, following passage of the Limited Liability Act, imitation." (Grant 2019, 143)
37 Foucaud (2011) nennt die Krise von 1866 daher eine „deregulation crisis". Marx' Erklärung der Krise aus der Unterbrechung der internationalen Handels- und Kreditströme ist allerdings plausibler. Die Deregulierung fiel nicht vom Himmel.
38 „[F]rom that time it might be said that the foundations of modern company law had already been laid." (Redford 1947, 169)

das Wirtschaftsleben und die Investitionsbereitschaft durch die vereinfachte Gründung von Aktiengesellschaften, Banken und Finanzgesellschaften zu stimulieren.[39] All diese ‚Deregulierungs'-Maßnahmen mobilisierten das verleihbare Kapital und lösten eine wahre Gründereuphorie aus.

Der spektakuläre Crash in der Londoner City am Freitag, den 11. Mai 1866 – von den Zeitgenossen „Black Friday" getauft – wurde ausgelöst durch die Zahlungsunfähigkeit der „Londoner Riesenbank" (Marx) Overend, Gurney & Co. mit Verbindlichkeiten in damals unvorstellbarer Höhe von 19 Millionen Pfd. St. Der Kollaps eines der wichtigsten und größten Bankhäuser der City of London rief eine Kettenreaktion hervor, die viele weitere Banken, Bauunternehmen, Finanz- und Eisenbahngesellschaften in den Bankrott stürzte. Anfang des 19. Jahrhunderts als gewöhnlicher Wechselmakler gegründet, weitete Overend seine Geschäfte um die Jahrhundertmitte massiv aus. Auch wenn sich die Diskontbank selbst erst Mitte 1865 in eine *limited liability company* umwandelte, stand sie jahrelang im Zentrum des allgemein angewachsenen Kredits.

Der Black Friday kündigte sich mit den Pleiten des Eisenbahnbauunternehmers Watson, Overend & Co. im Januar und der Barned's Banking Co. im April an. Die Aktienkurse der Finanzgesellschaften begannen seit Anfang 1866 abzustürzen und im Mai kam es zu einem Run auf die Depositen von Overend, Gurney & Co. Als die Bank zahlungsunfähig wurde, wandte sie sich mit der Bitte um Unterstützung an die Bank of England, die einen *Bail Out* ablehnte. Um das Ausmaß der auf diese Entscheidung folgenden Panik einzuordnen, überboten sich die Kommentatoren mit Superlativen: „the most stupendous failure that ever took place in the City" (Macleod 1866, II, 158) – „the most disastrous failure of the City" (Gilbart 1871, 286) – „the inevitable catastrophe, and after it such an enduring terror as was never before known" (The Times, 18. August 1868, zit. nach Marx' Exzerpt [MEGA IV/18, 450]) – „*we doubt [...] if there ever was a collapse of credit more diffused and more complete*" (The Economist, 12. Mai 1866, zit. nach Marx' Exzerpt [MEGAdigital, Bd. IV/19, Heft „London. 1868", S. 53) – „the most wide spreading and disastrous of all" (Maunder 1867, 22). Der Bankrun am Black Friday veranlasste die Bank of England dazu, ihre Diskontrate auf 10% heraufzusetzen und sie für historisch beispiellose vierzehn Wochen auf diesem Niveau zu halten. Da ihre Notenreserve innerhalb weniger Stunden von der Panik beinahe aufgezehrt worden war, musste der *Bank Act* ein drittes (und letztes) Mal suspendiert werden. Dies entfachte abermals die Debatte um die richtige Regulierung des Geldmarkts und ließ um Walter Bagehot eine neue monetäre Orthodoxie entstehen, die in der Suspension des *Bank Act* in den kommerziellen Ausnahmezuständen die Verwirklichung der ihm zugrundeliegenden Norm sah (dazu 1.5.3).

---

39 Zur Gründermanie siehe die Übersicht bei Levi (1870, 14). Mills (1871) zählte 5589 Neugründungen von *limited liability* Unternehmungen für den Zeitraum von 1862 bis 1866.

Der englischen Öffentlichkeit schien das ganze Geld, von dem es schon wieder ‚zu viel' gab, einmal mehr vom Himmel gefallen zu sein. Marx hingegen leitete das überflüssige Geldkapital aus der Kontraktion des produktiven Kapitals ab. Bereits in den *Grundrissen* heißt es in Anspielung auf die Situation nach der Geldkrise von 1857: „In Crisen – nach dem Moment der Panic – in der Zeit des Darniederliegens der Industrie, ist das Geld fixirt in den Händen von bankers, bill-brokers etc und, wie der Hirsch schreit nach frischem Wasser, schreit es nach field of employment, um als Capital verwerthet werden zu können." (MEGA II/1, 508) Auch im *Manuskript 1861–63* wird beschrieben, dass bei kontrahierendem Reproduktionsprozess[40] die Akkumulation stockt und Geld „brach[liegt] als Schatz in den Banken oder auch in der Form von Creditgeld" (MEGA II/3, 1117). Auch die Baumwollkrise rief eine solche Stockung hervor, weil „die *realen Voraussetzungen* der Reproduction fehlten", da „nicht genug constantes Capital in natura aufgehäuft worden" war: „Es tritt eine Stockung in der Reproduction ein, darum in dem Fluß der Circulation. Kauf und Verkauf setzen sich gegen einander fest und unbeschäftigtes Capital erscheint in der Form von brachliegendem Geld." (MEGA II/3, 1118)[41]

Wie in den Ausführungen zum Verhältnis zwischen der Akkumulation des produktiven und des verleihbaren Kapitals gezeigt, bezieht sich das in Banken akkumulierende Geldkapital, das der Kontraktion des produktiven Kapitals oder der Unterbrechung des Produktions- oder Zirkulationsflusses entspringt, nicht mehr direkt auf Produktion und Handel (4.2.3). So registrierte Marx in der *Tribune* vom 25. Dezember 1861 eine gewaltige Abnahme des englischen Handelskredits nach Amerika: „The vast credit usually given by English commerce to the United States, principally by the acceptance of bills drawn from China and India, has been already reduced to scarcely a fifth of what it was in 1857." (MECW 19, 111) Marx beobachtete in Echtzeit nicht nur einen beinahe vollständigen Abbruch der transatlantischen Kreditverhältnisse (in Konsequenz der Störung der transatlantischen Handelsverhältnisse), sondern auch den gleichzeitigen Aufstieg des englischen Aktienkapitals, der sich inmitten der großen Kontraktion der Schlüsselindustrie vollzog. Henry Dunning Macleod schrieb in der zweiten, nach der Krise von 1866 erschienenen Auflage seiner *Theory and Practice*

---

[40] Unter der Reproduktion des Kapitals versteht Marx den Ersatz der vorgeschossenen Wertmassen mit gewöhnlicher Profitrate: „Bei der Reproduction, ganz wie bei der Accumulation of capital, handelt es sich nicht nur darum, *dieselbe* Masse Gebrauchswerthe, aus denen das Capital besteht, auf ihrer alten Stufenleiter oder auf einer erweiterten (bei der Accumulation) zu ersetzen, sondern den *Werth* des vorgeschoßnen Capitals mit der gewöhnlichen Profitrate (Mehrwerth) zu ersetzen." (MEGA II/3, 1117)

[41] Im dritten *Kapital*-Buch ist auch von einer „Accumulation des monied Capital durch blosse Unterbrechung des Flusses der Transaktionen" (MEGA II/4.2, 585) die Rede. Und im ersten Band des *Kapital* steht: „Mit gewisser Ausnahme zeigt auffallendes Ueberfüllen der Schatzreservoirs über ihr Durchschnittsniveau Stockung der Waarencirculation an oder unterbrochenen Fluß der Waarenmetamorphose." (MEGA II/5, 101)

of Banking: „Already in March, 1864, the numbers of new companies formed under the limited liability principle gave great uneasiness. Up to that time it appeared there were 263 companies formed with a nominal capital of £78,135,000,[42] out of which 27 were banks, and 15 discount companies." (Macleod 1866, 156)[43] Marx nahm diesen Börsenboom nicht nur wahr, sondern sogar selbst daran teil, wie er seinen Onkel Lion Philips am 25. Juni 1864 wissen ließ:

> Da mich diese lästige Krankheit sehr am Arbeiten hinderte [...] habe ich, was Dich nicht wenig wundern wird, speculirt theils in americanischen funds, *namentlich* aber in den engl. Actienpapieren, die wie Pilze in diesem Jahr hier aus der Erde wachsen (für alle möglichen und unmöglichen Actienunternehmungen), zu einer gewissen unvernünftigen Höhe getrieben werden und dann meist zerplatzen. Ich habe in dieser Art über 400£ St. gewonnen, und werde jetzt, wo die Verwicklung der politischen Verhältnisse neuen Spielraum bietet, von neuem anfangen. Diese Art von Operationen nimmt nur wenig Zeit fort, und man kann schon etwas riskiren um seinen Feinden das Geld abzunehmen. (MEGA III/12, 575)

Am 17. August 1864 fügte er hinzu:

> Eine andre Zerstreuung bildet hier the anxiety prevailing in mercantile circles because of the rise of the rate of discount! Es ist sicher, daß wenn die jetzige rate of discount einige Wochen die jetzige Höhe hält, ein grosser crash eintreten wird unter den Myriaden von swindling jointstock companies, die dieses Jahr wie Pilze aus der Erde gewachsen sind. Ein u. der andre bedeutende Bankerutt in der city deutet bereits auf das nahende Ungewitter. (MEGA III/12, 612)

Der im zweiten Brief angekündigte Crash sollte tatsächlich wenige Wochen später eintreten.[44] Marx erklärt diesen durch die damalige Erhöhung der Diskontrate der Bank of England von 3% auf 7%, mit der die Bank auf einen externen *drain of bullion*

---

[42] Der britische Statistiker Leonce Levi (1870, 9) nannte wenig später eine viel größere Summe: „From 1856 to 1868, about 300 companies were formed in the United Kingdom, with a nominal capital of 1,000,000*l.* and upwards, and together they professed to possess a nominal capital of 504,000,000*l.*, three-fourths of the whole number and capital having been formed between 1863 and 1865. Banking and finance were the chief objects of these companies".
[43] Eine Übersicht über die 1863 gegründeten Aktienbanken auch bei Morier Evans (1864, 329–338).
[44] Krätke (1999, 41) nimmt an, Marx hätte hier bereits die Krise von 1866 im Blick gehabt, aber gemeint war die Klemme auf dem Geldmarkt im Herbst 1864. Angesichts dieser Geldklemme fragte Engels am 2. November 1864: „Was hältst Du von der Handelskrisis? ich denk es ist vorüber, d. h. das Schlimmste. Es ist schade daß so was jetzt nie mehr ordentlich reif wird." (MEGA III/13, 33) Marx reagierte zwei Tage später: „*Crise*. Auf dem Continent noch lang nicht ausgebrannt (spez. France). Uebrigens ersetzen die Crisen jetzt durch Häufigkeit, was ihnen an Intensität fehlt." (MEGA III/13, 44) (Wie im Abschnitt 4.2.1 ausgeführt, nimmt Marx hier etwas Abstand zu seiner früheren Überlegung, dass die Krisen im Fortschritt der kapitalistischen Entwicklung immer universeller und intensiver würden.) Als sich diese Einschätzung bestätigte, ließ er seinen Onkel Lion Philips am 29. November 1864 wissen: „Die Handelscrise, die ich Dir lang vor Ihrem Erscheinen ankündigte, hat nun hier ihre Spitze längst abgebrochen, obgleich ihre Wirkungen in den eigentlichen Manufacturdistricten noch immer sehr bedeutend sind." (MEGA III/13, 89)

infolge steigender Importe asiatischer und nordafrikanischer Rohstoffe reagierte, der ihre Reserve beinahe aufgezehrt hatte (Farnie 1978, 152). Diese schlagartige Erschwerung des Kredits würde, so Marx, den „möglichen und unmöglichen Actienunternehmungen" einen Strich durch die Rechnung machen. Auch die Krise von 1866 sollte von einer Diskonterhöhung der Bank of England ihren Ausgang nehmen (siehe 5.3.1).

Marx nahm also den sich vor seinen Augen abspielenden Gründerboom der 1860er Jahre sehr genau wahr, antizipierte schon die Geldklemme von 1864 und stieß auch deshalb im Entwurf des im Oktober 1865 abgeschlossenen Kapitels über das zinstragende Kapital zu einer grundsätzlichen Bestimmung selbständiger Geldkrisen vor. So ist es in zweierlei Hinsicht aufschlussreich, dass er sich im Brief an Engels vom 13. Februar 1866, in dem er aufatmete, dass sein „verdammtes Buch" (gemeint waren die Rohentwürfe für alle drei Bücher des *Kapital*) endlich „*fertig*" geworden war, zugleich besorgt zeigte: „Die polit. Sachen beunruhigen mich (nicht qua Individuum, sondern von wegen des Buchs) nicht so sehr als der *ökonomische* Status, der auf Crise drohend u. drohender hinweist." (MEGAdigital) Erstens hat Marx hier abermals – angesichts erster Pleiten wie jener des Eisenbahnbauunternehmers Watson, Overend & Co. im Januar 1866 – den drei Monate später stattfindenden Crash vorweggenommen. Aber warum sollte er sich, zweitens, „von wegen des Buchs" durch eine auf Krise hindeutende ökonomische Lage „beunruhigen" lassen? Marx führt dies selbst nicht näher aus, aber tatsächlich spielt hier derselbe Grund eine Rolle, aus dem er die *Grundrisse* erst im Angesicht der Krise von 1857 schreiben konnte: Er befürchtete nach der Fertigstellung des *Kapital*, Fehler begangen oder etwas übersehen zu haben und dass die kommende Krise, als Moment der Wahrheit, ihn darauf hinweisen und Dinge an die Oberfläche befördern könnte, die sein „verdammtes Buch" infrage stellen würden.

Da dies im ersten Moment nicht der Fall schien, zeigte sich Marx in einer ersten Reaktion auf den Black Friday erleichtert und enttäuscht zugleich: „Die jetzige Krise scheint mir blos verfrühte, financielle Sonderkrise. Wichtig könnte sie nur werden, wenn die Geschäfte in den U. States faul, wozu wohl kaum noch die Zeit hinreichte.[45] Wie wirkts auf Euch cottonlords?" (Marx an Engels, 17. Mai 1866 [MEGAdigital]) Marx atmete auf, weil die Krise seine theoretischen Gedanken bestätigte, und blieb zugleich reserviert, weil der große Krach dieses Mal auszubleiben schien. Während sich 1857 eine unbedingte Krisenzuversicht bei ihm nachweisen lässt, ist von dieser Begeisterung 1866 zunächst nichts zu bemerken, was auch am Charakter der Ereignisse selbst lag. Im Gegensatz zu 1857, als sich die Krise wegen der Goldfunde verzögerte

---

[45] Gemeint ist die Normalisierung der transatlantischen Handels- und Kreditbeziehungen nach dem Ende des Amerikanischen Bürgerkriegs 1865. In Marx' Augen lag sie nicht lange genug zurück, um einen Einfluss auf die Krise nehmen zu können. Der Crash von 1866 schien ihm daher zunächst „verfrüht" und eine schwere Krise zu verhindern, die sich nach der Synchronisation von Produktion und Kredit ergeben hätte.

und damit verschärfte, schien Marx die neue „verfrüht" und dadurch weniger gewaltsam; außerdem hatte sich der Kredit kaum auf Industrie und Handel bezogen. Weil sie zunächst keine allgemeine Weltmarktkrise, nur eine auf den englischen Geldmarkt beschränkte „Sonderkrise" schien,[46] hielt Marx sie zunächst sogar für wenig „wichtig". Allerdings wird sie zweieinhalb Jahre später der Hauptgegenstand seiner großen Exzerpthefte von 1868/69 sein (siehe 5.3).

Auch bei Engels rief der Black Friday, anders als 1857, keine Euphorie hervor:

> Der panic ist jedenfalls viel zu früh gekommen & kann uns möglicher Weise eine gute solide Krisis, die sonst 67 oder 68 gekommen wäre, verderben. Wenn nicht zufällig gleichzeitig der starke Fall in Baumwolle gekommen wäre, so wären wir hier kaum davon berührt worden. Dies Zusammenbrechen der limited liability & financing Schwindeleien war ja schon lange vorhergesehn (Engels an Marx, 25. Mai 1866 [MEGAdigital]).

Marx deutete die Phänomene zu diesem Zeitpunkt ähnlich wie Engels. In seiner Definition der selbständigen Geldkrise als besonderem Krisentyp, im ersten Band des *Kapital*, tauchen einige Bestimmungen aus dem Briefwechsel mit Engels wieder auf: Selbständige Geldkrisen wirken, durch die hohen Zinsen, die sie hervorrufen, „auf Industrie und Handel nur rückschlagend", haben das Geldkapital als „Bewegungscentrum" und ihre „unmittelbare Sphäre" ist „die Sphäre der Haupt- und Staatsaktionen des Geldkapitals, Bank, Börse, Finanz" (MEGA II/5, 94).

Die Krise von 1866 diskutiert Marx an mehreren Stellen des im September 1867 erschienenen ersten Bandes des *Kapital*, die sich allesamt im Kapitel über den Akkumulationsprozess befinden. In einer langen Passage fasst er einige Erkenntnisse seiner Konjunkturstudien der 1860er Jahre zusammen:

> Man erinnert sich: das Jahr *1857* brachte eine der großen Krisen, womit der industrielle Cyklus jedesmal abschließt. Der nächste Termin wurde *1866* fällig. Bereits diskontirt in den eigentlichen Fabrikdistrikten durch die Baumwollnoth, welche viel Kapital aus der gewohnten Anlagesphäre zu den großen Centralsitzen des Geldmarkts jagte, nahm die Krise dießmal einen vorwiegend finanziellen Charakter an. Ihr Ausbruch im Mai 1866 wurde signalisirt durch den Fall einer Londoner Riesenbank, dem der Zusammensturz zahlloser finanzieller Schwindelgesellschaften auf dem Fuß nachfolgte. Einer der großen Londoner Geschäftszweige, welche die Katastrophe traf, war der eiserne Schiffsbau. Die Magnaten dieses Fachs hatten während der Schwindelzeit nicht nur maßlos überproducirt, sondern zudem enorme Lieferungskontrakte übernommen, auf die Spekulation hin, daß die Kreditquelle gleich reichlich fort fließen werde. Jetzt trat eine furchtbare Reaktion ein, die auch in andren Londoner Industrien bis zur Stunde, Ende März 1867, fortdauert. (MEGA II/5, 540)

---

[46] Marx greift im Brief an Engels vom 17. Mai 1866 gezielt seine frühere Unterscheidung zwischen allgemeinen und besonderen Krisen auf: „Alle Widersprüche der bürgerlichen Production kommen in den allgemeinen Weltmarktkrisen collectiv zum Eclat; in den besondren Crisen (dem Inhalt und der Ausdehnung nach *besonderen)* nur zerstreut, isolirt, einseitig." (MEGA II/3, 1154)

Diese Passage bildet eine Art Scharnier. Sie ist eine Spezifizierung der zu Beginn des *Kapital* bei der Diskussion des Geldes angedeuteten Bestimmung selbständiger Geldkrisen und bereitet zugleich eine genauere Diskussion der Bewegungen des verleihbaren Kapitals im dritten Buch des *Kapital* vor.

Marx räumt hier indirekt ein, dass es sich bei seiner verhaltenen Reaktion unmittelbar bei Krisenausbruch um einen kleinen Irrtum gehandelt hatte. Entgegen seinem ersten Eindruck, nur eine „financielle Sonderkrise" vor sich zu haben, führt er die Krise von 1866 nun als „eine der großen Krisen" im gleichen Atemzug mit der Weltmarktkrise von 1857 an. Die Krise wurde doch eine „allgemeine", auch weil sich an sie – anders als 1857/58, als die Krise so plötzlich überwunden wurde, wie sie ausgebrochen war, – eine Stagnationsphase von bis dahin unbekannter Länge anschloss, die noch in dem Moment, in dem Marx diese Zeilen verfasste, „fortdauert". Marx' erste Deutung der Ereignisse war nicht völlig verkehrt, aber dass eine „financielle Sonderkrise" eine solche Wucht entfalten kann, überraschte ihn doch derart, dass er seine Einschätzung modifizierte und die Krise nach Veröffentlichung des ersten *Kapital*-Bandes, inmitten der noch bis Ende 1869 währenden Stagnationsphase, ausgiebig in den Exzerptheften von 1868/69 untersuchen sollte (dazu 5.3 und 5.4).

Marx charakterisiert die Krise von 1866 im *Kapital* ferner wie folgt. Sie nahm im Gegensatz zu ihrer Vorgängerin nicht die Form der Handelskrise, sondern „einen vorwiegend finanziellen Charakter an", das heißt sie war gewissermaßen eine ‚beinahe' selbständige Geldkrise, und zwar die erste ihrer Art im Zeitalter des industriellen Kapitalismus. Alle Krisen seit 1825 waren Marx zufolge der Form nach Überproduktionskrisen, die aus der schnellen Ausdehnung der industriellen Produktion und der sich auf sie beziehenden Kreditexpansion hervorgingen und die in Handels- und Industriekrisen unterschieden werden können. Aber die neue Krise wurde bereits „in den eigentlichen Fabrikdistrikten durch die Baumwollnoth" „diskontirt", das heißt, sie wurde in der Paralyse des industriellen Kapitals vorweggenommen. Denn infolge der *Cotton Famine* sei das gewohnheitsmäßig in den „eigentlichen Fabrikdistrikten" der Baumwollindustrie angelegte Kapital abgezogen und „zu den großen Centralsitzen des Geldmarkts" gejagt worden. Das durch die Kontraktion der Industrie freigesetzte Geldkapital wanderte in die gerade erst ‚deregulierte' „Sphäre der Haupt- und Staatsaktionen des Geldkapitals, Bank, Börse, Finanz" (MEGA II/5, 94), welche die brachliegenden Gelder absorbierte.[47] Der Overend-Kollaps war bloß das Signal zur Krise, das den Zusammensturz weiterer Schwindelgesellschaften herbeiführte.

Als beinahe selbständige Geldkrise löste sie eine „furchtbare Reaktion" in der Londoner Industrie aus, wirkte auf diese also „rückschlagend". Etwa „traf" sie, so Marx, den eisernen Schiffsbau, ging also nicht von dieser Branche aus. Hierin liegt

---

47 Diesen Zusammenhang wird Marx in seinen Exzerpten von 1868/69 bestätigt finden: „Der cotton famine verminderte das Geschäft. Aber zugleich setzte er Kapital frei, welches zu den Finanz etc schwindeleien im Innern führte." (MEGAdigital, Bd. IV/19, Heft „London. 1868", S. 90)

zugleich, neben ihrem Ursprung in der Paralyse der Baumwollindustrie, ein nichtfinanzieller Aspekt dieser Krise: Die Schiffsbauindustrie und auch andere Zweige der Bauindustrie (vor allem im Eisenbahnwesen) hatten unter dem Eindruck der fließenden Kreditquelle „maßlos überproducirt". Marx konzipierte im dritten Buch des *Kapital* das Verhältnis zwischen ‚Produktion und Finanz' nicht mehr als linear von ersterer hin zu letzterer, wie noch 1850/51 in der *Revue* und in *Reflection*. Die in der Krise von 1857/58 gewonnenen Erkenntnisse über die Verkehrung und Maskierung durch fiktives Kapital aufgreifend, diskutierte er 1865 die eigentümliche Bewegung des verleihbaren Kapitals, die zwar „umgekehrt" zum industriellen verläuft, aber einerseits den Möglichkeitshorizont der Krisen erweitert und andererseits in bestimmten Momenten auf die ursprünglich impulsgebende Produktion zurückwirkt und damit die in *Reflection* angenommene Wirkungsrichtung umkehrt (siehe 4.2.3). Damit ist allerdings keine Entkopplung der Finanzsphäre unterstellt, denn die Plethora des verleihbaren Kapitals entspringt bestimmten Phasen des industriellen Zyklus selbst.

Marx erwähnt die Krise von 1866 und ihre verheerenden sozialen Konsequenzen in England ein zweites Mal im *Kapital*. Unter „den Arbeitern günstigsten Accumulationsbedingungen kleidet sich ihr *Abhängigkeitsverhältniß* vom Kapital in erträgliche oder, wie Eden sagt, ‚bequeme und liberale Formen'" (MEGA II/5, 497), heißt es dort, aber die Krisen machen der Bequemlichkeit und dem Liberalismus ein Ende. So dokumentierte Marx im *Kapital* in dem Abschnitt, in dem er das „Allgemeine Gesetz der kapitalistischen Akkumulation" (dazu 4.1) ‚illustrieren' will, die Ausbreitung des Pauperismus nach der Krise von 1866:

> Vorher noch ein Wort über den *officiellen Pauperismus*, d. h. den Theil der Arbeiterklasse, der seine Existenzbedingung, Verkauf der Arbeitskraft, eingebüßt hat und von öffentlichem Almosen vegetirt. [...] Die Krise von 1866, die London am schwersten traf, schuf in diesem Sitz des Weltmarkts, einwohnerreicher als das Königreich Schottland, für *1866* einen Pauperzuwachs um 19,5%, verglichen mit *1865*, und um 24,4%, verglichen mit *1864*, einen noch größern Zuwachs für die ersten Monate von *1867*, verglichen mit 1866. (MEGA II/5, 527)

In der Krise streifte das Kapital seine „liberalen Formen" ab und rief vor allem in London enorme soziale Verwerfungen hervor.[48] Die auf die Wirtschaftskrise folgende soziale Krise ‚illustriert', „dass *je höher die Produktivkraft der Arbeit, desto größer der*

---

48 Das Heft *Social cases. 1869*, in dem Jenny Marx im Auftrag ihres Vaters Zeitungsartikel über den nach der Krise von 1866 grassierenden Pauperismus in London sammelt, legt davon ein grausames Zeugnis ab (vgl. MEGAdigital, Bd. IV/19). Hauptthema des Hefts ist das katastrophale ‚Management' der überflüssigen Bevölkerung in den Arbeitshäusern und ihren Krankenstationen, Gefängnissen und Polizeirevieren, wo überbelegte und nicht belüftbare Zimmer, Ausbrüche von Seuchen, Todesfälle und Gewaltexzesse des Personals auf der Tagesordnung standen. Das *Reynolds's Newspaper* sprach von dem „barbarous mode in which the sick poor are dealt with in our workhouses" (MEGAdigital, Bd. IV/19, Heft „Social cases. 1869", S. 38).

Druck der Arbeiter auf ihre Beschäftigungsmittel und desto prekärer die Existenzbedingung des Lohnarbeiters, *Verkauf seiner Arbeitskraft* zur Vermehrung des fremden Reichthums oder Selbstverwertung des Kapitals." (MEGA II/5, 519/520) Oder besser gesagt: das Akkumulationsgesetz macht die vielfach geteilte Erfahrung begreiflich, „wie die Krisen selbst auf den bestbezahlten Theil der Arbeiterklasse, auf ihre Aristokratie, wirken" (MEGA II/5, 540). Selbst ihre Aristokratie erfährt in den Krisen, dass sie noch zur Arbeiterklasse zählt und damit vor der Überflüssigkeit nicht gefeit ist.

Marx hat die in der ersten Auflage des ersten *Kapital*-Bandes getroffenen Einschätzungen zur Krise von 1866 und zum Zyklus der 1860er Jahre für die folgenden beiden Auflagen nicht überarbeitet. Alle Passagen zum Amerikanischen Bürgerkrieg, dem Zyklus der Baumwollindustrie, zur Orissa-Hungersnot, der Krise von 1866 und der folgenden Stagnation hat er trotz seiner Studien von 1868/69 nicht mehr angetastet. Dass es diesbezüglich keine Varianten zwischen den verschiedenen Auflagen des *Kapital* gibt, bestätigt die Überlegung, dass Marx diese Entwicklungen, wie zum Beispiel den Typus der selbständigen Geldkrise, in seinen Augen korrekt vorweggenommen hatte und das intensive Studium den ersten Band daher nicht infrage stellte. Das *Kapital* ist daher auch eine gelungene theoretische Konsumtion der Krisen.

5.3 Die Studien zur Finanzkrise von 1866 in den Exzerptheften von 1868/69

> Das Kapital [...] wird in seiner praktischen Bewegung durch die Aussicht auf zukünftige Verfaulung der Menschheit [...] so wenig und so viel bestimmt als durch den möglichen Fall der Erde in die Sonne. In jeder Aktienschwindelei weiß jeder, daß das Unwetter einmal einschlagen muß, aber jeder hofft, daß es das Haupt seines Nächsten trifft, nachdem er selbst den Goldregen aufgefangen und in Sicherheit gebracht hat. *Après moi le déluge!* ist der Wahlruf jedes Kapitalisten und jeder Kapitalistennation.
>
> Marx: Das Kapital. Bd. 1 (MEGA II/5, 212)

> Keynes was more "modern" in his appreciation of finance than either Marx or Schumpeter.
>
> Hyman Minsky: The Crisis of 1983 (1986, 285)

Obwohl Marx den ersten Band des *Kapital* auch deshalb vorlegen konnte, weil die Krise von 1866 ihm nicht widersprochen hatte, hat er nach der Veröffentlichung umfangreiche Exzerpte zu diesem Ereignis angefertigt. Ein profaner Grund, aus dem er, anders als 1857, seine Studien zur Krise nicht *in medias res*, sondern retrospektiv und erst mehr als zwei Jahre nach dem Crash vom Mai 1866 durchführte, ist darin zu sehen, dass er sich bei Ausbruch der Panik mitten im Schreibprozess des ersten Bandes des *Kapital* befand und keine Zeit für die Forschung hatte. Voraussetzung für diesen vorläufigen Abschluss des Forschungsprozesses war, dass Marx davon ausging, den Grundcharakter der Ereignisse mehr oder weniger adäquat verstanden zu haben. Dennoch begnügte er sich nicht mit seinen ersten Einsichten. Er widmete sich der

Krise (neben anderen Dingen) umfassend zwischen Mitte Oktober 1868 und Januar 1869 in drei großen Exzerptheften mit Auszügen aus vornehmlich den drei Jahrgängen 1866 bis 1868 der ökonomischen Wochenzeitschriften *The Economist* und *The Money Market Review*, die einen ganzen Band füllen (MEGAdigital, Bd. IV/19).[49] Für dieses nachträgliche Krisenstudium können mindestens drei Gründe ermittelt werden.

Erstens konnte Marx die Spezifika einer Krise mit vorwiegend finanziellem Charakter erforschen. Geldkrisen gab es bereits vor dem industriellen Kapitalismus, seit Beginn des 17. Jahrhunderts, und Marx ging im ersten Moment davon aus, er habe es mit einer solchen partiellen, undramatischen Geldkrise (von vergleichsweise kurzer Dauer und geringer Bedeutung für das wirtschaftliche und gesellschaftliche Leben, beschränkt auf die Sphäre des Geldkapitals und damit auf wenige Finanzplätze) zu tun. Aber als er die Exzerpte aus dem *Economist* und der *Money Market Review* zweieinhalb Jahre nach der Panik vom Mai 1866 begann, war deutlich geworden, dass die Krise im Hinblick auf ihre Dauer und in ihren „Rückschlägen" auf die englische Industrie noch viel heftiger ausfiel als ihre Vorgängerin, die große Weltmarktkrise von 1857. Ihre ungeheure Kraft machte deutlich, dass es sich nicht einfach um eine Geldkrise alten Typs handelte, sondern um so etwas wie die erste große Finanzkrise des industriellen Zeitalters. In ihrem Verlauf hatte sich die Krise als ein neuartiges Phänomen entpuppt (dazu 5.3.1).

Eine ‚Anomalie' der Krise bestand darin, dass sie in England in eine ungewöhnlich lange Depressionsphase mündete, die zu anhaltenden Diskussionen und einigen Verschiebungen in der politischen Ökonomie führte (5.4). Marx nutzte die Gelegenheit, zweitens, um sich mit der Phase der Stagnation, die er während seiner bisherigen Londoner Zeit noch nicht in einer derartigen Hartnäckigkeit erlebt hatte, näher vertraut zu machen. Es war erklärungsbedürftig geworden, warum sich an eine Krise mit vorwiegend finanziellem Charakter eine viel längere Stagnationsphase anschloss, als es nach den Handelskrisen von 1847 und 1857 der Fall gewesen war (5.4).

Drittens äußerte Marx schon 1867 das Bedürfnis, für die Überarbeitung und Fertigstellung des zweiten Bandes des *Kapital* – der die Bücher 2 (Zirkulationsprozess des Kapitals) und 3 (konkrete Gestaltungen des Kapitals) enthalten sollte – noch einmal zu forschen und die aktuelle ökonomische Literatur durchzusehen. Denn in seinen Augen war, seitdem er Ende 1865 die Arbeit am Manuskript zum dritten Buch des *Kapital* vorläufig eingestellt hatte, „viel neues Material"[50] über Grundeigentum und

---

[49] Marx erstellte zu dieser Zeit insgesamt vier Exzerpthefte und betitelte sie mit *London. 1868*, zweitens *1868*, drittens *1869 I Heft* und schließlich *Heft II. 1869*. Daneben ließ er seine Tochter Jenny drei Hefte mit Zeitungsausschnitten zu der damaligen Stagnationsphase, den Finanz- und Aktiengesellschaften, dem Prozess gegen die Direktoren von Overend, Gurney & Co. und der sozialen Frage anfertigen. Sie heißen *Trade and Finance 1868*, *Trade and Finance 1869* und *Social cases. 1869*.

[50] „Endlich verlangt Meißner den 2. Band für spätestens Ende Herbst. Die Schanzerei muß also sobald als möglich beginnen, indem namentlich für die Kapitel über Kredit u. Grundeigenthum viel neues Material seit der Abfassung des Mscrpts geliefert worden ist. Im Winter soll der dritte Band

Kredit erschienen. In der Tat fiel die zeitgenössische Literatur zur Krise von 1866 umfangreicher und vielseitiger aus als zu jeder ihrer Vorgängerinnen.[51] Auf die Krise von 1857 folgte in Europa auch deshalb unmittelbar kaum eine politische oder ideologische Reaktion, weil sie so plötzlich endete, wie sie hereingebrochen war. Die Krise von 1866 dagegen breitete sich zwar weniger als ihre Vorgängerin in der Welt aus, gab aber gerade als eher ‚englische' Erscheinung den englischen Ökonomen große Rätsel auf. Durch die systematische Lektüre der Jahrgänge 1866 bis 1868 des *Economist* und der *Money Market Review* rezipierte Marx auch einen guten Teil der neuen Krisenliteratur, vermittelt durch Artikel der Autoren, auszugsweise Abdrucke aus den Büchern, Leserbriefe und Besprechungen.[52] Marx erwartete von dieser Literatur und von den Organen des Geldmarkts selbst vor allem Informationen über die genauen Vorgänge an der Börse, in den Aktiengesellschaften und auf dem Geldmarkt der Londoner City (dazu 5.3.2). Die Krise hatte einen Berg an Materialien zu einem Thema zutage gefördert, das Marx noch nicht sehr eingehend behandelt hatte und nun näher untersuchen wollte: die Praxis des Aktien- und Börsenwesens (5.3.3).

5.3.1 The Profits of Panics

Der vorwiegend finanzielle Charakter der Krise von 1866 ist in der Geschichte des Marxismus – wie die Existenz von Finanzkrisen überhaupt – manchmal verleugnet worden, weil in einem falsch verstandenen ‚historischen Materialismus' die Tendenz besteht, alle Phänomene direkt aus ‚dem Materiellen', also der Produktionssphäre abzuleiten.[53] Aber wegen des finanziellen Charakters der Krise unterschieden sich dieses Mal einige Erscheinungen von ihren Vorgängerinnen aus den Jahren 1847 und 1857. Marx trug in seinen Exzerpten unter anderem die folgenden Besonderheiten über ihren eigentümlichen Charakter und Verlauf zusammen.

---

fertig gemacht werden, so daß bis nächstes Frühjahr das ganze opus abgeschüttelt." (Marx an Engels, 7. Mai 1867 [MEGAdigital])

51 „No other crisis of the nineteenth century inspired as broad a range of commentary." (History of Financial Disasters 2006, II, 67)

52 Marx exzerpierte 1868/69 etwa die Werke von Wirth (1858), Goschen (1866), Patterson (1868), Laing (1868), las die Bücher beziehungsweise Artikel von Meason (1865 u. 1866), Macleod (1866), Aycard (1867) und Mills (1866, 1868a u. 1868b) und rezipierte durch die Zeitschriften unter anderem Guthrie (1866), The Financial Lessons of 1866 (1867), Fowler (1867), Gassiot (1867) und nicht zuletzt zahlreiche Artikel des *Economist*-Herausgebers Walter Bagehot, darunter seine Beiträge zur Krise von 1866 (dazu 1.5.3) und der auf sie folgenden Stagnation (5.4.2).

53 Kuczynski (1961) und Schuchardt (1962) erklären die Krise von 1866 zu einer „zyklischen Überproduktionskrise", dabei von den Vorgängen auf dem englischen Geldmarkt absehend. Oelßner (1949, 240) hingegen folgt der Marx'schen Einschätzung.

Erstens ging der Krise, wie erwähnt, kein externer *bullion drain* voraus, weil sie nicht aus der Zahlungsunfähigkeit der Exporteure und Händler hervorging.[54] Daher wurde während der Krise auch kaum Gold zur Tilgung von Auslandsschulden nötig und die Goldvorräte in der Bank of England blieben durchweg ungefährdet.[55] Einen Run gab es nicht auf Edelmetalle,[56] sondern vor allem auf Depositen (MEGAdigital, Bd. IV/19, Heft „London. 1868", S. 98) und Noten der Bank of England (MEGA IV/18, 808), die, anders als 1857, nicht infrage gestellt wurden. Marx betonte daher im ersten Band des *Kapital*, dass die „Erscheinungsform des Geldes", das in der Geldkrise verlangt wird, „gleichgültig" ist: „Die Geldhungersnoth bleibt dieselbe, ob in Gold oder Creditgeld, Banknoten etwa, zu zahlen ist." (MEGA II/5, 95)[57] Der Umschlag des Kredit- ins Monetarsystem, der sich in *allen* Krisen ereignet, bedeutet für Marx also nicht ein Umschlag ins Gold oder in andere Edelmetalle, sondern in „Geld". Das Publikum gab sich in der Krise von 1866 mit Banknoten der Bank of England zufrieden.

Der Auslöser der Krise war, zweitens, vermutlich ein ‚finanzieller': die abrupte Kreditverknappung der Bank of England im Oktober 1865, die ihre Diskontrate innerhalb einer Woche von 4,5% auf 7% hochschraubte. Marx hatte diese erste Krisenerscheinung als letztes Wort seines zu dieser Zeit abgeschlossenen Entwurfs des Kreditabschnitts in Form eines Berichts der Bank of England (MEGA II/4.2, 664) und in kurz darauf entstandenen Exzerpten aus einem Artikel der *Daily News* (MEGA IV/18, 123–125) festgehalten. Die Bank of England geriet nicht wegen eines Edelmetallabflusses ins Ausland unter Druck, sondern, so Marx, „wegen internal drain" (MEGA II/4.2, 664), also wachsender inländischer Nachfrage nach Noten und Münzen: Ihre Notenreserve war auf rund fünf Millionen Pfd. St. gefallen. Die *Daily News* interpretierte die Zinserhöhung als Anspannung des Geldmarkts, die den Krisen meist vorausgeht. Die Krisensymptome spitzten sich in den folgenden Wochen zu: Unter der hohen Zinsrate

---

54 Aus der *Daily News* vom 23. Oktober 1865 exzerpierte Marx: „The present drain of notes and gold from the Bank is for internal circulation only. Also das alte Geschwätz vom rise in the rate of discount turning the exchanges and stopping shipments abroad nicht available. Exchanges in our favour." (MEGA IV/18, 124)
55 Sie betrugen durchweg rund zwölf Millionen Pfd. St., eine zwölfmal größere Summe als zum Beispiel in der Krise von 1825. Eine Übersicht über die Goldbewegungen im Jahr 1866 bei Patterson (1868, 248). Trotz der Diskontrate der Bank of England von 10% floss Anfang Juli Gold aus der Bank Richtung europäischen Kontinent ab, aber zur gleichen Zeit strömte Gold aus Amerika ein.
56 Es ist ein Vorurteil, dass in den großen Krisen des 19. Jahrhunderts immer Edelmetalle verlangt worden wären. Gerade dies war 1866 nicht der Fall.
57 In *Zur Kritik der politischen Ökonomie* (1859) hatte Marx noch nahegelegt, dass in der Geldkrise immer Gold verlangt würde, wie es 1847 und 1857 tatsächlich der Fall war; wie bemerkt, wurden 1857 in einigen Momenten sogar die Noten der Bank of England nicht akzeptiert. Er amüsierte sich in *Zur Kritik* über die unter den Ökonomen der Industrialisierungsepoche verbreitete Einstellung, es für einen „Aberglauben" zu halten „daß Gold und Silber allein Geld" (MEGA II/2, 207) seien.

begann die Kreditquelle zu versiegen, was eine Bankrottwelle auslöste, die schließlich zum Kollaps von Overend, Gurney & Co. und zur Panik am Black Friday vom 11. Mai 1866 führte.

Der Anlass des *internal drains* von Ende September 1865 ist bis heute nicht wirklich geklärt: Vieles spricht dafür, dass er ‚finanziell' war, da es den Finanzgesellschaften zu dieser Zeit zunehmend schwerer fiel, ihren Zahlungsverpflichtungen nachzukommen, so dass der Kreditmarkt einzufrieren begann und vermehrt Banknoten nachgefragt wurden (Cottrell 1975, 32).[58] Auf die Frage, ob die zunehmende finanzielle Instabilität selbst die Ursache für die steigenden Zinsen im Herbst 1865 war, scheint Marx nur implizit geantwortet zu haben. Nach seinen Studien von 1868/69 legte er dies in Manuskript II zum zweiten Buch des *Kapital* nahe, als er schrieb, dass „die Leichtigkeit des Money Markets [...] die Ursache der spätren Pressure, i. e. die Umstände hervorruft, welche später die Pressure schaffen" (MEGA II/11, 307).[59] Marx hat also, anders als noch 1857, eine Eigendynamik der ‚finanziellen Instabilität' für denkbar gehalten.[60] Anders gesagt: Weder der Trigger noch die nähere Ursache einer Krise müssen für ihn in ‚der Produktion' zu suchen sein.

---

58 In diesem Fall wäre die Krise von 1866 tatsächlich durch eine von der Kreditexpansion ausgehende Dynamik zur Instabilität ausgelöst worden. Auch Kindleberger (1978, 106) legt nahe, dass die Bank of England mit diesem Schritt ‚Luft aus der Blase' lassen wollte. – Schon den Zeitgenossen fiel eine Erklärung der plötzlichen Diskontratenerhöhung nicht leicht, selbst Bagehot wusste es nicht so recht („hard to say"): Einerseits seien wegen der *Angst* vor einem Bank Run in Irland infolge des Fenians-Aufstand 500,000 Pfd. St. in Münzen nach Irland geschickt worden. (Wie 1857 der Sepoy-Aufstand war also auch dieses Mal ein politisches Ereignis an der Entstehung der Krise nicht unbeteiligt.) Andererseits kam es zu Spekulation in Rohbaumwolle angesichts des *erwarteten* Booms nach Ende des Amerikanischen Bürgerkriegs. Bagehot jedenfalls schien den Schritt der Bank of England zu begrüßen: „So soon as the reserve of notes is under 5,000,000l. the public begins to feel nervous, if not alarmed, and the Bank directors have learned by severe experience that it behoves them to act promptly and effectually." (The Economist, 14. Oktober 1865, S. 1234) Symptomatisch für seinen pragmatischen Eklektizismus war es genau die von ihm in *Lombard Street* befürwortete Goschen-Doktrin – Management des Geldmarkts durch schnelles und entschiedenes Heraufsetzen der Diskontrate der Bank of England im Falle eines *drains* (dazu 1.5.3) – die dieses Mal zum *Auslöser der Krise* wurde.

59 Ein weiteres Mal bemerkte er die Wechselwirkung, dass einerseits Störungen im Geldmarkt Geschäfte von längerer Dauer (wie zum Beispiel den Eisenbahnbau) zum Stillstand bringen, dass aber andererseits solche ausgedehnteren Operationen, die auf das Kredit- und Aktienwesen angewiesen sind, ihrerseits Störungen im Geldmarkt überhaupt erst hervorrufen (MEGA II/11, 346).

60 Schon im Entwurf des Kreditabschnitts bemerkte er, „daß Theil des hohen Zinses, der 1856–57 gezahlt wurde, Symptom davon war, daß die Creditritter, die den Zins nicht aus dem Profit, sondern aus fremdem Capital zahlten, were afloat" (MEGA II/4.2, 486/487). Die hohen Zinsen vor der Krise entstehen also wenigstens zum Teil durch die „sensibility of the whole machinery" (MEGA II/4.2, 625) selbst. Eine solche Liquiditätsverknappung ist dadurch charakterisiert, dass ‚Sicherheiten' (Wertpapiere) nicht mehr konvertibel zu halten sind: „Es ist nicht die convertibility der securities into money, wo der Hase im Pfeffer liegt in Crisen, sondern der Umstand, daß diese securities aufgehört haben securities für das money zu sein, dessen Empfang der discount oder loan immer anticipiren soll." (MEGA II/4.2, 550)

Krisenbranchen waren, drittens, in erster Linie Banken, Finanz- und Eisenbahngesellschaften; 1857 fallierten nur vier britische Banken, jetzt gingen bis 10. August 1866 180 Bankhäuser in der City Pleite (History of Financial Disasters, II, 67). Wie Patterson,[61] verwendet Marx an einer Stelle seiner Exzerpte den Begriff „banking crisis" (MEGAdigital, Bd. IV/19, Heft „London. 1868", S. 67): Deren Ursprung lag nicht bei den Kreditnehmern in Industrie und Handel, sondern bei den Kreditgebern in der Sphäre von Börse, Bank und Finanz.

Viertens konzentrierte sich die Krise vorwiegend auf England und ging weder nach Frankreich noch nach Amerika über (MEGAdigital, Bd. IV/19, Heft „London. 1868", S. 64 u. 78/79); sie war weniger global als ihre Vorgängerin und ihr Zentrum eindeutig die Londoner City. Selbst in der englischen Provinz blieb die Notenzirkulation einigermaßen intakt (Patterson 1870, 224). Marx dachte im ersten Moment, es handle sich nicht um eine allgemeine Weltmarktkrise, aber im Rahmen seiner Studien verzeichnete er doch weltweite „Reaktionen" und „Rückschläge" des Crashs in Indien (MEGAdigital, Bd. IV/19, Heft „London. 1868", S. 89), China, Brasilien, den Niederlanden und der Schweiz (MEGA IV/18, 654/655, 658 u. 667).[62] Aber weil die Krise weniger vom Handel oder der Exportindustrie ausging, waren vor allem solche Städte, Regionen und Länder (wie zum Beispiel noch Aleppo, Ägypten und Puerto Rico) betroffen, die eng mit dem englischen Geldmarkt verschlungen waren. In Indien, wo es unter dem Zustrom englischen Geldkapitals zu einem Anlageboom kam, bedeutete der Crash ein nationales Desaster. Eine große Finanzkrise in der City of London erschütterte Mitte des 19. Jahrhunderts bereits die halbe Welt.

Das ungewöhnliche Timing der Krise, die als erste Wirtschaftskrise des 19. Jahrhunderts im Frühjahr (und nicht im Herbst) ausbrach (MEGAdigital, Bd. IV/19, Heft „London. 1868", S. 92) zeigt, fünftens, eine größere Unabhängigkeit von stofflichen Einflüssen (wie der Ernte von Agrarwaren) an.[63]

---

61 „[I]t was essentially a banking crisis." (Patterson 1868, 223) Marx notierte aus Patterson: „banking embarrassments of extraordinary severity" (MEGA IV/18, 808).
62 Marx ging im Sommer 1868 auch Handelsberichte der britischen Botschafter durch und beschäftigte sich dabei unter anderem mit der aktuellen wirtschaftlichen Entwicklung in insgesamt 35 Ländern (MEGA IV/18 App., 1126–1132). In seinen Einträgen zur Krise von 1866 fällt häufig das Stichwort „reaction": Die Finanzkrise schlug eben auf ausländische Märkte und Produzenten zurück. Mit einer Randanstreichung exzerpierte er etwa: „*Reaction of English crisis of 1866* [...] *Fall of banking establishments at Shanghai, 6 out 11 alone survive*. The fall *of these banks forced the sale of the teas, on which they advanced*, at rates showing large losses." (MEGA IV/18, 654) Für die Krise in Deutschland (dazu Schuchardt 1962) und Italien interessierte sich Marx zu dieser Zeit in seinen Exzerpten nicht. Über die Krise in Italien wird er erst Ende der 1870er Jahre bei Rota (1873) lesen.
63 Dazu auch Tugan-Baranowski (1901, 141). Gleichwohl entstand, weil man sich die plötzliche Diskontratenerhöhung der Bank of England im Oktober 1865 nicht so richtig erklären konnte, die Idee eines „annual tide" und der „frequent autumnal pressures" (Jevons 1866), wonach immer im Herbst extra viel Geld zum Zahlen der Ernte verlangt werde.

Im Vergleich zu 1857, als der ganze Spuk in England nach wenigen Wochen vorüber war, dauerte dieses Mal, sechstens, schon die Phase der Geldkrise ungewöhnlich lange an. Die Bank of England hielt ihre Diskontrate vierzehn Wochen lang bei 10%, denn die Krise rief einen „Sturm auf England" („run upon England") hervor: Obwohl die Diskontrate der Banque de France während dieser vierzehn Wochen ganz deutlich unter der englischen lag – nach der damaligen Theorie der Wechselkurse waren große Zinsunterschiede zwischen London und Paris ein Ding der Unmöglichkeit (Goschen 1866, 108) –, wurde Geldkapital aus der als risikoreich eingestuften Londoner City abgezogen.[64] Diese Schockerfahrung erschütterte das englische Selbstverständnis und war ein Grund für die Flut an Publikationen zu dieser Krise.

Die Panik war, siebtens, auch außergewöhnlich intensiv, so dass am Black Friday für einen Augenblick sogar die britischen Staatsanleihen *Consols* auf dem Geldmarkt unverkäuflich waren. Die Krise breitete sich zudem ungewöhnlich schnell aus – „at lightning speed throughout the United Kingdom" (Gassiot 1867, 13) –, so dass sich die Notenreserve der Bank of England innerhalb weniger Stunden leerte (Gassiot 1867, 58). Wie 1847 und 1857 musste am 12. Mai 1866 erneut der Peel'sche *Bank Act* von 1844 suspendiert werden. Wie Marx bei John Laing (1868, 276/277) lesen konnte, gewährte die Bank of England Vorschüsse in bis dahin unvorstellbarer Höhe von mehr als 12 Millionen Pfd. St. in nur fünf Tagen.[65]

Viele dieser Phänomene – der ausbleibende *drain of bullion*, die hohe Zinsrate, die außergewöhnliche Länge und Intensität der Geldkrise, der „run upon England", später dann die Länge der Stagnation – waren wegen ihres ungewöhnlichen Charakters durchaus erklärungsbedürftig. Marx führt sie zum Teil auf die unnötige Verschärfung der Krise durch ihre falsche Behandlung zurück, auf die er in seinen Exzerpten von 1868/69 immer wieder eingeht. Zweifellos beziehen sich die meisten der von ihm hervorgehobenen Fälle des Missmanagements auf die Wirkungsweise des *Bank Act* in einer Geldkrise. Dieses willkürliche[66] Bankgesetz zählte Marx erstmals 1851 zu den „verrückte[n] Einmischungen der Staatsgewalt", welche „die vorhandne Crise er-

---

64 „The *suspension* of the Bank Act produced more serious results in 1866, than in 1857 and 1847, because *there was a far greater amount of foreign money on deposit in this country*." (MEGAdigital, Bd. IV/19, Heft „London. 1868", S. 267) „The panic of 1866 possesses one essential characteristic which did not belong to its predecessors. Continental capitalists have in this instance become alarmed, and, contrary to all precedent [...] withdraw their money from London." (Patterson 1868, 233) – Im Krisenverlauf stand dieses Mal also ein *internal drain* im Herbst 1865 an erster Stelle: Die folgende Kette von Bankrotten führte zur Panik, in deren Verlauf in einem „run of England" ausländisches Geldkapital aus der Londoner City abgezogen wurde.
65 Zur Liquiditätsprovision der Bank of England in der Krise von 1866 siehe Clapham (1944, II, 264), Foucaud (2011) und Flandreau/Ugolini (2013 u. 2014).
66 Der *Bank Act*, so notiert Marx auch in seinen Exzerpten von 1868/69, sei „not an effect of the nature of things. Quite the contrary" (MEGAdigital, Bd. IV/19, „1869 I Heft", S. 105).

schweren können" (MEGA III/4, 27), scheint aber bei seiner Rekonstruktion des Verlaufs der Krise von 1866 mehr denn je unter seiner kritischen Beobachtung zu stehen. Ein früher von ihm formuliertes Ziel für den Kreditabschnitt des *Kapital* war die Demontage des *Bank Act*,[67] und dafür boten ihm die Ereignisse reichlich Anschauungsmaterial. Der *Bank Act* wurde dieses Mal zwar suspendiert, aber nicht tatsächlich ‚verletzt', denn eine durch die Suspendierung ermöglichte Mehremission der Noten über die gesetzlich verordnete Quantität hinaus blieb aus. Durch diese besondere Suspendierungsweise kamen in Marx' Augen die ohnehin fatalen Auswirkungen des *Bank Act* erst recht zur Geltung und die Panik wurde künstlich verschärft und verlängert. Er ging davon aus, dass die Bank of England nur deshalb von der krisenlindernden Maßnahme absah, ihr Kreditgeld zu vermehren, um die Profite ihrer eigenen Aktionäre und Direktoren zu erhöhen: „They acted very prudently – for their own pockets!"[68] „[T]he whole Peel machinery" wäre „so extremely profitable to them" (MEGAdigital, Bd. IV/19, Heft „London. 1868", S. 78).[69]

Die Diskontrate von 10% wirkte laut Marx auf das restliche Europa wie ein Alarmsignal, dass es um England schlecht bestellt und das Geld dort nicht ‚sicher' sei (MEGA I/21, 102). Weiteres Öl ins Feuer goss der missverständliche öffentliche Brief des britischen Außenministers, des Earl of Clarendon, in welchem er den britischen Botschaftern und Gesandten auf dem europäischen Kontinent versichern wollte, dass die Suspendierung des *Bank Act* keinesfalls die Aussetzung der Konvertibilität der Pfundnote in Gold oder gar den Bankrott der Bank of England bedeute und dass generell kein Grund zur Panik bestünde. Aber gerade die erstmalige Abfassung eines solchen Briefs verschärfte noch das an England haftende Stigma und das Ausland wurde nun erst recht hellhörig (MEGAdigital, Bd. IV/19, Heft „London. 1868", S. 62 u.

---

67 In *Zur Kritik der politischen Ökonomie* schrieb er: „Lord Overstone (Banquier Jones Loyd), Oberst Torrens, Norman, Clay, Arbuthnot und eine Unzahl andrer Schriftsteller, in England bekannt unter dem Namen der Schule des ‚currency principle', haben diese Doktrin nicht nur gepredigt, sondern vermittelst Sir Robert Peel's Bankakte von 1844 und 1845 zur Grundlage der bestehenden englischen und schottischen Bankgesetzgebung gemacht. Ihr schmähliches Fiasko, theoretisch wie praktisch, nach Experimenten auf der größten nationalen Stufenleiter, kann erst in der Lehre vom Kredit dargestellt werden." (MEGA II/2, 242)
68 Im Suspensionsbrief von Schatzkanzler Gladstone war vereinbart worden, dass etwaige Profite, die der Bank of England aus der Verwendung der über die gesetzliche Zulassung hinaus emittierten Banknoten entstünden, an die Regierung überwiesen werden müssten (MEGA I/21, 101).
69 So auch Patterson (1868, 250): „In the panic of last year the Bank declined to make those extra issues (£2,000,000) – which it was authorised to make, but upon which it was to get no profit, – while it willingly kept its charge for banking-accommodation at the exorbitant rate prescribed by the Government." Wenn Marx kritisiert, dass die Bank of England zum privaten Vorteil ihrer Aktionäre und Direktoren die Krise auf Kosten des Proletariats, der Handelswelt und der industriellen Produzenten verschärft hat, scheint er sich in die Nähe der Kritik von Tooke und Fullarton zu begeben, wonach die Bank nicht im ‚öffentlichen' Interesse handelt.

91). Marx sah den Abzug von Geldkapital Richtung Kontinent, den „run upon England", durch den Brief Clarendons verursacht: „Such a thing was quite unheard of in the annals of English commercial history. Gold was shipped from London to France, while, *simultaneously*, the official minimum rate of discount was *10% in London* and $3^1/_2$ *to 3% at Paris*. This proves that the withdrawal of gold was no regular 'commercial' transaction. It was simply the effect of Clarendon's letter." (Marx an Collet Dobson Collet, 2. November 1868 [MEGAdigital])

Weil sich 1866 zeigte, dass noch die Suspendierung des *Bank Act* auf verschiedene Weisen erfolgen kann, rankten sich um diesen Vorgang viele Mythen. Marx exzerpierte über die irreführende Berichterstattung der Tageszeitung *The Times* während der Krise von 1866, die, der *Money Market Review* zufolge, unter anderem die falsche Nachricht verbreitet hatte, dass auch die Suspendierung des *Bank Act* die Panik in der Londoner City nicht habe beruhigen können. Im Anschluss an seine Exzerpte schrieb Marx an Collet Dobson Collet am 13. November 1868: „I have not yet touched upon a most important point, – the influence which [...] a paper like the *Times* would be able to exercise in bringing about the catastrophe." (MEGAdigital) Marx legte nahe, dass die *Times* die Ambivalenzen der Krisenpolitik absichtlich ausnutzte, da sie im Interesse von Spekulanten mit Leerverkäufen schrieb und „fast ganz gekauft" (MEGAdigital, Bd. IV/19, Heft „London. 1868", S. 271) war.

Schließlich argumentierte Marx sogar dafür, dass die extreme Anspannung und Fragilität des Geldmarkts während einer Panik einen Spielraum für Manipulation, politische Intrige und einen internationalen Finanzkrieg öffnet.[70] Marx dachte, „daß *Peel's Bank Act v. 1844* die russische Regierung befähigt, under certain conjunctures of the money-market, die B. o. E. zum Bankerutt zu zwingen" (Marx an Engels, 14. November 1868 [MEGAdigital]). Die russische Regierung, für Marx die bankrotteste und reaktionärste in Europa, kann die Fragilität des englischen Geldmarkts und die willkürliche Schwäche der Bank of England ausnutzen und verschärfen, indem sie Gelder in der City of London platziert, die sie während einer Geldkrise plötzlich und unerwartet abzieht (siehe MEGAdigital, Bd. IV/19, Einführung).

Marx zeigte also große Neugier für verschiedene Möglichkeiten der Verschärfung einer Krise: die ausbleibende Mehremission von Banknoten, Clarendons Brief, das „foolish" Verhalten einiger Bankiers, „die aus Panic, ohne allen Grund, auf ihre eigne Faust die Thüren dem Publikum schlossen" (MEGAdigital, Bd. IV/19, Heft „London. 1868", S. 67), *fake news* in der Presse und über den Telegraphen, und schließlich die Intrigen der russischen Regierung, welche die Bank of England in den Bankrott treiben könnten. Wie ist dieser Wissensdurst zu deuten? Eine einfache Interpretation

---

[70] „It is notorious that, during the Panic, an organized conspiracy of *Bears* was deliberately seizing upon, and exaggerating, every symptom of distress." „All such calculation becomes impossible from the moment political intrigue enters the field." „As it was, the *Times* played strange tricks during the crisis of 1866." (Marx an Collet Dobson Collet, 13. November 1868 [MEGAdigital])

wäre, dass er, weil er den Konnex zwischen Krise und Revolution womöglich absolut aufgegeben haben könnte, einer ‚keynesianischen' Weltanschauung nähergekommen sein könnte, da ihm möglicherweise die Krisen nunmehr – weil sie bloß die soziale Notlage auf die Spitze treiben, ohne dass dabei irgendein positiver Effekt für eine politische Kritik von ihnen ausginge – als Störfaktoren erschienen wären, deren Schäden bestmöglich zu minimieren seien. Wenn Marx so sehr gegen den *Bank Act* – das Produkt quantitätstheoretischer Phantasien – agitiert, hat er dann also ein Interesse an der *Stabilisierung* des Geldmarkts gewonnen? Gegen eine solche Lesart lässt sich eine Reihe von Argumenten anführen.

Erstens ist die von der Krise bloßgestellte Regierungsunfähigkeit für Marx äußerst unterhaltsam.[71] Die unnötige Verschärfung der Krise zeigt, dass den Bürgern die Produktivkräfte über den Kopf gewachsen sind und sie ihre eigene Ordnung nicht verstehen: Sie haben keine Ahnung, was sie zur Überwindung der Krise tun sollen. Fullartons Auffassung nach kann Politik in der bürgerlichen Gesellschaft nur bedeuten, die richtige Antwort auf die Krisen zu finden. Aber weil diese als Ausnahmezustände erscheinen, ist die Bourgeoisie nicht gewohnt zu handeln und wird von ihnen immer wieder auf dem falschen Fuß erwischt. Sie hatte, anders gesagt, 1866 noch immer nicht gelernt, mit den Krisen zu leben. Es ist daher kein Zufall, dass eine Figur wie Bagehot gerade nach der Krise von 1866 auftrat, zu einem Zeitpunkt, als sowohl die Potentiale der Stabilisierung durch ‚Zentralbanken' in praktischen Lernprozessen zutage getreten waren als auch die Verschärfung der Finanzkrise durch eine ganze Reihe von Fehlentscheidungen merkwürdig groß war. Bagehot wollte vermitteln, wie man eine Finanzkrise *nicht falsch handhabt*. Die Möglichkeiten ihrer Verschlimmerung durch Missmanagement ist in einer Finanz-, so legen es Marx' Exzerpte nahe, größer als in einer Handelskrise. Da ihre nähere Ursache nicht die Überproduktion (von Waren) auf dem Weltmarkt war, sind Politik und Psychologie (die Erwartungen, Hoffnungen, Illusionen, die Angst und die Panik) entscheidende Faktoren in einer Finanzkrise,[72] die daher womöglich anfälliger für Intrige, Manipulation und Fehlentscheidungen sind. Diese Differenz zwischen der notwendigen Existenz von Krisen in der bürgerlichen Gesellschaft und den zahlreichen Möglichkeiten ihrer Verschärfung befördert wiederum politische Illusionen und kann durch eine ‚heterodoxe' Kritik ausgebeutet werden, die – wie im Falle von Bagehot – auch schnell zu einer „neuen Orthodoxie" werden kann, da das richtige Krisenhandeln zwar eine Kunst ist, aber eine, die nicht den allergrößten Spielraum lässt.

Zweitens nutzte Marx die nach 1857 gewonnene Einsicht, dass zwischen Krise und Revolution keine Sicherheit besteht, um der Frage nachzugehen, wer denn dann, wenn nicht unbedingt das Proletariat oder die Partei der Revolution, von den Krisen profitiert. Wie Fullarton dachte, kann man in der Prosperität tun, was man will, es

---

71 „Die Gurney affaire amuses mich königlich." (Marx an Engels, 28. Januar 1869 [MEGAdigital]).
72 Keynes (1915) hat deshalb in Bagehot weniger einen Ökonomen, eher einen Psychologen gesehen.

bleibt ohne Einfluss auf das Geschehen auf dem unkontrollierbaren Geldmarkt. Erst wenn der Geldmarkt zusammenbricht, können bestimmte Akteure plötzlich Handlungsfähigkeit erlangen. Fullarton dachte dabei an die Bank of England, aber Marx, der schon in der Weltmarktkrise von 1857/58 auf die Bedeutung der Staatsmaßnahmen bei der Moderation ihres Verlaufs hinwies (dazu 3.3.3), erweitert in seinen Exzerpten von 1868/69 diese Idee und sieht reale und potenzielle neue ‚Profiteure' heraufziehen: die russische Regierung, die Aktionäre der Bank of England und die Spekulanten, die vor der Krise mit Leerverkäufen auf den Bankrott einer Bank gewettet hatten. Während die soziale Misere in jeder Wirtschaftskrise mehr oder weniger dieselbe bleibt, könnte der allgemeine Bankrott von den Falschen ausgenutzt werden. Marx entwickelte hier auch die Erkenntnis von 1857/58 weiter, dass die auf eine Wirtschaftskrise folgende politische Krise über die fiskalische Notlage hinaus ganz vielfältige Dimensionen annehmen kann: Verschärfung des Kampfes zwischen den Kapitalarten um die Verteilung der Verluste und die Profite der Panik einerseits, außenpolitische Konflikte zwischen den Ländern andererseits. Die Verwandlung einer ökonomischen in eine politische Krise ist komplizierter geworden.

Drittens ist das Studium ihres Verlaufs für Marx deshalb so wichtig, weil seine Neuheiten, Besonderheiten, Anomalien und atypischen Momente auf die von der Krise offenbarten Widersprüche der bürgerlichen Produktion verweisen können, die wiederum in einer allgemeinen Analyse des Kapitals zu berücksichtigen sind. Es reicht nicht, gegen den heterodoxen Politizismus nur die Notwendigkeit der Krise zu betonen. Man muss vielmehr die Übersetzung der Krise in Geschichte untersuchen, um zu verstehen, wie man auf eine neue Situation reagieren kann, und um die Momente aufzuspüren, an denen die Theorie und Kritik des Kapitals ansetzen können. Angeregt durch seine neuen Exzerpte, wollte Marx daher, so ist in den folgenden beiden Abschnitten zu zeigen, geläufige Praktiken der Wirtschaftskriminalität, des Finanzbetrugs und des Börsenspiels bloßlegen.

5.3.2 The Bubbles of Finance

> In considering the financial history of the year that has just ended, the first conclusion which must be forced upon the mind of the political economist [...] must be that, owing to the exceedingly complicated financial machinery by which the business of the country is now conducted, it is next to impossible for any one man – no matter how profound his theoretical knowledge, or wide his practical experience – to discover and understand all the various hidden causes, [...] which have produced the disastrous results that will cause this year, 1866, to be long remembered.
>
> The Financial Lessons of 1866 (1867, 2)

Wie bemerkt, nahm Marx nach der Fertigstellung des ersten Bandes des *Kapital* zur Kenntnis, dass „viel neues Material" über den Kredit erschienen war, das er in Vorbereitung auf die Überarbeitung und Fertigstellung des dritten Buchs des *Kapital* unbedingt durchsehen wollte. Was erwartete er von dieser neuen, seit 1866 erschienenen Literatur? Eine neue Auflage des oben erwähnten Buchs von Henry Dunning Macleod über die allgemeinen Prinzipien des Bankwesens begeisterte ihn offenbar wenig,[73] und als er sich im April 1868 dem gerade erschienenen Buch von Maurice Aycard über die Geschichte des im Herbst 1867 zwangsliquidierten Crédit Mobilier widmete, schrieb er Engels am 11. April:

> Die „*Histoire du Crédit Mobilier*" durchgelesen. Was die eigentliche Essenz der Sache betrifft, so hatte ich in der That schon Bessres vor Jahren darüber geschrieben in die „*Tribune*". Der Verfasser kennt das Geschäft. Er ist selbst Pariser Banquier. Aber er hat in der That kein andres Material als das *officielle*, vom Crédit in seinen Reports selbst gelieferte, u. die in den Börsenquotationen verzeichneten fata[74]. Das Geheimmaterial könnte nur *auf gerichtlichem Wege* beigebracht werden. Was mich vor allem frappirt, ist dieß: die eigentlichen tricks lösen sich alle in Agiotage an der Börse auf u., in diesem Departement, au fond, welches immer die Verkleidungen, *nichts Neues seit Law*[75]! Weder auf dieser, noch auf jener Seite des Kanals. Das Interessante an diesen Sachen ist die Praxis, nicht die Theorie. (MEGAdigital)

Nachdem Marx eine Zeit lang aus dem *Economist* und der *Money Market Review* unter anderem zum Verlauf der Krise von 1866 exzerpiert hatte, äußerte er am 14. November 1868 gegenüber Engels:

> Da Praxis besser als alle Theorie, so ersuche ich Dich, mir *ganz genau* (an Beispielen) die Methode zu beschreiben, worin Ihr Euer business quant à banquier etc betreibt. [...] Da der 2nd volume grossentheils zu sehr theoretisch, werde ich das chapter über Credit benutzen zu actual denunciation des Schwindels u. der commercial morals. (MEGAdigital)

In beiden Marx'schen Briefen vom 11. April und vom 14. November 1868 – der eine vor den, der andere während der Studien zur Krise von 1866 geschrieben – erscheinen ähnliche Motive. Es geht um Börse, Aktienhandel, Agiotage (Differenzgewinne durch das Ausnutzen von Kursschwankungen). Marx gibt in beiden Briefen an, dass in diesen Dingen die Praxis „das Interessante" und sogar „besser" als die Theorie sei. Seine eigenen Ausführungen in den Manuskripten zu den Büchern 2 und 3 des *Kapital*

---

[73] Er ließ Engels am 6. März 1868 wissen: „Herr Mac Leod hat es doch mit seinem lausigen u. pedantisch-scholastischen Buch über banks zu einer 2. Auflage gebracht." (MEGAdigital) Macleod gab an, nicht genau zu durchschauen, wie es zur Krise von 1866 kommen konnte, und richtete seine Hoffnung auf zukünftige Enthüllungen: „Future investigations will no doubt throw a clearer light on these circumstances, and we had better defer discussing them till we have more authoritative revelations. Finance and Discount Companies had advanced enormous sums of money to promote great enterprises such as railways, and other schemes, which could never repay their cost until they were completed, which might take years to do." (Macleod 1866, 157)

[74] In den MEW (Bd. 32, 58) fälschlich als „facta" entziffert.

[75] Gemeint ist John Laws Mississippi-Kompanie.

schienen ihm „zu sehr theoretisch", so dass sie um eine Darstellung der auf dem Geldmarkt und an der Börse vorherrschenden „Praxis" und „tricks" bereichert werden könnten.[76] Marx interessierte sich für die genauen Abläufe und Verfahrensweisen im Handel, an der Börse und auf dem Geldmarkt: die „Verkleidungen" der Agiotage, die Techniken der Spekulation, die Tricks im Börsenspiel. Da er schon im Manuskript zum dritten Buch des *Kapital* (1864/65) angedeutet hatte, dass mit dem Aktienwesen „ein neuer Schwindel" entsteht, bei dem Unternehmungen „zum blossen Vorwand der Plünderung der Actionäre und der Selbstbereicherung" (MEGA II/4.2, 460) ins Leben gerufen werden, hielt er seine eigenen früheren Analysen (etwa über den Crédit Mobilier in den 1850er Jahren (dazu 3.3.2)) für ‚besser', als das, was die neuen Darstellungen bei Macleod und Aycard anzubieten hatten. Aber wie genau diese Plünderung in der „Praxis" abläuft, schien ihm weniger klar. Schon im Entwurf des Kapitels über das zinstragende Kapital von 1865 hatte er sich unzufrieden mit einem Titel (Morier Evans 1845) gezeigt, weil die dortige Darstellung wohl etwas beschönigend und brav ist und nur „sehr artige Details" enthält.[77] Dieses Buch hatte er, wie den Großteil des Materials, das sich im Manuskript zum dritten Buch des *Kapital* versammelt findet, in den *Londoner Heften 1850–53* (MEGA IV/7, 588–590) exzerpiert. Aber Theorie und „Praxis" des Aktienwesens und Börsenhandels waren in den 1840/50er Jahren vergleichsweise unterentwickelt und daher spielen diese Themen auch in Marx' Manuskript zum dritten Buch des *Kapital* noch keine allzu große Rolle. Das von Marx gesuchte Material lieferte *erst* die Krise von 1866. Wie ihre Vorgängerin brachte auch sie einige Dinge ans Tageslicht (Börsenspiel, Schwindel, *white-collar crime*), die ‚theoretisch' nicht völlig neu waren, aber durch den Umfang und Facettenreichtum der Praxis doch in einer nie zuvor gesehenen Klarheit hervortraten. Die Krise von 1866 hatte die gesteigerte Bedeutung der Sphäre von Börse und Finanz und die für sie typischen Praktiken enthüllt.[78] Darüber hinaus war es für Marx eine Selbstverständlichkeit, im zweiten *Kapital*-Band, den er Anfang der 1870er Jahre erscheinen

---

76 Engels bestätigte Marx' Gedanken am 17. April 1868: „Daß an der Agiotage theoretisch nichts Interessantes & Nichts Neues darstellbar ist, ist sicher. Es löst sich Alles in Prellerei unter falschen Vorspiegelungen auf, & da kann eben nichts wechseln als die Manier. Das Geheimmaterial der Geschichte des Credit Mobilier kann übrigens, & wird wahrscheinl. beim Sturz des Empire von selbst an den Tag kommen selbst wenn es ohne Intervention der Gerichte abgehn sollte." (MEGAdigital)
77 Die Stelle lautet: „Auf Basis der capitalistischen Production entwickelt sich ein neuer Schwindel mit den *wages of superintendence*, indem ausser dem wirklichen manager ein lot von Direktoren auftritt, die in der That die *superintendence* zum blossen Vorwand der Plünderung der Actionäre und der Selbstbereicherung machen. Hierüber findet man sehr artige Details in: *The City or the Physiology of London Business*" (MEGA II/4.2, 460). In der englischen Übersetzung des Marx'schen Manuskripts ist „sehr artige Details" irrtümlich als „[v]ery nice details" (Marx 2016, 491) wiedergegeben.
78 Engels legte in seiner Edition des dritten Bandes des *Kapital* nahe, dass Marx' Ausführungen zur Börse überholt seien: „1865 war die Börse noch ein *sekundäres* Element im kapitalistischen System." (MEW 25, 917) Aber er vergaß hinzuzufügen, dass Marx selbst in den Exzerpten von 1868/69 das Aktien- und Börsenwesen eingehend untersucht hat.

lassen wollte, keine 30 Jahre alten Geschichten aufzuwärmen, sondern seine früheren Überlegungen anhand des aktuellen Materials („actual denunciation") zu reformulieren und zu verbessern. Wieder zeigte sich Marx als weder modisch noch dogmatisch: Er wollte seinen alten Ansatz nicht einfach wiederholen, sondern ihn mithilfe der aktuellen Erscheinungen weiterentwickeln.

Aus diesem Grund bemängelte er an Aycards *Histoire du Crédit Mobilier*, dass auch aus ihr nicht hervorging, was genau der Crédit Mobilier eigentlich getrieben hatte. Er wollte einerseits von Engels Genaueres darüber wissen und setzte andererseits seine Hoffnungen auf das „Geheimmaterial", das bei der Abwicklung des Crédit Mobilier durch die Gerichte zutage gefördert würde. Die Publikation von solchem Material und Auskünfte über die herrschende Praxis waren auch von den englischen Organen des Geldmarkts zu erwarten: Insbesondere die in den 1860er Jahren mit dem Aktien- und Gründerboom entstandene *Money Market Review* setzte sich das Ziel, die tatsächlichen und potenziellen ‚Anleger' über die Machenschaften in der City of London aufzuklären (siehe MEGAdigital, Bd. IV/19, Einführung). Marx wird in seinen Exzerpten auch den Gerichtsprozess gegen die Direktoren der Diskontbank Overend, Gurney & Co. intensiv verfolgen (beziehungsweise durch seine Tochter Jenny dokumentieren lassen), denn er hoffte, dass vor Gericht ermittelt würde, wie die genauen Transaktionen von Overend beschaffen waren.

Marx' Interesse an den Techniken und Formen der Börsen- und Kredittransaktionen war von einer kritischen Absicht getragen: der „actual denunciation des Schwindels u. der commercial morals", die er in das „chapter über Credit" des dritten *Kapital*-Buchs integrieren wollte. Und dieses Vorhaben äußerte er explizit erst, als sein erstes Exzerptheft zur Krise von 1866 im Abschluss begriffen war. Man kann also davon ausgehen, dass Marx durch seine neuen Krisenstudien zu einem neuen Ziel veranlasst wurde oder zumindest einem womöglich schon früher verfolgten Vorhaben nun entschlossener nachgehen wollte. Wie zu zeigen ist, begriff er die Entlarvung des Schwindels – die eine genaue Kenntnis der Formen und Techniken der Spekulation voraussetzt – als einen Beitrag zur Entfetischisierung. Marx wollte den Schwindel nicht einer angeblich einwandfreien, gesunden Realwirtschaft gegenüberstellen; vielmehr verstand er darunter ein *notwendiges* Element des Aktienwesens. Der Schwindel ist eine für die kapitalistische Produktionsweise typische Technik der Verteilung des Mehrwerts, mit deren Hilfe sich das Geldmachen G–G′ ohne Vermittlung durch den Produktionsprozess temporär vollziehen lässt. Auf der konkreten Widerspruchsebene des Kredits und insbesondere des Aktien- und Börsenwesens stellt sich die kapitalistische Produktionsweise daher in einer Verkehrung dar. Hier herrschen nicht mehr Gleichheit, Freiheit, Bentham, aber auch nicht Arbeit, Produktion und Ausbeutung, sondern vielmehr Schwindel, Börsenspiel, Glücksrittertum und Geldraub. Es ist zu zeigen, dass diese Verkehrung nicht als bloßer Schein zu verstehen ist, sondern auf Verselbständigungsmomente verweist, deren Beschaffenheit und Grenzen Marx genau bestimmen wollte.

Um dem nachzugehen, was Marx darunter verstand, den Schwindel zu denunzieren, und warum er dies tun wollte, ist es unerlässlich, es ihm nachzutun und die charakteristischen Finanzformen und Techniken der Spekulation anhand konkreter Fälle zu untersuchen. In seinen Exzerptheften von 1868/69 informierte sich Marx umfassend über die Finanzgeschichte der 1860er Jahre: die Bewegungen des Geldmarkts (die Flüsse des *bullion*, die Diskontratenwechsel, die Ströme des verleihbaren Kapitals) und die Krise von 1866, Aktiengesellschaften, Börse (etwa Leerverkäufe), Banken, Kredit und nicht zuletzt über das, was damals „finance" genannt wurde: finanzielle Vermittlung durch spezielle Gesellschaften („finance companies"), Techniken der Hebelung, Ponzi Schemata und die vielen Facetten des *white-collar crime*.[79] In seinen Exzerpten von 1868/69 lässt sich erstmals Einsicht in Marx' Kenntnisse über Finanztechniken nehmen.[80] All diese Dinge waren nach der Krise von 1866 Tagesgespräch in den Organen des Geldmarkts. Es ist daher kein Zufall, dass Marx Ende 1868 seinen nachträglichen Streifzug durch die Organe des Geldmarkts gerade mit dem Jahrgang 1866 (und nicht etwa 1864 oder 1865) begann. Einerseits ging es ihm dabei um die Entstehung und den Verlauf der Krise von 1866; aber andererseits waren die interessanten Fälle in der „Praxis" erst *mit dieser Krise* an die Oberfläche und damit in die Spalten der Presse gelangt. Vor der Krise hatten die „Orakel" (Marx) des Geldmarkts keinen blassen Schimmer von den in der City lauernden Risiken. Marx findet daher Gefallen daran, in seinen Exzerpten aus den vor der Panik vom 11. Mai 1866 erschienenen Ausgaben die vielen unerfüllt gebliebenen „Prophezeiungen" (Marx) des *Economist* über den weiteren Verlauf des Wirtschaftsjahres 1866 festzuhalten, wonach der Kredit gesund sei und es ein „normales" Jahr werde.[81] Als er aus dem *Economist* vom 24. Februar 1866 exzerpiert, wie Bagehot dem englischen Publikum gönnerhaft die Solidität der amerikanischen Banken[82] versichern wollte, merkt er

---

[79] Siehe zu den verschiedenen Formen von Eisenbahn-, Aktien- und Bankbetrug im 19. Jahrhundert auch Robb (1992).
[80] Es mag hilfreich sein, diese Vorgänge zu kennen, bevor man wie Hudson (2014) die Marx'sche Theorie wegen einer vermeintlichen Unterentwicklung des Geldmarkts zu Marx' Zeiten für unbrauchbar zu einem Verständnis des ‚Finanzkapitalismus' des 21. Jahrhunderts erklärt: „Financial distortions such as stock watering and overcapitalization as a general policy by financial robber barons lay in the future. [...] in the 1860s it appeared that industry would shape financial evolution, not the other way around." (Hudson 2014, 49) Korrekt ist vielmehr, dass „the 1860s saw a blossoming not in industry but finance" (Gooch o. D.).
[81] Marx bezeichnet die Prophezeiungen des *Economist* aus dem Vorkrisenmonat April 1866, dass es ‚heutzutage' – wegen des besseren Managements der Bank of England und weil Unternehmenspleiten wegen *limited liability* keine größere Ansteckung mehr nach sich ziehen würden – kaum noch zu größeren Krisen kommen könne, als „köstliche Klugscheisserei" und „die ruling Dummheit im head des Economist" (MEGAdigital, Bd. IV/19, Heft „London. 1868", S. 43/44 u. 46).
[82] Da während des Amerikanischen Bürgerkriegs die Nordstaaten mit den *Greenbacks* inkonvertibles Staatspapiergeld in Umlauf gaben, vermuteten viele englische Kommentatoren gemäß ihren quantitätstheoretischen Vorstellungen, dass die neue Währung der Vereinigten Staaten entwertet sei

dazu an: „Dieser englische Aberglauben sehr schön! Die Krise war unter ihren Füssen, zu London – sie sahen sie aber nur *jenseits* des Atlantic. Und der friendly ‚*Economist*' sucht sie zu beschwichtigen durch Darstellung der Solidität des jetzigen amerikanischen Bankwesens!" (MEGAdigital, Bd. IV/19, Heft „London. 1868", S. 26) Im lauten Jubel der Prosperität war auch den englischen Organen des Geldmarkts kaum etwas über die verborgenen Vorgänge zu entnehmen, die sich im ‚Untergrund' der City abspielten.

Wie gesagt, war der Gründerboom in den 1860er Jahren eng mit dem Ausbau des Eisenbahnwesens verbunden. Marx begann im April/Mai 1868 im *Heft zum fixen Kapital und Kredit 1868* (MEGA IV/18) sich bei zwei Autoren näher über die Formen der *Railway Finance* zu informieren. Er exzerpierte aus Robert Hogarth Pattersons *The Science of Finance* (1868) und aus der zweiten, um ein Kapitel zur Finanzierung der Eisenbahngesellschaften ergänzten Auflage von *The Theory of Business* (1868) des heute vergessenen John Laing. Laing kritisierte die *Railway Finance* vom Standpunkt der *shareholder*, die durch die Machenschaften der Eisenbahngesellschaften um ihr Kapital betrogen worden seien. Viele Eisenbahnunternehmen hätten, so Laing, zwar begonnen Eisenbahnlinien zu bauen, aber dabei ein Verlustgeschäft betrieben und ihren Anteilseignern keinerlei Profit hinterlassen.[83] Laing bezeichnete das System der Kapitalisierung von Eisenbahnen als *Maskierung* – mit einer ähnlichen Metaphorik beschrieb Marx das fiktive Kapital im Wechselhandel der 1850er Jahre (dazu 3.4.3).[84] Die Eisenbahngesellschaften hätten, wie Marx exzerpiert, zu ihrer Kapitalisierung Regulierungsvorschriften umgangen und dabei zum Teil neuartige Techniken der (Schein-)Kapitalisierung entwickelt. Laing nennt fünf Formen von Papieren: *ordinary shares*, *debenture shares*, *preference shares*, *Lloyd's Bonds* und *pre-preference shares*.

Die *ordinary shares* (Stammaktien) sind die ursprünglich emittierten Anteile am Unternehmen. Eine Gesellschaft musste, um Aktien ausgeben zu können, einen Pros-

---

und eine Wirtschaftskrise daher in Amerika ausbrechen müsse. Beispielsweise hieß es im *Economist* vom 13. Januar 1866, dass nicht im englischen Gründerboom, sondern in der Entwertung der Greenback-Währung die Hauptursache der gegenwärtigen Wirtschaftsprobleme zu suchen sei (MEGAdigital, Bd. IV/19, Heft „London. 1868", S. 5).

83 „The original eight millions of the Great Eastern, instead of being worth double, are worth scarcely more than two, and the eight millions of the Great Western only a little over three." (Laing 1868, 250) Auch aus dem *Economist* vom 20. Januar 1866 exzerpierte Marx, dass 72% der Aktien von Gesellschaften mit beschränkter Haftung einen Kapitalverlust für die ursprünglichen Zeichner des Aktienkapitals bedeuteten. Dass der *Economist* nicht wahrhaben wollte, dass ein so großer Anteil an Wertpapieren „valueless or even unsound" sein könnte, lud Marx zu dem spöttischen Kommentar ein: „By no means, dear me!" (MEGAdigital, Bd. IV/19, Heft „London. 1868", S. 6).

84 „Railway companies have entered into unremunerative expenditure to an enormous extent. They have created new, or purchased already existing, lines between places whose traffic does not pay. Concurrently with this, many have been carrying on, under the appearance of placing various charges to capital account *a masked system of capital augmentation*" (Laing 1868, 250. Herv. TG).

pekt auslegen, in dem es der Öffentlichkeit seine geplanten Unternehmungen schilderte. Eine gezeichnete Aktie begründete für ihren Inhaber einen Anspruch auf eine Dividendenzahlung, die sich aus den Profiten der Aktiengesellschaft speisen sollte. Sobald die Hälfte der ausgegebenen *ordinary shares* vom Publikum gezeichnet wurde, waren die Gesellschaften dazu berechtigt, auch *debenture shares* (Anleihekapital) zu emittieren, die per Gesetz auf ein Drittel der gewöhnlichen Aktien beschränkt wurden (MEGA IV/18, 804). Laing stellte die *debenture shares* als „mortgage capital" vor: als zinstragende Papiere, die durch Hypotheken auf Eisenbahneigentum wie Schienen, Brücken, Lokomotiven, Züge, Bahnhofshäuser gedeckt und ‚abgesichert' sind.[85]

Hinzu kamen im Laufe einer Unternehmung die *preference shares* (Vorzugsaktien). Sie versprachen bevorzugte (höhere oder frühere) Dividendenzahlungen (MEGA IV/18, 804) und waren, anders als gewöhnliche Aktien, manchmal direkt realisierbar („callability") (Hennell 1867, 496). Meistens ging mit dem Erwerb einer Vorzugsaktie der Verzicht auf eine Stimmberechtigung einher. Die *preference shares* wurden im Zuge der Krise von 1866 mitunter durch *pre-preference stock* („priorisierte Vorzugsaktien") überschrieben. Dies war etwa der Fall bei der Eisenbahngesellschaft North British Railway Company, die im Mai 1867 das House of Commons um eine Konzession bat, als Kapitalisierungsmaßnahme *pre-preference shares* ausgeben zu dürfen, welche einfach vor die schon emittierten Vorzugsaktien platziert worden wären und diese damit entwertet hätten (MEGAdigital, Bd. IV/19, Heft „1868", S. 35/36). Die *Money Market Review* kritisierte dieses Vorgehen als eine Konfiszierung bestehenden Eigentums und als Marx davon las, dass das House of Commons die *pre-preference shares* tatsächlich zulassen wollte, bemerkte er dazu: „Es war also Bande im H. o. C., die durch Confiscation sich zu Spottpreis in Besitz der Railways setzen und die existirenden Proprietors expropriiren wollte" (MEGAdigital, Bd. IV/19, Heft „1868", S. 54). Hier waren also weitere Profiteure der Panik ermittelt, welche die Krise zu einer Expropriation der bestehenden Eigentümer nutzen wollten.

Lloyd's Bonds schließlich – benannt nach ihrem Erfinder, dem Parlamentarier Horace Lloyd (Dictionary of Political Economy 1915, II, 620) – waren von Eisenbahngesellschaften ausgegebene Garantiescheine. Weil es den Eisenbahngesellschaften gesetzlich verboten war, die ihnen in monetärer Form gewährten Kredite und Vorschüsse in neue ‚Sicherheiten' (das heißt Schulden in Kredite) umzuwandeln, begannen sie, nicht-monetäre Vorschüsse (wie Schienen, Bahnhofsgebäude usw.) zu finanzialisieren und umgingen auf diese Weise die gesetzlichen Regelungen (MEGA IV/18,

---

[85] Weil mit höherem Risiko behaftet, hatten Dividenden auf *debentures* gegenüber den *ordinary shares* Priorität (vgl. Hennell 1867; Dictionary of Political Economy 1915, I, 501–503). Vor der Krise von 1857 wurden Hypotheken auf amerikanisches Farmland in der Wall Street verbrieft (siehe 3.4.1).

805).⁸⁶ Die *Lloyd's Bonds* wurden häufig zur ‚Zahlung' der Eisenbahnbau-Magnaten („contractors") genutzt, das heißt, sie stellten ein von der Eisenbahngesellschaft selbst ausgegebenes verbrieftes Versprechen auf Zahlung noch zu bauender Schienen dar. Alle fünf Formen von Wertpapieren waren zinstragend und handelbar. Die *Lloyd's Bonds* etwa wurden von den Eisenbahnbauunternehmen als ‚Sicherheit' an die Finanzgesellschaften und Banken wie Overend, Gurney & Co. verliehen, die dafür im Gegenzug zum Aufschlag einer Kommission eigene Bankakzepte („acceptances") ausgaben, die der Eisenbahn-Kontraktor an anderer Stelle in ‚Geld' (Wechsel, Sicherheiten, Staatsanleihen) verwandeln konnte. Das heißt: Papiere, die auf einem bloßen Zahlungsversprechen einer Eisenbahngesellschaft für noch nicht gebaute Schienen, Bahnhofsgebäude, Lokomotiven, Tender usw. beruhten, wanderten massenhaft an die Londoner Finanzmärkte.

Die finanzielle Vermittlung, wie sie die Finanzgesellschaften vollbrachten, begriff Marx im Entwurf des Kapitels über das zinstragende Kapital von 1865 als das Schaffen von „facilities, die blos technische Vermehrung des *loanable monied Capital* für die Creditschwindeleien gewährt" (MEGA II/4.2, 549). Es sind Techniken, die das zur Verfügung stehende *monied capital* durch eine Verlängerung der Kreditketten und die Umwandlung eines Schuldtitels in einen anderen (der sich dann verdoppelt, verdreifacht, vervierfacht usw.) vermehren (dazu 3.4.3). Finanzielle Mediation bläst den Kredit auf.

Was war neu an den Finanzgesellschaften der 1860er Jahre? Der von Marx exzerpierte Patterson versuchte, *finance* als eine neue Form von *currency* (Währung) zu affimieren.⁸⁷ Er wollte laut Eigenaussage keine nähere Auskunft über „the precise form of the transaction" (MEGA IV/18, 802) geben, wie Marx notierte, und über das Prinzip von *finance* nur so viel, dass diese Finanzgesellschaften ‚Extrasicherheit' gewährleisten würden (siehe MEGA IV/18, 800–802). Anders als Patterson stand Laing nicht auf dem „bornirten Standpunkt des Banquierclerks",⁸⁸ sondern kritisierte im

---

86 „[A] Lloyd's bond is simply an agreement between a company and any person to whom they may owe money, whether for land or goods or services performed, that instead of paying at once, they are to pay in three or four years' time with interest. Thus the company cannot borrow money, but they borrow money's worth, which comes to the same thing." (Hennell 1867, 491) In einem Akt der Geldmarktregulierung sprach der *Railway Companies Act* (30 & 31 Vict., c. 127) von 1867 den *debenture shares* den Vorrang vor den *Lloyd's Bonds* zu, die ein größeres spekulatives Element enthielten und durch die Regulierung bald nach der Krise verschwanden.

87 Neben eine *commercial currency* (allen voran Wechsel) und eine *banking currency* (wie Bankkredite, die auf Wechseln und Depositen beruhen) stellte Patterson die *financial currency* mit ihren von Firmen ausgegebenen „bonds of various kinds" wie Aktien, Akzeptscheinen und *Lloyd's Bonds*.

88 Nach der Lektüre kritisierte Marx in Manuskript II zum zweiten Buch des *Kapital* die „Neusten besonders schottischen Oekonomen, die alles v. unsäglich bornirten Standpunkt des Banquierclerks betrachten, wie Mac Leod, Patterson etc" (MEGA II/11, 178). Macleod und Patterson exzerpierte er parallel zu Laing im *Heft zum fixen Kapital und Kredit 1868*, aber letzterer ist von der Kritik ausgenommen. Auch als Marx diese Exzerpte zu einem späteren Zeitpunkt noch einmal durchging, fügte er den

Gegenteil alle Aktienformen, die auf die ursprünglichen Stammaktien folgten, als von den Direktoren der Eisenbahngesellschaften organisierten Betrug an den ersten *shareholders* der Unternehmen, gewissermaßen als Plünderung der Aktionäre. Mit der Krise von 1866 hatten sich die Eisenbahngesellschaften als unprofitabel („unsatisfactory") für ihre Eigentümer erwiesen (Laing 1868, 248). Laing bezichtigte die Direktoren der Eisenbahngesellschaften des Missmanagements zum Zweck der Selbstbereicherung. Er konnte vom Standpunkt der *shareholders* besser als Patterson über die neusten Techniken der Kapitalbeschaffung und Kreditmobilisierung informieren und vernebelte die „Praxis" nicht durch affirmative Wortschöpfungen wie *finance*. In Manuskript II zum zweiten Buch des *Kapital* fand Marx, dass sich der Ausdruck *to finance* schon im parlamentarischen Untersuchungsausschuss von 1857 eingebürgert hatte und kommentierte den dort nachweisbaren Satz „[t]hat is the way that the builder generally *finances*" mit den Worten: „Also dieß Wort schon völliges Bürgerrecht 1857!" (MEGA II/11, 185)[89] Damit hatten sich Pattersons Ausführungen über die Neuartigkeit der finanziellen Mediation desavouiert. Was die ‚neuen' Finanzgesellschaften auszeichnete, war einfach, dass sie gegen alles liehen, selbst gegen *Lloyd's Bonds*.

Wie begriff Marx dagegen Aktie und Börse? Im Entwurf des Kreditabschnitts von 1865 sah er die Aktiengesellschaften durch drei Eigenschaften charakterisiert. Sie ermöglichen, erstens, eine ungeheure Ausdehnung der Stufenleiter der Produktion und überschreiten die Grenzen eines Privatkapitals. Zweitens erhält das Kapital in den Aktiengesellschaften als „Capital direkt associirter Individuen" die Form von Gesellschaftskapital. Schließlich trennen die Aktiengesellschaften der Form nach das Eigentum von seiner Verwaltung, wodurch der Kapitalist zu einem bloßen Direktor, Manager und Verwalter einer Firma wird, die ihm nicht gehört, und der Kapitaleigentümer sich in einen bloßen *shareholder* verwandelt, der zu einem Spekulanten wird und – wie auch Laing beschrieb – die Kontrolle über den Produktionsprozess an die Verwalter und Manager abtritt (siehe MEGA II/4.2, 502; dazu Kim 1999, 98). Aus diesen Gründen bezeichnet Marx das Aktienwesen als das „Resultat der capitalistischen Production, in ihrer höchsten Entwicklung" (MEGA II/4.2, 502) und als die

> *Aufhebung der capitalistischen Productionsweise innerhalb der capitalistischen Productionsweise* und daher ein sich selbst aufhebender Widerspruch, der prima facie als blosser Uebergangspunkt zu einer *neuen* Form der Productionsweise sich darstellt. Als solcher Widerspruch stellt er

---

Abschnitten zu den neuen Finanzformen bei Laing deutlich mehr Unterstreichungen und Randanstreichungen mit Blaustift hinzu als den Auszügen aus Patterson zu dem gleichen Thema (vgl. MEGA IV/18, 800–802 u. 804–806).

[89] Auch der *Economist* hatte in seiner Ausgabe vom 10. März 1866 behauptet, dass das Verb „to finance" erst 1864 erfunden worden sei: „The *year 1864* was remarkable for several things, and one of the most characteristic was the invention of a new verb. ‚Finance' used to be a substantive only in English, but it then became a verb also" (MEGAdigital, Bd. IV/19, Heft „London. 1868", S. 32). Nachgeplappert wird Bagehots Irrtum bei seinem Biographen Grant (2019, 157).

sich dann auch in der Erscheinung dar. Er stellt in gewissen Sphären das *Monopol* her und sollicitirt daher *Staatseinmischung*. Er reproducirt eine *neue Finanzaristokratie*, neues Parasitenpack in der Gestalt der Unternehmungsprojectors und Directors (blos *nomineller* managers); ein ganzes System des Schwindels und Betrugs mit Bezug auf den Aktienhandel, ihre Ausgabe etc. Privatproduction ohne die Controlle des Privateigenthums. (MEGA II/4.2, 503).

In seinen Artikeln über den französischen Crédit Mobilier aus dem Jahr 1856 charakterisierte Marx die Form der Aktiengesellschaft ganz ähnlich[90] und „the application of joint-stock companies to industry" verstand er als „a new epoch in the economical life of modern nations" (MECW 15, 21). Die typischen Gestaltungen dieser „neuen Epoche" in der ökonomischen Entwicklung der modernen Gesellschaft – dem „industriellen Feudalismus", einem entprivatisierten Kapitalismus (dazu 3.3.2) – untersuchte Marx ausführlicher in den Exzerpten von 1868/69: die Verkomplizierung und Versachlichung der Klassenverhältnisse (Kapitalfunktionen werden von Lohnabhängigen (Managern) ausgeübt und Lohnabhängige werden durch Aktienerwerb zu Kapitalbesitzern); Monopolbildung und die herausgeforderte Staatseinmischung; die Verwandlung der Kapitalisten in Direktoren und von Kapitaleigentümern in *shareholder* und Spekulanten. Worauf es im Folgenden ankommt, ist, dass der Aktienform ein gegenüber dem Wechsel und seinen Derivaten höherer Grad der monetären Verselbständigung zukommt und sich daher laut Marx „ein ganzes System des Schwindels und Betrugs mit Bezug auf den Aktienhandel, ihre Ausgabe etc" entwickelt.

Marx' Auffassung nach unterscheiden sich „Aktien aller Art [...] wesentlich von den Wechseln" (MEGA II/4.2, 520). Worin besteht dieser wesentliche Unterschied? Der Wechsel ist ein „Schuldpapier" (MEGA II/4.2, 413), eine Schuldforderung, die Aktie aber – sofern sie keinen Schwindel repräsentiert (dazu später) – ein *Eigentumstitel*

---

[90] „On the one hand it has revealed the productive powers of association, not suspected before, and called into life industrial creations, on a scale unattainable by the efforts of individual capitalists; on the other hand, it must not be forgotten, that *in joint-stock companies it is not the individuals that are associated, but the capitals. By this contrivance, proprietors have been converted into shareholders, i.e., speculators.* The *concentration of capital has been accelerated*, and, as its natural corollary, the *downfall of the small middle class.* A sort of *industrial kings* have been created, whose power stands in inverse ratio to their responsibility – they *being responsible only to the amount of their shares*, while *disposing of the whole capital of the society* – forming a more or less permanent body, while the mass of shareholders is undergoing a constant process of decomposition and renewal, and enabled, by the very disposal of the joint influence and wealth of the society, to bribe its single rebellious members. Beneath this *oligarchic Board of Directors* is placed a bureaucratic body of the *practical managers* and *agents* of the society, and beneath them, without any transition, an enormous and daily swelling mass of *mere wages laborers* – whose dependence and helplessness increase with the dimensions of the capital that employs them, but who also become more dangerous in direct ratio to the decreasing number of its representatives. It is the immoral merit of Fourier to have predicted this form of modern industry, under the name of *Industrial Feudalism*." (MECW 15, 21. Herv. TG)

und damit eine Anweisung auf die Früchte zukünftiger Arbeit (MEGA II/4.2, 525).[91] Marx schreibt im Entwurf des Kreditabschnitts von 1865:

> Die Papiere, welche die Eigenthumstitel auf dieses Capital vorstellen, die *Actien* z. B. von Eisenbahn- Bergwerks- Schiffahrts- Bank- etc gesellschaften, stellen wirkliches Capital vor, nämlich das in diesen Unternehmungen functionirende (angelegte) Capital, oder die Geldsumme, die von den Sociétaires vorgeschossen ist, um als Capital in solchen Unternehmungen verausgabt zu werden. (Sie können natürlich auch blossen Schwindel vorstellen.)[92] Aber dieß Capital existirt nicht doppelt, einmal als *Capitalwerth* der Eigenthumstitel, der *Aktien,* und das andremal als das in jenen Unternehmungen wirklich angelegte oder anzulegende *Capital.* Es existirt nur in der letztern Form und die Aktie ist nichts als ein *Eigenthumstitel* auf den von ihm zu realisirenden Mehrwerth. [...] Die *selbstständige* Bewegung des *Werths* dieser *Eigenthumstitel,* seien es Staatseffekten oder Aktien bestätigt den *Schein,* als bildeten sie wirkliches Capital neben dem Capital, oder dem Anspruch, worauf sie Titel sind. (MEGA II/4.2, 523)

Der Wechsel bezieht sich seiner Form nach auf eine Ware oder eine Warensammlung, die Aktie auf ein ganzes Unternehmen. Breda (2019, 424/425) versteht den Übergang vom Wechsel zur Aktie als zwei Stufen der Kommodifizierung: Im zinstragenden Kapital wird Kapital zur Ware; im Aktienkapital aber wird ein Titel auf das Kapital zur Ware und mit einem selbständigen Marktwert handelbar. Bei der Aktie gibt es keinen Schuldner mehr, das heißt, das Gläubiger-Schuldner-Verhältnis hat sich in der Aktienform vollkommen versachlicht und redimensioniert – es bezieht sich auf ein Gesellschaftskapital. Wenn es, wie im Wechselhandel, einen zur Zahlung verpflichteten Schuldner gibt, unterstellt dies einen gewissen Bezug zum Vorhandensein von wirklichem Reichtum in der Gegenwart. Mit dem Schuldner fällt bei der Aktienform dieser Bezug weg: Die Finanzierung bezieht sich allein auf in der Zukunft zu erzielenden

---

[91] So wie nach Marx Staatsanleihen „kein Capital, sondern blosse *Schuldforderungen*" darstellen, sind „*mortgages* blos Anweisungen auf künftige Rente" und Aktien „blosse Eigenthumstitel, die zur Perception künftigen Surplusvalue berechtigen; alle diese Dinge sind kein *Capital*; sie bilden keine Bestandtheile des productiven Capitals; sind auch an sich keine *Werthe*" (MEGA II/4.2, 517). – „Alle diese Papiere stellen in der That nichts vor als ‚*accumulated claims upon production*', deren Geld- oder Capitalwerth entweder gar kein Capital repräsentirt, wie bei den Staatsschulden, oder von dem *Werth des wirklichen Capitals,* das sie vorstellen, unabhängig regulirt wird. In allen Ländern von capitalistischer Production existirt eine ungeheure Masse des s. g. *Zinstragenden* oder *moneyed Capital* in dieser Form. Und unter *Accumulation* des *Geldcapitals* ist zum grossen Theil nichts zu verstehn als Accumulation dieser ‚claims upon production' und Accumulation des *Marktpreisses* (des illusorischen Capitalwerths) dieser claims." (MEGA II/4.2, 524)

[92] Engels hat dem Schwindel das systematische Moment genommen, indem er diesen Satz verändert hat zu: „Wobei keineswegs ausgeschlossen ist, daß sie auch bloßen Schwindel vorstellen." (MEW 25, 484) Was bei Marx eine Selbstverständlichkeit ist („können natürlich auch blossen Schwindel vorstellen"), erscheint in Engels' Edition lediglich als Möglichkeit („keineswegs ausgeschlossen"). Diese willentliche Verschiebung ist ein weiteres Indiz dafür, dass Engels die Bedeutung monetärer Faktoren in Marx' Theorie verkannt hat (dazu 4.2.2; Graßmann 2021).

Mehrwert. Der ‚Schuldner' ist gewissermaßen der zukünftige Reichtum, der mit der Aktie schon diskontiert worden ist.

Laing bot in *The Theory of Business* einen Überblick über die in den 1860er Jahren mit der Eisenbahnmanie verbreiteten Gestaltungen der *Railway Finance*, war Marx aber nicht präzise genug, weil er die wirklichen Transaktionen zwischen Banken, Bauunternehmern, Finanz- und Eisenbahngesellschaften ebenso wenig untersuchte wie die Tricks an der Börse und die verschiedenen Verkleidungen der Agiotage. Marx begann sich daher für die Praxis und die Abläufe zu interessieren. Dies ist ein Grund, aus dem er Ende 1868 intensiv die Organe des Geldmarkts durchging und sich den konkreten Stoff aneignete, den die Krise von 1866 enthüllt hatte. Er wurde in dieser Frage noch bei einem weiteren von der Geschichte vergessenen Schriftsteller fündig: Malcolm Ronald Laing Meason. Meason war Journalist und karikierte den Gründerschwindel in Charles Dickens' literarischer Zeitschrift *All the Year Round*. Seine Beiträge waren weder wissenschaftliche Abhandlungen noch journalistische Artikel, sondern satirische Pamphlete in Form fiktiver Erzählungen.

Marx besaß zwei Bücher von Meason in seiner persönlichen Bibliothek und damit dessen gesamte Beiträge zum Gründerboom der 1860er Jahre. Meason versammelte seine Texte aus *All the Year Round* zu dem Buch *The Bubbles of Finance* (1865) und legte nach der Krise von 1866 mit *The Profits of Panics* (1866) ein weiteres Werk mit Erzählungen vor. In seinen Geschichten ließ er fiktive Charaktere Banken gründen, Eisenbahnlinien bauen, an der Börse spekulieren und auf diese Weise stellte er die Geschäftspraxis auf dem englischen Geldmarkt eindrücklich dar. Meason wollte dadurch entlarven, dass Händler, Bauunternehmer und Bankkaufleute ihre Geschäfte ‚ohne eigenes Kapital' und auf Basis einer fiktiven Kreditliquidität führen, die sie durch gezieltes Fälschen von Prospekten und Bilanzen, das Verbreiten von Gerüchten und Falschmeldungen, den Einsatz von Strohmännern, das Verschweigen von Informationen, Scheck- und Wechselbetrug, fingierte Geschäfte, Scheintransaktionen, Hebeltechniken und Leerverkäufe steuern. Die Finanzkrisen sind für Meason Resultat dieses Schwindels. Die manipulative Tat Einzelner bringt Aktienkurse und ganze Banken zu Fall, Crashs werden bewusst herbeigeführt. Meason (1866, 30) nennt dies das „working for the monetary crisis" oder das „panic-working".

Measons Erzählungen wurden nicht nur von Dickens, sondern auch von Marx aufmerksam gelesen. Es gibt keine direkten Kommentare von Marx zu Meason, aber er hat beide Bücher besessen und insbesondere *The Bubbles of Finance* mit Anstreichungen übersät.[93] Ende 1868 exzerpierte er aus einer Rezension zu Measons *The Profits of Panics*, die in der *Money Market Review* vom 21. Juli 1866 erschienen war: „The

---

93 Kopien der Exemplare aus Marx' Bibliothek mit den Marginalien von Marx können in Berlin in der „Stiftung Archiv der Parteien und Massenorganisationen der DDR im Bundesarchiv" (SAPMO) eingesehen werden (siehe MEGA IV/32, Nr. 885 u. 886).

writer of ‚*Profits of Panics*' has *substantially written the truth* ... there is no doubt whatever." (MEGAdigital, Bd. IV/19, Heft „London. 1868", S. 199) Eines der stimmgewaltigsten Organe des englischen Geldmarkts erklärte die literarischen Ausführungen Measons für über allen Zweifel erhaben. Meason konzentrierte sich in The Profits of Panics auf die Krise, welche bestimmte Spekulanten bewusst initiieren, um von ihr zu profitieren, weil sie zuvor durch Leerverkäufe auf fallende Kurse gewettet hatten. Marx' auffälliges Interesse an der Krisenverschärfung, den Profiteuren der Panik und der Börsenspekulation in seinen Studienheften von 1868/69 korrespondiert mit den Themen, die auch Meason beschäftigten.

Es verdient eine kurze Bemerkung, dass Marx Literatur, eine künstlerische Erschließung der Welt, als Quelle heranzog, um etwas über den Kapitalismus zu lernen.[94] Er hatte selbst beabsichtigt, sich literarischer Stilmittel zu bedienen und den Verlauf der Krise von 1857 locker in die Form einer Chronique Scandaleuse einzupassen (dazu 3.4.1). Für sein neues Anliegen der „denunciation des Schwindels" erwiesen sich Measons satirische Enthüllungen über das Treiben in der Londoner City deshalb als hilfreich, weil die Praktiken eindringlicher als in der Wirtschaftspresse und als bei Laing, Macleod und Patterson beschrieben wurden, wo die Verkleidungen der Agiotage entweder bloß angedeutet oder schlichtweg verschwiegen waren.[95] Die Form der Satire dagegen ist grotesk und plastisch zugleich und kann durch Übertreibung die Manier besonders anschaulich hervorbringen. Das Humoristische der Bücher Measons entsteht dadurch, dass die Vorgänge bis zur Karikatur zugespitzt werden. Aberwitzige *schemes* werden erfunden, Tatsachen verdreht und Prospekte geschönt; die Mitglieder der bürgerlichen Gesellschaft erscheinen als um keinen Vorwand verlegen, sich wechselseitig übers Ohr zu hauen.

In *The Profits of Panics* beschreibt Meason unter anderem „the art of 'bearing'" (Meason 1866, 33). Beim *bearing* werden Aktienkurse mit einem ganzen Arsenal an Methoden vorsätzlich und entschlossen herabgedrückt. Die Spekulanten, die *bears*, profitieren vom fallenden Kurs durch zuvor getätigte Leerverkäufe. Schon damals war es an der Londoner Börse möglich, eine beliebige Aktie zu einem bestimmten Termin in der Zukunft zu verkaufen, ohne bei Abschluss des Geschäfts in ihrem Besitz zu sein. Beim *bearing* verkauft man zu einem Termin einhundert Aktien einer als Op-

---

94 In der *Einleitung* von 1857 führte Marx neben der Wissenschaft andere Weisen der Weltaneignung auf: „Das Ganze wie es im Kopf als Gedankenganzes erscheint ist ein Product des denkenden Kopfes, der sich die Welt in der ihm einzig möglichen Weise aneignet, einer Weise, die verschieden ist von der künstlerisch-, religiösen-, praktisch-geistigen Aneignung dieser Welt." (MEGA II/1, 37) Die künstlerisch-geistige Erschließung der Welt ähnelt der „praktisch-geistigen" Aneignung der Welt, wie sie Friedrich Engels beherrschte: ein Wissen darum, *wie* die Dinge sich verhalten. Die theoretisch-wissenschaftliche Weise kümmert sich demgegenüber um das *Was* und *Warum* (Lindner 2013, 244).
95 „[M]y fiction has something more than a mere foundation upon facts that have come under my own knowledge." (Meason 1866, 69)

fer auserkorenen Aktiengesellschaft zu einem Preis von zum Beispiel 10 Pfd. St., wobei die Aktien bei Abschluss des Handels bei zum Beispiel 20 Pfd. St. liegen. Der Leerverkauf ist eine reine Spekulation auf Kursschwankungen von Aktien: Spekuliert wird in diesem Fall auf einen Preissturz der erworbenen Aktien zwischen dem Abschluss des Geschäfts und dem Termin des Verkaufs. Können die Aktien vor dem Verkaufstermin für einen niedrigeren Preis als 10 Pfd. St. erworben werden, haben die *bears* Gewinn gemacht. Meason beschreibt nun, was die *bears* in der Zwischenzeit unternehmen, um den Aktienkurs herunterzubringen: Sie ruinieren den Ruf des Unternehmens, indem sie, unter Einsatz von Strohmännern, von Makler zu Makler gehen und Gerüchte streuen, über geplante Aktienverkäufe munkeln, falsche Telegramme verschicken, die Zahlungsprobleme verkünden, üble Nachrede in den Zeitungen lancieren oder die Firma beim Court of Chancery für zahlungsunfähig anzeigen (Meason 1866, 38/39). Die *bears* hoffen, die Anleger mittels dieser Methoden zum Verkauf der Aktien zu bewegen und auf diese Weise einen Kursfall herbeiführen zu können.

Ein Nachteil der literarischen Darstellungen von Meason ist eine gewisse Unterkomplexität: Die *bears* als Subjekte der Handlung erfahren nie Widerstände, sondern können tun und lassen, was sie wollen. Meason würde diesem Einwand wahrscheinlich entgegnen, dass die *bears* nicht so leichtes Spiel hätten, wenn das Geschäft an der Börse solide wäre.[96] Weil es angeblich gute Dienste leistete und illegitime Geschäfte enttarnte, erklärten Patterson (1868, 227) und der *Economist* das *bearing* auch für eine legitime Operation, was Marx in seinen Exzerpten mit einem Verweis auf ein Gedicht von Heinrich Heine aufs Korn nimmt: „Sehr charakteristisch! Eine Infamie stets checked by a still worse infamy! Dieß ist satte Tugend und zahlungsfähige Moral." (MEGAdigital, Bd. IV/19, Heft „London. 1868", S. 76)

In Measons Satire befindet sich das gesamte gesellschaftliche Vermögen in den Händen von rücksichtslosen Börsenwölfen an der Londoner Börse in Capel Court. Ähnlich dachte Marx 1865 im Entwurf des Kreditabschnitts des dritten *Kapital*-Buchs:

> Abgesehn von dem Aktienwesen [...] bietet der Credit dem einzelnen Capitalist oder reputed capitalist eine, relativement parlant, absolute Verfügung über *fremdes Capital* und *fremdes Eigenthum* (und dadurch über fremde Arbeit.) Verfügung über gesellschaftliches, nicht eignes Capital, giebt ihm Verfügung über gesellschaftliche Arbeit. Das Capital selbst, or the „reputed capital", wird nur noch die Basis zum Creditüberbau. [...] Alle Maaßstäbe und mehr oder minder innerhalb der kapitalistischen Productionsweise noch berechtigten Explicationsgründe verschwinden hier. Was er *riskirt*, ist gesellschaftliches, nicht sein Eigenthum. (MEGA II/4.2, 503)

---

[96] Meason (1866, 42) unterbreitete in seinen Erzählungen gleichwohl Regulierungsvorschläge, mit denen die Leerverkäufe zu unterbinden wären: Wenn alle Berechtigungsscheine nummeriert und damit identifizierbar würden, dann „no sale is made unless the numbers are specified". Solche Überlegungen zur Regulierung entstanden tatsächlich nach der Krise von 1866 (MEGAdigital, Bd. IV/19, Heft „London. 1868", S. 76 u. 123).

Der Aktienkapitalist ist nicht mehr nur der Eigentümer der Produktionsmittel, sondern operiert mit fremdem Kapital. Ein scheinbarer Kapitalist, ein ‚Gründer' oder Industriekönig, dessen Macht im umgekehrten Verhältnis zu seiner Verantwortlichkeit steht, riskiert Gesellschaftskapital.[97] Aber als Basis des Kreditüberbaus fungiert nicht nur wirkliches Kapital, sondern auch „reputed capital", scheinbares Kapital, Schwindel. Nicht nur das Sein, auch der *Schein* bestimmt den Kredit. Das Aktienwesen ist durch eine viel größere Unabhängigkeit vom industriellen Zyklus und den eigentümlichen Bewegungen des *monied capital* charakterisiert. So schrieb Marx 1865:

> der Credit giebt diesen Wenigen [Expropriateuren] immer mehr den Charakter reiner Glücksritter. Da das Eigenthum hier in der *Form der Aktie existirt*, wird sein movement selbst, sein transfer, *reines Resultat des Börsenspiels*, wo die kleinen Fische von den Haifischen und das Schaaf von dem loup garou verschlungen wird. (MEGA II/4.2, 504. Herv. TG)

Wenn das Eigentum die Form der Aktie annimmt, wird dessen Bewegung durch das *Spiel* an der Börse (und nicht etwa durch Arbeit) reguliert. Marx strich in seinem Handexemplar von *The Profits of Panics* über das „share-gambling" an: „The system is nothing more or less than the offering of a premium upon swindling; for say what we may, it is very certain that it is dishonest for a man to sell what he has not got, and trust to his ingenuity to run down the property of others in order that he may buy cheap." (Meason 1866, 43) An der Börse, so Marx im Einklang mit Meason, verschwinden alle Maßstäbe und durch Schein, Spiel und Schwindel wird Gesellschaftskapital riskiert.

Das spekulative Moment geht für Marx also nicht nur vom Handel oder der Industrie aus, sondern auch vom Kreditsystem und der Börse. Daher kann eine Finanzkrise allein durch das Börsenspiel – in der Sphäre von „Bank, Börse, Finanz" (MEGA II/5, 94) – entstehen. In seinen Exzerpten bemerkt Marx etwa, dass infolge einer Panik durch Leerverkäufe sogar gute Sicherheiten verkauft werden („panic selling")[98] und in seinem Handexemplar von *The Profits of Panics* streicht er an, dass der Aktienkursfall zu Depositenabzug und damit zur Geldklemme führen kann: „The very fact of the shares falling in value causes a withdrawal of deposits, which, as the depreciation of the former continues, gradually increases in pace, until it becomes a regular run upon the establishment." (Meason 1866, 42)[99] Den Depositenabzug betrachtete Marx in *Reflection* (2.5.2) und zu Beginn der Krise von 1857 (3.4.2) allein als Ergebnis

---

[97] Marx erkannte hier im Grunde, dass Kreditinstitute *too big too fail* werden: „Credit would come to embody social, not private risks." (de Paula et al. 2016, 200) Auch in dieser Hinsicht sollizitiert das Aktienwesen unweigerlich die Staatseinmischung.

[98] „Uebrigens, wenn der Economist sagt, daß no good concerns ruined durch die bears, so massenhaft private possessors of good securities frenzied into selling them." (MEGAdigital, Bd. IV/19, Heft „London. 1868", S. 76)

[99] Dies war in der Krise von 1866 tatsächlich der Fall (Foucaud 2011).

einer versagenden Kreditquelle infolge von Verkaufsschwierigkeiten im Handel. Daher ist diese Marginalie wichtig, weil der Fall von Aktienkursen einem Misskredit gleichkommt, der nicht aus Absatzproblemen entsteht, sondern eben aus dem Börsenspiel.

Meason stellte neben dem Börsenspiel auch die Verschlingungen zwischen Eisenbahn- und Finanzgesellschaften auf lebendige Weise dar. In den 1860er Jahren wandten sich Eisenbahngesellschaften und Bauunternehmer zur Kapitalisierung vermehrt den *Finance Companies* zu (Cottrell 1975). In einer Geschichte beschreibt Meason dies wie folgt. Der Eisenbahnbauunternehmer Delk will eine Eisenbahnlinie errichten und benötigt dazu 200 000 Pfd. St.; er selbst hat so gut wie keine finanziellen Mittel. Um eine Konzession vom Parlament für seine Unternehmung zu erhalten, ist er gesetzlich dazu verpflichtet, beim Hauptbuchhalter 16 000 Pfd. St. (8% der Gesamtsumme) zu hinterlegen. Er schickt seinen Anwalt mit dem Namen Maybe nach London, der nach drei Tagen mit einer Quittung zurückkehrt, welche den Eingang des Geldes bestätigt. Maybe hat die 8% nicht in bar, nur in britischen Staatsanleihen *Consols* hinterlegt, an die er durch die Vermittlung von Finanzgesellschaften gekommen ist. Mit 480 Pfd. St. in bar konnte er Staatsanleihen in Höhe von 16 000 Pfd. St. zu einer Kommission von 3% von der Finanzgesellschaft *leihen*. Die Direktoren der Finanzgesellschaft wurden im Gegenzug zu Direktoren der Eisenbahngesellschaft erklärt.[100] Die Eisenbahngesellschaft gibt anschließend Stammaktien im Belauf von 200 000 Pfd. St. aus, erhält dafür aber tatsächlich nur 10 000 Pfd. St.; 190 000 Pfd. St. bleiben von den Aktionären abrufbar.[101] Delk schließt mit der Gesellschaft einen Vertrag zum Bau der Linie ab und erhält die zehntausend Pfund innerhalb von drei Monaten sowie die eingezahlten Aktien, für die er bei einer zweiten Finanzgesellschaft Bankakzepte im Wert von 150 000 Pfd. St. bekommt, die nach sechs Monaten zu hohem Diskontsatz erneuerbar werden, wodurch die Bank zur Schuldnerin wird, zur Bezogenen. Die Bankakzepte schließlich kann er von einem Wechselmakler oder einer Diskontbank wie Overend diskontieren lassen. Die Eisenbahngesellschaft führt indes eine weitere Kapitalisierung mit *debenture*-Aktien (für noch zu bauende Schienen) zu 6,5% Zinsen durch. Die gezeichneten *debentures* können bei einer anderen Finanzgesellschaft wieder zu Geld gemacht werden.

---

100 Solche personellen Überschneidungen kamen häufig vor. Der Eisenbahnbauunternehmer Peto etwa war ein Hauptanteilseigner der Finanzgesellschaft Imperial Mercantile Credit Co. (Cottrell 1975, 30).

101 Damals zahlten Aktionäre beim Erwerb einer Aktie nicht selten nur einen Teil des nominalen Aktienwerts ein: Eine Aktie mit Nominalwert von zwanzig Pfund Sterling wurde oftmals nur mit fünf Pfund Sterling gezeichnet und das Unternehmen konnte zu einem späteren Zeitpunkt mit einem Aufruf („call") die Differenz (oder einen Teil von ihr) einfordern. In diesem Sinne waren die Aktionäre doch ‚Schuldner', aber dies hing nicht wesentlich mit der Aktienform zusammen, bloß mit der spezifischen Weise ihrer Ausgabe in den 1860er Jahren.

Delk konnte allein auf der Basis einer windigen Geschäftsidee – eigentlich existierten bereits zwei Eisenbahnlinien auf der zu errichtenden Strecke – und 480 Pfd. St. zunächst Aktienkapital in Höhe von zehntausend Pfd. St. anwerben und diese wiederum durch Vermittlung der Finanzgesellschaften zu einer Kreditsumme von über einhunderttausend Pfd. St. in seinem *capital account* hebeln. Dies meinte Marx, als er schrieb, dass das scheinbare Kapital den Kreditüberbau mitbestimmt. In Measons Geschichte sind gleich mehrmals aus Schulden neue Kredite geworden. Einmal wurden Staatsanleihen – Schuldforderungen an den Staat, die dieser in Zukunft mit Steuern bedienen muss – weiter verliehen, um mit diesem auf Schulden basierenden Kredit die gesetzlich vorgeschriebene Eigenkapitalquote für Eisenbahngesellschaften zu erfüllen. Der Eisenbahnkontraktor wurde mit Aktien der Eisenbahngesellschaft selbst bezahlt und konnte mit diesen zukünftig zu zeichnenden Aktien einer noch nicht gebauten Eisenbahnlinie als ‚Sicherheit' Geld auf den Finanzmärkten eintreiben. Die Finanzgesellschaft hat die 150 000 Pfd. St. nicht, sondern erwartet, sie in sechs Monaten zu haben, so wie der *contractor* erwartet, dass jemand die Aktien zeichnen wird. Schließlich ist die noch nicht gebaute Eisenbahnlinie bereits hypothekisiert und die Hypothekenaktien sind wiederum weiter verliehen worden. Ermöglicht wurde diese komplexe finanzielle Verkettung wesentlich durch die Aktienform: Am Anfang der Kette stand nicht einmal eine Schuld, sondern bloß eine fixe Idee in Gestalt eines Projekts. Mehr oder weniger plausibler Schein führte zur Gründung einer Unternehmung und zur Attraktion von verleihbarem Kapital.

Das Beispiel zeigt, dass die Sphäre von „Bank, Börse, Finanz" (MEGA II/5, 94) im 19. Jahrhundert nicht so unterkomplex war, wie es eine gängige Erzählung über einen ‚finanzdominierten' Kapitalismus, den es angeblich erst seit den 1970er Jahren gibt, vermuten lassen könnte. Kredit bedeutete schon zu Marx' Lebzeiten nicht, dass Depositen bei einer Bank hinterlegt und diese dann an Kleinunternehmen oder Privatpersonen verliehen werden, die dreißig Jahre lang Zinsen bezahlen. Diese Art von Giralbanksystem entstand zwar auch in den 1850er Jahren (siehe 3.4.3), aber daneben erstreckte sich gerade in den 1860er Jahren ein Finanznetzwerk über viele Akteure (Eisenbahngesellschaften, Bauunternehmer, Finanzgesellschaften, Wechselmakler, Banken, Aktienbanken usw.) mit langen und verwickelten Kreditketten, spekulativen Erwartungen[102] und ausgefeilten Hebeltechniken, in dem die Zahlungsfähigkeit eines jeden von der Zahlungsfähigkeit eines einzelnen abhängt. Bricht eine Verbindung ab, ist die ganze Kette gefährdet.

---

102 Es scheint, als wäre die Kursbewegung der Aktien bereits zu diesem Zeitpunkt durch „Gewinnerwartungen aus anderen Gewinnerwartungen" (Kurz 2005, 226) reguliert gewesen. Schon Engels sprach von der Agiotage als „Prellerei unter falschen Vorspiegelungen" (MEGAdigital) und legte damit nahe, dass sie sich zum Teil aus illusionären Gewinnerwartungen reguliert. In Marx' Manuskript zum dritten Buch des *Kapital* heißt es, der „Marktwerth" von Eigentumstiteln wie Aktien „ist zum Theil *speculativ*, da er nicht nur durch die wirkliche Einnahme, sondern durch die erwartete (vorher zu calculirende) bestimmt ist." (MEGA II/4.2, 523).

Der wohl wichtigste Forscher des Gründerschwindels und der *Railway Finance* der 1860er Jahre, Philip L. Cottrell, der die Archive der Finanzgesellschaften aufgesucht und damit das ohnehin nur fragmentarisch überlieferte „Geheimmaterial" gesichtet hat, nach dem schon Marx Ausschau gehalten hatte, bestätigte Meason: „The arrangements were lampooned by R. M. L. Meason [...], who revealed how Mr Delk, the railway contractor, built the 'Bamford and Newington Extension Junction Railway' with the aid of Mayby, a solicitor, Howard, an engineer, and the Financial & Credit Company." (Cottrell 1975, 28) Cottrell selbst charakterisierte die *Railway Finance* als Beschaffung kurzfristiger Liquidität, die durch Aktien, Hypotheken und Lloyd's Bonds ‚abgesichert' wurde[103] und aus der ein zunehmend größeres Ungleichgewicht entstand zwischen einerseits der Dauer des Eisenbahnbaus und der folglich (möglicherweise) zu erwartenden Einkünfte[104] und andererseits der Kürze, in der Tilgungszahlungen nötig wurden. Dieses Kartenhaus stürzte in der Krise von 1866 in sich zusammen.

5.3.3 Die Denunziation des Schwindels

Fraud [...] is a rare and minor evil.

Walter Bagehot: Lombard Street (1873, 262)

Je weiter wir den Verwirklichungsproceß des Capitals verfolgen, um so mehr wird sich das Capitalverhältniß mystificiren und um so weniger das Geheimniß seines inneren Organismus bloslegen.

Marx: Das Kapital. Buch 3 (MEGA II/4.2, 64)

Aller Zusammenhang mit dem wirklichen Verwerthungsproceß des Capitals geht so bis auf die letzte Spur verloren und die Vorstellung des Capitals als eines sich selbst verwerthenden Automaten befestigt sich.

Marx: Das Kapital. Buch 3 (MEGA II/4.2, 522)

Bei Laing, Meason und in den Organen des Geldmarkts fand Marx aktuelle Belege für seine 1865 formulierte These, dass die Bewegung des Aktienkapitals durch das Spiel an der Börse reguliert wird, und auch eine eingehende Darstellung der geläufigen

---

103 „The finance in some cases consisted of accepting short-term paper backed by the security of railway shares and bonds" (Cottrell 1975, 28). Der langfristige Hypothekenkredit war nicht mehr in kurzfristige Liquiditätsmittel konvertibel. – Ein Beispiel, für das sich in Marx in seinen Exzerpten von 1868/69 interessiert und das den Geschichten von Meason sehr nahekommt, sind die Transaktionen zwischen der Eisenbahngesellschaft London, Chatham and Dover Railway Co., ihrem Kontraktor Peto und zwei Finanzgesellschaften (MEGAdigital, Bd. IV/19, Heft „London. 1868", S. 102 u. 177; derselbe Fall diskutiert bei Cottrell 1975, 30/31).
104 „In new railway lines, however, there was a lag time between construction and the generation of revenue." (Robb 1992, 44)

Praxis dieses Börsenspiels, das seiner Auffassung zufolge „interessanter" war als die Theorie darüber. Das Studium der Krise von 1866 und des in ihrem Verlauf zutage geförderten Materials regte ihn daher zu einem neuen Vorhaben beziehungsweise zu einer entschlosseneren Verfolgung einer möglicherweise schon früher bestandenen Idee an. Ungefähr zu dem Zeitpunkt, als er das erste Exzerptheft zur Krise von 1866 abschloss, setzte er Engels am 14. November 1868 über seine neuen Absichten für den zweiten Band des *Kapital* (der, wie bemerkt die Bücher 2 und 3 umfassen sollte) in Kenntnis: „Da der 2nd volume grossentheils zu sehr theoretisch, werde ich das chapter über Credit benutzen zu actual denunciation des Schwindels u. der commercial morals." (MEGAdigital)[105] Der Schwindel und die „commercial morals" sind demnach weder Akzidens noch Beiläufigkeit, sondern wesentliches und notwendiges Moment des Aktienwesens, das Marx im dritten Buch des *Kapital* eingehend darstellen wollte. Es verfehlt demnach den Gegenstand des Kreditabschnitts, hier ‚nur' nach einer logisch-kategorialen Anbindung des zinstragenden Kapitals in das Marx'sche System zu forsten. Marx wollte viel spezifischer auf die Praktiken des Geldmarkts eingehen. Aber warum?

Unter Schwindel scheint Marx zweierlei verstanden zu haben. In seiner ersten Bedeutung meint er Schein, Betrug und Lüge; in seiner zweiten Taumel, Benommenheit und Gleichgewichtsstörung. So zeigt er in seinen Exzerpten von 1868/69 ein auffallend großes Interesse für Wirtschaftskriminalität: Prospekt-, Buch- und Bilanzfälschung;[106] das Umgehen von gesetzlicher Regulation (etwa die Kreditaufnahme über die gesetzlich vorgeschriebenen Begrenzungen hinaus, Tricks bei der Emission von Aktien); das Verbreiten von Falschinformationen und den Gebrauch und die Weitergabe von Insiderwissen; korrupte Politik und Falschdarstellungen in der Presse; und schließlich auch Formen des heute sogenannten „Ponzi Schema" (eine Form des damaligen „account cooking"), bei dem ad infinitum Dividenden nicht aus tatsächlich erzielten Profiten, sondern aus weiteren Krediten bezahlt werden.[107] Angesichts der Vielzahl an Betrugs- und Täuschungsmöglichkeiten konstatierte ein zeitgenössischer

---

105 In der Folge verlagerte auch Jenny Marx, die für ihren Vater zunächst Zeitungsausschnitte zur aktuellen Konjunkturlage in das Heft *Trade and Finance 1868* geklebt hatte, den Schwerpunkt ihrer Recherche und sammelte in diesem und weiteren Heften vermehrt Artikel zu den Aktien- und Finanzgesellschaften. Sie berichtete Louis Kugelmann am 27. Dezember 1869: „I have looked through several hundred newspapers, in order to make extracts from them to Moor of the financial swindling concerns etc." (MECW 43, 548) (Siehe Entstehung und Überlieferung zu diesem Heft in: MEGAdigital, Bd. IV/19.)
106 Dazu zählen die Verbuchung von nicht gezeichneten Aktien als gezeichnet (vgl. Hennell 1867, 492), Falschinformationen und *misrepresentation* (wie die Überbewertung von Assets), kurzum, was Engels „Prellerei unter falschen Vorspiegelungen" (MEGAdigital) nannte.
107 Marx schreibt: „Unter *capital account* verstehn die Railway Accounts cookers *Anleihn*, Pump, aus dem sie [...] Theil der Dividenden zahlen." (MEGAdigital, Bd. IV/19, Heft „London. 1868", S. 32) Als ein notorischer Fall gilt heute die Eastern Counties Railway unter dem „Railway King" George Hudson (Robb 1992, 42).

Beobachter über die *Railway Finance*: „regulation was considered impossible" (Hennell 1867, 491).

Im Zentrum dieser ersten Bedeutung von Schwindel steht in Marx' Exzerptheften der Betrug der Direktoren von Overend, Gurney & Co., desjenigen Bankhauses, dessen Bankrott die Krise von 1866 auslöste. Die Bank war Mitte 1865 in eine Gesellschaft mit beschränkter Haftung („limited liability") umgewandelt worden und schon bald nach ihrer Pleite kam ans Tageslicht, dass in dem Prospekt, mit dem neue Aktionäre angezogen worden waren, die nicht ganz unwesentliche Information verschwiegen worden war, dass die Bank Schulden in Höhe von vier Millionen Pfd. St. aufgetürmt hatte und im Grunde bankrott war (MEGAdigital, Bd. IV/19, Heft „London. 1868", S. 100 u. 108–110). Der Verdacht lag nahe, dass die Umwandlung der Bank zu *limited liability* nur deshalb erfolgte, weil sie insolvent war und sich die Direktoren finanziell befreien und ihre Kreditgeber auszahlen wollten. Marx bezeichnet diesen Vorgang in seinen Exzerpten als „deliberate fraud upon the public" und nennt die Bank in eigenen Worten einen „swindling Concern" (MEGAdigital, Bd. IV/19, Heft „London. 1868", S. 74 u. 286). Der *Money Market Review* galten die Vorgänge um diese Firma als „one of the most gigantic and unmitigated frauds ever recorded in our mercantile history" (MEGAdigital, Bd. IV/19, Heft „London. 1868", S. 259). Weil sie ohne Kenntnis der tatsächlichen Finanzlage geblieben waren, weigerten sich einige Aktionäre, die Verbindlichkeiten der Bank zu tilgen und ihre Gläubiger zu bedienen – und verklagten stattdessen die Bankdirektoren in einem von Marx aufmerksam verfolgten Gerichtsprozess, den sie schlussendlich verloren. Die Overend-Direktoren (die Funktionäre des Kapitals) wurden freigesprochen; die betrogenen Aktionäre (die Eigentümer) mussten die Schuldner der Bank auszahlen.

Die Krise von 1866 war der Moment, in dem dieser Schwindel aufflog und der Betrug enthüllt wurde.[108] An einer Stelle spricht Marx daher von der „so zu sagen criminal Revelation" (MEGAdigital, Bd. IV/19, Heft „London. 1868", S. 252) der Handelskrisen, also denjenigen Enthüllungen, die ein Fall für Kriminalschriftsteller und den juristischen Apparat werden. Zu diesem ersten Verständnis von Schwindel passen die „commercial morals", die Marx ebenfalls im dritten Buch des *Kapital* denunzieren wollte. Es geht bei dieser Handelsmoral um eine bestimmte Normativität der bürgerlichen Gesellschaft, die auf Egoismus, Gleichgültigkeit, Unaufrichtigkeit und einer Unfähigkeit zu Vorsicht und Voraussicht gründet. Dieser Geist des *Après moi le déluge* zeigt sich sowohl in der Unterminierung der Naturbedingungen des gesellschaftlichen Stoffwechsels wie der Vorratsbildung (5.1), als auch in der Praxis des Aktienwesens.

Weil die Verbrechen von der Krise enthüllt werden, wird der industrielle von einem moralischen Zyklus begleitet und dieser reguliert die Bewegung des Schwindels

---

108 „The propensities to swindle and be swindled run parallel to the propensity to speculate during a boom." (Kindleberger 1978, 78)

mit. Es ist nicht ohne Ironie, dass die „commercial morality" vor allem in der Prosperität sehr niedrig ist. Der Jubel der Prosperität und die Momente der Euphorie sind nicht nur Zeiten großen Vertrauens, sondern auch geringer Handelsmoral. Die Krise offenbart dagegen, dass Betrug, Infamie und Rücksichtslosigkeit die Grundlage der Ideale von Freiheit und Gleichheit bildeten. In der Krise nimmt die „commercial morality" dann plötzlich zu: Erstaunen, Bedenkenträgerei, moralische Empörung, Audits, Untersuchungskommissionen, neue Regulierungsvorschriften. Als Marx aus der *Money Market Review* exzerpiert, dass die Krise zur Überraschung vieler die kriminellen Machenschaften der Eisenbahngesellschaften enthüllte, kommentiert er: „In diesen Fällen der gewöhnliche Philister Indignation und Verwunderung, moralisches Geschrei, Committees of Investigation and so forth!" (MEGAdigital, Bd. IV/19, Heft „1868", S. 54) Der Schockeffekt der Krise hat also auch schädliche Auswirkungen auf das kollektive Bewusstsein: moralische Empörung über Aktienschwindel und Finanzbetrug. Doch sobald die Katastrophe vergangen ist und neue Dividenden gezahlt werden, exzerpiert Marx weiter, vergesse auch die Öffentlichkeit diese Vorgänge wieder, woraufhin er ausruft: „So jedoch ist der moderne Geldphilister und wird sein in seculum seculorum!" In diesem ewigen moralischen Zyklus der bürgerlichen Gesellschaft fällt der Krise wieder eine epistemologische Funktion als Umwälzung des gesellschaftlichen Erkenntnisvermögens zu. In den Krisen fliegt der Schwindel auf: Es sind Zeiten der Vorsicht, des Misstrauens, der Erinnerung an die vergangenen Schandtaten und der Beschwörung, aus der Geschichte gelernt zu haben und es ‚dieses Mal' anders machen zu wollen. Auf dem Höhepunkt des moralischen Zyklus der bürgerlichen Gesellschaft ist das Vertrauen ihrer Mitglieder ineinander (lustigerweise) am kleinsten. Hohe Handelsmoral heißt mangelndes Vertrauen.

Marx selbst wirkt in den Exzerpten von 1868/69 nicht ganz frei von einer solchen ‚Moral': Die Spekulation mit Leerverkäufen gilt ihm als „Infamie" (MEGAdigital, Bd. IV/19, Heft „London. 1868", S. 76), er moniert den Betrug der Overend-Direktoren an der „Öffentlichkeit" („deliberate fraud upon the public"), die führende englische Presse erschien ihm als weitestgehend gekauft,[109] Aktionäre wurden geplündert, Geld gestohlen, die großen Delinquenten blieben straffrei und die Bank of England hatte die Panik genutzt, um sich selbst zu bereichern. Die bankrotte „zahlungsfähige Moral" (Heinrich Heine) ist objektiv und Marx wollte sie nicht leugnen oder klein reden, sondern „denunzieren". Daher befand Marx die Praxis für interessanter als die Theorie: Den Schwindel als notwendiges Moment des Aktienwesens zu bestimmen, ist nicht besonders schwer, aber seine Objekte und Verkleidungen sind variabel und müssen in ihrer tagesaktuellen Variante (Tulpen, Eisenbahnaktien, Hypotheken,

---

[109] Marx schreibt: „Die Presse war fast ganz gekauft, *Times* und *Economist* an der Spitze, durch die creditors." (MEGAdigital, Bd. IV/19, Heft „London. 1868", S. 271) Er kam auch deshalb zu diesem Schluss, da der *Economist* von den Overend-Aktionären forderte, die Kreditgeber der Bank auszuzahlen, obwohl sie von den Direktoren betrogen worden waren (MEGAdigital, Bd. IV/19, Einführung).

Kryptowährungen) aufgegriffen werden, denn sie haben möglicherweise ein ‚kritisches' Potenzial. So spielte Marx mit dem Gedanken, dass die unrühmliche Rolle der britischen Regierung in der Affäre um Overend, Gurney & Co. einen Wandel des politischen Klimas in England herbeiführen könnte, indem sie die Regierung bei den Londoner Arbeitern, die unter der Krise am meisten zu leiden hatten, in ein schlechtes Licht rücken würde.[110]

Aber seine Kritik des Schwindels ist nicht zu verwechseln mit einer bloß ‚moralischen' Denunziation des Kapitals als kriminell – es hält sich an kein Gesetz, selbst wenn man es ihm aufzwingt – und der bürgerlichen Gesellschaft als zu einem echten Lernprozess nicht in der Lage (bloß zu moralischem Geschrei in Krisenmomenten). Dem Schwindel fallen weitere ökonomische Bedeutungen zu.

So ist der Schwindel selbst ein Moment in der Regulierung der Bewegung des Aktienkapitals. Marx bezeichnet die Bewegung der Aktienkurse als eine „*selbstständige*" (MEGA II/4.2, 523), das heißt die Börsenquotationen werden „von dem Werth des *wirklichen Capitals*, das sie vorstellen, abweichend regulirt" (MEGA II/4.2, 525), zum Beispiel durch das Börsenspiel, wie es Meason so glänzend in all seinen Facetten beschrieben hatte. Aktienkurse repräsentieren also niemals direkt den Wert der von ihnen vorgestellten Kapitalien. Die Aktien eines Unternehmens, das selbst kaum oder sogar gar kein produktives Kapital verwertet, können hoch im Kurs stehen. Hierin kommt ein höherer Verselbständigungsgrad der Aktie gegenüber dem Wechsel zum Ausdruck. Beim Wechsel gibt es einen Schuldner, bei der Aktie formell nur die *Glaubwürdigkeit* einer Unternehmung. Die Aktienform enthält in hohem Maße ein psychologisches, auf die Zukunft gerichtetes Moment und damit die Möglichkeit des Schwindels. Beim Konsignationskredit, der die Krise von 1847 prägte, bezieht sich der Kredit direkt auf eine Ware und bei der Wechselreiterei und Rediskontierung, die den Ereignissen von 1857 den Charakter einer Handelskrise verliehen, beziehen sich die Kredite auf Schulden (dazu 3.4.3). Bei der Aktie hingegen beziehen sich Kredite auf eine in einem *Prospekt* festgehaltene Geschäftsidee und die dort mehr oder weniger plausibel entworfene Aussicht auf einen potenziellen Gewinn. Der Schuldner ist eine Schranke, die das Kapital durch die Aktiengesellschaft überwindet: Egal, wie hoch jemand verschuldet ist, durch die Aktie kann er weiteren Kredit bekommen (Kwack 2005, 93). Daher ist die Aktienform, verglichen mit dem Wechsel und seinen Derivaten, auch selbständiger gegenüber der wirklichen Konjunktur. Für den Konsignationskredit müssen Waren da sein; bei der Wechselreiterei muss allgemeine Kreditwürdigkeit, das heißt Prosperität vorherrschen, denn am Ausgangspunkt der Kette steht ein Warengeschäft; für eine Ausgabe von Aktien aber reicht ein *scheme*, welches das

---

[110] Er schrieb Engels am 3. Juli 1869: „Was sagst Du zu dem Verfahren des tugendhaften Gladstone u. Puritaners Bright in Overend, Gurney et Co? [...] Die Gurney Affaire, resp. die Haltung des Ministeriums darin [...] haben den Zauber der Namen Gladstone-Bright hier unter den Arbeitern in London verdammt gebrochen." (MEGAdigital; vgl. Bd. IV/19, Einführung)

Blaue vom Himmel verspricht, denn in Aktien kann *gerade in der Stagnation*, wenn es auch einen Überfluss an verleihbarem Kapital gibt, in der vagen Hoffnung auf bessere Zeiten investiert werden. Der Aktienkurs kann heute schon ausdrücken (oder auch nicht), was das Unternehmen irgendwann wert sein könnte.

Eben weil die Aktie noch stärker mit Erwartungen spielt, entsteht „ein ganzes System des Schwindels und Betrugs mit Bezug auf den Aktienhandel, ihre Ausgabe etc" (MEGA II/4.2, 503). Die Aktie kann wirkliches Kapital oder „natürlich auch blossen Schwindel vorstellen" (MEGA II/4.2, 523), wie Marx sowohl vor als auch nach den Studien von 1868/69 in Manuskript II zum zweiten Buch des *Kapital* bemerkte: „Aktien. Soweit kein Schwindel, Besitztitel auf some corporative real capital u. Anweisung auf den daraus jährlich fliessenden Mehrwerth." (MEGA II/11, 337/338) Der Schwindel aber ist wesentliche Eigenschaft des Aktienkapitals. Dem ganzen Kreditsystem ist es immanent, den „Trieb der capitalistischen Productionsweise, Bereicherung durch Ausbeutung fremder Arbeit, zum reinsten und kolossalsten Schwindelsystem und Spielsystem zu entwickeln" (MEGA II/4.2, 505) und die Aktie vollendet diesen Prozess, denn ihr ist der Schwindel immanent.

Natürlich wird das Aktienkapital nicht in erster Linie und nicht vollständig durch den Schwindel reguliert. Es besteht vielmehr eine Abhängigkeit vom industriellen Zyklus und den eigentümlichen Bewegungen des *monied capital*. Laut Marx steigt der Wertausdruck der handelbaren ‚Finanzprodukte' mit Sinken der Zinsrate, weil er einer Hochrechnung auf den Zinsfuß entspricht.[111] Die Zinsrate wiederum ist auf lange Sicht von der Profitrate und im industriellen Zyklus von dem Verhältnis von produktivem zu verleihbarem Kapital abhängig. Im Fortgang der bürgerlichen Produktion fällt laut Marx die Zinsrate tendenziell und damit wächst der imaginäre Reichtum.[112] Anders gesagt, besteht eine Tendenz zur ‚Finanzialisierung' wegen des tendenziellen Falls der Profitrate.[113] Durch das Sinken der Zinsrate infolge des tendenziellen Falls der Profitrate steigt allerdings der „Werthbelauf" des fiktiven Kapitals, so dass der „imaginäre Reichthum" expandiert.

> Die Eigenthumstitel auf Compagniegeschäfte, Eisenbahnen etc sind in der That Titel auf wirkliches Capital. [...] als Duplicate, die selbst als *Waaren verhandelbar* sind, und daher selbst als *Capitalwerthe* circuliren sind sie illusorisch und ihr Werthbelauf kann ganz unabhängig von

---

[111] Je niedriger der Zinsfuß, desto größer der Wertbelauf des fiktiven Kapitals, weil mehr fiktives Kapital vorgestellt sein muss, um die gleiche Einnahme zu generieren (MEGA II/4.2, 522; vgl. Heinrich 2006, 296; Winterfeld 2015, 33). Das Gegenteil geschieht in einer Panik: Bei hohem Zinsfuß werden die ‚Sicherheiten' vernichtet beziehungsweise entpuppen sich als ‚Unsicherheiten'.

[112] Marx führt dafür eine Reihe von Faktoren an. Einmal werden mit der Entwicklung und Ausdehnung des Kredit- und Bankensystems zunehmend Ersparnisse im Bankwesen konzentriert. Daneben wächst durch die Verwandlung von industriellen Kapitalisten in Rentiers die relative Zahl derjenigen, die vom Zins leben (MEGA II/4.2, 434/435).

[113] Weil der Durchschnittszins unter dem Durchschnittsprofit liegen muss, hat für Marx auch die Zinsrate eine Tendenz zu fallen (vgl. Fritsch 1968, 118; Bischoff/Otto 1993, 199).

dem wirklichen Capital, auf das sie Titel sind, steigen oder fallen. Er hat mit dem *Fallen des Zinsfusses*, so weit dieser unabhängig von den eigenthümlichen Bewegungen des monied Capital, Folge des tendentiellen Falls der Profitrate ist, nothwendig die *Tendenz zu steigen*, so daß dieser imaginäre Reichthum dem *Werthausdruck* nach [...] im Entwicklungsgang der capitalistischen Productionsweise expandirt. (MEGA II/4.2, 531)

Marx gibt hier indirekt an, dass neben der Profitrate auch die Bewegung des *monied capital* einen großen Einfluss auf die Regulierung des Aktienkapitals ausübt, denn „Staatseffecten wie Aktien und andre Werthpapiere jeder Art sind *Anlagesphären* für loanable Capital, für Capital, das bestimmt ist Zinstragend zu werden. Sie sind Formen es auszuleihen. (to invest.) Aber sie sind nicht das *moneyed Capital* das invested wird in ihnen." (MEGA II/4.2, 531) Ein hohes Angebot an Leihkapital bildet daher eine gute Grundlage für einen Gründerboom, so wie es in den 1860er Jahren in England der Fall war, als die *Cotton Famine* Geldkapital freisetzte und zu den Zentralsitzen des Geldmarkts jagte. Gründungen in Form von Aktiengesellschaften versprechen eine gewinnbringende Anlage von Leihkapitalien. Ein Gründerboom ist daher gerade in der Phase der industriellen Stagnation, bei Freisetzung von Geldkapitalien, möglich. Das Aktienwesen und der ihm immanente Schwindel sind Momente, durch die das Kapital auch in der Phase seiner Stagnation weiterbestehen kann.

Das Verhältnis zwischen dem Angebot an Leihkapitalien und einem Investitionsboom ist aber nicht mechanisch zu sehen, denn es kann sich auch umkehren. Die Zufuhr von Leihkapitalien reguliert das Börsenleben nicht vollständig. Genau dies zeigt der Schwindel, wenn sogenannte ‚Gründer' neue Projekte entwerfen, um dem Publikum das Geld abzunehmen („blosse[r] Vorwand der Plünderung der Actionäre und der Selbstbereicherung"). Es werden also nicht nur die freien Geldmittel vom Schwindel absorbiert, denn dieser bedeutet gerade, einen Vorwand zu kreieren, um Leihkapitalien anzuziehen oder auch Kapital aus bestehenden Unternehmungen und Formen wegzulocken und in Leihkapital zu verwandeln. Durch den Schwindel wird mitunter das Angebot an Leihkapitalien erst *geschaffen*. Es handelt sich um einen Schein (der allerdings überzeugend sein muss), um Leihkapitalien zu fischen. Der Schwindel kann demnach als eine Methode zur Verteilung des Mehrwerts verstanden werden, was Marx in einem späteren Manuskript zum zweiten Buch des *Kapital* den „Geldraub" (MEGA II/11, 810) nennt.

Die Bewegung der Aktienkurse ist also in zweifacher Hinsicht unabhängig von der des *monied capital*, die ihrerseits eigentümlich und nicht einfach von der des industriellen Kapitals abgeleitet ist (siehe 4.2.3): durch das Börsenspiel und durch den Schwindel (einen Vorwand zum Fischen von Leihkapitalien zu kreieren). Diese Momente der monetären Verselbständigung werfen die Frage auf, inwiefern das produktive durch das fiktive Kapital ‚induziert' werden kann. Marx zählte die Aktiengesellschaften ausdrücklich zu einem Faktor, dank dem sich „trotz der fallenden rate of profit [...] die ‚*inducements und faculties to accumulate*'" (MEGA II/4.2, 339) vermehren. Genau dies war in den 1860er Jahren geschehen: Der Gründerschwindel eröffnete überhaupt erst Profitaussichten und schuf so „inducements und faculties" der Kapitalakkumulation. Marx äußert sich nach seinen Studien von 1868/69 mehrmals zur Frage der ‚Induzierung', das heißt der stimulierenden Wirkung, die vom Kredit auf die Produktion ausgeht: Ohne das Kreditwesen, schreibt er in einem Manuskript zum zweiten Buch des *Kapital*, hätte die kapitalistische Produktionsweise „Schranken gefunden an dem Umfang der edlen Metallproduktion" (MEGA II/11, 335). Es erhalte daher „den enormsten Einfluss auf den Verlauf u. die Entwicklung des kapitalistischen Productionssystems" (MEGA II/11, 799).

All diese Zusammenhänge hatte Marx im Entwurf des Kreditabschnitts von 1865 lediglich entworfen, aber weder kohärent dargelegt noch anhand der aktuellen „Praxis" vorgeführt. Diese komplizierte Verkehrung im Verhältnis der ökonomischen Kategorien war von ihm allerdings ganz und gar beabsichtigt. Das dritte *Kapital*-Buch hat die konkreten Gestaltungen des Kapitals zum Gegenstand und Marx' wesentliche Annahme besteht darin, dass die Erscheinungswelten von Profit, Zins und Grundrente nicht mit dem Wesen des Werts identisch sind.[114] Die in der Gesellschaft verbreiteten Vorstellungen entspringen allerdings der Erscheinungswelt, in der sich die „unsichtbare Kerngestalt" der ökonomischen Verhältnisse verkehrt darstellt:

> Die fertige Gestalt der ökonomischen Verhältnisse, wie sie sich auf der Oberfläche zeigt, in ihrer realen Existenz, und daher auch in den Vorstellungen, und denen der Träger und Agenten dieser Verhältnisse über dieselben, sind sehr verschieden und in der That verkehrt, gegensätzlich zu der *innern wesentlichen*, aber verhüllten *Gestalt*, ihrer unsichtbaren Kerngestalt, und dem ihr entsprechenden *Begriff*. (MEGA II/4.2, 279)[115]

Die wesentliche Gestalt der bürgerlichen Ökonomie gibt sich nur verhüllt und verkehrt zu erkennen. Das Wesen des Werts setzt sich in der Erscheinung an der Börse als sein Gegenteil durch: Aus dem Äquivalententausch werden Betrug und „Geldraub", aus der Arbeit wird das Spiel, aus Ausbeutern werden Glücksritter und aus der industriellen Produktion der Leerverkauf. Diese Verkehrung muss in einer allgemeinen Theorie des Kapitals unbedingt mitgedacht werden: Der Schwindel ist keine Zufällig- oder Nebensächlichkeit, sondern das abstrakte Wertgesetz setzt sich nur

---

114 „Dass in der *Erscheinung* die Dinge sich oft verkehrt darstellen, ist ziemlich in allen Wissenschaften bekannt, außer in der politischen Oekonomie." (MEGA II/5, 435) – „[A]lle Wissenschaft wäre überflüssig, wenn die Erscheinungsform und das Wesen der Dinge unmittelbar zusammenfielen" (MEGA II/4.2, 721).
115 Bei der Behandlung der Transformation von Wert in Preis bemerkte Marx: „Es scheint also, daß die *Werththeorie* hier unversöhnlich mit der *wirklichen Bewegung* ist (unvereinbar mit den wirklichen Productionsphänomenen) und daher überhaupt darauf verzichtet werden muß, die letztren zu begreifen." (MEGA II/4.2, 230) Sowohl diesen Schein der Unvereinbarkeit des Wertgesetzes mit den erscheinenden Phänomenen zu widerlegen als auch die Eigenständigkeit und Verkehrung des Wesens in seiner wirklichen Bewegung ernst zu nehmen, ist das Anliegen des dritten *Kapital*-Buchs (4.2).

durch, indem es sich aufhebt.¹¹⁶ Dabei ist es Marx' Anliegen, sowohl die Regulierung der konkreten Gestaltungen durch ihre unsichtbare Kerngestalt nachzuweisen als auch die der konkreten Gestaltung ermöglichten Selbständigkeitsgrade zu eruieren und dabei die mit ihr zusammenhängenden Formen und Vorstellungsweisen zu kritisieren. Er wollte mit der „Denunziation des Schwindels" keine einseitige Kritik am zinstragenden Kapital als der Quelle allen Übels liefern, aber er betrachtete eine Kritik an den Praktiken und Verkehrungen als wesentlich, um die kapitalistische Produktionsweise und die über sie vorherrschenden Illusionen zu entlarven.

Hierin endlich liegt die zweite Bedeutung von Schwindel, der, wie bemerkt, Betrug, Lüge und bewusste Täuschung meinen kann, aber auch Taumel, Benommenheit und Gleichgewichtsstörung: ein Moment, in dem das Bewusstsein abnimmt und die Realität nur noch verschwommen wahrgenommen werden *kann*. Nach den Exzerpten von 1868/69 bemerkte Marx im Manuskript II zum zweiten Buch des *Kapital*:

> Eben weil die *Geldgestalt* des Werths seine selbstständige, handgreifliche Erscheinungsform ist, drückt die Cirkulationsform G–W–P–W´–G´, deren Ausgangspunkt u. Schlußpunkt wirkliches Geld ist u. die sich in G–G´, *Geldmachen*, zusammenfaßt, das treibende Motiv u. die bestimmende Seele der kapitalistischen Produktion am handgreiflichsten aus. Der Produktionsprozeß erscheint hier nur als nothwendige Vermittlung, in der That als ein nothwendiges Uebel zum Behuf des Geldmachens. Alle Nationen kapitalistischer Produktionsweise werden daher periodisch v. einem Schwindel ergriffen, worin sie ohne die lästige Vermittlung des Produktionsprozesses die Geldmacherei vollziehn wollen. (MEGA II/11, 31/32)

Den Schwindel stellt Marx hier als einen Zustand vor, in dem sich der Eindruck ausbreitet, Geld könne ohne die umständliche Vermittlung durch den Produktionsprozess gemacht werden. In einem solchen Moment wird kollektiv der Gesamtkreislauf des Kapitals G–W–P–W´–G´ zu G–G´ abgekürzt. Von einem Schwindel wird jede kapitalistische Nation „ergriffen", das heißt, er ist wesentlich, objektiv und systemisch. Er hat die Funktion, die Blüte der Prosperität, die bereits am Verwelken ist, hinauszuzögern (siehe 3.1 und 4.2.3). Auf Manipulation oder Gier reduziert, wird das Phänomen daher nicht adäquat begriffen, also kann man nicht einfach darüber ‚aufklären', denn es wird periodisch wiederkehren, weil es, einem Automatismus gleich, hinter dem Rücken der Individuen entsteht.¹¹⁷ Im euphorischen Wirbel eines spekulativen Booms erzeugt der Geldmarkt den Eindruck eines *imaginären Reichtums*. Es scheint,

---

116 In den *Pariser Heften* kritisierte Marx die Ricardianer für „den Fehler, daß sie das *abstrakte Gesetz*, ohne den Wechsel oder die beständige Aufhebung dieses Gesetzes, – wodurch es erst wird – ausspricht" (MEGA IV/2, 447).

117 „*Sinkt die Profitrate* so [...] Schwindel and facilities afforded to swindlers – by the frantical attempts at securing in this or that new line of production, of outlay of capital, of adventure this or that *surplus profit*, independent of, and towering above, the general level." (MEGA II/4.2, 332) Daher schrieb Marx schon vor der Krise von 1866 im Entwurf des Abschnitts zum Kredit: „Da der Zinsfuß im Ganzen bestimmt durch die Durchschnittsprofitrate, kann sehr oft ausserordentlicher Schwindel mit niedrem Zinsfuß verbunden sein. Z. B. der Eisenbahnschwindel." (MEGA II/4.2, 435)

als könne Geld allein durch den Kauf und Verkauf von fiktivem Kapital wie Aktien und Derivaten gemacht werden. Die Form G–G′ gilt Marx als der begriffslose Ausdruck des Kapitalverhältnisses, weil alle Vermittlung durch den Stoff ausgelöscht ist und sich das Kapital tatsächlich von ganz allein zu vermehren scheint:

> Hier die *Fetischgestalt* des *Capitals* und die *Vorstellung vom Capitalfetisch* fertig. In G–G′ haben wir die begriffslose Form des Capitals, die Verkehrung und Versachlichung der Productionsverhältnisse in der höchsten Potenz [...] – die Capitalmystification in der grellsten Form. Für den Vulgärökonomen, der das Capital als selbstständige Quelle des Werths, der Werthschöpfung, darstellen will, ist natürlich diese Form ein gefundnes Fressen, eine Form, worin die Quelle des Profits nicht mehr erkenntlich und das Resultat des capitalistischen Productionsprocesses – getrennt vom Proceß selbst – ein selbstständiges Dasein erhält. (MEGA II/4.2, 462)

Die Denunziation des Schwindels ist also ein Beitrag zur Entfetischisierung der bürgerlichen Verhältnisse. Wie das Akkumulationsgesetz die soziale Krise von 1866 begreiflich machen kann, so der Kapitalfetisch den Schwindel. Die Krise enthüllt nicht einfach nur die Wirtschaftskriminalität, sondern desillusioniert auch und ermöglicht damit eine Thematisierung des Fetischismus. Sie führt der Öffentlichkeit die fiktive Natur der Formel G–G′ vor Augen und ist der Moment, in dem die mit ihr verbundenen Verkehrungen in den Köpfen der Menschen blamiert werden. Die Aufgabe besteht für Marx darin, die moralische Empörung in eine Kritik am Kapital zu verwandeln.

Die Denunziation des Schwindels ist somit ein Mittel der Kritik der Irrationalität und Religiosität, der Planlosigkeit und der Destruktivität der kapitalistischen Produktionsweise. In ihr befinden sich der Einsatz und die Verteilung von gesellschaftlichen Ressourcen in den Händen des Schwindels und das Gesellschaftskapital wird nicht nach bewusster Absprache ausgelegt. In einer zukünftigen, postkapitalistischen Gesellschaft dagegen, in welcher „der Produktionsprozeß unter die planmässige gesellschaftliche Controlle des Menschen gebracht u. von ihm beherrscht werden kann" (MEGA II/11, 39), wäre diese bewusstlose Herrschaft des Schwindels zurückgedrängt:

> Denken wir die Gesellschaft nicht kapitalistisch, sondern kommunistisch, so fällt d'abord das Geldkapital ganz fort, also auch die Verkleidungen der Transaktion, die durch es hereinkommen. Die Sache reducirt sich einfach darauf, daß die Gesellschaft im voraus berechnen muß, wie viel Arbeit, Productionsmittel u. Lebensmittel sie [...] in Geschäftszweigen (z. B. Bau v. Eisenbahnen etc) verwenden kann, die für längre Zeit [...] weder Productionsmittel, noch Lebensmittel, noch irgend einen Nutzeffekt liefern, aber wohl Arbeit, Productionsmittel u. Lebensmittel der jährlichen Gesamtproduktion entziehn. In der kapitalistischen Gesellschaft dagegen, wo der *gesellschaftliche* Verstand sich immer erst post festum geltend macht, können u. werden so beständig grosse Störungen eintreten. (MEGA II/11, 304–307)

In einer postkapitalistischen Gesellschaft bedürfte es weder des Schwindels noch des selbstzweckhaften Geldmachens, denn es wäre eine Frage der gesellschaftlichen Absprache, wer was wann und wie produzieren würde. Die Gesellschaftsmitglieder könnten darüber befinden, welche Arbeit sie als systemrelevant und notwendig für ihre Reproduktion erachteten. Sie könnten diese Arbeit auf viele Schultern verteilen und dafür Sorge tragen, dass die Grundbedürfnisse aller befriedigt wären. Der zur Überwindung der Vergesellschaftung über das Kapital nötige kommunikative Aufwand würde also auf vielfältige Weise damit belohnt, dass sich solche Katastrophen wie 1866 in Orissa nicht mehr wiederholen müssten, dass das menschliche Leiden, das aus der „Despotie des Produktionsprozesses über den Menschen" herrührt, erheblich reduziert wäre, dass ferner eine grundsätzliche Kontrolle der Gesellschaft über sich und ihre Entwicklung hergestellt, dass somit ein größerer Rahmen für die Entfaltung der individuellen Freiheit gesetzt wäre und dass schließlich die natürlichen Lebensgrundlagen der Menschheit nicht über die „*Produktion um der Produktion willen*" (MEGA II/11, 39) zugrunde gerichtet würden. Nicht zuletzt entfielen die Krisen und damit das Elend und die allgemeine gesellschaftliche ‚Regression', die von ihnen ausgehen.

5.4 Krise oder Stagnation?

> Die Börsenkrise ist viel leichter zu erklären als die ihr folgende Depression.
> John Kenneth Galbraith: Der große Crash 1929
> (2005, 207)

> *Ein Engländer ist nie unglücklicher, als wenn er nicht weiß, was er mit seinem Gelde anfangen soll. Dies ist das Geheimnis aller großartigen Spekulationen, aller gewinnbringenden Unternehmungen; aber auch das Geheimnis aller Falliten, aller Geldkrisen und aller Handelsmisere.*
> Georg Weerth: Die Handelslage (MEW 6, 326)

Marx' Passagen zur Krise von 1866 (siehe 5.2) sind nicht die einzigen Ausführungen zu den aktuellsten ökonomischen Erscheinungen im ersten Band des *Kapital*. Eric Hobsbawm (1980, 48/49) bemerkte über den „Konjunktureinbruch" ab Mai 1866, dass dieser „weder ganz so konzentriert noch ganz so weltweit, noch ganz so dramatisch wie der von 1857/58" war, vergaß in dieser Aufzählung allerdings das entscheidende Merkmal: Die Krise war deutlich *länger* als ihre Vorgängerinnen, oder, genauer gesagt: Sie mutierte in eine zähe, dreijährige Phase der Stagnation.[118] Nach der Krise von 1847 stand zwar das Jahr 1848 für die Baumwollindustrie noch im Zeichen „fortdauernde[n] Druck[s]" (MEGA II/5, 372), aber der Wiederaufschwung setzte schon bald darauf im Zuge des kalifornischen Goldrauschs ein; die Erholung nach dem großen Crash von 1857 war sogar schon wenige Monate später in den Exportstatistiken ablesbar. Wie konnte 1866 aus einer Finanzkrise eine Depression von bis dahin ungekannter Länge werden?

---

[118] „The crisis of 1866 ushered in three years of depression which proved gloomier than the years of the Cotton Famine itself and served as a harbinger of the Great Depression of 1873–96 in so far as they saw a depression of prices rather than of production." (Farnie 1978, 164)

Die „Nachwehen der Krise von 1866" (MEGA II/6, 699) hat Marx im ersten Band des *Kapital* ausgewertet, der Anfang September 1867 erschien. In einer Fußnote steht:

> Die rasche Verbesserung der Maschinerie während der Baumwollkrise erlaubte den englischen Fabrikanten gleich nach Beendigung des amerikanischen Bürgerkriegs im Umsehn den Weltmarkt wieder zu überfüllen. Die Gewebe wurden schon während der letzten 6 Monate von 1866 fast unverkäuflich. Damit fing die Konsignation der Waaren nach China und Indien an, was den „glut" natürlich noch intensiver machte. Anfang 1867 nahmen die Fabrikanten zu ihrem gewöhnlichen Ausfluchtsmittel Zuflucht, Herabsetzung des Arbeitslohns um 5%.
> (MEGA II/5, 356)[119]

Mit Ende des Amerikanischen Bürgerkriegs und der Krise von 1866 begannen die einzelnen Kreisläufe des produktiven, kommerziellen und zinstragenden Kapitals, sich wieder zu synchronisieren – und damit kam auch die ‚natürliche' Tendenz der englischen Baumwollindustrie zur Überproduktion wieder zum Vorschein. Durch die rasche Verbesserung der Maschinerie während der *Cotton Famine* nahm die industrielle Produktion schnell an Fahrt auf und der Handel konnte sich wieder über seine gewohnheitsmäßige Hemisphäre erstrecken. Anders als 1847 und 1857, ereignete sich die Überproduktion der Textilindustrie dieses Mal also nicht *vor*, sondern erst *nach* der Geldkrise. Und diese Überproduktion konnte sich, genau wie 1860/61, abermals nicht zur Krisenreife entwickeln, da das Finanzkartenhaus ja soeben erst im Mai 1866 in sich zusammengefallen war und sich nach dem Ende des Amerikanischen Bürgerkriegs nicht ausreichend Kredit auf die Baumwollindustrie beziehen konnte.[120] Für Marx lag ein Grund der Stagnation also in den neuen Schwierigkeiten der Baumwollindustrie, die mit der Wiederherstellung der Baumwollzufuhr sofort mit der Überproduktion begann. In seinen Exzerpten von 1868/69 hat er die Phase der Stagnation ausführlicher untersucht und noch weitere Ursachen ermittelt (dazu 5.4.2).

Nicht selten wird davon ausgegangen, dass Marx sich allein für die Krise und für die anderen Phasen des Zyklus kaum beziehungsweise „vor allem als Vorbereitungsphase zur nächsten Krise" (Varga 1934, 89) interessiert hat. Wie allerdings schon die Ausführungen zu seinem Verständnis der Prosperität zeigten (siehe 3.1), war es ihm wichtig, dass das Kapital eine Dynamik durchläuft und dabei auch langwährende

---

119 Marx hat dies an anderer Stelle wiederholt: „In diesem Augenblick, März 1867, ist der indisch-chinesische Markt durch die Konsignationen der britischen Baumwollfabrikanten schon wieder völlig überführt. Lohnherabsetzung um 5% begann unter den Baumwollarbeitern 1866, jetzt in Folge ähnlicher Operation Strike von 20 000 Mann in Preston." (MEGA II/5, 525)

120 Bei Henderson (1934, 25/26) heißt es: „1865 ruined the speculators, 1866 the merchants, 1867 the producers". Anschließend fielen die Preise bis 1869: „The average annual number of liquidations reached between 1865 and 1869 a peak level of 101, which was never to be approaching during the remainder of the century. [...] Between 1867 and 1869 two-thirds of the manufacturers in east Lancashire failed to meet their financial engagements, compounded with their creditors, or retired from the trade, while the property of surviving firms was reduced in value by as much as 60 per cent." (Farnie 1978, 165)

Phasen der Expansion hervorbringen kann. Ende der 1860er rückte dazu die Periode der Stagnation ins Zentrum seiner Aufmerksamkeit: eine Phase der Paralyse und Kontraktion. Weil der Periodizität der ökonomischen Bewegung eine kollektivpsychologische Bewegung entspricht, konnte die auf die Krise von 1866 folgende Stagnationsphase weitere Einblicke in die mentalen Zustände der bürgerlichen Gesellschaft gewähren.

5.4.1 John Mills' lebensphilosophische Ontologie des Zyklus

In seinen Exzerptheften von 1868/69 untersuchte Marx das ökonomische Geschehen rund um die Krise von 1866 und stieß dabei auch auf einige der neusten Entwicklungen im ökonomischen Denken. Aus heutiger Sicht haben sich rund um die Krise vier Neuerungen in der politischen Ökonomie vollzogen (vgl. Gooch o. D.): die Entstehung des Marginalismus[121] und einer von Bagehot geprägten neuen „monetären Orthodoxie", Bagehots Experimente in der viktorianischen Anthropologie (5.4.2) sowie das Aufkommen einer statistisch orientierten, vergleichenden Zyklusanalyse durch Autoren wie Clément Juglar, William Stanley Jevons und John Mills.[122] Es wird erst durch die Veröffentlichung seiner gesamten ab 1870 entstandenen Exzerpte geklärt werden können, inwiefern Marx, der 1883 starb, von all diesen Entwicklungen Notiz nahm, aber die Exzerpte von 1868/69 zeigen, dass er sich mindestens mit der zweiten (dazu 1.5.3) und mit der letzten Tendenz vertraut gemacht und sich mit einem der damals am meisten rezipierten Zyklusforscher näher beschäftigt hat. Er las mehrere Schriften von John Mills,[123] einem Bankier und späteren Präsidenten der Manchester

---

[121] Mit den Arbeiten von William Stanley Jevons, Carl Menger und Léon Walras entstand ab 1871 der Marginalismus (Mattick 1974, 14; Gooch o. D.). Es müsste genauer untersucht werden, inwiefern die subjektive Wertlehre des Marginalismus, wonach der Wert eine rein subjektive und psychologische Angelegenheit und der Zins an der Wertschöpfung beteiligt sei, auch als eine Reflexion auf die Entsubstantialisierung der Wirtschaft durch die Finanzialisierungsprozesse der 1860er Jahre verstanden werden kann. Die ‚objektive Wertlehre' wurde genau in dem Moment aufgegeben, in dem die britische Textilindustrie ihren Höhepunkt überschritten hatte und Großbritannien mehr und mehr zum Finanzier des Welthandels wurde.

[122] Gooch (o. D.) erkennt ab den 1860er Jahren „a clear shift in economic thought toward statistical, impersonal, and biological descriptions of economic processes. In effect, human social and economic life begins to emerge as something produced yet potentially beyond conscious control." Siehe auch Kromphardt (1989).

[123] Eine Schrift von Mills (1866) über den *Bank Act* ist im Katalog der SPD-Bibliothek verzeichnet (Nr. 41530), das heißt sie befand sich wahrscheinlich in Marx' Besitz, und kann in der „Stiftung Archiv der Parteien und Massenorganisationen der DDR im Bundesarchiv" (SAPMO) eingesehen werden; das Exemplar enthält keinerlei Marginalien. Die zweite Schrift (Mills 1868a) hat Mills Marx zugeschickt.

Statistical Society,[124] der nach der 2007/08 ausgebrochenen Krise von (post-)keynesianischen Ökonomen wiederentdeckt und mit Gewinn gelesen worden ist. Mills' Einsichten gelten mitunter als Pionierleistungen auf dem Gebiet der Zyklen- und Krisentheorie.[125] Marx hingegen – der in den Augen vieler weder eine Krisen- noch eine Zyklustheorie hinterlassen haben soll (siehe Einleitung) – hielt Mills' Ideen für weder originell noch besonders erhellend.

Die Marx'sche Rezeption von Mills' Schriften zu Krise und Zyklus lässt sich anhand eines kürzlich veröffentlichten Antwortbriefs von Mills an Marx rekonstruieren. Aus diesem geht hervor, dass Marx Mills am 26. August 1868 eine Notiz übermittelt und um Zusendung einer Schrift gebeten hat, denn Mills bestätigt seinerseits das Versenden dieses Pamphlets an Marx.[126] Marx war auf Mills durch dessen Leserbrief in der *Daily News* vom 26. August aufmerksam geworden (Mills 1868b), was daran erkennbar ist, dass Mills gegenüber ihm auf diese kritische Notiz der *Daily News* zu sprechen kommt. Mills verweist darüber hinaus auf eine positive Besprechung seines Werks im *Economist* (vom 1. Februar 1868), die Marx daraufhin in der Tat exzerpiert und mit kritischen Kommentaren versehen hat.

In der *Daily News* (vom 4. August 1868, S. 4) war der zyklentheoretische Ansatz, den Mills in dem gerade abgedruckten Vortrag mit dem Titel *On Credit Cycles, and the Origin of Commercial Crises* entwickelte, heftig kritisiert worden. Mills erklärte in dem Vortrag die periodische Wiederkehr der Handelskrisen für „at any rate *a fact*": Seit der letzten Jahrhundertwende habe sich so gut wie *alles* verändert – trotzdem sind

---

[124] Er war dort Nachfolger von William Stanley Jevons. Zu Mills siehe Cottrell (1988, 54–56) und Peart (1997).
[125] Dass Mills den Begriff des „credit cycle" geprägt hat, bedeutet nicht, dass er auch das Phänomen als erster beschrieben hat, wie es in einem neueren Lexikon heißt: „The phenomenon of a credit cycle was first described by [...] British economist John Mills." (Glasner 1997, 121) Marx hatte seine Diskussion der Bewegung des Leihkapitals bereits im Oktober 1865 vorläufig abgeschlossen. Die Idee eines „monetary cycle" oder „circle of the currency" lässt sich auch schon bei James William Gilbart nachweisen, aus dessen *A Practical Treatise on Banking* (1849, 5. Aufl.) Marx in *Londoner Heft III* notierte: „Der banker kann vielleicht Profite machen by those fluctuations in the prices of public securities, which usually occur in the different periods of a circle of the currency. In der *ersten Periode*, unmittelbar nach einer Pressure, money ist abundant without speculation; in der *zweiten Periode* money is abundant and speculations abound; in der *dritten Periode* beginnt die speculation to decline und money is in demand; in der 4ten *Periode* money is scarce and a pressure arrives" (MEGA IV/7, 137).
[126] Mills schrieb Marx am 16. September 1868: „Your note of the 26th inst. reached me just as I was leaving home for some time, so that I could only at the moment despatch the pamphlet and postpone my acknowledgment of your courteous note. I feel curious as to your theory of Economic Cycles, and should be glad to learn in what German city I may apply for the book. If you care to see a notice of my pamphlet in marked contrast to that which appeared in the Daily News, you will find one in a leading article of the Economist of Febr^y 1st." (MEGAdigital) In Mills' Neugier kommt zum Ausdruck, dass sich Marx ihm gegenüber als Verfasser des *Kapital* und auch als Zyklusforscher („your theory of Economic Cycles") ausgab. Marx' Brief ist nicht überliefert.

die Krisen immer wiedergekommen. Diese Ereignisse dürften nicht auf Un- oder Zufälle zurückgeführt, sondern müssten als Schlussakte eines rund zehnjährigen, England seit rund sechzig Jahren heimsuchenden Kreditzyklus betrachtet werden. Die Periodizität der Krisen entstammte laut Mills dem ‚Lebenszyklus' des Kredits mit seinen Phasen Kindesalter, Wachstum, Reife und Tod:

> commercial Credit runs through the mutations of a life, having its infancy, growth to maturity, diseased over-growth, and death by collapse; and that each cycle is composed of well-marked normal stages, corresponding to these ideas in nature and succession. And as Credit is a thing of moral essence, the external character of each stage of its developement is traced to a parallel change of mental mood, and we find the whole subject embraced under the wider generalisation of a normal tendency of the human mind. To this tendency – that is, the tendency of the faculty of credit to grow – may be attributed the evolution of stages in a uniform order, each having a distinct phenomenal character (Mills 1868a, 17).

Die *Daily News* kritisierte Mills' Gedanken als deterministisch und tat die Krisen stattdessen als „curious coincidences" ab: „the utmost statistical industry and ingenuity can adduce no reason for such periodicity, and is perplexed by facts not in keeping with it"; wegen der grundlegenden Verschiedenheit der Ereignisse sei Mills' Doktrin „altogether a fanciful one" (The Daily News, 4. August 1868, S. 4). Mills wird von der Tageszeitung gerügt, mit seinen – in der Tat mit darwinistischen Vokabeln gespickten – Überlegungen bloß die zyklische Bewegung von Naturformen (Tag und Nacht, Mondperioden, Jahreszeiten) auf das Wirtschaftsleben zu projizieren. Er verkenne den Fortschritt Englands, leugne die positiven Entwicklungen in Industrie und Handel und sehe Gesellschaft und Staat hilflos in einem Zirkel der ewigen Wiederkehr des Gleichen gefangen.

Mills reagierte am 26. August mit besagtem Leserbrief an die *Daily News*: „my whole effort was to lay out a purely scientific basis for the doctrine of cycles, in the form of inductions of observed facts, occurring and recurring in such successional order as seemed to me to supply cumulative proof of the growth of credit through a normal cycle." (Mills 1868b) Er wies den Vorwurf der Rücksichtslosigkeit gegenüber Besonderheiten zurück: Von solchen zu abstrahieren, um ein allgemeines Gesetz zu enthüllen, sei nicht mit einer Ignoranz für die Modifizierbarkeit der Gesetze zu verwechseln. Trotz eines so tiefen Einschnitts wie der *Cotton Famine* sei die Kreditbewegung weitestgehend analog zu der in den vorangegangen Kreditzyklen verlaufen.[127] So kam es 1864 trotz der Depression der Baumwollindustrie und einer Geldklemme

---

[127] „If any event whatever could produce a general panic independently of the current stage of growth of credit, the tremendous collapse of prices inflated by the state of war in America would assuredly have done so. But though credit was then in its speculative stage of growth, it still possessed sufficient stamina to sustain the shock and pursue its headlong career till, in May, 1866, the Overend catastrophe betrayed its ripeness for destruction, one year only before the decennial period." (Mills 1868b)

zu keiner allgemeinen Krise, weil der Kredit – hierin dem Muster folgend – noch nicht reif gewesen war. Erst ungefähr zehn Jahre nach der letzten Krise von 1857 war der Kredit wieder groß genug gewachsen.

Marx empfand Mills' Leserbrief womöglich als eine bemerkenswerte Intervention. Zumindest war es nicht gerade alltäglich, dass die Theoretiker des Kapitals die Periodizität der Krisen zu erklären suchten. Tooke, Fullarton und Wilson waren schon lange nicht mehr am Leben und Marx hielt offensichtlich Ausschau nach aktuellen Konjunktur- und Krisenforschern, für dessen neuen, eher statistisch verfahrenden Typus Mills steht. Er bat Mills noch am Tag der Veröffentlichung seines Leserbriefs um Zusendung seines Pamphlets. In der Tat werden Marx neben Mills' Absage an einen schülerhaften Primat der Kontingenz (dazu 4.3) weitere Ähnlichkeiten zu seinem eigenen Ansatz aufgefallen sein.

Da sind erstens die eigentümlichen Bewegungen des verleihbaren Kapitals, für die Mills den Begriff des Kreditzyklus („credit cycle") prägte. Die einzelnen Phasen charakterisierte er, ähnlich wie Marx als Stagnation („post-panic period"), dann Wiederaufschwung („middle phase"), in dem sich Handel und Profit vermehren und der Kredit auf dieser ‚gesunden' Basis immer weiter wächst, bis er schließlich in der „speculative period" exzessiv vergeben wird, was zu unproduktivem Investment und zu Spekulation führt, die schließlich in der Panik kollabiert. Anders als Marx weist Mills die Krise nicht als besondere Phase aus; sie enthüllt nur den Exzess, der ihr voranging. Zweitens läuft laut Mills der Zyklus nicht so exakt wie die Uhr oder der Kalender ab; die einzelnen Phasen verliefen zwar in einer „uniform, successional order, each having a distinct phenomenal character" (Mills 1868b), aber die Länge des ganzen Zyklus sei variabel. Angesichts der langen Depressionsphase 1866–69 wird Mills (1871) auch die Variabilität der Länge der einzelnen Phasen betonen. Drittens vermutete Mills die Schwierigkeiten der Baumwollindustrie als Hauptursache der auf die Krise von 1866 folgenden Stagnation und widmete der langen „post-panic phase" später einen weiteren Artikel (Mills 1871). Alles in allem gingen Mills' krisenanalytische Ideen nicht über Marx' eigene Untersuchungen der Bewegung des *monied capital* und des industriellen Zyklus der 1860er Jahre hinaus.

Marx wies zugleich auf Mills' Grenzen hin, die sich auf die *Begründung* des Kreditzyklus beziehen. Mills wollte in den Erwartungen, Stimmungen und Launen der Handelsteilnehmer („commercial mood") die Ursachen der zyklischen Bewegung erkennen: „the malady of commercial crisis is not, in essence, a matter of the parse but of the mind". Der Kredit sei eine geistige Angelegenheit von Vertrauen und Glauben, „a thing of moral essence" (Mills 1868a, 17). Die Bewegung des Kredits werde durch die Veränderungen der „mental mood" reguliert: Aus Gelingen wird Übermut und aus Übermut die Waghalsigkeit. Krisen zerstören folglich kein Kapital („Panics do not destroy Capital"), bloß „a bundle of beliefs" (Mills 1868a, 19) – und anschließend benötige es seine Zeit, bis die Öffentlichkeit die Panik vergisst, neues Vertrauen schöpft und sich wieder investitionsbereit zeigt. Diese Psychologisierung kritisierte Marx in seinen Exzerpten aus demjenigen *Economist*-Artikel, den Mills selbst ihm empfohlen hatte:

> Nach Mills Commercial Crises essentially of mental origin. Tendency in commercial mind to be at times elated, and at times depressed. (Dieser Esel glaubt eine besondre Entdeckung gemacht zu haben, indem er die Schwierigkeit „ins Gewissen" schiebt und die Periodicität der „realen" Bewegung in eine Periodicität des „commercial mind" verwandelt. Asinus. Aber die Periodicität selbst sicher keine Entdeckung von John Mills.) (MEGAdigital, Bd. IV/19, „1869 I Heft", S. 61)

Mills war nicht originell: Die Periodizität der ökonomischen Bewegung selbst erkannten Ökonomen bereits in den 1830er Jahren und sogar das ‚Verdienst' ihrer Rückführung auf eine psychologische Bewegung, wie sie später auch Jevons und Keynes („animal spirits") wertschätzten, gebührte schon Lord Overstone (siehe 1.5.1). Interessanterweise spricht Marx immer noch von einer „Schwierigkeit", damit direkt an die „einzig schwierigen Fragen" (MEGA II/4.2, 529) des Kreditabschnitts von 1865 über das Verhältnis der Akkumulation von produktivem Kapital zur Akkumulation von *monied capital* anknüpfend (dazu 4.2.3). Mills löste die „reale" Bewegung – „real" setzt Marx hier in Anführungszeichen, weil die Bewegung des Kredits nicht minder real als die des produktiven Kapitals ist – in eine mechanische Bewegung von Vorstellungen über sie auf und umging somit die „Schwierigkeit". Bei Mills hat man es mit einer Reduktion einer ganzen Produktionsweise auf Kreditverhältnisse, Psychologie und einen ominösen ‚Lebenszyklus' zu tun. Um mit Marx zu sprechen, betrachtete er bloß die Verkehrung in der Erscheinungswelt ohne ihren Zusammenhang zur „unsichtbaren Kerngestalt".

Darüber hinaus war die Charakterisierung sowohl der Möglichkeiten des Verlaufs als auch der Phasen des Zyklus bei Marx ausgefeilter als bei Mills, weil ersterer verschiedene logische Möglichkeiten des Verhältnisses von verleihbarem zu produktivem Kapital bestimmte. Bei Mills etwa entsteht die Spekulation allein aus der Prosperität; Marx dagegen identifizierte noch zwei weitere Momente mit *plethora of monied capital*, so dass die Akkumulation des Leihkapitals verschiedene Zustände des produktiven Kapitals ausdrücken kann. Dagegen konnte Mills keine plausible Erklärung dafür anbieten, weshalb sich der Kreditbezug im Zuge der *Cotton Famine* weg von der Baumwollindustrie hin zu den Aktien- und Finanzgesellschaften entwickelte. Obwohl der Höhepunkt der „middle phase" (gemessen an den britischen Exporten) laut Mills im jüngsten Zyklus schon 1860, sechs Jahre vor der Krise, erreicht worden war, sei das Vertrauen und mit ihm der Kredit einfach weitergewachsen (Mills 1868a, 24/25). Wie Marx 1857 in der *Tribune* von der „striking resemblance" (MEGA I/16, 71) der beiden vergangenen Zyklen sprach, betonte Mills, dass sich in den letzten drei Zyklen „essentially a repetition of what has occurred in previous corresponding periods" (Mills 1871, 91) ereignet hätte. Trotz einer außergewöhnlichen Unterbrechung, wie der Baumwollhungersnot, konnte Mills in der ökonomischen Bewegung der 1860er Jahre nur eine bloße „Wiederholung" der vorangegangenen Zyklen erkennen. Der Einwand der *Daily News* war also nicht ganz unberechtigt: Durch die Zyklen hatte sich in einem bestimmten Sinn *nicht* die ewige Wiederkunft des Gleichen vollzogen. Auch wegen des starren Mechanismus des Statistikers Mills ist es plausibel anzunehmen, dass Marx in der französischen Auflage des *Kapital* dazu neigte, bloß in der Periodizität der Wechselfälle einen Formcharakter zu sehen, wohingegen der ‚Zyklus' nicht automatisch mit demselben Phasenwechsel ablaufen muss (dazu 4.1).

Zwar sah Mills die englische Gesellschaft ohnmächtig in einer Lebensontologie der Zyklizität gefangen, aber dennoch finden sich bei ihm Überlegungen dazu, was sich gegen die Wiederkehr der Krisen unternehmen ließe. Schon Overstones Bankgesetzgebung sollte mittels einer Kontrolle der Geldemission vor allem den menschlichen Stimmungsschwankungen entgegenwirken. Bei Mills ist das einzig denkbare Heilmittel ein mentales: die *Erinnerung* an die letzten Krisen. Die menschliche Natur tendiere zur Verdrängung der vergangenen Katastrophen, aber zukünftige Spekulationsexzesse ließen sich womöglich durch Lerneffekte mittels einer Art von Erinnerungspolitik vermeiden. Ironischerweise galt Mills zugleich das *Vergessen* der Krise als Bedingung für die Überwindung der Stagnation: Erst wenn die Erinnerung an und damit die Angst vor der Katastrophe verblasse, könne sich die Stimmung, das Vertrauen und damit der Kredit wieder verbessern. Also entweder aus der Geschichte lernen und in der Stagnation verharren (unwahrscheinlich, dass der Lebenszyklus des Kredits dies zulässt) oder aber weiterleben, neue Abenteuer unternehmen und damit neue Katastrophen erzeugen. Genau diese unbefriedigende Alternative, die Mills in Aussicht stellte, war es, die sein Rezensent in der *Daily News* nicht wahrhaben wollte.

5.4.2 Melancholie und Horror. Die Depression als Denkform

> It is like one of those diseases which, when the acute stage is passed, leaves behind it a chronic debility approaching to paralysis.
>
> John Mills: On the Post-Panic Period 1866–70
> (1871, 92/93)

Auch dass die große Finanzkrise von 1866 in eine ungewöhnlich lange Depression mündete, war für Marx ein Antrieb zu den ausführlichen Studien von 1868/69. Im Anschluss an diese Studien hat er in Manuskript II zum zweiten Buch des Kapital die Stagnation erstmals als die „‚melancholische' Periode" (MEGA II/11, 271) bezeichnet. Was hat er darunter verstanden?

Neben der Schmach, dass die Krise von 1866 eine vorwiegend englische Angelegenheit war und selbst das autoritäre Frankreich mit seinen *bubble companies*, die England bloß „imitiert" haben wollte, abermals von einer Krise verschont blieb, war die englische Öffentlichkeit auch mit der ungewöhnlich langen Stagnationsphase beschäftigt. Ungefähr zu der Zeit, als Marx den Leserbrief von Mills las und diesen in der Folge kontaktierte, exzerpierte er aus einem Artikel der *Times* über die außergewöhnliche Dauer und Tiefe der Depression. Dort hieß es: „With Consols at 94, with money in abundance amounting to a glut, with a wheat harvest above the average, with peace abroad and tranquility at home, we certainly ought to be doing well. [...] Unfortunately, things are not exactly so. Trade [...] is still not active, and the features of the Money-Market are as yet delusive." (The Times, 18. August 1868, S. 6) Das Kapital, so notierte Marx mit Hervorhebung, befinde sich im Streik: „*It has been ‚on strike' for these two years*" (MEGA IV/18, 449). Es betreibe Müßiggang, liege träge danieder und könne sich partout nicht dazu aufraffen, sich irgendwo anzulegen und sinnvoll zu beschäftigen – es war depressiv geworden, ein Problem, so die Times, „of incalculable importance, if it could but be thought out and solved".

Den Begriff des „Kapitalstreiks" prägte wahrscheinlich George Joachim Goschen, von 1858 bis 1865 Direktor der Bank of England und Urheber der von Bagehot in *Lombard Street* gepriesenen Doktrin über ihre Diskontratenpolitik (dazu 1.5.3). Zumindest war es Goschen, der diesen Ausdruck damals mit seiner Publikation in der Januar-Ausgabe der *Edinburgh Review* von 1868[128] zu einem geflügelten Wort werden ließ: „Capital is on strike, out of employ! In England it has struck against limited liability; against railways; against promoters, contractors, and engineers; against joint-stock companies of every description; against speculators; partially, against foreign Governments." (Goschen 1868, 260) Auch Goschen (1868, 246) war die „universal nature of the depression which prevailed" sauer aufgestoßen. Rückgang der Einkommenssteuer, der Ex- und Importe, Fall der Aktienkurse der großen Eisenbahngesellschaften und Aktienbanken, Bankrottwellen in Liverpool und die andauernde Überfüllung des Court of Chancery mit abzuwickelnden Unternehmen[129] – und all das bei brachliegenden Edelmetallen und Banknoten in beispielloser Höhe sowie Niedrigzinsen von 2% über einen nie dagewesenen Zeitraum. Das Jahr, in dem der erste Band des *Kapital* erschien, war laut Goschen „exceptional in respect of commercial depression, falling prices, and universal distrust": „the year 1867 has been one long financial, commercial, industrial, and railway crisis" (Goschen 1868, 244/245).[130]

Wie bemerkt, kann die ungewöhnliche Länge der Depression auch als ein Grund angesehen werden, aus dem Marx die Exzerpthefte von 1868/69 zu führen begann. Er sammelte ausgiebig Material zu der von ihm „Nachwehn" und „Nachwirkungen" der Krise genannten Stagnationsphase. In seinem Inhaltsverzeichnis zu *1869 I Heft* er-

---

[128] Marx exzerpierte einen *Economist*-Artikel, der Goschens Artikel in der *Edinburgh Review* lobend besprach (MEGAdigital, Bd. IV/19, „1869 I Heft", S. 64).

[129] Im März 1867 befanden sich über 260 Unternehmen im Court of Chancery, so dass William Newmarch das Bonmot äußerte: „the constitution of the country consisted of four parts, the Queen, Lords, Commons and the Liquidators of public companies." (Zit. nach Henderson 1934, 24)

[130] Goschen (1868, 250) schrieb dies der Krise von 1866 zu: „Contrary, however, to previous experience, the effects of the crisis of 1866 upon the circulation (effects which, according to precedent, ought to have vanished with the subsidence of the panic by which they were caused) have been of long duration, and have indeed continued to this day."

stellte er dazu einen eigenen Gliederungspunkt, unter dem er die zur Stagnation gesammelten Exzerpte zusammenführte. Marx hat, kurz gefasst, ähnliche Eigenschaften der Depression festgehalten, wie Goschen: Rückgang der Exporte und äußerst niedrige Profitrate (MEGAdigital, Bd. IV/19, „1869 I Heft", S. 19), unbelebter Handel (S. 40), Deflation der Warenpreise aller Rohmaterialien (S. 20 u. 59), sinkende Beschäftigungsquoten, Löhne (S. 59) und Steuereinnahmen (S. 70), die Diskontrate der Bank of England für lange Zeit auf dem Rekordniedrigniveau von 2% und am 18. September 1867 war eine nie zuvor erreichte Bullionreserve in Höhe von 24,5 Millionen Pfund Sterling zu verzeichnen. Trotz der „plethora of money, for which no profitable use to be found in commerce" (S. 19) kam es zur Entwertung von Wertpapieren und Aktien (S. 20 u. 23) sowie zum Kollaps weiterer britischer Banken. Die erneute Plethora der Leihkapitals führte dieses Mal zu einer Re-Expatriierung des britischen Geldkapitals und zu einem Bedeutungsgewinn der überseeischen Investitionen vor allem in ausländischen Staats- und Kolonialanleihen.[131]

Gegenüber seiner Charakterisierung der Stagnation im zuvor geschriebenen Entwurf des Kreditabschnitts von 1865[132] war in der neuen Stagnation bis Ende 1869 der Rückschlag des liquidierten fiktiven Kapitals auf die Industrie für die englischen Kommentatoren ein neuartiges Phänomen. Der *Economist* erklärte 1867, dass durch die enorme Anzahl von den in der vorangegangenen „Extension Mania" gegründeten Unternehmungen, vor allem im Eisenbahnsektor, ein Großteil des ausgelegten Kapitals fixiert („locked up") sei und nun keinerlei Einkommen mehr abwerfe. Neun Zehntel aller zwischen 1861 und 1865 errichteten und mit enormen Summen gespeisten Aktiengesellschaften „have failed to make any profit, and, too, incurred losses so great as to extinguish most of the capital" (MEGAdigital, Bd. IV/19, Heft „London. 1868", S. 132), notierte Marx. Auch die *Money Market Review* berichtete, dass im Zuge der langwierigen Insolvenzverfahren viele Kreditgeber und Aktionäre zu Zahlungen verordnet wurden (MEGAdigital, Bd. IV/19, „1869 I Heft", S. 31).[133] Im Gründerboom

---

131 Im Anschluss an seine neuen Krisenstudien schrieb Marx in einem Artikel: „Meanwhile, all *English* securities, railway shares, bank shares, mining shares, every sort of home investment, had become utterly depreciated, and was anxiously shunned. Even the Consols declined. [...] Then the hour had struck for *Foreign Investments*. Foreign Government Loans were contracted, under the most facile conditions, on the London market." (MEGA I/21, 102)
132 Dort sah er die folgenden Kennzeichen der Stagnation: Paralyse der Produktion, niedrige Profitrate, Tiefpunkt der Preise und Höhepunkt der Arbeitslosigkeit, Akkumulation des verleihbaren Kapitals in den Banken und daher niedrige Zinsrate, geschrumpfte und stockende Zirkulation und schließlich wird im Unterschied zur Krise kein Weltgeld erheischt (dazu 4.2.3).
133 Marx exzerpierte aus der *Money Market Review*: „Never a period of dull suffering and depression so long and continuously felt. ... Two main elements of distraction and depression of late: Windings up and railway insolvency. Enormous calls under windings up. Other sufferers by stoppage of their dividends. Dann uncertainty der victims as to their ultimate liabilities, preventing them from dealing with their remaining means. Crippling of resources and paralysis of action." (MEGAdigital, Bd. IV/19, „1869 I Heft", S. 31)

der 1860er Jahre war viel Kapital in Projekten versenkt worden, die nun nicht mehr realisiert werden konnten.

Auch für Marx war die Stagnation nicht nur Ausdruck der erneuten Probleme der Baumwollindustrie, sondern auch „Nachwirkung" und „Nachwehe" der Finanzkrise von 1866. Das Kapital hatte sich im Investitionsboom der 1860er Jahre festgefahren. Dies hatte Marx schon für den Crédit Mobilier betont, der in seinen Augen „flüssiges" Kapital in großen Modernisierungsprojekten „fixierte".[134] Daher war, so Marx 1856, „[a]lmost every commercial crisis in modern times [...] connected with a derangement in the due proportion between floating and fixed capital" (MECW 15, 20/21). Auf eine geplatzte Finanzblase folgt daher nicht selten eine *Lost Decade*. Weil sich nach dem Ende der Eisenbahnmanie noch keine neuen Anlagesphären aufgetan hatten, war dieses Mal auch keine Ausweichbewegung G–G´ möglich. Der Überfluss an verleihbarem Kapital in der Stagnationsphase bildet demnach nicht immer die Spekulation aus. Es benötigt dazu entsprechender Anlagefelder.

Worin besteht der Unterschied zwischen der Stagnation, der „‚melancholischen' Periode" (MEGA II/11, 271), und der Krise, dem Höhepunkt des moralischen Zyklus der bürgerlichen Gesellschaft (5.3.3), hinsichtlich der mit ihnen verknüpften gesellschaftlichen Vorstellungen? Der Übergang von Krise zu Stagnation erscheint als eine *Inversion* der Phasen. In der Krise fehlt es an Geld als Geld, in der Stagnation gibt es zu viel davon; in der Krise erreicht die Zinsrate ihren Höhe-, in der Stagnation ihren Tiefpunkt. In der Krise herrscht *Panik aus Mangel*, in der Stagnation *Pessimismus aus Überfluss*. Das System der bürgerlichen Produktion hat zwar überlebt, aber von allen Elementen des Verwertungsprozesses ist ‚zu viel' vorhanden. Die Zirkulation ist zwar nicht mehr gerissen, sondern zusammengeflickt, aber dennoch verkleinert, stockend, eingeschränkt; das Geld fließt nur zäh und sammelt sich in den Banken als eine Überfülle an verleihbarem Kapital,[135] aber wegen des paralysierten Geschäftslebens und der immer noch hohen „commercial morality" (das heißt dem mangelnden „Vertrauen") herrscht nicht unbedingt eine Nachfrage danach. Das viel konstatierte „Misstrauen"[136] ergibt sich aus dem Mangel an profitablen Anlagemöglichkeiten; noch nicht alle Liquidationen sind vollzogen, die Aufarbeitung der Krise zieht sich in die Länge. Marx schrieb im *Manuskript 1861–63*, dass es permanente Krisen nicht gibt (MEGA II/3, 1120), aber in der Depression, der Restrukturierungsphase des Kapitals sind die Ursachen der Krise noch nicht behoben und daher scheint sie permanent

---

134 „Railway shares, for instance, may be very floating, but the capital they represent, i.e., the capital employed in the construction of the railway, is fixed." (MECW 15, 20; dt. Übers. MEW 12, 32/33)

135 Auch Mills (1868a, 23) sah die Stagnation durch eine „plethora of unused Capital and dormancy of enterprise" charakterisiert: „No doubt a new confidence begins to germinate early in this period, but its growth is slow. The old race of traders have still a vivid remembrance of a 'black Friday'."

136 „The excessive confidence which made ready money scarce, and therefore dear, by its dispersion in loans and works, has been suddenly shocked into the scepticism which leads to concentration and plethora." (Mills 1871, 88)

geworden zu sein.[137] Nach der Krise setzt nicht sofort und automatisch wieder die Prosperität und der sie begleitende Jubel ein, sondern zunächst eine andere Phase – und der historische Verlauf hatte bereits John Mills und Marx gezeigt, dass diese ziemlich *lange* andauern kann.

Einige Momente der Krise werden in der Stagnation auf Dauer gestellt. Etwa verliert wegen der eingeschränkten Zirkulation und wegen der Überflüssigkeit von Arbeitskraft die liberale Utopie an Überzeugungskraft (dazu 3.5.4). Die kollektive Grundstimmung der Depression, so lässt es sich der Charakterisierung dieser Phase bei Mills, Goschen und in den Organen des Geldmarkts entnehmen, ist eine der Mutlosigkeit, Niedergeschlagenheit, Verzweiflung, Erschöpfung, Demoralisierung, Hoffnungslosigkeit, des Schwermuts, Misstrauens und Verdachts. Der Krisenbegriff wird virulent, wo man auch hinblickt, scheint es nur Krisen zu geben.[138] Die Kritik tendiert dann zu einer Hypostasierung des Krisenbegriffs[139] und dem Bürger scheint das Weltende eingetreten zu sein. Das liegt auch daran, dass die Hauptwaffe in seinem Arsenal, die Geldpolitik, in diesem Moment vergleichsweise machtlos ist, weil die Geldkrise schon überwunden wurde und kein Mangel an Zahlungsmitteln mehr herrscht.

Für die Grenzen der Geldpolitik in der Phase der Stagnation fand Goschen das einprägsame Bild der Polarsonne, die zwar erhellt, aber weder wärmt noch zu Leben stimuliert: „The paradox seems complete. The golden radiance of 60 millions sterling in Paris and London is *impotent* on the hard black frost under which commerce seems to be perishing of cold. Like the polar sun, they illuminate but do not warm. The cheapness of capital is equally powerless. Speculation remains cold and refuses to be

---

[137] In langen Stagnationsphasen kann das Krisenbewusstsein zur „Grundstimmung einer Epoche" (Prisching 1986, 15) werden.

[138] Den inflationären Gebrauch des Krisenbegriffs in der 1873 einsetzenden *Long Depression* kritisierte Smith (1880, 15): „There is an abuse of language when we speak of a *crisis* which has been going on for the last six years."

[139] Mattick (1974, 120) etwa unterscheidet zwischen temporärer und permanenter Krise, Altvater (1983, 93) zwischen „kleinen" und „großen Krisen", wobei erstere konjunkturelle, letztere strukturelle Erscheinungen seien. Altvater will darin gar ein „Charakteristikum der Marxschen Krisentheorie" erkennen. Aber wenn Marx von einer „großen Krise" spricht, handelt es sich immer um die von Altvaters Unterscheidung her gedacht „kleinen" oder „zyklischen": „die großen Krisen von 1825 und 1836" (MEGA II/2, 240); „das Jahr *1857* brachte eine der großen Krisen, womit der industrielle Cyklus jedesmal abschließt" (MEGA II/5, 540). Anstatt zwischen solchen kleinen und großen Vorgängen zu unterscheiden, sollte vielmehr ein allgemeiner Kern der Krisen angenommen werden, der sich unterschiedlich entwickeln kann: Krisen können intensiver, allseitiger, industrieller, kürzer oder länger sein und sie können das politische Feld in unterschiedlichem Ausmaß aufwirbeln. Chronische Krisen etwa entwickeln sich langsam und verweilen hartnäckig.

comforted. Two percent. woos in vain!" (Goschen 1868, 248/249. Herv. TG)[140] Die Stagnation ist wie die Klarheit und Starre einer Polarlandschaft: Es ist unmittelbar *einsichtig*, dass sich *nichts bewegt*. Somit werden die Bürger weiterhin von Gedanken darüber beherrscht, was faul ist im Staate Dänemark. Aber weil ihr Denken schwerlich die Oberfläche des Geldmarkts transzendiert, wird es zunehmend unwahrscheinlicher, dass eine Antwort noch *innerhalb der politischen Ökonomie* gefunden wird. An den Rändern der Geldpolitik tut sich somit auch eine Grenze des politökonomischen Krisendenkens auf.

Bereits Marx vermutete dies in seiner früheren Kritik an Ricardos Konzeption des tendenziellen Falls der Profitrate. Die Profitrate fällt für Ricardo auf lange Sicht wegen sich angeblich ständig verschlechternder Böden, das heißt wegen den Grenzen der Natur (dazu 4.2.1). Marx bemerkte daher in den *Grundrissen*, dass Ricardo „[a]us der Oekonomie [...] in die organische Chemie [flüchtet]" (MEGA II/1, 627). In Ricardos Ausflucht liegt etwas Typisches: Wegen ihrer Verewigung der kapitalistischen Produktionsweise zu einer Naturform ist es unwahrscheinlich, dass die politische Ökonomie zu den wirklichen Gründen der Stagnation und des Niedergangs vordringt.[141] Zugleich herrscht ein „horror vor der fallenden Profitrate" (MEGA II/4.2, 310), das Problem macht „der bürgerlichen Oekonomie viel Angst" und die „ganze Ricardosche und Malthussche Schule ist ein Wehschrei über den jüngsten Tag" (MEGA II/3, 1633), denn das ‚Ende' des Kapitals bedeutet für den Bürger so etwas wie das Ende der Welt. Wie schon Ricardo den endogenen Ursachen der ultimativen Stagnation infolge des unvermeidlichen Falls der Profitrate nicht in die Augen blicken konnte und stattdessen nach exogenen ‚Naturgesetzen' Ausschau hielt, begeben sich Ökonomen in Krisen- und Stagnationsphasen nicht selten auf die Suche nach *außerökonomischen* Voraussetzungen des wirtschaftlichen Erfolgs. Sie entdecken dann extraterrestrische Bewegungen der Sonnenflecken,[142] psychologische Dispositionen und Dynamiken (wie John Mills) und kulturelle Einrichtungen.[143] Marx wollte im Kapitel über den Profitratenfall den Bürgern auch erklären, was es mit ihrer Melancholie und ihren apokalyptischen Visionen vom ‚Weltende' und dem ‚Untergang des Abendlandes' auf sich hat.

---

140 Goschen (1868, 244) hielt „the long continuance of this reaction, and the apparent hopelessness of the situation" noch zwanzig Monate nach dem Crash für völlig neu und erklärungsbedürftig.

141 „Die klassische Politische Oekonomie jedoch verschwindelt eine vorübergehende historische Form des Produktionsprozesses in seine ewige Naturform." (MEGA II/11, 39)

142 Jevons (1884) hat nach der Krise von 1866 versucht, die Periodizität der Krisen von der Bewegung der Sonnenflecken abzuleiten. Die Sonnenaktivität beeinflusse die Ernte und hohe Kornpreise führten zu Problemen an der Börse.

143 So wird später F. A. Hayek (2011, 23) nach den Mechanismen „kultureller Evolution" fahnden. In einer jahrhundertelangen Entwicklung hätten verschiedene ‚Kulturen' verschiedene Werteordnungen ausgebildet, die sie mehr oder weniger tauglich für die Marktwirtschaft machten.

Zu einer rassenanthropologischen Meditation ließ sich angesichts der Stagnation von 1866–69 der Staatsbankdenker Walter Bagehot in seiner Abhandlung *Physics and Politics* (1872) hinreißen.[144] Bagehot, der in *Lombard Street* (1873, 262) den Schwindel als „rare and minor evil" bagatellisierte und sich gegen die Theoriebildung in der Ökonomie aussprach, wollte ausgerechnet in *Physics and Politics* diejenigen anthropologischen Voraussetzungen ermitteln, die darüber befinden, ob Völker fortschreiten, untergehen oder in der Stagnation verharren: „I attempted to show that slighter causes than is commonly thought may change a nation from the stationary to the progressive state of civilisation, and from the stationary to the degrading[145]." (Bagehot 1872, 206) Der „stationary state" war bei Ricardo und seinen Anhängern die Bezeichnung für jene Stagnationsepoche, in welche die bürgerliche Gesellschaft auf lange Sicht durch den unvermeidlichen Fall der Profitrate geraten würde. Ricardo (1817, 115) nahm an, dass der „stationary state" noch in ferner Zukunft läge, aber Bagehot zog in Erwägung, dass mit dem Niedergang jeder Zeit zu rechnen sei.[146] Diesen abzuwenden war ein Ziel seiner Gedanken über das Krisenmanagement der Bank of England. Bagehot sah die ‚Rassen'[147] nicht durch physische Merkmale, sondern vor allem psychologisch durch das „mind" (Geist, Seele, Bewusstsein) konstituiert (Bagehot 1872, 9). Das „mind" war der gleiche Begriff, mit dem John Mills den Lebenszyklus des Kredits begründete.[148] Weil bei Bagehot sowohl die Wirtschaftskrise als Liquiditätsengpass aus *Kontrollverlust* (das heißt Panik) als auch die ‚Rasse' wesentlich psy-

---

144 Die ersten fünf Kapitel der Schrift waren zuerst als Artikelserie in der *Fortnightly Review* zwischen 1867 und 1872 erschienen (Beasley 2010, 88/89). Das sechste und letzte Kapitel fügte Bagehot erst der Publikation des Buchs 1872 hinzu.
145 Die deutsche Übersetzung mit dem Titel *Der Ursprung der Nationen* befand sich in der persönlichen Bibliothek von Friedrich Nietzsche (Ahlsdorf 1997, 26–31). In der deutschen Ausgabe wurde „degrading" mit „Entartung" übersetzt (Bagehot 1874, 233).
146 Ein relativer Abstieg Großbritanniens setzte tatsächlich mit der Krise von 1866 und der folgenden Stagnationsphase ein: Betrug der britische Anteil an der globalen Industrieproduktion 1860 noch den Spitzenwert von 20%, verringerte er sich bis 1914 auf 14% und wurde von den USA (28%) und Deutschland (15%) überholt (Williams 2000). Marx exzerpierte aus Patterson (1868), dass sich der Handel Frankreichs zwischen 1850 und 1865 mehr als verdreifachte, der englische aber ‚nur' verdoppelte (MEGA IV/18, 794).
147 Seit Mitte des 19. Jahrhunderts hatten sich in Großbritannien die Vorstellung der Existenz unterschiedlicher ‚Menschenrassen' sowie der Gebrauch eines ontologisch verstandenen Begriffs der ‚Zivilisation' zur Kennzeichnung der ‚fortgeschrittenen' Gesellschaften rasant verbreitet (Beasley 2010, 14–18). Wie der Status der Zivilisiertheit als kollektiv vererblich gedacht wurde, war auch ‚Rasse' als wirklich existierende, durch stabile Wesenseinheiten geprägte Menschengruppen gedacht worden, von denen es in der Welt verschiedene gäbe. Bagehot teilte diese Auffassungen ohne Einschränkung.
148 „[T]he malady of commercial crisis is not, in essence, a matter of the parse but of the mind" (Mills 1968a, 17).

chologisch bestimmt sind, zeigt die Krise für ihn den Untergang der ‚Rasse' oder zumindest eine tiefe Gefährdung der englischen Zivilisation an, die er gerade durch eine unvergleichliche *Kontrollfähigkeit* gekennzeichnet sah.[149]

In den 1860er Jahren bestätigte auch John Stuart Mill die unvermeidbare Tendenz zum „stationary state" und wähnte sich diesem sogar sehr nahe. Wie schon in der Geld- und Krisentheorie verhielt er sich abermals eklektisch zum ricardianischen Prinzip und lehnte dessen finstere Implikationen einfach ab. Er begrüßte stattdessen den „stationary state" als eine Art Postwachstumsgesellschaft, die der ökonomistischen Gegenwart mit ihrer Reduktion auf materielle Belange überlegen sei (Mill 1862, II, 311–317). Dass bei Mill der „Wehschrei über den jüngsten Tag" und der Horror vor der Stagnation ins Gegenteil verkehrt sind, verleiht seinem Optimismus zwanghafte Züge. Er bestätigte und befürwortete den Niedergang des Kapitals (und damit der bürgerlichen ‚Zivilisation'), verschwendete aber keinen Gedanken an alternative Formen der Reichtumsproduktion. Selbst wenn der Kapitalismus eines Tages an sein Ende geriete, könnte alles einfach so bleiben, wie es schon immer gewesen war.

5.5 Conclusio. Die Erweiterung der Krisentheorie

Gerade weil sich Marx in der Dekade von 1861 bis 1870 auf die Entwicklung seiner ökonomischen Theorie in den Manuskripten zum *Kapital* konzentrierte, nahmen die Krisenstudien für ihn einen unverändert hohen Stellenwert ein. Das Ende seiner Korrespondententätigkeit für die *Tribune* im Jahr 1862 und der Vorrang der Arbeit am *Kapital* ging nicht mit der Aufgabe empirischer Untersuchungen des industriellen Zyklus und seiner Wechselfälle einher, die für ihn nach wie vor eine Voraussetzung der Theoriebildung darstellten.

---

[149] „[T]he plainer and agreed-on superiorities of the Englishmen are these: first, that they have a greater command over the powers of nature upon the whole. [...] Secondly, that this power is not external only; it is also internal. The English not only possess better machines for moving nature, but are themselves better machines." (Bagehot 1872, 208) – *Physics und Politics* indes ist als Phantasieprodukt zu begreifen. Beasley (2010, Kap. 4) kann so gut wie keine Quellen ermitteln und Ahlsdorf (1997, 27) hält die Ausführungen für „ausgesprochen unfundiert, wissenschaftlich unhaltbar". Selbst ein Bagehot zum „Greatest Victorian" aufbauschender Biograph räumt ein: „Physics and Politics is a production not of science, but of imagination and supposition." (Grant 2019, 240) Es bedarf einer genaueren Untersuchung des Machwerks, aber die Hinwendung der politischen Ökonomie zum Sozialdarwinismus scheint die Bourgeoisie nicht „auf dem Höhepunkt ihres Selbstbewußtseins" zu zeigen, wie Mattick (1974, 40) mutmaßte, sondern *in der Krise*. Die Studie von Rosenberg (1976) über den Zusammenhang der 1873 einsetzenden *Long Depression* und dem Aufblühen von Rassenbiologie, Antisemitismus und Endzeitstimmung sowie der Hinweis von Hobsbawm (1980, 64), dass „[b]eim Übertritt in die siebziger Jahre [...] derlei düstere Gedanken absurd [schienen]", bedürften möglicherweise einer Präzisierung.

Der Vergleich mit den Gedanken von John Mills hat gezeigt, dass Marx seine Auffassung des industriellen Zyklus angesichts dessen tatsächlichen Verlaufs weiter ‚entmechanisiert' hat. Die gleichmäßige Abfolge der Krisen in den Jahren 1847, 1857 und 1866 mag den Eindruck erwecken, als hätte sich hier eine einfache Wiederkehr des Gleichen vollzogen, aber tatsächlich lag ihnen immer ein anderer Entstehungszusammenhang zugrunde. In den 1860er Jahren war eine frühere relative Harmonie der Kreisläufe aufgelöst. Aus der schockartigen Unterbrechung des industriellen Produktionsrhythmus erwuchsen eigentümliche Bewegungen auf den Rohstoff- und Geldmärkten, die beide 1866 in der indischen Hungersnot und der englischen Finanzkrise eklatierten. Zwar erhielten die Bewegungen auf dem Industrie-, Rohstoff- und Geldmarkt auch damals ihren Anstoß von der großen Industrie, aber sie verliefen doch stärker voneinander getrennt als zuvor. Baumwollhungersnot, Hungersnot und Geldhungersnot waren die Kulminationspunkte der Bewegungen auf drei Märkten.

Dass sich trotz einer beispiellosen Zäsur wie der *Cotton Famine* die neue allgemeine Krise ‚pünktlich' neun Jahre nach ihrer Vorgängerin einstellte – was Mills dazu verleitete, von einer ominösen, lebensphilosophischen Ontologie der Zyklizität auszugehen –, bewog Marx dazu, den industriellen Zyklus im ersten Band des *Kapital* als eine Form aufzufassen. Anders als Mills war Marx allerdings dazu befähigt, in dem aktuellen Zyklus nicht eine einfache Wiederholung seiner Vorgänger zu sehen, da bereits seine frühere Diskussion des Verhältnisses von verleihbarem und reproduktivem Kapital im Manuskript zum dritten Buch des *Kapital* gezeigt hatte, dass verschiedene Verhältnisse zwischen den Variablen möglich sind. Er lernte stattdessen, gegenüber dem ‚klassischen' Überproduktionstypus, neuartige Krisentypen kennen – die selbständige Geldkrise sowie die Unterbrechung des Produktionsprozesses aus Mangel an seinen Elementen – und diskutierte verstärkt verschiedene Wege der Krisenentstehung.

In seinem Verlauf generierte der Zyklus der 1860er Jahre eine Serie neuartiger Phänomene beziehungsweise hob er einige Elemente deutlicher hervor, die Marx in seine Kapitaltheorie integrierte und zu integrieren gedachte. Viele Ausführungen seiner ökonomischen Manuskripte dieser Dekade können auch als eine theoretische Verarbeitung des durch die *Cotton Famine* eingeleiteten Konjunkturrhythmus angesehen werden. Gerade an einem „ausserordentlichen" (MEGA II/4.2, 520), vermeintlich singulären und ‚außerökonomischen' Ereignis wie der *Cotton Famine* war „der Geist der capitalistischen Production überhaupt" für Marx „sehr gut zu studiren" (MEGA II/4.2, 191). Er wurde dazu angestoßen, sich bestimmten Problemen (entschlossener) zu widmen, die zuvor nicht im Zentrum seiner Aufmerksamkeit gestanden hatten: der Vorratsbildung und der Logik der modernen Landwirtschaft; dem „Geist" der kapitalistischen Produktion, der sich in der indischen Hungerkatastrophe von 1866 verkörperte; dem Rohstoffhunger des Kapitals; dem Profitratenfall infolge einer Verteuerung des konstanten Kapitals; Krisen aus Mangel an Elementen des produktiven Kapitals. Auch die Krise von 1866, die erste allgemeine Finanzkrise des industriellen Zeitalters, ließ einige Momente der bürgerlichen Produktion klarer hervortreten: den Typ der selbständigen Geldkrise, das große Potenzial der Verschärfung von Finanzkrisen durch falsche Behandlung, die Praxis des Aktienwesens, das Börsenspiel, den Schwindel und den ‚moralischen Zyklus' der bürgerlichen Gesellschaft. All diese Dinge stellten nicht so sehr Marx' frühere Krisentheorie infrage, sondern motivierten ihn vielmehr zu einer *Erweiterung* und Verfeinerung derselben.

Obwohl Marx der grundlegende Verursachungszusammenhang der Krise von 1866 klar schien und er auch deshalb den ersten Band des *Kapital* fertigstellen und vorlegen konnte, hat er nach der Veröffentlichung des *Kapital* in den Exzerptheften von 1868/69 die Entstehung und den Verlauf dieser Finanzkrise eingehend studiert. Er wollte genauer wissen, wie das Aktienkapital in der Praxis funktioniert, wodurch seine Bewegungen reguliert werden und wie diese auf das produktive Kapital zurückwirken. Die Form der Aktie überwindet die Schranke des Schuldners, enthält gegenüber dem Wechsel das Moment der Zukunftserwartungen in größerem Maße und erhöht damit die Möglichkeit einer Kreditexpansion auch in Zeiten industrieller Paralyse, wenn Profit- und Zinsrate niedrig sind und sich das verleihbare Kapital im Überfluss bei den Banken und Geldhändlern konzentriert. Den Schwindel kann es in der Prosperität wie in der Stagnation geben, aber gerade eine fallende Profitrate steigert die Abenteuerlust des Kapitals, den Wertbelauf des imaginären Reichtums und den Anreiz zum Börsenspiel. Seine Exzerpte von 1868/69 zur langen Stagnationsphase dieser Zeit zeigen, dass aber nicht jede Stagnation einen Gründerboom oder Kreditschwindel hervorzubringen vermag.

Daneben beabsichtigte Marx eine spezifische Kritik, die sich auf eine Entlarvung der Praxis des Aktien-, Börsen- und Finanzwesens stützen sollte. Eine Voraussetzung der Enttarnung des Schwindels ist die genaue Kenntnis seiner sich immer wieder verändernden Objekte, Formen und Techniken. Weil man dem Publikum immer wieder neu die besonderen Enthüllungen eine Krise darstellen muss, hielt Marx die Praxis des Geldmarkts, die Verkleidungen der Spekulation und die Manier, in der sich der Schwindel vollzieht, für „das Interessante" und „besser" als die Theorie darüber. Er beabsichtigte, im dritten Buch des *Kapital* auf das von der Krise gelieferte Material zurückkommen und seine Theorie durch die aktuellsten Entwicklungen hindurch zu reformulieren. Den Schwindel verstand er als Mittel der Verteilung des Mehrwerts („Geldraub"; Vorwand zur Plünderung von Aktionären), als ein Moment des Börsenspiels (und damit der Regulierung der Aktienkurse), als Mittel der Attraktion wie der Generierung von Leihkapitalien sowie als typische Verkehrung der verhüllten Kerngestalt der bürgerlichen Produktion in ihrer Erscheinungswelt. Das Wertgesetz setzt sich in den konkreten Gestaltungen des Kapitals als sein Gegenteil durch: Im zinstragenden Kapital G–G′ werden aus der Objektivität des Werts die Regulierung durch ‚Subjektivität' (Erwartungen), aus der Verausgabung abstrakter Arbeit das Spiel an der Börse, aus Äquivalenz der Betrug und aus Ausbeutern Glücksritter. Das Wertgesetz scheint sich bei seiner Durchsetzung aufzuheben, allerdings bleiben die konkreten Formen des zinstragenden Kapitals durch verwickelte Fäden mit dem produktiven Kapital verbunden. Die Verkehrung des Wesens an der Oberfläche nachzuweisen war für Marx die wichtige erkenntniskritische Aufgabe der Entfetischisierung. Aber diese Verkehrung selbst ist nicht bloßer Schein im Sinne einer reinen Illusion. So wie an einem außerordentlichen Ereignis der Geist des Kapitals gut zu studieren ist, handelt es sich bei der Verkehrung nicht einfach nur um eine Wiederholung, Ableitung oder Anwendung der abstrakten Bestimmungen der ‚Produktion'. Jede neue ökonomische Widerspruchsebene weist eine eigentümliche Logik auf, die man begreifen muss, wenn man die Verkehrung als solche plausibel denunzieren will.

Marx plante keine eigenständige Broschüre zur Krise von 1866, aber in der beabsichtigten Entlarvung des Schwindels ist ein Ziel der 1857/58 geplanten Chronique Scandaleuse (dazu 3.4.1) aufgehoben. Letztere wollte die Empörung der Produktivkräfte gegen die Produktionsverhältnisse durch Dokumentation des in der Krise eklatierten Widersinns ins Bewusstsein heben und auch jetzt zielt das Marx'sche Vorhaben der Entfetischisierung darauf, den Selbstbezug des Kapitals in seiner vollendeten Fetischgestalt G–G′ als notwendig, illusorisch und zum Scheitern verurteilt anzuzeigen. Ein Unterschied zwischen der Chronique Scandaleuse von 1857/58 und der Denunziation des Schwindels von 1868/69 besteht darin, dass erstere spezifischer an eine Krise aus Überproduktion von Waren auf dem Weltmarkt, letztere an eine Finanzkrise angepasst ist. Auch wenn in letzterer die Überproduktion erscheint, ließ ein neuer Krisentyp, deren nähere Ursache nicht in Absatzschwierigkeiten lag, für Marx auch ein anderes Objekt der Kritik interessanter werden. Es wäre zu einfach gewesen, weiter nur abstrakt von einem Widerspruch zwischen Produktionsverhältnissen und Produktivkräften zu sprechen, sondern man musste an seinen konkreten Manifestationen und ‚Verkehrungen' anknüpfen. Noch immer wollte Marx die Schmach durch ihre Publikation noch schmachvoller machen. Aber die Schmach war jedes Mal eine etwas andere.

Unter der „Denunziation" verstand Marx nicht eine Identifikation fauler Elemente als Ursache allen Übels, sondern ein Mittel der Kritik. Er wollte „den Schwindel" und nicht etwa „die Schwindler" bloßstellen,[150] also keinesfalls im Sinne der Priesterbetrugstheorie beanstanden, dass ein an sich gesundes Wirtschaftssystem angeblich von ein paar Spekulanten betrogen, destabilisiert und in den Ruin getrieben würde. Mit „moralischem Geschrei" reagiert, so Marx in seinen Exzerptheften von 1868/69, der „Geldphilister" auf die Krise, der sich betrogen wähnende (Klein-)Bürger, der um ‚sein Geld' fürchtet. Die abnehmende „commercial morality" in der Prosperität ist systemisch: Will man überleben und seinen Teil vom Kuchen erhalten,

---

[150] Personalisierende Schuldzuweisungen hat Marx abgelehnt: „Still the very recurrence of crises despite all the warnings of the past, in regular intervals, forbids the idea of seeking their final causes in the recklessness of single individuals." (MEGA I/16, 107)

muss man auf Plünderung und Betrug zurückgreifen. Es galt ganz einfach, die moralische Empörung zu desavouieren und zu deplausibilisieren. So wie Sismondi „Ueberproduction u. Mißverhältniß zwischen Consumtion u. Production als nothwendige Momente der grossen Industrie denuncirt" (MEGA II/4.3, 403) hatte, wollte Marx den Schwindel (in seiner doppelten Bedeutung als Betrug und als Vertigo) als spezifische Eigenschaft des Aktienwesens entlarven. Ihm ging es weniger darum, die moralische Empörung aufzugreifen und irgendwie für sein politisches Projekt ‚auszunutzen', sondern sie zu *verunmöglichen*. Der Trieb des Kapitals, jede bestehende Regulierung zu umgehen, zeigt, dass es zu keinem bewussten Stoffwechsel mit der Natur in der Lage ist. Der moralische Zyklus, den die bürgerliche Gesellschaft durchläuft, weist zudem auf die Grenzen ihrer Lernprozesse hin: Immer wieder wird sie von einem Schwindel ergriffen werden, in die Krise geraten und sich an ihre Anfänge zurückversetzen. Die Denunziation des Schwindels ist Kritik der Religiosität und Destruktivität, der Bewusst- und Planlosigkeit der modernen Gesellschaft. All diese Momente werden im ‚entprivatisierten' und hochgradig versachlichten Aktienkapitalismus, dem „industriellen Feudalismus" (Marx), noch einmal gesteigert.

Die Krise ist der Moment, in dem der Schwindel auffliegt und in dem „die Vorstellung des Capitals als eines sich selbst verwerthenden Automaten" (MEGA II/4.2, 522) zertrümmert wird. In diesem Sinne hat sie für Marx den epistemologischen Gehalt des Eklats aller Widersprüche nicht verloren: Schwindel bedeutet zum einen Schein, Betrug und Lüge, die Krise dagegen Wahrheit, „criminal revelation" (Marx) und Enthüllung der Praxis des Kreditwesens; Schwindel bedeutet zum anderen Taumel, Benommenheit und Bewusstlosigkeit, die Krise dagegen Desillusionierung, Ende des Aberglaubens und die Möglichkeit einer Bewusstwerdung. Seine Exzerpte von 1868/69 zeigen somit, dass die Krisen für Marx nach wie vor *eine* materielle Basis einer Erschütterung und Umwälzung der sozialen, politischen und mentalen Verhältnisse darstellen. Zugleich war für ihn stärker als 1857 klar, dass kein Automatismus, keine Sicherheit zwischen einer Krise und einer Revolution besteht. Die soziale Liquidation fiel 1866 in England noch heftiger als 1857/58 aus, die politischen Turbulenzen wurden vor allem durch den *Bank Act* verstärkt, der epistemologische Schock rief nicht zuletzt die moralische Empörung über die Schwindler hervor und sogar die Wissenschaft der politischen Ökonomie begann sich nach 1866 wieder in alle möglichen Richtungen zu bewegen. Zweifellos brachte die Krise abermals versteinerte Verhältnisse zum Tanzen. Mit dem zu überarbeitenden dritten Buch des *Kapital* wollte Marx dazu beitragen, dass auch er und seine Partei der Revolution zu ihren Profiteuren gehören würden.

Zusammenfassung. Die Krisen zwischen Immanenz, Transzendenz und Rückfall

> Bei dem Meister entwickelt sich das Neue und Bedeutende mitten im „Dünger" der Widersprüche, gewaltsam aus den widersprechenden Erscheinungen. Die Widersprüche selbst, die zu Grunde liegen, zeugen von dem Reichthum der lebendigen Unterlage, aus der die Theorie sich herauswindet. Anders mit dem Schüler. Sein Rohstoff ist nicht mehr die Wirklichkeit, sondern die neue theoretische Form, wozu der Meister sie sublimirt hat. Theils der theoretische Widerspruch der Gegner der neuen Theorie, theils das oft paradoxe Verhältniß dieser Theorie zu der Realität spornen ihn zum Versuch, die ersten zu widerlegen, das leztere wegzuerklären. Bei diesem Versuch verwickelt er sich selbst in Widersprüche und stellt mit seinem Versuch sie zu lösen zugleich die beginnende Auflösung der Theorie dar, die er dogmatisch vertritt.
>
> Marx: Ökonomisches Manuskript 1861–63
> (MEGA II/3, 1276/1277)

Marx entwickelte eine zusammenhängende Krisentheorie, die darauf abzielt, die Wiederkehr der Wirtschaftskrisen in der bürgerlichen Gesellschaft zu begründen, die Entstehung historischer Krisen erklärbar zu machen und die Spezifika der Krise als ein Ereignis mit typischen Eigenschaften und einem typischen Verlauf zu identifizieren. Es muss als ein Missverständnis betrachtet werden, von seiner Kapitaltheorie einen finalen oder letztgültigen Mechanismus für die Entstehung aller Wirtschaftskrisen zu erwarten. Die bis zum Kredit reichende allgemeine Analyse des Kapitals legt dar, dass die Krisen nicht nur zu einer bestimmten Ausprägung des ‚Kapitalismus' (wie dem liberalen Konkurrenz- oder dem globalisierten Finanzkapitalismus) gehören, sondern zum Bestand der kapitalistischen Produktionsweise an sich zählen. Eine kapitaltheoretische Begründung notwendiger Krisentendenzen in den grundlegenden Formen der modernen Produktionsverhältnisse ist nicht mit einer Theorie der Entstehung historischer Krisen gleichzusetzen. Das *Kapital* behandelt auch deshalb nicht explizit die näheren Ursachen historischer Krisen, weil diese auf verschiedene Weise entstehen, was Marx durch seine Diskussion der Krisentypen eingeholt hat. Krisenursachen und -typen hätte Marx im letzten Buch seines Sechs-Bücher-Plans zur Kritik der politischen Ökonomie über den „Weltmarkt und die Crisen" systematisieren können, aber diesen Plan hat er ab 1862/63 nicht mehr verfolgt.

Die Ausrichtung der Marx'schen Theorie wird verständlicher, wenn man sie mit den Ansätzen anderer Ökonomen, die über die Krisen nachdachten, kontrastiert. Für Say und Ricardo waren die Grundformen der modernen Wirtschaftsweise widerspruchslos; krisenträchtig schien ihnen vor allem das missbrauchsanfällige Geld zu sein, das sie im Widerspruch zu dieser Sorge zugleich als bloßes Instrument und Mittel begriffen. John Stuart Mill identifizierte in der Geldform sogar explizit die Möglichkeit der Krise, aber er verstand die Möglichkeit, anders als Marx, nicht als Potenzial, das sich durch die weiteren Elemente der bürgerlichen Produktion auflädt und eine inhaltliche Grundlage erhält, auf der es sich entfalten kann, so dass die Explosion dann unvermeidlich (sowie begreiflich und kritisierbar) wird. Vielmehr sah er das Eintreffen der Krise als vollkommen zufällig an: ‚Möglichkeit' bedeutete für Mill, dass es zur Krise kommen kann oder auch nicht, und weil auch er zugleich ‚Says Gesetz' verteidigte, sah er keine nähere Veranlagung dazu in der bürgerlichen Produktion gegeben. Dahingegen zogen Owen und Bray eine zur Begründung von Ausbeutung und sozialer Ungleichheit entwickelte Lehre der Unterkonsumtion heran, um damit auch die Krisen zu erklären; weil die Ungleichheit zwischen Kapital und Arbeit aber eine permanente ist, konnte dieser monistische Ansatz nicht die Krise und zugleich die Nicht-Krise erklären – es fehlten viele Vermittlungsschritte. Im Gegensatz dazu muss eine Krisentheorie für Marx Krisenpotenziale identifizieren und ihre Entfaltung nachzeichnen. Marx hat nicht einen Ansatz herangezogen, der zur Erklärung eines anderen Phänomens entwickelt wurde, um damit beiläufig auch etwas über die Krise zu sagen, sondern wollte die zu ihr treibenden Momente auf jeder Darstellungsstufe der ökonomischen Kategorien eruieren. Auch folgt die Kapitaltheorie im *Kapital* weder der Geschichte des Kapitalismus, noch schließt sie von den verschiedenen empirischen Krisenverläufen auf einen typischen Verlauf. Nur durch die allgemeine Analyse des Kapitals kann man eine tiefere Begründung für die Wiederkehr der Krisen entwickeln und zugleich verstehen, was es ist, das sich in ihnen zusammenfasst.

Marx' Krisentheorie weist darüber hinaus einen konsistenten Kern auf, dessen Genesis sich bis 1844 verfolgen lässt und der sich ab 1850/51 zu konsolidieren beginnt, als er die Krise erstmal als den Eklat aller Widersprüche der bürgerlichen Produktion bestimmte. Zwar stieß er mit seinem entfremdungsphilosophischen Ansatz in den *Pariser Heften* an Grenzen, aber den damaligen Gedanken, dass die Menschen von ihren eigenen Handlungen beherrscht werden, statt ihre Beziehungen zueinander bewusst zu gestalten, hat er im *Kapital* zu einer Theorie der versachlichten Herrschaft erweitert; in der nachträglichen Vergesellschaftung durch den Markt sind Koordinationsfriktionen notwendigerweise angelegt. Seit den *Pariser Heften* ziehen sich mehrere rote Fäden durch die Marx'sche Krisentheorie. Der erste ist die Aufgabenstellung, die Krisenhaftigkeit in der allgemeinen Natur des Kapitals zu lokalisieren, da regelmäßig wiederkehrende Krisen allen früheren Produktionsweisen unbekannt waren. Der zweite ist die Idee, dass die Krisenhaftigkeit ausgeht von der Kapitalakkumulation, *mit* der einerseits auch die Verwertungsmöglichkeiten wachsen (die Selbstrealisierung des Kapitals, die Say und Ricardo behaupteten) und die andererseits, *durch* dieses Wachstum, zugleich einen Mangel an Verwertungsmöglichkeiten erzeugt (die Selbstbeschränkung des Kapitals, die Sismondi herausstellte). Das Kapital erweitert und überwindet immer wieder seine Schranken, um sich dann immer wieder den Kopf an ihnen zu stoßen. Auch Marx' Überzeugung, dass diese allgemeine Natur des Kapitals auf einer besonderen Form der Arbeit (privat), des Reichtums (abstrakt), der Klassenverhältnisse (Lohnabhängigkeit) und des Produktionszwecks (Tausch- beziehungsweise Mehrwert) beruht, lässt sich bis zur *Misère de la philosophie* zurückverfolgen. Nicht zuletzt galten Marx schon in dieser Schrift die Apparaturen der großen Industrie als die Instrumente zur Überproduktion – und die Überproduktion im *Manifest* als das in den Krisen erscheinende Phänomen. Diese Vorstellungen haben sich bis zum ersten Band des *Kapital* (1867) nicht grundsätzlich verändert.

Im ersten Band des *Kapital* sah Marx die abstrakteste Möglichkeit der Krise in den Widersprüchen, die in der Warenform zusammengefasst sind: von Tausch- und Gebrauchswert, von privater Arbeit, die sich als gesellschaftliche darstellen muss, von Verdopplung der Ware in Ware und Geld sowie von Versachlichung der Person und Personifikation der Sache. Diese Möglichkeit entwickelt sich durch die Eigenschaften des unmittelbaren Produktionsprozesses des Kapitals (Lohnarbeit, Maximierung von Mehrwert, relativer Mehrwert, große Industrie) weiter zu einem Krisenpotential, einer Disposition zum Crash. Dass dieses Potential sich nicht nur zufällig verwirklicht, hat Marx auf der Darstellungsstufe des Akkumulationsprozesses dadurch nachzuweisen versucht, dass das gelingende Kapitalwachstum den Keim seines eigenen Scheiterns enthält und Expansionsphasen selbst „die erste Ursache" (Marx 2017, 571) ihres Abbruchs sind. In Expansionsphasen manifestiert sich durch die Produktivkraftentwicklung der Zwiespalt zwischen einerseits der Vermehrung von in Geld zu verwandelnden Waren und Produktionsanlagen als Mittel der Maximierung von Mehrwert sowie andererseits zugleich der Reduktion des Wertanteils der Arbeitskraft am Gesamtkapital und dadurch Beschränkung der produktiven Konsumtivkraft (Fall der Profitrate) und der gesellschaftlichen Konsumtivkraft (Surplusarbeit als Grenze der Lohnsteigerung, Reduktion des Werts der Ware Arbeitskraft, Sinken des Lohnanteils am Gesamtkapital, Wachstum der überflüssigen Bevölkerung). Diese zwieschlächtige Bewegung begründet, dass mit der Akkumulation des Kapitals auch die Möglichkeiten seiner wirklichen Verwertung wachsen, aber nicht so schnell oder so hoch wie das Kapital selbst; dass mit der Akkumulation auch die Profitmasse steigt, aber die Profitrate fällt und dadurch die Neubildung selbständiger Kapitalien verlangsamt wird. Durch die Akkumulation wird die „*Ueberproduction* ein fortlaufendes, continuirliches und immanentes Moment der capitalistischen Productionsweise" (MEGA II/4.1, 357). Die Überproduktion ist latent so gut wie immer vorhanden.

Als methodologische Vorgehensweise seiner Kapitaltheorie hob Marx mehrmals hervor, die Möglichkeit der Krise durch „einen ganzen Umkreis von Verhältnissen" (MEGA II/5, 74) zu ihrer Wirklichkeit entwickeln zu wollen. Dies ist nicht als eine Entwicklung von Bedingungen hin zu Ursachen der Krise zu verstehen. Er gab vielmehr an, eine „Untersuchung der *Bedingungen* der Crise" (MEGA II/3, 1137) durchführen zu wollen, die zugleich eine Untersuchung der „allgemeinen Bedingungen der capitalistischen Production" ist. Der Unterschied zwischen Möglichkeit und Wirklichkeit der Krise bezieht sich auch auf ein Problem der Darstellung: Auf welcher Darstellungsstufe kann die Krise in actu erscheinen? Eklatieren können die Widersprüche erst auf dem Niveau der konkreten Gestaltungen des „fertigen Kapitals" und seiner erscheinenden „wirklichen Bewegung". Deshalb wird das Gesetz des tendenziellen Falls der Profitrate häufig als (einzige, wesentliche, finale oder letztgültige) Ursache der Krisen missverstanden, aber es handelt sich dabei zuerst um eine Konkretisierung abstrakter

Widersprüche auf der Darstellungsstufe der „wirklichen Bewegung" des Kapitals. Die nähere Ursache einer Krise ist nicht ein bloßer Effekt der strukturellen Tendenz zur Krise. Die Darstellungsweise im *Kapital* folgt nicht einer kausalen Erklärung historischer Krisen, sondern umfasst den Aufstieg von den abstrakten zu den konkreten Kategorien, vom ‚Wesen' zur ‚Erscheinung' der ökonomischen Beziehungen. Damit es zu einer Wirtschaftskrise kommt, ist es weder hinreichend noch notwendig, dass zuvor die Profitrate gefallen ist. Marx hat keine einzige Krise seiner Zeit durch direkten oder indirekten Verweis auf das Gesetz des tendenziellen Falls der Profitrate ‚erklärt'. Allerdings kann die Überproduktion von Kapital erst auf der Konkretionsstufe der wirklichen Bewegung erscheinen und dargestellt werden. Marx hat daher unmissverständlich und kontinuierlich von der Notiz *Reflection* an, über die *Grundrisse* und das *Manuskript 1861–63* hinweg bis hin zum Manuskript zum dritten *Kapital*-Buch auf die Bedeutung des Kredits, einem weiteren Moment der wirklichen Bewegung des Kapitals, für die Krisentheorie hingewiesen. Der Kredit ist eine notwendige Bedingung der Wiederkehr der Krisen, da er die Überproduktion zu einer selbständigen Phase verallgemeinert, indem er eine Expansionsphase zunächst verlängert und ihren späteren Abbruch dadurch verschärft und beschleunigt. Unvermeidbar werden die Krisen erst auf dem Niveau des Kredits. Die Plötzlichkeit, mit der diese Ereignisse jedes Mal wie vom Himmel zu fallen scheinen und auf die Marx konsequent als eines ihrer entscheidenden Merkmale hingewiesen hat, kann durch keine der ‚marxistischen Krisentheorien' (Unterkonsumtion, Disproportion, Überakkumulation, Profitklemme, Profitratenfall) erklärt werden (Kwack 2005, 168), weil erst das Reißen der Kreditketten den lauten Knall erzeugt, durch den die bürgerliche Gesellschaft wie aus dem Nichts aufschreckt und sich in ihrer Existenz infrage gestellt sieht.

Die vielen Krisentheorien, die sich im Marxismus herausgebildet haben, gründen in den Charakteristika der von Marx so bezeichneten „allgemeinen Natur des Capitals" (MEGA II/3, 1114) und ihren Widersprüchen: Warenproduktion, Geld, Lohnarbeit, Produktion für Mehrwert, große Industrie, Akkumulation, die Komplikationen des Zirkulationsprozesses. Eine Bedingung als den definitiven Umschlagmoment zu isolieren, verflacht nicht nur die Marx'sche Krisentheorie und verkennt ihren Abstraktionsgrad im *Kapital*, sondern stellt auch einen politisch fatalen Fluchtpunkt her, wonach es, um die Wiederkehr der Krisen zu beenden, ausreichend wäre, nur diese Bedingung auszuschalten, zu regulieren oder zu blockieren. Möglicherweise hat Marx auch wegen dieser Implikation den Begriff „Grundwiderspruch" aufgegeben. Er wollte im *Manuskript 1861–63* den „innerste[n] und geheimste[n] Grund der Crisen" ausfindig machen und sah ihn in dem erwähnten „Grundwiderspruch" des Kapitals: der Entfesselung der Produktivkräfte und der Vermehrung von in Geld zu verwandelnden stofflichen Reichtum zum Zweck der Appropriation von Mehrwert einerseits und der Beschränkung großer Teile der Menschheit auf die Lebensnotwendigkeiten und der Beschränkung der Produktion durch den Profit andererseits. Unter dem Grundwiderspruch verstand Marx damals also denjenigen, der die Überproduktion von Produktions- und Warenkapital herbeiführt: Weil der Grundwiderspruch sich erst auf Basis der großen Industrie entfalten konnte, ist die Überproduktion eine für den industriellen Kapitalismus natürliche Tendenz, und die regelmäßige Wiederkehr der Krisen setzte am Ausgang des 18. Jahrhunderts ein. Diese Argumentation ist nicht unterkonsumtionstheoretisch, denn die Unterkonsumtion der arbeitenden Klassen ist zwar eine wichtige, aber nicht die einzige Bedingung der Krisen.

Eine weitere Invariante besteht in Marx' Begriff von Krise. Die neuere Krisenforschung weist häufig auf die Unschärfe ihres Gegenstandes hin und betont, dass ihr nicht klar sei, wann wirklich von einer Krise gesprochen werden kann (siehe Einleitung), aber Marx schlug eine Minimaldefinition vor: „Es kann keine Crise existiren, ohne daß Kauf und Verkauf sich von einander trennen und in Widerspruch treten, oder daß die im Geld als Zahlungsmittel enthaltnen Widersprüche erscheinen" (MEGA II/3, 1133). Jede Krise ist also „[u]nter allen *Umständen*" (MEGA II/3, 1133) auch eine Geldkrise; die Geldkrise ist eine „*Phase jeder Krise*" (MEGA II/5, 94). Immer dann, wenn sich entweder die Unfähigkeit verallgemeinert, zu einem antizipierten Preis zu kaufen oder zu verkaufen, oder wenn sich die Unfähigkeit verallgemeinert, fällige Zahlungen zu leisten, und plötzlich Geld als Geld verlangt wird, dann ist oder beginnt Krise. Eine Krise liegt dann vor, wenn plötzlich und unvermittelt das Kredit- ins Monetarsystem umschlägt,[1] der Widerspruch zwischen dem Geld als Recheneinheit und Zahlungsmittel eklatiert, das Geld als die absolute Form des bürgerlichen Reichtums hervortritt, der Arbeits- und Produktionsprozess gewaltsam unterbrochen wird und die weitere Existenz der gesamten Gesellschaft ernsthaft infrage steht. Die bürgerliche Gesellschaft gibt sich damit in solchen Momenten in ihrem ganzen Widersinn zu erkennen. Weil sie das Geld als ihre Form des Reichtums zeigt, offenbaren die Krisen „die *Beschränktheit* und den nur historischen Charakter dieser Productionsweise", die „keine für die Production des [stofflichen, TG] Reichthums *absolute* Productionsweise ist, vielmehr mit seiner Fortentwicklung auf einer gewissen Stufe in Conflict tritt" (MEGA II/4.2, 310). Allen Krisen ist daher die „*Werthlosigkeit des Reichthums* selbst" (MEGA IV/3, 57) und damit die allgemeine Entwertung und Vernichtung des stofflichen Reichtums gemeinsam. Die Überproduktion ist das „Grundphänomen" (MEGA II/3, 1149) aller Krisen, egal ob die Geldkrise eine Krise aus Überproduktion reflektiert oder ob sie als selbständige auftritt.

Bei Marx lassen sich viele weitere Ansätze zu einer ‚Modellierung' eines typischen Krisenverlaufs finden: der Ablauf der Geldkrise (siehe 3.4.2), der Einfluss der Kreditausdehnung auf Timing, Verlauf und Charakter der Krisen (4.2.3), die Wirkung der Krisen auf die sozialen und politischen Verhältnisse (2.4 und 3.3), der „theoretische Schrecken" (MEGA II/2, 208), der von ihnen ausgeht, und ihre Effekte auf das kollektive Bewusstsein (3.1) und das ökonomische Denken (3.5), die Charaktermasken (3.5.4) und die Typen der Krise (4.1), ihre Verschärfung durch willkürliche Politik

---

[1] Auch deshalb wollte Marx die Krisen erst auf dem Niveau des Kredits darstellen, denn sie erscheinen immer als plötzlicher Kollaps des Kreditsystems in das Monetarsystem.

(5.3.1), die „criminal revelation" und der Höhepunkt des moralischen Zyklus (5.3.3), das über die bürgerlichen Verhältnisse Hinausweisende, das ihre Widersprüche Ausgleichende und das an ihren Anfang Zurückversetzende (dazu unten).

Neben der Unterscheidung zwischen den allgemeinen Weltmarktkrisen – die den Abschluss eines ‚Zyklus' bilden, periodisch wiederkehren, die leitenden Branchen ergreifen und damit synchron auf mehr oder weniger dem ganzen Planeten wüten und in denen alle Widersprüche kollektiv eklatieren – und den ihrem Inhalt und ihrer Ausdehnung nach besonderen Krisen (MEGA II/3, 1154), hat Marx drei verschiedene Typen näher bestimmt: erstens, Krisen aus Überproduktion, die in Handels- und Industriekrisen zerfallen, zweitens, selbständige Geldkrisen und, drittens, Krisen aus Mangel an Elementen des Produktionsprozesses. Die Krisen rund um die Napoleonischen Kriege waren noch „Lumpenkrisen", die vom britischen Importhandel ausgingen (dazu 1.2). 1825 ereignete sich die erste allgemeine Krise aus Überproduktion von Waren auf dem Weltmarkt, die zugleich die Grenzen Europas überschritt und besonders Südamerika ergriff (1.3). Auch ihre Nachfolgerin von 1836/37 hatte ihre Quelle in der englischen Industrie und reichte bis nach Nordamerika (1.5). Die Krise von 1847/48 war die erste gesamteuropäische Wirtschaftskrise: Die erste Panik im April 1847 galt Marx als „independent Geldpanic" (MEGA II/4.2, 622) wegen *bullion drain* infolge schlechter Ernte; die Ereignisse vom Herbst 1847 begriff er als Handelskrise, die wegen der Konsignationskredite der englischen Baumwollfabrikanten industrieller als ihre Nachfolgerin von 1857/58 war (2.5.1). Diese nahm ebenfalls den Charakter einer Handelskrise an und wurde infolge der internationalen Handels- und Kreditbeziehungen zur ersten Weltwirtschaftskrise (3.4). Die Krise von 1866 erhielt aufgrund der Expansion der englischen Aktiengesellschaften und ihrer Verschlingung mit Banken und Finanzgesellschaften vorwiegend finanziellen Charakter (5.2). Dieser ersten Finanzkrise des industriellen Zeitalters ging eine Unterbrechung des Produktionsprozesses aus Rohstoffmangel voraus, die wegen fehlender Kreditreife nicht in eine allgemeine Krise umschlug, sondern eine sich bereits abzeichnende Krise aus Überproduktion von Waren auf dem Weltmarkt verhinderte. Marx hat im Laufe der Jahre also ausdrücklich anerkannt, dass die Krisen in bestimmter Hinsicht immer etwas anders entstehen, anders verlaufen und einen anderen Charakter annehmen.

Trotz eines festen Kerns, den Marx zwischen 1850 und 1867 entwickelt und fundiert hat, konnten viele Ambivalenzen, Verschiebungen und Brüche in seiner Theorie registriert werden. Diese Revisionen zeigen, dass die Marx'sche Theorie kein statisches System, sondern vielmehr in Bewegung und offen ist. Darüber hinaus ist seine Krisentheorie seinem eigenen Anspruch nach nicht vollständig: Die Krisen sollten im letzten Buch des Sechs-Bücher-Plans dargestellt werden und an einer systematischen Analyse des Staats, der internationalen Arbeitsteilung und des Weltmarkts hat sich Marx im Rahmen seiner Kritik der politischen Ökonomie kaum versucht.

Die Entwicklung der Marx'schen Krisentheorie

Das Marx'sche Denken mit der Beschaffenheit der Welt zu kontrastieren, in der er dieses zu Papier brachte, hat gezeigt, dass sich seine Krisentheorie insbesondere entlang der Krisen seiner Zeit entwickelt hat. Es lassen sich vier Phasen dieser Entwicklung unterscheiden.

Erstens, eine formative Phase, die bis 1851 reicht. Marx wollte zeigen, wie die Krisen aus den Widersprüchen der bürgerlichen Klassengesellschaft entstehen. Seine Skizze *Reflection* (1851) basierte auf einer Synthese einer Sismondi'schen Reproduktionstheorie und den *dual-circulation schemes* der *Banking School* (2.5.2). Überproduktion und Kritik der Klassengesellschaft erstmals mit einer Geldmarktdiagnostik kombiniert zu haben, war Marx' bedeutendster Erkenntnisfortschritt in den ersten *Londoner Heften*. Dabei wählte er zunächst einen Ansatz, in dem Produktion und Konsumtion, Kapital und Einkommen, Handelsgeld (Kreditgeld) und *currency* (Geld) tendenziell einander gegenübergestellt waren. Obwohl er die Absicht äußerte, die Beziehungen zwischen diesen Variablen ‚dialektisch' als Wechselwirkung betrachten zu wollen, galt ihm die Geldkrise als Reflex der Überproduktion. In *Reflection* waren monetäre Phänomene im Anschluss an die *Banking School* tendenziell eine „sekundäre Bewegung" (MEGA II/2, 243), ein Abbild des Geschehens in der Produktion. Auch die Krisen entsprangen allein der Überproduktion von Waren auf dem Weltmarkt. Die Kreditausdehnung durch Wechsel repräsentierte die Waren, so wie vor der Krise von 1847/48 der Kredit im internationalen Handel in Form der Konsignation tatsächlich von den Industriellen ausging (2.5.1). Die Überproduktion der Baumwollindustrie manifestierte sich so in einer Geldkrise, weil zu viele Zahlungsverpflichtungen umliefen, die die überproduzierten Waren repräsentierten und die sich als nicht einlösbar entpuppten, als sich die Waren nicht mehr verkaufen ließen. In dieser Konzeption – der Kredit eine Repräsentation der Waren – waren Momente der monetären Verselbständigung und die Wechselwirkungen zwischen den Sphären analytisch wenig berücksichtigt.

Nachdem sich in den 1850er Jahren und insbesondere im Angesicht der Weltmarktkrise von 1857/58 einige Elemente seines Verlaufsmodells von 1850/51 als korrekt, andere als unzulänglich entpuppt hatten, arbeitete Marx in einer zweiten Phase zwischen 1852, dem Jahr seiner Analyse des Staatsstreichs Napoleons III. im *18. Brumaire des Louis Bonaparte*, und ungefähr 1865, als er einen Entwurf für alle drei Bücher des *Kapital* abschloss, daran, sowohl den Kern zu festigen als auch einige Annahmen zu revidieren. Der Charakter dieser ersten Revision lässt sich als weitere Differenzierung und als Erhöhung der Komplexität der bestehenden Zusammenhänge begreifen. Den Dualismus von Produktion und Einkommen ließ Marx in den *Grundrissen* zugunsten der Mehrwerttheorie fallen. Das Geheimnis sowohl der universellen Tendenz wie der negativen Beschränktheit des Kapitals liegt in dem Zweck, für den es produziert: dem Mehrwert. Das Kapital gerät in seinem Drang, den Mehrwert zu maximieren, in Widerspruch mit seinen Verwertungsbedingungen: Es entwickelt die Produktivkräfte so stark wie möglich und reduziert dadurch die notwendige Arbeitszeit, obwohl es diese zugleich setzen muss, um Mehrarbeit aneignen zu können. Maximierung von Mehrwert bedeutet demnach sowohl Entfesselung als auch Beschränkung der Produktion. Die Überproduktion resultiert aus diesem „Grundwiderspruch" zwischen Produktion für Mehrwert und Kapitalverwertung (3.5.1).

Auch das verleihbare Kapital wird in den *Grundrissen* in seiner relativen Eigenständigkeit bestimmt (3.5.2). Der Goldrausch in Kalifornien und seine Analyse durch die Wirtschaftshistoriker Tooke und Newmarch hatten Marx verstärkt auf die Eigentümlichkeit der Bewegungen auf dem Geldmarkt hingewiesen (3.2.1). In der Krise von 1857/58 beobachtete er, dass die meisten Papiere im internationalen Wechselhandel eine wirtschaftliche Transaktion nur indirekt oder sogar überhaupt nicht repräsentierten (3.4.3). Schuldtitel müssen nicht auf einer Ware, sondern können auch auf andere Schuldtitel verweisen. Die Diskussion der „eigenthümlichen Bewegungen des monied Capital" (MEGA II/4.2, 531) war folglich eine der wichtigsten, aber auch eine der „einzig schwierigen Fragen" (MEGA II/4.2, 529), auf die im dritten *Kapital*-Buch eine Antwort zu finden war. Marx erkannte dort, dass das verleihbare Kapital nicht nur ‚prozyklisch' mit dem produktiven Kapital akkumuliert, sondern *gegensätzliche* Vorgänge in der ‚Realwirtschaft' ausdrücken kann (4.2.3).[2] Wenn er im ersten Band des *Kapital* „die Expansion und Kontraktion des Kredits" als „das bloße Symptom der Wechselperioden des industriellen Cyklus" (MEGA II/5, 509/510) bezeichnet, scheint er weiterhin nur von einer einseitigen Wirkungsrichtung auszugehen. Aber, genau genommen, handelt es sich dabei um eine ganz andere Aussage als 1850 in der *Revue*, wo es hieß, dass die „Ueberspekulation [...] selbst nur ein Symptom der Ueberproduktion ist" (MEGA I/10, 448). Denn die Diskussion der verschiedenen Verhältnisse von verleihbarem und produktivem Kapital mündete gerade in die Einsicht, dass dasselbe Symptom nicht immer zur Diagnose derselben Krankheit berechtigt. Das gleiche Symptom ist nicht unilinear auf den gleichen Ursprung zurückzuführen, denn vom Symptom sind verschiedene Wege zu verschiedenen Ursachen möglich. Die Expansion des Kredits kann sowohl die Expansion als auch die Kontraktion des produktiven Kapitals ausdrücken, eine niedrige Zinsrate sowohl maximale Verwertung als auch Paralyse der Industrie anzeigen.

In der zweiten Phase differenzierte Marx außerdem zwischen Krise und Krisenbewusstsein und betonte die Möglichkeit der Verselbständigung des letzteren (3.3.1).

---

[2] Eine einschlägige Passage lautet: „In dem einen Fall drückt diese Accumulation des monied Capital Wiederholung des Reproductionsproceß unter günstigern Bedingungen aus und wirkliches Freiwerden eines Theils des früher *gebundnen* Capitals, also Power der Erweiterung des Reproductionsprocesses mit denselben Geldmitteln. In dem andern blosse Unterbrechung des Flusses der Transactionen. Aber in beiden Formen verwandelt es sich in *monied Capital* und stellt *Accumulation desselben* dar, wirkt gleichmässig auf den Geldmarkt, den Zinsfuß, obgleich sein Verhältniß zum wirklichen Accumulationsproceß entgegengesetzter Natur." (MEGA II/4.2, 585)

Er erweiterte die Handlungsspielräume des Staats (3.3.3), differenzierte die politischen Formen der bürgerlichen Gesellschaft (3.3.4) und vertiefte die Ambivalenz der Krisen zwischen Ausgleichen, Hinausweisen und Zurückversetzen (3.5.4). Im Zuge der Krise von 1857/58 und ihrer theoretischen Verarbeitung kam es bei ihm daher zu einer Fortentwicklung von beinahe ‚epistemologischer' Qualität. Die Lockerung des Zusammenhangs, dass eine Krise mehr oder weniger sicher in eine Revolution mündet, bewegte Marx zu einer allmählichen Abkehr von etwas mechanisch verstandenen Zusammenhängen wie der unmittelbaren Repräsentation von Ware in Geld, der Textilienüberproduktion im Crédit Mobilier, von England in Frankreich, Ökonomie in Politik, kurzum: des ‚Materiellen' im ‚Ideellen'. Außerdem weitete sich sein Blick für das innere Leben in den außereuropäischen Regionen, auch weil es nach der Krise zu großen Sklavenbewegungen in Russland und Amerika kam. Marx' Theorie entwickelte sich insgesamt weg von einer tendenziell dualistischen Gegenüberstellung von Produktion und Konsumtion hin zu einer komplizierten Dynamik mit vielen Variablen und verschiedenen Momenten der Selbständigkeit, Verkehrung und Wechselwirkung.

Eine dritte Phase, in der Marx seine Krisentheorie erweiterte, reicht von ungefähr 1862 (verläuft also anfangs parallel zur zweiten) über die Exzerpte von 1868/69 bis hin zum 1870 beendeten Manuskript II zum zweiten Buch des *Kapital*. In dieser Phase ging es nicht einfach nur um eine Steigerung der Komplexität der Beziehungen zwischen bereits etablierten Variablen, sondern um eine Erweiterung und Ergänzung der Kapitaltheorie um ganz neue Elemente und Krisenmomente. So wie die Krise von 1857/58 einen ‚Bruch' mit der Linearität forderte, verlangten die 1860er Jahre einen Abschied vom Denken in Grundwidersprüchen. Wie erwähnt, wird in den *Kapital*-Manuskripten auf den Begriff des Grundwiderspruchs verzichtet, der in den *Grundrissen* und im *Manuskript 1861–63* noch eine große Rolle als Begründung der Überproduktion spielte, und stattdessen erfahren die stoffliche Dimension der Produktion im Zuge der *Cotton Famine* und finanzielle Momente im Zusammenhang mit der Krise von 1866 viel größere Aufmerksamkeit. Der Verzicht auf den Begriff des „Grundwiderspruchs" korrespondiert damit, dass Marx in den 1860er Jahren verschiedene Wege der Entstehung und verschiedene Sorten von Krisen beobachtet hat. Die Krisentypen entspringen unterschiedlichen Bruchstellen des Zirkulationsprozesses: Zwar ist die Überproduktion das Grundphänomen aller Krisen, aber nicht alle Krisen entstehen *aus* der Überproduktion von Kapital, sei es als Überinvestition von produktivem Kapital oder als Überproduktion von Warenkapital auf dem Weltmarkt. Sie können ebenso gut aus der Erstarrung des Geldkapitals zum Schatz, einer Störung des Produktions- oder Zirkulationsprozesses selbst oder einem Mangel an Elementen des Produktionsprozesses hervorgehen.

So legten Marx der Shutdown in der *Cotton Famine* und die Auflösung einer früheren relativen Harmonie in den Kreisläufen des industriellen, kommerziellen und finanziellen Kapitals nahe, in seiner allgemeinen Analyse des Kapitals vermehrt stoffliche und ‚ökologische' Aspekte (wie den Rohstoffhunger des Kapitals und die negative Seite der modernen Agrikultur) zu berücksichtigen (5.1). Weil Krisen nicht aus der Überakkumulation entstehen müssen, war der ‚basalste' Widerspruch des Kapitals für Marx fortan nicht mehr derjenige, der die Überproduktion hervorbringt, sondern vermehrt auch die systematische ‚Externalisierung' der stofflichen Umwelt. Die *Cotton Famine* drängte ihn auch zu einer Diskussion der Vorratsbildung, die für das Kapital tote Kosten darstellt, die es zu minimieren und eliminieren versucht. Dass das Kapital die Elemente des gesellschaftlichen Stoffwechsels (wie die Vorratsbildung) degradiert und unterminiert, erklärt, dass sich die Geschichte der Moderne als eine kuriose Aneinanderreihung von ‚externen Schocks', ‚Unglücken', Krisen und Katastrophen wie der grausamen Hungersnot von 1866 in der indischen Provinz Orissa erzählen lässt. Das moderne Naturverhältnis ist ein gleichsam krisenbefördernder Widerspruch. Marx ging davon aus, dass Krisen, die aus kapitalistisch induzierten Störungen in der stofflichen Umwelt entstehen, im Fortschritt der modernen Gesellschaft „häufiger" (MEGA II/4.2, 189) auftreten würden.

Daneben räumte er in Anbetracht des englischen Gründer- und Aktienbooms der 1860er Jahre ein, dass ein Symptom auch ein Eigenleben gewinnen kann und somit eine Umkehrung der Wirkungsweise möglich wird. Selbständige Geldkrisen entstehen nicht aus der Kreditausdehnung, welche die Überproduktion verlängert, sondern aus einer Kreditansammlung bei den Banken, Geldhändlern und Börsianern. Marx kritisierte 1850 lediglich jene Auffassungen, denen die „Zerrüttung der Produktion […] als bloßer Rückschlag der zusammenbrechenden Spekulation" (MEGA I/10, 449) galt, aber der dabei unterstellte Zusammenhang verlor spätestens mit der Krise von 1866 seine Eindeutigkeit: Denn selbständige Geldkrisen wirken „auf Industrie und Handel nur rückschlagend" (MEGA II/5, 94), so wie die große Finanzkrise von 1866 eine „furchtbare Reaktion" (MEGA II/5, 540) in Londoner Industriezweigen auslöste (5.2). Auch weil der Trigger der Krise von 1866 wahrscheinlich eine Diskontratenerhöhung der Bank of England in Reaktion auf die Kreditblase war, gab Marx im anschließend verfassten Manuskript II zum zweiten Buch des *Kapital* eine Eigendynamik des Kreditsystems zur finanziellen Instabilität zu, wonach „die Leichtigkeit des Money Markets seinerseits […] die Ursache der spätren Pressure" ist (MEGA II/11, 304; dazu 5.3.1). Das Risiko kann allein in der „Sphäre der Haupt- und Staatsaktionen des Geldkapitals, Bank, Börse, Finanz" (MEGA II/5, 94) entstehen (5.3.2).

Selbständige Geldkrisen können aus der Kontraktion und Paralyse des produktiven Kapitals hervorgehen, das heißt, sie sind nicht entkoppelt vom industriellen Zyklus, sondern haben einen vermittelten Bezug zu ihm. Ihr Ursprung muss nicht in der Stockung von W´–G´ liegen, wenn also Waren nicht in Geld verwandelt werden können; die Störung kann sich auch bei G–W einstellen, wenn das Geld sich nicht in der Produktion von Waren engagieren möchte. Nicht jede Bankenkrise, jeder Börsencrash und jede Finanzmarktpanik ist eine selbständige Geldkrise, aber diese drei bilden ihre typischen Formen.[3] Ein Kreditinstrument, das die selbständigen Geldkrisen prägt, ist die Aktie. Die Konsignation gründet direkt auf einer bestimmten Ware und die verschiedenen Liquiditätswechsel des 19. Jahrhunderts (Gefälligkeits-, Reit- und Kellerwechsel, Rediskontierung) auf dem allgemeinen konjunkturellen Aufschwung. Aber die Aktie hat, im Gegensatz zum Wechsel, die Schranke des Schuldners überwunden und enthält dafür das Element der Erwartungen in größerem Maße. Gründungen von Aktiengesellschaften versprechen für die Zukunft eine gewinnsichernde Unterbringung von Leihkapitalien, von denen es gerade in der Stagnation eine Übermasse gibt. Sie weist daneben ein größeres ‚psychologisches' Moment auf und öffnet Raum für Schwindel und Wirtschaftskriminalität: Eine Gründung ist nicht selten ein bloßer Vorwand, um dem Publikum das (überflüssige) Geld abzunehmen. Wenn das Eigentum die Aktienform annimmt, so Marx, wird die Bewegung seines Transfers „reines Resultat des Börsenspiels" (MEGA II/4.2, 504) aus Gerüchten, Erwartungserwartungen, der „Prellerei unter falschen Vorspiegelungen" (Engels), Strohmännern, Falschmeldungen, Insiderwissen, Umgehen von gesetzlicher Regulierung, Leerverkäufen und Ponzi-Schemata. Außerdem hat sich gezeigt, dass die Sphäre der finanziellen Vermittlung, in der das verleihbare Kapital durch verschiedene Techniken vermehrt wird, schon im 19. Jahrhundert nicht eben unterkomplex war: Marx waren Grundtechniken der Hebelung bekannt und er begriff sie als „facilities, die blos technische Vermehrung des *loanable monied Capital* für die Creditschwindeleien gewährt" (MEGA II/4.2, 549).

Eine vierte Phase seiner theoretischen Entwicklung, die ungefähr mit der Krise von 1873 einsetzt, wäre zukünftig genauer zu untersuchen, wenn alle Exzerpte des späten Marx vorliegen.[4] Dieser erwähnte mehrmals, den zweiten Band (das heißt die Bücher 2 und 3) des *Kapital* wegen des besonderen Charakters der neuen Krisen und der Entwicklungen, die sie ausdrückten, nicht abschließen zu können (dazu 4.3). Die Krisen der 1870er Jahre scheinen bei ihm so manche Gewissheit aufgelöst zu haben:[5] England stand nicht mehr im Zentrum der Krisen und in den Crashs in der City of London musste der *Bank Act* von 1844 nicht mehr außer Kraft gesetzt werden. Den *Bank Act* aber, der 1866 zum letzten Mal suspendiert wurde, wollte Marx im dritten

---

[3] Im 20. Jahrhundert scheint diese Trinität um etwa Währungs-, Schulden- und Inflationskrisen erweitert worden zu sein.
[4] Marx führte etwa 1878/79 abermals umfangreiche Studien zu Krisen und Kredit durch (sie werden veröffentlicht in MEGA IV/25) und beobachtete daneben den Konjunkturverlauf in Briefen, Exzerpten und Zeitungsausschnitten.
[5] In seinen Briefen gab Marx eine ganze Reihe von Indikatoren an: die rasche Entwicklung der USA, das Ausbleiben der Geldkrise in London, die Koordinierung der europäischen Staatsbanken, Dauer („chronisch"), Charakter und Rhythmus der Wiederkehr der Krisen, schließlich die Frage, ob 1873 eine allgemeine Krise war. Auch Engels suchte das mögliche ‚Verschwinden' der Form des Zyklus zu erklären (MEW 25, 506).

Buch des *Kapital* unbedingt denunzieren (5.3.1). So wie ihm 1857 seine korrekte Prophezeiung der unmittelbar bevorstehenden Suspension dieses Bankgesetzes in der *Tribune* eine „Satisfaction" (MEGA III/8, 209) verschaffte, die im Hinblick auf seine wütende Arbeit an den *Grundrissen* gar nicht hoch genug bewertet werden kann, muss die spätere Irritation über die ausbleibende Suspendierung daher zu den Gründen gezählt werden, aus denen er das *Kapital* nicht fertigstellen wird. Außerdem schien sich Marx nicht darüber im Klaren gewesen zu sein, ob der ‚Gründerkrach' von 1873 (das heißt die Crashs in Wien, New York und Berlin) eine allgemeine Krise darstellte oder nicht. In langjähriger Erwartung ihrer Übertragung nach England, wo er weiterhin das Zentrum der allgemeinen Krisen vermutete, gab er daher an, dass die Krise „chronisch" geworden sei. Undeutlich war auch die schon von politischen Ökonomen wie Sismondi, Gülich und Tooke beobachtete Steigerungslogik der Krisen geworden. Wie gesehen, standen die Krisen in einer gewissen Beziehung zueinander: Seit Anfang des 19. Jahrhunderts wurden sie ihrer Intensität und ihrem Umfang nach tatsächlich immer größer, doch diese Tendenz hatte sich ab den 1860er Jahren nicht mehr bestätigt, worin Marx wiederum keine Ausnahme oder Abweichung, sondern einen Ausdruck ‚neuer' Wesensmerkmale des Kapitals sehen wollte. Eine Tendenz zu immer gewaltigeren Krisen jedenfalls hat er nach 1864 nicht mehr behauptet, aber ebenso wenig eine Tendenz zu ihrer „Abschwächung" gesehen, sondern auf ihre immer schwierigere Überwindung und schnellere Wiederkehr in veränderten Gestalten hingewiesen.

Marx reagierte auf die Entwicklungen der 1870er Jahre mit einer Lockerung seiner Konzeption des industriellen Zyklus. Früher ging er von einem „unvermeidlichen Kreislauf" (MEW 4, 450) oder einem „industriellen Kreislauf" (MEGA I/11, 168) mit dem immergleichen Phasenwechsel Stagnation, Aufschwung, Prosperität, Krise aus. Diese Auffassung wird noch durch das Manuskript zum dritten Buch des *Kapital* nahegelegt.[6] Einige Anzeichen deuten darauf hin, dass Marx begann, nicht mehr den industriellen Zyklus, nur noch die periodische Wiederkehr seiner Wechselfälle als eine allgemeine Form aufzufassen, um den verschiedenartigen Entstehungszusammenhängen Tribut zu zollen, welcher der Wiederkehr der Krisen von 1847, 1857, 1866 und vor allem der 1870er Jahre zugrunde lag (dazu 4.1). Bei Ausbruch der Krise von 1857 konnte es noch so scheinen, als wäre lediglich ein Abschnitt des unvermeidlichen Kreislaufs, die Prosperität, durch ein welthistorisches Ereignis wie den kalifornischen Goldrausch in die Länge gezogen worden. Auch in den 1860er Jahren wurde eine frühere Einheitlichkeit zwar gleich mehrfach infrage gestellt, aber dass sich trotz einer beispiellosen Unterbrechung der englischen Schlüsselindustrie in der *Cotton Famine* die neue Krise pünktlich neun Jahre nach ihrer Vorgängerin einstellte, bewog

---

6 „Es verhält sich mit diesem Cyclus so, daß nachdem einmal der erste Stoß gegeben ist, dieselbe Geschichte sich periodisch reproduciren muß." (MEGA II/4.2, 542)

Marx dazu, im ersten Band des *Kapital* den industriellen Zyklus als eine allgemeine Bewegungsform des Kapitals vorzustellen.

Allerdings folgten Auf- und Abschwung schon in den 1860er Jahren keiner exakten Regelmäßigkeit und sowohl seine Diskussion des Verhältnisses von verleihbarem und produktivem Kapital im Manuskript zum dritten Buch des *Kapital* als auch die Uneindeutigkeit des Zyklus der 1870er Jahre ließen Marx eine größere Flexibilität der Bewegung betonen. Die Geschichte stellte in bestimmter Hinsicht keine ewige Wiederkehr des Gleichen dar, und so nimmt, wörtlich genommen, in der französischen Ausgabe des *Kapital* (1872–75) nur noch die Periodizität der Wechselfälle Formcharakter an. Der Unterschied zwischen periodisch und zyklisch ist subtil aber bedeutend: Anders als eine zyklische, beschreibt eine periodische Bewegung keinen Kreislauf, sondern es werden verschiedene Phasenabfolgen möglich. Unter ‚Zyklus' ist somit nur noch eine aufeinanderfolgende Reihe von Perioden der Expansion, Kontraktion und Krise zu verstehen.[7] Auch durch die Feststellung, dass es aus der industriellen Paralyse heraus zu Börsenrausch und Aktienfieber kommen kann, muss die Serie der Wechselfälle nicht Stagnation, Aufschwung, Prosperität, Krise sein, sondern kann ebenso Krise, Stagnation, Krise lauten.[8] Darüber hinaus erklärte Marx sowohl die Länge des ‚Zyklus' als auch die Länge seiner einzelnen Phasen für grundsätzlich flexibel. Die Bewegungen zwischen den allgemeinen Krisen können daher ganz unterschiedliche Gestalt annehmen.

Die Rolle der Krisenstudien

Die Entwicklung der Marx'schen Theorie korrespondiert mit der an den Krisen ablesbaren Entwicklungsgeschichte des Kapitals selbst. Die Krise als Abschluss des industriellen ‚Zyklus' kommt insofern einem indikativen Moment gleich, als sich die Einheit von zuvor gegeneinander verselbstständigten Prozessen schmetternd und plötzlich wiederherstellt. Indem sie dem Schein der Gleichgültigkeit seiner einzelnen Elemente gegenüber einander gewaltsam ein Ende bereitet (MEGA II/1, 354), enthüllt sie damit

---

[7] Vermutlich verwendete Marx deshalb gegenüber Daniel'son am 10. April 1879 den Begriff nur noch in Anführungszeichen: „However the course of this crisis may develop itself [...] it will pass over, like its predecessors, and initiate a new 'industrial cycle' with all its diversified phases of prosperity, etc." (MECW 45, 355)

[8] Auch Engels artikulierte nach Marx' Tod die Beobachtung, dass der für die Epoche von 1825 bis 1873 charakteristische Rhythmus eines scharfen Auf und Ab mit insgesamt sechs allgemeinen Krisen verschwunden sei. Er war sich unsicher, was genau sich verändert hatte. Zunächst kündigte er 1886 das Ende der zyklischen Form selbst an: Es gebe nun weder richtige Krisen noch richtige Prosperitätsperioden mehr, bloß noch „permanent and chronic depression" (MEGA II/9, 14). Später vermutete er allerdings, dass „es sich nur um eine Ausdehnung der Dauer des Zyklus" (MEW 25, 506) handeln könnte. Die Widersprüche könnten bloß vorübergehend unterdrückt worden sein, weshalb sich eine globale „*Riesenkrisis*" (MEGA I/32, 168) vorbereite.

auch den Charakter des Kapitals und kehrt seine ‚Wahrheit' heraus. Die Krise ist „die plötzliche Erinnerung der [...] nothwendigen Momente der auf das Capital gegründeten Production" (MEGA II/1, 328), die zuvor vom Kapital und von der Allgemeinheit *vergessen* worden waren.

Weil es sich bei ihnen um Momente der Offenbarung handelt, hat Marx immer wieder umfangreiche Untersuchungen und Analysen der historischen Krisen unternommen und das Eintreffen einer Krise abgewartet, ehe er zur theoretischen Arbeit überging beziehungsweise diese abschloss. Das *Manifest der Kommunistischen Partei* entstand inmitten der Krise von 1847, just als sie von England auf den europäischen Kontinent übergeschwappt war. In den *Londoner Heften* hat Marx erst die Krise von 1847 rekonstruiert, ehe er zu *Reflection* ansetzte und seine ökonomischen Studien am Abschluss wähnte, und 1857 begann er erst im Augenblick des Crashs mit der Arbeit an den *Grundrissen*. Während er den ersten Band des *Kapital* nach der Finanzkrise von 1866 vorlegte und das umfangreiche Manuskript II zum zweiten Buch des *Kapital* nach seinen Krisenstudien von 1868/69 verfasste, vermochte er die Bücher 2 und 3 des *Kapital* auch wegen des neuartigen Charakters der Krisen in den 1870er Jahren nicht zu vollenden. Ihm galten die Krisen seit 1873 als „most important to observe in its details for the student of capitalistic production and the professional *théoricien*" (MECW 45, 355). Marx war also bis zuletzt davon überzeugt, dass eine Kapitaltheorie nicht gelingen kann, ohne von dem epistemologischen Privileg der Krisen Gebrauch zu machen. Wegen ihres Wahrheitscharakters helfen die Krisen dem Kritiker, die Trennung zwischen dem Wahren und dem Falschen und Ideologischen, zwischen dem Allgemeinen und dem Besonderen zu vollziehen. Sie erleichtern seine Arbeit und daher ist die „Zeit der Krise [...] zugleich die der theoretischen Untersuchungen" (MEGA III/7, 168): ein geeigneter Moment für die Zusammenfassung ökonomischer Studien und zugleich ein Anfang für neue Forschungen (dazu 3.5). Die Krisen waren für Marx Ausgangspunkt des Forschungs- und Endpunkt des Darstellungsprozesses (4.1).

Die Geschichte des bürgerlichen und sozialistischen Krisendenkens im ersten Kapitel hat eine Spannung zwischen Theorie und Geschichte in der politischen Ökonomie gezeigt. Ricardo lernte die Krise von 1825 nicht kennen, weshalb sich sein System durch eine Einseitigkeit auszeichnet, die es untauglich macht, die Krisen zu begreifen. Weil Say und McCulloch, mit der Wiederkehr der Krisen konfrontiert, nicht zu einer echten Korrektur ihrer konzeptionellen Irrtümer in der Lage waren, wurde ihr gesamtes Theoriegebäude inkonsistent. Die ausbleibende Erneuerung ließ den Owenismus und die *Popular Political Economy* verschwinden, wohingegen Sismondi, Fullarton, Tooke ihre Gedanken radikal änderten, als sie sich im Angesicht einer Krise als haltlos entpuppt hatten. Ihre Bedeutung erlangten sie gerade durch ihre *neuen* Antworten. Wenn die Widersprüche der modernen Gesellschaft besonders grell erscheinen, beginnen selbst die Optimisten der Prosperität, die Welt wieder mit anderen Augen sehen: Marx ist den *Economist* und die „Organe des Geldmarkts" daher insbesondere in Krisenzeiten systematisch durchgegangen – in den *Londoner Heften*

1850–53, den *Krisenheften* von 1857/58 und den Studienheften von 1868/69 –, denn die Kritik kann hier von der vergleichsweise nüchternen Zergliederung der Tatsachen etwas lernen und den Berg an Materialien kennenlernen, den die Krise zutage gefördert hat. Dass Marx sich unterschiedlich zu den einzelnen Krisen verhalten hat, deutet auf eine relative Autonomie der Krisenanalyse hin, aber die zentrale Bedeutung seiner empirischen Studien besteht darin, einen Anstoß zu erhalten, ein Problembewusstsein und einen Kontakt mit den Resultaten des geschichtlichen Prozesses herzustellen (4.3). Krisenstudien sind für ihn eine unerlässliche Voraussetzung der Theorieentwicklung.

Aber so wenig sein kritisches Analyseverfahren als Deduktion von a priori gesetzten Annahmen zu verstehen ist, so wenig ging er bei der theoretischen Durchdringung des empirischen Materials induktiv vor. Die Induktion, die unmittelbare Extraktion des Allgemeinen vom empirisch Gegebenen, ist wenig robust und läuft Gefahr, das Besondere voreilig zu verabsolutieren. Marx begründete in der *Einleitung* von 1857 und im Vorwort zum *Kapital* (1867), dass der Zusammenhang der mannigfaltigen Erscheinungen nicht unmittelbar gegeben ist[9] und daher die geistige Kraft der Abstraktion (eine Art der Kritik) allgemeine Beziehungen zwischen den Kategorien ermitteln und die für wesentlich angesehenen von den als unwesentlich erachteten Eigenschaften trennen muss. Die Abstraktion ist allerdings ein voraussetzungsvolles Verfahren: In Marx' Geldtheorie etwa sind Hegel, Heß, Feuerbach, Ricardo, Sismondi, Frühsozialismus, Religionssoziologie, politische Leidenschaften und nicht zuletzt auch Wirtschaftsgeschichte und Geldmarktanalytik eingeflossen. Seine empirischen Untersuchungen hatten daher nicht den Zweck, die Theorie direkt zu testen oder zu verifizieren, sondern versammelten den „Rohstoff" (MEGA II/3, 1277), der zu konzeptioneller Arbeit drängte. Nicht nur ist ohne Kenntnis des Materials keine Abstraktion möglich; Theoriebildung bedeutet bei Marx darüber hinaus auch, Geschichte und Gesellschaft begrifflich darzustellen, um sie kritisieren zu können.

Marx entwickelte seine Ideen oftmals in Reaktion auf Wandlungsprozesse und das Erscheinen neuartiger Phänomene weiter, die er weniger in der reinen Arbeit am Begriff, vielmehr in seiner Journalistik und in seinen Exzerpten, am konkreten Material aufspürte. So distanzierte sich Marx auch deshalb von der Quantitätstheorie des Geldes, weil die Krise von 1847 den Kritikern des *Bank Act* Recht gab. Viele theoretische Fortschritte entstanden dadurch, dass der Zyklus der 1850er Jahre und die ihn abschließende Krise seine Diagnostik von 1850/51 infrage stellten. Auch dass er zunehmend die Eigenständigkeit monetärer Faktoren berücksichtigte, ging einher mit dem wirklichen Bedeutungsgewinn des Geldmarkts und dem steigenden Autonomiegrad der Finanzformen im 19. Jahrhundert. Die Form der Kreditausdehnung erwies

---

9 Dies brachte er auch in seinem Vortrag *Value, Price and Profit* (1864) zum Ausdruck: „Scientific truth is always paradox, if judged by everyday's experience, which catches only the delusive appearances of things." (MEGA II/4.1, 411)

sich als variabel und in den Krisen von 1847, 1857 und 1866 dominierten jeweils andere Kreditinstrumente: 1847 die Konsignation, 1857 die verschiedenen Liquiditätspapiere im internationalen Wechselhandel und in den 1860er Jahren die Aktie und die finanzielle Mediation. Marx' Theorie des Kredits entwickelte sich mit der Entwicklung des Geldmarkts selbst. Er schrieb daher auch mehrmals, dass in diesen Fragen die „Praxis" interessanter sei als die Theorie, denn die Kreditausdehnung vollzieht sich in immer wieder neuen Verkleidungen, die jedes Mal wieder aufs Neue durch die Krise entzaubert werden, was wiederum auch die Kritik aufgreifen muss, um einen Beitrag zur Entfetischisierung zu leisten.

Das Marx'sche Werk unter dem Gesichtspunkt seiner Entstehung und Entwicklung zu betrachten, hat verdeutlicht, dass sein Charakter des Unfertigen und Unvollendeten kein Makel, vielmehr Ausdruck einer Stärke ist. Wie schon Sismondi bemerkte, dass jede neue Auflage eines Werks über die Grundsätze der politischen Ökonomie in gewisser Weise ein ganz neues Buch zu sein habe (1.3), drängten auch Marx die Wandlungsprozesse der bürgerlichen Gesellschaft dazu, seine Theorie zu überarbeiten und seine Kritik zu reformulieren, ohne dabei allerdings weiterhin gültige Einsichten über Bord zu werfen. Er folgte darin der spezifischen Dynamik des Kapitals selbst als sich ständig verändernd und dabei doch bestimmte Charakteristika beibehaltend. „[D]ie jetzige Gesellschaft", heißt es im Vorwort zum ersten Band des *Kapital*, ist „kein fester Krystall, sondern ein umwandlungsfähiger und beständig im Prozeß der Umwandlung begriffener Organismus" (MEGA II/5, 14), denn seine Zerstörung und Erneuerung in den Krisen ist für das Kapital die Bedingung seines Selbsterhalts. Für die Theorie und Kritik des Kapitals wäre es daher verfehlt, jedem Trend und jeder Mode zu folgen, aber gleichsam unangebracht, einfach immer wieder denselben Punkt zu machen, denn sie müssen sich, wollen sie relevant bleiben, den Wandlungsprozessen widmen. Diese Form des Lernprozesses, dem Marx verpflichtet war, ließe sich als eine ‚Dialektik' der Kontinuität durch Erneuerung bezeichnen. Sie entspricht der Überlebensweise des Kapitals selbst. Für die zeitgenössische Krisentheorie hieße dies, dass sich mit dem Marx'schen *Kapital* die grundlegende Krisenhaftigkeit des Kapitalismus begründen und eine Antwort auf die Frage entwickeln lässt, warum diese Ereignisse in der Moderne bislang nicht verschwunden sind und mit ihrem Verschwinden auch nicht zu rechnen ist. Die Wiederkehr der Krisen im 21. Jahrhundert macht eine solche allgemeine Begründung nicht überflüssig, aber vermutlich kann Marx' Wortlaut in der gegenwärtigen Situation nicht einfach angewendet werden. Marx selbst zumindest hat sich eher ungern wiederholt, sondern versucht, das Neue, Besondere und Singuläre aufzuspüren und zu durchdenken.

Somit verdeutlichen seine Krisenstudien, Publizistik und historisch-politischen Schriften wie der *18. Brumaire* das ‚nicht-deterministische' Denken von Marx, die grundsätzliche Ehrlichkeit und Offenheit desselben. Marx war ein zutiefst undogmatischer, ‚unideologischer' Theoretiker. Weil die Umwandlungsprozesse nicht immer vorausgesehen werden können, ist die allgemeine Analyse des Kapitals auf das besondere Studium der Krisen angewiesen, da sie es sind, die die Wandlungsprozesse zusammenfassen, deutlicher hervorheben und damit leichter erkennbar machen. Zwar handelt es sich bei der allgemeinen Analyse des Kapitals und der besonderen Krisenanalyse um verschiedene Verfahren, aber diese Trennung bedeutet kein gegensätzliches Verhältnis. Marx hat diese Trennung – ohne größere Reflexionen methodologischer Art darüber zu hinterlassen – zwar vollzogen und ist in seinen Schriften zur Krise oftmals ‚zweigleisig' verfahren, aber ohne dabei in einen Dualismus zu verfallen, der Theorie gegen Geschichte, Wissenschaft gegen Politik, das Alte gegen das Neue oder das Allgemeine gegen das Besondere ausspielen würde. Die Geschichte ist für ihn weder ein durch ökonomische Gesetzmäßigkeiten determinierter Automatismus noch eine bloße Kette von unvorhersehbaren kontingenten Ereignissen, die vom Himmel fallen. Vielmehr generieren die Widersprüche der bürgerlichen Produktion regelhaft und regelmäßig Krisenereignisse, die zwar einen typischen Ablauf haben, aber grundsätzlich offen und kontingenter sind als die anderen Wechselfälle des industriellen Zyklus. „Jede Krise ist in einem bestimmten Sinne ein historisches Individuum" (Schumpeter 2008, 292) und in einem bestimmten Sinne zugleich eine Wiederholung ihrer Vorgängerinnen.

Daher wäre es fatal, wenn sich mit den Krisen nur das Kapital, nicht aber auch die Kritik des Kapitals erneuern würde. Wollte man an einer an Marx orientierten Krisentheorie für das 21. Jahrhundert weiterarbeiten, könnte man dies auf mindestens drei Gebieten tun: der theoretischen Arbeit an der zweiten Hälfte des Sechs-Bücher-Plans (Staat, internationale Arbeitsteilung, Weltmarkt); der analytischen Erforschung der historischen Krisen entweder als ‚Selbstzweck' (Chronique Scandaleuse) oder zum Zweck einer Modifikation, Aktualisierung und Erweiterung auch der ersten Hälfte des Sechs-Bücher-Plans und der Wert-, Geld- und Kapitaltheorie; sowie einer neuen Kritik der politischen Ökonomie, etwa anhand des politisch-ökonomischen Krisendenkens des 20. und 21. Jahrhunderts (Keynesianismus, Malthusianismus, Ordoliberalismus). Die hohe Kunst von Marx bestand darin, all diese Dinge – Theorie, Geschichte, Ideologie – miteinander zu verbinden. Es ist einem gesellschaftskritischen Ansinnen nicht dienlich, Marx auf nur einen Aspekt zu reduzieren oder die eine Seite seines Schaffens der anderen vorzuziehen.

Die Untersuchung und Analyse der Krisen stellte für Marx aber nicht bloß einen nötigen Schritt zur Theoriebildung und einen Prüfstein der allgemeinen Analyse des Kapitals dar, sondern markierte auch ein eigenständiges Moment, das an die Grenzen der Kapitaltheorie anknüpft (dazu 4.3). Bei der im dritten Buch des *Kapital* dargestellten „wirklichen Bewegung" der Ökonomie handelt es sich nicht um die historisch-empirische Bewegung. Anhand der historischen Krisen kann daher auch das Wirken der abstrakten Widersprüche nachgewiesen und darüber hinaus eine nähere politische Vorgehensweise entworfen werden. Marx' einzelnen Krisenstudien fielen daher zum Teil auch unterschiedliche Funktionen zu.

Die Entstehung der *Londoner Hefte* war eng an Marx' Anliegen gekoppelt, die Vergangenheit aufzuarbeiten und die Krise von 1847/48, ihren Verlauf und ihre Überwindung zu erforschen, um die Gegenwart und die unmittelbare Zukunft besser verstehen zu können. Die Rekonstruktion der Krise diente in erster Linie der Antizipation und Prognose ihrer Nachfolgerin. Das Krisenereignis selbst war primär, das heißt, seine Erforschung erfolgte nicht in erster Linie, um eine allgemeine ökonomische Theorie zu entwickeln; gleichwohl ließ es eine Vertrautheit mit den ökonomisch-technischen Details und eine Analytik der Geldmarktsymptomatik nötig werden. Die Krise war die Schnittstelle zwischen Theorie und Praxis.

Dieser Primat des einzelnen Krisenereignisses zeigte sich noch in der geplanten Chronique Scandaleuse von 1857/58. Die Dokumentation des unmittelbaren Verlaufs der Weltmarktkrise in den *Krisenheften* war eine Vorbereitung zu einem Pamphlet über die Ereignisse. Es war von höchster Dringlichkeit, das Krisenereignis selbst noch in Echtzeit zu kommentieren, um in seinen Verlauf eingreifen und seine enthüllenden Effekte durch ihre Dokumentation verstärken zu können. Auch wenn die Krisenforschung nicht zum Zweck der Theorieentwicklung erfolgte, kam es bei Marx dennoch zu einem Wendepunkt: Er schrieb nicht die geplante Chronique Scandaleuse – auch weil die Krise selbst die erwartete Länge, Intensität und Konsequenz vermissen ließ –, sondern die sieben Hefte der *Grundrisse* und rang sich zu einem neuen Primat der Theoriearbeit durch. Weniger die einzelne Krise wäre das politisch entscheidende Ereignis als vielmehr ihre Wiederkehr und Steigerungslogik in einem längeren Auflösungsprozess des Kapitals (dazu 3.6). Nicht mehr „eine neue Krise" und „eine neue Revolution" wie noch 1850, sondern „die Krisen" (wie es in den Entwürfen zum Sechs-Bücher-Plan immer heißt) und „eine Epoche socialer Revolution" (MEGA II/2, 101) galt es durch eine Kritik der politischen Ökonomie zu prägen, denn das Bewusstsein in dieser Epoche wäre durch die unterschiedlichsten, phantastischen, illusionären Formen gestaltet.

Die Erforschung der Krise von 1866 erfolgte wieder retrospektiv, auch weil sich ihre Wucht erst in ihrem Verlauf und der auf sie folgenden Stagnationsphase entfaltet hatte. Marx stieß bei seinen Krisenstudien dieses Mal einerseits auf die verschiedenen Momente der Verschärfung einer Finanzkrise durch falsche Behandlung (wie durch den *Bank Act*), internationale Politik (Finanzkrieg mit Russland) und Klassenkampf (die Profiteure der Panik), andererseits auf die Praxis des Aktienwesens (Schwindel, Börsenspiel). Zwar dachte er auch über die politische Situation nach, die aus der Krise resultierte, aber die Erforschung der Krise war in erster Linie dazu da, Ansatzpunkte für die theoretische und kritische Arbeit zu finden. Allerdings wollte er nicht einfach eine feststehende Theorie anhand der Ereignisse ‚bestätigen' oder seine Theorie bloß auf die Krise ‚anwenden', vielmehr ließ der neuartige Krisentyp eine Erweiterung der Theorie und eine Erneuerung der Kritik nötig werden. Marx wollte nicht einfach die alte Kritik wiederholen, die an eine Krise aus Überproduktion von Waren auf dem Weltmarkt angepasst war, sondern eine an den Spezifika der aktuellen Vorgänge orientierte Kritik entwickeln, deren nähere Ursache Gründerschwindel mit Aktienform, Börse und Finanz war. Die Darstellung und Kritik der Praxis des Aktienwesens im zu überarbeitenden Kreditabschnitt des dritten *Kapital*-Buchs sollte auch den moralischen Zyklus der bürgerlichen Gesellschaft durchbrechen, indem der Schwindel als notwendiges Moment des Aktienwesens ‚denunziert' worden wäre (5.3.3).

Ob Studium, Analyse und Darstellung einzelner Krisen mehr oder weniger autonom sind oder vor allem zum Zweck der Theoriebildung erfolgen, steht und fällt also auch mit Marx' Einschätzung der unmittelbaren politischen Relevanz des Krisenereignisses. Der zunächst eindeutig und „sicher" scheinende Zusammenhang zwischen Krise und Revolution verkomplizierte sich mehr und mehr, ohne dass er bei Marx jemals ganz verschwunden oder gar widerrufen worden wäre. Bei Marx standen nach 1848 zunächst eher ihre politischen, 1858 dann ihre politischen und epistemologischen, schließlich 1866 vorwiegend ihre epistemologischen Effekte im Vordergrund, die aber wiederum für ein implizit politisches Vorhaben, die Kritik der politischen Ökonomie, ausgenutzt werden sollten. Allerdings nimmt die relative Autonomie der Krisenanalyse stark mit der Dramatik der Ereignisse selbst zu: Die Weltmarktkrise von 1857/58 war vergleichsweise schnell überwunden und die von 1866 wurde, wegen ihrer Vorwegnahme durch die *Cotton Famine*, weniger als ihre Vorgängerin zu einem weltweit geteilten Ereignis. Die relative Autonomie der Krisenanalyse hätte mit einer Krise von hoher Intensität und großem Umfang also auch wieder zunehmen können.

Krise, Erkenntnis, Politik

Overstone, Bagehot und Mills lösten die ökonomische Bewegung in eine psychologische Bewegung auf und auch für Marx entsprach die Periodizität der Wechselfälle einer kollektivpsychologischen Dynamik. Ohnmacht und Unfreiheit bestehen immer in der modernen Gesellschaft, aber in den „happy moments" (MEGA I/11, 351) der Prosperität werden sie nicht allgemein erfahren. Stattdessen erzeugt der konjunkturelle Hochbetrieb in dem kollektiven „state of mind" (MEGA I/16, 207) das Hochgefühl, die Verhältnisse unter Kontrolle zu haben und nicht fremdbestimmten Zwängen unterworfen zu sein. Weil in der Prosperität das Kapital wächst und mit ihm auch große Teile der Arbeiterklasse ihre Bedürfnisse erweitern können, formt sie ein Erkenntnisvermögen, für das sich die Dinge zum Guten zu wenden scheinen. Der Jubel und der Rausch der Prosperität trüben das Vermögen, die Verhältnisse nüchtern einzuschätzen, da sie als widerspruchslos erscheinen (3.1). ‚Says Gesetz' und mit ihm ein naiver Liberalismus ist die Denkform der Prosperität schlechthin (1.1). Wie die Krisen kehren auch diese „seasons of general self delusion" (MEGA I/16, 415) immer wieder. Zusammengehörige Elemente – Kauf und Verkauf, Wert und Preis, produktives und verleihbares Kapital – verselbständigen sich an den glücklichen Tagen der Prosperität und bewegen sich elastisch auseinander; die Krise zeigt ihre Trennung auf gewaltsame Weise und bringt sie mit einem lauten Knall des Reißens und Abbrechens, einer Im- oder Explosion wieder zusammen. Die Prosperität schlägt unerwartet und unvermittelt in Krise um und bringt die Ohnmacht schlagartig zu Bewusstsein, was Panik auslöst. Sie stellt daher die Grundlage einer mentalen Umwälzung dar. Die Prosperität trübt die Sinne und vernebelt das Denken, wohingegen in der Krise nicht nur die soziale Misere wächst und die Reproduktion der Gesellschaft ernsthaft gefährdet ist, sondern auch die Widersprüche des Kapitalismus schwerlich geleugnet werden können. Durch die Entwertung und Vernichtung des Stofflichen liegt offen zutage, dass keine dem Stand der technologischen und wissenschaftlichen Entwicklung adäquate Vergesellschaftung möglich ist. Das subjektive Kritikvermögen und die objektive Krise der Produktionsform scheinen ineinander zu fallen.[10]

Nach der Erfahrung von 1847/48 dachte Marx daher, dass eine neue Krise eine Bedingung für eine neue Revolution darstellt und dass beide so sicher wären wie das Amen in der Kirche. Häufig wird gesagt, dass Marx, womöglich in einer Art jugendlichem oder revolutionstrunkenem Übereifer, zunächst noch glauben wollte, dass die Krisen Zusammenbruch und Revolution bedeuten, ehe in ihm später, infolge großer wissenschaftlicher Anstrengungen, die Auffassung reifte, dass sie doch vielmehr für das Kapital die ganz normale Funktion der Reinigung und des Ausgleichs seiner Widersprüche erfüllen. Verlief Marx' Entwicklung also von einer feurigen, phantasievollen Apotheose der Krisen als Momenten der Transzendenz hin zu einer nüchternen, seriösen Analytik der Krisen als Momenten reiner Immanenz? Von einer „Teleologie" (Steil 1993, 173) hin zu einer Theorie der Krise? Der Witz besteht darin, dass Marx von Anfang an dachte, dass die Krisen, *gerade weil* das Kapital sich nur durch seine periodische Selbstzerstörung erhalten kann,[11] den Widersinn der modernen Gesellschaft deutlich hervortreten lassen und in diesem Sinne das über sie hinausweisende Moment schlechthin sind. Außerdem war die enge Fassung des Konnexes nicht nur der Erfahrung von 1847/48, sondern gerade auch den ersten politökonomischen Studien in den *Londoner Heften* geschuldet. Der Zusammenhang zwischen Krise und Politik lag in der politischen Ökonomie selbst vor, insbesondere bei den Geldmarktpraktikern Thornton, Fullarton und später auch Bagehot, für die die Macht der Bank of England vor allem eine temporäre ist, denn *lender of last resort* kann sie *nur* in der Krise sein. Wenn die Ökonomen über die Krisen nachdachten, haben sie diese nicht selten als den einzigen Moment bestimmt, in dem politisches Handeln möglich ist und Entscheidungen unausweichlich werden. Der Meister der Krise schlechthin war Fullarton, der dachte, dass sich in der Prosperität unmöglich Einfluss auf den Geldmarkt nehmen lässt. Aber wenn es in den Krisen schon unvermeidlich wird zu handeln, dann sollte man, so empfahl Fullarton, dies doch gleich auf die *richtige* Art und Weise tun.

---

10 Krise und Kritik eint die gleiche Wortherkunft: Das altgriechische Wort „κρίσις" bedeutet so viel wie beurteilen, entscheiden, trennen.
11 Dass seine Vernichtung ein Mittel seines Selbsterhalts ist, findet sich sowohl in *Lohnarbeit und Kapital* (MEW 6, 423) als auch in den *Grundrissen* (MEGA II/1, 623) deutlich ausgesprochen.

Wie wäre die Marx'sche Entwicklung stattdessen zu verstehen? Zum einen ist schon festgestellt worden, dass die Studien zu den Krisen von 1847 und 1857 noch unmittelbarer von politischen Intentionen getragen, die späteren eher mit der Entwicklung des *Kapital*-Projekts verbunden sind. Zum anderen hat sich zugleich auch der Konnex von Krise und Revolution bei Marx nach 1851 als immer weniger „sicher" erwiesen. Zwar hat Marx diesen Zusammenhang noch 1860, drei Jahre nach dem Ausbruch der Weltmarktkrise von 1857, in einem Zeitungsartikel präzisiert und in seiner Schrift *Herr Vogt* hat er sogar den berühmten Satz von 1850 („Eine neue Revolution ist nur möglich im Gefolge einer neuen Krisis.") unter Weglassung des Wortes „neuen" wiederaufleben lassen (dazu 3.6). Auch in den *Kapital*-Manuskripten der 1860er Jahre ist nach wie vor die Rede von den Krisen als Elementen der Auflösung der alten Produktionsweise (4.2.1),[12] aber dennoch ging die ganz enge Fassung verloren. Es war nicht mehr klar, dass wirklich schon die nächste Krise eine neue Revolution herbeiführen würde, weshalb Marx in *Herr Vogt* auch den unmittelbar auf die Schlussformel folgenden Satz von 1850 – dass die neue Revolution so „sicher" wie die neue Krise sei – nicht wiederholte. Was verschwunden ist, ist also die Eindeutigkeit des einzelnen Krisenereignisses. Gleichwohl hat es keine absolute Aufgabe des Konnexes gegeben: Der Widerspruch zwischen Produktionsverhältnissen und Produktivkräften und sein periodischer Eklat würden, wie bemerkt, eine „Epoche socialer Revolution" begründen.

Die Krisen bedeuten darüber hinaus nicht nur Immanenz und Transzendenz, sondern werden schon im *Manifest* als ein Moment der ‚Regression', des Rückfalls vorgestellt. Für dieses *dritte* Moment der Krise boten die 1850er Jahre reichlich Anschauungsmaterial. Der Staatsstreich Napoleons III. entsprang Marx zufolge einer Verselbständigung des Krisenbewusstseins der Bourgeoisie, die das Bedürfnis nach einer autoritären Garantie dafür ausbildete, dass die von ihr befürchtete Katastrophe nicht eintritt. Die Entwicklung des Bonapartismus in den folgenden zwanzig Jahren zeigte, dass die Entfesselung der Produktivkräfte nicht bruchlos zur Revolution führt, sondern sich die ökonomischen in politische Probleme verwandeln und in Gestalt eines autoritären Staats, großen Krieges usw. eklatieren können. Den autoritären Staat, gekennzeichnet durch eine verselbständigte Exekutive, fasste Marx, anders als Engels, nicht als die ‚normale' politische Form (diese war vielmehr die liberal-demokratische Zusammenfassung der bürgerlichen Gesellschaft), aber gleichwohl als *typisch* für die moderne Gesellschaft. Wie die Krise ein regelmäßig wiederkehrender ‚Ausnahmezustand' ist, so ist auch der Bonapartismus ein typischer, behemothischer Staat der Krise.

---

[12] Um nur eine prägnante Stelle zu zitieren: „Eine Entwicklung der Productivkraft, welche die absolute Anzahl der Arbeiter verminderte, d. h. in der That die ganze Nation befähigte, in einem geringern Zeittheil ihre Gesammtproduction zu vollziehn, würde Revolution herbeiführen, weil Demonetisirung der Mehrzahl der Bevölkerung." (MEGA II/4.2, 337)

Dass die Krisen, indem sie seine Widersprüche ausgleichen, eine Funktion für das Kapital erfüllen, ist also keine beruhigende Einsicht, weil darüber die Menschen und die Dinge zugrunde gehen. Die temporäre Rückversetzung in die Barbarei in den Krisen betonte schon das *Manifest*, wo die bürgerliche Gesellschaft dennoch als illusionslose und entzauberte vorgestellt wird. Rückversetzung in welche Barbarei? In Reaktion auf die Weltmarktkrise von 1857/58 spezifizierte Marx, dass sich in den Krisen die „barbarische Form" der „eigenen Grundvoraussetzung" (MEGA II/2, 218) der bürgerlichen Gesellschaft, nämlich das Monetarsystem offenbart: In den Krisen gilt nur das Geld als Reichtum, und dieses verlangt Opfer, denn alles Stoffliche ist ihm ein bloßes Mittel zu seinem Erhalt. Die barbarische Grundvoraussetzung der modernen Gesellschaft zeigte sich bereits in den Anfängen der kapitalistischen Produktionsweise, in den „Hauptmomente[n] der ursprünglichen Akkumulation": Die Krisen versetzen somit in diejenige Situation zurück, als die „Entdeckung der Gold- und Silberländer in Amerika" zur „Ausrottung, Versklavung und Vergrabung der eingebornen Bevölkerung in die Bergwerke" anstiftete und „die Eroberung und Ausplünderung von Ostindien, die Verwandlung von Afrika in ein Gehege zur Handelsjagd auf Schwarzhäute" (MEGA II/5, 601) unternommen wurde. Jede Krise ist eine solche akute Geldhungersnot, wie die *auri sacra fames*. Die Barbarei ist eine moderne und beruht auf dem Geld selbst und seinen destruktiven Eigenschaften. Der ‚Rückfall in die Barbarei' ist insofern eine typisch moderne Angelegenheit, da er der tiefen Verzauberung und Religiosität der bürgerlichen Gesellschaft auf der einen und ihrer Krisenhaftigkeit auf der anderen Seite entspringt.

Ein und derselbe Vorgang – die allgemeine, flächendeckende Zerstörung von stofflichem Reichtum in einer Krise – weist also drei Momente auf. Die Krisen werden damit zu ambivalenten Vorgängen. Sie bedeuten Zerstörung und dadurch Belebung des Kapitals, Reinigung durch Vernichtung. In den Krisen wird die kapitalistische Produktions- zu einer kapitalistischen Zerstörungsweise. Indem sie die Widersprüche ausgleichen, erneuern sie sowohl das Kapital als auch den Protest gegen das Kapital und zeigen in diesem Sinne eine transzendierende Seite. Aber sie erneuern nicht nur den Protest gegen das Kapital, sondern auch die Affirmation des Kapitals,[13] und zwar sowohl in seiner Vorkrisenperiode, den glücklichen Tagen der scheinbaren Normalität (hieraus erwächst der Konservatismus), als auch in seinem Krisenzustand (hieraus der Faschismus), denn die Affirmation des Geldmachens, das im Moment der Krise nicht funktioniert, bedeutet Affirmation der Opferung der Menschen und der Dinge. Die Ambivalenz der Krisen besteht also darin, dass sie, indem sie seine Widersprüche eklatieren lassen und ausgleichen, jedes Mal wieder an die Anfänge des Kapitalismus zurückversetzen; damit machen sie seine Barbarei allgemein erfahrbar und dadurch

---

[13] Steg (2019, 393) spricht von einer „eigentümlichen Doppelbewegung": einer „Bewegung der Transformation" und einer „Gegenbewegung der Reproduktion".

weisen sie gleichermaßen über ihn hinaus, da sie offenbaren, dass er nicht ‚alternativlos' ist, sondern die Existenz der gesamten Gesellschaft gefährdet und daher überwunden werden muss, wenn die Menschen eine Zukunft haben wollen.

Marx hat alle drei Seiten der Krisen schon in den 1840er Jahren betont und sie lassen sich in jeder folgenden Dekade (beziehungsweise in allen vier Phasen seiner Entwicklung) nachweisen. Seine eigenen Ambitionen beziehen sich unmissverständlich auf den Standpunkt der Transzendenz, aber seine analytischen Betrachtungen der Krisen bewegen sich zugleich zwischen diesen drei Momenten. Nach 1848 betonte er stark ihre revolutionäre Seite, dann in Aufarbeitung der 1850er Jahre (Goldrausch, Bonapartismus, Ausbleiben der Revolution in Europa) zunehmend auch ihre regressiven Momente, eine Dekade später verstärkt ihre kapitaltheoretische Funktion des Ausgleichs, wobei ihr auflösendes Moment nie verschwunden ist. Dass sich in ihnen immer auch „das Drängen zur Annahme einer neuen geschichtlichen Gestalt" (MEGA II/1, 152) artikuliert, findet sich im ersten Band des *Kapital* wie folgt ausgedrückt: „Die Entwicklung der Widersprüche einer geschichtlichen Produktionsform ist jedoch der einzig geschichtliche Weg ihrer Auflösung und Neugestaltung." (MEGA II/5, 400) In den Exzerpten zur Krise von 1866 hat er die erhellende und ernüchternde Kraft der Krisen hervorgehoben („criminal revelation") und sie zugleich als Momente des moralischen Rückfalls betrachtet. In den 1870er Jahren wiederum sticht ebenfalls das aufklärende, die Arbeit des Theoretikers erleichternde Moment der Krisen hervor und zugleich werden sie in den Briefen an Lavrov und Zasulič abermals als Elemente der Auflösung angeführt. Auch wenn sich alle drei Momente bereits in seinen Schriften, die vor seinem Londoner Exil entstanden sind, nachweisen lassen, hat sich ihr Zusammenhang bei Marx immer weiter verkompliziert, ohne dass er dabei jemals eine Seite widerrufen hätte.

Die Bestimmung der Krise als Trinität von Immanenz, Transzendenz und Regression ist indes überaus hilfreich, um das Denken über sie zu verstehen. In einem dieser drei Momente lässt sich nämlich ausharren.

Diejenigen Charaktermasken, die noch in der Krise am Geld als dem einzigen Reichtum festhalten und damit gewissermaßen die Bewegung an die Anfänge des Kapitalismus affirmativ mitvollziehen, sind Schatzbildner und Gläubiger. Sie bejahen das Geldmachen noch dann, wenn es gescheitert ist, und partizipieren so an der Vernichtung und Opferung des Stoffs. Mit der Krise zerfällt die Zaubermacht des Geldes nicht von allein: Im Schatzbildner findet sich die Überproduktion des stofflichen Reichtums in eine Überproduktion der Illusionen verwandelt. Auch die Verbreitung der bürgerlichen Werte von Freiheit, Gleichheit, Eigentum, rationaler Kommunikation und rechtsstaatlicher Aufgeklärtheit knüpfte Marx wesentlich an die gelingende Waren- und Geldzirkulation, das „wahr[e] *Eden der angebornen Menschenrechte*" (MEGA II/5, 128). Diese Ideale blühen also vor allem in der Prosperität, wenn der Zirkulationsprozess flüssig abläuft und expandiert; bricht er gewaltsam ab, zerfällt auch der von ihm ausgehende Schein der Gleichheit und Freiheit. Die dünne Decke von Geld, Markt und Recht vermag dann die Ohnmacht und die extreme Ungleichheit in der Klassengesellschaft nicht länger zu kaschieren. Marx hoffte, dass die Krise, indem sie diese Decke wegreißt, das Geheimnis lüften würde, dass es mit Freiheit und Gleichheit in der bürgerlichen Gesellschaft nicht weit her ist; und dass sie damit zu der Einsicht drängt, dass eine Gesellschaft noch zu errichten ist, in der alle ihre Mitglieder die Bedingungen vorfinden, ihr individuelles Potenzial frei zu entfalten. Aber dass die reale Unfreiheit und Ungleichheit der Menschen in der bürgerlichen Gesellschaft in einer Krise zutage treten, bildet zugleich die Grundlage für Ideologien der Unfreiheit, Ungleichheit und Ungleichwertigkeit, wie sie etwa Malthus verbreitete. Im Eden der Prosperität lauert das Inferno der Krise, in dem die Lernfortschritte und die Menschenrechte, der Universalismus und der Kosmopolitismus wieder hinfällig sind. Oder wie Marx im *18. Brumaire* über das Ende der jahrhundertelang zäh erkämpften Demokratie infolge des Staatsstreichs schrieb: „Wie gewonnen, so zerronnen." (MEGA I/11, 101)

Für diejenigen, die sich über die Krisenfunktion des Ausgleichs der Kapitalwidersprüche Gedanken machen, stellt sich das Problem als eine Quadratur des Kreises dar: Wie kann man die Krisen und die unabdingbare Erneuerung des Kapitals zulassen, ohne dass sie sich zur ganz großen Katastrophe steigern und die Existenz der bürgerlichen Gesellschaft insgesamt bedrohen? Auf die Frage, wie mit den Krisen umzugehen wäre, lässt sich nur dann eine Antwort finden, wenn man das Phänomen nicht leugnet, was vielen politischen Ökonomen des 19. Jahrhunderts schwer fiel, da sie sich die bürgerliche Gesellschaft als die beste aller möglichen Welten oder besser noch als *die einzig mögliche Welt* vorstellten. Erst wenn das kindische Wegsehen von der Negativität der modernen Gesellschaft der Akzeptanz ihrer Krisenhaftigkeit weicht, kann man sich zu dieser „mehr oder minder rationell" (Marx) verhalten. Man kann entweder, wie Malthus, den Krisenzustand affirmieren, oder, wie Sismondi, in Ahnung künftiger Katastrophen, auf welche die moderne Handelsgesellschaft zusteuern würde, den sozialistisch-konservativen Wunsch ausbilden, die Uhr der Geschichte zurückzudrehen, um das Juggernautrad des Kapitals zum Stillstand zu bringen, oder aber schließlich, wie Fullarton und Bagehot, darüber nachdenken, wie sich so gut wie möglich mit den Krisen leben lässt, indem man sie nicht unnötig verschärft. Die Idee, die spezifische Reichtumsproduktion der bürgerlichen Gesellschaft durch eine bessere zu ersetzen, kam dagegen, mit Ausnahme Sismondis, keinem einzigen politischen Ökonomen. Selbst für die „besten Oekonomen" (MEGA II/3, 1121), zu denen Marx Fullarton zählte, war es völlig unvorstellbar, die gesellschaftlichen Ursachen ihrer Wiederkehr aufzuheben – weshalb es sich für sie auch nicht lohnte, sich darüber groß den Kopf zu zerbrechen – und auf ein krisensicher(er)es Gesellschaftssystem hinzuarbeiten. Typisch für bürgerliches Krisendenken ist daher eine Gleichzeitigkeit zwischen einer Form der Krisenleugnung einerseits und der Ahnung andererseits, dass es sich bei ihrer periodischen Wiederkehr um ein gewaltiges Problem handelt, dessen Bestand man wissenschaftlich aufnehmen und über das man auf irgendeine Weise ernsthaft nachdenken und sprechen muss.

Der Staat galt allen Meistern der Krise als die einzige Instanz, mit deren Hilfe sich zumindest gegen die Dramatik dieser Ereignisse etwas unternehmen ließe. Wenngleich sie nicht den ganzen Komplex an Bedingungen der Krisen erfassten, wie ihn Marx im *Kapital* zu entfalten suchte, sondern ihnen höchstens einzelne Momente des Ganzen in den Blick gerieten, ersonnen die politischen Ökonomen Mittel, um Symptome der Krisen zu bekämpfen, wie etwa John Mills' Politik der Erinnerung an die vergangenen Krisen. Das Fehlen einer Vermittlung zwischen Theorie und Geschichte korrespondierte in der politischen Ökonomie mit der Abwesenheit einer Vermittlung von Ware und Geld: Anders als die Ware, die als natürlicher Hort der Harmonie aufgefasst wurde, der höchstens durch Staatseinmischungen (falsche Fiskalpolitik, Krieg) gestört werden könnte, galt das Geld (in ‚Says Gesetz') als neutral und zugleich (in der Quantitätstheorie) als gefährlich, historisch und politisch. Die Welt der Waren musste man sich selbst überlassen, aber die einer besonderen Regulierung bedürftige Welt des Geldes stand als das zentrale Objekt da, auf das der Staat einzuwirken hatte. Man musste Geldsysteme bauen, Geldpolitik machen, den Geldmarkt regulieren – und die Einsicht von Fullarton und Bagehot war, dass man all dies immer wieder neu tun musste, da das Kapital durch eine Tendenz charakterisiert ist, einmal etablierte Regeln zu umgehen, so dass Krisenmanagement bedeutet, neue Antworten zu finden und die ‚richtige Reaktion' zu zeigen. Diese Antwort liegt nicht selten in der Extralegalität, wie sich in der fortwährenden Suspension des *Bank Act* zeigte. Die Krise entsteht gerade wegen der ‚Normalität', also bedarf es mitunter der Anwendung von Mitteln, die noch nicht im Regel- oder Gesetzbuch stehen, um etwas gegen sie zu unternehmen (1.5.3). Einmal vermutete Marx, dass das Bankgesetz von 1844 allein deshalb existierte, um der Exekutive seine Suspension zu ermöglichen.

Marx ging es angesichts des Staatsoptimismus in der politischen Ökonomie auch darum, die Staatsillusion zu zertrümmern. Ihm zufolge vermag der Staat die Krisen nicht zu verhindern oder stillzustellen, so kompetent, innovativ und autoritär er auch sein mag, denn er fasst die bürgerliche Gesellschaft bloß zusammen und kann daher auch ihre Widersprüche nicht aus der Welt befördern, selbst wenn sie sich eine Weile in den Bilanzen der Staatsbanken verstecken lassen. Aber, so wie die Bank of England mit den Krisen lernte, sich nicht mehr ganz so falsch zu verhalten, lernte auch Marx, dass die Grenzen der staatlichen Krisenverwaltung nicht ganz so eng sind, wie es 1847/48 den Anschein hatte. Die Veränderung in seinem Staatsverständnis von einem instrumentellen zu einem formanalytischen war auch mit einer wirklichen Ausweitung der Krisenpolitik verbunden. In seiner Kritik des *Bank Act* wies er immer wieder darauf hin, dass zwar keinerlei Gesetzgebung die Krise abwenden könne, aber eine willkürliche Regulierungsweise wie der *Bank Act* jede Geldkrise verschlimmern müsse. Die Beziehung zwischen Krise und Politik lässt sich also auch als Wirkung des mehr oder weniger willkürlichen staatlichen ‚Managements' auf den Krisenverlauf betrachten, der milder oder schwerer ausfallen kann. Schon die Krisen des 19. Jahrhunderts haben sich nicht ‚von selbst' überwunden und Marx hat ausdrücklich anerkannt, dass eine expansive Geldpolitik für einen milden Verlauf der Geldkrise sorgen kann (MEGA II/4.2, 595). Allerdings transformiert die Staatsintervention die ökonomischen in eine Reihe anderer Probleme: soziale, fiskalische, ideologische, (geo-)politische, ökologische. In ihrem Formwandel mutiert die Krise auch durch die Wechselwirkung mit dem Staat zu einer anderen Gestalt. Zu ihrem allgemeinen Kern zählt somit ihre Kraft, politische Verhältnisse aufzuwirbeln und bestehende Konflikte zu verschärfen oder schwelende zum Ausbruch zu bringen. Weil sie zugleich die soziale Notlage verschärft, bleibt es wahrscheinlich, dass sie (irgendwo) auch soziale Bewegungen evoziert und als ‚Verstärker' antikapitalistischer Ressentiments fungiert.

In Phasen der Stagnation jedoch gerät die Geldpolitik an ihre Grenzen, da in diesem Augenblick kein Liquiditätspass zu überbrücken ist und kein Mangel an Zahlungsmitteln herrscht. Weil sich die politische Ökonomie schwer damit tut, nachzusehen, was sich unterhalb der monetären Oberfläche verbirgt, wird es zunehmend unwahrscheinlicher, dass nach einer Antwort auf die Probleme der Praxis dann noch innerhalb dieser Disziplin gesucht wird. An den Grenzen der Geldpolitik liegt eine Grenze der politischen Ökonomie als Wissenschaft vom Reichtum der modernen Gesellschaft. Aus der Ohnmacht der Krise werden Angst und „Horror" (MEGA II/4.2, 310), der „Wehschrei über den jüngsten Tag" (MEGA II/3, 1633) und eine melancholische Endzeitstimmung. Dass schon Ricardo den Ursprung der ultimativen Stagnation, auf welche der Kapitalismus seiner Auffassung nach unvermeidlich zusteuern würde, ins Reich der Natur verlegte, drückt etwas Typisches aus. Die Mittel zur Prosperität fanden die Ökonomen kurz vor der Epoche des Fin de Siècle zunehmend in extraterrestrischen (Jevons' Sonnenflecken), psychologischen (John Mills) und rassenanthropologischen (Bagehot) Bewegungen. Die Stagnation indes ist kein Moment jenseits des Kapitalismus, vielmehr eine periodisch wiederkehrende Phase, in der dieser zunächst weiterleben und sich für längere Zeit arrangieren kann.

Die ökonomischen Grenzen und Effekte der Staatseingriffe hat Marx vor allem anhand des Bonapartismus diskutiert (3.3.4). Wenn eine Autorität versucht, die Krisen zu blockieren, blockiert sie auch die Erneuerung des Kapitals. Dass die Krisen in der bürgerlichen Gesellschaft alternativlos sind und man sie zulassen muss, zeigt die Grenzen einer jeden Bewegung, die auf ihrem Boden verbleiben will. Der von den Krisen geforderte ‚gesellschaftliche Wandel' ist nicht gewollt, geplant oder Ausdruck kollektiver Wünsche oder Entscheidungen (diese werden laut Fullarton erst dann möglich, wenn die Krise schon da ist), sondern vollzieht sich hinter dem Rücken der Akteure. Die moderne Gesellschaft wird von den Krisen überrollt und muss den ‚Wandel', den diese gewaltsam und zerstörerisch induzieren, wohl oder übel akzeptieren, immer bei Gefährdung ihrer weiteren Existenz. Eine Gesellschaft dagegen, die so produzieren würde, dass die Krisen nicht periodisch wiederkehrten, müsste nicht in einem stationären Zustand verweilen oder Verbesserungen unterdrücken, sondern könnte insofern ‚stabil' sein, als sie denjenigen Wandel, den sie für wünschenswert erachtet, selbst initiieren und gestalten könnte, statt ihm als blinder Notwendigkeit ausgeliefert zu sein.

Literaturverzeichnis

Siglen

MECW – Karl Marx, Frederick Engels: Collected Works. Vol. 1–50. Moscow, London, New York 1975–2004.
MEGA – Karl Marx, Friedrich Engels: Gesamtausgabe. Berlin 1975ff.
MEGAdigital – Marx-Engels-Gesamtausgabe digital. Hrsg. von der Internationalen Marx-Engels-Stiftung. Berlin-Brandenburgische Akademie der Wissenschaften, Berlin. URL: http://megadigital.bbaw.de
MEW – Karl Marx, Friedrich Engels: Werke. Bd. 1–44. Ergänzungsband. 1.2. Berlin 1957–2018.

Archive

IISG – Internationaal Instituut voor Sociale Geschiedenis, Amsterdam.
RGASPI – Russländisches Staatliches Archiv für Sozial- und Politikgeschichte, Moskau.
SAPMO – Stiftung Archiv der Parteien und Massenorganisationen der DDR im Bundearchiv, Berlin.

Periodika

Blätter für literarische Unterhaltung (Leipzig) – Literaturzeitschrift, 1826–1898.
The Daily News (London) – Tageszeitung, 1846–1912.
The Economist. Weekly Commercial Times, Bankers' Gazette, and Railway Monitor: a Political, Literary, and General Newspaper (London) – Wochenzeitung; gegründet 1843.
The Edinburgh Review, or Critical Journal (London, Edinburgh) – Halbjahres-, in den 1850er Jahren Vierteljahresschrift; 1802–1929.
The Money Market Review (London) – Wochenzeitung, 1860–1914.
New-York Tribune – Tageszeitung: New-York Daily Tribune, halbwöchentliche Ausgabe: New-York Semi-Weekly Tribune, Wochenzeitung: New-York Weekly Tribune; 1841–1924.
The Times (London) – Tageszeitung; gegründet 1785.

Primärliteratur

Alison, Archibald (1847): Free Trade and a Fettered Currency. Edinburgh.
Anderson, Alexander (1847): The Recent Commercial Distress or the Panic Analysed. London.
Anonymous (1819): Mr. Owen's Plan for Reliving the National Distress. In: Edinburgh Review. October. S. 453–477.
Anonymus (1874): 25 Jahre Oesterreichischer Finanzpolitik. (1848 bis 1873.) Ein historischer Rückblick. Leipzig u. a.
Ashburton, Lord (1847): The Financial and Commercial Crisis Considered. 3. Ed. London.
Aycard, Maurice (1867): Histoire du Crédit Mobilier 1852–1867. Bruxelles, Leipzig, Livourne.

Bagehot, Walter (1872): Physics and Politics. Or, Thoughts on the Application of the Principles of 'Natural Selection' and 'Inheritance' to Political Society. London.

Bagehot, Walter (1873): Lombard Street: A Description of the Money Market. London.

Bagehot, Walter (1874): Der Ursprung der Nationen. Betrachtungen über den Einfluss der natürlichen Zuchtwahl und der Vererbung auf die Bildung politischer Gemeinwesen. Leipzig.

Bagehot, Walter (1965ff.): The Collected Works. Vol. 1–15. London.

Baxter, Robert (1866): The Panic of 1866 with Its Lessons on the Currency Act. London.

Bray, John Francis (1839): Labour's Wrongs and Labour's Remedy; or, the Age of Might and the Age of Right. Leeds, Birmingham, Manchester.

Büsch, Johann Georg (1858): Geschichtliche Beurtheilung der großen Handelsverwirrung im Jahre 1799. Nebst Anm. mit bes. Bezugnahme auf die Krisis von 1857 von H. S. Hertz. Hamburg.

Buret, Antoine-Eugène (1840): De la misère des classes laborieuses en Angleterre et en France. Paris.

Clay, William (1837): Speech on Moving for the Appointment of a Committee to Inquire into the Operation of the Act Permitting the Establishment of Joint-Stock Banks. London

The Crisis and Its Cause (1858). In: The Westminster Review. January and April. New Series. Vol. 13. London. S. 154–179.

The Currency Theory Reviewed (1845): By a Banker in England. Edinburgh.

Ferrier, François-Louis-Auguste (1805): Du gouvernement considéré dans des rapports avec le commerce. Paris.

The Financial Lessons of 1866 (1867). A Letter, Addressed, by Permission, to W. E. Gladstone. By a City Manager. London.

Fowler, William (1867): The Crisis of 1866. London.

Francis, John (1848): History of the Bank of England. Its Times and Traditions. 3. Ed. Vol. 1.2. London.

Fullarton, John (1844): On the Regulation of Currencies. Being an Examination of the Principles, on which It Is Proposed to Restrict, within Certain Fixed Limits, the Future Issues on Credit of the Bank of England, and of the Other Banking Establishments throughout the Country. London.

Gassiot, John Peter (1867): Monetary Panics and Their Remedy. London.

Gibbons, James S. (1858): The Banks of New York, Their Dealers, the Clearing House, and the Panic of 1857. New York.

Gilbart, James William (1840): An Inquiry into the Causes of the Pressure on the Money Market During the Year 1839. London.

Gilbart, James William (1849): A Practical Treatise on Banking. 5. Ed. Vol. 1. London.

Gilbart, James William (1871): The Principles and Practice of Banking. New Ed. London.

Goschen, George J. (1866): The Theory of the Foreign Exchange. 7. Ed. London.

Goschen, George J. (1868): Two Per Cent. In: The Edinburgh Review. January. S. 242–280.

Gray, John (1831): The Social System: a Treatise on the Principle of Exchange. Edinburgh, London, Dublin.

Gray, John (1848): Lectures on the Nature and Use of Money. Delivered before the Members of the "Edinburgh Philosophical Institution" during the Months of February and March, 1848. Edinburgh, London.

Gülich, Gustav von (1830–1845): Geschichtliche Darstellung des Handels, der Gewerbe und des Ackerbaus der bedeutendsten handeltreibenden Staaten unsrer Zeit. 5 Bde. Jena.

Guthrie, George (1866): Bank Monopoly the Cause of Commercial Crises. With Introduction and Notes by William Guthrie. Edinburgh, London.

Hansemann, David (1919 [1840]): Denkschrift über Preußens Lage und Politik. In: Rheinische Briefe und Akten zur Geschichte der politischen Bewegung 1830–1850. Hrsg. von Joseph Hansen. Bd. 1. Essen. S. 197–268.

Hennell, Thomas (1867): Railway Finance. In: Quarterly Review. Vol. 122. April. S. 489–506.

Hodgskin, Thomas (1825): Labour Defended against the Claims of Capital; or, the Unproductiveness of Capital Proved. London, Edinburgh.

Hodgskin, Thomas (1827): Popular Political Economy. Four Lectures Delivered at the London Mechanics' Institution. London, Edinburgh.

Jevons, William Stanley (1866): On the Frequent Autumnal Pressure in the Money Market. In: Journal of the Statistical Society. Vol. 29. Nr. 2. S. 235–253.

Jevons, William Stanley (1884): Investigations in Currency and Finance. London.

Juglar, Clément (1862): Des crises commerciales et de leur retour périodique en France, en Angleterre et aux États-Unis. Paris.

Kinnear, John G. (1847): The Crisis and the Currency with a Comparison Between the English Scotch Systems of Banking. London.

Laing, John (1868): The Theory of Business for Busy Men. 2. Ed. London.

Laveleye, Emil de (1865): Die Geld- und Handels-Krisen. Kassel.

Levi, Leonce (1870): On Joint Stock Companies. In: Journal of the Statistical Society of London. Vol. 33. Nr. 1. S. 1–41.

Loyd, Samuel Jones (1837a): Reflections Suggested by a Perusal of Mr. J. Horsley Palmer's Pamphlet on the Causes and Consequences of the Pressure on the Money Market. London.

Loyd, Samuel Jones (1837b): Further Reflection on the State of the Currency and the Action of the Bank of England. London.

McCulloch, John Ramsay (1825): Discours sur l'origine, les progrès, les objets particuliers, et l'importance de l'économie politique. Trad. de l'anglais par G. Prévost. Genève, Paris.

McCulloch, John Ramsay (1826): The Late Crisis in the Money Market Impartially Considered. In: Edinburgh Review. June. S. 70–93.

Macleod, Henry Dunning (1866): The Theory and Practice of Banking. 2. Ed. Vol. 1.2. London.

Macleod, Henry Dunning (1868): The Elements of Political Economy. London.

Malthus, Thomas Robert (1798): An Essay on the Principle of Population, as it Affects the Future Improvement of Society. With Remarks on the Speculations of Mr. Godwin, M. Condorcet, and Other Writers. London.

Malthus, Thomas Robert (1803): An Essay on the Principle of Population; or, a View of Its Past and Present Effects on Human Happiness. New [2.] Ed., very much enl. London.

Malthus, Thomas Robert (1820): Principles of Political Economy. Considered with a View to Their Practical Application. London

Martineau, Harriet (1849): The History of England. During the Thirty Years' Peace: 1816–1846. Vol. 1. London.

Marx, Karl (1847): Misère de la philosophie. Bruxelles.
Marx, Karl (2016): Economic Manuscript of 1864–1865. Transl. by Ben Fowkes. Ed. and with an Introduction by Fred Moseley. Leiden, Boston.
Marx, Karl (2017): Das Kapital. Kritik der politischen Ökonomie. Erster Band. Buch I: Der Produktionsprozess des Kapitals. Neue Textausgabe. Bearbeitet und herausgegeben von Thomas Kuczynski. Hamburg.
Maunder, Frederick (1867): The Cause and Cure of Monetary Panics. London.
Meason, Malcolm Ronald Laing (1865): The Bubbles of Finance: Joint-Stock Companies, Promoting of Companies, Modern Commerce, Money Lending, and Life Insuring. London
Meason, Malcolm Ronald Laing (1866): The Profits of Panics; Showing how Financial Storms Arise, who Make Money by them, who Are the Losers, and other Revelations of a City Man. London.
Mill, James (1808): Commerce Defended. An Answer to the Arguments by which Mr. Spence, Mr. Cobbett, and others, Have Attempted to Prove that Commerce is not a Source of National Wealth. London.
Mill, James (1823): Élémens d'économie politique. Trad. de l'anglais par J. T. Parisot. Paris.
Mill, John Stuart (1844): Essays on some Unsettled Questions of Political Economy. London.
Mill, John Stuart (1862): Principles of Political Economy. With some of Their Applications to Social Philosophy. In 2 Vols. 5. Ed. London.
Mill, John Stuart (1873): Autobiography. New York.
Mills, John (1866): On the Bank Charter Act and the Late Panic. A Paper Read Before the Economic Section of the National Science Association, at Manchester, October 5th, 1866. London, Manchester.
Mills, John (1868a): On Credit Cycles, and the Origin of Commercial Crises. In: Transactions of the Manchester Statistical Society. Session 1867–68. Manchester. S. 9–40.
Mills, John (1868b): Credit Cycles. To the Editor of the Daily News. In: The Daily News, 26. August 1868. S. 6.
Mills, John (1871): On the Post-Panic Period 1866–70. In: Transactions of the Manchester Statistical Society. Session 1870–71. Manchester. S. 81–104.
Mohl, Moritz (1858): Ueber Bank-Manöver, Bankfrage und Krisis. Stuttgart.
Morier Evans, David (1845): The City or, the Physiology of London Business; with Sketches on Change, and at the Coffee Houses. London 1845.
Morier Evans, David (1848): The Commercial Crisis 1847–1848. Being Facts and Figures Illustrative of the Events of that Important Period, Considered in Relation to the three Epochs of the Railway Mania, the Food and Money Panic, and the French Revolution. London.
Morier Evans, David (1859): The History of the Commercial Crisis 1857–58 and the Stock Exchange Panic of 1859. London.
Morier Evans, David (1864): Speculative Notes and Notes on Speculation. Ideal and Real. London.
Norman, George W. (1833): Remarks upon some Prevalent Errors, with Respect to Currency and Banking, and Suggestions to the Legislature as to the Renewal of the Bank Charter. London.
Norman, George W. (1838): Remarks upon some Prevalent Errors, with Respect to Currency and Banking, and Suggestions to the Legislature and the Public as to the Improvement of the Monetary System. London.

Owen, Robert (1813): A New View of Society: or, Essays on the Principle of the Formation of the Human Character. London.
Owen, Robert (1815): Observations on the Effects of the Manufacturing System: with Hints for Improvement of those Parts of the System which Are the most Injurious. London.
Owen, Robert (1821): Report to the County of Lanark, of a Plan for Relieving Public Distress, and Removing Discontent, by Giving Permanent, Productive Employment to the Poor and Working Classes … Glasgow, Edinburgh, London.
Owen, Robert (1823): An Explanation of the Cause of the Distress which Pervades the Civilized Parts of the World, and of the Means whereby It May Be Removed. London.
Owen, Robert (1832): Address to all Classes in the State … [London.]
Owen, Robert (1858): The Life of Robert Owen. A Supplementary Appendix to the First Volume. Containing a Series of Reports, Memorials and Other Documents, Referred to in that Volume. 1803–1820. Vol. 1. A. London.
Patterson, Robert Hogarth (1868): The Science of Finance. London.
Patterson, Robert Hogarth (1870): On Our Home Monetary Drains, and the Crisis of 1866. In: Journal of the Statistical Society of London. Vol. 33. Nr. 2. S. 216–242.
Peel, Robert (1844): Speeches in the House of Commons, May 6th and 20th, 1844, on the Renewal of the Bank Charter, and the State of the Law Respecting Currency and Banking. London.
Péreire, Isaac (1832): Leçons sur l'industrie et les finances. Paris.
Petrie-Mills, Isabel (1899): From Tinder-Box to the "Larger" Light. Threads from the Life of John Mills. Manchester.
Proudhon, Pierre-Joseph (2003 [1846]): System der ökonomischen Widersprüche oder: Philosophie des Elends. Hrsg. von Lutz Roemheld und Gerhard Senft. Berlin.
Report, together with Minutes of Evidence, and Accounts, from the Select Committee on the High Price of Gold Bullion. [London 1810.]
Report from the Select Committee on Bank Acts; together with the Proceedings of the Committee, Minutes of Evidence, App. and Index. Ordered, by The House of Commons, to be Printed, 30 July 1857. [London 1857.]
Report from the Select Committee on the Bank Acts; together with the Proceedings of the Committee, Minutes of Evidence, App. and Index. Ordered, by The House of Commons, to be Printed, 1 July 1858. [London 1858.]
Ricardo, David (1809): The Price of Gold. In: ders.: The Works and Correspondence. Vol. 3. Pamphlets and Papers 1809–1811.
Ricardo, David (1810): The High Price of Bullion, a Proof of the Depreciation of Bank Notes. In: ders.: The Works and Correspondence. Vol. 3. Pamphlets and Papers 1809–1811.
Ricardo, David (1816): Proposals for an Economical and Secure Currency; with Observations on the Profits of the Bank of England, as they Regard the Public and the Proprietors of Bank Stock. London.
Ricardo, David (1817): On the Principles of Political Economy, and Taxation. London.
Ricardo, David (1819a): Evidence on the Resumption of Cash Payment. In: ders.: The Works and Correspondence. Vol. 5. Speeches and Evidence.
Ricardo, David (1819b): On the Principles of Political Economy, and Taxation. 2. Ed. London.

Ricardo, David (1820): Funding System. In: ders.: The Works and Correspondence. Vol. 4. Pamphlets and Papers 1815–1823.

Ricardo, David (1821): On the Principles of Political Economy, and Taxation. 3. Ed. London.

Ricardo, David (1951–1973): The Works and Correspondence. Ed. by Piero Sraffa with the Collaboration of M. H. Dobb. Vol. 1–11. Cambridge.

Rodbertus-Jagetzow, Karl (1858): Die Handelskrisen und die Hypothekennoth der Grundbesitzer. Berlin.

Ross, J. C. (1827): An Examination of Opinions Maintained in the "Essay on the Principles of Population," by Malthus; and in the "Elements of Political Economy," by Ricardo. London.

Rota, Pietro (1873): Principj di scienza bancaria. 2. ed. Milano.

Saint-Simon, Henri de (1958): The Doctrine of Saint-Simon. Transl. by G. C. Iggers. New York.

Say, Jean-Baptiste (1803): Traité d'économie politique, ou simple exposition de la manière dont se forment, se distribuent, et se consomment les richesses. T. 1.2. Paris.

Say, Jean-Baptiste (1814): Traité d'économie politique ... 2. éd. T. 1.2. Paris.

Say, Jean-Baptiste (1821): Letters to Malthus, on Several Subjects of Political Economy, and of the Cause of the Stagnation of Commerce. London.

Say, Jean-Baptiste (1824): Sur la balance des consommations avec les productions. In: Revue encyclopédique. Juillet. S. 18–31.

Say, Jean-Baptiste (1826): La crise commerciale en Angleterre. In: Revue encyclopédique. Octobre. S. 40–45.

Say, Jean-Baptiste (1828/29): Cours complet d'économie politique pratique. T. 1–6. Paris.

Say, Jean-Baptiste (1829/30): Vollständiges Handbuch der praktischen National-Oekonomie für Staatsmänner, Grund-Besitzer, Gelehrte, Capitalisten, Landwirthe, Manufakturisten, Handelsleute, und überhaupt für jeden denkenden Bürger. Stuttgart.

Schäffle, Albert (1858): Zur Lehre von den Handelskrisen. Erster Artikel. In: Zeitschrift für die gesammte Staatswissenschaft. Bd. 14. H. 2/[3]. S. 402–470.

Schäffle, Albert (1886 [1858]): Die Handelskrisis von 1857 in Hamburg, mit besonderer Rücksicht auf das Bankwesen. In: ders.: Gesammelte Aufsätze. Bd. 2. Tübingen. S. 23–66.

Scharlau, Gustav Wilhelm (1848): Die Finanznot Preußens und die Mittel zu ihrer Abhülfe. Stettin.

Seyd, Ernest (1868): Bullion and Foreign Exchanges Theoretically and Practically Considered. London.

Sismondi, J. C. L. Simonde de (1819): Nouveaux principes d'économie politique. T. 1.2. Paris.

Sismondi, J. C. L. Simonde de (1820): Examen de cette question: Le pouvoir de consommer s'accroît-il toujours dans la société, avec le pouvoir de produire? In: Annales de Législation et de Jurisprudence. Bd. 1. Genève. S. 111–144.

Sismondi, J. C. L. Simonde de (1824): Sur la balance des consommations avec les productions. In: Revue encyclopédique. Mai. S. 264–298.

Sismondi, J. C. L. Simonde de (1826): Nouveaux principes d'économie politique. – Jour qu'ils peuvent jeter sur la crise qu'éprouve aujourd'hui l'Angleterre. In: Revue encyclopédique. Septembre. S. 608–618.

Sismondi, J. C. L. Simonde de (1827): Nouveaux principes d'économie politique. T. 1.2. 2. éd. Paris.

Sismondi, J. C. L. Simonde de (1837/38): Études sur l'économie politique. T. 1.2. Paris.

Sismondi, J. C. L. Simonde de (1847): Political Economy and the Philosophy of Government; a Series of Essay Selected from the Works of M. de Sismondi. London.

Sismondi, J. C. L. Simonde de (1971 [1827]): Neue Grundsätze der Politischen Ökonomie. Oder vom Reichtum in seinen Beziehungen zur Bevölkerung. Eingeleitet und hrsg. von Achim Toepel. Bd. 1.2. Berlin.

Smith, Adam (1776): An Inquiry into the Nature and Causes of the Wealth of Nations. 2 Vols. London.

Smith, Walter E. (1880): The Recent Depression of Trade. Its Nature, Its Causes, and the Remedies which Have Been Suggested for it. London.

Spence, William (1807): Britain Independent of Commerce: or, Proofs, Deduced From an Investigation into the True Causes of the Wealth of Nations, that our Riches, Prosperity, and Power Are Derived from Resources Inherent in Ourselves, and Would Not Be Affected, even though Our Commerce Were Annihilated. London.

Thompson, William (1824): An Inquiry into the Principles of the Distribution of Wealth most Conductive to Human Happiness; Applied to the Newly Proposed System of Voluntary Equality of Wealth. London.

Thompson, William (1827) Labor Rewarded. The Claims of Labor and Capital Conciliated: or, how to Secure to Labor the Whole Products of Its Exertions. London.

Thompson, William (1830): Practical Directions for the Speedy and Economical Establishment of Communities. London.

Thornton, Henry (1802): An Enquiry into the Nature and Effects of the Paper Credit of Great Britain. London.

Tooke, Thomas (1838): A History of Prices, and of the State of the Circulation, from 1793 to 1837. London.

Tooke, Thomas (1844): An Inquiry into the Currency Principle. London.

Tooke, Thomas (1848): A History of Prices, and of the State of the Circulation, from 1839 to 1847 inclusive. Being a Continuation of the History of Prices from 1793 to 1839. London.

Tooke, Thomas / William Newmarch (1857): A History of Prices, and of the State of the Circulation, during the Nine Years 1848–1856; forming the Fifth and Sixth Volumes of the History of Prices from 1792 to the Present Time. In 2 Vols. London.

Torrens, Robert (1847): On the Operation of the Bank Charter Act of 1844, as It Affects Commercial Credit. London.

Torrens, Robert (1848): The Principles and Practical Operation of Sir R. Peel's Bill of 1844. Explained, and Defended Against the Objections of Tooke, Fullarton, and Wilson. London.

Wade, John (1833): History of the Middle and Working Classes. London.

Wirth, Max (1858): Geschichte der Handelskrisen. Frankfurt a. M.

Sekundärliteratur

Adorno, Theodor W. (2019): Aspekte des neuen Rechtsradikalismus. Ein Vortrag. Berlin.

Ahlsdorf, Michael (1997): Nietzsches Juden. Ein Philosoph formt sich ein Bild. Aachen.

Ahrens, Gerhard (1978): Die Überwindung der Hamburgischen Wirtschaftskrise von 1857 im Spannungsfeld zwischen Privatinitiative und Staatsintervention. In: Zeitschrift des Vereins für Hamburgische Geschichte. Nr. 64. Hamburg. S. 1–29.

Ahrens, Gerhard (1986): Krisenmanagement 1857. Staat und Kaufmannschaft in Hamburg während der ersten Weltwirtschaftskrise. Hamburg.

Alborn, Timothy L. (2010): Economics and Business. In: The Cambridge Companion to Victorian Culture. Ed. by Francis O'Gorman. Cambridge. S. 61–79.

Altvater, Elmar (1983): Der Kapitalismus in einer Formkrise. Zum Krisenbegriff in der politischen Ökonomie und ihrer Kritik. In: Aktualisierung Marx'. Argument-Sonderband 100. Berlin. S. 80–100.

Anderson, B. L. / P. L. Cottrell (1974): Money and Banking in England. The Development of the Banking System, 1694–1914. Newton Abbot.

Antonowa, Irina (1987): Zur Forschungsmethode und Struktur des „Grundrisse"-Manuskripts von 1857–1858. In: Marxistische Studien. Jahrbuch des IMSF. Bd. 12. Frankfurt a. M. S. 183–187.

Arendt, Hannah (2002): Vita activa oder Vom tätigen Leben. München.

Arndt, Andreas (1994): Dialektik und Reflexion. Zur Rekonstruktion des Vernunftbegriffs. Hamburg.

Arndt, Andreas (2012): Karl Marx. Versuch über den Zusammenhang seiner Theorie. 2. Aufl. Berlin.

Arnhold, Brigitte (1979a): Die Rezeption des Streites zwischen Currency Principle und Bankingtheorie in den Londoner Exzerptheften (1850–1853) von Karl Marx. Phil. Diss., Martin-Luther-Universität Halle-Wittenberg. Halle.

Arnhold, Brigitte (1979b): Marx' Auseinandersetzung mit Currency Principle und Banking-Theorie in den Londoner Exzerptheften 1850–1853. In: Arbeitsblätter zur Marx-Engels-Forschung. Nr. 8. S. 32–47.

Arnold, Roger A. (2014): Economics. o. O.

Arnon, Arie (1984): Marx's Theory of Money: the Formative Years. In: History of Political Economy. Vol. 16. Nr. 4. S. 555–575.

Arnon, Arie (1991): Thomas Tooke. Pioneer of Monetary Theory. Aldershot.

Arnon, Arie (1997): Thomas Tooke, das „Currency Principle" und das Bankgesetz von 1844. In: Vademecum.

Arnon, Arie (2011): Monetary Theory and Policy from Hume and Smith to Wicksell. Money, Credit, and the Economy. Cambridge.

Backhaus, Hans-Georg (2011): Dialektik der Wertform. Untersuchungen zur Marxschen Ökonomiekritik. 2. Aufl. Freiburg.

Bader, Veit-Michael et al. (1975): Krise und Kapitalismus bei Marx. Frankfurt a. M.

Baumol, William J. (1977): Say's (at Least) Eight Laws, or What Say and James Mill May Really Have Meant. In: Economica. Vol. 44. Nr. 174. S. 145–161.

Beasley, Edward (2010): The Victorian Reinvention of Race. New Racisms and the Problem of Grouping in the Human Sciences. New York, London.

Beck, Martin / Ingo Stützle (Hrsg.) (2018): Die neuen Bonapartisten. Mit Marx den Aufstieg von Trump & Co. verstehen. Berlin.

Beckert, Sven (2014): King Cotton. Eine Geschichte des globalen Kapitalismus. München.

Beer, Max (1913): Geschichte des Sozialismus in England. Stuttgart.

Béraud, Alain (2013): Mill et la crise de 1825. In: Revue d'économie politique. Vol. 123. Nr. 2. S. 237–264.

Bergengrün, Alexander (1901): David Hansemann. Berlin.

Bergmann, Eugen von (1895): Die Wirtschaftskrisen. Geschichte der Nationalökonomischen Krisentheorieen. Stuttgart.

Besomi, Daniele (2008): John Wade's Early Endogenous Dynamic Model: 'Commercial Cycle' and Theories of Crises. In: European Journal of the History of Economic Thought. Vol. 15. Nr. 4. S. 611–639.

Besomi, Daniele (2011): Naming Crises. In: Crises and Cycles in Economic Dictionaries and Encyclopaedias. Ed. by Daniele Besomi. London. S. 54–132.

Besomi, Daniele (2012): Overstone's Cycle of Trade. In: Classical Political Economy and Modern Theory. Essays in Honour of Heinz Kurz. Ed. by Christian Gehrke et al. Abingdon, New York. S. 289–312.

Bignon, Vincent / Marc Flandreau / Stefano Ugolini (2012): Bagehot for Beginners: the Making of Lender-of-Last-Resort Operations in the Mid-Nineteenth Century. In: The Economic History Review. Vol. 65. Nr. 2. S. 580–608.

Bischoff, Joachim / Axel Otto u. a. (1993): Ausbeutung – Selbstverrätselung – Regulation. Der 3. Band des „Kapital". Hamburg.

Blaug, Mark (1986): Great Economists Before Keynes. Brighton.

Blaug, Mark (1996): Economic Theory in Retrospect. 5. Ed. Cambridge.

Block, Klaus-Dieter / Rolf Hecker (1991): Das „Book of the Crisis of 1857" von Karl Marx. In: Beiträge zur Marx-Engels-Forschung. N. F. 1991. S. 89–102.

Bluhm, Harald (2015): Zur Analytik von Krisenrhetoriken. Metaframes, Narrative und Topoi. In: Studio philosophica. Nr. 74. S. 39–54.

Bohlender, Matthias (1999): Der Malthus-Effekt. Vom Ethos der Aufklärung zur Geburt des Liberalismus. In: Neustart des Weltlaufs? Fiktion und Faszination der Zeitwende. Hrsg. von Karsten Fischer. Frankfurt a. M. S. 36–64.

Bohlender, Matthias (2007): Metamorphosen des liberalen Regierungsdenkens. Politische Ökonomie, Polizei und Pauperismus. Weilerswist.

Bohlender, Matthias (2013): Marx, ein Exzerpt und der „falsche Bruder". Zu einer Genealogie der „Kritik der politischen Ökonomie". In: Karl Marx – Perspektiven der Gesellschaftskritik. Hrsg. von Rahel Jaeggi und Daniel Loick. Berlin. S. 109–122.

Bohnenkamp, Anne (2020): Zeit und Geld in Goethes *Faust*. In: Deutsche Vierteljahrsschrift für Literaturwissenschaft und Geistesgeschichte. Jg. 94. S. 203–218.

Bologna, Sergio (2009 [1973]): Geld und Krise. Marx als Korrespondent der New York Daily Tribune 1856–57. In: Wildcat. Nr. 85. Beilage. S. 1–53.

Bolte, Gerhard (1989): Wertgesetz und Kapital. Zur geschichtlichen Tendenz der abstrakten Arbeit. In: Krise und Kritik. Zur Aktualität der Marxschen Theorie II. Hrsg. von Gerhard Schweppenhäuser, Rolf Johannes und Dietrich zu Klampen. Lüneburg. S. 23–35.

Bouniatian, Mentor (1908): Geschichte der Handelskrisen in England. Im Zusammenhang mit der Entwicklung des englischen Wirtschaftslebens 1640–1840. München.

Bowling, Mark / James Martin (Eds.) (2002): Marx's 'Eighteenth Braumaire'. London.

Boyer des Roches, Jérôme de (2007): Cause and Effect in the Gold Points Mechanism: A Criticism of Ricardo's Criticism of Thornton. In: The European Journal of the History of Economic Thought. Nr. 14. S. 25–53.

Breda, Stefano (2019): Kredit und Kapital. Kreditsystem und Reproduktion der kapitalistischen Vergesellschaftungsweise in der dialektischen Darstellung des Marxschen „Kapital". Würzburg.

Brentel, Helmut (1989): Soziale Form und ökonomisches Objekt. Studien zum Gegenstands- und Methodenverständnis der Kritik der politischen Ökonomie. Opladen.

Breyer, Till (2016): Der Realitätseffekt der Krise. Ökonomie und Offenbarung zwischen Marx und Zola. In: Der große Crash. Wirtschaftskrisen in Literatur und Film. Hrsg. von Nicolle Mattern und Timo Rouget. Würzburg. S. 77–92.

Bronstein, Jamie (2009): John Francis Bray. Transatlantical Radical. Pontypool.

Brunhoff, Suzanne de (2015): Marx on Money. London, New York.

Brunkhorst, Hauke (2007): Kommentar. In: Karl Marx: Der achtzehnte Brumaire des Louis Bonaparte. Kommentar von Hauke Brunkhorst. Frankfurt a. M. S. 133–329.

Brunkhorst, Hauke (2013): Von der Krise zum Risiko und zurück. Marxistische Revisionen. In: Nach Marx. Philosophie, Kritik, Praxis. Hrsg. von Rahel Jaeggi und Daniel Loick. Berlin. S. 412–441.

Burchardt, Michael (1985): Die Banking-Currency-Kontroverse – Beitrag Nr. X. In: Kredit und Kapital. Jg. 18. Nr. 4. S. 457–477.

Calomiris, Charles W. / Larry Schweikart (1991): The Panic of 1857: Origins, Transmission, and Containment. In: The Journal of Economic History. Vol. 51. Nr. 4. S. 807–834.

Cameron, Rondo E. (1961): France and the Economic Development of Europe 1800–1914. Princeton.

Campbell, Martha (2013): The Tranformation of Money into Capital. In: In Marx's Laboratory. Critical Interpretations of the *Grundrisse*. Ed. by Riccardo Bellofiore, Guido Starosta and Peter D. Thomas. Leiden, Boston. S. 149–175.

Candrian, Dominique (1994): Karl Marx – ein dialektischer Eulenspiegel in der Geldtheorie. Sein Ringen um die Erfassung des Geldwesens. Wiesbaden.

Carchedi, Guglielmo / Michael Roberts (2013): A Critique of Heinrich's, 'Crisis Theory, the Law of the Tendency of the Profit Rate to Fall, and Marx's Studies in the 1870s'. Online: http://monthlyreview.org/commentary/critique-heinrichs-crisis-theory-law-tendency-profit-rate-fall-marxs-studies-1870s/ (Zugriff: August 2016).

Cassidy, Mark (1998): The Development of John Fullarton's Monetary Theory. In: The European Journal of the History of Economic Thought. Vol. 5. Nr. 3. S. 509–535.

Chu, Choeng-Lip (1998): Ideologie und Kritik. Regensburg.

Clapham, John Harold (1944): The Bank of England. A History. Cambridge.

Clarke, Simon (1994): Marx's Theory of Crisis. Basingstoke.

Conversano, Emanuela (2018): Zur Kritik der Anthropologie. Marx' Theorie des Kapitals und seine ethnologischen Studien. In: Marx-Engels-Jahrbuch 2017/18. S. 9–40.

Cottrell, Philip L. (1975): Railway Finance and the Crisis of 1866: Contractors' Bills of Exchange, and the Finance Companies. In: The Journal of Transport History. N. S. Nr. III. S. 20–40.

Cottrell, Philip L. (1985): Investment Banking in England, 1856–1881. A Case Study of the International Financial Society. New York.

Cottrell, Philip L. (1988): Credits, Morals and Sunspots: the Financial Boom of the 1860s and Trade Cycle Theory. In: Money and Power. Essays in Honour of L. S. Pressnell. Ed. by P. L. Cottrell and D. E. Mogridge. Basingstoke, London. S. 41–71.

Crotty, James (1985): The Centrality of Money, Credit and Financial Intermediation in Marx's Crisis Theory: An Interpretation of Marx's Methodology.

Dal Degan, Francesca (2019): The Birth of Economics as a Social Science. Sismondi's Concept of Political Economy. London, New York.

Davis, Mike (2004): Die Geburt der Dritten Welt. Hungerkatastrophen und Massenvernichtung im imperialistischen Zeitalter. Berlin.

Deleplace, Ghislain (2015): Bullionist Controversy. In: The Elgar Companion to David Ricardo. Ed. by Heinz D. Kurz and Neri Salvadori. Cheltenham, Northampton. S. 41–55.

Deutschmann, Christoph (1974): Die Weltwirtschaftskrise als Problem der marxistischen Krisentheorie. In: Krisen und Krisentheorien. Frankfurt a. M. S. 157–188.

Dictionary of Political Economy (1915). Ed. by R. H. Inglis Palgrave. Vol. 1–3. Cambridge.

Dimsdale, Nicholas H. / Anthony Hotson (Eds.) (2014): British Financial Crises since 1825. Oxford.

Duckenfield, Mark / Stefan Altorfer / Benedikt Koehler (Eds.) (2006): History of Financial Disasters, 1763–1995. 3 Vols. London.

Egoavil, Michael (2009): Fictitious Capital and the New-Fangled Schemes of Public Credit. Online: https://libcom.org/library/fictitious-capital-new-fangled-schemes-public-credit (Zugriff: Dezember 2019).

Ehara, Kei (2018): Rezension zu Teinosuke Otani: Marx's Theory of Interest-bearing Capital. In: Marx-Engels-Jahrbuch 2017/18. S. 245–252.

Elbe, Ingo (o. D.): Rezension zu Gerhard Kluchert: Geschichtsschreibung und Revolution. Online: http://www.rote-ruhr-uni.com/cms/Rezensionen/Gerhard-Kluchert (Zugriff: Dezember 2018).

Ellmers, Sven (2015): Freiheit und Wirtschaft. Theorie der bürgerlichen Gesellschaft nach Hegel. Bielefeld.

Elsässer, Markus (1984): Soziale Intentionen und Reformen des Robert Owen in der Frühzeit der Industrialisierung. Berlin.

Fabian, Ann (1989): Speculation on Distress: The Popular Discourse of the Panics of 1837 and 1857. In: Yale Journal of Criticism. Vol. 3. Nr. 1. S. 127–142.

Fahling, Ernst (1978): Die logische Struktur der Krisentheorie bei Karl Marx. München.

Farnie, Douglas Anthony (1978): The English Cotton Industry and the World Market, 1815–1896. Oxford.

Fetter, Frank Whitson (1965): Development of British Monetary Orthodoxy, 1797–1875. Cambridge.

Fiehler, Fritz (2013): Der Stand und die Zukunft der Krisentheorie. Oder: Wie das 6. Buch von der Krise zu schreiben wäre. In: Beiträge zur Marx-Engels-Forschung. N. F. 2011. S. 239–246.

Fiehler, Fritz (2016a): Hat Marx 1857 zu Unrecht eine politische Krise in Frankreich erwartet? Marx' Studien über Frankreich in der Vorgeschichte der *Grundrisse*. In: Marx-Engels-Jahrbuch 2015/16. S. 59–70.

Fiehler, Fritz (2016b): Krisentheorie und Konjunkturforschung bei Marx. Über Revolution, Überproduktion und Herrschaft in der *Neuen Rheinischen Zeitung. Politisch-ökonomische Revue* von 1850. In: Beiträge zur Marx-Engels-Forschung. N. F. 2014/15. S. 178–193.

Fietkau, Wolfgang (1978): Schwanengesang auf 1848. Ein Rendezvous am Louvre: Baudelaire, Marx, Proudhon und Victor Hugo. Hamburg.

Finke, Jasper (2020): Krisen. Ein Erklärungsversuch dynamischer Rechtsentwicklungen in Krisenzeiten. Tübingen.

Flamant, Maurice / Jeanne Singer-Kérel (1970): Modern Economic Crises. London.

Flandreau, Marc / Stefano Ugolini (2013): Where It All Began: Lending of Last Resort at the Bank of England Monitoring During the Overend-Gurney Panic of 1866. In: The Origins, History, and Future of the Federal Reserve. Ed. by Michael D. Bordo and William Roberds. Cambridge. S. 113–161.

Flandreau, Marc / Stefano Ugolini (2014): The Crisis of 1866. In: Dimsdale/Hotson (2014). S. 76–93.

Forget, Evelyn L. (1999): The Social Economics of Jean-Baptiste Say. Markets and Virtue. London, New York.

Foucaud, David (2011): The Impact of the *Companies Act* of 1862. Extending Limited Liability to the Banking and Financial Sector in the English Crisis of 1866. In: Revue économique. Vol. 62. Nr. 5. S. 867–897.

Foucault, Michel (1974): Die Ordnung der Dinge. Eine Archäologie der Humanwissenschaften. Frankfurt a. M.

Foucault, Michel (2006): Die Geburt der Biopolitik. Geschichte der Gouvernementalität II. Frankfurt a. M.

Friedman, Milton (1982): Capitalism and Freedom. 40. Ed. With a new Preface. Chicago, London.

Fritsch, Bruno (1968): Die Geld- und Kredittheorie von Karl Marx. Eine Darstellung und kritische Würdigung. Frankfurt a. M.

Fülberth, Georg (2018): Marx' „Krisenhefte" 1857/1858. In: Z. Zeitschrift Marxistische Erneuerung. Nr. 114. S. 209–211.

Galbraith, John Kenneth (2005): Der große Crash 1929. München.

Gaul, Michael (o. D.): Das zinstragende Kapital und seine konkreten Formen: Fiktives Kapital und Kreditsystem. Online: www.roteruhruni.de (Zugriff: Dezember 2014).

Gille, Bertrand (1976): Bankwesen und Industrialisierung in Europa 1730–1914. In: Europäische Wirtschaftsgeschichte. Hrsg. von Carlo M. Cipolla. Bd. 3. Die Industrielle Revolution. Stuttgart, New York. S. 165–194.

Giuseppi, John (1966): The Bank of England. A History from Its Foundation in 1694. London.

Glasner, David (1997): Credit Cycle. In: Business Cycles and Depressions: An Encyclopedia. Ed. by id. New York, London. S. 121/122.

Goldberg, Jörg (1982): Marx zum kapitalistischen Krisenzyklus. In: Marxistische Studien. Jahrbuch des IMSF. Sonderband I. Frankfurt a. M. S. 287–304.

Goldberg, Jörg (1987): Die Beobachtung der kapitalistischen Weltwirtschaftskrise von 1857/58 durch Marx und Engels und die Entwicklung der Krisentheorie. In: Internationale Marx-Engels Forschung. (Marxistische Studien. Jahrbuch des IMSF. Nr. 12.) Frankfurt a. M. S. 163–175.

Gooch, Joshua (o. D.): On „Black Friday," 11 May 1866. In: BRANCH: Britain, Representation and Nineteenth-Century History. Ed. Dino Franco Felluga. Extension of Romanticism and Victorianism on the Net (Zugriff: Mai 2018).

Goodhart, Charles (1988): The Evolution of Central Banks. Cambridge, London.

Gorton, Gary B. / Ellis W. Tallman (2018): Fighting Financial Crises. Learning from the Past. Chicago.
Graeber, David (2012): Schulden. Die ersten 5000 Jahre. Stuttgart.
Grant, James (2019): Bagehot. The Life and Times of the Greatest Victorian. New York, London.
Graßmann, Timm (2018a): Karl Marx' Kritik des besteuernden Staats. In: Fiskus – Verfassung – Freiheit. Politisches Denken der öffentlichen Finanzen von Hobbes bis heute. Hrsg. von Sebastian Huhnholz. Baden Baden. S. 179–208.
Graßmann, Timm (2018b): The Unsolved Problem of Economic Crisis as a Turning Point of Marx's Critique of Political Economy, 1844–45. In: The History of Economic Thought. Vol. 60. Nr. 1. S. 58–78.
Graßmann, Timm (2021): Engels's Theory of Economic Crisis. In: Reexamining Engels's Legacy in the 21st Century. Ed. by Kohei Saito. Cham. S. 91–114.
Grossmann, Henryk (1929): Das Akkumulations- und Zusammenbruchsgesetz des kapitalistischen Systems. Leipzig.
Grossmann, Henryk (1969): Marx, die klassische Nationalökonomie und das Problem der Dynamik. Mit einem Nachwort von Paul Mattick. Frankfurt a. M.
Grossmann, Henryk (2018 [1924]): Simonde de Sismondi and His Economic Theories (a New Interpretation of His Thought). In: ders.: Works. Vol. 1. Essays and Letters on Economic Theory. Ed. by Rick Kuhn. Leiden, Boston. S. 55–119.
Habermas, Jürgen (1968): Erkenntnis und Interesse. Frankfurt a. M.
Habermas, Jürgen (1973): Legitimationsprobleme im Spätkapitalismus. Frankfurt a. M.
Habermas, Jürgen (2013): Im Sog der Technokratie. Berlin.
Hagemann, Harald (1998): General Glut Controversy. In: The Elgar Companion to Classical Economics. Vol. 1. A–K. Ed. by Heinz D. Kurz and Neri Salvadori. S. 320–325.
Hammerström, Docent Ingrid (1962): Anglo-Swedish Economic Relations and the Crisis of 1857. In: Scandinavian Economic History Review. Vol. 10. Nr. 2. S. 141–164.
Harvey, David (1982): The Limits to Capital. Oxford.
Harvey, David (2003): Paris, Capital of Modernity. London, New York.
Harvey, David (2008): Introduction. In: Karl Marx / Friedrich Engels: The Communist Manifesto. London. S. 1–30.
Harvey, David (2010): A Companion to Marx's *Capital*. London, New York.
Harvey, David (2016): Crisis Theory and the Falling Rate of Profit. In: The Great Financial Meltdown. Systemic, Conjunctural or Policy Created? Ed. by Turan Subasat. Cheltenham, Northhampton. S. 37–54.
Hayek, Friedrich August von (2011): Die verhängnisvolle Anmaßung. Die Irrtümer des Sozialismus. Hrsg. von Viktor Vanberg. Tübingen.
Hayek, Friedrich August von (2015 [1930/31]): Geschichte des Geldwesens. In: Gesammelte Schriften in deutscher Sprache. Bd. A/8. Geld und Konjunktur. Bd. 1. Frühe und unveröffentlichte Schriften, 1924–1931. Tübingen.
Hecker, Rolf / Kenji Mori (2018): Die Weltwirtschaftskrise 1857 und Marx' Krisenhefte. In: Matthias Bohlender, Anna-Sophie Schönfelder und Matthias Spekker (Hrsg.): „Kritik im Handgemenge". Die Marx'sche Gesellschaftskritik als politischer Einsatz. Bielefeld. S. 139–157.

Heinrich, Michael (1995): Gibt es eine Marxsche Krisentheorie? In: Beiträge zur Marx-Engels-Forschung. N. F. 1995. S. 130–150.
Heinrich, Michael (2005): Kritik der politischen Ökonomie. Eine Einführung. 3. Aufl. Stuttgart.
Heinrich, Michael (2006): Die Wissenschaft vom Wert. 4., korr. Aufl. Münster.
Heinrich, Michael (2007): Begründungsprobleme. Zur Debatte über das Marxsche „Gesetz vom tendenziellen Fall der Profitrate". In: Marx-Engels-Jahrbuch 2006. S. 47–80.
Heinrich, Michael (2013): Crisis Theory, the Law of the Tendency of the Profit Rate to Fall, and Marx's Studies in the 1870s. In: Monthly Review. Vol. 64. Nr. 11.
Heinrich, Michael (2016): Das Programm der Kritik der politischen Ökonomie. In: Marx-Handbuch. Leben – Werk – Wirkung. Hrsg. von Michael Quante und David P. Schweikard. Stuttgart. S. 71–118.
Heinrich, Michael (2017): 150 Jahre „Kapital" – und kein Ende. Unsystematische Anmerkungen zu einer unendlichen Geschichte. In: PROKLA. Zeitschrift für kritische Sozialwissenschaft. Nr. 188. S. 421–434.
Henderson, John Patrick (1997): The Life and Economics of David Ricardo. Boston u. a.
Henderson, W. O. (1934): The Lancashire Cotton Famine, 1861–1865. Manchester.
Herre, Günther (1973): Verelendung und Proletariat bei Karl Marx: Entstehung einer Theorie und ihre Quellen. Düsseldorf.
Hilferding, Rudolf (1954 [1910]): Das Finanzkapital. Eine Studie über die jüngste Entwicklung des Kapitalismus. Berlin.
Hirsch, Joachim (2005): Materialistische Staatstheorie. Transformationsprozesse des kapitalistischen Staatensystems. Hamburg.
History of Financial Disasters (2006). Bd. 2. Ed. by Benedikt Koehler. London.
Hobsbawm, Eric J. (1968): Industry and Empire. An Economic History of Britain since 1750. London.
Hobsbawm, Eric J. (1980): Die Blütezeit des Kapitals. Eine Kulturgeschichte der Jahre 1848–1875. Frankfurt a. M.
Hobsbawm, Eric J. (2004): Europäische Revolution, 1789–1848. Köln.
Hobsbawm, Eric J. (2014): Wie man die Welt verändert. Über Marx und den Marxismus. München.
Hoff, Jan (2008): Karl Marx und die „ricardianischen Sozialisten". Ein Beitrag zur Geschichte der politischen Ökonomie, der Sozialphilosophie und des Sozialismus. Köln.
Hollander, Samuel (1985): The Economics of John Stuart Mill. Vol. 2. Oxford.
Hollander, Samuel (2005): J. B. Say and the Classical Canon in Economics. Abingdon.
Honneth, Axel (2011): Die Moral im „Kapital". Versuch einer Korrektur der Marxschen Ökonomiekritik. In: Leviathan. Nr. 39. S. 583–594.
Horkheimer, Max (1932): Bemerkungen über Wissenschaft und Krise. In: Zeitschrift für Sozialforschung. Jg. 1. S. 1–7.
Horkheimer, Max / Theodor W. Adorno (1981 [1969]): Dialektik der Aufklärung. In: Theodor W. Adorno: Gesammelte Schriften. Bd. 3. Frankfurt a. M.
Hudis, Peter (2013): Marx's Concept of the Alternative to Capitalism. Chicago.
Hudson Michael (2014): The Bubble and Beyond. 2. Ed. Dresden.
Hughes, J. R. T. (1960): Fluctuations in Trade, Industry and Finance. A Study of British Economic Development, 1850–1860. Oxford.

Humphrey, Thomas M. (2007): Lender of Last Resort: the Concept in History. In: The Lender of Last Resort. Ed. by Forrest H. Capie and Geoffrey Wood. Abingdon. S. 263–278.

Humphrey, Thomas M. / Robert E. Keleher (2002): The Lender of Last Resort: A Historical Perspective. In: Financial Crises, Contagion, and the Lender of Last Resort. A Reader. Ed. by Charles Goodhart and Gerhard Illing. Oxford. S. 73–108.

Huston, James L. (1987): The Panic of 1857 and the Coming of the Civil War. Baton Rouge, London.

Itoh, Makoto (1980): Value and Crisis. Essays on Marxian Economics in Japan. London.

Jaeggi, Rahel (2017): Crisis, Contradiction, and the Task of a Critical Theory. In: Feminism, Capitalism, and Critique. Essays in Honor of Nancy Fraser. Ed. by Banu Bargu and Chiara Bottici. Cham. S. 209–224.

Jahn, Wolfgang (1981): Zu Marx' Reflection von 1851. In: Arbeitsblätter zur Marx-Engels-Forschung. Nr. 13. Halle. S. 4–15.

Jakob, Norman (2021): Marx' Prospekt zu seiner *Ökonomie* aus dem Jahr 1851. Kontextualisierung und Dokumentation einer Suche. In: Marx-Engels-Jahrbuch 2019/20. S. 35–72.

Jeong, Seongjin (2015): Marx's Crisis Theory as a Theory of World Market Crisis. In: Beiträge zur Marx-Engels-Forschung. N. F. 2013. S. 37–77.

Johannes, Rolf (1989): Bemerkungen zur geschichtlichen Tendenz des kapitalistischen Systems. Dienstleistung und Fall der Profitrate. In: Krise und Kritik. Zur Aktualität der Marxschen Theorie II. Hrsg. von Gerhard Schweppenhäuser, Rolf Johannes und Dietrich zu Klampen. Lüneburg. S. 36–73.

Jones, Leonard / Wolfgang Müller (1980): Marx und der Economist. In: Beiträge zur Marx-Engels-Forschung. Nr. 6. S. 139–148.

Kadritzke, Niels (1976): Faschismus und Krise. Zum Verhältnis von Politik und Ökonomie im Nationalsozialismus. Frankfurt a. M., New York.

Kates, Steve (1997): On the True Meaning of Say's Law. In: Eastern Economic Journal. Vol. 23. Nr. 2. S. 191–202.

Kates, Steve (2005): 'Supply Creates Its Own Demand': A Discussion of the Origins of the Phrase and of Its Adequacy as an Interpretation of Say's Law of Markets. In: History of Economics Review. Vol. 41. Nr. 1. S. 49–60.

Kawakatsu, Heita (Ed.) (2018): The Lancashire Cotton Industry and Its Rivals. Tokyo.

Kelly, J. (1973): The End of the Famine: the Manchester Cotton Trade, 1864–67 – a Merchant's Eye View. In: Textile History and Economic History. Essays in Honour of Miss Julia de Lacy Mann. Ed. by N. B. Harte and K. G. Ponting. Manchester. S. 354–386.

Keynes, John Maynard (1915): The Works of Bagehot. In: The Economic Journal. Vol. 25. No. 99. S. 369–375.

Keynes, John Maynard (1971 [1930]): A Treatise on Money. Vol. 1. The Pure Theory of Money. In: The Collected Writings. Vol. 5. London.

Keynes, John Maynard (1973 [1936]): The General Theory of Employment, Interest and Money. In: The Collected Writings. Vol. 7. London.

Kim, Kyung-Mi (1999): Hilferding und Marx. Geld- und Kredittheorie in Rudolf Hilferdings „Das Finanzkapital" und im Marxschen „Kapital". Köln.

Kim, Lee Jun (1998): Krise der Theorie und Theorie der Krise. Frankfurt a. M. u. a.

Kim, Wontae (2017): Rekonstruktion des Marxschen Arbeitsparadigmas. Münster.
Kindleberger, Charles P. (1978): Manias, Panics and Crashes. A History of Financial Crises. London, Basingstoke.
Kindleberger, Charles P. (1985): Keynesianism vs. Monetarism and other Essays in Financial History. London.
King, W. T. C. (1936): History of the London Discount Market. London.
Kleinknecht, Alfred (1978): Zur Kontroverse um das Überakkumulationstheorem. Eine Kritik an Makoto Itoh. In: PROKLA. Zeitschrift für kritische Sozialwissenschaft. Nr. 30. S. 83–93.
Kliman, Andrew (2011): The Failure of Capitalist Production. Underlying Causes of the Great Recession. London.
Kliman, Andrew et al. (2013): The Unmaking of Marx's "Capital": Heinrich's Attempt to Eliminate Marx's Crisis Theory. In: SSRN Working Papers Series. S. 1–20.
Kluchert, Gerhard (1985): Geschichtsschreibung und Revolution. Die historischen Schriften von Karl Marx und Friedrich Engels 1846 bis 1852. Stuttgart.
Koselleck, Reinhart (1973): Kritik und Krise. Eine Studie zur Pathogenese der bürgerlichen Welt. Frankfurt a. M.
Koselleck, Reinhart (1982): Krise. In: Geschichtliche Grundbegriffe. Historisches Lexikon zur politisch-sozialen Sprache in Deutschland. Hrsg. von Otto Brunner, Werner Conze und Reinhart Koselleck. Bd. 3. Stuttgart. S. 617–650.
Kostadinov, Peter (2015): The Panic of 1857 in the Absence of a National Bank. Online: www.ehl.lu.se (Zugriff: Dezember 2018).
Krätke, Michael (1984): Kritik der Staatsfinanzen. Zur politischen Ökonomie des Steuerstaats. Hamburg.
Krätke, Michael (1999): Kapitalismus und Krisen. Geschichte und Theorie der zyklischen Krisen in Marx' ökonomischen Studien 1857/58. In: Beiträge zur Marx-Engels-Forschung. N. F. 1998. S. 5–45.
Krätke, Michael (2006): Marx als Wirtschaftsjournalist. In: Beiträge zur Marx-Engels-Forschung. N. F. 2005. S. 29–97.
Krahl, Hans-Jürgen (2008): Produktion und Klassenkampf. In: ders.: Konstitution und Klassenkampf. Zur historischen Dialektik von bürgerlicher Emanzipation und proletarischer Revolution. 5. Aufl. Frankfurt a. M. S. 392–514.
Kromphardt, Jürgen (1989): Die Konjunktur- und Krisentheorie der 2. Hälfte des 19. Jahrhunderts. In: Studien zur Entwicklung der ökonomischen Theorie. Bd. 115/VII. S. 9–34.
Kuczynski, Jürgen (1961): Studien zur Geschichte der zyklischen Überproduktionskrisen in Deutschland 1825 bis 1866. Berlin.
Kunzmann, Stefan (2001): Geld – Kredit – Krise. Monetäre Aspekte einer Marxschen Konjunkturbetrachtung. Münster u. a.
Kuruma, Samezō (1929): An Introduction to the Study of Crisis. Online: https://www.marxists.org/archive/kuruma/crisis-intro.htm (Zugriff: Mai 2018).
Kuruma, Samezō (1930): An Inquiry into Marx's Theory of Crisis. Online: https://www.marxists.org/archive/kuruma/crisis-inquiry.htm (Zugriff: Mai 2018).

Kurz, Robert (2005): Das Weltkapital. Globalisierung und innere Schranken des modernen warenproduzierenden Systems. Berlin.

Kurz, Robert (Hrsg.) (2006): Marx lesen! Die wichtigsten Texte von Karl Marx für das 21. Jahrhundert. Frankfurt a. M.

Kwack, No-Wan (2005): Zur Fundierung der monetären Krisentheorie und deren Philosophie. Marxsche epistemologishe (sic) Ambivalenzen der Finanzkrisentheorie – Ein Versuch der Weiterentwicklung. Diss. am Fachreich Philosophie und Geisteswissenschaften an der Freien Universität Berlin.

Kynaston, David (1994): The City of London. Vol. 1. A World of Its Own, 1815–1890. London.

Laidler, David (1991): The Golden Age of the Quantity Theory. The Development of Neoclassical Monetary Economics, 1870–1914. Hertfordshire u. a.

Lichter, Jörg (1999): Preußische Notenbankpolitik in der Formationsphase des Zentralbanksystems 1844 bis 1857. Berlin.

Lindner, Urs (2013): Marx und die Philosophie. Wissenschaftlicher Realismus, ethischer Perfektionismus und kritische Sozialtheorie. Stuttgart.

Lohoff, Ernst / Norbert Trenkle (2012): Die große Entwertung. Warum Spekulation und Staatsverschuldung nicht die Ursache der Krise sind. Münster.

Luxemburg, Rosa (1913): Die Akkumulation des Kapitals. Berlin.

McNally, David (1993): Against the Market. Political Economy, Market Socialism and the Marxist Critique. London, New York.

Mage, Shane (2013): Response to Heinrich – In Defense of Marx's Law. Online: http://monthlyreview.org/commentary/response-heinrich-defense-marxs-law/ (Zugriff: August 2016).

Makropoulos, Michael (2013): Über den Begriff der „Krise". Eine historisch-semantische Skizze. In: Indes. Zeitschrift für Politik und Gesellschaft. H. 1. S. 13–20.

Maksakovsky, Pavel (2009 [1929]): The Capitalist Cycle. An Essay on the Marxist Theory of the Cycle. Transl. with Introduction and Commentary by Richard B. Day. Chicago.

Mandel, Ernest (1968): Entstehung und Entwicklung der ökonomischen Lehre von Karl Marx (1843–1864). Frankfurt a. M.

Mandel, Ernest (1972): Der Spätkapitalismus. Versuch einer marxistischen Erklärung. Frankfurt a.M.

Manes, Alfred (1922): Staatsbankrotte. Wirtschaftliche und rechtliche Betrachtungen. 3., veränderte Aufl. Berlin.

Mann, Geoff (2017): In the Long Run We Are All Dead. Keynesianism, Political Economy and Revolution. London, New York.

Margo, Robert Andrew (1997): Wages in California During the Gold Rush. NBER Historical Working Paper. Nr. 101.

Marshall, Alfred (1890): Principles of Economics. An Introductory Volume. London.

Marxhausen, Thomas (1976): Die Entwicklung der Theorie des Warenfetischismus in Marx' ökonomischen Schriften zwischen 1850 und 1863. In: Arbeitsblätter zur Marx-Engels-Forschung. Nr. 1. S. 75–95.

Mattick, Paul (1970): Werttheorie und Kapitalakkumulation. In: Kapitalismus und Krise. Hrsg. von Claus Rolshausen. Frankfurt a. M., Wien. S. 7–34.

Mattick, Paul (1974): Krisen und Krisentheorien. Frankfurt a. M.

Mau, Søren (2018): The Transition to Capital in Marx's Critique of Political Economy. In: Historical Materialism. Vol. 26. Nr. 1. S. 68–102.

Mayer, Gustav (1932): Friedrich Engels und die Grosse Weltkrisis von 1857. In: Die Gesellschaft. Bd. 1. S. 122–132.

Mehrling, Perry (2011): The New Lombard Street. How the Fed Became the Dealer of Last Resort. Princeton.

Meiksins Wood, Ellen (2020): Democracy. In: The Marx Revival. Key Concepts and New Interpretations. Ed. by Marcello Musto. Cambridge. S. 51–69.

Melis, François (2006): Georg Weerth als Redakteur der „Neuen Rheinischen Zeitung". Notwendige Autorschaftskorrekturen in Vorbereitung der MEGA-Bände I/7–I/9. In: Marx-Engels-Jahrbuch 2005. S. 174–206.

Mergel, Thomas (Hrsg.) (2012): Krisen verstehen. Historische und kulturwissenschaftlichen Annäherungen. Frankfurt a. M., New York.

Miller, Harry E. (1924): Earlier Theories of Crises and Cycles in the United States. In: The Quarterly Journal of Economics. Vol. 38. No. 2. S. 294–329.

Minart, Gérard (2005): Jean-Baptiste Say. Maître et pédagogue de l'École française d'économie politique libérale. Paris.

Minsky, Hyman P. (1986): The Crises of 1983 and the Prospects for Advanced Capitalist Economies. In: Marx, Schumpeter, Keynes. A Centenary Celebration of Dissent. Ed. by Suzanne W. Helburn and David F. Bramhall. New York. S. 284–296.

Mishra, H. K. (1991): Famines and Poverty in India. New Delhi.

Miyata, Korefumi (2016): Karl Marx's Credit Theory. The Relation between the Accumulation of Monied Capital and the Accumulation of Real Capital. In: Marx-Engels-Jahrbuch 2015/16. S. 10–27.

Mohanty, Bidyut (1993): Orissa Famine of 1866: Demographic and Economic Consequences. In: Economic and Political Weekly. Vol. 28. Nr. 1/2. S. 55–57 u. 59–66.

Monday, JustIn (2008): Gute Zeiten, noch schlechtere Zeiten. Über die Eigenarten des Bewusstseins in der Krise. In: Phase 2. Zeitschrift gegen die Realität. Nr. 30.

Monday, JustIn (2012): Money Makes the Mind Go Round. Spekulationen zur Frage, welche Form der Erkenntnis in der gegenwärtigen Krise zerfällt. Vortrag auf dem Jahresseminar der wert-abspaltungs-kritischen Theoriezeitschrift EXIT! Mitschnitt: http://audioarchiv.blogsport.de/2012/10/21/die-krise-des-geldes-und-der-geldsubjektivitaet/ (Zugriff: Juli 2019).

Mori, Kenji (2018a): The *Books of Crisis* and Tooke-Newmarch Excerpts: a New Aspect of Marx's Crisis Theory in MEGA. In: The European Journal of the History of Economic Thought. Vol. 25. Nr. 5. S. 1–14.

Mori, Kenji (2018b): Karl Marx' Books of Crisis and the Concept of Double Crisis: A Ricardian Legacy. In: Marx' Capital. An Unfinishable Project. Ed. by Marcel van der Linden and Gerald Hubmann. Leiden, Boston. S. 206–227.

Moseley, Fred (1997): Marx, Karl. In: Business Cycles and Depressions: An Encyclopedia. Ed. by David Glasner. New York, London. S. 430–432.

Moseley, Fred (2013): Critique of Heinrich: Marx did not Abandon the Logical Structure. Online: http://monthlyreview.org/commentary/critique-heinrich-marx-abandon-logical-structure/ (Zugriff: August 2016).

Moseley, Fred (2016): Introduction. In: Karl Marx: Economic Manuscript of 1864–1865. Translated by Ben Fowkes. Ed. and with an Introduction by Fred Moseley. Leiden, Boston. S. 1–44.

Moseley, Fred (2018): The Development of Marx's Theory of the Falling Rate of Profit in the Four Drafts of *Capital*. In: Marx's *Capital*. An Unfinishable Project? Ed. by Marcel van der Linden and Gerald Hubmann. Boston, Leiden. S. 95–143.

Müller, Klaus (2015): Geld. Von den Anfängen bis heute. Freiburg.

Müller, Wolfgang (1981): Zur Bedeutung der Marxschen Studien des „Economist" für die Herausbildung der marxistischen Geld-, Kredit- und Krisentheorie. In: Arbeitsblätter zur Marx-Engels-Forschung. Nr. 13. S. 57–70.

Mukherjee, Upamanyu Pablo (2013): Natural Disasters and Victorian Empire. Famines, Fevers and Literary Cultures of South Asia. Basingstoke.

Narr, Wolf-Dieter (1973): Zur Genesis und Funktion von Krisen – einige systemanalytische Marginalien. In: Herrschaft und Krise. Beiträge zur politikwissenschaftlichen Krisenforschung. Hrsg. von Martin Jänicke. Opladen. S. 224–236.

Nash, Gerald D. (1998): A Veritable Revolution: The Global Economic Significance of the California Gold Rush. In: California History. Vol. 77. Nr. 4. S. 276–292.

Negri, Toni (1972): Zyklus und Krise bei Marx. 2 Aufsätze. Berlin.

Nelson, Anitra (1999): Marx's Concept of Money. The God of Commodities. London, New York.

O'Brien, Denis Patrick (1965): The Transition in Torrens' Monetary Thought. In: Economica. Vol. 32. Nr. 127. S. 269–301.

O'Brien, Denis Patrick (2007): The Development of Monetary Economics. A Modern Perspective on Monetary Controversies. Cheltenham, Northampton.

Ögren, Anders (2014): The Modernization of the National Bank of Sweden. In: The Swedish Financial Revolution. Ed. by id. Basingstoke. S. 79–94.

Ögren, Anders (2018): Banking Crises and Lender of Last Resort in Theory and Practice in Swedish History, 1850–2010. In: Coping with Financial Crises. Some Lessons from Economic History. Ed. by Hugh Rockoff and Isao Suto. Singapore. S. 47–76.

Oelßner, Fred (1949): Die Wirtschaftskrisen. Bd. 1. Die Krisen im vormonopolistischen Kapitalismus. Berlin.

Offe, Claus (1973): „Krisen des Krisenmanagement": Elemente einer politischen Krisentheorie. In: Herrschaft und Krise. Beiträge zur politikwissenschaftlichen Krisenforschung. Hrsg. Von Martin Jänicke. Opladen. S. 197–223.

Offe, Claus (1979): Unregierbarkeit. Zur Renaissance konservativer Krisentheorien. In: Stichworte zur „Geistigen Situation der Zeit". Hrsg. von Jürgen Habermas. Bd. 1: Nation und Republik. Frankfurt a. M. S. 294–318.

Oliver, W. H. (1958): The Labour Exchange Phase of the Co-Operative Movement. Oxford Economic Papers. Nr. 10. S. 355–367.

Ortlieb, Claus Peter (2009): Ein Widerspruch von Stoff und Form. Zur Bedeutung der Produktion des relativen Mehrwerts für die finale Krisendynamik. In: EXIT! Krise und Kritik der Warengesellschaft. H. 6. S. 23–54.

Otani, Teinosuke (2011): Where Did Marx Adopt the Word "monied capital" from? Exploring the Source of the Key Word in Section 5 of Book 3 of Capital [auf Japanisch]. In: The Hosei University Economic Review. Vol. 79. Nr. 2. S. 19–89.

Otani, Teinosuke (2015): Zur Entstehung des *Kapital* als „allgemeine Analyse des Kapitals". Vom Gesichtspunkt der Methode aus. In: Marx-Engels-Jahrbuch 2014. S. 141–158.

Otani, Teinosuke (2016): Marx's Theory of Interest-Bearing Capital [auf Japanisch]. Bd. 1–4. Tokyo.

Otani, Teinosuke (2018): A Guide to Marxian Political Economy. What Kind of a Social System is Capitalism? o. O.

Panitch, Leo / Sam Gindin (2019): Capitalist Crises and the State. In: The Oxford Handbook of Karl Marx. Ed. by Matt Vidal et al. Oxford. S. 499–518.

Paula, João Antonio de / Hugo Eduardo da Gama Cerqueira / Leonardo Gomes de Deus / Carlos Eduardo Suprinyak / Eduardo da Motta e Albuquerque (2016): Investigating Financial Innovation and Stock Exchanges. Marx's Notebooks on the Crisis of 1866 and Structural Changes in Capitalism. In: Beiträge zur Marx-Engels-Forschung. N. F. 2014/2015. S. 194–217.

Peart, Sandra J. (1997): Mills, John. In: Business Cycles and Depressions: An Encyclopedia. Ed. by David Glasner. New York, London. S. 437/438.

Perelman, Michael (1987): Marx's Crises Theory. Scarcity, Labor, and Finance. New York u. a.

Piketty, Thomas (2014): Das Kapital im 21. Jahrhundert. München.

Pinner, Felix (1937): Die grossen Weltkrisen. Im Lichte des Strukturwandels der kapitalistischen Wirtschaft. Zürich, Leipzig.

Plumpe, Werner (2013): Wirtschaftskrisen. Geschichte und Gegenwart. 4. Aufl. München.

Pohl, Friedrich Wilhelm (1987): Krisentheorie und Krisenbewußtsein. In: Krise und Kritik. Zur Aktualität der Marxschen Theorie. Hrsg. von Gerhard Schweppenhäuser, Dietrich zu Klampen und Rolf Johannes. Lüneburg. S. 37–57.

Pohrt, Wolfgang (2019 [1978]): Vernunft und Geschichte bei Marx. In: ders.: Werke. Bd. 1. Hrsg. von Klaus Bittermann und Arne Kellermann. Berlin. S. 305–316.

Pollock, Friedrich (1933): Bemerkungen zur Wirtschaftskrise. In: Zeitschrift für Sozialforschung. Jg. 2. H. 3. S. 321–354.

Ponzi, Mauro / Altea Koenig (Hrsg.) (2019): Karl Marx und die Krise. Würzburg.

Poschinger, Heinrich von (1971 [1879]): Bankwesen und Bankpolitik in Preussen. Bd. 2. Die Jahre 1846 bis 1857. Glashütten.

Postone, Moishe (2003): Zeit, Arbeit und gesellschaftliche Herrschaft. Eine neue Interpretation der kritischen Theorie von Marx. Freiburg.

Postone, Moishe (2005): Nach dem Holocaust. Geschichte und Identität in Westdeutschland. In: ders.: Deutschland, die Linke und der Holocaust. Politische Interventionen. Freiburg. S. 59–85.

Postone, Moishe (2013): Marx neu denken. In: Nach Marx. Philosophie, Kritik, Praxis. Hrsg. von Rahel Jaeggi und Daniel Loick. Berlin. S. 364–393.

Pradella, Lucia (2015): Globalisation and the Critique of Political Economy. New Insights from Marx's Writings. London.

Pribram, Karl (1998): Geschichte des ökonomischen Denkens. Bd. 1.2. Frankfurt a. M.

Prisching, Manfred (1986): Krisen. Eine soziologische Untersuchung. Wien u. a.

Projekt Klassenanalyse (1972): Zur Taktik der proletarischen Partei. Marxsche Klassenanalyse Frankreichs von 1848–71. 2. Aufl. Berlin.
Projektgruppe Entwicklung der Marxschen Systems (1973): Das Kapitel vom Geld. Berlin.
Projektgruppe Entwicklung der Marxschen Systems (1975): Der 4. Band des „Kapital"? Kommentar zu den „Theorien über den Mehrwert". Berlin.
Quaas, Georg (1992): Dialektik als philosophische Theorie und Methode des „Kapital". Eine methodologische Untersuchung des ökonomischen Werkes von Karl Marx. Frankfurt a. M.
Rakowitz, Nadja (2000): Einfache Warenproduktion. Ideal und Ideologie. Freiburg.
Ratajczak, Gertrude (1984): Die Publizistik von Marx und Engels 1857 bis 1859. Diss. Halle.
Ratajczak, Gertrude / Claus Baumgart (1984): Ein bislang unbekannter Artikel von Karl Marx über die Weltwirtschaftskrise von 1857. In: Marx-Engels-Forschungsberichte. H. 2. Leipzig. S. 57–63.
Redford, Arthur (1947): The Economic History of England (1760–1860). London u. a.
Reichelt, Helmut (1970): Zur logischen Struktur des Kapitalbegriffs bei Karl Marx. Frankfurt a. M.
Reichelt, Helmut (1995): Why Did Marx Conceal His Dialectical Method? In: Open Marxism. Ed. by Werner Bonefeld et al. Vol. 3. Emancipating Marx. London, East Haven. S. 40–83.
Reinhart, Carmen M. / Kenneth S. Rogoff (2009): This Time Is Different. Eight Centuries of Financial Folly. Princeton, Oxford.
Ricciardi, Joseph (2015): Marx on Financial Intermediation: Lessons from the French *Crédit Mobilier* in the *New York Daily Tribune*. In: Science & Society. Vol. 79. Nr. 4. S. 497–526.
Richter, Helmut (1978): Zum Problem der Einheit von Theorie und Praxis bei Karl Marx. Eine biographisch-systematische Studie über den frühen Marx. Frankfurt a. M., New York.
Riddiough, Timothy J. (2012): The First Sub-Prime Mortgage Crisis and Its Aftermath. BIS Paper Nr. 64.
Riddiough, Timothy J. / Howard E. Thompson (2012): Déjà vu All Over Again: Agency, Uncertainty, Leverage and the Panic of 1857. Hong Kong Institute for Monetary Research Working Paper Nr. 10.
Rieter, Heinz (1997): Thomas Tooke und die Geldlehre seiner Zeit. In: Vademecum (1997). S. 47–98.
Rist, Charles (1947): Geschichte der Geld- und Kredittheorien von John Law bis heute. Bern.
Robb, George (1992): White-Collar Crime in Modern England: Financial Fraud and Business Morality, 1845–1929. Cambridge.
Robbins, Lionel (1958): Robert Torrens and the Evolution of Classical Economics. London, New York.
Roberts, Michael (2009): The Great Recession. Profit Cycles, Economic Crisis. A Marxist View. o. O.
Roberts, Michael (2014): Monomania and Crisis Theory – a Reply to David Harvey. Online: https://thenextrecession.files.wordpress.com/2014/12/reply-to-harvey.pdf (Zugriff: 2016).
Roberts, Michael (2015): UK Rate of Profit and British Economic History. Online: https://thenextrecession.files.wordpress.com/2015/09/uk-rate-of-profit-august-2015.pdf (Zugriff: Sept. 2019).
Roberts, Michael (2017): Xi takes full control of China's future. Online: https://thenextrecession.wordpress.com/2017/10/25/xi-takes-full-control-of-chinas-future/ (Zugriff: Sept. 2019).
Roberts, Michael (2018): Marx 200. A Review of Marx's Economics 200 Years after His Birth. London.
Rojahn, Jürgen (1983): Marxismus – Marx – Geschichtswissenschaft. Der Fall der sog. „Ökonomisch-philosophischen Manuskripte" aus dem Jahre 1844. In: International Review of Social History. Vol. 28. Nr. 1. S. 2–49.

Rosdolsky, Roman (1968): Zur Entstehungsgeschichte des Marxschen „Kapital". Der Rohentwurf des „Kapital" 1857–1858. Frankfurt a. M.
Rosenberg, Hans (1933): Die zoll- und handelspolitischen Auswirkungen der Weltwirtschaftskrise von 1857/59. In: Weltwirtschaftliches Archiv. Bd. 38. S. 368–338.
Rosenberg, Hans (1974): Die Weltwirtschaftskrise 1857–1859. 2. Aufl. Göttingen.
Rosenberg, Hans (1976): Große Depression und Bismarckzeit. Wirtschaftsablauf, Gesellschaft und Politik in Mitteleuropa. Frankfurt a. M. u. a.
Rosselli, Annalisa (2008): Ricardo and Thornton on an "Unfavourable" Balance of Trade. In: Cahiers d'économie politique. Nr. 55. S. 65–79.
Rubel, Maximilien (1960): Karl Marx devant le bonapartisme. Paris.
Sablowski, Thomas (2012): Krisentheorien. In: Historisch-kritisches Wörterbuch des Marxismus. Bd. 8/I. Hamburg. Sp. 1–38.
Saito, Kohei (2016): Natur gegen Kapital. Marx' Ökologie in seiner unvollendeten Kritik des Kapitalismus. Frankfurt a. M.
Samal, J. K. (1990): Economic History of Orissa, 1866–1912. New Delhi.
Sandkühler, Hans Jörg (1995): Empirie vs. Dialektik? Hegel vs. Aristoteles? Überlegungen im Anschluß an Anneliese Griese. In: ders. (Hrsg.): Interaktion zwischen Philosophie und empirischen Wissenschaften. Frankfurt a. M. u. a. S. 289–301.
Schmiede, Rudi (1973): Grundprobleme der Marx'schen Akkumulations- und Krisentheorie. Frankfurt a. M.
Schönfelder, Anna-Sophie (2016): Die Register der Kritik in Marx' Journalismus der 1850er Jahre. In: Marx-Engels-Jahrbuch 2015/16. S. 160–191.
Schönfelder, Anna-Sophie (2018): Ruhe nach dem Sturm. Louis-Napoléon als zu korrigierender Fehler der Geschichte. In: Matthias Bohlender, Anna-Sophie Schönfelder und Matthias Spekker (Hrsg.): „Kritik im Handgemenge". Die Marx'sche Gesellschaftskritik als politischer Einsatz. Bielefeld. S. 97–137.
Scholz, Christopher (2016): Geldmarktsteuerung und Krisenprävention. Die staatliche Leitung der Reichsbank nach dem Bankgesetz vom 14. März 1875. Tübingen.
Schrader, Fred (1980): Restauration und Revolution. Die Vorarbeiten zum „Kapital" von Karl Marx in seinen Studienheften 1850–1858. Hildesheim.
Schuchardt, Jürgen (1962): Die Wirtschaftskrise vom Jahre 1866 in Deutschland. In: Jahrbuch für Wirtschaftsgeschichte. Bd. 3. H. 2. S. 91–141.
Schürmann, Axel (1973): Wertgesetz und Gesetz des tendenziellen Falls der Profitrate – Versuch einer systemtheoretischen Interpretation. In: Drei Beiträge zur Methode und Krisentheorie bei Marx. Gießen.
Schumpeter, Joseph A. (1926): Theorie der wirtschaftlichen Entwicklung. 2. Aufl. Berlin.
Schumpeter, Joseph A. (1954): History of Economic Analysis. Abingdon.
Schumpeter, Joseph A. (2008): Konjunkturzyklen. Eine Theoretische, Historische und Statistische Analyse des kapitalistischen Prozesses. Aus dem Amerik. von Klaus Dockhorn. Göttingen.
Schumpeter, Joseph A. (2018): Kapitalismus, Sozialismus und Demokratie. 9. Aufl. Tübingen.
Sewell, William H. (2012): Economic Crises and the Shape of Modern History. In: Public Culture. Vol. 24. Nr. 2. S. 303–327.

Shaikh, Anwar (1992): The Falling Rate of Profit as the Cause of Long Waves: Theory and Empirical Evidence. In: New Finding in Long-Wave Research. Ed. by Alfred Kleinknecht, Ernest Mandel and Immanuel Wallerstein. Basingstoke u. a. S. 174–202.

Sherwood, J. M. (1985): Engels, Marx, Malthus, and the Machine. In: The American Historical Review. Vol. 90. Nr. 4. S. 837–865.

Shoul, Bernice (1957): Karl Marx and Say's Law. In: The Quarterly Journal of Economics. Vol. 71. Nr. 4. S. 611–629.

Siegert, Rosemarie (2001): Steuerpolitik und Gesellschaft. Vergleichende Untersuchungen zu Preußen und Baden 1815–1848. Berlin.

Skaggs, Neil T. (1991): John Fullarton's Law of Reflux and Central Bank Policy. In: History of Political Economy. Vol. 23. Nr. 3. S. 457–480.

Smith, Matthew (2011): Thomas Tooke and the Monetary Thought of Classical Economics. London.

Sombart, Werner (1927): Der moderne Kapitalismus. Historisch-systematische Darstellung des gesamteuropäischen Wirtschaftslebens von seinen Anfängen bis zur Gegenwart. Bd. 3. Das Wirtschaftsleben im Zeitalter des Hochkapitalismus. München, Leipzig.

Spekker, Matthias (2016): Überlegungen zur konstitutiven Rolle des politischen Handgemenges für Marx' Kritik der politischen Ökonomie. In: Marx-Engels-Jahrbuch 2015/16. S. 192–218.

Stadler, Peter (1964): Wirtschaftskrise und Revolution bei Marx und Engels. Zur Entwicklung ihres Denkens in den 1850er Jahren. In: Historische Zeitschrift. Bd. 199. H. 1. S. 113–144.

Stampp, Kenneth M. (1989): America in 1857. A Nation on the Brink. New York, Oxford.

Stapelfeldt, Gerhard (1979): Das Problem des Anfangs in der Kritik der politischen Ökonomie. Frankfurt a. M., New York.

Stapelfeldt, Gerhard (2006): Der Liberalismus. Die Gesellschaftstheorien von Smith, Ricardo und Marx. Freiburg.

Stedman Jones, Gareth (2004): An End to Poverty? A Historical Debate. New York.

Stedman Jones, Gareth (2017): Karl Marx. Die Biographie. Frankfurt a. M.

Steg, Joris Alexander (2019): Krisen des Kapitalismus. Eine historisch-soziologische Analyse. Frankfurt a. M., New York.

Steil, Armin (1993): Krisensemantik. Wissenssoziologische Untersuchungen zu einem Topos moderner Zeiterfahrung. Opladen.

Steinacker Guido (1997): Philanthropie und Revolution. Robert Owens „Rational System of Society" und seine Kritik durch Karl Marx und Friedrich Engels. Saarbrücken.

Straubmann, Tobias (2019): Debt, Crisis, and the Rise of Hitler. Oxford.

Stützle, Ingo (2017): Austerität als politisches Projekt. Von der monetären Integration Europas zur Eurokrise. Münster.

Sumida, Soichiro (2018): Die Zusammenfassung der bürgerlichen Gesellschaft in der Staatsform. Zu Marx' Theorie des Staats. In: Marx-Engels-Jahrbuch 2017/18. S. 41–60.

Takenaga, Susumu (2016): Marx's *Exzerpthefte* of the later 1860s and the Economic Crisis of 1866. In: Marx-Engels-Jahrbuch 2015/16. S. 71–102.

Thomas, Peter D. / Geert Reuten (2013): Crisis and the Rate of Profit in Marx's Laboratory. In: In Marx's Laboratory. Critical Interpretations of the *Grundrisse*. Ed. by Riccardo Bellofiore, Guido Starosta and Peter D. Thomas. Leiden, Boston. S. 311–328.

Thompson, Edward P. (1987): Die Entstehung der englischen Arbeiterklasse. Frankfurt a. M.
Thompson, Noel (1984): The People's Science: the Popular Political Economy of Exploitation and Crisis 1816–34. Cambridge.
Todd, David (2015): Free Trade and Its Enemies in France, 1814–1851. Cambridge.
Tooze, Adam (2018): Crashed. Wie zehn Jahre Finanzkrise die Welt verändert haben. München.
Tooze, Adam (2021): Shutdown. How Covid Shook the World's Economy. New York.
Toporowski, Jan (2013): Marx's Grundrisse and the Monetary Business-Cycle. In: In Marx's Laboratory. Critical Interpretations of the *Grundrisse*. Ed. by Riccardo Bellofiore, Guido Starosta and Peter D. Thomas. Leiden, Boston. S. 303–310.
Tugan-Baranowski, Michail (1901): Studien zur Theorie und Geschichte der Handelskrisen in England. Jena.
Vademecum zu dem Klassiker der Banking School (1997): Kommentarband zum Faksimile-Nachdruck der 1844 erschienenen Erstausgabe von Thomas Tooke: An Inquiry into the Currency Principle. Düsseldorf.
Varga, Eugen (1934): Die grosse Krise und ihre politischen Folgen. Wirtschaft und Politik 1928–1934. Moskau, Leningrad.
Viner, Jacob (1937): Studies in the Theory of International Trade. New York, London.
Williams, Michael (2000): Crisis and Consensus in British Politics. From Bagehot to Blair. Basingstoke.
Williams, Sam (o. D.): The Problem: Marx Didn't Leave Us a Completed Crisis Theory. Online: https://critiqueofcrisistheory.wordpress.com/the-problem-marx-didnt-leave-us-a-completed-crisis-theory/ (Zugriff: Dezember 2019).
Winkler, Heinrich August (1978): Revolution, Staat, Faschismus. Zur Revision des Historischen Materialismus. Göttingen.
Winterfeld, Markus (2015): Die Überproduktionskrise, das Finanzkapital und die Gelddruckerei der Zentralbank. Online: https://kritischeperspektive.com/kp/2015-11-die-uberproduktionskrise-das-finanzkapital-und-die-gelddruckerei-der-zentralbank/ (Zugriff: August 2018).
Wippermann, Wolfgang (1983): Die Bonapartismustheorie von Marx und Engels. Stuttgart.
Wolff, Jacques (1997): Napoleon III Confronted with the Economic Crisis of 1857–1858. In: Revue du Souvenir Napoléonien. Nr. 415. S. 5–23.
Wygodski, Witali S. (1978): Zum Manuskript „Reflection" von Karl Marx in Heft VII der Londoner Exzerpte. In: … unsrer Partei einen Sieg erringen. Studien zur Entstehungs- und Wirkungsgeschichte des „Kapitals" von Karl Marx. Berlin. S. 80–91.
Wygodski, Witali S. (1979): Die Verflechtung von Forschungs- und Darstellungsmethode in den „Grundrissen der Kritik der politischen Ökonomie". In: Arbeitsblätter zur Marx-Engels-Forschung. Nr. 9. S. 4–18.
Wygodski, Witali S. (1987): Zur Frage des Beginns der Marxschen Arbeit am Manuskript 1857/58. In: Arbeitsblätter zur Marx-Engels-Forschung. Sonderheft März. S. 32–39.
Zevin, Alexander (2019): Liberalism at Large. The World According to the Economist. London, New York.

Namenregister

Adorno, Theodor W. 317
Alison, Archibald 80, 152, 164
Anderson, Alexander 152
Arbuthnot, George 454
Arendt, Hannah 225
Ashburton, Lord 152
Attwood, Thomas 75, 173
Aycard, Maurice 449, 458ff.

Bagehot, Walter 23, 88ff., 99, 102ff., 108f., 134, 356, 411, 440, 449, 451, 456, 461, 465, 486, 492, 497f., 521f., 526ff.
Bastiat, Frédéric 143, 234, 298
Baxter, Robert 97
Bentham, Jeremy 324, 344, 460
Bernstein, Eduard 126
Bismarck, Otto von 263
Blake, William 152
Blanc, Louis 233
Boisguillebert, Pierre de 116, 321
Bosanquet, Charles 166
Bray, John Francis 62ff., 70, 122f., 127f., 167f., 173, 180, 219, 504
Bright, John 478
Buchanan, James 273
Buret, Antoine-Eugène 57, 120
Büsch, Johann Georg 272

Camphausen, Ludolf 142
Carey, Henry Charles 143, 267, 298
Cervantes, Miguel de 145ff., 274
Cherbuliez, Antoine Élisée 57
Clay, William 71f., 74, 166, 454
Collet, Collet Dobson 75, 455
Coolidge, Calvin 190
Cottrell, Philip L. 474

Dana, Charles 271
Daniel'son, Nikolaj Francevič 6, 379f., 413, 515
Daniels, Roland 221
Darimon, Alfred 203, 206f., 219, 236, 298
Dickens, Charles 468
Disraeli, Benjamin 146

Eden, Frederic Morton 357, 446

Engels, Friedrich 15, 17, 36, 38, 56, 68, 81, 110, 118, 128ff., 144, 148ff., 158, 179f., 185, 194f., 200f., 204, 210, 223, 246f., 252, 262f., 270, 272, 281, 284, 286ff., 290ff., 296f., 314, 329, 352, 356, 366, 384, 386, 388, 390, 415f., 419f., 426f., 433, 436, 442, 444, 459f., 467, 469, 473, 475, 513, 515, 523
Evans, David Morier 151ff., 158, 162, 184, 459

Ferrier, François 26
Feuerbach, Ludwig 110f., 115ff., 121f., 216, 219, 517
Foster, John Leslie 79
Foucault, Michel 108, 371
Fowler, William 97f., 449
Francis, John 166
Fullarton, John 8, 10, 17, 75, 77ff., 90ff., 94f., 97, 99, 102ff., 108f., 151ff., 156f., 163ff., 169f., 183f., 201ff., 206, 209, 217, 255, 300, 328, 356, 373, 396, 412, 454, 456, 489, 516, 522, 526ff.

Galbraith, John Kenneth 192
Gassiot, John Peter 97, 449
Gilbart, James William 152, 166, 201, 289, 292, 487
Girardin, Émile de 221, 236
Gladstone, William Ewart 454, 478
Goethe, Johann Wolfgang von 48
Goschen, George Joachim 94f., 449, 451, 492f., 495
Graeber, David 27
Gray, John 65f., 68, 70, 174
Grossmann, Henryk 56, 58, 114
Gülich, Gustav von 123, 137, 185, 314, 514
Guthrie, George 449

Habermas, Jürgen 408f.
Hansemann, David 140ff., 144ff.
Haussmann, Georges-Eugène 234
Hayek, Friedrich August von 31, 78, 97, 496
Hegel, Georg Wilhelm Friedrich 204, 219, 230, 245, 300, 355, 411, 517
Heine, Heinrich 470, 477

Heß, Moses 517
Hilferding, Rudolf 131, 361
Hodgskin, Thomas 65f., 70, 107, 308
Hudson, George 475
Hugo, Victor 226, 329
Hume, David 31

Jesus Christus 216
Jevons, William Stanley 12, 486f., 490, 496, 528
Joplin, Thomas 171
Juglar, Clément 486

Kaufmann, Illarion Ignat'evič 412, 415
Kautsky, Karl 126, 131
Keynes, John Maynard 2, 24, 38, 92f., 108, 235, 299, 456, 490, 519
Kindleberger, Charles 7, 83, 279
Kinnear, John G. 152, 166, 169f.
Kugelmann, Louis 335, 430, 475
Kurz, Robert 6, 404

Lafargue, Paul 332
Laing, John 449, 453, 462ff., 468f., 474
Lassalle, Ferdinand 185, 194, 270, 299, 412
Lavrov, Petr Lavrovič 380, 382, 525
Law, John 235, 458
Ledru-Rollin, Alexandre 233
Lenin, Vladimir Il'ič 57
Levi, Leone 442
List, Friedrich 26
Louis-Philippe I. 142, 244
Loyd, 1st Baron Overstone, Samuel Jones 71ff., 82, 87, 102, 166, 173, 188, 356, 454, 490f., 521
Luther, Martin 387
Luxemburg, Rosa 42f., 46, 56

Macleod, Henry Dunning 441, 449, 458f., 464, 469
Malthus, Thomas Robert 17, 23, 28, 35f., 38ff., 58, 62, 67, 70, 101f., 107, 109, 371f., 377, 496, 519, 526
Manteuffel, Otto Theodor von 142
Marshall, Alfred 398
Martineau, Harriet 51
Marx, Jenny 300
Marx, Jenny (Tochter) 446, 448, 460, 475
Mattick, Paul 6, 372, 385

McCulloch, John Ramsay 23, 34ff., 45ff., 66, 72, 74, 100ff., 111, 114, 120, 168, 340, 389, 416, 516
Meason, Malcolm Ronald Laing 449, 468ff., 478
Meiksins Wood, Ellen 228, 262
Meißner, Otto 448
Menger, Carl 486
Mill, James 17, 22f., 26ff., 34, 37, 100, 111ff., 115, 118ff., 206, 219, 378
Mill, John Stuart 26, 70, 88, 97, 99ff., 118f., 152, 173, 344, 409, 411, 415, 420, 498, 503f.
Mills, John 97, 192, 391, 425, 449, 486ff., 495ff., 499, 521, 527f.
Minsky, Hyman 102
Mohl, Moritz 272

Napoleon Bonaparte 26, 220, 428
Napoleon III. 7, 18, 139, 191, 220, 223, 225f., 229ff., 234ff., 240, 244f., 248f., 252f., 255ff., 259f., 263f., 271, 314, 439, 509, 523
Negri, Antonio 299
Newmarch, William 197ff., 206, 210, 220, 235, 238ff., 256, 261, 291, 312, 328, 492, 510
Nietzsche, Friedrich 497
Norman, George Warde 71f., 74ff., 166, 454
Northcote, Stafford Henry 436

Orsini, Felice 252
Otani, Teinosuke 389
Owen, Robert 17, 23, 35f., 45f., 58ff., 75, 103ff., 122f., 128, 168, 173, 180, 184, 219, 226, 306, 408, 411, 420, 504, 516

Patterson, Robert Hogarth 449, 452, 462, 464f., 469f., 497
Peabody, George 246
Peel, Robert 71, 76, 439, 453ff.
Péreire, Émile 233, 235f.
Péreire, Isaac 85, 233ff., 245
Peto, Samuel Morton 472, 474
Philipp II. 216
Philips, Lion 442
Piketty, Thomas 371
Pinner, Felix 190
Pitt, William 31, 146
Pollock, Friedrich 2
Postone, Moishe 178, 317
Poulantzas, Nicos 264

Price, Richard 146
Proudhon, Pierre-Joseph 122ff., 126ff., 168, 173f., 178, 180, 207, 209, 219, 226, 299, 310, 329, 346, 387, 420

Reden, Friedrich Wilhelm von 152
Ricardo, David 17, 22f., 29ff., 39f., 42, 45ff., 52ff., 57, 61, 68, 71f., 74f., 77f., 86, 100ff., 104f., 108f., 111, 113ff., 120ff., 126, 141, 164, 166, 177ff., 184, 209f., 215, 218f., 306, 310, 314, 329, 336, 339, 342, 345ff., 351, 359, 368, 371f., 383, 411, 415, 496f., 503f., 516f., 528
Robinson, Frederick John 190
Rodbertus, Karl 272, 297
Rosenberg, Hans 8, 263, 322
Ross, J. C. 42

Saint-Simon, Henri de 233ff., 260
Say, Jean-Baptiste 17, 22ff., 34ff., 39ff., 45ff., 52f., 55, 66, 68, 70, 72, 74, 100ff., 107f., 111, 113ff., 116ff., 120, 143, 184, 339f., 347, 378, 389, 416, 503f., 516
Schäffle, Albert 247, 249, 256, 272
Schumpeter, Joseph 4, 73, 410
Sempere y Guarino, Juan 216
Seyd, Ernest 95
Sismondi, Jean Charles Léonard Simonde de 17, 23, 25, 35f., 38ff., 43, 45ff., 49ff., 62, 64, 67, 70, 81, 100ff., 107, 109f., 120ff., 129, 132, 134, 137, 145, 154, 168, 170, 179, 182ff., 219, 234, 242, 291, 300, 306, 310, 314, 322, 329, 335, 351, 378, 412, 416, 504, 509, 514, 516ff., 526
Smith, Adam 22f., 100, 167, 179, 182, 218, 314, 368, 371f., 415
Sombart, Werner 190

Spence, William 26ff., 58
Stirner, Max 115, 175
Streeck, Wolfgang 408

Thompson, William 65ff., 70
Thornton, Henry 88f., 522
Tooke, Thomas 18, 36, 75, 77f., 81, 83, 85ff., 91, 94, 97, 100, 103f., 107, 141, 151ff., 155, 158f., 163f., 166f., 169f., 183ff., 195ff., 201, 203ff., 210, 213, 215f., 220, 235, 238ff., 256, 261, 268, 291, 300, 312, 314, 319, 327f., 399, 411, 416, 454, 489, 510, 514, 516
Tooze, Adam 7
Torrens, Robert 23, 36, 46, 71, 76ff., 152, 166, 183, 454

Villeneuve-Bargemont, Alban de 57
Villiers, 4th Earl of Clarendon, George William Frederick 454f.
Voßkuhle, Andreas 99

Wade, John 72, 102, 129ff., 135, 179, 193, 356, 420
Wagner, Adolph 256
Walras, Léon 486
Weerth, Georg 137, 232
Weydemeyer, Joseph 149, 175, 194
Willich, August 175
Wilson, James 75, 77, 83, 85, 87f., 91, 183, 489
Windisch-Grätz, Alfred I. zu 232
Wirth, Max 272, 297, 449
Wrangel, Friedrich von 142

Zasulič, Vera Ivanovna 382, 417f., 525
Zweig, Stefan 198

www.ingramcontent.com/pod-product-compliance
Lightning Source LLC
Chambersburg PA
CBHW081943230426
43669CB00019B/2906